百衲本

隋書

唐·魏徵 長孫无忌等撰

國家圖書館出版社

圖書在版編目（CIP）數據

百衲本隋書 /（唐）魏徵，長孫無忌等撰．—北京：國家圖書館出版社，2014.9（2018．5 重印）

（百衲本二十四史）

ISBN 978－7－5013－5407－8

Ⅰ.①百…　Ⅱ.①魏…　②長…　Ⅲ.①中國歷史—隋代—紀傳體　Ⅳ.①K241.042

中國版本圖書館 CIP 數據核字（2014）第 148416 號

書　　名　百衲本隋書
著　　者　［唐］魏徵　長孫無忌等撰
叢 書 名　百衲本二十四史
責任編輯　陳　卓
重印編輯　張慧霞
封面設計　邢　毅

出　　版　國家圖書館出版社（100034 北京市西城區文津街 7 號）
　　　　　（原書目文獻出版社　北京圖書館出版社）
發　　行　010—66114536　66126153　66151313　66175620
　　　　　66121706（傳真）　66126156（門市部）
E—mail　nlcpress. com（郵購）
Website　www. nlcpress. com→投稿中心
經　　銷　新華書店
印　　裝　北京華藝齋古籍印務有限公司
版　　次　2014 年 9 月第 1 版　2018 年 5 月第 2 次印刷

開　　本　710×1000 毫米　1/16
印　　張　54
字　　數　700 千字

書　　號　ISBN 978－7－5013－5407－8
定　　價　190.00 圓

百衲本二十四史影印出版説明

『二十四史』是中國古代各朝被政府納爲正統的二十四部史書的總稱，其上起《史記》，下迄《明史》，記載了從傳説中的五帝時代到清朝初年約四千餘年中政治、經濟、文化等諸多方面的歷史，是我國古代最權威、最詳細的史學著作。

清代最通行的『二十四史』，是乾隆年間刊行的『欽定武英殿本二十四史』，即『殿本』。殿本版式疏朗，刻印精良，但是校勘不夠審慎，存在誤字、衍字、缺字甚至整段文字脱失的情况。而且，由於殿本的編纂官皆屬御用史官，不得不爲帝王所左右，史實記録上存在竄改等原因造成的缺憾。晚清時，又出現了由各省官書局刊刻的局本，廣爲流傳，但仍以殿本爲依據，存在不少問題。

二十世紀二十年代起，張元濟先生耗費巨資搜訪宋元善本，通過採用當時最先進的攝影製版技術，歷經多年努力，至一九三六年，終於出齊了整套影印版的『二十四史』。因各書底本多殘缺不全，不得不通過許多版本相互參校、補綴而成，猶如僧侣之『百衲衣』，故名之曰『百衲本二十四史』。其中除《舊五代史》《元史》《明史》以明清時的版本作爲底本外，均以宋元版爲主要底本。百衲本對殿本、局本中的謬誤多有匡正，其對歷史研究的功績有目共睹，影響深巨，被史學界一致公認爲『中國最佳全本正史』，是中國史學史上的一座豐碑，具有極高的版本價值、研究價值和收藏價值。

百衲本二十四史自問世以來，曾數次被影印出版，其中的宣紙綫裝本，因價格不菲，不便學者購藏利用。而縮印本則多存在質量問題，其中質量較好的，當數二十世紀五十年代北京商務印書館的精裝二十四冊本。但年代既久，流傳亦少，已屬罕見。爲滿足文史工作者的研究需求，也讓更多的文史愛好者接觸到百衲本二十四史，我社決定將之再度影印出版。

本次影印，將每部正史單獨製作，採取每頁分上下雙欄的形式印製，並爲每部正史編製了分卷目録。需要説明的是，此次我社在編製目録時，爲更好地反映百衲本原貌，充分體現其與殿本、局本等其他系統傳本的差異，原則上均依原書卷端著録，部分保留了原書中使用的簡體字、俗體字及異體字等。對原書中有目無傳或有傳無目等情況，不予變動，僅對極個別處出現的明顯衍、漏、誤字等情況進行了修改。不當之處，請讀者批評指正。

國家圖書館出版社

二〇一四年七月

百衲本隋書目録

隋書目録　特進臣魏徵　上

李雄　張奭

第十二卷　隋書四十七

列傳

韋世康 弟洸 藝 沖 從父弟壽

柳機 子述 機弟旦 肅 從兄雄 亮 從子謇之 族兄昂

第十三卷　隋書四十八

列傳

楊素 弟約 從父文思 文紀

第十四卷　隋書四十九

列傳

牛弘

第十五卷　隋書五十

列傳

宇文慶　李禮成

元孝矩 弟褒　郭榮

龐晃　李安

第十六卷　隋書五十一

列傳

長孫覽 從子熾 熾弟晟

第十七卷　隋書五十二

列傳

韓擒虎 弟僧壽 洪

賀若弼

第十八卷　隋書五十三

列傳

達奚長儒　賀婁子幹

史萬歲　劉方

第十九卷　隋書五十四

列傳

王長述　李衍

伊婁謙　田仁恭

元亨　杜整

李徹　崔彭

第二十卷　隋書五十五

列傳

杜彥　高勱

尒朱敞　周搖

獨孤楷　乞伏慧

張威　和洪

侯莫陳穎

張定和　張大潤
麥鐵杖　沈光
來護兒　魚俱羅
陳稜　王辯　斛斯萬善

第三十卷　隋書六十五
列傳
周羅睺　周灋尚
李景　慕容三藏
薛世雄　王仁恭
權武　吐萬緒

董純　趙才

第三十一卷　隋書六十六
列傳
李諤　鮑宏
裴政　柳莊
源師　郎茂
高構　張虔威
榮毗　陸知命
房彥謙

第三十二卷　隋書六十七
列傳
虞世基　裴蘊
裴矩

第三十三卷　隋書六十八
列傳
宇文愷　閻毗
何稠

第三十四卷　隋書六十九
列傳
王劭　袁充

第三十五卷　隋書七十
列傳
楊玄感　李子雄　斛斯政　趙元淑　劉元進
李密　裴仁基

第三十六卷　隋書七十一
誠節傳
劉弘　皇甫誕　陶模　敬釗
游元　馮慈明
張須陀　楊善會
獨孤盛　元文都

帝紀第一　隋書一

高祖上　特進臣魏徵上

高祖文皇帝姓楊氏諱堅弘農郡華陰人也漢太尉震八代孫鉉仕燕爲北平太守鉉生元壽後魏代爲武川鎮司馬子孫因家焉元壽生太原太守惠嘏嘏生平原太守烈烈生寧遠將軍禎禎生忠忠即皇考也皇考從周太祖起義關西賜姓普六茹氏位至柱國大司空隋國公薨贈太保謚曰桓皇妣呂氏以大統七年六月癸丑夜生高祖於馮翊般若寺紫氣充庭有尼來自河東謂皇妣曰此兒所從來甚異不可於俗間處之尼將高祖舍於別館躬自撫

養皇妣嘗抱高祖忽見頭上角出徧體鱗起皇妣大駭墜高祖於地尼自外入見曰已驚我兒致令晚得天下爲人龍頷額上有五柱入頂目光外射有文在手曰王長上短下沈深嚴重初入太學雖至親昵不敢狎也年十四京兆尹薛善辟爲功曹十五以太祖勳授散騎常侍車騎大將軍儀同三司封成紀縣公十六遷驃騎大將軍加開府周太祖見而歎曰此兒風骨不似代間人明帝即位授右小宮伯進封大興郡公帝嘗遣善相者趙昭視之昭詭對曰不過作柱國耳既而陰謂高祖曰公當爲天下君必大誅殺而後定善記鄙言武帝即位遷左小宮伯出爲隋州刺

史進位大將軍後徵還遇皇妣寢疾三年晝夜不離左右代稱純孝宇文護執政尤忌高祖屢將害焉大將軍侯伏侯壽等匡護得免其後襲爵隋國公武帝娉高祖長女爲皇太子妃益加禮重齊王憲言於帝曰普六茹堅相貌非常臣每見之不覺自失恐非人下請早除之帝曰此止可爲將耳内史王軌驟言於帝曰皇太子非社稷主普六茹堅貌有反相帝不悅曰必天命有在將若之何高祖甚懼深自晦匿建德中率水軍三萬破齊師於河橋明年從帝平齊進位柱國宇文憲破齊任城王高湝於冀州除定州總管先是定州城西門久閉不行齊文宣帝時或請開之

以便行路帝不許曰當有聖人來啓之及高祖至而開焉莫不驚異尋轉亳州總管宣帝即位以后父徵拜上柱國大司馬大象初遷大後丞右司武俄轉大前疑每巡幸恒委居守時帝爲刑經聖制其法深刻高祖以法令滋章非興化之道切諫不納高祖位望益隆帝頗以爲忌帝有四幸姬並爲皇后諸家爭寵數相毀譖帝每忿怒謂后曰必族滅爾家因召高祖命左右曰若色動即殺之高祖既至容色自若乃止大象二年五月以高祖爲揚州總管將發暴有足疾不果行乙未帝崩時靜帝幼冲未能親理政事内史上大夫鄭譯御正大夫劉昉以高祖皇后之父衆望

所歸遂矯詔引高祖入總朝政都督内外諸軍事周氏諸王在藩者高祖悉恐其生變稱趙王招將嫁女於突厥爲詞以徵之丁未發喪庚戌周帝拜高祖假黃鉞左大丞相百官總己而聽焉以正陽宮爲丞相府以鄭譯爲長史劉昉爲司馬具置寮佐宣帝時刑政苛酷羣心崩駭莫有固志至是高祖大崇惠政法令清簡躬履節儉天下悅之六月趙王招陳王純越王盛代王達滕王逌並至于長安相州總管尉遲迥自以重臣宿將志不能平遂舉兵東夏趙魏之士從者若流旬日之間衆至十餘萬又宇文胄以滎州石愻以建州席毗以沛郡毗弟叉羅以兗州皆應於迥

迥遣子質於陳請援高祖命上柱國鄖國公韋孝寬討之雍州牧畢王賢及趙陳等五王以天下之望歸於高祖因謀作亂高祖執賢斬之寢趙王等之罪因詔五王劍履上殿入朝不趨用安其心七月陳將陳紀蕭摩訶等寇廣陵吳州總管于顗轉擊破之廣陵人杜喬生聚衆反刺史元義討平之韋孝寬破尉遲迥於相州傳首闕下餘黨悉平初迥之亂也鄖州總管司馬消難據州響應淮南州縣多同之命襄州總管王誼討之消難奔陳荊郢羣蠻乘釁作亂命亳州總管賀若誼討平之先是上柱國王謙爲益州總管既見幼主在位政由高祖遂起巴蜀之衆以匡復爲

辭高祖方以東夏山南爲事未遑致討謙進兵屯劍閣陷
始州至是乃命行軍元帥上柱國梁睿討平之傳首闕下
巴蜀阻險人好爲亂於是更開平道毀劍閣之路立銘垂
誡焉五王陰謀滋甚高祖齎酒肴以造趙王第欲觀所爲
趙王伏甲以宴高祖高祖幾危賴元冑以濟語在冑傳於
是誅趙王招越王盛九月以世子勇爲洛州總管東京小
冢宰壬子周帝詔曰假黃鉞使持節左大丞相都督內外
諸軍事上柱國大冢宰隋國公堅感山河之靈應星辰之
氣道高雅俗德協幽顯釋巾登仕搢紳傾屬開物成務朝
野承風受詔先皇弼諧寡薄合天地而生萬物順陰陽而

隋帝紀一　四

撫四夷近者內有艱虞外聞妖寇以鷹鸇之志運帷帳之
謀行兩觀之誅掃萬里之外遐邇清肅實所賴焉四海之
廣百官之富俱稟大訓咸餐至道治定功成棟梁斯託神
猷盛德莫二於時可授大丞相罷左右丞相之官餘如故
冬十月壬申詔贈高祖曾祖烈爲柱國太保都督徐兖等
十州諸軍事徐州刺史隋國公謚曰康祖禎爲柱國太傅
都督陜蒲等十三州諸軍事同州刺史隋國公謚曰獻考
忠爲上柱國太師大冢宰都督冀定等十三州諸軍事雍
州牧誅陳王純癸酉上柱國鄖國公韋孝寬卒十一月辛
未誅代王達滕王逌十二月甲子周帝詔曰天大地大合

其德者聖人一陰一陽調其氣者上宰所以降神載誕陶
鑄羣生代蒼蒼之工成巍巍之業假黃鉞使持節大丞相
都督內外諸軍事上柱國大冢宰隋國公應百代之期當
千齡之運家隆台鼎之盛門有翊贊之勤心同伊尹必致
堯舜情類孔丘憲章文武爰初入仕風流映世公卿仰其
軌物搢紳謂爲師表入處禁闈出居藩政芳猷茂績問望
彌遠往平東夏人情未安燕南趙北實爲天府擁節杖旄
任當連率柔之以德導之以禮畏之若神仰之若日芳風
美迹歌頌獨存淮海榛蕪多歷年代作鎮南鄙選衆進賢
威震殊俗化行黔首任掌鈞陳職司邦政國之大事朝寄

隋帝紀一　五

更深鑾駕巡遊留臺務廣周公陜西之任僅可爲倫漢臣
關內之重未足相況及天崩地坼先帝升遐朕以眇年奄
經荼毒親受顧命保乂皇家姦人乘隙潛圖宗社無君之
意已成篡竊之期有日英規潛運大略川廻匡國庇人罪
人斯得兩河遘亂三魏稱兵半天之下洶洶鼎沸祖宗之
基已危生人之命將息安陸作釁南通吳越蜂飛蠆聚江
漢騷然巴蜀鴟張蠻將閉[illegible]秦塗更阻漢門重閉畫籌帷
帳建出師車諸將稟其謀壯士感其義不違時日咸得清
蕩九功遠被七德允諧百僚師師四門穆穆光景照臨之
地風雲去來之所允武允文幽明同德驟山驟水遐邇歸

心使朕繼蹤上皇無為以治聲高宇宙道格天壤伊尹輔
殷霍光佐漢方之蔑如也昔營丘曲阜地多諸國重耳小
白錫用殊禮蕭何優贊拜之儀番君越公侯之爵姬劉以
降代有令謨宜崇典禮憲章自昔可授相國總百揆去都
督內外諸軍事大冢宰之號進公爵為王以隋州之崇業
鄖州之安陸城陽溫州之宜人應州之平靖上明順州之
淮南士州之永川昌州之廣昌安昌申州之義陽淮安息
州之新蔡建安豫州之汝南臨潁廣寧初安蔡州之蔡陽
郢州之漢東二十郡為隋國劍履上殿入朝不趨贊拜不
名備九錫之禮加璽紱遠遊冠相國印綠綟綬位在諸侯

王上隋國置丞相已下一依舊式高祖再讓不許乃受王
爵十郡而已詔進皇祖考爵並為王夫人為王妃辛巳司
馬消難以陳師寇江州刺史成休寧擊卻之大定元年春
二月壬子令曰已前賜姓皆復其舊是日周帝詔曰伊周
作輔不辭殊禮之錫桓文為霸允應異物之典所以表格
天之勳彰不代之業相國隋王前加典策式昭大禮固守謙
光終言未紿宜申顯命一如往旨王功必先人賞存後已退
讓為本誠乖朕意宜命百辟盡詣王宮眾心克感必令允
納如有表奏勿復通聞癸丑文武百官詣闕敦勸高祖乃
受甲寅策曰咨爾假黃鉞使持節大丞相都督內外諸軍

事上柱國大冢宰隋王天覆地載藉人事以財成日往月
來由王道而盈昃五氣陶鑄萬物流形誰代上玄之工斯
則大聖而已曰惟先正翊亮皇朝種德積善載誕上相精
采不代風骨異人匡國濟時除凶撥亂百神奉職萬國宅
心殷相以先知悟人周輔乃弘道於代方斯蔑如也今將
授王典禮其敬聽朕命朕以不德早承丕緒上靈降禍夙
遭愍凶妖醜覬覦密圖社稷宮省之內疑慮驚心公受命
先皇志在匡弼輯諧內外潛運機衡姦人懾憚謀用不顯
俾贅旒之危為太山之固是公重造皇室作霸之基也伊
我祖考之代任寄已深公掌禁兵外司藩政文經武略久

播朝野戎軒大舉長驅晉魏平陽震熊羆之勢冀部耀貔
豹之威初平東夏人情未一叢臺之北易水之南西距井
陘東至滄海比數千里舉袂如帷委以連城建旌杖節教
因其俗刑用輕典如泥從印猶草隨風此又公之功也吳
越不賓多歷年代淮海之外時非國有爰整其旅出鎮於
亳武以威物文以懷遠群盜自奔外戶不閉人黎慕義襁
負而歸自北之風化行南國此又公之功也宣帝御寓任
重宗臣入典八屯外司九伐禁衛勤恪警蹕之務治兵得蒐
狩之禮此又公之功也鑾駕遊幸頻委留臺文武注意軍
國繁興萬事咸理反顧無憂此又公之功也朕在諒闇公

實繁已盤石之宗姦回者衆招引無賴連結羣小往者國
衰甫爾已創陰謀積惡數旬昆吾方稔泣誅磐石宗廟以
寧此又公之功也尉迥倡狂稱兵鄴邑欲長戟而指北闕
強弩而圍南斗憑陵三魏之間震驚九州之半聚徒百萬
悉成蛇豕淇水洹水一飲而竭人之死生懸繫凶豎壽之
長短不由司命公乃戒彼鷹揚出車練卒誓蒼兕於河朔
建旐水於東山口授兵書手畫行陣量敵制勝指日尅期
諸將遵其成旨壯士感其大義輕死忘生轉鬭千里旗鼓
奮發如火燎毛玄黃變漳河之水京觀比爵臺之峻百城
氛祲一旦廓清此又公之功也青土連率跨據東秦藉負

海之饒倚連山之險望三輔而將逐鹿指六國而願連雞
風雨之兵助鬼爲虐本根既拔枝葉自殞弘法申恩示以
大信此又公之功也申部殘賊充斥一隅蠅飛蟻聚攻州
略地播以玄澤迷更知反服而捨之無費遺鏃此又公之
功也宇文胄親則宗枝外藩巖邑影響鄴賊有同就燎迫
脅吏人叛換城戍偏師討賊遂入網羅東之武牢有同囹
圄事窮將軍如伏國刑此又公之功也檀讓席毗擁衆河
外陳韓梁鄭衛鄒賀殘梟獍之墟人庶爲豺狼之餌強
以陵弱大則吞小城有晝閉巷無行人授律出師隨機掃
定讓既授首毗亦梟懸此又公之功也司馬消難與國親

姻作鎮安陸性多嗜欲意好貪聚屬城子女劫掠靡餘鄖
貨財多少具罄擅誅刺舉之使專殺儀台之臣懼罪畏威
動而內叛蠹食郡縣鴆毒華夷聞有王師自投南裔帝唐
崇山之罰僅可方此大漢流禦之刑是亦相匹逋逃入藪
荆郢用安此又公之功也王謙在蜀翻爲厲階閉劍閣之
門塞靈關之守自謂五丁復起萬夫莫向分閫推轂曾不
踰時風馳席卷一舉大定擒斬凶惡掃地無遺此又公之
功也陳頊因循僞業自擅金陵屢遣醜徒越趄江北公指
麾藩鎮無不摧殄方置文深之柱非止尉佗之拜此又公
之功也公有濟天下之勤重之以明德始於辟命爰已登

庸素業清徽聲掩廊廟雄規神略氣蓋朝野序百揆而穆
四門恥一匡之舉九合尊賢崇德尚齒貴功録舊旌善興
亡繼絕寬猛相濟彝倫攸敘敦睦帝親崇獎王室星象不
拆陰陽自調玄冥祝融如奉太公之召雨師風伯似應成
王之宰祥風嘉氣觸石搖林瑞獸異禽遊園鳴閣至功至
德可大可久盡品物之和究杳冥之極朕又聞之昔者明
王設官胙土營丘四履得征五侯參墟龍章異其禮物故
藩屏作固垂拱責成沈嘿巖廊不下堂席公道高往烈賞
薄前王朕以眇身託于兆人之上求諸故實甚用懼焉往
加大典寔章在昔謙以自牧未應朝禮日月不居便已隔

歲時談物議其謂朕何今進授相國總百揆以申州之義
陽等二十郡爲隋國今命使持節太傅上柱國杞國公椿
大宗伯大將軍金城公趙煚授相國印綬相國禮絶百辟
任惣羣官舊職常典宜與事革昔堯臣太尉舜佐司空姬
旦相周霍光輔漢不居藩國唯在天朝其以相國總百揆
去叛號爲上所假節大丞相大冢宰印綬又加九錫其敬
聽朕後命以公執律脩德慎獄恤刑爲其訓範人無異志
是用錫公大輅戎輅各一玄牡二駟公勤心地利所寶人
天崇本務農公私殷阜是用錫公衮冕之服赤舄副焉公
樂以移風雅以變俗遐邇脅悅天地咸和是用錫公軒懸

之樂六佾之舞公仁風德教覃及海隅荒忽幽遐廻首内
向是用錫公朱户以居公水鏡人倫銓衡庶職能官流詠
遺賢必舉是用錫公納陛以登公執鈞於内正性率下犯
義無禮罔不屏黜是用錫公武賁之士三百人公 元本闕
是用錫公鈇鉞各一公威嚴夏日精厲秋霜猾夏必誅顧
眄天壤掃清姦宄折衝無外是用錫公彤弓一彤矢百盧
弓十盧矢千惟公孝通神明肅恭祀典尊嚴如在情切幽
明是用錫公秬鬯一卣珪瓚副焉隋國置丞相以下一遵
舊式往欽哉其敬循往策祇服大典簡恤爾庶功對揚我
太祖之休命於是建臺置官景辰詔王冕十有二旒建天

子旌旗出警入蹕乘金根車駕六馬備五時副車置旄頭
雲罕樂舞八佾設鍾虡宮懸王妃爲王后長子爲太子前
後三讓乃受俄而周帝以衆望有歸乃下詔曰元氣肇闢
樹之以君有命不恒所輔惟德天心人事選賢與能盡四
海而樂推非一人而獨有周德將盡妖孽遞生骨肉多虞
藩維搆釁影響同惡過半區宇或小或大圖帝圖王則我
祖宗之業不絶如線相國隋王叡聖自天英華獨秀刑法
與禮儀同運文德共武功俱遠愛萬物其如已任兆庶以
爲憂手運璣衡躬命將士芟夷姦宄刷蕩氛祲化通冠帶
威震幽遐虞舜之大功二十未足相比姬發之合位三五

豈可足論況木行已謝火運既興河洛出革命之符星辰
表代終之象煙雲改色笙簧變音獄訟咸歸謳歌盡至且
天地合德日月貞明故以稱大爲王照臨下土朕雖寡昧
未達變通幽顯之情皎然易識今便祗順天命出遜別宮禪
位於隋一依唐虞漢魏故事高祖三讓不許遣兼太傅上
柱國杞國公椿奉冊曰咨爾相國隋王粤若上古之初爰
啓清濁降符授聖爲天下君事上帝而理兆人和百靈而
利萬物非以區宇之富未以宸極爲尊大庭軒轅以前驪
連赫胥之日咸以無爲無欲不將不迎遐哉其詳不可聞
已厥有載籍遺文可觀聖莫逾於堯美未過於舜堯得太

尉已作運衡之篇舜遇司空便叙精華之竭彼褰裳脫屣
貳宮設饗百辟歸禹若帝之初斯蓋上則天時不敢不授
下祇天命不可不受湯代於夏武革於殷干戈揖讓雖復
異揆應天順人其道靡異自漢迄晉有魏至周天曆逐獄
訟之歸神鼎隨謳歌之去道高者稱帝籙盡者不王與夫
文祖神宗無以別也周德將盡禍難頻興宗戚姦回咸將
竊發顧瞻宮闕將圖宗社藩維連率逆亂相尋搖蕩三方
不合如礪蛇行鳥攫投足無所王受天明命叡德在躬救
頹運之艱匡墜地之業拯大川之溺撲燎原之火除羣凶
於城社廓妖氛於遠服至德合於造化神用洽於天壤八

極九野萬方四裔圓首方足罔不樂推往歲長星夜掃經
天書見八風比夏后之作五緯同漢帝之聚除舊之徵昭
然在上近者赤雀降祉玄龜効靈鍾石變音蛟魚出穴布
新之貺煥焉在下九區歸往百靈協贊人神屬望我不獨
知仰祇皇靈俯順人願今敬以帝位禪於爾躬天祚告窮
天祿永終於戲王宜允執厥和儀刑典訓升圓丘而敬蒼
昊御皇極而撫黔黎副率土之心恢無疆之祚可不盛歟
遣大宗伯大將軍金城公趙煚奉皇帝璽紱百官勸進高
祖乃受焉

開皇元年二月甲子上自相府常服入宮備禮即皇帝位
於臨光殿設壇於南郊遣使柴燎告天是日告廟大赦改
元京師慶雲見易周氏官儀依漢魏之舊以柱國相國司
馬渤海郡公高熲為尚書左僕射兼納言相國司錄沁源
縣公虞慶則為內史監兼吏部尚書相國內郎咸安縣男
李德林為內史令上開府漢安縣公韋世康為禮部尚書
上開府義寧縣公元暉為都官尚書開府民部尚書昌國
縣公元巖為兵部尚書上儀同司宗長孫毗為工部尚書
上儀同司會楊尚希為度支尚書上柱國雍州牧邗國公
楊惠為左衛大將軍乙丑追尊皇考為武元皇帝廟號太
祖皇妣為元明皇后遣八使巡省風俗景寅修廟社立王

后獨孤氏為皇后王太子勇為皇太子丁卯以大將軍金
城郡公趙煚為尚書右僕射上開府濟陽侯伊婁彥恭為
左武候大將軍己巳以周帝為介國公邑五千戶為隋室
賓旌旗車服禮樂一如其舊上書不為表答表不稱詔周
氏諸王盡降為公辛未以皇弟同安郡公爽為雍州牧乙
亥封皇弟邵國公慧為滕王同安公爽為衛王皇子鴈門
公廣為晉王俊為秦王秀為越王諒為漢王以上柱國并
州總管申國公李穆為太師上柱國鄧國公竇熾為太傅
上柱國幽州總管任國公于翼為太尉觀國公田仁恭為
太子太師武德郡公柳敏為太子太保濟南郡公孫恕為

太子少傅開府蘇威為太子少保丁丑以晉王廣為并州總管以陳留郡公楊智積為蔡王興城郡公楊靜為道王戊寅以官牛五千頭分賜貧人二月辛巳高平獲赤雀太原獲蒼烏長安獲白雀各一宣仁門槐樹連理衆枝內附壬午白狼國獻方物甲申太白晝見乙酉又晝見以上柱國元景山為安州總管丁亥詔犬馬器玩口味不得獻上戊子弛山澤之禁以上開府當亭縣公賀若弼為楚州總管和州刺史新義縣公韓擒為廬州總管己丑盩厔縣獻連理樹植之宮庭辛卯以上柱國神武郡公竇毅為定州總管戊戌以太子少保蘇威兼納言吏部尚書餘官如故

庚子詔曰自古帝王受終革代建侯錫爵多與運遷膺籙受圖君臨海內載懷沿革事有不同然則前帝後王俱在兼濟立功立事爵賞仍行苟利於時其致一揆何謂物我之異無計今古之殊其前代品爵悉可依舊丁未梁主蕭巋使其太宰蕭巖司空劉義來賀四月辛巳大赦壬午太白歲星晝見戊戌太常散樂並放為百姓禁雜樂百戲辛丑陳散騎常侍韋鼎兼通直散騎常侍王瑳來聘于周至而上已受禪致之介國是月發稽胡修築長城二旬而罷五月戊子封邗國公楊雄為廣平王永康郡公楊弘為河間王辛未介國公薨上舉哀於朝堂以其族人洛嗣焉

六月癸未詔以初受天命赤雀降祥五德相生赤為火色其郊及社廟依服冕之儀而朝會之服旗幟犧牲盡令尚赤戎服以黃秋七月乙卯上始服黃百寮畢賀庚午靺鞨酋長貢方物八月壬午廢東京官突厥阿波可汗遣使貢方物甲午遣行軍元帥樂安公元諧擊吐谷渾於青海破而降之九月戊申戰亡之家遣使賑給庚午陳將周羅睺攻陷胡墅蕭摩訶寇江北辛未以越王秀為益州總管改封為蜀王壬申以上柱國薛國公長孫覽上柱國宋安公元景山並為行軍元帥以伐陳仍命尚書左僕射高熲節度諸軍突厥沙鉢略可汗遣使貢方物是月行五銖錢冬

十月乙酉百濟王扶餘昌遣使來賀授昌上開府儀同三司帶方郡公戊子行新律壬辰行幸岐州十一月乙卯以永昌郡公竇榮定為右武候大將軍丁卯遣兼散騎侍郎鄭撝使於陳己巳有流星聲如隤牆光燭于地十二月戊寅以申州刺史爾朱敞為金州總管甲申以禮部尚書韋世康為吏部尚書己丑以柱國元衮為鄭州總管興勢郡公衛玄為淮州總管庚子至自岐州壬寅高麗王高陽遣使朝貢授陽大將軍遼東郡公太子太保柳敏卒

二年春正月癸丑辛上柱國王誼第庚申幸安成長公主第陳宣帝殂子叔寶立辛酉置河北道行臺尚書省於并

州以晉王廣爲尚書令置河南道行臺尚書省於洛州以
秦王俊爲尚書令置西南道行臺尚書省於益州以蜀王
秀爲尚書令戊辰陳遣使請和歸我胡墅辛未高麗百濟
並遣使貢方物甲戌詔舉賢良二月己丑詔高熲等班師
庚寅以晉王廣爲左武衛大將軍秦王俊爲右武衛大將
軍餘官並如故辛卯幸趙國公獨孤陁第庚子京師雨土
三月戊申開渠引杜陽水於三時原四月丁丑以寧州刺
史竇榮定爲左武候大將軍庚寅大將軍韓僧壽破突厥
於雞頭山上柱國李充破突厥於河北山五月戊申以上
柱國開府長孫平爲度支尚書己酉旱上親省囚徒其日

大雨己未高寶寧寇平州突厥入長城庚申以豫州刺史
皇甫績爲都官尚書壬戌太尉任國公于翼薨甲子改傳
國璽曰受命璽六月壬午以太府卿蘇孝慈爲兵部尚書
雍州牧衛王爽爲原州總管甲申使使弔於陳國乙酉上
柱國李充破突厥於馬邑戊子以上柱國叱李長叉爲蘭
州總管辛卯以上開府爾朱敞爲徐州總管景申詔曰朕
祗奉上玄君臨萬國屬生人之敝處前代之宮常以爲作
之者勞居之者逸改創之事心未遑也而王公大臣陳謀
獻策咸云羲農以降至于姬劉有當代而屢遷無革命而
不徙曹馬之後時見因循乃末代之宴安非往聖之宏義

此城從漢彫殘日久屢爲戰場舊經喪亂今之宮室事近
權宜又非謀筮從龜瞻星揆日不足建皇王之邑合大衆
所聚論變通之數具幽顯之情同心固請詞情深切然則
京師百官之府四海歸向非朕一人之所獨有苟利於物
其可違乎且殷之五遷恐人盡死是則以吉凶之土制長
短之命謀新去故如農望秋雖暫劬勞其究安宅今區宇
寧一陰陽順序安安以遷勿懷胥怨龍首山川原秀麗卉
物滋阜卜食相土宜建都邑定鼎之基永固無窮之業在
斯公私府宅規模遠近營構資費隨事條奏仍詔左僕
射高熲將作大匠劉龍鉅鹿郡公賀婁子幹太府少卿高

龍叉等創造新都秋八月癸巳以左武候大將軍竇榮定
爲秦州總管十月癸酉皇太子勇屯兵咸陽以備胡庚寅
上疾愈享百寮於觀德殿賜錢帛皆任其自取盡力而
出辛卯以營新都副監賀婁子幹爲工部尚書十一月景
午高麗遣使獻方物十二月辛未上講武於後園甲戌上
柱國竇毅卒景子名新都曰大興城乙酉遣沁源公虞慶
則屯弘化備胡突厥寇周槃行軍總管達奚長儒擊之爲
虜所敗景戌賜國子生經明者束帛丁亥親錄囚徒
三年春正月庚子將入新都大赦天下禁大刀長矟癸亥
高麗遣使來朝二月己巳朔日有蝕之壬申宴北道勳人

癸酉陳遣兼散騎常侍賀徹兼通直散騎常侍蕭褒來聘
突厥寇邊甲戌涇陽獲毛龜癸未以左衛大將軍李禮成
為右武衛大將軍三月丁未上柱國鮮虞縣公謝慶恩卒
己酉以上柱國達奚長儒為蘭州總管景辰雨常服入新
都京師醴泉出丁巳詔購求遺書於天下庚申宴百寮班
賜各有差癸亥城榆關夏四月己巳上柱國建平郡公于
義卒庚午吐谷渾寇臨洮洮州刺史皮子信死之辛未高
麗遣使來朝壬申以尚書右僕射趙煚兼內史令丁丑以
滕王瓚為雍州牧己卯衛王爽破突厥於白道庚辰行軍
總管陰壽破高寶寧於黃龍甲申旱上親祈雨於國城之

西南景戌詔天下勸學行禮以濟北郡公梁遠為汶州總
管己丑陳郢州城主張子譏遣使請降上以和好不納辛
卯遣兼散騎常侍薛舒兼通直散騎常侍王劭使於陳癸
巳上親雩甲午突厥遣使來朝五月癸卯行軍總管李晃
破突厥於摩那渡口甲辰高麗遣使來朝乙巳梁太子蕭
琮來賀遷都丁未靺鞨貢方物戊申幽州總管陰壽卒辛
酉有事於方澤壬戌行軍元帥竇榮定破突厥及吐谷渾
於涼州景寅赦黃龍死罪已下六月庚午以衛王爽子集
為遂安郡王戊寅突厥遣使請和庚辰行軍總管梁遠破
吐谷渾於爾汗山斬其名王壬申以晉州刺史燕榮為青

州總管己丑以河間王弘為寧州總管乙未幸安成長公
主第秋七月辛丑以豫州刺史周搖為幽州總管壬戌詔
曰行仁蹈義名教所先厲俗敦風宜見褒獎往者山東河
表經此妖亂孤城遠守多不自全濟陰太守杜猷身陷賊
徒命懸寇手郡省事范臺玫傾產營護免其戮辱眷言誠
節實有可嘉宜超恒賞用明沮勸臺玫可大都督假湘州
刺史丁卯日有蝕之八月丁丑靺鞨貢方物己卯以右武
衛大將軍李禮成為襄州總管壬午遣尚書左僕射高熲
出寧州道內史監虞慶則出原州道並為行軍元帥以擊
胡戊子上有事於太社九月壬子幸城東觀稼穀癸丑大

赦天下冬十月甲戌廢河南道行臺省以秦王俊為秦州
總管十一月己酉發使巡省風俗因下詔曰朕君臨區宇
深思治術欲使生人從化以德代刑求草萊之善旌閭里
之行民間情偽咸欲備聞已詔使人所在賑恤揚鑣分路
將遍四海必令為朕耳目如有文武才用未為時知宜以
禮發遣朕將銓擢其有志節高妙越等超倫亦仰使人就
加旌異令一行一善獎勸於人遠近官司遐邇風俗巨細
必紀還日奏聞庶使不出戶庭坐知萬里庚辰陳遣散騎
常侍周墳通直散騎常侍袁彥來聘陳主知上之貌異世
人使彥畫像持去甲午罷天下諸郡閏十二月乙卯遣兼

散騎常侍庾令則通直散騎常侍魏澹使於陳戊午以上
柱國竇榮定為右武衛大將軍刑部尚書蘇威為民部尚
書○四年春正月甲子日有蝕之己巳有事於太廟辛未
有事於南郊壬申梁主蕭巋來朝甲戌大射於北苑十日
而罷壬午齊州水辛卯渝州獲獸似麋一角同蹄壬辰班
新曆二月乙巳上餞梁主於霸上丁未靺鞨貢方物突厥
蘇尼部男女萬餘人來降庚戌幸隴州突厥可汗阿史那
玷率其屬來降夏四月己亥勑總管刺史父母及子年十
五已上不得將之官庚子以吏部尚書虞慶則為尚書右
僕射瀛州刺史楊尚希為兵部尚書毛州刺史劉仁恩為

刑部尚書甲辰以上柱國叱李長叉為信州總管丁未宴
突厥高麗吐谷渾使者於大興殿丁巳以上大將軍賀婁
子幹為榆關總管五月癸酉契丹主莫賀弗遣使請降拜
大將軍景子以柱國馮昱為汾州總管乙酉以汴州刺史
呂仲泉為延州總管六月庚子降囚徒乙巳以鴻臚卿乙
弗寔為冀州總管上柱國豆盧勣為夏州總管壬子開渠
自渭達河以通運漕戊午秦王俊來朝秋七月景寅陳遣
兼散騎常侍謝泉兼通直散騎常侍賀德基來聘八月甲
午遣十使巡省天下戊戌衛王爽來朝是日以秦王俊納
妃宴百寮班賜各有差壬寅上柱國太傅鄧國公竇熾薨

丁未宴秦王官屬賜物各有差壬子享陳使乙卯陳將夏
侯苗請降上以通和不納九月甲子幸襄國公主第乙丑
幸霸水觀漕渠賜督役者帛各有差己巳上親錄囚徒庚
午契丹內附甲戌駕幸洛陽關內飢也癸未太白晝見冬
十一月壬戌遣兼散騎常侍薛道衡通直散騎常侍豆盧
寔使於陳癸亥以榆關總管賀婁子幹為雲州總管
五年春正月戊辰詔行新禮三月戊午以尚書左僕射高
熲為左領軍大將軍上柱國宇文忻為右領軍大將軍夏
四月甲午契丹主多彌遣使貢方物壬寅上柱國王誼謀
反伏誅乙巳詔徵山東馬榮伯等六儒戊申車駕至自洛

陽五月甲申詔置義倉梁主蕭巋殂其太子琮嗣立遣上
大將軍元契使于突厥阿波可汗秋七月庚申陳遣兼散
騎常侍王話兼通直散騎常侍阮卓來聘丁丑以上柱國
宇文慶為涼州總管壬午突厥沙鉢略上表稱臣八月景
戌沙鉢略可汗遣子庫合眞特勤來朝甲辰河南諸州水
遣民部尚書邳國公蘇威賑給之戊申有流星數百四散
而下己酉幸栗園九月丁巳至自栗園乙丑改鮑陂曰杜
陂霸水為滋水陳將湛文徹寇和州儀同三司費寶首獲
之景子遣兼散騎常侍李若兼通直散騎常侍崔君贍使
於陳冬十月壬辰以上柱國楊素為信州總管朔州總管

吐萬緒為徐州總管十一月甲子以上大將軍源雄為朔
州總管丁卯晉王廣來朝十二月丁未降囚徒戊申以上
柱國達奚長儒為夏州總管
六年春正月甲子党項羌內附庚午班曆於突厥辛未以
柱國韋洸為安州總管壬申遣民部尚書蘇威巡省山東
二月乙酉山南荊浙七州水遣前工部尚書長孫毗賑恤
之景戌制刺史上佐每歲暮更入朝上考課丁亥發丁男
十一萬修築長城二旬而罷乙未以上柱國崔弘度為襄
州總管庚子大赦天下三月己未洛陽男子高德上書請
上為太上皇傳位皇太子上曰朕承天命撫育蒼生日旰

孜孜猶恐不逮豈學近代帝王事不師古傳位於子自求
逸樂者哉癸亥突厥沙鉢略遣使貢方物夏四月己亥陳
遣兼散騎常侍周磻兼通直散騎常侍江椿來聘秋七月
辛亥河南諸州水乙丑京師雨毛如馬鬉尾長者二尺餘
短者六七寸八月辛卯關內七州旱免其賦稅遣散騎常
侍裴豪兼通直散騎常侍劉顗聘于陳戊申上柱國太師
申國公李穆薨閏月己酉以河州刺史段文振為蘭州總
管丁卯皇太子鎮洛陽辛未晉王廣秦王俊並來朝景子
上柱國郕國公梁士彥上柱國杞國公宇文忻柱國舒國
公劉昉以謀反伏誅上柱國許國公宇文善坐事除名九

月辛巳上素服御射殿詔百寮射賜梁士彥三家資物景
戌上柱國宋安郡公元景山卒庚子以上柱國李詢為隰
州總管辛丑詔大象已來死事之家咸令賑恤冬十月己
酉以河北道行臺尚書令并州總管晉王廣為雍州牧餘
官如故兵部尚書楊尚希為禮部尚書癸丑置山南道行
臺尚書省於襄州以秦王俊為尚書令景辰以芳州刺史
駱平難為疊州刺史衡州總管周法尚為黃州總管甲子
甘露降于華林園
七年春正月癸巳有事于太廟乙未制諸州歲貢三人二
月丁巳祀朝日于東郊己巳陳遣兼散騎常侍王亨兼通

直散騎常侍王睿來聘壬申車駕幸醴泉宮是月發丁男
十萬餘修築長城二旬而罷夏四月己酉幸晉王第庚戌
於揚州開山陽瀆以通運漕突厥沙鉢略可汗卒其子雍
虞閭嗣立是為都藍可汗癸亥頒青龍符於東方總管刺
史西方以騶虞南方以朱雀北方以玄武甲戌遣兼散騎
常侍楊同兼通直散騎常侍崔儦使于陳以民部尚書蘇
威為吏部尚書五月乙亥朔日有蝕之己卯雨石于武安
滏陽間十餘里秋七月己丑衛王爽薨上發喪於門下外
省八月景午以懷州刺史源雄為朔州總管庚申梁主蕭
琮來朝九月乙酉梁安平王蕭巖掠於其國以奔陳辛卯

廢梁國曲赦江陵以梁主蕭琮為柱國封莒國公冬十月
庚申行幸同州以先帝所居降囚徒癸亥幸蒲州景寅宴
父老上極懽曰此間人物衣服鮮麗容止閑雅良由仕宦
之鄉陶染成俗也十一月甲午幸馮翊親祠故社父老對
詔失旨上大怒免其縣官而去戊戌至自馮翊

帝紀第一　隋書一

帝紀第二　隋書二

特進臣魏　徵上

高祖下

八年春正月乙亥陳遣散騎常侍袁雅兼通直散騎常侍
周止水來聘二月庚子鎮星入東井辛酉陳人寇硤州三
月辛未上柱國隴西郡公李詢卒壬申以成州刺史姜須
達為會州總管甲戌遣兼散騎常侍程尚賢兼通直散騎
常侍韋惲使于陳戊寅詔曰昔有苗不賓唐堯薄伐孫皓
僭虐晉武行誅有陳竊據江表逆天暴物朕初受命陳頊
尚存思欲教之以道不以龔行為令往來脩睦望其遷善
時日無幾釁惡已聞厚納叛亡侵犯城戍勾吳閩越肆厥
殘忍于時王師大舉將一車書陳頊反地收兵深懷震懼
責躬請約俄而致殞矜其喪禍仍詔班師叔寶承風因求
繼好載佇克念共敦行李每見珪璪入朝輶軒出使何嘗
不殷勤曉喻戒以惟新而狼子之心出而彌野威侮五行怠
棄三正誅翦骨肉夷滅才良據手掌之地恣溪壑之險劫
奪閭閻資產俱竭驅蹙內外勞役弗已徵責女子擅造宮
室日增月益止足無期帷薄嬪嬙有逾萬數寶衣玉食窮
奢極侈淫聲樂飲俾晝作夜斬直言之客滅無罪之家剖
人之肝分人之血欺天造惡祭鬼求恩歌舞衢路酣醉宮

闤闠盈衍黨而執干戈曳羅綺而呼警蹕躍馬振策從旦至
昏無所經營馳走不息負甲持仗隨逐徒行追而不及即
加罪譴自古昏亂罕或能比介士武夫飢寒力役筋髓罄
於土木性命俟於溝渠君子潛逃小人得志家家隱殺戮
各各任聚斂天災地孽物怪人妖衣冠鉗口道路以目傾
心翹足誓告於我日月以冀文奏相尋重以背德違言搖
蕩疆埸巴峽之下海澨已西江北江南爲鬼爲蜮死隴窮
發掘之酷生居極攘敚之苦抄掠人畜斷截樵蘇市井不
立農事廢寢歷陽廣陵窺覦相繼或謀圖城邑或劫剝吏
人晝伏夜遊鼠竊狗盜彼則羸兵敝卒來必就擒此則重門

設險有勞藩捍天之所覆無非朕臣每關聽覽有懷傷惻
有梁之國我南藩也其君入朝潛相招誘不顧朕恩士女
深迫脅之悲城府致空虛之歎非直朕居人上懷此無忘
既而百辟屢以爲言兆庶不堪其請豈容對而不誅忍而
不救近日秋始謀欲弔人益部樓船盡令東騖便有神龍
數十騰躍江流引伐罪之師向金陵之路船住則龍止船
行則龍去四日之內三軍皆覩豈非蒼旻愛人幽明展事
降神先路協贊軍威以上天之靈助戡定之力便可出師
授律應機誅殄在斯舉也永清吳越其將士糧仗水陸資
須期會進止一准別敕秋八月丁未河北諸州飢遣吏部

尚書蘇威賑恤之九月丁丑宴南征諸將頒賜各有差癸
巳嘉州言龍見冬十月己亥太白出西方己未置淮南行
臺省於壽春以晉王廣爲尚書令辛酉陳遣兼散騎常侍
王琬兼通直散騎常侍許善心來聘拘留不遣甲子將伐
陳有事於太廟命晉王廣秦王俊清河公楊素並爲行軍
元帥以伐陳於是晉王廣出六合秦王俊出襄陽清河公
楊素出信州荊州刺史劉仁恩出江陵宜陽公王世積出
蘄春新義公韓擒虎出廬江襄邑公賀若弼出吳州落叢公
燕榮出東海合總管九十兵五十一萬八千皆受晉王節
度東接滄海西拒巴蜀旌旗舟楫橫亘數千里曲赦陳國

有星孛于牽牛十一月丁卯車駕餞師詔購陳叔寶位上
柱國萬户公乙亥行幸定城陳師誓衆景子幸河東十二
月庚子至自河東
九年春正月己巳白虹夾日辛未賀若弼拔陳京口韓擒
虎拔陳南豫州癸酉以尚書右僕射虞慶則爲右衛大將軍
景子賀若弼敗陳師於蔣山獲其將蕭摩訶韓擒虎進師入
建鄴獲其將任蠻奴獲陳主叔寶陳國平合州三十郡一
百縣四百癸巳遣使持節巡撫之二月乙未廢淮南行臺
省景申制五百家爲鄉正一人百家爲里長一人丁酉以
襄州總管韋世康爲安州總管夏四月己亥幸驪山親勞

旋師乙巳三軍凱入獻俘於太廟拜晉王廣爲太尉庚戌
上御廣陽門宴將士頒賜各有差辛亥大赦天下己未以
陳都官尚書孔範散騎常侍王瑳王儀御史中丞沈觀等
邪佞於其主以致亡滅皆投之邊裔辛酉以信州總管楊
素爲荊州總管吏部侍郎宇文弼爲刑部尚書宗正少卿
楊异爲工部尚書壬戌詔曰往以吳越之野羣黎塗炭干
戈方用積習未寧今率土大同含生遂性太平之法方可
流行凡我臣僚澡身浴德開通耳目宜從玆始喪亂已來
緬將十載君無君德臣失臣道父有不慈子有不孝兄弟
之情或薄夫婦之義或違長幼失序尊卑錯亂朕爲帝王

志存愛養時有臻道不敢寧息內外職位遐邇黎人家家
自修人人克念使不軌不法蕩然俱盡兵可立威不可不
戢刑可助化不可專行禁衛九重之餘鎮守四方之外戎
旅軍器皆宜停罷代路既夷羣方無事武力之子俱可學
文人間甲仗悉皆除毀有功之臣降情文藝家門子姪各
守一經令海內翕然高山仰止京邑庠序爰及州縣生徒
受業升進於朝未有灼然明經高第此則教訓不篤考課
未精明勸所由隆玆儒訓官府從官丘園素士心迹相表
寬弘爲念勿爲跼促乖我皇猷朕君臨區宇於玆九載開
直言之路披不諱之心形於顏色勞於興寢自頃逞藝論

功昌言乃衆推誠切諫其事甚踈公卿士庶非所望也各
啓至誠匡玆不逮見善必進有才必舉無或噤嘿退有後
言頒告天下咸悉此意閏月甲子以安州總管韋世康爲
信州總管丁丑頒木魚符於總管刺史雌一雄一己卯以
吏部尚書蘇威爲尚書右僕射六月乙丑以荊州總管楊
素爲納言丁丑以吏部侍郎盧愷爲禮部尚書時朝野物
議咸願登封秋七月景午詔曰豈可命一將軍除一小國
遐邇注意便謂太平以薄德而封名山用虛言而干上帝
非朕攸聞而今以後言及封禪宜即禁絕八月壬戌以廣
平王雄爲司空冬十一月壬辰考使定州刺史豆盧通等

上表請封禪上不許庚子以右衛大將軍虞慶則爲右武
候大將軍右領軍將軍李安爲右領軍大將軍甲寅降囚
徒十二月甲子詔曰朕祗承天命清蕩萬方百王衰敝之
後兆庶澆浮之日聖人遺訓掃地俱盡制禮作樂今也其
時朕情存古樂深思雅道鄭衛淫聲魚龍雜戲樂府之內
盡以除之今欲更調律呂改張琴瑟且妙術精微非因教
習工人代掌止傳糟粕不足達神明之德論天地之和區
域之間奇才異議天知神授何代無哉蓋晦迹於非時俟
昌言於所好宜可搜訪速以奏聞庶覩一藝之能共就九
成之業仍詔太常牛弘通直散騎常侍許善心秘書丞姚

察通直郎虞世基等議定作樂己巳以黃州總管周法尚
爲永州總管
十年春正月乙未以皇孫昭爲河南王楷爲華陽王二月
庚申幸并州夏四月辛酉至自并州五月乙未詔曰魏
末喪亂寓縣瓜分役車歲動未遑休息兵士軍人權置坊
府南征北伐居處無定家無完堵地罕包桑恒爲流寓之
人竟無鄉里之號朕甚愍之凡是軍人可悉屬州縣墾田
籍帳一與民同軍府統領宜依舊式罷山東河南及北方
緣邊之地新置軍府六月辛酉制人年五十免役收庸癸
亥以靈州總管王世積爲荊州總管浙州刺史元胄爲靈

隋帝紀二　六

州總管秋七月癸卯以納言楊素爲內史令庚戌上親錄
囚徒辛亥高麗遼東郡公高陽卒壬子吐谷渾遣使來朝
八月壬申遣柱國襄陽郡公韋洸上開府東萊郡公王景
並持節巡撫嶺南百越皆服冬十月甲子頒木魚符於京
師官五品已上戊辰以永州總管周法尚爲桂州總管十
一月辛卯幸國學頒賜各有差景午契丹遣使朝貢辛丑
有事於南郊是月婺州人汪文進會稽人高智慧蘇州人
沈玄懀皆舉兵反自稱天子署置百官樂安蔡道人蔣山
李稜饒州吳代華永嘉沈孝澈泉州王國慶餘杭楊寶英
交阯李春等皆自稱大都督攻陷州縣詔上柱國內史令

越國公楊素討平之
十一年春正月丁酉以平陳所得古器多爲妖變悉命毀
之辛丑高麗遣使朝貢景午皇太子妃元氏薨上舉哀於
文思殿二月戊午吐谷渾遣使貢方物以大將軍蘇孝慈
爲工部尚書景子以臨潁令劉曠治術尤異擢爲莒州刺
史己卯突厥遣使獻七寶盌辛巳晦日有蝕之三月壬午
遣通事舍人若干治使于吐谷渾癸未以幽州總管周搖
爲壽州總管朔州總管吐萬緒爲夏州總管夏四月戊午
突厥雍虞閭可汗遣其特勤來朝五月甲子高麗遣使貢
方物癸卯詔百官悉詣朝堂上封事乙巳以右衛將軍元旻

隋帝紀二　七

爲左衛大將軍秋七月己丑以柱國杜彥爲洪州總管八
月壬申幸栗園滕王瓚薨乙亥至自栗園上柱國沛國公
鄭譯卒十二月景辰靺鞨遣使貢方物
十二年春正月壬子以蘇州刺史皇甫續爲信州總管宣
州刺史席代雅爲廣州總管二月己巳以蜀王秀爲內史
令兼右領軍大將軍漢王諒爲雍州牧右衛大將軍夏四
月辛卯以壽州總管周搖爲襄州總管五月辛亥廣州總
管席代雅卒秋七月乙巳尚書右僕射邳國公蘇威禮部
尚書容城縣侯盧愷並坐事除名壬戌幸昆明池其日還
宮己巳有事於太廟壬申晦日有蝕之八月甲戌制天下

死罪諸州不得便決皆令大理覆治乙亥幸龍首池癸巳制宿衛者不得輒離所守丁酉上柱國夏州總管楚國公豆盧勣卒戊戌上親録囚徒九月丁未以工部尚書楊异爲吳州總管冬十月丁丑以遂安王集爲衛王壬午有事于太廟至太祖神主前上流涕嗚咽悲不自勝十一月辛亥有事於南郊壬子宴百寮頒賜各有差己未上柱國新義郡公韓擒虎卒以豫州刺史權武爲潭州總管甲子百寮大射於武德殿十二月癸酉突厥遣使來朝乙酉以上柱國内史令楊素爲尚書右僕射己酉吐谷渾靺鞨並遣使貢方物

十三年春正月乙巳上柱國郇國公韓建業卒景午契丹奚霫室韋並遣使貢方物壬子親祀感帝己未以信州總管韋世康爲吏部尚書壬戌行幸岐州二月景子詔營仁壽宮丁亥至自岐州戊子宴考使於嘉則殿己卯立皇孫暕爲豫章王戊子晉州刺史南陽郡公賈悉達隰州總管撫寧郡公韓延等以賄伏誅己丑制坐事去官者配流一年丁酉制私家不得隱藏緯候圖讖夏四月癸未制戰亡之家給復一年五月癸亥詔人間有撰集國史臧否人物者皆令禁絶秋七月戊申靺鞨遣使貢方物壬子左衛大將軍雲州總管鉅鹿郡公賀婁子幹卒丁巳幸昆明池戊辰晦日有蝕之九月景辰降囚徒庚申以邵國公楊綸爲滕王乙丑以柱國杜彥爲雲州總管冬十月乙卯上柱國華陽郡公梁彥光卒

十四年夏四月乙丑詔曰在昔聖人作樂崇德移風易俗於斯爲大自晉氏播遷兵戈不息雅樂流散年代已多四方未一無由辨正賴上天鑒臨明神降福拯茲塗炭安息蒼生天下大同歸於治理遺文舊物皆爲國有比命所司總令研究正樂雅聲詳考已訖宜即施用見行者停人間音樂流僻日久棄其舊體競造繁聲浮宕不歸遂以成俗宜加禁約務存其本五月辛酉京師地震關内諸州旱六

月丁卯詔省府州縣皆給公廨田不得治生與人爭利秋七月乙未以邳國公蘇威爲納言八月辛未關中大旱人飢上率戶口就食於洛陽九月己未以齊州刺史樊子蓋爲循州總管丁巳以基州刺史崔仲方爲會州總管冬閏十月甲寅詔曰齊梁陳往皆創業一方綿歷年代既宗祀廢絶祭奠無主興言矜念良以愴然莒國公蕭琮及高仁英陳叔寶等宜令以時脩其祭祀所須器物有司給之乙卯制外官九品已上父母及子年十五已上不得將之官十一月壬戌制州縣佐吏三年一代不得重任癸未有星孛于角亢十二月乙未東巡狩

十五年春正月壬戌，車駕次齊州，親問疾苦。景寅，旅王符山。庚午，上以歲旱，祠太山，以謝愆咎。大赦天下。二月景辰，收天下兵器，敢有私造者坐之，關中緣邊不在其例。丁巳，上柱國、蔣國公梁睿卒。三月己未，至自東巡狩，望祭五嶽海瀆。丁亥，幸仁壽宮。景申，營州總管韋藝卒。夏四月己丑朔，大赦天下。甲辰，以趙州刺史楊達爲工部尚書。丁未，以開府儀同三司韋沖爲營州總管。五月癸酉，吐谷渾遣使朝貢。丁亥，制京官五品已上佩銅魚符。六月戊子，詔鑿底柱。庚寅，相州刺史豆盧通貢綾文布，命焚之於朝堂。乙未，林邑遣使來貢方物。辛丑，詔名山大川未在祀典者悉祠之。秋七月乙丑，晉王廣獻毛龜。甲戌，遣邳國公蘇威巡省江南。戊寅，至自仁壽宮。辛巳，制九品已上官以理去職者，聽並執笏。冬十月戊子，以吏部尚書韋世康爲荊州總管。十一月辛酉，幸溫湯。乙丑，至自溫湯。十二月戊子，勅盜邊糧一升已上皆斬，並籍沒其家。己丑，詔文武官以四考交代。

十六年春正月丁亥，以皇孫裕爲平原王，筠爲安成王，嶷爲安平王，恪爲襄城王，該爲高陽王，韶爲建安王，煚爲潁川王。夏五月丁巳，以懷州刺史龐晃爲夏州總管，蔡陽縣公姚辯爲靈州總管。六月甲午，制工商不得進仕。并州大蝗。辛丑，詔九品已上妻，五品已上妾，夫亡不得改嫁。秋八

月景戌，詔決死罪者三奏而後行刑。冬十月己丑，幸長春宮。十一月壬子，至自長春宮。

十七年春二月癸未，太平公史萬歲擊西寧羌，平之。庚寅，幸仁壽宮。庚子，上柱國王世積討桂州賊李光仕，平之。壬寅，河東王昭納妃，宴羣臣，頒賜各有差。三月景辰，詔曰：「分職設官，共理時務，班位高下，各有等差。若所在官人不相敬憚，多自寬縱，事難克舉。諸有殿失，雖備科條，或據律乃輕，論情則重，不即決罪，無以懲肅。其諸司論屬官，若有愆犯，聽於律外斟酌決杖。」辛酉，上親錄囚徒。癸亥，上柱國、彭國公劉昶以罪伏誅。庚午，遣治書侍御史柳彧、皇甫誕巡省河南、河北。夏四月戊寅，頒新曆。壬午，詔曰：「周曆告終，羣凶作亂，釁起蕃服，毒被生人。朕受命上玄，廓清區宇，聖靈垂祐，文武同心。申明公穆、鄖襄公孝寬、廣平王雄、蔣國公睿、楚國公勣、齊國公熲、越國公素、魯國公慶則、新寧公長乂、宜陽公世積、趙國公羅雲、隴西公詢、廣業公景、眞昌公振、沛國公譯、項城公子相、鉅鹿公子幹等，登庸納揆之時，草昧經綸之日，丹誠大節，心盡帝圖，茂績殊勳，力宣王府。宜弘其門緒，與國同休。其世子世孫未經州任者，宜量才升用，庶享榮位，世祿無窮。」五月，宴百寮於玉女泉，頒賜各有差。己巳，蜀王秀來朝。高麗遣使貢方物。甲戌，以左衛將

軍獨孤羅雲爲涼州總管閏月己卯羣鹿入殿門馴擾侍
衛之內秋七月丁丑桂州人李代賢反遣右武候大將軍
虞慶則討平之丁亥上柱國幷州總管秦王俊坐事免以
王就第戊戌突厥遣使貢方物八月丁卯荊州總管上庸
郡公韋世康卒九月甲申至自仁壽宮庚寅上謂侍臣曰
禮主於敬皆當盡心黍稷非馨貴在祗肅廟庭設樂本以
迎神齋祭之日觸目多感當此之際何可爲心在路奏樂
禮未爲允羣公卿士宜更詳之冬十月丁未頒銅獸符於
驃騎車騎府戊申道王靜薨庚午詔曰五帝異樂三王殊
禮皆隨事而有損益因情而立節文仰惟祭享宗廟瞻敬

如在罔極之感情深茲日而禮畢升路鼓吹發音還入宮
門金石振響斯則哀樂同日心事相違情所不安理實未
允宜改茲往式用弘禮教自今已後享廟日不須備鼓吹
殿庭勿設樂懸辛未京師大索十一月丁亥突厥遣使來
朝十二月壬子上柱國右武候大將軍魯國公虞慶則以
罪伏誅

十八年春正月辛丑詔曰吳越之人往承弊俗所在之處
私造大船因相聚結致有侵害其江南諸州人間有船長
三丈已上悉括入官二月甲辰幸仁壽宮乙巳以漢王諒
爲行軍元帥水陸三十萬伐高麗三月乙亥以柱國杜彥

爲朔州總管夏四月癸卯以蔣州刺史郭衍爲洪州總管
五月辛亥詔畜猫鬼蠱毒厭魅野道之家投於四裔六月
景寅下詔黜高麗王高元官爵秋七月壬申詔以河南八
州水免其課役景子詔京官五品已上總管刺史以志行
修謹清平幹濟二科舉人九月己丑漢王諒師遇疾疫而
旋死者十八九庚寅勑舍客無公驗者坐及刺史縣令辛
卯至自仁壽宮冬十一月甲戌上親錄囚徒癸未有事於
南郊十二月庚子上柱國夏州總管任城郡公王景以罪
伏誅是月自京師至仁壽宮置行宮十有二所

十九年春正月癸酉大赦天下戊寅大射武德殿宴賜百

官二月己亥晉王諱來朝辛丑以幷州總管長史宇文弼
爲朔州總管甲寅幸仁壽宮夏四月丁酉突厥利可汗內
附達頭可汗犯塞遣行軍總管史萬歲擊破之六月丁酉
以豫章王暕爲內史令秋八月癸卯上柱國尚書左僕射
齊國公高熲坐事免辛亥上柱國皖城郡公張威卒甲寅
上柱國城陽郡公李徹卒九月乙丑以太常卿牛弘爲吏
部尚書冬十月甲午以突厥利可汗爲啓人可汗築大利
城處其部落庚子以朔州總管宇文弼爲代州總管十二
月乙未突厥都藍可汗爲部下所殺丁丑星霣於勃海

二十年春正月辛酉朔上在仁壽宮突厥高麗契丹並遣

使貢方物癸亥以代州總管宇文弼爲吳州總管二月己巳以上柱國崔弘度爲原州總管丁丑無雲而雷三月辛卯興州人李英林反遣行軍總管張衡討平之夏四月壬戌突厥犯塞以晉王諱爲行軍元帥擊破之乙亥天有聲如瀉水自南而北六月丁丑秦王俊薨秋八月老人星見九月丁未至自仁壽宮癸丑吳州總管楊异卒冬十月己未太白晝見乙丑皇太子勇及諸子並廢爲庶人殺柱國太平縣公史萬歲己巳殺左衛大將軍五原郡公元旻十一月戊子天下地震京師大風雪以晉王諱爲皇太子十二月戊午詔東宮官屬不得稱臣於皇太子辛巳詔曰佛法深妙道

教虛融咸降大慈濟度羣品凡在含識皆蒙覆護所以雕鑄靈相圖寫眞形率土瞻仰用申誠敬其五嶽四鎮節宣雲雨江河淮海浸潤區域並生養萬物利益兆人故建廟立祀以時恭敬敢有毀壞偷盜佛及天尊像嶽鎮海瀆神形者以不道論沙門壞佛像道士壞天尊者以惡逆論

仁壽元年春正月乙酉朔大赦改元以尚書右僕射楊素爲尚書左僕射納言蘇威爲尚書右僕射丁酉徙河南王昭爲晉王突厥寇恒安遣柱國韓洪擊之官軍敗績以晉王昭爲內史令辛丑詔曰君子立身雖云百行唯誠與孝最爲其首故投主殉節自古稱難殞身王事禮加二等而

代俗之徒不達大義至於致命戎旅不入兆域虧孝子之意傷人臣之心興言念此每深愍歎且入廟祭祀並不廢闕何止墳塋獨在其外自今已後戰亡之徒宜入墓域二月乙卯朔日有蝕之辛巳以上柱國獨孤楷爲原州總管三月壬辰以豫章王暕爲揚州總管夏四月以浙州刺史蘇孝慈爲洪州總管五月己丑突厥男女九萬口來降壬辰驟雨震雷大風拔木宜君湫水移於始平六月癸丑洪州總管蘇孝慈卒乙卯遣十六使巡省風俗乙丑詔曰儒學之道訓教生人識父子君臣之義知尊卑長幼之序升之於朝任之以職故能贊理時務弘益風範朕撫臨天下思

弘德教延集學徒崇建庠序開進仕之路佇賢雋之人而國學胄子垂將千數州縣諸生咸亦不少徒有名錄空度歲時未有德爲代範才任國用良由設學之理多而未精今宜簡省明加獎勵於是國子學唯留學生七十人太學四門及州縣學並廢其日頒舍利於諸州秋七月戊戌改國子爲太學九月癸未以柱國杜彥爲雲州總管十一月己丑有事於南郊壬辰以資州刺史衛玄爲遂州總管

二年春二月辛亥以荊州刺史侯莫陳穎爲桂州總管宗正楊祀爲荊州總管三月己亥幸仁壽宮壬寅以齊州刺史張喬爲潭州總管夏四月庚戌岐雍二州地震秋七月

景戌詔內外官各一舉所知戊子以原州總管獨孤楷爲益
州總管八月己巳皇后獨孤氏崩九月景戌至自仁壽宮
壬辰河南北諸州大水遣工部尚書楊達賑恤之乙未上
柱國襄州總管金水郡公周搖卒隴西地震冬十月壬子
曲赦益州管內癸丑以工部尚書楊達爲納言閏月甲申
詔尚書左僕射楊素與諸術者刊定陰陽舛謬己丑詔曰
禮之爲用時義大矣黃琮蒼璧降天地之神粢盛牲食展
宗廟之敬正父子君臣之序明婚姻喪紀之節故道德仁
義非禮不成安上治人莫善於禮自區宇亂離緜歷年代
王道衰而變風作微言絕而大義乖與代推移其弊日甚

至於四時郊祀之節文五服麻葛之隆殺是非異說踳駁
殊塗致使聖教凋訛輕重無准朕祗承天命撫臨生人當
洗滌之時屬干戈之代克定禍亂先運武功刪正彝典日
不暇給今四海乂安五戎勿用理宜弘風訓俗導德齊禮
綴往聖之舊章興先王之茂則尚書左僕射越國公楊素
尚書右僕射邳國公蘇威吏部尚書奇章公牛弘內史侍
郎薛道衡秘書丞許善心內史舍人虞世基著作郎王劭
或任居端揆博達古今或器推令望學綜經史委以裁緝
實允僉議可並修定五禮壬寅葬獻皇后於太陵十二月
癸巳上柱國益州總管蜀王秀廢爲庶人交州人李佛子

舉兵反遣行軍總管劉方討平之
三年春二月己卯原州總管比陽縣公龐晃卒戊子以大
將軍蔡陽郡公姚辯爲左武候大將軍夏五月癸卯詔曰
哀哀父母生我劬勞欲報之德昊天罔極但風樹不靜嚴
敬莫追霜露既降感思空切六月十三日是朕生日宜令
海內爲武元皇帝元明皇后斷屠六月甲午詔曰禮云至
親以朞斷蓋以四時之變易萬物之更始故聖人象之其
有三年加隆爾也但家無二尊母爲厭降是以父存喪母
還服于朞者服之正也豈容朞內而更小祥然三年之喪
而有小祥者禮云朞祭禮也朞而除喪道也以是之故雖

未再朞而天地一變不可不祭不可不除故有練焉以存
喪祭之本然朞喪有練於理未安雖云十一月而練乃無
所法象非朞非時豈可除祭而儒者徒擬三年之喪立練
禫之節可謂苟存其變而失其本欲漸於奪乃薄於喪致
使子則冠練去絰黃裏縓緣絰則布葛在躬麤服未改豈
非經哀尚存子情已奪親疏失倫輕重顛倒乃不順人情
豈聖人之意也故知先聖之禮廢於人邪三年之喪尚有
不行之者至於祥練之節安能不墜者乎禮云父母之喪
無貴賤一也而大夫士之喪父母乃貴賤異服然則禮壞
樂崩由來漸矣所以晏平仲之斬麤縗其老謂之非禮縢

文公之服三年其臣咸所不欲蓋由王道既衰諸侯異政將踰越於法度惡禮制之害己乃滅去篇籍自制其宜遂至骨肉之恩輕重從俗無易之道隆殺任情況孔子沒而微言隱秦滅學而經籍焚者乎有漢之興雖求儒雅人皆異說義非一貫又近代亂離唯務兵革其於典禮時所未遑夫禮不從天降不從地出乃人心而已者謂情緣於恩也故恩厚者其禮隆情輕者其禮殺聖人以是稱情立文別親疏貴賤之節自臣子道消上下失序莫大之恩遂情而薄莫重之禮與時而殺此乃服不稱喪容不稱服非所謂聖人緣恩表情制禮之義也然喪與易也寧在於戚則

禮之本也禮有其餘未若於哀則情之實也今十一月而練者非禮之本非情之實由是言之父存喪母不宜有練但依禮十三月而祥中月而禫庶以合聖人之意達孝子之心秋七月丁卯詔曰日往月來唯天所以運序山鎮川流唯地所以宣氣運序則寒暑無差宣氣則雲雨有作故能成天地之大德育萬物而爲功況一人君于四海睹物欲運獨見致治不藉羣才未之有也是以唐堯欽明命羲和以居岳虞舜叡德升元凱而作相伊尹鼎俎之媵爲殷之阿衡呂望漁釣之夫爲周之尚父此則鳴鶴在陰其子必和風雲之從龍虎賢哲之應聖明君德不回臣道以正

故能通天地之和順陰陽之序豈不由元首而有股肱乎自王道衰人風薄居上莫能公道以御物爲下必踵私法以希時上下相蒙君臣義失義失則政乖政乖則人困蓋同德之風難嗣離德之軌易追則任者不休休者不任則衆口鑠金戮辱之禍不測是以行歌避代辭位灌園卷而可懷黜而無慍放逐江湖之上沈赴河海之流所以自潔而不悔者也至於閭閻秀異之士鄉曲博雅之儒言足以佐時行足以勵俗遺弃於草野堙滅而無聞豈勝道哉所以覽古而歎息者也方今區宇一家煙火萬里百姓乂安四夷賓服豈是人功實乃天意朕惟夙夜祗懼將所以上嗣

明靈是以小心勵己日慎一日以黎元在念憂兆庶未康以庶政爲懷慮一物失所雖求傳巖莫見幽人徒想崆峒未聞至道唯恐商歌於長夜抱關於夷門遠跡犬羊之間屈身僮僕之伍其令州縣搜揚賢哲皆取明知今古通識治亂究政教之本達禮樂之源不限多少不得不舉限以三旬咸令進路徵召將送必須以禮八月壬申上柱國檢校幽州總管落叢郡公燕榮以罪伏誅九月壬戌置常平官甲子以營州總管韋沖爲民部尚書十二月癸酉河南諸州水遣納言楊達賑恤之

四年春正月景辰大赦甲子幸仁壽宮乙丑詔賞罰支度

事無巨細並付皇太子夏四月乙卯上不豫六月庚申大赦天下有星入月中數日而退長人見於鴈門秋七月乙未日青無光八日乃復己亥以大將軍段文振爲雲州總管甲辰上以疾甚卧於仁壽宮與百寮辭訣並握手歔欷丁未崩於大寶殿時年六十四遺詔曰嗟乎自昔晉室播遷天下喪亂四海不一以至周齊戰爭相尋年將三百故割疆土者非一所稱帝王者非一人書軌不同生人塗炭上天降鑒爰命於朕用登大位豈關人力故得撥亂反正偃武修文天下大同聲教遠被此又是天意欲寧區夏所以昧旦臨朝不敢逸豫一日萬機留心親覽晦明寒暑不

憚劬勞匪曰朕躬蓋爲百姓故也王公卿士每日闕庭刺史以下三時朝集何嘗不罄竭心府誡勑殷勤義乃君臣情兼父子庶藉百寮智力萬國懽心欲令率土之人永得安樂不謂遘疾彌留至於大漸此乃人生常分何足言及但四海百姓衣食不豐教化政刑猶未盡善興言念此唯以留恨朕今年踰六十不復稱夭但筋力精神一時勞竭如此之事本非爲身止欲安養百姓所以致此人生子孫誰不愛念既爲天下事須割情勇及秀等並懷悖惡既知無臣子之心所以廢黜古人有言知臣莫若於君知子莫若於父若令勇秀得志共治家國必當戮辱偏於公卿酷毒

流於人庶今惡子孫已爲百姓黜屏好子孫足堪負荷大業此雖朕家事理不容隱前對文武侍衛具已論述皇太子廣地居上嗣仁孝著聞以其行業堪成朕志但令內外群官同心戮力以此共治天下朕雖瞑目何所復恨但國家事大不可限以常禮既葬公除行之自昔今宜遵用不勞改定凶禮所須纔令周事務從節儉不得勞人諸州總管刺史已下宜各率其職不須奔赴自古哲王因人作法前帝後帝沿革隨時律令格式或有不便於事者宜依前勑修改務當政要嗚呼敬之哉無墜朕命乙卯發喪河間楊柳四株無故黃落既而花葉復生八月丁卯梓宮至自

仁壽宮景子殯于大興前殿冬十月己卯合葬於太陵同墳而異穴上性嚴重有威容外質木而內明敏有大略初得政之始羣情不附諸子幼弱內有六王之謀外致三方之亂握強兵居重鎮者皆周之舊臣上推以赤心各展其用不踰朞月克定二邊未及十年平一四海薄賦斂輕刑罰內脩制度外撫戎夷每旦聽朝日昃忘倦居處服翫務存節儉令行禁止上下化之開皇仁壽之間丈夫不衣綾綺而無金玉之飾常服率多布帛裝帶不過以銅鐵骨角而已雖嗇於財至於賞賜有功亦無所愛惜乘輿四出路逢上表者則駐馬親自臨問或潛遣行人採聽風俗吏治

得失人間疾苦無不留意嘗遇關中飢遣左右視百姓所
食有得豆屑雜糠而奏之者上流涕以示群臣深自咎責
為之徹膳不御酒肉者殆將一朞及東拜太山關中戶口
就食洛陽者道路相屬上勅斥候不得輒有驅逼男女參
厠於仗衛之間逢扶老攜幼者輒引馬避之慰勉而去至
艱險之處見負擔者遽令左右扶助之其有將士戰沒必
加優賞仍令使者就家勞問自強不息朝夕孜孜人庶殷
繁帑藏充實雖未能臻於至治亦足稱近代之良主然天
性沉猜素無學術好為小數不達大體故忠臣義士莫得
盡心竭辭其草創元勳及有功諸將誅夷罪退罕有存者

又不悅詩書廢除學校唯婦言是用廢黜諸子逮于暮年
持法尤峻喜怒不常過於殺戮嘗令左右送西域朝貢使
出玉門關其人所經之處或受牧宰小物饋遺鸚鵡麞皮
馬鞭之屬上聞而大怒又詣武庫見署中蕪穢不治於是
執武庫令及諸受遺者出開遠門外親自臨決死者數十
人又往往潛令人賂遺令史府史有受者必死無所寬貸
議者以此少之

史臣曰高祖龍德在田奇表見異晦明藏用故知我者希
始以外戚之尊受託孫之任與能之議未為當時所許是
以周室舊臣咸懷憤惋既而王謙固三蜀之阻不踰朞月
尉迥舉全齊之衆一戰而亡斯乃非止人謀抑亦天之所
贊也乘茲機運遂遷周鼎于時蠻夷猾夏荊揚未一劬勞
日昃經營四方樓船南邁則金陵失險驃騎北指則單于
款塞職方所載並入疆理禹貢所圖咸受正朔雖晉武之
克平吳會漢宣之推亡固存比義論功不能尚也七德既
敷九歌已洽要荒咸暨尉候無警於是躬節儉平徭賦倉
廩實法令行君子咸樂其生小人各安其業強無陵弱衆
不暴寡人物殷阜朝野歡娛二十年間天下無事區宇之
內晏如也考之前王足以參蹤盛烈但素無術學不能盡
下無寬仁之度有刻薄之資暨乎暮年此風逾扇又雅好

符瑞暗於大道建彼維城權侔京室皆同帝制靡所適從
聽哲婦之言惑邪臣之說溺寵廢嫡託付失所滅父子之
道開昆弟之隙縱其尋斧翦伐本枝墳土未乾子孫繼踵
屠戮松檟纔列天下已非隋有惜哉迹其衰怠之源稽其
亂亡之兆起自高祖成於煬帝所由來遠矣非一朝一夕
其不祀忽諸未為不幸也

帝紀第二　隋書二

帝紀第三　隋書三

特進臣魏徵上

煬帝上

煬皇帝諱廣一名英小字阿䴪高祖第二子也母曰文獻
獨孤皇后上美姿儀少敏慧高祖及后於諸子中特所鍾
愛在周以高祖勳封鴈門郡公開皇元年立為晉王拜柱
國并州總管時年十三尋授武衛大將軍進位上柱國河
北道行臺尚書令大將軍如故高祖令項城公歆安道公
李徹輔導之上好學善屬文沉深嚴重朝野屬望高祖
密令善相者來和徧視諸子和曰晉王眉上雙骨隆起貴
不可言既而高祖幸上所居第見樂器絃多斷絕又有塵
埃若不用者以為不好聲妓善之上尤自矯飾當時稱為
仁孝嘗觀獵遇雨左右進油衣上曰士卒皆霑濕我獨衣
此乎乃令持去六年轉淮南道行臺尚書令其年徵拜雍
州牧內史令八年冬大舉伐陳以上為行軍元帥及陳平
執陳湘州刺史施文慶散騎常侍沈客卿市令陽慧朗刑
法監徐析尚書都令史暨慧以其邪佞有害於民斬之石
闕下以謝三吳於是封府庫資財無所取天下稱賢進位
太尉賜輅車乘馬袞冕之服玄珪白璧各一復拜并州總
管俄而江南高智慧等相聚作亂徙上為揚州總管鎮江

都每歲一朝高祖之祠太山也領武候大將軍明年歸藩
後數載突厥寇邊復為行軍元帥出靈武無虜而還及太
子勇廢立上為皇太子是月當受冊高祖曰吾以大興公
成帝業令上出舍大興縣其夜烈風大雪地震山崩民舍
多壞壓死者百餘口仁壽初奉詔巡撫東南是後高祖每
避暑仁壽宮恒令上監國四年七月高祖崩上即皇帝位
於仁壽宮八月奉梓宮還京師并州總管漢王諒舉兵反
詔尚書左僕射楊素討平之九月乙巳以備身將軍崔彭
為左領軍大將軍十一月乙未幸洛陽景申發丁男數十
萬掘塹自龍門東接長平汲郡抵臨清關度河至浚儀襄
城達於上洛以置關防癸丑詔曰乾道變化陰陽所以消
息沿創不同生靈所以順敘若使天意不變施化何以成
四時人事不易為政何以釐萬姓易不云乎通其變使民
不倦變則通通則久有德則可久有功則可大朕又聞之
安安而能遷民用丕變是故姬邑兩周如武王之意殷人
五徙成湯后之業若不因人順天功業見乎變愛人治國
者可不謂歟然雒邑自古之都王畿之內天地之所合陰
陽之所和控以三河固以四塞水陸通貢賦等故漢祖曰
吾行天下多矣唯見雒陽自古皇王何嘗不留意所不都
者蓋有由焉或以九州未一或以困其府庫作雒之制所

以未暇也我有隋之始便欲創兹懷維日復一日越曁于今念兹在兹興言感哽朕肅膺寶曆纂臨萬邦遵而不失心奉先志今者漢王諒悖逆毒被山東遂使州縣或淪非所此由關河懸遠兵不赴急加以并州移户復在河南周遷殷人意在於此況復南服遐遠東夏殷大因機順動今也其時君司百辟僉諧厥議但成周墟塉弗堪葺宇今可於伊雒營建東京便即設官分職以爲民極也夫宮室之制本以便生上棟下宇足避風露高臺廣厦豈曰適形故傳云儉德之共侈惡之大宣尼有云與其不遜也寧儉豈謂瑶臺瓊室方爲宫殿者乎土堦采椽而非帝王者乎是

知非天下以奉一人乃一人以主天下也民惟國本本固邦寧百姓足孰與不足今所營構務從節儉無令雕牆峻宇復起於當今欲使卑宮菲食將貽於後世有司明爲條格稱朕意焉十二月乙丑以右武衛將軍來護兒爲右驍衛大將軍戊辰以柱國李景爲右武衛大將軍以右衛率周羅睺爲右武候大將軍

大業元年春正月壬辰朔大赦改元立妃蕭氏爲皇后改豫州爲溱州洛州爲豫州廢諸州總管府丙申立晉王昭爲皇太子丁酉以上柱國宇文述爲左衛大將軍上柱國郭衍爲左武衛大將軍延壽公于仲文爲右衛大將軍己亥以豫章王暕爲豫州牧戊申發八使巡省風俗下詔曰昔者哲王之治天下也其在愛民乎既富而教家給人足故能風淳俗厚遠至邇安治定功成率由斯道朕嗣膺寶曆撫育黎獻夙夜戰兢若臨川谷雖則聿遵先緒弗敢失墜永言政術多有缺然況以四海之遠兆民之衆未獲親臨問其疾苦每慮幽仄莫舉冤屈不申一物失所乃傷和氣萬方有罪責在朕躬所以寤寐增歎而夕惕載懷者也今既布政惟始宜存寬大可分遣使人巡省方俗宣揚風化薦拔淹滯申達幽枉孝悌力田給以優復鰥寡孤獨不能自存者量加振濟義夫節婦旌表門閭高年之老加其

版授並依別條賜以粟帛篤疾之徒給侍丁者雖有侍養之名曾無賙贍之實明加檢校使得存養若有名行顯著操履修絜及學業才能一藝可取咸宜訪採將身入朝所在州縣以禮發遣其有蠹政害人不便於時者使還之日具録奏聞己酉以吳州總管宇文弼爲刑部尚書二月己卯以尚書左僕射楊素爲尚書令三月丁未詔尚書令楊素納言楊達將作大匠宇文愷營建東京徙豫州郭下居人以實之戊申詔曰聽採輿頌謀及庶民故能審政刑之得失是知昧旦思治欲使幽枉必達彝倫有章而牧宰任稱朝委苟爲徼幸以求考課虛立殿最不存治實綱紀於

是非理冤屈所以直申關河重阻無由自達朕故建立東
京躬親存問今將巡歷淮海觀省風俗眷求讜言徒繁詞
翰而鄉校之內闕爾無聞恇然夕惕用忘興寢其民下有
知州縣官人政治苛刻侵害百姓背公徇私不便於民者
宜聽詣朝堂封奏庶乎四聰以達天下無冤又於皁澗營
顯仁宮採海內奇禽異獸草木之類以實園苑徙天下富
商大賈數万家於東京辛亥發河南諸郡男女百餘萬開
通濟渠自西苑引穀洛水達于河自板渚引河通于淮庚
申遣黃門侍郎王弘上儀同於士澄往江南採木造龍舟
鳳艒黃龍赤艦樓船等數萬艘夏四月癸亥大將軍劉方

擊林邑破之五月庚戌民部尚書義豐侯韋沖卒六月甲
子熒惑入太微秋七月丁酉制戰亡之家給復十年景午
滕王綸衛王集並奪爵徙邊閏七月甲子以尚書令楊素
為太子太師安德王雄為太子太傅河間王弘為太子太
保景子詔曰君民建國教學為先移風易俗必自茲始而
言絕義乖多歷年代進德脩業其道寖微漢採坑焚之餘
不絕如線晉承板蕩之運掃地將盡自時厥後軍國多虞
雖復黌宇時建示同愛禮函丈或陳殆為虛器遂使紆青
拖紫非以學優製錦操刀類多牆面上陵下替綱維靡立
雅缺道消實由於此朕纂承洪緒思弘大訓將欲尊師重

道用闡厥繇講信脩睦敦獎名教方今宇宙平一文軌攸
同十步之內必有芳草四海之中豈無奇秀諸在家及見
入學者若有篤志好古耽悅典墳學行優敏堪膺時務所
在採訪具以名聞即當隨其器能擢以不次若研精經術
未願進仕者可依其藝業深淺門廕高卑雖未升朝並量
準給祿庶夫恂恂善誘不日成器濟濟盈朝何遠之有其
國子等學亦宜申明舊制教習生徒具為課試之法以盡
砥礪之道八月壬寅上御龍舟幸江都以左武衛大將軍
郭衍為前軍右武衛大將軍李景為後軍文武官五品已
上給樓船九品已上給黃篾舳艫相接二百餘里冬十月

己丑赦江淮已南揚州給復五年舊總管內給復三年十
一月己未以大將軍崔仲方為禮部尚書
二年春正月辛酉東京成賜監督者各有差以大理卿梁
毗為刑部尚書丁卯遣十使併省州縣二月景戌詔尚書
令楊素吏部尚書牛弘大將軍宇文愷內史侍郎虞世基
禮部侍郎許善心制定輿服始備輦路及五時副車上常
服皮弁十有二琪文官弁服佩玉五品已上給犢車通幰
三公親王加油絡武官平巾幘袴褶三品已上給瓝槊下
至胥吏服色皆有差非庶人不得戎服戊戌置都尉官三
月庚午車駕發江都先是太府少卿何稠太府丞雲定興

盛脩儀仗於是課州縣送羽毛百姓求捕之網羅被水陸禽獸有堪氅毦之用者殆無遺類至是而成夏四月壬戌上自伊闕陳法駕備千乘萬騎入於東京辛亥上御端門大赦免天下今年租稅癸丑以冀州刺史楊文思為民部尚書五月甲寅金紫光祿大夫兵部尚書李通坐事免乙卯詔曰旌表先哲式存饗祀所以優禮賢能顯彰遺愛朕永鑒前脩尚想名德何嘗不興歎九原屬懷千載其自古已來賢人君子有能樹聲立德佐世匡時博利殊功有益於人者並宜營立祠宇以時致祭墳壟之處不得侵踐有司量為條式稱朕意焉六月壬子以尚書令太子太師楊

素為司徒進封豫章王暕為齊王秋七月癸丑以衛尉卿衛玄為工部尚書庚申制百官不得計考增級必有德行功能灼然顯著者擢之壬戌擢藩邸舊臣鮮于羅等二十七人官爵有差甲戌皇太子昭薨乙亥上柱國司徒楚國公楊素薨八月辛卯封皇孫倓為燕王侗為越王侑為代王九月乙丑立秦孝王子浩為秦王冬十月戊子以靈州刺史段文振為兵部尚書十二月庚寅詔曰前代帝王因時創業君民建國禮尊南面而歷運推移年世永久丘壟殘毀樵牧相趨塋兆堙蕪封樹莫辨興言淪滅有愴于懷自古已來帝王陵墓可給隨近十戶蠲其雜役以供守視

三年春正月癸亥勑并州逆黨已流配而逃亡者所獲之處即宜斬決丙子長星竟天出於東壁二旬而止是月武陽郡上言河水清二月己丑彗星見於奎掃文昌歷大陵五車北河入太微掃帝坐前後百餘日而止三月辛亥車駕還京師壬子以大將軍姚辯為左屯衛將軍癸丑遣羽騎尉朱寬使於流求國乙卯河間王弘薨夏四月庚辰詔曰古者帝王觀風問俗皆所以憂勤兆庶安集遐荒自蕃夷內附未遑親撫山東經亂須加存卹今欲安輯河北巡省趙魏所司依式甲申頒律令大赦天下關內給復三年

壬辰改州為郡改度量權衡並依古式改上柱國已下官為大夫甲午詔曰天下之重非獨治所安帝王之功豈一士之略自古明君哲后立政經邦何嘗不選賢與能收採幽滯周稱多士漢號得人常想前風載懷欽佇朕負扆夙興冕旒待旦引領巖谷寘以周行冀與群才共康庶績而彙茅寂寞投竿罕至豈美璞韜采未值良工將介石在懷確乎難拔永鑒前哲憮然興歎凡厥在位譬諸股肱若濟巨川義同舟楫豈得保茲寵祿晦爾所知優游卒歲甚非謂也祈大夫之舉善良史以為至公臧文仲之蔽賢尼父譏其竊位求諸往古非無褒貶宜思進善用匡寡薄夫孝悌

有聞人倫之本德行敦厚立身之基或節義可稱或操履清絜所以激貪厲俗有益風化強毅正直執憲不撓學業優敏文才美秀並爲廊廟之用實乃瑚璉之資才堪將略則拔之以禦侮膂力驍壯則任之以爪牙爰及一藝可取亦宜採錄衆善畢舉與時無棄以此求治庶幾非遠文武有職事者五品已上宜依令十科舉人有一於此不必求備朕當待以不次隨才升擢其見任九品已上官者不在舉送之限景申車駕北巡狩丁酉以刑部尚書宇文㢸爲禮部尚書戊戌勑百司不得踐暴禾稼其有須開爲路者有司計地所收即以近倉酬賜務從優厚己亥次赤岸澤

以太牢祭故太師李穆墓五月丁巳突厥啓民可汗遣子拓特勤來朝戊午發河北十餘郡丁男鑿太行山達于并州以通馳道景寅啓民可汗遣其兄子毗黎伽特勤來朝辛未啓民可汗遣使請自入塞奉迎輿駕上不許癸酉有星孛于文昌上將星皆動搖六月辛巳獵於連谷丁亥詔曰聿追孝饗德莫至焉崇建寢廟禮之大者然則質文異代損益殊時學滅坑焚經典散逸憲章湮墜廟堂制度師說不同所以世數多少莫能是正連室異宮亦無準定朕獲奉祖宗欽承景業永惟嚴配思隆大典於是詢謀在位博訪儒術咸以爲高祖文皇帝受天明命奄有區夏拯群

飛於四海革凋敝於百王恤獄緩刑生靈皆遂其性輕徭薄賦比屋各安其業恢夷宇宙混壹車書東漸西被無思不服南征北怨俱荷來蘇駕毳乘風歷代所弗至辮髮左衽聲教所罕及莫不厥角闢塞頓顙闕庭譯靡絕時書無虛月韜戈偃武天下晏如嘉瑞休徵表裏禔福猗歟偉歟無得而名者也朕又聞之德厚者流光治辨者禮縟是以周之文武漢之高光其典章特立謚號斯重豈非緣情稱述即崇顯之義乎高祖文皇帝宜別建廟宇以彰巍巍之德仍遵月祭用表蒸蒸之懷有司以時創造務合典制又名位既殊禮亦異等天子七廟事著前經諸侯二昭義有

差降故其以多爲貴王者之禮今可依用貽厥後昆戊子次楡林郡丁酉啓民可汗來朝己亥吐谷渾高昌並遣使貢方物甲辰上御北樓觀漁于河以宴百寮秋七月辛亥啓民可汗上表請變服襲冠帶詔啓民贊拜不名位在諸侯王上甲寅上於郡城東御大帳其下備儀衛建旌旗宴啓民及其部落三千五百人奏百戲之樂賜啓民及其部落各有差景子殺光祿大夫賀若弼禮部尚書宇文㢸太常卿高熲尚書左僕射蘇威坐事免發丁男百餘萬築長城西距楡林東至紫河一旬而罷死者十五六八月壬午車駕發楡林乙酉啓民飾廬清道以候乘輿帝幸其帳啓

民奉觴上壽宴賜極厚上謂高麗使者曰歸語爾王當早
來朝見不然者吾與啓民巡彼土矣皇后亦幸義城公主帳
己丑啓民可汗歸蕃癸巳入樓煩關壬寅次太原詔營晉
陽宮九月己未次濟源幸御史大夫張衡宅宴享極歡己
巳至于東都壬申以齊王暕為河南尹開府儀同三司癸
酉以民部尚書楊文思為納言
四年春正月乙巳詔發河北諸郡男女百餘萬開永濟渠
引沁水南達于河北通涿郡庚戌百寮大射於允武殿丁
卯賜城内居民米各十石壬申以太府卿元壽為内史令鴻
臚卿楊玄感為禮部尚書癸酉以工部尚書衛玄為右候
衛大將軍大理卿長孫熾為民部尚書二月己卯遣司朝
謁者崔毅使突厥處羅致汗血馬三月辛酉以將作大匠
宇文愷為工部尚書壬戌百濟倭赤土迦羅舍國並遣使
貢方物乙丑車駕幸五原因出塞巡長城景寅遣屯田主
事常駿使赤土致羅罽夏四月景午以離石之汾源臨泉
鴈門之秀容為樓煩郡起汾陽宮癸丑以河内太守張定
和為左屯衛大將軍乙卯詔曰突厥意利珍豆啓民可汗
率領部落保附關塞遵奉朝化思改戎俗頻入謁覲屢有
陳請以氈牆毳幕事窮荒陋上棟下宇願同比屋誠心懇
切朕之所重宜於萬壽戍置城造屋其帷帳牀褥已上隨

事量給務從優厚稱朕意焉五月壬申蜀郡獲三足烏張
掖獲玄狐各一秋七月辛巳發丁男二十餘萬築長城自
榆林谷而東乙未左翊衛大將軍宇文述破吐谷渾於曼頭
赤水八月辛酉親祠恒岳河北道郡守畢集大赦天下車
駕所經郡縣免一年租調九月辛未徵天下鷹師悉集東
京至者萬餘人戊寅彗星出於五車掃文昌至房而滅辛
巳詔免長城役者一年租賦冬十月景午詔曰先師尼父
聖德在躬誕發天縱之姿憲章文武之道命世膺期蘊茲
素王而頹山之歎忽踰於千祀盛德之美不存於百代永
惟懿範宜有優崇可立孔子後為紹聖侯有司求其苗裔
錄以申上辛亥詔曰昔周王下車首封唐虞之胤漢帝承
曆亦命殷周之後皆所以褒立先代憲章在昔朕嗣膺景
業傍求雅訓有一弘益欽若令典以為周兼夏殷文質大
備漢有天下車書混一魏晉沿襲風流未遠並宜立後以
存繼絕之義有司可求其冑緒列聞乙卯頒新式於天下
五年春正月景子改東京為東都癸未詔天下均田戊子
上自東都還京師己丑制民間鐵叉搭鉤䂎刃之類皆禁
絕之太守每歲密上屬官景迹二月戊戌次于閿鄉詔祭
古帝王陵及開皇功臣墓庚子制魏周官不得為蔭辛丑
赤土國遣使貢方物戊申車駕至京師景辰宴耆舊四百

人於武德殿頒賜各有差己未上御崇德殿之西院憮然
不悅顧謂左右曰此先帝之所居實用增感情所未安宜
於此院之西別營一殿壬戌制父母聽隨子之官三月己
巳車駕西巡河右庚午有司言武功男子史永遵與從父
昆弟同居上嘉之賜物一百段米二百石表其門閭乙亥
幸扶風舊宅夏四月己亥大獵於隴西壬寅高昌吐谷渾
伊吾並遣使來朝乙巳次狄道党項羌來貢方物癸亥出
臨津關渡黃河至西平陳兵講武五月乙亥上大獵於拔
延山長圍周亘二千里庚辰入長寧谷壬午度星嶺甲申宴群
臣於金山之上景戌梁浩亹御馬度而橋壞斬朝散大夫

黃亘及督役者九人吐谷渾王率眾保覆袁川帝分命內
史元壽南屯金山兵部尚書段文振北屯雪山太僕卿楊
義臣東屯琵琶峽將軍張壽西屯泥嶺四面圍之渾主伏
允以數十騎遁出遣其名王詐稱伏允保車我真山壬辰
詔右屯衛大將軍張定和往捕之定和挺身挑戰為賊所
殺亞將柳武建擊破之斬首數百級甲午其仙頭王被圍
窮蹙率男女十餘萬口來降六月丁酉遣左光祿大夫梁
默右翊衛將軍李瓊等追渾主皆遇賊死之癸卯經大斗
拔谷山路隘險魚貫而出風霰晦冥與從官相失士卒凍
死者太半景午次張掖辛亥詔諸郡學業該通才藝優洽

膂力驍壯超絕等倫在官勤奮堪理政事立性正直不避
強禦四科舉人壬子高昌王麴伯雅來朝伊吾吐屯設等
獻西域數千里之地上大悅癸丑置西海河源鄯善且末
等四郡景辰上御觀風行殿盛陳文物奏九部樂設魚龍
曼延宴高昌王吐屯設於殿上以寵異之其蠻夷陪列者
三十餘國戊午大赦天下開皇已來流配悉放还鄉晉陽
逆黨不在此例隴右諸郡給復一年行經之所給復二年
秋七月丁卯置馬牧於青海渚中以求龍種無效而止九
月癸未車駕入長安冬十月癸亥詔曰優德尚齒載之典
訓尊事乞言義彰膠序鬻熊為師取非筋力方叔元老克

壯其猷朕永言稽古用求至治是以龐眉黃髮更令收敘
務簡秩優無虧藥膳庶等臥治佇其弘益今歲耆老赴集
者可於近郡處置年七十以上疾患沉滯不堪居職即給
賜帛送還本郡其官至七品已上者量給廩以終厥身十
一月景子車駕幸東都
六年春正月癸亥朔旦有盜數十人皆素冠練衣焚香持
華自稱彌勒佛入自建國門監門者皆稽首既而奪衛士
仗將為亂齊王暕遇而斬之於是都下大索與相連坐者
千餘家丁丑角抵大戲於端門街天下奇伎異藝畢集終
月而罷帝數微服往觀之己丑倭國遣使貢方物二月乙

巳武賁郎將陳稜朝請大夫張鎮州擊流求破之獻俘萬
七千口頒賜百官乙卯詔曰夫帝圖草創王業艱難咸仗
股肱叶同心德用能拯厥頹運克膺大寶然後疇庸茂賞
開國承家誓以山河傳之不朽近代喪亂四海未一茅土
妄假名實相乖歷茲永久莫能懲革皇運之初百度伊始
猶循舊貫未暇改作今天下交泰文軌攸同宜率遵先典
永垂大訓自今已後唯有功勳乃得賜封仍令子孫承襲
景辰改封安德王雄為觀王河間王子慶為郇王庚申徵
魏齊周陳樂人悉配太常三月癸亥幸江都宮甲子以鴻
臚卿史祥為左驍衛大將軍夏四月丁未宴江淮已南父

老頒賜各有差六月辛卯室韋赤土並遣使貢方物壬辰
鴈門賊帥尉文通聚眾三千保於莫壁谷遣鷹揚楊伯
泉擊破之甲寅制江都太守秩同京尹冬十月壬申刑部
尚書梁毗卒壬子民部尚書銀青光祿大夫長孫熾卒十
二月己未左光祿大夫吏部尚書牛弘卒辛酉朱崖人王
萬昌舉兵作亂遣隴西太守韓洪討平之
七年春正月壬寅左武衛大將軍光祿大夫眞定侯郭衍
卒二月己未上升釣臺臨楊子津大宴百寮頒賜各有差
庚申百濟遣使朝貢乙亥上自江都御龍舟入通濟渠遂
幸于涿郡壬午詔曰武有七德先之以安民政有六本興
之以教義高麗高元虧失藩禮將欲問罪遼左恢宣勝略
雖懷伐國仍事省方今往涿郡巡撫民俗其河北諸郡及
山西山東年九十已上者版授太守八十者授縣令三月
丁亥右光祿大夫左屯衛大將軍姚辯卒夏四月庚午至
涿郡之臨朔宮五月戊子以武威太守樊子蓋為民部尚
書秋大水山東河南漂沒三十餘郡民相賣為奴婢冬十
月乙卯底柱山崩偃河逆流數十里戊午以東平太守吐
萬緒為左屯衛大將軍十二月己未西面突厥處羅多利
可汗來朝上大悅接以殊禮于時遼東戰士及餽運者塡
咽於道晝夜不絕苦役者始為羣盜甲子勅都尉鷹揚與

郡縣相知追捕隨獲斬決之

帝紀第三　　隋書三

特進臣魏　徵　上

煬帝下

八年春正月辛巳大軍集于涿郡以兵部尚書段文振爲左候衛大將軍壬午下詔曰天地大德降繁霜於秋令聖哲至仁著甲兵於刑典故知造化之有肅殺義在無私帝王之用干戈蓋非獲已版泉丹浦莫匪龔行取亂覆昏咸由順動況乎甘野誓師夏開承大禹之業商郊問罪周發成文王之志永監前載屬當朕躬粵我有隋誕膺靈命兼三才而建極一六合而爲家提封所漸細柳盤桃之外聲

教爰暨紫舌黃枝之域遠至邇安罔不和會功成治定於是乎在而高麗小醜迷昏不恭崇聚勃碣之間荐食遼獩之境雖復漢魏誅戮巢窟暫傾亂離多阻種落還集萃川藪於往代播實繁以迄今睠彼華壤翦爲夷類歷年永久惡稔既盈天道禍淫亡徵已兆亂常敗德非可勝圖掩慝懷姦唯日不足移告之嚴未嘗面受朝覲之禮莫肯躬親誘納亡叛不知紀極充斥邊垂亟勞烽候關柝以之不靜生人爲之廢業在昔薄伐已漏天網既緩前禽之戮未即後服之誅曾不懷恩翻爲長惡乃兼契丹之黨虔劉海戍習靺鞨之服侵軼遼西又青丘之表咸修職貢碧海之濱同稟正朔遂復敚攘琛賮遏絕往來虐及弗辜誠而遇禍輶軒奉使爰暨海東旌節所次途經藩境而擁塞道路拒絕王人無事君之心豈爲臣之禮此而可忍孰不可容且法令苛酷賦斂煩重強臣豪族咸執國鈞朋黨比周以之成俗賄貨如市冤枉莫申重以仍歲災凶比屋饑饉兵戈不息徭役無期力竭轉輸身塡溝壑百姓愁苦爰誰適從境內哀惶不勝其弊迴首面內各懷性命之圖黃髮稚齒咸興酷毒之歎省俗觀風爰屆幽朔弔人問罪無俟再駕於是親總六師用申九伐拯厥阽危協從天意殄茲逋穢克嗣先謨今宜授律啓行分麾屆路掩渤澥而雷震歷夫

餘以電埽比戈按甲誓旅而後行先令五申必勝而後戰左第一軍可鏤方道第二軍可長岑道第三軍可海冥道第四軍可蓋馬道第五軍可建安道第六軍可南蘇道第七軍可遼東道第八軍可玄菟道第九軍可扶餘道第十軍可朝鮮道第十一軍可沃沮道第十二軍可樂浪道右第一軍可黏蟬道第二軍可含資道第三軍可渾彌道第四軍可臨屯道第五軍可候城道第六軍可提奚道第七軍可踏頓道第八軍可肅愼道第九軍可碣石道第十軍可東暆道第十一軍可帶方道第十二軍可襄平道凡此衆軍先奉廟略駱驛引途總集平壤莫非如豺如貔之勇

百戰百勝之雄顧眄則山岳傾頽叱吒則風雲騰鬱心德
攸同爪牙斯在朕躬馭元戎爲其節度涉遼而東循海之
右解倒懸於遐裔問疾苦於遺黎其外輕齎遊闕隨機赴
響卷甲銜枚出其不意又滄海道軍舟艫千里高颿電逝
巨艦雲飛橫斷浿江逕造平壤島嶼之望斯絕坎井之路
已窮其餘被髮左衽之人控弦待發微盧彭濮之旅不謀
同辭杖順臨逆人百其勇以此衆戰勢等摧枯然則王者
之師義存止殺聖人之教必也勝殘天罰有罪本在元惡
人之多僻脅從罔治若高元泥首轅門自歸司寇即宜解
縛焚櫬弘之以恩其餘臣人歸朝奉順咸加慰撫各安生

業隨才任用無隔夷夏營壘所次務在整肅芻蕘有禁秋
毫勿犯布以恩宥喻以禍福若其同惡相濟抗拒官軍國
有常刑俾無遺類明加曉示稱朕意焉總一百一十三萬
三千八百號二百萬其餽運者倍之癸未第一軍發終四
十日引師乃盡旌旗亘千里近古出師之盛未之有也乙
未以右候衛大將軍衛玄爲刑部尚書甲辰内史令元壽
卒二月甲寅詔曰朕觀風燕裔問罪遼濱文武叶力爪牙
思奮莫不執銳勤王捨家從役罕蓄倉廩之資兼損播殖
之務朕所以夕惕愀然慮其匱乏雖復素飽之衆情在忘
私悅使之人宜從其厚諸行從一品以下佽飛募人以上

家口郡縣宜數存問若有糧食乏少皆宜賑給或雖有田
疇貧弱不能自耕種可於多丁富室勸課相助使夫居者
有斂積之豐行役無顧後之慮壬戌司空京兆尹光祿大
夫觀王雄薨三月辛卯兵部尚書左候衛大將軍段文振
卒癸巳上御師甲午臨戎于遼水橋戊戌大軍爲賊所拒
不果濟右屯衛大將軍左光祿大夫麥鐵杖武賁郎將錢
士雄孟金叉等皆死之甲午車駕渡遼大戰于東岸擊賊
破之進圍遼東乙未大頓見二大鳥高丈餘皜身朱足遊
泳自若上異之命工圖寫并立銘頌五月壬午納言楊達
卒于時諸將各奉旨不敢赴機既而高麗各城守攻之不

下六月己未幸遼東責怒諸將止城西數里御六合城七
月壬寅宇文述等敗績于薩水右屯衛將軍辛世雄死之
九軍並陷將帥奔還亡者二千餘騎癸卯班師九月庚辰
上至東都己丑詔曰軍國異容文武殊用匡危拯難則霸
德攸興化人成俗則王道斯貴時方撥亂屠販可以登朝
世屬隆平經術然後升仕豐都爰肇儒服無預于周行建
武之朝功臣不參于吏職自三方未一四海交爭不遑文
教唯尚武功設官分職罕以才授班朝治人乃由勳敘莫
非拔足行陣出自勇夫斆學之道既所不習政事之方故
亦無取是非暗于在已威福專於下吏貪冒貨賄不知紀

極蠹政害民實由於此自今已後諸授勳官者並不得回授文武職事庶遵彼更張取類於調瑟求諸名製不傷于美錦若吏部輒擬用者御史即宜糾彈冬十月甲寅工部尚書宇文愷卒十一月己卯以宗女華容公主嫁于高昌王辛巳光祿大夫韓壽卒甲申敗將宇文述于仲文等並除名爲民斬尚書右丞劉士龍以謝天下是歲大旱疫人多死山東尤甚密詔江淮南諸郡閲視民間童女姿質端麗者每歲貢之

九年春正月丁丑徵天下兵募民爲驍果集于涿郡壬午賊帥杜彥冰王潤等陷平原郡大掠而去辛卯置折衝果毅武勇雄武等郎將官以領驍果乙未平原李德逸聚衆數萬稱阿舅賊劫掠山東靈武白榆妄稱奴賊劫掠牧馬北連突厥隴右多被其患遣將軍范貴討之連年不能剋戊戌大赦己亥遣代王侑刑部尚書衛玄鎮京師辛丑以右驍騎將軍李渾爲右驍衛大將軍二月己未濟北人韓進洛聚衆數萬爲群盜壬午復宇文述等官爵又徵兵討高麗三月景子濟陰人孟海公起兵爲盜衆至數萬丁丑發丁男十萬城大興戊寅幸遼東以越王侗民部尚書樊子蓋留守東都庚子北海人郭方預聚徒爲盜自號盧公衆至三萬攻陷郡城大掠而去夏四月庚午車駕度遼壬

申遣宇文述楊義臣趣平壤五月丁丑熒惑入南斗己卯濟北人甄寶車聚衆萬餘寇掠城邑六月乙巳禮部尚書楊玄感反於黎陽景辰玄感逼東都河南贊務裴弘策拒之反爲賊所敗戊辰兵部侍郎斛斯政亡奔于高麗庚午上班師高麗犯後軍勑右武衛大將軍李景爲後拒遣左翊衛大將軍宇文述左候衛將軍屈突通等馳傳發兵以討玄感秋七月己卯令所在發人城縣府驛癸未餘杭人劉元進舉兵反衆至數萬八月壬寅左翊衛大將軍宇文述等破楊玄感於閿鄉斬之餘黨悉平癸卯吳人朱燮晉陵人管崇擁衆十萬餘自稱將軍寇江左甲辰制驍果之家蠲免賦役丁未詔郡縣城去道過五里已上者徙就之戊申制盜賊籍沒其家乙卯賊帥陳瑱等衆三萬攻陷信安郡辛酉司農卿光祿大夫葛國公趙元淑以罪伏誅九月己卯濟陰人吳海流東海人彭孝才並舉兵爲盜衆數萬庚辰賊帥梁慧尚率衆四萬陷蒼梧郡甲午車駕次上谷以供費不給上大怒免太守虞荷等官丁酉東陽人李三兒向但子舉兵作亂衆至萬餘閏月己巳幸博陵庚午上謂侍臣曰朕昔從先朝周旋於此年甫八歲日月不居倏經三紀追惟平昔不可復希言未卒流涕嗚咽侍衛者皆泣下沾襟冬十月丁丑賊帥呂明星率衆數千圍東郡武

賁郎將費青奴擊斬之乙酉詔曰博陵昔爲定州地居衝要先皇歷試所基王化斯遠故以道冠幽風義高姚邑朕巡撫氓庶爰届兹邦瞻望郊廛緬懷敬止思所以宣播德澤覃被下人崇紀顯號式光令緒可改博陵爲高陽郡赦境内死罪已下給復一年於是召高祖時故吏皆量材授職壬辰以納言蘇威爲開府儀同三司朱燮管崇推劉元進爲天子遣將軍吐萬緒魚俱羅討之連年不能尅齊人孟讓王薄等衆十餘萬據長白山攻剽諸郡清河賊張金稱衆數萬渤海賊帥格謙自號燕王孫宣雅自號齊王衆各十萬山東苦之丁亥以右候衛將軍郭榮爲右候衛大將

軍十一月己酉右候衛將軍馮孝慈討張金稱於清河反爲所敗孝慈死之十二月甲申車裂玄感弟朝請大夫積善及黨與十餘人仍焚而揚之丁亥扶風人向海明舉兵作亂稱皇帝建元白烏遣太僕卿楊義臣擊破之

十年春正月甲寅以宗女爲信義公主嫁於突厥曷娑那可汗二月辛未詔百寮議伐高麗數日無敢言者戊子詔曰竭力王役致身戎事咸由徇義莫匪勤誠委命草澤棄骸原野興言念之每懷愍惻往年出車問罪將届遼濱廟算勝略具有進止而諒惛凶罔識成敗高熲愎很本無智謀臨三軍猶兒戲視人命如草芥不遵成規坐貽撓退遂令死亡者衆不及埋藏今宜遣使人分道收葬設祭於遼西郡立道場一所恩加泉壤庶弭窮魂之冤澤及枯骨用弘仁者之惠辛卯詔曰黄帝五十二戰成湯二十七征方乃德施諸侯令行天下盧芳小盜漢祖尚且親戎隗囂餘燼光武猶自登隴豈不欲除暴止戈勞而後逸者哉朕纂成寶業君臨天下日月所照風雨所沾孰非我臣獨隔聲教蕞爾高麗僻居荒表鴟張狼噬侮慢不恭抄竊我邊陲侵軼我城鎮是以去歲出軍問罪遂殪長蛇於玄菟戮封豕於襄平扶餘衆軍風馳電逝追奔逐北徑踰浿水滄海舟楫衝賊腹心焚其城郭汙其宫室高元伏鑕泥首送

款軍門尋請入朝歸罪司寇朕以許其改過乃詔班師而長惡靡悛宴安鴆毒此而可忍孰不可容便可分命六師百道俱進朕當親執武節臨御諸軍秣馬丸都觀兵遼水順天誅於海外救窮民於倒懸征伐以正之明德以誅之止除元惡餘無所問若有識存亡之分悟安危之機翻然北首自求多福必其同惡相濟抗拒王師若火燎原刑茲無赦有司便宜宣布咸使知聞丁酉扶風人唐弼舉兵反衆十萬推李弘爲天子自稱唐王三月壬子行幸涿郡癸亥次臨渝宫親御戎服禡祭黄帝斬叛軍者以釁鼓夏四月辛未彭城賊張大彪聚衆數萬保懸薄山爲盜遣榆林

太守董純擊破斬之甲午車駕次北平五月庚子詔舉郡
孝悌廉潔各十人壬寅賊帥宋世謨陷琅邪郡庚申延安
人劉迦論舉兵反自稱皇王建元大世六月辛未賊帥鄭
文雅林寶護等衆三萬陷建安郡太守楊景祥死之秋七
月癸丑車駕次懷遠鎮乙卯曹國遣使貢方物甲子高麗
遣使請降囚送斛斯政上大悅八月己巳班師庚午右衛
大將軍左光祿大夫鄭榮卒冬十月丁卯上至東都己丑
還京師十一月景申支解斛斯政於金光門外乙巳有事
於南郊己酉賊帥司馬長安破長平郡乙卯離石胡劉苗
王舉兵反自稱天子以其弟六兒為永安王衆至數萬將

軍潘長文討之不能剋是月賊帥王德仁擁衆數萬保林
慮山為盜十二月壬申上如東都其日大赦天下戊子入
東都庚寅賊帥孟讓衆十餘萬據都梁宮遣江都郡丞王
世充擊破之盡虜其衆
十一年春正月甲午朔大宴百寮突厥新羅靺鞨畢大辭
訶咄傳越烏那曷波臘吐火羅俱慮建忽論靺鞨訶多沛
汗龜茲疏勒于闐安國曹國何國穆國畢衣密失范延伽
折契丹等國並遣使朝貢戊戌武賁郎將高建毗破賊帥
顏宣政於齊郡虜男女數千口乙卯大會蠻夷設魚龍曼
延之樂頒賜各有差二月戊辰賊帥楊仲緒率衆萬餘攻

北平滑公李景破斬之庚午詔曰設險守國著自前經重
門禦暴事彰往策所以宅土寧邦禁邪固本而近代戰爭
居人散逸田疇無伍郛郭不修遂使遊惰實繁寇攘未息
今天下平一海內晏如宜令人悉城居田隨近給使強弱
相容力役兼濟穿窬無所厝其姦宄萑蒲不得聚其逋逃
有司具為事條務令得所景子上谷人王須拔反自稱漫
天王國號燕賊帥魏刀兒自稱歷山飛衆各十餘萬北連
突厥南寇趙五月丁酉殺右驍衛大將軍光祿大夫郕公
李渾將作監光祿大夫李敏並族滅其家癸卯賊帥司馬
長安破西河郡己酉幸太原避暑汾陽宮秋七月己亥淮

南人張起緒舉兵為盜衆至三萬辛丑光祿大夫右禦衛
大將軍張壽卒八月乙丑巡北塞戊辰突厥始畢可汗率
騎數十萬謀襲乘輿義成公主遣使告變壬申車駕馳幸
鴈門癸酉突厥圍城官軍頻戰不利上大懼欲率精騎潰
圍而出民部尚書樊子蓋固諫乃止齊王暕以後軍保于
崞縣甲申詔天下諸郡募兵於是守令各來赴難九月甲
辰突厥解圍而去丁未曲赦太原鴈門郡死罪已下冬十
月壬戌上至于東都丁卯彭城人魏騏驎聚衆萬餘為盜
寇魯郡壬申賊帥盧明月聚衆十餘萬寇陳汝間東海賊
帥李子通擁衆度淮自號楚王建元明政寇江都十一月

乙卯賊帥王須拔破高陽郡十二月戊寅有大流星如斛墜明月營破其衝車庚辰詔民部尚書樊子蓋發關中兵討絳郡賊敬盤陀柴保昌等經年不能克譙郡人朱粲擁衆數十萬寇荆襄僭稱楚帝建元昌達漢南諸郡多爲所陷焉

十二年春正月甲午鴈門人翟松柏起兵於靈丘衆至數萬轉攻傍縣二月己未眞臘國遣使貢方物甲子夜有二大鳥似鵰飛入大業殿止于御幄至明而去癸亥東海賊盧公暹率衆萬餘保于蒼山夏四月丁巳顯陽門災癸亥魏刀兒所部將甄翟兒復號歷山飛衆十萬轉寇太原將

軍潘長文討之反爲所敗長文死之五月景戌朔日有蝕之旣癸巳大流星隕于吳郡爲石壬午上於景華宮徵求螢火得數斛夜出遊山放之光徧巖谷秋七月壬戌民部尚書光祿大夫濟北公樊子蓋卒甲子幸江都宮以越王侗光祿大夫段達太府卿元文都檢校民部尚書韋津右武衛將軍皇甫無逸右司郎盧楚等總留後事奉信郎崔民象以盜賊充斥於建國門上表諫不宜巡幸上大怒先解其頤乃斬之戊辰馮翊人孫華自號總管舉兵爲盜高涼通守洗珤徹舉兵作亂嶺南溪洞多應之己巳熒惑守羽林月餘乃退車駕次氾水奉信郎王愛仁以盜賊日盛諫上請還西京上怒斬之而行八月乙巳賊帥趙萬海衆數十萬自恒山寇高陽壬子有大流星如斗出王良閣道聲如隤牆癸丑大流星如甕出羽林九月丁酉東海人杜伏威揚州沈覓敵等作亂衆至數萬右禦衛將軍陳稜擊破之戊午有二枉矢出北斗魁委曲蛇形注於南斗壬戌安定人荔非世雄殺臨涇令舉兵作亂自號將軍冬十月己丑開府儀同三司左翊衛大將軍光祿大夫許公宇文述薨十二月癸未鄱陽賊操天成舉兵反自號元興王建元始興攻陷豫章郡乙酉以右翊衛大將軍來護兒爲開府儀同三司行左翊衛大將軍壬辰鄱陽人林士弘自稱皇帝

國號楚建元太平攻陷九江廬陵郡唐公破甄翟兒於西河虜男女數千口

十三年春正月壬子齊郡賊杜伏威率衆度淮攻陷歷陽郡景辰勃海賊竇建德設壇於河間之樂壽自稱長樂王建元丁丑辛巳賊帥徐圓朗率衆數千破東平郡弘化人劉企成聚衆萬餘人爲盜傍郡苦之二月壬午朔方人梁師都殺郡丞唐世宗據郡反自稱大丞相遣銀青光祿大夫張世隆擊之反爲所敗戊子賊帥王子英破上谷郡己丑馬邑校尉劉武周殺太守王仁恭舉兵作亂北連突厥自稱定楊可汗庚寅賊帥李密翟讓等陷興洛倉越王侗

遣武賁郎將劉長恭光祿少卿房則擊之反爲所敗死者十五六庚子李密自號魏公稱元年開倉以振群盜衆至數十萬河南諸郡相繼皆陷焉壬寅劉武周破武賁郎將王智辯于桑乾鎮智辯死之三月戊午廬江人張子路舉兵反遣右禦衛將軍陳稜討平之丁丑賊帥李通德衆十萬寇廬江左屯衛將軍張鎮州擊破之夏四月癸未金城校尉薛舉率衆反自稱西秦霸王建元秦興攻陷隴右諸郡己丑賊帥孟讓夜入東都外郭燒豐都市而去癸巳李密陷迴洛東倉丁酉賊帥房憲伯陷汝陰郡是月光祿大夫裴仁基淮陽太守趙佗等並以衆叛歸李密五月辛酉

夜有流星如甕墜於江都甲子唐公起義師於太原景寅突厥數千寇太原唐公擊破之秋七月壬子熒惑守積屍景辰武威人李軌舉兵反攻陷河西諸郡自稱涼王建元安樂八月辛巳唐公破武牙郎將宋老生於霍邑斬之九月己丑帝括江都人女寡婦以配從兵是月武陽郡丞元寶藏以郡叛歸李密與賊帥李文相攻陷黎陽倉彗星見於營室冬十月丁亥太原楊世洛聚衆萬餘人寇掠城邑景申羅令蕭銑以縣反鄱陽人董景珍以郡反迎銑於羅縣號爲梁王攻陷傍郡戊戌武賁郎將高毗敗濟北郡賊甄寶車於嶝山十一月景辰唐公入京師辛酉遙尊帝

爲太上皇立代王侑爲帝改元義寧上起宮丹楊將遜于江左有烏鵲來巢幄帳驅不能止熒惑犯太微有石自江浮入于楊子日光四散如流血上甚惡之

二年三月右屯衛將軍宇文化及武賁郎將司馬德戡元禮監門直閤裴虔通將作少監宇文智及武勇郎將趙行樞鷹揚郎將孟景內史舍人元敏符璽郎李覆牛方裕千牛左右李孝本弟孝質直長許弘仁薛世良城門郎唐奉義醫正張愷等以驍果作亂入犯宮闈上崩于溫室時年五十蕭后令宮人撤牀簀爲棺以埋之化及發後右禦衛將軍陳稜奉梓宮於成象殿葬吳公臺下發斂之始容貌

若生衆咸異之大唐平江南之後改葬雷塘初上自以藩王次不當立每矯情飾行以釣虛名陰有奪宗之計時高祖雅信文獻皇后而性忌妾媵皇太子勇內多嬖幸以此失愛帝後庭有子皆不育之示無私寵取媚於后大臣用事者傾心與交中使至第無貴賤皆曲承顏色申以厚禮婢僕往來者無不稱其仁孝又常私入宮掖密謀於獻后楊素等因機構扇遂成廢立自高祖大漸暨諒闇之中烝淫無度山陵始就即事巡遊以天下承平日久士馬全盛慨然慕秦皇漢武之事乃盛治宮室窮極侈靡召募行人分使絕域諸蕃至者厚加禮賜有不恭命以兵擊之盛興

屯田於玉門柳城之外課天下富室益市武馬匹直十餘萬富强坐是凍餒者十家而九帝性多詭譎所幸之處不欲人知每之一所輙數道置頓四海珍羞殊味水陸必備焉求市者無遠不至郡縣官人競爲獻食豐厚者進擢疎儉者獲罪姦吏侵漁內外虛竭頭會箕斂人不聊生于時軍國多務日不暇給帝方驕怠惡聞政事寃屈不治奏請罕決又猜忌臣下無所專任朝臣有不合意者必構其罪而族滅之故高熲賀若弼先皇心膂參謀帷幄張衡李金才藩邸惟舊績著經綸或惡其直道或忿其正議求其無形之罪加以刎頸之誅其餘事君盡禮謇謇匪躬無辜無罪橫受夷戮者不可勝紀政刑弛紊賄貨公行莫敢正言道路以目六軍不息百役繁興行者不歸居者失業人飢相食邑落爲墟上不之恤也東西遊幸靡有定居每以供費不給逆收數年之賦所至唯與後宮流連耽湎惟日不足招迎姥媼朝夕共肆醜言又引少年令與宮人穢亂不軌不遜以爲娛樂區宇之內盜賊蜂起劫掠從官屠陷城邑近臣互相掩蔽隱賊數不以實對或有言賊多者輙大被詰責各求苟免上下相蒙每出師徒敗亡相繼戰士盡力必不加賞百姓無辜咸受屠戮黎庶憤怨天下土崩至於就擒而猶未之寤也

史臣曰煬帝爰在弱齡早有令聞南平吳會北却匈奴昆弟之中獨著聲績於是矯情飾貌肆厥姦回故得獻后鍾心文皇革慮天方肇亂遂登儲兩踐峻極之崇基承丕顯之休命地廣三代威振八紘單于頓顙越裳重譯赤仄之泉流溢于都內紅腐之粟委積於塞下負其富强之資思逞無厭之欲狹殷周之制度尚秦漢之規摹恃才矜己傲很明德內懷險躁外示凝簡盛冠服以飾其姦除諫官以掩其過淫荒無度法令滋章教絕四維刑參五虐鋤誅骨肉屠勦忠良受賞者莫見其功爲戮者不知其罪驕怒之兵屢動土木之功不息頻出朔方三駕遼左旌旗萬里徵稅百端猾吏侵漁人不堪命乃急令暴條以擾之嚴刑峻法以臨之甲兵威武以董之自是海內騷然無聊生矣俄而玄感肇黎陽之亂匈奴有鴈門之圍天子方棄中土遠之揚越姦宄乘釁强弱相陵關梁閉而不通皇輿往而不反加之以師旅因之以饑饉流離道路轉死溝壑十八九焉於是相聚萑蒲蝟毛而起大則跨州連郡稱帝稱王小則千百爲羣攻城剽邑流血成川澤死人如亂麻炊者不及析骸食者不遑易子茫茫九土並爲麋鹿之場惵惵黔黎俱充蛇豕之餌四方萬里簡書相續猶謂鼠竊狗盜不足爲虞上下相蒙莫肯念亂振蜉蝣之羽窮長夜之樂土崩

魚爛貫盈惡稔普天之下莫匪仇讎左右之人皆為敵國終然不悟同彼望夷遂以萬乘之尊死於一夫之手億兆靡感恩之士九牧無勤王之師子弟同就誅夷骸骨棄而莫掩社稷顛隕本枝殄絕自肇有書契以迄于茲宇宙崩離生靈塗炭喪身滅國未有若斯之甚也書曰天作孽猶可違自作孽不可逭傳曰吉凶由人祆不妄作又曰兵猶火也不戢將自焚觀隋室之存亡斯言信而有徵矣

帝紀第四

帝紀第五　隋書五

特進臣魏徵上

恭帝

恭皇帝諱侑元德太子之子也母曰韋妃性聰敏有氣度大業三年立為陳王後數載徙為代王邑萬戶及煬帝親征遼東令於京師總留事十一年從幸晉陽拜太原太守尋鎮京師義兵入長安尊煬帝為太上皇奉帝纂業

義寧元年十一月壬戌上即皇帝位於大興殿詔曰王道喪亂天步不康古往今來代有其事屬之於朕逢此百罹彼蒼者天胡寧斯忍襁褓之歲夙遭憫凶孺子之哀太上播越興言感動實疚于懷太尉唐公膺期作宰時稱舟楫大拯橫流糾合義兵翼戴皇室與國休戚再匡區夏爰奉明詔紹予幼沖顯命光臨天威咫尺對揚尊號悼心失圖一人在遠三讓不遂黽俛南面厝身無所苟利社稷莫敢或違俯從羣議奉遵聖旨可大赦天下改大業十三年為義寧元年十一月十六日昧爽以前大辟罪已下皆赦除之常赦所不免者不在赦限甲子以光祿大夫大將軍太尉唐公為假黃鉞使持節大都督內外諸軍事尚書令大丞相進封唐王景寅詔曰朕惟孺子未出深宮太上遠巡追蹤穆滿時逢多難委當尊極辭不獲免恭己臨朝若涉

大川罔知所濟撫躬永歎憂心孔棘民之情僞曾未之聞
王業艱難載云其易賴股肱戮力上宰賢良匡佐冲人輔
其不逮軍國機務事無大小文武設官位無貴賤憲章賞
罰咸歸相府庶績其凝責成斯屬逖聽前史茲爲典故因
循仍舊非曰徒言所存至公無爲讓德已已以唐王子隴
西公建成爲唐國世子敦煌公爲京兆尹改封秦公元吉
爲齊公食邑各萬户太原置鎭北府乙亥張掖康老和舉
兵反十二月癸未薛舉自稱天子寇扶風秦公爲元帥擊
破之丁亥桂陽人曾武徹舉兵反建元通聖丁酉義師擒
驍衛大將軍屈突通於閿鄉虜其衆數萬乙巳賊帥張善

安陷廬江郡
二年春正月丁未詔唐王劍履上殿入朝不趨贊拜不名
加前後羽葆鼓吹壬戌將軍王世充爲李密所敗河内通
守孟善誼武賁郎將王辯楊威劉長恭梁德董智通皆死
之庚戌河陽郡尉獨孤武都降於李密三月景辰右屯衛
將軍宇文化及殺太上皇於江都宮右禦衛將軍獨孤盛
死之齊王暕趙王杲燕王倓光禄大夫開府儀同三司行
右翊衛大將軍宇文協金紫光禄大夫内史侍郎虞世基
銀青光禄大夫御史大夫裴蘊通議大夫行給事郎許善
心皆遇害化及立秦王浩爲帝自稱大丞相朝士文武皆

受其官爵光禄大夫宿公麥才折衝郎將朝請大夫沈光
同謀討賊夜襲化及營反爲所害戊辰詔唐王備九錫之
禮加璽紱遠遊冠緑綟綬位在諸侯王上唐國置丞相已
下一依舊式五月乙巳朔詔唐王冕十有二旒建天子旌
旗出警入蹕金根車駕備五時副車置旄頭雲罕車儛八
佾設鍾虡宮懸王后王子王女爵命之號一遵舊典戊午
詔曰天禍隋國大行太上皇遇盜江都酷甚望夷釁深驪
北憫予小子奄遭不造哀號承感心情糜潰仰惟荼毒仇
復靡申形影相弔罔知啓處相國唐王膺期命世扶危拯
溺自北徂南東征西怨總九合於一匡決百勝於千里糾

率夷夏大庇甿黎保乂朕躬繫王是賴德侔造化功格蒼
旻兆庶歸心曆數斯在屈爲人臣載違天命在昔虞夏揖
讓相推苟非重華誰堪命禹當今九服崩離三靈改卜大
運去矣請避賢路兆謀布德顧已莫能私僮命駕須歸藩
國予本代王及予而代天之所廢豈期如是庶憑稽古之
聖以誅四凶幸值惟新之恩預充三恪雪冤恥於皇祖守
禋祀爲孝孫朝聞夕殞及泉無恨今遵故事遜於舊邸庶
官羣辟改事唐朝宜依前典趣上尊號若釋重負感泰兼
懷假手眞人俾除醜逆濟濟多士明知朕意仍勑有司凡
有表奏皆不得以聞是日上遜位於大唐以爲酅國公武

德二年夏五月崩時年十五

史臣曰恭帝年在幼沖遭家多難一人失德四海土崩羣盜蜂起豺狼塞路南巢遂往流彘不歸既鍾百六之期躬踐數終之運謳歌有屬笙鏞變響雖欲不遵堯舜之迹其庸可得乎

帝紀第五　隋書五

志第一　隋書六

太尉揚州都督監修國史上柱國趙國公臣長孫無忌等奉勑撰

禮儀一

唐虞之時祭天之屬爲天禮祭地之屬爲地禮祭宗廟之屬爲人禮故書云命伯夷典朕三禮所以彌綸天地經緯陰陽辨幽贊而洞幾深通百神而節萬事殷因於夏有所損益旁垂祇訓以勸生靈商辛無道雅章湮滅周公救亂弘制斯文以吉禮敬鬼神以凶禮哀邦國以賓禮親賓客以軍禮誅不虔以嘉禮合姻好謂之五禮故曰禮經三百威儀三千未有入室而不由戶者也成康由之而刑厝不用自犬戎弑后遷居削弱禮失樂微風凋俗敝仲尼預蜡賓而歎曰丘有志焉禹湯文武成王周公未有不謹於禮者也於是緝禮興樂欲救時弊君棄不顧道鬱不行故敗國喪家亡人必先廢其禮昭公娶孟子而諱姓楊侯竊女色而傷人故曰婚姻之禮廢則淫僻之罪多矣羣飲而逸不知其郵鄉飲酒之禮廢則爭鬬之獄繁矣諸侯逆五廟之祀漢帝罷三年之制喪祭之禮廢則骨肉之恩薄矣諸侯下堂於天子五伯召君於河陽朝聘之禮廢則侵陵之漸起矣秦氏以戰勝之威并吞九國盡收其儀禮歸之咸陽唯採其尊君抑臣以爲時用至於退讓起於趨步忠孝成於動止華葉靡舉鴻纖並擯

其爲拘之棄路若章甫之遊越儒林道盡詩書爲煨燼漢高
祖既平秦亂初誅項羽放賞元勳未遑朝制羣臣飲酒爭
功或拔劒擊柱高祖患之叔孫通言曰儒者難與進取可
與守成於是請起朝儀而許焉猶曰度吾能行者爲之徵
習禮容皆知順軌若祖述文武憲章洙泗則良由不暇自
畏之也武帝興典制而愛方術至於鬼神之祭流宕不歸
世祖中興明皇纂位祀明堂袞冠冕登靈臺望雲物得其
時制百姓悅之而朝廷憲章其來已舊或得之於升平之
運或失之於凶荒之年而世載遐邈風流訛舛必有人情
將移禮意殷周所以異軌秦漢於焉改轍至於增輝風俗

廣樹隄防非禮威嚴亦何以尚譬山祇之有嵩岱海若之
有滄溟飾以涓塵不貽伊戚而高堂生於所傳士禮亦謂
之儀弘暢人情粉飾行事洎西京以降用相裁准咸稱當
世之美自有周旋之節黃初之詳定朝儀太始之削除乖
謬則宋書言之備矣梁武始命羣儒裁成大典吉禮則明
山賓凶禮則嚴植之軍禮則陸璉賓禮則賀瑒嘉禮則司
馬褧帝又命沈約周捨徐勉何佟之等咸在參詳陳武克
平建業多准梁舊仍詔尚書左丞江德藻員外散騎常侍
沈洙博士沈文阿中書舍人劉師知等或因行事隨時取
捨後齊則左僕射陽休之度支尚書元脩伯鴻臚卿王晞

國子博士熊安生在周則蘇綽盧辯宇文弼並習於儀禮者
也平章國典以爲時用高祖命牛弘辛彥之等採梁及北齊
儀注以爲五禮云

禮曰萬物本乎天人本乎祖所以配上帝也秦人蕩六籍
以爲煨燼祭天之禮殘缺儒者各守其所見物而爲之義
焉一云祭天之數終歲有九祭地之數一歲有二圓丘方
澤三年一行若圓丘方澤之年祭天有九祭地有二若天
不通圓丘之祭終歲有八地不通方澤之祭終歲有一此
則鄭學之所宗也一云唯有昊天無五精之帝而一天歲
二祭壇位唯一圓丘之祭即是南郊南郊之祭即是圓丘南

至於其上以祭天春又一祭以祈農事謂之二祭無別天
也五時迎氣皆是祭五行之人帝太皞之屬非祭天也天
稱皇天亦稱上帝亦直稱帝五行人帝亦得稱上帝但不
得稱天故五時迎氣及文武配祭明堂皆祭人帝非祭天
也此則王學之所宗也梁陳以降以迄于隋議者各宗所
師故郊丘互有變易梁南郊爲圓壇在國之南高二丈七
尺上徑十一丈下徑十八丈其外再壝四門常與北郊間
歲正月上辛行事用一特牛祀天皇上帝之神於其上以
皇考太祖文帝配禮以蒼璧制幣五方上帝五官之神太
一天一日月五星二十八宿太微軒轅文昌北斗三台老

人風伯司空雷電雨師皆從祀其二十八宿及雨師等座
有坎五帝亦如之餘皆一半地器以陶匏席用槀秸太史設
柴壇於景地皇帝齋於萬壽殿乘玉輅備大駕以行禮禮
畢變服通天冠而還北郊爲方壇於北郊上方十丈下方
十二丈高一丈四面各有陛其外爲壝再重與南郊間歲
正月上辛以一特牛祀后地之神於其上以德后配禮以
黃琮制幣五官之神先農五岳沂山嶽山白石山霍山無
閭山蔣山四海四瀆松江會稽江錢塘江四望皆從祀太
史設埋坎於壬地焉天監三年左丞吳操之啓稱傳云啓
蟄而郊郊應立春之後尚書左丞何佟之議今之郊祭是

報昔歲之功而祈今年之福故取歲首上辛不拘立春之
先後周冬至於圓丘大報天也夏正又郊以祈農事故有
啓蟄之說自晉太始二年并圓丘方澤同於二郊是知今
之郊禋禮兼祈報不得限以一途也帝曰圓丘自是祭天
先農即是祈穀但就陽之位故在郊也冬至之夜陽氣起
於甲子既祭昊天宜在冬至祈穀時可依古必須啓蟄在
一郊壇分爲二祭自是冬至謂之祀天啓蟄名爲祈穀何
佟之又啓案鬯者盛以六彝覆以畫冪備其文飾施之宗
廟今南北二郊儀注有裸既乖尚質謂宜革變博士明山
賓議以爲表記天子親耕粢盛秬鬯以事上帝蓋明堂之

裸耳郊不應裸帝從之又有司以爲祀竟器席相承還庫
請依典燒埋之佟之等議案禮祭器弊則埋之今一用便
埋費而乖典帝曰薦藉輕物陶匏賤器方還付庫容復穢
惡但敝則埋之蓋謂四時祭器耳自是從有司議燒埋之
四年佟之云周禮天曰神地曰祇今天不稱神地不稱祇
天欑題宜曰皇天座地欑宜曰后地座又南郊明堂用沈
香取本天之質陽所宜也北郊用上和香以地於人親宜
加雜馥帝並從之五年明山賓稱伏尋制旨周以建子祀
天五月祭地殷以建丑祀天六月祭地夏以建寅祀天七
月祭地自頃代以來南北二郊同用夏正詔更詳議山賓

以爲二儀並尊三朝慶始同以此日二郊爲允并請迎五
帝於郊皆以始祖配饗及郊廟受福唯皇帝再拜明上靈
降祚臣下不敢同也詔並依議六年議者以爲北郊有岳
鎮海瀆之座而又有四望之座疑爲煩重儀曹郎朱异議
曰望是不即之名豈容局於星海拘於岳瀆明山賓曰舜
典云望于山川春秋傳曰江漢沮漳楚之望也而今北郊
設岳鎮海瀆又立四望竊謂煩黷宜省徐勉曰岳瀆是山
川之宗至於望祀之義不止於岳瀆也若省四望於義爲
非議久不能決至十六年有事北郊帝復下其議於是八
座奏省四望松江浙江五湖等座其鍾山白石既土地所

在並留如故七年帝以一獻爲質三獻則文事天之道理不應然詔下詳議博士陸瑋明山賓禮官司馬褧以爲宗祧三獻義兼臣下上天之禮主在帝王約理申義一獻爲允自是天地之祭皆一獻始省太尉亞獻光祿終獻又太常丞王僧崇稱五祀位在北郊圓丘不宜重設帝曰五行之氣天地俱有故宜兩從僧崇又曰風伯雨師即箕畢星矣而今南郊祀箕畢二星復祭風師雨師恐繁祀典帝曰箕畢自是二十八宿之名風師雨師自是箕畢星下隸兩祭非嫌十一年太祝牒北郊止有一海及二郊相承用柒俎盛牲素案承玉又制南北二郊壇下衆神之座悉以白

茅詔下詳議八座奏禮云觀天下之物無可以稱其德則知郊祭爲俎理不應柒又藉用白茅禮無所出皇天大帝坐既用俎則知郊有俎義於是改用素俎并北郊置四海座五帝以下悉用蒲席藁薦并以素俎又帝曰禮祭月於坎良由月是陰義今五帝天神而更居坎又禮云祭日於壇祭月於坎並是别祭不關在郊故得各從陰陽而立壇坎兆於南郊就陽之義居於北郊就陰之義既云就陽義與陰異星月與祭理不必爲坎八座奏曰五帝之義不應居坎良由齊代圓丘小而且峻邊無安神之所今丘形既大易可取安請五帝座悉於壇上外域二十八宿及雨師等座悉停爲坎自是南北二郊悉無坎位矣十七年帝以威仰魄寶俱是天帝於壇則尊於下則卑且南郊所祭天皇其五帝别有明堂之祀不煩重設又郊祀二十八宿而無十二辰於義闕然於是南郊始除五帝祀加十二辰座與二十八宿各於其方而爲壇

陳制亦以間歲正月上辛用特牛一祀天地於南北二郊永定元年武帝受禪修南郊圓壇高二丈二尺五寸上廣十丈柴燎告天明年正月上辛有事南郊以皇考德皇帝配除十二辰座加五帝位其餘準梁之舊北郊爲壇高一丈五尺廣八丈以皇妣昭后配從祀亦準梁舊及文帝天

嘉中南郊改以高祖配北郊以德皇帝配天太中大夫領大著作攝太常卿許亨奏曰昔梁武帝云天數五地數五五行之氣天地俱有故南北郊內並祭五祀臣按周禮以血祭社稷五祀鄭玄云陰祀自血起貴氣臭也五祀五官之神也五神主五行隸於地故與埋沈疈辜同爲陰祀既非煙柴無關陽祭故何休云周爵五等者法地有五行也五神位在北郊圓丘不宜重設制曰可亨又奏曰梁武帝議箕畢自是二十八宿之名風師雨師自是箕畢下隸非即星也故郊雩之所皆兩祭之臣案周禮大宗伯之職云槱燎祀司中司命風師雨師鄭衆云風師箕也雨師畢也

詩云月離于畢俾滂沱矣如此則風伯雨師即箕畢星矣
而今南郊祀箕畢二星復祭風伯雨師恐乖祀典制曰若
郊設星位任即除之亨又奏曰梁儀注曰一獻爲質三獻
爲文事天之事故不三獻臣案周禮司樽所言三獻施於
宗祧而鄭注一獻施於羣小祀今用小祀之禮施於天神
大帝梁武此義爲不通矣且樽俎之物依於質文拜獻之
禮主於虔敬今請凡郊丘祀事準於宗祧三獻爲允制曰
依議廢帝光大中又以昭后配北郊及宣帝即位以南北
二郊卑下更議增廣久而不決至太建十一年尚書祠部
郎王元規議曰案前漢黃圖上帝壇徑五丈高九尺后土

壇方五丈高六尺梁南郊壇上徑十一丈下徑十八丈高
二丈七尺北郊壇上方十丈下方十二丈高一丈即日南
郊壇廣十丈高二丈二尺五寸北郊壇廣九丈三尺高一
丈五寸今議增南郊壇上徑十二丈則天大數下徑十八
丈取於三分益一高二丈七尺取三倍九尺之堂北郊壇
上方十丈以則地義下至十五丈亦取二分益一高一丈
二尺亦取二倍漢家之數禮記云爲高必因丘陵爲下必
因川澤因名山升中于天因吉土饗帝于郊周官云冬日
至祠天於地上之圓丘夏日至祭地於澤中之方丘祭法
云燔柴於泰壇祭天也瘞埋於泰折祭地也記云至敬不

壇埽地而祭於其質也以報覆燾持載之功爾雅亦云丘
言非人所造爲古圓方兩丘並因見有而祭本無高廣之
數後世隨事遷都而建立郊禮或有地吉而未必有丘或
有見丘而不必廣勢故有築建之法而制丈尺之儀愚謂
郊祀事重圓方二丘高下廣狹既無明文但五帝不相沿
三王不相襲今謹述漢梁并即日三代壇不同及更增修
丈尺如前聽旨尚書僕射臣繕左戶尚書臣元饒左丞臣
周確舍人臣蕭淳儀曹郎臣沈客卿周元規議詔遂依用
後主嗣立無意典禮之事加舊儒碩學漸以凋喪至於朝
亡竟無改作後齊制圓丘方澤並三年一祭謂之禘祀圓

丘在國南郊丘下廣輪二百七十尺上廣輪四十六尺高
四十五尺三成成高十五尺上中二級四面各一陛下級
方維八陛周以三壝去丘五十步中壝去內壝外壝去中
壝各二十五步皆通八門又爲大營於外壝之外輪廣三
百七十步其營壍廣一十二尺深一丈四面各通一門又
爲燎壇於中壝之外當丘之景地廣輪三十六尺高三尺
四面各有陛方澤爲壇在國北郊廣輪四十尺高四尺面
各一陛其外爲三壝相去廣狹同圓丘壝外大營廣輪三
百二十步營壍廣一十二尺深一丈四面各通一門又爲
瘞坎於壇之壬地中壝之外廣深一丈二尺圓丘則以蒼

璧東帛正月上辛祀昊天上帝於其上以高祖神武皇帝配五精之帝從祀於其中丘面皆內向日月五星北斗二十八宿司中司命司人司祿風師雨師靈星於下丘爲衆星之位遷於內壝之中合用蒼牲九夕牲之旦太尉告廟陳幣於神武廟訖埋於兩楹間焉皇帝初獻太尉亞獻光祿終獻司徒獻五帝司空獻日月五星二十八宿太常丞已下薦衆星方澤則以黃琮東帛夏至之日禘崐崘皇地祇於其上以武明皇后配其神州之神社稷岱岳沂鎮會稽鎮云云山亭亭山蒙山羽山嶧山崧岳霍岳衡鎮荊山內方山大別山敷淺原山桐柏山陪尾山華岳太岳鎮積石山龍門山江山岐山荊山嶓冢山壺口山雷首山底柱山析城山王屋山西傾朱圉山鳥鼠同穴山熊耳山敦物山蔡蒙山梁山岷山武功山太白山恒岳醫無閭山鎮陰山白登山碣石山太行山狼山封龍山漳山宣務山閼山方山苟山狹龍山淮水東海泗水沂水淄水濰水江水南海漢水穀水洛水伊水漾水沔水河水西海黑水澇水渭水涇水酆水濟水北海松水京水桑乾水漳水呼沲水衛水洹水延水並從祀其神州位在青陛之北甲寅地社位赤陛之西未地稷位白陛之南庚地自餘並內壝之內內向各如其方合用牲十二儀同圓丘其後諸

儒定禮圓丘改以冬至云其南北郊則歲一祀皆以正月上辛南郊爲壇於國南廣輪三十六尺高九尺四面各一陛爲三壝內壝去壇二十五步中壝外壝相去如內壝四面各通一門又爲大營於外壝之外廣輪二百七十步營壍廣一丈深八尺四面各一門又爲燎壇於中壝之外當地廣輪二十七尺高一尺八寸四面各一陛祀所感帝靈威仰於壇以高祖神武皇帝配禮用四圭有邸幣各如方色其上帝及配帝各用騂特牲一儀燎同圓丘其北郊則爲壇如南郊壇爲瘞坎如方澤坎祀神州神於其上以武明皇后配禮用兩圭有邸各用黃牲一儀瘞如北郊

後周憲章姬周祭祀之式多依儀禮司量掌爲壇之制圓丘三成成崇一丈二尺深二丈上徑六丈十有二陛每等十有二節在國陽七里之郊圓壝徑三百步內壝半之方一成下崇一丈徑六丈八尺上崇五尺方四丈八方方一階階十級級一尺方丘在國陰六里之郊丘一成八方下崇一丈方六丈八尺上崇五尺方四丈方一階尺一級其壝八面徑百二十步內壝半之南郊爲方壇於國南五里其崇一丈二尺其廣四丈其壝方百二十步內壝半之神州之壇崇一丈方四丈在北郊方丘之右其壝如方丘其祭圓丘及南郊並正月上辛圓丘則以其先炎帝神農氏

配昊天上帝於其上五方上帝日月內官中官外官衆星
並從祀皇帝乘蒼輅載玄冕備大駕而行預祭者皆蒼服
南郊以始祖獻侯莫那配所感帝靈威仰於其上北郊方
丘則以神農配后地之祇神州則以獻侯莫那配焉其用
牲之制祀昊天上帝祭皇地祇及五帝日月五星十二辰
四望五官各以其方色毛宗廟以黃社稷以黝散祭祀用
純表貉磔禳用尨
高祖受命欲新制度乃命國子祭酒辛彥之議定祀典為
圓丘於國之南太陽門外道東二里其丘四成各高八尺
一寸下成廣二十丈再成廣十五丈又三成廣十丈四成

廣五丈再歲冬至之日祀昊天上帝於其上以太祖武元
皇帝配五方上帝日月五星內官四十二座次官一百三
十六座外官一百一十一座衆星三百六十座並皆從祀
上帝日月在丘之第二等北斗五星十二辰河漢內官在
丘第三等二十八宿中官在丘第四等外官在內壝之內
衆星在內壝之外其牲上帝配帝用蒼犢二五帝日月用
方色犢各一五星已下用羊豕各九為方丘於宮城之北
十四里其丘再成成高五尺下成方十丈上成方五丈夏
至之日祭皇地祇於其上以太祖配神州迎州冀州戎州
拾州柱州營州咸州陽州九州山海川林澤丘陵墳衍原

隰並皆從祀地祇及配帝在壇上用黃犢二神州九州神
座於第二等八陛之間神州東南方迎州南方冀州戎州
西南方拾州西方柱州西北方營州北方咸州東北方陽
州東方各用方色犢一九州山海已下各依方面八陛之
間其冀州山林川澤丘陵墳衍於壇之南少西加羊豕各
九南郊為壇於國之南太陽門外道西一里去宮十里壇
高七尺廣四丈孟春上辛祠所感帝赤熛怒於其上以太
祖武元皇帝配其禮四圭有邸牲用騂犢二北郊孟冬祭
神州之神以太祖武元皇帝配牲用犢二凡大祀齋官皆
於其晨集尚書省受誓戒散齋四日致齋三日祭前一日

晝漏上水五刻到祀所沐浴著明衣咸不得聞見衰絰哭
泣昊天上帝五方上帝日月皇地祇神州社稷宗廟等為
大祀星辰五祀四望等為中祀司中司命風師雨師及諸
星諸山川等為小祀大祀養牲在滌九旬中祀三旬小祀
一旬其牲方色難備者聽以純色代告祈之牲者不養祭
祀犧牲不得捶扑其死則埋之初帝既受周禪恐黎元未
愜多說符瑞以耀之其或造作而進者不可勝計仁壽元
年冬至祠南郊置昊天上帝及五方天帝位並於壇上如
封禪禮板曰維仁壽元年歲次作噩嗣天子臣諱敢昭告
于昊天上帝璇璣運行大明南至臣蒙上天恩造羣靈降

福撫臨率土安養兆人顧惟虛薄德化未暢夙夜憂懼不敢荒怠天地靈祇降錫休瑞鏡發區宇昭彰耳目爰始登極蒙授龜圖遷都定鼎醴泉出地平陳之歲龍引舟師省俗巡方展禮東岳盲者得視瘖者得言復有躄人忽然能步自開皇已來日近北極行於上道晷度延長天啓太平獸見一角改元仁壽楊樹生松石魚彰合符之徵玉龜顯永昌之慶山圖石瑞前後繼出皆載臣姓名褒紀國祚經典諸緯爰及玉龜文字義理遞相符會宮城之內及在山谷石變爲玉不可勝數桃區一嶺盡是琉璃黃銀出於神山碧玉生於瑞巘多楊山響三稱國興連雲山聲萬年臨

國野鵝降天仍住池沼神鹿入苑頻賜引導騶虞見質遊麟在野鹿角生於楊樹龍湫出於荆谷慶雲發彩壽星垂耀宮殿樓閣咸出靈芝山澤川原多生寶物威香散馥零露凝甘敦煌烏山黑石變白弘農巖嶺石華遠照玄狐玄豹白兔白狼赤雀蒼烏野蠶天豆嘉禾合穗珍木連理神瑞休徵洪恩景福降賜無疆不可具紀此皆昊天上帝爰降明靈矜愍蒼生寧靜海內故錫茲嘉慶咸使安樂豈臣微誠所能上感虔心奉謝敬薦玉帛犧齊粢盛庶品燔祀于昊天上帝皇考太祖武元皇帝配神作主大業元年孟春祀感帝孟冬祀神州改以高祖文帝配其餘並用舊禮

十年冬至祀圓丘帝不齋于次詰朝備法駕至便行禮是日大風帝獨獻上帝三公分獻五帝禮畢御馬疾驅而歸

明堂在國之陽梁初依宋齊其祀之法猶依齊制禮有不通者武帝更與學者議之舊齊儀郊祀帝皆以袞冕至天監七年始造大裘而明堂儀注猶云袞服十年儀曹郎朱异以爲禮大裘而冕祭昊天上帝五帝亦如之良由天神高遠義須誠質今從汎祭五帝理不容文於是改服大裘异又以爲齊儀初獻樽彝明堂貴質不應三獻又不應象樽禮云朝踐用太樽鄭云太樽瓦也記又云有虞氏瓦樽此皆在廟所用猶以質素況在明堂禮不容象今請改用

瓦樽庶合文質之衷又曰宗廟貴文故庶羞百品天義尊遠則須簡約今儀注所薦與廟不異即理徵事如爲未允請自今明堂肴膳准二郊但帝之爲名本主生育成歲之功實爲顯著非如昊天義絕言象雖曰同郊復應微異若水土之品蔬果之屬猶宜以薦止用梨棗橘栗四種之果薑蒲葵韭四種之葅粳稻黍粱四種之米自此以外郊所無者請並從省除初博士明山賓制儀注明堂祀五帝行禮先自赤帝始昇又以爲明堂既汎祭五帝不容的有先後東階而升宜先春帝請改從青帝始又以爲明堂籩豆等器皆以彫飾尋郊祀貴質改用陶匏宗廟貴文誠宜彫

祖明堂之禮既方郊爲文則不容陶匏比廟爲質又不應彫俎斟酌二途須存厥衷請改用純漆弃又以舊儀明堂祀五帝先酌鬱鬯灌地求神及初獻清酒次酇終醍禮畢太祝取俎上黍肉當御前以授請依郊儀止一獻清酒且五帝天神不可求之於地二郊之祭並無黍肉之禮並請停灌及授俎法又以爲舊明堂皆用太牢案記云郊用特牲又云天地之牛角繭栗五帝既曰天神理無三牲之祭而毛詩我將篇云祀文王於明堂有維羊維牛之說良由周監二代其義貴文明堂方郊未爲極質故特用三牲止爲一代之制今斟酌百王義存通典蔬果之薦雖符周禮而牲牢之用宜遵夏殷請自今明堂止用特牛既合質文之中又見貴誠之義帝並從之先是帝欲有改作乃下制旨而與羣臣切磋其義制曰明堂準大戴禮九室八牖三十六户以茅蓋屋上圓下方鄭玄據援神契亦云上圓下方又云八窻四達明堂之義本是祭五帝神九室之數未見其理若五堂而言雖當五帝之數向南則背叶光紀向北則背赤熛怒東向西向又亦如此於事殊未可安且明堂之祭五帝則是摠義在郊之祭五帝則是別義宗祀所配復應有室若專配一室則是義非配五若皆配五則便成五位以理而言明堂本無有室朱异以爲月令天子居

明堂左个右个聽朔之禮既在明堂今若無室則於義成闕制曰若如鄭玄之義聽朔必在明堂於此則人神混淆莊敬之道有廢春秋云介居二大國之間此言明堂左右个者謂所祀五帝堂之南又有小室亦號明堂分爲三處聽朔既三處則有左右之義在營域之內明堂之外則有个名故曰明堂左右个也以此而言聽朔之處自在五帝堂之外人神有別差無相干其議是非莫定初尚未改十二年太常丞虞爵復引周禮明堂九尺之筵以爲高下脩廣之數堂崇一筵故階高九尺漢家制度猶遵此禮故張衡云度堂以筵者也鄭玄以廟寢三制既同俱應以九尺爲度制曰可於是毁宋太極殿以其材構明堂十二間基準太廟以中央六間安六座悉南向東來第一青帝第二赤帝第三黃帝第四白帝第五黑帝配帝摠配享五帝在阼階東上西向大殿後爲小殿五間以爲五佐室焉

陳制明堂殿屋十二間中央六間依齊制安六座四方帝各依其方黃帝居坤維而配饗坐依梁法武帝時以德帝配文帝時以武帝配廢帝已後以文帝配牲以太牢粢盛六飯鉶羹果蔬備薦焉後齊採周官考工記爲五室周採漢三輔黃圖爲九室各存其制而竟不立

高祖平陳收羅杷梓郊丘宗社典禮粗備唯明堂未立開

皇十三年詔命議之禮部尚書牛弘國子祭酒辛彦之等定議事在弘傳後檢校將作大匠事宇文愷依月令文造明堂木樣重檐複廟五房四達丈尺規矩皆有準憑以獻高祖異之命有司於郭內安業里爲規兆方欲崇建又命詳定諸儒爭論莫之能決弘等又條經史正文重奏時非議既多久而不定又議罷之及大業中愷又造明堂議及樣奏之煬帝下其議但令於霍山採木而建都興役其制遂寢終隋代祀五方上帝止於明堂恒以季秋在雩壇上而祀其用幣各於其方人帝各在天帝之左太祖武元皇帝在太昊南西向五官在庭亦各依其方牲用犢十二皇帝太尉司農行三獻禮于青帝及太祖自餘有司助奠祀五官於堂下行一獻禮有燎其省牲進熟如南郊儀

志第一　禮儀　隋書六

志第二　隋書七

太尉揚州都督監修國史上柱國趙國公臣長孫無忌等奉勑撰

禮儀二

春秋龍見而雩梁制不爲恒祀四月後旱則祈雨行七事一理冤獄及失職者二振鰥寡孤獨者三省繇輕賦四舉進賢良五黜退貪邪六命會男女恤怨曠七撤膳羞弛樂懸而不作天子又降法服七日乃祈社稷七日乃祈山林川澤常興雲雨者七日乃祈群廟之主于太廟七日乃祈古來百辟卿士有益於人者七日乃大雩祈上帝徧祈所有事者大雩禮立圓壇於南郊之左高及輪廣四丈周十二丈四陛牲用黃牯牛一祈五天帝及五人帝於其上各依其方以太祖配位於青帝之南五官配食於下七日乃去樂又徧祈社稷山林川澤就故地處大雩國南除地爲墠舞童六十四人祈百辟卿士於雩壇之左除地爲墠舞童六十四人皆袨服爲八列各執羽翳每列歌雲漢詩一章而畢旱而祈澍則報以太牢皆有司行事唯雩則不報若郡國縣旱請雨則五事同時並行一理冤獄失職二存鰥寡孤獨三省徭役四進賢良五退貪邪守令皆潔齋三日乃祈社稷七日不雨更徙齋祈如初三變仍不雨復齋祈其界內山林川澤常興雲雨者祈而澍亦各有報陳氏亦

因梁制祈而澍則報以少牢武帝時以德皇帝配文帝時以武帝配廢帝即位以文帝配青帝牲用黃牯牛而以清酒四升洗其首其壇墠配饗歌舞皆如梁禮天子不親奉則太宰太常光祿行三獻禮其法皆採齊建武二年事也梁陳制諸祠官皆給除穢氣藥先齋一日服之以取清潔天監九年有事雩壇武帝以為雨既類陰而求之正陽其謬已甚東方既非盛陽而為生養之始則雩壇應在東方祈晴亦宜此地於是遂移於東郊十年帝又以雩祭燔柴以火祈水於理為乖儀曹郎朱异議曰案周宣雲漢之詩毛注有瘞埋之文不見有燔柴之說若以五帝必柴今明

堂又無其事於是停用柴從坎瘞典十一年帝曰四望之祀頃來遂絕宜更議復朱异議鄭眾云四望謂日月星海鄭玄云謂五岳四鎮四瀆尋二鄭之說互有不同竊以望是不即之名凡厥遥祭皆有斯目豈容局於星漢拘於海瀆請命司天有關水旱之義爰有四海名山大川能興雲致雨一皆備祭帝從之又揚州主簿顧協又云禮仲夏大雩春秋龍見而雩則雩常祭也水旱且又禱之謂宜式備斯典太常博士亦從協議祠部郎明嚴卿以為祈報之祀已備郊禋沿革有時不必同揆帝從其議依舊不改大同五年又築雩壇於藉田兆內有祈禜則齋官寄藉田省云

○後齊以孟夏龍見而雩祭太微之五精帝於夏郊之東為圓壇廣四十五尺高九尺四面各一陛為三壝外營相去深淺并燎壇一如南郊於其上祈穀實以顯宗文宣帝配青帝在甲寅之地赤帝在景巳之地黃帝在巳未之地白帝在庚申之地黑帝在壬亥之地面皆內向藉以藁秸配帝在青帝之南小退藉以莞席牲以騂其儀同南郊又祈禱者有九焉一曰雩二曰南郊三曰堯廟四曰孔顏廟五曰社稷六曰五岳七曰四瀆八曰滏口九曰豹祠水旱癘疫皆有事焉無牲皆以酒脯棗栗之饌若建午建未建申之月不雨則使三公祈五帝於雩壇禮用玉幣有燎不設

金石之樂選伎工端潔善謳詠者使歌雲漢詩於壇南自餘同正雩南郊則使三公祈五天帝於郊壇有燎座位如雩五人帝各在天帝之左其儀如郊禮堯廟則遣使祈於平陽孔顏廟則遣使祈於國學如堯廟社稷如正祭五岳遣使祈於岳所四瀆如祈五岳滏口如祈堯廟豹祠如祈滏口

隋雩壇國南十三里啟夏門外道左高一丈周百二十尺孟夏之月龍星見則雩五方上帝配以五人帝於上以太祖武元帝配饗五官從配於下牲用犢十各依方色京師孟夏後旱則祈雨理冤獄失職存鰥寡孤獨振困乏掩骼

埋胔省徭役進賢良舉直言退佞諂黜貪殘命有司會男
女恤怨曠七日乃祈岳鎮海瀆及諸山川能興雲雨者又
七日乃祈社稷及古來百辟卿士有益於人者又七日乃
祈宗廟及古帝王有神祠者又七日乃修雩祈神州又七
日仍不雨復從岳瀆已下祈如初典秋分已後不雩但禱
而已皆用酒脯初請後二旬不雨者即徙市禁屠皇帝御
素服避正殿減膳撤樂或露坐聽政百官斷傘扇令人家
造土龍雨澍則命有司報州郡尉祈雨則理冤獄存鰥寡
孤獨掩骼埋胔潔齋祈于社七日乃祈界內山川能興雨
者徙市斷屠如京師祈而澍亦各有報霖雨則禜京城諸
門三禜不止則祈山川岳鎮海瀆社稷又不止則祈宗廟
神州報以太牢州郡縣苦雨亦各禜其城門不止則祈界
內山川及祈報用羊豕

禮天子每以四立之日及季夏乘玉輅建大旂服大裘各
於其方之近郊為兆迎其帝而祭之所謂燔柴於泰壇掃
地而祭者也春迎靈威仰者三春之始萬物稟之而生莫
不仰其靈德服而畏之也夏迎赤熛怒者火色熛怒其靈
炎至明盛也秋迎白招拒者招集拒大也言秋時集成萬
物其功大也冬迎叶光紀者叶拾光華紀法也言冬時收
拾光華之色伏而藏之皆有法也中迎含樞紐者含容也
樞機有開闔之義紐者結也言土德之帝能含容萬物開
闔有時紐結有法也然此五帝之號皆以其德而名焉梁
陳後齊後周及隋制度相循皆以其時之日各於其郊迎
而以太皞之屬五人帝配祭並以五官三辰七宿於其方
從祀焉

梁制迎氣以始祖配牲用特牛一其儀同南郊天監七年
尚書左丞司馬筠等議以昆蟲未蟄不以火田鳩化為鷹
罻羅方設仲春之月祀不用牲止珪璧皮幣斯又事神之
道可以不殺明矣況今祀天豈容尚此請夏初迎氣祭不
用牲帝從之八年明山賓議曰周官祀昊天以大裘祀五
帝亦如之頃代郊祀之服皆用袞冕是以前奏迎氣祀五
帝亦服袞冕愚謂迎氣祀五帝亦宜用大裘禮俱一獻帝
從之陳迎氣之法皆因梁制
後齊五郊迎氣為壇各於四郊又為黃壇於未地所祀天
帝及配帝五官之神同梁其玉帛牲各以其方色其儀與
南郊同帝及后各以夕牲日之旦太尉陳幣告請其廟以
就配焉其從祀之官位皆南陛之東西向壇上設饌畢太
宰丞設饌於其座亞獻畢太常少卿乃於其所獻事畢皆
撤又云立春前五日於州大門外之東造青土牛兩頭耕
夫犁具立春有司迎春於東郊豎青幡於青牛之傍焉

後周五郊壇其崇及去國如其行之數其廣皆四丈其方俱百二十步內壝皆半之祭配皆同後齊星辰七宿岳鎮海瀆山林川澤丘陵墳衍亦各於其方配郊而祀之其星辰爲壇崇五尺方二丈岳鎮爲埳方二丈深二尺山林已下亦爲埳壇崇三尺埳深一尺俱方一丈其儀頗同南郊冢宰亞獻宗伯終獻禮畢

隋五時迎氣青郊爲壇國東春明門外道北去宮八里高八尺赤郊爲壇國南明德門外道西去宮十三里高七尺黄郊爲壇國南安化門外道西去宮十二里高七尺白郊爲壇國西開遠門外道南去宮八里高九尺黑郊爲壇宮北十一里田地高六尺並廣四丈各以四方立日黄郊以季夏土王日祀其方之帝各配以人帝以太祖武元帝配五官及星三辰七宿亦各依其方從祀其牲依方色各用犢二星辰加羊豕各一其儀同南郊其岳瀆鎮海各依五時迎氣日遣使就其所祭之以太牢

晉江左以後乃至宋齊相承始受命之主皆立六廟虛太祖之位宋武初爲宋王立廟於彭城但祭高祖已下四世中興二年梁武初爲梁公曹文思議天子受命之日便祭七廟諸侯始封即祭五廟祠部郎謝廣等並駁之遂不施用乃建臺於東城立四親廟并妃郗氏而爲五廟告祠之禮並用太牢其年四月即皇帝位謝廣又議以爲初祭是四時常祭首月既不可移易宜依前剋日於東廟致齋帝從之遂於東城時祭訖遷神主於太廟始自皇祖太中府君皇祖淮陰府君皇高祖濟陰府君皇曾祖中從事史府君皇祖特進府君并皇考以爲三昭三穆凡六廟追尊皇考爲文皇帝皇妣爲德皇后廟號太祖皇祖特進以上皆不追尊擬祖遷於上而太祖之廟不毁與六親廟爲七皆同一堂共庭而別室春祀夏礿秋嘗冬烝并臘一歲凡五謂之時祭三年一禘五年一祫謂之殷祭禘以夏祫以冬皆以功臣配其儀頗同南郊又有小廟太祖太夫人廟也非嫡故別立廟皇帝每祭太廟訖乃詣小廟亦以一太牢如太廟禮天監三年尚書左丞何佟之議曰禘於首夏物皆未成故爲小祫於秋冬萬物皆成其禮尤大司勳列功臣有六皆祭於大烝知祫尤大乃及之也近代禘祫並不及功臣有乖典制宜改詔從之自是祫祭乃及功臣是歲都令史王景之列自江左以來郊廟祭祀帝已入齋百姓尚哭以爲乖禮佟之等奏案禮國門在皐門外今之籬門是也今古殊制若禁凶服不得入籬門爲太遠宜以六門爲斷詔曰六門之內士庶甚多四時蒸嘗俱斷其哭若有死者棺器須來既許其大而不許其細也到齋日宜去廟

三百步斷哭四年何佟之議案禮未祭一日大宗伯省牲鑊祭日之晨君親牽牲麗碑後代有冒暗之防而人主猶必親奉故有夕牲之禮頃代人君不復躬牽相承丹陽尹牽牲於古無取宜依以未祭一日之暮太常省牲視鑊祭日之晨使太尉牽牲出入也少牢饋食殺牲於廟門外今儀注詣厨烹牲謂宜依舊帝可其奏佟之又曰鄭玄云天子諸侯之祭禮先有祼尸之事乃迎牲今儀注乃至薦熟畢太祝方執珪瓚祼地違謬若斯又近代人君不復躬行祼禮太尉既攝位實宜親執其事而越使卑賤太祝甚乖舊典愚謂祭日之晨宜使太尉先行祼獻乃後迎牲帝曰

志二　隋書七　八

祼尸本使神有所附今既無尸祼將安設佟之曰如馬鄭之意祼雖獻尸而義在求神今雖無尸求神之義恐不可闕帝曰此本因尸以祀神今若無尸則宜立寄求之所祼義乃定佟之曰祭統云獻之屬莫重於祼今既存尸卒食之獻則祼鬯之求實不可闕又送神更祼經記無文宜依禮革奏未報而佟之卒後明山賓復申其理帝曰佟之既不復存宜從其議也自是始使太尉代太祝行祼而又牽牲太常任昉又以未明九刻呈牲加又太尉祼酒三刻施饌間中五刻行儀不辦近者昭明祭從事實以二更至未明三刻方辦明山賓議謂九刻已疑太早況二更非復祭旦

帝曰夜半子時即是晨始宜取三更省牲餘依儀注又有司以爲三牲或離杙依制埋瘞供牢死則不埋請議其制司馬褧等議以爲牲死則埋必在滌矣謂三牲在滌死悉宜埋帝從之五年明山賓議樽彝之制祭圖唯有三樽一曰象樽周樽也二曰山罍夏樽也三曰著樽殷樽也徒有彝名竟無其器直酌象樽之酒以爲珪瓚之實竊尋祼重於獻不容共樽宜循彝器以備大典案禮器有六彝春祠夏礿祼用雞彝鳥彝王以珪瓚初祼后以璋瓚亞祼故春夏兩祭俱用二彝今古禮殊無復亞祼止循其二春夏雞彝秋冬牛彝庶禮物備也帝曰雞是金禽亦主巽位但

志二　隋書七　九

金火相伏用之通夏於義爲疑山賓曰臣愚管不奉明詔則終年乘殊案鳥彝是南方之物則主火位木生於火宜以鳥彝春夏兼用帝從之七年舍人周捨以爲禮玉輅以祀金輅以賓則祭日應乘玉輅詔下其議左丞孔休源議玉輅既有明文而儀注金輅當由宋齊乖謬宜依捨議帝從之又禮官司馬筠議自今大事遍告七廟小事止告一室於是議以封禪南北郊祀明堂巡省四方御臨戎出征皇太子加元服冠婚平蕩寇賊營立關塞戒嚴解嚴合十一條則遍告七廟講武脩宗廟明堂臨軒封拜公王四夷款化貢方物諸公王以愆削封及功詔封王紹襲合六條則

告一室帝從之九年詔簠簋之實以藉田黑黍十二年詔
曰祭祀用洗匜中水盥仍又滌爵爵以禮神宜窮精潔而
一器之內雜用洗手外可詳議於是御及三公應盥及洗
爵各用一匜十六年四月詔曰夫神無常饗饗于克誠所
以西鄰礿祭實受其福宗廟祭祀猶有牲牢無益至誠有
累冥道自今四時烝嘗外可量代八座議以大脯代一元
大武八座又奏既停宰殺無復省牲之事請立省饌儀其
衆官陪列並同省牲帝從之十月詔曰今雖無復牲腥猶
有脯脩之類即之幽明義為未盡可更詳定悉薦時蔬左
丞司馬筠等參議大餅代大脯餘悉用蔬菜帝從之又舍

人朱异議以上廟祀相承止有一鉶羹蓋祭祀之禮應有兩
羹相承止於一鉶即禮為乖請加熬油蓴羹一鉶帝從之
於是起至敬殿景陽臺立七廟座月中再設淨饌自是訖
於臺城破諸廟遂不血食普通七年祔皇太子所生丁貴
嬪神主于小廟其儀未祔前先修埳室改塗其日有司行
埽除開埳室奉皇考太夫人神主於坐奠制幣訖衆官入
自東門位定祝告訖撤幣埋於兩楹間有司遷太夫人神
主於上又奉穆貴嬪神主於下陳祭器如時祭儀禮畢納
神主閉于埳室陳制立七廟一歲五祠謂春夏秋冬臘也
每祭共以一太牢始祖以三牲首餘唯骨體而已五歲再
殷殷大祫而合祭也初文帝入嗣而皇考始興昭烈王廟
在始興國謂之東廟天嘉四年徙東廟神主祔于梁之小
廟改曰國廟祭用天子儀

後齊文襄嗣位猶為魏臣置王高祖秦州使君王曾祖太
尉武貞公王祖太師文穆公王考相國獻武王凡四廟文
宣帝受禪置六廟曰皇祖司空公廟皇祖吏部尚書廟皇
祖秦州使君廟皇祖文穆皇帝廟太祖獻武皇帝廟世宗
文襄皇帝廟為六廟獻武已下不毀已上則遞毀並同廟
而別室既而遷神主於太廟文襄文宣並太祖之子文宣
初疑其昭穆之次欲別立廟衆議不同至二年秋始祔太

廟春祠夏礿秋嘗冬烝皆以孟月并臘凡五祭禘祫如梁
之制每祭室一太牢始以皇后預祭河清定令四時祭廟
禘祭及元日廟庭並設庭燎二所

王及五等開國執事官散官從三品已上皆祀五世五等
散品及執事官散官正三品已下從五品已上祭三世三
品已上牲用一太牢五品已下少牢執事官正六品已下
從七品已上祭二世用特牲正八品已下達於庶人祭於
寢牲用特肫或亦祭祖禰諸廟悉依其宅堂之制其間數
各依廟多少為限其牲皆子孫見官之牲後周之制思復
古之道乃右宗廟而左社稷並直太祖之廟并高祖已下二

昭二穆凡五親盡則遷其有德者謂之祧廟亦不毀閔帝受禪追尊皇祖為德皇帝文王為文皇帝廟號太祖擬已上三廟遞遷至太祖不毀其下相承置二昭二穆為五焉明帝崩廟號世宗武帝崩廟號高祖並為祧廟而不毀其時祭各於其廟祫禘則於太祖廟亦以皇后預祭其儀與後齊同所異者皇后亞獻訖后又薦加豆之籩其實菱芡芹菹兔醢冢宰終獻訖皇后親撤豆降還板位然後太祝撤焉

高祖既受命遣兼太保宇文善兼太尉李詢奉策詣同州告皇考桓王廟兼用女巫同家人之禮上皇考桓王尊號

為武元皇帝皇妣尊號為元明皇后奉迎神主歸于京師犧牲尚赤祭用日出是時帝崇建社廟改周制左宗廟而右社稷宗廟未言始祖又無受命之祧自高祖已下置四親廟同殿異室而已一曰皇高祖太原府君廟二曰皇曾祖康王廟三曰皇祖獻王廟四曰皇考太祖武元皇帝廟擬祖遷於上而太祖之廟不毀各以孟月饗以太牢四時薦新於太廟有司行事而不出神主祔祭之禮並准時饗其司命戶以春竈以夏門以秋行以冬各於享廟日中霤則以季夏祀黃郊日各命有司祭於廟西門道南牲以少牢三年一祫以孟冬遷主未遷主合食於太祖之廟五年

一禘以孟夏其遷主各食於所遷之廟未遷之主各於其廟禘祫之月則停時饗而陳諸瑞物及伐國所獲珍奇於廟庭及以功臣配饗并以其日使祀先代王公帝堯於平陽以契配帝舜於河東咎繇配夏禹於安邑伯益配殷湯於汾陰伊尹配文王武王於灃渭之郊周公召公配漢高帝於長陵蕭何配各以一太牢而無樂配者饗於廟庭大業元年煬帝欲遵周法營立七廟詔有司詳定其禮禮部侍郎攝太常少卿許善心與博士褚亮等議曰謹案禮記天子七廟三昭三穆與太祖之廟而七鄭玄注曰此周制也七者太祖及文王武王之祧與親廟四也殷則六廟契

及湯與二昭二穆也夏則五廟無太祖禹與二昭二穆而已玄又據王者禘其祖之所自出而立四廟案鄭玄義天子唯立四親廟并始祖而為五周以文武為受命之祖特立二祧是為七廟王肅注禮記尊者尊統上卑者尊統下故天子七廟諸侯五廟其有殊功異德非太祖而不毀不在七廟之數案王肅以為天子七廟是通百代之言又據王制之文天子七廟諸侯五廟大夫三廟降二為差是則天子立四親廟又立高祖之父高祖之祖并太祖而為七周有文武姜嫄合為十廟漢諸帝之廟各立無迭毀之義至元帝時貢禹匡衡之徒始建其禮以高帝為太祖而立

四親廟是爲五廟唯劉歆以爲天子七廟諸侯五廟降殺以兩之義七者其正法可常數也宗不在數內有功德則宗之不可預毁爲數也是以班固稱考論諸儒之議劉歆博而篤矣光武即位建高廟於雒陽乃立南頓君以上四廟就祖宗而爲七至魏初高堂隆爲鄭學議立親廟四太祖武帝猶在四親之內乃虛置太祖及二祧以待後代至景初間乃依王肅更立五世六世祖就四親而爲六廟晉武受禪博議宗祀自文帝以上六世祖征西府君而宣帝亦序於昭穆未升太祖故祭止六也江左中興賀循知禮至於寢廟之儀皆依魏晉舊事宋武帝初受晉命爲王依

諸侯立親廟四即位之後增祠五世祖相國掾府君六世祖右北平府君止於六廟逮身殁主升從昭穆猶太祖之位也降及齊梁守而弗革加崇迭毁禮無違舊臣等又案姬周自太祖已下皆别立廟至於禘祫俱合食於太祖是以炎漢之初諸廟各立歲時嘗享亦隨處而祭所用廟樂皆象功德而歌舞焉至光武乃總立一堂而羣主異室斯則新承寇亂欲從約省自此以來因循不變伏惟高祖文皇帝睿哲玄覽神武應期受命開基垂統聖嗣當文明之運定祖宗之禮且損益不同沿襲異趣時王所制可以垂法自歷代以來雜用王鄭二義若尋其指歸校以優劣康

成止論周代非謂經通子雍摠貫皇王事兼長遠今請依據古典崇建七廟受命之祖宜別立廟祧百代之後爲不毁之法至於鑾駕親奉申孝享於高廟有司行事竭誠敬於羣主俾夫規模可則嚴祀易遵表有功而彰明德大復古而貴能變臣又案周人立廟亦無處置之文據冢人處職而言之先王居中以昭穆爲左右阮忱撰禮圖亦從此議漢京諸廟既遠又不序禘祫今若依周制理有未安雜用漢儀事難全採謹詳立別圖附之議末其圖太祖高祖各一殿准周文武二祧與始祖而三餘並分室而祭始祖及二祧之外從迭毁之法詔可未及創制既營建洛邑帝

無心京師乃於東都固本里北起天經宮以遊高祖衣冠四時致祭於三年有司奏請准前議於東京建立宗廟帝謂祕書監柳𧦬曰今始祖及二祧已具今後子孫處朕何所又下詔唯議別立高祖之廟屬有行役遂復停寢

自古帝王之興必當稟五精之氣每易姓而起以致太平必封乎太山所以告成功也封訖而禪乎梁甫梁甫者太山之支山卑下者也能以其道配成高德故禪乎梁甫亦以告太平也封禪者高厚之謂也天以高爲尊地以厚爲德增太山之高以報天也厚梁甫之基以報地也明天之所命功成事就有益於天地若天地之更高厚云記曰王者

因天事天因地事地因名山升中于天而鳳凰降龜龍格齊桓公既霸而欲封禪管仲言之詳矣秦始皇既黜儒生而封太山禪梁甫其封事皆祕之不可得而傳也漢武帝頗採方士之言造為玉牒而編以金繩封廣九尺高一丈二尺光武中興聿遵其故晉宋齊梁及陳皆未遑其議後齊有巡狩之禮并登封之儀竟不之行也開皇十四年羣臣請封禪高祖不納晉王廣又率百官抗表固請帝命有司草儀注於是牛弘辛彥之許善心姚察虞世基等創定其禮奏之帝逡巡其事曰此事體大朕何德以堪之但當東狩因拜岱山耳十五年春行幸兗州遂次岱岳為壇如

南郊又壝外為柴壇飾神廟展宮縣於庭為埋埳二於南門外又陳樂設位於青帝壇如南郊帝服袞冕乘金輅備法駕而行禮畢遂詣青帝壇而祭焉

開皇十四年閏十月詔東鎮沂山南鎮會稽山北鎮醫無閭山冀州鎮霍山並就山立祠東海於會稽縣界南海於南海鎮南並近海立祠及四瀆吳山並取側近巫一人主知灑掃並命多蒔松柏其霍山雩祀日遣使就焉十六年正月又詔北鎮於營州龍山立祠東鎮晉州霍山鎮若脩造並准西鎮吳山造神廟大業中煬帝因幸晉陽遂祭恒岳其禮頗採高祖拜岱宗儀增置二壇命道士女官數十人於壝中設醮十年幸東都過祀華岳築場於廟側事乃不經蓋非有司之定禮也

禮天子以春分朝日於東郊秋分夕月於西郊漢法不俟二分於東西郊常以郊泰時旦出竹宮東向揖日其夕西向揖月魏文譏其煩褻似家人之事而以正月朝日于東門之外前史又以為非時及明帝太和元年二月丁亥朝日于東郊八月己丑夕月于西郊始合於古

後周以春分朝日於國東門外為壇如其郊用特牲青幣青圭有邸皇帝乘青輅及祀官俱青冕執事者青弁司徒亞獻宗伯終獻燔燎如圜丘秋分夕月於國西門外為壇

於埳中方四丈深四尺燔燎禮如朝日

開皇初於國東春明門外為壇如其郊每以春分朝日又於國西開遠門外為坎深三尺廣四丈為壇於坎中高一尺廣四尺每以秋分夕月牲幣與周同

凡人非土不生非穀不食土穀不可偏祭故立社稷以主祀古先聖王法施於人則祀之故以勾龍主社周棄主稷而配焉歲凡再祭蓋春求而秋報列於中門之外外門之內尊而親之與先祖同也然而古今既殊禮亦異制故左社稷而右宗廟者得質之道也右社稷而左宗廟者文之道也梁社稷在太廟西其初蓋晉元帝建武元年所創有

太社帝社太稷凡三壇門牆並隨其方色每以仲春仲秋并令郡國縣祠社稷先農縣又兼祀靈星風伯雨師之屬及臘又各祠社稷于壇百姓則二十五家為一社其舊社及人稀者不限其家春秋祠水旱禱祈祠具隨其豐約其郡國有五岳者置宰祝三人及有四瀆若海應祠者皆以孟春仲冬祠之舊太社廩犧吏牽牲司農省牲太祝吏讃牲天監四年明山賓議以為案郊廟省牲日則廩犧令牽牲太祝令讃牲祭之日則太尉牽牲郊特牲云社者神地之道國主社稷義實為重今公卿貴臣親執盛禮而令微吏牽牲頗為輕末且司農省牲又非其義太常禮官實當斯職禮祭社稷無親事牽之文謂宜以太常省牲廩犧令牽牲

太祝令讃牲帝唯以太祝讃牲為疑又以司農省牲於理似傷犧吏執紖即事成煩議以太常丞牽牲餘依明議於是遂定至大同初又加官社官稷并前為五壇焉○陳制皆依梁舊而帝社以三牲首餘以骨體薦粢盛為六飯粳以敦稻以牟黃粱以簠白粱以簋黍以瑚粢以璉又令太中署常以二月八日於署庭中以太牢祠老人星兼祠天皇大帝太一日月五星鉤陳北極北斗三台二十八宿大人星子孫星都四十六坐凡應預祠享之官亦太醫給除穢氣散藥先齋一日服之以自潔其儀本之齊制

○後齊立太社帝社太稷三壇於國右每仲春仲秋月之元辰及臘各以一太牢祭焉皇帝親祭則司農卿省牲進熟司空亞獻司農終獻

後周社稷皇帝親祀則冢宰亞獻宗伯終獻

開皇初社稷並列於含光門內之右仲春仲秋吉戊各以一太牢祭焉牲色用黑孟冬下亥又臘祭之州郡縣二仲月並以少牢祭百姓亦各為社又於國城東南七里延興門外為靈星壇立秋後辰令有司祠以一少牢

古典有天子東耕儀江左未暇至宋始有其典梁初藉田依宋齊以正月用事不齋不祭天監十二年武帝以為啟蟄而耕則在二月節內書云以殷仲春藉田理在建卯於是改用二月又國語云王

即齋宮與百官御事並齋三日乃有沐浴祼饗之事前代當以耕而不祭故闕此禮國語又云稷臨之太史讃之則知耕藉應有先農神座兼有讃述耕旨今藉田應散齋七日致齋三日兼於耕所設先農神坐陳薦羞之禮讃辭如社稷法又曰齊代舊事藉田使御史乘馬車載耒耜於五輅後禮云親載耒耜措于參保介之御間則置所乘輅上若以今輅與古不同則宜升之次輅以明慎重而遠在餘處於義為乖且御史掌視尤為輕賤自今宜以侍中奉耒耜載於象輅以隨木輅之後並昔通二

年又移籍田於建康北岸築兆域大小列種黍稻便殿及齋官省如南北郊別有望耕臺在壇東帝親耕畢登此臺以觀公卿之推伐又有祈年殿云

北齊籍於帝城東南千畝內種赤粱白穀大豆赤黍小豆黑穄麻子小麥色別一頃自餘一頃地中通阡陌作祠壇於陌南阡西廣輪三十六尺高九尺四陛三壝四門又為大營於外又設御耕壇於阡東陌北每歲正月上辛後吉亥使公卿以一太牢祠先農神農氏於壇上無配饗祭訖親耕先祠司農進穜稑之種六宮主之行事之官並齋設齋省於壇所列宮懸又置先農坐於壇上衆官朝服司空

一獻不燎祠訖皇帝乃服通天冠青紗袍黑介幘佩蒼玉黃綬青帶襪舄備法駕乘木輅耕官具朝服從殿中監進御耒於壇南百官定列帝出便殿升耕壇南陛即御座應耕者各進於列帝降自南陛至耕位釋劍執耒三推三反升壇即坐耕官一品五推五反二品七推七反三品九推九反籍田令帥其屬以牛耕終千畝以青箱奉穜稑種跪呈司農詣耕所灑之穜訖司農省功奏事畢皇帝降之便殿更衣饗宴禮畢班賚而還

隋制於國南十四里啓夏門外置地千畝為壇孟春吉亥祭先農於其上以后稷配牲用一太牢皇帝服袞冕備法駕乘金根車禮三獻訖因耕司農授耒皇帝三推訖執事者以授應耕者各以班九推五推而司徒帥其屬終千畝播殖九穀納于神倉以擬粢盛穰稾以餉犧牲云

周礼王后蠶於北郊而漢法皇后蠶於東郊魏遵周礼蠶于北郊吳韋昭制西蠶頌則孫氏亦有其禮矣晉太康六年武帝楊皇后蠶于西郊依漢故事江左至宋孝武大明四年始於臺城西白石里為西蠶設兆域置大殿七間又立蠶觀自是有其礼

後齊為蠶坊於京城北之西去皇宮十八里之外方千步蠶宮方九十步牆高一丈五尺被以棘其中起蠶室二十

七口別殿一區置蠶宮令丞佐史皆宦者為之路西置皇后蠶壇高四尺方二丈四出陛廣八尺置先蠶壇於桑壇東南大路東橫路之南壇高五尺方二丈四出陛廣五尺外兆方四十步面開一門有綠襜襦褠衣黃履以供蠶母每歲季春穀雨後吉日使公卿以一太牢祀先蠶黃帝軒轅氏於壇上無配如祀先農礼訖皇后因親桑於桑壇備法駕服鞠衣乘重翟帥六宮升桑壇東陛即御座女尚書執筐女主衣執鉤立壇下皇帝降自東陛執筐者處右執鉤者居左蠶母在後乃躬桑三條訖升壇即御座內命婦以次就桑鞠衣五條展衣七條褖衣九條以授蠶母還蠶室

初從世婦灑一簿領預桑者並復本位后乃降壇還便殿改服設勞酒班賚而還

後周制皇后乘翠輅率三妃三㚤御媛御婉三公夫人三孤內子至蠶所以一太牢親祭進奠先蠶西陵氏神禮畢降壇昭化嬪亞獻淑嬪終獻因以公桑焉

隋制於宮北三里爲壇高四尺季春上巳皇后服鞠衣乘重翟率三夫人九嬪內外命婦以一太牢制幣祭先蠶於壇上用一獻禮祭訖就桑位於壇南東面尚功進金鉤典制奉筐皇后採三條反鉤命婦各依班採五條九條而止世婦亦有蠶母受切桑灑訖還依位皇后乃還宮自後齊後周及隋其典大抵多依晉儀然亦時有損益矣

禮仲春以玄鳥至之日用太牢祀于高禖漢武帝年二十九乃得太子甚喜爲立禖祠於城南祀以特牲因有其祀晉惠帝元康六年禖壇石中破爲二詔問石毀今應復不博士議禮無高禖置石之文未知造設所由既已毀破可無改造更下西府博議而賊曹屬束晳議以石在壇上蓋主道也祭器弊則埋而置新今宜埋而更造不宜遂廢時此議不用後得高堂隆故事魏青龍中造立此石詔更鐫石令如舊置高禖壇上埋破石入地一丈案梁太廟北門內道西有石文如竹葉小屋覆之宋元嘉中脩廟所得陛澄以爲孝武時郊禖之石然則江左亦有此禮矣

後齊高禖爲壇於南郊傍廣輪二十六尺高九尺四陛三壝每歲春分玄鳥至之日皇帝親帥六宮祀青帝於壇以太昊配而祀高禖之神以祈子其儀青帝北方南向配帝東方西向禖神壇下東陛之南西向禮用青珪束帛牲共以一太牢祀日皇帝服衮冕乘玉輅皇后服褘衣乘重翟皇帝初獻降自東陛皇后亞獻降自西陛並詣便坐夫人終獻上嬪獻于禖神訖帝及后並詣攢位乃送神皇帝皇后及羣官皆拜乃撤就燎禮畢而還隋制亦以玄鳥至之日祀高禖於南郊壇牲用太牢一

舊禮祀司中司命風師雨師之法皆隨其類而祭之兆風師於西方者就秋風之勁而不從箕星之位兆司中司命於南郊以天神是陽故兆於南郊也兆雨師於北郊者就水位在北也

隋制於國城西北十里亥地爲司中司命司祿三壇同壝祀以立冬後亥國城東北七里通化門外爲風師壇祀以立春後丑國城西南八里金光門外爲雨師壇祀以立夏後申壇皆三尺牲並以一少牢

昔伊耆氏始爲蜡蜡者索也古之君子使人必報之故周法以歲十二月合聚萬物而索饗之仁之至義之盡也其

祭法四方各自祭之若不成之方則闕而不祭後周亦存其典常以十一月祭神農氏伊耆氏后稷氏田畯鱗羽贏毛介水墉坊郵表畷獸猫之神於五郊五方上帝地祇五星列宿蒼龍朱雀白獸玄武五人帝五官之神岳鎮海瀆山林川澤丘陵墳衍原隰各分其方合祭之日月五方皆祭之上帝地祇神農伊耆人帝於壇上南郊則以神農既蜡無其祀三辰七宿則為小壇於其側岳鎮海瀆山林川澤丘陵墳衍原隰則各為坎餘則於平地皇帝初獻上帝地祇神農伊耆及人帝冢宰亞獻宗伯終獻上大夫獻三辰五官后稷田畯岳鎮海瀆中大夫獻七宿山林川澤已

下自天帝人帝田畯羽毛之類牲幣玉帛皆從燎地祇郵表畷之類皆從埋祭畢皇帝如南郊便殿致齋明日乃蜡祭于南郊如東郊儀祭訖又如黃郊便殿致齋明日乃祭祭訖又如西郊便殿明日乃祭祭訖又如北郊便殿明日蜡祭訖還宮

隋初因周制定令亦以孟冬下亥蜡百神臘宗廟祭社稷其方不熟則闕其方之蜡焉又以仲冬祭名源川澤於北郊用一太牢祭井於社宮用一少牢季冬藏冰仲春開冰並用黑牡秬黍於冰室祭司寒神開冰加以桃弧棘矢開皇四年十一月詔曰古稱臘者接也取新故交接前周歲首今之仲冬建冬之月稱蜡可也後周用夏后之時行姬氏之蜡考諸先代於義有違其十月行蜡者停可以十二月為臘於是始革前制

後齊正月晦日中書舍人奏祓除年暮上臺東宮奏擇吉日詣殿堂貴臣與師行事所須皆移尚書省備設云後主末年祭非其鬼至於躬自鼓儛以事胡天鄴中遂多淫祀茲風至今不絕後周欲招來西域又有拜胡天制皇帝親焉其儀並從夷俗淫僻不可紀也

志第二　禮儀二　隋書七

太尉揚州都督監修國史上柱國趙國公臣長孫無忌等奉勅撰

禮儀三

陳永定三年七月武帝崩新除尚書左丞庾持云晉宋以來皇帝大行儀注未祖一日告南郊太廟奏策奏謚梓宮將登輼輬侍中版奏已稱某謚皇帝遣奠出於陛階下方以此時乃讀哀策而前代策文猶云大行皇帝請明加詳正國子博士領步兵校尉知儀禮沈文阿等謂應劭風俗通前帝謚未定臣子稱大行以別嗣主近檢梁儀自梓宮將登輼輬版奏皆稱某謚皇帝登輼輬伏尋今祖祭已奉策謚哀策既在庭遣祭不應猶稱大行且哀策篆書藏於玄宮謂依梁儀稱謚以傳無窮詔可之

天嘉元年八月癸亥尚書儀曹請今月晦皇太后服安吉君禫除儀注沈洙議謂至親朞斷加降故再朞而再周之喪斷二十五月但重服不可頓除故變之以纖縞創巨不可便愈故稱之以祥禫禫者淡也所以漸袪其情至加父在爲母出適後之子則屈降之以朞朞而除服無復衰麻緣情有本同之義許以心制心制既無杖經可除不容復改玄縞既是心憂則無所更淡其心也且禫杖朞者十五月已有禫制今申其免懷之感故斷以再周止二十五月而已所以宋元嘉立義心喪以二十五月爲限大明中王皇后父喪又申明其制齊建元中太子穆妃喪亦同用此禮唯王儉古今集記云心制終二十七月又爲王逡所難何佟之儀注用二十五月而除案古循今宜以再周二十五月爲斷今皇太后於安吉君心喪之期宜除於再周無復心禫之禮詔可之

隋制諸岳崩瀆竭天子素服避正寢撤膳三日遣使祭崩竭之山川牲用太牢

皇帝本服大功已上親及外祖父母皇后父母諸官正一品喪皇帝不視事三日皇帝本服五服內親及嬪百官正二品已上喪並一舉哀太陽虧國忌日皇帝本服小功緦麻親百官三品已上喪皇帝皆不視事一日

皇太后皇后爲本服五服內諸親及嬪一舉哀皇太子爲本服五服之內親及東宮三師三少宮臣三品已上一舉哀

梁天監元年齊臨川獻王所生妾謝墓被發不至埏門蕭子晉傳重諮禮官何佟之佟之議以爲改葬服緦見柩不可無服故也此止侵壙土不及於槨可依新宮火處三日哭假而已帝以爲得禮二年何佟之議追服三年無禫尚書議並以佟之言爲得

又二年始興王嗣子喪博士管㫜議使國長從服緦麻

四年掌凶禮嚴植之定儀注以亡月遇閏後年中祥疑所附月帝曰閏蓋餘分月節則各有所隸若節屬前月則宜以前月爲忌節屬後月則宜以後月爲忌祥逢閏則宜取遠日

又四年安成國刺稱廟新建欲尅今日遷立所生吳太妃神主國王既有妃喪欲使臣下代祭明山賓議以爲不可宜待王妃服竟親奉盛禮

五年貴嬪母車喪議者疑其儀明山賓以爲貴嬪既居母憂皇太子出貴嬪別第一舉哀以申聖情庶不乖禮帝從之

又五年祠部郎司馬褧牒貴嬪母車亡應有服制謂宜准公子爲母麻衣之制既葬而除帝從之

六年申明葬制凡墓不得造石人獸碑唯聽作石柱記名位而已

七年安成王慈太妃喪周捨牒使安成始興諸王以成服日一日爲位受弔帝曰喪無二主二王既在遠嗣子宜祭攝事周捨牒嗣子著細布衣絹領帶單衣用十五升葛凡有事及歲時節朔望並於靈所朝夕哭三年不聽樂

十四年舍人朱异議禮年雖未及成人已有爵命者則不爲殤封陽侯年雖中殤已有拜封不應殤服帝可之於是諸王服封陽侯依成人之服

大同六年皇太子啓謹案下殤之小功不行婚冠嫁三嘉之禮則降服之大功理不得有三嘉今行三嘉之禮竊有小疑帝曰禮云大功之末可以冠子嫁子小功之末可以冠子嫁子娶婦已雖小功既卒哭可以冠娶妻下殤之小功則不可晉代蔡謨謝沈丁纂馮懷等遂云降服大功可以嫁女宋代裴松之何承天又云女有大功之服亦得出嫁范堅荀伯子等雖復率意致難亦未能折太始六年虞龢立議大功之末乃可娶婦于時博詢咸同龢議暨永明十

一年有大司馬長子之喪武帝子女同服大功左丞顧杲之議云大功之末非直皇女嬪降無嫌皇子娉納亦在非礙凡此諸議皆是公背正文務爲通耳徐爰王文憲並云朞服降爲大功皆不可以婚嫁於義乃爲不乖而又不釋其意天監十年信安公主當出適而有臨川長子大功之慘具論此義粗已詳悉太子今又啓審大功之末及下殤之小功行婚冠嫁三吉之事案禮所言下殤小功本是朞服故不得有三吉之禮況本服是朞降爲大功理當不可人間行者是用鄭玄逆降之義雜記云大功之末可以冠子嫁子此謂本服大功子則小功踰月以後於情差輕所

以許有冠嫁此則小功之末通得取婦前所云大功之末可以冠子嫁子此是節出大功之身不得取婦後言小功之末可以冠子嫁子非直子得冠嫁亦得取婦故有出沒婚禮國之大典宜有畫一令宗室及外戚不得復輙有干啓禮官不得輙爲曲議可依此以爲法

後齊定令親王公主太妃妃及從三品已上喪者借白鼓一面喪畢進輸王郡公主太妃儀同三司已上及令僕皆聽立凶門栢歷三品已上及五等開國通用方相四品已下達於庶人以魌頭旌則一品九旒二品三品七旒四品五品五旒六品七品三旒八品已下達于庶人唯旐而已

其建旐三品已上及開國子男其長至軫四品五品至輪六品至于九品至較勲品達于庶人不過七尺

王元軌子欲改葬祖及祖母列上未知所服邢子才議曰禮改葬緦麻鄭玄注臣爲君子爲父妻爲夫唯三人而已然嫡曾孫承重者曾祖父母祖父母改葬既並三年之服皆應服緦而止言三人若非遺漏便是舉其略耳

開皇初高祖思定典禮太常卿牛弘奏曰聖教陵替國章殘缺漢晉爲法隨俗因時未足經國庇人弘風施化且制禮作樂事歸元首江南王儉偏隅一臣私撰儀注多違古法就廬非東階之位凶門豈設重之禮兩蕭累代舉國遵行後魏及齊風牛本隔殊不尋究適相師祖故山東之人浸以成俗西魏已降師旅弗遑賓嘉之禮盡未詳定今休明啓運憲章伊始請據前經革兹俗弊詔曰可弘因奏徵學者撰儀禮百卷悉用東齊儀注以爲準亦微採王儉禮修畢上之詔遂班天下咸使遵用焉其喪紀上自王公下逮庶人著令皆爲定制無相差越正一品薨則鴻臚卿監護喪事司儀令示禮制二品已上則鴻臚丞監護司儀丞示禮制五品已上薨卒及三品已上有朞親已上喪並掌儀一人示禮制官人在職喪聽斂以朝服有封者斂以冕服未有官者白帢單衣婦人有官品者亦以其服斂棺内

不得置金銀珠玉諸重一品懸鬲六五品已上四六品已下二轜車三品已上油幰朱絲絡網施襈兩箱畫龍幰竿諸末垂六旒蘇七品已上油幰施襈兩箱畫雲氣垂四旒蘇八品已下達於庶人鼈甲車無幰襈旒蘇畫飾執紼一品五十人三品已上四十人四品三十人並布幘布深衣三品已上四引四披六鐸六翣五品已上二引二披四鐸四翣九品已上二鐸二翣四品已上用方相七品已上用魌頭在京師葬者去城七里外三品已上立碑螭首龜趺趺上高不得過九尺七品已上立碣高四尺圭首方趺若隱淪道素孝義著聞者雖無爵奏聽立碣

三年及朞喪不數閏大功已下數之以閏月亡者祥及忌日皆以閏所附之月為正

凶服不入公門朞喪已下不解官者在外曹權緣紗帽若重喪被起者皁絹下裙帽若入宮殿及須朝見者冠服依百官例

齊衰心喪已上雖有奪情並終喪不弔不賀不預宴朞喪未練大功未葬不弔不賀並終喪不預宴小功已下假蒲依例居五服之喪受冊及之職儀衛依常式唯鼓樂從而不作若以戎事不用此制自秦兼天下朝覲之禮遂廢及周封蕭詧為梁王詧於隋恒稱藩國始有朝見之儀梁王之朝周入畿大冢宰命有司致積其餼五牢米九十筥醯醢各三十五甕酒十八壺米禾各五十車薪芻各百車既至大司空設九儐以致館梁王束帛乘馬設九介以待之禮成而出明日王朝受享於廟既致享大冢宰又命公一人玄冕乘車陳九儐以束帛乘馬致食于賓及賓之從各有差致食訖又命公一人弁服乘車執贄設九儐以勞賓王設九介迎於門外明日朝服乘車還贄于公公皮弁迎於大門授贄受贄並於堂之中楹又明日王朝服設九介乘車備儀衛以見于公事畢公致享明日三孤一人又執贄勞于梁王明日王還贄又明日王見三孤如見三公明日卿一人又執贄勞王王見卿又如三孤於是三公三孤六卿又各餼賓並屬官之長為使牢米束帛同三公

開皇四年正月梁主蕭巋朝于京師次於郊外詔廣平王楊雄吏部尚書韋世康持節以迎衛尉設次於驛館雄等降就便幕巋服通天冠絳紗袍端珽立於東階下西面文武陪侍如其國雄等立於門右東面巋攝內史令柳顧言出門請事世康曰奉詔勞于梁帝顧言入告巋出迎於館門之外西面再拜持節者導雄與巋俱入至于庭下巋北面再拜受詔訖雄等乃出於館門外道右東向巋送於門外西面再拜及奉見高祖冠通天冠服絳紗袍御大興殿如朝儀巋服遠遊冠朝服以入君臣並拜禮畢而出

古者天子征伐則宜于社造于祖類于上帝還亦以牲徧告梁天監初陸璉議定軍禮遵其制帝曰宜者請征討之宜造者稟謀於廟類者奉天時以明伐並明不敢自專陳幣承命可也璉不能對嚴植之又爭之於是告用牲幣反亦如之

後齊天子親征纂嚴則服通天冠文物充庭有司奏更衣乃入冠武弁弁左貂附蟬以出誓訖擇日備法駕乘木輅以造于廟載遷廟主於齋車以俟行次宜于社有司以毛血釁軍鼓載帝社石主於車以俟行次擇日陳六軍備大

焉類于上帝次擇日祈后土神州岳鎮海瀆源川等乃為
坎瘞盟誓將刑牲於坎南北首有司坎前讀盟文割牲耳承
血皇帝受牲耳偏授大將乃寘于坎又歃血歃偏又以寘
坎禮畢埋牲及盟書又卜日建牙旗於墠祭以太牢及所
過名山大川使有司致祭將屆戰所卜剛日備玄牲列軍
容設柴於辰地為墠而禡祭大司馬奠矢有司奠毛血樂
奏大護之音禮畢徹牲柴燎戰前一日皇帝禱祖司空禱
社戰勝則各報以太牢又以太牢賞用命戰于祖引功臣入旌門即
神庭而授版焉又罰不用命于社即神庭行戮訖振旅而
還都廟訖社訖擇日行飲至禮文物充庭有司執簡紀年

志三　隋志八　九

號月朔陳六師凱入格廟之事飲至策勳之美因述其功
不替賞典焉
隋制行幸所過名山大川則有司致祭岳瀆以太牢山川
以少牢親征及巡狩則類上帝宜社造廟還禮亦如之將
發軔則軷祭其禮有司於國門外委土為山象設埋坎有
司刳羊陳俎豆駕將至委奠幣薦脯醢加羊於軷西首又
奠酒解羊并饌埋於坎駕至太僕祭兩軹及軌前乃飲授
爵遂轢軷上而行
大業七年征遼東煬帝遣諸將於薊城南桑乾河上築社
稷二壇設方壝行宜社禮帝齋於臨朔宮懷荒殿預告官

及侍從各齋於其所十二衛士並齋帝衮冕玉輅備法駕禮
畢御金輅服通天冠還宮又於宮南類上帝積柴於燎壇
設高祖位於東方帝服大裘以冕乘玉輅祭奠玉帛並如
宜社諸軍受胙畢帝就位觀燎乃出又於薊城北設壇祭
馬祖於其上亦有燎又於其日使有司并祭先牧及馬步
無鐘鼓之樂衆軍將發帝御臨朔宮親授節度每軍大將
亞將各一人騎兵四十隊隊百人置一纛十隊為團團有
偏將一人第一團皆青絲連明光甲鐵具裝青纓拂建狻
猊旗第二團絳絲連朱犀甲獸文具裝赤纓拂建貔貅旗
第三團白絲連明光甲鐵具裝素纓拂建辟邪旗第四團

志三　隋志八　十

烏絲連玄犀甲獸文具裝建六駮旗前部鼓吹一部大鼓
小鼓及鼙長鳴中鳴等各十八具棡鼓金鉦各二具後部
鐃吹一部鐃二面歌簫及笳各四具節鼓一面吳吹觱篥
橫笛各四具大角十八具又步卒八十隊分為四團團有偏將一人第一
團每隊給青隼蕩幡一第二團每隊黃隼蕩幡一第三團每隊白
隼蕩幡一第四團每隊蒼隼蕩幡一長矟弩及甲毦等各稱其數受
降使者一人給二馬軺車一乘白獸幡及節各一騎吏二人軍輻白從十二
人承詔慰撫不受大將制戰陣則為監軍軍將發候大角
一通步卒第一團出營東門東向陣第二團出營南門南
向陣第三團出營西門西向陣第四團出營北門北向陣

陣四面團營然後諸團嚴駕立大角三通則鐃鼓俱振騎第一團引行隊間相去各十五步次第二團次前部鼓吹次弓矢一隊合二百騎建蹲獸旗䩮槊二張大將在其下次誕馬二十四次大角次後部鐃次第三團次第四團次受降使者次及輜重戎車散兵等亦有四團第一輜重出收東面陣分爲兩道夾以行第二輜重出收南面陣夾以行第三輜重出收西面陣夾以行第四輜重出收北面陣夾以行亞將領五百騎建騰豹旗殿軍後至營則第一團騎陣於東面第二團騎陣於南面鼓吹翊大將居中駐馬南向第三團騎陣於西面第四團騎陣於北面合爲方陣

四團外向步卒翊輜重入於陣內以次安營營定四面陣者引騎入營亞將率驍騎遊弈督察其安營之制以車外布間設馬槍次施兵幕內安雜畜事畢大將亞將等各就牙帳其馬步隊與軍中散兵交爲兩番五日而代於是每日遣一軍發相去四十里連營漸進二十四日續發而盡首尾相繼鼓角相聞旌旗亘九百六十里天子六軍次發兩部前後先置又亘八十里通諸道合三十軍亘一千四十里諸軍各以帛爲帶長尺五寸闊二寸題其軍號爲記御營內者合十二衛三臺五省九寺並分隸內外前後左右六軍亦各題其軍號不得自言臺省王公已下至于兵

丁廝隸悉以帛爲帶綴于衣領名軍記帶諸軍並給幡數百有事使人交相去來者執以行不執幡而離本軍者他軍驗軍記帶知非部兵則所在斬之是歲也行幸望海鎮於禿黎山爲壇祀黃帝行禡祭詔太常少卿韋霽博士褚亮奏定其禮皇帝及諸預祭臣近侍官諸軍將皆齋一宿有司供帳設位爲埋埳神坐西北內壝之外建二旗於南門外以熊席設帝軒轅神坐於壝內置甲冑弓矢於坐側建槊於坐後皇帝出次入門羣官定位皆再拜奠禮畢還宮

隋制常以仲春用少牢祭馬祖於大澤諸預祭官皆於祭

所致齋一日積柴於燎壇禮畢就燎仲夏祭先牧仲秋祭馬社仲冬祭馬步並於大澤皆以剛日牲用少牢如祭馬祖埋而不燎

開皇二十年太尉晉王廣北伐突厥四月己未次於河上禡祭軒轅黃帝以太牢制幣陳甲兵行三獻之禮

後齊命將出征則太卜詣太廟灼靈龜授鼓旗於廟皇帝陳法駕服袞冕至廟拜於太祖徧告訖降就中階引上將操鉞授柯曰從此上至天將軍制之又操斧授柯曰從此下至泉將軍制之將軍既受斧鉞對曰國不可從外理軍不可從中制臣既受命有鼓旗斧鉞之威願無一言之命

於臣帝曰苟利社稷將軍裁之將軍就車載斧鉞而出皇
帝推轂度閫曰從此以外將軍制之
周大將出征遣太祝以羊一祭所過名山大川明帝武成
元年吐谷渾寇邊帝常服乘馬遣大司馬賀蘭祥於太祖
之廟司憲奉鉞進授大將大將拜受以授從者禮畢出受
甲兵
隋制皇太子親戎及大將出師則以豭豚一釁鼓皆告社
廟受斧鉞訖不得反宿於家開皇八年晉王廣將伐陳內
史令李德林攝太尉告于太祖廟禮畢又命有司宜于太社
○古者三年練兵入而振旅至於春秋蒐獮亦以講其事

焉梁陳時依宋元嘉二十五年蒐宣武場其法置直行軍殿
於幕府山南岡并設王公百官幕先獮一日遣馬騎布圍
右領軍將軍督右左領軍將軍督左大司馬董正諸軍獮
日侍中三奏一奏搥一鼓為嚴三嚴訖引仗為小駕鹵簿
皇帝乘馬戎服從者悉絳衫幘黃麾警言蹕鼓吹如常儀獮
訖宴會享勞比校多少戮一人以懲亂法會畢還宮
後齊常以季秋皇帝講武於都外有司先萊野為場為二
軍進止之節又別墠於北場輿駕停觀遂命將簡士教衆
為戰陣之法凡為陣少者在前長者在後其還則長者在
前少者在後長者持弓矢短者持旌旗勇者持鉦鼓刀楯

為前行戰士次之槊者次之弓箭為後行將帥先教士目
使習見旌旗指麾之蹤發起之意旗卧則跪教士耳使習
金鼓動止之節聲鼓則進鳴金則止教士心使知刑罰之
苦賞賜之利教士手使習持五兵之便戰鬭之備教士足
使習跪及行列險泥之塗前五日皆請兵嚴於場所依方
色建旗為和門都墠之中及四角皆建五采牙旗應講武
者各集於其軍戎鼓一通軍士皆嚴備二通將士貫甲三
通步軍各為直陣以相俟大將各處軍中立旗鼓下有司
陳小駕鹵簿皇帝武弁乘革輅大司馬介冑乘奉引又行
殿百司陪列位定二軍迭為客主先舉為客後舉為主從
五行相勝法為陣以應之

後齊春蒐禮有司規大防建獲旗以表獲車蒐前一日命
布圍領軍將軍一人督左甄護軍將軍一人督右甄大司
馬一人居中節制諸軍天子陳小駕服通天冠乘木輅詣
行宮將親禽服戎服鈒戟者皆嚴武衛張甄圍旗鼓相望
銜枚而進甄常開一方以令三驅圍合吏奔騎令曰鳥獸
之肉不登於俎者不射皮革齒牙骨角毛羽不登於器者
不射甄合大司馬鳴鼓促圍衆軍鼓譟鳴角至期處而止
大司馬屯北旌門二甄帥屯左右旌門天子乘馬從南旌
門入親射禽謁者以獲車收禽載還陳於獲旗之北王公

已下以次射禽皆送旗下事畢大司馬鳴鼓解圍復屯殿
中郎中率其屬收禽以實獲車天子還行宮命有司每禽
擇取三十一曰乾豆二曰賓客三曰充君之庖其餘即於
圍下量犒將士禮畢改服鈒者韜刀而還夏苗秋獮冬狩
禮皆同河清中定令每歲十二月半後講武至晦逐除二
軍兵馬右入千秋門左入萬歲門並至永巷南下至昭陽殿
北二軍交一軍從西上閤一軍從東上閤並從端門南出
閶闔門前橋南戲射並訖送至城南郭外罷
後齊三月三日皇帝常服乘輿詣射所升堂即坐皇太子
及羣官坐定登歌進酒行爵皇帝入便殿更衣以出驊騮

令進御馬有司進弓矢帝射訖還御坐射懸侯又畢羣官
乃射五埒一品二品三十發一發調馬十發射下十發射上三發射麞三發射帖三發
射獸頭三品二十五發一發調馬五發射下十發射上三發射麞三發射帖三發射獸頭四
品二十發一發調馬五發射下八發射上二發射麞二發射帖二發射獸頭五品十五
發一發調馬四發射下五發射上二發射麞二發射帖一發射獸頭侍官御仗已上十發
一發調馬四發射下五發射上季秋大射皇帝備大駕常服御七寶輦射
七埒正三品已上第一埒一品五十發一發調馬十五發射下二十五發射
上三發射麞三發射帖三發射獸頭二品四十六發一發調馬十五發射下二十二發射上二
發射麞三發射帖三發射獸頭從三品四品第二埒三品四十二發一發調馬
十二發射下二十二發射上二發射麞二發射帖三發射獸頭四品三十七發一發調馬十一發射

下十九發射上一發射麞二發射帖三發射獸頭五品第三埒三十二發一發調馬九發
射下十七發射上一發射麞二發射帖二發射獸頭六品第四埒二十七發一發調馬八發
射下十六發射上一發射麞一發射帖七品第五埒二十一發一發調馬六發射下十二
發射上一發射麞一發射帖八品第六埒十六發一發調馬四發射下九發射上一發射麞
一發射帖九品第七埒十發一發調馬三發射下四發射上一發射麞一發射帖大射置
大將太尉公為之射司馬各一人錄事二人七埒各置埒將射
正參軍各一人埒士四人威儀一人乘白馬以導的別參
軍一人懸侯下府參軍一人又各置令史埒士等員以司
其事
後周仲春教振旅大司馬建大麾於萊田之所鄉稍之官

以旌物鼓鐸鉦鐃各帥其人而致誅其後至者建麾於後
表之中以集衆庶質明偃麾誅其不及者乃陳徒騎如戰
之陣大司馬北面誓之軍中皆聽鼓角以為進止之節田
之日於所萊之北建旗為和門諸將帥徒騎序入其門有
司居門以平其人既入而分其地險野則徒前而騎後易
野則騎前而徒後既陣皆坐乃設驅逆騎有司表貉於陣
前以太牢祭黃帝軒轅氏於狩地為壝建二旗列五兵於
坐側行三獻禮遂蒐田致禽以祭社仲夏教茇舍如振旅
之陣遂以苗田如蒐法致禽以享礿仲秋教練兵如振旅
之陣遂以獮田如蒐法致禽以祀方仲冬教大閱如振旅

之陣遂以狩田如蒐法致禽以享烝
孟秋迎太白候太白夕見於西方先見三日大司馬戒期
遂建旗於陽武門外司空除壇兆有司薦毛血發歌奏昭
夏在位者拜事畢出其日中後十刻六軍士馬俱介冑集
旗下左右武伯督十二師嚴街侍臣文武俱介冑奉迎樂
師撞黃鐘右五鐘皆應皇帝介冑警蹕以出如常儀而無
鼓角出國門而軷祭至則舍於次太白未見五刻中外皆
嚴皇帝就位六軍鼓譟行三獻之禮每獻鼓譟如初獻事
訖燔燎賜胙畢鼓譟而還
隋制大射祭射侯於射所用少牢軍人每年孟秋閱戎具

仲冬教戰法及大業三年煬帝在榆林突厥啓民及西域
東胡君長並來朝貢帝欲誇以甲兵之盛乃命有司陳冬
狩之禮詔虞部量拔延山南北周二百里並立表記前狩
二日兵部建旗於表所五里一旗分為四十軍軍萬人騎
五千匹前一日諸將各帥其軍集於旗下鳴鼓後至者斬
詔四十道使並揚旗建節分申佃令即留軍所監獵布圍
圍闕南面方幘而前帝服紫袴褶黑介幘乘闟豬車其飾
如木輅重輞縵輪蟠龍繞轂漢東京鹵簿所謂獵車者也
駕六黑騮太常陳鼓笳鐃簫角於帝左右各百二十百官
戎服騎從鼓行入圍諸將並鼓行赴圍乃設驅逆騎千有
二百闟豬停軔有司斂大綏王公已下皆整弓矢陳於駕
前有司又斂小綏乃驅獸出過於帝前初驅過有司整御
弓矢以前待詔再驅過備身將軍奉進弓矢三驅過帝乃
從禽鼓吹皆振坐而射之每驅必三獸以上帝發抗大綏
次王公發則抗小綏次諸將發射之無鼓驅逆之騎乃止
然後三軍四夷百姓皆獵凡射獸自左膘而射之達于右
腢為上等達右耳本為次等自左髀達于右䯒為下等羣
獸相從不得盡殺已傷之獸不得重射又逆向人者不射
其面出表者不逐之佃將止虞部建旗於圍內從駕之鼓
及諸軍鼓俱振卒徒皆譟諸獲禽者獻於旗所致其左耳

大獸公之以供宗廟使歸薦腊于京師小獸私之
齊制季冬晦選樂人子弟十歲以上十二以下為侲子合
二百四十人一百二十人赤幘皁褠衣執鞞一百二十人
赤布袴褶執鞭角方相氏黃金四目熊皮蒙首玄衣朱裳
執戈揚楯又作窮奇祖明之類凡十二獸皆有毛角鼓吹
令率之中黃門行之冗從僕射將之以逐惡鬼于禁中其
日戊夜三唱開諸里門儺者各集被服器仗以待事戊夜
四唱開諸城門二衛皆嚴上水一刻皇帝常服即御座王
公執事官第一品已下從六品已上陪列預觀儺者鼓譟
入殿西門徧於禁內分出二上閤作方相與十二獸儛戲

喧呼周徧前後鼓譟出殿南門分為六道出於郭外
隋制季春晦儺磔牲於宮門及城四門以禳陰氣秋分前一日禳陽氣季冬傍磔大儺亦如之其牲每門各用羝羊及雄雞一選侲子如後齊冬八隊二時儺則四隊問事十二人赤幘褠衣執皮鞭工人二十二人其一人方相氏黃金四目蒙熊皮玄衣朱裳其一人為唱師著皮衣執棒鼓角各十有司預備雄雞羝羊及酒於宮門為坎未明鼓譟以入方相氏執戈揚楯周呼鼓譟而出合趣顯陽門分詣諸城門將出諸祝師執事預副牲胸磔之於門酌酒禳祝舉牲并酒埋之

後齊制日蝕則太極殿西廂東向堂東廂西向各設御座羣官公服晝漏上水一刻內外皆嚴三門者閉中門單門者掩之蝕前三刻皇帝服通天冠即御座直衛如常不省事有變聞鼓音則避正殿就東堂服白袷單衣侍臣皆赤幘帶劍升殿侍諸司各於其所赤幘持劍出戶向日立有司各率官屬並行宮內諸門掖門屯衛太社鄴令以官屬圍社守四門以朱絲繩繞繫社壇三匝太祝令陳辭責社太史令二人走馬露版上尚書門司疾上之又告清都尹鳴鼓如嚴鼓法日光復乃止奏解嚴
後魏每攻戰尅捷欲天下知聞迺書帛建於竿上名為露布其後相因施行開皇中迺詔太常卿牛弘太子庶子裴政撰宣露布禮及九年平陳元帥晉王以驛上露布兵部奏請依新禮宣行承詔集百官四方客使等並赴廣陽門外服朝衣各依其列內史令稱有詔在位者皆拜宣訖拜蹈舞者三又拜郡縣亦同

志第三　禮儀三　隋書八

志第四　隋書九

太尉揚州都督監修國史上柱國趙國公臣長孫無忌等奉勅撰

禮儀四

周大定元年靜帝遣兼太傅上柱國杞國公椿大宗伯大將軍金城公煚奉皇帝璽紱策書禪位于隋司錄虞慶則白請設壇於東第博士何妥議以爲受禪登壇以告天也故魏受漢禪設壇於繁昌爲在行旅郊壇乃闕至如漢高在汜光武在鄗盡非京邑所築壇自晉宋揖讓皆在都下莫不並就南郊更無別築之義又後魏即位登朱雀觀周帝初立受朝於路門雖自我作古皆非禮也今即府爲壇恐招後誚議者從之二月甲子椿等乘象輅備鹵簿持節率百官至門下奉策入次百官文武朝服立于門南北面高祖冠遠遊冠府寮陪列記室入白禮曹導高祖府寮從出大門東廂西向椿奉策書煚奉璽紱出次節導而進高祖揖之入門而左椿等入門而右百官隨入庭中椿南向讀冊書畢進授高祖高祖北面再拜辭不奉詔上柱國李穆進喻朝旨又與百官勸進高祖不納椿等又奉策書進而敦勸高祖再拜俯受策以授高熲受璽以授虞慶則退就東階位使者與百官皆北面再拜搢笏三稱萬歲有司請備法駕高祖不許改服紗帽黃袍入幸臨光殿就閤內

服袞冕乘小輿出自西序如元會儀禮部尚書以案承符命及祥瑞牒進東階下納言跪御前以聞內史令奉宣詔大赦改元曰開皇是日命有司奉冊祀于南郊

後齊將崇皇太后則太尉以玉帛告圜丘方澤以幣告廟皇帝乃臨軒命太保持節太尉副之設九儐命使者受璽綬冊及節詣西上閤其日昭陽殿文物具陳臨軒訖使者就位持節及璽綬稱詔二侍中拜進受節及冊璽綬以付小黃門黃門以詣閤皇太后服褘衣處昭陽殿公主及命婦陪列於殿皆拜小黃門以節綬入女侍中受以進皇太后皇太后興受以授左右復坐反節於使者使者受節出

冊皇后如太后之禮

後齊冊皇太子則皇帝臨軒司徒爲使司空副之太子服遠遊冠入至位使者入奉冊讀訖皇太子跪受冊於使以授中庶子又受璽綬於尚書以授庶子稽首以出就冊則使者持節至東宮宮臣內外官定列皇太子階東西面若幼則太師抱之主衣二人奉空頂幘服從以受冊明日拜章表於東宮殿庭中庶子中舍人乘軺車奉章詣朝堂謝擇日齋於崇正殿服冕乘石山安車謁廟擇日羣臣上禮又擇日會明日三品以上牋賀

冊諸王以臨軒日上水一刻吏部令史乘馬齎召版詣王

第王乘高車鹵簿至東掖門止乘軺車既入至席尚書
讀册訖以授王又授章綬事畢乘軺車入鹵簿乘高車詣
閶闔門伏闕表謝報訖拜廟還第就第則鴻臚卿持節吏
部尚書授册侍御史授節使者受而出乘軺車持節詣王
第入就西階東面王入立於東階西面使者讀册博士讀版
王俛伏興進受册章綬茅土俛伏三稽首還本位謝如上
儀在州鎮則使者受節册乘軺車至州如王第
諸王三公儀同尚書令五等開國太妃妃公主恭拜册軸
一枚長二尺以白練衣之用竹簡十二枚六枚與軸等六
枚長尺二寸文出集書書皆篆字哀册贈册亦同

諸王五等開國及鄉男恭拜以其封國所在方取社壇方
面土包以白茅內青箱中函方五寸以青塗飾封授之以
爲社
隋臨軒册命三師諸王三公並陳車輅餘則否百司定列
內史令讀册訖受册者拜受出又引次受册者如上儀若
册開國郊社令奉茅土立於仗南西面每受册訖授茅土
焉
後齊皇帝加元服以玉帛告圓丘方澤以幣告廟擇日臨
軒中嚴群官位定皇帝著空頂介幘以出太尉盥訖
升脫空頂幘以黑介幘奉加訖太尉進太保之右北面讀

祝訖太保加冕侍中繫玄紘脫絳紗袍加袞服事畢太保
上壽群官三稱萬歲皇帝入溫室移御坐會而不上壽後
日文武群官朝服上禮酒十二鍾米十二囊牛十二頭又
擇日親拜圓丘方澤謁廟
皇太子冠則太尉以制幣告七廟擇日臨軒有司供帳於
崇正殿中嚴皇太子空頂幘公服出立東階之南西面使
者入立西階之南東面皇太子受詔訖入室盥櫛出南面
使者進揖詣冠席西面坐光祿卿盥訖詣太子前跪櫛使
者又盥奉進賢三梁冠至太子前東面祝脫空頂幘加冠太
子興入室更衣出又南面就席光祿卿盥櫛使者又盥祝

脫三梁冠加遠遊冠太子又入室更衣設席中楹之西使
者揖就席南面光祿卿洗爵酌醴使者詣席前北面祝太
子拜受醴即席坐祭之啐之奠爵降階復本位西面三師
三少及在位群官拜事訖又擇日會宮臣又擇日謁廟
隋皇太子將冠前一日皇帝齋於大興殿皇太子與賓贊
及預從官齋於正寢其日質明有司告廟各設筵於阼階
皇帝袞冕入拜即御座賓揖皇太子進升筵西向坐贊
冠者坐櫛設纚賓盥訖進加緇布冠贊冠進設頍纓賓揖
皇太子適東序衣玄衣素裳以出贊冠者又坐櫛賓進加
遠遊冠改服訖賓又受冕太子適東序改服以出賓揖皇

太子南面立，賓進受醴進筵前北面立祝皇太子拜受觶賓復位東面荅拜贊冠者奉饌於筵前皇太子祭奠禮畢降筵進當御東面拜納言承詔詣太子戒訖太子拜贊冠者引太子降自西階賓少進字之贊冠者引皇太子進立於庭東面諸親拜訖贊冠者拜太子皆荅拜與賓贊俱復位納言承詔降令有司致禮賓贊又拜皇帝降復阼階拜皇太子已下皆拜皇帝出更衣還宮皇太子從至閤因入見皇后拜而還

後齊皇帝納后之禮納采問名納徵訖告圓丘方澤及廟如加元服是日皇帝臨軒命太尉為使司徒副之持節詣

皇后行宮東向奉璽綬冊以授中常侍皇后受冊於行殿使者出與公卿以下皆拜有司備迎禮太保太尉受詔而行主人公服迎拜於門使者入升自賓階東面主人升自阼階西面禮物陳於庭設席於兩楹間童子以璽書版升主人跪受送使者拜于大門之外有司先於昭陽殿兩楹間供帳為同牢之具皇后服大嚴繡衣帶綬珮加幜女長御引出升畫輪四望車女侍中負璽陪乘鹵簿如大駕皇帝服衮冕出升御坐皇后入門大鹵簿住門外小鹵簿入到東上閤施步鄣降車席道以入昭陽殿前至席位姆去幜皇后先拜後起皇帝後拜先起帝升自西階詣同牢坐與皇后俱坐各三飯訖又各酳二爵一巹奏禮畢皇后興南面立皇帝御太極殿王公已下拜皇帝興入明日后展衣於昭陽殿拜表謝又明日以榛栗棗脩見皇太后於昭陽殿擇日羣官上禮又擇日謁廟皇帝使太尉先以太牢告而後徧見羣廟

皇太子納妃禮皇帝遣使納采有司備禮物會畢使者受詔而行主人迎于大門外禮畢會於聽事其次問名納吉並如納采納徵則使司徒及尚書令為使備禮物而行請期則以太常宗正卿為使如納采親迎則太尉為使三日妃朝皇帝於昭陽殿又朝皇后於宣光殿擇日羣官上禮

他日妃還又他日皇太子拜閤

隋皇太子納妃禮皇帝臨軒使者受詔而行主人俟於廟使者執鴈主人迎拜於大門之東使者入升自西階立於楹間南面納采訖乃行問名儀事畢主人請致禮於從者禮有幣馬其次擇日納吉如納采又擇日以玉帛乘馬納徵又擇日告期又擇日命有司以特牲告廟冊妃皇太子將親迎皇帝臨軒醮而誡曰往迎爾相承我宗事勗帥以敬對曰謹奉詔既受命羽儀而行主人几筵於廟妃服褕翟立於東房主人迎於門外西面拜皇太子荅拜主人揖皇太子先入主人升立於阼階西面皇太子升進當房戶

前北面跪奠鴈俛伏興拜降出妃父少進西面戒之母於西階上施衿結帨及門內施鞶申之出門妃升輅乘以几姆加幜皇太子乃御輪三周御者代之皇太子出大門乘輅羽儀還宮妃三日雞鳴夙興以朝奠笲於皇帝皇帝撫之又奠笲於皇后皇后撫之席於戶牖間妃立於席西祭奠而出

後齊聘禮一曰納采二曰問名三曰納吉四曰納徵五曰請期六曰親迎皆用羔羊一口鴈一隻酒黍稷稻米麪各一斛自皇子王已下至於九品皆同流外及庶人則減其半納徵皇子王用玄三匹纁二匹束帛十四大璋一（第一品已下至從三品用璧玉四品已下皆無）獸皮二（第一品已下至從五品用豹皮六品已下至從九品用鹿皮）錦綵六十匹（一品錦綵四十匹二品三十匹三品二十匹四品雜綵十六匹五品十匹六品七品五匹）絹二百匹（一品一百四十匹二品一百二十匹三品一百匹四品八十匹五品六十匹六品七品五十匹八品九品三十匹）羔羊一口羊四口犢二頭酒黍稷稻米麪各十斛（一品至三品減羊二口酒黍稷稻米麪各減六斛四品五品減一犢酒黍稷稻米麪又減二斛六品已下無犢酒黍稷稻米麪各一斛）諸王之子已封未封禮皆同第一品新婚從車皇子百乘一品五十乘第二第三品三十乘第四第五品二十乘第六第七品十乘八品已下達於庶人五乘各依其秩之飾

梁大同五年臨城公婚公夫人於皇太子妃爲姑姪進見之制議者互有不同令曰纁[illegible]之儀既稱合於二姓酒食之會亦有姻不失親若使榛栗腶脩贄見必舉副笄編珈盛飾斯備不應婦見之禮獨以親闕頃者敬進酏醴已傳婦事之則而奉盤沃盥不行侯服之家是知繁省不同質文異世臨城公夫人於妃既是姑姪宜停省

後齊將講於天子先定經於孔父廟置執經一人侍講二人執讀一人擿句二人錄義六人奉經二人講之旦皇帝服通天冠玄紗袍乘象輅至學坐廟堂上講訖還便殿改服絳紗袍乘象輅還宮講畢以一太牢釋奠孔父配以顏回列軒懸樂六佾舞行三獻禮畢皇帝服通天冠絳紗袍升阼即坐宴畢還宮皇太子每通一經亦釋奠乘石山安車三師乘車在前三少從後而至學焉

梁天監八年皇太子釋奠周捨議以爲釋奠仍會既惟大禮請依東宮元會太子著絳紗襮樂用軒懸預升殿坐者皆服朱衣帝從之又有司以爲禮云凡爲人子者升降不由阼階案今學堂凡有三階愚謂客若降等則從主人之階今先師在堂義所尊敬太子宜登阼階以明從師之義若釋奠事訖宴會之時無復先師之敬太子升堂則宜從西階以明不由阼義吏部郎徐勉議鄭玄云由命士以上父子異宮宮室既異無不由阼階之禮請釋奠及宴會太

子升堂並宜由東階若輿駕幸學自然中陛又檢東宮元會儀注太子升崇正殿不欲東西階責東宮典儀列云太子元會升自西階此則相承爲謬請自今東宮大公事太子升崇正殿並由阼階其預會賓客依舊西階

大同七年皇太子表其子寧國臨城公入學時議者以與太子有齒胄之義疑之侍中尚書令臣敬容尚書僕射臣纘尚書臣僧旻臣之遴臣筠等以爲參點並事宣尼回路同諮泗水鄒魯稱盛洙汶無譏師道既光得一資敬無虧亞貳況於兩公而云不可制曰可

後齊制新立學必釋奠禮先聖先師每歲春秋二仲常行其禮每月旦祭酒領博士已下及國子諸學生已上太學四門博士升堂助教已下太學諸生階下拜孔揖顏日出行事而不至者記之爲一負雨霑服則止學生每十日給假皆以景日放之郡學則於坊內立孔顏廟博士已下亦每月朝云

隋制國子寺每歲以四仲月上丁釋奠於先聖先師年別一行鄉飲酒禮州郡學則以春秋仲月釋奠州郡縣亦每年於學一行鄉飲酒禮學生皆乙日試書景日給假焉

梁元會之禮未明庭燎設文物充庭臺門闢禁衛皆嚴有司各從其事太階東置白獸樽羣臣及諸蕃客並集各從其班而拜侍中奏中嚴王公卿尹各執珪璧入拜侍中乃奏外辦皇帝服袞冕乘輿以出侍中扶左常侍扶右黃門侍郎一人執曲直華蓋從至階降輿納舄升坐有司御前施奏珪藉王公以下至阼階脫舄劍升殿席南奉贄珪璧畢下殿納舄佩劍詣本位主客郎徙珪璧於東箱帝興入徙御坐於西壁下東向設皇太子王公已下位又奏中嚴皇帝服通天冠升御坐王公上壽禮畢食食畢樂伎奏太官進御酒主書賦黃甘逮二品已上尚書騶騎引計吏郡國各一人皆跪受詔侍中讀五條詔計吏每應諾訖令陳便宜者聽詣白獸樽以次還坐宴樂罷皇帝乘輿以入皇太子朝則遠遊冠服乘金輅鹵簿以行預

會則劍履升坐會訖先興天監六年詔曰頃代以來元日朝畢次會羣臣則移就西壁下東向坐求之古義王者讌萬國唯應南面何更居東面於是御坐南向以西方爲上皇太子以下在北壁坐者悉西邊東向尚書令以下在南方坐者悉東邊西向舊元日御坐東向酒壺在東壁下御坐既南向乃詔壺於南蘭下又詔元日受五等贄珪璧並量付所司周捨案周禮冢宰大朝覲贊玉幣尚書古之冢宰頃王者不親撫玉則不復須冢宰贊助尋尚書主客曹郎既冢宰隸職今元日五等奠玉既竟請以主客郎受鄭玄注覲禮云既受之後出付玉人於外漢時少府職掌珪

璧請主客受玉付少府掌帝從之又尚書僕射沈約議正
會儀注御出乘輿至太極殿前納舄升階尋路寢之設本
是人君居處不容自敬宮室案漢氏則乘小車升殿請自
今元正及大公事御宜乘小輿至太極階仍乘版輿升殿
制可
陳制先元會十日百官並習儀注令僕已下悉公服監之
設庭燎街闕城上殿前皆嚴兵百官各設部位而朝宮人
皆於東堂隔綺疏而觀宮門既無籍外人但絳衣者亦得
入觀是日上事人發白獸罇自餘亦多依梁禮云
後齊正旦侍中宣詔慰勞州郡國使詔牘長一尺三寸廣

一尺雌黃塗飾上寫詔書三計會日侍中依儀勞郡國計
吏問刺史太守安不及穀價麥苗善惡人間疾苦又班五
條詔書於諸州郡國使人寫以詔牘一枚長二尺五寸廣
一尺三寸亦以雌黃塗飾上寫詔書正會日依儀宣示使
人歸以告刺史二千石一曰政在正身在愛人去殘賊擇
良吏正決獄平徭賦二曰人生在勤勤則不匱其勸率田
桑無或煩擾三曰六極之人務加寬養必使生有以自救
沒有以自給四曰長吏華浮奉客以求小譽逐末捨本政
之所疾宜謹察之五曰人事意氣干亂奉公外內溷淆綱
紀不設所宜糾劾正會日侍中黃門宣詔勞諸郡上計勞

訖付紙遣陳土宜字有脫誤者呼起席後立書迹濫劣者
飲墨水一升文理孟浪無可取者奪容刀及席既而本曹
郎中考其文迹才辭可取者錄牒吏部簡同流外三品叙
元正大饗百官一品已下流外九品已上預會一品已下
正三品已上開國公侯伯散品公侯及特命之官下代刺
史並升殿從三品已下從九品以上及奉正使人比流官
者在階下勳品已下端門外
隋制正旦及冬至文物充庭皇帝出西房即御座皇太子
鹵簿至顯陽門外入賀復詣皇后御殿拜賀訖還宮皇太
子朝訖群官客使入就位再拜上公一人詣西階解劒升

賀降階帶劒復位而拜有司奏諸州表群官在位者又拜
而出皇帝入東房有司奏行事訖乃出西房坐定群官入
就位上壽訖上下俱拜皇帝舉酒上下舞蹈三稱萬歲皇
太子預會則設坐於御東南西向群臣上壽畢入解劒以
升會訖先興
後齊元日中宮朝會陳樂皇后褘衣乘輿以出於昭陽殿
坐定內外命婦拜皇后興妃主皆跪皇后坐妃主皆起長
公主一人前跪拜賀禮畢皇后入室乃移幄坐於西廂皇
后改服褕狄以出坐定公主一人上壽訖就坐御酒食賜
爵並如外朝會

隋儀如後齊制而又有皇后受羣臣賀禮則皇后御坐而
內侍受羣臣拜以入承令而出羣臣拜而罷
後齊皇太子月五朝未明二刻乘小輿出為三師降至承
華門升石山安車三師軺車在前三少在後自雲龍門入
皇帝御殿前設拜席位至栢閣齋帥引洗馬中庶子從至
殿前席南北面再拜
天保元年皇太子監國在西林園冬會羣議皆東面二年
於北城第內冬會又議東面吏部郎陸卬疑非禮魏收改
為西面邢子才議欲依前曰凡禮有同者不可令異詩說
天子至於大夫皆乘四馬況以方面之少何可皆不同乎

若太子定西面者王公卿大夫士復何面邪南面人君正
位今一官之長無不南面太子聽政亦南面坐議者言皆
晉舊皐事太子在東宮西面為避尊位非為向臺殿也子才
以為東晉博議依漢魏之舊太子晉臣四海不以為嫌又
何疑於東面禮世子絕旁親世子冠於阼冢子生接以太
牢漢元著令太子絕馳道此皆禮同於君又晉王公世子
攝命臨國乘七旒安車駕用三馬禮同三公近宋太子乘
象輅皆有同處不以為嫌況東面者君臣通禮獨何為避
明為向臺所以然也近皇太子在西林園在於殿猶且東
面於北城非宮殿之處更不得邪諸人以東面為尊宴

會避案燕禮燕義君位在東賓位則在西君位在阼階故
有武王踐阼篇不在西也禮乘君之車不敢曠左君在惡
空其位左亦在東不在西也君在阼夫人在房鄭注人君
尊東也前代及今皇帝宴會接客亦東堂西面若以東面
為貴皇太子以儲后之禮監國之重別第宴臣賓自得申
其正位禮者皆東宮臣屬公卿接宴觀禮而已若以西面
為卑實是君之正位太公不肯北面說丹書西面則道之
西面乃尊也君位南面有東有西何可皆避且事雖少異
有可相比者周公臣也太子子也周公為冢宰太子為儲
貳明堂尊於別第朝諸侯重於宴臣賓南面貴於東面臣

疎於子冢宰輕於儲貳周公攝政得在明堂南面朝諸侯
今太子監國不得於別第異宮東面宴客情所未安且君
行以太子監國君宴不以公卿為賓明父子無嫌君臣有
嫌案儀注親王受詔冠婚皇子皇女皆東面今不約王公
南面而獨約太子何所取邪議者南尊改就西面轉君位
東非合禮方面既少難為節文東西二面君臣通用太子
宜然於禮為允魏收議云去天保初皇太子監國冬會羣
官於西園都亭坐從東面義取於向中宮臺殿故也二年
於宮冬會坐乃東面收竊以為疑前者遂有別議議者同
之邪尚書以前定東面之議彼申本懷此乃國之大禮無

容不盡所見收以爲太子東宮位在於震長子之義也案易八卦正位向中皇太子今居北城於宮殿爲東北南面而坐於義爲背也前者立議據東宮爲本又案東宮舊事太子宴會多以西面爲禮此又成證非徒言也不言太子常無東南二面之坐但用之有所至如西園東面所不疑也未知君臣車服有同異之議何爲而發就如所云但知禮有同者不可令異不知禮有異者不可令同苟別君臣同異之禮恐重紙累札書不盡也子才竟執東面收執西面援引經據大相往復其後竟從西面爲定時議又疑宮吏之姓與太子名同子才又謂曰案曲禮大夫士之子不

與世子同名鄭注云若先之生亦不改漢法天子登位布名於天下四海之內無不咸避案春秋經衛石惡出奔晉在衛侯衎卒之前衎卒其子惡始立明石惡於長子同名諸侯長子在一國之內與皇太子於天子禮亦不異鄭言先生不改蓋以此義衛石惡宋向戌皆與君同名春秋不譏皇太子雖有儲貳之重未爲海內所避何容便改人姓然事有消息不得皆同於古宮吏至微而有所犯朝名從事亦是難安宜聽出宮尚書吏補佗職制曰可後周制正之二日皇太子南面列軒懸宮官朝賀及開皇初皇太子勇准故事張樂受朝宮臣及京官北面稱慶高祖誚之是後定儀注西面而坐唯宮臣稱慶臺官不復總集煬帝之爲太子奏降章服宮官請不稱臣詔許之

後齊立春日皇帝服通天冠青介幘青紗袍佩蒼玉青帶青袴青襪舄而受朝於太極殿尚書令等坐定三公郎中詣席跪讀時令訖典御酌酒巵置郎中前郎中拜還席伏飲禮成而出立夏季夏立秋讀令則施御座於中楹南向立冬如立春於西廂東向各以其時之色服儀並如春禮

後齊每策秀孝中書策秀才集書策考貢士考功郎中策廉良皇帝常服乘輿出坐於朝堂中楹秀孝各以班章對其有脫誤書濫孟浪者起立席後飲墨水脫容刀

後齊宣宗室禮皇帝常服別殿西廂東向七廟子孫皆公服無官者單衣介幘集神武門宗室尊卑次於殿庭七十者二人扶拜八十者扶而不拜升殿就位皇帝興宗室伏皇帝坐乃興拜而坐尊者南面卑者北面皆以西爲上八十者一坐再至進絲竹之樂三爵畢宗室避席待詔後復位乃行無算爵

正晦汎舟則皇帝乘輿鼓吹至行殿升御坐乘版輿以與王公登舟置酒非預汎者坐於便幕

仲春令辰陳養老禮先一日三老五更齋於國學皇帝進賢冠玄紗袍至璧雍入總章堂列宮懸王公已下及國老

庶老各定位司徒以羽儀武賁安車迎三老五更于國學
並進賢冠玄服黑舄素帶國子生黑介幘青衿單衣乘馬
從以至皇帝釋劍執珽迎於門內三老至門五更去門十
步則降車以入皇帝拜三老五更攝齊答拜皇帝揖進三
老在前五更在後升自右階就筵三老坐五更立皇帝升
堂北面公卿升自左階北面三公授几杖卿正履國老庶
老各就位皇帝拜三老羣臣皆拜不拜五更乃坐皇帝西
向肅拜五更進珍羞酒食親袒割執醬以饋執爵以酳以
次進五更又設酒醴於國老庶老皇帝升御坐三老乃論
五孝六順典訓大綱皇帝虛躬請受禮畢而還又都下及

外州人年七十已上賜鳩杖黃帽有敕即給不為常也
後周保定三年陳養老之禮以太傅燕國公于謹為三老
有司具禮擇日高祖幸太學以食之事見謹傳

志第四 禮儀四 隋書九

志第五 隋書十

太尉揚州都督監修國史上柱國趙國公臣長孫無忌等奉敕撰

禮儀五

輿輦之別蓋先王之所以列等威也然隨時而變代有不
同梁初尚遵齊制其後武帝既議定禮儀乃漸有變革始
永明中步兵校尉伏曼容奏宋大明中尚書左丞荀萬秋
議金玉二輅並建碧旂象革木輅並建赤旂非時運所上
又非五方之色今五輅五牛及五色幡旗並請準齊所尚
青色時議所駁不行及天監三年乃改五輅旗同用赤而
旒不異以從行運所尚也七年帝曰據禮玉輅以祀金輅

以賓而今大祀並乘金輅詔下詳議周捨以為金輅以之
齋車本不關於祭祀於是改陵廟皆乘玉輅大駕則太僕
卿御法駕則奉車郎馭其餘四輅則使人執轡以朱絲為
之執者武冠朱衣又齊永明制玉輅上施重屋棲寶鳳皇
綴金鈴鑷珠璫玉蜯佩四角金龍銜五綵毦又畫麒麟頭
加於馬首者十二年帝皆省之初齊武帝造大小輦並如
軺車但無輪轂下橫轅軛梁初漆畫代之後帝令上可加
笨輦形如犢車自茲始也中方八尺左右開四望金為龍
首飾其五末謂轅轂頭及衡端也金鸞棲軛其下施重層
以空青雕鏤為龍鳳象漆木橫前名為望板其下交施三

十六横小輿形似軺車金裝漆畫但施八横元正大會乘
出上殿西堂舉哀亦乘之行則從後一名輿車羊車一名
輦其上如軺小兒衣青布袴褶五辮髻數人引之時名羊
車小史漢氏或以人牽或駕果下馬梁貴賤通得乘之名
曰牽子
畫輪車一乘駕牛乘用如齊制舊史言之詳矣
衣書車十二乘駕牛漢皁蓋朱裏過江加緑油幢朱絲絡
青交路黄金塗五末一曰副車梁朝謂之衣書車
皇太子鸞輅駕三馬左右騑朱班輪倚獸較伏鹿軾九旒
畫降龍青蓋畫幡文輈黄金塗五末近代亦謂之鸞輅即

象輅也梁東宮初建及太子釋奠元正朝會則乘之以畫
輪爲副若常乘畫輪以軺衣書車爲副畫輪車上開四望
緑油幢朱繩絡兩箱裏飾以錦黄金塗五末
三千石四品已上及列侯皆給軺車駕牛伏兔箱青油幢朱絲絡
轂輞皆黑漆天監二年令三公開府尚書令則給鹿幡軺軒
後户皁輞尚書僕射左右光禄大夫侍中中書監令秘書監則給
鳳轄軺後户皁輞領護國子祭酒太子詹事尚書侍中列卿散
騎常侍給聊泥軺無後户漆輪車驃騎及諸王除刺史帶
將軍給龍雀軺以金銀飾御史中丞給方蓋軺形如小傘
諸王三公有勲德者皆特加皁輪車駕牛形如犢車但烏

漆輪轂黄金雕裝上加青油幢朱絲絡通幰或四望上臺
三夫人亦乘之以揭幢涅幰爲副王公加禮者給油幢絡
車駕牛朱輪華轂天監二年令上臺六宮長公主公主諸
王太妃妃皆乘青油幢通幰車揭幢涅幰爲副采女皇女諸王
嗣子侯夫人皆乘赤油揭幢車以涅幰爲副侍女直乘涅幰之乘
諸王三公並乘通幰平乘車竹箕子壁仰横榆爲輞如今
犢車但舉幰通覆上
方州刺史並乘通幰平肩輿從横施八横亦得金渡裝較
天子至于下賤通乘步輿方四尺上施隱膝以及襻舉之
無禁限載輿亦如之但不施脚以其就席便也優禮者人

輿以升殿司徒謝朏以脚疾優之
五牛旗左青赤右白黑黄居其中蓋古之五時副車也舊
有五色立車五色安車合十乘名爲五時車建旗十二各
如車色立車則正竪其旗安車則斜注馬亦隨五時之色
白馬則朱其髦尾左右騑驂金鋄鏤錫黄屋左纛加金根
之制行則從後名五時副車晉過江不恒有事則權以馬
車代之建旗其上後但以五色木牛象車竪旗於牛背使
人輿之旗常纏不舒唯天子親戎乃舒其旆周遷以爲晉
武帝平吳後造五牛之旗非過江始爲也
指南車大駕出爲先啓之乘漢初置俞兒騎並爲先驅左

太冲曰俞騎驛路指南司方後廢其騎而存其車

記里車駕馬牛其中有木人執槌車行一里則打一槌

鼓吹車上施層樓四角金龍銜旒蘇羽葆凡鼓吹陸則樓車水則樓船在殿庭則畫筍虡爲樓樓上有翔鷺棲烏或爲鵠形

陳承梁末王琳縱火延燒車府至天嘉元年勑守都官尚書寶安侯到仲舉議造玉金象革木等五輅及五色副車皆以金薄交龍爲輿倚較文貔伏軾蚪首銜軛左右吉陽筩鸞雀立衡樣文畫輈綠油蓋黃紋裏相思橑金華末斜注旂旗於車之左各依方色加棨戟於車之右韜以黻繡之

衣獸頭幡長丈四尺懸於戟杪玉輅正副同駕六馬餘輅皆駕四馬馬並黃金爲乂髦插以翟尾五色爲鏤鍚又以綵畫赤油長三尺廣八寸繫兩軸頭古曰飛軨改以綵畫蛙蟆幡繳兩軸頭即古飛軨遺象也五輅兩箱後皆用玳瑁爲鵾翅加以金銀雕飾故俗人謂之金鵾車兩箱之裏衣以紅錦金花帖釘上用紅紫錦爲後檐青紋純帶夏用簟冬用綺繡褥此後漸修具依梁制

後魏天興初詔儀曹郎董謐撰朝饗儀始制軒冕未知古式多違舊章孝文帝時儀曹令李韶更奏詳定討論經籍議改正之唯備五輅各依方色其餘車輦猶未能具至熙平九年明帝又詔侍中崔光與安豐王延明博士崔瓚採其議大造車服定制五輅並駕五馬皇太子乘金輅朱蓋赤質四馬三公及王朱屋青表制同於輅名曰高車駕三馬庶姓王侯及尚書令僕已下列卿已上並給軺車駕用一馬或乘四望通幰車駕一牛自斯以後條章粗備北齊咸取用焉其後因而著令並無增損

王庶姓王儀同三司已上親公主雉尾扇紫傘皇宗及三品已上官青傘朱裏其青傘碧裏達於士人不禁

正從第一品執事官散官及儀同三司諸公主得乘油色朱絡網車車牛飾得用金塗及純銀二品三品得乘卷通

幰車車牛飾用金塗四品已下七品已上得乘偏幰車車牛飾用銅

尚書令給哄士十五人左右僕射御史中丞各十二人

周氏設六官置司輅之職以掌公車之政辨其名品與其物色

皇帝之輅十有二等一曰蒼輅以祀昊天上帝二曰青輅以祀東方上帝三曰朱輅以祀南方上帝及朝日四曰黃輅以祭地祇中央上帝五曰白輅以祀西方上帝及夕月六曰玄輅以祀北方上帝及感帝祭神州此六輅通漆之而已不用他物爲飾皆蹠面旒就以方色俱十有二蹠面刻皮

當顱七曰玉輅以享先皇加元服納后八曰碧輅以祭社稷享諸先帝大貞於龜食三老五更享食諸侯及耕籍九曰金輅以祀星辰祭四望視朔大射賓射饗羣臣巡犧牲養國老十曰象輅以望秩羣祀視朝燕諸侯及羣臣燕射養庶老適諸侯家巡省臨太學幸道法門十一曰革輅以巡兵即戎十二曰木輅以田獵行鄉畿此六輅又以六色漆而畫之用玉碧金象革物以飾諸末皆鍚面金鉤就以五采俱十有二鍚面鏤金當顱鉤以屬勒鞶纓

皇后之車亦十二等一曰重翟以從皇帝重翟羽爲車蕃祀郊禖享先皇朝皇太后二曰厭翟以祭陰社次其羽也三曰翟輅以採桑翟羽飾之四曰翠輅以從皇帝見賓客翠羽飾之五曰雕輅以歸寧刻諸末也六曰篆輅以臨諸道法門篆諸飾也六輅皆鍚面朱總總以朱絲爲之置馬勒直兩耳與兩鑣也金鉤七曰蒼輅以適命婦家八曰青輅九曰朱輅十曰黃輅十一曰白輅十二曰玄輅五時常出入則供之六輅皆䟽面繢總以畫繒爲之

諸公之輅九方輅各象方之色碧輅金輅皆鍚面鞶革纓九就金鉤象輅犀輅貝輅革輅篆輅木輅皆䟽面鞶革纓九就凡就皆以朱白蒼三采諸侯自方輅而下八又無碧輅諸伯自方輅而下七又無金輅諸子自方輅而下六又無象輅諸男自方輅而下五又無犀輅凡就各如其命

諸公夫人之輅車九厭翟翟輅翠輅皆鍚面朱總金鉤雕輅篆輅皆勒面刻白黑韋爲當顱繢總朱輅黃輅白輅玄輅皆雕面刻漆韋爲當顱鷖總總青黑色繒其著如朱總諸侯夫人自翟輅而下八諸伯夫人自翠輅而下七諸子夫人自雕輅而下六諸男夫人自篆輅而下五鞶纓就數各視其君

公孤卿大夫皆以中之色乘祀輅士乘祀車

三公之輅車九祀輅犀輅貝輅篆輅木輅夏篆夏縵墨車輚車自篆已上金塗諸末䟽鍚鞶纓金鉤木輅已下銅飾諸末䟽鞶纓皆九就三孤自祀輅而下八無犀輅六卿自祀輅而下七又無貝輅上大夫自祀輅而下六又無篆輅

中大夫自祀輅而下五又無木輅下大夫自祀輅而下四又無夏篆士車三祀車墨車輚車凡就各如其命之數自孤下就以朱綠二采

三妃三公夫人之輅九篆輅朱輅黃輅白輅玄輅皆勒面繢總夏篆夏縵墨車輚車皆雕面鷖總三弋三孤內子自朱輅已下八六嬪六卿內子自黃輅而下七上媛婦中大夫孺人自玄輅而下五下媛婦大夫孺人自夏篆而下四御婉士婦人自夏縵而下三其鞶纓就各以其等皆魯第漆之君以赤卿大夫士以玄君駕四三輈六鑾卿大夫駕三二輈五鑾士駕二一輈四鑾

輅之制重輪重較而鉠耳焉皇帝皇后之輅輿廣六尺有六寸輪高七尺畫輪轂輈衡以雲牙箱軾以虡文虡內畫以雜獸獸伏軾鹿倚較諸侯及夫人命夫命婦之輅車廣六尺有二寸輪崇六尺有六寸畫轂以雲牙軾以虡文虡內畫以雲華鹿倚較士不畫后夫人內子已下同去獸畫鹿

○凡旗太常畫三辰日月五星旂畫青龍皇帝升龍諸侯交龍旟畫朱雀旌畫黃麟旗畫白獸旐畫玄武皆加雲其旞物在軍亦書其象號加之以雲氣徽幟亦如之通帛爲旜雜帛爲物在軍亦書其人官與姓名之事號徽幟亦書之但畫其所書之例旌節又畫白獸而析羽於其上

司常掌旗物之藏通帛之旗六以供郊丘之祀一曰蒼旗二曰青旗三曰朱旗四曰黃旗五曰白旗六曰玄旗畫繢之旗六以充玉輅之等一曰三辰之常二曰青龍之旂三曰朱鳥之旟四曰黃麟之旌五曰白獸之旗六曰玄武之旐皆左建旗而右建闟戟又有繼旗四以施軍旅一曰麾以供軍將二曰旞以供師帥三曰旗以供旅帥四曰旆以供倅長諸公方輅碧輅建旂金輅建旟象輅建物木輅建旐諸侯自金輅而下如諸公之旗諸伯自象輅而下如諸侯之旗諸子自犀輅而下如諸伯之旗諸男自象輅而下如諸子之旗三公犀輅貝輅篆輅建旜木輅建旐夏篆夏縵及戟車建物孤卿已下各以其等建其旗

旌杠皇帝六刃諸侯五刃大夫四刃士三刃旒皇帝曳地諸侯及軹大夫及轂士及軫凡注毛於杠首曰綏析羽曰旌全羽曰旞其幓皇帝諸侯加以弧韣闟戟方六尺而被之以黻唯皇帝諸侯輅建焉闟戟杠綢與旗同車之蓋圓以象天輿方以象地輪輻三十以象日月蓋橑二十有八以象列宿設和鑾以節趨行被旗旒以表貴賤其取象也大其彰德也明是以王者尚之

皇帝皇后在喪之車五一曰木車初喪乘之二曰素車卒哭乘之三曰藻車既練乘之四曰駹車祥而乘之五曰漆車禫而乘之及平齊得其輿輅藏於中府盡不施用至大象初遣鄭譯閱視武庫得魏舊物取尤異者並加雕飾分給六宮有乾象輦羽葆圓蓋畫日月五星二十八宿天街雲罕山林奇怪及遊麟飛鳳朱雀玄武騶虞青龍駕二十四馬以給天中皇后助祭則乘之又有大樓輦車龍輈十二加以玉飾四轂六衡方輿圓蓋金雞樹羽寶鐸旒蘇鸞雀立衡六螭龍銜軛建太常畫升龍日月駕二十牛又有象輦左右金鳳白鹿仙人羽葆旒蘇金鈴玉佩初駕二象後以六駝代之并有遊觀小樓等輦駕十五馬車等合十餘乘皆魏天興中之所制也宣帝至是咸復御之後令天下車皆以渾成木爲輪

開皇元年內史令李德林奏周魏輿輦乖制請皆廢毀高祖從之唯留魏太和時儀曹令李韶所製五輅齊天保所遵用者又留魏熙平中太常卿穆紹議皇后之輅其從祭則御金根車親桑則御雲母車並駕四馬歸寧則御紫罽車遊行則御安車弔問則御紺罽軿車並駕三馬於後著令制五輅

五輅青質以玉飾諸末重箱盤輿左青龍右白虎金鳳翅畫簴文鳥獸黃屋左纛金鳳在軾前八鸞在衡二鈴在軾龍輈前設鄣塵青蓋黃裏繡飾博山鏡子樹羽輪皆朱斑重牙左建旂十有二旒幓旒皆畫升龍其長曳地右載闟

戟長四尺廣三尺黻文旂首金龍頭銜結綬及鈴綏駕蒼龍金鍐方釳插翟尾五隼鏤錫鞶纓十有二就（錫馬當顱鏤金為之）（鞶馬大帶纓馬鞅皆以五彩飾之就成也一帀為一就）祭祀納后則供之

金輅赤質以金飾諸末左建旜右建闟戟（旜畫鳥隼）餘與玉輅同駕赤騮朝覲會同饗射飲至則供之

象輅黃質以象飾諸末左建旌右建闟戟（旌畫黃麟）駕黃騮行道則供之

革輅白質鞔之以革左建旗右建闟戟（旗畫白獸）駕白輅巡守臨兵事則供之

木輅漆之左建旐右建闟戟（旐畫龜蛇）駕黑騮田獵則供之五輅之蓋旌旗之質及鞶纓皆從輅之色蓋之裏俱用黃其鏤錫五輅同

安車飾重輿曲壁紫油纁朱裏通幰朱絲絡網朱鞶纓朱覆髮具絡駕赤騮臨幸則供之

四望車（制同犢車）金飾青油纁朱裏通幰拜陵臨弔則供之

皇后皇太后重翟青質金飾諸末朱輪金根朱牙其箱飾以重翟羽青油纁朱裏通幰繡紫帷朱絲絡網繡紫絡帶八鸞在衡鏤錫鞶纓十二就金鍐方釳插翟尾朱總（總以朱為之如馬鬣而小著馬勒在兩耳兩鑣也）駕蒼龍受冊從郊禖享廟則供之

厭翟赤質金飾諸末輪畫朱牙其箱飾以次翟羽紫油纁

朱裏通幰紅錦帷朱絲絡網紅錦絡帶其餘如重翟駕赤騮親桑則供之

翟車黃質金飾諸末輪畫朱牙其車側飾以翟羽黃油纁黃裏通幰白紅錦帷朱絲絡網白紅錦絡帶其餘如重翟駕黃騮歸寧則供之諸鞶纓之色皆從車質

安車赤質金飾紫通幰朱裏駕四馬臨幸及弔則供之

皇太子金輅赤質金飾諸末重較箱畫虡文鳥獸黃屋伏鹿軾龍輈金鳳一在軾前設鄣塵朱蓋黃裏輪畫朱牙左建旂九旒右載闟戟旂首金龍頭銜結綬及鈴綏駕赤騮四八鸞在衡二鈴在軾金鍐方釳插翟尾五隼鏤錫鞶纓

九就從祀享正冬大朝納妃則乘之
軺車金飾諸末紫通幰朱裏駕一馬五日常朝及朝饗宮
臣出入行道乘之
四望車金飾諸末紫油纁通幰朱裏朱絲絡網駕一馬弔
臨則乘之
公及一品象輅黃質以象飾諸末建旟畫以鳥隼受冊告
廟升壇上任親迎及葬則乘之
侯伯及二品三品革輅白質以革飾諸末建旗畫熊獸受
冊告廟親迎及葬則乘之
子男及四品木輅黑質以漆飾之建旐畫以龜蛇受冊告

廟親迎及葬則乘之
象輅已下旒及就數各依爵品雖依禮製名未及創造開
皇三年閏十二月並詔停造而盡用舊物至九年平陳又
得輿輦舊著令者以付有司所不載者並皆毀弃雖從儉
省而於禮多闕十四年詔又以見所乘車輅因循近代事
非經典令更議定於是命有司詳考故實改造五輅及副
玉輅青質祭祀乘之金輅赤質朝會禮還乘之象輅黃質
臨幸乘之革輅白質戎事乘之木輅玄質耕耤乘之五輅
皆朱斑輪龍輈重輿建十二旒並畫升龍左建闟戟旂旒
與輅同色樊纓十有二就王五等開國第一第二品及刺

史輅朱質朱蓋斑輪左建旂旂畫龍一升一降右建闟戟
第三第四品輅朱質朱蓋左建旜通帛爲之旂旜皆赤其
旒及樊纓就數各依其品大業元年更製車輦五輅之外
設副車詔尚書令楚公楊素吏部尚書奇章公牛弘工部
尚書安平公宇文愷內史侍郎虞世基禮部侍郎許善心
太府少卿何稠朝請郎閻毗等詳議奏決於是審擇前朝
故事定其取捨云
玉輅禋祀所用飾以玉白武通云玉輅大輅也周禮巾車
氏所掌鏤錫樊纓十有再就建太常十有二旒虞氏謂之
鸞車夏后氏謂之鉤車殷謂之大輅周謂之乘輅大戴禮

著其形式上蓋如規象天二十八橑象列星下方輿象地
三十輻象一月前視則覩鸞和之聲側觀則覩四時之運
昔成湯用而郊祀因有山車之瑞亦謂桑根車蔡邕獨斷
論漢制度凡乘輿車皆有六馬羽蓋金爪黃屋左纛金鍐
方釳重轂繁纓黃繒爲蓋裏也左纛以旄牛尾建於竿上
其大如斗立于左騑也鏤鍐高闊各五寸上如傘形施於
髮上而插翟尾也方釳當顱蓋馬冠也繁纓膺前索也重轂重
施轂也應劭漢官大輅龍旂畫龍於旂上也董巴志謂爲瑞山車
秦謂金根即殷輅矣司馬彪志亦云漢備五輅或謂德車
其所駕馬皆如方色唯晉太常卿摯虞獨疑大輅謂非玉

輅摯虞之說理實可疑而歷代通儒混爲玉輅詳其施用義亦不殊左建太常案釋名日月爲常畫日月於旗端言常明也又云自夏始也奚仲爲夏車正加以旂常於是旒就有差用明尊卑之別也董巴所述全明漢制天子建太常十二斿曳地日月升龍象天明也今之玉輅參用舊典消息取捨裁其折中以青爲質玉飾其末重箱盤輿左龍右獸金鳳翅畫虡文鞎左立纛金鳳一在軾前八鸞在衡二鈴在軾龍輈之上前設鄣塵青蓋黃裏繡游帶金博山綴以鏡子下垂八佩樹四十葆羽輓皆朱斑重牙後轄左建太常十有二旒皆畫升龍日月其長曳地右載闒戟長

四尺闊三尺黻文旗首金龍頭銜鈴及綏垂以結綬駕蒼龍金鍐方釳插翟尾五隼鏤錫鞶纓十有二就皆五綵罽以爲文飾天子祭祀納后則乘之馭士三十八人餘輅准此

○副車案蔡邕獨斷五輅之外乃復設五色安車立車各一乘皆駕四馬是爲五時副車俗人名曰五帝車者蓋副車也故張良狙擊秦皇帝誤中副車漢家制度亦備副車司馬彪云德車駕六後駕四是爲副車魏志亦云天子命太祖駕金根六馬設五時副車江左乃闕至梁始備開皇中不置副車平陳得之毀而弗用至是復並設之副玉輅色及旗章一同正輅唯降二等駕用四馬馭士二十四人餘四副准此

金輅案尚書即綴輅也周官金輅鏤錫繁纓九就建大旂以賓同姓以封夫禮窮則通下得通於上也故天子乘之接賓宴同姓諸侯受而出封是以漢太子諸王皆乘金輅及安車並朱斑輪倚獸較伏鹿軾黑櫎文畫藩青蓋金華施橑朱畫轓金塗飾非皇子爲王不錫此乘皆左右騑駕三馬旂九旒畫降龍皇孫乘綠車亦駕三馬之魏晉制太子及諸王皆駕四馬依摯虞議天子金輅次在第二又云金輅以朝象輅以賓則是晉用輅與周異矣宋起居注泰始四年尚書令建安王休仁議天子之元子士也故齒胄於辟

雍欲使知教而後尊不得生而貴矣既命之後禮同上公故天子賜之金輅但減旂章爲等級象及革木賜異姓諸侯在朝卿士亦准斯例此則皇太子及帝子王者通得乘之自晉過江王公以下車服卑雜唯有太子禮秩崇異又乘山石安車義不經見事無所出賜金輅者此爲古制降乘輿二等駕用四馬唯天子五輅通駕六馬旟旌旗旐並十二旒左建旟案爾雅錯革鳥曰旟郭璞云此謂全剝鳥皮毛置之竿上也舊說刻爲革鳥孫叔敖云革急也言畫急疾之鳥於旒上也周官所謂鳥隼爲旟亦是急義今之金輅赤質黃金飾諸末左建旟畫飛隼右建闒戟鞶纓鳳

趨於寺並同玉輅駕赤騮臨朝會同饗射飲至則用之皇太子輅古者金飾宋齊以來並乘象輅宇文愷閻毗奏案宋大明六年初備五輅有司奏云秦改周輅創制金根漢魏因循其形莫改而金玉二輅雕飾略同造次瞻覩殆無差別若錫於東儲在禮嫌重非所以崇峻陛級表示等威今皇太子宜乘象輅碧旂九葉進不斥尊退不逼下酌時沿古於禮爲中觀宋此義乃無副車新置五輅金玉同體至象已下即爲差降所以太子不得乘金輅欲示等威故令給象今取周禮之名依漢家之制天子五輅形飾並同旒及鈒系纓例皆十二黃屋左纛金根重轂無不悉同唯應五

方色以爲殊耳若用此輅給於太子華木盡皆不可何況金象者乎既制表副車駕用四馬至於金輅自有等差春秋之義降下以兩今天子金輅駕用六馬十二旒太子金輅駕用四馬降龍九旒制頗同於副車又有旌旗之別并嫡皇孫及親王等輅並給金輅而減其雕飾合於古典臣謂非嫌制曰可於是太子金輅赤質制同副車具體而小亦駕四馬馭士二十人皇嫡孫金輅綠質降太子一等去盤輿重轂轅上起箱末以金飾旌長七刃七旒駕用四馬馭士二十八人親王金輅以赤爲質餘同於皇嫡孫唯在其國及納妃親迎則給之常朝則乘象輅

象輅案尚書即先輅也周禮象輅朱樊纓五就建大赤以朝異姓以封左建旂案爾雅注旌首曰旗許慎所謂游車載旌廣雅云天子旌高九刃諸侯七刃大夫五刃周書王會張羽鳧旌禮記云龍旂九旒天子之旌也今象輅以黃爲質象飾諸末左建旌畫綠麟右建闒戟駕黃騮祀后土則用之

革輅案釋名天子車也周禮革輅龍勒條纓五就建大白用之即戎以封四衛古者革輓而漆之更無他飾又有戎輅之革廣車之革闕車之革輕車之革此皆兵車所謂五戎然革輅亦名戎輅天子在軍所乘廣車橫陣車也闕車

補闕車也飾並以革故師供革車各以其革摯虞議云革輅第四左建旃案釋名熊獸爲旗周官龍旂九旒以象大火今革輅白質輓之以革左建旗畫騶虞右建闒戟駕白駱巡守臨兵則用之三品已下並乘革輅朱色爲質鑿十六人

木輅案尚書即次輅也周官木輅緇樊鵠纓建麾以畋以封藩國晉摯虞云畋輅第五唯宋泰始詔乘木輅以耕稼徐爰釋疑略曰天子五輅晉遷江左闕其三唯有金輅以郊木輅即戎宋大明時始備其數

凡五輅之蓋旌旗之質及鞶纓皆從方色蓋裏並黃雕

飾如一沈約曰金象輦木禮圖不載其形今旒數羽葆並
同玉輅左建旐案周官龜蛇爲旐釋名云龜知氣兆之吉
凶也許慎云旐有四斿以象營室今木輅黒質漆之左建
旐畫玄武右建闟戟駕黒騮畋獵用之四品方伯乘木輅
赤質駕士十四人
安車案禮卿大夫致事則乘之其制如輜軿蔡邕獨斷有
五色安車皆畫輪重轂今畫輪重輿曲壁紫油幢絳裏通幰朱絲絡網
赤鞶纓駕四馬省問臨幸則乘之皇太子安車斑輪赤質
制略同乘輿赤駕四馬
四望車案晉中朝大駕鹵簿四望車駕牛中道東宮舊儀

皇太子及妃皆有畫輪四望車今四望車制同犢車黄金
飾青油幢朱裏紫通幰紫絲網駕一牛拜陵臨弔則用之
皇太子四望車綠油幢青通幰朱絲絡網
耕根車案沈約云親幸耕籍御之三蓋車一名芝車又名
耕根車置耒耜於軾上即潘岳所謂紺轅屬於黛耜者也
開皇無之駕出親耕則乘木輅蓋依宋泰始之故事也今
耕根車以青爲質三重施蓋羽葆雕裝並同玉輅駕六馬
其軾平以青囊盛耒而加於上籍千畝行三推禮則親乘
焉
羊車案晉司隸校尉劉毅奏護軍羊琇私乘者也開皇無

之至是始置焉其制如軺車金寳飾紫錦幰朱絲網馭童
二十人皆兩髻髻服青衣取年十四五者爲謂之羊車小
史駕以果下馬其大如羊屬車案古者諸侯貳車九乘秦
滅九國兼其車服故爲八十一乘漢遵不改武帝祠太一
甘泉則盡用之明帝上原陵又用之法駕三十六乘小駕
十二乘開皇中大駕十二乘法駕減半大業初屬車備八
十一乘並如犢車紫通幰朱絲絡網黄金飾駕一牛在鹵
簿中單行正道至三年二月帝嫌其多問起部郎閻毗毗
曰臣共宇文愷參詳故實此起於秦遂爲後式故張衡賦
云屬車九九是也次及法駕三分減一此漢制也故文帝

紀奉天子法駕迎代邸如淳曰屬車三十六乘是也又據
宋孝建時有司奏議晉遷江左唯設五乘尚書令建平王
宏曰八十一乘無所准憑江左五乘儉不中禮但帝王旂
旒之數皆用十二今宜准此設十二乘開皇平陳因以爲
法今憲章往古大駕依秦法駕依漢小駕依宋以爲差等
帝曰大駕宜用三十六法駕宜用十二小駕除之可也
輦案釋名人所輦也漢成帝遊後庭則乘之孫炎釋
問云天子御輦侍中陪乘今輦制象軺車而不施輪通幰
朱絡飾以金玉用人荷之
副輦加笨制如犢車亦通幰朱絡謂之蓬輦自梁武帝

始也

輿案說文云箯竹輿也周官曰周人上輿漢室制度以雕爲之方徑六尺今輿制如輦而但小耳宮苑宴私則御之

○小輿幰方形同幰帳自閤出升正殿則御之

軺車案六韜一名遥車蓋言遥遠四顧之車也漢武帝迎申公弟子二人乘軺傳從此又是馳傳車也晉氏鹵簿御史軺車行中道晉公卿禮秩云尚書令軺黒耳後戶今軺車青通幰駕二馬王侯入學五品朝婚通給之司隸刺史及縣令謁使品第六七則並駕一馬

犢車案魏武書贈楊彪七香車二乘用牛駕之蓋犢車也長沙耆舊傳曰劉壽常乘通幰車今犢車通幰自王公已下至五品已上並給乘之三品已上青幰朱裏五品已上紺幰碧裏皆白銅裝唯有慘及弔喪者則不張幰而乘鐵裝車六品已下不給任自乘犢車弗許施幰初五品已上乘偏幰車其後嫌其不美停不行用以亘幰代之三品已上通幰車則青壁一品軺車油幰朱網唯車輅一等聽敕始得乘之

馬珂三品已上九子四品七子五品五子

皇后重翟車案周禮王后亦有五輅一曰重翟二曰厭翟三曰安車四曰翟車五曰輦車漢制后法駕乘重翟車今重翟青質金飾諸末畫輪金根朱牙重轂其箱飾以重翟羽青油幢朱裏通幰紫繡帷朱絲絡紫繡帶八鑾在衡鏤錫鞶纓十有二就金錽方釳插翟尾朱總綴於馬勒及兩金鑣之上駕蒼龍受冊從祀郊禖享廟則供之

厭翟赤質金飾諸末朱輪畫朱牙其箱飾以次翟羽紫油幢朱裏通幰紅錦帷朱絲絡網紅錦帶其餘如重翟駕赤騮採桑則供之

翟車黃質金飾諸末輪畫朱牙其箱飾以翟羽黃油幢黃裏通幰白紅錦帷朱絲絡網白紅錦帶其餘如重翟駕黃騮歸寧則供之諸鞶纓之色皆從車質

安車金飾紫通幰朱裏駕四馬臨幸及弔則供之

輦車金飾同於遙輦車通幰斑輪駕用四馬宮苑近行則乘之

皇后屬車三十六乘初宇文愷閻毗奏定請減乘輿之半禮部侍郎許善心奏駁曰謹案周禮后備六服并設五輅采章之數並與王同屬車之制不應獨異又宋孝建時議定輿輦天子屬車十有二乘至大明元年九月有司奏皇后副車未有定式詔下禮官議正其數博士王爕之議鄭玄云后象王立六宮亦正寢一而燕寢五推其所立每與王同謂十二乘通關爲允宋帝從之遂爲後式今請依乘輿不須差降制曰可

三妃乘翟車以赤爲質駕三馬九嬪已下並乘犢車青幰
朱絡網
皇太子妃乘翟車以赤爲質駕三馬畫轅金飾犢車爲副
紫幰朱絡網良娣已下並乘犢車青幰朱裏
三公夫人公主王妃並犢車紫幰朱網絡五品已上命婦
並乘青幰與其夫同

志第五　禮儀五　隋書十

志第六　隋書十一

太尉揚州都督監修國史上柱國趙國公臣長孫無忌等奉勅撰

禮儀六

梁制乘輿郊天祀地禮明堂祠宗廟元會臨軒則黑介幘
通天冠平冕俗所謂平天冠者也其制玄表朱綠裏廣七
寸長尺二寸加於通天冠上前垂四寸後垂三寸前圓而
後方垂白玉珠十有二旒其長齊肩以組爲纓各如其綬
色傍垂黈纊琉珠以玉瑱其衣皁上絳下前三幅後四幅
衣畫而裳繡衣則日月星辰山龍華蟲火宗彝畫以爲繢
裳則藻粉米黼黻以爲繡凡十二章素帶廣四寸朱裏以
朱繡裨飾其側中衣以絳緣領袖赤皮爲韠蓋古之韍也
絳袴韈赤舃佩白玉垂朱黃大綬黃赤縹紺四采革帶帶
劒緄帶以組爲之如綬色黃金辟邪首爲帶鐍而飾以白
玉珠又有通天冠高九寸前加金博山述黑介幘絳紗袍皁
緣中衣黑舃是爲朝服元正賀畢還儲更衣出所服也其
釋奠先聖則皁紗袍絳緣中衣絳袴韈黑舃臨軒亦服袞
冕未加元服則空頂介幘拜陵則箋布單衣介幘又有五
梁進賢冠遠遊平上幘武冠單衣黑介幘宴會則服之
單衣白帢以代古之疑衰皮弁爲弔服爲羣臣舉哀臨
喪則服之

天監三年何佟之議公卿以下祭服裏有中衣即今之中單也案後漢輿服志明帝永平二年初詔有司採周官禮記尚書乘輿服從歐陽説公卿以下服從大小夏侯説祭服絳緣領袖爲中衣絳袴襪示其赤心奉神今中衣絳緣足有所明無俟於袴既非聖法請不可施遂依議除之

四年有司言平天冠等一百五條自齊以來隨故而毀未詳所送何佟之議禮祭服敝則焚之於是並燒除之其珠玉以付中署

七年周捨議詔旨以王者袞服宜畫鳳皇以示差降按禮有虞氏皇而祭深衣而養老鄭玄所言皇則是畫鳳皇羽

也又按禮所稱雜服皆以衣定名猶如袞冕則是袞衣而冕明有虞言皇者是衣名非冕明矣畫鳳之旨事實灼然制可又王僧崇云今祭服三公衣身畫獸其腰及袖又有青獸形與獸同義應是蜼即宗彝也兩袖各有禽鳥形類鸞鳳似是華蟲今畫宗彝即是周禮但鄭玄云蜼禺屬昂鼻長尾是獸之輕小者謂宜不得同獸尋冕服無鳳應改爲雉又裳有圓花於禮無礙疑是畫師加葩蘂耳藻米黼黻並乖古制今請改正并去圓花帝曰古文日月星辰此以一辰攝三物也山龍華蟲又以山攝三物也藻火粉米又以藻攝三物也是爲九章今袞服畫龍則宜應畫鳳明矣孔安國云華者花也則爲花非疑若一向畫雉差降之文復將安寄鄭義是所未允又帝曰禮王者祀昊天上帝則大裘而冕祀五帝亦如之又云莞席之安而蒲越稾秸之用斯皆至敬無文貴誠重質今郊用陶匏與古不異而大裘蒲秸獨不復存其於質敬恐有未盡且一獻爲質其劍佩之飾及公卿所著冕服可共詳定五經博士陸瑋等並云祭天猶存掃地之質而服章獨取黼黻爲文於義不可今南郊神座皆用莞席此獨莞類未盡質素之理宜以稾秸爲下藉蒲越爲上席又司服云王祀昊天服大裘明諸臣禮不得同自魏以來皆用袞服今請依古更制大裘制可瑋等又尋大裘之制唯

鄭玄注司服云大裘羔裘也既無所出未可爲據案六冕之服皆玄上纁下今宜以玄繒爲之其制式如袞其裳以纁皆無文繡冕則無旒詔可○又乘輿宴會服單衣黑介幘舊三日九日小會初出乘今輅服之

八年帝改去還皆乘輦服白紗帽

九年司馬筠等參議禮記玉藻云諸侯玄冕以祭裨冕以朝雜記又云大夫冕而祭於公弁而祭於己今之尚書上異公侯下非卿士止有朝衣本無冕服但既預齋祭不容同在於朝宜依太常及博士諸齋官例著皁衣絳襈中單竹葉冠若不親奉則不須入廟帝從之

十一年尚書參議按禮跣韈事由燕坐履不宜陳尊者之側今則極敬之所莫不皆跣清廟崇嚴既絕恒禮凡有履行者應皆跣韈詔可

陳永定元年武帝即位徐陵白所定乘輿御服皆採梁之舊制又以爲冕旒後漢用白玉珠晉過江服章多闕遂用珊瑚雜珠飾以翡翠侍中顧和奏今不能備玉珠可用白璇從之蕭驎子云白璇蚌珠是也帝曰形制依此今天下初定務從節儉應用繡織成者並可彩畫金色宜塗珠玉之飾任用蚌也至天嘉初悉改易之定令具依天監舊事然亦往往改革今不同者皆隨事於注言之不言者蓋無

所改制云

皇太子金璽龜鈕朱綬三百二十首　朝服遠遊冠金博山佩瑜玉垂組朱衣絳紗袍皁緣白紗中衣白曲領帶鹿盧劍火珠首素革帶玉鉤燮獸頭鞶囊其大小會祠廟朔望五日還朝皆朝服常還上宮則朱服若釋奠則遠遊冠玄朝服絳緣中單絳袴襪玄舄講則著介幘又有三梁進賢冠其侍祀則平冕九旒袞衣九章白紗絳緣中單絳繒韠赤舄絳韈若加元服則中舍執冕從皇太子舊有五時朝服自天監之後則朱服在上省則烏帽永福省則白帽云

諸王金璽龜鈕纁朱綬一百六十首　朝服遠遊冠介幘朱衣絳紗袍皁緣中衣素帶黑舄佩山玄玉垂組大帶獸頭鞶囊劍若加餘官則服其加官之服

開國公金章龜鈕玄朱綬二百四十首　朝服紗朱衣進賢三梁冠佩山玄玉獸頭鞶囊劍

開國侯伯金章龜鈕青朱綬一百二十首　朝服紗朱衣進賢三梁冠佩水蒼玉獸頭鞶囊劍

開國子男金章龜鈕青綬二百首　朝服紗朱衣進賢三梁冠佩水蒼玉獸頭鞶囊劍

縣鄉亭關內關中及名號侯金印龜鈕紫綬朝服進賢二梁冠獸頭鞶囊劍關內關中及名號侯則珪鈕

關外侯銀印珪鈕青綬朝服進賢二梁冠獸頭鞶囊劍

諸王嗣子金印珪鈕紫綬八十首　朝服進賢二梁冠佩山玄玉獸頭鞶囊劍

開國公侯嗣子銀印珪鈕青綬八十首　朝服進賢二梁冠佩水蒼玉獸頭鞶囊劍

太宰太傅太保司徒司空金章龜鈕紫綬八十首　朝服進賢三梁冠佩山玄玉獸頭鞶囊劍陳令加有相國丞相服制同

大司馬大將軍太尉諸位從公者金章龜鈕紫綬八十首　朝服武冠佩山玄玉獸頭鞶囊劍其將軍則不帶劍

凡公及位從公言以將軍及以左右光祿開府儀同者各隨本位號其文則曰某位號儀同之章

五等諸侯助祭郊廟皆平冕九旒青玉為珠有前無後各
以其綬色為組纓旁垂黈纊衣玄上纁下畫山龍已下九
章備五采大佩赤舄絇屨綠尚書無章綬品秩悉以餘官
總司其任服則餘官之服猶執笏紫荷其在都坐則東面
最上
尚書令僕射尚書銅印墨綬朝服納言幘進賢冠佩水蒼
玉尚書則無印綬青紛紫荷執笏陳尚書令僕射金章龜鈕紫綬八十首獸頭鞶尚書無印綬及
鞶餘並同梁
侍中散騎常侍通直常侍員外常侍朝服武冠貂蟬侍中左插
常侍右插皆青紛佩水蒼玉其員外常侍不給佩舊至尊朝會登殿侍中
常侍夾御御下輿則扶左右侍中驂乘則不帶紛
中書監令秘書監銅印墨綬朝服進賢兩梁冠佩水蒼玉
鞶青紛獸頭鞶陳制銀章龜鈕青綬八十首獸頭鞶青紛餘同梁
左右光祿大夫皆與加金章紫綬同其但加金紫者謂之
金紫光祿但加銀青者謂之光祿大夫陳令有特進進賢二梁冠朝服佩水
蒼玉青紛梁令不載
光祿太中中散大夫太常光祿弘訓太僕太僕廷尉宗正
大鴻臚大司農少府大匠諸卿丹陽尹太子保傅大長秋
太子詹事銀章龜鈕青綬獸頭鞶朝服進賢冠二梁佩水
蒼玉卿大夫助祭則冠平冕五旒黑玉為珠有前無後各

以其綬采為組纓旁垂黈纊衣玄上纁下畫華蟲七章皆
佩五采大佩赤舄絇屨陳宮御改云慈訓餘皆同梁又有大舟御服章同
驃騎車騎衛將軍中軍冠軍輔國將軍四方中郎將金章
紫綬中郎將則青綬朝服武冠佩水蒼玉陳令鎮衛驃騎車騎中軍中衛中撫軍中權四
征四鎮四安四翊四平將軍金章獸鈕其冠軍四方中郎將金章豹鈕並紫綬八十首獸頭鞶朝服武冠佩水蒼玉自中
軍已下諸將軍及冠軍四方中郎將並官不給佩○領護軍中領護軍五營校尉
銀印青綬朝服武冠佩水蒼玉獸頭鞶其屯騎夾御日假
給佩餘校不給陳令領護金章龜鈕紫綬八十首中領護銀章龜鈕青綬八十首其五營校尉銀印珪
鈕青綬八十首官不給佩餘並同梁
弘訓衛尉衛尉陳宮御云慈訓服同諸卿但武冠司隸校尉陳無官服左右衛
驍騎游擊前左右後軍將軍龍驤寧朔建威振威奮威揚
威廣威武威建武振武奮武揚武廣武等將軍積弩積射
強弩將軍監軍銀章青綬朝服武冠佩水蒼玉獸頭鞶驍
游已下並不給佩驍游夾侍日假給陳令左右衛銀章龜鈕不給紛左右驍騎
游擊雲騎游騎前左右後軍將軍左右中郎將銀印珪鈕餘服飾同梁亦官不給佩其驍游雲騎夾御日假給其積
弩積射強弩銅印環鈕墨綬帶紛餘服同梁又有忠武軍師武臣爪牙龍騎雲麾鎮兵明師宣惠宣毅智威仁威勇
威信威嚴威智武仁武勇武信武嚴武金章豹鈕紫綬八十首官不給軺車鎮朔武旅貞毅朔威寧遠安遠征遠振
遠宣遠等將軍金章貔鈕紫綬並獸頭鞶朝服武冠佩水蒼玉
國子祭酒皁朝服進賢二梁冠佩水蒼玉
御史中丞都水使者銀印墨綬朝服進賢二梁冠獸頭鞶

著劍佩水蒼玉陳中丞銀章龜鈕青綬八十首二梁冠餘同梁其都水陳梁改為太舟卿服在諸卿中見

謁者僕射銅印環鈕墨綬八十首朝服高山冠獸頭鞶佩水蒼玉著劍

諸軍司銀章龜鈕青綬朝服武冠獸頭鞶

給事中黃門侍郎散騎通直員外散騎侍郎奉朝請太子中庶子庶子武衛將軍武騎常侍朝服武冠著劍陳令庶子已上著鞶其武衛不劍正直夾御白布袴褶

中書侍郎朝服進賢一梁冠著劍冗從僕射太子衛率銅印墨綬獸頭鞶朝服武冠陳衛率銀章龜鈕青綬不劍冗從銅印環鈕墨綬著劍鞶並同梁

武賁中郎將羽林監銅印環鈕墨綬朝服武冠獸頭鞶著劍其在陛牙及備鹵簿著鶡尾絳紗縠單衣

護匈奴中郎將護羌戎夷蠻越烏丸西域校尉銀印珪鈕青綬朝服武冠獸頭鞶陳令無此官其庶子鎮蠻寧蠻平戎西戎校尉平越中郎將服章同

安夷撫夷護軍州郡國都尉奉車駙馬騎都尉諸護軍銀印珪鈕青綬獸頭鞶朝服武冠陳安遠鎮蠻護軍州郡國都尉奉車駙馬騎都尉諸護軍服章同無鞶文

州刺史銅印墨綬獸頭鞶著劍絳朝服進賢二梁冠陳銅章龜鈕青綬餘同梁

郡國太守相內史銀章龜鈕青綬獸頭鞶單衣介幘加中二千石依卿尹冠服劍佩

尚書左右丞秘書丞銅印環鈕黃綬獸爪鞶朝服進賢一梁冠

尚書秘書著作郎太子中舍人洗馬舍人朝服進賢一梁冠著劍

諸王友文學朱服進賢一梁冠陳令諸王師服同

治書侍御史侍御史朝服著劍法冠治書侍御史則有銅印環鈕墨綬陳又有殿中蘭臺侍御史朝服法冠著劍著鞶

諸博士給皂朝服進賢兩梁冠佩水蒼玉

太學博士正限八人著佩限外六人不給

廷尉律博士無佩並綠鞶

國子助教皂朝服進賢一梁冠簪筆

公府長史獸頭鞶諸卿尹丞黃綬獸爪鞶簪筆

諸縣署令秩千石者獸爪鞶銅印環鈕墨綬朝服進賢兩梁冠長史朱服諸卿尹丞建康令玄服

公府掾屬主簿祭酒朱服進賢一梁冠公府令史亦同

領護軍長史朱服獸頭鞶諸軍長史單衣介幘獸頭鞶

諸卿部丞獄丞並皂朝服一梁冠黃綬獸爪鞶簪筆

太子保傅詹事丞皂朝服一梁冠簪筆獸爪鞶黃綬

郡國相內史丞長史單衣介幘長史獸頭鞶其丞黃綬獸

介鞶
諸縣署令長相單衣介幘獸頭鞶銅印環鈕墨綬朝服進
賢一梁冠諸署令朱衣武冠州都大中正郡中正單衣介
幘
太子門大夫獸頭鞶陵令長獸爪鞶銅印環鈕墨綬朝服
進賢一梁冠令長朱服率更家令僕朝服兩梁冠獸頭鞶
晉劔
黃門諸署令僕長丞朱服進賢一梁冠銅印環鈕墨綬丞
黃綬黃門冗從僕射監太子寺人監銅印環鈕墨綬朝服
武冠獸頭鞶

志六　隋書十一　十

公府司馬領護軍司馬諸軍司馬護匈奴中郎將護羌戎
夷蠻越烏丸戊己校尉長史司馬銅印環鈕墨綬獸頭鞶
朝服武冠諸軍司馬單衣平巾幘長史介幘陳令公府司馬領護軍司馬諸軍司馬鎮安蠻安遠護軍蠻戎越校尉中郎將長史司馬其服章與梁官同
公府從事中郎朱服進賢二梁冠諸將軍開府功曹主簿
單衣介幘韋帶廷尉建康正監平銅印環鈕墨綬皁零辟
朝服法冠獸爪鞶
左右衛司馬銅印環鈕墨綬單衣帶平巾幘獸頭鞶
諸府參軍單衣平巾幘
諸州別駕治中從事主簿西曹從事玄朝服進賢一梁冠

簪筆常公事單衣介幘朱衣
直閤將軍朱服武冠銅印珪鈕青綬獸頭鞶
直閤將軍諸殿主帥朱服武冠正直絳衫從則褠褶衫
諸開國郎中令大農公傅中尉銅印環鈕青綬朝服進賢
兩梁冠中尉武冠皆獸頭鞶
諸開國署將軍銅印環鈕青綬朝服武冠限外者不給印陳制墨綬餘並同梁
開國掌書中尉司馬陵廟食官廄牧長典醫典府丞銅印
常侍侍郎世子庶子謁者中大夫舍人不給印典書典祠
學官令典膳丞長銅印限外者不給印

志六　隋書十一　十一

左右常侍侍郎典衛中尉司馬朝服武冠典書典祠學官
令朝服進賢一梁冠餘悉朱服一梁冠常侍侍郎典書典祠學官令簪筆
晉劔
太子衛率率更家令丞銅印環鈕黃綬皁朝服進賢一梁
冠獸爪鞶
太子常從武賁督銅印環鈕墨綬朝服武冠獸爪鞶
殿中將軍員外將軍朱服武冠
州郡國都尉司馬銅印環鈕墨綬朱服武冠獸頭鞶
諸謁者朝服高山冠
中書通事舍人門下令史主書典書令史門下朝廷局書

令史太子門下通事守舍人主書典守舍人二宮齋內職
左右職局齋幹已上朱服武冠
殿中內外局監太子內外監殿中守舍人銅印環鈕朱服
武冠
內外監典事書吏朱服進賢一梁冠內監朝廷人領局典
事外監統軍隊諮詳發遣局典事武冠外監及典事書吏
悉著朱衣唯正直及齋監并受使不在例其東宮內外監殿
典事書吏依臺格五校三將將軍主事內監主事外監主
事三校主事朱服武冠
尚書都令史都水參事門下書令史集書中書尚書祕書

著作掌書主書主圖主譜典客令史書令史監令僕射省事蘭臺
殿中蘭臺謁都水令史公府令史書令史太子導客次客
守舍人及諸省典事朱衣進賢一梁冠
尚書都坐度支傘左戶校吏朱服進賢一梁冠
諸縣署丞太子諸署丞王公侯諸署及公主家令丞僕銅
印環鈕黃綬朱服進賢一梁冠太官太醫丞武冠
諸縣尉銅印環鈕單衣介幘黃綬獸爪鞶節騎郎朱服武
冠其在陛列及備鹵簿者鶡尾絳紗縠單衣御節郎黃鉞
郎朝服赤介幘簪筆典儀唱警唱奏事持兵王麾等諸職
公事及備鹵簿朱服武冠殿中中郎將校尉都尉銀印珪

鈕青綬朱服武冠獸頭鞶
城門候銅印環鈕墨綬朱服武冠獸頭鞶
部曲督司馬吏部曲將銅印環鈕朱服武冠司馬吏假墨
綬獸爪鞶
太中中散諫議大夫議郎中郎郎中舍人朱服進賢一梁
冠
諸門郎僕射佐吏東宮門吏其郎朱服僕射皇雩辟朝服
進賢冠吏却非冠佐吏者進賢冠
總章協律銅印環鈕艾綬獸爪鞶朱服武冠
黃門後閤舍人主書齋帥監食主食主客扶侍鼓吹朱服

武冠鼓吹進賢冠齋帥墨綬獸頭鞶
殿中司馬銅印環鈕墨綬朱服武冠獸頭鞶
總章監鼓吹監銅印環鈕艾綬朱服武冠
諸四品將兵都尉牙門將崇毅材官折難輕騎揚烈威遠
寧遠宣威光威驤威威烈威虜平戎綏遠綏狄綏邊綏戎
獸威威武烈武毅武奮武討寇討虜殄難討難討夷厲武
橫野陵江鷹揚執訊蕩寇蕩虜蕩難蕩逆殄虜掃虜掃
難掃逆掃寇厲鋒武奮武牙廣野領兵滿五十人給銀章
不滿五十除板而已不給章朱服武冠以此官為刺史太
守皆青綬此條已下皆陳制與梁不同

典儀佴帥典儀正帥朱衣武冠廿六本資有殿佴正帥得帶
艾綬獸頭鞶革殿佴帥正帥艾綬獸頭鞶革朱服武冠殿興帥羽
儀帥員外帥朱衣武冠
威雄猛烈振信勝略風力光等十威將軍武猛略勝力毅
健烈威銳勇等十武將軍並銀章熊鈕青綬獸頭鞶革武冠
朝服
猛毅烈威威銳震進智威勝駿等十猛將軍銀章熊鈕青綬
獸頭鞶革武冠朝服
壯武勇烈猛銳威毅志意力等十壯將軍驍雄桀猛烈武
勇銳名勝迅等十驍將軍雄猛威明烈信武勇毅壯健等

十雄將軍並銀章熊鈕青綬獸頭鞶革武冠朝服
忠勇烈猛銳壯毅捍信義勝等十忠將軍明智略遠勇烈
威勝進銳毅等十明將軍光烈明英遠勝銳命勇武野等
十光將軍飈勇猛烈銳奇決起略勝出等十飈將軍並銀
章鹿鈕青綬獸頭鞶革武冠朝服
龍驤武視雲摧風烈電威雷音馳銳進銳羽騎突騎折衝
冠武和戎安壘起猛英果掃虜掃狄武銳摧鋒開遠略遠
貞威決勝清野堅銳輕銳拔山雲勇振旅等三十號將軍銀
印菟鈕青綬獸頭鞶革朝服武冠
超武鐵騎樓船宣猛樹功克狄平虜稜威戎昭威戎伏波

雄戟長劍衝冠雕騎佽飛勇騎破敵剋敵威虜前鋒武毅
開邊招遠全威破陣蕩寇殄虜橫野馳射等三十號將軍
銅印環鈕墨綬獸頭鞶革朝服武冠并左十二件將軍除並
假給章印綬板則止朱服武冠而已（其勳選除亦給章印）
建威牙門期門已下諸將軍並銅印環鈕墨綬獸頭鞶革朱
服武冠板則無印綬止冠服而已其在將官以功次轉進
應署建威已下諸號不限板除悉給印綬（若武官署位轉進登上條九品）
（馳射已上諸戎號亦不限板除悉給印綬）
千人督校督司馬武賁督牙門將騎督督守將兵都尉太
子常從督別部司馬假司馬假銅印環鈕朱服武冠墨綬
獸頭鞶革

武猛中郎將校尉都尉銅印環鈕朱服武冠其以此官為
千人司馬道賁督已上及司馬皆假墨綬獸頭鞶革（已上陳制）
（梁所無及不同者）
陛長甲僕射主事吏將騎廷上五年旗假吏武賁在陛列
及備鹵簿服錦文衣武冠鶡尾陛長者假銅印環鈕墨綬
獸頭鞶革
假旄頭羽林在陛列及備鹵簿服絳單衣上著韋畫要襦
假旄頭輿輦迹禽前驅由基強弩司馬給絳科單衣武冠
其本位佩武猛都尉已上印者假墨綬別部司馬已下假

墨綬蕻歟頭鞶
殿中冗從武賁殿中武賁持鈒戟冗從武賁假青綬絳科
單衣武冠 陳令絳科單衣其本位職佩武猛都尉等印假鞶綬依前條
持椎斧武騎武賁五騎傳詔武賁殿中羽林太官嘗食武
賁稱飯宰人諸宮嘗食武賁假墨綬給絳褠武冠 其佩武猛都尉
等位印皆依上條假鞶綬之例
其在陛列及備鹵簿五騎武賁服錦文衣䮕尾宰人服離
支衣領軍捉刀人鳥總帽袴褶皮帶
緌是羽葆毦鼓吹悉改著進賢冠外給糸毦鼓吹著武冠
諸官鼓吹尚書廊下都坐門下使守藏守閤殿中威儀騶

志六　隋書十一　十六　三、九十分

武賁常直殿門雲龍門者門下左右部武賁羽林騶給傳
事者諸導騶門下中書守閤尚書門下武賁羽林騶蘭臺
五曹節藏僕射廊下守閤威儀發符騶都水使者廊下守
給騶謁者威儀騶諸宮謁者騶絳褠武冠衣服如舊大誰
天門士皁科單衣樊噲冠衛士涅布褠卻敵冠
諸將軍使持節都督執節史朱衣進賢一梁冠 自此條已下皆陳制
一梁妨無
持節節史單衣介幘其箕棨戟戒嚴時同使持節制假節節
史單衣介幘 凡節趺以石爲之持節皆刻爲鞶螭形假節及給蠻夷節皆刻爲狗頭趺
諸王典籤帥單衣平巾幘 典籤書吏袴褶平巾幘

諸王書佐單衣介幘
公府書佐朱衣進賢冠
諸王國舍人司理謁者閤下令史中衛都尉朱衣進賢一
梁冠司理假銅印謁者高山冠令史已下武冠
太子太傅五官功曹主簿皁朝服進賢一梁冠
太子二傅門下主記録事功曹書佐門下書佐記室帳下
督都督省事法曹書佐大傅外都督皁衣進賢一梁冠
太子妃家令絳朝服進賢一梁冠
太子三校二將積弩殿中將軍衣服皆與上宮官同
太子正員司馬督題閤監 銅印墨綬 三校內主事主章扶侍守

志六　隋書十一　十七

舍人衣帶仗局服飾衣局珍寶朝廷主衣統奏事幹內局
內幹朱衣武冠
諸公府御屬及省事録尚書省事太子門下及內外監丞
典事導客舍書吏次功典書函典書典經五經典書諸守
宮舍人市買清慎食官督內直兵吏宣華崇賢二門舍人
諸門吏朱衣進賢一梁冠
太子妃傅令朱衣武冠執刀鳥信幡
太子二傅騎吏玄衣赤幘武冠常行則袴褶執儀齋帥殿
帥典儀帥傳令執刀戟主蓋扇麾纖殿上持兵軍郎扶車
注蹕萌床齋閤食司馬唱導飯主食殿前帥殿前威儀武

賁威儀散給使閤將鼓吹士帥副武冠絳褠突騎小輿持車軺車給使平巾幘黃布袴褶赤罽帶

太子諸門將涅布褠樊噲冠

太子鹵簿戟吏赤幘武冠絳褠廉帥整陣禁防平巾幘白布袴褶靴角五音帥長麾青布袴褶岑帽絳紋帶都伯平巾幘黃布袴褶

文官曹幹白紗單衣介幘尚書二臺曹幹亦同

武官問訊將士給使平巾幘白布袴褶

通天冠高九寸正竪頂少斜却乃直下鐵爲卷梁前有展筩冠前加金博山述乘輿所常服

遠遊冠制似通天而前無山述有展筩橫於冠前皇太子及王者後諸王服之諸王加官者自服其官之冠服唯太子及王者後常冠焉太子則以翠羽爲緌綴以白珠其餘但青絲而已

進賢冠古緇布冠遺象也斯蓋文儒者之服前高七寸後高三寸長八寸有五梁三梁二梁一梁之別五梁唯天子所服其三梁已下爲臣高卑之別云

武冠一名武弁一名大冠一名繁冠一名建冠今人名曰籠冠即古惠文冠也天子元服亦先加大冠今左右侍臣及諸將軍武官通服之侍中常侍則加金璫附蟬焉插以貂尾黃金爲飾云

高山冠一名側注高九寸鐵爲卷梁制似通天頂直竪不斜無山述展筩高山者取其矜莊賓遠中外謁者僕射服之

法冠一名柱後或謂之獬豸冠高五寸以縰爲展筩鐵爲柱卷取其不曲撓也侍御史廷尉正監平凡執法官皆服之

鶡冠猶大冠也加雙鶡尾竪插兩邊故以名焉武賁中郎將羽林監節騎郎在陛列及鹵簿者服之。長冠一名齋冠高七寸廣三寸漆纚爲之制如版以竹爲裏漢高祖微時

以竹皮爲此冠所謂劉氏冠後除竹用漆纚焉司馬彪曰長冠楚制也人間或謂之鵲尾冠非也後代以爲祭服尊敬之也至天監三年祠部郎沈宏議案竹葉冠是高祖爲亭長時所服安可緜代爲祭服哉禮士弁祭於公請令太常丞博士奉齋之服宜改用爵弁明山賓同宏議司馬褧云君必遵三王則懼所改非一長冠謂宜仍舊案今之宗丞博士之服未有可非帝竟不改

建華冠以鐵爲柱卷貫大銅珠九枚祀天地五郊明堂舞人服之

樊噲冠廣九寸高七寸前後出各四寸制似平冕凡殿門

司馬衛士服之
却敵冠高四寸通長四寸後高三寸制似進賢冠凡宮殿
門衛士服之
却非冠高五寸制似長冠宮殿門吏僕射冠之
幘尊卑貴賤皆服之文者長耳謂之介幘武者短耳謂之
平上幘各稱其冠而制之尚書令僕射尚書幘收方三寸
名曰納言未冠童子幘無屋施假髻者示未成人也
帢傅子云先未有歧荀文若巾觸樹成歧時人慕之因而
弗改今通爲慶弔之服白紗爲之或單或裌初婚冠送餞
亦服之

巾國子生服白紗爲之晉太元中國子生見祭酒博士單衣
角巾執經一卷以代手版宋末闕其制齊立學太尉王儉
更造今形如之○帽自天子下及士人通冠之以白紗者名
高頂帽皇太子在上省則烏紗在永福省則白紗又有繒
皁雜紗爲之高屋下裙蓋無定准
袴褶近代服以從戎今纂嚴則文武百官咸服之車駕親
戎則縛袴不舒散也中官紫褶外官絳褶腰皮帶以代鞶
革
笏中世以來唯八座尚書執笏笏者白筆綴其頭以紫囊
裹之其餘公卿但執手版荷紫者以紫生爲裌囊綴之服
外加於左肩周遷云昔周公負成王制此衣至今以爲朝
服蕭驕子云名契囊案趙充國傳云張子孺持橐簪筆事
孝武帝張晏云橐契囊也近臣負橐簪筆從備顧問有
所記也
入殿門有籠冠者著之有纓則下之緣廂行得提衣省閤
內得著履烏紗帽入齋閤及横度殿庭不得人提衣及捉
服飾入閤則執手板自摳衣几席不得入齋正閤介幘不
得上正殿及東西堂儀仗繖扇有幰輦車不得入臺門臺
官問訊皇太子亦皆朱服著襪謁諸王衣幘庶姓單衣帢
詣三公必衣帢至黃閤下復過閤還著履

古者君臣佩玉尊卑有序綬者所以貫佩相承受也又上
下施韍如蔽膝貴賤亦各有殊五霸之後戰兵不息佩非
兵器韍非戰儀於是解去佩韍留其繫襚而已韍佩既廢
秦乃以采組連結於襚轉相結受又謂之綬漢承用之至
明帝始復制佩而漢末又亡絕魏侍中王粲識其形乃復
造焉今之佩粲所制也
皇后謁廟服袿襡大衣蓋嫁服也謂之褘衣皁上皁下親
蠶則青上縹下比深衣制隱領袖緣以條首飾則假髻步搖
俗謂之珠松是也簪珥步搖以黃金爲山題貫白珠爲支
相繆八爵九華熊獸赤羆天鹿辟邪南山豐大特六獸諸

爵獸皆以翡翠爲華綬佩同乘輿
貴妃貴嬪貴姬是爲三夫人金章龜紐紫綬八十首佩于窴
玉獸頭鞶
淑媛淑儀淑容昭華昭儀昭容脩華脩儀脩容是爲九嬪
金章龜鈕青綬八十首獸頭鞶佩采瓄玉
婕妤容華充華承徽列榮五職亞九嬪銀印珪鈕艾綬獸
頭鞶
美人才人良人三職散位銅印環鈕墨綬獸頭鞶
皇太子妃金璽龜鈕纁朱綬一百六十首佩瑜玉獸頭鞶
良娣銀印珪鈕佩采瓄玉青綬八十首獸爪鞶

志六　隋志十一　廿二

保林銀印珪鈕佩水蒼玉青綬八十首獸爪鞶
諸王太妃妃諸長公主公主封君金印龜鈕紫綬八十首佩
山玄玉獸頭鞶
開國公侯太夫人夫人銀印珪鈕青綬八十首佩水蒼玉獸頭鞶
○公主三夫人大手髻七鏌蔽髻九嬪及公夫人五鏌世
婦三鏌其長公主得有步搖公主封君已上皆帶綬以綵
組爲緄帶各以其綬色金辟邪首爲帶玦公特進列侯卿
校中二千石夫人
紺繒幗黃金龍首銜白珠魚須擿長一尺爲簪珥入廟佐
祭者皁絹上下助蠶者縹絹上下皆深衣制緣自二千石

夫人已上至皇后皆以蠶衣爲朝服
自晉左遷中原禮儀多缺後魏天興六年詔有司始制冠
冕各依品秩以示等差然未能皆得舊制至太和中方考
故實正定前謬更造衣冠尚不能周洽及至熙平二年太
傅清河王懌黃門侍郎韋廷祥等奏定五時朝服準漢故
事五郊衣幘各如方色焉及後齊因之河清中改易舊物
著令定制云
乘輿平冕黑介幘垂白珠十二旒飾以五采玉以組爲纓
色如其綬黈纊玉笄白玉璽黃赤綬五采黃赤縹綠紺純
黃質長二丈九尺五百首廣一尺二寸小綬長三尺二寸

志六　隋志十二　廿三

與綬同采而首半之衮服皁衣絳裳裳前三幅後四幅織
成爲之十二章緣絳中單織成緄帶朱韍佩白玉帶鹿盧
劍絳袴襪赤舄未加元服則空頂介幘又有通天金博山
冠則絳紗袍皁緣中單其五時服則五色介幘進賢五梁
冠五色紗袍又有遠遊五梁冠並不通于下四時祭廟圓
丘方澤明堂五郊封禪大雩出宮行事正旦受朝及臨軒
拜王公皆服衮冕之服還宮及齋則服通天冠籍田則冠
冕璪十二旒佩蒼玉黃綬青帶青襪青舄拜陵則黑介幘
白紗單衣釋奠則服通天金博山冠玄紗袍春分朝日則
青紗朝服青舄秋分夕月則白紗朝服緗舄俱冠五梁進

賢冠介幘朝服通天金博山冠絳紗袍季秋講武出征告廟冠武弁黃金附蟬左貂禡類宜社武弁朱衣纂嚴升殿服通天金博山冠絳紗袍入温涼室冠武弁右貂附蟬絳紗服征還飲至服通天冠廟中遣上將則袞冕還宮則通天金博山冠賞祖罰社則武弁左貂附蟬元日冬至大小會皆通天金博山冠四時畋出宮服通天冠並赤舄明堂則五時俱通天冠各以其色服東西堂舉哀服白帢

天子六璽文曰皇帝行璽封常行詔勑則用之皇帝之璽賜諸王書則用之皇帝信璽下銅獸符發諸州征鎭兵下竹使符拜代徵召諸州刺史則用之並白玉爲之方一寸

二分螭獸鈕天子行璽封拜外國則用之天子之璽賜諸外國書則用之天子信璽發兵外國若徵召外國及有事鬼神則用之並黃金爲之方一寸二分螭獸鈕又有傳國璽白玉爲之方四寸螭獸鈕上交五蟠螭隱起鳥篆書文曰受天之命皇帝壽昌凡八字在六璽外唯封禪以封石函又有督攝萬機印一鈕以木爲之長一尺二寸廣二寸五分背上爲鼻鈕鈕長九寸厚一寸廣七分腹下隱起篆書爲督攝萬機凡四字此印常在內唯以印籍縫用則左戶郎中度支尚書奏取印訖輸內

皇太子平冕黑介幘垂白珠九旒飾以三采玉以組爲纓色如其綬金璽朱綬四采赤黃縹紺綬朱質長二丈一尺三百二十首廣九寸小綬長三尺二寸與綬同色而首半之袞服同乘輿而九章絳紗佩瑜玉玉具劒火珠標首絳袴袜赤舄非謁廟則不服未加元服則空頂黑介幘雙童髻雙玉導中舍人執遠遊冠以從其遠遊三梁冠黑介幘翠緌纓絳紗袍皁緣中單黑舄大朝所服亦服進賢三梁冠黑介幘皁朝服絳緣中單玄舄爲宮臣舉哀白帢單衣烏皮履未加元服則素服

皇太子璽黃金爲之方一寸龜鈕文曰皇太子璽宮中大事用璽小事用門下典書坊印

諸公卿平冕黑介幘青珠爲旒上公九三公八諸卿六以組爲纓色如其綬衣皆玄上纁下三公山龍八章降皇太子一等九卿藻火六章唯郊祀天地宗廟服之

遠遊三梁諸王所服其未冠則空頂黑介幘開國公侯伯子男及五等散爵未冠者通如之

進賢冠文官二品已上並三梁四品已上並兩梁五品已下流外九品已上皆一梁致事者通著委貌冠主兵官及侍臣通著武弁侍臣加貂璫御史大理著法冠諸謁者太子中道客舍人著高山冠宮門僕射殿門吏亭長太子率更寺宮門督太子內坊察非吏諸門吏等皆著卻非冠羽

林武賁著鶡錄令已下尚書以上著紗帽幘又有赤幘單
賤者所服救日蝕文武官皆免冠著赤介幘對朝服賤者
平巾赤幘示威武以助於陽也止雨亦服之請雨則服緗
幘東耕則服青幘庖人則服綠幘
印綬二品已上並金章紫綬三品銀章青綬三品已上凡是五省官及中侍中省皆爲印不爲章四品得印者銀印青綬五品六品得印者銅
印墨綬四品已下凡是開國子男及五等散品名號侯皆爲銀章不爲印七品八品九品
得印者銅印黃綬金銀章印及銅印並方一寸皆龜鈕東
西南北四藩諸國王章上藩用中金中藩用銀並方寸龜
鈕佐官唯公府長史尚書二丞給印綬六品已下九品已
上唯當曹爲官長者給印餘自非長官雖位尊並不給
諸王纁朱綬四采赤黃縹紺純朱質纁文織長二丈一尺
二百四十首廣九寸開國郡縣公散郡縣公玄朱綬四采
玄赤縹紺朱質玄文織長一丈八尺百八十首廣八寸開
國縣子男散縣子男名號侯開國鄉男素朱綬三采青赤
白朱質白文織長一丈四尺百二十首廣六寸一品二品
紫綬三采紫黃赤純紫質長一丈八尺百八十首廣八寸
三品四品青綬三采青白紅純青質長一丈六尺百四十
首廣七寸五品六品墨綬二采青紺純紺質長一丈四尺
百首廣六寸七品八品九品黃綬二采黃白純黃質長一

丈二尺六十首廣五寸官品從第二已上小綬間得施玉
環凡綬先合單紡爲一絲絲四爲一扶扶五爲一首首五
成一文采純爲質首多者絲細首少者絲麤官有綬者則
有紛皆長八尺廣三寸各隨綬色若服朝服則佩綬服公
服則佩紛官無綬者不合佩紛
鞶囊二品已上金縷三品金銀縷四品銀縷五品六品綵
縷七八九品綵縷獸爪鞶官無印綬者並不合佩鞶囊及
爪
一品玉具劍佩山玄玉二品金裝劍佩水蒼玉三品及開
國子男五等散品名號侯雖四五品並銀裝劍佩水蒼玉
侍中已下通直郎已上陪位則像劍帶真劍者入宗廟及
升殿若在仗內皆解劍一品及散郡公開國公侯伯皆雙
佩二品三品及開國子男五等散品名號侯皆隻佩綬亦
如之
百官朝服公服皆執手板尚書錄令僕射吏部尚書手板
頭復有白筆以紫皮裹之名曰笏朝服綴紫荷錄令左僕
射左荷右僕射吏部尚書右荷七品已上文官朝服皆簪
白筆正王公侯伯子男卿尹及武職並不簪朝服冠幘各
一絳紗單衣白紗中單皁領袖皁襈革帶曲領方心蔽膝
白筆舄襪兩綬劍佩簪導鉤䚢爲具服七品已上服也公

服冠幘紗單衣深衣革帶假帶履襪鉤䚢謂之從省服八
品已下流外四品已上服也
流外五品已下九品已上皆著褠衣為公服
皇后璽綬佩同乘輿假髻步搖十二鏌八雀九華助祭朝
會以褘衣祠郊禖以褕狄小宴以闕狄親蠶以鞠衣禮見
皇帝以展衣宴居以褖衣六服俱有蔽膝織成緄帶皇太
后皇后璽並以白玉為之方一寸二分螭獸鈕文各如其
號璽不行用有令則太后以宮名衛尉印皇后則以長秋
印
内外命婦從五品已上蔽髻唯以鏌數花釵多少為品秩

二品已上金玉飾三品已下金飾内命婦左右昭儀三夫
人視一品假髻九鏌金章紫綬服褕翟雙佩山玄玉九嬪
視三品五鏌蔽髻銀章青綬服鞠衣佩水蒼玉世婦視四
品三鏌銀印青綬服展衣無佩八十一御女視五品一鏌
銅印墨綬服褖衣又有宮人女官服制第二品七鏌蔽髻
服闕翟三品五鏌鞠衣四品三鏌展衣五品一鏌褖衣六
品褖衣七品青紗公服俱大首髻八品九品俱青紗公服
偏髾髻
皇太子妃　璽綬佩同皇太子假髻步搖九鏌服褕翟從
蠶則青紗公服

皇太子妃璽以黃金方一寸龜鈕文曰皇太子妃之璽若
有封書則用内坊印
郡長公主公主王國太妃妃纁朱綬髻章服佩同内命婦一
品郡長君七鏌蔽髻玄朱綬闕翟章佩與公主同郡君縣
主佩水蒼玉餘與郡長君同太子良娣視九嬪服縣主青
朱綬餘與良娣同女侍中五鏌假金印紫綬服鞠衣佩水
蒼玉縣君銀章青朱綬餘與女侍中同太子孺人同世婦
太子家人子同御女鄉主鄉君素朱綬佩水蒼玉餘與御
女同外命婦章印綬佩皆如其夫若夫假章印綬佩妻則
不假一品二品七鏌蔽髻服闕翟三品五鏌服鞠衣四品

三鏌服展衣五品一鏌服褖衣内外命婦宮人女官從蠶
則各依品次還著蔽髻皆服青紗公服如外命婦綬帶鞶
囊皆准其夫公服之例百官之母詔加太夫人者朝服公
服各與其命婦服同○後周設司服之官掌皇帝十二服祀
昊天上帝則蒼衣蒼冕祀東方上帝及朝日則青衣青冕
祀南方上帝則朱衣朱冕祭皇地祇祀中央上帝則黃衣
黃冕祀西方上帝及夕月則素衣素冕祀北方上帝祭神
州社稷則玄衣玄冕享先皇加元服納后朝諸侯則象衣
象冕十有二章日月星辰山龍華蟲六章在衣火宗彝藻
粉米黼黻六章在裳凡十二等享諸先帝大貞於龜食三

老五更、享諸侯、耕籍，則服衮冕，首龍已下，凡九章，十二等。宗彝已下五章在衣，藻火已下四章在裳，衣重宗彝。祀星辰、祭四望、視朔、大射、饗羣臣、巡犧牲、養國老，則服山冕，八章，十二等，衣裳各四章，衣重火與宗彝。羣祀、視朝、臨太學、入道法門、宴諸侯與羣臣及燕射、養庶老、適諸侯家，則服鷩冕，七章，十二等，衣三章，裳四章，衣重三章，衮、山、鷩冕皆裳重黼黻，俱十有二等。通以升龍爲領標。冕通十有二旒。巡兵即戎，則服韋弁，謂以韎韋爲弁，又以爲裳衣也。田獵行鄉畿，則服皮弁，謂以鹿子皮爲弁，白布衣而素裳也。皇帝凶服，斬衰（父母之喪，上下達）。其弔服，錫衰以哭三公，緦衰以哭諸侯（皆十五升，抽其半。錫者，治其布不治其縷，衰在內；緦者，治其縷不治其布，衰在外也），疑衰以哭大夫（十四升）。皆素弁（如爵弁之數），環絰（一服纓絰）。凡大疫、大荒、大災，則素服縞冠（凡疫病荒飢年、災水旱也）。

諸公之服九：一曰方冕，二曰衮冕，九章，宗彝已上五章在衣，藻已下四章在裳；三曰山冕，八章，衣裳各四章，衣重宗彝，爲九等；四曰鷩冕，七章，衣三章，裳四章，衣重火與宗彝；五曰火冕，六章，衣裳各三章，衣重宗彝及藻，裳重黻；六曰毳冕，五章，衣三章，裳二章，衣重藻、粉米，裳重黼黻。山冕已下俱九等，皆以山爲領標，冕俱九旒。七曰韋弁，八曰皮弁，九曰玄冠。

諸侯服自方冕而下八，無衮冕。山冕八章，衣裳各四章。鷩冕七章，衣三章，裳四章，衣重宗彝。火冕六章，衣裳各三章，衣重藻，裳重黻。毳冕五章，衣三章，裳二章，衣重粉米，裳重黼黻。鷩冕已下俱八等，皆以華蟲爲領標，冕俱八旒。

諸伯服自鷩冕而下七，又無山冕。鷩冕七章，衣三章，裳四章。火冕六章，衣裳各三章，裳重黻。毳冕五章，衣三章，裳二章，裳重黼黻。火冕已下俱七等，皆以火爲領標，冕俱七旒。

諸子服自方冕而下六，又無鷩冕。火冕六章，衣裳各三章。毳冕五章，衣三章，裳二章，裳重黻。毳冕已下俱六等，皆以宗彝爲領標，冕俱六旒。

諸男服自方冕而下五，又無火冕。毳冕五章，衣三章，裳二章，以藻爲領標，冕五旒。

三公之服九：一曰祀冕，二曰火冕，六章，衣裳各三章，衣重宗彝與藻，裳重黻；三曰毳冕，五章，衣三章，裳二章，衣重藻與粉米，裳重黼黻；四曰藻冕，四章，衣裳俱二章，衣重藻與粉米，裳重黼黻；五曰繡冕，三章，衣一章，裳二章，衣重粉米，裳重黼黻；俱九等，皆以宗彝爲領標；六曰爵弁，七曰韋弁，八曰皮弁，九曰玄冠。

三孤之服自祀冕而下八，無火冕。毳冕五章，衣三章，裳二章，衣重粉米，裳重黼黻。藻冕四章，衣裳各二章，衣重藻與

粉米裳重黼黻俱八等皆以藻爲領標繡冕三章衣一章
裳二章衣重粉米裳重黼黻爲八等
公卿之服自祀冕而下七又無毳冕藻冕四章衣裳各二
章衣重粉米裳重黼黻爲七等皆以粉米爲領標各七繡
冕三章衣一章裳二章衣重粉米裳重黼黻爲七等
上大夫之服自祀冕而下六又無藻冕繡冕三章衣一章
裳二章衣重粉米裳重黼爲六等
中大夫之服自祀冕而下五又無皮弁繡冕三章衣一章
裳二章衣重粉米爲五等
下大夫之服自祀冕而下四又無爵弁繡冕三章衣一章

裳二章衣重粉米爲四等
士之服三一曰祀弁二曰爵弁三曰玄冠 玄冠皆玄衣其裳上士以玄中
士以黃下士雜裳謂前玄後黃也 庶士之服一玄冠 庶士庶人在宮府史之屬其服緇衣裳
後令文武俱著常服冠形如魏帢無簪有纓其凶服皆與
庶人同其弔服諸侯於其卿大夫錫衰同姓緦衰於士疑
衰其當事則弁絰否則皮弁公孤卿大夫之弔服錫衰弁
絰皮弁亦如士之弔服疑衰素裳當事弁絰否則徒弁
皇后衣十二等其翟衣六從皇帝祀郊禖享先皇朝皇太
后則服翬衣 素質五色 祭陰社朝命婦則服褕衣 青質五色 祭羣小
祀受獻繭則服鷩衣 赤衣 采桑則服鳪衣 黃色 從皇帝見賓客

聽女教則服鵫衣 白色 食命婦歸寧則服鶅衣 玄色 俱十有二
等以翬雉爲領標各有二臨婦學及法道門命婦有時見
命婦則蒼衣春齋及祭還則青衣夏齋及祭還則朱衣采
桑齋及采桑還則黃衣秋齋及祭還則素衣冬齋及祭還
則玄衣自青衣而下其領標以相生之色
諸公夫人九服其翟衣雉皆九等俱以褕雉爲領標各九
自褕衣已下五曰褕衣鷩衣鳪衣鵫衣鶅衣并朱衣黃衣
素衣玄衣而九自朱衣而下其領標亦同用相生之色
諸侯夫人自鷩而下八其翟衣雉皆八等俱以鷩雉爲領
標無褕衣

諸伯夫人自鳪而下七其翟衣雉皆七等俱以鳪雉爲領
標又無鷩衣
諸子夫人自鵫而下六其翟衣俱以鵫雉爲領標又無鳪
衣
諸男夫人自鶅而下五其翟衣雉皆五等俱以鶅雉爲領
標又無鵫衣
三妃三公夫人之服九一曰鳪衣二曰鵫衣三曰鶅衣四
曰青衣五曰朱衣六曰黃衣七曰素衣八曰玄衣九曰暑
衣 以鬘華 皆九樹其雉衣亦皆九等以鳪雉爲領標各九
三妐三孤之內子自鵫衣而下八雉衣皆八等以鵫雉爲

六嬪六卿之內子自㡠衣而下七翟衣皆七等以㡠雉爲領褾各七

上嬡上大夫之孺人自青衣而下六

中嬡中大夫之孺人自朱衣而下五

下嬡下大夫之孺人自黃衣而下四

御婉士之婦人自素衣而下三

中宮六尚一曰緅衣(其色赤而微玄)諸命秩之服曰公服其餘常服曰私衣皇后華皆有十二樹諸侯之夫人亦皆以命數爲之節三妃三公夫人已下又各依其命一命再命者又俱以三爲節

皇后及諸侯夫人之服皆舄履三妃三公夫人已下翟衣則舄其餘皆屨舄屨各如其裳之色

皇后之凶服斬衰齊衰降旁朞已下弔服爲妃嬪三公之夫人孤卿內子之喪錫衰(錫者十五升去其半無事其縷有事其布哀在內也)爲諸侯夫人之喪緦衰(緦亦十五升去其半有事其縷無事其布哀在外也)爲嬡御婉及大夫孺人士之婦人之喪疑衰(疑於吉十四升)皆吉笄無首(象笄去首)飾太陰虧則素服(薦之陰事)天下諸侯之夫人及三妃與三公之夫人已下凶事則五衰(自期已上皆如之)其弔諸侯夫人於卿之內子大夫孺人錫衰於已之同姓之臣緦衰於士之婦人疑衰皆吉笄無首其三妃已下及嬡三公夫人已下及孺人其弔服錫衰御婉及士之婦人弔服疑衰疑衰同笄(九族已下皆骨笄)

韠皇后三章龍火山諸侯二章去龍卿大夫一章以山皆織綵以成之

皇帝八璽有神璽有傳國璽皆寶而不用(神璽明受之於天傳國璽明受之於運)皇帝負扆則置神璽於筵前之右置傳國璽於筵前之左又有六璽其一皇帝行璽封命諸侯及三公用之其二皇帝之璽與諸侯及三公書用之其三皇帝信璽發諸夏之兵用之其四天子行璽封命蕃國之君用之其五天子之璽與蕃國之君書用之其六天子信璽徵蕃國之兵用之六璽皆白玉爲之方一寸五分高寸螭獸鈕皇后璽文曰皇后之璽白玉爲之方寸五分高寸麟鈕三公諸侯皆金印方寸二分高八分龜鈕七命已上銀四命已上銅皆龜鈕三命已上銅印銅鼻其方皆寸其高六分文曰某公官之印

皇帝之組綬以蒼以青以朱以黃以白以玄以纁以紅以紫以緅以碧以綠十有二色諸公九色自黃以下諸侯八色自白以下諸伯七色自玄以下諸子六色自纁已下諸男五色自紅已下三公之綬如諸公三孤之綬如諸侯六

卿之綬如諸伯上大夫之綬如諸子中大夫之綬如諸男下大夫綬自紫已下士之綬自緅已下其璽印之綬亦如之保定四年百官始執笏常服上焉宇文護始命袍加下欄宣帝即位受朝於路門初服通天冠絳紗袍羣臣皆服漢魏衣冠大象元年制冕二十四旒衣服以二十四章爲準二年下詔天臺近侍及宿衛之官皆著五色衣以錦綺繢繡爲緣名曰品色衣有大禮則服冕內外命婦皆執笏其拜俛伏方興

志第六　禮儀六　隋書十一

志第七　隋書十二

太尉揚州都督監修國史上柱國趙國公臣長孫無忌等奉　勑撰

禮儀七

高祖初即位將改周制乃下詔曰宣尼制法云行夏之時乘殷之輅弈葉共遵理無可革然三代所尚衆論多端或以爲所建之時或以爲所感之瑞或當其行色因以從之今雖夏數得天歷代通用漢尚於赤魏尚於黃驪馬玄牲已弗相踵明不可改建寅歲首常服於黑朕初受天命赤雀來儀兼姬周已還於兹六代三正廻復五德相生總以言之並宜火色垂衣已降損益可知尚色雖殊常兼前

代其郊丘廟社可依衮冕之儀朝會衣裳宜盡用赤昔丹烏木運姬有大白之旂黃星土德曹乘黑首之馬在祀與戎其尚恒異今之戎服皆可尚黃在外常所著者通用雜色祭祀之服須合禮經宜集通儒更可詳議太子庶子攝太常少卿裴正奏曰竊見後周制冕加爲十二既與前禮數乃不同而色應五行又非典故謹案三代之冠其名各別六等之冕承用區分璪玉五采隨班異飾都無迎氣變色之文唯月令者起於秦代乃有青旂赤玉白駱黑衣與四時而色變全不言於弁冕五時冕色禮既無文稽於正典難以經證且後魏已來制度咸闕天興之歲草創繕修

所造車服多參胡制故魏收論之稱爲違古是也周氏因襲將爲故事大象承統咸取用之輿輦衣冠甚多迂怪今皇隋革命憲章前代其魏周輦輅不合制者已勑有司盡令除廢然衣冠禮器尚且兼行乃有立夏衮衣以赤爲質迎秋平冕用白成形既越典章須革其謬謹案續漢書禮儀志云立春之日京都皆著青衣秋夏悉如其色逮于魏晉迎氣五郊行禮之人皆同此制考尋故事唯幘從衣色今請冠及冕色並用玄唯應著幘者任依漢晉制曰可於是定令採用東齊之法乘輿衮冕垂白珠十有二旒以組爲纓色如其綬黈纊充耳玉笄玄衣纁裳衣山龍華蟲火

宗彝五章裳藻粉米黼黻四章衣重宗彝裳重黼黻爲十二等衣褾領織成升龍白紗內單黼領青褾襈裾革帶玉鉤鰈大帶素帶朱裏紕其外上以朱下以綠韍隨裳色龍火山三章鹿盧玉具劍火珠鏢首白玉雙佩玄組雙大綬六采玄黃赤白縹綠純玄質長二丈四尺五百首廣一尺小雙綬長二尺六寸色同大綬而首半之間施三玉環朱韈赤舄舄加金飾祀圓丘方澤感帝明堂五郊雩禜封禪朝日夕月宗廟社稷籍田廟遣上將征還飲至元服納后正月受朝及臨軒拜王公則服之通天冠加金博山附蟬十二首施珠翠黑介幘玉簪導絳紗袍深衣製白紗內單皁領褾襈裾絳紗蔽膝白假帶方心曲領其革帶劍佩綬舄與上同若未加元服則雙童髻空頂黑介幘雙玉導加寶飾朔日受朝元會及冬會諸祭還則服之武弁金附蟬平巾幘餘服具服講武出征四時蒐狩大射禡類宜社賞祖罰社纂嚴則服之黑介幘白紗單衣烏皮履拜陵則服之白紗帽白練裙襦烏皮履視朝聽訟及宴見賓客皆服之白帢白紗單衣烏皮履舉哀則服之

神璽寶而不用受命璽封禪則用之皇帝行璽封命諸侯及三師三公則用之皇帝之璽賜諸侯及三師三公書則用之皇帝信璽徵諸夏兵則用之天子行璽封命蕃國之

君則用之天子之璽賜蕃國之君書則用之天子信璽徵蕃國兵則用之常行詔勑則用內史門下印

皇帝臨臣之喪三品已上服錫衰五等諸侯緦衰四品已下疑衰

皇太子衮冕垂白珠九旒青纊充耳犀笄玄衣纁裳衣山龍華蟲火宗彝五章裳藻粉米黼黻四章織成爲之白紗內單黼領青褾襈裾革帶金鉤鰈大帶素帶不朱裏亦紕以朱綠韍隨裳色火山二章玉具劍火珠鏢首瑜玉雙佩朱組雙大綬四采赤白縹紺純朱質長一丈八尺三百二十首廣九寸小雙綬長二尺六寸色同大綬而首半之間

施二玉環朱韈赤舃以金飾侍從皇帝祭祀及謁廟元服
納妃則服之
遠遊三梁冠加金附蟬九首施珠翠黑介幘纓翠緌犀簪
導絳紗袍白紗內單皁領標襈裾白假帶方心曲領絳紗
蔽膝韈舃其革帶劒佩綬與上同未冠則雙童髻空頂黑
介幘雙玉導加寶飾謁廟還宮元日朔日入朝釋奠則服
之。遠遊冠公服絳紗單衣革帶金鉤鰈假帶方心紛長
六尺四寸廣二寸四分色同其綬金縷鞶囊韈履五日常
朝則服之
白帢單衣烏皮履爲宮臣舉哀則服之

志七　隋書十二　四

皇太子璽宮內大事用之小事用左右庶子印
皇太子臨弔三師三少則錫衰宮臣四品已上緦衰五品
已下疑衰
衮冕青珠九旒以組爲纓色如其綬自此已下纓皆如之服九章同
皇太子王國公開國公初受冊執贄入朝祭親迎則服之
三公助祭者亦服之
鷩冕侯八旒伯七旒服七章衣華蟲火宗彝三章裳藻粉米黼黻
四章八旒者重宗彝侯伯初受冊執贄入朝祭親迎則服之
毳冕子六旒男五旒服五章衣宗彝藻粉米三章裳黼黻二章六旒
者裳重黻子男初受冊執贄入朝祭親迎則服之

絺冕三品七旒四品六旒五品五旒服三章七旒者衣粉米一章爲三重裳黼黻二章各二重六旒者
減黼一重五旒又減黻一重正三品已下從五品已上助祭則服之
自王公已下服章皆繡爲之祭服冕皆簪導青纊充耳玄
衣纁裳白紗內單黼領絺冕已下內單青領青標襈裾革帶鉤鰈大
帶王三公及公侯伯子男素帶不朱裏皆紕其外上以朱下以綠正三品已下從五品已上素帶紕其垂外以玄內以黃紐約皆用青組朱韍凡韍皆隨裳色衮鷩毳火山二章絺山一章劒佩綬韈赤舃
○爵弁玄纓無旒從九品已上助祭則服之其制服簪導
玄衣纁裳無章白絹內單青領標襈裾革帶大帶練帶紕其垂內外以緇紐約用青組爵韠韈赤履武弁平巾幘諸武職及侍臣通服
之侍臣加金璫附蟬以貂爲飾侍左者左珥右者右珥

志七　隋書十二　五

遠遊三梁冠黑介幘諸王服之
進賢冠黑介幘文官服之從三品已上三梁從五品已上
兩梁流內九品已上一梁
法冠一名獬豸冠鐵爲柱其上施珠兩枚爲獬豸角形法
官服之
高山冠謁者服之
却非冠門者及禁防伺非服之
黑介幘平巾黑幘應服者並上下通服之庶人則綠幘
白帢白紗單衣烏皮履上下通服之
委貌冠未冠則雙童髻空頂黑介幘皂深衣青領烏皮履

國子大學四門生服之
朝服亦名具服冠幘簪導白筆絳紗單衣白紗內單皂領袖皂
襈革帶鉤䚢假帶曲領方心絳紗蔽膝韈舄綬劍佩從五品
已上陪祭朝饗拜表凡大事則服之六品已下從七品已
上去劍佩綬餘並同自餘公事皆從公服亦名從省服
冠幘簪導絳紗單衣革帶鉤䚢假帶方心韈履紛鞶囊
從五品已上服之
絳褠衣公服褠衣即單衣之不垂胡也袖狹形直如褠內餘同從省流外五品已下
九品已上服之
綬王纁朱綬四采赤黃縹紺純朱質纁文織長一丈八尺

二百四十首廣九寸公玄朱綬四采玄赤縹紺純朱質玄
文織長一丈八尺二百四十首廣九寸侯伯青朱綬四采
青赤白縹純朱質青文織長一丈六尺百　八十首廣八
寸子男素朱綬三采青赤白純朱質白文織成一丈四尺
百四十首廣七寸正從一品綠綟綬四采綠紫黃赤純綠
質長一丈八尺二百四十首廣九寸從三品已上紫綬三
采紫黃赤純紫質長一丈六尺百八十首廣八寸銀青光
祿大夫朝議大夫及正從四品青綬三采青白紅純青質
長一丈四尺百四十首廣七寸正從五品墨綬二采青紺
純紺質長一丈二尺百首廣六寸自王公已下皆有小雙

綬長二尺六寸色同大綬而首半之正從一品施二玉環
已下不合其有綬者則有紛皆長六尺四寸廣二寸四分
各隨其綬色
鞶囊二品已上金縷三品金銀縷四品及開國男銀縷五
品綵縷官無綬者則不合劍佩一品及五等諸侯並佩山
玄玉五品已上佩水蒼玉
年高致仕及以理去官被召謁見皆服前官從省服州郡
秀孝試見之日皆假進賢一梁冠絳公服
隱居道素之士被召入謁見者黑介幘白單衣革帶烏皮
履○左右衛左右武衛左右武候大將軍領左右大將軍

並武弁絳朝服劍佩綬侍從則平巾幘紫衫大口袴褶金
玳瑁裝兩襠甲唯左右武衛大將軍執赤檀杖左右衛左
右武衛左右武候將軍領左右將軍左右監門衛將軍太
子左右衛左右宗衛左右內率左右監門郎將及諸副
率並武弁絳朝服劍佩綬侍從則平巾幘紫衫大口袴金
裝兩襠甲唯左右武衛將軍太子左右宗衛率執白檀杖
○直閤將軍直寢直齋太子直閤武弁絳朝服劍佩綬侍
從則平巾幘絳衫大口袴褶銀裝兩襠甲
皇后首飾花十二樹皇太子妃公主王妃三師三公及公
夫人一品命婦並九樹侯夫人二品命婦並八樹伯夫人

三品命婦並七樹子夫人世婦及皇太子昭訓四品已上
官命婦並六樹男夫人五品命婦五樹女御及皇太子良
娣三樹自皇后已下小花並如大花之數并兩博鬢也
皇后褘衣深青織成爲之爲翬翟之形素質五色十二等青紗内單黼領羅縠褾
襈蔽膝隨裳色用翟爲章三等大帶隨衣色朱裏紕其外上以朱錦下以綠錦紐約用青組以
青衣革帶青韈舄舄加金飾白玉佩玄組綬章采尺寸與乘輿同祭及朝
會凡大事則服之
鞠衣黃羅爲之應服者皆同其蔽膝大帶及衣革帶舄隨衣
色餘與褘衣同唯無雉親蠶則服之應服者皆以助祭
青衣青羅爲之制與鞠衣同去花大帶及佩綬以禮見皇

帝則服之
朱衣緋羅爲之制如青衣宴見賓客則服之
皇太后服與皇后同皇太后璽不行用若封令書則用宮
官之印
皇后璽不行用若封令書則用内侍之印
皇太子妃褕翟青織成爲之爲搖翟之形青質五色九等青紗内單黼領羅縠
褾襈蔽膝隨衣色以搖翟爲章三等大帶隨衣色下朱裏紕其外上以朱錦下以綠錦紐約用青組
以青衣革帶青韈舄舄加金飾瑜玉佩純朱綬章采尺寸與皇太子同助
祭朝會凡大事則服之亦有鞠衣
皇太子妃璽不行用若封書則用典内之印

公主王妃三師三公及公侯伯夫人服褕翟繡爲之公主王妃三師三
公及公夫人爲九等侯夫人八等伯夫人七等助祭朝會凡大事則服之亦有鞠
衣○子男夫人服闕翟緋羅爲之刻赤繒爲翟形不繡綴於服上子夫人六等男夫人五等
助祭朝會凡大事則服之亦有鞠衣
諸王公侯伯子男之母與妃夫人同其郡縣君各視其夫
及子若郡縣君品高及無夫子者准品
嬪及從三品已上官命婦青服制與褕翟同青羅爲之唯無雉助祭朝會
凡大事則服之亦有鞠衣
世婦及皇太子昭訓從五品已上官命婦服青服助祭從
蠶朝會凡大事則服之

女御及皇太子良媛朱服制與青服同去佩綬助祭從蠶朝會凡大
事則服之
六尚朱絲布公服助祭從蠶朝會凡大事則服之
六司六典及皇太子三司三典三掌青紗公服助祭從蠶
朝會凡大事則服之
佩綬嬪同九卿世婦及皇太子昭訓同五品公主王妃同
諸王三師三公五等國夫人及從五品已上官命婦皆准
其夫無夫者准品定令訖
高祖元正朝會方御通天服郊丘宗廟盡用龍袞衣大裘
毳絺皆未能備至平陳得其器物衣冠法服始依禮具然

皆藏御府弗服用焉百官常服同於匹庶皆著黃袍出入
殿省高祖朝服亦如之唯帶加十三環以為差異蓋取於
便事及大業元年煬帝始詔吏部尚書牛弘工部尚書宇
文愷兼內史侍郎虞世基給事郎許善心儀曹郎袁朗等
憲章古制創造衣冠自天子逮于胥皁服章皆有等差若
先所有者則因循取用弘等議定乘輿服合八等焉
大裘冕之制案周禮大裘之冕無旒三禮衣服圖大裘而
冕王祀昊天上帝及五帝之服至秦除六冕唯留玄冕漢明
帝永平中方始創制董巴志云漢六冕同制皆闊七寸長尺二
寸前圓後方於是遂依此為大裘冕制青表朱裏不施旒纊

不通於下其大裘之服案周官注羔裘也其制准禮圖以
羔正黑者為之取同色繒以為領袖其裳用纁而無章飾
絳韈赤舃祀圓丘感帝封禪五郊明堂雩禘皆服之
袞冕之制案禮玉藻十有二旒大戴禮云冕而加旒以蔽
明也琇纊塞耳以蔽聰也又禮含文嘉云前後邃延不視邪
也加以黈纊不聽讒也三王之冕既不通制故夫子云行
夏之時服周之冕今以采縋貫珠為旒十二邃延者出冕
前後而下垂之旒齊於髆纊齊於耳組為纓玉笄導其為
服之制案釋名云袞卷也謂畫龍於上也是時虞世基奏
曰後周故事升日月於旌旗乃闕三辰而章無十二但有

山龍華蟲作繪宗彝藻火粉米黼黻乃與三公不異開皇
中就衰欲生分別故衣重宗彝裳重黼黻合重二物以就
九章為十二等但每一物上下重行袞服用九鷩服用七
今重此三物乃非典故且周氏執謙不敢負於日月所以
綴此三象唯施太常天王袞衣章乃從九但天子譬日德
在照臨辰為帝位月主正后負此三物合德齊明自古有
之理應無惑周執謙道殊未可依重用宗彝又乖法服今
准尚書子欲觀古人之服日月星辰山龍華蟲作會宗彝
藻火粉米黼黻絺繡具依此於左右髆上為日月各一當
後領下而為星辰又山龍九物各重行十二又近代故實

依尚書大傳山龍純青華蟲純黃作會宗彝純黑藻純白
火純赤以此相間而為五采鄭玄議已自非之云五采相
錯非一色也今並用織成於繡五色錯文准孔安國衣質
以玄加山龍華蟲火宗彝等並織成為五物裳質以纁加
藻粉米黼黻之四衣裳通數此為九章兼上三辰而備十
二也衣褾領上各帖升龍漢晉以來率皆如此既是先王
法服不可乖於夏制黻而用之理將為允墨勑曰可承以
單衣又案董巴輿服志宗廟冕服云絳領袖為內單衣又
車服雜記曰天子釋奠郊祭而單衣以絳緣今用白紗為
內單黼領絳褾青裾及襈革帶玉鉤觿大帶朱裏紕其外

紐約用組上加朱韍又案說文韠韍也所以蔽前禮記曰
有虞氏韍夏后氏山殷火周龍章鄭玄曰冕之韍也舜始
作之以尊祭服禹湯至周增以文飾禮記曰君朱韠鄭曰
韠象裳色今依白武通注以蔽裳前上闊一尺象天數也
下闊二尺象地數也長三尺象三才也加龍章山火以備
三代之法也於是制衮冕之服玄衣纁裳合九章爲十二
等白紗內單黼領青褾襈革帶玉鉤䚢大帶韍鹿盧玉具
劒火珠鏢首白玉雙佩玄組大小綬朱韈赤舄舄飾以金
宗廟社稷籍田方澤朝日夕月遣將授律征還飲至加元
服納后正冬受朝臨軒拜爵皆服之

通天冠之制案董巴志冠高九寸形正豎頂少邪却後乃
下直爲鐵卷梁前有高山故禮圖或謂之高山冠也晉起
居注成帝咸和五年制詔殿內曰平天通天冠並不能佳
可更修理之雖在禮無文故知天子所冠其來久矣又徐
氏輿服注曰通天冠高九寸黑介幘金博山徐爰亦曰博
山附蟬謂之金顏今制依此不通於下獨天子元會臨軒
服之其服絳紗袍深衣製白紗內單皁領褾襈裾絳紗蔽
膝白假帶方心曲領其劒佩綬爲革帶皆與上同元冬饗
會諸祭還則服之四時視朔則內單領襈各隨其方色唯
秋方色白以緑代之

遠遊冠之制案漢雜事曰太子諸王服之故淮南子曰楚
莊王冠通梁組纓注云通梁遠遊也晉令皇太子諸王給
遠遊冠徐氏雜注曰天子雜服遠遊五梁太子諸王三梁
董巴志曰制如通天有展筩橫之幘上今制依此天子加
金博山九首施珠翠黑介幘金緣以承之翠緌纓犀簪導
太子親王加金附蟬宗室王去附蟬並不通於庶姓其乘
輿遠遊冠服白紗單衣承以裙襦烏皮履拜山陵則服之
○武弁之制案徐爰宋志謂籠冠是也禮圖曰武士服之
董巴輿服志云諸常侍內常侍加黃金附蟬貂尾謂之惠
文冠今制天子金博山三公已上玉冠枝四品已上金枝

侍臣加附蟬毦豐貂文官七品已上毦白筆八品已下及
武官皆不毦筆其乘輿武弁之服衣裳綬如通天之服講
武出征四時蒐狩大射禡類宜社賞祖罰社纂嚴皆服之
○弁之制案五經通義高五寸前後玉飾詩云璯弁如星
董巴曰以鹿皮爲之尚書顧命四人綦弁執戈故知自天
子至于執戈通貴賤矣魏臺訪議曰天子以五采玉珠十
二飾之命參准此通用烏漆紗而爲之天子十二琪皇太
子及一品九琪二品八琪三品七琪四品六琪五品五琪
六品已下無琪唯文官服之不通武職案禮圖有結纓而
無笄導少府少監何稠請施象牙簪導詔許之弁加簪導

自兹始也乘輿鹿皮弁服緋大襦白羅裙金烏皮屨革帶
小綬長二尺六寸色同大綬而首半之間施三玉環白玉
佩一隻視朝聽訟則服之凡弁服自天子已下内外九品
已上弁皆以烏爲質並衣袴褶五品已上以紫六品已下
以絳宿衛及在仗内加兩襠螣蛇絳褠衣連裳典謁贊引
流外冗吏通服之以縵後制鹿皮弁以賜近臣
帽古野人之服也董巴云上古冗居野處衣毛帽皮以此
而言不施衣冠明矣案宋齊之間天子宴私著白高帽士
庶以烏其制不定或有卷荷或有下裙或有紗高屋或有
烏紗長耳後周之時咸著突騎帽如今胡帽垂裙覆帶蓋
索髮之遺象也又文帝項有瘤疾不欲人見每常著焉相

魏之時著而謁帝故後周一代將爲雅服小朝公宴咸許
戴之開皇初高祖常著烏紗帽自朝貴已下至于冗吏通
著入朝今復制白紗高屋帽其服練裙襦烏皮屨宴接賓
客則服之
白帢案傅子魏太祖以天下凶荒資財乏匱擬古皮弁裁
縑帛以爲之蓋自魏始也梁令天子爲朝臣等舉哀則服
之今亦准此其服白紗單衣承以裙襦烏皮屨舉哀臨喪
則服之
幘案董巴云起於秦人施於武將初爲絳袙以表貴賤焉

至漢孝文時乃加以高顔孝元帝額有壯髮不欲人見乃
始進幘又董偃召見緑幘傳韝東觀記云詔賜段熲赤幘
大冠一具故知自上已下至于皁隸及將帥等皆通服之
今天子畋獵御戎文官出遊田里武官自一品已下至于
九品并流外吏色皆同烏厨人以緑卒及馭人以赤輿輦
人以黄駕五輅人逐其車色承遠遊進賢者施以掌導謂
之介幘承武弁者施以笄導謂之平巾其乘輿黒介幘之
服紫羅褶南布袴玉梁帶紫絲鞋長靿靴畋獵豫遊則服
之。皇太子服六等衮冕九旒朱組纓青纊充耳犀簪導
紺衣纁裳去日月星辰爲九章白紗内單黼領青褾襈
裾革帶金鉤䚢大帶韍二章玉具劍侍從祭祀及謁廟加

元服納妃則服之據晉咸寧四年故事衣色用玄改用紺
舊章用織成降以繡玉具劍故事以火珠鏢首改以白珠
開皇中皇太子冕同天子貫白珠及仁壽元年煬帝爲太
子以白珠太過表請從青珠於是太子衮冕與三公王等
皆青珠九旒旒短不及髆降天子二寸
遠遊冠金附蟬加寶飾珠翠九首珠纓翠緌犀簪導絳紗
袍白紗内單皁領褾襈裾白假帶方心曲領絳紗蔽膝韈
舄革帶劒佩綬同衮冕未冠則雙童髻空頂黒介幘雙玉
導加寶飾珠翠二首謁廟還元日朔旦入朝釋奠則服之

始後周采用周禮皇太子朝賀皆衮冕九章服開皇初自
非助祭皆冠遠遊冠至此牛弘奏云皇太子冬正大朝請
服衮冕帝問給事郎許善心曰太子朝謁著遠遊冠有何
典故對曰晉令皇太子給五時朝服遠遊冠至宋泰始六
年更議儀注儀曹郎丘仲起議案周禮公自衮冕已下至
卿大夫之玄冕皆其朝聘之服也伏尋古之公侯尚得服
衮以入朝見況皇太子儲副之尊謂宜式遵盛典服衮朝
賀兼左丞陸澄議服冕以朝實著經典自秦除六冕之制
後漢始備古章魏晉以來非祀宗廟不欲令臣下服於衮
冕位爲公者必加侍官故太子入朝因亦不著但承天作

副禮絕羣后宜遵前王之令典革近代之陋制皇太子朝請
服冕自宋以下始定此儀至梁簡文之爲太子嫌於上逼
還冠遠遊下及於陳皆依此法後周之時亦言服衮入朝
至于開皇復遵魏晉故事臣謂衮冕之服章玉雖差一日
而觀願欲相類臣子之道義無上逼故晉武帝太始三年
詔太宰安平王孚著侍內之服四年又賜趙燕樂安王等
散騎常侍之服自斯以後台鼎貴臣並加貂璫武弁故皇
太子遂著遠遊謙不逼尊於理爲允帝曰善竟用開皇舊
式。遠遊三梁冠從省服絳紗單衣革帶金鉤䚢假帶方
心佩一隻紛長六尺四寸闊二寸四分色同於綬金縷鞶

囊白韈烏皮履金飾五日常朝則服之
鹿皮弁九琪服絳羅襦白羅裙革帶履韈佩紛如從省服
在宮聽政則服之
平巾黑幘玉冠枝金花飾犀簪導紫羅褶南布袴玉梁帶
長靿靴侍從田狩則服之
白帢素單衣烏皮履爲宮臣舉哀弔喪則服之
諸王三公已下爲服之制衮冕九章服三公攝祭及諸王
初受冊贊入朝助祭親迎則服之綬各依其色
鷩冕案禮圖王祭先公及卿之服天子九旒用玉二百一
十六侯伯服以助祭七旒用玉八十新制依此服七章三

品及公侯助祭則服之
毳冕案禮圖王祀四望山川之服天子七旒用玉百六十
八子男服以助祭五旒用玉五十新制依此服五章四品及
伯助祭則服之
絺冕案禮圖王者祭社稷五祀之服天子五旒用玉百二
十孤卿服以助祭四旒用玉三十二新制依此服三章五
品及子男助祭則服之
玄冕案禮圖王祭羣小祀及視朝服天子四旒用玉三十
二諸侯服以祭其宗廟三旒用玉十八新制依此服三章
通給庶姓一品已下五品已上自製于家祭其私廟三品

省衣粉米加三重裳黼黻加二重四品減黼一重五品減
黻一重禮自玄冕以上加旒一等天子祭祀節級服之
開皇以來天子唯用袞冕自鷩之下不施於尊具依前式
而六等之冕皆有黈纊黃綿爲之其大如橘自皇太子以
下三犀導青纓爵弁案董巴志同於爵形一名冕有收持
笄所謂夏收殷冔者也祠天地五郊明堂雲翹舞人服之
禮云朱干玉戚冕而舞大夏此之謂也禮圖云士助君祭
服之色如爵頭無旒有纊新制依此角爲簪導衣青裳纁
並纓無章六品已下皆通服之
遠遊冠服王所服也衣裳內單如皇太子佩山玄玉金章

龜鈕宋孝建故事亦謂之璽今文曰印又並歸於官府身
不自佩例以銅易之大綬四采小綬同色施二玉環玉具
劍烏皮舃舃加金飾唯帝子宗室封國王者服之
進賢冠案漢官云平帝元始五年令公卿列侯冠三梁二
千石兩梁千石以下一梁梁別貴賤自漢始也董巴釋曰
如緇布冠文儒之服也前高七寸而却後高三寸而立王
莽之時以幘承之新制依此內外文官通服之三品已上
三梁五品已上兩梁九品已上一梁用明尊卑之等也其
朝服亦名具服絳紗單衣白紗內單玄領褾襈袖革帶金
鉤鰈假帶曲領方心絳紗蔽膝白韈烏皮舃雙佩綬如遠

遊之色自一品已下五品已上衣服盡同而綬依其品陪
祭朝饗拜表凡大事皆服之六品七品去劍佩綬八品九
品去白筆內單而用履代舃其五品已上一品已下又有
公服亦名從省服並烏皮履去曲領內單白筆蔽膝開皇
故事亦去鞶囊佩綬何稠請去大綬而偏垂一小綬綴
於獸頭鞶囊獨一隻佩正當於後詔從之一品已下五
品已上同
高山冠案董巴志云一曰側注謁者僕射之所服也胡伯
始以爲齊王冠秦滅齊以賜謁者傅子曰魏明帝以高山
冠似通天乃毀變其形除去卷筩令如介幘幘上加物以

象山峯行人使者通皆服之新制參用其事形如進賢
冠前加三峯以象魏制謁者大夫已下服之梁依其品
獬豸冠案禮圖曰法冠也一曰柱後惠文如淳注漢官曰
惠蟬也細如蟬翼今御史服之禮圖又曰獬豸冠高五寸
秦制也法官服之董巴志曰獬豸神羊也蔡邕云如麟一
角應劭曰古有此獸主觸不直故執憲者爲冠以象之秦
滅楚以其冠賜御史此即是也開皇中御史戴却非冠而
無此色新制又以此而代却非御史大夫以金治書侍御
史以犀侍御史已下用麢羊角獨御史司隸服之
巾案方言云巾趙魏間通謂之承露郭林宗傳曰林宗嘗

行過雨巾沾角折又袁紹戰敗幅巾渡河此則野人及軍
旅服也制有二等今高人道士所著是林宗折角庶人農
夫常服是袁紹幅巾故事用全幅皁而向後襆髮俗人謂
之襆頭自周武帝裁爲四脚今通於貴賤矣
簪導案釋名云簪建也所以建冠於髮也一曰笄笄係也
所以拘冠使不墜也導所以導櫟鬢髮使入巾幘之裏也
今依周禮天子以玉笄而導亦如之又史記曰平原君誇
楚爲玳瑁簪班固與弟書云今遺仲升以黑犀簪士燮集
云遺功曹史貢皇太子通天犀導故知天子獨得用玉降
此通用玳瑁及犀今並准是唯弁用白牙笄導焉

貂蟬案漢官侍內金蟬左貂金取剛固蟬取高潔也董巴
志曰內常侍右貂金璫銀附蟬內書令亦同此今宦者去
貂內史令金蟬右貂納言金蟬左貂開皇時加散騎常侍
在門下者皆有貂蟬至是罷之唯加常侍聘外國者特給
貂蟬還則輸納於內省
白筆案徐氏雜注云古者貴賤皆執笏有事則書之故常
簪筆今之白筆是遺象也魏略曰明帝時大會而史簪
筆今文官七品已上通毦之武職雖貴皆不毦也
纓案儀禮曰天子朱纓諸侯丹組纓今皃天子已下皆朱
纓又尉繚子曰天子玄纓諸侯素纓別尊卑也今不用素

並從冠色焉
佩案禮天子佩白玉董巴司馬彪云君臣佩玉尊卑有序
所以章德也今參用杜夔之法天子白玉太子瑜玉王山
玄玉自公已下皆水蒼玉
綬案禮天子玄組綬侯伯朱組綬大夫純組綬世子綦組
綬漢官云蕭何爲相國佩綠綬公侯紫卿二千石青令長
千石黑今大抵准此天子以雙綬六采玄黃赤白縹綠純
玄質長二丈四尺五百首闊一尺雙小綬長二尺六寸色
同大綬而首半之間施四玉環開皇用三今加一皇太子
朱雙綬四采赤白縹紺純朱質長一丈八尺三百二十首

闊九寸雙小綬長一尺六寸色同大綬而首半之間施三
玉環開皇用二今加一三公綠綟綬四采綠黃縹紫純綠
質黃文織之長一丈八尺二百四十首闊九寸與親王綬
俱施二玉環諸王纁朱綬四采赤黃縹紺純朱質纁文織
之長一丈八尺二百四十首闊九寸公玄朱綬四采赤縹
玄紺純朱質玄文織之長一丈八尺二百四十首闊九寸
侯伯青朱綬四采青赤白縹純朱質青文織長一丈六尺
百八十首闊八寸子男素朱綬三采青赤白純朱質素文
織之長一丈四尺百四十首闊七寸二品已上纁紫綬四
采纁紫赤黃純紫質纁文織之長一丈四尺百四十首闊

八寸三品紺紫綬四采紫紺黃縹純紫質紺文織之長一丈六尺百八十首闊八寸四品青綬三采青白紅純青質長一丈四尺百四十首闊七寸五品墨綬二采青紺純紺質長一丈二尺百二十首闊六寸自王公已下皆有小綬二枚色同大綬而首半之正從一品施二玉環凡有綬者皆有紛並長六尺四寸闊二寸四分隨於綬色

鞶囊案禮男鞶革女鞶絲東觀書詔賜鄧遵獸頭鞶囊一枚班固與弟書遺仲升獸頭旁囊金錯鉤也古佩印皆貯懸之故有囊稱或帶於旁故班氏謂爲旁囊綬印鈕也今雖不佩印猶存古制有佩綬者通得佩之無佩則不合採

梁陳東齊制品極尊者以金織成二品以上服之次以銀織成三品已上服之下以綖織成五品已上服之分爲三等○革帶案禮傳二寸禮圖曰璫綴於革帶阮諶以爲有章印則於革帶佩之東觀記楊賜拜太常詔賜自所著革帶故知形制尊卑不別今博三寸半加金縷鞢蟬蜋鉤以相拘帶自大裘至于小朝服皆用之

劍案漢自天子至于百官無不佩刀蔡謨議云大臣優禮皆劍履上殿非侍臣解之蓋防刃也近代以木未詳所起東齊著令謂爲象劍言象於劍周武帝時百官燕會並帶刀升座至開皇初因襲舊式朝服登殿亦不解焉十二年因蔡徵上事始制凡朝會應登殿坐者劍履俱脫其不坐者勑召奏事及須升殿亦就席解劍乃登納言黃門內史令侍郎舍人既夾侍之官則不脫其劍皆真刃非假既合舊典弘制依定又准晉咸康元年定令故事自天子已下皆衣冠帶劍今天子則玉具火珠鏢首餘皆玉鏢首唯侍臣帶劍上殿自王公已下非殊禮引升殿皆就席解而後升六品以下無佩綬者皆不帶

曲領案釋名在單衣內襟領上橫以雍頸七品已上有內單者則服之從省服及八品已下皆無

珽案禮天子搢珽方正於天下也又五經異義天子笏曰珽珽直無所屈也今制准此長尺二寸方而不折以球玉爲之

笏案禮諸侯以象大夫魚須文竹士以竹本象可也凡有指畫於君前受命書於笏笏畢用也五經要義曰所以記事防忽忘禮圖云度二尺有六寸中博三寸其殺六分去一晉宋以來謂之手板此乃不經今還謂之笏以法古名自西魏以降五品已上通用象牙六品已下兼用竹木

履舄案圖云複下曰舄單下曰履夏葛冬皮近代或以重皮而不加木失於乾腊之義今取乾腊之理以木重底舄服者色赤舄衣者色烏履同舄色諸非侍臣皆脫而升殿

凡舄唯冕服及具服著之履則諸服皆用唯褶服以靴靴
胡履也取便於事施於戎服
諸建華鷩鸃鶡冠委貌長冠樊噲却敵巧士術氏却非等
前代所有皆不採用
皇后服四等有褘衣鞠衣青服朱服
褘衣深青質織成領袖文以翬翟五采重行十二等首飾
花十二鈿小花毦十二樹并兩博鬢素紗內單黼領羅縠
褾襈色皆以朱蔽膝隨裳色以緅爲緣用翟三章大帶隨
衣裳飾以朱綠之錦青緣革帶青韈舄舄以金飾白玉佩
玄組綬章采尺寸同於乘輿祭及朝會凡大事皆服之

鞠衣黃羅爲質織成領袖小花十二樹蔽膝革帶及舄隨
衣色餘準褘衣親蠶服也
青服去花大帶及佩綬金飾履禮見天子則服之
朱服制如青服宴見賓客則服之
有金璽盤螭鈕文曰皇后之璽冬正大朝則并黃琮各以
笥貯進於座隅
皇太后服同於后服而貴妃以下並亦給印
貴妃德妃淑妃是爲三妃服褕翟之衣首飾花九鈿并二
博鬢金章龜鈕文從其職紫綬一百二十首長一丈七尺
金縷織成獸頭鞶囊佩于寘玉

順儀順容順華脩儀脩容脩華充儀充容充華是爲九嬪
服闕翟之衣首飾花八鈿并二博鬢金章龜鈕文從其職
紫綬一百首長一丈七尺金縷織成獸頭鞶囊佩采瓄玉
○婕好銀縷織成獸頭鞶囊首飾花七鈿他如嬪服
美人才人服鞠衣首飾花六鈿并二博鬢銀印珪鈕文從
其職青綬八十首長一丈六尺綵縷織成獸爪鞶囊佩水
蒼玉
寶林服展衣首飾花五鈿并二博鬢銀印環鈕文如其職
文綬八十首長一丈六尺鞶囊佩玉同於婕好
承衣刀人采女皆服褖衣無印綬參准宋泰始四年及梁

陳故事增損用之
皇太子妃服褕翟之衣青質五采織成爲搖翟以備九章
首飾花九鈿并二博鬢金璽龜鈕文如其職素紗內單黼
領羅褾襈色皆用朱蔽膝二章大帶同褘衣青綠革帶朱
韈青舄舄加金飾佩瑜玉纁朱綬一百六十首長二丈獸
頭鞶囊凡大禮見皆服之唯侍親桑則用鞠衣之服花鈿
佩綬與褕衣同准宋孝建二年故事而增損之
良娣鞠衣之服銀印珪鈕文如其職佩采瓄玉青綬八十
首長一丈六尺獸爪鞶囊餘同世婦
保林八子展衣之服銅印環鈕文如其職佩水蒼玉艾綬

八十首長一丈六尺獸爪鞶囊自晨婦等准宋大明六年
故事而損益之
諸王太妃妃長公主公主三公夫人一品命婦褕翟之服
繡爲九章首飾花九鈿佩山玄玉獸頭鞶囊綬同夫色
公夫人縣主二品命婦亦服褕翟繡爲八章首飾八鈿侍從
親桑同用鞠衣自此之下佩皆水蒼玉
侯伯夫人三品命婦亦服褕翟繡爲七章首飾七鈿
子夫人四品命婦服闕翟之衣刻赤繒爲翟綴於服上以
爲六章首飾六鈿
男夫人五品命婦亦服闕翟之衣刻繒爲翟綴於服上以

爲五章首飾五鈿若當從侍親桑皆同鞠衣議既定帝幸
修文殿覽之乃令何稠起部郎閻毗等造據上呈二年總
了始班行焉軒冕之盛貫古今矣三年正月朔旦大陳文
物時突厥染干朝見慕之請襲冠冕帝不許明日率左光
祿大夫褥但特勤阿史那職御左光祿大夫特勤阿史那
伊順右光祿大夫意利發史蜀胡悉等並拜表固請衣冠
帝大悅謂弘等曰昔漢制初成方知天子之貴今衣冠大
備足致單于解辮此乃卿等功也弘愷善心世基何稠閻
毗等賜帛各有差並事出優厚是後師旅務殷車駕多行
幸百官行從唯服袴褶而軍旅間不便至六年後詔從駕

涉遠者文武官等皆戎衣貴賤異等雜用五色五品已上
通著紫袍六品已下兼用緋綠胥吏以青庶人以白屠商
以皂士卒以黃
卓彼上天宮室混成玄戈居其左上將居其右弧矢揚威
羽林置陳易曰天垂象聖人則之昔軒轅氏之有天下也
以師兵爲營衞降至三代其儀大備西漢武帝每上甘泉
則列鹵簿車千乘騎萬匹其居前殿則植戟懸楯以戒不
虞其所由來者尚矣
梁武受禪于齊侍衞多循其制正殿便殿閣及諸門上下
各以直閤將軍等直領又置刀鈹御刀御楯之屬直御左

右兼有御仗鋋矟赤氅角抵勇士青氅衞仗長刀刀劍細
仗羽林等左右二百七十六人以分直諸門行則儀衞左
右又有左右夾轂蜀客楯劍格獸羽林八從遊盪十二不
從遊盪直從細射廉察刀戟腰弩大弩等隊凡四十九隊
亦分直諸門上下行則量爲儀衞東西掖端大司馬東西
華承明大通等門又各二隊及防殿三隊雖行幸不從又
有八馬遊盪馬左右夾轂左右馬百騎等各二隊及騎官
閱武馬容雜伎馬容及左右馬騎直隊行則侍衞左右分
爲鑾衞車駕晨夜出入及涉險皆作函鹵簿應宿衞重騎
皆執兵持滿各當其所保護方面天明及度險乃奏解函

撾鼓而依常列乘輿行則有大駕法駕小駕大駕以郊饗上天臨馭九伐法駕以祭方澤祀明堂奉宗廟藉千畝小駕以敬園陵親蒐狩大駕則公卿奉引大將軍驂乘太僕馭法駕小駕皆侍中驂乘奉車郎馭公卿不引其餘行幸送往勞旋則槩仗近讌則隊仗三駕法天二仗法地其動也參天而兩地也陳氏承梁亦無改革

齊文宣受禪之後警衛多循後魏之儀及河清中定令宮衛之制左右各有羽林郎十二隊又有持鈒隊鋋槊隊長刀隊細仗隊楯鎩隊雄戟隊格獸隊赤氅隊角抵隊羽林隊步遊盪隊馬遊盪隊又左右各武賁十隊左右翊各四

隊又步遊盪馬遊盪左右各三隊是爲武賁又有直從武賁左右各六隊在左者爲前驅隊在右者爲後拒隊又有募員武賁隊強弩隊左右各一隊在左者皆左衛將軍總之在右者皆右衛將軍總之以備警衛其領軍中領將軍侍從出入則著兩襠甲手執檉杖左右衛將軍將軍則兩襠甲手執檀杖侍從左右則有千牛備身左右備身刀劍備身之屬兼有武威熊渠鷹揚等備身三隊皆領左右將軍主之宿衛左右而戎服執仗兵有斧鉞弓箭刀矟旌旗皆囊首五色節文旆悉赭黃天子御正殿唯大臣夾侍兵仗悉在殿下郊祭鹵簿則督將平巾幘緋衫甲大口袴

後周警衛之制置左右宮伯掌侍衛之禁各更直於內小宮伯貳之臨朝則分在前侍之首並金甲各執龍環金飾長刀行則夾路車左右中侍掌御寢之禁皆金甲左執龍環右執獸環長刀並飾以金次左右侍陪中侍之後並銀甲左執鳳環右執麟環長刀次左右前侍掌御寢南門之左右並銀甲左執師子環右執象環長刀次左右後侍掌御寢北門之左右並銀甲左執犀環右執兕環長刀左右騎侍立於寢之東西階並銀甲左執羆環右執熊環長刀十二人兼執師子彤楯列左右侍之外自左右侍以下刀並以銀飾左右宗侍陪左右前侍之後夜則衛於寢庭之中皆服

金塗甲左執豹環右執貔環長刀並金塗飾十二人兼執師子彤楯列於左右騎侍之外自左右中侍已下皆行則兼帶黃弓矢巡田則常服帶短刀如其長刀之飾左右庶侍掌非皇帝所御門閤之禁並服金塗甲左執解豸環右執獜環長劍並金飾十二人兼執師子彤楯列於左右宗侍之外行則兼帶皓弓矢左右勳侍掌陪左右庶侍而守出入則服金塗甲左執吉良環右執猙環長劍十二人兼執師子彤楯列於左右庶侍之外行則兼帶盧弓矢巡田則與左右庶侍俱常服佩短劍如其長劍之飾諸侍官大駕則俱侍中駕及露寢則半之小駕三分之一左右武伯掌

內外衛之禁令兼六率之士皇帝臨軒則備三仗於庭服金甲執金鉤杖立於殿上東西階之側行則列兵於帝之左右從則服金甲被繡袍左右小武伯各二人貳之服執同於武伯分立於大武伯下及露門之左右塾行幸則加錦袍左右武賁率掌武賁之士其隊器服皆玄以四色飾之各總左右持鈒之隊皇帝臨露寢則立於左右三仗第一行之南北出則分在隊之先後其副率貳之左右旅賁率掌旅賁士其隊器服皆青以朱爲飾立於三仗第二行之南北其副率貳之左右射聲率掌射聲之士其器服皆朱以黃爲飾立於三仗第三行之南北其副率貳之左右

驍騎率掌驍騎之士器服皆黃以皓爲飾立於三仗第四行之南北其副率貳之左右羽林率掌羽林之士其隊器服皆皓以玄爲飾立於三仗第五行之南北其副率貳之左右游擊率掌游擊之士其器服皆玄以青爲飾其副率貳之武賁已下六率通服金甲師子文袍執銀鉤檀杖副率通服金甲獸文袍各有倅長帥長相次陪列行則引前倅長通服銀甲豹文袍帥長通服銀甲鶡文袍自副率已下通執獸環銀飾長刀凡大駕則盡行中駕及露寢則半之小駕半中駕常行軍旅則衣色尚烏

高祖受命因周齊宮衛微有變革戎服臨朝大仗則領左右大將軍二人分在左右廂左右直寢左右直齋左右直後千牛備身左右備身等夾侍供奉於左右及坐後左右衛大將軍左右直閤將軍以次左右衛將軍各領儀刀爲十二行內四行親衛行別以大都督領次外四行勳衛以帥都督領次外四行翊衛以都督領行各二人執金花師子楯鍐刀一百四十人分左右帶橫刀後監門直長十二人左青龍旗右白獸旗左右武衛開府各領三仗六行在大仗內行別六十人大都督一人領之帥都督一人後之大駕則執黃麾仗其次戟二十四左青龍幢右白獸幢罕畢各一鈒金二十四金節十二道蓋獸叉絳引幡朱幢爲

持鈒前隊應蹕大都督二人領之在御前橫街南左右武衛大將軍領大仗左右廂各六行行別三百六十人大都督一人領之及大業四年煬帝北巡出塞行宮設六合城方一百二十步高四丈二尺六合以木爲之方六尺外面一方有板離合爲之塗以青色壘六板爲城高三丈六尺上加女牆板高六尺開南北門又於城四角起樓敵二門觀門樓檻皆丹青綺畫又造六合殿千人帳載以槍車車載六合三板其車軨解合交叉即爲馬槍每車上張幕幕下張平一弩傅矢五人更守兩車之門施車軨馬槍皆外其轅以爲外圍次內布鐵菱次內施蟄鞬每一蟄鞬中施

弩牀長六尺闊三尺牀桄陛插鋼錐皆長五寸謂之蝦鬚皆施機關張則錐皆外向其牀上施旋機弩以繩連弩機人從外來觸繩則弩機旋轉向觸所而發其外又以矰周圍行宫三丈一鈴一柱柱舉矰去地二尺五寸當行宫南北門施槌磬連矰以機發之有人觸矰則衆鈴發響槌擊兩磬以知所警名爲擊警八年征遼又造鉤陳以木板連如帳子張之則綺文卷之則直焉帝御營與賊城相對夜中設六合城周廻八里城及女垣合高十仞上布甲士立仗建旗又四隅有闕面别一觀觀下開三門其中施行殿殿上容侍臣及三衛仗合六百人一宿而畢望之者其高麗旦忽見謂之爲神焉

志第七　禮儀七　隋書十二

志第八　隋書十三

太尉揚州都督監修國史上柱國趙國公臣長孫無忌等奉　勑撰

音樂上

夫音本乎太始而生於人心隨物感動播於形氣形氣既著協於律呂宫商克諧名之爲樂樂者樂也聖人因百姓樂已之德正之以六律文之以五聲詠之以九歌舞之以八佾實升平之冠帶王化之源本記曰感於物而動故形於聲夫人者兩儀之播氣而性情之所起也恣其流湎往而不歸是以五帝作樂三王制禮標舉人倫削平淫放其用之也動天地感鬼神格祖考諧邦國樹風成化象德昭功啓萬物之情通天下之志若夫升降有則宫商垂範禮踰其制則尊卑乖樂失其序則親踈亂禮定其象樂平其心外敬内和合情飾貌猶陰陽以成化若日月以爲明也記曰大夫無故不撤懸士無故不撤琴瑟聖人造樂導迎和氣惡情屏退善心興起伊耆有葦籥之音伏犧有網罟之詠葛天八闋神農五弦事與功偕其來已尚黄帝樂曰咸池帝嚳曰六英帝顓頊曰五莖帝堯曰大章帝舜曰簫韶禹曰大夏殷湯曰護武王曰武周公曰勺教之以風賦弘之以孝友大禮與天地同節大樂與天地同和禮意風猷樂情膏潤傳曰如有王者必世而後仁成康化致升平

刑厝而不用也古者天子聽政公卿獻詩秦人有作罕聞
斯道漢高祖時叔孫通爰定篇章用祀宗廟唐山夫人能
楚聲又造房中之樂武帝裁音律之響定郊丘之祭頗雜
謳謠非全雅什漢明帝時樂有四品一曰大予樂郊廟上
陵之所用焉則易所謂先王作樂崇德殷薦之上帝以配
祖考者也二曰雅頌樂辟雍饗射之所用焉則孝經所謂
移風易俗莫善於樂者也三曰黃門鼓吹樂天子宴羣臣
之所用焉則詩所謂坎坎鼓我蹲蹲舞我者也其四曰短
簫鐃歌樂軍中之所用焉黃帝時岐伯所造以建武揚德
風敵勸兵則周官所謂王師大捷則令凱歌者也又採百

官詩頌以為登歌十月吉辰始用蒸祭董卓之亂正聲咸
蕩漢雅樂郎杜夔能曉樂事八音七始靡不兼該魏武平
荊州得夔使其刊定雅律魏有先代古樂自夔始也自此
迄晉用相因循永嘉之寇盡淪胡羯於是樂人南奔穆皇
羅鍾磬苻堅北敗孝武獲登歌晉氏不綱魏圖將霸道武
克中山大武平統萬或得其宮懸或收其古樂于時經營
是迫雅器斯寢孝文頗為詩歌以勖在位謠俗流傳布諸
音律大臣馳騁漢魏旁羅宋齊功成奮豫代有制作莫不
各揚廟舞自造郊歌宣暢功德輝光當世而移風易俗浸
以陵夷梁武帝本自諸生博通前載未及下車意先風雅

爰詔凡百各陳所聞帝又自糾擿前違裁成一代周太祖
發跡關隴躬安戎狄羣臣請功成之樂式遵周舊依三材
而命管承六典而揮文而下武之聲豈姬人之唱登歌之
奏叶鮮卑之音情動於中亦人心不能已也昔仲尼返魯
風雅斯正所謂有其藝而無其時高祖受命惟新八州同
貫制氏全出於胡人迎神猶帶於邊曲及顏何驟請頗涉
雅音而繼想聞韶去之彌遠若夫二南斯理八風揚節順
序旁通妖淫屏棄宮徵流唱翱翔率舞弘仁義之道安性
命之真君子益厚小人無悔非大樂之懿其孰能與於此
者哉是以舜詠南風而虞帝昌紂歌北鄙而殷王滅大樂

不紊則王政在焉故録其不相因襲以備于志周官大司
樂一千三百三十九人漢郊廟及武樂三百八十人煬帝
矜奢頗玩淫曲御史大夫裴蘊揣知帝情奏括周齊梁陳
樂工子弟及人間善聲調者凡三百餘人並付太樂倡優
獶雜咸來萃止其哀管新聲淫弦巧奏皆出鄴城之下高
齊之舊曲云

梁氏之初樂緣齊舊武帝思弘古樂天監元年遂下詔訪
百寮曰夫聲音之道與政通矣所以移風易俗明貴辨賤
而韶護之稱空傳咸英之實靡託魏晉以來陵替滋甚遂
使雅鄭混淆鍾石斯謬天人缺九變之節朝讌失四懸之

儀朕昧旦坐朝思求厥旨而舊事匪存未獲釐正寤寐有懷所為歎息卿等學術通明可陳其所見於是散騎常侍尚書僕射沈約奏荅曰竊以秦代滅學樂經殘亡至于漢武帝時河間獻王與毛生等共採周官及諸子言樂事者以作樂記其內史丞王定傳授常山王禹劉向校書得樂記二十三篇與禹不同向別錄有樂歌詩四篇趙氏雅琴七篇師氏雅琴八篇龍氏雅琴百六篇唯此而已晉中經簿無復樂書別錄所載已復亡逸案漢初典章滅絕諸儒捃拾溝渠墻壁之間得片簡遺文與禮事相關者即編次以為禮皆非聖人之言月令取呂氏春秋中庸表記防記緇衣皆取子思子樂記取公孫尼子檀弓殘雜又非方幅典誥之書也禮既是行己經邦之切故前儒不得不補綴以備事用樂書事大而用緩自非逢欽明之主制作之君不見詳議漢氏以來主非欽明樂既非人臣急事故言者寡陛下以至聖之德應樂推之符實宜作樂崇德殷薦上帝而樂書淪亡尋案無所宜選諸生分令尋討經史百家凡樂事無小大皆別纂錄乃委一舊學撰為樂書以起千載絕文以定大梁之樂使五英懷慙六莖興愧是時對樂者七十八家咸多引流略浩蕩其詞皆言樂之宜改不言改樂之法帝既素善鍾律詳悉舊事遂自制定禮樂又立

志八　隋書十三　四

為四器名之為通通受聲廣九寸宣聲長九尺臨岳高一寸二分每通皆施三絃一曰玄英通應鍾絃用一百四十二絲長四尺七寸四分差強黃鍾絃用二百七十絲長九尺大呂絃用二百五十二絲長八尺四寸三分差弱二曰青陽通太蔟絃用二百四十絲長八尺夾鍾絃用二百二十四絲長七尺五寸弱姑洗絃用一百四十二絲長七尺一寸一分強三曰朱明通中呂絃用一百九十九絲長六尺六寸六分弱蕤賓絃用一百八十九絲長六尺三寸二分強林鍾絃用一百八十絲長六尺四寸四曰白藏通夷則絃用一百六十八絲長五尺六寸二分弱南呂絃用一百六十絲長五尺三寸二分大強無射絃用一百二十九絲長四尺九寸一分強因以通聲轉推月氣悉無差違而還相得中又制為十二笛黃鍾笛長三尺八寸大呂笛長三尺六寸太蔟笛長三尺四寸夾鍾笛長三尺二寸姑洗笛長三尺一寸中呂笛長二尺九寸蕤賓笛長二尺八寸林鍾笛長二尺七寸夷則笛長二尺六寸南呂笛長二尺五寸無射笛長二尺四寸應鍾笛長二尺三寸用笛以寫通聲飲古鍾玉律并周代古鍾並皆不差於是被以八音施以七聲莫不和韻是時北中郎司馬何佟之上言案周禮王出入則奏王夏尸出入則奏肆夏牲出入則奏昭夏

志八　隋書十三　五

今樂府之夏唯變王夏爲皇夏蓋緣秦漢以來稱皇故也
而齊氏仍宋儀注迎神奏昭夏皇帝出入奏永至牲出入
更奏引牲之樂其爲舛謬莫斯之甚請下禮局改正周捨
議以爲禮王入奏王夏大祭祀與朝會其用樂一也而漢
制皇帝在廟奏永至樂朝會之日別有皇夏二樂有異於
禮爲乖宜除永至還用皇夏又禮尸出入奏肆夏賓入大
門奏肆夏則所設唯在人神其與迎牲之樂不可濫也宋
季失禮頓虧舊則神入廟門遂奏昭夏乃以牲牢之樂用
接祖考之靈斯皆前代之深疵當今所宜改也時議又以
爲周禮云若樂六變天神皆降神居上玄去還怳忽降則

自至迎則無所可改迎爲降而送依前式又周禮云若樂
八變則地祇皆出可得而禮地宜依舊爲迎神並從之又
以明堂設樂大略與南郊不殊惟壇堂異名而無就燎之位
明堂則徧歌五帝其餘同於郊式焉初宋齊代祀天地祭
宗廟准漢祠太一后土盡用宮懸又太常任昉亦據王肅
議云周官以六律五聲八音六舞大合樂以致鬼神以和
邦國以諧兆庶以安賓客以悅遠人是謂六同一時皆作
今六代舞獨分用之不厭人心遂依肅議祀祭郊廟備六
代樂至是帝曰周官分樂饗祀虞書止鳴兩懸求之於古
無宮懸之議何事人禮縟事神禮簡也天子襲衮而至敬

不文觀天下之物無可以稱其德者則以少爲貴矣大合
樂者是使六律與五聲克諧八音與萬舞合節耳豈謂致
鬼神祇用六代樂也其後即言分樂序之以祭以享此乃
曉然可明肅則失其旨矣推檢載籍初無郊禋宗廟徧舞
六代之文唯明堂位曰禘祀周公於太廟朱干玉戚冕而
舞大武皮弁素積裼而舞大夏納夷蠻之樂於太廟言廣
魯於天下也夫祭尚於敬無使樂繁禮黷是以季氏逮闇
而祭繼之以燭有司跛倚其爲不敬大矣他日祭子路與
焉質明而始晏朝而退孔子聞之曰誰謂由也不知禮乎
若依肅議郊既有迎送之樂又有登歌各頌功德徧以六

代繼之出入方待樂終此則乖於仲尼韙晏朝之意矣於
是不備宮懸不徧舞六代逐所應須即設懸則非宮非軒
非判非特宜以至敬所應施用耳宗廟省迎送之樂以其
閟宮靈宅也齊永明中舞人冠幘並簪筆帝曰筆笏蓋以
記事受言舞不受言何事簪筆豈有身服朝衣而足綦讌
屨於是去筆又晉及宋齊懸鍾磬大准相似皆十六架黃
鍾之宮北方北面編磬起西其東編鍾其東衡大於鎛不
知何代所作其東鎛鍾太蔟之宮東方西面起北蕤賓之
宮南方北面起東姑洗之宮西方東面起南所次皆如此
面設建鼓於四隅懸內四面各有柷敔帝曰著晉宋史者

昔言太元元嘉四年四廂金石大備今檢樂府止有黃鍾姑洗㽔賓太蔟四格而已六律不具何謂四廂備樂之文其義焉在於是除去衡鍾設十二鎛鍾各依辰位而應其律每一鎛鍾則設編鍾磬各一虡合三十六架植建鼓於四隅元正大會備用之乃定郊禋宗廟及三朝之樂以武舞爲大壯舞取易云大者壯也正大而天地之情可見也以文舞爲大觀舞取易云大觀在上觀天之神道而四時不忒也國樂以雅爲稱取詩序云言天下之事形四方之風謂之雅雅者正也止乎十二則天數也乃去階步之樂增撤食之雅焉衆官出入宋元徽三年儀注奏肅咸樂齊

及梁初亦同至是改爲俊雅取禮記司徒論選士之序者而升之學曰俊士也二郊太廟明堂三朝同用焉皇帝出入宋孝建二年秋起居注奏永至齊及梁初亦同至是改爲皇雅取詩皇矣上帝臨下有赫也二郊太廟同用皇太子出入奏胤雅取詩君子萬年永錫爾胤也王公出入奏寅雅取尚書周官三公弘化寅亮天地也上壽酒奏介雅取詩君子萬年介爾景福也食舉奏需雅取易云上於天需君子以飲食宴樂也撤饌奏雍雅取禮記大饗客出以雍撤也並三朝用之牲出入宋元徽二年儀注奏引牲齊及梁初亦同至是改爲滌雅取禮記帝牛必在滌三月也

薦毛血宋元徽三年儀注奏嘉薦齊及梁初亦同至是改爲牷雅取春秋左氏傳牲牷肥腯也北郊明堂太廟並同用降神及迎送宋元徽三年儀注奏昭夏齊及梁初亦同至是改爲誠雅取尚書至誠感神也皇帝飲福酒宋元徽三年儀注奏嘉祚至齊不改梁初改爲永祚至是改爲獻雅取禮記祭統尸飲五洗玉爵獻卿今之福酒亦古獻之義也北郊明堂太廟同用就燎位宋元徽三年儀注奏昭遠齊及梁不改就埋位齊永明六年儀注奏隸幽至是燎埋俱奏禋雅取周禮大宗伯以禋祀祀昊天上帝也其辭並沈約所製今列其歌詩二十曲云○俊雅歌詩三曲四言

設官分職　髦俊攸俟　髦俊伊何　貴德尚齒
唐乂咸事　周寧多士　區區衛國　猶賴君子
漢之得人　帝猷乃理

開我八襲　闢我九重　珩佩流響　纓紱有容
袞衣前邁　列辟雲從　義兼東序　事美西雍
分階等肅　異列齊恭

重列北上　分庭異陛　百司揚職　九賓相禮
齊宋舅甥　魯衛兄弟　思皇藹藹　羣龍濟濟
我有嘉賓　實惟愷悌

皇雅三曲五言

帝德實廣運　車書靡不賓　執瑁朝羣后
垂旒御百神　八荒重譯至　萬國婉來親
華蓋拂紫微　勾陳統太一　容裔被緹組
參差羅罕畢　星回照以爛　天行徐且謐
清蹕朝萬寓　端冕臨正陽　青絢黃金繶
袞衣文繡裳　既散華蟲采　復流日月光

㑺雅一曲四言

自昔殷代　哲王迭有　降及周成　惟器是守
上天乃眷　大梁既受　灼灼重明　仰承元首
體乾作貳　命服斯九　置保置師　居前居後
前星比耀　克隆萬壽

寅雅一曲三言

禮莫違　樂具舉　延藩辟　朝帝所　執桓蒲
列齊莒　垂袞毳　紛容與　升有儀　降有序
齊簪紱　忘笑語　始矜嚴　終酣醑

介雅三曲五言

百福四象初　萬壽三元始　拜獻惟袞職
同心協卿士　北極永無窮　南山何足擬
壽隨百禮洽　慶與三朝升　惟皇集繁祉
景福互相仍　申錫永無遺　穰簡必來應

百味既含馨　六飲莫能尚　玉罍信湛湛
金卮頗搖漾　敬舉發天和　祥祉流嘉貺

需雅八曲七言

實體平心待和味　庶羞百品多爲貴
或鼎或鼒宣九沸　楚桂胡鹽芼芳卉
加籩列俎彫且蔚
五味九變兼六和　令芳甘旨庶且多
三危之露九期禾　圓案方丈粲星羅
皇舉斯樂同山河
九州上腴非一族　玄芝碧樹壽華木

終朝采之不盈掬　用拂腥羶和九穀
既甘且飫致遐福
人欲所大味爲先　興和盡敬咸在旃
碧鱗朱尾獻嘉鮮　紅毛綠翼墜輕翾
臣拜稽首萬斯年
擊鍾以俟惟大國　況乃御天流至德
侑食斯舉揚盛則　其禮不愆儀不忒
風猷所被深且塞
膳夫奉職獻芳滋　不麛不夭咸以時
調甘適苦別澠淄　其德不爽受福釐

於焉逸豫永無期
備味斯饗惟至聖　咸降人神禮爲盛
或風或雅流歌詠　負鼎言歸啓殷命
悠悠四海同茲慶
道我六穗羅八珍　洪鼎自爨匪勞薪
荆包海物必來陳　滑甘滫瀡味和神
以斯至德被無垠

雍雅三曲四言

明明在上　其儀有序　終事靡愆　收鉶撤俎
乃升乃降　和樂備舉　天德莫違　人謀是與

敬行禮達　茲焉讌語
我餕惟阜　我肴孔庶　嘉味既充　食旨斯飫
屬厭無爽　冲和在御　擊壤齊歡　懷生等豫
蒸庶乃粒　寔由仁恕
百司警列　皇在在陛　既飫且醑　卒食成禮
其容穆穆　其儀濟濟　凡百庶僚　莫不愷悌
奄有萬國　抑由天啓

滌雅一曲四言

將修盛禮　其儀孔熾　有腯斯牲　國門是置
不黎不瘠　靡愆靡忌　呈肌獻體　永言昭事

俯休皇德　仰綏靈志　百福具臻　嘉祥允洎
駿奔伊在　慶覃遐嗣

牷雅一曲四言

反本興敬　復古昭誠　禮容宿設　祀事孔明
華俎待獻　崇碑麗牲　充哉繭握　肅矣簪纓
其膋既啓　我豆既盈　庖丁遊刃　葛盧驗聲
多祉攸集　景福來幷

誠雅一曲三言 南郊降神用

懷忽慌　瞻浩蕩　盡誠絜　致虔想　出杳冥
降無象　皇情肅　具僚仰　人禮盛　神途敞

僾明靈　申敬饗　感蒼極　洞玄壤

誠雅一曲三言 北郊迎神用

地德溥　崐丘峻　揚羽翟　鼓應朄　出尊祇
展誠信　招海瀆　羅岳鎮　惟福祉　咸昭晉

誠雅一曲四言 南北郊明堂太廟送神同用

我有明德　馨非稷黍　牲玉孔備　嘉薦惟旅
金懸宿設　和樂具舉　禮達幽明　敬行罇俎
鼓鍾云送　遐福是與

獻雅一曲四言

神宮肅肅　天儀穆穆　禮獻既同　膺此釐福

我有馨明　無愧史祝
禋雅一曲四言　就燎
紫宮昭煥　太一微玄　降臨下土　尊高上天
載陳珪璧　式備牲牷　雲孤清引　栒虡高懸
俯昭象物　仰致高煙　肅彼靈祉　咸達皇虔
禋雅一曲四言　就埋
盛樂斯舉　協徵調宮　靈饗慶洽　祉積化融
八变有序　三獻已終　坎牲瘞玉　酬德報功
振垂成呂　投壤生風　道無虛致　事由感通
於皇盛烈　比祚華嵩

普通中薦蔬之後改諸雅歌勑蕭子雲製詞既無牲牢遂
省滌雅牷雅云
南郊舞奏黃鍾取陽始化也北郊舞奏林鍾取陰始化也
明堂宗廟所尚者敬蕤賓是爲敬之名復有陰主之義故
同奏焉其南北郊明堂宗廟之禮加有登歌今又列其歌
詩一十八曲云
南郊皇帝初獻奏登歌二曲三言
暾既明　禮告成　惟聖祖　主上靈　爵已獻
罍又盈　息羽籥　展歌聲　僾如在　結皇情
禮容盛　樽俎列　玄酒陳　陶匏設　獻清旨
致虔絜　王既升　樂已闋　降蒼昊　垂芳烈
北郊皇帝初獻奏登歌二曲四言
方壇既埳　地祇已出　盛典弗愆　羣望咸秩
乃升乃獻　敬成禮卒　靈降無兆　神饗載謐
允矣嘉祚　其升如日
至哉坤元　實惟厚載　躬茲奠饗　誠交顯晦
或升或降　搖珠動佩　德表成物　慶流皇代
純嘏不愆　祺福是賚
宗廟皇帝初獻奏登歌七曲四言
功高禮洽　道尊樂備　三獻具舉　百司在位

誠敬罔愆　幽明同致　茫茫億兆　無思不遂
蓋之如天　容之如地
殷兆玉筐　周始邠王　於赫文祖　基我大梁
肇土七十　奄有四方　帝軒百祀　人思未忘
永言聖烈　祚我無疆
有夏多罪　殷人塗炭　四海倒懸　十室思亂
自天命我　殲凶殄難　既躍乃飛　言登天漢
爰饗爰祀　福祿攸贊
犧象既飾　罍俎斯具　我鬱載馨　黃流乃注
峩峩卿士　駿奔是務　佩上鳴階　纓還拂樹

悠悠億兆　天臨日照
猗與至德　光被黔首　鑄鎔蒼昊　甄陶區有
肅恭三獻　對揚萬壽　比屋可封　含生無咎
匪徒七百　天長地久
有命自天　於皇后帝　悠悠四海　莫不來祭
繁祉具膺　八神聳衛　福至有兆　慶來無際
播此餘休　于彼荒裔
祀典昭潔　我禮莫違　八簋充室　六龍解騑
神宮肅肅　靈寢微微　嘉薦既饗　景福攸歸
至德光被　洪祚載輝

明堂徧歌五帝登歌五曲四言

歌青帝辭

帝居在震　龍德司春　開元布澤　含和尚仁
羣居既散　歲云陽止　飭農分地　人粒惟始
雕梁繡栱　丹楹玉墀　靈威以降　百福來綏

歌赤帝辭

炎光在離　火為威德　執禮昭訓　持衡受則
靡草既凋　溫風以至　嘉薦惟旅　時羞孔備
齊醍在堂　笙鏞在下　匪惟七百　無絕終始

歌黃帝辭

鬱彼中壇　含靈闡化　迴環氣象　輪無輟駕
布德焉在　四序將收　音宮數五　飯稷驂駵
宅屏居中　旁臨外宇　升為帝尊　降為神主

歌白帝辭

神在秋方　帝居西皓　允茲金德　裁成萬寶
鴻來雀化　參見火邪　幕無玄鳥　菊有黃華
載列笙磬　式陳彝俎　靈罔常懷　惟德是與

歌黑帝辭

德盛乎水　玄冥紀節　陰降陽騰　氣凝象閉
司智莅坎　駕鐵衣玄　祁寒坼地　晷度迴天

悠悠四海　駿奔奉職　祚我無疆　永隆人極

太祖太夫人廟舞歌

閟宮肅肅　清廟濟濟　於穆夫人　固天攸啓
祚我梁德　膺斯盛禮　文槐達嚮　重檐丹陛
飾我俎彝　絜我粢盛　躬事奠饗　推尊盡敬
悠悠萬國　具承茲慶　大孝追遠　兆庶攸詠

太祖太夫人廟登歌

光流者遠　禮貴彌申　嘉饗云備　盛典必陳
追養自本　立愛惟親　皇情乃慕　帝服來尊
駕齊六轡　旂耀三辰　感茲霜露　事彼冬春

以斯孝德　永被烝民
大壯舞奏夷則大觀舞奏姑洗取其月王也二郊明
堂太廟三朝並同用今亦列其歌詩二曲云
大壯舞歌一曲四言
高高在上　實愛斯人　眷求聖德　大拯彝倫
率土方燎　如火在薪　惵惵黔首　暮不及晨
朱光啓耀　兆發穹旻　我皇鬱起　龍躍漢津
言屆牧野　電激雷震　闕鞏之甲　彭濮之人
或貔或武　漂杵浮輪　我邦雖舊　其命惟新
六伐乃止　七德必陳　君臨萬國　遂撫八寅

大觀舞歌一曲四言
皇矣帝烈　大哉興聖　奄有四方　受天明命
居上不怠　臨下唯敬　舉無愆則　動無失正
物從其本　人遂其性　昭播九功　肅齊八柄
寬以惠下　德以為政　三趾晨儀　重輪夕映
棧壑忘阻　梯山匪夐　如日有恒　與天無竟
載陳金石　式流舞詠　咸英韶夏　於茲比盛
相和五引
角引
萌生觸發　歲在春　咸池始奏　德尚仁
沾滯以息　和且均
徵引
執衡司事　宅離方　滔滔夏日　火德昌
八音備舉　樂無疆
宮引
八音資始　君五聲　興此和樂　感百精
優遊律呂　被咸英
商引
司秋紀兌　奏西音　激揚鍾石　和瑟琴
風流福被　樂愔愔

羽引
玄英紀運　冬冰折　物為音本　和且悅
窮高測深　長無絕
普通中薦疏以後勅蕭子雲改諸歌辭為相和引則依五
音宮商角徵羽為第次非隨月次也
舊三朝設樂有登歌以其頌祖宗之功烈非君臣之所獻
也於是去之三朝第一奏相和五引第二眾官入奏俊雅
第三皇帝入閤奏皇雅第四皇太子發西中華門奏胤雅
第五皇帝進王公發足第六王公降殿同奏寅雅第七皇
帝入儲變服第八皇帝變服出儲同奏皇雅第九公卿上壽

壽酒奏介雅第十太子入預會奏𦬊雅十一皇帝食舉奏需雅十二撤食奏雍雅十三設大壯武舞十四設大觀文舞十五設雅歌五曲十六設俳伎十七設鼙舞十八設鐸舞十九設拂舞二十設巾舞并白紵二十一設舞盤伎二十二設舞輪伎二十三設刺長追花幢伎二十四設受猾伎二十五設車輪折脰伎二十六設長蹻伎二十七設須彌山黄山三峽等伎二十八設跳鈴伎二十九設跳劍伎三十設擲倒伎三十一設擲倒案伎三十二設青絲幢伎三十三設一𦆭花幢伎三十四設雷幢伎三十五設金輪幢伎三十六設白獸幢伎三十七設擲蹻伎三十八設獼

猴幢伎三十九設啄木幢伎四十設五案幢呪願伎四十一設辟邪伎四十二設青紫鹿伎四十三設白武伎作訖將白鹿來迎下四十四設寺子遵安息孔雀鳳凰文鹿胡舞登連上雲樂歌舞伎四十五設緣高絙伎四十六設變黄龍弄龜伎四十七皇太子起奏𦬊雅四十八衆官出奏俊雅四十九皇帝興奏皇雅自宋齊已來三朝有鳳凰銜書伎至是乃下詔曰朕君臨南面道風蓋闕嘉祥時至爲媿已多假令巢侔軒閣集同昌戶猶當顧循寡德推而不居況於名實頓爽自欺耳目一日元會太樂奏鳳凰銜書伎至乃舍人受書升殿跪奏誠復興乎前代率由自遠內省懷慙彌與事篤可罷之天監四年掌賓禮賀瑒請議皇太子元會出入所奏帝命別制養德之樂瑒謂宜名元雅迹逃三傳亦同用之取禮一有元良萬國以貞之義明山賓嚴植之及徐勉等以爲周有九夏梁有十二雅此並則天數爲一代之曲今加一雅便成十三瑒又疑東宮所奏舞帝下其議瑒以爲天子爲樂以賞諸侯之有德者觀其舞知其德況皇儲養德春宮式瞻攸屬謂宜備大壯大觀二舞以宣文武之德帝從之於是改皇太子樂爲元貞奏二舞是時禮樂制度粲然有序其後臺城淪沒簡文帝受制於侯景景以簡文女溧陽公主爲妃請帝及主母范淑

妃宴于西州奏梁所常用樂景儀同索超世亦在宴帝潸然屑涕景興曰陛下何不樂也帝強笑曰丞相言索超世聞此以爲何聲景曰臣且不知何獨超世自此樂府不修風雅咸盡矣及王僧辯破侯景諸樂並送荊州經亂工器頗闕元帝詔有司補綴纔備荊州陷沒周人不知采用工人有知音者並入關中隨例沒爲奴婢

鼓吹宋齊並用漢曲又充庭用十六曲高祖乃去四曲留其十二合四時也更制新歌以述功德其第一漢曲朱鷺改爲木紀謝言齊謝梁升也第二漢曲思悲翁改爲賢首山言武帝破魏軍於司部肇王迹也第三漢曲艾如張改

爲桐柏山言武帝牧司王業彌章也第四漢曲上之回改
爲道亡言東昏喪道義師起樊鄧也第五漢曲擁離改爲
忱威言破加湖元勳也第六漢曲戰城南改爲漢東流言
義師克魯山城也第七漢曲巫山高改爲鶴樓峻言平郢
城兵威無敵也第八漢曲上陵改爲昏主恣淫慝言東昏
政亂武帝起義平九江姑熟大破朱雀伐罪弔人也第九
漢曲將進酒改爲石首局言義師平京城仍廢昏定大事
也第十漢曲有所思改爲期運集言武帝應籙受禪德盛
化遠也十一漢曲芳樹改爲於穆言大梁闡運君臣和樂
休祚方遠也十二漢曲上邪改爲惟大梁言梁德廣運仁

化洽也天監七年將有事太廟詔曰禮云齋日不樂今親
奉始出宮振作鼓吹外可詳議八座丞郎參議請輿駕始
出鼓吹從而不作還宮如常儀帝從之遂以定制初武帝
之在雍鎮有童謠云襄陽白銅蹄反縛揚州兒識者言白
銅謂馬也白金色也及義師之興實以鐵騎揚州之士皆
面縛果如謠言故即位之後更造新聲帝自爲之詞三曲
又令沈約爲三曲以被絃管帝既篤敬佛法又制善哉大
樂大歡天道仙道神王龍王滅過惡除愛水斷苦轉等十
篇名爲正樂皆述佛法又有法樂童子伎童子倚歌梵唄
設無遮大會則爲之陳初武帝詔求宋齊故事太常卿周

弘讓奏曰齊氏承宋咸用元徽舊式宗祀朝饗奏樂俱同
唯北郊之禮頗有增益皇帝入壝門奏永至飲福酒奏嘉
胙太尉亞獻奏凱容埋牲奏隸幽帝還便殿奏休成衆官
並出奏肅成此乃元徽所闕永明六年之所加也唯送神
之樂宋孝建二年秋起居注云奏肆夏永明中改奏昭夏
帝遂依之是時並用梁樂唯改七室舞辭今列之云

皇祖步兵府君神室奏凱容舞辭

於赫皇祖　宮牆高嶷　邁彼厥初　成茲峻極
緩樂簡簡　閟寢翼翼　裸饗若存　惟靈靡測

皇祖正員府君神室奏凱容舞辭

昭哉上德　浚彼洪源　道光前訓　慶流後昆
神猷緬邈　清廟斯存　以享以祀　惟祖惟尊

皇祖懷安府君神室奏凱容舞辭

選辰崇饗　飾禮嚴敬　靡愛牲牢　兼豐粢盛
明明列祖　龍光遠映　肇我王風　形斯舞詠

皇高祖安成府君神室奏凱容舞辭

道遙積慶　德遠昌基　永言祖武　致享從思
九章停列　八舞迴墀　靈其降止　百福來綏

皇曾祖太常府君神室奏凱容舞辭

肇迹帝基　義標鴻篆　恭惟載德　瓊源方闡

享薦三清　筵陳四璉　增我堂構　式敷帝典
皇祖景皇帝神室奏景德凱容舞辭
皇祖執德　長發其祥　顯仁藏用　懷道韜光
寧斯閟寢　合此蕭薌　永昭貽厥　還符翦商
皇考高祖武皇帝神室奏武德舞辭
烝哉聖祖　撫運升離　道周經緯　功格玄祇
方軒邁扈　比舜陵嬀　緝熙是詠　欽明在斯
雲雷遘屯　圖南共舉　大定揚越　震威衡楚
四奧宅心　九疇還叙　景星出翼　非雲入呂
德暢容辭　慶昭羽綴　於穆清廟　載揚徽烈

嘉玉既陳　豐盛斯潔　是將是享　鴻猷無絕
天嘉元年文帝始定圜丘明堂及宗廟樂都官尚書到仲舉權奏衆官入出皆奏肅成牲入出奏引犧上毛血奏嘉薦迎送神奏昭夏皇帝入壇奏永至皇帝升陛奏登歌皇帝初獻及太尉亞獻光祿勳終獻並奏宣烈皇帝飲福酒奏嘉胙就燎位奏昭遠還便殿奏休成至太建元年定三廟之樂採梁故事第一奏相和五引各隨王月則先奏其鍾唯衆官入奏俊雅林鍾作太簇參應之取其臣道也鼓吹作皇帝出閤奏皇雅黃鍾作太蔟夾鍾姑洗大呂皆應之鼓吹作皇太子入至十字陛奏胤雅太蔟作南呂參應之取其二月少陽也皇帝延王公登奏寅雅夷則作夾鍾應之取其月法也皇帝入宁變服奏皇雅黃鍾作林鍾參應之鼓吹作皇帝出宁及升座皆奏皇雅並如變服之作上壽酒奏介雅太蔟作南呂參應之取其陽氣盛長萬物輻湊也食舉奏需雅蕤賓作大呂參應之取火主於禮所謂食我以禮也撤饌奏雍雅無射作中呂參應之取其津潤已竭也武舞奏大壯夷則作夾鍾參應之七月金始王取其堅斷也鼓吹引而去來文舞奏大觀姑洗作應鍾參應之三月萬物必榮取其布惠者也鼓吹引而去來衆官出奏俊雅蕤賓作林鍾夷則南呂無射應鍾太蔟參應之

鼓吹作皇帝起奏皇雅黃鍾作林鍾夷則南呂無射參應之鼓吹作祠用宋曲宴準梁樂蓋取人神不雜也制曰可
五年詔尚書左丞劉平儀曹郎張崖定南北郊及明堂儀注改天嘉中所用齊樂盡以韶為名工就位定協律校尉舉麾太樂令跪贊云奏懋韶之樂降神奏通韶牲入出奏潔韶帝入壇及還便殿奏穆韶帝初再拜舞七德工執干楯曲終復綴出就懸東繼舞九序工執羽籥獻爵於天神及太祖之座奏登歌帝飲福酒奏嘉韶就望燎奏報韶至
六年十一月侍中尚書左僕射建昌侯徐陵儀曹郎中沈罕奏來年元會儀注稱舍人蔡景歷奏勅先會一日太樂展

宮懸高絙五案於殿庭客入奏相和五引帝出黃門侍郎
舉麾於殿上掌故應之舉於階下奏康韶之樂詔延王公
登奏變韶奉珪璧訖初引下殿奏亦如之帝興入便殿奏
穆韶更衣又出奏亦如之帝舉酒奏綏韶進膳奏侑韶帝
御茶果太常丞跪請進舞七德繼之九序其鼓吹雜伎取
晉宋之舊微更附益舊元會有黃龍變文鹿師子之類太
建初定制皆除之至是蔡景歷奏悉復設焉其制鼓吹一
部十六人則簫十三人笳二人鼓一人東宮一部降三
人簫減二人笳減一人諸王一部又降一人減簫一庶姓
一部又降一人復減簫一及後主嗣位耽荒於酒視朝之

外多在宴筵尤重聲樂遣宮女習北方簫鼓謂之代北酒
酣則奏之又於清樂中造黃鸝留及玉樹後庭花金釵兩臂
垂等曲與幸臣等製其歌詞綺豔相高極於輕薄男女唱
和其音甚哀

太尉揚州都督監修國史上柱國趙國公臣長孫無忌等奉勅撰

音樂中

齊神武霸跡肇創遷都于鄴猶曰人臣故咸遵魏典及文
宣初禪尚未改舊章宮懸各設十二鎛鍾於其辰位四面
並設編鍾磬各一簨簴合二十架設建鼓於四隅郊廟朝
會同用之其後將有創革尚樂典御祖珽自言舊在洛下
曉知舊樂上書曰魏氏來自雲朔肇有諸華樂操土風未
移其俗至道武帝皇始元年破慕容寶于中山獲晉樂器
不知采用皆委棄之天興初吏部郎鄧彥海奏上廟樂創

制宮懸而鍾管不備樂章既闕雜以簸邏迴歌初用八佾
作皇始之舞至太武帝平河西得沮渠蒙遜之伎賓嘉大
禮皆雜用焉此聲所興蓋苻堅之末呂光出平西域得胡
戎之樂因又改變雜以秦聲所謂秦漢樂也至永熙中錄
尚書長孫承業共臣先人太常卿瑩等斟酌繕修戎華兼
采至於鍾律煥然大備自古相襲損益可知今之創制請
以為准珽因采魏安豐王延明及信都芳等所著樂說而
定正聲始具宮懸之器仍雜西涼之曲樂名廣成而舞不
立號所謂洛陽舊樂者也武成之時始定四郊宗廟三朝
之樂群臣入出奏肆夏牲入出薦毛血並奏昭夏迎送神

及皇帝初獻禮五方上帝並奏高明之樂爲覆燾之舞皇帝入壇門及升壇飲福酒就燎位還便殿並奏皇夏以高祖配饗奏武德之樂爲昭烈之舞祼地奏登歌其四時祭廟及禘祫皇六世祖司空五世祖吏部尚書高祖秦州刺史曾祖太尉武貞公祖文穆皇帝諸神室並奏始基之樂爲恢祚之舞高祖神武皇帝神室奏武德之樂爲昭烈之舞文襄皇帝神室奏文德之樂爲宣政之舞顯祖文宣皇帝神室奏文正之樂爲光大之舞肅宗孝昭皇帝神室奏文明之樂爲休德之舞其入出之儀同四郊之禮今列其辭云

大禘圜丘及北郊歌辭

夕牲羣臣入門奏肆夏樂辭

肇應靈序　奄字黎人　乃朝萬國　爰徵百神
祇展方望　幽顯咸臻　禮崇聲協　贊列珪陳
翼差鱗次　端笏垂紳　來趨動色　式贊天人

迎神奏高明樂辭　登歌辭同

惟神監矣（北郊云惟祇監矣）　皇靈肅止　圜璧展事（北郊云方琮展事）
成文即始（北郊云卽陰成理）　士備八能　樂合六變（北郊云樂合八變）
風湊伊雅　光華襲薦　宸衛騰景　靈駕霏煙
嚴壇生白　綺席凝玄

牲出入奏昭夏辭

剛柔設位　惟皇配之　言肅其禮　念暢在茲
飾牲舉獸　載歌且舞　既捨伊腯　致精靈府
物色惟典　齋沐加恭　宗族咸暨　罔不率從

薦毛血奏昭夏辭（羣臣出奏肆夏進熟羣臣入奏肆夏辭同初入）

展禮上月　肅事應時　蕭粟爲用　交暢有期
弓矢斯發　犧饔將事　圓神致祀（北郊云方祇致祀）
率由先志　和以鑾刀　臭以血膋　至哉敬矣
厥義孔高

進熟皇帝入門奏皇夏辭

帝敬昭宣　皇誠肅致　玉帛齊軌　屏攝咸次
三垓上列（北郊云重垓上列）　四陛旁升（北郊云分陛旁升）　龍陳萬騎
鳳動千乘　神儀天藹　睟容離曜　金根停軫
奉光先導

皇帝升丘奏皇夏辭（壇上登歌辭同）

紫壇雲曖（北郊云曾壇雲曖）　紺幄霞褰（北郊云嚴幄霞褰）　我其陟止
載致其虔　百靈竦聽　萬國咸仰　人神咫尺
玄應肸蠁

皇帝初獻奏高明樂辭

上下眷　旁午從　爵以質　獻以恭　咸斯暢

樂惟雍 孝敬闡 臨萬邦

皇帝奠爵訖奏高明樂覆燾之舞辭

自天子之 會昌神道 丘陵肅事（北郊云方澤祇事）

克光天保 九關洞開 百靈環列 八樽呈備

五聲投節

皇帝獻太祖配饗神座奏武德之樂昭烈之舞辭

（皇帝小退當昊天上帝神座前奏皇夏辭同上皇夏）

配神登聖 主極尊靈 敬宣昭燭 咸達窅冥

禮弘化定 樂贊功成 穰穰介福 下被羣生

皇帝飲福酒奏皇夏之樂（皇帝詣東陛還便坐又奏皇夏辭同初入門）

皇心緬且感 吉蠲奉至誠 赫哉光盛德

乾巛詔百靈 報福歸昌運 承祐播休明

風雲馳九域 龍蛟躍四溟 浮幕呈光氣

儷象燭華精 護武方知恥 韶夏僅同聲

送神降丘南陛奏高明樂辭（皇帝之望燎位又奏皇夏辭同上皇夏）

獻享畢 懸佾周 神之駕 將上遊（北郊云將下遊）

超斗極（北郊云超蒼極）絕河流（北郊云戀崑丘）懷萬國 寧九州

欣帝道 心顧留 帀上下 荷皇休

紫壇既燎奏昭夏樂辭（皇帝自望燎還本位奏皇夏辭同上皇夏）

玄黃覆載 元首照臨 合德致禮 有契其心

敬申事闋 絜誠云報 玉帛載升（北郊云牲玉載陳）

棫樸斯燎 寥廓幽曖 播以馨香 皇靈惟監

降福無疆

皇帝還便殿奏皇夏辭（羣臣出奏肆夏辭同上肆夏祠感帝用圜丘辭）

天大親嚴 匪敬伊孝 永言肆饗 宸明增耀

陽丘既暢（北郊云陰澤云懌）大典逾光 乃安斯息

欽若舊章 天迴地旋 鳴鑾引警 且萬且億

皇曆惟永

五郊迎氣樂辭

青帝降神奏高明樂辭

歲云獻 谷風歸 斗東指 鴈北飛 電鞭激

雷車遽 虹旌靡 青龍馭 和氣洽 具物滋

翩降止 應帝期

赤帝降神奏高明樂辭

婺女司旦 中呂宣 朱精御節 離景延

根荄俊茂 溫風發 柘火風水 應炎月

執衡長物 德孔昭 赤旂霞曳 會今朝

黃帝降神奏高明樂辭

居中帀五運 乘衡畢四時 含養資羣物

協德固皇基 嘽緩契王風 持載符君德

良辰動靈駕 承祀昌邦國

白帝降神奏高明樂辭

風涼露降 馳景颿寒精 山川摇落 平秩在西成
蓋藏成積 烝人被嘉祉 從享來儀 鴻休溢千祀

黒帝降神奏高明樂辭

虹藏雉化 告寒 冰壯地坼 年殫
日次月紀 方極 九州萬邦 獻力
叶光是紀 歲窮 微陽潛兆 方融
天子赫赫 明聖 享神降福 惟敬

祠五帝於明堂樂歌辭

先祀一日夕牲羣官入自門奏肆夏

國陽崇祀 嚴恭有聞 荒華膏暨 樂我大君
冕瑞有列 禽帛恭叙 羣后師師 威儀容與
執禮辨物 司樂考章 率由靡墜 休有烈光

太祝令迎神奏高明樂覆燾舞辭

祖德光 國圖昌 祇上帝 禮四方 闢紫宮
洞華闕 龍獸奮 風雲發 飛朱雀 從玄武
攜日月 帶雷雨 耀宇內 溢區中 眷帝道
感皇風 帝道康 皇風扇 粢盛列 椒糈薦
神且寧 會五精 歸福禄 幸閶亭

太祖配饗奏武德樂昭烈舞辭（五方天帝奏高明之樂覆燾之舞辭同迎氣）

我惟我祖 自天之命 道被歸仁 時屯啓聖
運鍾千祀 授手萬姓 夷兇掩虐 匡頹翼正
載經載營 庶土咸寧 九功以洽 七德兼盈
冊書入告 玄玉來呈 露甘泉白 雲郁河清
聲教咸往 舟車畢會 仁加有形 化洽無外
嚴親惟重 陟配惟大 旣祐斯歆 率土攸賴

牲出入奏昭夏樂辭

孝饗不匱 精絜臨年 滌牢委溢 形色博牷
于以用之 言承歆祀 肅肅威儀 敢不敬止

載飾載省 維牛維羊 明神有察 保茲萬方

薦血毛奏昭夏辭（羣臣出奏肆夏 進熟羣臣入奏肆夏 同上肆夏辭）

我將宗祀 夤獻敬誠 鞠躬如在 側聽無聲
薦色斯純 呈氣斯臭 有滌有濯 惟神其祐
五方來格 一人多祉 明德惟馨 於穆不已

進熟皇帝入門奏皇夏辭（皇帝升壇奏皇夏辭同）

象乾上構 儀巛下基 集靈崇祖 永言孝思
室陳簠豆 庭羅懸佾 夙夜畏威 保茲貞吉
舞貴其夜 歌重其升 降斯百禄 惟饗惟應

皇帝初獻奏高明樂覆燾舞辭

度几筵　闢牖户　禮上帝　感皇祖　酌惟絜
滌以清　薦心款　達神明
皇帝祼獻奏高明樂、覆燾舞辭
帝精來降　應我明德　禮殫義展　流祉邦國
既受多祉　實資孝敬　祀竭其誠　荷天休命
皇帝飲福酒奏皇夏辭
恭祀洽　盛禮宣　英猷爛曾景
廣澤同深泉　上靈鍾百福　羣神歸萬年
月軌咸梯岫　日域盡浮川　瑞鳥飛玄扈
潛鱗躍羣漣　皇家齊寶曆　兩地復參天

太祝送神奏高明樂、覆燾舞辭
青陽奏　發朱明　歌西皓　唱玄冥　大禮罄
廣樂成　神心懌　將遠征　飾龍駕　矯鳳旌
指閶闔　憩層城　出溫谷　邁炎庭　跨西汜
過北溟　忽萬億　耀光精　比電騖　與雷行
嗟皇道　懷萬靈　固王業　震天聲
皇帝還便殿奏皇夏辭
文物備矣　聲明有章　登薦唯肅　禮逸前王
鬯齊云終　折旋告罄　穆穆旒冕　蘊誠畢敬
屯衛按部　鑾蹕迴途　暫留紫殿　將及清都

○享廟樂辭
先祀一日夕牲羣臣入奏肆夏辭
霜淒雨暢　烝哉帝心　有儆其祀　肅事惟歆
昭昭車服　濟濟衣簪　鞠躬貢尌　磬折奉璆
差以五列　和以八音　式祗王度　如玉如金
迎神奏高明登歌樂辭
日卜惟吉　辰擇其良　弈弈清廟　黼黻周張
大呂為角　應鍾為羽　路鼗陰竹　德歌昭舞
祀事孔明　百神允穆　神心乃顧　保茲介福
牲出入奏昭夏樂辭

大祀云事　獻奠有儀　既歌既展　贊顧迎犧
執從伊竦　芻飾惟慄　俟用於庭　將升於室
且握且騂　以致其誠　惠我貽頌　降祉千齡
薦血毛奏昭夏辭（三公出奏肆夏進熟羣臣入奏肆夏辭同）
愐彼遐慨　悠然永思　留連七享　纏綿四時
神升魄沈　靡聞靡見　陰陽載俟　臭聲兼薦
祖考其鑒　言萃王休　降神敷錫　百福是由
進熟皇帝入北門奏皇夏樂辭
齋居嚴殿　鳳駕層闈　車輅垂彩　旒衮騰輝
聳誠載仰　翹心有慕　洞洞自形　斤斤表步

閟宮有邃　神道依俙　孝心緬邈　爰屬爰依

太祝裸地奏登歌樂辭 皇帝詣東階奏皇夏　升殿又奏皇夏辭同

太室肙肙　神居宿設　鬱鬯惟芬　珪璋惟絜　彝尊應時　龍蒲代用　藉茅無咎　福祿攸降　端感會事　儼思脩禮　齊齊勿勿　俄俄濟濟

皇帝升殿殿上作登歌樂辭

我祠我祖　永惟厥先　炎農肇聖　靈祉蟬聯　霸圖中造　帝業方宣　道昌基構　撫運承天　奄家六合　爰光八埏　尊神致禮　孝思惟纏　寒來暑反　惕薦在年　匪敬伊慕　備物不愆

設簴設業　鞉鼓塤篪　辟公在位　有容伊虔　登歌啓佾　下管應懸　厥容無爽　幽明肅然　誠幣厚地　和達穹玄　既調風雨　載協山川　周庭有列　湯孫來延　教聲惟被　邁後光前

皇帝初獻皇祖司空公神室奏始基樂恢祚舞辭

克明克俊　祖武惟昌　業弘營土　聲被海方　有流厥德　終耀其光　明神幽贊　景祚攸長

皇帝初獻皇祖吏部尚書神室奏始基樂恢祚舞辭

顯允盛德　隆我前構　瑤源彌潟　瓊根愈秀　誕惟有族　丕緒克茂　大業崇新　洪基增舊

皇帝初獻皇祖秦州使君神室奏始基樂恢祚舞辭

祖德丕顯　明喆知機　豹變東國　鵲起西歸　禮申官次　命啟朝衣　敬恩孝享　多福無違

皇帝獻太祖太尉武貞公神室奏始基樂恢祚舞辭

兆靈有業　潛德無聲　韜光戢耀　貫幽洞冥　道弘舒卷　施博藏行　緬追歲事　夜遽不寧

皇帝獻皇祖文穆皇帝神室奏始基樂恢祚舞辭

皇皇祖德　穆穆其風　語嘿自己　明叡在躬　荷天之錫　聖表克隆　高山作矣　寶祚其崇

離光旦旦　載煥載融　感薦惟永　神保無窮

皇帝獻高祖神武皇帝神室奏武德樂昭烈舞辭

天造草昧　時難糾紛　執極斯溺　靡救其焚　大人利見　緯武經文　顧指惟極　吐吸風雲　開天闢地　峻岳夷海　冥工掩迹　上德不宰　神心有應　龍化無待　義征九服　仁兵告凱　上平下成　靡或不寧　匪王伊帝　偶極崇靈　享親則孝　潔祀惟誠　禮備樂序　肅贊神明

皇帝獻文襄皇帝神室奏文德樂宣政舞辭

聖武丕基　叡文顯統　眇哉神啓　鬱矣天縱

道則人弘　德云邁種　昭冥咸叙　崇深畢綜
自中徂外　經朝庇野　政反淪風　威還鈌雅
旁作穆穆　格于上下　維享維宗　來饗來假

皇帝獻顯祖文宣皇帝奏文正樂光大舞辭

玄曆已謝　蒼靈告期　圖璽有屬　揖讓惟時
龍升獸變　弘我帝基　對揚穹昊　寔啓雍熙
欽若皇猷　永懷王度　欣賞斯穆　威刑允措
執物俱宣　憲章咸布　俗無邪指　下歸正路
茫茫九域　振以乾綱　混通華裔　配括天壤
作禮視德　列樂傳響　薦祀惟虔　衣冠載仰

皇帝還東壁飲福酒奏皇夏樂辭

孝心翼翼　率禮兢兢　時洗時薦　或降或升
在堂在戶　載湛載凝　多品斯奠　備物攸膺
蘭芬敬挹　玉俎恭承　受祭之祐　如彼岡陵

送神奏高明樂辭

仰禝禰　慕衣冠　禮云罄　祀將闌　神之駕
紛弈弈　乘白雲　無不適　窮昭域　極幽塗
歸帝社　眷皇都

皇帝詣便殿奏皇夏樂辭（羣官出奏肆夏辭同）

禮行斯畢　樂奏以終　受嘏先退　載暢其衷
鑾軒循轍　麾旌復路　光景徘徊　絃歌顧慕
靈之相矣　有錫無疆　國圖日鏡　家曆天長

元會大饗協律不得升陛黃門舉麾於殿上今列其歌辭云

賓入門四箱奏肆夏辭

昊蒼眷命　興王統天　業高帝始　道邈皇先
禮成化穆　樂合風宣　賓朝荒夏　揚對穹玄

皇帝出閤奏皇夏樂辭

夏正肇旦　周物充庭　具僚在位　俛伏無聲
大君穆穆　宸儀動睟　日煦天迴　萬靈胥萃

皇帝當扆羣臣奉賀奏皇夏辭

天子南面　乾覆離明　三千咸列　萬國填并
猶從禹會　如次湯庭　奉茲一德　上下和平

皇帝入寧變服黃鍾太蔟二箱奏皇夏辭

我應天曆　四海爲家　協同內外　混一戎華
鶴蓋龍馬　風乘雲車　夏章夷服　其會如麻
九賓有儀　八音有節　肅肅於位　飲和在列
四序氤氳　三光昭晰　君哉大矣　軒唐比轍

皇帝變服移幄坐於西箱帝出升御坐姑洗奏皇夏辭

皇運應籙　廓定區寓　受終以文　構業以武

堯昔命舜　舜亦命禹　大人馭歷　重規沓矩
欽明在上　昭納八寅　從靈體極　誕聖窮神
化生羣品　陶育蒸人　展禮肆樂　協此元春

王公奠璧奏肆夏辭

萬方咸暨　三揖以申　垂旒馮玉　五瑞交陳
拜稽有章　升降有節　聖皇負扆　虞唐比烈

上壽黃鍾箱奏上壽曲辭

仰三光　奏萬壽　人皇御六氣　天地同長久

皇太子入至坐位酒至御殿上奏登歌辭　三

大齊紘曆　道化光明　馬圖呈寶　龜籙告靈

百蠻非衆　八荒非逖　同作堯人　俱包禹迹　其一
天覆地載　成以四時　惟皇是則　比大於茲
羣星拱極　衆川赴海　萬寓駿奔　一朝咸在　其二
齊之以禮　相趨帝庭　應規蹈矩　玉色金聲
動之以樂　和風四布　龍申鳳舞　鸞歌麟步　其三

食至御前奏食舉樂辭

三端正啓　萬方觀禮　具物充庭　二儀合體
百華照曦　千門洞晨　或華或裔　奉贄惟新
悠悠亘六合　負首莫不臣　仰施如雨
晞和猶春　風化表笙鏞　歌謳被琴瑟
詎言文軌異　今朝混爲一　其一
彤庭爛景　丹陛流光　懷黃綰白　鵷鷺成行
文贊百揆　武鎮四方　折衝截雷電　獻替協陰陽
大象哉　道邁上皇　陋五帝　狹三王　窮禮物
該樂章　序冠帶　垂衣裳　其二
天壤和　家國穆　悠悠萬類　咸孕育　契貝花
偉大造　靈効珍　神歸寶　興雲氣　飛龍蒼
麟一角　鳳五光　朱雀降　黃玉表　九尾馴
三足擾　化之定　至矣哉　瑞感德　四方來　其三
囹圄空　水火菽粟　求賢振滯　棄珠玉

衣不靡　宮以卑　當陽端嘿　垂拱無爲
云云萬有　其樂不訾　其四　嗟此舉時　逢至道
肖形咸自持　賦命無傷夭　行氣進皇輿
遊龍服帝阜　聖主寧區宇　乾坤永相保　其五
牧野征　鳴條戰　大齊家萬國　拱揖應終禪
輿至廓清都　大君臨赤縣　高居深視
當扆正殿　昃暮之期　今一見　其六　兩儀分
牧以君　陶有象　化無垠　大齊德　邈誰舉
超鳳火　冠龍雲　露以絜　風以熏　榮光至
氣氤氳　其七　神化遠　人靈協　寒暑調　風雨燮

披泥檢　受圖諜　圖諜啓　期運昌　分四序
綴三光　延寶祚　眇無疆其八　惟皇道　升平日
河水清　海不溢　雲干呂　風入律　驅黔首
入仁壽　與天高　並地厚其九　刑以厝　頌聲揚
皇情邈　眷汾襄　岱山高　配林壯　亭亭聳
云云望　旆葳蕤　駕騤騤　刋金闕　奠玉龜其十

文舞將作先設階步辭

我后降德　肇峻皇基　揺鈴大號　振鐸命期
雲行雨洽　天臨地持　茫茫區宇　萬代一時
文來武肅　成定於茲　象容則舞　歌德言詩
鏘鏘金石　列列匏絲　鳳儀龍至　樂我雍熙

文舞辭

皇天有命　歸我大齊　受茲華玉　爰錫玄珪
奄家環海　實子蒸黎　圖開寶匣　檢封芝泥
無思不順　自東徂西　教南暨朔　罔敢或携
比日之明　如天之大　神化斯洽　率土無外
眇眇舟車　華戎畢會　祠我春秋　服我冠帶
儀協震象　樂均天籟　蹈武在庭　其容藹藹

武舞將作先設階步辭

大齊統曆　天鑒孔昭　金人降汎　火鳳來巢
眇均虞德　干戚降苗　夙沙攻主　歸我軒朝
禮符揖讓　樂契咸韶　蹈揚惟序　律度時調

武舞辭

天眷橫流　宅心玄聖　祖功宗德　重光襲映
我皇恭己　誕膺靈命　宇外斯燭　域中咸鏡
悠悠率土　時惟保定　微微動植　莫違其性
仁豐庶物　施洽羣生　海寧洛變　契此休明
雅宣茂烈　頌紀英聲　鏗鏘鐘鼓　掩抑簫笙
歌之不足　舞以禮成　鑠矣王度　緬邈千齡

皇帝入鐘鼓奏皇夏辭

禮終三爵　樂奏九成　允也天子　穹壤和平
載色載笑　反寢宴息　一人有祉　百神奉職

鼓吹二十曲皆改古名以叙功德第一漢朱鷺改名水德謝言魏謝齊興也第二漢思悲翁改名出山東言神武帝戰廣阿創大業破爾朱兆也第三漢艾如張改名戰韓陵言神武滅四胡定京洛遠近賓服也第四漢上之回改名殄關隴言神武遣侯莫陳悅誅賀拔岳定關隴平河外漢北款秦中附也第五漢擁離改名滅山胡言神武屠劉蠡升高車懷殊俗蠕蠕來向化也第六漢戰城南改名立武定言神武立魏主天下既安而能遜於鄴也第七漢巫山高

改名戰芒山言神武斬周十萬之衆其軍將脫身走免也第八漢上陵改名禽蕭明言梁遣兄子貞陽侯來寇彭宋文襄帝遣太尉清河王岳一戰禽殄俘馘萬計也第九漢將進酒改名破侯景言文襄遣清河王岳摧殄侯景克復河南也第十漢君馬黃改名定汝潁言文襄遣清河王岳禽周大將軍王思政於長葛汝潁悉平也第十一漢芳樹改名克淮南言文襄遣清河王岳南翦梁國獲其司徒陸法和克壽春合肥鍾離淮陰盡取江北之地也第十二漢有所思改名嗣丕基言文宣帝統纘大業也第十三漢稚子班改名聖道洽言文宣克隆堂構無思不服也第十四

漢聖人出改名受魏禪言文宣應天順人也第十五漢上邪改名平瀚海言蠕蠕盡部落入寇武州之塞而文宣命將出征平殄北荒滅其國也第十六漢臨高臺改名服江南言文宣道洽無外梁主蕭繹來附化也第十七漢遠如期改名刑罰中言孝昭帝舉直措枉獄訟無怨也第十八漢石留行改名遠夷至言時主化霑海外西夷諸國遣使朝貢也第十九漢務成改名嘉瑞臻言時主應期河清龍見符瑞總至也第二十漢玄雲改名成禮樂言時主功成化洽制禮作樂也古又有黃雀釣竿二曲略而不用並議定其名被於鼓吹諸州鎮戍各給鼓吹樂多少各以大

小等級為差諸王為州皆給赤鼓赤角皇子則增給吳鼓長鳴角上州刺史皆給青鼓青角中州已下及諸鎮戍皆給黑鼓黑角樂器皆有衣並同鼓色

雜樂有西涼鼙舞清樂龜茲等然吹笛彈琵琶五絃及歌舞之伎自文襄以來皆所愛好至河清以後傳習尤盛後主唯賞胡戎樂耽愛無已於是繁手淫聲爭新哀怨故曹妙達安未弱安馬駒之徒至有封王開府者遂服簪纓而為伶人之事後主亦自能度曲親執樂器悅翫無倦倚絃而歌別採新聲為無愁曲音韻窈窕極於哀思使胡兒閹官之輩齊唱和之曲終樂闋莫不殞涕雖行幸道路或時

馬上奏之樂往哀來竟以亡國

周太祖迎魏武入關樂聲皆闕恭帝元年平荊州大獲梁氏樂器以屬有司及建六官乃詔曰六樂尚矣其聲歌之節舞蹈之容寂寥已絕不可得而詳也但方行古人之事可不本於茲乎自宜依準制其歌舞祀五帝日月星辰於是有司詳定郊廟祀五帝日月星辰用黃帝樂歌大呂舞雲門祭九州社稷水旱雩禜用唐堯樂歌應鍾舞大咸祀四望饗諸侯用虞舜樂歌南呂舞大韶祀四類幸辟雍用夏禹樂歌函鍾舞大夏祭山川用殷湯樂歌小呂舞大護享宗廟用周武王樂歌夾鍾舞大武皇帝出入奏皇夏賓

出入奏肆夏牲出入奏昭夏蕃國客出入奏納夏有功臣出入奏章夏皇后進羞奏深夏宗室會聚奏族夏上酒宴樂奏陔夏諸侯相見奏驁夏皇帝大射歌騶虞諸侯歌狸首大夫歌采蘋士歌采蘩雖著其文竟未之行也及閔帝受禪居位日淺明帝踐阼雖革魏氏之樂而未臻雅正天和元年武帝初造山雲舞以備六代南北郊雩壇太廟禘祫俱用六舞南郊則大夏降神大護獻熟次作大武正德武德山雲之舞北郊則大護降神大夏獻熟次作大武正德武德山雲之舞雩壇以大武降神正德獻熟次作大夏大護武德山雲之舞太廟祫禘則大武降神山雲獻熟次作正德大夏大護武德之舞時享太廟以山雲降神大夏獻熟次作武德之舞拜社以大護降神大武獻熟次作正德之舞五郊朝日以大夏降神大護獻熟神州夕月籍田以正德降神大護獻熟建德二年十月甲辰六代樂成奏於崇信殿羣臣咸觀其宮懸依梁三十六架朝會則皇帝出入奏皇夏皇太子出入奏肆夏王公出入奏驁夏五等諸侯正日獻玉帛奏納夏宴族人奏族夏大會至尊執爵奏登歌十八曲食舉奏深夏舞六代大夏大護大武正德武德山雲之舞於是正定雅音爲郊廟樂創造鍾律頗得其宜宣帝嗣位郊廟皆循用之無所改作今採其辭云

圜丘歌辭

降神奏昭夏

重陽禋祀　大報天　景午封壇　肅且圜
孤竹之管　雲和弦　神光未下　風肅然
王城七里　通天臺　紫微斜照　影徘徊
連珠合璧　重光來　天策數轉　鉤陳開

皇帝將入門奏皇夏

旌迴外壝　蹕靜郊門　千乘按轡　萬騎雲屯
藉茅無咎　埽地惟尊　揖讓展禮　衡璜節步
星漢就列　風雲相顧　取法於天　降其永祚

俎入奏昭夏

日至大禮　豐犧上辰　牲牢脩牧　繭栗毛純
俎豆斯立　陶匏以陳　大報反命　居陽兆日
六變鼓鐘　三和琴瑟　俎奇豆偶　惟誠惟質

奠玉帛奏昭夏

員玉已奠　蒼幣斯陳　瑞形成象　璧氣含春
禮從天數　智總員神　爲祈爲祀　至敬咸遵

皇帝升壇奏皇夏

七星是仰　八陛有憑　就陽之位　如日之升
思虔肅肅　施敬繩繩　祝史陳信　玄象斯格

惟類之典　惟靈之澤　幽顯對揚　人神咫尺
皇帝初獻作雲門之舞
獻以誠　鬱以清　山罍舉　沈齊傾　惟尚饗
洽皇情　降景福　通神明
皇帝初獻配帝作雲門之舞
長丘遠歷　大電遥源　弓藏高隴　鼎沒寒門
人生于祖　物本於天　尊神配德　迄用康年
皇帝初獻及獻配帝畢奏登歌
歳之祥　國之陽　蒼靈敬　翠雲長　象爲飾
龍爲章　乘長日　坯蟄户　列雲漢　迎風雨

六呂歌　雲門舞　省滌濯　奠牲牷　鬱金酒
鳳凰樽　廻天睠　顧中原
皇帝飲福酒奏皇夏
國命在禮　君命在天　陳誠惟肅　飲福惟虔
洽斯百禮　福以千年　鈎陳掩映　天駟徘徊
彫禾飾斝　翠羽承罍　受斯茂祉　從天之來
徹奠奏雍樂
禮將畢　樂將闌　廻日轡　動天關　翠鳳搖
和鸞響　五雲飛　三步上　風爲馭　雷爲車
無轍迹　有煙霞　暢皇情　休靈命　雨留甘
雲餘慶
帝就望燎位奏皇夏
六典聯事　九司咸則　率由舊章　於焉允塞
掌禮移次　燔柴在焉　煙升玉帛　氣歛牲牷
休氣馨香　膋芳昭晰　翼翼虔心　明明上徹
帝還便座奏皇夏
玉帛禮畢　人神事分　嚴承乃睠　瞻仰廻雲
輦路千門　王城九軌　式道移候　司方迴指
得一惟清　於萬斯寧　受茲景命　于天告成
方澤歌辭

降神奏昭夏
報功陰澤　展禮玄郊　平琮鎮瑞　方鼎升庖
調歌絲竹　縮酒江茅　聲舒鍾鼓　器質陶匏
列耀秀華　凝芳都荔　川澤茂祉　丘陵容衛
雲飾山罍　蘭浮泛齊　日至之禮　歆茲大祭
奠玉奏昭夏
曰若厚載　欽明方澤　敢以敬恭　陳之玉帛
德包含養　功藏靈迹　斯箱既千　子孫則百
初獻奏登歌辭　舞詞同員丘
質明孝敬　求陰順陽　壇有四陛　琮爲八方

牲牷蕩滌　蕭合馨香　和鑾戾止　振鷺來翔
威儀簡簡　鍾鼓喤喤　聲和孤竹　韻入空桑
封中雲氣　坎上神光　下元之主　功深蓋藏

望坎位奏皇夏

司筵撤席　掌禮移次　迴顧封壇　恭臨坎位
瘞玉埋俎　藏芬斂氣　是日就幽　成斯地意

祀五帝歌辭

奠玉帛奏皇夏辭

嘉玉惟芳　嘉幣惟量　成形依禮　稟色隨方
神班有次　歲禮惟常　威儀抑抑　率由舊章

初獻奏皇夏

惟令之月　惟嘉之辰　司壇宿設　掌史誠陳
敢用明禮　言功上神　鈎陳旦闢　閶闔朝分
旒垂象冕　樂奏山雲　將迴霆策　蹔轉天文
五運周環　四時代序　鱗次玉帛　循迴樽俎
神其降之　介福斯許

皇帝初獻青帝奏雲門舞

甲在日　鳥中星　禮東后　奠蒼靈　樹春旗
命青史　候鴈還　東風起　歌木德　舞震宮
泗濱石　龍門桐　孟之月　陽之天　億斯慶
兆斯年

皇帝初獻配帝奏舞

帝出于震　蒼德於神　其明在日　其位居春
勞以定國　功以施人　言從配祀　近取諸身

皇帝初獻赤帝奏雲門舞

招搖指午　對南宮　日月相會　實沈中
離光布政　動溫風　純陽之月　樂炎精
赤雀丹書　飛送迎　朱絃絳鼓　罄虔誠
萬物含養　各長生

皇帝獻配帝奏舞

以炎為政　以火為官　位司南陸　享配離壇
三和實俎　百味浮蘭　神其茂豫　天步艱難

皇帝初獻黃帝奏雲門舞

三光儀表正　四氣風雲同　戊己行初曆
黃鍾始變宮　平琮禮內鎮　陰管奏司中
齋壇芝曄曄　清野桂馮馮　夕牢芬六鼎
安歌韻八風　神光乃超忽　佳氣恒蔥蔥

皇帝初獻配帝舞

四時咸一德　五氣或同論　猶吹鳳凰管
尚對梧桐園　器圜居土厚　位總配神尊

始知今奏樂　還用我雲門
皇帝初獻白帝奏雲門舞
肅靈兌景　承配秋壇　雲高火落　露白蟬寒
帝律登年　金精行令　瑞獸霜輝　祥禽雪映
司藏肅殺　萬寶咸宜　厥田上上　收功在斯
皇帝初獻配帝奏舞
金行秋令　白帝朱宣　司正五雉　歌庸九川
執文之德　對越彼天　介以福祉　君子萬年
皇帝初獻黑帝奏雲門舞
北辰爲政玄壇　北陸之祀貞官　宿設玄圭浴蘭

坎德陰風御寒　次律將迴窮紀　微陽欲動細泉
管猶調於陰竹　聲未入於春弦　待歸餘於送曆
方履慶於斯年
皇帝初獻配帝奏舞
地始坼虹始藏　服玄玉居玄堂　沐蕙氣浴蘭湯
匏器絜水泉香　陟配彼福無疆　君欣欣此樂康
宗廟歌辭
皇帝入廟門奏皇夏
肅肅清廟　巖巖寢門　欹器防滿　金人戒言
應幬懸鼓　崇牙樹羽　階變升歌　庭紛象舞

閑安象設　緝熙清奠　春鮪初登　新萍先薦
僾然入室　儼乎其位　悽愴履之　非寒之謂
降神奏昭夏
求惟祖武　潛慶靈長　龍圖革命　鳳曆歸昌
功移上墋　德耀中陽　清廟肅肅　猛虡煌煌
曲高大夏　聲和盛唐　牲牷蕩滌　蕭合馨香
和鑾戾止　振鷺來翔　求敷萬國　是則四方
俎入皇帝升階奏皇夏
年祥辯日　上協龜言　奉酎承列　來庭駿奔
彫禾飾斝　翠羽承樽　敬殫如此　恭惟執燔

皇帝獻皇高祖奏皇夏
慶緒千重秀　鴻源萬里長　無時猶戢翼
有道故韜光　盛德必有後　仁義終克昌
明星初肇慶　大電久呈祥
皇帝獻皇曾祖德皇帝奏皇夏
克昌光上烈　基聖穆西藩　崇仁高涉渭
積德被居原　帝圖張往迹　王業茂前尊
重芬德陽廟　疊慶壽陵園　百靈光祖武
千年福孝孫
皇帝獻皇祖太祖文皇帝奏皇夏

雄圖屬天造　宏略遇羣飛　風雲猶聽命
龍躍遂乘機　百二當天險　三分拒樂推
函谷風塵散　河陽氛霧晞　濟弱淪風起
扶危頹運歸　地紐崩還正　天樞落更追
原祠乍超忽　畢隴或綿微　終封三尺劍
長卷一戎衣

皇帝獻文宣皇太后奏皇夏

月靈興慶　沙祥發源　功參禹迹　德贊堯門
言容典禮　褕狄徽章　儀形溫德　令問昭陽
日月不居　歲時晼晚　瑞雲纏心　閟宮惟遠

皇帝獻閔皇帝奏皇夏

龍圖基代德　天步屬艱難　謳歌還受瑞
揖讓乃登壇　升輿芒刺重　入位據關寒
卷舒雲汎濫　游揚日浸微　出鄭終無反
居桐竟不歸　祀夏今惟舊　尊靈謚更追

皇帝獻明皇帝奏皇夏

若水逢降君　窮桑屬惟政　丕哉馭帝籙
鬱矣當天命　方定五雲官　先齊八風令
文昌氣似珠　太史河如鏡　南宮學已開
東觀書還聚　文辭金石韵　毫翰風飈豎

清室桂馮馮　齊房芝詡詡　寧思玉管笛
空見靈衣舞

皇帝獻高祖武皇帝奏皇夏

南河吐雲氣　北斗降星辰　百靈咸仰德
千年一聖人　書成紫微動　律定鳳凰馴
六軍命西土　甲子陳東鄰　戎衣此一定
萬里更無塵　煙雲同五色　日月並重輪
流沙既西靜　盤木又東臣　凱樂聞朱鴈
鐃歌見白麟　今爲六代祀　還得九疑賓

皇帝還東壁飲福酒奏皇夏

禮殫祼獻　樂極休成　長離前掞　宗祀文明
縮酌浮蘭　澄罍合鬯　磬折禮容　旋回靈貺
受釐徹俎　飲福移樽　惟光惟烈　文子文孫

皇帝還便坐奏皇夏

庭闕四始　筵終三薦　顧步階墀　徘徊餘奠
六龍矯首　七萃警途　鼓移行漏　風轉相烏
翼翼從事　綿綿四時　惟神降嘏　永言保之

太祖輔魏之時高昌款附乃得其伎教習以備饗宴之禮及天和六年武帝罷掖庭四夷樂其後帝娉皇后於北狄得其所獲康國龜茲等樂更雜以高昌之舊並於大司樂

習焉採用其聲被於鍾石取周官制以陳之
明帝武成二年正月朔旦會群臣於紫極殿始用百戲武帝保定元年詔罷之及宣帝即位而廣召雜伎增修百戲魚龍漫衍之伎常陳殿前累日繼夜不知休息好令城市少年有容貌者婦人服而歌舞相隨引入後庭與宮人觀聽戲樂過度遊幸無節焉武帝以梁鼓吹熊羆十二案每元正大會列於懸間與正樂合奏宣帝時革前代鼓吹制為十五曲第一改漢朱鷺為玄精季言魏道陵遲太祖肇開王業也第二改漢思悲翁為征隴西言太祖起兵誅侯莫陳悅掃清隴右也第三改漢艾如張為迎魏帝言武帝

西幸太祖奉迎宅關中也第四改漢上之回為平竇泰言太祖擁兵討泰悉禽斬也第五改漢擁離為復恒農言太祖攻復陝城關東震肅也第六改漢戰城南為克沙苑言太祖俘斬齊十萬眾於沙苑神武脫身至河單舟走免也第七改漢巫山高為戰河陰言太祖破神武於河上斬其將高敖曹莫多婁貸文也第八改漢上陵為平漢東言太祖命將平隨郡安陸俘馘萬計也第九改漢將進酒為取巴蜀言太祖遣軍平定蜀地也第十改漢有所思為拔江陵言太祖命將禽蕭繹平南土也第十一改漢芳樹為受魏禪言閔帝受終於魏君臨萬國也第十二改漢上邪為宣重光言明帝入承大統載隆皇道也第十三改漢君馬黃為哲皇出言高祖以聖德繼天天下向風也第十四改漢稚子班為平東夏言高祖親率六師破齊禽齊主於青州一舉而定山東也第十五改古聖人出為禽明徹言陳將吳明徹侵軼徐部高祖遣將盡俘其眾也宣帝晨出夜還恒陳鼓吹嘗幸同州自應門至赤岸數十里間鼓樂俱作祈雨仲山還令京城士女於衢巷奏樂以迎之公私頓弊以至於亡

高祖既受命定令宮懸四面各二虡通十二鎛鍾為二十虡虡各一人建鼓四人柷敔各一人歌琴瑟簫筑箏搊箏

臥箜篌小琵琶四面各十人在編磬下笙竽長笛橫笛簫篳篥篪塤四面各八人在編鍾下舞各八佾宮懸簨虡金五博山飾以旒蘇樹羽其樂器應漆者天地之神皆朱宗廟加五色漆畫天神懸內加雷鼓地祇加靈鼓宗廟加路鼓登歌鍾一虡磬一虡各一人歌四人兼琴瑟簫笙竽橫笛篪塤各一人其漆畫及博山旒蘇樹羽與宮懸同登歌人介幘朱連裳烏皮履宮懸及下管人平巾幘朱連裳凱樂人武弁朱褠衣履韈文舞進賢冠絳紗連裳帛內單皁領袖褾烏皮履左執籥右執翟二人執纛引前在舞人數外衣冠同舞人武弁朱褠衣烏皮履三十二人執戈龍楯

三十二人執戚龜二人執旍居前二人執鼗二人執鐸二人執鐃二人執錞四人執弓矢四人執殳四人執戟四人執矛自旍已下夾引並在舞人數外衣冠同舞人

皇帝宮懸及登歌與前同應漆者皆五色漆畫懸內不設鼓○皇太子軒懸去南面設三鎛鐘於辰丑申三建鼓亦如之其登歌去兼歌者減二人其簨簴金三博山樂器漆者皆朱漆之其餘與宮懸同○大鼓小鼓大駕鼓吹並朱漆畫大鼓加金鐲凱樂及節鼓飾以羽葆其長鳴中鳴橫吹皆五采衣幡緋掌畫交龍五采脚大角幡亦如之大鼓長鳴工人皁地苣文金鉦棡鼓小鼓中鳴吴橫吹工人青地

苣文凱樂工人武弁朱構衣橫吹緋地苣文並爲帽袴褶大角工人平巾幘緋衫白布大口袴內宮鼓樂服色皆准此

皇太子鐃及節鼓朱漆畫飾以羽葆餘鼓吹並朱漆大鼓小鼓無金鐲長鳴中鳴橫吹五采衣幡緋掌畫蹲獸五采脚大角幡亦如之大鼓長鳴橫吹工人紫帽緋袴褶金鉦棡鼓小鼓中鳴工人青帽青袴褶鐃吹工人武弁朱構衣大角工人平巾幘緋衫白布大口袴

正一品鐃及節鼓朱漆畫飾以羽葆餘鼓吹並朱漆長鳴中鳴橫吹五采衣幡緋掌畫蹲獸五采脚大角幡亦如之

大鼓長鳴橫吹工人紫帽赤布袴褶金鉦棡鼓小鼓中鳴工人青帽青布袴褶鐃吹工人武弁朱構衣大角工人平巾幘緋衫白布大口袴三品以上朱漆鐃飾以五采騶哄工人武弁朱構衣餘同正一品四品鐃及工人衣服同三品餘鼓皆綠沈金鉦棡鼓大鼓工人青帽青布袴褶

開皇二年齊黃門侍郎顏之推上言禮崩樂壞其來自久今太常雅樂並用胡聲請馮梁國舊事考尋古典高祖不從曰梁樂亡國之音奈何遣我用邪是時尚因周樂命工人齊樹提檢校樂府改換聲律益不能通俄而柱國沛公鄭譯奏上請更脩正於是詔太常卿牛弘國子祭酒辛彥

之國子博士何妥等議正樂然淪謬既久音律多乖積年議不定高祖大怒曰我受天命七年樂府猶歌前代功德邪命治書侍御史李諤引弘等下將罪之諤奏武王克殷至周公相成王始制禮樂斯事體大不可速成高祖意稍解又詔求知音之士集尚書參定音樂譯云考尋樂府鍾石律呂皆有宮商角徵羽變宮變徵之名七聲之內三聲乖應每恒求訪終莫能通先是周武帝時有龜茲人曰蘇祇婆從突厥皇后入國善胡琵琶聽其所奏一均之中間有七聲因而問之答云父在西域稱爲知音代相傳習調有七種以其七調勘校七聲冥若合符一曰娑陁力華言平

聲即宮聲也二曰雞識華言長聲即南呂聲也三曰沙識華言質直聲即角聲也四曰沙侯加濫華言應聲即變徵聲也五曰沙臘華言應和聲即徵聲也六曰般贍華言五聲即羽聲也七曰俟利建華言斛牛聲即變宮聲也譯因習而彈之始得七聲之正然其就此七調又有五旦之名旦作七調以華言譯之旦者則謂均也其聲亦應黃鍾太簇林鍾南呂姑洗五均已外七律更無調聲譯遂因其所捻琵琶絃柱相飲為均推演其聲更立七均合成十二以應十二律律有七音音立一調故成七調十二律合八十四調旋轉相交盡皆和合仍以其聲考校太樂所奏林鍾

之宮應用林鍾為宮乃用黃鍾為宮應用南呂為商乃用太簇為商應用應鍾為角乃取姑洗為角故林鍾一宮七聲三聲並戾其十一宮七十七音例皆乖越莫有通者又以編懸有八因作八音之樂七音之外更立一聲謂之應聲譯因作書二十餘篇以明其指至是譯以其書宣示朝廷并立議正之時邳國公世子蘇夔亦稱明樂駁譯曰韓詩外傳所載樂聲感人及月令所載五音所中並皆有五不言變宮變徵又春秋左氏所云七音六律以奉五聲准此而言每宮應立五調不聞更加變宮變徵二調為七調七調之作所出未詳譯答之曰周有七音之律漢書律曆志天地人及四時謂之七始黃鍾為天始林鍾為地始太簇為人始是為三始姑洗為春蕤賓為夏南呂為秋應鍾為冬是為四時四時三始是以為七今若不以二變為調曲則是冬夏聲闕四時不備是故每宮須立七調眾從譯議譯又與夔俱云案今樂府黃鍾乃以林鍾為調首失君臣之義清樂黃鍾宮以小呂為變徵乖相生之道今請雅樂黃鍾宮以黃鍾為調首清樂去小呂還用蕤賓為變徵眾皆從之夔又與譯議欲累黍立分正定律呂時以音律久不通譯夔等一朝能為之以為樂聲可定而何妥舊以學聞雅為高祖所信高祖素不悅學不知樂妥又恥已宿

儒不逮譯等欲沮壞其事乃立議非十二律旋相為宮曰經文雖道旋相為宮恐是直言其理亦不通隨月用調是以古來不取若依鄭玄及司馬彪須用六十律方得和韻今譯唯取黃鍾之正宮兼得七始之妙義非止金石諧韻亦乃簨虡不繁可以享百神可以合萬舞矣而又非其七調之義曰近代書記所載縵樂鼓琴吹笛之人多云三調三調之聲其來久矣請存三調而已時牛弘總知樂事弘不能精知音律又有識音人萬寶常脩洛陽舊曲言幼學音律師於祖孝徵知其上代脩調古樂周之璧翣殷之崇牙懸八用七盡依周禮備矣所謂正聲又近前漢之樂不

可廢也是時競爲異議各立朋黨是非之理紛然淆亂或欲令各修造待成擇其善者而從之妥恐樂成善惡易見乃請高祖張樂試之遂先說曰黄鍾者以象人君之德及奏黄鍾之調高祖曰滔滔和雅甚與我心會妥因陳用黄鍾一宫不假餘律高祖大悦班賜妥等修樂者自是譯等議寢

志第九　音樂中　隋書十四

志第十　隋書十五

音樂下

太尉揚州都督監修國史上柱國趙國公臣長孫無忌等奉勑撰

開皇九年平陳獲宋齊舊樂詔於太常置清商署以管之求陳太樂令蔡子元于普明等復居其職由是牛弘奏曰臣聞周有六代之樂至韶武而已秦始皇改周舞曰五行漢高帝改韶武曰文始以示不相襲也又造武德自表其功故高帝廟奏武德文始五行之舞又作昭容禮容增演其意昭容生於武德蓋猶古之韶也禮容生於文始矯秦之五行也文帝又作四時之舞故孝景帝立追述先功采武德舞作昭德舞被之管弦薦於太宗之廟孝宣采昭德舞爲盛德舞更造新歌薦於武帝之廟據此而言遞相因襲縱有改作並宗於韶至明帝時東平獻王采文德舞爲大武之舞薦于光武之廟漢末大亂樂章淪缺魏武平荆州獲杜夔以爲軍謀祭酒使創雅樂時散騎侍郎鄧靜善詠雅歌樂師尹胡能習宗祀之曲舞師馮肅曉知先代諸舞總練研精復於古樂自夔始也文帝黄初改昭容之樂爲昭業樂武德之舞爲武頌舞文始之舞爲大韶舞五行之舞爲大武舞明帝初公卿奏上太祖武皇帝樂曰武始之舞高祖文皇帝樂曰咸熙之舞又製樂舞名曰章斌之

舞有事於天地宗廟及三朝大饗並用之晉武帝泰始二
年遣傅玄等造行禮及上壽食舉歌詩張華表曰按漢魏
所用雖詩章辭異興廢隨時至其韻逗曲折並繫於舊一
皆因襲不敢有所改也九年荀勗典樂使郭夏宋識造正
德大豫之舞改魏昭武舞曰宣武舞羽籥舞曰宣文舞江
左之初典章堙紊賀循爲太常卿始有登歌之樂大寧末
阮孚等又增益之咸和間鳩集遺逸鄴沒胡後樂人頗復
南度東晉因之以具鐘律太元間破苻永固又獲樂工楊
蜀等閑練舊樂於是金石始備尋其設懸音調並與江左
是同慕容垂破慕容永於長子盡獲苻氏舊樂垂息爲魏

所敗其鐘律令李佛等將大樂細伎奔慕容德於鄴德遷
都廣固子超嗣立其母先沒姚興超以太樂伎一百二十
人詣興贖母及宋武帝入關悉收南度永初元年改正德
舞曰前舞大武舞曰後舞文帝元嘉九年太樂令鍾宗之
更調金石至十四年典書令奚縱復改定之又有凱容宣
業之舞齊代因而用之蕭子顯齊書志曰宋孝建初朝議
以凱容舞爲韶舞宣業舞爲武德舞據韶爲言宣業即是
古之大武非武德也故志有前舞凱容歌辭後舞凱容歌
辭者矣至于梁初猶用凱容宣業之舞後改爲大壯大觀
焉今人猶喚大觀爲前舞故知樂名雖隨代而改聲韻曲

折理應常同前克荊州得梁家雅曲今平蔣州又得陳氏
正樂史傳相承以爲合古且觀其曲體用聲有次請修緝
之以備雅樂其後魏洛陽之曲據魏史云太武平赫連
昌所得更無明證後周所用者皆是新造雜有邊裔之聲
戎音亂華皆不可用請悉停之制曰制禮作樂聖人之事
也功成化洽方可議之今宇內初平正化未洽遽有變革
我則未暇晉王廣又表請帝乃許之牛弘遂因鄭譯之舊
又請依古五聲六律旋相爲宮雅樂每宮但一調唯迎氣
奏五調謂之五音縵樂用七調祭祀施用各依聲律尊卑
爲次高祖猶憶妥言注弘奏下不許作旋宮之樂但作黃

鍾一宮而已於是牛弘及祕書丞姚察通直散騎常侍許
善心儀同三司劉臻通直郎虞世基等更共詳議曰後周
之時以四聲降神雖采周禮而年代深遠其法久絕不可
依用謹案司樂凡樂圜鍾爲宮黃鍾爲角大蔟爲徵姑洗
爲羽舞雲門以祭天函鍾爲宮大蔟爲角姑洗爲徵南呂
爲羽舞咸池以祭地黃鍾爲宮大呂爲角大蔟爲徵圜鍾
爲羽舞韶以祀宗廟馬融曰圜鍾應鍾也賈逵鄭玄曰圜
鍾夾鍾也鄭玄又云此樂無商聲祭尚柔剛故不用也干
寶云不言商商爲臣王者自謂故置其實而去其名若曰
有天地人物無德以主之謙以自牧也先儒解釋既莫知

適從然此四聲非直無商又律管乖次以其爲樂無克諧之理今古事異不可得而行也按東觀書馬防傳太子丞鮑鄴等上作樂事下防防奏言建初二年七月鄴上言天子食飲必順于四時五味而有食舉之樂所以順天地養神明求福應也今官雅樂獨有黃鍾而食舉樂但有太蔟皆不應月律恐傷氣類可作十二月均各應其月氣公卿朝會得聞月律乃能感天和氣宜應詔下太常評焉太常上言作樂器直錢百四十六萬奏寢今明詔復下臣防以爲可須上天之明時因歲首之嘉月發太蔟之律奏雅頌之音以迎和氣其條貫甚具遂獨施行起於十月爲迎氣

之樂矣又順帝紀云陽嘉二年冬十月庚午以春秋爲辟雍隸太學隨月律十月作應鍾三月作姑洗元和以來音戾不調修復黃鍾作樂器如舊典據此而言漢樂宮懸有黃鍾均食舉太蔟均止有二均不旋相爲宮亦以明矣計從元和至陽嘉二年纔五十歲用而復止驗黃帝聽鳳以制律呂尚書曰予欲聞六律五聲周禮有分樂而祭此聖人制作以合天地陰陽之和自然之理乃云音戾不調斯言誣之甚也今梁陳雅曲並用宮聲按禮五聲十二律還相爲宮盧植云十二月三管流轉用事當用事者爲宮宮君也鄭玄曰五聲宮商角徵羽其陽管爲律陰管爲呂

布十二辰更相爲宮始自黃鍾終於南呂凡六十也皇侃疏還相爲宮者十一月以黃鍾爲宮十二月以大呂爲宮正月以太蔟爲宮餘月放此凡十二管各備五聲合六十聲五聲成一調故十二調此即釋鄭義之明文無用商角徵羽爲別調之法矣樂稽耀嘉曰東方春其聲角樂當宮於夾鍾餘方各以其中律爲宮若有商角之理不得云宮於夾鍾也又云五音非宮不調五味非甘不和又動聲儀宮唱而商和是謂善本太平之樂也周禮奏黃鍾歌大呂以祀天神鄭玄以黃鍾之鍾大呂之聲爲均調也故崔靈恩云六樂十二調亦不獨論商角徵羽也又云凡六樂

者皆文之以五聲播之以八音故知每曲皆須五聲八音錯綜而能成也御寇子云師文鼓琴命宮而總四聲則慶雲浮景風翔唯韓詩云聞其宮聲使人溫厚而寬大聞其商聲使人方廉而好義及古有清角清徵之流此則當聲爲曲今以五引爲五聲迎氣所用者是也餘曲悉用宮聲不勞商角徵羽何以得知荀勗論三調爲均首者得正聲之名明知雅樂悉在宮調已外徵羽角自爲謠俗之音耳且西涼龜茲雜伎等曲數既多故得隸於衆調調各別曲至如雅樂少須以宮爲本歷十二均而作不可分配餘調更成雜亂也其奏大抵如此帝並從之故隋代雅樂唯奏

黃鍾一宮郊廟饗用一調迎氣用五調舊工更盡其餘聲
律皆不復通或有能爲蕤賓之宮者享祀之際肆之竟無
覺者弘又修皇后房內之樂據毛萇侯苞孫毓故事皆有
鍾聲而王肅之意乃言不可又陳統云婦人無外事而陰
教尚柔柔以靜爲體不宜用於鍾弘等採肅統以取正焉
高祖龍潛時頗好音樂常倚琵琶作歌二首名曰地厚天
高託言夫妻之義因即取之爲房內曲命婦人幷登歌上
壽並用之職在宮內女人教習之初後周故事懸鍾磬法
七正七倍合爲十四蓋準變宮變徵凡爲七聲有正有倍
而爲十四也長孫紹遠引國語泠州鳩云武王伐殷歲在

鶉火自鶉及駟七位故也既以七同其數而以律和其聲
於是有七律又引尚書大傳謂之七始其注云謂黃鍾林
鍾太簇南呂姑洗應鍾蕤賓也歌聲不應此者皆去之然
據一均言也宮商角徵羽爲正變宮變徵爲和加倍而有
十四焉又梁武帝加以濁倍三七二十一而同爲架雖取
繁會聲不合古又後魏時公孫崇設鍾磬正倍參懸之弘
等並以爲非而據周官小胥職懸鍾磬半之爲堵全之爲
肆鄭玄曰鍾磬編懸之二八十六而在一簴鍾一堵磬一
堵謂之肆又引樂緯宮爲君商爲臣君臣皆尊各置一副
故加十四而懸十六又據漢成帝時犍爲水濱得石磬十

六枚此皆懸八之義也懸鍾磬法每簴準之懸八用七不
取近周之法懸七也又參用儀禮及尚書大傳爲宮懸陳
布之法北方北向應鍾起西磬次之黃鍾次之鍾次之大
呂次之皆東陳一建鼓在其東東鼓東方西向太簇起北
磬次之夾鍾次之鍾次之姑洗次之皆南陳一建鼓在其
南東鼓南方北向中呂起東鍾次之蕤賓次之磬次之林
鍾次之皆西陳一建鼓在其西西鼓西方東向夷則起南
鍾次之南呂次之磬次之無射次之皆北陳一建鼓在其
北西鼓其大射則撤北面而加鉦鼓祭天用雷鼓雷鼗祭
地用靈鼓靈鼗宗廟用路鼓路鼗各兩設在懸內又準儀

禮宮懸四面設鎛鍾十二簴各依辰位又甲景庚壬位各
設鍾一簴乙丁辛癸位各陳磬一簴共爲二十簴其宗廟
殿庭郊丘社並同樹建鼓于四隅以象二十四氣依月爲
均四箱同作蓋取毛傳詩云四懸皆同之義古者鎛鍾據
儀禮擊爲節檢而無合曲之義又大射有二鎛皆亂擊焉
乃無成曲之理依後周以十二鎛相生擊之聲韻克諧每
鎛鍾建鼓各一人每鍾磬簨簴各一人歌二人執節一人
琴瑟箏筑各一人每鍾簴竽笙簫笛塤篪各一人懸內柷
敔各一人柷在東敔在西二舞各八佾樂人皆平巾幘絳
褠衣樂器並採周官參之梁代擇用其尤善者其簨簴

皆金五博山飾以崇牙樹羽旒蘇其樂器應漆者天地之
神皆朱漆宗廟及殿庭則五色漆畫晉宋故事箱別各有
柷敔既同時憂之今則不用又周官大司樂奏黃鍾歌大
呂舞雲門以祀天神奏太蔟歌應鍾舞咸池以祭地祇奏
姑洗歌南呂舞大韶以祀四望奏蕤賓歌函鍾舞大夏以
祭山川奏夷則歌小呂舞大濩以享先妣奏無射歌夾鍾
舞大武以享先祖此乃周制立二王三恪通己為六代之
樂至四時祭祀則分而用之以六樂配十二調一代之樂
則用二調矣隋去六代之樂又無四望先妣之祭今既與
古祭法有別乃以神祇位次分樂配焉奏黃鍾歌大呂以

祀圓丘黃鍾所以宣六氣也耀魄天神最為尊極故奏黃
鍾以祀之奏太蔟歌應鍾以祭方澤太蔟所以贊陽出滯
崑崙厚載之重故奏太蔟以祀之奏姑洗歌南呂以祀五
郊神州姑洗所以滌絜百物五郊神州天地之次故奏姑
洗以祀之奏蕤賓歌函鍾以祭宗廟蕤賓所以安靜神人
祖宗有國之本故奏蕤賓以祀之奏夷則歌小呂以祭社
稷先農夷則所以詠歌九穀貴在秋成故奏夷則以祀之
奏無射歌夾鍾以祭巡狩方嶽無射所以示人軌物觀風
望秩故奏無射以祀之同用文武二舞其圓丘降神六變
方澤降神八變宗廟禘祫降神九變皆用昭夏其餘祭享

皆一變又周禮王出奏王夏尸出奏肆夏叔孫通法迎神
奏嘉至今亦隨事立名皇帝入出皆奏皇夏群官入出
皆奏肆夏食舉上壽奏需夏迎送神奏昭夏薦獻郊廟奏
誠夏宴饗殿上奏登歌并文舞武舞合為八曲古有宮商
角徵羽五引梁以三朝元會奏之今改為五音其聲悉依
宮商不使差越唯迎氣於五郊降神奏之月令所謂孟春
其音角是也通前為十三曲并內宮所奏天高地厚二曲
於房中奏之合十五曲其登歌法準禮郊特牲歌者在上
匏竹在下大戴云清廟之歌懸一磬而尚拊搏又在漢代
獨登歌者不以絲竹亂人聲近代以來有登歌五人別升

於上絲竹一部進處階前此蓋尚書憂擊鳴球搏拊琴瑟
以詠祖考來格之義也梁武樂論以為登歌者頌祖宗功
業檢禮記乃非元日所奏若三朝大慶百辟俱陳升工籍
殿以詠祖考君臣相對便須滌濯以此說非通還以嘉慶
用之後周登歌備鍾磬琴瑟階上設笙管今遂因之合於
儀禮荷瑟升歌及笙人立於階下間歌合樂是燕飲之事
矣登歌法十有四人鍾東磬西工各一人琴瑟箏筑各一
人并歌者三人執節七人並坐階上笙竽簫笛塤篪各一
人並立階下悉進賢冠絳公服斟酌古今參而用之祀神
宴會通行之若有大祀臨軒陳於階壇之上若冊拜王公

設宮懸不用登歌釋奠則唯用登歌而不設懸古者人君食皆用當月之調以取時律之聲使不失五常之性調暢四體令得時氣之和故鮑鄴上言天子食飲必順四時有食舉樂所以順天地養神明可作十二月均感天和氣此則殿庭月調之義也祭祀既已分樂臨軒朝會並用當月之律正月懸太蔟之均乃至十二月懸大呂之均欲感君人情性允協陰陽之序也又文舞六十四人並黑介幘冠進賢冠絳紗連裳内單皁褾領襈裾革帶烏皮履十六人執翟十六人執帗十六人執旄十六人執羽左手皆執籥二人執纛引前在舞人數外衣冠同舞人武舞六十四人

並服武弁朱褠衣革帶烏皮履左執朱干右執大戚依朱干玉戚之文二人執旌居前二人執鼗二人執鐸金錞二四人輿二人作二人執鐃次之二人執相在左二人執雅在右各工一人作自旌以下夾引並在舞人數外衣冠同舞人周官所謂以金錞和鼓金鐲節鼓金鐃止鼓金鐸通鼓也又依樂記象德擬功初來就位總干而山立思君道之難也發揚蹈厲威而不殘也舞亂皆坐四海咸安也武始而受命再成而定山東三成而平蜀道四成而北狄是通五成而江南是拓六成復綴以闡太平高祖曰不須象功德直象事可也然竟用之近代舞出入皆作樂謂之階步咸

用肆夏今亦依定即周官所謂樂出入奏鍾鼓也又魏晉故事有矛俞弩俞及朱儒導引今據尚書直云干羽禮文稱羽籥干戚今文舞執羽籥武舞執干戚其矛俞弩俞等蓋漢高祖自漢中歸巴俞之兵執仗而舞也既非正典悉罷不用十四年三月樂定秘書監奇章縣公牛弘秘書丞北絳郡公姚察通直散騎常侍虞部侍郎許善心兼內史舍人虞世基儀同三司東宮學士饒陽伯劉臻等奏曰臣聞蕢桴土鼓由來斯尚雷出地奮著自易經邃古帝王經邦馭物揖讓而臨天下者禮樂之謂也秦焚經典樂書亡缺爰至漢興始加鳩採祖述增廣緝成朝憲魏晉相承

更加論討沿革之宜備於故實永嘉之後九服崩離燕石符姚遞據華土此其戎乎何必伊川之上吾其左衽無復微管之功前言往式於斯而盡金陵建社朝士南奔帝則皇規粲然更備與內原隔絕三百年於茲矣伏惟明聖膺期會昌在運今南征所獲梁陳樂人及晉宋旗章宛然俱至曩代所不服者今悉服之前朝所未得者今悉得之化洽功成於是乎在臣等伏奉明詔詳定雅樂博訪知音旁求儒彥研校是非定其去就取為一代正樂具在本司於是并撰歌辭三十首詔並令施用見行者皆停之其人間音樂流僻日久棄其舊體者並加禁約務存其本先是高祖

遣内史侍郎李元操直内史省盧思道等列清廟歌辭十二曲令齊樂人曹妙達於太樂教習以代周歌其初迎神七言象元基曲獻奠登歌六言象傾盃曲送神禮畢五言象行天曲至是弘等但改其聲合於鍾律而辭經勑定不敢易之至仁壽元年煬帝初爲皇太子從饗于太廟聞而非之乃上言曰清廟歌辭文多浮麗不足以述宣功德請更議定於是制詔吏部尚書奇章公弘開府儀同三司領太子洗馬柳顧言秘書丞攝太常少卿許善心内史舍人虞世基禮部侍郎蔡徵等更詳故實創製雅樂歌辭其祠圓丘皇帝入至版位定奏昭夏之樂以降天神升壇奏皇

夏之樂受玉帛登歌奏昭夏之樂皇帝降南陛詣罍洗洗爵訖升壇並奏皇夏初升壇俎入奏昭夏之樂皇帝初獻奏誠夏之樂皇帝既獻作文舞之舞皇帝飲福酒作需夏之樂皇帝反爵於坫還本位奏皇夏之樂武舞出作肆夏之樂送神作昭夏之樂就燎位還大次並奏皇夏

圓丘降神奏昭夏辭

肅祭典 協良辰 具嘉薦 俟皇臻 禮方成
樂已變 感靈心 迴天睠 闢華闕 下乾宮
乘精氣 御祥風 望爟火 通田燭 膺介圭
受瑄玉 神之臨 慶陰陰 煙衢洞 宸路深
善既福 德斯輔 流鴻祚 徧區宇

皇帝升壇奏皇夏辭

於穆我君 昭明有融 道濟區域 功格玄穹 百神警衛
萬國承風 仁深德厚 信洽義豐 明發思政 勤憂在躬
鴻基惟永 福祚長隆

登歌辭

德深禮大 道高饗穆 就陽斯恭 陟配惟肅 血膋升氣
冕裘標服 誠感清玄 信陳史祝 祇承靈貺 載膺多福

皇帝初獻奏誠夏辭

肇禋崇祀 大報尊靈 因高盡敬 掃地推誠 六宗隨兆

五緯陪營 雲和發韵 孤竹揚清 我粢既絜 我酌惟明
元神是鑒 百祿來成

皇帝既獻奏文舞辭

皇矣上帝 受命自天 睿圖作極 文教遐宣 四方監觀
萬品陶甄 有苗斯格 無得稱焉 天地之經 和樂具舉
休徵咸萃 要荒式序 正位履端 秋霜春雨

皇帝飲福酒奏需夏辭

禮以恭事 薦以饗時 載清玄酒 備絜薌萁 迴旒分爵
思媚軒墀 惠均撤俎 祥降受釐 十倫以具 百福斯滋
克昌厥德 永祚鴻基

武舞辭

御曆膺期　秉乾表則　成功戡亂　順時經國　兵暢五材

武弘七德　憬彼遐裔　化行充塞　三道備舉　二儀交泰

情發自中　義均莫大　祀敬恭肅　鍾鼓繁會　萬國斯歡

兆人斯賴　享茲介福　康哉元首　惠我無疆　天長地久

送神奏昭夏辭

享序洽　祀禮施　神之駕　嚴將馳　奔精驅

長離耀　牲煙達　絜誠照　騰日馭　鼓電鞭

辭下土　升上玄　瞻寥廓　杳無際　澹群心

留餘惠

皇帝就燎，還大次，並奏皇夏，辭同上

五郊歌辭五首　迎送神登歌與圜丘同

青帝歌辭奏角音

震宮初動　木德惟仁　龍精戒旦　鳥曆司春　陽光煦物

溫風先導　巖處載驚　膏田已冒　犧牲豐絜　金石和聲

懷柔備禮　明德惟馨

赤帝歌辭奏徵音

長贏開序　炎上為德　執禮司萌　持衡御國　重離得位

芒種在時　含櫻薦實　木槿垂蕤　慶賞既行　高明可處

順時立祭　事昭福舉

黃帝歌辭奏宮音

爰稼作土　順位稱坤　孕金成德　履艮為尊　黃本內色

宮實聲始　萬物資生　四時咸紀　靈壇汎埽　盛樂高張

威儀孔備　福履無疆

白帝歌辭奏商音

西成肇節　盛德在秋　三農稍已　九穀行收　金氣肅殺

商威颷戾　嚴風鼓莖　繁霜殞蔕　厲兵詰暴　勑法慎刑

神明降嘏　國步惟寧

黑帝歌辭奏羽音

玄英啟候　冥陵初起　虹藏於天　雉化於水　嚴關重閉

星迴日窮　黃鍾動律　廣莫生風　玄樽示本　天產惟質

恩覃外區　福流景室

感帝奏誠夏辭　迎送神登歌與圜丘同

禘祖垂典　郊天有章　以春之孟　於國之陽　繭栗惟誠

陶匏斯尚　人神接禮　明幽交暢　火靈降祚　火曆載隆

烝哉帝道　赫矣皇風

雩祭奏誠夏辭　迎送神登歌與圜丘同

朱明啟候　時載陽　肅若舊典　延五方

嘉薦以陳　盛樂奏　氣序和平　資靈祐

公田既雨　私亦濡　人殷俗富　政化敷

蜡祭奏諴夏辭 迎送神登歌與圓丘同

四方有祀 八蜡酬功 收藏既畢 榛葛送終 使之必報

祭之斯索 三時告勞 一日為澤 神祇必來 鱗羽咸致

惟義之盡 惟仁之至 年成物阜 罷役息人 皇恩已洽

靈慶無垠

朝日夕月歌詩二首 迎送神登歌與圓丘同

朝日奏諴夏辭

扶木上朝暾 嵫山沉暮景 寒來遊晷促

暑至馳輝永 時和合璧耀 俗泰重輪明

執圭盡昭事 服冕罄虔誠

夕月奏諴夏辭

澄輝燭地域 流耀鏡天儀 曆草隨弦長

珠胎逐望虧 成形表蟾兔 竊藥資王母

西郊禮既成 幽壇福惟厚

方丘歌辭四首 唯此四者異餘並同圜丘

迎神奏昭夏辭

柔功暢 陰德昭 陳瘞典 盛玄郊 篚冪清

牲鬯馥 皇情虔 具寮肅 笙頌合 鼓鞀會

出桂旗 屯孔蓋 敬如在 肅有承 神胥樂

慶福膺

奠玉帛登歌

道惟生育 器乃包藏 報功稱範 殷薦有常 六瑚已饋

五齊流香 貴誠尚質 敬洽義彰 神祇惟永 帝業增昌

皇地祇歌辭奏諴夏辭

厚載垂德 崐丘主神 陰壇吉禮 北至良辰 鑒水呈絜

牲栗表純 樽壺夕視 幣玉朝陳 群望咸秩 精靈畢臻

祚流於國 祉被於人

送神歌辭奏昭夏辭

奠既徹 獻已周 竦靈駕 逝遠遊 洞四極

帀九縣 慶方流 祉恒遍 埋玉氣 掩牲芬

晰神理 顯國文

神州奏諴夏辭 迎送神登歌與方丘同

四海之內 一和之壤 地曰神州 物賴生長 咸池既降

泰折斯饗 牲牷尚黑 珪玉實兩 九寓載寧 神功克廣

社稷歌辭四首 迎送神登歌與方丘同

春祈社奏諴夏辭

厚地開靈 方壇崇祀 達以風露 樹之松梓 勾萌既申

芟柞伊始 恭祈粢盛 載膺休祉

春祈稷奏諴夏辭

粒食興教 播厥有先 尊神致絜 報本惟虔 瞻榆束耒

望杏開田　方憑戩福　佇詠豐年

秋報社奏諴夏辭

北墉申禮　單出表誠　豐犧入薦　華樂在庭　原隰既平
泉流又清　如雲已望　高廩斯盈

秋報稷奏諴夏辭

人天務急　農亦勤止　或蓘或藨　惟亹惟芑　涼風戒時
歲云秋矣　物成則報　功施必祀

先農奏諴夏辭　迎送神與方丘同

農祥晨晰　土膏初起　春原俶載　青壇致祀　斂蹕長阡
廻旌外壝　房俎飾薦　山罍沈滓　親事朱弦　躬持黛耜

恭神務穡　受釐降祉

先聖先師奏諴夏辭

經國立訓　學重教先　三墳肇冊　五典留篇　開鑿理著
陶鑄功宣　東膠西序　春誦夏弦　芳塵載仰　祀典無騫

太廟歌辭

迎神歌辭

務本興教　尊神體國　霜露感心　享祀陳則　官聯式序
奔走在庭　几筵結慕　祼獻惟誠　嘉樂載合　神其降止
永言保之　錫以繁祉

登歌辭

孝熙嚴祖　師象敬宗　惟皇肅事　有來雝雝　雕梁霞複
繡栭雲重　觀德自感　奉璋伊恭　彝斝盡飾　羽綴有容
升歌發藻　景福來從

俎入歌辭　郊丘社廟同

祭本用初　祀由功舉　駿奔咸會　供神有序　明酌盈樽
豐犧實俎　幽金既薦　續錯維旅　享由明德　香非稷黍
載流嘉慶　克固鴻緒

皇高祖太原府君神室歌辭

締基發祥　肇源興慶　廼仁廼哲　克明克令　肅宣國圖
善流人詠　開我皇業　七百同盛

皇曾祖康王神室歌辭

皇條倏茂　帝系靈長　豐功疊軌　厚利重光　福由善積
代以德彰　嚴恭盡禮　永錫無疆

皇祖獻王神室歌辭

盛才必達　丕基增舊　涉魏同符　遷邠等構　弘風邁德
義高道富　神鑒孔昭　王猷克懋

皇考太祖武元皇帝神室歌辭

深仁冥著　至道潛敷　皇矣太祖　耀名天衢　翦商隆祚
奄宅隋區　有命既集　誕開靈符

飲福酒歌辭　郊丘社廟同

神道正直　祀事有融　肅雝備禮　莊敬在躬　蕭燔已具
奠斝將終　降祥惟永　受福無窮

○送神歌辭

饗禮具　利事成　佇旒冕　肅簪纓　金奏終
玉俎撤　盡孝敬　窮嚴潔　人祇分　哀樂半
降景福　憑幽贊

元會皇帝出入殿庭奏皇夏辭　郊丘社廟同

深哉皇度　粹矣天儀　司陛整蹕　式道先馳　八屯霧擁
七萃雲披　退揚進揖　步矩行規　勾陳乍轉　華蓋徐移
羽旗照耀　珪組陸離　居高念下　處安思危　照臨有度
紀律無虧

皇太子出入奏肆夏辭

惟熙帝載　式固王猷　體乾建本　是曰孟侯　馳道美漢
寢門稱周　德心既廣　道業惟優　傅保斯導　賢才與遊
瑜玉發響　畫輪停輈　皇基方峻　七鬯恒休

食舉歌辭八首

燔黍設教　禮之始　五味相資　火為紀
平心和德　在甘旨　牢羞既陳　鍾石俟
以斯而御　揚盛軌

養身必敬　禮食昭　時和歲阜　庶物饒

鹽梅既濟　鼎鉉調　特以膚腊　加膷膮
威儀濟濟　懋皇朝
饔人進羞　樂侑作　川潛之膾　雲飛臛
甘酸有宜　芬勺藥　金敦玉豆　盛交錯
御鼓既聲　安以樂
玉食惟后　膳必珍　芳菰既潔　重秬新
是能安體　又調神　荊包畢至　海貢陳
用之有節　德無垠
嘉羞入饋　猶化謐　沃土名滋　帝臺實
陽華之菜　雕陵栗　鼎俎芬芳　豆籩溢
通幽致遠　車書一
道高物備　食多方　山膚既善　水豢良
桓蒲在位　簨業張　加籩折俎　爛成行
恩風下濟　道化光
禮以安國　仁為政　具物必陳　饔牽盛
罝罘斤斧　順時令　懷生熙熙　皆得性
於茲宴喜　流嘉慶
皇道四達　禮樂成　臨朝日舉　表時平
甘芳既飫　醑以清　揚休玉巵　正性情
隆我帝載　永明明

上壽歌辭

俗已乂　時又良　朝玉帛　會衣裳　基同北辰久　壽共南山長　黎元鼓腹　樂未央

宴群臣登歌辭

皇明馭歷　仁深海縣　載擇良辰　式陳高宴　顒顒卿士　昂昂侯甸　車旗煜爚　衣纓蔥蒨　樂正展懸　司宮飾殿　三揖稱禮　九賓為傳　圜鼎臨碑　方壺在面　鹿鳴成曲　嘉魚入薦　筐篚相輝　獻酬交徧　飲和飽德　恩風長扇

○文舞歌辭

天睠有屬　后德惟明　君臨萬寓　昭事百靈　濯以江漢

樹之風聲　磬地必歸　窮天皆至　六戎仰朔　八蠻請吏　煙雲獻彩　龜龍表異　緝和禮樂　燮理陰陽　功由舞見　德以歌彰　兩儀同大　日月齊光

○武舞歌辭

惟皇御寓　惟帝乘乾　五材並用　七德兼宣　平暴夷險　拯溺救燔　九域載安　兆庶斯賴　續地之厚　補天之大　聲隆有截　化覃無外　鼓鍾既奮　干戚攸陳　功高德重　政謐化淳　鴻休永播　久而彌新

大射登歌辭

道謐金科照　時乂玉條明　優賢饗禮洽　選德射儀成　鑾旗轉雲動　寶軑儼天行　巾車整三乏　司裘飾五正　鳴球響高殿　華鍾震廣庭　烏號傳昔美　淇衛著前名　揖讓皆時傑　升降盡朝英　附枝觀體定　杯水覩心平　豐觚既來去　燔炙復從橫　欣看禮樂盛　喜遇黃河清

凱樂歌辭三首

述帝德

於穆我后　睿哲欽明　膺天之命　載育羣生　開元創曆　邁德垂聲　朝宗萬寓　祇事百靈　煥乎皇道　昭哉帝則

惠政滂流　仁風四塞　淮海未賓　江湖背德　運籌必勝　濯征斯克　八荒霧卷　四表雲褰　雄圖盛略　邁後光前　寰區已泰　福祚方延　長歌凱樂　天子萬年

述諸軍用命

帝德遠覃　天維宏布　功高雲天　聲隆韶護　惟彼海隅　未從王度　皇赫斯怒　元戎啓路　桓桓猛將　赳赳英謨　攻如燎髮　戰似摧枯　救茲塗炭　克彼妖逋　塵清兩越　氣靜三吳　鯨鯢已夷　封疆載闢　班馬蕭蕭　歸旌弈弈　雲臺表効　司勳紀績　業並山河　道固金石

述天下太平

阪泉軒德　丹浦堯勲　始實以武　終乃以文　嘉樂聖主
大哉爲君　出師命將　廓定重氛　書軌既并　干戈是戢
弘風設教　政成人立　禮樂聿興　衣裳載緝　風雲自美
嘉祥爰集　皇皇聖政　穆穆神猷　牢籠虞夏　度越姬劉
日月比曜　天地同休　永清四海　長帝九州

皇后房內歌辭

至順垂典　正內弘風　母儀萬國　訓範六宮　求賢啓化
進善宣功　家邦載序　道業斯融

大業元年煬帝又詔脩高廟樂曰古先哲王經國成務莫不因人心而制禮則天明而作樂昔漢氏諸廟別所樂亦不

同至於光武之後始立共堂之制魏文承運初營廟寢太祖一室獨爲別宮自茲之後兵車交爭制作規模日不暇給伏惟高祖文皇帝功侔造物道濟生靈享薦宜殊樂舞須別今若月祭時饗既與諸祖共庭至於舞功獨於一室交違禮意未合人情其詳議以聞有司未及陳奏帝又以禮樂之事總付秘書監柳顧言少府副監何稠著作郎諸葛潁秘書郎袁慶隆等增多開皇樂器大益樂員郊廟樂懸並令新製顧言等後親帝復難於改作其議竟寢諸郊廟歌辭亦並依舊制唯新造高祖廟歌九首今亡又遺秘書省學士定殿前樂工歌十四首終大業世每舉用焉帝

又詔博訪知鍾律歌管者皆追之時有曹士立裴文通唐羅漢常寶金等雖知操弄雅鄭莫分然總付太常詳令刪定議脩一百四曲其五曲在宮調黃鍾也一曲應調大呂也二十五曲商調大蔟也一十四曲角調姑洗也一十三曲變徵調蕤賓也八曲徵調林鍾也二十五曲羽調南呂也一十三曲變宮調應鍾也其曲大抵以詩爲本參以古調漸欲播之弦歌被之金石仍屬戎車不遑刊正禮樂之事竟無成功焉自漢至梁陳樂工其大數不相踰越及周并齊隋并陳各得其樂工多爲編戶至六年帝乃大括魏齊周陳樂人子弟悉配太常並於關中爲坊置之其數益

多前代顧言等又奏仙都宮內四時祭享還用太廟之樂歌功論德別製其辭七廟同院樂依舊式又造饗宴殿庭宮懸樂器布陳簨簴大抵同前而於四隅各加二建鼓三案又設十二鎛鍾別鍾磬二架各依辰位爲調合三十六架至於音律節奏皆依雅曲意在演令繁會自梁武帝之始也開皇時廢不用至是又復爲高祖時宮懸樂器唯有一部殿庭饗宴用之平陳所獲又有二部宗廟郊丘分用之至是並於樂府藏而不用更造三部五郊二十架工一百四十三人廟庭二十架工一百五十人饗宴二十架工一百七人舞郎各二等並一百三十二人顧言又增房內

樂益其鍾磬奏議曰房內樂者主為王后弦歌諷誦而事君子故以房室為名燕禮鄉飲酒禮亦取而用也故云用之鄉人焉用之邦國焉文王之風由近及遠鄉樂以感人須存雅正既不設鍾鼓義無四懸何以取正於婦道也磬師職云燕樂之鍾磬鄭玄曰燕樂房內樂也所謂陰聲金石備矣以此而論房內之樂非獨弦歌必有鍾磬也內宰職云正后服位詔其禮樂之儀鄭玄云薦徹之禮當與樂相應薦徹之言雖施祭祀其入出賓客理亦宜同請以歌鍾歌磬各設二虡土革絲竹並副之并升歌下管總名房內之樂女奴肄習朝燕用之制曰可於是內宮懸二十

虡其鎛鍾十二皆以大磬充去建鼓餘飾並與殿庭同皇太子軒懸去南面設三鎛鍾於辰丑申三建鼓亦如之編鍾三虡編磬三虡共三鎛鍾為九虡其登歌減者二人簨簴金三博山樂器應漆者朱漆之其二舞用六佾其雅樂鼓吹多依開皇之故雅樂合二十器今列之如左

金之屬二一曰鎛鍾每鍾懸一簨簴各應律呂之音即黃帝所命伶倫鑄十二鍾和五音者也二曰編鍾小鍾也各應律呂大小以次編而懸之上下皆八合十六鍾懸於一簨簴

石之屬一曰磬用玉若石為之懸如編鍾之法

絲之屬四一曰琴神農制為五弦周文王加二弦為七者也二曰瑟二十七弦伏犧所作者也三曰筑十二弦四曰箏十三弦所謂秦聲蒙恬所作者也

竹之屬三一曰簫十六管長二尺舜所造者也二曰篪長尺四寸八孔蘇公所作者也三曰笛凡十二孔漢武帝時丘仲所作者也京房備五音有七孔以應七聲黃鍾之笛長二尺八寸四分四釐有奇其餘亦上下相次以為長短

匏之屬二一曰笙二曰竽並女媧之所作也笙列管十九於匏內施簧而吹之竽大三十六管

土之屬一曰塤六孔暴辛公之所作者也

革之屬五一曰建鼓夏后氏加四足謂之足鼓殷人柱貫之謂之楹鼓周人懸之謂之懸鼓近代相承植而貫之謂之建鼓蓋殷所作也又棲翔鷺於其上不知何代所加或曰鵠也取其聲揚而遠聞或曰鷺鼓精也越王勾踐擊大鼓於雷門以厭吳晉時移於建康有雙鷺㗖鼓而飛入雲或曰皆非也詩云振振鷺鷺于飛鼓咽咽醉言歸古之君子悲周道之衰頌聲之輟飾鼓以鷺存其風流未知孰是靈鼓靈鼗並八面雷鼓雷鼗六面路鼓路鼗四面鼓以桴擊之鼗貫其中而手摇之又有節鼓不知誰所造也

木之屬二一曰柷如桶方二尺八寸中有椎柄連底動之

令左右擊以節樂二曰敔如伏獸背有二十七鉏鋙以竹長尺橫櫟之以止樂焉

簨簴所以懸鍾磬橫曰簨飾以鱗屬植曰簴飾以贏及羽屬簨加木板於上謂之業殷人刻其上爲崇牙以挂懸周人畫繒爲翣戴之以璧垂五采羽於其下樹於簨簴之角近代又加金博山於簨上垂流蘇以合采羽五代相因同用之

始開皇初定令置七部樂一曰國伎二曰清商伎三曰高麗伎四曰天竺伎五曰安國伎六曰龜茲伎七曰文康伎又雜有疏勒扶南康國百濟突厥新羅倭國等伎其後牛弘請存鞞鐸巾拂等四舞與新伎並陳因稱四舞按漢魏以來並施於宴饗鞞舞漢巴渝舞也至章帝造鞞舞辭云關東有賢女魏明代漢曲云明明魏皇帝鐸舞傳云代魏辭云振鐸鳴金成公綏賦云鞞鐸舞庭八音並陳是也拂舞者沈約宋志云吳舞吳人思晉化其辭本云白符鳩是也巾舞者公莫舞也伏滔云項莊因舞欲劒高祖項伯紆長袖以扞其鋒魏晉傳爲舞焉檢此雖非正樂亦前代舊聲故梁武報沈約云鞞鐸巾拂古之遺風楊泓云此舞本二八人桓玄即眞爲八佾後因而不改齊人王僧虔已論其事平陳所得者猶充八佾於懸內繼二舞後作之爲失斯

大檢四舞由來其實已久請並在宴會與雜伎同設於西涼前奏之帝曰其聲音節奏及舞悉宜依舊惟舞人不須捉鞞拂等及大業中煬帝乃定清樂西涼龜茲天竺康國疏勒安國高麗禮畢以爲九部樂器工依創造既成大備於茲矣清樂其始即清商三調是也並漢來舊曲樂器形制并歌章古辭與魏三祖所作者皆被於史籍屬晉朝遷播夷羯竊據其音分散苻永固平張氏始於涼州得之宋武平關中因而入南不復存於內地及平陳後獲之高祖聽之善其節奏曰此華夏正聲也昔因永嘉流於江外我受天明命今復會同雖賞逐時遷而古致

猶在可以此爲本微更損益去其哀怨考而補之以新定律呂更造樂器其歌曲有陽伴舞曲有明君并契其樂器有鍾磬琴瑟擊琴琵琶箜篌筑箏節鼓笙笛簫篪塤等十五種爲一部工二十五人

西涼者起苻氏之末呂光沮渠蒙遜等據有涼州變龜茲聲爲之號爲秦漢伎魏太武既平河西得之謂之西涼樂至魏周之際遂謂之國伎今曲項琵琶豎頭箜篌之徒並出自西域非華夏舊器楊澤新聲神白馬之類生於胡戎胡戎歌非漢魏遺曲故其樂器聲調悉與書史不同其歌曲有永世樂解曲有萬世豐舞曲有于寘佛曲其樂器有

鍾磬彈箏搊箏卧箜篌竪箜篌琵琶五絃笙簫大篳篥竪小篳篥橫笛腰鼓齊鼓檐鼓銅拔貝等十九種爲一部工二十七人

龜茲者起自呂光滅龜茲因得其聲呂氏亡其樂分散後魏平中原復獲之其聲後多變易至隋有西國龜茲齊朝龜茲土龜茲等凡三部開皇中其器大盛於閭閈時有曹妙達王長通李士衡郭金樂安進貴等皆妙絕弦管新聲奇變朝改暮易持其音技估衒公王之間舉時爭相慕尚高祖病之謂羣臣曰聞公等皆好新變所奏無復正聲此不祥之大也自家形國化成人風勿謂天下方然公家家自

有風俗矣存亡善惡莫不繫之樂感人深事資和雅公等對親賓宴飲宜奏正聲聲不正何可使兒女聞也帝雖有此勑而竟不能救焉煬帝不解音律略不關懷後大製豔篇辭極淫綺令樂正白明達造新聲剏萬歲樂藏鈎樂七夕相逢樂投壺樂舞席同心髻玉女行觴神仙留客擲磚續命鬭雞子鬭百草泛龍舟還舊宮長樂花及十二時等曲掩抑摧藏哀音斷絕帝悅之無已謂幸臣曰多彈曲者如人多讀書讀書多則能撰書彈曲多即能造曲此理之然也因語明達云齊氏偏隅曹妙達猶自封王我今天下大同欲貴汝宜自脩謹六年高昌獻聖明樂曲帝令知音者

於館所聽之歸而肄習及客方獻先於前奏之胡夷皆驚焉其歌曲有善善摩尼解曲有婆伽兒舞曲有小天又有疏勒鹽其樂器有竪箜篌琵琶五弦笙笛簫篳篥毛員鼓都曇鼓答臘鼓腰鼓羯鼓雞婁鼓銅拔貝等十五種爲一部工二十人

天竺者起自張重華據有涼州重四譯來貢男伎天竺即其樂焉歌曲有沙石彊舞曲有天曲樂器有鳳首箜篌琵琶五弦笛銅鼓毛員鼓都曇鼓銅拔貝等九種爲一部工十二人

康國起自周代帝娉北狄爲后得其所獲西戎伎因其聲歌曲有戢殿農和正舞曲有賀蘭鉢鼻始末奚波地農惠鉢鼻始前拔地惠地等四曲樂器有笛正鼓加鼓銅拔等四種爲一部工七人

疏勒安國高麗並起自後魏平馮氏及通西域因得其伎後漸繁會其聲以別於太樂疏勒歌曲有亢利死讓樂舞曲有遠服解曲有監曲樂器有竪箜篌琵琶五弦笛簫篳篥答臘鼓腰鼓羯鼓雞婁鼓等十種爲一部工十二人

○安國歌曲有附薩單時舞曲有末奚解曲有居和祇樂器有箜篌琵琶五弦笛簫篳篥雙篳篥正鼓和鼓銅拔等十種爲一部工十二人

高麗歌曲有芝栖舞曲有歌芝栖樂器有彈箏臥箜篌豎箜篌琵琶五弦笛笙簫小篳篥桃皮篳篥腰鼓齊鼓擔鼓貝等十四種為一部工十八人

禮畢者本出自晉太尉庾亮家亮卒其伎追思亮因假為其面執翳以舞象其容取其謚以號之謂之為文康樂每奏九部樂終則陳之故以禮畢為名其行曲有單交路舞曲有散花樂器有笛笙簫篪鈴槃鞞腰鼓等七種三懸為一部工二十二人

始齊武平中有魚龍爛漫俳優朱儒山車巨象拔井種瓜殺馬剝驢等奇怪異端百有餘物名為百戲周時鄭譯有寵於宣帝奏徵齊散樂人並會京師為之蓋秦角抵之流者也開皇初並放遣之及大業二年突厥染干來朝煬帝欲誇之總追四方散樂大集東都初於芳華苑積翠池側帝帷宮女觀之有舍利先來戲於場內須臾跳躍激水滿衢黿鼉龜鼇水人蟲魚遍覆于地又有大鯨魚噴霧翳日倏忽化成黃龍長七八丈聳踊而出名曰黃龍變又以繩繫兩柱相去十丈遣二倡女對舞繩上相逢切肩而過歌舞不輟又為夏育扛鼎取車輪石臼大盆器等各於掌上而跳弄之并二人戴竿其上有舞忽然騰透而換易之又有神鼇負山幻人吐火千變萬化曠古莫儔染干大駭之自是皆於太常教習每歲正月萬國來朝留至十五日於端門外建國門內綿亘八里列為戲場百官起棚夾路從昏達旦以縱觀之至晦而罷伎人皆衣錦繡繒綵其歌舞者多為婦人服鳴環佩飾以花毦者殆三萬人初課京兆河南製此衣服而兩京繒錦為之中虛三年駕幸榆林突厥啟民朝于行宮帝又設以示之六年諸夷大獻方物突厥啟民以下皆國王親來朝賀乃於天津街盛陳百戲自海內凡有奇伎無不總萃崇侈器玩盛飾衣服皆用珠翠金銀錦罽絺繡其營費鉅億萬關西以安德王雄總之東都以齊王暕總之金石匏革之聲聞數十里外彈弦擫管以上一萬八千人大列炬火光燭天地百戲之盛振古無比自是每年以為常焉

故事天子有事於太廟備法駕陳羽葆以入于次禮畢升車而鼓吹並作開皇十七年詔曰昔五帝異樂三王殊禮皆隨事而有損益因情而立節文仰惟祭享宗廟瞻敬如在罔極之感情深茲日而禮畢升路鼓吹發音還入宮門金石振響斯則哀樂同日心事相違情所不安理實未允宜改茲往式用弘禮教自今以後享廟日不須設鼓吹殿庭勿設樂懸在廟內及諸祭並依舊其王公已下祭私廟日不得作音樂至大業中煬帝制宴饗設鼓吹依梁

爲十二案案別有錞于鉦鐸軍樂鼓吹等一部案下皆熊羆貙豹騰倚承之以象百獸之舞其大駕鼓吹並朱漆畫大駕鼓吹小鼓加金鐲羽葆鼓鐃鼓節鼓皆五采重蓋其羽葆鼓仍飾以羽葆長鳴中鳴大小橫吹五采衣幡緋掌畫交龍五采腳大角幡亦如之大鼓長鳴大橫吹節鼓及橫吹後笛簫篳篥笳桃皮篳篥等工人服皆緋地苣文爲袍袴及帽金鉦棡鼓其鉦鼓皆加八角紫繖小鼓中鳴小橫吹及橫吹後笛簫篳篥笳桃皮篳篥等工人服並青地苣文袍袴及帽羽葆鼓鐃及歌簫笳工人服並武弁朱褠衣革帶大角工人平巾幘緋衫白布大口袴其鼓吹督帥服

與大角同以下準督帥服亦如之

棡鼓一曲十二變（與金鉦同）夜警用一曲俱盡次奏大鼓大鼓一十五曲供大駕一十二曲供皇太子一十曲供王公等小鼓九曲供大駕三曲供皇太子及王公等

長鳴色角一百二十具供大駕三十六具供皇太子十八具供王公等

次鳴色角一百二十具供大駕十二具供皇太子十具供王公等

大角第一曲起捉馬第二曲被馬第三曲騎馬第四曲行第五曲入陣第六曲收軍第七曲下營皆以三通爲一曲其辭並本之鮮卑

鐃鼓十二曲供大駕六曲供皇太子三曲供王公等其樂器有鼓并歌簫笳

大橫吹二十九曲供大駕九曲供皇太子七曲供王公其樂器有角節鼓笛簫篳篥笳桃皮篳篥小橫吹十二曲供大駕夜警則十二曲俱用其樂器有角笛簫篳篥笳桃皮篳篥

志第十　音樂下　隋書十五

律曆上

自夫有天地焉，有人物焉，樹司牧以君臨，懸政教而成務，莫不擬乾坤之大象，稟中和以建極，揆影響之幽賾，成律呂之精微。是用範圍百度，財成萬品。昔者淳古葦籥，創覩人籟之源，女媧笙簧，仍昭鳳律之首。後聖廣業，稽古彌崇，伶倫含少，乃擅比竹之工，虞舜昭華，方傳刻玉之美。是以書稱叶時月正日，同律度量衡。又曰：予欲聞六律五聲八音七始，訓以出納五言。此皆候金常而列管，憑璿璣以運鈞，統三極之元紀，七衡之響，可以作樂崇德，殷薦上帝。故能動天地，感鬼神，和人心，移風俗，考得失，徵成敗者也。粵在夏商，無聞改作。其於周禮，典同則掌六律六同之和，以辨天地四方陰陽之聲，以爲樂器。景王鑄鍾，問律於泠州鳩，對曰：夫律者，所以立鈞出度。鈞有五則，權衡規矩準繩咸備。故詩曰：尹氏太師，執國之鈞，天子是裨，俾衆不迷。是也。太史公律書云：王者制事立物，法度軌則，一稟於六律，爲萬事之本。其於兵械尤所重焉，故云望敵知吉凶，聞聲効勝負，百王不易之道也。及秦氏滅學，其道浸微。漢室初興，丞相張蒼首言音律，未能審備。孝武帝創置協律之官，司馬遷言律呂相生之次詳矣。及王莽之際，考論音律，劉歆條奏，班固因志之。蔡邕又記建武以後言律呂者，司馬紹統採而續之。炎歷將終，而天下大亂，樂工散亡，器法湮滅。魏武始獲杜夔，使定音律，夔依當時尺度，權備典章。及晉武受命，遵而不革。至泰始十年，光祿大夫荀勗奏造新度，更鑄律呂。元康中，勗子藩復嗣其事，未及成功，屬永嘉之亂，中朝典章，咸沒於石勒。及帝南遷，皇度草昧，禮容樂器，掃地皆盡。雖稍加採掇，而多所淪胥，終于恭安，竟不能備。宋錢樂之衍京房六十律，更增爲三百六十。梁博士沈重述其名數。後魏周齊時有論者。今依班志，編錄五代聲律度量，以志于篇云。

漢志言律，一曰備數，二曰和聲，三曰審度，四曰嘉量，五曰衡權。自魏晉已降，代有沿革，今列其增損之要云。

備數

五數者，一十百千萬也。傳曰：物生而後有象，滋而後有數。是以言律者，云數起於建子，黃鍾之律始一，而每辰三之，歷九辰至酉，得一萬九千六百八十三，而五數備成，以爲律法。又參之，終亥，凡歷十二辰，得十有七萬七千一百四十七，而辰數該矣，以爲律積。以成法除該積，得九寸，即黃鍾宮律之長也。此則數因律起，律以數成，故可歷管萬事，綜覈氣象。其算用竹，廣二分，長三寸。正策三廉，積二百一十六枚成六觚乾之策也負策四廉積一百四十四枚成方坤之策也觚方皆經十二天地之大數也是故探賾索隱鉤深致遠莫不用焉一十百千萬所同由也律度量衡曆率其別用也故體有長短檢之以度則不失毫氂物有多少受之以器則不失圭撮量有輕重平之以權衡則不失黍絫聲有清濁協之以律呂則不失宮商三光運行紀以曆數則不差晷刻事物糅見御之以率則不乖其本故幽隱之情精微之變可得而綜也夫所謂率者有九流焉一曰方田以御田疇界域二曰粟米以御交質變易三曰衰分以御貴賤廩稅四曰少廣以御積冪方圓五曰商功以御功程積實六曰均輸以御遠近勞費七曰盈朒以御隱雜互見八曰方程以御錯糅正負九曰句股以御高深廣遠皆乘以散之除以聚之齊同以通之今有以貫之則算數之方盡於斯矣古之九數圓周率三圓徑率一其術疏舛自劉歆張衡劉徽王蕃皮延宗之徒各設新率未臻折衷宋末南徐州從事史祖沖之更開密法以圓徑一億為一丈圓周盈數三丈一尺四寸一分五氂九毫二秒七忽朒數三丈一尺四寸一分五氂九毫二秒六忽正數在盈朒二限之間密率圓徑一百一十三圓周三百五十五約率圓徑七周二十二又設開差冪開差立兼以正圓參之指要精密算氏之最者也所著之書名為綴術學官莫能究其深奧是故廢而不理

和聲

傳稱黃帝命伶倫斷竹長三寸九分而吹以為黃鍾之宮曰含少次制十二管以聽鳳鳴以別十二律比雌雄之聲以分律呂上下相生因黃鍾為始虞書云叶時月正日同律度量衡夏禹受命以聲為律以身為度周禮樂器以十二律為之度數司馬遷律書云黃鍾長八寸七分之一太蔟長七寸七分二林鍾長五寸七分三應鍾長四寸三分二此樂之三始十二律之本末也班固司馬彪律志黃鍾長九寸聲最濁太蔟長八寸林鍾長六寸應鍾長四寸七分四氂強聲最清鄭玄禮月令注蔡邕月令章句及杜夔荀勗等所論雖尺有增損而十二律之寸數並同漢志京房又以隔八相生一始自黃鍾終於中呂十二律畢矣中呂上生黃鍾不滿九寸謂之執始下生去滅上下相生終於南事更增四十八律以為六十其依行在衣上生包育隔九編於冬至之後分為遲內其數遂減應鍾之清宋元嘉中太史錢樂之因京房南事之餘引而伸之更為三百律終於安運長四寸四分有奇總合舊為三百六十律日當一管宮徵旋韻各以次從何承天立法制議云上下相

生三分損益其一蓋是古人簡易之法猶如古曆周天三
百六十五度四分之一後人改制皆不同焉而京房不悟
謬為六十承天更設新率則從中呂還得黃鍾十二旋宮
聲韻無失黃鍾長九寸太蔟長八寸二釐林鍾長六寸一
釐應鍾長四寸七分九釐強其中呂上生所益之分還得
十七萬七千一百四十七復十二辰參之數梁初因晉宋
及齊無所改制其後武帝作鍾律緯論前代得失其略云
宋律呂京馬鄭蔡至蕤賓並上生大呂而班固律曆志至
蕤賓仍以次下生若從班義夾鍾唯長三寸七分有奇律
若過促則夾鍾之聲成一調中呂復去調半是過於無調

仲春孟夏正相長養其氣舒緩不容短促求聲索實班義
為乖鄭玄又以陰陽六位次第相生若如玄義陰陽相逐
生者止是升陽其降陽復將何寄就筮數而論乾主甲壬
而左行坤主乙癸而右行故陰陽得有升降之義陰陽從
行者真性也六位升降者象數也今鄭迺執象數以配真
性故言比而理窮云九六相生了不釋十二氣所以相通
鄭之不思亦已明矣案京房六十準依法推迺自無差但
律呂所得或五或六此一不例也而分焉上生乃復遲內
上生盛變盛變仍復上生分居此二不例也房妙盡陰陽
其當有以若非深理難求便是傳者不習比勅詳求莫能

辨正聊以餘日試推其旨參校舊器及古夾鍾玉律更制
新尺以證分豪制為四器名之為通四器絃間九尺臨岳
高一寸二分黃鍾之絃二百七十絲長九尺以次三分損
益其一以生十二律之絃絲數及絃長各以律本所建之
月五行生王終始之音相次之理為其名義名之為通通
施三絃傳推月氣悉無差舛即以夾鍾玉律命之則還相
中又制為十二笛以寫通聲其夾鍾笛十二調以飲玉律
又不差異山謙之記云殿前三鍾悉是周景王所鑄無射
也遣樂官以今無射新笛飲不相中以夷則笛飲則聲韻
合和端門外鍾亦案其銘題定皆夷則其西廂一鍾天監

中移度東以今笛飲乃中南呂驗其鐫刻乃是太蔟則下
今笛二調重勅太樂丞斯宣達令更推校鍾定有鑿處表
裏皆然借訪舊識迺是宋泰始中使張永鑿之去銅既多
故其調嘽下以推求鍾律便可得而見也宋武平中原使
將軍陳傾致三鍾小大中各一則今之太極殿前二鍾端門
外一鍾是也案西鍾銘則云清廟撞鍾秦無清廟此周制
明矣又一銘云太蔟鍾徵則林鍾宮所施也京房推用似
有由也檢題既無秦漢年代直云夷則太蔟則非秦漢明
矣古人性質故作僮僕字則題而言彌驗非近且夫驗聲
改政則五音六律非可差舛工守其音儒執其文歷年永

久陽而不通無論樂奏求之多歎假使具存亦不可用周頌漢歌各敘功德豈容復施後王以濫名實今率詳論以言所見并詔百司以求厥中未及改制遇侯景亂陳氏制度亦無改作西魏廢帝元年周文攝政又詔尚書蘇綽詳正音律綽時得宋尺以定諸管草創未就會閔帝受禪政由冢宰方有齊寇事竟不行後掘太倉得古玉斗按以造律及衡其事又多湮沒至開皇初詔太常牛弘議定律呂於是博徵學者序論其法又未能決遇平江右得陳氏律管十有二枚並以付弘遣曉音律者陳山陽太守毛爽及太樂令蔡子元于普明等以候節氣作律譜時爽年老以白衣見高祖授淮州刺史辭不赴官因遣協律郎祖孝孫就其受法弘又取此管吹而定聲既天下一統異代器物皆集樂府曉音律者頗議考覈以定鍾律更造樂器以被皇夏十四曲高祖與朝賢聽之曰此聲滔滔和雅令人舒緩然萬物人事非五行不生非五行不成非五行不滅故五音用火尺其事火重用金尺則兵用木尺則喪用土尺則亂用水尺則律呂合調天下和平魏及周齊貪布帛長度故用土尺今此樂聲是用水尺江東尺短於土長於水俗間不知者見玉作名為玉尺見鐵作名為鐵尺詔施用水尺律樂其前代金石並鑄毀之以息物議至仁壽四年

劉焯上啓於東宮論張胄玄曆兼論律呂其大旨曰樂主於音音定於律音不以律不可克諧度律均鍾於是乎在但律終小呂數復黃鍾舊計未精終不復始故漢代京房妄為六十而宋代錢樂之更為三百六十考禮詮次豈有得然化未移風將恐由此匪直長短失於其差亦自管圍乖於其數又尺寸意定莫能詳考既亂管絃亦舛度量焯皆校定庶有明發其黃鍾管六十三為實以次每律減三分以七為寸法約之得黃鍾長九寸太蔟長八寸一分四釐林鍾長六寸應鍾長四寸二分八釐七分之四其年高祖崩煬帝初登未遑改作事遂寢廢其書亦亡大業二年乃詔改用梁表律調鍾磬八音之器比之前代最為合古其制度文議并毛爽舊律並在江都淪喪

律管圍容黍

漢志云黃鍾圍九分林鍾圍六分太蔟圍八分續志及鄭玄並云十二律空皆徑三分圍九分後魏安豐王依班固志林鍾空圍六分及太蔟空圍八分作律吹之不合黃鍾商徵之聲皆空圍九分乃與均鍾器合開皇九年平陳後牛弘辛彥之鄭譯何妥等參考古律度各依時代制其黃鍾之管俱徑三分長九寸度有損益故聲有高下圓徑長短與度而差故容黍不同今列其數云

晉前尺黃鍾容黍八百八粒
梁法尺黃鍾容八百二十八
梁表尺黃鍾三其一容九百二十五其一容九百一十其一容一千一百二十
漢官尺黃鍾容九百三十九
古銀錯題黃鍾龠容一千二百
宋氏尺即鐵尺黃鍾凡二其一容一千二百其一容一千四十七
後魏前尺黃鍾容一千一百一十五
後周玉尺黃鍾容一千二百六十七
後魏中尺黃鍾容一千五百五十五
後魏後尺黃鍾容一千八百一十九
東魏尺黃鍾容二千八百六十九
萬寶常水尺律母黃鍾容黍一千三百二十
梁表鐵尺律黃鍾副別者其長短及口空之圍徑並同而容黍或多或少皆是作者旁庣其腹使有盈虛

候氣

後齊神武霸府田曹參軍信都芳深有巧思能以管候氣仰觀雲色嘗與人對語即指天曰孟春之氣至矣人往驗管而飛灰已應每月所候言皆無爽又爲輪扇二十四埋

地中以測二十四氣每一氣感則一扇自動他扇並住與管灰相應若符契焉開皇九年平陳後高祖遣毛爽及蔡子元于普明等以候節氣依古於三重密屋之內以木爲案十有二具每取律呂之管隨十二辰位置于案上而以土埋之上平於地中實葭莩之灰以輕緹素覆律口每其月氣至與律冥符則灰飛衝素散出于外而氣應有早晚灰飛有多少或初入月其氣即應或至中下旬間氣始應者或灰飛出三五夜而盡或終一月纔飛少許者高祖異之以問牛弘弘對曰灰飛半出爲和氣吹灰全出爲猛氣吹灰不能出爲衰氣和氣應者其政平猛氣應者其臣縱衰氣應者其君暴高祖駁之曰臣縱君暴其政不平非月別而有異也今十二月律於一歲內應並不同安得暴君縱臣若斯之甚也弘不能對令爽等草定其法爽因稽諸故實以著于篇名曰律譜其略云臣爽按黃帝遣伶倫氏取竹于嶰谷聽鳳阿閣之下始造十二律焉乃致天地氣應是則數之始也陽管爲律陰管爲呂其氣以候四時其數以紀萬物云隸首作數蓋律之本也夫一十百千萬億兆者引而申焉曆度量衡出其中矣故有虞氏用律和聲鄒衍改之以定五始正朔服色亦由斯而別也夏正則人殷正則地周正則天孔子曰吾得夏時爲謂得氣數之要

奚漢初興也而張蒼定律乃推五勝之法以爲水德實因戰國官失其守後秦滅學其道浸微蒼補綴之未獲詳究及孝武創制乃置協律之官用李延年以爲都尉頗解新聲變曲未達音律之源故其服色不得而定也至于元帝自曉音律郎官京房亦達其妙因使韋玄成等雜試問房房自叙云學焦延壽用六十律相生之法以上生下皆三生二以下生上皆三生四陽下生陰陰上生陽乃還相爲宮之正法也於後劉歆典領條奏著其始末理漸研精班氏漢志盡歆所出也司馬彪志並房所出也至于後漢尺度稍長魏代杜夔亦制律呂以之候氣灰悉不飛晉光祿

大夫荀勗得古銅管校夔所制長古四分方知不調事由其誤乃依周禮更造古尺用之定管聲韻始調左晉之後漸又訛謬至梁武帝時猶有汲冢玉律宋蒼梧時鑽爲橫吹然其長短厚薄大體具存臣先人栖誠學筭於祖暅問律於何承天沈研三紀頗達其妙後爲太常丞典司樂職乃取玉管及宋太史尺並以聞奏詔付大匠依樣制管自斯以後律又飛灰侯景之亂臣兄喜於太樂得之後陳宣帝詔荊州爲質俄遇梁元帝敗喜没於周適欲上聞陳武帝立遂又以十二管衍爲六十律私候氣序並有徵應至太建時喜爲吏部尚書欲以聞奏會宣帝崩後主嗣立出

喜爲永嘉内史遂留家内貽諸子孫陳亡之際竟並遺失今正十二管在太樂者陽下生陰始於黃鍾陰上生陽終於中呂而一歲之氣畢於此矣中呂上生執始執始下生去滅終於南事六十律候畢於此矣仲冬之月律中黃鍾黃鍾者首於冬至陽之始也應天之數而長九寸十一月氣至則黃鍾之律應所以宣養六氣緝和九德也自此之後並用京房律準長短宮徵次日而用凡十二律各有所攝引而申之至于六十亦由八卦衍而重之以爲六十四也相生者相變始著鍾之管下生林鍾以陽生陰故變也相攝者相通如中呂之管攝於物應以母權子故相變者

異時而各應相通者同月而繼應應有早晚者非正律氣乃子律相感寄母之應也其律大業末於江都淪喪

律直日

宋錢樂之因京房南事之餘更生三百律至梁博士沈重鍾律議曰易以三百六十策當期之日此律曆之數也淮南子云一律而生五音十二律而爲六十音因而六之故三百六十音以當一歲之日由律曆之數天地之道也此則自古而然矣重乃依淮南本數用京房之術求之得三百六十律各因月之本律以爲一部以一部律數爲母以一中氣所有日爲子以母命子隨所多少各一律所建日辰

分數也以之分配七音則建日冬至之聲以黃鍾爲宮太蔟爲商林鍾爲徵南呂爲羽姑洗爲角應鍾爲變宮蕤賓爲變徵五音七聲於斯和備其次日建律皆依次類運行當日者各自爲宮而商徵亦以次從以考聲徵氣辨識時序萬類所宜各順其節自黃鍾終於壯進一百五十律皆三分損一以下生自依行終於億兆二百九律皆三分益一以上生唯安運一律爲終不生其數皆取黃鍾之實十七萬七千一百四十七爲本以九三爲法各除其實得寸分及小分餘皆委之即各其律之長也循其律部則上生下生宮徵之次也今略其名次云

黃鍾

包育 含微 帝德 廣運 下濟 剋終 執始

握鑒 持樞 黃中 通聖 潛升 穀音 景盛

滋萌 光被 咸亨 迺文 迺聖 微陽 分動

生氣 雲繁 鬱湮 升引 屯結 開元 質未

僾昧 遒建 玄中 玉燭 調風

右黃鍾一部三十四律 每律直三十四分日之三十一

大呂

芗動 始蕃 大有 坤元 輔時 匡弼 分否

又繁 唯微 棄望 庚幾 執義 秉強 陵陰

侶陽 識沈 緝熙 知道 適時 權變 少出

阿衡 同雲 承明 善述 休光

右大呂一部二十七律 每律直一日及二十七分日之三

太蔟

未知 其巳 義建 亭毒 條風 湊始 時息

達生 軸奏 初角 少陽 柔橈 商音 屈齊

扶弱 承齊 動植 咸擢 兼山 止速 隨期

龍躍 勾芒 調序 青要 結䔰 延敷 刑晉

辨秩 東作 贊揚 顯滯 俶落

右太蔟一部三十四律

夾鍾

明庶 恊倡 陰贊 風從 布政 萬化 開時

震德 乘條 芬芳 散朗 淑氣 鳳馳 佚喜

蘖黨 四隙 種生 恣性 逍遙 仁威 爭南

旭旦 晨朝 生遂 羣分 黎新

右夾鍾一部二十七律

姑洗

南授 懷來 考神 方顯 攜角 洗陳 變虞

握穎 嘉氣 始升 鄉雲 媚嬇 蹊道 路時

日旅 實沈 炎風 首節 柔條 方結 刑始

方莽 物華 葦美 茂實 登明 壯進（下生安運）
依行（上生包育） 少選 道從 朱微 揚庭 含貞
右姑洗一部三十四律
中呂
朱明 啓運 景風 初綏 羽物 斯奮 南中
離春 率農 有程 南訛 敬致 相趣 內貞
朱草 含輝 屈軼 曜疇 巳氣 清和 物應
戒夔 荒落 貞軫 天庭 祚周
右中呂一部二十七律
蕤賓
南事（京房律終） 謐靜 則選 布萼 蕩羸 潛動
盛變 賓安 懷遠 聲暨 執同 海水 息沴
離躬 安壯 崇明 遠眺 升中 鳳翥 朝陽
制時 瑞通 鶉火 乂次 高酸 其煌
右蕤賓一部二十七律
林鍾
謙侍 崇德 循道 方壯 陰升 靡慝 去滅
華銷 朋慶 雲布 均任 仰成 寬中 安度
德均 無蹇 禮溢 智深 任肅 純恪 歸嘉
美音 溫風 候節 賁華 繡嶺 物無 否與

隋志十一 〈十五〉

景曰 曜井 日煥 重輪 財華
右林鍾一部三十四律
夷則
升商 清爽 氣精 陰德 白藏 御敘 鮮刑
貞尅 金天 劉獮 會道 歸仁 陰侶 去南
陽消 柔辛 延乙 和庚 靡卉 美晉 分積
孔脩 九德 咸盡 僉惟 俾乂
右夷則一部二十七律
南呂
白呂 指秀 穀實 素風 勁物 酋稔 結躬
肥遯 羸中 晟陰 抗節 威遠 有截 歸期
中德 壬猷 允塞 薦收 搏彎 搖落 未卯
質隨 分蒲 道心 貞堅 蓄止 歸藏 夷汗
均義 悅使 云勞 九有 光貴
右南呂一部三十四律
無射
思沖 懷謙 恭儉 休老 恤農 銷祥 閉奄
降婁 藏邃 日在 旋春 闔藏 明奎 鄰齊
執衆 大蓄 嗇歛 下濟 息肓 無邊 期保
延年 秋深 野色 玄月 澄天

隋志十一 〈十六〉

右無射一部二十七律

應鍾

分焉 祖微 據始 功成 乂定 靜謐 遲內
無爲 而乂 姑射 凝晦 動寂 應徵 未育
萬機 萬壽 無疆 地乂 天長 脩復 遲時
方制 無休 九野 八荒 億兆 安運

右應鍾一部二十八律

審度

史記曰夏禹以身爲度以聲爲律禮記曰丈夫布手爲尺
周官云璧羨起度鄭司農云羨長也此璧徑尺以起度量
易緯通卦驗十馬尾爲一分淮南子云秋分而禾蔈定蔈
定而禾熟律數十二蔈而當一粟十二粟而當一寸 蔈者
禾穗芒也說苑云度量權衡以粟生一粟爲一分孫子筭
術云蠶所生吐絲爲忽十忽爲秒十秒爲豪十豪爲氂十
氂爲分此皆起度之源其文舛互唯漢志度者所以度長
短也本起黃鍾之長以子穀秬黍中者一黍之廣度之九
十黍爲黃鍾之長一黍爲一分十分爲一寸十寸爲一尺
十尺爲一丈十丈爲一引而五度審矣後之作者又憑此
說以律度量衡並因秬黍散爲諸法其率可通故也黍有
大小之差年有豐耗之異末代量校每有不同又俗傳訛

隋志十一　十七

替漸致增損今略諸代尺度之一十五等 并異同之說如左

一周尺

漢志王莽時劉歆銅斛尺

後漢建武銅尺

晉泰始十年荀勖律尺爲晉前尺

祖冲之所傳銅尺

徐廣徐爰王隱等晉書云武帝泰始九年中書監荀勖校
太樂八音不和始知爲後漢至魏尺長於古四分有餘勖
乃部著作郎劉恭依周禮制尺所謂古尺也依古尺更鑄
銅律呂以調聲韻以尺量古器與本銘尺寸無差又汲郡
盜發魏襄王冢得古周時玉律及鍾磬與新律聲韻闇同
于時郡國或得漢時故鍾吹新律命之皆應梁武鍾律緯
云祖冲之所傳銅尺其銘曰晉泰始十年中書考古器揆
校今尺長四分半所校古法有七品一曰姑洗玉律二曰
小呂玉律三曰西京銅望臬四曰金錯望臬五曰銅斛六
曰古錢七曰建武銅尺姑洗微強西京望臬微弱其餘與
此尺同（銘八十二字）此尺者勖新尺也今尺者杜夔尺也雷次
宗何胤之二人作鍾律圖所載荀勖校量古尺文與此銘
同而蕭吉樂譜謂爲梁朝所考七品謬也今以此尺爲本
以校諸代尺云

隋志十一　十八

二晉田父玉尺
梁法尺實比晉前尺一尺七氂
世說稱有田父於野地中得周時玉尺便是天下正尺荀勗試以校尺所造金石絲竹皆短校一米梁武帝鍾律緯稱主衣從上相承有周時銅尺一枚古玉律八枚檢主衣周尺東昏用爲章信尺不復存玉律一口蕭餘定七枚夾鍾有昔題刻迺制爲尺以相參取細毫中黍積次訓定今之最爲詳密長祖沖之尺校半分以新尺制爲四器名爲通又依新尺爲笛以命古鍾按刻夷則以笛命飲和韻夷則定合案此兩尺長短近同

三梁表尺實比晉前尺一尺二分二氂一毫有奇
蕭吉云出於司馬法梁朝刻其度於影表以則影案此即奉朝請祖暅所筭造銅圭影表者也經陳滅入朝大業中議以合古乃用之調律以制鍾磬等八音樂器
四漢官尺實比晉前尺一尺三分七毫
晉時始平掘地得古銅尺
蕭吉樂譜云漢章帝時零陵文學史奚景於冷道縣舜廟下得玉律度爲此尺傳暢晉諸公讚云荀勗造鍾律時人並稱其精密唯陳留阮咸譏其聲高後始平掘地得古銅尺歲久欲腐以校荀勗今尺短校四分時人以咸爲解此兩尺長短近同。五魏尺杜夔所用調律比晉前尺一尺四分七氂魏陳留王景元四年劉徽注九章云王莽時劉歆斛尺弱於今尺四寸五氂比魏尺其斛深九寸五分五氂即晉荀勗所云杜夔尺長於今尺四分半是也
六晉後尺實比晉前尺一尺六分二氂
蕭吉云晉氏江東所用
七後魏前尺實比晉前尺一尺二寸七氂
八中尺實比晉前尺一尺二寸一分一氂
九後尺實比晉前尺一尺二寸八分一氂即開皇官尺及後周市尺
後周市尺比玉尺一尺九分三氂

開皇官尺即鐵尺一尺二寸
此後魏初及東西分國後周未用玉尺之前雜用此等尺甄鸞筭術云周朝市尺得玉尺九分二氂或傳梁時有誌公道人作此尺寄入周朝云與多鬚老翁周太祖及隋高祖各自以爲謂已周朝人間行用及開皇初著令以爲官尺百司用之終于仁壽大業中人間或私用之
十東後魏尺實比晉前尺一尺五寸八毫
此是魏中尉元延明累黍用半周之廣爲尺齊朝因而用之魏收魏史律曆志云公孫崇永平中更造新尺以一黍之長累爲寸法尋太常卿劉芳受詔脩樂以秬黍中者一

黍之廣即爲一分而中尉元匡以一黍之廣度黍二縫以
取一分三家紛競久不能決太和十九年高祖詔以一黍
之廣用成分體九十之黍黃鍾之長以定銅尺有司奏從
前詔而芳尺同高祖所制故遂典脩金石迄武定未有論
律者

十一蔡邕銅籥尺

後周玉尺實比晉前尺一尺一寸五分八氂

從上相承有銅籥一以銀錯題其銘曰籥黃鍾之宮長九
寸空圍九分容秬黍一千二百粒稱重十二銖兩之爲一
合三分損益轉生十二律祖孝孫云相承傳是蔡邕銅籥

後周武帝保定中詔遣大宗伯盧景宣上黨公長孫紹遠
岐國公斛斯徵等累黍造尺從橫不定後因脩倉掘地得
古玉斗以爲正器據斗造律度量衡因用此尺大赦改元
天和百司行用終於大象之末其律黃鍾與蔡邕古籥同

十二宋氏尺實比晉前尺一尺六分四氂

錢樂之渾天儀尺

後周鐵尺

開皇初調鍾律尺及平陳後調鍾律水尺此宋代人間所
用尺傳入齊梁陳以制樂律與晉後尺及梁時俗尺劉曜
渾天儀尺略相依近當由人間恒用增損訛替之所致也

周建德六年平齊後即以此同律度量頒于天下其後宣
帝時達奚震及牛弘等議曰竊惟權衡度量經邦懋軌誠
須詳求故實考校得衷謹尋今之鐵尺是太祖遺尚書故
蘇綽所造當時檢勘用爲前周之尺驗其長短與宋尺符
同即以調鍾律并用均田度地今以上黨羊頭山黍依漢
書律曆志度之若以大者稠累依數滿尺實於黃鍾之律
須撼乃容若以中者累尺雖復小稀實於黃鍾之律不動
而滿計此二事之殊良由消息未善其於鐵尺終有一會
且上黨之黍有異他鄉其色至烏其形圓重用之爲量定
不徒然正以時有水旱之差地有肥瘠之異取黍大小未

必得中案許慎解秬黍體大本異於常疑今之大者正是
其中累百滿尺即是會古實籥之外纔剩十餘此恐圍徑
或差造律未妙就如撼動取滿論理亦通今勘周漢古錢
大小有合宋氏渾儀尺度無舛又依淮南累粟十二成寸
明先王制法索隱鉤深以律計分義無差異漢書食貨志
云黃金方寸其重一斤今鑄金校驗鐵尺爲近依文據理
符會處多且平齊之始已用宣布今因而爲定彌合時宜
至於玉尺累黍以廣爲長累既有剩實復不滿尋訪古今
恐不可用其晉梁尺量過爲短小以黍實管彌復不容據
律調聲必致高急且八音克諧明王盛範同律度量哲后

適規臣等詳校前經斟量時事謂用鐵尺於理爲便未及
詳定高祖受終牛弘辛彥之鄭譯何妥等久議不決既平
陳上以江東樂爲善曰此華夏舊聲雖隨俗改變大體猶
是古法祖孝孫云平陳後廢周玉尺律便用此鐵尺律以
一尺二寸即爲市尺

十三開皇十年萬寶常所造律呂水尺實比晉前尺一尺
一寸八分六釐今太樂庫及內出銅律一部是萬寶常所
造名水尺律說稱其黃鍾律當鐵尺南呂倍聲南呂黃鍾
羽也故謂之水尺律

十四雜尺趙劉曜渾天儀土圭尺長於梁法尺四分三釐

隋志十一 〈二十三〉

實比晉前尺一尺五分

十五梁朝俗間尺長於梁法尺六分三釐
於劉曜渾儀尺二分實比晉前尺一尺七分一釐梁武鍾
律緯云宋武平中原送渾天儀土圭云是張衡所作驗渾
儀銘題是光初四年鑄土圭是光初八年作並是劉曜所
制非張衡也制以爲尺長今新尺四分三釐短俗間尺二
分新尺謂梁法尺也

嘉量

周禮㮚氏爲量鬴深尺內方尺而圓其外其實一鬴其臀
一寸其實一豆其耳三寸其實一升重一鈞其聲中黃鍾
槩而不稅其銘曰時文思索允臻其極嘉量既成以觀四
國永啓厥後茲器維則春秋左氏傳曰齊舊四量豆區鬴
鍾四升曰豆各自其四以登於鬴六斗四升也鬴十則鍾
六十四斗也鄭玄以爲方尺積千寸比九章粟米法少二
升八十一分升之二十二祖冲之以算術考之積凡一千
五百六十二寸半方尺而圓其外減傍一釐八毫其徑一
尺四寸一分四毫七秒二忽有奇而深尺即古斛之制也
九章商功法程粟一斛積二千七百寸米一斛積一千六
百二十寸菽荅麻麥一斛積二千四百三十寸此據精
麤爲率使價齊而不等其器之積寸也以米斛爲正則同

〈志十一 隋書十六 二十四

于漢志孫子算術曰六粟爲圭十圭爲秒十秒爲撮十撮爲勺
十勺爲合應劭曰圭者自然之形陰陽之始四圭爲撮孟
康曰六十四黍爲圭漢志曰量者龠合升斗斛也所以量
多少也本起於黃鍾之龠用度數審其容以子穀秬黍中
者千有二百實其龠以井水准其概合龠爲合十合爲升
十升爲斗十斗爲斛而五量嘉矣其法用銅方尺而圓其
外旁有庣焉其上爲斛其下爲斗左耳爲升右耳爲合龠
其狀似爵以縻爵祿上三下二參天兩地圓而函方左一
右二陰陽之象也圓象規其重二鈞備氣物之數各萬有
一千五百二十也聲中黃鍾始於黃鍾而反覆焉其斛銘

曰律嘉量斛方尺而圓其外庣旁九氂五毫羃百六十二寸深尺積一千六百二十寸容十斗祖冲之以圓率考之此斛當徑一尺四寸三分六氂一毫九秒二忽庣旁一分九毫有奇劉歆庣旁少一氂四毫有奇歆數術不精之所致也

魏陳留王景元四年劉徽注九章商功曰當今大司農斛圓徑一尺三寸五分五氂深一尺積一千四百四十一寸十分之三王莽銅斛於今尺爲深九寸五分五氂徑一尺三寸六分八氂七毫以徽術計之於今斛爲容九斗七升四合有奇此魏斛大而尺長王莽斛小而尺短也

梁陳依古齊以古升五升爲一斗後周武帝保定元年辛巳五月晉國造倉獲古玉升暨五年乙酉冬十月詔改制銅律度遂致中和累黍積籥同茲玉量與衡度無差准爲銅升用頒天下內徑七寸一分深二寸八分重七斤八兩天和二年丁亥正月癸酉朔十五日戊子校定移地官府爲式此銅升之銘也其玉升銘曰維大周保定元年歲在重光月旅蕤賓晉國之有司修繕倉廩獲古玉升形制典正若古之嘉量太師晉國公以聞勑納於天府暨五年歲在叶洽皇帝廼詔稽準繩考灰律不失圭撮不差累黍遂鎔金寫之用頒天下以合太平權衡度量今若以數計之

玉升積玉尺一百一十寸八分有奇斛積一千一百八十五分七氂三毫九秒又甄鸞算術云玉升一升得官斗一升三合四勺此玉升大而官斗小也以數計之甄鸞爲所據後周官斗積玉尺九十七寸有奇斛積九百七十七寸有奇後周玉斗并副金錯銅斗及建德六年金錯題銅斗實同以秬黍定量以玉稱權之一升之實皆重六斤十三兩

開皇以古斗三升爲一升大業初依復古斗

衡權

衡者平也權者重也衡所以任權而均物平輕重也其道如底以見準之正繩之直左旋見規右折見矩其在天也

佐助旋機斟酌建指以齊七政故曰玉衡權者銖兩斤鈞石也以秤物平施知輕重也古有黍絫錘錙鐶鈞鋝鎰之目歷代差變其詳未聞前志曰權本起於黃鍾之重一籥容千二百黍重十二銖兩之爲兩二十四銖爲兩十六兩爲斤三十斤爲鈞四鈞爲石五權謹矣其制以義立之以物鈞之其餘大小之差以輕重爲宜圜而環之令之肉好者周旋亡端終而復始亡窮已也權與物鈞而生衡衡運生規規圓生矩矩方生繩繩直生準準正則衡平而鈞權矣是爲五則備于鈞器以爲大範案趙書石勒十八年七月造建德殿得圓石狀如水碓其銘曰律權石重四鈞同

律度量衡有辛氏造續 咸議是王莽時物後魏景明中并州人王顯達獻古銅權一枚上銘八十一字其銘云律權石重四鈞又云黃帝初祖德帀于虞虞帝始祖德帀于辛歲在大梁龍集戊辰直定天命有人據土德受正號即真改正建丑長壽隆崇同律度量衡稽當前人龍在己巳歲次實沈初班天下萬國永遵子子孫孫享傳億年此亦王莽所制也其時大樂令公孫崇依漢志先修稱尺及見此權以新稱稱之重一百二十斤新稱與權合若符契於是付崇調樂孝文時一依漢志作斗尺

梁陳依古稱齊以古稱一斤八兩爲一斤周王稱四兩當古稱四兩半開皇以古稱三斤爲一斤大業中依復古秤

志第十一 律曆上 隋書十六

志第十二 隋書十七

太尉揚州都督監修國史上柱國趙國公臣長孫無忌等奉 勑撰

律曆中

夫曆者紀陰陽之通變極往數以知來可以迎日授時先天成務者也然則懸象著明莫大於二曜氣序環復無信於四時日月相推而明生矣寒暑迭進而歲成焉遂能成天地之文極乾坤之變天數五地數五五位相乘而各有合天數二十有五地數三十凡天地之數五十有五所以成變化而行鬼神也乾之策二百一十有六坤之策一百四十有四凡三百六十以當朞之日也至乃陰陽迭用剛柔相摩四象既陳八卦成列此乃造文之元始創曆之厥初者歟洎乎炎帝分八節軒轅建五部少昊以鳳鳥司曆顓頊以南正司天陶唐則分命和仲夏后乃備陳鴻範湯武革命咸率舊章然文質既殊正朔斯革故天子置日官諸侯有日御以和萬國以叶三辰至于寒暑晦明之徵陰陽生殺之數啓閉升降之紀消息盈虛之節皆應躔次而不淫遂得該浹生靈堪輿天地開物成務致遠鉤深周德既衰史官廢職疇人分散禨祥莫理秦兼天下頗推五勝自以獲水德之瑞以十月爲正漢氏初興多所未暇百有餘載猶行秦曆至于孝武改用夏正時有古曆六家學者疑其紕繆劉向父子咸加討論班固因之採以爲志光武

中興未能詳考。逮于永平之末，乃復改行四分，七十餘年，儀式方備。其後復命劉洪、蔡邕共修律曆，司馬彪用之，以續班史。當塗受命，亦有史官韓翊創之於前，楊偉繼之於後，咸遵劉洪之術，未及洪之深妙。中左兩晉，迭有增損。至於西涼，亦為蔀法，事迹糾紛，未能詳記。宋氏元嘉，何承天造曆，迄于齊末，相仍用之。梁武初興，因循齊舊，天監中年，方改行宋祖冲之甲子元曆。陳武受禪，亦無創改。後齊文宣用宋景業曆。西魏入關，行李業興曆。逮於周武帝，乃有甄鸞造甲寅元曆，遂參用推步焉。大象之初，太史上士馬顯又上景寅元曆，便即行用。迄于開皇四年，乃改用張賓曆。十七年，復行張胄玄曆，至于義寧。今采梁天監以來五代損益之要，以著于篇云。

梁初因齊，用宋元嘉曆。天監三年下詔定曆，員外散騎侍郎祖暅奏曰：「臣先在晉已來，世居此職。仰尋黃帝至今十二代，曆元不同，周天斗分，疏密亦異，當代用之，各垂一法。宋大明中，臣先人考古法，以為正曆，垂之于後，事皆符驗，不可改張。」八年，暅又上疏論之。詔使太史令將匠道秀等候新舊二曆氣朔、交會及七曜行度，起八年十一月，訖九年七月。新曆密，舊曆疏。暅乃奏稱：「史官今所用何承天曆，稍與天乖，緯緒參差，不可承案。被詔付靈臺，與新曆對課疏密，前期百日并又再申，始自去冬，終于今朔，得失之効，並已月別啟聞。夫七曜運行，理數深妙，一失其源，則歲積彌爽。所上脫可施用，宜在來正。」至九年正月，用祖冲之所造甲子元曆頒朔。至大同十年，制詔更造新曆，以甲子為元，六百一十九為章歲，一千五百三十六為日法，一百八十三年冬至差一度，月朔以遲疾定其小餘，有三大二小。未及施用，而遭侯景亂，遂寢。陳氏因梁，亦用祖冲之曆，更無所創改。

後齊文宣受禪，命散騎侍郎宋景業叶圖讖，造天保曆。景業奏：依握誠圖及元命包，言齊受錄之期，當魏終之紀，得

乘三十五以為蔀，應六百七十六以為章。文宣大悅，乃施用之。期曆統曰：上元甲子至天保元年庚午，積十一萬五百六算外。章歲六百七十六，度法二萬三千六百六十，斗分五千七百八十七，曆餘十六萬二千二百六十一，至後主武平七年，董峻、鄭元偉立議非之曰：「宋景業移閏於天正，退命於冬至，交會之際，承二大之後，三月之交，妄減平分。臣案：景業學非探賾，識殊深解，有心改作，多依舊章，唯寫子換母，頗有變革，妄誕穿鑿，不會真理。乃使日之所在，差至八度，節氣後天，閏先一月，朔望虧食，既未能知其表裏，遲疾之曆步，又不可以傍通。妄設平分，虛退冬至。虛退

則日數減於周年平分妄設故加時差於異日五星見伏有違二旬遲疾逆留或乖兩宿軌褫之術妄刻水旱今上甲寅元曆並以六百五十七為率二萬二千三百三十八為部五千四百六十一為斗分甲寅歲甲子日為元紀又有廣平人劉孝孫張孟賓二人同知曆事孟賓受業於張子信並棄舊事更制新法又有趙道嚴準晷影之長短定日行之進退更造盈縮以求虧食之期劉孝孫以百一十九為章八千四十七為紀九百六十六為歲餘甲子為上元命日度起虛中張孟賓以六百一十九為章四萬八千九百為紀九百四十八為日法萬四千九百四十五為斗

分元紀共命法略旨遠日月五星並從斗十一起盈縮轉度陰陽分至與漏刻相符共日影俱合循轉無窮上拒春秋下盡天統日月虧食及五星所在以二人新法考之無有不合其年訖于敬禮及曆家豫刻日食疏密六月戊申朔太陽虧劉孝孫言食於卯時張孟賓言食於申時鄭元偉董峻言食於辰時宋景業言食於巳時至日食乃於卯甲之間其言皆不能中爭論未定遂屬國亡

西魏入關尚行李業興正光曆法至周明帝武成元年始詔有司造周曆於是露門學士明克讓麟趾學士庾季才及諸日者採祖暅舊議通簡南北之術自斯已後頗覩其謬故周齊並時而曆差一日克讓儒者不處日官以其書下于太史及武帝時甄鸞造天和曆上元甲寅至天和元年景戌積八十七萬五千七百九十二算外章歲三百九十一部法二萬三千四百六十日法二十九萬一百六十朔餘十五萬三千九百九十一斗分五千七百三十一會餘九萬三千五百一十六曆餘一十六萬八百三十冬至斗十五度參用推步終於宣政元年大象元年太史上士馬顯等又上景寅元曆抗表奏曰臣案九章五紀之旨三統四分之說咸以節宣發斂考詳晷緯布政授時以為皇極者也而乾維難測斗憲易差盈縮之期致舛咎徵之道

斯應寧止蝕或乘龍水能沴火因亦玉羊掩曜金雞喪精王化關以盛衰有國由其隆替曆之時義於斯為重自炎漢已還迄於有魏運經四代事涉千年日御天官不乏於世命元班朔互有沿改驗近則疊壁應辰經遠則連珠失次義難循舊其在茲乎大周受圖膺錄牢籠萬古時夏乘殷斟酌前代曆變壬子元用甲寅高祖武皇帝索隱探賾盡性窮理以為此曆雖行未臻其妙爰降詔旨博訪時賢并勑太史上士馬顯等更事刊定務得其宜然術藝之士各封異見凡所上曆合有八家精麤踳駁未能盡善去年冬孝宣皇帝乃詔臣等監考疏密更令同造謹案史曹舊

淳及諸家法數棄短取長共定今術開元發統肇自景寅
至於兩曜虧食五星伏見參校積時最爲精密庶鐵炭輕
重無失寒燠之宜灰箭飛浮不爽陰陽之度上元景寅至
大象元年己亥積四萬一千五百五十四筭上日法五萬
三千五百六十三亦名蔀會法章歲四百四十八斗分三
千一百六十七蔀法一萬二千九百九十二章中爲章會
法日法五萬三千五百六十三曆餘二萬九千六百九十
三會日百七十三會餘一萬六千六百一十九冬至日在
斗十二度小周餘盈縮積其曆術別推入蔀會分用陽率
四百九十九陰率九每十二月下各有日月蝕轉分推步

加減之乃爲定蝕大小餘而求加時之正其術施行時高
祖作輔方行禪代之事欲以符命曜于天下道士張賓揣
知上意自云玄相洞曉星曆因盛言有代謝之徵又稱上
儀表非人臣相由是大被知遇恒在幕府及受禪之初擢
賓爲華州刺史使與儀同劉暉驃騎將軍董琳索盧縣公
劉祐前太史上士馬顯太學博士鄭元偉前保章上士任
悅開府掾張徽前盪邊將軍張膺之校書郎衡洪建太史
監候粟相太史司曆郭翟劉宜兼筭學博士張乾敘門下
參人王君瑞荀隆伯等議造新曆仍令太常卿盧賁監之
賓等依何承天法微加增損四年二月撰成奏上高祖下

詔曰張賓等存心筭數通洽古今每有陳聞多所啓沃畢
功表奏具已披覽使後月復育不出前晦之宵前月之餘
罕留後朔之旦減朓就朒懸殊舊準月行表裏厥途乃異
日交弗食由循陽道驗時轉筭不越纖毫逖聽前脩斯祕
未啓有一於此寔爲精密宜頒天下依法施用張賓所造
曆法其要以上元甲子巳巳巳來至開皇四年歲在甲辰
積四百一十二萬九千一筭上
蔀法一十萬二千九百六十
章歲四百二十九
章月五千三百六

通月五百三十七萬二千二百九
日法一十八萬一千九百二十
斗分二萬五千六十三
會月一千二百九十七
會率二百二十一
會數一百一十半
會分一十一億八千七百二十五萬八千一百八十九
會日法四千二十萬四千三百二十
會日百七十三
餘五萬六千一百四十三

小分一百一十
交法五億一千二百一十萬四千八百
交分法二千八百一十五
陰陽曆一十三
餘十一萬二百六十三
小分二千三百二十八
朔差二
餘五萬七千九百二十一
小分九百七十四
蝕限一十二

餘八萬一千三百三
小分四百三十三半
定差四萬四千五百四十八
周日二十七
餘一十萬八百五十九 亦名少大法
木精曰歲星合率四千一百六萬三千八百八十九
火精曰熒惑合率八千二十九萬七千九百二十六
土精曰鎮星合率三千八百九十二萬五千四百一十三
金精曰太白合率六千一十一萬九千六百五十五
水精曰辰星合率一千一百九十三萬一千一百二十五

張賓所創之曆既行，劉孝孫與冀州秀才劉焯並稱其失，言學無師法，刻食不中，所駁凡有六條：其一云，何承天不知分閏之有失，而用十九年之七閏；其二云，賓等不解宿度之差改，而冬至之日守常度；其三云，連珠合璧，七曜須同，乃以五星別元；其四云，賓等唯知日氣餘分恰盡而為立元之法，不知日月不合，不成朔旦冬至；其五云，賓等但守立元定法，不須明有進退；其六云，賓等唯識轉加大餘二十九以為朔，不解取日月合會准以為定。此六事微妙，曆數大綱，聖賢之通術，而暉未曉，此是管窺之謂也。若乃驗影定氣，何氏所優，賓等推測，去之彌遠。合朔順天，何氏

所劣，賓等依據，循彼迷蹤，蓋是失其菁華，得其糠粃者也。又云，魏明帝時，有尚書郎楊偉，修景初曆，乃上表立義，駁難前非，云加時後天，食不在朔。然觀楊偉之意，故以食朔為真，未能詳之而制其法。至宋元嘉中，何承天著曆，其上表云：「月行不定，或有遲疾，合朔月食，不在朔望，亦非曆之意也。」然承天本意，欲立合朔之術，遭皮延宗飾非致難，故事不得行。至後魏獻帝時，有龍宜弟，復修延興之曆，又上表云：「日食不在朔，而習之不廢，據春秋書食，乃天之驗朔也。」此三人者，前代善曆，皆有其意，未正其書。但曆數所重，唯在朔氣。朔為朝會之首，氣為生長之端，朔有告餼之文

氣有郊迎之典故孔子命曆而定朔旦冬至以爲將來之範今孝孫曆法並按明文以月行遲疾定其合朔欲令食必在朔不在晦二之日也縱使頻月一小三大得天之統大抵其法有三今列之云

第一勘日食證恒在朔引詩云十月之交朔日辛卯日有食之今以甲子元曆術推算符合不差春秋經書日食三十五二十七日食經書有朔推與甲子元曆不差八食經書並無朔字左氏傳云不書朔官失之也公羊傳云不言朔者食二日也穀梁傳云不言朔者食晦也今以甲子元曆推算俱是朔日丘明受經夫子於理尤詳公羊穀梁皆

臆說也

春秋左氏隱公三年二月己巳日有食之 推合己巳朔

莊公十八年春三月日有食之 推合壬子朔

僖公十二年三月庚午日有食之 推合庚午朔

十五年夏五月日有食之 推合癸未朔

襄公十五年秋八月丁未日有食之 推合丁巳朔

前後漢及魏晉四代所記日食朔晦及先晦都合一百八十一今以甲子元曆術推之並合朔日而食

前漢合有四十五食 三食並先晦一日 三十二食並皆晦日 十食並是朔日

後漢合有七十四食 三十七食並皆晦日 三十七食並皆朔日

魏合有十四食 四食並皆晦日 十食並皆朔日

晉合有四十八食 二十五食並皆晦日 二十三食並皆朔日

第二勘度差變驗

尚書云日短星昴以正仲冬即是唐堯之時冬至之日日在危宿合昏之時昴正午案竹書紀年堯元年景子今以甲子元曆術推算得合堯時冬至之日合昏之時昴星正午漢書武帝太初元年丁丑歲落下閎等考定太初曆冬至之日日在牽牛初今以甲子元曆術算即得斗末牛初矣晉時有姜岌又以月食驗於日度知冬至之日日在斗十七度宋文帝元嘉十年癸酉歲何承天考驗乾度亦知

冬至之日日在斗十七度雖言冬至後上三日前後通融只合在斗十七度但堯年漢日所在既殊唯晉及宋所在未改故知其度理有變差至今大隋甲辰之歲考定曆數象以稽天道知冬至之日日在斗十三度

第三勘氣影長驗

春秋緯命曆序云魯僖公五年正月壬子朔旦冬至今以甲子元曆術推算得合不差宋書元嘉十年何承天以土圭測影知冬至已差三日詔使付外考驗起元嘉十三年爲始畢元嘉二十年八年之中冬至之日恒與影長之日差校三日今以甲子元曆術推算但是冬至之日恒與影

長之符合不差詳之如左
十三年景子
天正十八日曆注冬至
十五日影長
即是今曆冬至日
十四年丁丑
天正二十九日曆注冬至
二十六日影長
即是今曆冬至日
十五年戊寅
天正十一日曆注冬至
陰無影可驗
今曆八日冬至
十六年己卯
天正二十一日曆注冬至
十八日影長
即是今曆冬至日
十七年庚辰
天正二日曆注冬至
十月二十九日影長

即是今曆冬至日
十八年辛巳
天正十三日曆注冬至
十一日影長
即是今曆冬至日
十九年壬午
天正二十九日曆注冬至
陰無影可驗
今曆二十二日冬至
二十年癸未
天正六日曆注冬至
三日影長
即是今曆冬至日

于時新曆初頒賓有寵於高祖劉暉附會之被升為太史令二人叶議共短孝孫言其非毀天曆率意迂怪焯又妄相扶證惑亂時人孝孫焯等竟以他事斥罷後賓死孝孫為掖縣丞委官入京又上前後為劉暉所詰事寢不行仍留孝孫直太史累年不調寓宿觀臺乃抱其書弟子輿櫬來詣闕下伏而慟哭執法拘以奏之高祖異焉以問國子祭酒何妥妥言其善即日擢授大都督遣與賓曆比校短

長先是信都人張胄玄以筭術直太史久未知名至是與孝孫共短賓曆異論鋒起久之不定至十四年七月上令參問日食事楊素等奏太史凡奏日食二十有五唯一晦三朔依尅而食尚不得其時又不知所起他皆無驗胄玄所尅前後妙衷時起分數合如符契孝孫所尅驗亦過半於是高祖引孝孫胄玄等親自勞徠孝孫因請先斬劉暉乃可定曆高祖不懌又罷之俄而孝孫卒楊素牛弘等傷惜之又薦胄玄上召見之胄玄因言日長景短之事高祖大悅賞賜甚厚令與參定新術劉焯聞胄玄進用又增損孝孫曆法更名七曜新術以奏之與胄玄之法頗相乖爽

隋志十二　十四

袁充與胄玄害之焯又罷至十七年胄玄曆成奏之上付楊素等校其短長劉暉與國子助教王頍等執舊曆術迭相駁難與司曆劉宜援據古史影等駁胄玄云命曆序僖公五年天正壬子朔旦日至左氏傳僖公五年正月辛亥朔日南至張賓曆天正壬子朔冬至合命曆序差傳一日張胄玄曆天正壬子朔合命曆序差傳一日三日甲寅冬至差命曆序二日差傳三日成公十二年命曆序天正辛卯朔旦日至張賓曆天正辛卯朔冬至合命曆序張胄玄曆天正辛卯朔合命曆序二日壬辰冬至差命曆序一日昭公二十年春秋左氏傳二月己丑朔日南至準命曆序

庚寅朔旦日至張賓曆天正庚寅朔冬至並合命曆序差傳一日張胄玄曆天正庚寅朔合命曆序差傳一日二日辛卯冬至差命曆序一日差傳二日宜棄命序及春秋左氏傳並閏餘盡之歲皆須朔旦冬至若依命曆序勘春秋三十七食合處至多若依左傳合者至少是以知傳為錯今張胄玄信情置閏命曆序及傳氣朔並差又宋元嘉冬至影有七張賓曆合者五差者二亦在前一日張胄玄曆合者三差者四在後一日元嘉十二年十一月甲寅朔十五日戊辰冬至日影長張賓曆合戊辰冬至張胄玄曆己巳冬至差後一日十三年十一月巳酉朔二十六日甲戌

隋志十二　十五

冬至日影長張賓曆合癸酉冬至差前一日張胄玄曆合甲戌冬至十五年十一月丁卯朔十八日甲申冬至日影長二曆並合甲申冬至十六年十一月辛酉朔二十九日己丑冬至日影長張賓曆合己丑冬至張胄玄曆庚寅冬至差後一日十七年十一月乙酉朔十日甲午冬至日影長張賓曆合甲午冬至張胄玄曆乙未冬至差後一日十八年十一月己卯朔二十一日己亥冬至日影長張賓曆合己亥冬至張胄玄庚子冬至差後一日十九年十一月癸卯朔三日乙巳冬至影長張賓曆甲辰冬至差前一日張胄玄曆合乙巳冬至又周從天和元年景戌至開皇十五

年乙卯合得冬夏至日影一十四張賓曆合得者十差者四三差前一日一差後一日張胄玄曆合者五差者九八差後一日一差前一日天和二年十一月戊戌朔三日庚子冬至日影長張賓合庚子冬至張胄玄曆辛丑冬至差後一日三年十一月壬辰朔十四日乙巳冬至日影長張賓曆合乙巳冬至張胄玄曆景午冬至差後一日建德元年十一月巳亥朔二十九日丁卯冬至日影長張賓曆景寅冬至差前一日張胄玄曆合丁卯冬至二年五月景寅朔三日戊辰夏至日影短張賓曆巳巳夏至差後一日張胄玄曆庚午夏至差後二日三年十一月戊午朔二十日

丁丑冬至日影長張賓曆合丁丑冬至張胄玄曆戊寅冬至差後一日六年十一月庚午朔二十三日壬辰冬至日影長張賓曆合壬辰冬至張胄玄曆癸巳冬至差後一日宣政元年十一月甲午朔五日戊戌冬至日影長兩曆並合戊戌冬至開皇四年十一月己未朔十一日己巳冬至日影長張賓曆合己巳冬至張胄玄曆庚午冬至差後一日五年十一月甲寅朔二十二日乙亥冬至日影長張賓曆甲戌冬至差前一日張胄玄曆合庚辰冬至七年五月乙亥朔九日癸未夏至日影短張賓曆壬午夏至差前一日張胄玄曆合癸未夏至十一月壬申朔十四日乙酉冬

至日影長張賓曆合乙酉冬至張胄玄曆景戌冬至差後一日十一年十一月巳卯朔二十八日景午冬至日影長張賓曆合景午冬至張胄玄曆丁未冬至差後一日十四年十一月辛酉朔旦冬至張賓曆合十一月辛酉朔旦冬至張胄玄曆十一月辛酉朔二日壬戌冬至差後一日建德四年四月大乙酉朔三十日甲寅月晨見東方張賓曆四月大乙酉朔三十日甲寅月晨見東方張胄玄曆四月小乙酉朔五月大甲寅朔月晨見東方宜案影極長為冬至影極短為夏至二至自古史分可勘者二十四其二十一有影三有至日無影見行曆合一十八差者六旅騎尉

張胄玄曆合者八差者一十六二差後二日一十四差後一日又開皇四年在洛州測冬至影與京師二處進退絲毫不差周天和已來案驗並在後更檢得建德四年晦朔東見張胄玄曆五月朔日月晨見東方今十七年張賓曆閏七月張胄玄曆閏五月又審至以定閏胄玄曆至既不當故知置閏必乖見行曆四月五月頻大張胄玄曆九月十月頻大為胄玄朔弱頻大在後晨故朔日殘月晨見東方宜又案開皇四年十二月十五日癸卯依曆月行在鬼三度時加酉月在卯上食十五分之九虧起西北今伺候一更一籌起食東北角十五分之十至四更籌還生至二更

一籌後滿五年六月三十日依曆太陽虧日在七星六度加時在午少強上食十五分之一半強虧起西南角今伺候日乃在午後六刻上始食虧起西北角十五分之六至未後一刻還生至五刻復滿六年六月十五日依曆太陰虧加時酉在卯上食十五分之九半弱虧起西南當其時陰雲不見月至辰巳雲裏見月巳食三分之二虧從東北即還雲合至巳午間稍生至午後雲裏暫見巳復滿十月三十日丁丑依曆太陽虧日在斗九度時加在辰少弱上食十五分之九強虧起東北角今候所見日出山一丈辰二刻始食虧起正西食三分之二辰後二刻始生入巳時

三刻上復滿十年三月十六日癸卯依曆月行在氐七度時加戌月在辰太半上食十五分之七半強虧起東北今候月初出卯南帶半食出至辰初三分可食二分許漸生辰未巳復滿見行曆九月十六日庚子月行在胃四度時加丑月在未半強上食十分之三半強虧起正東今伺候月以午後二刻食起正東須臾如南至未正上食南畔五分之四漸生入申一刻半復滿十二年七月十五日己未依曆月行在室七度時加戌月在辰太強上食十五分之十二半弱虧起西北今伺候一更三籌起西北上食准三分之二強與曆注同十三年七月十六日依曆月在申半

強上食十五分之半弱虧起西南十五日夜從四更候月五更一籌起東北上食半強入雲不見十四年七月一日依曆時加巳弱上食食十五分之十二半強至未後三刻日乃食虧起西北食半許入雲不見食頃暫見猶未復生因即雲鄣十五年十一月十六日庚午依曆月行在井十七度時加亥月在巳半上食十五分之九半強虧西北其夜一更四籌後月在辰上起食虧東南至二更三籌月在巳上食三分之二許漸生至三更一籌月在景上復滿十六年十一月十六日乙丑依曆月行在井十七度時加丑月在未太弱上食十五分之十二半弱虧起東南十五日

夜伺候至三更一籌月在景上雲裏見巳食十五分之三許虧起正東至丁上食既後從東南生至四更三籌月在未末復滿而胄玄不能盡中迭相駁難高祖惑焉踰時不決會通事舍人顏慜楚上書云漢落下閎改顓頊曆作太初曆云後八百歲此曆差一日語在胄玄傳高祖欲神其事遂下詔曰朕應運受圖君臨萬㝢思欲興復聖教恢弘令典上順天道下授人時搜揚海內廣延術士旅騎尉張胄玄理思沉敏術藝宏深懷道白首來上曆法令與太史舊曆並加勘審仰觀玄象參驗璇璣胄玄曆數與七曜符合太史所行乃多疏舛羣官博議咸以胄玄爲密太史令

劉暉司曆郭翟劉宜驍騎尉任悅往經修造致此乖謬通
直散騎常侍領太史令庾季才太史丞邢儁司曆郭遠曆
博士蘇粲曆助教傅儁成珍等既是職司須審疎密遂虛
行此曆無所發明論暉等情狀已合科罪方共飾非護短
不從正法季才等附下罔上義實難容於是暉等四人元
造詐者並除名季才等六人容隱姦慝俱解見任胄玄所
造曆法付有司施行擢拜胄玄為員外散騎侍郎領太史
令胄玄進袁充互相引重各擅一能更為延譽胄玄言充
曆妙極前賢充言胄玄曆術冠於今古胄玄學祖沖之兼
傳其師法自茲厥後尅食頗中其開皇十七年所行曆術

命冬至起虛五度後稍覺其疎至大業四年劉焯卒後乃
敢改法命起虛七度諸法率更有增損朔終義寧今錄戊
辰年所定曆術著之于此云自甲子元至大業四年戊辰
百四十二萬七千六百四十四年筭外
章歲四百一十　章閏百五十一
章月五千七十一　日法千一百四十四
月法三萬三千七百八十三
辰法二百八十六
歲分一千五百五十七萬二千九百六十三
度法四萬二千六百四十

沒分五百一十九萬一千三百一十一
沒法七萬四千五百二十一
周天分一千五百五十七萬四千四百六十六
斗分一萬八百六十六　氣法四十六萬九千四十
氣時法一萬六百六十　周日二十七
日餘一千四百一十三　周通七萬二百九
周法二千五百四十八
推積月術置入元已來至所求年以章月乘之如章歲得
一為積月餘為閏餘閏餘三百九十七已上若冬至不在其月加積月一
推月朔弦望術以月法乘積月如法得一為積日餘為小

餘以六十去積日餘為大餘命以甲子筭外為所求年天
正月朔日天正月者建子月也今為去年十一月凡朔小餘五百四十七已上其月大加大餘
七小餘四百三十七太凡四分一為少二為半三為太小餘滿日法去之
從大餘滿六十去之命如前為上弦日又加得望下弦後
月朔朔餘滿五百三十七其月大減者小
推二十四氣術以月法乘閏餘又以章歲乘朔小餘加之
如氣法得一為日命朔筭外為冬至日不盡者以十一約
之為日分求次氣加日十五日分九千三百一十五小分
一小分滿八從日分一日分滿度法從日一如月大小去
之日不滿月筭外為次氣日其月無中氣者為閏

二十四氣	損益率	盈縮數
冬至十一月中	益七十	縮初
小寒十二月節	益三十五	縮七十
大寒十二月中	益三十五	縮百五
立春正月節	益二十	縮百三十
雨水正月中	益二十	縮百六十
啓蟄二月節	益三十五	縮百九十
春分二月中	損五十五	縮二百二十五
清明三月節	損三十五	縮百七十
穀雨三月中	損四十	縮百二十五
立夏四月節	損三十	縮八十五
小滿四月中	損五十五	縮五十五
芒種五月節	益六十五	盈初
夏至五月中	益五十五	盈六十五
小暑六月節	益四十	盈百二十
大暑六月中	益二十五	盈百六十
立秋七月節	益五	盈百八十五
處暑七月中	益三十	盈百九十
白露八月節	益四十	盈二百二十
秋分八月中	益六十	盈二百六十
寒露九月節	損五十五	盈二百
霜降九月中	損五十	盈百四十五
立冬十月節	損四十五	盈九十五
小雪十月中	損四十	盈五十
大雪十一月節	損十	盈十

求朔望入氣盈縮術

以入氣日筭乘損益率如十五得一餘八巳上從一以損益盈縮數爲定盈縮其入氣日十五筭者如十六得一餘半法巳上亦從一以下皆准此

推土王術

二百七十五

加分至日二十七日分一萬六千七百六十七小分九小分滿四十從日分一滿去如前即分至後土始王日

推沒日術

其氣有小分者以水乘日分内小分又以十五乘之以減沒分無小分者以百二十乘日分以減之滿沒法爲日不盡爲日分以其氣去朔日加之去命如前

求次沒

加日六十九日分四萬九千三百七十二日分滿沒法從日去命如前

推入遲疾曆術

以周通去朔積日餘以周法乘之滿周通又去之餘滿周法得一日餘爲日餘即所求年天正朔筭外夜半入曆日及餘

求次月

大月加二日小月加一日日餘皆千一百三十五滿周日及日餘去之

求次日加一滿去如前

求朔望加時入曆術

以四十九乘朔小餘滿二十二得一爲日餘不盡爲小分以加夜半入曆日及餘分

求次月加日一餘二千四百八十六小分二十一滿去如前即次月入曆日及餘

求望加日十四日餘千九百四十九小分二十一半滿去如前爲望入曆日及餘

曆日	轉分	轉法	益損率	盈縮積分	差法
一日	六百一	退六	益二百四十八	盈初	五千六百
二日	五百九十五	退七	益二百一十八	盈六十萬五千一百五十九	五千五百四十
三日	五百八十八	退八	益一百七十九	盈一百一十四萬一千六百七十八	五千四百七十
四日	五百八十	退九	益一百四十二	盈一百五十九萬八千一百一十七	五千三百九十
五日	五百七十一	退九	益一百三	盈一百九十六萬三千三十六	五千三百

曆日	轉分	轉法	益損率	盈縮積分	差法
六日	五百六十二	退九	益六十二	盈二百二十二萬四千九百九十五	五千二百一十
七日	五百五十三	退十	益二十二	盈二百三十八萬三千九百九十四	五千一百二十
八日	五百四十三	退十	損二十三	盈二百四十四萬三千十三	五千二十
九日	五百三十三	退九	損六十八	盈二百三十八萬一千六百七十二	四千九百二十
十日	五百二十四	退八	損一百八	盈二百二十萬八千九百二十一	四千八百三十
十一日	五百一十六	退七	損一百四十四	盈一百九十三萬三千一百九十	四千七百五十
十二日	五百九	退七	損一百七十六	盈一百五十六萬五千九百四十七	四千六百八十
十三日	五百二	退六	損二百七	盈一百二十八萬八千六百二十八	四千六百一十
十四日	四百九十六	進二	損二百三十四	盈五十九萬二千二百一十七	四千五百五十
十五日	四百九十八	進六	益二百三十五	縮四千八百一十四	四千五百七十
十六日	五百四	進七	益一百九十六	縮五十七萬七千九百七十五	四千六百三十
十七日	五百一十一	進八	益一百六十七	縮一百八萬二千四百九十六	四千七百
十八日	五百一十九	進八	益一百三十一	縮一百五十一萬六千九百二十七	四千七百八十
十九日	五百二十七	進九	益九十五	縮一百八十三萬九千八百五十八	四千八百六十
二十日	五百三十六	進九	益五十四	縮二百八萬二千一百五十九	四千九百五十
二十一日	五百四十五	進十	益十四	縮二百二十一萬九千七百	五千四十
二十二日	五百五十五	進九	損三十一	縮二百二十五萬五千一百八十一	五千一百四十
二十三日	五百六十四	進九	損七十一	縮二百一十七萬六千二百八十二	五千二百三十
二十四日	五百七十三	進八	損一百一十二	縮一百九十九萬四千三百八十三	五千三百二十
二十五日	五百八十一	進八	損一百四十八	縮一百七十萬九千五百四十四	五千四百

二十六日五百八十九　進六　損一百八十四　縮一百三十三萬二千五百八十五　五千四百八十
二十七日五百九十五　進五　損二百一十六　縮八十六萬五千三百六　五千五百四十
二十八日六百　進一　損二百三十三　縮三十二萬八千七百八十七　五千五百九十

推朔望加時定日及小餘術

以入曆日餘乘所入曆所曰損益率以損益盈縮積分如差法而一爲定積分如差法乃與入氣定盈縮皆以盈減縮加本朔望小餘不足減者加日法乃減之加時在往日加之滿日法者去之則在來日餘爲定小餘無食者不須氣盈縮

角十二度　亢九度　氐十五度　房五度
心五度　尾十八度　箕十一度
東方七宿七十五度

斗二十六度　牛八度　女十二度　虛十度
危十七度　室十六度　壁九度
北方七宿九十八度
奎十六度　婁十二度　胃十四度　昴十一度
畢十六度　觜二度　參九度
西方七宿八十度
井三十三度　鬼四度　柳十五度　星七度
張十八度　翼十八度　軫十七度
南方七宿百一十二度

推日度術

置入元至所求年以歲分乘之爲通實滿周天分去之餘如度法而一爲積度不盡爲度分命度以虛七度宿次去之經斗去其分度不滿宿度以虛七度宿次去之經斗去其分度不滿宿筭外即所求年天正冬至日所在度及分以冬至去朔日以減分度數分不足減者減度一加度法乃減之命如前即天正朔前夜半日所在度及分須求朔共度者用去定用日數減之依後所須

求次月大月加度三十小月加度二十九宿次去去其分

求次日加度一去命如前

求朔望加時日所在度術

各以定小餘乘章歲滿十一爲度分以加其前夜半度分
滿之去如前（凡朔加時日月同度）
求轉分以千四十約度分不盡爲小分
求望加時月所在度術
置望加時日所在度及分加度一百八十二轉分二十五
小分七百五十三小分滿千四十從轉分一轉分滿四十
一從度去命如前經斗去轉分十小分四百六十六
求月行遲疾日轉定分術
以夜半入曆日餘乘轉差滿周法得一爲變差以進加退
減日轉分爲定分

推朔望夜半月定術
以定小餘乘所入曆日轉定分滿日法得一爲分分滿四
十一爲度各以減加時月所在度即各其前夜半定度
求次日以日轉定分加轉分滿四十一從度去命如前朔
日不用前加
推五星術
木數千七百萬八千三百三十二四分
火數三千三百二十五萬六千二十六
土數千六百一十二萬一千七百六十七
金數二千四百八十九萬八千四百一十七

水數四百九十四萬一千九十八
木終日三百九十八（日分三萬七千六百一十二四分）
火終日七百七十九（日分三萬九千四百六十六）
土終日三百七十八（日分三千八百四十七）
金終日五百八十三（日分三萬九千二百九十七晨見伏三百二十七日分同）
水終日百一十五（日分三萬七千四百九十八晨見伏六十三日分同）
（夕見伏二百五十六日夕見伏五十二日）
求星見術
置通實各以數去之餘以減數其餘如度法得一爲日不
盡爲日分即所求年天正冬至後晨平見日及分（其金水以夕見

伏日去之得者餘爲夕平見日及分）
求平見見月日置冬至去朔日數及分各以冬至後日數
及分加之分滿度法從日起天正月依大小去之不滿月
者爲去朔日命日筭卯即星見所在月日及分
求後見各以終日及分加之滿去如前（其金水各以晨夕加之滿去如前加晨得夕加夕得晨）
木平見在春分前者以三千三百四十乘去大寒後十日
數以加平見分滿法之以爲定見日及分立秋後者以四
千二百乘去寒露日加之滿同前春分至清明均加四日
後至立夏五日以後至芒種加六日均至立秋小雪前者

以七千四百乘去寒露日數以減平見日分冬至後者以
八千三百乘去大寒後十日數以減之小雪至冬至均減
八日為定見日數初見伏去日各十四度
火平見在雨水前以二萬六千八百八十乘去大寒日數
在立夏後以萬三千四百四十乘去立秋日數以見日分
滿去如前雨水至立夏均加二十九日小雪前以萬一千
五百八十乘去處暑日數冬至後以三萬四千三百八十
乘去大寒日數滿去如前以減之小雪至冬至均減二十
五日初見伏去日各十七度
土平見在處暑前以萬二千三百七十乘去大暑日數白

露後以八千三百四十乘去霜降日數以加見日分滿如
前處暑至白露均加九日小寒前以四千九百八十乘去
霜降日數小寒至立春均減九日立春後減八日啓蟄後
去七氣別去一至穀雨去三夏至後十日去一至大暑去
盡初見伏去日各十七度
金晨平見在立春前者以四千一百二十乘去小滿後以
乘去夏至日數以加見日分滿均加三日立秋前以乘去
冬至日數滿去如前以減之立秋至小雪均減三日夕平
見在啓蟄前以六千三百九十乘去小雪日數清明後以
六千二百九十乘去芒種日數滿去如前以減之啓蟄至

清明均減九日處暑前以六千二百九十乘去夏至日數
寒露以六千二百九十乘去大雪日數以加之處暑至寒
露均加九日初伏去日各十一度
水晨平見在雨水後立夏前者應見不見啓蟄至雨水去
日十八度外四十六度內晨有木火土金一星已上者見
無者不見立夏至小滿去日度如前晨有木火土金一星
已上者見無者亦不見從霜降至小雪加一日冬至至小
寒減四日立春至雨水減三日冬至前一去三二去二三
去一夕平見在處暑後霜降前者應見不見立秋至處暑
夕有星去日如前者見無者亦不見霜降至立冬夕有星

去日如前者見無者亦不見從穀雨至夏至減二日初見
伏去日各十七度

行五星法

置星定見之前夜半日所在宿度室及分各以定見日分
加其分滿度法從又以星初見去日度數晨減夕加之滿
去如前即星初見所在度及分
求次日各加一日所行度及分有小分者各日數為母小
分滿其母去從分分滿度法從度（其行有益疾遲者副置一日行分各以其分疾遲損乃加之）留者因前退則減之伏不注度順行出斗去其分
退行入斗先加分（訖皆以千四十約分為大分以四十一為母）

木初見順日行萬六百一十八分日益遲六十分一百一十四日行十九度萬三千八百三十二分而留二十六日乃退日六千一百一分八十四日退十二度八百四分又留二十五日三萬七千六百一十二分小分四乃順初日行三千八百三十七分日益疾六十分百一十四日行十九度萬三千七百一十八分而伏

土初見順日行三千八百一十四分八十三日行七度萬八千八十二分而留三十八日乃退日二千五百六十三分百日退六度四百六十分又留三十七日三千八百四十七分乃順日三千八百一十三分八十三日行七度萬

七千九百九十九分如初乃伏

火初見已後各如其法

損益日度各一　冬至初　二百四十一日

行百六十三度

二日損一　盡百二十八日　百七十七日

行九十九度盡百六十一日同日

三日損一　盡百八十二日　百七十日

行九十二度盡百八十八日同

三日益一　盡二百二十七日　百八十三日

行一百五度

二日益一　盡二百四十九日　百九十四日

行百一十六度

一日益一　盡三百一十日　二百五十五日

行百七十七度盡三百四十七日同

二日損一　盡三百六十五日　後二百四十一日

行百七十七度

見在雨水前以見去小寒日數小滿後以去大暑日數三約之所得減日爲定日雨水至小滿均去二十日爲定日巳前皆前疾日數及度數各計冬至後日數依損益之爲定日數及度數以度法乘定度如定日得一即平行一日分不盡爲小分

大寒至立秋差行餘平行處暑至白露皆去定皆度六日白露至寒露初日行半度四十日行二十度餘日及餘度續同前置日數減一以三十乘之加平行一日分爲初日分差行者日益遲六十分各盡其日度而遲初日行二萬六百分日益遲百分六十日行二十四度三萬五千六百四十分其前去度六者此遲初日加四千二百六十四分六十日行三十度分同而留十三日前去日者分日於二留奇從後留乃退日萬二千八十二分六十日退十七度四十分又留十二日三萬九千四百六十六分又順遲初日行萬四千七百分日益疾百分六十日行二十四度分同前此遲在立秋至秋分加一日行分四千二百六十四六十日行四十度分同前而後疾

損益　冬至初　二百一十四日

行百三十六度　盡三十七日　百七十七日
一日損一
行九十九度
二日損一　盡五十五日　一百六十七日
行八十九度盡七十九日同
三日益一　盡百四十日　百八十四日
行百六度
一日益一　盡百九十日　二百三十七日
行百五十九度
一日益一　盡二百日　二百五十七日
行百七十九度

一日益一　盡二百一十日　二百六十七日
行百八十九度盡二百五十九日同
二日損一　盡三百六十五日　復二百一十四日
行百三十六度
後遲加六度者此後疾去度爲定度已前皆後疾日數及
度數其在立夏至小暑至立秋盡四十日行二十度計餘
日及度從前法前法皆平行求行分亦如前各盡其日度而伏
金晨初見乃退日半度十日退五度而留九日乃順遲差
行先遲日益五百分四十日行三十度小暑前以去芒種日數十日減一度

立冬後以去大雪日數十日減一度小暑至立冬均減三
度爲定度大雪至芒種不加減求初日以三十乘度法四
十得一爲平分又以三十九乘二
百五十以減半分爲初日行分　平行日一度十五日行
十五度小寒後十日益日度各一至雨水二十一日行二十一度均至春分後十日減一至小滿後十五日
行十五度其後六日減一至處暑日及度皆盡至霜降後四日益一至復十五日行十五度疾百七十
日行二百四度前順遲減度者計減數益此度爲定度求一日行度分者以百七十日日一度以減
定度餘乘度法加百七十得一爲一日平行度分晨伏東方夕初見順疾百七十
日行二百四度夏至前以見去小滿日數六日加一度大暑後以去立秋日數五日加一度夏至至
大暑均加五度爲定度白露至清明差行先疾日益遲百分清明至白露平行求一日平行同晨疾求遲行以五十
乘百六十九加之爲初日行度分　平行日一度十五日行十五度冬至後十日減
日度各一至啓蟄九日行九度均至夏至後五日益一至大暑復十五日行十五度均至立秋後六日益一至寒露

二十五日日行五度後六日減一至大雪復十五日行十五度均至冬至順遲差行先疾日益
五百分四十日行三十度前加度者此依數減之末一日行分如晨遲唯減者爲加之
又留九日乃退日半度十日退五度而夕伏西方
水晨初見留六日順遲日行萬六百六十分四日行一度
大寒至雨水平行日不須此遲行一度十日行十度大寒後二日去日度各一盡二十日
日及度俱盡疾日行一度三萬八千三百七十六分十日行十
九度前無遲行者減此分萬二千七百九十二分十日行十六度晨伏東方夕初見順
疾日行一度三萬八千三百七十六分十日行十九度小暑
至白露減萬二千七百九十二分十日行十六度平行日一度十日行十度大暑後二
日去日度各一盡二十日日及度俱盡遲行日萬六百六十分四日行一度

疾減萬二千七百九十二分者不須此遲又留六日夕伏西方

推交會行

會通千六十四萬六千七百二十九

朔差九十萬七千五十七

望差四十五萬三千五百二十八半

單數五百三十二萬三千三百六十四半

時法三萬二千六百四

望數五百七十七萬六千八百九十三

外限四百八十六萬九千八百三十六

內限千一十九萬三千二百半

中限五百六十四萬九千四百四半

次限千三十二萬六百八十九

推入交法

以會通去積月餘以朔望差乘之滿會通又去之餘爲所

求年天正朔入交餘

求望數加之滿如前

求次月以朔差加之滿去如前

推交道內外及先後去交術

其朔望在啓蟄前以一千三百八十乘去小寒日數在穀

雨雨水以乘去芒種日數爲氣差以加之啓蟄至穀雨均

加六萬三千六百滿會通去之餘爲定餘其小寒至春分立夏至芒種朔值盈

二時已下皆半氣差而加之二時已上皆不加朔入交餘如望差望數已下中限已上有星伏木土去見十日外火去

見四十日外金晨伏去見二十二日外有一星者不加氣差朔望在白露前者以九百

乘去小暑日數在立冬後者以千七百七十乘去大雪日

數以減之白露至立冬均減五萬五千不足減者加會通

乃減之餘爲定餘朔入交餘如外限內限已上單數以限已上有星伏如前者不減氣差定

餘不滿單數者爲在外滿去之餘在內其餘如望差已下

外限已上望則月食在內者朔則日其餘如望差已下者即爲去先交餘如外

限已上者以減單數餘爲去後交餘如時法得一然爲去交時數

推月食加時術

置食定日小餘三之如辰法得一辰命以子筭外即所在

辰不盡爲時餘四之如法無所得爲辰初一爲少二爲半

三爲太又不盡者三之如法得一爲強以并少爲少強并

半爲半強并太爲太強得二強者爲少弱并少爲半弱并

半爲太弱并太爲辰末此加時謂食四時月在衝也

推日食四時術

置食定日小餘秋三月內道去交八時已上加二十四十

二時以加四十八春三月內道去交七時已上加二十四

乃以三乘之如辰法得一辰以命子筭外即所在辰不盡

爲時餘副置時餘　仲辰不滿半辰減半辰已上去半辰季

辰者直加半辰孟辰者減辰法餘加半辰爲差率

又置去交時數三巳下加三六巳下加二九巳下加一九巳上依數十二巳上從十二以乘差率如十四得一爲時差子半至卯半午半至酉半以加時餘卯半至午半酉半至子半以減時餘加之滿辰法去之進一辰餘爲定時餘乃如月食法子午卯酉爲仲辰戌丑未爲季寅申巳亥爲孟日出前入後各二時外不注日食三乘氣時法得一命子筭外爲時

求外道日食法

去交一時内者食夏去交二時内加時在南方三辰者食若去至十二時内去交六時内者亦食若去春分三日内

後交二時内秋分三日内先交二時内者亦食先交二時内值盈二時外及後交二時内值縮二時外亦食諸志交三時内星伏如朔者食

求内道日不食法

加時南方三辰五月朔先交十三時外六月朔後交十三時外不食啓蟄至穀雨先交十三時值縮加時在未以西者不食處暑至霜降後交十三時外值盈加時在巳以東者不食

求月食分

春後交秋先交冬後交皆去不食餘一時不足去者食既餘以三萬二百三十五爲法得一爲不食分不盡者半法巳上爲半強巳下爲半弱乃以減十五餘爲食分

推日食分術

在秋分前者以去夏至日數乘二千以減去交餘餘爲不食餘不足減者反減十八萬四千餘爲不食餘亦減望差爲定法其交值縮並不減望差直以望差爲定法在啓蟄後者以去夏至日數乘千五百以減之秋分至啓蟄均減十八萬四千不足減者如前大寒至小滿去後交五時外皆去不食餘一時時差減者先交減之後交加之不足減者食既値加先交減之不足減者食

求所起内道西北虧東北外道西南虧東南十三分以上正左起虧皆據甚時月則行上起

氣	日出	日入
冬至	辰六十八刻之五十	申七刻分刻之四十
小寒	辰三十二分	申七刻四十八分
大寒	卯八刻四十九分	酉一分
小雪 立春	卯七刻二十九分	酉五十二分
立冬 啓蟄	卯六刻二十五分	酉一刻五十一分
霜降 雨水	卯五刻十三分	酉三刻七分
寒露 春分	卯三刻五十五分	酉四刻十五分

秋分 清明	卯一刻四十七分	酉五刻四十三分
白露 穀雨	卯一刻二十八分	酉六刻五十二分
處暑 立夏	卯二十八分	酉七刻五十三分
立秋 小滿	寅八刻三分	戌十七分
大暑 芒種	寅七刻三十六分	戌四十四分
小暑 夏至	寅七刻四十分	戌五十分

求日出入所在術

以所入氣辰刻及分與後氣辰刻及分相減餘乘入氣日筭如十五得一以損益所入氣依刻及分爲定刻

志第十二　隋書十七

志第十三　隋書十八

太尉揚州都督監修國史上柱國趙國公臣長孫無忌等奉　勅撰

律曆下

開皇二十年袁充奏日長影短高祖因以曆事付皇太子遣更研詳著日長之候太子徵天下曆筭之士咸集于東宮劉焯以太子新立復增修其書名曰皇極曆駁正冑玄之短太子頗嘉之未獲考驗焯爲太學博士負其精博志解冑玄之印官不滿意又稱疾罷歸至仁壽四年焯言冑玄之誤於皇太子其一曰張冑玄所上見行曆日月交食星度見留雖未盡善得其大較官至五品誠無所愧但因人成事非其實錄就而討論違舛甚衆其二曰冑玄弦望晦朔違古且踈氣節閏候乖天爽命時不從子半晨前別爲後日日躔莫悟緩急月逡妄爲兩種月度之轉輒遺盈縮交會之際意造氣差七曜之行不循其道月星之度行無出入應黃反赤當近更遠虧食乖準陰陽無法星端不協珠璧不同盈縮失倫行度愆序去極晷漏應有而無食分先後彌爲煩碎測今不審考古莫通立術之踈不可紀極今隨事糾駁凡五百三十六條其三曰冑玄以開皇五年與李文琮於張賓曆行之後本州貢舉即齎所造曆擬以上應其曆在鄉陽流布散寫甚多今所見行與焯前曆不異玄前擬獻年將六十非是忽迫倉卒始爲何故至京

未幾即變同焯曆與舊懸殊焯作於前玄獻於後捨己從人異同暗會且孝孫因焯胄玄後附孝孫曆術之文又皆是孝孫所作則元本偷竊事甚分明恐胄玄推諱故依前曆爲駁凡七十五條并前曆本俱上其四曰玄爲史官自奏虧食前後所上多與曆違今筭其乖舛有一十三事又前與太史令劉暉等校其疎密五十四事云五十三條新計後爲曆應密於舊見用筭推更疎於本今糾發并前凡四十四條其五曰胄玄於曆未爲精通然孝孫初造皆有意徵天推步事必出生不是空文徒爲臆斷其六曰焯以開皇三年奉勑修造顧循記注自許精微秦漢以來無所

與讓尋聖人之迹悟曩哲之心測七曜之行得三光之度正諸氣朔成一曆象會通今古符允經傳稽於庶類信而有徵胄玄所違焯法皆合胄玄所闕今則盡有隱括始終謂爲總備仍上啓曰自木鐸寢聲緒言成燼羣生蕩析諸夏沸騰曲技雲浮疇官雨絕曆紀廢壞千百年矣焯以庸鄙謬荷甄擢專精藝業耽翫數象自力羣儒之下冥觀聖人之意開皇之初奉勑脩撰性不諧物功不克終猶被胄玄竊爲己法未能盡妙協時多爽尸官亂日實黷皇猷請徵胄玄答驗其長短焯又造曆家同異名曰稽極大業元年著作郎王劭諸葛穎二人因入侍宴言劉焯善曆推步

精審證引陽明帝曰知之久矣仍下其書與胄玄參校胄玄駁難云焯曆有歲率月率而立定朔月有三大三小案歲率月率者平朔之章歲章月也以平朔之率而求定朔值三小者猶似減三五爲十四值三大者增三五爲十六也校其理實並非十五之正故張衡及何承天創有此意爲難者執數以校其率率皆自敗故不克成今焯爲定朔則須除其平率然後爲可互相駁難是非不決焯又罷歸四年駕幸汾陽宮太史奏曰日食無效帝召焯欲行其曆袁充方幸於帝左右胄玄共排焯曆又會焯死曆竟不行術士咸稱其妙故錄其術云

甲子元距大隋仁壽四年甲子積一百萬八千八百四十

筭

歲率六百七十六

月率八千三百六十一

朔日法千二百四十二

朔實三萬六千六百七十七

旬周六十

朔晨百三半

日干元五十二

日限十一

盈汎十六
虧總十七
推經朔術
置入元距所求年月率乘之如歲率而一爲積月不滿爲
閏衰朔實乘積月滿朔日法得一爲積日不滿爲朔餘旬
周去積日不盡爲日即所求年天正經朔日及餘
求上下弦望加經朔日七餘四百七十五小即上弦經日
及餘又加得望下弦及後月朔就徑求望者加日十四餘
九百五十半下弦加日二十二餘百八十四餘九百五十
半下弦加五十九每月加閏衰二十大即各其月閏衰也

凡月建子爲天正建丑爲地正建寅爲人正即以人正爲
正月統求所起本於天正若建歲曆從正月始氣候月星
所值節度雖有前却並亦隨之其前地正爲十二月天正
爲十一月并諸氣度皆屬往年其日之初亦從星起晨前
多少俱歸昨日若氣在夜半之後量影以後日爲正諸因
加者各以其餘減法殘者爲全餘若所因之餘滿全餘以
上皆增全一而加之減其全餘即因餘少於全餘者不增
全加皆得所求分度亦爾凡曰不全爲餘積以成餘者曰
秒度不全爲分積以成分者曰篾其有不成秒曰麽不成
篾曰幺其分餘秒篾皆一爲小二爲半三爲大四爲全加

滿全者從一其三分者一爲少二爲太若加者秒篾成法
分餘滿法從日度一百度有所滿則從去之而日命以日
辰者滿旬周則亦除命有連分餘秒篾者亦隨全而從去
其日度雖滿而分秒不滿者未可從去仍依本數若減者
秒篾不足減分餘一加法而減之分餘不足減者加所從
去或前日度乃減之即其名有總而日度全及分餘共者
須相加除當皆連全及分餘共加除之若須相乘有分餘
者母必通全內子乘訖報除或分餘相并母不同者子乘
而并之母相乘爲法其并滿法從一爲全此即齊同之也
既除爲分餘而有不成若例有秒篾法乘而又法除得秒

篾數已爲秒篾及正有分餘而所不成不復須者須過半
從一無半棄之若分餘其母不等須變相通以彼所法之
母乘此而分餘而此母除之得彼所須之子所有秒篾者
亦法乘不滿此母又除而得其數麽幺亦然其所除去而
有不盡全則謂之不盡無亦曰不如其不成全全乃爲不滿
分餘秒篾更曰不成凡以數相減而有小及半太須相加
減同於分餘法者皆以其母三四除其氣度日法以半及
太大本率二三乘之少小即須因所除之數隨其分餘而
加減焉秋分後春分前爲盈汎春分後秋分前爲虧總須
取其數汎總爲名指用其時春分爲主虧日分後盈日分

前凡所不見皆放於此
氣日法四萬六千六百四十四
歲數千七百三萬六千四百六十六半
度準三百四十八
約率九
氣辰三千八百八十七
餘通八百九十七
秒法四十八
曆法五
推氣術

半閏衰乘朔實又準度乘朔餘加之如約率而一所得滿氣日法爲去經朔日不滿爲氣餘以去經朔日即天正月冬至恒日定餘乃加夜數之半者減日一滿者因前皆爲定日命日甲子筭外即定冬至日其餘如半氣辰千九百四十三半以下者爲氣加子半後也過以上先加此數乃氣辰而一命以辰筭外即氣所在辰十二辰外爲子初以後餘也又十二乘辰餘四爲小太亦曰少

五爲半少　六爲半
七爲半太　八爲大少亦曰太
九爲太　十爲大太
十一爲窮辰少

其又不成法者半以上爲進以下爲退退以配前爲強進以配後爲弱即初不成一而有退者謂之沾辰初成十一而有進者謂之窮辰末旦其名有重者則於間可以加之命辰通用其餘辨日分辰而判諸日因別亦皆準此因冬至有減日者還加之每加日十五餘萬一百九十秒三十七即各次氣恒日及餘諸月齊其閏衰如求冬至法亦即其月中氣恒日去經朔數其求後月節氣恒日如次之求前節者減之

月	氣	躔衰	衰總	陟降率	遲速數
十一月	大雪				
	冬至中	增二十八	先端	陟五十	速本
十二月	小寒節	增二十四	先二十八	陟五十三	速五十
	大寒中	增二十	先五十二	陟三十六	速九十三
正月	立春節	增二十	先七十二	陟三十六	速一百二十九
	雨水中	增二十四	先九十二	陟四十三	速一百六十五
二月	驚蟄節	增二十八	先一百十六	陟五十	速二百
	春分中	損二十八	先一百四十四	陟五十	速二百五十八
三月	清明節	損二十四	先一百一十六	降四十三	速二百八
	穀雨中	損二十	先九十二	降三十六	速一百六十五
四月	立夏節	損二十	先七十二	降三十六	速一百二十九
	小滿中	損二十四	先五十二	降四十三	速九十三
五月	芒種節	損二十八	先後端	降五十	速五十
	夏至中	增二十八	後端	降五十	遲九十
六月	小暑節	增二十	後五十二	陟三十六	遲九十三
	大暑中	增二十	後五十二	陟三十六	遲九十三
七月	立秋節	增二十	後七十二	陟三十六	遲一百二十九
	處暑中	增二十四	後九十二	陟四十四	遲一百六十九
八月	白露節	增二十八	後一百一十六	陟五十	遲二百八
	秋分中	損二十八	後一百四十四	陟五十	遲二百五十八

九月	寒露節	損二十四	後一百一十六	陟四十三	遲二百八
	霜降中	損二十	後九十二	降三十六	遲一百六十三
十月	立冬節	損二十	後七十二	降三十六	遲一百二十九
	小雪中	損二十四	後五十二	降四十三	遲九十三
十一月	大雪節	損二十八	後二十八	降五十	遲五十
	冬至				

推每日遲速數術

見求所在氣陟降率并後氣率半之以日限乘而汎總除得氣末率又日限乘二率相減之殘汎總除為總差其總差亦日限乘而汎總除為別差率前少者以總差減末率為初率乃別差加之前多者即以總差加末率皆為氣初日陟降數以別差前多者日減前少者日加初數得每日數所曆推定氣日隨筭其數陟加降減其遲速為各遲速

數其後氣無同率及有數同者皆因前末以末數為初率加總差為末率及差漸加初率為每日數通計其秒調而御之求月朔弦望應平會日所入遲速各置其經餘為辰以入氣辰減之乃日限乘日日內辰為入限以乘其氣前多之末率前少之初率日限而一為總率其前多者入限減汎總之殘乘總差汎總而一為入差并於總差入限乘倍日限除以總率前少者入限再乘差別日限自乘倍而除亦加總率皆為總數乃以陟加降減其氣遲速數為定即速加遲減其經餘各其月平會日所入遲速定日及餘

求每日所入先後各置其氣躔衰與衰總皆以餘通乘之所乃躔衰如陟降衰總如遲速數亦如求遲速法即得每所入先後及定數

求定氣其每日所入先後數即為氣餘其所曆日皆以先加之以後減之隨筭其日通準其餘滿一恒氣即為二至後一氣之數以加二如法用別其日而命之又筭其次每相加命各得其定氣日及餘也亦以其先後已通者先減後加其恒氣即次氣定日及餘亦因別其日命以甲子各得所求

求土王距四立各四氣外所入先後加減滿二日餘八千一百五十四秒十秝除所滿日外即土始王日

求候日定氣即初候日也三除恒氣各為平候日餘亦以所入先後數為氣餘所曆之日皆以先加後減隨計其日通準其餘每滿其平以加氣日而命之即得次候日亦筭其次每相加命又得末候及次氣日

氣	初候	次候	末候	夜半漏	昏去中星
冬至	武始交	芸始生	荔挺出	二十七刻分四十二	八十二度轉分四十七
小寒	蚯蚓結	麋角解	水泉動	二十七刻二十六	八十三度十六
大寒	鴈北向	鵲始巢	雉始雊	二十六刻十六	八十五度六
立春	雞始乳	東風解凍	蟄蟲始振	二十五刻六十	八十七度四十九
雨水	魚上冰	獺祭魚	鴻鴈來	二十四刻九十六十	九十度四十八

節氣				刻	度
驚蟄	始雨水	桃始華	倉庚鳴	二十三刻七十二半	九十六度三
春分	鷹化爲鳩	玄鳥至	雷發聲	二十二刻二半	一百度三十七半
清明	電始見	蟄蟲咸動	蟄蟲啓戶	二十一刻半二十二	百五度二十一
穀雨	桐始華	田鼠爲鴽	虹始見	二十刻二半	百九度三十九
立夏	萍始生	戴勝降桑	螻蟈鳴	十九刻一半	百十三度二十五
小滿	蚯蚓出	王瓜生	苦菜秀	十八刻二十三	百十六度十九
芒種	靡草死	小暑至	螳蜋生	十七刻六十九	百十八度十八
夏至夜半十刻五分	鵙始鳴	反舌無聲	鹿角解	十七刻五十七	百十八度四十
小暑	蟬始鳴	半夏生	木菫榮	十七刻六十九	百十八度十八
大暑	溫風至	蟋蟀居壁	鷹乃學習	十八刻二十三	百十六度十九
立秋	腐草爲螢	土潤溽暑	涼風至	十九刻一半	百十三度二十五
處暑	白露降	寒蟬鳴	鷹祭鳥	二十刻三	百九度三十九
白露	天地始肅	暴風至	鴻鴈來	二十刻二十二半	百五度二十一
秋分	玄鳥歸	羣鳥養羞	雷始收聲	二十二刻二半	百度二十七半
寒露	蟄蟲附戶	殺氣盛	陽氣始衰	二十三刻二十二半	九十六度三
霜降	水始涸	鴻鴈來賓	雀入大水爲蛤	二十四刻九十六半	九十度三十六
立冬	菊有黃華	豺祭獸	水始冰	二十五刻九十八半	八十七度三十九
小雪	地始凍	雉入水爲蜃	虹藏不見	二十六刻九十六	八十五度六
大雪	冰益壯	地始坼	鶡旦鳴	二十七刻二十六	八十三度十六

倍夜半之漏得夜刻也以減百刻不盡爲晝刻每減晝刻五以加夜刻即其晝爲日見夜爲不見刻數刻分以百爲母

求日出入辰刻十二除百刻得辰刻數爲法半不見刻以半辰加之爲日出實又加日出見刻爲日入實如法而一命子筭外即所在辰不滿法爲刻及分

求辰前餘數氣朔日法乘夜半刻百而一即其餘也

求每日刻差每氣準爲十五日全刻二百二十五爲法其二至各前後於二分而數因相加減間皆六氣各盡於四立爲三氣至與前日爲一乃每日增太又各二氣每日增少其末之氣每日增少之小而末六日不加而裁焉二望至前後一氣之末日終於十少二氣初日稍增爲十二半終於二十大三氣初日二十一終於三十少四立初日三十一終於三十五太五氣亦少增初日三十六太終四十一少末氣初日

四十一少終於四十二每氣前後累算其數又八百八十
乘爲實各泛揔乘法而除得其刻差隨而加減夜
刻而半之各得入氣夜之半刻其分後十五日外累
算盡日乃副置之百八十乘虧揔除爲其所因數以
減上位不盡爲所加也不全日者隨辰率之
求晨去中星加周度一各昏去中星減之不盡爲
辰去度
求每日度差準日因增加裁累算所得百四十三之
四百而一亦百八十乘泛揔除爲度差數滿轉法
爲度隨日加減各得所求分後氣間亦求準約與
前求刻至前加減皆因日數逆算求之亦可因至
向背其刻各減夏加而度各加夏減若至前以入
氣減氣間不盡者因後氣而反之以不盡日累算
乘除所定從後氣而逆以加減皆得其數此但略校
其揔若精存于稽極云
轉終日二十七餘千二百五十五
終法二千二百六十三
終實六萬二千三百五十六
終全餘千八
轉法五十二

篾法八百九十七
閏限六百七十六
推入轉術終實去積日不盡以終法乘而又去不
如終實者滿終法得一日不滿爲餘即其年天
正經朔夜半入轉日及餘
求次日加一日每日滿轉終則去之且二十八日者
加全餘爲夜半入初日餘
求弦望皆因朔加其經日各得夜半所入日餘
求次月加大月二日小月一日皆及全餘亦其夜半
所入
求經辰所入朔弦望經餘變從轉不成爲秒加其夜
半所入皆其辰入日及餘因朔辰所入每加日七餘八百
六十五秒千一百六十大秒滿日法成餘亦得上弦望
下弦次朔經辰所入徑求者加望日十四餘千七百
三十一秒千七十九半下弦日二十二餘三百三十四秒
八百九十七小次朔日一餘二千二百八秒九百一十七亦
朔望各增日一減其全餘望五百三十一秒百六十二
半朔五十四秒三百二十五
求月平應會日所入以月朔弦望會日所入合遲速定
數亦變從轉餘乃速加遲減其經辰所入餘即各

平會所入日餘

轉日	速分	遲差	加減	朓朒積
一日	七百六十四	消七	加六十八	朓初
二日	七百五十七	消八	加六十一	朓百二十三
三日	七百四十九	消十一	加五十三	朓二百四十四
四日	七百三十八	消十二	加四十二	朓三百三十一
五日	七百二十六	消十三	加三十一	朓四百八
六日	七百十三	消十三	加十八	朓四百六十四
七日	七百	消十三（加五減 形太）	九分（八分加一 減）	朓四百九十六
八日	六百八十八	消十四	減七	朓五百五
九日	六百七十四	消十四	減二十一	朓四百九十二
十日	六百六十	消十二	減三十四	朓四百五十四
十一日	六百四十八	消九	減四十六	朓三百九十一
十二日	六百三十九	消七	減五十五	朓三百七
十三日	六百三十二	消六	減六十二	朓二百七
十四日	六百二十六	息二	減五十六減七 加十六二加	朓九十四
十五日	六百二十八	息七	加六十六	朒二十八
十六日	六百三十五	息九	加五十九	朒百四十八
十七日	六百四十四	息十一	加五十	朒二百五十六
十八日	六百五十五	息十一	加三十九	朒三百四十七

轉日	速分	遲差	加減	朓朒積
十九日	六百六十六	息十三	加二十九	朒四百十九
二十日	六百七十九	息十四	加十六	朒四百七十一
二十一日	六百九十三	息十二	加三六加 減大三減	朒五百
二十二日	七百五	息十四	減十七	朒五百五（當日自爲減 見爲五百四）
二十三日	七百十九	息十三	減二十三	朒四百八十七
二十四日	七百三十二	息十二	減三十六	朒四百四十六
二十五日	七百四十四	息十	減四十八	朒三百八十
二十六日	七百五十四	息七	減五十八	朒二百九十三
二十七日	七百六十一	息五（四 贅）	減六十五	朒百八十八
二十八日	七百六十六（贅）	平（五息 四消）	減七十（三十八少 終餘 四十一太 全餘）	朒七十

推朔弦望定日術

各以月平會所入之日加減限，限并後限而半之，為通率。又二限相減為限衰。前多者，以入餘減終法，殘乘限衰，終法而一，并於限衰而半之；前少者，半入餘乘限衰，亦終法而一；皆加通率，入餘乘之，日法而一，所得為平會加減限數。其限數又別從轉餘為變餘，朓減朒加本入餘。限前多者，朓以減與未減，朒以加與未加，皆減終法，并而半之，以乘限衰；前少者，亦朓朒各并二入餘，半以乘限衰；皆終法而一，加於通率，變餘乘之，日法而一，所得以朓減朒加限數。加減朓朒積而定朓朒。乃朓減朒加其平

會日所入餘滿若不足進退之即朔弦望定日及餘不滿
晨前數者借減日筭命甲子筭外各其日也不減與減朔
日立筭與後月同若俱無立筭者月大其定朔筭後加所
借減筭閏衰限滿閏限定朔無中氣者爲閏滿之前後
在分前若近春分後秋分前而或月有二中者皆量置其
朔不必依定其後無同限者亦因前多以通率數爲半衰
而減之前少即爲通率其加減變餘進退日者分爲一
日隨餘初末如法求之所得并以加減限數凡分餘秒篾
事非因舊文不著毋者皆十爲法若法當求數用相
加減而更不過通遠率小分數微者則不須筭其入七

百餘二千一十一十四日餘千七百五十九二十一日餘千五
百七二十八日始終餘以下爲初數各減終法以上爲
末數其初末數皆加減相返其要各爲九分初則七
日八分十四日七分二十一日六分二十八日五分末則七
日一分十四日二分二十一日三分二十八日四分雖初稍
弱而末微強餘差止一理勢兼舉皆今有轉差各隨
其數若恒筭所求七日與二十一日得初衰數而末初
加隱而不顯且數與平行正等亦初末有數而恒筭
所無其十四日二十八日既初末數存而虛衰亦顯其
數當去恒法不見

求朔弦望之辰所加
定餘半朔辰五十一大以下爲加子過以上加此數乃朔
辰而一亦命以子十二筭外又加子初以後其求入辰強
弱如氣
求入辰法度
度法四萬六千六百四十四
周數千七百三萬七千七十六
周分萬二千一十六
轉十三
篾三百五十五

周差六百九半
在日謂之餘通在度謂之篾法亦氣爲日法爲度法
隨事名異其數本同女末接虛謂之周分變周從
轉謂之轉晨昏所距日在黃道中準度赤道計之
斗二十六 牛八 女十二 虛十
危十七 室十六 壁九
北方玄武七宿九十八度
奎十六 婁十二 胃十四 昴十一
畢十六 觜三 參九
西方白虎七宿八十度

井三十三　鬼四　柳十五　星七
張十八　翼十八　軫十七
南方朱雀七宿百一十二度
角十二　亢九　氐十五　房五
心五　尾十八　箕十一
東方蒼龍七宿七十五度
前皆赤道度其數常定紘帶天中儀極攸準
推黃道術
準冬至所在爲赤道度後於赤道四度爲限
初數九十七每限增一以終百七其三度少弱平乃初限

百九亦每限增一終百一十九春分所在因百一十九
每損一又終百九亦三度少弱平乃初限百七每
限損一終九十七夏至所在又加冬至後法得秋
分冬至所在數各以數乘其限度百八而一累而
總之即皆黃道度也度有分者前輩之宿有前
却度亦依體數逐差遷道不常定準令爲度見
步天行歲久差多隨術而變
斗二十四　牛七　女十一半　虛十
危十七　室十七　壁十
北方九十六度半

奎十七　婁十三　胃十五　昴十一
畢十五半　觜二　參八
西方八十一度半
井三十　鬼四　柳十四半　星七
張十七　翼十九　軫十八
南方一百九度半
角十三　亢十　氐十六　房五
心五　尾十七　箕十
東方七十六度半
前見黃道度步日所行月與五星出入循此

推月道所行度術
準交定前後所在度半之亦於赤道四度爲限初
十一每限損一以終於一其三度強平乃初限數
一每限增一亦終十一爲交所在即因十一每限
損一以終於一亦三度強平又初限數一每限增
一終於十一復至交半返前表裏仍因十一增損
如道得後交及交半數各積其數百八十而一即
道所行每與黃道差數其月在表半後交前損增
加交後半前損加增減於黃道其月在裏各返之即
得月道所行度其限未盡四度以所直行數乘入

度四而一若月在黄道度增損於黄道之表裏不正當於其極可每日準去黄道度增損於黄道而計去赤道之遠近準上黄道之率以求之道伏相消朓朒互補則可知也積交差多隨交為正其五星先候在月表裏出入之漸又格以黄儀準求其限若不可推明者依黄道命度

推日度術

置入元距所求年歲數乘之為積實周數去之不盡者滿度法得積度不滿為分以冬至餘減分命積度以黄道起於虛一宿次除之不滿宿筭外即所求年天正冬至夜半日所在度及分

求年天正定朔度

以定朔日至冬至每日所入先後餘為分日為度加分以減冬至度即天正定朔夜半日在所度分亦去朔日乘衰揔已通者以至前定氣朔除之又如上求差加以并去朔日乃減度亦即天正定朔日所在度皆日為度餘為分其所入先後及衰揔用增損者皆分前增分後損其平日之度求次日每日所入先後分增損度以加定朔度得夜半

求弦望

去定朔每日所入分累而增損去定朔日乃加定朔度亦得其夜半

求次月

曆筭大月三十日小月二十九日每日所入先後分增損其月以加前朔度即各夜半所在至虛去周分

求朔弦望辰所加

各以度準乘定餘約率而一為平分又定餘乘其日所入先後分日法而一乃增損其平分以加其夜半即各辰所加其分皆篾法約之為轉分不成為篾凡朔辰所加者皆為合朔日月同度

推月而與日同度術

各以朔平會加減限數加減朓朒為平會朓朒以加減定朔度準乘約率除以加減定朔辰所加日度即平會辰日所在又平會餘乘度準約率除減其辰所在為平會夜半日所在乃以四百六十四半乘平會餘亦以周差乘朔實除從之以減夜半日所在即月平會夜半所在三十七半乘平會餘增其所減以加減半得月平會辰平行度五百二乘朓朒亦以周差乘朔實除而從之朓減朒加

其平行即月定朔辰所在度而與日同若即以
平會朓朒所得分加減平會辰所在亦得同度
求月弦望定辰度
各置其弦望辰所加日度及分加上弦度九十一
轉分十六篾三百一十三望度百八十二轉分三十
二篾六百二十六下弦度二百七十三轉分四十二
皆至虛去轉周求之○定朔夜半入轉
經朔夜半所入準於定朔日有增損者亦以一日
加減之否者因經朔爲定
其因定求朔次日弦望次月夜半者如於經月法

爲之
推月轉日定分術
以夜半入轉餘乘逡差終法而一爲見差以息加
消減其日逡分爲月每日所行逡定分
求次日
各以逡定分加轉分蒲轉法從度皆其夜半因
日轉若各加定日皆得朔弦夜半月所在定度其
就辰加以求夜半各以逡分消者定餘乘差終法除
并差而半之息者半定餘以乘差終法而一皆加
朒減乃以定餘乘之日法而一各加減辰所加度亦得

其夜半度因夜半亦如此求逡分以加之亦得辰
所加度諸轉可初以逡分及差爲篾而求其次
皆訖乃除爲轉分因經朔夜半求定辰度者以定
辰去經夜半減而求其增損數乃以數求逡定
分加減其夜半亦各定辰度
求月晨昏度
如前氣與所求每日夜之半夜以逡定分乘之百
而一爲晨分減逡定分爲昏分除爲轉度望前以
昏後以晨加夜半定度得所在求晨昏中星各以
度數加夜半定度即中星度其朔弦望以百刻乘

定餘滿日法得一刻即各定辰近入刻數皆減其
夜半漏不盡爲晨初刻不滿者屬昨日
復月五千四百五十八
交月二千七百二十九
交率四百六十五
交數五千九百二十三
交法七百三十五萬六千三百六十六
會法五十七萬七千五百三十
交復日二十七　餘二百六十三　秒三千四百三十五

交日十三　秒四千六百七十九　餘七百五十三
交限日十二　秒四百七十三半　餘三百五十五
望差日一　秒四千二百五十　餘百九十七
朔差日二　秒二千四百八十八　餘三百九十五
會限百五十八　秒五十半　餘六百七十六

會日百七十三　秒二百八十三　餘三百八十四

推月行入交表裏術

置入元積月，復月去之，不盡，交率乘之而復去，不如復月者，滿交月去之，為在裏數，不滿為在表數，即所求年天正經入交表裏數。

求次月

以交率加之，滿交月去之，前表者在重，以前裏者在表。

入交日	去交衰	衰積
一日	進十四	衰始
二日（餘百九十八以下食限）	進十三	十四
三日	進十一半	二十七
四日	進九半	三十八半
五日	進七	三十八
六日	進四	五十五
七日	進五分四進強 退一分一退弱	五十九
八日	退二	六十一（六十又一分，一分當日限）
九日	退五	五十八
十日	退八	五十三
十一日	退十半	四十五
十二日	退十二半	四十四半
十三日（餘五百五十五以上食限）	退十三半	二十二
十四日	退十四小（三退強 二退弱）	八半

推月入交日術

以朔實乘表裏數，為交實，滿交法為日，不滿者，交數而一，成餘，不為秒，命日算外，即其經朔月平入交日餘。

求望，以望差加之，滿交日去之，則月在表裏與朔同，不滿者與朔返其月，食者先交與當月朔後交

與月朔表裏同

求次月朔差加月朔所入滿交日去之表重裏與前月進不滿者與前月同

求經朔望入交常日

以月入氣朔望平會日遲速定數速加遲減其平入交日餘爲經交常日及餘

求定朔望入交定日

以交率乘定朓朒交數而一所得以朓減朒加常日餘即定朔望所入定日餘其去交如望差以交限以上者月食月在衰者日食

推日入會術

會法除交會實爲日不滿者如交率爲餘不成爲杪命日筭外即經朔日入平會日及餘

求望加望日及餘次月加經朔其表裏皆準入交

求入會常日以交數乘月入氣朔望所平會日遲速定數交率而一以速加遲減其入平會日餘即所入常日餘亦以定朓朒而朓朒加其常日餘即日定朔望所入會日及餘皆滿會日去之其朔望去會如望以下會限以上者亦月食月在日道裏則日食

求月定朔望入交定日夜半

交率乘定餘交數而一以減定朔望所入定日餘即其夜半所定入

求次日

以每日遲速數分前增分後損定朔所入定日餘以加其日各得所入定日及餘

求次月

加定朔大月二日小月一日皆餘九百七十八杪二千四百八十八各以一月遲速數分前增分後損其所加爲定其入七日餘九百九十七杪二千三百三十

九半以下者進其入此以上盡全餘二百四十四杪三千五百八十三半者退其入十四日如交餘及杪以下者退其入此以上盡全餘四百八十九杪千二百四十四者進而復也其要爲五分初則七日四分十四日三分末則七日後一日十四日後二分雖初強末弱衰率有檢

求月入交去日道皆同其數以交餘爲杪積以後衰并去交衰半之爲通數進則杪積減衰法以乘衰交法除而并衰以半之退者半杪積以乘衰交法而一皆加通數杪積乘交法除所得以進退衰

積十而一為度不滿者求其強弱則月去日道數
月朔望入交如限以上減交日殘為去後交數如望差以
即為去先交數有全日同為餘各朔辰而一得去交辰其
月在日道裏日應食而有不食者月在日不應食而亦有
食者

推應食不食術

朔先後在夏至十日內去交十二辰少二十日內十二辰
半一月內十二辰大閏四月六月十三辰以上加南方三辰
若朔在夏至二十日內去交十三辰以加辰申半以南四
辰閏四月六日亦加四辰穀雨後處暑前加三辰清明後

白露前加巳半以西未半以東二辰春分前加午一辰皆
去交十三辰半以上者並或不食

推不應食而食術

朔在夏至前後一月內去交二辰四十六日內一辰半以
加二辰又一月內亦一辰半加三辰及加四辰與四十六
日內加三辰穀雨後處暑前加巳少後未太前清明後白
露前加二辰春分後秋分前加一辰皆去交半辰以下者
並得食

推月食多少術

望在分後以去夏至氣數三之其分前又以去分氣數倍

而加分後者皆又以十加去交辰位而并并之減其去交
餘為不食定餘乃以減望差殘者九十六而一不滿者求
其強弱亦如氣辰法以十五為限命之即各月食多少

推日食多少術

月在內者朔在夏至前後二氣加南二辰增去交餘一辰
太加三辰增一辰少加四辰增太三氣內加二辰增一辰
加三辰增太加四辰增少四氣內加二辰增太加辰及五
氣內加二辰增小自外所加辰立夏後立秋前依本其氣
內加四辰五氣內加三辰六氣內加二辰六氣內加二辰
者亦依平自外所加之北諸辰各依其去立夏立秋白露

數隨其依平辰辰北每辰以其數三分減去交餘雨水後
霜降前又半其去分日數以加二分去二立之日乃減去
交餘其在冬至前後更以去霜降雨水日數三除之以加
霜降雨水當氣所得之數而減去交餘皆為定不食餘
以減望差乃如月食法月在外者其去交辰數若日氣所
繫之限止一而無等次者加所去辰一即為食數若限有
等次加別繫同者隨所去交辰數而返其衰以少為多以
多為少亦加其一以為食數皆以十五為限乃以命之即
各日之所食多少

凡日食月行黃道體所映蔽大較正交如累璧漸減

則有差在內食分多在外無損雖外全而月下內損而更
高交淺則閒遙交深則相搏而不淹因遙而蔽多所觀之
地又偏所食之時亦別月居外道此不見虧月外之人反
以爲食交分正等同在南方冬損則多夏虧乃少假均冬
夏早晚又殊處南辰體則高居東西傍而下視有邪正理
不可一由準率若實而違古史所詳事有紛互今故推其
梗槩求者知其指歸苟地非於陽城皆隨所而漸異然月食
以月行虛道暗氣所衝日有暗氣天有虛道正黃道常與
日對如鏡居下魄耀見陰名曰暗虛奄月則食故稱當月
月食當曾星云雖夜半之辰子午相對正陽於地虛道

即虧既月兆日光當午更耀時亦隔地無廢禀明諒以天
光神妙應感玄通正當夜半何害虧禀月由虛道表裏俱
食日之與月體同勢等校其食分月盡爲多容或形差微
增虧數疎而不漏綱要克舉

推日食所在辰術

置定餘倍日限克減之月在裏三乘朔辰爲法除之所得
以艮巽坤乾爲次命艮算外不滿法者半法減之無可減
者爲前所減之殘爲後前則因餘後者減法各爲其率乃
以千加去交辰三除之以乘率十四而一爲差其朔所在
氣二分前後一氣內即爲定差近冬至以去寒露驚蟄近
夏至清明白露氣數倍而三除去交辰請增之近冬至艮
巽以加坤乾以減近夏至艮巽以減坤乾以加其差爲定
差乃艮以坤加巽以乾減定餘月在外直三除去交辰以
乘率十四而一亦爲定差艮坤以減巽乾以加定餘皆爲
食餘如氣求入辰法即日食所在辰及小大其求辰刻以
辰克乘辰餘朔辰而一得刻及分若食近朝夕者以朔所
入氣日之出入刻校食所在知食見否之少多所在辰爲
正見

推月食所在辰術

三日阻減望定餘半望之所入氣日不見刻朔日法乘之

百而一所得若食餘與之等以下又以此所得減朔日法
其殘食餘與之等以上爲食正見數其食餘亦朔辰而一
如求加辰所在又如前求刻校之月在衝辰食日月食既
有起訖晚早亦或變常進退皆於正見前後十二刻半候
之

推日月食起訖辰術

準其食分十五分爲率全以下各爲衰十四分以上以一
爲衰以盡於五分每因前衰每降一分積衰增二以加於
前以至三分每積增四二分每增四一分增六一分增十
九皆累算爲各衰三百六爲率各衰減之各以其殘乘朔

日法皆率而一所得為食衰數其率全即以朔日法為衰
數以衰數加減食餘其減者為起加者為訖數亦如氣
求入辰法及求刻以加減食所刻等得起訖晚早之辰與
校正見多少之數史書虧復起訖不同今以其全一辰為
率

推日月食所起術

月在景者其正南則起右上虧左上若正東月自日上邪
北而下其在東南維前東向望之初不正橫月高日下乃
月稍西北日漸東南過於維後南向望之月更北日差西
南以至於午之後亦南望之月欹西北日復東南西南維後

西向而望月為東北日則西南正西自日北下邪虧而亦後
不正橫月高日下若食十二以上起右虧左其正東起上
近虧下而北午前則漸自上邪下維西起西北虧東南維
北起西南虧東北午後則稍從下傍下維東起西南虧東
北維北虧東南在東則以上為東在西則以下為西月在
外者其正南起右下虧左上在正東月自日南邪下而映
維北則月微東南日返西北維西南日稍移東北以至於午
月南日北過午之後月稍東南日更西北維北月有西南
日復東北正西月自日下邪南而上皆準此躰以定起虧
隨其所處每用不同其月之所食皆依日虧起每隨類反

之皆與日食限同表裏而與日返其逆順上勢過其分

五星

歲為木　熒惑為火　鎮為土
太白金　辰為水

木數千八百六十萬五千四百六十八
伏半平八十三萬六千八百四十八
復日三百九十八餘四萬一千一百五十六
歲一殘日三十三萬餘二萬九千七百三十九半
見去日十四度
平見在春分前以四乘去立春日小滿前又三乘去春分

日增春分所乘者白露後亦四乘去寒露日小暑加七日
小雪前以八乘去寒露日冬至後以八乘去立春日為減
小雪至冬至減七日
見初日行萬一千八百一十八分益遲七十分百一十日
行十八度分四萬七百三十八而留二十八日乃逆日退
六千四百三十六分八十七日退十二度二百四又留二
十八日初日行四千一百八十八分日益疾七十分百一
十日亦行十八度分四萬七百三十八而伏
火數三千六百三十七萬七千五百九十五
伏半平三百三十七萬九千三百二十七半

復日七百七十九餘四萬一千九百一十九
歲再殘日四十九餘萬九千一百六
見去日十六度
平見在雨水前以十九乘去大寒日清明前又十八乘去雨水日增雨水所乘者夏至後以十六乘去處暑日小滿後又十五日寒露前以十八乘去白露日小雪前又十七乘去寒露所乘者大雪後二十九乘去大寒日爲減小雪至大雪減二十五日
見初在冬至則二百三十六日行百五十八度以後日度隨其日數增損各一盡三十日一日半損一又八十六日

二日損一復三十八日同又十五日三日損一復十二日同又三十九日三日增一又二十四日二日增一又五十八日增一復三十三日同又三十日二日損一還終至冬至二百三十六日行百五十八度其立春盡春分夏至盡立夏八日減一日春分至立夏減六日立秋至秋分減五度各其初行日及度數白露至寒露初日行半度四十日行二十度以其殘日及度計充前數皆差行日益遲二十分各盡其日度乃遲初日行分二萬二千六百六十九日益遲一百一十分六十一日行二十五度分萬五千四百九初減度五者於此初日加分三千八百二十三篾十七以遲日爲母盡其遲日行三十度分同而留十三日前減日分於二留乃逆日退分萬二千五百二十六六三日退十六度分四萬二千八百三十四又留十三日而行初日萬六千六十九日益疾百一十分六十一日行二十五度分萬五千四百九立秋盡秋分增行度五加初日分同前更疾在冬至則二百一十三日行百三十五度盡三十六日一日損一又二十日二日損一復二十四日同又五十四日三日日增一又十二日二日增一又四十二日一日增一又十四日一日增一半又十二日增一復四十五日同又一百六日二日損一亦終冬至二百一十三日

行百三十五度
前增行度五者於此亦減五度爲疾日及數其立夏盡夏至日亦日行半度六十日行三十度夏至盡立秋亦初日行半度四十日行二十度其殘亦計充如前皆差行日盡益疾二十分各盡其日度而伏
土數千七百六十三萬五千五百九十四
伏半平八十六萬四千九百九十五
復日三百七十八餘四千一百六十二
歲一殘日十二餘三萬九千三百九十九半
見去日十六度半

平見在大暑前以七乘去小滿日寒露後九乘去小雪日爲加大暑至寒露加八日小寒前以九乘去小雪日雨水後以四乘去小滿日立春後又三乘去雨水日增雨水所乘者爲減小寒至立春減八日

見日行分四千三百六十四八十日行七度分二萬七千六百一十二而留三十九日乃逆日退分二千八百二十百三日退六度分萬五百九十六又留三十九日亦行分日四千三百六十四八十日行七度分二萬七千六百一十二而伏

合數二千七百二十三萬六千二百八

晨伏半平百九十五萬七千一百四

復日五百八十三餘四萬二千七百五十六

歲一殘日二百一十八餘三萬一千三百四十九半

夕見伏二百五十六日

晨見伏三日二十七日餘與復同

見去日十一度

夕平見在立秋前以六乘去芒種日秋分後以五乘去小雪日小雪後又四乘去大雪日增小雪所乘者爲加立秋至秋分加七日立春前以六乘去大雪日雨水前又四乘去立春日增立春所乘者 清明後以六乘去芒種日爲減雨水至清明減七日

晨平見在小寒前以六乘去冬至日立春前又五乘去小寒日增小寒所乘者芒種前以六乘去夏至日立夏前又五乘去芒種日增芒種所乘者爲加立春至立夏加五日小暑前以六乘去夏至立秋前又五乘去小暑日增小暑所乘者大雪後以六乘去冬至日立冬後又五乘去大雪日增大雪所乘者爲減立秋至立冬減五日

夕見百七十一日行二百六度其穀雨至小滿寒露皆十日加一度小滿至白露加三度乃十二日行十二度冬至後十二日減日度各一雨水盡見夏至日度七夏至後六

日增一大暑至立秋還日度十二至寒露日度二十二後六日減一自大雪盡冬至又日度十二而遲日益遲五百二十分初日行分二萬三千七百九十一篾三十四行日爲母四十三日行三十二度

前加度者此依減之留九日乃逆日退太半度九日退六度而夕伏晨見日退太半度九日退六度復留九日而行日益疾五百二十分初日行分四萬五千六百三十一篾三十四四十三行三十二度芒種至小暑大雪至立冬十五日減一度小暑至立冬減二度又十二日行十二度冬至後十五日增日一驚蟄至春分日度十七後十五日減

一盡夏至還日度十二後六日減一至白露日度皆盡霜
降後五日增一盡冬至又日度十二乃疾百七十一日行
二百度前減者此亦加之而晨伏
水數五百四十萬五千六
晨伏半平七十九萬九十九
後日百一十五餘四萬九百四十六
夕見伏五十一日
晨見伏六十四日餘與復同
見去日十七度
夕應見在秋及小雪前者不見其白露前立冬後時有
見者

晨應見在春及小滿前者不見其驚蟄前立冬後時有見
者
夕見日行一度太十二日行二十度小暑至白露行度半
十二日行十八度及八日行八度大暑後二日去度一訖
十六日而日度俱盡而遲日行半度四日行二度益遲日
行少半度三日行一度前行度半者去此益遲乃留四日
而夕伏晨見留四日爲日行少半度三日行一度大寒至
驚蟄無此行更疾日行半度四日行二度又日行八度亦
大寒後二日去度一訖十六日亦日度俱盡益疾日行一

度太十二日行二十度初無遲者此行度半十二日行十
八度而晨伏
推星平見術
各以伏半減積半實乃以其數去之殘返減其滿氣日法
爲日不滿爲餘即所求年天正冬至後平見日餘金水滿
晨見伏日者去之晨平見求夕平見月日以冬至去定朔日
餘加其後日及餘滿復日又去起天正月依定大小朔除
之不盡筭外日即星見所在求後平見因前見去其歲一
再皆以殘日加之亦可其復日金水準以晨夕見伏日加
晨得夕

求常見日以轉法除所得加減者爲日其不滿以餘通乘
之爲餘并日皆加減平見日餘即爲常見日及餘
求定見日以其先後已通者先減後加常見日即得定
見日餘
求星見所在度
置星定見其日夜半所在宿度及分以其日先後餘分前
加分後減氣日法而乘定見餘氣日法而所得加夜半度分乃以星初
見去日度數晨減夕加之即星初見所在宿度及分
求次日
各加一日所行度及分其有益疾遲者則置一日行分各

以其分疾增損乃如之有篾者滿法從分其毋有不等齊
而進退之留即因前逆則依減入虛去分逆出光加皆以
篾法除為轉分其不盡者仍謂之篾各得每日所在知去
日度增以日所入先後分定之諸行星度求水其外內準
月行增損黃道而步之不明者依黃道而求所去日度先
後分亦分明前加後減其金火諸日度計數增損定之者
其日少度多以日減度之殘者與日多度少之度皆度法
乘之日數而一所得為分不滿篾以日數為每日少者以
分并減之一度日多者直為度分即皆一日平行分其差
行者皆減所行日數一乃半其益疾益遲分而乘之益疾

以減益遲以加一日平行分皆初日所行分有計日加減
而日數不滿未得成度者以氣日法若度法乘見已所行
日即日數除之所得以增損其氣日疾法為日及度其不
成者亦即為篾其木火土晨有見而夕有伏金水即夕見
還夕伏晨見即晨伏然火之初行及後疾距冬至日計日
增損日度者皆當先置從冬至日餘數累加於位上以知
其去冬至遠近乃以初見與後疾初日去冬至日數而增
損定之而後依其所直日度數行之也

志第十三 律曆下 隋書十八

志第十四 隋書十九

太尉揚州都督監修國史上柱國趙國公臣長孫无忌等奉
勅撰

天文上

若夫法紫微以居中擬明堂而布政依分野而命國體衆
星而效官動必順時教不違物故能成變化之道合陰陽
之妙爰在庖犧仰觀俯察謂以天之七曜二十八星周於
穹圓之度以麗十二位也在天成象示見吉凶五緯入房
啓姬王之肇跡長星孛斗鑒宋人之首亂天意人事同乎
影響自夷王下堂而見諸侯赧王登臺而避責記曰天子

微諸侯僭於是師兵吞滅僵仆原野秦氏以戰國之餘怙
茲凶暴小星交鬬長彗橫天漢高祖驅駕英雄墾除災害
五精從歲七重暈畢含樞曾緬道不虛行自西京創制多
歷年載世祖中興當塗馭物金行水德祗奉靈命玄兆著
明天人不遠昔者榮河獻籙溫洛呈圖六文摛範三光宛
備則星官之書自黃帝始高陽氏使南正重司天北正黎
司地帝堯乃命羲和欽若昊天夏有昆吾殷有巫咸周之
史佚宋之子韋魯之梓慎鄭之裨竈魏有石氏齊有甘公
皆能言天文察微變者也漢之傳天數者則有唐都李尋
之倫光武時則有蘇伯況郎雅光並能參伍天文發揚善

道補益當時監乘不出而河洛圖緯雖有星占星官之名
未能盡列後漢張衡爲太史令鑄渾天儀揔序經星謂之
靈憲其大略曰星也者體生於地精發於天紫宫爲帝皇
之居太微爲五帝之坐在野象物在朝象官居其中央謂
之北斗動係於占實司王命四布於方爲二十八星日月
運行歷示休咎五緯經次用彰禍福則上天之心於是見
矣中外之官常明者百有二十可名者三百二十爲星二
千五百微星之數萬一千五百二十庶物蠢動咸得繫命
而衡所鑄之圖遇亂堙滅星官名數今亦不存三國時吳
太史令陳卓始列甘氏石氏巫咸三家星官著於圖録并

注占贊揔有二百五十四官一千二百八十三星并二十八宿
及輔官附坐一百八十二星揔二百八十三官一千五百六十
五星宋元嘉中太史令錢樂之所鑄渾天銅儀以朱黑
白三色用殊三家而合陳卓之數高祖平陳得善天官
者周墳并得宋氏渾儀之器乃命庾季才等參校周齊
梁陳及祖暅孫僧化官私舊圖刊其大小正彼踈密依
準三家星位以爲蓋圖旁摛始分甄表常度并具赤黄
二道内外两規懸象著明纏離攸次星之隱顯天漢昭
回宛若穹蒼將爲正範以墳爲太史令墳博考經書勤
於教習自此太史觀生始能識天官煬帝又遣宫人四十人就

太史局別詔袁充教以星氣業成者進内以參占驗云史
臣於觀臺訪渾儀見元魏太史令晁崇所造者以鐵爲之
其規有六其外四規常定一象地形二象赤道其餘象二
極其内二規可以運轉用合八尺之管以窺星度周武帝平
齊所得隋開皇三年新都初成以置諸觀臺之上大唐因而
用焉馬遷天官書及班氏所載妖星暈珥雲氣虹蜺存其
大綱未能備舉自後史官更無紀録春秋傳曰公既視朔
遂登觀臺凡分至啓閉必書雲物神道司存安可誣也今
略舉其形名占驗次之經星之末云

天體

古之言天者有三家一曰蓋天二曰宣夜三曰渾天蓋天
之說即周髀是也其本庖犧氏立周天曆度其所傳則周
公受於殷商周人志之故曰周髀髀股也股者表也其言天
似蓋笠地法覆槃天地各中高外下北極之下爲天地之中
其地最高而滂沲四隤三光隱映以爲晝夜天中高於外
衡冬至日之所在六萬里北極下地高於外衡下地亦六萬
里外衡高於北極下地二萬里天地隆高相從日去地恒八
萬里日麗天而平轉分冬夏之間日所行道爲七衡六間每
衡周徑里數各依筭術用句股重差推晷影極游以爲遠
近之數皆得於表股也故曰周髀又周髀家云天圓如張

蓋地方如棊局天旁轉如推磨而左行日月右行天左轉故日月實東行而天牽之以西沒譬之於蟻行磨石之上磨左旋而蟻右去磨疾而蟻遲故不得不隨磨以左迴焉天形南高而北下日出高故見日入下故不見天之居如倚蓋故極在人北是其證也極在天之中而今在人北所以知天之形如倚蓋也日朝出陰中暮入陰中陰氣暗冥故從沒不見也夏時陽氣多陰氣少陽氣光明與日同暉故日出即見無蔽之者故夏日長也冬時陰氣多陽氣少陰氣暗冥掩日之光雖出猶隱不見故冬日短也漢末揚子雲難蓋天八事以通渾天其一云日之東行循黃道晝中規

牽牛距北極北百一十度東井距北極南七十度并百八十度周三徑一二十八宿周天當五百四十度今三百六十度何也其二曰春秋分之日正出在卯入在酉而晝漏五十刻即天蓋轉夜當倍晝今夜亦五十刻何也其三曰日入而星見日出而不見即斗下見日六月不見日六月北斗亦當見六月不見六月今夜常見何也其四曰以蓋圖視天河起斗而東入狼弧間曲如輪今視天河直如繩何也其五曰周天二十八宿以蓋圖視天星見者當少不見者當多今見與不見等何出入無冬夏而兩宿十四星當見不以日長短故見有多少何也其六曰天至高也地至卑也日託天而旋可謂至高矣

縱人目可奪水與景不可奪也今從高山上以水望日日出水下影上行何也其七曰視物近則大遠則小今日與北斗近我而小遠我而大何也其八曰視蓋橑與車輻間近杠轂即密益遠益疏今北極為天杠轂二十八宿為天橑輻以星度度天南方次地星間當數倍今交密何也其後桓譚鄭玄蔡邕陸績各陳周髀考驗天狀多有所違逮梁武帝於長春殿講義別擬天體全同周髀之文蓋立新意以排渾天之論而已宣夜之書絕無師法唯漢祕書郎郗萌記先師相傳云天了無質仰而瞻之高遠無極眼瞀精絕故蒼蒼然也譬之旁望遠道之黃山而皆青俯察千仞之深谷

而窈黑夫青非真色而黑非有體也日月衆星自然浮生虛空之中其行其止皆須氣焉是以七曜或逝或住或順或逆伏見無常進退不同由乎無所根繫故各異也故辰極常居其所而北斗不與衆星西沒也晉成帝咸康中會稽虞喜因宣夜之說作安天論以為天高窮於無窮地深測於不測天確乎在上有常安之形地魄焉在下有居靜之體當相覆冒方則俱方圓則俱圓無方圓不同之義也其光曜布列各自運行猶江海之有潮汐萬品之有行藏也葛洪聞而譏之曰苟辰宿不麗於天天為無用便可言無何必復云有之而不動乎由此而談葛洪可謂

知言之選也虞喜族祖河間相聳又立穹天論云天形穹隆如雞子幕其際周接四海之表浮乎元氣之上譬如覆奩以抑水而不沒者氣充其中故也日繞辰極沒西還東而不出入地中天之有極猶蓋之有斗也天北下於地三十度極之傾在地卯酉之北亦三十度人在卯酉之南十餘萬里故斗極之下不爲地中當對天地卯酉之位耳日行黃道繞極極北去黃道百一十五度南去黃道六十七度二至之所舍以爲長短也吳太常姚信造昕天論云人爲靈蟲形最似天今人頤前侈臨胷而項不能覆背近取諸身故知天之體南低入地北則偏高也又冬至極低而天運近南故

日去人遠而斗去人近北天氣至故水寒也夏至極起而天運近北而斗去人遠日去人近南天氣至故蒸熱也極之立時日行地中淺故夜短天去地高故晝長也極之低時日行地中深故夜長天去地下故晝短也自虞喜虞聳姚信皆好奇徇異之說非極數談天者也前儒舊說天地之體狀如鳥卵天包地外猶殼之裹黃周旋無端其形渾渾然故曰渾天又曰天表裏有水兩儀轉運各乘氣而浮載水而行漢王仲任據蓋天之說以駁渾儀云舊說天轉從地下過今掘地一丈輒有水天何得從水中行乎甚不然也日隨天而轉非入地夫人目所望不過十

里天地合矣實非合也遠使然耳今視日入非入也亦遠耳當日入西方之時其下之人亦將謂之爲中也四方之人各以其近者爲出遠者爲入矣何以明之今試使一人把大炬火夜行於平地去人十里火光滅矣非火滅也遠使然耳今日西轉不復見是火滅之類也日月不圓也望視之所以圓者去人遠也夫日火之精也月水之精也水火在地不圓在天何故圓丹陽葛洪釋之曰渾天儀注云天如雞子地如中黃孤居於天內天大而地小天表裏有水天地各乘氣而立載水而行周天三百六十五度四分度之一又中分之則半覆地上半繞地下故二十八宿半見半隱天

轉如車轂之運也諸論天者雖多然精於陰陽者少張平子陸公紀之徒咸以爲推步七曜之道以度曆象昏明之證候校以四八之氣考以漏刻之分占晷影之往來求形驗於事情莫密於渾象也張平子既作銅渾天儀於密室中以漏水轉之與天皆合如符契也崔子玉爲其碑銘曰數術窮天地制作侔造化高才偉藝與神合契蓋由於平子渾儀及地動儀之有驗故也若天果如渾者則天之出入行於水中爲必然矣故黃帝書曰天在地外水在天外水浮天而載地者也又易曰時乘六龍夫陽爻稱龍龍者居水之物以喻天天陽物也又出入水中與龍相

似故比以龍也聖人仰觀俯察審其如此故晋卦坤上離下以證
日出於地也又明夷之卦離下坤上以證日入於地也又需卦乾下坎
上此亦天入水中之象也天為金金水相生之物也天出入水中當有
何損而謂為不可乎然則天之出入水中無復疑矣又今視諸星
出於東者初但去地小許耳漸而西行先經人上後遂轉
西而下焉不旁旋也其先在西之星亦稍下而没無北轉
者日之出入亦然若謂天磨石轉者衆星日月宜隨天而
廻初在於東次經於南次到於西次及於北而復還於東
不應橫過去也今日出於東冉冉轉上及其入西亦復漸
漸稍下都不繞邊北去了了如此王生必固謂為不然者

疏矣今日徑千里其中足以當小星之數十也若日以轉
遠之故但當光曜不能復來照及人耳宜猶望見其體不
應都失其所在也日光既盛其體又大於星今見極北之
小星而不見日之在北者明其不北行也若日以轉遠之
故不復可見其比入之間應當稍小而日方入之時反乃
更大此非轉遠之徵也王生以火炬喻日吾亦將借子之
矛以刺子之楯焉把火之人去人轉遠其光轉微而日月
自出至入不漸小也王生以火喻之謬矣又日之入西方視
之稍稍去初尚有半如橫破鏡之狀須臾淪没矣若如王
生之言日轉北去者其北都没之頃宜先如竪破鏡之狀

不應如橫破鏡也如此言之日入北方不亦孤子乎又月
之光微不及日遠矣月盛之時雖有重雲蔽之不見月體
而夕猶朗然是月光猶從雲中而照外也日若繞西及北
者其光故應如月在雲中之狀不得夜便大暗也又日入
則星月出焉明知天以日月分主晝夜相代而照也若日
常出者不應日亦入而星月出也又案河洛之文皆云水
火者陰陽之餘氣也夫言餘氣則不能生日月可知也顧
當言日精生火者可耳若水火是日月所生則亦何得盡
如日月之圓乎今火出於陽燧陽燧圓而火不圓也水出
於方諸方諸方而水不方也又陽燧可以取火於日而無取

日於火之理此則日精之生火明矣方諸可以取水於月
無取月於水之道此則月精之生水了矣王生又云遠故
視之圓若審然者月初生之時及既虧之後何以視之不
圓乎而日食或上或下從側而起或如鉤至盡若遠視見
圓不宜見其殘缺左右所起也此則渾天之體信而有徵
矣宋何承天論渾天象體曰詳尋前說因觀渾儀研求
其意有悟天形正圓而水居其半地中高外卑水周其下
言四方者東曰暘谷日之所出西曰濛汜日之所入莊子
又云北溟有魚化而為鳥將徙於南溟斯亦古之遺記
四方皆水證也四方皆水謂之四海凡五行相生水生於

金是故百川發源皆自山出由高趣下歸注於海日為陽精光曜炎熾一夜入水所經焦竭百川歸注足以相補故旱不為減浸不為益又云周天三百六十五度三百四分之七十五天常西轉一日一夜過周一度南北二極相去一百一十六度三百四分度之六十五彊即天經也黃道衺帶赤道春分交於奎七度秋分交於軫十五度冬至斗十四度半彊夏至井十六度半從北極扶天而南五十五度彊則居天四維之中最高處也即天頂也其下則地中也自外與王蕃大同王蕃渾天說具於晉史舊說渾天者以日月星辰不問春秋冬夏晝夜晨昏上下去地中皆

志十四　隋書十九　十

同無遠近列子曰孔子東遊見兩小兒鬬問其故一小兒曰我以日始出去人近而日中時遠也一小兒曰我以為日初出遠而日中時近也言初出近者曰日初出大如車蓋及其日中裁如盤蓋此不為遠者小近者大乎言日初出遠者曰日初出時滄滄涼涼及其中時熱如探湯此不為近者熱遠者涼乎桓譚新論云漢長水校尉平陵關子陽以為日之去人上方遠而四傍近何以知之星宿昏時出東方其間甚疎相離丈餘及夜半在上方視之甚數相離一二尺以準度望之逾益明白故知天上之遠於傍也日為天陽火為地陽地陽上升天陽下降今置火於地從傍與上診其熱遠

近殊不同焉日中正在上覆蓋人人當天陽之衝故熱於始出時又新從太陰中來故復涼於其西在桑榆間也桓君山曰子陽之言豈其然乎張衡蔡邕曰日之薄地闇其明也由闇視明明無所屈是以望之若大方其中天地同明明還自奪故望之若小火當夜而揚光在晝則不明也月之於夜與日同而差微晉著作郎陽平束晳字廣微以為傍方與上方等傍視則天體存於側故日出時視日大也日無小大而所存者有伸厭厭而形小伸而體大蓋其理也又日始出時色白者雖大不甚始出時色赤者其大則甚此終以人目之惑無遠近也且夫置器廣庭則函牛之鼎如釜

志十四　隋書十九　十一

堂崇十仞則八尺之人猶短物有陵之非形異也夫物有惑心形有亂目誠非斷疑定理之主故仰遊雲以觀月月常動而雲不移乘舡以涉水水去而舡不徙矣姜岌云余以為子陽言天陽下降日下熱束晳言天體存於目則日大頗近之矣渾天之體圓周之徑詳之於天度驗之於晷影而紛然之說由人目也參伐初出在旁則其間疎在上則其間數以渾驗之度則均也旁之與上理無有殊也夫日者純陽之精也光明外曜以眩人目故人視日如小及其初出地有遊氣以厭日光不眩人目即日赤而大也無遊氣則色白大不甚矣地氣不及天故一日之中晨夕日

色赤而中時日色白地氣上升蒙蒙四合與天連者雖中時亦赤矣日與火相類火則體赤而炎黄日赤宜矣然日色赤者猶火無炎也光衰失常則爲異矣梁奉朝請祖暅曰自古論天者多矣而羣氏糾紛至相非毁竊覽同異稽之典經仰觀辰極傍矚四維覩日月之升降察五星之見伏校之以儀象覆之以晷漏則渾天之理信而有徵輒遺衆説附渾儀云考靈曜先儒求得天地相去十七萬八千五百里以晷影驗之失於過多既不顯求之術而虚設其數蓋夸誕之辭宜非聖人之旨也學者多因其説而未之革豈不知尋其理歟抑未能求其數故也王蕃所考校之

前説不啻減半雖非揆格所知而求之以理誠未能遥趣其實蓋近密乎輒因王蕃天高數以求冬至春分日高及南戴日下去地中數法令表高八尺與冬至影長一丈三尺各自乘并而開方除之爲法天高乘表高爲實實如法得四萬二千六百五十八里有奇即冬至日高也以天高乘冬至影長爲實實如法得六萬九千三百二十里有奇即冬至南戴日下去地中數也求春秋分數法令表高及春秋分影長五尺三寸九分各自乘并而開方除之爲法因冬至日高實而以法除之得六萬七千五百二里有奇即春秋分日高也以天高乘春秋分影長實實如法而一得四萬五千

四百七十九里有奇即春秋分南戴日下去地中數也南戴日下所謂丹穴也推北極里數法夜於地中表南傅地遥望北辰紐星之末令與表端參合以人目去表數及表高各自乘并而開方除之爲法天高乘表高數爲實實如法而一即北辰紐星高地數也天高乘人目去表爲實實如法即去北戴極下之數也北戴斗極爲空桐

日去赤道表裏二十四度遠寒近暑而中和二分之日去天頂三十六度日去地中四時同度而有寒暑者地氣上騰天氣下降故遠日下而寒近日下而暑非有遠近也猶火居上雖遠而炎在傍雖近而微視日在傍而大居上而

小者仰矚爲難平觀爲易也由視有夷險非遠近之効也今懸珠於百仞之上或置之於百仞之前從而觀之則大小殊矣先儒弗斯取驗虚繁翰墨夷途頓轡雄辭析辯不亦迂哉今大寒在冬至後二氣者寒積而未消也大暑在夏至後二氣者暑積而未歇也寒暑均和乃在春秋分後二氣者寒暑積而未平也譬之火始入室而未甚温弗事加薪久而逾熾既已遷之猶有餘熱也

渾天儀

案虞書舜在璿璣玉衡以齊七政則考靈曜所謂觀玉儀之游昏明主時乃命中星者也璿璣中而星未中爲急急則

日過其度月不及其宿琁璣未中而星中為舒舒則日不
及其度月過其宿琁璣中而星未中為調調則風雨時庶草
蕃蕪而五穀登萬事康也所言琁璣者謂渾天儀也故春
秋文耀鉤云唐堯即位羲和立渾儀而先儒或因星官書
北斗第二星名琁第三星名璣第五星名玉衡仍七政之
言即以為北斗七星載筆之官莫之或辨史遷班固猶且
致疑馬季長創謂璣衡為渾天儀鄭玄亦云其轉運者為
璣其持正者為衡皆以玉為之七政者日月五星也以璣
衡視其行度以觀天意也故王蕃云渾天儀者羲和之舊
器積代相傳謂之璣衡其為用也以察三光以分宿度者

也又有渾天象者以著天體以布星辰而渾象之法地當
在天中其勢不便故反觀其形地為外匡於已解者無異
在內詭狀殊體而合於理可謂奇巧然斯二者以考於天
蓋密矣又云古舊渾象以二分為一度周七尺三寸半而
莫知何代所造今案虞喜云落下閎為漢孝武帝於地中
轉渾天定時節作泰初曆或其所製也漢孝和帝時太史
揆候皆以赤道儀與天度頗有進退以問典星待詔姚崇
等皆曰星圖有規法日月實從黃道官無其器至永元十
五年詔左中郎將賈逵乃始造太史黃道銅儀至桓帝延
熹七年太史令張衡更以銅製以四分為一度周天一丈

四尺六寸一分亦於密室中以漏水轉之令司之者閉戶
而唱之以告靈臺之觀天者琁璣所加某星始見某星已
中某星今沒皆如合符蕃以古製局小以布星辰相去稠
穊不得了察張衡所作又復傷大難可轉移蕃今所作以
三分為一度周一丈九寸五分四分之三張古法三尺六
寸五分四分分之一減衡法亦三尺六寸五分四分分之
一渾天儀法黃赤道各廣一度有半故今所作渾象黃赤道
各廣四分半相去七寸二分又云黃赤二道相共交錯其
間相去二十四度以兩儀準之二道俱三百六十五度有
奇又赤道見者常一百八十二度半彊又南北考之天見

者亦一百八十二度半彊是以知天之體圓如彈丸南北
極相去一百八十二度半彊也而陸績所作渾象形如鳥
卵以施二道不得如法若使二道同規則其間相去不得
滿二十四度若令相去二十四度則黃道當長於赤道又
兩極相去不翅八十二度半彊案績說云天東西徑三十
五萬七千里直徑亦然則績意亦以天為正圓也器與言
謬頗為乖僻然則渾天儀者其制有機有衡既動靜兼狀
以效二儀之情又周旋衡管用考三光之分所以揆正宿
度準步盈虛求古之遺法也則先儒所言圓規徑八尺漢
候臺銅儀蔡邕所欲寢伏其下者是也梁華林重雲殿前

所置銅儀其制則有雙環規相並間相去三寸許正豎當
子午其子午之間應南北極之衡各合而爲孔以象南北
樞植楗於前後以屬焉又有單橫規高下正當渾之半皆
周帀分爲度數署以維辰之位以象地又有單規斜帶南
北之中與春秋二分之日道相應亦周帀分爲度數而署
以維辰並相連著屬楗植而不動其裏又有雙規相並如外
雙規內徑八尺周二丈四尺而屬雙軸軸兩頭出規外各
二寸許合兩爲一內有孔圓徑二寸許南頭入地下注於
外雙規南樞孔中以象南極北頭出地上入於外雙規規
北樞孔中以象北極其運動得東西轉以象天行其雙軸

之間則置衡長八尺通中有孔圓徑一寸當衡之半兩邊
有關各注著雙軸衡既隨天象東西轉運又自於雙軸間
得南北低仰所以準驗辰曆分考次度其於揆測唯所欲
爲之者也檢其鐫題是僞劉曜光初六年史官丞南陽孔
挺所造則古之渾儀之法者也而宋御史中丞何承天及
太中大夫徐爰各著宋史咸以爲即張衡所造其儀略舉
天狀而不綴經星七曜魏晉喪亂沉沒西戎義熙十四年
宋高祖定咸陽得之梁尚書沈約著宋史亦云然皆失之
遠矣後魏道武天興初命太史令晁崇脩渾儀以觀星象
十有餘載至明元永興四年壬子詔造太史候部鐵儀

以爲渾天法考璿璣之正其銘曰於皇大代配天比祚赫
赫明明聲烈遐布爰造茲器考正宿度貽法後葉永垂典
故其製並以銅鐵唯誌星度以銀錯之南北柱曲抱雙規
東西柱直立下有十字水平以植四柱十字之上以龜負
雙規其餘皆與劉曜儀大同即今太史候臺所用也

渾天象

渾天象者其制有機而無衡梁末祕府有以木爲之其圓
如丸其大數圍南北兩頭有軸徧體布二十八宿三家星
黃赤二道及天漢等別爲橫規環以匡其外高下管之以
象地南軸頭入地注於南植以象南極北軸頭出於地上

注於北植以象北極正東西運轉昏明中星既其應度分
至氣節亦驗在不差而已不如渾儀別有衡管測揆日月
分步星度者也吳太史令陳苗云先賢制木爲儀名曰渾
天即此之謂耶由斯而言儀象二器遠不相涉則張衡所
造蓋亦止在渾象七曜而何承天莫辨儀象之異亦爲乖
失宋文帝以元嘉十三年詔太史更造渾儀太史令錢樂
之依案舊說采效儀象鑄銅爲之五分爲一度徑六尺八
分少周一丈八尺二寸六分少地在天內不動立黃赤二
道之規南北二極之規布列二十八宿北斗極星置日月
五星於黃道上爲之杻軸以象天運昏明中星與天相符

梁末置於文德殿前至如斯制以爲渾儀儀則內闕衡管
以爲渾象而地不在外是參兩法別爲一體就器用而求
猶渾象之流外內天地之狀不失其位也吳時又有葛衡
明達天官能爲機巧改作渾天使地居于天中以機動之
天動而地上以上應晷度則樂之之所放述也到元嘉十
七年又作小渾天二分爲一度徑二尺二寸周六尺六寸
安二十八宿中外官星備足以白青黃等三色珠爲三家
星其日月五星悉居黃道亦象天運而地在其中宋元嘉
所造儀象器開皇九年平陳後並入長安大業初移於東
都觀象殿

蓋圖

晉侍中劉智云顓頊造渾儀黃帝爲蓋天然此二器皆古
之所制但傳說義者失其用耳昔者聖王正曆明時作圓
蓋以圖列宿極在其中迴之以觀天象分三百六十五度
四分度之一以定日數日行於星紀轉迴右行故圓規之
以爲日行道欲明其四時所在故於春也則以青爲道於
夏也則以赤爲道於秋也則以白爲道於冬也則以黑爲
道四季之末各十八日則以黃爲道蓋圖已定仰觀雖明
而未可正昏明分晝夜故作渾儀以象天體今案自開皇
已後天下一統靈臺以後魏鐵渾天儀測七曜盈縮以蓋

圖列星坐分黃赤二道距二十八宿分度而莫有更爲渾
象者矣仁壽四年河間劉焯造皇極曆上啟於東宮論渾
天云璿璣玉衡正天之器帝王欽若世傳其象漢之孝武
詳考律曆糾落下閎鮮于妄人等共所營定逮于張衡又
尋述作亦其體制不異閎等雖閎制莫存而衡造有器至
吳時陸績王蕃並要修鑄績小有異蕃乃事同宋有錢樂
之魏初晁崇等揔用銅鐵小大有殊規域經模不異蕃造
觀蔡邕月令章句鄭玄注考靈曜勢同衡法迄今不改焯
以愚管留情推測見其數制莫不違爽失之千里差若毫
氂大象一乖餘何可驗況赤黃均度月無出入至所恒定

氣不別衡分刻本差輪迴守故其爲疎謬不可復言亦既
由理不明致使異家間出蓋及宣夜三說並驅平昕安穹
四天騰沸至當不二理唯一揆豈容天體七種殊說又影
漏去極就渾可推百骸共體本非異物此真已驗彼偽自
彰豈朗日未暉爝火不息理有而闕詎不可悲者也昔蔡
邕自朔方上書曰以八尺之儀度知天地之象古有其器
而無其書常欲寢伏儀下案度成數而爲立說邕以負罪朔
裔書奏不許邕若蒙許亦必不能邕才不踰張衡衡本豈
有遺思也則有器無書觀不能悟焯今立術改正舊渾又
以二至之影定去極晷漏并天地高遠星辰運周所宗有

本皆有其率袪今賢之巨惑稽往哲之群疑豁若雲披朗如霧散爲之錯綜數卷已成待得影差謹更啓送又云周官夏至日影尺有五寸張衡鄭玄王蕃陸績先儒等皆以爲影千里差一寸言南戴日下萬五千里表影正同天高乃異考之算法必爲不可寸差千里亦無典說明爲意斷事不可依今交愛之州表北無影計無萬里南過戴日是千里一寸非其實差焯今說渾以道爲率道里不定得差乃審既大聖之年升平之日釐改群謬斯正其時請一水工并解算術士取河南北平地之所可量數百里南北使正審時以漏平地以繩隨氣至分同日度影得其差率里

即可知則天地無所匿其形辰象無所逃其數超前顯聖効象除疑請勿以人廢言不用至大業三年勅諸郡測影而焯尋卒事遂寢廢

地中

周禮大司徒職以土圭之法測土深正日景以求地中此則渾天之正說立儀象之大本故云日南則景短多暑日北則景長多寒日東則景夕多風日西則景朝多陰日至之景尺有五寸謂之地中天地之所合也四時之所交也風雨之所會也陰陽之所和也然則百物阜安乃建王國焉又考工記匠人建國水地以縣置槷以縣眡以景爲規

識日出之景與日入之景晝參諸日中之影夜考之極星以正朝夕案土圭正影經文闕略先儒解說又非明審祖暅錯綜經注以推地中其法曰先驗昏旦定刻漏分辰次乃立儀表於準平之地名曰南表漏刻上水居日之中更立一表於南表影末名曰中表夜依中表以望北極樞而立北表令參相直三表皆以懸準定乃觀三表直者其立表之地即當子午之正三表曲者地偏僻每觀中表以知所偏中表在西則立表處在地中之西當更向東求地中若中表在東則立表處在地中之東也當更向西求地中取三表直者爲地中之正又以春秋二分之日旦始出東

方半體乃立表於中表之東名曰東表令東表與日及中表參相直是日之夕日入西方半體又立表於中表之西名曰西表亦從中表西望西表及日參相直乃觀三表直者即地南北之中也若中表差近南則所測之地在卯酉之南中表差在北則所測之地在卯酉之北進退南北求三表直正東西者則其地處中居卯酉之正也

晷景

昔者周公測晷景於陽城以參考曆紀其於周禮在大司徒之職以土圭之法測土深正日景以求地中日至之景尺有五寸則天地之所合四時之所交百物阜安乃建王

國然則日爲陽精玄象之著然者也生靈因之動息寒暑
由其遞代觀陰陽之升降揆天地之高遠正位辨方定時
考閏莫近於茲也古法簡略旨趣難究術家考測互有異
同先儒皆云夏至立八尺表於陽城其影與土圭等案尚
書考靈曜稱日永景尺五寸日短景尺三寸易通卦驗
曰冬至之日樹八尺之表日中視其晷景長短以占和否
夏至景一尺四寸八分冬至一丈三尺周髀云成周土中
夏至景一尺六寸冬至景一丈三尺五寸劉向鴻範傳曰
夏至景長一尺五寸八分冬至一丈三尺一寸四分春秋
二分景七尺三寸六分後漢四分曆魏景初曆宋元嘉曆

大明祖沖之曆皆與考靈曜同漢魏及宋所都皆別四家
曆法候景則齊且緯候所陳恐難依據劉向二分之景直
以率推非因表候定其長短然尋晷景尺丈雖有大較或
地域不改而分寸參差或南北殊方而長短維一蓋術士
未能精驗馮占所以致乖今刪其繁雜附於此云梁天監
中祖暅造八尺銅表其下與圭相連圭上爲溝置水以取
平正揆測日晷求其盈縮至大同十年太史令虞劆又用
九尺表格江左之景夏至一尺三寸二分冬至一丈三尺
七分立夏立秋二尺四寸五分春分秋分五尺三寸九分
陳氏一代唯用梁法齊神武以洛陽舊器並徙鄴中以暨

文宣受終竟未考驗至武平七年訖干景禮始薦劉孝孫
張孟賓等於後主劉張建表測景以考分至之氣草創未
就仍遇朝亡周自天和以來言曆者紛紛復出亦驗二至
之景以考曆之精麤及高祖踐極之後大議造曆張胄玄
兼明揆測言日長之瑞有詔司存而莫能考決至開皇十
九年袁充爲太史令欲成胄玄舊事復表曰隋興已後日
景漸長開皇元年冬至之景長一丈二尺七寸二分自爾
漸短至十七年冬至景一丈二尺六寸三分四年冬至在
洛陽測景長一丈二尺八寸八分二年夏至景一尺四寸
八分自爾漸短至十六年夏至景一尺四寸五分其十八

年冬至陰雲不測元年十七年十八年夏至亦陰雲不測
周官以土圭之法正日景日至之景尺有五寸鄭玄云冬
至之景一丈三尺今十六年夏至之景短於舊五分十七
年冬至之景短於舊三寸七分日去極近則景短而日長
去極遠則景長而日短行內道則去極近行外道則去極
遠堯典云日短星昴以正仲冬據昴星昏中則知堯時仲
冬日在須女十度以曆數推之開皇以來冬至日在斗十
一度與唐堯之代去極俱近謹案元命包云日月出內道
璇璣得其常天帝崇靈聖王初功京房別對曰太平日行
上道升平日行次道霸代日行下道伏惟大隋啓運上感

乾元景短日長振古希有是時廢庶人勇晉王廣初爲太子充奏此事深合時宜上臨朝謂百官曰景長之慶天之祐也今太子新立當須改元宜取日長之意以爲年號由是改開皇二十一年爲仁壽元年此後百工作役並加程課以日長故也皇太子率百官詣闕陳賀案日徐疾盈縮無常充等以爲祥瑞大爲議者所貶又考靈曜周髀張衡靈憲及鄭玄注周官並云日影於地千里而差一寸案宋元嘉十九年壬午使使往交州測影夏至之日影出表南三寸二分何承天遙取陽城云夏至一尺五寸計陽城去交州路當萬里而影實差一尺八寸二分是六百里而差

一寸也又梁大同中二至所測以八尺表率取之夏至當一尺一寸七分彊後魏信都芳注周髀四術稱永平元年戊子當梁天監之七年見洛陽測影又見公孫崇集諸朝士共觀秘書影同是夏至日其中影皆長一尺五寸八分以此推之金陵去洛南北略當千里而影差四寸則二百五十里而影差一寸也況人路迂迴山川登降方於鳥道所校彌多則千里之言未足依也其揆測參差如此故備論之

漏刻

昔黃帝創觀漏水制器取則以分晝夜其後因以命官周禮挈壺氏則其職也其法總以百刻分于晝夜冬至晝漏四十刻夜漏六十刻夏至晝漏六十刻夜漏四十刻春秋二分晝夜各五十刻日未出前二刻半而明既沒後二刻半乃昏減夜五刻以益晝漏謂之昏旦漏刻皆隨氣增損冬夏二至之間晝夜長短凡差二十刻每差一刻爲一箭冬至互起其首凡有四十一箭晝有朝有禺有中有晡有夕夜有甲乙丙丁戊昏旦有星中每箭各有其數皆所以分時代守更其作役漢興張蒼因循古制猶多疎闊及孝武考定星曆下漏以追天度亦未能盡其理劉向鴻範傳記武帝時所用法云冬夏二至之間一百八十餘日晝夜

差二十刻大率二至之後九日而增損一刻焉至哀帝時又改用晝夜一百二十刻尋亦寢廢至王莽竊位又遵行之光武之初亦以百刻九日加減法編於甲令爲常符漏品至和帝永元十四年霍融上言官曆率九日增減一刻不與天相應或時差至二刻半不如夏曆漏刻隨日南北爲長短乃詔用夏曆漏刻依日行黃道去極每差二度四分爲增減一刻凡用四十八箭終於魏晉相傳不改宋何承天以月蝕所在當日之衝考驗日宿知移舊四度冬至之日其影極長測量晷度知冬至移舊四日前代諸漏春分晝長秋分晝短差過半刻皆由氣日不正所以而然遂

議造漏法春秋二分昏旦晝夜漏各五十五刻齊及梁初因循不改至天監六年武帝以晝夜百刻分配十二辰辰得八刻仍有餘分乃以晝夜爲九十六刻一辰有全刻八焉至大同十年又改用一百八刻依尚書考靈曜晝夜三十六頃之數因而三之冬至晝漏四十八刻夜漏六十刻夏至晝漏七十刻夜漏三十八刻春秋二分晝漏六十刻夜漏四十八刻昏旦之數各三刻先令祖暅爲漏經皆依渾天黃道日行去極遠近爲用箭日率陳文帝天嘉中亦命舍人朱史造漏依古百刻爲法周齊因循魏漏晉宋梁大同並以百刻分于晝夜隋初用周朝尹公正馬顯所

造漏經至開皇十四年鄜州司馬袁充上晷影漏刻充以短影平儀均布十二辰立表隨日影所指辰刻以驗漏水之節十二辰刻互有多少時正前後刻亦不同其二至二分用箭辰刻之法今列之云

冬至日出辰正　入申正　晝四十刻

夜六十刻　子丑亥各二刻　寅戌各六刻

卯酉各十三刻　辰申各十四刻　巳未各十刻

午八刻

右十四日改箭

春秋二分日出卯正　入酉正　晝五十刻

夜五十刻　子四刻　丑亥七刻　寅戌九刻

卯酉十四刻　辰申九刻　巳未七刻　午四刻

右五日改箭

夏至日出寅正　入戌正　晝六十刻

夜四十刻　子八刻　丑亥十刻　寅戌十四刻

卯酉十三刻　辰申六刻　巳未二刻　午二刻

右一十九日加減一刻改箭

袁充素不曉渾天黃道去極之數苟役私智變改舊章其於施用未爲精密開皇十七年張胄玄用後魏渾天鐵儀測知春秋二分日出卯酉之北不正當中與何承天所測

頗同皆日出卯三刻五十五分入酉四刻二十五分晝漏五十刻一十分夜漏四十九刻四十分晝夜差六十分刻之四十仁壽四年劉焯上皇極曆有日行遲疾推二十四氣皆有盈縮定日春秋分定日去冬至各八十八日有奇去夏至各九十三日有奇二分定日晝夜各五十刻又依渾天黃道驗知冬至夜漏五十九刻一百分刻之八十六晝漏四十刻一十四分夏至晝漏五十九刻八十六分夜漏四十刻一十四分冬夏二至之間晝夜差一十九刻一百分刻之七十二胄玄及焯漏刻並不施用然其法制皆著在曆術推驗加時最爲詳審大業初耿詢作古欹器以

漏水注之獻于煬帝帝善之因令與宇文愷依後魏道士李蘭所備道家上法稱漏制造稱水漏器以充行從又作候影分箭上水方器置於東都乾陽殿前鼓下司辰又作馬上漏刻以從行辨時刻揆日晷下漏刻此二者測天地正儀象之本也晷漏沿革今古大殊故列其差以補前闕

經星中宮

北極五星鉤陳六星皆在紫宮中北極辰也其紐星天之樞也天運無窮三光迭耀而極星不移故曰居其所而衆星共之賈逵張衡蔡邕王蕃陸績皆以北極紐星為樞是不動處也祖暅以儀準候不動處在紐星之末猶一度有

餘北極大星太一之座也第一星主月太子也第二星主日帝王也第三星主五星庶子也所謂第二星者最赤明者也北極五星最為尊也中星不明主不用事右星不明太子憂鉤陳後宮也太帝之正妃也太帝之坐也北四星曰女御宮八十一御妻之象也鉤陳口中一星曰天皇太帝其神曰耀魄寶主御群靈秉萬神圖抱極樞四星曰四輔所以輔佐北極而出度授政也太帝上九星曰華蓋蓋所以覆蔽太帝之坐也又九星直曰杠蓋下五星曰五帝內坐設敘順帝所居也客犯紫宮中坐大臣犯主華蓋杠旁六星曰六甲可以分陰陽而紀節候故在帝旁所以布

政教而授人時也極東一星曰柱下史主記過古者有左右史此之象也柱史北一星曰女史婦人之微者主傳漏故漢有侍史傳舍九星在華蓋上近河賓客之館主胡人入中國客星守之備姦使亦曰胡兵起傳舍南河中五星曰造父御官也一曰司馬或曰伯樂星亡馬大貴西河中九星如鉤狀曰鉤星伸則地動天一一星在紫宮門右星南天帝之神也主戰鬬知人吉凶者也太一一星在天一南相近亦天帝神也主使十六神知風雨水旱兵革饑饉疾疫災害所生之國也紫宮垣下五星其西蕃七東蕃八在北斗北一曰紫微太帝之坐也天子之常居也主命主

度也一曰長垣一曰天營一曰旗星為蕃衛備蕃臣也宮闕兵起旗星直天子出自將宮中兵東垣下五星曰天柱建政教懸圖法之所也常以朔望日懸禁令於天柱以示百司周禮以正歲之月懸法象魏此之類也門內東南維五星曰尚書主納言夙夜諮謀龍作納言此之象也尚書西二星曰陰德陽德主周急振撫宮門左星內二星曰大理主平刑斷獄也門外六星曰天牀主寢舍解息燕休西南角外二星曰內廚主六宮之飲食主后夫人與太子宴飲東北維外六星曰天廚主盛饌北斗七星輔一星在太微北七政之樞機陰陽之元本也故運平天中而臨制四

方以建四時而均五行也魁四星為琁璣杓三星為玉衡又象號令之主又為帝車取乎運動之義也又魁第一星曰天樞二曰琁三曰機四曰權五曰玉衡六曰開陽七曰摇光一至四為魁五至七為杓樞為天琁為地機為人權為時玉衡為音開陽為律摇光為星石氏云第一曰正星主陽德天子之象也二曰法星主陰刑女主之位也三曰令星主禍害也四曰伐星主天理伐無道五曰殺星主中央助四旁殺有罪六曰危星主天倉五穀七曰部星亦曰應星主兵又云一主天二主地三主火四主水五主土六主木七主金又曰一主秦二主楚三主梁四主吳五主趙

六主燕七主齊魁中四星為貴人之牢曰天理也輔星傅乎開陽所以佐斗成功也又曰主危正矯不平又曰丞相之象也七政星明其國昌不明國殃斗旁欲多星則安斗中少星則人恐上天下多訟法者無星二十日有輔星明而斗不明臣強主弱斗明輔不明主彊臣弱也杓南三星及魁第一星皆曰三公宣德化調七政和陰陽之官也

文昌六星在北斗魁前天之六府也主集計天道一曰上將大將建威武二曰次將尚書正左右三曰貴相太常理文緒四曰司祿司中司隸賞功進五曰司命司怪太史主滅咎六曰司寇大理佐理寶所謂一者起北斗魁前近內階者也明潤大小齊天瑞臻文昌北六星曰內階天皇之陛也相一星在北斗南相者揔領百司而掌邦教以佐帝王安邦國集衆事也其明吉大陽守一星在相西大將大臣之象也主戒不虞設武備也非其常兵起西北四星曰勢勢腐刑人也天牢六星在北斗魁下貴人之牢也主愆過禁暴淫太微天子庭也五帝之坐也亦十二諸侯府也其外蕃九卿也一曰太微為衡衡主平也又為天庭理法平辭監升授德列宿受符諸神考節舒情稽疑也南蕃中二星閒曰端門東曰左執法廷尉之象也西曰右執法御史大夫之象也執法所以舉刺凶姦者也左執法之東左

掖門也右執法之西右掖門也東蕃四星南第一曰上相其北東太陽門也第二星曰次相其北中華東門也第三星曰次將其北東太陰門也第四星曰上將所謂四輔也西蕃四星南第一星曰上將其北西太陽門也第二星曰次將其北中華西門也第三曰次相其北西太陰門也第四星曰上相亦四輔也東西蕃有芒及摇動者諸侯謀天子也執法移則刑罰尤急月五星所犯中坐成刑月五星入太微軌道吉西南角外三星曰明堂天子布政之宮也明堂西三星曰靈臺觀臺也主觀雲物察符瑞候災變也左執法東北一星曰謁者主贊賓客也謁者東北三星曰三

公內坐朝會之所居也三公北三星曰九卿內坐主治萬事九卿西五星曰內五諸侯內侍天子不之國者也辟雍之禮得則太微諸侯明黃帝坐一星在太微中含樞紐之神也天子動得天度止得地意從容中道則太微五帝坐明坐以光黃帝坐不明人主求賢士以輔法不然則奪勢又曰太微五坐小弱青黑天子國亡四帝坐四星四星俠黃帝坐東方星蒼帝靈威仰之神也南方星赤帝熛怒之神也西方星白帝招距之神也北方星黑帝叶光紀之神也五帝坐北一星曰太子帝儲也太子北一星曰從官侍臣也帝坐東北一星曰幸臣屏四星在端門之內近右執

法屏所以壅蔽帝庭也執法主刺舉臣尊敬君上則星光明潤澤郎位十五星在帝坐東北一曰依烏郎位也周官之元士漢官之光祿中散諫議議郎三署郎中是其職也或曰今之尚書也郎位主衛守也其星明大臣有劫主又曰客犯上其星不具后死幸臣誅客星入之大臣為亂郎將一星在郎位北主閱具所以為武備也武賁一星在太微西蕃北下台南靜室旄頭之騎官也常陳七星如畢狀坐北天子宿衛武賁之士以設彊毅也星搖動天子自出明則武兵用微則武兵弱三台六星兩兩而居起文昌列招搖太微一曰天柱三公之位也在天曰三台主開德宣

符也西近文昌二星曰上台為司命主壽次二星曰中台為司中主宗室東二星曰下台為司祿主兵所以昭德塞違也又曰三台為天階太一躡以上下一曰泰階上星為天子下星為女主中階上星為諸侯三公下星為卿大夫下階上星為士下星為庶人所以和陰陽而理萬物也其星有變各以所主占人君臣和集如其常度南四星曰內平近職執法平罪之官也中台之北一星曰太尊貴戚也下台南一星曰武賁衛官也攝提六星直斗杓之南主建時節伺機祥攝提為楯以夾擁帝席也主九卿明大三公恣客星入之聖人受制西三星曰周鼎主流亡大角一星在攝

提間大角者天王座也又為天棟正經紀北三星曰帝席主宴獻酬酢梗河三星在大角北梗河者天矛也一曰天鋒主胡兵又為喪故其變動應以兵喪也星亡其國有兵謀招搖一星在其北一曰矛楯主胡兵占與梗河略相類也招搖與北斗杓間曰天庫星去其所則有庫開之祥也招搖欲與棟星梗河北斗相應則胡常來受命於中國招搖明而不正胡不受命玄戈二星在招搖北玄戈所主與招搖同或云主北夷客星守之胡大敗天槍三星在北斗杓東一曰天鉞天之武備也故在紫宮之左所以禦難也女牀三星在其北後宮御也主女事天棓五星在女牀北

天子先驅也主忿爭與刑罰藏兵亦所以禦難也槍棓皆
以備非常也一星不具國兵起東七星曰扶筐盛桑之器
主勸蠶也七公七星在招搖東天之相也三公之象主七
政貫索九星在其前賤人之牢也一曰連索一曰連營一
曰天牢主法律禁暴彊也牢口一星爲門欲其開也九星
皆明天下獄煩七星見小赦五星大赦動則斧鑕用中空
則更元漢志云十五星天紀九星在貫索東九卿也九河
主萬事之紀理怨訟也明則天下多辭訟亡則政理壞國
紀亂散絕則地震山崩織女三星在天紀東端天女也主
果蓏絲帛珍寶也王者至孝神祇咸喜則織女星俱明天

下和平大星怒角布帛貴東足四星曰漸臺臨水之臺也主
晷漏律呂之事西足五星曰輦道王者嬉遊之道也漢輦
道通南北宮象也左右角間二星曰平道之官平道西一
星曰進賢主卿相舉逸才角北二星曰天田亢北六星曰
亢池亢舟航也池水也主送往迎來氐北一星曰天乳主
甘露房中道一星曰歲守之陰陽平房西二星南北列曰
天福主乘輿之官若禮巾車公車之政主祠事東咸西咸
各四星在房心北日月五星之道也房之户所以防淫佚
也星明則吉暗則凶月五星犯守之有陰謀東咸西三星
南北列曰罰星主受金贖鍵閉一星在房東北近鉤鈐主

關鑰天市垣二十二星在房心東北主權衡主聚衆一曰
天旗庭主斬戮之事也市中星衆潤澤則歲實星稀則歲
虛熒惑守之戮不忠之臣又曰若怒角守之戮者臣殺主
彗星除之爲徙市易都客星入之兵大起出之有貴喪市
中六星臨箕曰市樓市府也主市價律度其陽爲金錢其
陰爲珠玉變見各以所主占之北四星曰天斛主量者也
斛西北二星曰列肆主寶玉之貨市門左星內二星曰車
肆主衆貨之區帝坐一星在天市中候星西天庭也光而
潤則天子吉威令行微小凶大人當之候一星在帝坐東
北主伺陰陽也明大輔臣彊四夷開候細微則國安亡則

主失位移則主不安宦者四星在帝坐西南侍主刑餘之
人也星微則吉明則凶非其常宦者有憂斗五星在宦者
南主平量仰則天下斗斛不平覆則歲穰宗正二星在帝
坐東南宗大夫也彗星守之若失色宗正有事客星守動
則天子親屬有變客星守之貴人死宗星二在候星東宗
室之象帝輔血脉之臣也客星守之宗人不和東北二星
曰帛度東北二星曰屠肆各主其事天江四星在尾北主
太陰江星不具天下津河關道不通明若動搖大水出大
兵起參差則馬貴熒惑守之有立王客星入之河津絕天籥
八星在南斗杓西主關閉建星六星在南斗北亦曰天旗

天之都關也爲謀事爲天鼓爲天馬南二星天庫也中央二星市也鈇上二星旗跗也斗建之間三光道也星動則人勞月暈之蛟龍見牛馬疫月五星犯之大臣相譖臣謀主亦爲關梁不通有大水東南四星曰狗國主鮮卑烏丸沃且熒惑守之外夷爲變太白逆守之其國亂客星犯守之有大盜其王且來狗國北二星曰天雞主候時天弁九星在建星北市官之長也主列肆闤闠若市籍之事以知市珍也星欲明吉彗星犯守之糴貴囚徒起兵河鼓三星旗九星在牽牛北天鼓也主軍鼓主鈇鉞一曰三武主天子三將軍中央大星爲大將軍左星爲左將軍右星爲右

將軍左星南星也所以備關梁而距難也設守阻險知謀徵也旗即天鼓之旗所以爲旌表也左旗九星在鼓左旁鼓欲正直而明色黃光澤將吉不正爲兵憂也星怒馬貴動則兵起曲則將失計奪勢旗星戾亂相陵旗端四星南北列曰天桴桴鼓桴也星不明漏刻失時前近河鼓若桴鼓相直皆爲桴鼓用離珠五星在須女北須女之藏府也女子之星也星非故後宮亂客星犯之後宮凶虛之二星曰司命北二星曰司祿又北二星曰司危又北二星曰司非司命主舉過行罰滅不祥司祿增年延德故在六宗北犯司危主驕佚亡下司非以法多竊私瓠瓜五星在離珠

北主陰謀主後宮主果食明則歲熟微則歲惡后失勢非其故則山搖谷多水旁五星曰敗瓜主種天津九星梁所以度神通四方也一星不備津關道不通星明動則兵起如流沙死人亂麻微而參差則馬貴若死星亡若從河水爲害或曰水賊稱王也東近河邊七星曰車府主車之官也車府東南五星曰人星主靜衆庶柔遠能邇一曰臥星主防淫其南三星內杵東南四星曰臼主給軍糧客星入之兵起天下聚米天津北四星如衡狀曰奚仲古車正也騰蛇二十二星在營室北天蛇星主水蟲星明則不安客星守之水雨爲災水物不收王良五星在奎北居河中

天子奉車御官也其四星曰天駟旁一星曰王良亦曰天馬其星動爲策馬車騎滿野亦曰王良梁爲天橋主御風雨水道故或占津梁其星移有兵亦曰馬病客星守之橋不通前一星曰策王良之御策也主天子僕在王良旁若移在馬後是謂策馬則車騎滿野閣道六星在王良前飛道也從紫宮至河神所乘也一曰閣道主道里天子遊別宮之道也亦曰閣道所以扞難滅咎也一曰王良旗一曰紫宮旗亦所以爲旌表而不欲其動搖旗星者兵所用也傳路一星在閣道南旁別道也備閣道之敗復而乘之也一曰太僕主御風雨亦遊從之義也東壁北十星曰天廄

主馬之官若今驛亭也主傳令置驛逐漏馳鶩謂其行急
疾與晷漏競馳天將軍十二星在婁北主武兵中央大星
天之大將也外小星吏士也大將星搖兵起大將出小星
不具兵發南一星曰軍南門主誰何出入大陵八星在胃
北陵者墓也大陵卷舌之口曰積京主大喪也積京中星
絶則諸侯有喪民多疾兵起粟聚少則粟散星守之有土
功大陵中一星曰積尸明則死人如山天船九星在大陵
北居河中一曰舟星主度所以濟不通也亦主水旱不在
漢中津河不通中四星欲其均明即天下大安不則兵若
喪客彗星出入之爲大水有兵中一星曰積水候水災昴

西二星曰天街三光之道主伺候關梁中外之境天街西
一星曰月卷舌六星在北主口語以知佞讒也曲者吉直
而動天下有口舌之害中一星曰天讒主巫醫五車五星
三柱九星在畢北五車者五帝車舍也五帝坐也主天子
五兵一曰主五穀豐耗西北大星曰天庫主太白主秦次
東北星曰獄主辰星主燕趙次東星曰天倉主歲星主魯
衛次東南星曰司空主填星主楚次西南星曰卿星主熒
惑主魏五星有變皆以其所主而占之三柱一曰三泉一
曰休一曰旗五車星欲均明闊狹有常也天子得靈臺之
禮則五車三柱均明中有五星曰天潢天潢南三星曰咸

池魚囿也月五星入天潢兵起道不通天下亂易政咸池
明有龍墮死猛獸及狼害人若兵起五車南六星曰諸王
察諸侯存亡西五星曰厲石金若客星守之兵動北八星
曰八穀主候歲八穀一星亡一穀不登天關一星在五車
南亦曰天門日月所行也主邊事主開閉芒角有兵五星
守之貴人多死東井鉞前四星曰司怪主候天地日月星
辰變異及鳥獸草木之妖明主聞災脩德保福也司怪西
北九星曰坐旗君臣設位之表也坐旗西四星曰天高臺
榭之高主遠望氣象天高西一星曰天河主察山林妖變
南河北河各三星夾東井一曰天高天之關門主關梁南

河曰南戍一曰南宮一曰陽門一曰越門一曰權星主火
北河一曰北戍一曰北宮一曰陰門一曰胡門一曰衡星
主水兩河戍閒日月五星之常道也河戍動搖中國兵起
南河三星曰闕丘主宮門外象魏也五諸侯五星在東井
北主刺舉戒不虞又曰理陰陽察得失亦曰主帝心一曰
帝師二曰帝友三曰三公四曰博士五曰太史此五者常
爲帝定疑議星明大潤澤則天下大治角則禍在中五諸
侯南三星曰天樽主盛饘粥以給酒食之正也積薪一星
在積水東供給庖廚之正也水位四星在東井東主水衡
客星若水火守犯之百川流溢軒轅十七星在七星北軒

轅黃帝之神黃龍之體也后妃之主士職也一曰東陵一曰權星主雷雨之神南大星女主也次北一星妃也次將軍也其次諸星皆次妃之屬也女主南小星女御也左一星少民少后宗也右一星大民太后宗也欲其色黃小而明也軒轅右角南三星曰酒旗酒官之旗也主饗宴飲食五星守酒旗天下大酺有酒肉財物賜若爵宗室酒旗南二星曰天相丞相之象也軒轅西四星曰爟爟者烽火之爟也邊亭之警候爟北四星曰內平少微四星在太微西士大夫之位也一名處士亦天子副主或曰博士官一曰主衛掖門南第一星處士第二星議士第三星博士第四

星大夫明大而黃則賢士舉也月五星犯守之處士女主憂宰相易南四星曰長垣主界域及胡夷熒惑入之胡入中國太白入之九卿謀

志第十四　隋書十九

志第十五　隋書二十

太尉揚州都督監修國史上柱國趙國公臣長孫無忌等奉
勑撰

天文中

二十八舍

東方角二星為天關其間天門也其內天庭也故黃道經其中七曜之所行也左角為天田為理主刑其南為太陽道右角為將主兵其北為太陰道蓋天之三門猶房之四表其星明大王道太平賢者在朝動搖移徙王者行亢四星天子之內朝也揔攝天下奏事聽訟理獄錄功者也一

曰疏廟主疾疫星明大輔納忠天下寧人無疾疫動則多疾氐四星王者之宿宮后妃之府休解之房前二星適也後二星妾也將有徭役之事氐先動星明大則臣奉度人無勞房四星為明堂天子布政之宮也亦四輔也下第一星上將也次次將也次次相也上星上相也南二星君位北二星夫人位又為四表中間為天衢之大道為天闕黃道之所經也南間曰陽環其南曰太陽北間曰陰間其北曰太陰七曜由乎天衢則天下平和由陽道則主旱喪由陰道則主水兵亦曰天駟為天馬主車駕南星曰左驂次左服次右服次右驂亦曰天廄又主開閉為畜藏之所由也

房星明則王者明驂星大則兵起星離則人流又北二小星曰鉤鈐房之鈐鍵天之管籥主閉藏鍵天心也王者孝則鉤鈐明近房天下同心遠則天下不和王者絕後房鉤鈐間有星及疎坼則地動河清心三星天王正位也中星曰明堂天子位為大辰主天下之賞罰天下變動心星見祥星明大天下同暗則主暗前星為太子其星不明太子不得代後星為庶子後星明庶子代心星變黑大人有憂直則王失勢動則國有憂急角搖則有兵離則人流尾九星後宮之場妃后之府上第一星后也次三星夫人次星嬪妾第三星傍一星名曰神宮解衣之內室尾亦為九子星

色欲均明大小相承則後宮有叙多子孫星微細暗后有憂疾疎遠后失勢動搖則君臣不和天下亂就聚則大水箕四星亦後宮妃后之府亦曰天津一曰天雞主八風凡日月宿在箕東壁翼軫者風起又主口舌主客蠻夷胡貉故蠻胡將動先表箕焉星大明直則穀熟內外有差就聚細微天下憂動則蠻夷有使來離徙則人流動不出三日大風

北方南斗六星天廟也丞相太宰之位主褒賢進士稟授爵祿又主兵一曰天機南二星魁天梁也中央二星天相也北二星杓天府庭也亦為天子壽命之期也將有天子之事占於斗斗星盛明王道平和爵祿行芒角動搖天子愁兵起移徙其臣逐牽牛六星天之關梁主犧牲事其北二星一曰即路一曰聚火又曰上一星主道路次二星主關梁次三星主南越搖動變色則占之星明大王道昌關梁通牛貴怒則馬貴不明失常穀不登細則牛賤中星移上下牛多死小星亡牛多疫又曰牽牛星動為牛災須女四星天之少府也須賤妾之稱婦職之卑者也主布帛裁製嫁娶星明天下豐女功昌國充富小暗則國藏虛動則有嫁娶出納裁製之事虛二星冢宰之官也主北方主邑居廟堂祭祀祝禱事又主死喪哭泣危三星主天府天

庫架屋餘同虛占星不明客有誅動則王者作宮殿有土功墳墓四星屬危之下主死喪哭泣為墳墓也星不明天下旱動則有喪營室二星天子之宮也一曰玄宮一曰清廟又為軍糧之府及土功事星明國昌小不明祠祀鬼神不享國家多疾動則有土功兵出野離宮六星天子之別宮主隱藏休息之所東壁二星主文章天下圖書之秘府也主土功星明王者興道術行國多君子星失色大小不同王者好武經士不用圖書隱星動則有土功離徙就聚為田宅事

西方奎十六星天之武庫也一曰天豕亦曰封豕主以兵

禁暴又主溝瀆西南大星所謂天豕目亦曰大將欲其明若帝淫佚政不平則奎有角角動則有兵不出年中或有溝瀆之事又曰奎中星明水大出婁三星為天獄主苑牧犧牲供給郊祀亦為興兵聚衆星明天下平和郊祀大享多子孫動則有聚衆星直則有執主之命者就聚國不安胃三星天之廚藏主倉廪五穀府也明則和平倉實動則有輸運事就聚則穀貴人流昴七星天之耳目也主西方主獄事又為旄頭胡星也又主喪昴畢間為天街天子出旄頭罕畢以前驅此其義也黃道之所經也昴明則天下牢獄平昴六星皆明與大星等大水七星黃兵大起一星亡

為兵喪搖動有大臣下獄及白衣之會大而數盡動若跳躍者胡兵大起一星獨跳躍餘不動者胡欲犯邊境也畢八星主邊兵主弋獵其大星曰天高一曰邊將主四夷之尉也星明大則遠夷來貢天下安失色則邊亂一星亡為兵喪動搖邊城兵起有讒臣離徙天下獄亂就聚法令酷附耳一星在畢下主聽得失伺愆邪察不祥星盛則中國微有盜賊邊候驚外國反鬬兵連年若移動佞讒行兵大起邊尤甚月入畢多雨觜觿三星為三軍之候行軍之藏府主葆旅收斂萬物明則軍儲盈將得勢動而明盜賊羣行葆旅起動移將有逐者參十星一曰參伐一曰大辰一

曰天市一曰鈇鉞主斬刈又為天獄主殺伐又主權衡所以平理也又主邊城為九譯故不欲其動也參白獸之體其中三星橫列三將也東北曰左肩主左將西北曰右肩主右將東南曰左足主後將軍西南曰右足主偏將軍故黃帝占參應七將中央三小星曰伐天之都尉也主胡鮮卑戎狄之國故不欲明七將皆明大天下兵精也王道缺則芟用張伐星明與參等大臣皆謀兵起參星失色軍散參芒角動搖邊候有急天下兵起又曰有斬伐之事參星移客伐主參左足入玉井中兵大起秦大水若有喪山石為怪參星差戾王臣貳

南方東井八星天之南門黃道所經天之亭候主水衡事法令所取平也王者用法平則井星明而端列鉞一星附井之前主伺淫奢而斬之故不欲其明明與井齊則用鉞大臣有斬者以欲殺也月宿井有風雨輿鬼五星天目也主視明察姦謀東北星主積馬東南星主積兵西南星主積布帛西北星主積金玉隨變占之中央為積尸主死喪祠祀一曰鈇質主誅斬鬼星明大穀成不明人散動而光上賦斂重傜役多星徙人愁政令急鬼質欲其忽忽不明則安明則兵起大臣誅柳八星天之廚宰也主尚食和滋味又主雷雨若女主驕奢一曰天相一曰天庫一曰注又

主木功星明大臣重慎國安厨食具注舉首王命興輔佐出星直天下謀伐其主星就聚兵滿國門七星七星一名天都主衣裳文繡又主急兵守盜賊故欲明星明王道昌闇則賢良不處天下空天子疾動則兵起離則易政張六星主珍寶宗廟所用及衣服又主天厨飲食賞賚之事星明則王者行五禮得天之中動則賞賚離徙天下有逆人就聚有兵翼二十二星天之樂府主俳倡戲樂又主夷狄遠客負海之賓星明大禮樂興四夷賓動則蠻夷使來離徙則天子舉兵軫四星主冢宰輔臣也主車騎主載任有軍出入皆占於軫又主風主死喪軫星明則車駕備動則

車騎用離徙天子憂就聚兵大起轄星傅軫兩傍主王侯左轄爲王者同姓右轄爲異姓星明兵大起遠軫凶軫轄舉南蠻侵車無轄國主憂長沙一星在軫之中主壽命明則主壽長子孫昌

右四方二十八宿并輔官一百八十二星

星官在二十八宿之外者

庫樓十星其六大星爲庫南四星爲樓在角南一曰天庫兵車之府也旁十五星三三而聚者柱也中央四小星衡也主陳兵又曰天庫空則兵四合東北二星曰陽門主守隘塞也南門二星在庫樓南天之外門也主守兵平星二星在庫樓北平天下之法獄事廷尉之象也天門二星在平星北亢南七星曰折威主斬殺頓頑二星在折威東南主考囚情狀察詐偽也騎官二十七星在氐南若天子武賁主宿衛東端一星騎陣將軍騎將也南三星車騎車騎之將也陣車三星在騎官東北革車也積卒十二星在房心南主爲衛也他星守之近臣誅從官二星在積卒西北龜五星在尾南主卜以占吉凶傅說一星在尾後傅說主章祝巫官也章請號之聲也主王后之內祭祀以祈子孫廣求胤嗣詩云克禋克祀以弗無子此之象也星明大王者多子孫魚一星在尾後河中主陰事知雲雨之期也星

不明則魚多亡若魚少動搖則大水暴出出漢中則大魚多死杵三星在箕南杵給庖舂客星入杵臼天下有急糠一星在箕舌前杵西北鼈十四星在南斗南鼈爲水蟲歸太陰有星守之白衣會主有水令農丈人一星在南斗西南老農主稼穡也狗二星在南斗魁前主吠守天田九星在牛南羅堰九星在牽牛東岠馬也以壅蓄水潦灌溉溝渠也九坎九星在牽牛南坎溝渠也所以導達泉源疏瀉瀛溢通溝洫也九坎間十星曰天池一曰三池一曰天海主灌溉事九坎東列星北一星曰齊齊北二星曰趙趙北一星曰鄭鄭北一星曰越越東二星曰周周東南北列二

星曰秦秦南二星曰代代西一星曰晉晉北一星曰韓韓北一星曰魏魏西一星曰楚楚南一星曰燕其星有變各以其國秦代東三星南北列曰離瑜離圭衣也瑜玉飾皆婦人之服星也虛南二星曰哭哭東二星曰泣泣哭皆近墳墓泣南十三星曰天壘城如貫索狀主北夷丁零匈奴敗臼四星在虛危南知凶災他星守之飢兵起危南二星曰蓋屋主治宮室之官也虛梁四星在蓋屋南主園陵寢廟非人所處故曰虛梁室南六星曰雷電室西南二星曰土功吏主司過度壁南二星曰土公土公西南五星曰礔礰礔礰南四星曰雲雨皆在壘壁北羽林四十五星在營

室南一曰天軍主軍騎又主翼王也壘壁陣十二星在羽林北羽林之垣壘也主軍位爲營壅也五星有在天軍中者皆爲兵起熒惑太白辰星尤甚北落師門一星在羽林南北者宿在北方也落天之藩落也師衆也師門猶軍門也長安城北門曰北落門以象北也主非常以候兵有星守之虜入塞中兵起北落西北有十星曰天錢北落西南一星曰天綱主武帳北落東南九星曰八魁主張禽獸客星入之多盜賊八魁西北三星曰鈇質一曰鈇鉞有星入之皆爲大臣誅奎南七星曰外屏外屏南七星曰天溷厠也屏所以障之也天溷南一星曰土司空主水土之事故又

知禍殃也客星入之多土功天下大疾婁東五星曰左更山虞也主澤藪竹木之屬亦主仁智婁西五星曰右更牧師也主養牛馬之屬亦主禮義二更秦爵名也天倉六星在婁南倉穀所藏也星黃而大歲熟西南四星曰天庾積厨粟之所也天囷十三星在胃南囷倉廩之屬也主給御糧也星見則囷倉實不見即虛天廩四星在昴南一曰天廥主畜黍稷以供饗祀春秋所謂御廩此之象也天苑十六星在昴畢南天子之苑囿養禽獸之所也主馬牛羊星明則牛馬盈希則死苑西六星曰芻藁以供牛馬之食也一曰天積天子之藏府也星盛則歲豐穰希則貨財散苑南十三星曰天園植果菜之所也畢附

耳南八星曰天節主使臣之所持者也天節下九星曰九州殊口曉方俗之官通重譯者也畢柄西五星曰天陰參旗九星在參西一曰天旗一曰天弓主司弓弩之張候變禦難玉井四星在參左足下主水漿以給厨西南九星曰九游天子之旗也玉井東南四星曰軍井行軍之井也軍井未達將不言渴名取此也屏二星在玉井南屏爲屏風客星入之四足蟲大疾天厠四星在屏東溷也主觀天下疾病天矢一星在厠南色黃則吉他色皆凶軍市十三星在參東南天軍貿易之市使有無通也野雞一星主變怪在軍市中軍市西南二星曰丈人丈人東二星曰子子東

二星曰孫東井西南四星曰水府主水之官也東井南垣
之東四星曰四瀆江河淮濟之精也狼一星在東井東南狼
為野將主侵掠色有常不欲變動也角而變色動搖盜賊
萌胡兵起人相食躁則人主不靜不居其宮馳騁天下北
七星曰天狗主守財弧九星在狼東南天弓也主備盜賊
常向於狼弧矢動移不如常者多盜賊胡兵大起狼弧張
害及胡天下乖亂又曰天弓張天下盡兵主與臣相謀弧
南六星為天社昔共工氏之子句龍能平水土故祀以配
社其精為星老人一星在弧南一曰南極常以秋分之旦
見于景春分之夕而沒于丁見則化平主壽昌亡則君危

代天常以秋分候之南郊柳南六星曰外廚廚南一星曰
天紀主禽獸之齒稷五星在七星南稷農正也取乎百穀
之長以為號也張南十四星曰天廟天子之祖廟也客星
守之祠官有憂翼南五星曰東區蠻夷星也軫南三十二
星曰器府樂器之府也青丘七星在軫東南蠻夷之國號
也青丘西四星曰土司空主界域亦曰司徒土司空北二
星曰軍門主營候豹尾威旗

自攝提至此大凡二百五十四官一千二百八十
三星幷二十八宿輔官名曰經星常宿遠近有度
小大有差苟或失常實表災異

天漢起東方經尾箕之間謂之漢津乃分為二道其南經
傳說魚天籥天弁河鼓其北經龜貫箕下次絡南斗魁左
旗至天津下而合南道乃西南行又分夾匏瓜絡人星杵
造父騰蛇王良傅路閣道北端太陵天船卷舌而南行絡
五車經北河之南入東井水位而東南行絡南河闕丘天
狗天紀天稷在七星南而沒

天占

鴻範五行傳曰清而明者天之體也天忽變色是謂易常
天裂陽不足是謂臣強下將害上國後分裂其下之主當
之天開見光流血滂滂天裂見人兵起國亡天鳴有聲至

尊憂且驚皆亂國之所生也

漢惠帝二年天開東北長三十餘丈廣十餘丈後有呂氏
變亂

晉惠帝大安二年天中裂穆帝升平五年又裂廣數丈
並有聲如雷其後皆有兵革之應

七曜

日循黃道東行一日一夜行一度三百六十五日有奇而
周天行東陸謂之春行南陸謂之夏行西陸謂之秋行北
陸謂之冬行以成陰陽寒暑之節是故傳云日為太陽之
精主生養恩德人君之象也又人君有瑕必露其慝以告

示焉故日月行有道之國則光明人君吉昌百姓安寧日變色有軍軍破無軍喪侯王其君無德其臣亂國則日赤無光日失色所臨之國不昌日晝昏行人無影到暮不止者上刑急下人不聊生不出一年有大水日晝昏烏鳥群鳴國失政日中烏見主不明為政亂國有白衣會日中有黑子黑氣黑雲乍三乍五臣廢其主日食陰侵陽臣掩君之象有亡國有死君有大水日食見星有殺君天下分裂王者脩德以禳之

月者陰之精也其形圓其質清日光照之則見其明日光所不照則謂之魄故月望之日日月相望人居其間盡覩其明故形圓也二絃之日日照其側人觀其傍故半明半魄也晦朔之日日照其表人在其裏故不見也其行有遲疾其極遲則日行十二度強極疾則日行十四度半強遲則漸疾疾極漸遲二十七日半強而遲疾一終矣又月行之道斜帶黃道十三日有奇在黃道表又十三日有奇在黃道裏表裏極遠者去黃道六度二十七日有奇陰陽一終張衡云對日之衝其大如日日光不照謂之闇虛闇虛逢月則月食值星則星亡今曆家月望行黃道則值闇虛矣值闇虛有表裏深淺故食有南北多少月為太陰之精以之配日女主之象也以之比德刑罰之義列之朝廷諸侯大臣

志十五 隋書二十 十二

之類故君明則月行依度臣執權則月行失道大臣用事兵刑失理則月行乍南乍北女主外戚擅權則或進或退月變色將有殃月晝明姦邪並作君臣爭明女主失行陰國兵強中國饑天下謀僭數月重見國以亂亡

歲星曰東方春木於人五常仁也五事貌也仁虧貌失逆春令傷木氣則罰見歲星歲星盈縮以亓舍命國亓所居久亓國有德厚五穀豐昌不可伐亓對為衝歲乃有殃歲星安靜中度吉盈縮失次亓國有變不可舉事用兵又曰人主出象也色欲明光潤澤德合同又曰進退如度姦邪息變色亂行主無福又主福主大司農主齊吳主司天下諸侯人君之過主歲五穀赤而角亓國昌赤黃而沉亓野大穰

志十五 隋書二十 十三

熒惑曰南方夏火禮也視也禮虧視失逆夏令傷火氣罰見熒惑熒惑法使行無常出則有兵入則兵散以舍命國為亂為賊為疾為喪為饑為兵居國受殃環繞勾已芒角動搖變色乍前乍後乍左乍右亓殃愈甚亓南丈夫北女子喪周旋止息乃為死喪寇亂亓野亡地亓失行而速兵聚亓下順之戰勝又曰熒惑主大鴻臚主死喪主司空又為司馬主楚吳越以南又司天下群臣之過司驕奢亡亂妖孽主歲成敗又曰熒惑不動兵不戰有誅將亓出色赤

怒逆行成鈎已戰凶有圍軍鈎已有芒角如鋒刃人主無出宮下有伏兵芒大則人民怒君子遑遑小人浪浪不有亂臣則有大喪人欺吏吏欺王又爲外則兵内則理政爲天子之理也故曰雖有明天子必視熒惑所在亓入守犯太微軒轅營室房心主命惡之

填星曰中央季夏土信也思心也仁義禮智以信爲主貌言視聽以心爲政故四星皆失填乃爲之動動而盈侯王不寧縮有軍不復所居之宿國吉得地及女子有福不可伐去之失地若有女憂居宿久國福厚易則薄失次而上二三宿曰盈有主命不成不乃大水失次而下曰縮后戚

亓歲不復不乃天裂若地動一曰填爲黄帝之德女主之象主德厚安危存亡之機司天下女主之過又曰天子之星也天子失信則填星大動

太白曰西方秋金義也言也義虧言失逆秋令傷金氣罰見太白太白進退以候兵高埤遲速靜躁見伏用兵皆象之吉亓出西方失行夷狄敗出東方失行中國敗未盡期日過參天病其對國若經天天下革人更王是謂亂紀人民流亡晝見與日爭明強國弱小國強女主昌又曰太白大臣其號上公也大司馬位謹候此

辰星曰北方冬水智也聽也智虧聽失逆冬令傷水氣罰見辰星辰星見主刑主廷尉主燕趙又爲燕趙代以北宰相之象亦爲殺伐之氣戰鬭之象又曰軍於野辰星爲偏將之象無軍爲刑事和陰陽應亓時不和出失亓時寒暑失亓節邦當大饑當出不出是謂擊卒兵大起在於房心閒地動亦曰辰星出入躁疾常主夷狄又曰蠻夷出星亦主刑法之得失色黄而小地大動

凡五星有色大小不同各依亓行而順時應節色變有類凡青皆比參左肩赤比心大星黄比參右肩白比狼星黑比奎大星不失本色而應亓四時者吉色害亓行凶

凡五星所出所行所直之辰其國爲得位者歲星以德熒

惑有禮填星有福太白兵強辰星陰陽和所行所直之辰順其色而有角者勝其色害者敗居實有德也居虛無德也色勝位行勝色行得盡勝之○營室爲清廟歲星廟也心爲明堂熒惑廟也南斗爲文太室填星廟也亢爲疏廟太白廟也七星爲員官辰星廟也五星行至其廟謹候亓命

凡五星盈縮失位亓精降于地爲人歲星降爲貴臣熒惑降爲童兒歌謠嬉戲填星降爲老人婦女太白降爲壯夫處於林麓辰星降爲婦人吉凶之應隨其象告

凡五星木與土合爲内亂饑與水合爲變謀而更事與火合爲饑爲旱與金合爲白衣之會合鬭國有内亂野有破

軍為水太白在南歲星在北名曰牡年穀大熟太白在北歲星在南年或有或無火與金合為爍為喪不可舉事用兵從軍為軍憂離之軍卻出太白陰分宅出其陽偏將戰與土合為憂主孽與水合為北軍用兵舉事大敗一曰火與水合為焠不可舉事用兵土與水合為壅沮不可舉事用兵有覆軍下師一曰為變謀更事必為旱與金合為疾為白衣會為內兵國亡地與木合國饑水與金合為變謀為兵憂入太白中而上出破軍殺將客勝下出客亡地視旗所指以命破軍環繞太白若與鬬大戰客勝

凡木火土金與水鬬皆為戰兵不在外皆為內亂。凡同舍

為合相陵為鬬二星相近其殃大相遠無傷七寸以內必之

凡月蝕五星其國亡歲以饑熒惑以亂填以殺太白以強國戰辰以女亂

凡五星入月其野有逐相太白將僇

凡五星所聚其國王天下從歲以義從熒惑以禮從填以重從太白以兵從辰以法各以其事致天下也三星若合是謂驚立絕行其國外內有兵天喪人民改立侯王四星若合是謂太陽其國兵喪並起君子憂小人流五星若合是謂易行有德受慶改立王者奄有四方子孫蕃昌亡德受殃離其國家滅其宗廟百姓離去被滿四方五星皆大其事亦大皆小事亦小

凡五星色其圜白為喪為旱赤中不平為兵為憂青為水黑為疾疫為多死黃為吉皆角赤犯我城黃地之爭白哭泣聲青有兵憂黑有水五星同色天下偃兵百姓安寧歌舞以行不見災疾五穀蕃昌

凡五星為政緩則不行急則過分逆則占熒惑緩則不入急則不出違道則占填緩則不還急則過舍逆則占太白緩則不出急則不入逆則占辰星緩則不出急則不入非時則占五星不失行則年穀豐昌

凡五星分天之中積于東方中國積于西方外國用兵者利辰星不出太白為客其出太白為主出而與太白不相從及各出一方為格野有軍不戰五星為五德之主其行或入黃道裏或出黃道表猶月行出有陰陽也終出入五常不可以算數求也其東行曰順西行曰逆順則疾逆則遲通而率之終為東行矣不東不西曰留與日相近而不見曰伏伏與日同度曰合其留行逆順掩合犯法陵變色芒角凡其所主皆以時政五常五官五事之得失而見其變木火土三星行遲夜半經天其初皆與日合度而後順行漸遲追日不及晨見東方行去日稍遠朝時近中則留

留經旦過中則逆行逆行至夕時近中則又留留而又順
先遲漸速以至于夕伏西方乃更與日合
金水二星行速而不經天自始與日合之後行速而先日
夕見西方去日前稍遠夕時欲近南方則漸遲遲極則留
留而近日則逆行而合日在于日後晨見東方逆極則留
留而後遲遲極去日稍遠旦時欲近南方則速行以追日
晨伏于東方復與日合此五星合見遲速逆順留行之大
經也皆日者陰陽之大分也南方者太陽之位而天地之
經也七曜行至陽位當天之經則虧昃留逆而不居焉此
天之常道也三星經天二星不經天三天兩地之道也

凡五星見伏留行逆順遲速應曆度者爲得其行政合于
常違曆錯度而失路盈縮者爲亂行亂行則爲天夭彗孛
而有亡國革政兵饑喪亂之禍云古曆五星並順行秦曆
始有金火之逆又甘石並時自有差異漢初測候乃知五
星皆有逆行其後相承罕能察至後魏末清河張子信學
藝博通尤精曆數因避葛榮亂隱於海島中積三十許年
專以渾儀測候日月五星差變之數以筭步之始悟日月
交道有表裏遲速五星見伏有感召向背言日行在春分
後則遲秋分後則速合朔月在日道裏則日食若在日道
外雖交不虧月望值交則虧不問表裏又月行遇木火土

金四星向之則速背之則遲五星行四方列宿各有所好
惡所居遇其好者則留多行遲見早遇其惡者則留少行
速見遲與常數並差少者差至五度多者差至三十許度
其辰星之行見伏尤異晨應見在雨水後立夏前夕應見
在處暑後霜降前者並不見啓蟄立夏立秋霜降四氣之
內晨夕去日前後三十六度內十八度外有木火土金一
星者見無者不見後張胄玄劉孝孫劉焯等依此差度爲
定入交食分及五星定見定行與天密會皆古人所未得
也梁奉朝請祖暅天監中受詔集古天官及圖緯舊說撰
天文錄三十卷逮周氏克梁獲庾季才爲太史令撰靈臺
秘苑一百二十卷占驗益備今略其雜星瑞星妖星客星
流星及雲氣名狀次之於此云

瑞星

一曰景星如半月生於晦朔助月爲明或曰星大而中空
或曰有三星在赤方氣與青方氣相連黃星在赤方氣中
亦名德星二曰周伯星黃色煌煌然所見之國大昌三曰
含譽光耀似彗喜則含譽射

星雜變

一曰星晝見若星與日並出名曰嫁女星與日爭光武且
弱文且強女子爲王在邑爲喪在野爲兵又曰臣有姦心

上不明臣下從橫大水浩洋又曰星晝見虹不滅臣人生
明星奪日光天下有立王二曰恒星不見恒星者在位人
君之類不見者象諸侯之背畔不佐王者奉順法度無君
之象也又曰恒星不見主不嚴法度消又曰天子失政諸
侯橫暴又曰常星列宿不見象中國諸侯微滅也三曰星
鬬星鬬天下大亂四曰星搖星搖人衆將勞五曰星隕大
星隕下陽失其位災害之萌也又曰衆星墜人失其所也
凡星所墜國易政又曰星墜當其下有戰場天下亂期三
年又曰奔星之所墜其下有兵列宿之所墜滅家邦衆星
之所墜衆庶亡又曰填星墜海水決黃星騁海水躍又曰

黃星墜海水傾亦曰驃星墜而渤海決星隕如雨天子微
諸侯力政五伯代興更爲盟主衆暴寡大并小又曰星辰
附離天猶庶人附離王者也王者失道綱紀廢下將畔去
故星畔天而隕以見其象國有兵凶則星墜爲鳥獸天下
將亡則星墜爲飛蟲天下大兵則星墜爲金鐵天下有水
則星墜爲土國主亡有兵則星墜爲草木兵起國主亡則
星墜爲沙星墜爲人而言者善惡如其言又曰國有大喪
則星墜爲龍

妖星

妖星者五行之氣五星之變名見其方以爲殃災各以其
日五色占知何國吉凶決矣行見無道之國失禮之邦爲
兵爲饑水旱死亡之徵也又曰凡妖星所出形狀不同爲
殃如一其出不過一年若三年必有破國屠城其君死天
下大亂兵士亂行戰死於野積尸從橫餘殃不盡爲水旱
兵飢疾疫之殃又曰凡妖星出見長大災深期遠短小災
淺期近三尺至五尺期百日五尺至一丈期一年一丈至
三丈期三年三丈至五丈期五年五丈至十丈期七年十
丈以上期九年審以察之其災必應彗星世所謂掃星本
類星末類彗小者數寸長或竟天見則兵起大水主掃除
除舊布新有五色各依五行本精所主史臣案彗體無光

傅日而爲光故夕見則東指晨見則西指在日南北皆隨
日光而指頓挫其芒或長或短光芒所及則爲災又曰孛
星彗之屬也偏指曰彗芒氣四出曰孛孛者孛然非常惡
氣之所生也內不有大亂則外有大兵天下合謀闇蔽不
明有所傷害晏子曰君若不改孛星將出彗星何懼乎由
是言之災甚於彗

歲星之精流爲天棓天槍天猾天衝國皇反登一曰天棓
一名覺星或曰天格本類星末銳長四丈主滅兵主奮爭
又曰天棓出其國凶不可舉事用兵又曰期三月必有破
軍拔城又曰天棓見女主用事其芒者爲主人二曰天槍

主捕制或曰攙雲如牛槍雲如馬或曰如槍左右銳長數
丈天攙本類星末銳長丈三曰天猾主招亂又曰人主自
恣逆天暴物則天猾起四曰天衝狀如人蒼衣赤首不動
主滅位又曰衝星出臣謀主武卒發又曰天衝抱極泣帝
前血濁霧下天下兗五曰國皇或曰楫星散為國皇國皇
之星大而赤類南極老人星也主滅姦主內寇難見則兵
起天下急或云去地一二丈如炬火狀後客星內亦有國皇名同而占狀異
六曰反登主夷分皆少陽之精司徒之類青龍七宿之域
有謀反若恣虐為害主失春政者以出時衝為期皆主君
徵也

熒惑之精流為析旦蚩尤旗昭明司危天攙一曰析旦或
曰昭旦主弱之符又曰析旦橫出參權百尺為相誅滅二
曰蚩尤旗或曰旋星散為蚩尤旗或曰蚩尤旗五星盈縮
之所生也狀類彗而後曲象旗或曰四望無雲獨見赤雲
蚩尤旗也或曰蚩尤旗如箕可長二丈末有星又曰亂國
之王衆邪並積有雲若植雚竹長黃上白下名曰蚩尤旗
主誅逆國又曰帝將怒則蚩尤旗出又曰虐王反度則蚩
尤旗出或曰本類星而後委曲其像旗旛可長二三丈見
則王者旗鼓大行征伐四方兵大起不然國有大喪三曰
昭明者五星變出於西方名曰昭明金之氣也又曰赤彗

分為昭明昭明滅光為如太白七芒故以為起霸之徵或
曰機星散為昭明又曰西方有星望之去地可六丈而有
光其類太白數動察之中赤是謂西方之野星名曰昭明
出則兵大起其出也下有喪出南方則西方之邦失地或
曰昭明如太白不行主起有德又曰西方有星大而白有
角目下視之名曰昭明金之精出則兵大起若守房心國
有喪必有屠城昭明下則為天狗所下者大戰流血四曰
司危或曰機星散為司危又曰白彗之氣分為司危司危
平以為乖爭之徵或曰司危星大有毛兩角又曰司危星
類太白數動察之而赤司危出強國盈主擊強侯兵也又

曰司危見則主失法期八年豪傑起天子以不義失國有
聲之臣行主德也又曰司危見則其下國相殘賊又曰司
危星出正西西方之野星去地可六丈大而白類太白一
曰見兵起強又曰司危出則非其下有兵衝不利五曰天
攙其狀白小數動是謂攙星一名斬星天攙主殺時又曰
天攙見女主用事者其本爲主人又曰天攙出其下相攙
爲饑爲兵赤地千里枯骨籍籍亦曰天攙出其國內亂又
曰太陽之精亦爲七宿之域有謀反恣虐爲害主失夏政
填星之精流爲五殘六賊獄漢大賁炤星絀流茀星旬始
擊咎一曰五殘或曰旋星散爲五殘亦曰蒼彗散爲五殘

故為毀敗之徵或曰五殘五分亦曰一本而五枝也期九
年蚤與三九二十七大亂不可禁又曰五殘者五行之變
出於東方五殘木之氣也一曰五鋒又曰五殘星出正東
東方之野星狀類辰星可去地六七丈大而白主乖亡或
曰東方有星望之去地可六丈大而赤察之中青或曰星
表青氣如暈有毛其類歲星是謂東方之野星名曰五殘
出則兵大起其出也下有喪出北則東方之邦失地又曰
五殘出四孟蕃虛天子有急兵或曰五殘大而赤數動察之
有青又曰五殘出則兵起二曰六賊者五行之氣出於南
方或曰六賊火之氣也或曰六賊星形如彗又曰南方有

星望之可去地六丈赤而數動察之有光其類熒惑是謂
南方之野星名曰六賊出則兵起其國亂其出也下有喪
出東方則南方之邦失地又曰六賊星見出正南南方之
星去地可六丈大而赤數動有光三曰獄漢一曰咸漢或
曰權星散為獄漢又曰咸漢者五行之氣出於北方水之
氣也獄漢青中赤表下有三彗從橫主逐王刺王又曰北
方有星望之可去地六丈大而赤數動察之中青黑其類
辰星是謂北方之野星名曰咸漢出則兵起其下有喪出
西方則北方之邦失地又曰獄漢動諸侯驚出則陰橫四
曰大賁星主暴衛五曰炤星主滅邦六曰紲流動天下救主

伏逃又曰紲流主自理无所逃七曰茀星在東南本有星
末類茀所當之國實受其殃八曰旬始或曰樞星散為旬
始或曰五星盈縮之所生也亦曰旬始妖氣又曰旬始蚩
尤也又曰旬始出於北斗旁狀如雄雞其怒青黑象伏鼈
又曰黃彗分為旬始旬始者今起也狀如雄雞土含陽以
文白接精象雞故以為立主之題期十年聖人起代又曰
旬始主爭兵主亂主招橫又曰旬始照其下必有滅王五
姦爭作暴骨積骸以子續食見則臣亂兵作諸侯為虐又
曰常以戊戌日視五車及天軍天庫中有奇怪曰旬始狀
如鳥有喙而見者則兵大起攻戰當其首者破死又曰出

見北斗聖人受命天子壽王者有福九曰擊咎出臣下主
一曰臣禁主主大兵又曰土精斗七星之域以長四方司
空之位有謀反忿虐者占如上○太白之精散為天杵天
柎伏靈大敗司姦天狗天殘卒起一曰天杵主抒羊二曰
天柎主擊殃三曰伏靈主領讒伏靈出天下亂復人四曰
大敗主鬬衝或曰大敗出擊咎謀五曰司姦主見妖六曰
天狗亦曰五星氣合之變出西南金火氣合名曰天狗或
曰天狗星有毛旁有短彗下有如狗形者主徵兵主討賊
亦曰天狗流五將鬬又曰西北方有星長三丈而出水金
氣交名曰天狗亦曰西北三星大而白名曰天狗見則大

兵起天下饑人相食又曰天狗所下之處必有大戰破軍
殺將伏尸流血天狗食之皆期一年中二年遠三年各以
其所下之國以占吉凶後流星內天狗名同占狀小異七曰天殘主貪殘
八曰卒起卒起見禍無時諸變有萌臣運柄又曰少陰之
精大司馬之類白獸七宿之域有謀反若恣虐為害主失
秋政者期如上占禍亦應之。辰星之精散為枉矢破女
拂樞滅寶繞廷驚理大奮祀一曰枉矢或曰填星之變為
枉矢又曰機星散為枉矢亦曰枉矢五星盈縮之所生也
弓弩之像也類大流星色蒼黑蛇行望之如有毛目長數
匹著天主反萌主射愚又曰黑彗分為枉矢枉矢著射是

也枉矢見謀反之兵合射所誅亦為以亂伐亂又曰人君
暴專己則有枉矢動亦曰枉矢類流星望之有尾目長可
一匹布皎皎著天見則大兵起大將出弓弩用期三年曰
枉矢所觸天下之所伐射滅之象也二曰破女破女若見
君臣皆誅主勝之符三曰拂樞拂樞動亂騷擾無調時又
曰拂樞主制時四曰滅寶滅寶起相得之又曰滅寶主伐
之五曰繞廷繞廷主亂孳六曰驚理驚理主相署七曰大
奮祀大奮祀主招邪或曰大奮祀出主安之太陰之精玄
武七宿之域有謀反若恣虐為害主失冬政者期如上占
禍亦應之又曰五精潛潭皆以類逆所犯行失時指下臣

承類者兼而害之皆滅亡之徵也入天子宮主滅諸侯五

百謀

雜妖

一曰天鋒天鋒彗象矛鋒者也主從橫天下從橫則天鋒
星見二曰燭星狀如太白其出也不行見則不久而滅或
曰主星上有三彗上出燭星所出邑反又曰燭星所燭者
城邑亂又曰燭星所出有大盜不成三曰蓬星一名王星
狀如夜火之光多即至四五少即一二亦曰蓬星在西南
脩數丈左右兌出而易處又曰有星其色黃白方不過三
尺名曰蓬星又曰蓬星狀如粉絮見則天下道術士當有

出者布衣之士貴天下太平五穀成又曰蓬星出北斗諸
侯有奪地以地亡有兵起星所居者期不出三年又曰蓬
星出太微中天子立王四曰長庚狀如一匹布著天見則
兵起五曰四填四填星出四隅去地六丈餘或曰四填去地可
四丈或曰四填星大而赤去地二丈當以夜半時出四填
星見十月而兵起又曰四填星見四隅皆為兵起其下六
曰地維臧光地維臧光者五行之氣出於四季土之氣也
又曰有星出大而赤去地二三丈如月始出謂之地維臧
光四隅有星望之可去地四丈而赤黃搖動其類填星是
謂中央之野星出於四隅名曰地維臧光出 東北 隅天

下大水出東南隅天下大旱出西南隅則有兵起出西北
隅則天下亂兵大起又曰地維臧光見下有亂者亡有德
者昌七曰女帛女帛者五星氣合変出東北水木氣合也
又曰東北有星長三丈而出名曰女帛見則天下兵起若
有大喪又東北有大星出名曰女帛見則天下有大喪八
曰盜星盜星者五星氣合之變出東南火木氣合也又曰
東南有星長三丈而出名曰盜星見則天下有大盜多寇
賊九曰積陵積陵者五星氣合之变出西北金水氣合也
又曰西南有星長三丈名曰積陵見則天下隕霜兵大起
五穀不成人饑十曰端星端星者五星氣合之変出與金

木水火合於四隅又四隅有星大而赤察之中黃數動長
可四丈此土之氣效於四季名曰四隅端星所出兵大起
十一曰昏昌有星出西北氣青赤以環之中赤外青名曰
昏昌見則天下兵起國易政先起者昌後起者亡高十丈
亂一年高二十丈亂二年高三十丈亂三年十二曰莘星
有星出西北狀如有環二名山勤一星見則諸侯有失地
西北國十三曰白星有如星非星狀如削瓜有勝兵名曰
白星白星出爲男喪十四曰菟昌西北菟昌之星有赤青
環之有殃有青爲水此星見則天下改易十五曰格澤狀
如炎火又曰格澤星也上黃下白從地而上下大上銳見

則不種而穫又曰不有土功必有大客鄰國來者期一年
二年又曰格澤氣赤如火炎炎中天上下同色東西絙天
若於南北長可四五里此熒惑之变見則兵起其下伏尸流
血期三年　十六曰歸邪狀如星非星如雲非雲或曰有兩
赤彗上向上有蓋狀如氣下連星或曰見必有歸國者十
七曰濛星夜有赤氣如牙旗長短四面西南最多又曰刀
星亂之象又曰徧天薄雲四方生赤黃氣長三尺乍見乍
没尋皆消滅又曰刀星見天下有兵戰鬬流血或曰徧天
薄雲四方合有八氣蒼白色長三尺乍見乍没
漢京房著風角書有集星章所載妖星皆見於月旁互有

五色方雲以五寅日見各五星所生云
天槍星生箕宿中　天根星生尾宿中　天荊星生心宿
中　真若星生房宿中　天榱星生氐宿中　天樓星生
亢宿中　天垣星生左角宿中
皆歲星所生也見以甲寅日其星咸有兩青方在其旁
天陰星生軫宿中　晉若星生翼宿中　官張星生張宿
中　天惑星生七宿中　天雀星生柳宿中　赤若星生
鬼宿中　蚩尤星生井宿中
皆熒惑之所生也出在景寅日有兩赤方在其旁
天上　天伐　從星　天樞　天翟　天沸　荊彗

皆鎮星之所生也出在戊寅日有兩黄方在其旁
若星生參宿中　帚星生觜宿中　若彗星生畢宿中
竹彗星生昴宿中　牆星生胃宿中　榬星生婁宿中
白雚星生奎宿中
皆太白之所生也出在庚寅日有兩白方在其旁
天美星生壁宿中　天㲹星生室宿中　天杜星生危宿
中　天麻星生虛宿中　天林星生女宿中　天蒿星生
牛宿中　端下星生斗宿中
皆辰星之所生也出以壬寅日有兩黑方在其旁
已前三十五星即五行氣所生皆出月左右方氣之中各

以其所生星將出不出日數期候之當其未出之前而見
見則有水旱兵喪饑亂所指亡國失地王死破軍殺將

客星

客星者周伯老子王蓬絮國皇溫星凡五星皆客星也行
諸列舍十二國分野各在其所臨之邦所守之宿以占吉
凶周伯大而色黄煌煌然見其國兵起若有喪天下饑衆
庶流亡去其鄉（端星中名狀與此同而占異）老子明大色白淳淳然所
出之國爲饑爲凶爲善爲惡爲喜爲怒常出見則兵大起
人主有憂王者以赦除咎則災消王蓬絮狀如粉絮拂拂
然見則其國兵起若有喪白衣之會其邦饑亡又曰王蓬

絮星色青而熒熒然所見之國風雨不如節焦旱物不生
五穀不成登蝗蟲多國皇星出而大其色黄白望之有芒
角見則兵起國多變若有水饑人主惡之衆庶多疾溫星
色白而大狀如風動搖常出四隅出東南天下有兵將軍
出於野出東北當有千里暴兵出西北亦如之出西南其
國兵喪並起若有大水人饑又曰溫星出東南爲大將軍
服屈不能發者出於東北暴骸三千里出西亦然。凡客
星見其分若留止即以其色占吉凶星大事大星小事小
星色黄得地色白有喪色青有憂色黑有死色赤有兵各
以五色占之皆不出三年又曰客星入列宿中外官者各

以其所出部舍官名爲其事所之者爲其謀其下之國皆
受其禍以所守之舍爲其期以五氣相賊者爲其使

流星

流星天使也自上而降曰流自下而升曰飛大者曰奔奔
亦流星也星大者使大星小者使小聲隆隆者怒之象也
行疾者期速行遲者期遲大而無光者衆人之事小而光
者貴人之事大而光者其人貴且衆也乍明乍滅者賊敗
成也前大後小者恐憂也前小後大者喜事也蛇行者姦
事也往疾者往而不返也長者其事長久也短者事疾也
奔星所墜其下有兵無風雲有流星見良久間乃入爲大

風發屋折木小流星百數四面行者庶人流移之象流星異狀名占不同今略古書及荆州占所載云

流星之尾長二三丈暉然有光竟天其色白者主使也色赤者將軍使也流星有光其色黃白者從天墜有音如炬熛火下地野雉盡鳴斯天保也所墜國安有喜若水流星其色青赤名曰地鴈其所墜者起兵流星有光青赤其長二三丈名曰天鴈軍之精華也其國起兵將軍當從星所之流星暉然有光白長竟天者人主之星也主將相軍從星所之凡星如甕者爲發謀起事大如桃者爲使事流星大如缶其光赤黑有喙者名曰梁星其所墜之鄉有兵君

失地

飛星大如缶若甕後皎然白前卑後高此謂頓頑其所從者多死亡削邑而不戰有飛星大如缶若甕後皎然白前卑後高搖頭乍上乍下此謂降石所下民食不足飛星大如缶若甕後皎然白星滅後白者曲環如車輪此謂解銜其國人相斬爲爵祿此謂自相齧食有飛星大如缶若甕其後皎然白長數丈星滅後白者化爲雲流下名曰大滑所下有流血積骨有飛星大如缶若甕後皎白縵縵然長可十餘丈而委曲名曰天刑一曰天飾將軍均封疆

天狗狀如大奔星色黃有聲其止地類狗所墜望之如火光炎炎衝天其上銳其下圓如數頃田處或曰星有毛旁有短彗下有狗形者或曰星出其狀赤白有光下即爲天狗一曰流星有光見人面墜無音若有足者名曰天狗其色白其中黃黃如遺火狀主候兵討賊見則四方相射千里破軍殺將或曰五將鬬人相食所往之鄉有流血其君失地兵大起國易政戒守禦（餘占同前）營頭有雲如壞山墮所謂營頭之星所墮其下覆軍流血千里亦曰流星晝隕名營頭

雲氣

瑞氣

一曰慶雲若煙非煙若雲非雲郁郁紛紛蕭索輪囷是謂慶雲亦曰景雲此喜氣也太平之應一曰昌光赤如龍狀聖人起帝受終則見

妖氣

一曰虹蜺日旁氣也斗之亂精主惑心主內淫主臣謀君天子詘后妃顓妻不一二曰牂雲如狗赤色長尾爲亂君爲兵喪

志第十五　天文中　隋書二十

志第十六　　隋書二十一

太尉揚州都督監修國史上柱國趙國公臣長孫无忌等奉勅撰

天文下

十煇

周禮眡祲氏掌十煇之法以觀妖祥辨吉凶一曰祲謂陰陽五色之氣祲淫相侵或曰抱珥背璚之屬如虹而短是也二曰象謂雲氣成形象雲如赤烏夾日以飛之類是也三曰鑴日旁氣刺日形如童子所佩之鑴也四曰監謂雲氣臨在日上也五曰闇謂日月蝕或日光暗也六曰瞢

謂瞢瞢不光明也七曰彌謂白虹彌天而貫日也八曰序謂氣若山而在日上或曰冠珥背璚重疊次序在于日旁也九曰隮謂暈氣也或曰虹也詩所謂朝隮于西者也十曰想謂氣五色有形想也青飢赤兵白喪黑憂黃熟或曰想思也赤氣爲人獸之形可思而知其吉凶自周已降術士間出今採其著者而言之

日君乘土而王其政太平則日五色又曰或黑或青或黃師破又曰遊氣蔽天日月失色皆是風雨之候也若天氣清靜無諸遊氣日月不明乃爲失色或天氣下降地氣未升厚則日紫薄則日赤若於夜則月白皆將雨也或天氣未降地氣上升厚則日黃薄則日白若於夜則月赤將旱且風亦爲日月暈之候雨少而多陰或天氣已降地氣又升上下未交則日青若於夜則月綠色將寒候也或天地氣雖交而未密則日黑若於夜則月青將雨不雨變爲霿霧暈背虹蜺又曰沉陰日月俱無光晝不見日夜不見星皆有雲鄣之兩敵相當陰相圖議也日矇矇光士卒內亂日薄赤見日中烏將軍出旌旗舉此不祥必有敗亡又曰數日俱出若鬬天下兵大戰日鬬下有拔城日戴者形如直狀其上微起在日上爲戴戴者德也國有喜也一云立日上爲戴青赤氣抱在日上小者爲冠國有喜事青赤氣小

而交於日下爲纓青赤氣小而圓一二在日下左右者爲紐青赤氣如小半暈狀在日上爲負負者得地爲喜又曰青赤氣長而斜倚日傍爲戟青赤氣圓而小在日左右爲珥黃白者有喜又曰有軍日有一珥爲喜在日西西軍戰勝在日東東軍戰勝南北亦如之無軍而珥爲拜將又日旁如半環向日爲抱青赤氣如月初生背日者爲背又曰背氣青赤而曲外向爲叛象分爲反城璚者如帶璚在日四方青赤氣長而立日旁爲直日旁有一直敵在一旁欲自立從直所擊者勝日旁有二直三抱欲自立者不成順抱擊者勝殺將氣形三抱在日四方爲提青赤氣橫在日

上下爲格氣如半暈在日下爲承承者臣承君也又曰日下有黃氣三重若抱名曰承福人主有吉喜且得地青白氣如履在日下者爲履日旁抱五重戰順抱者勝日一抱一背爲破走抱者順氣也背者逆氣也兩軍相當順抱擊逆者勝故曰破走日抱且兩珥一虹貫抱抱至日順虹擊者勝日重抱內有璚順抱擊者勝亦曰軍內有欲反者日重抱左右二珥有白虹貫抱順抱擊勝得二將有三虹得三將日抱黃白潤澤內赤外青天子有喜有和親來降者軍不戰敵降軍罷色青將喜赤將兵爭白將有喪黑將死日重抱且背順抱擊者勝得地若有罷師日重抱抱內外

有璚兩珥順抱擊者勝破軍軍中不和不相信日旁有氣圓而周帀內赤而外青名爲暈日暈者軍營之象周環帀日無厚薄敵與軍勢齊等若無軍在外天子失御民多叛日暈有五色有喜不得五色有憂

凡占兩軍相當必謹審日月暈氣知其所起留止遠近應與不應疾遲大小厚薄長短抱背爲多少有無實虛久亟密踈澤枯相應等者勢等近勝遠疾勝遲大勝小厚勝薄長勝短抱勝背多勝少有勝無實勝虛久勝亟密勝踈澤勝枯重背大破重抱爲和親抱多親者益多背爲不和分離相去背於內者離於內背於外者離於外也

凡占分離相去赤內青外以和相去青內赤外以惡相去日暈明久內赤外青外人勝內青外赤內人勝內黃外青黑內人勝外黃內青黑外人勝外白內青外人勝內白外青內人勝內黃外青外人勝內青外黃內人勝日暈周帀東北偏厚厚爲軍福在東北戰勝西南戰敗日暈黃白不鬬兵未解青黑和解分地色黃土功動人不安日色黑有水陰國盛日暈七日無風雨兵大作不可起衆大敗不及日蝕日暈而明天下有兵兵罷無兵兵起不戰日暈始起前滅而後成者後成面勝日暈有兵在外者主人不勝日暈內赤外青羣臣親外外赤內青羣臣親內其身身外其

心日有朝夕暈是謂失地主人必敗日暈而珥主有謀軍在外外軍有悔日暈抱珥上將軍易日暈而珥如井幹者國亡有大兵交日暈上西將軍易兩敵相當日暈兩珥平等俱起而色同軍勢等色厚潤澤者賀喜日暈有直珥爲破軍貫至日爲殺將日暈有且戴國有喜戰從戴所擊者勝得地日暈而珥背左右如大車輞者兵起其國亡城兵蒲野而城復歸日暈暈內有珥一抱所謂圍城者在內內人則勝日暈有重抱後有背戰順抱者勝得地有軍日暈有一抱抱爲順貫暈內在日西西軍勝有軍日暈有一背背爲逆在日西東軍勝餘方放此日暈而背兵起其分失

城日暈有背背爲逆有降叛者有反城在日東東有叛餘
方敎此日暈背氣在暈内此爲不和分離相去其色青外
赤内節臣受王命有所之日暈上下有兩背無兵兵起有
兵兵入日暈四背在暈内名曰不和有内亂日暈而四背
如大車輞者四提設其國衆在外有反臣日暈四提必有
大將出亡者日暈有四背璚其背端盡出暈者反從内起
日暈而兩珥在外有聚雲在内與外不出三日城圍出戰
日暈有背珥直而有虹貫之者順虹擊之大勝得地日暈
有白虹貫暈至日從虹所指戰勝破軍殺將日暈有一虹貫
暈不至日戰從貫所擊之勝得小將日暈有一虹貫暈内

順虹擊者勝殺將日暈二白虹貫暈有戰客勝日重暈有
四五白虹氣從内出外以此圍城主人勝城不拔又曰重
暈攻城圍邑不拔日暈二重其外清内濁不散軍會聚日
暈三重有拔城日交暈無厚薄交爭力勢均厚者勝日交
暈人主左右有爭者兵在外戰日在暈上軍罷交暈貫日
天下有破軍死將日交暈而爭者先衰不勝即兩敵相向
交暈至日月順以戰勝殺將一法日在上者勝日有交者
赤青如暈狀或如合背或正直交者偏交也兩氣相交也
或相貫穿或相向或相背也交主内亂軍内不和日交暈
如連環爲兩軍兵起君爭地日有三暈軍分爲三日方暈

而上下聚二背將敗人亡日暈若井垣若車輪二國皆兵
亡又曰有軍日暈不帀半暈在東東軍勝在西西軍勝南
北亦如之日暈如車輪半暈在外者罷日半暈東向者西
夷羌胡來入國半暈西向者東夷人欲反入國半暈北向
者南夷人欲反入國半暈南向者北夷人欲反入國又曰
軍在外月暈師上其將戰必勝月暈黃色將軍益秩祿得
位月暈有兩珥白虹貫之天下大戰月暈而珥兵從珥攻
擊者利月暈有蜺雲乘之以戰從蜺所往者大勝月暈虹
蜺直指暈至月者破軍殺將

雜氣

天子氣内赤外黃正四方所發之處當有王者若天子欲
有遊往處其地亦先發此氣或如城門隱隱在氣霧中恒
帶殺氣森森然或如華蓋在氣霧中或有五色多在晨昏
見或如千石倉在霧中恒帶殺氣或如高樓在霧氣中或
如山鎮蒼帝起青雲扶日赤帝起赤雲扶日黃帝起黃雲
扶日白帝起白雲扶日黑帝起黑雲扶日或日氣象青衣
人無手在日西天子之氣也敵上氣如龍馬或雜色鬱鬱
衝天者此帝王之氣不可擊若在吾軍戰必大勝凡天子
之氣皆多上達於天以王相日見
凡猛將之氣如龍兩軍相當若氣發其上則其將猛銳或

如虎在殺氣中猛將欲行動亦先發此氣若無行動亦有
暴兵起或如火煙之狀或白如粉沸或如火光之狀夜照
人或白而赤氣繞之或如山林竹木或紫黑如門上樓或
上黑下赤狀似黑旌或如張弩或如埃塵頭銳而卑本大
而高兩軍相當敵軍上氣如囷倉正白見日逾明或青白
如膏將勇大戰氣發漸漸如雲變作此形將有深謀
凡氣上與天連軍中有貞將或云賢將
凡軍勝氣如堤如坂前後磨地此軍士衆強盛不可擊軍
上氣如火光將軍勇士卒猛好擊戰不可擊軍上氣如山
堤山上若林木將士驍勇軍上氣如埃塵粉沸其色黃白

旌旗無風而飄揮揮指敵此軍必勝敵上有白氣粉沸如
樓繞以赤氣者兵銳營上氣黃白色重厚潤澤者勿與戰
兩敵相當有氣如人持斧向敵戰必大勝兩敵相當上有
氣如蛇舉首向敵者戰勝敵上氣如一匹帛者此雍軍之
氣不可攻望敵上氣如覆舟雲如牽牛有白氣出似旌幟
在軍上有雲如鬭雞赤白相隨在氣中或發黃氣皆將士
精勇不可擊軍營上有赤黃氣上達於天亦不可攻
凡軍營上五色氣上與天連此天應之軍不可擊其氣上
小下大其軍日增益士卒軍上氣如堤以覆其軍上前赤
後白此勝氣若覆吾軍急往擊之大勝天氣銳黃白團團

而潤澤者敵將勇猛且士卒能強戰不可擊雲如日月而
赤氣繞之如日月暈狀有光者所見之地大勝不可攻
凡雲氣有獸居上者勝軍上有氣如塵埃前下後高者將
士精銳敵上氣如乳武豹伏者難攻軍上恒有氣者其軍
難攻軍上雲如華蓋者勿往與戰雲如旌旗如蜂向人者
勿與戰兩軍相當敵上有雲如飛鳥徘徊其上或來而高
者兵精銳不可擊軍上雲如馬頭低尾仰勿與戰軍上雲
如狗形勿與戰望四方有氣如赤鳥在烏氣中如烏人在
赤氣中如赤杵在烏氣中如人十十五五或如旌旗在烏
氣中有赤氣在前者敵人精悍不可當敵上有雲如山不

可說有雲如引素如陣前銳或一或四黑色有陰謀赤色
餞青色兵有反黃色急去
凡氣上黃下白名曰善氣所臨之軍欲求和退若氣出北
方求退向北其衆死散向東則不可信終能爲害向南將
死敵上氣囚廢枯散或如馬肝色如死灰色或類偃蓋或
類偃魚皆爲將敗軍上氣乍見乍不見如霧起此衰氣可
擊上大下小士卒日減
凡軍營上十日無氣發則軍必勝而有赤白氣乍出即滅
外聲欲戰其實欲退散黑氣如壞山墮軍上者名曰營頭
之氣其軍必敗軍上氣昏發連夜照人則軍士散亂軍

上氣半而絕一敗再絕再敗三絕三敗在東發白氣者災
深軍上氣中有黑雲如牛形或如猪形者此是瓦解之氣
軍必敗敵上氣如粉如塵者勃勃如煙或五色雜亂或東
西南北不定者其軍欲敗軍上氣如羣羊羣猪在氣中此
衰氣擊之必勝軍上有赤氣炎降於天則將死士衆亂赤
光從天流下入軍軍亂將死彼軍上有蒼氣須臾散去擊
之必勝在我軍上須自堅守軍有黑氣如牛形或如馬形
從氣霧中下漸漸入軍名曰天狗下食血則軍破軍上氣
或如羣鳥亂飛或如懸衣如人相隨或紛紛如轉蓬或如揚灰或
雲如卷席如匹布亂穰者皆爲敗徵氣乍見乍沒乍聚乍

志十六　隋書二十一　九

散如霧之始起爲敗氣氣如繫牛如人臥如敗車如雙蛇
如飛鳥如決堤垣如壞屋如人相指如人無頭如驚鹿相
逐如兩雞相向皆爲敗氣
凡降人氣如人十十五五皆叉手低頭又云如人叉手相
向白氣如羣鳥趣入屯營連結百餘里不絕而能徘徊須
臾不見者當有他國來降氣如黑山以黃爲緣者欲降服
敵上氣青而高漸黑者將欲死散軍上氣如燔生草之煙
前雖銳後必退黑氣臨營或聚或散如鳥將宿敵人畏我
心意不定終必逃背逼之大勝
凡白氣從城中南北出者不可攻城不可屠城中有黑雲

如星名曰軍精急解圍去有突兵出客敗城上白氣如旌
旗或青雲臨城有喜慶黃雲臨城有大喜慶青色從中南
北出者城不可攻或氣如青色如牛頭觸人者城不可屠
城中氣出東方其色黃此太一城白氣從中出青氣從城
北入反向還者軍不得入攻城圍邑過旬雷雨者爲城有
輔疾去之勿攻城上氣如煙火主人欲出戰其氣無極者
不可攻城上氣如雙蛇者難攻赤氣如杵形從城中向外
者內兵突出主人戰勝城上有雲分爲兩彗狀攻不可得
赤氣在城上黃氣四面繞之城中大將死城降城上赤氣
如飛鳥如敗車及無雲氣士卒必散城營中有赤黑氣如

志十六　隋書二十一　十

貍皮斑及赤者並亡城上氣上赤而下白色或城中氣聚
如樓出見於外城皆可屠城營上有雲如衆人頭赤色下
多死喪流血城上氣如灰城可屠氣出而北城可剋其氣
出復入城中人欲逃亡其氣出而覆其軍軍必病氣出而高
無所止用日久長有白氣如蛇來指城可急攻白氣從城
指營宜急固守攻城若雨霧日死風至兵勝日色無光爲
日死雲氣如雄雉臨城其下必有降者濛氣圍城而入城
者外勝得入有雲如立人五枚或如三牛邊城圍
凡軍上有黑氣渾渾圓長赤氣在其中其下必有伏兵白
氣粉沸起如樓狀其下必有藏兵萬人皆不可輕擊伏兵

之氣如幢節狀在烏雲中或如赤杵在烏雲中或如烏人在赤雲中

凡暴兵氣白如瓜蔓連結部隊相逐須臾罷而復出至八九來而不斷急賊卒至宜防固之白氣如仙人衣千萬連結部隊相逐罷而復興如是八九者當有千里兵來視所起備之黑雲從敵上來之我軍上欲襲我敵人告發宜備不宜戰壬子日候四望無雲獨見赤雲如旌旗其下有兵起若徧四方者天下盡有兵若四望無雲獨見黑雲極天天下兵大起半天半起三日內有雨災解敵欲來者其氣上有雲下有氣零中天而下敵必至雲氣如旌旗賊兵暴

起暴兵氣如人持刀楯雲如人赤色所臨城邑有卒兵至驚怖須臾去赤氣如人持節兵來未息雲如方虹有暴兵赤雲如火者所向兵至天有白氣狀如匹布經丑未者天下多兵

凡戰氣青白如膏將勇大戰氣如人無頭如死人臥敵上氣如冊蛇赤氣隨之必大戰殺將四望無雲見赤氣如狗入營其下有流血

凡連陰十日晝不見日夜不見月亂風四起欲雨而無雨名曰蒙臣謀君故曰久陰不雨臣謀主霧氣若晝若夜其色青黃更相奄冒乍合乍散臣謀君逆者喪山中冬霧十日不解者欲崩之候視四方常有大雲五色具者其下有賢人隱也青雲潤澤蔽日在西北為舉賢良雲氣如亂穰大風將至視所從來避之雲甚潤而厚大雨必暴至四始之日有黑雲氣如陣厚重大者多雨氣若霧非霧衣冠不雨而濡見則其城帶甲而趣日出沒時有雲橫截之白者喪烏者驚三日內雨者各解有黑氣入營者兵相殘有赤青氣入營者兵弱有雲如蛟龍所見處將軍失魄有雲如鵠尾來蔭國上三日亡有雲如日月暈赤色其國凶青白色有大水有雲狀如龍行國有大水人流亡有雲赤黃色四塞終日竟夜照地者大臣縱恣有雲如氣昧而濁賢人

去小人在位

凡白虹者百殃之本衆亂所基霧者衆邪之氣陰來冒陽

凡遇四方盛氣無向之戰甲乙日青氣在東方丙丁日赤氣在南方庚辛日白氣在西方壬癸日黑氣在北方戊己日黃氣在中央四季戰當此日氣背之吉日中有黑氣君有小過而臣不諫又掩君惡而揚君善故日中有黑氣不明也

凡白虹霧姦臣謀君擅權立威晝霧夜明臣志得申夜霧晝明臣志不申霧終日終時君有憂色黃小雨白言兵喪青言疾黑有暴水赤有兵喪黃言土功或有大風

凡夜霧白虹見臣有憂晝霧白虹見君有憂虹頭尾至地
流血之象
凡霧氣不順四時逆相交錯微風小雨爲陰陽氣亂之象
從寅至辰巳上周而復始爲逆者不成積日不解晝夜昏
暗天下欲分離
凡霧四合有虹各見其方隨四時色吉非時色凶氣色青
黃更相掩覆乍合乍散臣欲謀君爲逆者不成自亡
凡霧氣四方俱起百步不見人名曰晝昏不有破國必有
滅門
凡天地四方昏濛若下塵十日五日以上或一日或一時
雨不霑衣而有土名曰霾故曰天地霾君臣乖大旱
凡海傍蜃氣象樓臺廣野氣成宮闕北夷之氣如牛羊羣
畜穹閭南夷之氣類舟船幡旗自華以南氣下黑上赤嵩
高三河之郊氣正赤恒山之北氣青勃碣海岱之間氣皆
正黑江湖之間氣皆白東海氣如圓簦附漢河水氣如引
布江漢氣勁如杼濟水氣如黑㹠渭水氣如狼白尾淮南
氣如帛少室氣如白兔青尾恒山氣如黑牛青尾東夷氣
如樹西夷氣如室屋南夷氣如閣臺或類舟船陣雲如立
垣杼軸雲類軸搏兩端兌杓雲如繩居前亘天其半半天
其蛪者類闕旗故鉤雲勾曲諸此雲見以五色占而澤搏

密其見動人及有兵必起合鬬其直雲氣如三匹帛廣前
兌後大軍行氣也韓雲如布趙雲如牛齊雲如日宋雲如
車魯雲如馬衛雲如犬周雲如車輪秦雲如行人魏雲如
鼠鄭齊雲如絳衣越雲如龍蜀雲如囷車氣乍高乍下往
往而聚騎氣卑而布卒氣摶前卑後高者疾前方而高後
兌而卑者卻其氣平者其行徐前高後卑者不止而返校
騎之氣正蒼黑長數百丈遊兵之氣如彗埽一云長數百
丈無根本喜氣上黃下白怒氣上下赤憂氣上下黑土功
氣黃白徙氣白○凡候氣之法氣初出時若雲非雲若霧
非霧髣髴若可見初出森森然在桑榆上高五六尺者是
千五百里外平視則千里舉目望則五百里仰瞻中天則
百里內平望桑榆間二千里登高而望下屬地者三千里
凡欲知我軍氣常以甲巳日及庚子辰戌午未亥日及八
月十八日去軍十里許登高望之可見依別記占之百人
以上皆有氣
凡占災異先推九宮分野六壬日月不應陰霧風雨而陰
霧者乃可占對敵而坐氣來甚卑下其陰覆人上掩溝蓋
道者是大賊必至敵在東日出候在南日中候在西日入
候在北夜半候王相色吉囚死色凶
凡軍上氣高勝下厚勝薄實勝虛長勝短澤勝枯我軍在

西賊軍在東氣西厚東薄西長東短西高東下西澤東枯
則知我軍必勝
凡氣初出似甑上氣勃勃上升氣積爲霧霧爲陰陰氣結
爲虹蜺暈珥之屬
凡氣不積不結散漫一方不能爲災必須和雜殺氣森森
然疾起乃可論占軍上氣安則軍安氣不安則軍不安氣
南北則軍南北氣東西則軍亦東西氣散則爲軍破敗
候氣常以平旦下晡日出沒時處氣以見知大占期內有
大風雨久陰則災不成故風以散之陰以諫之雲以幡之
雨以猒之

五代災變應
梁武帝天監元年八月壬寅熒惑守南斗占曰糴貴五穀
不成大旱多火災吳越有憂宰相死是歲大旱米斗五千
人多餓死其二年五月尚書范雲卒
二年五月景辰月犯心占曰有亂臣不出三年有亡國其
四年交州刺史李凱舉兵反七月景子太白犯軒轅大星
四年六月壬戌歲星晝見占曰歲色黃潤立竿影見大熟
是歲大穰米斛三十又曰星與日爭光武且弱文且強白
此後帝崇尚文儒躬自講說終於大清不脩武備
八月庚子老人星見占曰老人星見人主壽昌自此後每
年恒以秋分後見於參南至春分而伏武帝壽考之象云
七年九月己亥月犯東井占曰有水災其年京師大水
十年九月景申天西北隆隆有聲赤氣下至地占曰天狗
也所往之鄉有流血其君失地其年十二月馬仙琕大敗
魏軍斬馘十餘萬尅復朐山城十二月壬戌朔日食在牛
四度
十三年二月景午太白晝行在天關占曰津梁不通又兵
起其年塡星守天江占曰有江河塞有決溢有土功其年
大發軍衆造浮山堰以堨淮水至十四年塡星移去天江
而堰壞奔流決溢

十四年十月辛未太白犯南斗
十七年閏八月戊辰月行掩昴
普通元年春正月景子日有食之占曰日食陰侵陽陽不
克陰也爲大水其年七月江淮海溢九月乙亥有星晨見
東方光爛如火占曰國皇見有內難有急兵反叛其三年
義州刺史文僧朗以州叛
四年十一月癸未朔日有食之太白晝見
六年三月景午歲星入南斗庚申月食吾己酉太白晝
見六月癸未太白經天九月壬子太白犯右執法
七年正月癸卯太白歲星在牛相犯占曰其國君凶易政

明年三月改元大赦
大通元年八月甲申月掩填星閏月癸酉又掩之占曰有
大喪天下無王國易政其後中大通元年九月癸巳上又
幸同泰寺捨身王公以一億萬錢奉贖十月己酉還宮大
赦改元中大通三年太子薨皆天下無主易政及大喪之
應
中大通元年閏月壬戌熒惑犯鬼積尸占曰有大喪有大
兵破軍殺將其二年蕭玩帥衆援巴州爲魏梁州軍所敗
玩被殺
四年七月甲辰星隕如雨占曰星隕陽失其位災害之象

萌也又曰星隕如雨人民叛下有專討又曰大人憂其後
侯景篡亂帝以憂崩人衆奔散皆其應也
五年正月己酉長星見
六年四月丁卯熒惑在南斗占曰熒惑出入留舍南斗中
有賊臣謀反天下易政更元其年十二月北梁州刺史蘭
欽舉兵反後年改爲大同元年
大同三年三月乙丑歲星掩建星占曰有反臣其年會稽
山賊起其七年交州刺史李賁舉兵反
五年十月辛丑彗出南斗長一尺餘東南指漸長一丈餘
十一月乙卯至婁滅占曰天下有謀王者其八年正月安

成民劉敬躬挾左道以反黨與數萬其九年李賁僭稱皇
帝於交州
太清二年五月兩月見占曰其國亂必見於亡國〇三年
正月壬午熒惑守心占曰王者惡之乙酉太白晝見占曰不
出三年有大喪天下革政更王強國弱小國強三月景子
熒惑又守心占曰大人易政主去其宮又曰人饑亡海內
哭天下大潰是年帝爲侯景所幽崩七月九江大饑人相
食十四年九月戊午月在斗掩歲星占曰天下亡君其後
侯景篡殺
簡文帝大寶元年正月景寅月晝光見占曰月晝光有隱

謀國雄逃又云月晝明姦邪並作擅君之朝其後侯景篡
殺皆國亂亡君大喪更政之應也
元帝承聖三年九月甲午月犯心中星占曰有反臣王者
惡之有亡國其後三年帝爲周軍所俘執陳氏取國梁氏
以亡
陳武帝永定三年九月辛卯朔月入南斗占曰月入南斗
大人憂一曰太子殃後二年帝崩太子昌在周爲質文帝
立後昌還國爲侯安都遣盜迎殺之
三年五月景辰朔日有食之占曰日食君傷又曰日食帝
德消六月庚子填星鉞與太白并占太白與填合爲疾爲

内兵
文帝天嘉元年五月辛亥熒惑犯右執法占曰大臣有憂
執法者誅後四年司空侯安都賜死
九月癸丑彗星長四尺見芒指西南占曰彗星見則敵國
兵起得本者勝其年周將獨孤盛領衆趣巴湘侯瑱襲破
之
二年五月己酉歲星守南斗六月景戌熒惑犯東井七月
乙丑熒惑入鬼中戊辰熒惑犯斧質十月熒惑行在太微
右掖門內
三年閏二月己丑熒惑逆行犯上相甲子太白犯五車塡

星七月太白犯輿鬼八月癸卯月犯南斗景午月犯牽牛
庚申太白入太微十一月丁丑月犯畢左股辛巳熒惑犯
歲星戊子月犯角庚寅月入氐
四年六月癸丑太白犯右執法七月戊子熒惑犯塡星八
月甲午熒惑犯軒轅大星丁未太白犯房九月戊寅熒惑
入太微犯右執法癸未太白入南斗占曰太白入斗天下
大亂將相謀反國易政又曰君死不死則廢又曰天下受
爵祿其後安成王為太傅廢少帝而自立改官受爵之應
也辛卯熒惑犯左執法十一月辛酉熒惑犯右執法甲戌
月犯畢左股

五年正月甲子月犯畢大星奎丁卯月犯星四月庚子太
白歲星合在奎金在南木在北相去二尺許壬寅月入氐
又犯熒惑太白歲星又合在婁相去一尺許癸卯月犯房
上星五月庚午熒惑逆行二十一日犯氐東南西南星占
曰月有賊臣又曰人主無出廊廟間有伏兵又曰君死有
赦後二年少帝廢之應也六月景申月犯亢七月戊寅月
犯畢大星閏十月庚申月犯牽牛丙子又犯左執法十一
月乙未月食畢大星
六年正月己亥太白犯熒惑相去二寸占曰其野有兵喪
改立侯王三月丁卯日入後衆星未見有流星白色大如

斗從太微間南行尾長丈餘占曰有兵與喪四月丁巳月
犯軒轅占曰女主有憂五月丁亥太白犯軒轅占曰女主
失勢又曰四方禍起其後年少帝廢廢後慈訓太后崩六
月己未月犯氐辛酉有彗長可丈餘占曰陰謀姦宄起一曰
宮中火起後安成王録尚書都督中外諸軍事廢少帝而
自立陰謀之應也八月戊辰月掩畢大星景子月與太白並
光芒相着在太微西蕃南三尺所九月辛巳熒惑犯左執
法癸未太白犯右執法辛卯犯左執法乙巳月犯上相太
白犯熒惑其夜月又犯太白占曰其國內外有兵喪改立
侯王明年帝崩又少帝廢之應也

七年二月庚午日無光烏見占曰王者惡之其日庚午吳楚之分野四月甲子日有交暈白虹貫之是月癸酉帝崩

廢帝天康元年五月庚辰月犯軒轅女御大星占曰女主憂後年慈訓太后崩癸未月犯左執法

光大元年正月甲寅月犯軒轅大星占曰女主當之八月戊寅月食哭星占曰有喪泣事明年太后崩臨海王薨哭泣之應也壬午鎮星辰星合於軫九月戊午辰星太白相犯占曰改立矦王己未月犯歲星占曰國亡君十二月辛巳月又犯歲星辛卯月犯建星占曰大人惡之

二年正月戊申月掩歲星占曰國亡君五月乙未月犯太

白六月景寅太白犯右執法壬子客星見氐東八月庚寅月犯太微九月庚戌太白逆行與鎮星合在角占曰爲白衣之會又曰所合之國爲亡地爲疾兵戊午太白晝見占曰太白晝見國更政易王十一月景午歲星守右執法甲申月犯太微東南星戊子太白入氐十二月甲寅慈訓太后廢帝爲臨海王太建二年四月薨皆其應也

宣帝太建七年四月景戌有星孛于大角占曰人主亡五月庚辰熒惑犯右執法壬子又犯右執法

十年二月癸亥日上有背占曰其野失地有叛兵甲子吳明徹軍敗於呂梁將卒並爲周軍所虜來年淮南之地盡沒于周十月癸卯月食熒惑占曰國敗君亡大兵起破軍殺將來年三月吳明徹敗於呂梁十三年帝崩敗國亡君之應也

十一年四月己丑歲星太白辰星合于東井

十二年二月壬寅白虹見西方占曰有喪其後十三年帝崩十月戊午月犯牽牛吳越之野占曰其國亡君有憂後年帝崩辛酉歲星犯執法十二月癸酉辰星在太白上甲戌辰星太白交相掩占曰大兵在野大戰辛巳彗星見西南占曰有兵喪明年帝崩始興王叔陵作亂

後主至德元年正月壬戌蓬星見占曰必有亡國亂臣後帝於太皇寺捨身作奴以祈冥助不恤國政爲施文慶等

所惑以至國亡

魏普泰元年十月歲星熒惑填星太白聚於觜參色甚明大占曰當有王者興其月齊高祖起於信都至中興二年春而破爾朱兆遂開霸業

魏武定四年九月丁未高祖圍玉壁城有星墜於營衆驢皆鳴占曰破軍殺將高祖不豫五年正月景午崩

齊文宣帝天保元年十二月甲申熒惑犯房北頭第一星及鉤鈐占曰大臣有反者其二年二月壬申太尉彭樂謀反誅

八年二月己亥歲星守少微經六十三日占曰五官亂五
月癸卯歲星犯太微上將占曰大將憂大臣死其十年五
月誅諸元宗室四十餘家乾明元年誅楊遵彥等皆五官
亂大將憂大臣死之應也
八年七月甲辰月掩心星占曰人主惡之十年十月帝崩
九年二月熒惑犯鬼質占曰斧質用有大喪三月甲午熒
惑犯軒轅占曰女主惡之其十年五月誅魏氏宗室十月
帝崩斧質用有大喪之應也
十年六月庚子填星犯井鉞與太白并占曰子爲玄枵齊
之分野君有戮死者大臣誅斧鉞用其明年二月乙巳太

師常山王誅尚書令楊遵彥右僕射燕子獻領軍可朱渾
天和侍中宋欽道等八月壬午廢少帝爲濟南王○廢帝
乾明元年三月甲午熒惑入軒轅占曰女主凶後太寧二年四
月太后崩
肅宗皇建二年四月景子日有食之子爲玄枵齊之分野
七月乙丑熒惑入鬼中戊辰犯鬼質占曰有大喪十一月
帝以暴疾崩
武成帝河清元年七月乙亥太白犯輿鬼占曰有兵謀誅
大臣斧質用其年十月壬申冀州刺史平秦王高歸彥反
段孝先討擒斬之於都市又其二年殺太原王紹德皆斧

質用之應也八月甲寅月掩畢占曰其國君死大臣有誅
者有邊兵大戰破軍殺將其十月平秦王歸彥以反誅其
三年周師與突厥入并州大戰城西伏屍流血百餘里皆
其應也
四年正月己亥太白犯熒惑相去二寸在奎甲辰太白熒
惑歲星合在婁占曰甲爲齊三星若合是謂驚立絕行其
分有兵喪改立侯王國易政三月戊子彗星見占曰除舊
布新有易王至四月傳位於太子改元
後主天統元年六月壬戌彗星見於文昌長數寸入文昌
犯上將然後經紫微宮西垣入危漸長一丈餘指室壁後

百餘日在虛危滅占曰有大喪有亡國易政其四年十二
月太上皇崩
三年五月戊寅甲夜西北有赤氣竟天夜中始滅十月景
午天西北頻有赤氣占曰有大兵大戰後周武帝總衆來
伐大戰有大兵之應也
四年六月彗星見東井占曰大亂國易政七月孛星見房
心白如粉絮大如斗東行八月入天市漸長四丈犯瓠瓜
歷虛危入室犯離宮九月入奎至婁而滅孛者孛亂之氣
也占曰兵喪並起國大亂易政大臣誅其後太上皇崩至
武平二年七月領軍庫狄伏連治書侍御史王子宜受琅

邪王儼矯詔誅録尚書事淮南王和士開於南臺伏連等即日伏誅右僕射馮子琮賜死此國亂之應也

五年二月戊辰歲星逆行掩太微上將占曰天下大驚四輔有誅者五月甲午熒惑犯鬼積尸甲齊也占曰大臣誅兵大起斧質用有大喪至武平二年九月誅琅邪王儼三年五月誅右丞相咸陽王斛律明月四年七月誅蘭陵王長恭皆懿親名將也四年十月又誅崔季舒等此斧質用之應也

武平三年八月癸未填星歲星太白合於氐宋之分野占曰其國内外有兵喪改立侯王其四年十月陳將吴明徹

志十六　隋志二十一　二十五

冠彭城右僕射崔季舒國子祭酒張雕黄門裴澤郭遵尚書左丞封孝琰等諫車駕不宜北幸并州帝怒並誅之内外兵喪之應也九月庚申月在婁食既至旦不復占曰女主凶其三年八月廢斛律皇后立穆后四年又廢胡后爲庶人十一月乙亥天狗下西北占曰其下有大戰流血後周武帝攻晉州進兵平并州大戰流血

三年十二月辛丑日食歲星占曰有亡國至七年而齊亡

四年五月癸巳熒惑犯右執法占曰大將死執法者誅若有罪其年誅右丞相斛律明月明年誅蘭陵王長恭後年誅右僕射崔季舒皆大將死執法誅之應也

周閔帝元年五月癸卯太白犯軒轅占曰太白行軒轅中大臣出令又曰皇后失勢辛亥熒惑犯東井北端第二星占曰其國亂又曰大旱其年九月冢宰護逼帝遜位幽於舊邸月餘殺崩司會李植軍司馬孫恒及宫伯乙弗鳳等被誅害其冬大旱皆大臣出令大臣死旱之應也

明帝二年三月甲午熒惑入軒轅占曰王者惡之女主凶其月皇后獨孤氏崩六月庚子填星犯井鉞與太白并占曰傷成於鉞君有戮死者其年太師宇文護進食帝遇毒崩

武帝保定元年九月乙巳客星見於翼十月甲戌日有食

志十六　隋志二十一　二十六

之戊寅熒惑犯太微上將合爲一

二年閏正月癸巳太白入昴二月壬寅熒惑犯太微上相三月壬午熒惑犯左執法七月乙亥太白犯輿鬼九月戊辰日有食之既十一月壬午熒惑犯歲星於危南

三年三月乙丑朔日有食之九月甲子熒惑犯太微上將占曰上將誅死十月壬辰熒惑犯左執法

四年二月庚寅朔日有食之甲午熒惑犯房右驂三月巳未熒惑又犯房右驂占曰上相誅車馳人走天下兵起其年十月冢宰晉公護率軍伐齊十二月柱國庸公王雄力戰死之遂班師兵起將死之應也八月丁亥朔日有蝕之

五年正月辛卯白虹貫日占曰爲兵喪甲辰太白熒惑歲星合於婁六月庚申彗星出三台入文昌犯上將後經紫宮西垣入危漸長一丈餘指室壁後百餘日稍短長二尺五寸在虛危滅齊之分野七月辛巳朔日有食之

天和元年正月己卯日有食之十月乙卯太白晝見經天

二年正月癸酉朔日有食之五月己丑歲星與熒惑合在井宿相去五尺井爲秦分占曰其國有兵爲飢旱大臣匿謀下有反者若亡地閏六月丁酉歲星太白合在柳相去一尺七寸柳爲周分占曰爲內兵又曰主人凶憂失城是歲陳湘州刺史華皎率衆來附遣衞公直將兵援之因而

志十六　隋書二十一　二十七

南伐九月衞公直與陳將淳于量戰于沌口王師失利元定章世冲以步騎數千先度遂沒陳七月庚戌太白犯軒轅大星相去七寸占曰女主失勢大臣當之又曰西方禍起其十一月癸丑太保許公宇文貴薨大臣當之驗也十月辛卯有黑氣一大如杯在日中甲午又加一經六日乃滅占曰臣有蔽主之明者十一月戊戌朔日有食之庚子熒惑犯鉤鈐去之六寸占曰王者有憂又曰車騎驚三公謀

三年三月己未太白犯井北轅第一星占曰將軍惡之其七月壬寅隋公楊忠薨四月辛巳太白入輿鬼犯積尸占曰大臣誅又曰亂臣在內有屠城六月甲戌彗星見東井長一丈上白下赤而尖漸東行至七月癸卯在鬼北八寸所乃滅占曰爲兵國政崩壞又曰將軍死大臣誅七月己未客星見房心白如粉絮大如斗漸大東行八月入天市長如匹所復東行犯河鼓右將癸未犯瓠瓜又入室犯離宮九月壬寅入奎稍小壬戌至婁北一尺所滅凡六十九日占曰兵起若有喪白衣會爲饑旱國易政又曰兵犯外城大臣誅

四年二月戊辰歲星逆行掩太微上將占曰天下大驚國不安四輔有誅必有兵革天下大赦庚午有流星大如斗

志十六　隋書二十一　二十八

出左攝提流至天津滅有聲如雷五月癸巳熒惑犯輿鬼甲午犯積尸占曰午秦也大臣有誅兵大起後三年太師大冢宰晉國公宇文護以不臣誅皆其應也

五年正月乙巳月在氐暈有白虹長丈所貫之而有兩珥連接規北斗第四星占曰兵大起大戰將軍死於野是冬齊將斛律明月寇邊於汾北築城自華谷至於龍門其明年正月詔齊公憲率師禦之三月己酉憲自龍門度河攻拔其新築五城兵起大戰之應也

六年二月己丑夜有蒼雲廣三丈經天自戌加辰四月戊寅朔日有蝕之己卯熒惑逆行犯輿鬼占曰有兵喪大臣

誅兵大起其月又率師取齊宜陽等九城六月齊將攻陷
汾州六月庚辰熒惑太白合在張宿相去一尺占曰主人
兵不勝所合國有殃
建德元年三月景辰熒惑太白合壁占曰其分有兵喪不
可舉事用兵必受其殃又曰改立矦王有德者興無德者
亡其月誅晉公護護子譚公會莒公至崇業公靜等大赦
癸亥詔以齊公憲爲大冢宰是其驗也七月景午辰與太
白合於井相去七寸占曰其下之國必有重德致天下後
四年上帥師平齊致天下之應也九月己酉月犯心中星
相去一寸占曰亂臣在傍不出五年下有亡國後周武伐

齊平之有亡國之應也
二年二月辛亥白虹貫日占曰臣謀君不出三年又曰近
臣爲亂後年七月衛王直在京師舉兵反癸亥熒惑掩鬼
西北星占曰大賊在大人之側又曰大臣有誅四月己亥
太白掩西北星壬寅又掩東北星占曰國有憂大臣誅六
月景辰月犯心中後二星占曰亂臣在傍不出三年有亡
國又曰人主惡之九月癸酉太白犯左執法占曰大臣有
憂執法者誅若有罪十一月壬子太白掩填星在尾占曰
填星爲女主尾爲後宮明年皇太后崩
三年二月戊午客星大如桃青白色出五車東南三尺所

漸東行稍長二尺所至四月壬辰入文昌丁未入北斗魁
中後出魁漸小凡見九十三日占曰天下兵起車騎滿野
人主有憂又曰天下有亂兵大起臣謀主其七月乙酉衛
王直在京師舉兵反討擒之廢爲庶人至十月始州民王
鞅擁衆反討平之四月乙卯星孛於紫宮垣外大如拳赤
白指五帝座漸東南行稍長一丈五尺五月甲子至上台
北滅占曰天下易政無德者亡後二年武帝率六軍滅齊
十一月景子歲星與太白相犯光芒相及在危占曰其野
兵人主凶失其城邑危齊之分野後二年宇文神舉攻拔
陸渾等五城十二月庚寅月犯歲星在危相去二寸占曰

其邦流亡不出三年辛卯月行在營室與太白占曰其國
以兵亡將軍戰死營室衛也地在齊境後齊亡入
周
四年三月甲子月犯軒轅大星占曰女主有憂又五官有
亂
五年十月庚戌熒惑犯太微西蕃上將星占曰天下不安
上將誅若有罪其止
六年二月皇太子巡撫西土仍討吐谷渾八月至伏俟城
而旋吐谷渾寇邊天下不安之應也六月庚午熒惑入鬼
占曰有喪旱其七月京師旱十月戊午歲星犯大陵又己

未庚申月連暈規昴畢五車及參占曰兵起爭地又曰王
自將兵又曰天下大赦癸亥帝率衆攻晉州是日虹見晉
州城上首向南尾入紫宮長十餘丈庚午克之丁卯夜白
虹見長十餘丈頭在南尾入紫宮中占曰其下兵戰流血
又曰君無兵必有大喪至六年正月平齊與齊軍大戰十
一月稽胡反齊王討平之
七年四月先此熒惑入太微宮二百日犯東蕃上相西蕃
上將句已往還至此月甲子出端門占曰爲大臣代主又
曰臣不臣有反者又曰必有大喪後宣武繼崩高祖以大
運代起十月癸卯月食熒惑在斗占曰國敗其君亡兵大

志十六　隋書三十一　三十一

起破軍殺將斗爲吳越之星陳之分野十一月陳將吳明
徹侵呂梁徐州總管梁士彥出軍與戰不利明年三月鄖
公王軌討擒陳將吳明徹俘斬三萬餘人十一月甲辰晡
時日中有黑子大如杯占曰君有過而臣不諫人主惡之
十二月癸丑流星大如月西流有聲蛇行屈曲光照地占
曰兵大起下有戰場戊辰平旦有流星大如三斗器色赤
出紫宮凝著天乃北下占曰人主去其宮殿是月營州刺
史高寶寧據州反其明年五月帝總戎北伐後年武帝崩
宣政元年正月景子月食昴占曰有白衣之會又曰匈奴
侵邊其月突厥寇幽州殺略吏人五月帝總戎北伐六月

帝疾甚還京次雲陽而崩六月壬午癸丑木火金三星合
在井占曰其國霸又曰其國外內有兵喪改立侯王是月
幽州人盧昌期據范陽反改立王侯兵喪之驗也七月辛
丑月犯心前星占曰太子惡之若失位後靜帝立爲天子
不終之徵也景辰熒惑太白合在七星相去二尺八寸所
占曰君憂又曰其國有兵改立王公有德與無德亡後年
改置四輔官傳位太子改立王侯之應也已未太白犯軒
轅大星占曰女主凶後二年宣帝崩楊后令其父隋公爲
大丞相總軍國事隋氏受命廢后爲樂平公主餘四后悉
廢爲比丘尼八月庚辰太白入太微占曰爲天下驚又曰

志十六　隋書三十一　三十二

近臣起兵大臣相殺國有憂其後趙陳等五王爲執政所
誅大臣相殺之應也九月丁酉熒惑入太微西掖門庚申
犯左執法相去三寸占曰天下不安大臣有憂又曰執法
者誅若有罪是月汾州稽胡反討平之十一月突厥寇邊
圍酒泉殺略吏人明年二月殺柱國郯公王軌皆其應也
十二月癸未熒惑入氐守犯之三十日占曰天子失其宮
又曰賊臣在內下有反者又曰國君有繫饑死若毒死者
靜帝禪位隋高祖幽殺之
宣帝大成元年正月景午癸丑日皆有背占曰臣爲逆有
反叛邊將去之又曰卿大夫欲爲主其後隋公作霸尉迥

王謙司馬消難各舉兵反
大象二年四月戊子太白歲星辰星合在井占曰是謂驚
立是謂絶行其國内外有兵喪改立王公又曰其國可霸
修德者強無德受殃其五月趙陳越代滕五王並入國後
二年隋王受命宇文氏宗族相繼誅滅六月丁卯有流星
一大如雞子出氐中西北流有尾迹長一丈所入月中即
滅占曰不出三年人主有憂又曰有亡國靜帝幽閉之應
也己丑有流星一大如斗色青有光明照地出營室抵壁
入濁七月壬辰熒惑掩房北頭第一星占曰亡君之誡又
曰將軍爲亂王者惡之大臣有反者天子憂其十二月帝

志十六　隋志二十一　三十三

親御驛馬日行三百里四皇后及文武侍衛數百人並乘
馹以從房爲天駟熒惑主亂此宣帝亂道德馳騁車騎將
亡之誡八月辛巳熒惑犯南斗第五星占曰且有反臣道
路不通破軍殺將尉迥王謙等起兵敗亡之徵也九月己
酉太白入南斗魁中占曰天下有大亂將相謀反國易政
又曰君死不死則疾又曰天下爵禄皆高祖受命羣臣分
爵之徵也十月壬戌歲星犯軒轅大星占曰女主憂若失
勢周自宣政元年熒惑太白從歲星聚東井大象元年四
月太白歲星辰星又聚井十月熒惑歲星守軒轅其年又守翼其
東井秦分翼楚分漢東爲楚地軒轅后族隋以后族興於

秦地之象而周之后妃失勢之徵也乙酉熒惑在虛與填
星合占曰兵大起將軍爲亂大人惡之是月相州段德舉
謀反伏誅其明年三月杞公宇文亮舉兵反擒殺之
二年四月乙丑有星大如斗出天廚流入紫宮抵鉤陳乃
滅占曰有大喪兵大起將軍戮又曰臣犯上主有憂其五
月帝崩隋公執國政大喪臣犯主之應趙王越王以謀執
政被誅又荆豫襄三州諸蠻反尉迥王謙司馬消難各舉
兵畔不從執政終以敗亡皆大兵起將軍戮之應也五月
甲辰有流星一大如三斗器出太微端門流入翼色青白
光明照地聲若風吹幡旗占曰有立王若徙王又曰國失

志十六　隋志二十一　三十四

君其月己酉帝崩劉昉矯制以隋公受遺詔輔政終受天
命立王徙王失君之應也七月壬子歲星太白合於張有
流星大如斗出五車東北流光明燭地九月甲申熒惑歲
星合于翼
靜帝大定元年正月乙酉歲星逆行守右執法熒惑掩房
北第一星占曰房爲明堂布政之宮無德者失之二月甲
子隋王稱尊號
高祖文皇帝開皇元年三月甲申太白晝見占曰太白經
天晝見爲臣強爲革政四月壬午歲星晝見占曰大臣強
有逆謀王者不安其後劉昉等謀反伏誅十一月己巳有

流星聲如隤牆光燭地占曰流星有光有聲名曰天保所
墜國安有喜其九年平陳天下一統五年八月戊申有流
星數百四散而下占曰小星四面流行者庶人流移之象
也其九年平陳江南士人悉播遷入京師
八年二月庚子塡星入東井占曰塡星所居有德利以稱
兵其年大舉伐陳克之十月甲子有星孛于牽牛占曰臣
殺君天下合謀又曰內不有大亂則外有大兵牛吳越之
星陳之分野後年陳氏滅
九年正月己巳白虹夾日占曰白虹銜日臣有背主又曰
人主無德者亡是月滅陳

十四年十一月癸未有彗星孛于虛危及奎婁奎婁魯之分
野其後魯公虞慶則伏法齊公高熲除名
十九年十二月乙未星霣於渤海占曰陽失其位災害之
萌也又曰大人憂
二十年十月太白晝見占曰大臣強爲革政爲易王右僕
射楊素熒惑高祖及獻后勸廢嫡立庶其月乙丑廢皇太
子勇爲庶人明年改元皆陽失位及革政易王之驗也
仁壽四年六月庚午有星入于月中占曰有大喪有大兵
有亡國有破軍殺將七月乙未日青無光八日乃復占曰
主勢奪又曰日無光有死王甲辰上疾甚丁未宮車晏駕

漢王諒反楊素討平之皆兵喪亡國死王之應
煬帝大業元年六月甲子熒惑入太微占曰熒惑爲賊
爲亂入宮宮中不安
三年三月辛亥長星見西方竟天干歷奎婁角亢而沒至
九月辛未轉見南方亦竟天文干角亢頻掃太微帝座干
犯列宿唯不及參井經歲乃滅占曰去穢布新天所以去
無道建有德見久者災深星大者事大行遲者期遠兵大
起國大亂而亡餘殃爲水旱饑饉土功疾疫其後築長城
討吐谷渾及高麗兵戎歲駕略無寧息水旱饑饉疾疫土
功相仍而有羣盜並起邑落空虛九年五月禮部尚書楊

玄感於黎陽舉兵反丁未熒惑逆行入南斗色赤如血如
三斗器光芒震耀長七八尺於斗中句巳而行占曰有反
臣道路不通國大亂兵大起斗吳越分野玄感父封於越
後徙封楚地又次之天意若曰使熒惑句巳之除其分野
至七月宇文述討平之其兄弟悉梟首車裂斬其黨與數
萬人其年朱燮管崇亦於吳郡擁衆反此後羣盜屯聚剽
略郡縣屍橫草野道路不通齎詔敕使人皆步涉夜行不
敢遵路
十一年六月有星孛于文昌東南長五六寸色黑而銳夜
動搖西北行數日至文昌去宮四五寸不入却行而滅占

曰爲急兵其八月突厥圍帝於鴈門從兵柔濕城禦寇矢
及帝前七月熒惑守羽林占曰衛兵反十二月戊寅大流
星如斛墜賊盧明月營破其衝輣壓殺十餘人占曰奔星
所墜破軍殺將其年王充擊盧明月城破之
十二年五月景戌朔日有食之既占曰日食既人主亡陰
侵陽下伐上其後宇文化及等行殺逆癸巳大流星隕于
吳郡爲石占曰有亡國有死王有大戰破軍殺將其後大
軍破逆賊劉元進于吳郡斬之八月壬子有大流星如斗
出王良閣道聲如隤牆癸丑大流星如甕出羽林九月戊
午有枉矢二出北斗魁委曲蛇形注於南斗占曰主以兵

去天之所伐亦曰以亂伐亂執矢者不正後二年化及殺
帝僭號王充亦於東都殺恭帝篡號鄭皆殺逆無道以亂
代亂之應也
十三年五月辛亥大流星如甕墜於江都占曰其下有大
兵戰流血破軍殺將六月有星孛于太微五帝座色黃赤
長三四尺所數日而滅占曰有亡國有殺君明年三月宇
文化及等殺帝也十一月辛酉熒惑犯太微日光四散如
流血占曰賊入宮主以急兵見伐又曰臣逆君明年三月
化及等殺帝諸王及幸臣並被戮

志第十七　隋書二十二

太尉揚州都督監修國史上柱國趙國公臣長孫無忌等奉
勑撰

五行上

易以八卦定吉凶則庖犧所以稱聖也書以九疇論休咎
則大禹所以爲明也春秋以災祥驗行事則仲尼所以垂
法也天道以星象示廢興則甘石所以先知也是以祥符
之兆可得而言妖訛之占所以徵驗夫神則陰陽不測天
則欲人遷善均乎影響殊致同歸漢時有伏生董仲舒京
房劉向之倫能言災異顧盼六經有足觀者劉向曰君道

得則和氣應休徵生君道違則乖氣應咎徵發夫天有七
曜地有五行五事愆違則天地見異況於日月星辰乎況
於水火金木土乎若梁武之降號伽藍齊文宣之盤遊市
里陳則蔣山之鳥呼曰奈何周則陽武之魚乘空而鬭隋
則鵲巢黼帳火炎門闕豈唯天道亦曰人妖則祥眚呈形
于何不至亦有脫略政教張羅罇爵崇信巫史重增愆罰
昔懷王事神而秦兵逾進萇弘尚鬼而諸侯不來性者生
之靜也欲者心之使也置情攸往引類同歸雀乳於空城
之側鷮飛于鼎耳之上短長之制既曰由人黔隧崇山同
車共軫必有神道裁成倚伏一則以爲殃釁一則以爲休

徵故曰德勝不祥而義厭不惠是以聖王常由德義消伏
災咎也
洪範五行傳曰木者東方威儀容貌也古者聖王垂則天
子穆穆諸侯皇皇登輿則有鸞和之節降車則有佩玉之
度田狩則有三驅之制飲食則有享獻之禮無事不出境
此容貌動作之得節所以順木氣也如人君違時令失威
儀田獵馳騁不反宮室飲食沉湎不顧禮制縱欲恣睢出
入無度多繇役以奪人時增賦稅以奪人財則木不曲直
○齊後主武平五年鄴城東青桐樹有如人狀京房易傳
曰王德衰下人將起則有木生爲人狀是時後主怠於國

政耽荒酒色威儀不肅馳騁無度大發繇役盛脩宮室後
二歲而亡木不曲直之効也
七年宮中有樹大數圍夜半無故自拔齊以木德王無故
自拔亡國之應也其年齊亡
開皇八年四月幽州人家以白楊木懸竈上積十餘年忽
生三條皆長三尺餘甚鮮茂仁壽二年春盩厔人以楊木
爲屋梁生三條長二尺京房易傳曰妃后有顓木仆反立
斷枯復生獨孤后專恣之應也
仁壽元年十月蘭州楊樹上松生高三尺六節十二枝宋
志曰松不改柯易葉楊者危脆之木此永久之業將集危

亡之地也是時帝惑讒言幽廢冢嫡初立晉王爲皇太子
天戒若曰皇太子不勝任永久之業將致危亡帝不悟及
帝崩太子立是爲煬帝竟以亡國
仁壽四年八月河間柳樹無故枯落既而花葉復生京房
易飛候曰木再榮國有大喪是歲宮車晏駕
洪範五行傳曰金者西方萬物既成殺氣之始也古之王
者興師動衆建立旗鼓以誅殘賊禁暴虐安天下殺伐必
應義以順金氣如人君樂侵陵好攻戰貪城邑之賂以輕
百姓之命人皆不安外內騷動則金不從革
陳禎明二年五月東冶鐵鑄有物赤色大如斗自天墜鎔

所隆隆有聲鐵飛破屋而四散燒人家時後主與隋雖結
和好遣兵度江掩襲城鎮將士勞敝府藏空竭東冶者陳
人鑄兵之所鐵飛爲變者金不從革之應天戒若曰陳國
小而兵弱當以和好爲固無鑄兵而黷武以害百姓後主
不悟又遣僞將陳紀任蠻奴蕭摩訶數寇江北百姓不堪
其役及隋師度江而二將降款卒以滅亡
洪範五行傳曰火者南方陽光爲明也人君向南蓋取象
也昔者聖帝明王負扆攝袂南面而聽斷天下攬海內之
雄俊積之於朝以續聰明推邪佞之僞臣投之于野以通
壅塞以順火氣夫不明之君惑於讒口白黑雜糅代相是

非衆邪並進人君疑惑棄法律間骨肉殺太子逐功臣以
孽代宗則火失其性

梁天監元年五月有盜入南北掖燒神武門總章觀時帝
初即位而火燒觀闕不祥之甚也既而太子薨皇孫不得
立及帝暮年惑於朱异之口果有侯景之亂宮室多被焚
燒天誡所以先見也

普通二年五月琬琰殿火延燒後宮三千餘間中大通元
年朱雀航華表災明年同泰寺災大同三年朱雀門災水
沴火也是時帝崇尚佛道宗廟牲牷皆以麪代之又委萬
乘之重數詣同泰寺捨身爲奴令王公已下贖之初陽爲

不許後爲嘿許方始還宮天誡若曰梁武爲國主不遵先
王之法而淫於佛道橫多糜費將使其社稷不得血食也
天數見變而帝不悟後竟以亡及江陵之敗闔城爲賤隷
焉即捨身爲奴之應也

陳永定三年重雲殿災

東魏天平二年十一月閶闔門災是時齊神武作宰而大
野拔斬樊子鵠以州來降神武聽讒而殺之司空元暉免
逐功臣大臣之罰也

武定五年八月廣宗郡火燒數千家

後齊後主天統三年九龍殿災延燒西廊四年昭陽宣光
瑤華三殿災延燒龍舟是時讒言任用正士道消祖孝徵
作歌謡斛律明月以誅死讒夫昌邪勝正之應也京房易
傳曰君不思道厥妖火燒宮

開皇十四年將祠泰山令使者致石像神祠之所未至數
里野火欻起燒像碎如小塊時帝頗信讒言猜阻骨肉滕
王瓚失志而死創業功臣多被夷滅故天見變而帝不悟
其後太子勇竟被廢戮

大業十二年顯陽門災舊名廣陽則帝之姓名也國門之
崇顯號令之所由出也時帝不遵法度驕奢荒怠裴藴虞
世基之徒阿諛順旨掩塞聰明宇文述以讒邪顯進忠諫

者咸被誅戮天戒若曰信讒害忠則除廣陽也

洪範五行傳曰水者北方之藏氣至陰也宗廟者祭祀之
象也故天子親耕以供粢盛王后親蠶以供祭服敬之至
也發號施令十二月咸得其氣則水氣順如人君簡宗廟
不禱祀逆天時則水不潤下

梁天監二年六月太末信安安豐三縣大水春秋考異郵
曰陰盛臣逆人悲則水出河決是時江州刺史陳伯之益
州刺史劉季連舉兵反叛師旅數興百姓愁怨臣逆人悲
之應也

六年八月建康大水濤上御道七尺七年五月建康又大水

是時數興師旅以拒魏軍十二年四月建康大水是時大發卒築浮山堰以遏淮水勞役連年百姓悲怨之應也

中大通五年五月建康大水御道通船京房易飛候曰大水至國賤人將貴蕭棟侯景僭稱尊號之應也

後齊河清二年十二月兗趙魏三州大水天統三年并州汾水溢讖曰水者純陰之精陰氣洋溢者小人專制是時和士開元文遙趙彥深專任之應也

武平六年八月山東諸州大水京房易飛候曰小人踊躍無所畏忌陰不制於陽則涌水出是時羣小用事邪佞滿朝閹豎嬖倖伶人封王此其所以應也

開皇十八年河南八州大水是時獨孤皇后干預政事濫殺宮人放黜宰相楊素頗專水陰氣臣妾盛强之應也

仁壽二年河南河北諸州大水京房易傳曰顓事有智誅罰絕理則厥災水亦由帝用刑嚴急臣下有小過帝或親臨斬決又先是柱國史萬歲以忤旨被戮誅罰絕理之應也

大業三年河南大水漂沒三十餘郡帝嗣位已來未親郊廟之禮簡宗廟廢祭祀之應也

洪範五行傳曰土者中央爲內事宮室臺榭夫婦親屬也古者自天子至于士宮室寢居大小有差高卑異等骨肉有恩故明王賢君脩宮室之制謹夫婦之別加親戚之恩敬父兄之禮則中氣和人君肆心縱意大爲宮室高爲臺榭雕文刻鏤以疲人力淫泆無別妻妾過度犯親戚侮父兄中氣亂則稼穡不成

齊後主武平四年山東饑是時大興土木之功於仙都苑又起宮於邯鄲窮侈極麗後宮侍御千餘人皆寶衣玉食逆中氣之咎也

煬帝大業五年燕代齊魯諸郡饑先是建立東都制度崇侈又宗室諸王多遠徙邊郡

洪範五行傳曰貌之不恭是謂不肅則下不敬陰氣勝故

厥咎狂厥罰常雨厥極惡時則有服妖時則有龜孽有雞禍有下體生上體之痾有青眚青祥惟金沴木

貌不恭

侯景僭即尊號升圓丘行不能正履有識者知其不免景尋敗

梁元帝既平侯景破蕭紀而有驕矜之色性又沉猜由是臣下離貳即位三年而爲西魏所陷帝竟不得其死

陳後主每祀郊廟必稱疾不行建寧令章華上奏諫曰拜三妃以臨軒祀宗廟而稱疾非祗肅之道後主怒而斬之又引江總孔範等內宴無復尊卑之序號爲狎客專以詩

酒爲娛不恤國政祕書監傅縡上書諫曰人君者恭事上帝子愛下人省嗜慾遠邪佞未明求衣日旰忘食是以澤被區宇慶流子孫陛下頃來酒色過度不虔郊廟大神專媚淫昏之鬼小人在側宦竪擅權惡誠直如仇讎視時人如草芥後宮曳羅綺廐馬餘菽粟百姓流離轉屍蔽野神怒人怨衆叛親離臣恐東南王氣自斯而盡後主不聽驕恣日甚未幾而國滅

陳司空侯安都自以有安社稷之功驕矜日甚每侍宴酒酣輒箕踞而坐嘗謂文帝曰何如作臨川王時又借華林園水殿與妻妾賓客置酒於其上帝甚惡之後竟誅死

○東魏武定五年後齊文襄帝時爲世子屬神武帝崩祕不發喪朝魏帝於鄴魏帝宴之文襄起儛及嗣位又朝魏帝於鄴侍宴而惰有識者知文襄之不免後果爲盜所害

○神武時司徒高昂嘗詣相府將直入門門者止之昂怒引弓射門者神武不之罪尋爲西魏所殺

後齊後主爲周師所迫至鄴集兵斛律孝卿勸後主親勞將士宜流涕慷慨以感激之人當自奮孝卿授之以辭後主然之及對衆嘿無所言因赧然大笑左右皆哂將士怒曰身尚如此吾輩何急由是皆無戰心俄爲周師所虜

煬帝自負才學每驕天下之士嘗謂侍臣曰天下當謂朕承藉餘緒而有四海耶設令朕與士大夫高選亦當爲天子矣謂當世之賢皆所不逮書云謂人莫已若者亡帝自矜已以輕天下能不亡乎帝又言習吳音其後竟終於江都此亦魯襄公終於楚宮之類也

常雨水

梁天監七年七月雨至十月乃霽洪範五行傳曰陰氣強積然後生水雨之災時武帝頻年興師是歲又大舉北伐諸軍頗捷而士卒罷敝百姓怨望陰氣畜積之應也

陳太建十二年八月大雨霪霖時始興王叔陵驕恣陰氣盛強之應也明年宣帝崩後主立叔陵刺後主於喪次宮人救之僅而獲免叔陵出閤就東府作亂後主令蕭摩訶

破之死者千數

東魏武定五年秋大雨七十餘日元瑾劉思逸謀殺後齊文襄之應也

後齊河清三年六月庚子大雨晝夜不息至甲辰山東大水人多餓死是歲突厥寇并州陰戎作梗此其應也

天統三年十月積陰大雨胡太后淫亂之所感也

武平七年七月大霖雨水潦人戶流亡是時駱提婆韓長鸞等用事小人專政之罰也

後周建德三年七月霖雨三旬時衛剌王直潛謀逆亂屬
帝幸雲陽宮以其徒襲肅章門尉遲運逆拒破之其日兩
霽
大雨雪
梁普通二年三月大雪平地三尺洪範五行傳曰庶徵之
常雨也然尤甚焉雨陰也雪又陰畜積甚盛也皆妾不妾
臣不臣之應時義州刺史文僧朗以州叛於魏臣不臣之
應也
大同三年七月青州雪害苗稼是時交州刺史李賁舉兵
反僭尊號置百官擊之不能克

十年十二月大雪平地三尺是時邵陵王綸湘東王繹武
陵王紀並權侔人主頗爲驕恣皇太子甚惡之帝不能抑
損上天見變帝又不悟及侯景之亂諸王各擁強兵外有
赴援之名內無勤王之實委棄君父自相屠滅國竟
以亡
東魏興和二年五月大雪時後齊神武作宰發卒十餘萬
築鄴城百姓怨思之徵也
武定四年二月大雪人畜凍死道路相望時後齊霸政而
步落稽舉兵反寇亂數州人多死亡
後齊河清二年二月大雪連雨南北千餘里平地數尺繁

霜晝下是時突厥木杆可汗與周師入并州殺掠吏人不
可勝紀
天統二年十一月大雪三年正月又大雪平地二尺武平
三年正月又大雪是時馮淑妃陸令萱內制朝政陰氣盛
積故天變屢見雷雨不時
陳太建元年七月大雨震萬安陵華表又震慧日寺剎瓦
官寺重閣門下一女子震死京房易飛候曰雷雨霹靂丘
陵者逆先人令爲火殺人者人君用讒言殺正人時蔡景
歷以奸邪任用右僕射陸繕以讒毀獲譴發病而死
十年三月震武庫時帝好兵頻年北伐內外虛竭將士勞

敝既克淮南又進圖彭汴毛喜切諫不納由是吳明徹諸
軍皆沒遂失淮南之地武庫者兵器之所聚也而震之天
戒若曰宜戢兵以安百姓帝不悟又大興軍旅其年六月
又震太皇寺剎莊嚴寺露槃重陽閣東樓鴻臚府門太皇
莊嚴二寺陳國奉佛之所重陽閣每所遊宴鴻臚賓客禮
儀之所在而同歲震者天戒若曰國威已喪不務脩德後
必有恃佛道耽宴樂棄禮儀而亡國者陳之君臣竟不悟
至後主之代災異屢起懼而於太皇寺捨身爲奴以祈冥
助不恤國政耽酒色棄禮法不脩鄰好以取敗亡
齊武平元年夏震丞相段孝先南門柱京房易傳曰震擊

貴臣門及屋者不出三年佞臣被誅後歲和士開被戮

木氷

東魏武定四年冬天雨木氷洪範五行傳曰陰之盛而凝滞也木者少陽貴臣象也將有害則陰氣脅木木先寒故得雨而氷襲之木氷一名介介者兵之象也時司徒侯景制河南及神武不豫文襄懼其為亂而徵之景因舉兵反豫州刺史高元成襄州刺史李密廣州刺史暴顯並為景所執辱貴臣有害之應也其後左僕射慕容紹宗與景戰於渦陽俘斬五萬

後齊天保二年雨木氷三日初清河王岳為高歸彦所譖是歲以憂死

武平元年冬雨木氷明年二月又木氷時録尚書事和士開專政其年七月太保琅邪王儼矯詔殺之領軍大將軍庫狄伏連尚書右僕射馮子琮並坐儼賜死九月儼亦遇害○六年七年頻歲春冬木氷其年周師入晉陽因平鄴都後主走青州貴臣死散州郡被兵者不可勝数

大雨雹

梁中大通元年四月大雨雹洪範五行傳曰雹陰脅陽之象也時帝数捨身為奴拘信佛法為沙門所制

陳大建二年六月大雨雹十年四月又大雨雹十三年九月又雨雹時始興王叔陵驕恣陰結死士圖為不逞帝又寵遇之故天三見變帝不悟及帝崩叔陵果為亂逆

服妖

後齊婁后臥疾寢衣無故自舉俄而后崩

文宣帝末年衣錦綺傅粉黛数為胡服微行市里粉黛者婦人之飾陽為陰事君變為臣之象也及帝崩太子嗣位被廢為濟南王又齊氏出自陰山胡服者將反初服也錦綵非帝王之法服微服者布衣之事齊亡之効也

後主好令宮人以白越布折額狀如髽幗又為白蓋此二者喪禍之服也後主果為周武帝所滅父子同時被害

武平時後主於苑内作貧兒村親衣襤褸之服而行乞其間以為笑樂多令人服烏衣以相執縛後主果為周所敗被虜於長安而死妃后窮困至以賣燭為業

後周大象元年服冕二十有四旒車服旗鼓皆以二十四為節侍衛之官服五色雜以紅紫令天下車以大木為輪不施輻朝士不得佩綬婦人墨粧黄眉又造下帳如送終之具令五皇后各居其一實宗廟祭器於前帝親讀版而祭之又將五輅載婦人身率左右歩從又倒懸雞及碎瓦於車上觀其作聲以為笑樂皆服妖也帝尋暴崩而政由於隋周之法度皆悉改易

開皇中房陵王勇之在東宮及宜陽公王世積家婦人所服領巾製同槊幡軍幟婦人爲陰臣象也而服兵幟臣有兵禍之應矣勇竟而遇害世積坐伏誅

雞禍

開皇中有人上書言頻歲已來雞鳴不鼓翅類腋下有物而妨之翮不得舉肘腋之臣當爲變矣書奏不省京房易飛候曰雞鳴不鼓翅國有大害其後大臣多被夷滅諸王廢黜太子幽廢

大業初天下雞多夜鳴京房易飛候曰雞夜鳴急令又云昏而鳴百姓有事人定鳴多戰夜半鳴流血漫漫及中年已後軍國多務用度不足於是急令暴賦責成守宰百姓不聊生矣各起而爲盜戰爭不息屍骸被野

龜孽

開皇中掖庭宮每夜有人來挑宮人宮司以聞帝曰門衛甚嚴人何從而入當是妖精耳因戒宮人曰若逢但斫之其後有物如人夜來登牀宮人抽刀斫之若中枯骨其物落牀而走宮人逐之因入池而沒明日帝令涸池得一龜徑尺餘其上有刀迹殺之遂絕龜者水居而蟄陰謀之象晉王諂媚宮掖求嗣之應云

青眚青祥

陳禎明二年四月群鼠無數自蔡洲岸入石頭淮至青塘兩岸數日死隨流出江近青祥也京房易飛候曰鼠無故群居不穴衆聚者其君死未幾而國亡

金沴木

陳天嘉六年秋七月儀賢堂無故自壓近金沴木也時帝盛修宮室起顯德等五殿稱爲壯麗百姓失業故木失其性也儀賢堂者禮賢尚齒之謂無故自壓天戒若曰帝好奢侈不能用賢使能何用虛名也帝不悟明年竟崩

禎明元年六月宮內水殿若有刀鋸斫伐之聲其殿因無故而倒七月朱雀航又無故自沉時後主盛修園囿不虔

宗廟水殿者遊宴之所朱雀航者國門之大路而無故自壞天戒若曰宮室毀津路絕後主不悟竟爲隋所滅宮廟爲墟

後齊孝昭帝將誅楊愔乘車向省入東門幰竿無故自折帝甚惡之歲餘而崩

河清三年長廣郡聽事梁忽剝若人狀太守惡而削去之明日復然長廣帝本封也木爲變不祥之兆其年帝崩

武平七年秋穆后將如晉陽向北宮辭胡太后至宮內門所乘七寶車無故陷入於地牛沒四足是歲齊滅后被虜於長安

後周建德六年青城門無故自崩青者東方色春宮之象也時皇太子無威儀礼節青城門無故自崩者皇太子不勝任之應帝不悟明年太子嗣位果爲無道周室危亡實自此始

大業中齊王暕於東都起第新構寢堂其栿無故而折時上無太子天下皆以暕次當立公卿屬望暕遂驕恣呼術者令相又爲厭勝之事堂栿無故自折木失其性姧謀之應也天見變以戒之暕不悟後竟得罪於帝

洪範五行傳曰言之不從是謂不乂厥咎僭厥罰常陽厥極憂時則有詩妖時則有毛蟲之孽時則有犬禍故有口舌之痾有白眚白祥惟木沴金

言不從

梁武陵王紀僭即帝位建元曰天正永豐侯蕭撝曰王不克矣昔桓玄年號大亨有識者以爲二月了而玄之敗實在仲春今曰天正正之爲文一止其能乆乎果一年而敗

後齊文宣帝時太子殷當冠詔令邢子才爲制字子才字之曰正道帝曰正一止也吾兒其替乎子才請改帝不許曰天也因顧謂常山王演曰奪時任汝慎無殺也及帝崩太子嗣位常山果廢之而自立殷尋見害　武成帝時左僕射和士開言於帝曰自古帝王盡爲灰土堯舜桀紂竟

亦何異陛下宜及少壯恣意歡樂一日可以當千年無爲自勤約也帝悅其言彌加淫侈士開既導帝以非道身又擅權竟爲御史中丞所殺　武平中陳人寇彭城後主發言憂懼侍中韓長鸞進曰縱失河南猶得爲龜茲國子淮南今沒何足多慮人生幾何時但爲樂不須憂也帝甚悅遂耽荒酒色不以天下爲虞未幾爲周所滅

武平七年後主爲周師所敗走至鄴自稱太上皇傳位於太子恒改元隆化時人離合其字曰降死竟降周而死

周武帝改元爲宣政梁主蕭巋離合其字爲宇文亡日其年六月帝崩

宣帝在東宮時不脩法度武帝數撻之及嗣位摸其痕而大罵曰死晚也年又改元爲大象蕭巋又離合其字曰天子冢明年而帝崩

開皇初梁王蕭琮改元爲廣運江陵父老相謂曰運之爲字軍走也吾君當爲軍所走乎其後琮朝京師而被拘留不反其叔父巖掠居人以叛梁國遂廢

文帝名皇太子曰勇晉王曰英秦王曰俊蜀王曰秀開皇初有人上書曰勇者一夫之用又千人之秀爲英萬人之秀爲俊斯乃布衣之美稱非帝王之嘉名也帝不省時人呼楊姓多爲嬴者或言於上曰楊英反爲嬴殃帝聞而不懌

遂毀之其後勇俊秀皆被廢黜煬帝嗣位終失天下卒爲
楊氏之殃
煬帝即位號年曰大業識者惡之曰於字離合爲大苦末
也尋而天下喪亂率土遭荼炭之酷焉
煬帝嘗從容謂祕書郎虞世南曰我性不欲人諫若位望
通顯而來諫我以求當世之名者彌所不耐至於卑賤之
士雖少寬假然卒不置之於地汝其知之時議者以爲古
先哲王之馭天下也明四目達四聰懸敢諫之鼓立書謗
之木以開言者之路猶恐忠言之不至由是澤敷四海慶
流子孫而帝惡直言讎諫士其能久乎竟逢殺逆

旱
梁天監元年大旱米斗五千人多餓死洪範五行傳曰君
持亢陽之節興師動衆勞人過度以起城邑不顧百姓臣
下悲怨然而心不能從故陽氣盛而失度陰氣沉而不附
陽氣盛旱災應也初帝起兵襄陽破張沖敗陳伯之及平
建康前後連戰百姓勞弊及即位後復與魏交兵不止之
應也
陳太建十二年春不雨至四月先是周師掠淮北始興王
叔陵等諸軍敗績淮北之地皆沒於周蓋其應也
東魏天平四年并肆汾建晉絳秦陝等諸州大旱人多流
散是歲齊神武與西魏戰於沙苑敗績死者數萬
東魏武定二年冬春旱先是西魏師入洛陽神武親帥軍
大戰於芒山死者數萬
後齊天保九年夏大旱先是大發卒築長城四百餘里勞
役之應也
乾明元年春旱先是發卒數十萬築金鳳聖應崇光三臺
窮極侈麗不恤百姓亢陽之應也
河清二年四月并晉已西五州旱是歲發卒築軹關突厥
二十萬衆毀長城寇恒州
後主天統二年春旱是時大發卒起大明宮

開皇四年已後京師頻旱時遷都龍首建立宮室百姓勞
敝亢陽之應也
大業四年燕代緣邊諸郡旱時發卒百餘萬築長城帝親
巡塞表百姓失業道殣相望
八年天下旱百姓流亡時發四海兵帝親征高麗六軍凍
餒死者十八九
十三年天下大旱時郡縣鄉邑悉遣築城發男女無少長
皆就役
詩妖
梁天監三年六月八日武帝講於重雲殿沙門誌公忽然

起儛歌樂須臾悲泣因賦五言詩曰樂哉三十餘悲哉五
十裹但看八十三子地妖災起佞臣作欺妄賊臣滅君子
若不信吾語龍時侯賊起且至馬中間銜悲不見喜梁自
天監至于大同三十餘年江表無事至太清二年臺城陷
帝享國四十八年所言五十裹也太清元年八月十三而
侯景自懸瓠來降在丹陽之北子地帝惑朱异之言以納
景景之作亂始自戊辰之歲至午年帝憂崩十年四月八
日誌公於大會中又作詩曰兀尾狗子始著狂欲死不死
齧人傷須臾之間自滅亡患在汝陰死三湘橫尸一旦無
人葬侯景小字狗子初自懸瓠來降懸瓠則古之汝南也

巴陵南有地名三湘即景奔敗之所
天監中茅山隱士陶弘景爲五言詩曰夷甫任散誕平叔
坐談空不意昭陽殿忽作單于宮及大同之季公卿唯以
談玄爲務夷甫平叔朝賢也侯景作亂遂居昭陽殿
大同中童謠曰青絲白馬壽陽來其後侯景破丹陽乘白
馬以青絲爲羈勒　陳初有童謠曰黃班青驄馬發自壽
陽涘來時冬氣末去日春風始其後陳王果爲韓擒所敗
擒本名擒武黃班之謂也破建康之始復乘青驄馬往反
時節皆相應
陳時江南盛歌王獻之桃葉之詞曰桃葉復桃葉度江不
用檝但度無所苦我自迎接汝晉王伐陳之始置營桃葉
山下及韓擒度江大將任蠻奴至新林以導北軍之應
陳後主造齊雲觀國人歌之曰齊雲觀寇來無際畔功未
畢而爲隋師所虜
禎明初後主作新歌詞甚哀怨令後宮美人習而歌之其
辭曰玉樹後庭花花開不復久時人以歌讖此其不久兆
也。齊神武始移都于鄴時有童謠云可憐青雀子飛入
鄴城裹作窠猶未成舉頭失鄉里寄書與婦母好看新婦
子魏孝靜帝者清河王之子也后則神武之女鄴都宮室
未備即逢禪代作窠未成之效也孝靜尋崩文宣以后爲

太原長公主降於楊愔時婁后尚在故言寄書於婦母新
婦子斥后也
武定中有童謠云百尺高竿摧折水底燃燈澄滅高者齊
姓也澄文襄名五年神武崩摧折之應七年文襄遇盜所
害澄滅之徵也
天保中陸濬和入國書其屋壁曰十年天子爲尚可百日
天子急如火周年天子迭代坐時文宣帝享國十年而崩
廢帝嗣立百餘日用替厥位孝昭即位一年而崩此其効
也。武平元年童謠曰狐截尾你欲除我我除你其年四
月隴東王胡長仁謀遣刺客殺和士開事露返爲士開所

諸死。二年童謠曰和士開七月三十日將你向南臺小
兒唱訖一時拍手云殺却至七月二十五日御史中丞琅
邪王儼執士開送於南臺而斬之是歲又有童謠曰七月
刈禾傷早九月噢餻正好十月洗蕩飯甕尾十一月出却趙
老七月士開被誅九月琅邪王遇害十一月趙彥深出爲
西兗州刺史
武平末童謠曰黃花勢欲落清觴但滿酌時穆后母子淫
僻干預朝政時人患之穆后小字黃花尋逢齊亡欲落之
應也
鄴中又有童謠曰金作掃帚玉作把淨掃殿屋迎西家未

幾周師入鄴
周初有童謠曰白楊樹頭金雞鳴祇有阿舅無外甥靜帝
隋氏之甥既遜位而崩諸舅強盛
周宣帝與宮人夜中連臂蹋蹀而歌曰自知身命促把燭
夜行遊帝即位二年而崩
開皇十年高祖幸并州宴秦孝王及王子相帝爲四言詩
曰紅顏詎幾玉貌須臾一朝花落白髮難除明年後歲誰
有誰無明年而子相卒十八年而秦孝王薨
大業十一年煬帝自京師如東都至長樂宮飲酒大醉因
賦五言詩其卒章曰徒有歸飛心無復因風力令美人再

三吟詠帝泣下霑襟侍御者莫不歔欷帝因幸江都復作
五言詩曰求歸不得去真成遭箇春鳥聲爭勸酒梅花笑
殺人帝以三月被弒即遭春之應也是年盜賊蜂起道路
隔絕帝懼遂無還心帝復夢二豎子歌曰住亦死去亦死
未若乘船度江水由是築居丹陽將居焉功未就而帝被
殺。大業中童謠曰桃李子鴻鵠遶陽山宛轉花林裏莫
浪語誰道許其後李密坐楊玄感之逆爲吏所拘在路逃
叛潛結羣盜自陽城山而來襲破洛口倉後復屯兵苑內
莫浪語密也宇文化及自號許國尋亦破滅誰道許者蓋
驚疑之辭也

毛蟲之孽
梁武帝中大同元年邵陵王綸在南徐州臥內方晝有狸
鬬於欄上墮而獲之太清中遇侯景之亂將兵援臺城至
鍾山有蟄熊無何至齧綸所乘馬毛蟲之孽也綸尋爲王
僧辯所敗亡至南陽爲西魏所殺
中大同中每夜狐鳴闕下數年乃止京房易飛候曰野獸
羣鳴邑中且空虛俄而國亂丹陽死喪略盡
陳禎明初狐入牀下捕之不獲京房易飛候曰狐入君室
室不居未幾而國滅
東魏武定三年九月豹入鄴城南門格殺之五年八月豹

又上銅爵臺京房易飛候曰野獸入邑及至朝廷若道上官府門有大害君亡是歲東魏師敗於玉壁神武遇疾崩

後齊武平二年有兔出廟社之中京房易飛候曰兔入王室其君亡案廟者祖宗之神室也後五歲周師入鄴後主東奔○武平末并肆諸州多狼而食人洪範五行傳曰狼貪暴之獸大體以白色為主兵之表也又似犬近犬禍也京房易傳曰君將無道害將及人去之深山以全身厥妖狼食人時帝任用小人競為貪暴殘賊人物食人之應尋為周軍所滅兵之象也

武平中朔州府門外無何有小兒脚跡又擁土為城雉之狀時人怪而察之乃狐媚所為漸流至并鄴與武定三年同占是歲南安王思好起兵於北朔直指并州為官軍所敗鄭子饒羊法暠等復乱山東

犬禍

後齊天保四年鄴中及頓丘並有犬與女子交洪範五行傳曰異類不當交而交誖乱之氣犬交人為犬禍犬禍者亢陽失衆之應也時帝不恤國政恩澤不流於其國

後主時犬為開府儀同雌者有夫人郡君之號給兵以奉養食以粱肉藉以茵蓐天奪其心爵加於犬近犬禍也天意若曰卿士皆類犬後主不悟遂以取滅

後周保定三年有犬生子腰已後分為兩身二尾六足犬猛畜而有爪牙將士之象也時宇文護與侯伏侯龍恩等有謀懷貳犬體後分此其應也

大業元年鴈門百姓間犬多去其主羣聚於野形頓變如狼而噉噬行人數年而止五行傳曰犬守禦者也而今去其主臣下不附之象形變如狼狼色白為主兵之應也其後帝窮兵黷武勞役不息天戒若曰無為勞役守禦之臣將叛而為害帝不悟遂起長城之役續有西域遼東之舉天下怨叛及江都之變並宿衛之臣也

白眚白祥

梁大同二年地生白毛長二尺近白祥也孫盛以為勞人之異先是大發卒築浮山堰功費鉅億功垂就而復潰者數矣百姓厭役吁嗟滿道

齊河清元年九月滄洲及長城之下地多生毛或白或黑長四五寸近白祥也時北築長城內興三臺人苦勞役

開皇六年七月京師雨毛如髮尾長者三尺餘短者六七寸京房易飛候曰天雨毛其國大飢是時關中旱米粟涌貴○後齊天統初岱山封禪壇玉璧自出近白祥也岱山王者易姓告代之所玉璧所用幣而自出將有易姓者用幣之象其後齊亡地入于周及高祖受周禪天下一統焚

柴太山告祠之應也

武平三年白水巖下青石壁傍有文曰齊亡走人改之爲上延後主以爲嘉瑞百寮畢賀後周師入國後主果棄鄴而走

開皇十七年石隕於武安滏陽閒十餘洪範五行傳曰石自高隕者君將有危殆也後七載帝崩

開皇末高祖於宮中埋二小石於地以誌置牀之所未幾變爲玉劉向曰玉者至貴也賤將爲貴之象及大業末盜皆僭名號

大業十三年西平郡有石文曰天子立千年百寮稱賀有識者尤之曰千年萬歲者身後之意也今稱立千年者禍在非遠明年而帝被殺

木沴金

梁大同十二年曲阿建陵隧口石騏驎動木沴金也動者遷移之象天戒若曰園陵無主石麟將爲人所徙也後竟國亡

後齊河清四年殿上石自起兩兩相擊眭孟以爲石陰類下人象殿上石自起者左右親人離叛之應及周師東伐寵臣尉相願乞扶貴和兄弟韓建業之徒皆叛入周

梁大同十二年正月送辟邪二于建陵左雙角者至陵所右獨角者將引於車上振躍者三車兩轅俱折因換車未至陵二里又躍者三每一振則車側人莫不聳奮去地三四尺車輪陷入土三寸木沴金也焉劉向曰失衆心令不行言不從以亂金氣也石爲陰臣象也臣將爲變之應梁武暮年不以政事爲意君臣唯講佛經談玄而已朝綱紊亂令不行言不從之咎也其後果致侯景之亂

周建德元年濮陽郡有石像郡官令載向府將刮取金在道自躍投地如此者再乃以大繩縛著車壁又絕繩而下時帝既滅齊又事淮南征伐不息百姓疲敝失衆心之應也

志第十七　五行上　隋書二十二

志第十八　　　隋書二十三

太尉揚州都督監修國史上柱國趙國公臣長孫無忌等奉勑撰

五行下

洪範五行傳曰視之不明是謂不知厥咎舒厥罰常燠厥極疾時則有草妖時則有羽蟲之孽故有羊禍故有目疾有赤眚赤祥惟水沴火

常燠

後齊天保八年三月大熱人或暍死劉向五行傳曰視不明用近習賢者不進不肖不退百職廢壞庶事不從其過在政教舒緩時帝狂躁荒淫無度之應

草妖

高祖時上黨有人宅後每夜有人呼聲求之不得去宅一里所但見人參一本枝葉峻茂因掘去之其根五尺餘具體人狀呼聲遂絕蓋草妖也視不明之咎時晉王陰有奪宗之計諂事親要以求聲譽譖皇太子高祖惑之人參不當言有物憑之上黨黨與也親要之人乃黨晉王而譖太子高祖不悟聽邪言廢無辜有罪因此而亂也

羽蟲之孽

梁中大同元年邵陵王綸在南徐州坐聽事有野鳥如鵲數百飛屋梁上彈射不中俄頃失所在京房易飛候曰野鳥入君室其邑虛君亡之他方後綸爲湘東王所襲竟致奔亡爲西魏所殺

侯景在梁將受錫命陳備物於庭有野鳥如山鵲赤嘴集於冊書之上鵂鶹鳴於殿與中大同元年同占景尋敗將亡入海中爲羊鵾所殺

陳後主時蔣山有衆鳥鼓翼而鳴曰奈何帝京房易飛候曰鳥鳴門闕如人音邑且亡蔣山吳之望也鳥於上鳴吳空虛之象及陳亡建康爲墟又陳未亡時有一足鳥集于殿庭以嘴畫地成文曰獨足上高臺盛草變成灰獨足者叔寶獨行無衆之應盛草成灰者陳政蕪穢被隋火德所焚除也叔寶至長安館於都水臺上高臺之義也

後齊孝昭帝即位之後有雉飛上御座占同中大同元年又有鳥止於後園其色赤形似鴨而有九頭其年帝崩

天統三年九月萬春鳥集仙都苑京房易飛候曰非常之鳥來宿於邑中邑有兵周師入鄴之應也武成胡后生後主初有梟升后帳而鳴梟不孝之鳥不祥之應也後主嗣位胡后淫亂事彰遂幽后於北宮焉

武平七年有鸛巢太極殿又巢幷州嘉陽殿雉集晉陽宮御座獲之京房易飛候曰鳥無故巢居君門及殿屋上邑且虛其年國滅

周大象二年二月有禿鶖鳥集洛陽宮太極殿其年帝崩後
宮常虛
開皇初梁主蕭琮新起後有鵂鶹鳥集其帳隅未幾琮入朝
被留於長安梁國遂廢
大業末京師宮室中恒有鴻鴈之類無數翔集其間俄而
長安不守
十三年十一月烏鵲巢帝帳幄驅不能止帝尋遇弑
羊禍
開皇十二年六月繁昌楊悦見雲中二物如羝羊黃色大
如新生犬闘而墜悦獲其一數旬失所在近羊禍也洪範

五行傳曰君不明逆火政之所致也狀如新生犬者羔類
也雲體掩蔽邪佞之象羊國姓羔羊子也皇太子勇既升
儲貳晉王陰毀而被廢黜二羔闘一羔墜之應也
恭帝義寧二年麟遊太守司馬武獻羊羔生而無尾時議
者以為楊氏子孫無後之象是歲煬帝被殺於江都恭帝
遜位
赤眚赤祥
梁天監十五年七月荊州市殺人而身不僵首墮于地動
口張目血如竹箭直上丈餘然後如雨細下是歲荊州大
旱近赤祥冤氣之應

陳太建十四年三月御座幄上見一物如車輪色正赤尋
而帝患無故大叫數聲而崩
至德三年十二月有赤物隕于太極殿前初下時鐘皆鳴
又嘗進白飲忽變為血又有血霑殿階瀝瀝然至御榻尋
而國滅
後齊河清二年太原雨血劉向曰血者陰之精傷害之象
僵尸之類也　明年周師與突厥入并州大戰城西伏屍
百餘里京房易飛候曰天雨血染衣國亡君戮亦後主亡
國之應
四年三月有物隕於殿庭色赤形如數斗器衆星隨者如

小鈴四月婁太后崩
武平中有血點地自咸陽王斛律明月宅而至于太廟大
將社稷之臣也後主以讒言殺之天戒若曰殺明月則宗
廟隨而覆矣後主不悟國祚竟絕
洪範五行傳曰聽之不聰是謂不謀厥咎急厥罰寒厥極
貧時則有鼓妖有魚孽有豕禍有黑眚黑祥惟火沴水
寒
東魏武定四年二月大寒人畜凍死者相望於道京房易
飛候曰誅過深當燠而寒是時後齊神武作相先是爾朱
文暢等謀害神武事泄伏誅諸與交通者多有濫死

河清元年歲大寒京房易傳曰有德遭險茲謂逆命厥異
寒誠曰殺無罪其寒必異是時帝淫於文宣李后因生子
后愧恨不舉之帝大怒於后前殺其子太原王紹德后大
哭帝倮后而撻殺之投于水中良久乃蘇究酷之應
梁天監三年三月六年三月並隕霜殺草京房易傳曰興
兵妄誅謂亡法厥罰霜是時大發卒拒魏軍於鍾離連兵
數歲○大同三年六月朐山隕霜
陳太建十年八月隕霜殺稻菽是時大興師遣將吳
明徹與周師相拒於呂梁
鼓妖
梁天監四年十一月天清朗西南有電光有雷聲二易曰
鼓之以雷霆霆進鼓妖洪範五行傳曰雷霆託於雲猶君
之託於人也君不恤於天下故兆人有怨叛之心也是歲
交州刺史李凱舉兵反
十九年九月西北隱隱有聲如雷赤氣下至地是歲盜殺
東莞琅邪二郡守以朐山引魏軍
中大通六年十二月西南有聲如雷其年北梁州刺史蘭
欽舉兵反
陳太建二年十二月西北有聲如雷其年湘州刺史華皎
舉兵反齊天保四年四月西南有聲如雷是時帝不恤天

下興師旅
後周建德六年正月西方有聲如雷未幾吐谷渾寇邊
開皇十四年正月旦廓州連雲山有聲如雷是時五羌反
叛侵擾邊鎮二十年無雲而雷京房易飛候曰國將易君
下人不靜小人先命國內有兵甲後數歲帝崩漢王諒舉
兵反從其黨數十萬家大業中滏陽石鼓頻歲鳴其後天
下大亂兵戎並起
魚孽
梁大同十年三月帝幸朱方至四瀆中及玄武湖魚皆驤
首見於上若望乘輿者帝入宮而沒洪範五行傳曰魚陰
類也下人象又有鱗甲兵之應也下人將舉兵圍宮而辭
睨乘輿之象也後果有侯景之亂
齊神武武平七年相州鸕鷀泊魚盡飛去而水涸洪範五
行傳曰急之所致魚陰類下人象也晏子曰河伯以水為
國以魚為百姓水涸魚飛國亡人散之象明年而國亡
後周大象元年六月陽武有鯉魚乘空而鬬猶臣下興起
小人從之而鬬也明年帝崩國失政尉迥起兵相州高祖
遣兵擊敗之
開皇十七年大興城西南四里有袁村設佛會有老翁皓
首白裙襦衣來食而去衆莫識追而觀之行二里許不復

見但有一陂中有白魚長丈餘小魚從者無數人爭射之或弓折弦斷後竟中之剖其腹得秔飯始知此魚向老翁也後數日漕渠暴溢射人皆溺死

大業十二年淮陽郡驅人入子城鑿斷羅郎郭至女垣之下有穴其中得鯉魚長七尺餘昔魏嘉平四年魚集武庫屋上王肅以為魚生於水而亢於屋水之物失其所也邊將殆棄甲之變後果有東關之敗是時長白山賊寇掠河南月餘賊至城下郡兵拒之反為所敗男女死者萬餘人

蟲妖

梁大同初大蝗籬門松柏葉皆盡洪範五行傳曰介蟲之孽也與魚同占京房易飛候曰食祿不益聖化天視以蟲蟲無益於人而食萬物也是時公卿皆以虛澹為美不親職事無益食物之應也

後齊天保八年河北六州河南十二州蝗畿人皆祭之帝問魏尹丞崔叔瓚曰何故蟲叔瓚對曰五行志云土功不時則蝗蟲為災今外築長城內脩三臺故致災也帝大怒毆其頰擢其髮溷中物塗其頭役者不止九年山東又蝗十年幽州大蝗洪範五行傳曰刑罰暴虐貪饕不厭興師動衆取城脩邑而失衆心則蟲為災是時帝用刑暴虐勞役不止之應也

志十八 隋書二十三 七

後周建德二年關中大蝗

開皇十六年并州蝗時秦孝王俊裒刻百姓盛脩邸第後竟獲譴而死

豕禍

開皇末渭南有沙門三人行投陁法於人場圃之上夜見大豕來詣其所小豕從者十餘謂沙門曰阿練我欲得賢聖道然猶負他一命言罷而去賢聖道者君上之所行也皇太子勇當嗣業行君上之道而被囚廢之象也一命者言為煬帝所殺

開皇末渭南有人寄宿他舍夜中聞二豕對語其一曰歲將盡阿耶明日殺我供歲何處避之一荅曰可向水北姊家因相隨而去天將曉主人覓豕不得意是宿客而詰之宿客言狀主人如其言而得豕其後蜀王秀得罪帝將殺之平樂公主每匡救得全後數年而帝崩歲盡之應

黑眚黑祥

梁承聖三年六月有黑氣如龍見于殿內近黑祥也黑周所尚之色今見於殿內周師入梁之象其年為周所滅帝亦遇害

陳太建五年六月西北有黑雲屬地散如豬者十餘洪範五行傳曰當有兵起西北時後周將王軌軍於呂梁明年

志十八 隋書二十三 八

擒吳明徹軍皆覆沒

火沴水

後齊河清元年四月河濟清襄楷曰河諸侯之象應濁反清諸侯將爲天子之象是後十餘歲隋有天下

大業三年武陽郡河清數里鏡澈十二年龍門又河清後二歲大唐受禪

陳太建十四年七月江水赤如血自建康西至荊州禎明中江水赤自方州東至海洪範五行傳曰火沴水也法嚴刑酷傷水性也五行變節陰陽相干氣色繆亂皆敗亂之象也京房易占曰水化爲血兵且起是時後主初即位用刑酷暴之應其後爲隋師所滅

禎明二年四月郢州南浦水黑如墨黑水在關中而今淮南水黑荊揚州之地陷於關中之應

後周大象元年六月咸陽池水變爲血與陳太建十四年同占是時刑罰嚴急未幾國亡

洪範五行傳曰思心不容是謂不聖厥咎霿厥罰常風厥極凶短折有脂夜之妖有華孽有牛禍有心腹之痾有黃眚黃祥木金水火沴土

常風

梁天監六年八月戊戌大風折木京房易飛候曰角日疾

風天下昏不出三月中兵必起是歲魏軍入鍾離

承聖三年十一月癸未帝閱武於南城北風大急天昏闇洪範五行傳曰人君瞀亂之應時帝既平侯景公卿咸勸帝反冊陽帝不從又多猜忌有瞀亂之行故天變應之以風是歲爲西魏滅

陳天嘉六年七月癸未大風起西南吹倒靈臺候樓洪範五行傳以爲大臣專恣之咎時太子冲幼安成王頊專政帝不時抑損明年崩皇太子嗣位頊遂廢之

太建十二年六月壬戌大風吹壞皋門中闥十二年九月夜又風發屋拔樹始興王叔陵專恣之應

至德中大風吹倒朱雀門

禎明三年六月丁巳大風自西北激濤水入石頭淮是時後主任司馬申誅戮忠諫沉客卿施文慶專行邪僻江總孔範等崇長淫縱杜塞聰明瞀亂之咎

後齊河清二年大風三旬乃止時帝初委政佞臣和士開專恣日甚

天統三年五月大風晝晦發屋拔樹天變再見而帝不悟明年帝崩後主詔內外表奏皆先詣士開然後聞徹趙郡王叡馮翊王潤按士開驕恣不宜仍居內職反爲士開所譖叡竟坐死士開出入宮掖生殺在口尋爲琅邪王儼所

誅。七年三月大風起西北發屋拔樹五日乃止時高阿那瓌駱提婆等專恣之應

開皇二十年十一月京都大風發屋拔樹秦隴壓死者千餘人地大震鼓皆應淨刹寺鐘三鳴佛殿門鎖自開銅像自出戶外鐘鼓自鳴者近鼓妖也揚雄以爲人君不聰爲衆所惑空名得進則鼓妖見時獨孤皇后干預政事左僕射楊素權傾人主帝聽二人之讒而黜僕射高熲廢太子勇爲庶人晉王釣虛名而見立思心瞀亂陰氣盛之象也鎖及銅像並金也金動木震之水沴金之應洪範五行傳曰失衆心甚之所致也高熲楊勇無罪而咸廢黜失衆心也。仁壽二年西河有胡人乘騾在道忽爲迴風所飄幷一車上千餘尺乃墜皆碎焉京房易傳曰衆逆同志至德乃潛厥異風後二載漢王諒在并州潛謀逆亂車及騾騎之象也升空而墜顛隕之應也天戒若曰無妄動車騎終當覆敗而諒不悟及高祖崩諒發兵反州縣響應衆至數十萬月餘而敗

夜妖

梁承聖二年十月丁卯大風晝晦天地昏暗近夜妖也京房易飛候曰羽日風天下昏人大疾不然多寇盜三年爲西魏所滅

陳禎明三年正月朔旦雲霧晦冥入鼻辛酸後主昏昧近夜妖也洪範五行傳曰王失中臣下強盛以蔽君明則雲陰是時北軍臨江柳莊任蠻奴並進中款後主惑佞臣孔範之言而昏闇不能用以至覆敗

東魏武定四年冬大霧六日晝夜不解洪範五行傳曰晝而晦冥若夜者陰侵陽臣將侵君之象也明年元瑾劉思逸謀殺大將軍之應

周大象二年尉迥敗於相州坑其黨與數萬人於遊豫園其處每聞鬼夜哭聲洪範五行傳曰哭者死亡之表近夜妖也鬼而夜哭者將有死亡之應京房易飛候曰鬼夜哭國將亡明年周氏王公皆見殺周室亦亡

仁壽中仁壽宮及長城之下數聞鬼哭尋而獻后及帝相次而崩於仁壽宮

大業八年楊玄感作亂於東都尚書樊子蓋坑其黨與於長夏門外前後數萬洎于末年數聞其處鬼哭有呻吟之聲與前同占其後王世充害越王侗于洛陽

華孽

後齊武平元年槐華而不結實槐三公之位也華而不實萎落之象至明年錄尚書事和士開伏誅隴東王胡長仁太保琅邪王儼皆遇害左丞相段韶薨

陳後主時有張貴妃孔貴嬪並有國色稱爲妖艷後主惑之寵冠後宮每文侍從詩酒爲娛一入後庭數旬不出荒淫後庭莫知紀極府庫空竭頭會箕斂天下怨叛將士離心敵人鼓行而進莫有死戰之士女德之咎也及敗亡之際後主與此姬俱投於井隋師執張貴妃而戮之以謝江東洪範五行傳曰華者猶榮華容色之象也以色亂國故謂華孽

齊後主有寵姬馮小憐慧而有色能彈琵琶尤工歌舞後主惑之拜爲淑妃選綵女數千爲之羽從一女之飾動費千金帝從禽於三堆而周師大至邊吏告急相望於道帝

三九十　志十八　隋書二十三　十三　丁禄

欲班師小憐意不已更請合圍帝從之由是遲留而晉州遂陷後與周師相遇於晉州之下坐小憐而失機者數矣因而國滅齊之士庶至今咎之

牛禍

梁武陵王紀祭城隍神將烹牛忽有赤蛇繞牛口牛禍也象類言之又爲龍蛇之孽魯宣公三年郊牛之口傷時以爲天不享棄宣公也五行傳曰逆君道傷故有龍蛇之孽是時紀雖以赴援爲名而實妄自尊元思心之咎神不享君道傷之應果爲元帝所敗

後齊武平二年并州獻五足牛牛禍也洪範五行傳曰牛事應宮室之象也帝尋大發卒於仙都苑穿池築山樓殿間起窮華極麗功始就而亡國

後周建德六年陽武有獸三狀如水牛一黃一赤一黑與黑者鬭久之黃者自傍觸之黑者死黃赤俱入于河近牛禍也黑者周之所尚色死者滅亡之象後數載周果滅而隋有天下旗牲尚赤戎服以黃

大業初恒山有牛四腳膝上各生一蹄其後建東都築長城開溝洫　心腹之病

陳禎明三年隋師臨江後主從容而言曰齊兵三來周師再來無復摧敗彼何爲者都官尚書孔範曰長江天塹古

三八十二　志十八　隋書二十三　十四

以爲限隔南北今日北軍豈能飛度耶臣每患官卑彼若度來臣爲太尉矣後主大悅因奏妓縱酒賦詩不輟心腹之病也存亡之機定之俄頃君臣旰食不暇後主已不知懼孔範從而蕩之天奪其心曷能不敗陳國遂亡範亦遠徙

○齊文宣帝嘗宴於東山投杯赫怒下詔西伐極陳甲兵之盛既而泣謂羣臣曰黑衣非我所制卒不行有識者以帝精魄已亂知帝祚之不永帝後竟得心疾耽荒酒色性忽狂暴數年而崩

武成帝丁太后憂緋袍如故未幾登三臺置酒作樂侍者

遂白祝帝大怒投之臺下未幾而崩

黃眚黃祥

梁大同元年天雨土二年天雨灰其色黃近黃祥也京房易飛候曰聞善不及茲謂有知厥異黃厥咎龍厥災不嗣蔽賢絕道之咎也時帝自以爲聰明博達惡人勝巳又篤信佛法捨身爲奴絕道蔽賢之罰也

大寶元年正月天雨黃沙二年簡文帝夢丸土而吞之尋爲侯景所廢以土囊壓之而斃諸子遇害不嗣之應也

陳後主時夢黃衣人圍城後主惡之遶城橋樹盡伐去之隋高祖受禪之後上下通服黃衣未幾隋師攻圍之應也

後周大象二年正月天雨黃土移時乃息與大同元年同占時帝昏狂滋甚期年而崩至于靜帝用遜厥位絕道不嗣之應也

開皇二年京師雨土是時帝懲周室諸侯微弱以亡天下故分封諸子並爲行臺專制方面失土之故有土氣之祥其後諸王各謀爲逆亂京房易飛候曰天雨土百姓勞苦而無功其時營都邑後起仁壽宮頹山堙谷丁匠死者太半

裸蟲之孽

梁太清元年丹陽有莫氏妻生男眼在頂上大如兩歲兒墜地而言曰兒是旱疫鬼不得住母曰汝當令我得過疫鬼曰有上官何得自由母可急作絳帽故當無憂母不暇作帽以絳繫髮自是旱疫者二年揚徐兗豫尤甚莫氏鄉鄰多以絳免他土效之無驗

大寶二年京口人於藏兒年五歲登城西南角大樓打鼓作長江欄鼓兵象也是時侯景亂江南

陳永定三年有人長三丈見羅浮山通身潔白衣服楚麗京房占曰長人見亡後二歲帝崩

後主爲太子時有婦人突入東宮而大言曰畢國主後主立而祚終之應也

至德三年八月建康人家婢死埋之九日而更生有牧牛人聞而出之

禎明二年有船下忽聞人言曰明年亂視之得死嬰兒長二尺而無頭明年陳滅

齊天保中臨漳有婦人產子二頭共體是後政由姦佞上下無別兩頭之應也

後主時有桑門貌若狂人見鳥則向之作禮見沙門則毆辱之鳥周色也未幾齊爲周所吞滅除佛法

後周保定三年有人產子男陰在背上如尾兩足指如獸爪陰不當生於背而生於背者陰陽反覆君臣顛倒之象人足不當有爪而有爪者將致攫人之變也是時晉蕩公

宇文護害主擅朝政征伐自己陰懷篡逆天戒若曰君臣之
分已傎矣將行擴噬之禍帝見變而悟遂誅晉公親萬機
躬節儉克平齊國號爲高祖轉禍爲福之効也
武帝時有強練者佯狂持一瓠至晉公護門而擊破之
曰身尚可子苦矣時護專政因朝太后帝擊殺之發兵捕
其諸子皆備楚毒而死強練又行乞於市人或遺之粟麥
輒以無底俗受之因大笑曰盛空未幾周滅高祖移都長
安城爲墟矣
開皇六年霍州有老翁化爲猛獸
七年相州有桑門變爲蛇尾繞樹而自抽長二丈許

志十八　隋書廿三　十七

仁壽四年有人長數丈見於應門其迹長四尺五寸其年
帝崩○大業元年鴈門人房回安母年百歲額上生角長
二寸洪範五行傳曰婦人陰象也角兵象也下反上之應
是後天下果大亂隂戎圍帝於鴈門
四年鴈門宋谷村有婦人生一肉卵大如斗埋之後數日
所埋處雲霧盡合從地雷震而上視之洞穴失卵所在
六年趙郡李來王家婢產一物大如卵
六年正月朔旦有盜衣白練裙襦手持香花自稱彌勒佛
出世入建國門奪衛士仗將爲亂齊王暕遇而斬之後三
年楊玄感作亂引兵圍洛陽戰敗伏誅

八年有澄公者若狂人於東都大叫唱賊帝聞而惡之明
年玄感舉兵圍洛陽
十二年澄公又叫賊李密逼東都孟讓燒豐都市而去
九年帝在高陽唐縣人宋子賢善爲幻術每夜樓上有光
明能變作佛形自稱彌勒出世又懸大鏡於堂上紙素上
畫爲蛇爲獸及人形有人來禮謁者轉側其鏡遣觀來生
形像或映見紙上蛇形子賢輒告云此罪業也當更禮念
又令禮謁乃轉人形示之遠近惑信日數百千人遂潛謀
作亂將爲無遮佛會因舉兵欲襲擊乘輿事泄鷹揚郎將
以兵捕之夜至其所遶其所居但見火坑兵不敢進郎將

志十八　隋書二十三　十八

曰此地素無坑止妖妄耳及進無復火矣遂擒斬之并坐
其黨與千餘家其後復有桑門向海明於扶風自稱彌勒
佛出世潛謀逆亂人有歸心者輒獲吉夢由是人皆惑之
三輔之士翕然稱爲大聖因舉兵反衆至數萬官軍擊破
之京房易飛候曰妖言動衆者茲謂不信路無人行不出
三年起兵自是天下大亂路無人行
木金水火沴土
梁天監五年十一月京師地震木金水火沴土也洪範五
行傳曰臣下盛將動而爲害京房易飛候曰地動以冬十
一月者其邑飢亡時交州刺史李凱舉兵反明年霜歲儉

人飢○普通三年正月建寧地震是時義州刺史文僧朗
以州叛○六年十二月地震京房易飛候曰地冬動有音
以十二月者其邑有行兵是時帝令豫章王琮將兵北伐
○中大通五年正月建康地震京房易飛候曰地以春動
歲不昌是歲大水百姓飢饉
大同三年十一月建康地震京房易飛候曰地震以十一
月邑有大喪及飢亡明年霜爲災百姓飢
三年十月建康地震是歲會稽山賊起
七年二月建康地震是歲交州人李賁舉兵逐刺史蕭諮
九年閏正月地震李賁自稱皇帝署置百官

太清三年四月建康地再震時侯景自爲大丞相録尚書
事帝所須不給是月以憂憤崩
陳永定二年五月建康地震時王琳立蕭莊於郢州
太建四年十一月地震陳寶應反閩中
禎明元年正月地震施文慶沈客卿專恣之應也
東魏武定二年十一月西河地陷而且然京房易妖占曰
地自陷其君亡祖暅曰火陽精也地者陰主也地然越陰
之道行陽之政臣下擅恣終以自害時後齊神武作宰而
侯景專擅河南後二歲神武果崩景遂作亂而自取敗亡
之應○後齊河清二年并州地震和士開專恣之應

後周建德二年凉州地頻震城郭多壞地裂出泉京房易
妖占曰地分裂羌夷叛時吐谷渾頻寇河西
開皇十四年五月京師地震京房易飛候曰地動以夏五
月人流亡是歲關中飢帝令百姓就糧於關東
仁壽二年四月岐雍地震京房易飛候曰地動以夏四月
五穀不熟人大飢
三年梁州就谷山崩洪範五行傳曰崩散落背叛不事上
之類也梁州爲漢地明年漢王諒舉兵反
大業七年砥柱山崩壅河逆流數十里劉向洪範五行傳
曰山者君之象水者陰之表人之類也

天戒若曰君人擁威重將崩壞百姓不得其所時帝興遼
東之師百姓不堪其役四海怨叛帝不能悟卒以滅亡
洪範五行傳曰皇之不極是謂不建厥咎瞀厥罰常陰厥
極弱時則有射妖則有龍蛇之孽則有馬禍
雲陰
開皇二十年十月久陰不雨劉向曰王者失中臣下強盛
而蔽君明則雲陰是時獨孤后遂與楊素陰譖太子勇廢
爲庶人
射妖
東魏武定四年後齊神武作宰親率諸軍攻西魏於玉壁

其年十一月帝不豫班師將士震懼皆曰韋孝寬以定功弩射殺丞相西魏下令國中曰勁弩一發凶身自殞神武聞而惡之其疾暴增近射妖也洪範五行傳曰射者兵戎禍亂之象氣逆天則禍亂將起神武行殿中將軍曹魏諫曰王以死氣逆生氣爲客不利主人則可帝不從頓軍五旬頻戰沮衂又聽孤虛之言於城北斷汾水起土山其處天險千餘尺功竟不就死者七萬氣逆天之咎也其年帝崩明年王思政據河南

武平後主自并州還鄴至八公嶺夜與左右歌而行有一人忽發狂意後主以爲狐媚伏草中彎弓而射之傷數人

幾中後主後主執而斬之其人不自覺也狐而能媚獸之妖妄也時帝不恤國政專與內人閹豎酣歌爲樂或衣繿縷衣行乞爲娛此妖妄之象人又射之兵戎禍亂之應也未幾而國滅

龍蛇之孽

梁天監二年北梁州潭中有龍鬬濆霧數里龍蛇之孽洪範五行傳曰龍獸之難害者也天之類君之象天氣害君道傷則龍亦害鬬者兵革之象也京房易飛候曰衆心不安厥妖龍鬬是時帝初即位而有陳伯之劉季連之亂國內危懼

普通五年六月龍鬬于曲阿王陂因西行至建陵城所經之處樹木皆折開數十丈與天監二年同占經建陵而樹木折者國有兵革之禍園陵殘毀之象時帝專以講論爲務不崇耕戰將輕而卒惰君道既傷故有龍孽之應帝殊不悟至太清元年黎州水中又有龍鬬波浪涌起雲霧四合而見白龍南走黑龍隨之其年侯景以兵來降帝納之而無備國人皆懼俄而難作帝以憂崩

大同十年夏有龍夜因雷而墮延陵人家井中明旦視之大如驢將以戟刺之俄見庭中及室中各有大蛇如數百斛船家人奔走洪範五行傳曰龍陽類貴象也上則在天

下則在地不當見庶人邑里室家井中幽深之象也諸侯且有幽執之禍皇不建之咎也後侯景反果幽殺簡文于酒庫宗室王侯皆幽死

陳太建十一年正月龍見南兗州池中與梁大同十年同占未幾後主嗣位驕淫荒怠動不得中其後竟以國亡身被幽執

東魏武安元年有大蛇見武牢城是時北豫州刺史高仲密妻李氏慧而艶世子澄悅之仲密內不自安遂以武牢叛陰引西魏大戰於河陽神武爲西兵所窘僅而獲免死者數千

後齊天保九年有龍長七八丈見濟州大堂占同大同十
年時常山長廣二王權重帝不思抑損明年帝崩太子殷
嗣立常山王演果廢帝為濟南王幽而害之
河清元年龍見濟州浴堂中占同天保九年先是平秦王
歸彥受昭帝遺詔立太子百年為嗣而歸彥遂立長廣王
湛是為武成帝而廢百年為樂陵王竟以幽死
天統四年貴鄉人伐枯木得一黃龍折脚死於孔中齊稱
木德龍君象木枯龍死不祥之甚其年武成崩
武平三年龍見邯鄲井中其氣五色屬天又見汲郡佛寺
涸井中占同河清元年後主竟降周後被誅

武平七年并州招遠樓下有赤蛇與黑蛇鬬數日赤蛇死
赤齊尚色黑周尚色鬬而死滅亡之象也後主任用邪佞
與周師連兵於晉州之下委軍於嬖臣高阿那肱竟啓敵
人皇不建之咎也後主遂為周師所虜
琅邪王儼壞北宮中白馬浮圖石趙時澄公所建見白蛇
長數丈迴旋失所在時儼專誅失中之咎也見變不知戒
以及於難
後周建德五年黑龍墜於亳州而死龍君之象黑周所尚
色墜而死不祥之甚時皇太子不才帝每以為慮直臣王
軌宇文孝伯等驟請廢立帝不能用後二歲帝崩太子立

虐殺齊王及孝伯等因而國亡
仁壽四年龍見代州總管府井中其龍或變為鐵馬甲士
彎弓上射之象變為鐵馬近馬禍也彎弓上射又近射妖
諸侯將有兵革之變以致幽囚也是時漢王諒潛謀逆亂
故變兵戎之諒不悟遂興兵又事敗廢為庶人幽囚數年
而死
馬禍
侯景僭尊號於江南每將戰其所乘白馬長鳴躁足者輒
勝垂頭者輒不利西州之役馬臥不起景拜請且箠之竟
不動近馬禍也洪範五行傳曰馬者兵象將有寇戎之事故

馬為怪景因此大敗
陳太建五年衡州馬生角洪範五行傳曰馬生角兵之象
敗士之表也是時宣帝遣吳明徹出師呂梁與周師拒連
兵數歲衆軍覆沒明徹竟為周師所虜
天保中廣宗有馬兩耳間生角如羊尾京房易傳曰天子
親伐則馬生角四年契丹犯塞文宣帝親御六軍以擊之
○大業四年太原廄馬死者太半帝怒遣使案問主者曰
每夜廄中馬無故自驚因而致死帝令巫者視之巫者知
帝將有遼東之役因希旨言曰先帝令楊素史萬歲取之將
鬼兵以伐遼東也帝大悅因釋主者洪範五行傳曰逆天

氣故馬多死是時帝每歲巡幸北事長城西通且末國內
虛耗天戒若曰除廐馬無事巡幸帝不悟遂至亂
十一年河南扶風三郡並有馬生角長數寸與天保初同
占是時帝頻歲親征高麗
義寧元年帝在江都宮龍廐馬無故而死旬日死至數百
匹與大業四年同占

志第十八　五行下　隋書二十三

志第十九　隋書二十四

太尉揚州都督監修國史上柱國趙國公臣長孫無忌等奉
勑撰

食貨

王者量地以制邑度地以居人總土地所生料山澤之利式遵行令敬授人時農商趣向各本事業書稱懋遷有無言穀貨流通咸得其所者也周官太府掌九貢九賦之法王之經用各有等差所謂取之有道用之有節故能養百官之政勗戰士之功救天災服方外活國安人之大經也爰自軒頊至于堯舜皆因其所利而勸之因其所欲而化之不奪

其時不窮其力輕其征薄其賦此五帝三皇不易之教也古語曰善爲人者愛其力而成其財若使之不以道斂之如不及財盡則怨力盡則叛昔禹制九等而康歌興周人十一而頌聲作於是東周遷洛諸侯不軌魯宣初稅畝鄭産爲丘賦先王之制靡有孑遺秦氏起自西戎力正天下驅之以刑罰棄之以仁恩以太半之收長城絶於地脉以頭會之斂屯戍窮於嶺外漢高祖承秦凋敝十五稅一中元继武府廩弥殷世宗得之用成雄侈開邊擊胡蕭然咸罄宮宇捫於天漢巡遊跨於海表旱歲除道凶年省秣户口以之減半盜賦以之公行於是譎詭賦稅異端俱起賦

及童亂莽至舡車光武中興聿遵前軌成賦單薄足稱經遠靈帝開鴻都之牓通賣官之路公卿州郡各有等差漢之常科土貢方物帝又遣先輸中署名爲導行天下賄成人受其敝自魏晉二十一帝宋齊十有五主雖用度有衆寡租賦有重輕大抵不能傾人産業道闕政亂隋文帝既平江表天下大同躬先儉約以事府帑開皇十七年戶口滋盛中外倉庫無不盈積所有賚給不踰經費京司帑屋既充積於廊廡之下高祖遂停此年正賦以賜黎元煬皇嗣守鴻基國家殷富雅愛宏翫肆情方騁初造東都窮諸巨麗帝昔居藩翰親平江左兼以梁陳曲折以就規摹曾雉踰芒浮橋跨洛金門象闕咸竦飛觀頹巖塞川構成雲綺移嶺樹以爲林藪包芒山以爲苑囿長城御河不計於人力運驢武馬指期於百姓天下死於役而家傷於財既而一討渾庭三駕遼澤天子親伐師兵大舉飛糧輓秣水陸交至疆埸之所傾敗勞敝之所殂殞雖復太半不歸而每年興發比屋良家之子多赴於邊陲分離哭泣之聲連響於州縣老弱耕稼不足以救飢餒婦工紡績不足以贍資裝九區之內鸞和歲動從行宮掖常十萬人所有供須皆仰州縣租賦之外一切徵斂趣以周備不顧元元吏因割剝盜其太半遐方珍膳必登庖廚翔禽毛羽用爲玩飾

買以供官千倍其價人愁不堪離棄室宇長吏叩扉而達曙猛犬迎吠而終夕自燕趙跨於齊韓江淮入於襄鄧東周洛邑之地西秦隴山之右僭僞交侵盜賊充斥宮觀鞠爲茂草鄉亭絶其煙火人相啖食十而四五關中癘疫炎旱傷稼代王開永豐之粟以振飢人去倉數百里老幼雲集吏在貪殘官無攸次咸資鐳貨動移旬月頓卧墟野欲返不能死人如積不可勝計雖復皇王撫運天祿有終而隋氏之亡亦由於此馬遷爲平準書班固述食貨志上下數千載損益粗舉自此史官曾無概見夫厥初生人食貨爲本聖王割廬井以業之通貨財以富之富而教之仁義以之興貧而爲盜刑罰不能止故爲食貨志用編前書之末云

晉自中原喪亂元帝寓居江左百姓之自拔南奔者並謂之僑人皆取舊壤之名僑立郡縣往往散居無有土著而江南之俗火耕水耨土地卑濕無有蓄積之資諸蠻陬俚洞霑沐王化者各隨輕重收其賧物以裨國用又嶺外酋帥因生口翡翠明珠犀象之饒雄於鄉曲者朝廷多因而署之以收其利歷宋齊梁陳皆因而不改其軍國所須雜物隨土所出臨時折課市取乃無恒法定令列州郡縣制其任土所出以爲徵賦其無貫之人不樂州縣編戶者謂

之浮浪人樂輸亦無定數任量准所輸終優於正課焉都下人多爲諸王公貴人左右佃客典計衣食客之類皆無課役官品第一第二佃客無過四十戶第三品三十五戶第四品三十戶第五品二十五戶第六品二十戶第七品十五戶第八品十戶第九品五戶其佃穀皆與大家量分其典計官品第一第二置三人第三第四置二人第五第六及公府參軍殿中監監軍長史司馬部曲督關外侯材官議郎已上一人皆通在佃客數中官品第六已上并得衣食客三人第七第八二人第九品及舉輦跡禽前驅由基強弩司馬羽林郎殿中冗從武賁殿中武賁持椎斧

武騎武賁持鈒冗從武賁命中武賁武騎一人客皆注家籍其課丁男調布絹各二丈絲三兩綿八兩祿絹八尺祿綿三兩二分租米五石祿米二石丁女並半之男女年十六已上至六十爲丁男年十六亦半課年十八正課六十六免課女以嫁者爲丁若在室者年二十乃爲丁其男丁每歲役不過二十日又率十八人出一運丁役之其田畝稅米二斗蓋大率如此其度量斗則三斗當今一斗稱則三兩當今一兩尺則一尺二寸當今一尺其倉京都有龍首倉即石頭津倉也臺城內倉南塘倉常平倉東西太倉東宮倉所貯總不過五十餘萬在外有豫章倉釣磯倉錢

塘倉並是大貯備之處自餘諸州郡臺傳亦各有倉大抵自侯景之亂國用常褊京官文武月別唯得稟食多遥帶一郡縣官而取其祿秩焉揚徐等大州比令僕班寧桂等小州比參軍班丹楊吳郡會稽等郡同太子詹事尚書班高涼晉康等小郡三班而已大縣六班小縣兩轉方至一班品第既殊不可委載州郡縣祿米絹布絲綿當處輸臺傳倉庫若給刺史守令等先准其所部文武人物多少由敕而裁凡如此祿秩既通所部兵士給之其家所得蓋少諸王諸主出閤就第婚冠所須及衣裳服飾并酒米魚鮭香油紙燭等並官給之王及主婿外祿者不給解任還京仍亦公給云

魏自永安之後政道陵夷寇亂實繁農商失業官有征伐皆權調於人猶不足以相資奉乃令所在迭相糾發百姓愁怨無復聊生尋而六鎮擾亂相率內徙寓食於齊晉之郊齊神武因之以成大業魏武西遷連年戰爭河洛之間又並空竭天平元年遷都於鄴出粟一百三十萬石以振貧人是時六坊之衆從武帝而西者不能萬人餘皆北徙並給常廩春秋二時賜帛以供衣服之費常調之外逐豐稔之處折絹糴粟以充國儲於諸州緣河津濟皆官倉貯積以擬漕運於滄瀛幽青四州之境傍海置鹽官以煮鹽

每歲收錢軍國之資得以周贍自是之後倉廩充實雖有水旱凶饑之處皆仰開倉以振之元象興和之中頻歲大穰穀斛至九錢是時法網寬弛百姓多離舊居闕於徭賦神武乃命孫騰高隆之分括無籍之戶得六十餘萬於是僑居者各勒還本屬是後租調之入有加焉及文襄嗣業侯景背叛河南之地困於兵革尋而侯景亂梁乃命行臺辛術略有淮南之地其新附州郡羈縻輕稅而已及文宣受禪多所創革六坊之內徙者更加簡練每一人必當百人任其臨陣必死然後取之謂之百保鮮卑又簡華人之勇力絕倫者謂之勇夫以備邊要始立九等之戶富者稅

其錢貧者役其力北興長城之役南有金陵之戰其後南征諸將頻歲陷沒士馬死者以數十萬計重以修創臺殿所役甚廣而帝刑罰酷濫吏道因而成姦豪黨兼并戶口益多隱漏舊制未娶者輸半牀租調陽翟一郡戶至數萬籍多無妻有司劾之帝以為生事由是姦欺尤甚戶口租調十亡六七是時用度轉廣賜與無節府藏之積不足以供乃減百官之祿撤軍人常廩并省州郡縣鎮戍之職又制刺史守宰行兼者並不給幹以節國之費用焉天保八年議徙冀定瀛無田之人謂之樂遷於幽州范陽寬鄉以處之百姓驚擾屬以頻歲不熟米糴踊貴矣廢帝乾明中

尚書左丞蘇珍芝議修石鼈等屯歲收數萬石自是淮南軍防糧廩充足孝昭皇建中平州刺史嵇曄建議開幽州督亢舊陂長城左右營屯歲收稻粟數十萬石北境得以周贍又於河內置懷義等屯以給河南之費自是稍止轉輸之勞至河清三年定令乃命人居十家為比鄰五十家為閭里百家為族黨男子十八以上六十五已下為丁十六已上十七已下為中六十六已上為老十五已下為小率以十八受田輸租調二十充兵六十免力役六十六退田免租調京城四面諸坊之外三十里內為公田受公田者三縣代遷戶執事官一品已下逮于羽林武賁各有差

其外畿郡華人官第一品已下羽林武賁已上各有差職事及百姓請墾田者名為永田奴婢受田者親王止三百人嗣王止二百人第二品嗣王已下及庶姓王止一百五十人正三品已上及皇宗止一百人七品已上限止八十人八品已下至庶人限止六十人奴婢限外不給田者皆不輸其方百里外及州人一夫受露田八十畝婦四十畝奴婢依良人限數與在京百官同丁牛一頭受田六十畝限止四年又每丁給永業二十畝為桑田其中種桑五十根榆三根棗五根不在還受之限非此田者悉入還受之分土不宜桑者給麻田如桑田法率人一牀調絹一疋綿

八兩凡十斤綿中折一斤作絲墾租二石義租五斗奴婢
各准良人之半牛調二尺墾租一斗義租五升墾租送臺
義租納郡以備水旱墾租皆依貧富為三梟其賦稅常調
則少者直出上戶中者及中戶多者及下戶上梟輸遠處
中梟輸次遠下梟輸當州倉三年一校焉租入臺者五百
里內輸粟五百里外輸米入州鎮者輸粟人欲輸錢者准
上絹收錢諸州郡皆別置富人倉初立之日准所領中下
戶口數得支一年之糧逐當州穀價賤時斟量割當年義
租充入穀貴下價糶之賤則還用所糶之物依價糴貯每
歲春月各依鄉土早晚課人農桑自春及秋男二十五已

上皆有田畝桑蠶之月婦女十五已上皆營蠶桑孟冬刺
史聽審邦教之優劣定殿最之科品人有人力無牛或有
牛無力者須令相便皆得納種使地無遺利人無遊手焉
緣邊城守之地堪墾食者皆營屯田置都使子使以統之
一子使當田五十頃歲終考其所入以論褒貶是時頻歲
大水州郡多遇沉溺穀價騰踊朝廷遣使開倉從貴價以
糶之而百姓無益飢饉尤甚重以疾疫相乘死者十四五
焉至大統中又毀東宮造脩文偃武隆基嬪嬙諸院起玳
瑁樓又於遊豫園穿池周以列館中起三山構臺以象滄
海并大修佛寺勞役鉅萬計財用不給乃減朝士之祿斷

諸曹糧膳及九州軍人常賜以供之武平之後權幸並進
賜與無限加之旱蝗國用轉屈乃料境內六等富人調令
出錢而給事黃門侍郎顏之推奏請立關市邸店之稅開
府鄧長顒贊成之後主大悅於是以其所入以供御府聲
色之費軍國之用不豫焉未幾而亡

後周太祖作相創制六官載師掌任土之法辨夫家田里
之數會六畜車乘之稽審賦役斂弛之節制畿疆修廣之
域頒施惠之要審牧產之政司均掌田里之政令凡人口
十已上宅五畝口九已上宅四畝口五已下宅三畝有室
者田百四十畝丁者田百畝司賦掌功賦之政令凡人自

十八以至六十有四與輕癃者皆賦之其賦之法有室者
歲不過絹一疋綿八兩粟五斛丁者半之其非桑土有室
者布一疋麻十斤丁者又半之豐年則全賦中年半之下
年三之皆以時徵焉若艱凶札則不徵其賦司役掌力役
之政令凡人自十八以至五十有九皆任於役豐年不過
三旬中年則二旬下年則一旬凡起徒役無過家一人其
人有年八十者一子不從役百年者家不從役廢疾非人
不養者一人不從役若凶札又無力征掌鹽掌四鹽之政
令一曰散鹽煮海以成之二曰盬鹽引池以化之三曰形
鹽物地以出之四曰飴鹽於戎以取之凡盬鹽形鹽每地

爲之禁百姓取之皆税焉司倉掌辨九穀之物以量國用國用足即蓄其餘以待凶荒不足則止餘用足則以粟貸人春頒之秋斂之

閔帝元年初除市門税及宣帝即位復興入市之税武帝保定元年改八丁兵爲十二丁兵率歲一月役建德二年改軍士爲侍官募百姓充之除其縣籍是後夏人半爲兵矣宣帝時發山東諸州增一月功爲四十五日役以起洛陽宮并移相州六府於洛陽稱東京六府

武帝保定二年正月初於蒲州開河渠同州開龍首渠以廣溉灌高祖登庸罷東京之役除入市之税是時尉迥王

謙司馬消難相次叛逆興師誅討賞費鉅萬及受禪又遷都發山東丁毀造宮室仍依周制役丁爲十二番匠則六番及頒新令制人五家爲保保有長保五爲閭閭四爲族皆有正畿外置里正比閭正黨長比族正以相檢察焉男女三歲已下爲黄十歲已下爲小十七已下爲中十八已上爲丁丁從課役六十爲老乃免自諸王已下至于都督皆給永業田各有差多者至一百頃少者至四十畝其丁男中男永業露田皆遵後齊之制並課樹以桑榆及棗其園宅率三口給一畝奴婢則五口給一畝丁男一牀租粟三石桑土調以絹絁麻土以布絹絁以疋加綿三兩布以端加麻三斤單丁及僕隸各半之未受地者皆不課有品爵及孝子順孫義夫節婦並免課役京官又給職分田一品者給田五頃每品以五十畝爲差至五品則爲田三頃六品二頃五十畝其下每品以五十畝爲差至九品爲一頃外官亦各有職分田又給公廨田以供公用

開皇三年正月帝入新宮初令軍人以二十一成丁減十二番每歲爲二十日役減調絹一疋爲二丈先是尚依周末之弊官置酒坊收利鹽池鹽井皆禁百姓採用至是罷酒坊通鹽池鹽井與百姓共之遠近大悦是時突厥犯塞吐谷渾寇邊軍旅數起轉輸勞敝帝乃令朔州總管趙仲

卿於長城以北大興屯田以實塞下又於河西勒百姓立堡營田積穀京師置常平監是時山東尚承齊俗機巧姦僞避役惰遊者十六七四方疲人或詐老詐小規免租賦高祖令州縣大索貌閲户口不實者正長遠配而又開相糾之科大功已下兼令析籍各爲户頭以防容隱於是計帳進四十 四萬三千丁新附一百六十四萬一千五百口高熲又以人間課輸雖有定分年常徵納除注恒多長吏肆情文帳出沒復無定簿難以推校乃爲輸籍定樣請徧下諸州每年正月五日縣令巡人各隨便近五黨三黨共爲一團依樣定户上下帝從之自是姦無所容矣時百姓

承平日久，雖數遭水旱，而戶口歲增。諸州調物，每歲河南自潼關，河北自蒲坂，達于京師，相屬於路，晝夜不絕者數月。帝既躬履儉約，六宮咸服澣濯之衣。乘輿供御有故敝者，隨令補用，皆不改作。非享燕之事，所食不過一肉而已。有司嘗進乾薑，以布袋貯之，帝用為傷費，大加譴責。後進香，復以氈袋，因笞所司，以為後誡焉。由是內外率職，府帑充實，百官祿賜及賞功臣，皆出於豐厚焉。九年陳平，帝親御朱雀門勞凱旋師，因行慶賞。自門外，夾道列帛之積，達于南郭，以次頒給。所費三百餘萬段。帝以江表初定，給復十年。自餘諸州，並免當年租賦。十年五月，又以宇內無事，

益寬徭賦。百姓年五十者，輸庸停防。十一年，江南又反，越國公楊素討平之，師還，賜物甚廣。其餘出師命賞，亦莫不優隆。十二年，有司上言，庫藏皆滿。帝曰：「朕既薄賦於人，又大經賜用，何得爾也？」對曰：「用處常出，納處常入。畧計每年賜用，至數百萬段，曾無減損。」於是乃更闢左藏之院，構屋以受之。下詔曰：「既富而教，方知廉恥，寧積於人，無藏府庫。河北、河東今年田租，三分減一，兵減半，功調全免。」時天下戶口歲增，京輔及三河，地少而人衆，衣食不給。議者咸欲徙就寬鄉。其年冬，帝命諸州考使議之。又令尚書，以其事策問四方貢士，竟無長算。帝乃發使四出，均天下之田。其

狹鄉每丁纔至二十畝，老小又少焉。十三年，帝命楊素出，於岐州北造仁壽宮。素遂夷山堙谷，營構觀宇，崇臺累榭，宛轉相屬。役使嚴急，丁夫多死，疲敝顛仆者，推填坑坎，覆以土石，因而築為平地。死者以萬數。宮成，帝行幸焉。時方暑月，而死人相次於道，素乃一切焚除之。帝頗知其事，甚不悅。及入新宮遊觀，乃喜，又謂素為忠。後帝以歲暮晚日登仁壽殿，周望原隰，見宮外燐火彌漫，又聞哭聲。令左右觀之，報曰：「鬼火。」帝曰：「此等工役而死，既屬年暮，魂魄思歸耶？」乃令灑酒宣敕，以呪遣之，自是乃息。

開皇三年，朝廷以京師倉廩尚虛，議為水旱之備，於是詔

於蒲、陝、虢、熊、伊、洛、鄭、懷、邵、衛、汴、許、汝等水次十三州，置募運米丁。又於衛州置黎陽倉，洛州置河陽倉，陝州置常平倉，華州置廣通倉，轉相灌注。漕關東及汾、晉之粟，以給京師。又遣倉部侍郎韋瓚，向蒲陝以東募人，能於洛陽運米四十石，經砥柱之險，達于常平者，免其征戍。其後以渭水多沙，流有深淺，漕者苦之。四年，詔曰：「京邑所居，五方輻湊，重關四塞，水陸艱難。大河之流，波瀾東注，百川海瀆，萬里交通。雖三門之下，或有危慮，但發自小平，陸運至陝，還從河水，入於渭川，兼及上流，控引汾晉，舟車來去，為益殊廣。而渭川水力，大小無常，流淺沙深，即成阻閡。計其途路，數

百而已動移氣序不能往復泛舟之役人亦勞止朕君臨
區宇興利除害公私之弊情實愍之故東發潼關西引渭
水因藉人力開通漕渠量事計功易可成就已令工匠巡
歷渠道觀地理之宜審終久之義一得開鑿萬代無毀可
使官及私家方舟巨舫晨昏漕運沿泝不停旬日之功堪
省億萬誠知時當炎暑動致疲勤然不有暫勞安能永逸
宣告人庶知朕意焉於是命宇文愷率水工鑿渠引渭水
自大興城東至潼關三百餘里名曰廣通渠轉運通利關
內賴之諸州水旱凶飢之處亦便開倉振給五年五月工
部尚書襄陽縣公長孫平奏曰古者三年耕而餘一年之

四、五十一 志十九 隋書二十四 十四 丁

積九年作而有三年之儲雖水旱為災而人無菜色皆由
勸導有方蓄積先備故也去年亢陽關內不熟陛下哀愍
黎元甚於赤子運山東之粟置常平之官開發倉廩普加
賑賜少食之人莫不豐足鴻恩大德前古未比其強宗富
室家道有餘者皆競出私財遞相賙贍此乃風行草偃從
化而然但經國之理須存定式於是奏令諸州百姓及軍
人勸課當社共立義倉收穫之日隨其所得勸課出粟及
麥於當社造倉窖貯之即委社司執帳檢校每年收積勿
使損敗若時或不熟當社有飢饉者即以此穀振給自是
諸州儲峙委積其後關中連年大旱而青兗汴許曹亳陳

仁譙豫鄭洛伊潁邳等州大水百姓飢饉高祖乃命蘇威
等分道開倉振給又命司農丞王亶發廣通之粟三百餘
萬石以拯關中又發故城中周代舊粟賤糶與人買牛驢
六千餘頭分給尤貧者令往關東就食其遭水旱之州皆
免其年租賦十四年關中大旱人饑上幸洛陽因令百姓
就食從官並准見口賑給不以官位為限明年東巡狩因
祠泰山是時義倉貯在人間多有費損十五年二月詔曰
本置義倉止防水旱百姓之徒不思久計輕爾費損於後
乏絕又北境諸州異於餘處雲夏長靈鹽蘭豐鄯涼甘瓜
等州所有義倉雜種並納本州若人有旱儉少糧先給雜

四二七 志十九 隋書二十四 十五

種及遠年粟十六年正月又詔秦疊成康武文芳宕旭洮岷
渭紀河廓豳隴涇寧原敷丹延綏銀扶等州社倉並於當縣
安置二月又詔社倉准上中下三等稅上戶不過一石中
戶不過七斗下戶不過四斗其後山東頻年霖雨杞宋陳
亳曹戴譙潁等諸州達于滄海皆困水災所在沉溺十八
年天子遣使將水工巡行川源相視高下發隨近丁以疏
導之困乏者開倉賑給前後用穀五百餘石遭水之處租
調皆免自是頻有年矣
開皇八年五月高熲奏諸州無課調處及課州管戶數少
者官人祿力乘前已來恒出隨近之州但判官本為牧人

役力理出所部，請於所管戶內計戶徵稅。帝從之。先是京官及諸州並給公廨錢，迴易生利，以給公用。至十四年六月，工部尚書、安平郡公蘇孝慈等，以爲所在官司，因循往昔，以公廨錢物，出舉興生，唯利是求，煩擾百姓，敗損風俗，莫斯之甚。於是奏皆給地以營農，迴易取利，一皆禁止。十七年十一月，詔在京及在外諸司公廨，在市迴易及諸處興生，並聽之。唯禁出舉收利云。

煬帝即位，是時戶口益多，府庫盈溢，乃除婦人及奴婢部曲之課。男子以二十二成丁。始建東都，以尚書令楊素爲營作大監，每月役丁二百萬人。徙洛州郭內人及天下諸州富商大賈數萬家以實之。新置興洛及迴洛倉。又於皁澗營顯仁宮，苑囿連接，北至新安，南及飛山，西至澠池，周圍數百里。課天下諸州，各貢草木花果、奇禽異獸於其中。開渠，引穀、洛水，自苑西入，而東注于洛。又自板渚引河，達于淮海，謂之御河。河畔築御道，樹以柳。又命黃門侍郎王弘、上儀同於士澄，往江南諸州採大木，引至東都。所經州縣，遞送往返，首尾相屬，不絕者千里。而東都役使促迫，僵仆而斃者，十四五焉。每月載死丁，東至城皐，北至河陽，車相望於道。時帝將事遼碣，增置軍府，掃地爲兵。自是租賦之入益減矣。又造龍舟鳳艒，黃龍赤艦，樓船篾舫。募諸水

工，謂之殿腳，衣錦行幐，執青絲纜挽船，以幸江都。帝御龍舟，文武官五品已上給樓船，九品已上給黃篾舫，舳艫相接，二百餘里。所經州縣，並令供頓，獻食豐辦者，加官爵，闕乏者譴至死。又盛脩車輿輦輅，旌旗羽儀之飾。課天下州縣，凡骨角齒牙，皮革毛羽，可飾器用，堪爲氅毦者，皆責焉。徵發倉卒，朝命夕辦，百姓求捕，網罟徧野，水陸禽獸殆盡，猶不能給，而買於豪富蓄積之家，其價騰踊。是歲，翟雉尾一直十縑，白鷺鮮半之。乃使屯田主事常駿使赤土國，致羅剎。又使朝請大夫張鎮州擊流求，俘虜數萬。士卒深入，蒙犯瘴癘，餒疾而死者十八九。又以西域多諸寶物，令裴矩往張掖，監諸商胡互市。啖之以利，勸令入朝。自是西域諸蕃，往來相繼，所經州郡，疲於送迎，糜費以萬萬計。明年，帝北巡狩。又興衆百萬，北築長城，西距榆林，東至紫河，綿亘千餘里，死者太半。四年，發河北諸郡百餘萬衆，引沁水，南達于河，北通涿郡。自是以丁男不供，始以婦人從役。五年，西巡河右。西域諸胡，佩金玉，被錦罽，焚香奏樂，迎候道左。帝乃令武威、張掖士女，盛飾縱觀。衣服車馬不鮮者，州縣督課，以誇示之。其年，帝親征吐谷渾，破之於赤水。慕容佛允委其家屬，西奔青海。帝駐兵不出，遇天霖雨，經大斗拔谷，士卒死者十二三焉，馬驢十八九。於是置河源郡、積

石鎮又於西域之地置西海鄯善且末等郡謫天下罪人
配為戍卒大開屯田發西方諸郡運糧以給之道里懸遠
兼遇寇抄死亡相續六年將征高麗有司奏兵馬已多損
耗詔又課天下富人量其貲產出錢市武馬填元數限令
取足復點兵具器仗皆令精新濫惡則使人便斬於是馬
匹至十萬七年冬大會涿郡分江淮南兵配驍衛大將軍
來護兒別以舟師濟滄海舳艫數百里並載軍糧期與大
兵會平壤是歲山東河南大水漂沒四十餘郡重以遼東
覆敗死者數十萬因屬疫疾山東尤甚所在皆以徵斂供
帳軍旅所資為務百姓雖困而弗之恤也每急徭卒賦有
所徵求長吏必先賤買之然後宣下乃貴賣與人旦暮之
間價盈數倍裒刻徵斂取辦一時強者聚而為盜弱者自
賣為奴婢九年詔又課關中富人計其貲產出驢往伊吾
河源且末運糧多者至數百頭每頭價至萬餘又發諸州
丁分為四番於遼西柳城營屯往來艱苦生業盡罄盜賊
四起道路隔絕隴右牧馬盡為奴賊所掠楊玄感乘虛為
亂時帝在遼東聞之遽歸于高陽郡及玄感平帝謂侍臣
曰玄感一呼而從者如市益知天下人不欲多多則為賊
不盡誅後無以示勸乃令裴蘊窮其黨與詔郡縣坑殺之
死者不可勝數所在驚駭舉天下之人十分九為盜賊皆

盜武馬始作長槍攻陷城邑帝又命郡縣置督捕以討賊
益遣募人征遼馬少不充八馱而許為六馱又不足聽半
以驢充在路逃者相繼執獲皆斬之而莫能止帝不懌遇
高麗執送叛臣斛斯政遣使求降發詔赦之囚政至于京
師於開遠門外磔而射殺之遂幸太原為突厥圍於鴈門
突厥尋散遽還洛陽募益驍果以充舊數是時百姓廢業
屯集城堡無以自給然所在倉庫猶大充牣吏皆懼法莫
肯振救由是益困初皆剝樹皮以食之漸及於葉皮葉皆
盡乃煮土或擣藁為末而食之其後人乃相食十二年帝
幸江都是時李密據洛口倉聚衆百萬越王侗與段達等
守東都東都城內糧盡布帛山積乃以絹為汲綆然布以
爨代王侑與衛玄守京師百姓飢饉亦不能救義師入長
安發永豐倉以振之百姓方蘇息矣
晉自過江凡貨賣奴婢馬牛田宅有文券率錢一萬輸估
四百入官賣者三百買者一百無文券者隨物所堪亦百
分收四名為散估歷宋齊梁陳如此以為常以此人競商販
不為田業故使均輸欲為懲勵雖以此為辭其實利在侵
削又都西有石頭津東有方山津各置津主一人賊曹一
人直水五人以檢察禁物及亡叛者其荻炭魚薪之類過
津者並十分稅一以入官其東路無禁貨故方山津檢察

甚簡淮水北有大市百餘小市十餘所大市備置官司稅
斂既重時甚苦之
梁初唯京師及三吳荆郢江湘梁益用錢其餘州郡則雜
以穀帛交易交廣之域全以金銀為貨武帝乃鑄錢肉好
周郭文曰五銖重如其文而又別鑄除其肉郭謂之女錢
二品並行百姓或私以古錢交易有直百五銖五銖女錢
太平百錢定平一百五銖雉錢五銖對文等號輕重不一
天子頻下詔書非新鑄二種之錢並不許用而趣利之徒
私用轉甚至普通中乃議盡罷銅錢更鑄鐵錢人以鐵賤
易得並皆私鑄及大同已後所在鐵錢遂如丘山物價騰

貴交易者以車載錢不復計數而唯論貫商旅姦詐因之
以求利自破嶺以東八十為百名曰東錢江郢已上七十
為百名曰西錢京師以九十為百名曰長錢中大同元年
天子乃詔通用足陌詔下而人不從錢陌益少至于末年遂
以三十五為百云
陳初承梁喪亂之後鐵錢不行始梁末又有兩柱錢及鵝
眼錢于時人雜用其價同但兩柱重而鵝眼輕私家多鎔
錢又間以錫鐵兼以粟帛為貨至文帝天嘉五年改鑄五
銖初出一當鵝眼之十宣帝太建十一年又鑄大貨六銖
以一當五銖之十與五銖並行後還當一人皆不便乃相

與訛言曰六銖錢有不利縣官之象未幾而帝崩遂廢六
銖而行五銖竟至陳亡其嶺南諸州多以鹽米布交易俱
不用錢云
齊神武霸政之初承魏猶用永安五銖遷鄴已後百姓私
鑄體制漸別遂各以為名有雍州青赤梁州生厚緊錢吉
錢河陽生澀天柱赤牽之稱冀州之北錢皆不行交貿者
皆絹布神武帝乃收境內之銅及錢仍依舊文更鑄流之
四境未幾之間漸復細薄姦偽競起文宣受禪除永安之
錢改鑄常平五銖重如其文其錢甚貴且制造甚精至乾
明皇建之間往往私鑄鄴中用錢有赤熟青熟細眉赤生

之異河南所用有青薄鉛錫之別青齊徐兗梁豫州輩類
各殊武平已後私鑄轉甚或以生鐵和銅至于齊亡卒不
能禁後周之初尚用魏錢及武帝保定元年七月乃更鑄
布泉之錢以一當五與五銖並行時梁益之境又雜用古
錢交易河西諸郡或用西域金銀之錢而官不禁建德三
年六月更鑄五行大布錢以一當十大收商估之利與布
泉錢並行四年七月又以邊境之上人多盜鑄乃禁五行
大布不得出入四關布泉之錢聽入而不聽出五年正月
以布泉漸賤而人不用遂廢之初令私鑄者絞從者遠配
為戶齊平已後山東之人猶雜用齊氏舊錢至宣帝大象

元年十一月又鑄永通萬國錢以一當十與五行大布及五銖凡三品並用高祖既受周禪以天下錢貨輕重不等乃更鑄新錢背面肉好皆有周郭文曰五銖而重如其文每錢一千重四斤二兩是時錢既新出百姓或私有鎔鑄三年四月詔四面諸關各付百錢爲樣從關外來勘樣相似然後得過樣不同者即壞以爲銅入官詔行新錢已後前代舊錢有五行大布永通萬國及齊常平所在用以貿易不止四年詔仍依舊不禁者縣令奪半年祿然百姓習用既久尚猶不絕五年正月詔又嚴其制自是錢貨始一所在流布百姓便之是時見用之錢皆須和以錫鑞錫鑞

既賤求利者多私鑄之錢不可禁約其年詔乃禁出錫鑞之處並不得私有採取十年詔晉王廣聽於揚州立五鑪鑄錢其後姦狡稍漸磨鑪錢郭取銅私鑄又雜以錫錢遞相放效錢遂輕薄乃下惡錢之禁京師及諸州邸肆之上皆令立榜置樣爲准不中樣者不入於市十八年詔漢王諒聽於并州立五鑪鑄錢是時江南人間錢少晉王廣又聽於鄂州白紵山有銅鉚處錮銅鑄錢於是詔聽置十鑪鑄錢又詔蜀王秀聽於益州立五鑪鑄錢是時錢益濫惡乃令有司括天下邸肆見錢非官鑄者皆毀之其銅入官而京師以惡錢貿易爲吏所執有死者數年之間私鑄頗息大業已後王綱弛紊巨姦大猾遂多私鑄錢轉薄惡初每千猶重二斤後漸輕至一斤或翦鐵鍱裁皮糊紙以爲錢相雜用之貨賤物貴以至於亡

志第十九　食貨志　隋書二十四

太尉揚州都督監修國史上柱國趙國公臣長孫無忌等奉勑撰

刑灋

夫刑者制死生之命詳善惡之源翦亂誅暴禁人為非者也聖王仰視法星旁觀習坎彌縫五氣取則四時莫不先春風以播恩後秋霜而動憲是以宣慈惠愛導其萌芽刑罰威怒隨其肅殺仁恩以為情性禮義以為綱紀養化以為本明刑以為助上有道刑之而無刑上無道殺之而不勝也記曰教之以德齊之以禮則人有格心教之以政齊之以刑則人有遯心而始乎勸善終乎禁暴以此字人必

兼刑罰至於時逢交泰政稱忠厚美化與車軌攸同至仁與嘉祥間出歲布平典年垂簡憲昭然如日月望之者不迷曠乎如大路行之者不惑刑者甲兵焉鈇鉞焉刀鋸鑽鑿鞭扑撲焉陳乎原野而肆諸市朝其所由來亦已久矣若夫龍官之歲鳳紀之前結繩而不違不令而人畏五帝畫象殊其衣服三王肉刑刻其膚體若重華之眚災肆赦文命之刑罰三千而都君恤刑尚奉唐堯之德高密泣罪猶懷虞舜之心殷因以降去德滋遠若紂能遵成湯不造炮烙設刑兼禮守位依仁則西伯斂轡化為田叟周王立三剎以不濫弘三宥以開物成康以四十二年之間刑厝不用薰風潛暢頌聲遐舉越裳重譯萬里來歸若乃魯接燕齊荊鄰鄭晉時之所尚資乎辯舌國之所恃不在威刑是以鐵鼓夷蒐宣尼致誚既鑄刑辟叔向貽書夫勃澥之浸沾濡千里列國之政豈周之膏潤者歟秦氏僻自西戎初平區夏于時投戈棄甲仰恩祈惠乃落嚴霜於政教揮流電於邦國棄灰偶語生愁怨於前毒網凝科害肌膚於後玄鉞肆於朝市赭服飄於路衢將閭有一劍之哀茅焦請列星之數漢高祖初以三章之約以慰秦人孝文躬親玄默遂疏天網孝宣樞機周密法理詳備選于定國為廷尉黃霸以為廷平每以季秋之後諸所請讞帝常幸宣室

齋居決事明察平恕號為寬簡光武中興不移其舊是以二漢羣后罕聞殘酷魏武造易釱之科明皇施減死之令中原凋敝吳蜀三分哀矜折獄亦所未暇晉氏平吳九州寧一乃命賈充大明刑憲內以平章百姓外以和協萬邦寔曰輕平稱為簡易是以宋齊方駕轥其餘軌若乃刑隨喜怒道暌正直布憲擬於秋荼設網踰於朝脛恣興夷翦取快情靈若隋高祖之揮刃無辜齊文宣之輕刀臠割此謂匹夫私讎非關國典孔子曰刑亂及諸政政亂及諸身心之所詣則善惡之本原也沈約所製無刑法篇臧蕭之書又多漏畧是以撮其遺事以至隋氏附于篇云

梁武帝承齊昏虐之餘刑政多僻既即位乃制權典依周漢舊事有罪者贖其科凡在官身犯罰金鞭杖杖督之罪悉入贖停罰其臺省令史士卒欲贖者聽之時欲議定律令得齊時舊郎濟陽蔡法度家傳律學云齊武時刪定郎王植之集注張杜舊律合爲一書凡一千五百三十條事未施行其文殆滅法度能言之於是以爲兼尚書刪定郎使損益植之舊本以爲梁律天監元年八月乃下詔曰律令不一實難去弊殺傷有法昏墨有刑此蓋常科易爲條例至如三男一妻懸首造獄事非慮內法出恒鈞前王之律後王之令因循創附良各有以若遊辭費句無取於實録者宜悉除之求文指歸可適變者載一家爲本用衆家以附景丁俱有則去丁以存景若景丁二事注釋不同則二家兼載咸使百司議其可不取其可安以爲標例宜云某等如干人同議以此爲長則定以爲梁律留尚書比部悉使備文若班下州郡止撮機要可無二門侮法之弊法度又請曰魏晉撰律止關數人今若皆諮列位恐緩而無決於是以尚書令王亮侍中王瑩尚書僕射沈約吏部尚書范雲長兼侍中柳惲給事黃門侍郎傅昭通直散騎常侍孔藹御史中丞樂藹太常丞許懋等參議斷定定爲二十篇一曰刑名二曰法例三曰盜劫四曰賊叛五曰詐僞六曰

受賕七曰告劾八曰討捕九曰繫訊十曰斷獄十一曰雜十二曰戶十三曰擅興十四曰毀亡十五曰衞宮十六曰水火十七曰倉庫十八曰廐十九曰關市二十曰違制其制刑爲十五等之差棄市已上爲死罪大罪梟其首其次棄市刑二歲已上爲耐罪言各隨伎能而任使之也有髡鉗五歲刑笞二百收贖絹男子六十疋又有四歲刑男子四十八疋又有三歲刑男子三十六疋又有二歲刑男子二十四疋罰金一兩已上爲贖罪贖死者金二斤男子十六疋贖髡鉗五歲刑笞二百者金一斤十二兩男子十四疋贖四歲刑者金一斤八兩男子十二疋贖三歲刑者金一斤四兩男子十疋贖二歲刑者金一斤男子八疋罰金十二兩者男子六疋罰金八兩者男子四疋罰金四兩者男子二疋罰金二兩者男子一疋罰金一兩者男子二丈女子各半之五刑不簡正于五罰五罰不服正于五過以贖論故爲此十五等之差又制九等之差有一歲刑半歲刑百日刑鞭杖二百鞭杖一百鞭杖五十鞭杖三十鞭杖二十鞭杖一十有八等之差一曰免官加杖督一百二曰免官三曰奪勞百日杖督一百四曰杖督一百五曰杖督五十六曰杖督三十七曰杖督二十八曰杖督一十論加者上就次當減者下就次凡繫獄者不即答款應加測罰

不得以人士為隔若人士犯罰違扞不款宜測罰者先參議牒啓然後科行斷食三日聽家人進粥二升女及老小一百五十刻乃與粥滿千刻而止囚有械杻升械及鉗並立輕重大小之差而為定制其鞭有制鞭法鞭常鞭凡三等之差制鞭生革廉成法鞭生革去廉常鞭熟靼不去廉皆作鶴頭紐長一尺一寸梢長二尺七寸廣三寸靶長二尺五寸杖皆用生荊長六尺有大杖法杖小杖三等之差大杖大頭圍一寸三分小頭圍八分半法杖圍一寸三分小頭五分小杖圍一寸一分小頭極杪諸督罰大罪無過五十三十小者二十當笞二百以上者笞半餘半後決中分鞭

杖老小於律令當得鞭杖罰者皆半之其應得法鞭杖者以熟靼鞭小杖過五十者稍行之將吏已上及女人應有罰者以罰金代之其以職員應罰及律令指名制罰者不用此令其問事諸罰皆用熟靼鞭小杖其制鞭制杖法鞭法杖自非特詔皆不得用詔鞭杖在京師者皆於雲龍門行女子懷孕者勿得決罰其謀反降叛大逆已上皆斬父子同產男無少長皆棄市母妻姊妹及應從坐棄市者妻子女妾同補奚官為奴婢貲財沒官劫身皆斬妻子補兵遇赦降死者黵面為劫字髡鉗補冶鎖士終身其下又讁運配材官冶士尚方鎖士皆以輕重差其年數其重者或

終身士人有禁錮之科亦有輕重為差其犯清議則終身不齒耐罪囚八十已上十歲已下及孕者盲者侏儒當械繫者及郡國太守相都尉關中侯已上亭侯已上之父母妻子及所生坐非死罪除名之罪二千石已上非檻徵者並頌繫之丹楊尹月一詣建康縣令三官參共錄獄察斷枉直其尚書當錄人之月者與尚書參共錄之大凡定罪二千五百二十九條二年四月癸卯法度表上新律又上令三十卷科三十卷帝乃以法度守廷尉卿詔班新律於天下三年八月建康女子任提女坐誘口當死其子景慈對鞫辭云母實行此是時法官虞僧虬啓稱案子之事親

有隱無犯直躬證父仲尼為非景慈素無防閑之道死有明目之據陷親極刑傷和損俗凡乞鞫不審降罪一等豈得避五歲之刑忽死母之命景慈宜加罪辟詔流于交州至是復有流徒之罪其年十月甲子詔以金作權典宜在蠲息於是除贖罪之科武帝敦睦九族優借朝士有犯罪者皆諷羣下屈法申之百姓有罪皆案之以法其緣坐則老幼不免一人亡逃則舉家質作人既窮急姦宄益深後帝親謁南郊秣陵老人遮帝曰陛下為法急於黎庶緩於權貴非長久之術誠能反是天下幸甚帝於是思有以寬之舊獄法夫有罪逮妻子子有罪逮父母十一年正月壬

辰乃下詔曰自今捕謫之家及罪應質作若年有老小者可停將送十四年又除黥面之刑帝銳意儒雅疎簡刑法自公卿大臣咸不以鞫獄留意姦吏招權巧文弄法貨賄成市多致枉濫大率二歲刑已上歲至五千人是時徒居作者具五任其無任者著升械若疾病權解之是後囚徒或有優劇大同中皇太子在春宮視事見而愍之乃上疏曰臣以比時奉勅權親京師雜事切見南北郊壇材官車府太官下省左裝等處上啓並請四五歲已下輕囚助充使役自有刑均罪等愆目不異而甲付錢署乙配郊壇錢署三所於辛爲劇郊壇六處在役則優今聽獄官詳其可

志二十　隋書二十五　七

否舞文之路自此而生公平難遇其人流泉易啓其齒將恐玉科重輕全關墨綬金書去取更由丹筆愚謂宜詳立條制以爲永准帝手敕報曰頃年已來處處之役唯資徒謫逐急充配若科制繁細義同簡約切須之處終不可得引例興訟紛紜方始防杜姦巧自是爲難更當別思取其便也竟弗之從是時王侯子弟皆長而驕蹇不法武帝年老厭於萬機又專精佛戒每斷重罪則終日弗懌嘗遊南苑臨川王宏伏人於橋下將欲爲逆事覺有司請誅之帝但泣而讓曰我人才十倍於爾處此恒懷戰懼爾何爲者我豈不能行周公之事念汝愚故也免所居官頃之還復

本職由是王侯驕橫轉甚或白日殺人於都街劫賊亡命咸於王家自匿薄暮塵起則剝掠行路謂之打稽武帝深知其弊而難於誅討十一年十月復開贖罪之科中大同元年七月甲子詔自今犯罪非大逆父母祖父母勿坐自是禁網漸疎百姓安之而貴戚之家不法尤甚矣尋而侯景逆亂及元帝即位懲前政之寬且帝素苛刻及周師至獄中死囚且數千人有司請皆釋之以充戰士帝不許並令捧殺之事未行而城陷敬帝即位刑政適陳矣

陳氏承梁季喪亂刑典疎闊及武帝即位思革其弊乃下詔曰朕聞唐虞道盛設畫象而不犯夏商德衰雖孥戮其

志二十　隋書二十五　八

未備洎乎末代綱目滋繁矧屬亂離憲章遺紊朕始膺寶曆思廣政樞外可搜舉良才刪改科令羣僚博議務存平簡於是稍求得梁時明法吏令與尚書刪定郎范泉參定律令又勑尚書僕射沈欽吏部尚書徐陵兼尚書左丞宗元饒兼尚書左丞賀朗參知其事制律三十卷令律四十卷採酌前代條流冗雜綱目雖多博而非要其制唯重清議禁錮之科若縉紳之族犯虧名教不孝及內亂者發詔棄之終身不齒先與士人爲婚者許妻家奪之其獲賊帥及士人惡逆免死付冶聽將妻入役不爲年數又存贖罪之律復父母緣坐之刑自餘篇目條綱輕重簡繁一用梁

法其有贓驗顯然而不款則上測立立測者以土為埵高
一尺上圓劣容囚兩足立鞭二十笞三十訖著兩械及杻
上埵一上測七刻日再上三七日上測七日一行鞭凡經
杖合一百五十得度不承者免死其髡鞭五歲刑降死一
等鎖二重其五歲刑已下並鎖一重五歲四歲刑若有官
准當二年餘並居作其三歲刑若有官准當二年餘一年
贖若公坐過誤罰金其二歲刑有官者贖論一歲刑無官
亦贖論寒庶人准決鞭杖囚並著械徒並著鎖不計階品
死罪將決乘露車著三械加壺手至市脫手械及壺手焉
當刑於市者夜須明雨須晴晦朔八節六齋月在張心日

志二十　隋書二十五　九

並不得行刑廷尉寺為北獄建康縣為南獄並置正監平
又制常以三月侍中吏部尚書尚書三公郎部都令史三
公錄冤局令御史中丞侍御史蘭臺令史親行京師諸獄
及冶署理察囚徒冤枉文帝性明察留心刑政親覽獄訟
督責群下政號嚴明是時承寬政之後功臣貴戚有非法
帝咸以法繩之頗號峻刻及宣帝即位優借文武之士崇
簡易之政上下便之其後政令既寬刑法不立又以連年
北伐疲人聚為劫盜矣後主即位信任讒邪群下縱恣鬻
獄成市賞罰之命不出于外後主性猜忍疾忌威令不行
左右有忤意者動至夷戮百姓怨叛以至於滅齊神武文

襄並由魏相尚用舊法及文宣天保元年始命群官刊定
魏朝麟趾格是時軍國多事政刑不一決獄定罪罕依律
文相承謂之變法從事清河房超為黎陽郡守有趙道德
者使以書屬超超不發書棒殺其使文宣於是令守宰各
設棒以誅屬請之使後都官郎中宋軌奏曰昔曹操懸棒
威於亂時今施之太平未見其可若受使請賕猶致大戮
身為枉法何以加罪於是罷之既而司徒功曹張老上書
稱大齊受命已來律令未改非所以創制垂法革人視聽
於是始命群官議造齊律積年不成其決獄猶依魏舊是
時刑政尚新吏皆奉法自六年之後帝遂以功業自矜恣

志二十　隋書二十五　十

行酷暴昏狂酗醟任情喜怒為大鑊長鋸剉碓之屬並陳
於庭意有不快則手自屠裂或命左右臠噉以逞其意時
僕射楊遵彥乃令憲司先定死罪囚置于仗衛之中帝欲
殺人則執以應命謂之供御囚經三月不殺者則免其死
帝嘗幸金鳳臺受佛戒多召死囚編籧篨為翅命之飛下
謂之放生墜皆致死帝視以為歡笑時有司折獄又皆酷
法訊囚則用車輻搊杖夾指壓踝又立之燒犁耳上或使
以臂貫燒車釭既不勝其苦皆致誣伏七年豫州檢使白
摽為左丞盧斐所劾乃於獄中誣告斐受金文宣知其姦
罔詔令按之果無其事乃勑八座議立案劾格負罪不得

告人事於是挾姦者畏糾乃先加誣訟以擬當格吏不能
斷又妄相引大獄動至十人多移歲月然帝猶委政輔臣
楊遵彥彌縫其闕故時議者竊云主昏於上政清於下孝
昭在藩已知其失即位之後將加懲革未幾而崩武成即
位思存輕典大寧元年乃下詔曰王者所用唯在賞罰賞
貴適理罰在得情然理容進退事涉疑似盟府司勳或有
開塞之路三尺律令未窮畫一之道想文王之官人念宣
尼之止訟刑賞之宜思獲其所自今諸應賞罰皆賞疑從
重罰疑從輕又以律令不成頻加催督河清三年尚書令
趙郡王叡等奏上齊律十二篇一曰名例二曰禁衛三曰

婚戶四曰擅興五曰違制六曰詐偽七曰鬬訟八曰賊盜
九曰捕斷十曰毀損十一曰廄牧十二曰雜其定罪九百
四十九條又上新令四十卷大抵採魏晉故事其制刑名
五一曰死重者轘之其次梟首並陳屍三日無市者列於
鄉亭顯處其次斬刑殊身首其次絞刑死而不殊凡四等
二曰流刑謂論犯可死原情可降鞭笞各一百髡之投于
邊裔以為兵卒未有道里之差其不合遠配者男子長徒
女子配舂並六年三曰刑罪即耐罪也有五歲四歲三歲
二歲一歲之差凡五等各加鞭一百其五歲者又加笞八
十四歲者六十三歲者四十二歲者二十一歲 者無笞並

鎖輸左校而不髡無保者鉗之婦人配舂及掖庭織四曰
鞭有一百八十六十五十四十之差凡五等五曰杖有三
十二十十之差凡三等大凡為十五等當加者上就次當
減者下就次贖罪舊以金皆代以中絹死一百匹流九十
二匹刑五歲七十八匹四歲六十四匹三歲五十匹二歲
三十六匹各通鞭笞論一歲無笞則通鞭二十四匹鞭杖
每十贖絹一匹至鞭百則絹十匹無絹之鄉皆准絹收錢
自贖笞十已上至死又為十五等之差當加減次如正決
法合贖者謂流內官及爵秩比視老小閹癡并過失之屬
犯罰絹一匹及杖十已上皆名為罪人盜及殺人而亡者

即懸名注籍甄其一房配驛戶宗室則不注盜及不入奚
官不加害刑自犯流罪已下合贖者及婦人犯刑已下侏
儒篤疾癃殘非犯死罪皆頌繫之罪刑年者鎖無鎖以枷
流罪已上加杻械死罪者桁之決流刑鞭笞者鞭其背五
十一易執鞭人鞭鞘皆用熟皮削去廉稜鞭瘡長一尺笞
者笞臀而不中易人杖長三尺五寸大頭徑二分半小頭
徑一分半決三十已下杖者長四尺大頭徑三分小頭徑
二分在官犯罪鞭杖十為一負關局六負為一殿平局八
負為一殿繁局十負為一殿加於殿者復計為負為赦日
則武庫令設金雞及鼓於閶闔門外之右勒集囚徒於闕

前撾鼓千聲釋枷鎖焉又列重罪十條一曰反逆二曰大逆三曰叛四曰降五曰惡逆六曰不道七曰不敬八曰不孝九曰不義十曰內亂其犯此十者不在八議論贖之限是後法令明審科條簡要又勑仕門之子弟常講習之齊人多曉法律蓋由此也其不可爲定法者別制權令二卷與之並行後平秦王高歸彥謀反須有約罪律無正條於是遂有別條權格與律並行大理明法上下比附欲出則附依輕議欲入則附從重法姦吏因之舞文出沒至于後主權幸用事有不附之者陰中以法綱紀紊亂卒至於亡

○周文帝之有關中也霸業初基典章多闕大統元年命有司斟酌今古通變可以益時者爲二十四條之制奏之七年又下十二條制十年魏帝命尚書蘇綽總三十六條更損益爲五卷班於天下其後以河南趙肅爲廷尉卿撰定法律肅積思累年遂感心疾而死乃命司憲大夫託拔迪掌之至保定三年三月庚子乃就謂之大律凡二十五篇一曰刑名二曰法例三曰祀享四曰朝會五曰婚姻六曰戶禁七曰水火八曰興繕九曰衛宮十曰市廛十一曰鬬競十二曰劫盜十三曰賊叛十四曰毀亡十五曰違制十六曰關津十七曰諸侯十八曰廐牧十九曰雜犯二十曰詐僞二十一曰請求二十二曰告言二十三曰逃亡二十四曰繫訊二十五曰斷獄大凡定罪一千五百三十七條其制罪一曰杖刑五自十至五十二曰鞭刑五自六十至于百三曰徒刑五徒一年者鞭六十笞十徒二年者鞭七十笞二十徒三年者鞭八十笞三十徒四年者鞭九十笞四十徒五年者鞭一百笞五十四曰流刑五流衛服去皇畿二千五百里者鞭一百笞六十流要服去皇畿三千里者鞭一百笞七十流荒服去皇畿三千五百里者鞭一百笞八十流鎮服去皇畿四千里者鞭一百笞九十流蕃服去皇畿四千五百里者鞭一百笞一百五曰死刑五一曰罄二曰絞三曰斬四曰梟五曰裂五刑之屬各有五合

二十五等不立十惡之目而重惡逆不道大不敬不孝不義內亂之罪凡惡逆肆之三日盜賊羣攻鄉邑及入人家者殺之無罪若報讎者告於法而自殺之不坐經爲盜者注其籍唯皇宗則否凡死罪枷而拲流罪枷而梏徒罪枷鞭罪桎杖罪散以待斷皇族及有爵者死罪已下鎖之徒已下散之獄成將殺者書其姓名及其罪於拲而殺之市唯皇族與有爵者隱獄其贖杖刑五金一兩至五兩贖鞭刑五金六兩至十兩贖徒刑五一年金十二兩二年十五兩三年一斤二兩四年一斤五兩五年一斤八兩贖流刑一斤十二兩俱役六年不以遠近爲差等贖死罪金二斤

鞭者以二百為限加笞者合二百止應加鞭笞者皆先笞後鞭婦人當笞者聽以贖論徒輸作者皆任其所能而役使之杖十已上當加者上就次數滿乃坐當減者死罪流蕃服蕃服已下俱至徒五年五年以下各以一等為差盜賊及謀反大逆降叛惡逆罪當流者皆甄一房配為雜戶其為盜賊事發逃亡者懸名注配若再犯徒三犯鞭者一身永配下役應贖金者鞭杖十收中絹一疋流徒者依限歲收絹十二匹死罪者一百匹其贖刑死罪五旬流刑四旬徒刑三旬鞭刑二旬杖刑一旬限外不輸者歸於法貧者請而免之大凡定法一千五百三十七條班之天下其

大略滋章條流苛密比於齊法煩而不要又初除復讎之法犯者以殺論時晉公護將有異志欲寬政以取人心然闇於知人所委多不稱職既用法寬弛不足制姦子弟僚屬皆竊弄其權百姓愁怨控告無所武帝性甚明察自誅護後躬覽萬機雖骨肉無所縱捨用法嚴正中外肅然自魏晉相承死罪其重者妻子皆以補兵魏虜西涼之人沒入名為隸戶魏武入關隸戶皆在東魏後齊因之仍供廝役建德六年齊平後帝欲施輕典於新國乃詔凡諸雜戶悉放為百姓自是無復雜戶其後又以齊之舊俗未改昏政賊盜姦宄頗乖憲章其年又為刑書要制以督之其大

抵持杖羣盜一匹以上不持杖羣盜五匹以上監臨主掌自盜二十匹以上盜及詐請官物三十匹以上正長隱五戶及丁以上及地頃以上皆死自餘依大律由是澆詐頗息焉宣帝性殘忍暴戾自在儲貳惡其叔父齊王憲及王軌宇文孝伯等及即位並先誅戮由是內外不安俱懷危懼帝又恐失衆望乃行寬法以取衆心宣政元年八月詔制九條宣下州郡大象元年又下詔曰高祖所立刑書要制用法深重其一切除之然帝荒淫日甚惡聞其過誅殺無度疏斥大臣又數行肆赦為姦者皆輕犯刑法政令不一下無適從於是又廣刑書要制而更峻其法謂之刑經

聖制宿衛之官一日不直罪至削除逃亡者皆死而家口籍沒上書字誤者科其罪鞭杖皆百二十為度名曰天杖其後又加至二百四十又作礔礰車以威婦人其決人罪云與杖者即一百二十多打者即二百四十帝既酣飲過度嘗中飲有下士楊文祐白宮伯長孫覽求歌曰朝亦醉暮亦醉日日恒常醉政事日無次鄭譯奏之帝怒命賜杖二百四十而致死後更令中士皇甫猛歌猛歌又諷諫鄭譯又以奏之又賜猛杖一百二十是時下自公卿內及妃后咸加棰楚上下愁怨及帝不豫而內外離心各求苟免隋高祖為相又行寬大之典刪略舊律作刑書要制既成奏

之靜帝下詔頒行諸有犯罪未科決者並依制處斷
高祖旣受周禪開皇元年乃詔尚書左僕射勃海公高熲
上柱國沛公鄭譯上柱國清河郡公楊素大理前少卿平
源縣公常明刑部侍郎保城縣公韓濬比部侍郎李諤兼
考功侍郎柳雄亮等更定新律奏上之其刑名有五一曰
死刑二有絞有斬二曰流刑三有一千里千五百里二千
里應配者一千里居作二年一千五百里居作二年半二
千里居作三年應住居作者三流俱役三年近流加杖一
百一等加三十三曰徒刑五有一年一年半二年二年半
三年四曰杖刑五自五十至于百五曰笞刑五自十至于

四了五十　志二十　隋書二十五　十七

五十而蠲除前代鞭刑及梟首轘裂之法其法徒之罪皆
減從輕唯大逆謀反叛者父子兄弟皆斬家口沒官又置
十惡之條多採後齊之制而頗有損益一曰謀反二曰謀
大逆三曰謀叛四曰惡逆五曰不道六曰大不敬七曰不
孝八曰不睦九曰不義十曰內亂犯十惡及故殺人獄成
者雖會赦猶除名其在八議之科及官品第七已上犯罪
皆例減一等其品第九已上犯者聽贖應贖者皆以銅代
絹贖銅一斤爲一負負十爲殿笞十者銅一斤加至杖百
則十斤徒一年贖銅二十斤每等則加銅十斤三年則六
十斤矣流一千里贖銅八十斤每等則加銅十斤二千里

則百斤矣二死皆贖銅百二十斤犯私罪以官當徒者五
品已上一官當徒二年九品已上一官當徒一年當流者
三流同比徒三年若犯公罪者徒各加一年當流者各加
一等其累徒過九年者流二千里定訖詔頒之曰帝王作
法沿革不同取適於時故有損益夫絞以致斃斬則殊形
除惡之體於斯已極梟首轘身義無所取不益懲肅之理
徒表安忍之懷鞭之爲用殘剝膚體徹骨侵肌酷均臠切
雖云遠古之式事乖仁者之刑梟轘及鞭並令去也貴礪
帶之書不當徒罰廣軒冕之蔭旁及諸親流役六年改爲
五載刑徒五歲變從三祀其餘以輕代重化死爲生條目

四了五十　志二十　隋書二十五　十八

甚多備於簡策宜班諸海內爲時軌範雜格嚴科並宜除
削先施法令欲人無犯之心國有常刑誅而不怒之義措
而不用庶或非遠萬方百辟知吾此懷自前代相承有司
訊考皆以法外或有用大棒束杖車輻鞵底壓踝杖桄之
屬楚毒備至多所誣伏雖文致於法而每有枉濫莫能自
理至是盡除苛慘之法訊囚不得過二百枷杖大小咸爲
之程品行杖者不得易人帝又以律令初行人未知禁故
犯法者衆又下吏承苛政之後務鍛鍊以致人罪乃詔申
勑四方敦理辭訟有枉屈縣不理者令以次經郡及州省
仍不理乃詣闕申訴有所未愜聽撾登聞鼓有司錄狀奏

之帝又每季親錄囚徒常以秋分之前省閱諸州申奏罪
狀三年因覽刑部奏斷獄數猶至萬條以爲律尚嚴密故
人多陷罪又勑蘇威牛弘等更定新律除死罪八十一條流
罪一百五十四條徒杖等千餘條定留唯五百條凡十二
卷一曰名例二曰衞禁三曰職制四曰戶婚五曰廐庫六
曰擅興七曰賊盜八曰鬭訟九曰詐僞十曰雜律十一曰
捕亡十二曰斷獄自是刑網簡要疏而不失於是置律博
士弟子員斷決大獄皆先牒明法定其罪名然後依斷五
年侍官慕容天遠糾都督田元冒請義倉事實而始平縣
律生輔恩舞文陷天遠遂更反坐帝聞之乃下詔曰人命

之重懸在律文刊定科條俾令易曉分官命職恒選循吏
小大之獄理無疑舛而因襲往代別置律官報判之人推
其爲首殺生之柄常委小人刑罰所以未清威福所以妄
作爲政之失莫大於斯其大理律博士尚書刑部曹明法
州縣律生竝可停廢自是諸曹決事皆令具寫律文斷之
六年勑諸州長史已下行參軍已上竝令習律集京之日
試其通不又詔免尉迥王謙司馬消難三道逆人家口之
配沒者悉官酬贖使爲編戶因除孥戮相坐之法又命諸州
因有處死不得馳驛行決高祖性猜忌素不悅學既任智
而獲大位因以文法自矜明察臨下恒令左右覘視內外

有小過失則加以重罪又患令史贓汙因私使人以錢帛
遺之得犯立斬每於殿廷打人一日之中或至數四嘗怒
問事揮楚不甚即命斬之十年尚書左僕射高熲治書侍
御史柳彧等諫以爲朝堂非殺人之所殿庭非決罰之地
帝不納熲等乃盡詣朝堂請罪曰陛下子育群生務在去
弊而百姓無知犯者不息致陛下決罰過嚴皆臣等不能
有所裨益請自退屏以避賢路帝於是顧謂領左右都督
田元曰吾杖重乎元曰重帝問其狀元舉手曰陛下杖大
如指捶楚人三十者比常杖數百故多致死帝不懌乃令
殿內去杖欲有決罰各付所由後楚州行參軍李君才上

言帝寵高熲過甚上大怒命杖之而殿內無杖遂以馬鞭
笞殺之自是殿內復置杖未幾怒甚又於殿庭殺人兵部
侍郎馮基固諫帝不從竟於殿庭行決帝亦尋悔宣慰馮
基而怒群僚之不諫者十二年帝以用律者多致踳駁罪
同論異詔諸州死罪不得便決悉移大理案覆事盡然後
上省奏裁十三年改徒及流竝爲配防十五年制死罪者
三奏而後決十六年有司奏合川倉粟少七千石命斛律
孝卿鞫問其事以爲主典所竊復令孝卿馳驛斬之沒其
家爲奴婢鬻粟以填之是後盜邊糧者一升已上皆死家
口沒官上又以典吏久居其職肆情爲姦諸州縣佐史三

年一代經任者不得重居之十七年詔又以所在官人不相
敬憚多自寬縱事難克舉諸有殿失雖備科條或據律乃
輕論情則重不即決罪無以懲肅其諸司屬官若有愆犯
聽於律外斟酌決杖於是上下相驅迭行捶楚以殘暴為
幹能以守法為懦弱是時帝意每尚慘急而姦回不止京
市白日公行掣盜人間強盜亦往往而有帝患之問羣臣
斷禁之法楊素等未及言帝曰朕知之矣詔有糾告者沒
賊家產業以賞糾人時月之間內外寧息其後無賴之徒
候富人子弟出路者而故遺物於其前偶拾取則擒以送
官而取其賞大抵被陷者甚衆帝知之乃命盜一錢已上

皆棄市行旅皆晏起早宿天下懍懍焉此後又定制行署
取一錢已上聞見不告言者坐至死自此四人共盜一榱
桷三人同竊一瓜事發即時行決有數人劫執事而謂之
曰吾豈求財者邪但為枉人來耳而為我奏至尊自古以
來體國立法未有盜一錢而死也而不為我以聞吾更來
而屬無類矣帝聞之為停盜取一錢棄市之法帝嘗發怒
六月棒殺人大理少卿趙綽固爭曰季夏之月天地成長
庶類不可以此時誅殺帝報曰六月雖曰生長此時必有
雷霆天道既於炎陽之時震其威怒我則天而行有何不
可遂殺之大理掌固來曠上封事言大理官司恩寬帝以

曠為忠直遣每旦於五品行中參見曠又告少卿趙綽濫
免徒囚帝使信臣推驗初無阿曲帝又怒命斬之綽因
固爭以為曠不合死帝乃拂衣入閤綽又矯言臣更不理
曠自有他事未及奏聞帝命引入閤綽再拜請曰臣有死
罪三臣為大理少卿不能制馭掌固使曠觸挂天刑死罪
一也囚不合死而臣不能死爭死罪二也臣本無他事而
妄言求入死罪三也帝解顏會獨孤皇后在坐帝賜綽二金
盃酒飲訖并以盃賜之曠因免死配徙廣州帝以年齡晚
暮尤崇尚佛道又素信鬼神二十年詔沙門道士壞佛像
天尊百姓壞岳瀆神像皆以惡逆論帝猜忌二朝臣蒙用

法尤峻御史監師於元正日不劾武官衣劍之不齊者或
以白帝帝謂之曰爾為御史何縱捨自由命殺之諫議大
夫毛思祖諫又殺之左領軍府長史考校不平將作寺丞
以諫麥䴵遲晚武庫令以署庭荒蕪獨孤師以受蕃客鸚
鵡帝察知並親臨斬決仁壽中用法益峻帝既喜怒不恒
不復依準科律時楊素正被委任素又稟性高下公卿股
慄不敢措言素於鴻臚少卿陳延不平經蕃客館庭中有
馬屎又庶僕氈上樗蒲旋以白帝帝大怒曰主客令不灑
掃庭內掌國以私戲汙敗官氈罪狀何以加此皆於西市
棒殺而榜捶陳延殆至於斃大理寺丞楊遠劉子通等性

愛深文每隨牙奏獄能承順帝旨帝大悅並遣於殿庭三品行中供奉每有詔獄專使主之候帝所不快則案以重抵無殊罪而死者不可勝原遠又能附楊素每於塗中接候而以囚名白之皆隨素所為輕重其臨終赴市者莫不塗中呼枉仰天而哭越公素侮弄朝權帝亦不之能悉煬帝即位以高祖禁網深刻又敕修律令除十惡之條時升稱皆小舊二倍其贖銅亦加二倍為差杖百則三十斤矣徒一年者六十斤每等加三十斤為差三年則一百八十斤矣流無異等贖二百四十斤二死同贖三百六十斤其實不異開皇舊制釁門子弟不得居宿衛近侍之官先是

蕭巖以叛誅崔君綽坐連庶人勇事家口籍沒巖以中宮故君綽緣女入宮愛幸帝乃下詔革前制曰罪不及嗣既弘至孝之道恩由義斷以勸事君之節故羊鮒從戮彌見叔向之誠季布立勳無預丁公之禍用能樹聲往代貽範將來朕虛己為政思遵舊典推心待物每從寬政六位成象美厥含弘一眚掩德甚非謂也諸犯罪被戮之門朞已下親仍令合仕聽預宿衛近侍之官三年新律成凡五百條為十八篇詔施行之謂之大業律一曰名例二曰衛宮三曰違制四曰請求五曰戶六曰婚七曰擅興八曰告劾九曰賊十曰盜十一曰鬬十二曰捕亡十三曰倉庫十四曰廐牧十五曰關市十六曰雜十七曰詐偽十八曰斷獄其五刑之內降從輕典者二百餘條其枷杖決罰訊囚之制並輕於舊是時百姓久厭嚴刻喜於刑寬後帝乃外征四夷內窮嗜欲兵革歲動賦斂滋繁有司皆臨時迫脅苟求濟事憲章遐棄賄賂公行窮人無告聚為盜賊帝乃更立嚴刑敕天下竊盜已上罪無輕重不待聞奏皆斬百姓轉相羣聚攻剽城邑誅罰不能禁帝以盜賊不息乃益肆淫刑九年又詔為盜者籍沒其家自是羣賊大起郡縣官人又各專威福生殺任情矣及楊玄感反帝誅之罪及九族其尤重者行轘裂梟首之刑或磔而射之命公卿已下

臠噉其肉百姓怨嗟天下大潰及恭帝即位獄訟有歸焉

志第二十　刑法志　隋書二十五

志第二十一　隋書二十六

太尉揚州都督監修國史上柱國趙國公臣長孫無忌等奉敕撰

百官上

易曰天尊地卑乾坤定矣卑高既陳貴賤位矣是以聖人法乾坤以作則因卑高以垂教設官分職錫珪胙土由近以制遠自中以統外內則公卿大夫士外則公侯伯子男咸所以協和萬邦平章百姓允釐庶績式敘彝倫其由來尚矣然古今異制文質殊途或以龍表官或以雲紀職放勳即分命四子重華乃爰置九官夏倍於虞殷倍於夏周監二代沿革不同其道既文置官彌廣逮于戰國戎馬交馳雖時有變革然猶承周制秦始皇廢先王之典焚百家之言創立朝儀事不師古始罷封侯之制立郡縣之官太尉主五兵丞相總百揆又置御史大夫以貳於相自餘衆職各有司存漢高祖除暴寧亂輕刑約法而職官之制因於嬴氏其間同異抑亦可知光武中興聿遵前緒唯廢丞相與御史大夫而以三司綜理衆務洎于叔世事歸臺閣論道之官備員而已魏晉繼及大抵略同爰及宋齊亦無改作梁武受終多循齊舊然而定諸卿之位各配四時置戎秩之官百有餘號陳氏繼梁不失舊物高齊創業亦遵後魏臺省位號與江左稍殊所有節文備詳於志有周創據關右日不暇給洎乎克清江漢爰議憲章酌酆鎬之遺文置六官以綜務詳其典制有可稱焉高祖踐極百度伊始復廢周官還依漢魏唯以中書為內史侍中為納言自餘庶僚頗有損益煬帝嗣位意存稽古建官分職率由舊章大業三年始行新令于時三川定鼎萬國朝宗衣冠文物足為壯觀既而以人從欲待下若讎號令日改官名月易尋而南征不復朝廷播遷圖籍注記多從散逸今之存錄者不能詳備焉

梁武受命之初官班多同宋齊之舊有丞相太宰太傅太保大將軍大司馬太尉司徒司空開府儀同三司等官諸公及位從公開府者置官屬有長史司馬諮議參軍掾屬從事中郎記室主簿列曹參軍行參軍舍人等官其司徒則有左右二長史又增置左西掾一人自餘僚佐同於二府有公則置無則省而司徒無公唯省舍人餘官常置開府儀同三司位次三公諸將軍左右光祿大夫優者則加之同三公置官屬

特進舊位從公武帝以鄧禹列侯就第特進奉朝請是特引見之稱無官定體於是革之

尚書省置令左右僕射各一人又置吏部祠部度支左戶都官五兵等六尚書左右丞各一人吏部刪定三公比部

祠部儀曹虞曹主客度支殿中金部倉部左户駕部起部
屯田都官水部庫部功論中兵外兵騎兵等郎二十二人
令史百二十人書令史百三十人
尚書掌出納王命敷奏萬機令總統之僕射副令又與尚
書分領諸曹令闕則左僕射爲主其祠部尚書多不置以
右僕射主之若左右僕射並闕則置尚書僕射以掌左事
置祠部尚書以掌右事然則尚書僕射祠部尚書不恒置
矣又有起部尚書營宗廟宮室則權置之事畢則省以
其事分屬都官左户二尚書左右丞各一人佐令僕射知
省事左掌臺內分職儀禁令報人章督録近道文書章表
奏事糾諸不法右掌臺內藏及廬舍凡諸器用之物督録
遠道文書章表奏事凡諸尚書文書詔中書省者密事皆
以挈囊盛之封以左丞印自晉以後八座及郎中多不奏
事天監元年詔曰自禮闈陵替歷茲永久郎署備員無取
職事糠粃文案貴尚虛閑空有趨墀之名了無握蘭之實
曹郎可依昔奏事自是始奏事矣三年置侍郎視通直
郎其郎中在職勤能滿二歲者轉之又有五都令史與左
右丞共知所司舊用人常輕九年詔曰尚書五都職參政
要非但總領衆局亦乃方軌二丞頃雖求才未臻妙簡可
革用士流每盡時彥庶同持領秉此羣目於是以都令

史視奉朝請其年以太學博士劉納兼殿中都司空法曹
參軍劉顒兼吏部都太學博士孔虔孫兼金部都司空法
曹參軍蕭軌兼左户都宣毅墨曹參軍王顒兼中兵都五
人並以才地兼美首膺茲選矣駕部又別領車府署庫部
領南北武庫二署令丞
門下省置侍中給事黃門侍郎各四人掌侍從左右擯相
威儀盡規獻納糾正違闕監令嘗御藥封璽書侍郎中高
功者在職一年詔加侍中祭酒與侍郎高功者一人對掌
禁令公車太官太醫等令驊騮廄丞
集書省置散騎常侍通直散騎常侍各四人員外散騎常
侍無員散騎侍郎通直郎各四人又有員外散騎侍郎給
事中奉朝請常侍侍郎掌侍從左右獻納得失省諸奏聞
文書意異者隨事爲駮集録比詔比璽爲諸優文策文平
處諸文章詩頌常侍高功者一人爲祭酒與侍郎高功者
一人對掌禁令糾諸逋違
駙馬奉車車騎三都尉並無員駙馬以加尚公主者無班
秩○散騎常侍通直散騎常侍員外散騎常侍舊並爲顯
職與侍中通官宋代以來或輕或雜其官漸替天監六年
革選詔曰在昔晉初仰惟盛化常侍侍中並奏帷幄員外
常侍特爲清顯陸始名公之胤位居納言曲蒙優禮方有斯

授可分門下二局委散騎常侍尚書案奏分曹入集書通
直常侍本爲顯爵貴外之選宜參舊准人數依正員格自
是散騎視侍中通直視中丞貟外視黄門郎
中書省置監令各一人掌出内帝命侍郎四人功高者一人
主省内事又有通事舍人主事令史等員及置令史以承
其事通事舍人舊入直閤内梁用人殊重簡以才能不限
資地多以他官兼領其後除通事直曰中書舍人
秘書省置監丞各一人郎四人掌國之典籍圖書著作郎
一人佐郎八人掌國史集注起居著作郎謂之大著作梁
初周捨裴子野皆以他官領之又有撰史學士亦知史書

佐郎爲起家之選
御史臺梁國初建置大夫天監元年復曰中丞置一人掌
督司百寮皇太子已下其在宫門行馬内違法者皆糾彈
之雖在行馬外而監司不糾亦得奏之專道而行逢尚書
丞郎亦得停駐其尚書令僕御史中丞各給威儀十人其
八人武冠絳韝執青儀囊在前囊題云宜官吉以受辭訴
一人緗衣執鞭杖依列行七人唱呼入殿引喤至階一人
執儀囊不喤屬官治書侍御史二人掌舉劾官品第六已
下分統侍御史侍御史九人居曹掌知其事糾察不法殿
中御史四人掌殿中禁衛内又有符節令史員

謁者臺僕射一人掌朝覲賓饗之事屬官謁者十人掌奉
詔出使拜假朝會擯贊高功者一人爲假史掌差次謁
者○諸卿梁初猶依宋齊皆無卿名天監七年以太常爲
太常卿加置宗正卿以大司農爲司農卿三卿是爲春卿
加置太府卿以少府爲少府卿加置太僕卿三卿是爲夏
卿以衛尉爲衛尉卿廷尉爲廷尉卿將作大匠爲大匠卿
三卿是爲秋卿以光禄勳爲光禄卿大鴻臚爲鴻臚卿都
水使者爲太舟卿三卿是爲冬卿凡十二卿皆置丞及功
曹主簿而太常視金紫光禄大夫統明堂二廟太史太祝
廩犧太樂鼓吹乘黄北館典客館等令丞及陵監國學等

又置協律校尉總章校尉監掌故樂正之屬以掌樂事太
樂又有清商署丞太史別有靈臺丞詔以爲陵監之名不出
前誥且宗廟憲章既備典禮園寢職司理不容異諸正陵
先立監者改爲令於是陵置令矣
國學有祭酒一人博士二人助教十人太學博士八人又
有限外博士員天監四年置五經博士各一人舊國子學
生限以貴賤帝欲招來後進五館生皆引寒門儁才不限
人數大同七年國子祭酒到溉等又表立正言博士一人
位視國子博士置助教二人
宗正卿位視列曹尚書主皇室外戚之籍以宗室爲之

司農卿位視散騎常侍主農功倉廩統太倉導官籍田上
林令又管樂遊北苑丞左右中部三倉丞莢庫荻庫箬庫
丞湖西諸屯主天監九年又置勸農謁者視殿中御史
太府卿位視宗正掌金帛府帑統左右藏令上庫丞掌太
倉南北市令關津亦皆屬焉
少府卿位視尚書左丞置材官將軍左中右尚方甄官平水
署南塘邸税庫東西冶中黃細作炭庫紙官染署等令丞
太僕卿位視黃門侍郎統南馬牧左右牧龍廄內外廄丞
又有弘訓太僕亦置屬官
衛尉卿位視侍中掌宮門屯兵卿每月丞每旬行宮徼糾

志二十一　隋書二十六　七

察不法統武庫令公車司馬令又有弘訓衛尉亦置屬官
廷尉卿梁國初建曰大理天監元年復改爲廷尉有正監
平三人元會廷尉三官與建康三官皆法冠玄衣朝服以
監東西中華門手執方木長三尺方一寸謂之執方四年
置胄子律博士位視員外郎
大匠卿位視太僕掌土木之工統左右校諸署
光祿卿位視太子中庶子掌宮殿門戶統守宮黃門華林
園暴室等令又有左右光祿金紫光祿太中中散等大夫
並無員以養老疾
鴻臚卿位視尚書左丞掌導護贊拜

大舟卿梁初爲都水臺使者一人參軍事二人河堤謁者
八人七年改爲位視中書郎列卿之最末者也主舟航堤渠
大長秋主諸宮者以司宮闈之職統黃門中署奚官暴室
華林等署領軍護軍左右衛驍騎游騎等六將軍是爲六
軍又有中領中護資輕於領護又左右前後四將軍左右
中郎將屯騎步騎越騎長水射聲等五營校尉武賁冗從
羽林三將軍積射強弩二軍殿中將軍武騎之職皆以分
司冊禁侍衛左右天監六年置左右驍騎左右游擊將軍
位視二率改舊驍騎曰雲騎游擊曰游騎降左右驍游一
階又置朱衣直閤將軍以經爲方牧者爲之其以左右驍

志二十一　隋書二十六　八

游帶領者量給儀從
太子太傅一人位視尚書令少傅一人位視左僕射天監
初又置東宮常侍皆散騎常侍爲之
詹事位視中護軍任總宮朝二傅及詹事各置丞功曹主
簿五宮家令率更令僕各一人家令自宋齊已來清流者
不爲之天監六年帝以三卿陵替乃詔革選家令視通直
常侍率更僕視黃門三等皆置丞中大通三年以昭明太
子妃居金華宮又置金華家令
左右衛率各一人位視御史中丞各有丞左率領果毅統
遠立忠建寧陵鋒夷冠祚德等七營右率領崇榮永吉崇

和細射等四營三衛各置殿中將軍十人員外將軍十人正員司馬四人又有員外司馬督官其屯騎步兵翊軍三校尉各一人謂之三校旅賁中郎將冗從僕射各一人謂之二將左右積弩將軍各一人門大夫一人視謁者僕射○中庶子四人功高者一人爲祭酒行則負璽前後部護駕

中舍人四人功高者一人與中庶子祭酒共掌其坊之禁令又有通事守舍人典事守舍人典法守舍人員

庶子四人掌侍從左右獻納得失高功者一人與高功舍人共掌其坊之禁令

舍人十六人掌文記通事舍人二人視南臺御史多以餘官兼職典經局洗馬八人位視通直郎置典經守舍人典事守舍人員又有外監殿局內監殿局導客局齋內局主璽主衣扶侍等局門局錫庫局內廐局中藥藏局食官局外廐局車廐局等各置有司以承其事

皇弟皇子府置師長史司馬從事中郎諮議參軍及掾屬中録事中記室中直兵等參軍功曹史録事記室中兵等參軍文學主簿正參軍行參軍長兼行參軍等員嗣王府則減皇弟皇子府師友文學長兼行參軍蕃王府則又減嗣王從事中郎諮議參軍掾屬録事記室中兵參軍等員自此以下則並不登二品

王國置郎中令將軍常侍官又置典祠令廟長陵長典醫丞典府丞典書令學官令食官長中尉侍郎執事中尉司馬謁者典衛令舍人中大夫大農等官嗣王國則唯置郎中令中尉常侍大農等員蕃王則無常侍自此以下並不登二品

諸王皆假金獸符第一至第五左竹使符第一至第十左

諸公侯皆假銅獸符竹使符第一至第五名山大澤不以封鹽鐵金銀銅錫及竹園別都宮室園囿皆不以屬國

諸王言曰令境內稱之曰殿下公侯封郡縣者言曰教境

內稱之曰第下自稱皆曰寡人相以下公文上事皆詣典書世子主國其文書表疏儀式如臣而不稱臣文書下羣官皆言告諸王公侯國官皆稱臣上於天朝皆稱陪臣有所陳皆曰上疏其公文曰言事五等諸公位視三公班次之開國諸侯位視孤卿重號將軍光祿大夫班次之開國諸伯位視九卿班次之開國諸子位視二千石班次之開國諸男位視比二千石班次之公已下各置相典祠典書令典衛長一人而伯子典書謂之長典衛謂之丞男典祠謂之長典書謂之丞無典衛諸公已下臺爲選置相掌知百姓事典祠已下自選補上諸列侯食邑千戶已上置家

丞庶子員不滿千戶則但置庶子員
州刺史二千石受拜之明日辭宮廟而行州置別駕治中
從事各一人主簿西曹議曹從事祭酒從事部傳從事文
學從事各因其州之大小而置員郡置太守置丞國曰內
史郡丞三萬戶以上置佐一人
縣爲國曰相大縣爲令小縣爲長皆置丞尉郡縣置吏亦
各准州法以大小而制員郡縣吏有書僮有武吏有醫有
迎新送故等員亦各因其大小而置焉
建康舊置獄丞一人天監元年詔依廷尉之官置正平監
革選士流務使任職又令三官更直一日分受罪繫事無

小大悉與令籌若有大事共詳三人具辨服有同異各立
議以聞尚書水部郎秦孝然議曹郎孔林源並爲之位視
給事中
天監初武帝命尚書刪定郎濟陽蔡法度定令爲九品秩
定帝於品下注一品秩爲萬石第二第三爲中二千石第
四第五爲二千石至七年革選徐勉爲吏部尚書定爲十
八班以班多者爲貴同班者則以居下者爲劣
丞相太宰太傅太保大司馬大將軍太尉司徒司空爲十
八班
諸將軍開府儀同三司左右光祿開府儀同三司爲十七班

尚書令太子太傅左右光祿大夫爲十六班
尚書左僕射太子少傅尚書僕射右僕射中書監特進領
護軍將軍爲十五班
中領護軍吏部尚書太子詹事金紫光祿大夫太常卿爲
十四班
中書令列曹尚書國子祭酒宗正太府卿光祿大夫爲十
三班
侍中散騎常侍左右衛將軍司徒左長史衛尉卿爲十
二班
御史中丞尚書吏部郎祕書監通直散騎常侍太子左右

二衛率左右驍騎左右游擊太中大夫皇弟皇子師司農
少府廷尉卿太子中庶子光祿卿爲十一班
給事黃門侍郎員外散騎常侍皇弟皇子府長史太僕大
匠卿太子家令率更令僕揚州別駕中散大夫司徒右長
史雲騎游騎皇弟皇子府司馬朱衣直閤將軍爲十班
尚書左丞鴻臚卿中書侍郎國子博士太子庶子揚州中
從事皇弟皇子公府從事中郎太舟卿大長秋皇弟皇子
府諮議嗣王府長史前左右後四軍嗣王府司馬庶姓公
府長史司馬爲九班
祕書丞太子中舍人司徒左西掾司徒屬皇弟皇子友散

騎侍郎尚書右丞南徐州別駕皇弟皇子公府掾屬皇弟皇子單爲二衞司馬嗣王庶姓公府從事中郎左右中郎將嗣王庶姓公府諮議皇弟皇子之庶子府長史司馬蕃王府長史司馬庶姓持節府長史司馬爲八班

五校東宮三校皇弟皇子之庶子府中録事中記室中直兵參軍南徐州中從事皇弟皇子之庶子府蕃王府諮議爲七班

太子洗馬通直散騎侍郎司徒主簿尚書侍郎著作郎皇弟皇子府功曹史五經博士皇弟皇子府録事記室中兵參軍皇弟皇子荆江雍郢南兖五州別駕領護軍長史司

馬嗣王庶姓公府掾屬南臺治書侍御史廷尉三官謁者僕射太子門大夫嗣王庶姓公府中録事中記室中直兵參軍庶姓府諮議爲六班

尚書郎中皇弟皇子文學及府主簿太子太傅少傅丞皇弟皇子湘豫司益廣青衡七州別駕皇弟皇子荆江雍郢南兖五州中從事嗣王庶姓荆江雍郢南兖五州別駕太常丞皇弟皇子國郎中令三將東宮三將嗣王府功曹史庶政公府録事記室中兵參軍皇弟皇子之庶子府蕃王府中録事中記室中直兵參軍爲五班

給事中皇弟皇子府正參軍中書舍人建康三官皇弟皇子北徐北兖梁交南梁五州別駕皇弟皇子湘豫司益廣青衡七州別駕中從事嗣王庶姓湘豫司益廣青衡七州別駕嗣王庶姓荆江雍郢南兖五州中從事宗正太府衞尉司農少府廷尉太子詹事等丞積射強弩將軍太子左右積弩將軍皇弟皇子國大農嗣王國郎中令嗣王庶姓公府主簿皇弟皇子之庶子府蕃王府功曹史皇弟皇子之庶子府蕃王府録事記室中兵參軍爲四班

太子舍人司徒祭酒皇弟皇子公府祭酒員外散騎侍郎皇弟皇子府行參軍太子太傅少傅五官功曹主簿二衞司馬公車令胄子律博士皇弟皇子越桂寧霍四州別駕

皇弟皇子北徐北兖梁交南梁五州中從事嗣王庶姓北徐北兖梁交南梁五州別駕湘豫司益廣青衡七州中從事嗣王庶姓公府正參軍皇弟皇子之庶子府蕃王府曹主簿武衞將軍光祿丞皇弟皇子國中尉太僕大匠丞嗣王國大農蕃王國郎中令庶姓持節府中録事中記室中直兵參軍北館令爲三班

祕書郎著作佐郎揚南徐州主簿嗣王庶姓公府祭酒皇弟皇子單爲領護詹事二衞等五官功曹主簿太學博士皇弟皇子國常侍奉朝請國子助教皇弟皇子越桂寧霍四州中從事皇弟皇子荆江雍郢南兖五州主簿嗣王庶

姓越桂寧霍四州別駕嗣王庶姓北徐北兖梁交南梁五
州中從事鴻臚丞尚書五都令史武騎常侍材官將軍明堂
二廟帝陵令嗣王府庶姓公府行參軍皇弟皇子之庶子
府正參軍蕃王國大農長兼庶姓持節府録事記室中兵參軍
庶姓持節府功曹史爲二班
揚南徐州西曹祭酒從事皇弟皇子國侍郎嗣王國常侍
揚南徐州議曹從事東宮通事舍人南臺侍御史太舟丞
二衛殿中將軍太子二率殿中將軍皇弟皇子之庶子府
蕃王府行參軍蕃王國中尉皇弟皇子湘豫司益廣青衡
七州主簿皇弟皇子荆雍郢南兖四州西曹祭酒議曹從

事皇弟皇子江州西曹從事祭酒議曹祭酒部傳從事嗣
王庶姓越桂寧霍四州中從事嗣王庶姓荆江雍郢南兖
五州主簿庶姓持節府主簿汝陰巴陵二國郎中令太官
太樂太市太史太醫太祝東西冶左右尚方南北武庫車
府等令爲一班
位不登二品者又爲七班皇弟皇子府長兼參軍皇弟皇
子國三軍嗣王國侍郎蕃王國常侍揚南徐州文學從事
殿中御史庶姓持節府除正參軍太子家令丞二衛殿中
員外將軍太子二率殿中員外將軍鎮蠻安遠護軍度支
校尉等司馬皇弟皇子北徐北兖梁交南梁五州主簿皇

弟皇子湘豫司益廣青衡七州西曹祭酒議曹從事皇弟
皇子荆雍郢三州從事史江州議曹從事南兖州文學從
事嗣王庶姓湘豫司益廣青衡七州主簿嗣王庶姓荆雍
郢南兖四州西曹祭酒議曹從事嗣王庶姓江州西曹從
事祭酒部傳從事勸農謁者汝陰巴陵二王國大農郡公
國郎中令爲七班
皇弟皇子國典書令嗣王國三軍蕃王國侍郎領護詹事
五官功曹皇弟皇子府參軍督護嗣王府長兼參軍庶姓
公府長兼參軍庶姓持節府板正參軍皇弟皇子越桂寧
霍四州主簿皇弟皇子北徐北兖梁交南梁五州西曹祭

酒議曹從事嗣王庶姓北徐北兖梁交南梁五州主簿嗣
王庶姓湘豫司益廣青衡七州西曹祭酒議曹從事皇弟
皇子豫司益廣青五州文學從事湘衡二州從事嗣王庶
姓荆霍郢三州從事史江州議曹從事南兖州文學從事
汝陰巴陵二王國中尉皇弟皇子之庶子縣侯國郎中令
郡公國大農縣公國郎中令爲六班
皇弟皇子國三令嗣王國典書令蕃王國三軍皇弟皇子
公府東曹督護嗣王府庶姓公府參軍督護皇弟皇子之
庶子長兼參軍蕃王府長兼公參軍二衛正員司馬督太子
二率正員司馬督領護主簿詹事主簿二衛功曹太常五

官功曹石頭戍軍功曹庶姓持節府行參軍皇弟皇子越
桂寧霍四州西曹祭酒議曹從事皇弟皇子北徐北兖梁
交南梁五州文學從事嗣王庶姓越桂寧霍四州主簿嗣
王庶姓北徐北兖梁交南梁五州西曹祭酒議曹從事嗣
王庶姓豫司益廣青五州文學從事湘衡二州從事汝陰
巴陵二王國常侍郡公國中尉縣侯國郎中令皇弟皇子
府功曹督護爲五班
嗣王國三令蕃王國典書令嗣王府功曹督護庶姓公府
東曹督護皇弟皇子之庶子府參軍督護蕃王府參軍督
護二衛員外司馬督太子二率員外司馬督二衛主簿太

常主簿宗正等十一卿五官功曹石頭戍軍主簿庶姓持節
府板行參軍皇弟皇子越桂寧霍四州文學從事嗣王庶
姓越桂寧霍四州西曹祭酒議曹從事嗣王庶姓北徐北
兖梁交南梁五州文學從事汝陰巴陵二王國侍郎縣公
國中尉爲四班
蕃王國三令皇弟皇子之庶子府蕃王府功曹督護宗正
等十一卿主簿庶姓持節府長兼參軍嗣王庶姓越桂寧
霍四州文學從事郡公國侍郎爲三班
庶姓持節府參軍督護汝陰巴陵二王國典書令縣公國
侍郎爲二班

庶姓持節府功曹督護汝陰巴陵二王國三令郡公國典
書令爲一班
又著作正令史集書正令史尚書度支三公正令史函典
書殿中外監齋東堂監尚書都官左降正令史諸州鎮監
石頭城監琅邪城監東宮外監殿中守舍人齋監東宮典
經守舍人上庫令太社令細作令導官令平水令太官市
署丞正厨丞酒庫丞柴署丞太樂庫丞別局校丞清商丞
太史丞太醫二丞中藥藏丞東冶小庫等三丞作堂金銀
局丞木局丞北武庫二丞南武庫二丞東宮食官丞上林
丞湖西墎屯丞茭若庫丞紋絹簟席丞國子典學材官司

馬宣陽等諸門候東宮導客守舍人運署謁者都水左
右二裝五城謁者石城宣城陽新屯謁者南康建安晉安
伐船謁者晉安練葛屯主爲三品蘊位又門下集書主事
通正令史中書正令史尚書正令史尚書監籍正令史都
正令史殿中內監題閣監婚局監東宮門下通事守舍人
東宮典書守舍人東宮內監殿中守舍人題閣監兼黃令
右藏令籍田令廩犧令梅根諸治令典客館令太官四丞
庫丞太樂令東冶大庫丞左右尚方五丞右尚方四丞東宮
衛庫丞司農左右中部倉丞廷尉律博士公府舍人諸州
別署監山陰獄丞爲三品勳位其州二十三並列其高下

選擬略視內職郡守及丞各爲十班縣制七班用人各擬
內職云
又詔以將軍之名高卑舛雜命更加釐定於是有司奏置
一百二十五號將軍以鎮衛驃騎車騎爲二十四班內外通用
四征東南西北止施外四中軍衛撫護止施內爲二十三班八鎮東南西北止施在外左右前後止施在內爲二十二班八安東西南北止施在外左右前後止施在內爲二
十一班四平東南西北四翊左右前後爲二十班凡三十五號爲一
品是爲重號將軍忠武軍師爲十九班武臣爪牙龍騎雲
麾爲十八班代舊前後左右四將軍鎮兵翊師宣惠宣毅爲十七班
代舊四中郎四十號爲一品智威仁威勇威信威嚴威爲十六班

代舊征虜智武仁武勇武信武嚴武爲十五班代舊冠軍十號爲一
品所謂五德將軍者也輕車征遠鎮朔武旅貞毅爲十四
班代舊輔國凡將軍加大者唯至貞毅而已通進一階優者方得比加位從公凡督府置長史司馬諮議諸曹有錄事記室等十八曹天監七年更置中錄事中記室中直兵參軍各一人寧遠明威振遠電耀
威耀爲十三班代舊寧朔十號爲一品武威武騎武猛壯武飇
武爲十二班電威馳銳追鋒羽騎突騎爲十一班十號爲
一品折衝冠武和戎安壘猛烈爲十班掃狄雄信掃虜武
銳摧鋒爲九班十號爲一品略遠貞威決勝開遠光野爲
八班厲鋒輕銳討狄蕩虜蕩夷爲七班十號爲一品武毅
鐵騎樓船宣猛樹功爲六班克狄平虜討夷平狄威戎爲

五班十號爲一品伏波雄戟長劍衝冠雕騎爲四班佽飛
安夷克戎綏狄威虜爲三班十號爲一品前鋒武毅開邊
招遠金威爲二班綏虜蕩寇殄虜橫野馳射爲一班十號
爲一品凡十品二十四班亦以班多爲貴其制品十取其
盈數班二十四以法氣序制簿悉以大號居後以爲選法
自小遷大也前史所記以位得從公故將軍之名次于台
槐之下至是備其班品敘於百司之外其不登二品應須
軍號者有牙門代舊建威期門代舊建武爲八班候騎代舊振威熊渠代舊振武爲七班中堅代舊奮威典戎代舊奮武爲六班戈船代舊揚威繡衣代舊揚武爲五班執訊代舊廣威行陣代舊廣武爲四班鷹揚爲三班陵江

爲二班偏將軍裨將軍爲一班凡十四號別爲八班以象
八風所施甚輕又有武安鎮遠雄義擬車騎爲二十四班四
撫東南西北擬四征爲二十三班四寧東南西北擬四鎮爲二十二班四
威東南西北擬四安爲二十一班四綏東南西北擬四平爲二十班凡十
九號爲一品安遠安邊擬忠武軍師爲十九班輔義安沙衛海
撫河擬武臣等四號爲十八班平遠撫朔寧沙航海擬鎮兵等四號爲十
七班凡十號爲一品翊海朔野拓遠威河龍幕擬智威等五号爲
十六班威隴安漠綏邊寧寇梯山擬智武等五號爲十五班凡十
號爲一品寧境綏河明信明義威漠擬輕車等五號爲十四班安
隴向義宣節振朔候律擬寧遠等五號爲十三班凡十號爲一品

平寇定遠陵海寧隴振漢擬武威等五號為十二班馳義横朔明
節執信懷德擬電威等五號為十一班凡十號為一品撫邊定隴
綏關立信奉義擬折衝等五號為十班綏隴寧邊定朔立節懷威
擬掃狄等五號為九班凡十號為一品懷關靜朔掃寇寧河安朔
擬略遠等五號為八班揚化超隴執義來化度嶂擬厲鋒等五號為七班
凡十號為一品平河振隴雄邊横沙寧關擬武毅等五號為六班
懷信宣義弘節浮遼鑿空擬克狄等五號為五班凡十號為一品
扞海款塞歸義陵河明信擬伏波等五號為四班奉忠守義弘信
仰化立義擬佽飛等五號為三班凡十號為一品綏方奉正承化
浮海度河擬先鋒等五號為二班懷義奉信歸誠懷澤伏義擬綏虜等

五號為一班凡十號為一品大凡一百九號將軍亦為十品
二十四班正施於外國及大通三年有司奏曰天監七年
改定將軍之名有因有革普通六年又置百號將軍更加
刊正雜號之中微有移異大通三年奏移寧遠班中明威
將軍進輕車班中以輕車班中征遠度入寧遠班中又置
安遠將軍代貞武宣遠代明烈其戎夷之號亦加附擬選
序則依此承用遂以定制轉則進一班黜則退一班班即
階也同班以優劣為前後有鎮衛驃騎車騎同班四中四
征同班八鎮同班八安同班四平四翊同班忠武軍師同
班武臣爪牙龍騎雲麾冠軍同班鎮兵翊師宣惠宣毅四

將軍東南西北四中郎將同班智威仁威勇威信威嚴威
同班智武仁武勇武信武嚴武同班謂為五德將軍輕車
鎮朔武旅貞毅明威同班寧遠安遠征遠振遠宣遠同班
威雄威猛威烈威振威信威勝威略威風威力威光同班
武猛武略武勝武力武毅武健武烈武威武銳武勇同班
猛毅猛烈猛威猛銳猛震猛進猛智猛威猛勝猛駿同班
壯武壯勇壯烈壯猛壯銳壯盛壯毅壯志壯意壯力同班
驍雄驍桀驍猛驍烈驍武驍勇驍銳驍名驍勝驍迅同班
雄猛雄威雄明雄烈雄信雄武雄勇雄毅雄壯雄健同班
忠勇忠烈忠猛忠銳忠壯忠毅忠捍忠信忠義忠勝同班

明智明略明遠明勇明烈明威明勝明進明銳明毅同班
光烈光明光英光遠光勝光銳光命光勇光戎光野同班飇勇
飇猛飇烈飇銳飇奇飇決飇起飇略飇勝飇出同班龍驤
武視雲旗風烈電威雷音馳銳追銳羽騎突騎同班折衝
冠武和戎安壘超猛英果掃虜掃狄武銳摧鋒同班開遠
略遠貞威決勝清野堅銳輕銳拔山雲勇振旅同班超武
鐵騎樓船宣猛樹功克狄平虜稜威昭威威戎同班伏波
雄戟長劍衝冠雕騎佽飛勇騎破敵克敵威虜同班前鋒
武毅開邊招遠金威破陣蕩寇殄虜横野馳射同班牙門
期門同班候騎熊渠同班中堅典戎同班執訊行陣同班

伏武懷奇同班偏裨將軍同班凡二百四十號爲四十四
班又雍州置寧蠻校尉廣州置平越中郎將北涼南秦置
西戎校尉南秦梁州置平戎校尉寧州置鎮蠻校尉西陽
南新蔡晉熙廬江等郡置鎮蠻護軍武陵郡置安遠護軍
巴陵郡置度支校尉皆立府隨府主號輕重而不爲定其
將軍施於外國者雄義鎮遠武安同班擬鎮衛等三號四
撫同班擬四征四威同班擬四安四綏同班擬四平安遠
安邊同班擬忠武等號撫河衛海安沙輔義同班擬武臣
等號航海寧沙撫朔平遠同班擬鎮兵等號龍幕威河和
戎拓遠朔野翊海同班擬智威等號梯山寧寇綏邊安漠

威隴五號同班擬智武等號威漠明義昭信綏河寧境同
班擬輕車等號候律振朔宣節向義安隴同班擬寧遠等
號振漠寧隴陵海安遠平寇同班擬威雄等號懷關同班擬
驍雄等號度嶂奉化康義超隴揚化同班擬猛烈等號寧
關橫沙雄邊振隴平河同班擬忠勇等號鑿空浮遼弘節
宣義懷信同班擬明智等號明信陵河歸義款塞扞海同
班擬光烈等號立義仰化弘信守義奉忠同班擬飈勇等
號奉誠立誠建誠顯誠義誠同班擬驤等號尉遼寧渤綏
嶺威塞通候同班擬折衝等號掃荒威荒定荒開荒理荒
同班擬開遠等號奉節建節致節伏節同班擬超武等號

渡河陵海承化奉正綏方同班擬伏波等號伏義懷澤歸
誠奉信懷義同班擬前鋒等號凡一百二十五將軍二十
八班並施外國戎號準于中夏焉大同四年魏彭城王爾
朱仲遠來降以爲定洛大將軍仍使其北討故名云
陳承梁皆循其制官而又置相國位列丞相上并丞相太
宰太傅太保大司馬大將軍並以爲贈官定令尚書置五
員郎二十一員其餘並遵梁制爲十八班而官有清濁自
十二班以上並詔授表啓不稱姓從十一班至九班禮數
復爲一等又流外有七班此是寒微士人爲之從此班者
方得進登第一班其親王起家則爲侍中若加將軍方得

有佐史無將軍則無府止有國官皇太子家嫡者起家封
王依諸王起家餘子並封公起家中書郎諸王子并諸侯
世子起家給事三公子起家員外散騎侍郎令僕子起家
祕書郎若員滿亦爲板法曹雖高半階望終祕書郎下次
令僕子起家著作佐郎亦爲板行參軍此外有揚州主簿
太學博士王國侍郎奉朝請嗣王行參軍並起家官未合
發詔諸王公參佐等官仍爲清濁或有選司補用亦有府
牒即授者不拘年限去留隨意在府之日唯賓遊宴賞時
復脩參吏無餘事若隨府王在州其僚佐等或亦得預催
督若其驅使便有職務其衣冠子弟多有脩立非氣類者

唯利是求暴物亂政皆此之類國之政事並由中書省有中書舍人五人領主事十人書吏二百人書吏不足并取助書分掌二十一局事各當尚書諸曹並為上司總國內機要而尚書唯聽受而已被委此官多擅威勢其庶姓為州若無將軍者謂之單車郡縣官之任代下有迎新送故之法餉饋皆百姓出並以定令其所制品秩今列之云

相國丞相太宰太傅太保大司馬大將軍太尉司徒司空開府儀同三司已上秩萬石巴陵王汝陰王後尚書令已上秩中二千石品並第一中書監尚書左右僕射特進太子二傅左右光祿大夫已上中二千石品並第二中書令侍中散騎常侍領護

軍吏部尚書列曹尚書金紫光祿大夫光祿大夫已上並中二千石左右衛將軍御史中丞已上千石二太后衛尉太僕少府三卿太常宗正太府衛尉司農少府廷尉光祿大匠太僕鴻臚太舟等卿太子詹事國子祭酒已上中二千石揚州刺史凡單車刺史加督進一品都督進二品不論持節假節揚州徐州加督進二品右光祿已下加都督第一品尚書令下南徐東揚州刺史皇弟皇子封國王世子品並第三通直散騎常侍員外散騎常侍黃門侍郎已上二千石祕書監中二千石左右驍騎左右游擊等將軍太子中庶子已上二千石太子左右衛率二千石朱衣直閣雲騎游騎將軍中書侍郎已上千石尚書左右丞尚書吏部侍郎郎中已上六百石尚書郎中與吏部郎同列今品同太子三

卿太中中散大夫司徒左右二長史已上千石諸王師依秩減之例國子博士千石荆江南兗郢湘雍等州刺史六州加督進在第三品東揚州下加都督進在第二品右光祿下嗣王蕃王郡公縣公等世子品並第四祕書丞明堂太廟帝陵等令已上六百石散騎侍郎前左右後軍將軍左右中郎將已上千石大長秋二千石太子中舍人庶子六百石豫益廣衡等州青州領冀州北兗北徐等州梁州領南秦州司南梁交越桂霍寧等十五州加督進在第四品雍州下加都督進在第三品南徐州下不言秩丹楊尹中二千石會稽太守二千石加督進在第四品雍州下加都督進在第三品南徐州下諸郡若督及都督皆以此差次為例吳郡吳興二太守二千石侯世子不言秩皇弟皇子府諮議參軍八百石皇弟皇子府板諮

議參軍不言秩皇弟皇子府長史千石皇弟皇子府板長史不言秩皇弟皇子府司馬千石皇弟皇子府板司馬不言秩皇弟皇子公府從事中郎六百石品並第五通直散騎侍郎千石著作郎六百石步兵射聲長水越騎屯騎五校尉並千石太子洗馬六百石太子步兵翊軍屯騎三校尉並秩同臺校司徒左西掾屬並本秩四百石依減秩例皇弟皇子友依減秩例皇弟皇子公府屬本秩四百石依減秩例五經博士六百石子男世子不言秩萬戶以上郡太守內史相嗣王府皇弟皇子之庶子府諮議參軍六百石板者不言秩嗣王府皇弟皇子之庶子府長史司馬並八百石嗣王府官減正王府一階其板長史司馬並不言秩庶姓公府諮議參軍六百石與嗣王府同其板者並不言秩庶姓公

府長史司馬並八百石其板者並不言秩嗣王庶姓公府從事中郎六百石皇弟皇子府中錄事參軍板府中錄事參軍中記室參軍板中記室參軍中直兵參軍板中直兵參軍揚州別駕中從事皇弟皇子南徐荊江南兗郢湘雍州別駕中從事並不言秩品並第六給事中六百石員外散騎侍郎秘書著作佐郎並四百石依舊秩例奉車駙馬都尉武賁中郎將羽林監冗從僕射已上並六百石謁者僕射千石南臺治書侍御史六百石太子舍人二百石依舊秩例太子門大夫六百石太子旅賁中郎將冗從僕射並秩同臺將司徒主簿依舊秩例司徒祭酒不言秩領護軍長史司馬廷尉正監平並六百石皇弟皇子府錄事記室中兵等參軍板錄

事記室中兵等參軍功曹史主簿公府祭酒並不言秩皇弟皇子文學依舊秩例嗣王庶姓公府掾屬並本秩四百石依舊秩例太子二傅丞並六百石蕃王府諮議參軍四百石蕃王府板諮議參軍不言秩蕃王府長史司馬六百石板者並不言秩庶姓持節府諮議參軍四百石庶姓非公不持節將軍置長史六百石庶姓持節府板諮議參軍不言秩庶姓持節府長史司馬並六百石板者皆不言秩嗣王府皇弟皇子之庶子及庶姓公府中錄事中記室中直兵參軍及板中錄事中記室中直兵參軍並不言秩不滿萬戶太守內史相二千石丹楊會稽吳郡吳興及萬戶郡丞並六百石建康令千石建康正監平秩同廷尉品並第七中書通事舍人依舊秩例積

射強弩武衛等將軍公車令太子左右積弩將軍並六百石奉朝請武騎常侍依舊秩例太后三卿十二卿大長秋等丞並六百石左右衛司馬不言秩太子詹事丞冑子律博士並六百石皇弟皇子府正參軍板正參軍行參軍板行參軍嗣王府皇弟皇子之庶子府錄事記室中兵參軍板參軍記室中兵參軍功曹史主簿庶姓非公不持節諸將軍置主簿庶姓公府錄事記室中兵參軍板錄事記室中兵參軍主簿嗣王庶姓公府祭酒蕃王府中錄事記室直兵參軍板中錄事記室直兵參軍庶姓持節府中錄事記室直兵參軍及板中錄事記室直兵參軍太子太傅五官功曹史主簿少傅五

官功曹史主簿已上並不言秩太學博士六百石國子助教司樽郎安蠻戎越校尉中郎將府等長史六百石蠻戎越等府佐無定品自隨主軍號輕重小府減大府一階蠻戎越校尉中郎將等府板長史不言秩蠻戎越校尉中郎將等司馬六百石板者不言秩庶姓南徐荊江南兗郢湘雍等州別駕中從事不言秩不滿萬戶已上郡丞六百石五千戶已上縣令相一千石皇弟皇子國郎中令大農中尉並六百石品並第八左右二衛殿中將軍不言秩南臺侍御史依舊秩例東宮通事舍人不言秩材官將軍六百石太子左右二衛率殿中將軍及丞嗣王府皇弟皇子之庶子府正參軍板正參軍行參軍板行參軍庶姓公府正參軍板正參軍蕃王府錄

事記室中兵等參軍板録事記室中兵等參軍功曹史主簿正參軍板正參軍行參軍板行參軍庶姓持節府録事記室中兵等參軍板録事記室中兵等參軍功曹史主簿庶姓豫益廣衞青冀北兖北徐梁秦司南徐等州别駕中從事史揚州主簿西曹及祭酒議曹二從事南徐州主簿西曹祭酒議曹二從事皇弟皇子諸州主簿西曹已上並不言秩不滿五千户已下縣令相六百石皇弟皇子國常侍侍郎不言秩嗣王國郎中令大農中尉並四百石嗣王國常侍不言秩蕃王國郎中令大農殿中並二百石品並第九又有戎號擬官自一品至于九品凡二百三十七號鎮衞驃騎車騎等三號將軍

擬官品第一比秩中二千石四中軍撫衞權四征東南西北八鎮東南西北左右前後等十六號將軍擬官品第二秩中二千石八安左前右後東南西北四翊左前右後四平東南西北等十六號將軍擬官品第三秩中二千石忠武軍師武臣爪牙龍騎雲麾冠軍鎮兵翊師宣惠宣毅等將軍四中郎將智仁勇信嚴等五威五武將軍合二十五號擬官品第四秩中二千石輕車鎮朔武旅貞毅明威等將軍將軍加大者至此凡加大通進一階寧安征振宣等五遠將軍寧蠻校尉雍州小府蠻越校尉中郎將隨府主軍號輕重若單作則減刺史一階若有將軍減將軍一階合十八號擬官品第五威雄猛烈震信略勝風力光等十威武猛略勝力毅健烈威鋭勇等十武猛毅烈威震鋭進智勝駿等十猛

壯武勇烈猛鋭威力毅志意等十壯驍雄桀猛烈武勇鋭名勝迅等十驍雄猛威明烈信武勇毅壯健等十雄忠勇烈猛鋭壯毅捍信義勝等十忠明智略遠勇烈威鋭毅勝進等十明光烈明英遠勝鋭命勇戎野等十光飈勇烈猛鋭奇決起勝略出等十飈將軍平越中郎廣梁南秦南梁寧等州小府西戎平戎鎮蠻三校尉等擬官一百四號品第六並千石龍驤武視雲旗風烈電威雷音馳鋭追鋭羽騎突騎折衝冠武和戎安壘超猛英果掃虜掃狄武鋭摧鋒開遠略遠貞威決勝清野堅鋭輕車拔山雲勇振旅等將軍擬官三十號品第七並六百石超武鐵騎樓船宣猛樹功克狄平虜稜威

戎昭威戎伏波雄戟長劍衝冠雕騎佽飛勇騎破敵克敵威虜等將軍鎮蠻護軍西陽南新蔡晉熙廬江郡小府鎮蠻安遠護軍度支校尉隨府主號輕重若單作則減太守內史相一階若有將軍減一階安遠護軍度支校尉巴陵郡丞等擬官二十三號品第八並六百石前鋒武毅開邊招遠金威破陣蕩寇殄虜橫野馳射等將軍擬官十號品第九並四百石諸將起自第六品已下板則無秩其雖除不領兵領兵宗竇人并除此官而爲州郡縣者皆依本條減秩石二千石減爲千石千石降爲六百石自四百石降而無秩其州郡縣自各以本秩論凡板將軍皆降除一品諸依此減降品秩其應假給章印各依舊差不聽奪其封爵亦爲九等之差郡王第一品秩萬石嗣王蕃王開國郡縣

公第二品開國郡縣侯第三品開國縣伯第四品 並視中二千石
開國子第五品開國男第六品 並視二千石 湯沐食侯第七品
鄉亭侯第八品 並視千石 關中關外侯第九品 視六百戶
陳依梁制年未滿三十者不得入仕唯經學生策試得第
諸州光迎主簿西曹左奏及經為挽郎得仕其諸郡唯正
王任冊楊尹經迎得出身庶姓尹則不得必有奇才異行
殊勳別降恩旨叙用者不在常例其相知表啓通舉者每
常有之亦無年常考校黜陟之法既不為此式所以勤惰
無辨凡選官無定期隨闕即補多更互遷官未必即進班
秩其官唯論清濁從濁官則微清則勝於轉若有遷授或

由別勑但移轉一人為官則諸官多須改動其用官式吏
部先為白牒録數十人名吏部尚書與參掌人共署奏勑
或可或不可其不用者更銓量奏請若勑可則付選更色
別量貴賤內外分之隨才補用以黃紙録名八座通署奏
可即出付典名而典以名帖鶴頭板整威儀送往得官之
家其有特發詔授官者即宣付詔誥局作詔章草奏聞勑
可黃紙寫出門下門下答詔請付外施行又畫可付選司
行召得詔官者不必皆須待召但聞詔出明白即與其親
入謝後詣尚書上省拜受若拜王公則臨軒

志第二十一 百官志上 隋書二十六

志第二十二 隋書二十七

太尉揚州都督監修國史上柱國趙國公臣長孫無忌等奉勑撰

百官中

後齊制官多循後魏置三師太傅太保是為三師擬古上
公非勳德崇者不居次有大司馬大將軍是為二大並典
司武事次置太尉司徒司空是為三公三師二大三公府
三門當中開黃閤設內屏各置長史司馬諮議參軍從事
中郎掾屬主簿録事功曹記室戶曹倉曹中兵外兵騎兵
長流城局刑獄等參軍事東西閤祭酒及參軍事法墨田
水鎧集士等曹行參軍兼左戶右戶行參軍長兼行參軍

參軍督護等員司徒則加有左右長史三公下次有儀同
三司加開府者亦置長史已下官屬而減記室倉城局田
水鎧士等七曹各一人其品亦每官下三府一階三師二
大置佐史則同太尉府乾明中又置丞相河清中分為左
右亦各置府僚云
特進左右光祿金紫銀青等光祿大夫用人俱以舊德就
閑者居之自一品已下從九品已上又有驃騎車騎衛四
征四鎮中軍鎮軍撫軍翊軍四安冠軍輔國龍驤鎮遠安
遠建忠建節中堅中壘振威奮威廣德弘義折衝制勝伏
波陵江輕車樓船勁武昭勇明威顯信度遼橫海踰岷越

寧戎昭武毅雄烈恢猛揚麾曜鋒湯邊開城靜漠綏戎平越殄夷飛騎衝擊武牙武奮清野橫野偏裨等將軍以褒賞勳庸

尚書省置令僕射吏部殿中祠部五兵都官度支等六尚書又有錄尚書一人位在令上掌與令同但不糾察令則彈糾見事與御史中丞更相廉察僕射職為執法置二則為左右僕射皆與令同左糾彈而右不糾彈錄令僕射總理六尚書事謂之都省其屬官左丞掌吏部考功主爵殿中儀曹三公祠部主客左右中兵左右外兵都官二千石度支左右戶十七曹并彈糾見事又主管轄臺中有違失者兼糾駮之右丞各一人掌駕部虞曹屯田起部都兵比部水部膳部倉部金部庫部十一曹亦管轄臺中又主凡諸用度雜物脂燈筆墨幃帳准不彈糾餘悉與左同并都令史八人共掌其事其六尚書分統列曹吏部統吏部掌褒崇選補等事考功掌考第及秀孝貞士等事主爵掌封爵等事三曹殿中統殿中掌駕行百官留守名帳宮殿禁衛供御衣倉等事儀曹掌吉凶禮制事三公掌五時讀時令諸曹囚帳斷罪赦日建金雞等事駕部掌車輿牛馬廄牧等事四曹祠部統祠部掌祠部醫藥死喪贈賜等事主客掌諸蕃雜客等事虞曹掌地圖山川遠近園囿田獵殽膳雜味等事屯田掌籍田諸州屯田等事起部掌諸興造工匠等事五曹祠部無尚書則右僕射攝五兵統左中兵掌諸郡督告身諸宿衛官等事右中兵掌畿內丁帳事力番兵等事左外兵掌河南及潼關已東諸州丁帳及發召征兵等事右外兵掌河北及潼關已西諸州所典與左外同都兵掌鼓吹太樂雜戶等事五曹都官統都官掌畿內非違得失事二千石掌畿外得失等事比部掌詔書律令勾檢等事水部掌舟船津梁公私水事膳部掌侍官百司禮食肴饌等事五曹度支統度支掌計會凡軍國損益事役糧廩等事倉部掌諸倉帳出入等事左戶掌天下計帳戶籍等事右戶掌天下公私田宅租調等事金部掌權衡量度內外諸庫藏文帳等事庫部掌凡是戎仗器用所須事六曹凡二十八曹吏部三公郎中各二人餘並一人凡三十部中吏部儀曹三公虞曹都官二千石比部左戶各量事置掌故主事員門下省掌獻納諫正及司進御之職侍中給事黃門侍郎各六人錄事四人通事令史主事令史八人統局六領左右局領左右各二人掌知朱華關內諸事宜傳已下白衣齋子已上皆主之左右直長四人尚食局典御二人總知御膳事丞監各四人尚藥局典御及丞各二人總知御藥事侍御師尚藥監各四人主衣局都統子統各二人掌御衣服玩弄事齋帥局齋帥四人掌鋪設灑掃事殿中局殿中監四人掌駕奏引行事制請修補東耕則進耒耜

中書省管司王言及司進御之音樂監令各一人侍郎四人并司伶官西涼部直長伶官西涼四部伶官龜茲四部伶官清商部直長伶官清商四部又領舍人省掌署勑行下宣旨勞問中書舍人主書各十人

秘書省典司經籍監丞各一人郎中四人校書郎十二人正字四人又領著作省郎二人佐郎八人校書郎二人

集書省掌諷議左右從容獻納散騎常侍通直散騎常侍各六人諫議大夫七人散騎侍郎六人員外散騎常侍二

十人通直散騎侍郎六人給事中六人員外散騎侍郎一百二十人奉朝請二百四十人又領起居省散騎常侍通直散騎常侍散騎侍郎通直散騎侍郎各一人校書郎二人中侍中省掌出入門閤中侍中二人中常侍中給事中各四人又有中尚藥典御及丞并中謁者僕射各二人中尚食局典御丞各二人監四人內謁者局統丞各一人

御史臺掌察糾彈劾中丞一人治書侍御史二人侍御史八人殿中侍御史檢校御史各十二人録事四人領符節署令一人符璽郎中四人

都水臺管諸津橋使者二人參事十人又領都尉合昌坊城等三局尉皆分司諸津橋

謁者臺掌凡諸吉凶公事導相禮儀事僕射二人謁者三十人録事一人

太常光祿衛尉宗正太僕大理鴻臚司農太府是為九寺置卿少卿丞各一人各有功曹五官主簿録事等員

太常掌陵廟群祀禮樂儀制天文術數衣冠之屬其屬官有博士（四人掌禮制）協律郎（二人掌監調律呂音樂）八書博士（二人）等員統諸陵（掌守衛山陵等事）太廟（掌郊廟社稷等事）太樂（掌諸樂及行禮節奏等事）衣冠（掌冠幘舄履之屬等事）鼓吹（掌百戲鼓吹樂人等事）太祝（掌郊廟贊祝祭社衣服等事）太史（掌天文地動風雲氣色律曆卜筮等事）太醫（掌醫藥等事）廩犧（掌養犧牲供祭祀等事）太宰（掌諸

神祀烹宰行禮事）等署令丞而太廟兼領郊祠（掌五郊群神事）崇虛（掌五岳四瀆神祀在京及諸州道士簿帳等事）二局丞太樂兼領清商部丞（掌清商音樂等事）鼓吹兼領黃戶局丞（掌供樂人衣服）太史兼領靈臺（掌天文觀候）太卜（掌諸卜筮）二局丞光祿寺掌諸膳食帳幕器物宮殿門戶等事統守宮（掌凡張設等事）太官（掌食膳事）宮門（主諸門籥事）供府（掌供御衣服玩弄之事）肴藏（掌器物鮭味等事）清漳（主酒歲二萬石春秋中半）華林（掌禁籞林木等事）等署宮門署置僕射六人以司其事餘各有令丞又領東園局丞員（掌諸凶具）

衛尉寺掌禁衛甲兵統城門寺置校尉二人以司其職（掌宮殿城門并諸倉庫管籥等事）又領公車（掌尚書所不理有枉屈經判奏聞）武庫（掌甲兵及吉凶儀仗）衛士（掌京城及諸門兵士）等署令武庫又有脩故局丞（掌領匠脩故甲等事）

太宗正寺掌宗室屬籍統皇子王國諸王國諸長公主家

太僕寺掌諸車輦馬牛畜產之屬統驊騮（掌御馬及諸鞍乘）左右龍左右牝（掌駝馬）駝牛（掌飼駝騾驢牛）司羊（掌諸羊）乘黃（掌諸輦輅）車府（掌諸雜車）等署令丞驊騮署又有奉承直長二人左龍署有左龍局右龍署有右龍局左牝署有左牝局右牝署有右牝局駝牛署有典駝特牛牸牛三局司羊署有特羊牸羊局諸局並有都尉寺又領司訟典臘出入等三局丞大理寺掌決正刑獄正監評各一人律博士四人明法掾二十四人檻車督二人掾十人獄丞掾各二人司直明法各十人

鴻臚寺掌蕃客朝會吉凶弔祭統典客典寺司儀等署令丞典客署又有京邑薩甫二人諸州薩甫一人典寺署有僧祇部丞一人司儀署又有奉禮郎三十人

司農寺掌倉市薪菜園池果實統平準太倉鉤盾典農導官梁州水次倉石濟水次倉藉田等署令丞而鉤盾又別領大囿上林遊獵柴草池藪苜蓿等六部丞典農署又別領山陽平頭督亢等三部丞導官署又有御細部麴麵部典庫部等倉督員

太府寺掌金帛府庫營造器物統左中右三尚方左藏司染諸冶東西道署黃藏右藏細作左校甄官等署令丞左尚方又別領局樂器器作三局丞中尚方又別領別局涇州絲局雍州絲局定州紬綾局四局丞右尚方又別領別局丞司染署又別領京坊河東信都三局丞諸冶東道又別領滏口武安白間三局丞諸冶西道又別領晉陽冶泉部大邳原仇四局丞甄官署又別領石窟丞

國子寺掌訓教冑子祭酒一人亦置功曹五官主簿錄事員領博士五人助教十人學生七十二人太學博士十人助教二十人太學生二百人四門學博士二十人助教二十人學生三百人

長秋寺掌諸宮閣卿中尹各一人（並用宦者）丞二人亦有功曹五官主簿錄事員領中黃門掖庭晉陽宮中山宮園池中宮僕奚官等署令丞又有暴室局丞其中黃門又有冗從僕射及博士四人掖庭晉陽中山各有官教博士二人中山署又別有麵豆局丞園池署又別有桑園部丞中宮僕署又別有乘黃局教尉細馬車都督車府部丞奚官署又別有染局丞

將作寺掌諸營建大匠一人丞四人亦有功曹主簿錄事員若有營作則立將副將長史司馬主簿錄事各一人又領軍主副幢主副等

昭玄寺掌諸佛教置大統一人統一人都維那三人亦置功曹主簿員以管諸州郡縣沙門曹

領軍府將軍一人掌禁衛宮掖朱華閣外凡禁衛官皆主之輿駕出入督攝仗衛中領軍亦同有長史司馬功曹五官主簿錄事釐其府事又領左右衛領左右等府

左右衛府將軍各一人掌左右廂所主朱華閣以外各武衛將軍二人貳之皆有司馬功曹主簿錄事釐其府事其御仗屬官有御仗正副都督御仗五職御仗等員其直盪屬官有直盪正副都督直入正副都督勳武前鋒正副都督勳武前鋒五藏等員直衛屬官有直衛正副都督翊衛

正副都督前鋒正副都督等員直突屬官有直突都督勳武前鋒散都督等員直閤屬官有朱衣直閤直閤將軍直寢直齋直後之屬又有武騎雲騎將軍各一人驍騎遊擊前後左右等四軍將軍左右中郎將各五人步兵越騎射聲屯騎長水等校尉奉車都尉等各十人武賁中郎將羽林監各十五人冗從僕射三十人騎都尉六十人積弩積射強弩等將軍及武騎常侍各二十五人殿中將軍一五十人員外將軍一百人殿中司馬督五十人員外司馬督一百人

領左右府有領左右將軍領千牛備身又有左右備身正副都督左右備身五職左右備身員又有刀劒備身正副都督刀劒備身五職刀劒備身員又有備身正副督備身五職員

護軍府將軍一人掌四中關津輿駕出則護駕中護軍亦同有長史司馬功曹五官主簿錄事鎧其府事其屬官東西南北四中府皆統之四府各中郎將一人長史司馬錄事參軍統府錄事各一人又有統府直兵及功曹倉曹中兵外兵騎兵長流城局等參軍各一人法田鎧等曹行參軍各一人又領諸關尉津尉

行臺在令無文其官置令僕射其尚書丞郎皆隨權制而置員焉其文餘詳

太子太師太傅太保是爲三師掌師範訓導輔翊皇太子少師少傅少保是爲三少各一人掌奉皇太子以觀三師之德出則三師在前三少在後

詹事總東宮內外衆務事無大小皆統之府置丞功曹五官主簿錄事員領家令率更令僕等三寺左右衛二坊三寺各置丞二坊各置司馬俱有功曹主簿以承其事

家令領食官典倉司藏等署令丞又領內坊令丞（掌知閤內諸事）其食官又別領器局酒局二丞典倉又別領園丞司藏又別領仗庫典作二局丞率更領中盾署令丞各一人（掌周衛禁防漏刻鐘鼓）僕寺領廄牧署令丞署又別有車輿局丞

左右衛坊率各領騎官備身正副都督騎官備身五職騎官備身員又有內直備身正副都督內直備身五職內直備身員又有備身正副都督備身五職員又有直閤直前直後員又有旅騎屯衛典軍等校尉各二人騎尉三十人

門下坊中庶子中舍人通事守舍人主事守舍人各四人又領殿內典膳藥藏齋帥等局殿內局有內直監二人副直監四人典膳藥藏局監丞各二人藥藏又有侍醫四人齋帥局齋帥內閣帥各二人　典書坊庶子四人舍人二十人又領典經坊洗馬八人守舍人二人門大夫坊門大夫

主簿各一人并統伶官西涼二部伶官清商一部
自諸省臺府寺各因其繁簡而置吏有令史書令史書吏
之屬又各置曹兵以共其役其員因繁簡而立其餘主司
專其事者各因事立名條流甚衆不可得而具也
王位列大司馬上(非親王則位在三公下)置師一人餘官大抵與梁制
不異其封内之調盡以入臺三分食一公已下四分食一
○皇子王國置郎中令大農中尉常侍(各一人)侍郎(二人)上中
下三將軍(各一人)上中大夫(各二人)防閤(四人)典書典祠學官典
衛等令(各一人)齋帥(四人)食官廄牧長(各一人)典醫丞(二人)典府丞
(一人)執書(二人)謁者(四人)舍人(十人)等員諸王國則加有陵長廟

隋書志二十二　十

長常侍各一人而無中將軍員上中大夫各減一人諸公
又減諸王防閤齋帥典醫丞等員諸侯伯子男國又減諸
公國將軍大夫員諸公主則置家令丞主簿錄事等員
司州置牧屬官有別駕從事史治中從事史州都主簿西
曹書佐記室戶曹功曹金曹租曹兵曹騎曹都官法曹部
郡等從事員(主簿置史西曹已下各置掾史)又領西東市署令丞及統清
都郡諸畿郡
清都郡置尹丞中正功曹主簿督郵五官門下督錄事
主記議生及功曹記室戶田金租兵騎賊法等曹掾
中部掾等員

鄴臨漳成安三縣令各置丞中正功曹主簿門下督錄事
主記議及功曹記室戶田金租兵騎賊法等曹掾員鄴又
領右部南部西部三尉又領十二行經途尉凡一百三十
五里里置正臨漳又領左部東部二尉左部管九行經途
尉凡一百一十四里里置正成安又領後部北部二尉後
部管十一行經途尉七十四里里置正清都郡諸縣令已
下官員悉與上上縣同諸畿郡太守已下悉與上上郡同
○上上州刺史置府屬官有長史司馬錄事功曹倉曹中
兵等參軍事及掾史主簿及掾記室掾史外兵騎兵長流
城局刑獄等參軍事及掾史參軍事及法墨田鎧集士等

志二十二　隋書二十七　十一

曹行參軍及掾史右戶掾史行參軍長兼行參軍督護統
府錄事統府直兵箱錄事等員州屬官有別駕從事史治
中從事史州都光迎主簿主簿西曹書佐市令及史祭酒
從事史部郡從事皁服從事典籤及史門下督省事都錄
事及史箱錄事及史朝直刺姦記室掾戶曹田曹倉曹租
曹兵曹左戶等掾史等員
上上州府州屬官佐史合三百九十三人上中州減上上
州十人上下州減上中州十人中上州減上下州五十一
人中中州減中上州十人中下州減中中州十人下上州
減中下州五十人下中州減下　上州十人下下州減下中

州十人

上上郡太守屬官有丞中正光迎功曹光迎主簿功曹主簿五官省事録事及西曹戶曹金曹租曹兵曹集曹等掾佐太學博士助教太學生市長倉督等員合屬官佐史二百一十二人上中郡減上上郡五人上下郡減上中郡五人中上郡減上下郡四十五人中中郡減中上郡五人中下郡減中中郡五人下上郡減中下郡四十人下中郡減下上郡二人下下郡減下中郡二人

上上縣令屬官有丞中正光迎功曹光迎主簿功曹主簿録事及西曹戶曹金曹租曹兵曹等掾市長等員合屬官

佐史五十四人上中縣減上上縣五人上下縣減上中縣五人中上縣減上下縣六人中中縣減中上縣五人中下縣減中中縣一人下上縣減中下縣一人下中縣減下上縣一人下下縣減下中縣一人

自州郡縣各因其大小置白直以供其役

三等諸鎮置鎮將副將長史録事參軍倉曹中兵長流城局等參軍事鎧曹行參軍市長倉督等員

三等戍置戍主副掾隊主副等員

官一品每歲禄八百匹二百匹為一秩從一品七百匹一百七十五匹為一秩

二品六百匹一百五十匹為一秩從二品五百匹一百二十五匹為一秩

三品四百匹一百匹為一秩從三品三百匹七十五匹為一秩

四品三百匹六十匹為一秩從四品二百匹五十匹為一秩

五品一百六十匹四十匹為一秩從五品一百二十匹三十匹為一秩

六品一百匹二十五匹為一秩從六品八十匹二十匹為一秩

七品六十匹十五匹為一秩從七品四十匹十疋為一秩

八品三十六匹九匹為一秩從八品三十二匹八匹為一秩

九品二十八匹七匹為一秩從九品二十四匹六匹為一秩

禄率一分以帛一分以粟一分以錢事繁者優一秩平者守本秩閑者降一秩長兼試守者亦降一秩官非執事不朝拜者皆不給禄又自一品已下至於流外勳品各給事力一品至三十人下至於流外勳品或以五人為等或以四人三人二人

一人爲等繁者加一等平者守本力閑者降一等焉
州郡縣制祿之法刺史守令下車各前取一時之秩
上上州刺史歲秩八百匹與司州牧同上中上下各以五十匹爲差中上降上下一百匹中中及中下亦以五十匹爲差下上降中下一百匹下中下下亦各以五十匹爲差
○上郡太守歲秩五百匹降清都尹五十匹上中上下各以五十匹爲差中上降上下四十匹中中及中下各以三十匹爲差下上降中下四十匹下中下下各以二十匹爲差
上上縣歲秩一百五十匹與鄴臨漳成安三縣同上中上下各以十匹爲差中上降上下三十匹中中及中下各以五匹爲差下上降中下二十匹下中下下各以十匹爲差

○州自長史已下逮于史吏郡縣自丞已下逮于掾佐亦皆以帛爲秩郡有尉者尉減丞之半皆以其所出常調課之其鎮將戍主軍主副幢主副逮于掾史亦各有差矣
諸州刺史守令已下幹及力皆聽敕乃給其幹出所部之人一幹輸絹十八匹幹身放之力則以其州郡縣白直充
○三師王二大（大司馬大將軍）三公爲第一品
開府儀同三司開國郡公爲從一品
儀同三司太子三師特進尚書令驃騎車騎將軍（二將軍加大者作開國郡公下）衛將軍（加大者在太子太師上）四征將軍（加大者次衛大將軍）左右光祿大夫散郡公開國縣公爲第二品
尚書僕射（置二左居右上）中書監四鎮（加大者次四征）中鎮撫軍將軍（三將軍武職罷任者爲之）領軍（加大者在尚書令下）護軍翊軍將軍金紫光祿大夫散縣公開國縣侯爲從二品
吏部尚書四安將軍中領護太常光祿衛尉卿太子三少中書令太子詹事侍中列曹尚書四平將軍大宗正大僕大理鴻臚司農太府卿清都尹三等上州刺史左右衛將軍秘書監銀青光祿大夫散縣侯開國縣伯爲第三品
散騎常侍三等中州刺史司徒左長史四方中郎將四護

（匈奴羌戎夷蠻越）中郎將國子祭酒御史中丞中侍中長秋卿將作大匠冠軍將軍太尉長史領左右將軍武衛將軍太子左右衛率輔國將軍四護校尉太中大夫龍驤將軍三等上郡太守散縣伯爲從第三品
鎮遠安遠將軍太常光祿衛尉少卿尚書吏部郎中給事黃門侍郎太子中庶子司徒右長史司空長史太宗正太僕大理鴻臚司農太府少卿三公府司馬中常侍中尹城門校尉武騎雲騎驍騎遊擊將軍（已前上階）建忠建節將軍通直散騎常侍諸開府長史中大夫三等下州刺史三等鎮將諸開府司馬開國縣子爲第四品

中堅中壘將軍尚書左丞三公府諮議參軍事司州別駕從事史三等上州長史太子三卿前左右後軍將軍中書侍郎太子庶子三等中郡太守左右備身刀劒備身備身衛仗直盪等正都督三等上州司馬已前上階振威奮武將軍諫議大夫尚書右丞諸開府諮議參軍司州治中從事史左右中郎將步兵越騎射聲屯騎長水校尉朱衣直閤直閤將軍太子騎官備身內直備身等正都督三等鎮副將散縣子為從第四品

廣德弘義將軍太子備身直入直衛等正都督領左右三等中州長史三公府從事中郎祕書丞皇子友國子博士

散騎侍郎太子中舍人員外散騎常侍三等中州司馬已前上階折衝制勝將軍主衣都統尚食尚藥二典御太子旅騎屯衛典軍校尉領護府長史司馬諸開府從事中郎開國縣男為第五品

伏波陵江將軍三等下州長史三公府掾屬著作郎通直散騎侍郎太子洗馬左右備身刀劒備身御使直淦等副都督左右直長中尚食中尚藥典御三等下州司馬已前上階輕車樓舡將軍駙馬都尉翊衛正都督直寢直齋奉車都尉都水使者諸開府掾屬崇聖歸義歸正歸命歸德侯清都郡丞治書侍御史鄴臨漳成安三縣令中給事中三等下郡太守

大理司直太子直閤二衛隊主太子騎官內直備身副都督開國鄉男散縣男為從第五品

勁武昭勇將軍尚書諸曹郎中中書舍人三公府主簿三等上州別駕從事史四中府三等鎮守長史三公府錄事參軍事皇子郎中令三公府功曹記室戶倉中兵參軍事皇子文學謁者僕射已前上階明威顯信將軍太子備身副都督四中府司馬武賁中郎將羽林監冗從僕射直入副都督千牛備身大理正監評侍御師諸開府錄事功曹記室倉中兵等曹參軍事三等上州錄事參軍事治中從事史三等上郡丞三等上縣令太子內直監平準署令為第六

品。度遼橫海將軍直突都督三等中州別駕從事史三公府列曹參軍事給事中太子門大夫三等上州功倉中兵等參軍事皇子大農騎都尉直後符璽郎中三等中州錄事參軍事已前上階踰岷越嶂將軍直衛副都督三等中州從事史諸開府主簿列曹參軍事三等中州功倉中兵等參軍事太子舍人三寺丞太子直前太子副直監太子諸隊主為從第六品

戎昭武毅將軍勳武前鋒正都督二公府東西閤祭酒三等下州別駕從事史三等上州府主簿列曹參軍事三等下州錄事參軍事四中府錄事參軍事王公國郎中令積

弩積射將軍員外散騎侍郎皇子中尉三公府參軍事列曹行參軍（已前上階）雄烈恢猛將軍翊衛副都督諸開府東西閤祭酒參軍事列曹行參軍三等下州功倉中兵參軍事四中府功倉中兵參軍事三等中州府主簿列曹參軍事二衛府司馬詹事府丞左右備身五職三等鎮錄事參軍事六寺丞祕書郎中著作佐郎太子侍醫太子騎尉太子騎官備身五職三等中郡丞三等中縣令為第七品

楊麾曜鋒將軍勳武前鋒副都督強弩將軍三公府行參軍三等上州參軍事列曹行參軍三等下州府主簿列曹參軍事四中府列曹參軍事王公國大農長秋將作寺丞太

子二率坊司馬三等鎮倉中兵參軍事（已上階前）蕩邊開域將軍勳武前鋒散都督太學博士皇子常侍太常博士武騎常侍左右備身刀劍備身五職（都將軍主 別統幢主）三等中州參軍事列曹行參軍諸開府行參軍奉朝請國子助教公車京邑二市署令三等鎮列曹參軍事三縣丞侍御史尚食尚藥丞齋帥中尚食中尚藥丞太子直後二衛隊副前鋒正都督太子騎官備身太子內直備身五職（已見前）諸戍主軍主為從第七品

靜漠綏戎將軍協律郎三等上州行參軍三等下州參軍事列曹參軍事四中府列曹行參軍侯伯國郎中令殿中將軍皇子侍郎（已前上階）平越殄夷將軍刀劍備身五職（已見前）前鋒副都督太子內直備身主書殿中侍御史太子典膳藥藏丞太子齋帥三等中州行參軍王公國中尉三等鎮鎧曹行參軍三等下郡丞三等下縣令為第八品

飛騎隼擊將軍三公府長兼左右戶行參軍長兼行參軍門下錄事尚書都令史檢校御史諸署令諸開府典籤中謁者僕射中黃門冗從僕射（已前上階）武牙武奮將軍備身御仗五職宮門署僕射太子備身五職侯伯國大農皇子上中下將軍皇子上中大夫王公國常侍諸開府長兼左右戶行參軍諸開府長兼行參軍員外將軍勳武前鋒五職

司州及三等上州典籤太子諸隊副諸戍諸軍副清都郡丞為從第八品

清野將軍子男國郎中令諸署內謁者局統三等上州長兼行參軍中黃門太子內坊令公主家令皇子防閤典書令四門博士大理律博士校書郎三公府參軍督護都水參軍事七部尉諸郡尉（已前上階）橫野將軍王公國侍郎侯伯國中尉謁者太子三寺丞諸開府參軍督護殿中司馬督御仗太子食官中省典倉等令太子備身平準公車丞三等中州典籤為第九品

偏將軍諸宮教將上太子司藏廄牧令太子校書諸署別

局、都尉諸尉諸關津尉三等上州參軍督護三等中州長兼行參軍祕書省正字皇太子三令王公國上中下將軍及上中大夫諸署令諸縣丞已上偏裨將軍領軍護軍府太常光祿衛尉寺詹事府等功曹五官奉禮郎子男國大農小黃門員外司馬督太學助教諸幢主遊途尉中侍中省錄事三等下州典籤尚書門下中書等省醫師為從第九品

流內比視官十三等第一領人酋長視從第三品第一不領人酋長視第四品第二領人酋長第一領人庶長視從第四品諸州大中正第二不領人酋長第一不領人庶長

視第五品諸州中正畿郡邑中正第三領人酋長第二領人庶長視從第五品第三不領人酋長第二不領人庶長視第六品第三領人庶長視從第六品第三不領人庶長視第七品司州州都主簿國子學生視從第七品諸州州都督簿司州西曹書佐清都郡中正功曹視第八品司州列曹從事諸州西曹書佐諸郡中正功曹清都郡主簿視從第八品司州部郡從事諸州祭酒從事史視第九品諸州部郡從事司州守從事諸郡主簿司州武猛從事視從第九品

周太祖初據關內官名未改魏號及方隅粗定改創章程命尚書令盧辯遠師周之建職置三公三孤以為論道之官次置六卿以分司庶務其所制班序

內命（謂王朝之臣）三公九命三孤八命六卿七命上大夫六命中大夫五命下大夫四命上士三命中士再命下士一命

外命（謂諸侯及其臣）諸公九命諸侯八命諸伯七命諸子六命諸男五命諸公之孤卿四命侯之孤卿公之大夫三命子男之孤卿侯伯之大夫公之上士再命子男之大夫公之中士侯伯之上士一命公之下士侯伯之中士下士子男之士不命其制祿秩下士一百二十五石中士已上至於上大夫各倍之上大夫是為四千石卿二分孤三分公四分

各益其一公因盈數為一萬石其九秩一百二十石八秩至於七秩每二秩六分而下各去其一二秩俱為四十石凡頒祿視年之上下畝至四釜為上年上年頒其正三釜為中年中年頒其半二釜為下年下年頒其一無年為凶荒不頒祿六官所制如此制度既畢太祖以魏恭帝三年始命行之所設官名訖於周末多有改更並具盧傳不復重序云

志第二十二　百官中　隋書二十七

志第二十三　　隋書二十八

太尉揚州都督監修國史上柱國趙國公臣長孫無忌等奉勑撰

百官下

高祖既受命改周之六官其所制名多依前代之法置三師三公及尚書門下內史祕書內侍等省御史都水等臺太常光祿衞尉宗正太僕大理鴻臚司農太府國子將作等寺左右衞左右武衞左右武候左右領左右監門左右領軍等府分司統職焉

三師不主事不置府僚蓋與天子坐而論道者也

三公參議國之大事依後齊置府僚無其人則闕祭祀則太尉亞獻司徒奉俎司空行掃除其位多曠皆攝行事尋省府及僚佐置公則坐於尚書都省朝之衆務總歸於臺閣

尚書省事無不總置令左右僕射各一人總吏部禮部兵部都官度支工部等六曹事是為八座屬官左右丞各一人都事八人分司管轄吏部尚書統吏部侍郎二人主爵侍郎一人司勳侍郎二人考功侍郎一人禮部尚書統禮部祠部侍郎各一人主客膳部侍郎各二人兵部尚書統兵部職方侍郎各二人駕部庫部侍郎各一人都官尚書統都官侍郎二人刑部比部侍郎各一人司門侍郎二人度支尚書統度支戶部侍郎各二人金部倉部侍郎各一人工部尚書統工部屯田侍郎各二人虞部水部侍郎各一人凡三十六侍郎分司曹務直宿禁省如漢之制

門下省納言二人給事黃門侍郎四人錄事通事令史各六人又有散騎常侍通直散騎常侍各四人諫議大夫七人散騎侍郎四人員外散騎常侍六人通直散騎侍郎四人並掌部從朝直又有給事二十人員外散騎侍郎二十人奉朝請四十人並掌同散騎常侍等兼出使勞問統城門尚食尚藥符璽御府殿內等六局城門局校尉二人直長四人尚食局典御二人直長四人食醫四人尚藥局典御二人侍御醫直長各四人醫師四十人符璽御府殿內局監各二人直長各四人

內史省置監令各一人尋廢監置令二人侍郎四人舍人八人通事舍人十六人主書十人錄事四人

祕書省監丞各一人郎四人校書郎十二人正字四人錄事二人領著作太史二曹著作曹置郎二人佐郎八人校書郎正字各二人太史曹置令丞各二人司曆二人監候四人其曆天文漏刻視祲各有博士及生員

內侍省內侍內常侍各二人內給事四人內謁者監六人內寺伯二人內謁者十二人寺人六人伺非八人並用宦

者領內尚食掖庭宮闈奚官內僕內府等局（尚食置典御及丞各二人，餘各置令、丞皆二人。其宮闈、內僕則加置丞各一人。掖庭又有宮教博士二人。）御史臺大夫一人，治書侍御史二人，侍御史八人，殿內侍御史、監察御史各十二人，錄事二人。後魏延昌中，王顯有寵於宣武，為御史中尉，請革選御史。此後踵其事，每一中尉則更置御史。自開皇後，始自吏部選用，仍依舊入直禁中。

都水臺使者及丞各二人，參軍三十人，河堤謁者六十人，錄事二人。領掌船局，都水尉二人。又領諸津，上津每尉一人，丞二人；中津每尉、丞各一人；下津每典作一人，津長四人。

太常、光祿、衛尉、宗正、太僕、大理、鴻臚、司農、太府等九寺，並置卿、少卿各一人（太僕寺加少卿一人），各置丞（太常、衛尉、宗正、大理、鴻臚將作二人，光祿、太僕各三人，司農五人，太府六人）、主簿（太府四人，餘寺各二人）、錄事（各二人，光祿則加至三人，司農、太府則各四人）等員。

太常寺又有博士四人，協律郎二人，奉禮郎十六人。統郊社、太廟、諸陵、太祝、衣冠、太樂、清商、鼓吹、太醫、太卜、廩犧等署。各置令（並一人，太樂、太醫則各加至二人）、丞（各一人，郊社、太樂、鼓吹則各至二人）。郊社署又有典瑞（四人）。太祝署有太祝（二人）。太樂署、清商署各有樂師員（太樂八人，清商二人）。鼓吹署有哄師（二人）。太醫署有主藥（二人）、醫師（二百人）、藥園師（二人）、醫博士（二人）、助教（二人）、按摩博士（二人）、祝禁博士（二人）等員。太卜署有卜師（二十人）、相師（十人）、男覡（十六人）、女巫（八人）、太卜博士、助教（各二人）、相博士、助教（各一人）等員。

光祿寺統太官、肴藏、良醞、掌醢等署。各置令（太官三人，肴藏、良醞各二人，掌醢一人）、丞（太官八人，肴藏、掌醢各二人，良醞四人）。太官又有監膳（十二人），良醞有掌醞（五十人），掌醢有掌醢（十人）等員。

衛尉寺統公車、武庫、守宮等署。各置令（公車一人，武庫、守宮各二人）、丞（公車一人，武庫二人）等員。宗正寺不統署。

太僕寺又有獸醫博士員（一百二十人）。統驊騮、乘黃、龍廄、車府、典牧、牛羊等署。各置令（二人，乘黃、車府則各減一人）、丞（二人，乘黃則一人，典牧、牛羊則各三人）等員。

大理寺不統署。又有正、監、評（各一人）、司直（十人）、律博士（八人）、明法（二十人）、獄掾（八人）。

鴻臚寺統典客、司儀、崇玄三署。各置令（二人，崇玄則惟置一人）。典客署又有掌客（十人），司儀有掌儀（二十人）等員。

司農寺統太倉、典農、平準、廩市、鉤盾、華林、上林、導官等署。各置令（二人，鉤盾、上林則加至三人，華林惟置一人）。太倉又有米廩督（二人）、穀倉督（四人）、鹽倉督（二人）。京市有肆長（四十人）。導官有御細倉督（二人）、麴麪倉督（二人）等員。

太府寺統左藏、左尚方、內尚方、右尚方、司染、右藏、黃藏、掌

治甄官等署各置令二人左右尚方則加至二人黃藏則惟置一人丞四人左尚則八人右尚則六人黃藏則一人

國子寺元隸太常祭酒一人屬官有主簿錄事各一人統國子太學四門書筭學各置博士國子太學四門各五人書筭各二人助教國子太學四門各五人書筭各二人學生國子一百四十人太學四門各三百六十人書四十人筭八十人等員

將作寺大匠一人丞主簿錄事各二人統左右校署令各二人丞左校四人右校三人各有監作左校十二人右校八人等員

左右衛左右武衛左右武候各大將軍一人將軍二人並有長史司馬錄事功倉兵騎等曹參軍法曹鎧曹行參軍各一人行參軍左右衛左右武候各六人左右武衛各八人等員

左右衛掌宮掖禁御督攝仗衛又各有直閤將軍六人直寢十二人直齋直後各十五人並掌宿衛侍從奉車都尉六人掌馭副車武騎常侍十人殿內將軍十五人員外將軍三十人殿內司馬督二十人員外司馬督四十人並以參軍府朝出使勞問左右衛又各統親衛置開府左勳衛開府左翊一開府二開府三開府四開府及武衛武候領軍東宮領兵開府准此府置開府一人有長史司馬錄事及倉兵等曹參軍法曹行參軍各一人行參軍三人又有儀同府武衛武候領軍東宮領兵儀同皆准此儀同已下置員同開府但無行參軍員諸府皆領軍坊每坊東宮軍坊准此置坊主一人佐二人每鄉團東宮鄉團准此置團主一人佐二人左右武衛府無直閤已下員但領外軍宿衛

左右武候掌車駕出先驅後殿晝夜巡察執捕姦非烽候道路水草所置巡狩師田則掌其營禁右加置司辰師四人漏刻生一百一十人

左右領左右府各大將軍一人將軍二人掌侍衛左右供御兵仗領千牛備身十二人掌執千牛刀備身左右十二人掌供御弓箭備身六十人掌宿衛侍從各置長史司馬錄事及倉兵二曹參軍事鎧曹行參軍各一人等員

左右監門府各將軍一人掌宮殿門禁及守衛事各置郎將二人校尉直長各三十人長史司馬錄事及倉兵曹參軍鎧曹行參軍各一人行參軍四人等員

左右領軍府各掌十二軍籍帳差科辭訟之事不置將軍唯有長史司馬掾屬及錄事功倉戶騎兵等曹參軍法鎧等曹行參軍各一人行參軍十六人等員又置明法四人隸於法司掌律令輕重

行臺省則有尚書令僕射左右任置兵部兼吏部禮部度支兼都官工部尚書及丞左右任置各一人都事四人有考功兼吏部爵部司勳禮部兼祠部主客膳部兵部兼職方駕部庫部刑部兼都官司門度支兼倉部戶部兼比部金部工部屯田兼水部虞部侍郎各一人每行臺置食貨農圃武器百工監副監各一人各置丞食貨四人農圃六人武器二人百工四人錄事食貨農圃百工各二人武器一人等員

太子置太師太傅太保少師少傅少保開皇初置詹事二
年定令罷之
門下坊置左庶子二人內舍人四人録事二人主事令史
四人統司經宮門內直典膳藥藏齋帥等六局司經置洗
馬四人校書六人正字二人宮門置大夫二人內直置監
副監各二人監殿舍人四人典膳藥藏並置監丞各二人
藥藏又有侍醫四人齋帥置四人
典書坊右庶子二人舍人通事舍人各八人録事二人主
事令史四人內坊典內及丞各二人丞直四人録事一人
內廐置尉二人掌內車輿之事
家令掌刑法食膳倉庫什物奴婢等事率更令掌伎樂漏刻僕掌宗族親疏車輿騎乘各
一人三寺各置丞家令二人寺各一人録事家令二人寺各一人家令領食官
典倉司藏三署令各一人丞食官二人典倉一人司藏三人僕寺領廐牧令
一人員
左右衛各置率一人副率二人掌宮中禁衛各置長史司
馬及録事功倉兵騎兵等曹參軍事法曹鎧曹行參軍各
一人行參軍四人員又各有直閤四人直寢八人直齋直後
各十人
左右宗衛制官如左右衛各掌以宗人侍衛加置行參軍
二人而無直閤直寢直齋直後等員

左右虞候各置開府一人掌斥候伺非長史已下如左右
衛而無録事參軍員減行參軍一人
左右內率副率各一人掌領備身已上禁內侍衛供奉兵
仗又無功騎兵法等曹及行參軍員餘與虞候同有千牛
備身八人掌執千牛刀備身左右八人掌供奉弓箭備身
二十人掌宿衛侍從
左右監門各率一人副率二人掌諸門禁長史已下同內
率府而各有直長十人
高祖又採後周之制置上柱國柱國上大將軍大將軍上
開府儀同三司開府儀同三司上儀同三司儀同三司大
都督帥都督都督揔十一等以酬勤勞又有特進左右光
祿大夫金紫光祿大夫銀青光祿大夫朝議大夫朝散大
夫並爲散官以加文武官之德聲者並不理事六品已下
又有翊軍等四十三號將軍品凡十六等爲散號將軍以
加汎授居曹有職務者爲執事官無職務者爲散官戎上
柱國已下爲散實官軍爲散號官諸省及左右衛武候領
左右監門府爲內官自餘爲外官
國王郡王國公郡公縣公侯伯子男凡九等皇伯叔昆弟
皇子爲親王置師友各二人文學二人開王則無師友長史司馬
諮議參軍事掾屬各一人主簿二人録事功曹記室戶倉

兵等曹騎兵城局等參軍事東西閤祭酒各一人參軍事四人法田水鎧士等曹行參軍各一人行參軍六人長兼行參軍八人典籤二人

上柱國嗣王郡王無主簿錄事參軍東西閤祭酒長兼行參軍等員而加參軍事為五人行參軍為十二人柱國又無騎兵參軍事水曹行參軍等員而減參軍事行參軍各一人上大將軍又無諮議參軍事田曹鎧曹行參軍員又減行參軍一人大將軍又無掾屬員又減參軍事二人上開府又無法曹士曹行參軍參軍事員開府又無典籤員減行參軍二人上儀同又無功曹城局參軍事員又減行參軍二人儀同又無倉曹員減行參軍三人

三師三公置府佐與柱國同若上柱國任三師三公唯從上柱國置王公已下三品已上又並有親信帳內各隨品高卑而制員

諸王置國官有令大農各一人尉各二人典衛各八人常侍各二人侍郎各四人廟長學官長各一人食官廐牧長丞各一人典府長丞各一人舍人各四人等員上柱國柱國公減典衛二人無侍郎員侯伯又減典衛二人食官廐牧長各一人子男又減尉典衛常侍舍人各一人上大將軍大將軍公同柱國子男其侯伯減公典衛侍郎廐牧丞各一人子男無令無典衛又減舍人一人上開府開府公同大將軍子男其侯伯又無常侍無食官廐牧丞子男又無侍郎廐牧長上儀同儀同公同開府子男其侯伯又無尉無學官長子男又無廐長食官長二王後置國官與諸王同郡王與上柱國公同國公無上開府已上官者上開府公同散郡公與儀同侯伯同散縣公與儀同子男同大長公主長公主公主並置家令丞各一人主簿謁者舍人各二人等員郡主唯減主簿員

雍州置牧屬官有別駕贊務州都郡正主簿錄事西曹書佐金戶兵法士等曹從事部郡從事武猛從事等員并佐

史合五百二十四人

京兆郡置尹丞正功曹主簿金戶兵法士等曹佐等員并佐史合二百四十四人

大興長安縣置令丞正功曹主簿西曹金戶兵法士曹等員并佐史合一百四十七人

上上州置刺史長史司馬錄事參軍事功曹戶兵等曹參軍事法士曹等行參軍行參軍典籤州都光初主簿郡正主簿西曹書佐祭酒從事部郡從事倉督市令丞等員并佐史合三百二十三人

上中州減上州吏屬十二人

上下州減上中州十六人
中上州減上下州二十九人
中中州減中上州二十人
中下州減中中州二十人
下上州減中下州三十二人
下中州減下上州十五人
下下州減下中州十二人
郡置太守丞尉正光初功曹光初主簿縣正功曹主簿西
曹金户兵法士等曹市令等員并佐史合一百四十六人
上中郡減上上郡吏屬五人

上下郡減上中郡四人
中上郡減上下郡十九人
中中郡減中上郡六人
中下郡減中中郡五人
下上郡減中下郡十九人
下中郡減下上郡五人
下下郡減下中郡六人
縣置令丞尉正光初功曹光初主簿功曹主簿西曹金户
兵法士等曹佐及市令等員合九十九人
上中縣減上上縣吏屬四人

上下縣減上中縣五人
中上縣減上下縣十人
中中縣減中上縣五人
中下縣減中中縣五人
下上縣減中下縣十二人
下中縣減下上縣六人
下下縣減下中縣五人
州置總管者列為上中下三等總管刺史加使持節
鎮置將副戍置主副關置令丞其制官屬各立三等之差
同州總監副監各一人置二丞統食貨農圃二監副監岐

州亦置監副監諸冶亦置三等監各有丞員
鹽池置總監副監丞等員管東西南北面等四監亦各置
副監及丞隴右牧置總監副監丞以統諸牧其驊騮牧及
二十四軍馬牧每牧置儀同及尉大都督帥都督等員驢
騾牧置帥都督及尉原州羊牧置大都督并尉原州駝牛
牧置尉又有皮毛監副監及丞録事又鹽州牧監置監及
副監置丞統諸羊牧牧置尉苑川十二馬牧每牧置大都
督及尉各一人帥都督二人沙苑羊牧置尉二人緣邊交
市監及諸屯監每監置監副監各一人畿内者隸司農自
外隸諸州焉

五嶽各置令又有吳山令以供其灑掃
三師王三公為正一品
上柱國郡王國公開國郡縣公為從一品
柱國太子三師特進尚書令左右光祿大夫開國侯為正
二品
上大將軍尚書左右僕射雍州牧金紫光祿大夫為從二
品
大將軍吏部尚書太常光祿衛尉等三卿太子三少納言
內史令左右衛左右武衛左右武候領左右等大將軍禮
部兵部都官度支工部尚書宗正太僕大理鴻臚司農太
府等六卿上州刺史京兆尹祕書監銀青光祿大夫開國
伯為正三品
上開府儀同三司散騎常侍左右衛武衛武候領左右監
門等將軍國子祭酒御史大夫將作大匠中州刺史親王
師朝議大夫為從三品
驃騎將軍開府儀同三司太常光祿衛尉等三少卿太子
左右衛宗衛內等率尚書吏部侍郎給事黃門侍郎太子
左庶子宗正太僕大理鴻臚司農太府等少卿下州刺史
已前上階 內史侍郎太子右庶子通直散騎常侍左右監門郎
將朝散大夫開國子為正四品

上儀同三司尚書左丞太子左右衛宗衛內等副率左右
監門率上郡太守雍州別駕親王府長史太子家令率更
令僕內侍城門校尉已前上階 尚書右丞上鎮將軍雍州贊務
車騎將軍儀同三司內常侍祕書丞國子博士散騎侍郎
直閤將軍親王府司馬諫議大夫為從四品
太子內舍人太子左右監門副率員外散騎常侍上州長
史親王府諮議參軍事開國男已前上階 尚食尚藥典御上州
司馬為正五品
著作郎通直散騎侍郎中郡太守直寢太子洗馬中州長
史奉車都尉已前上階 都水使者治書侍御史大興長安令大
理司直直齋太子直閤京兆郡丞中州司馬中鎮將上鎮
副內給事駙馬都尉親王友員外散騎侍郎為從五品
翊軍翊師將軍尚書諸曹侍郎內史舍人下郡太守大都
督親王府掾屬下州長史已前上階 四征將軍征東征南征西征北 三將
軍內軍鎮軍撫軍 大理正監評千牛備身左右左右監門校尉內
尚食典御符璽監御府監殿內監太子內直監下州司馬
下鎮將中鎮副為正六品
四平將軍平東平南平西平北 四將軍前軍後軍左軍右軍 通事舍人親王文
學帥都督左右領軍府長史太子直寢親王府主簿親王
府錄事參軍事太子門大夫給事上縣令已前上階 冠軍輔國

二將軍太子舍人直後三寺丞親王府功曹記室倉戶曹參軍事城門直長太子直齋太子副直監太子典內左右領軍府司馬下鎮副爲從六品

鎮遠安遠二將軍員外散騎侍郎御醫左右衛武衛武候領左右等府長史親衛親王府諸曹參軍事已前上階建威寧朔二將軍六寺丞秘書郎著作佐郎太子千牛備身太子備身左右尚食尚藥左右監門等直長太子通事舍人左右衛武衛武候領左右等府司馬都督太子典膳藥藏等監太子齋帥上戍主爲正七品

寧遠振威二將軍左右監門府長史太子左右衛宗衛等

率左右虞候左右內率等府長史符璽御府殿內等直長上州録事參軍事左右領軍府掾屬親王府東西閤祭酒中縣令上郡丞太子親衛將作丞勳衛親王府參軍事上鎮長史已前上階伏波輕車二將軍太學太常二博士武騎常侍奉朝請國子助教親王府諸曹行參軍太子直後太子左右監門直長大興長安縣丞太子侍醫侍御史太史令上州諸曹參軍事左右監門府太子左右衛左右宗衛左右虞候左右內率等司馬上鎮司馬爲從七品

宣威明威二將軍協律郎都水丞殿內將軍太子左右監門率府長史別將下縣令中郡丞中州録事參軍事上上州諸曹行參軍事親王府行參軍左右領軍府録事參軍事中鎮長史太子內坊丞太子勳衛已前上階襄威厲威二將軍殿內御史掖庭宮闈二令上署令公車郊社太廟太祝平準太樂驊騮武庫典客鉤盾左藏太倉左尚方右尚方司染典農京市太官鼓吹太子左右監門率府司馬中州諸曹參軍事左右衛武衛武候等府録事參軍事左右領軍府諸曹參軍事內尚食丞中戍主上戍副爲正八品

威戎討寇二將軍四門博士主書門下録事尚書都事監察御史內謁者監上閤令中署令太醫右藏黃藏乘黃龍廄衣冠守宮華林上林掌冶導官左校右校牛羊典牧下郡丞下州録事參軍事中州諸曹行參

軍備身左右衛武衛武候領左右等府諸曹參軍事左右領軍府諸曹行參軍太子左右衛宗衛率等府録事參軍事下鎮長史太子翊衛已前上階盪寇盪難二將軍親王府長兼行參軍及典籤員外將軍統軍太子三寺丞中閤令奚官內僕二令下署令諸陵崇玄太卜車府清商司儀肴藏良醞掌醢甄官廩犧上津尉下州諸曹參軍事左右衛武衛武候等府諸曹行參軍領左右府鎧曹行參軍左右監門太子左右衛宗衛等率左右虞候左右內率等府諸曹參軍事掌舡局都尉上鎮諸曹參軍事上縣丞上郡尉爲從八品

殄寇殄難二將軍太學助教太子備身大理寺律博士諸

校書郎都水參軍事內史錄事內謁者令內寺伯中縣丞下關令中津尉下州諸曹行參軍上州行參軍左右監門府鎧曹行參軍太子左右衛宗衞虞候府等諸曹行參軍太子左右內率府鎧曹行參軍左右領軍府行參軍中鎮諸曹參軍事上鎮士曹行參軍中郡尉（已前上階）掃寇掃難二將軍殿內司馬督太子食官典倉司藏等令尚食尚醫軍主太史掖庭宮闈局等丞上署令太子左右監門率府諸曹參軍事中州行參軍左右衛武衛武候等府行參軍上州典籤下戍主上關丞太子典膳藥藏等局丞下郡尉典客署掌客司辰師為正九品

曠野橫野二將軍掖庭局宮教博士太祝太子廄牧令太子校書下縣丞中署丞左右監門率府鎧曹行參軍下州行參軍中州典籤左右監門府太子左右衛宗衛虞候率府等行參軍正字太子內坊丞直中關上津丞下鎮諸曹參軍事中鎮士曹行參軍上縣尉（已前上階）偏裨二將軍四門助教書筭學博士奉禮郎員外司馬督幢主奚官內僕等局丞下署丞下州典籤內謁者局丞中津丞中縣尉太子正字太史監候太官監膳御府局監事左右校及掖庭監作太史司曆諸樂師為從九品

又有流內視品十四等

行臺尚書令為視正二品

上摠管行臺尚書僕射為視從二品

中摠管行臺諸曹尚書為視正三品

下摠管為視從三品

行臺尚書左右丞為視從四品

同州摠監隴右牧摠監為視從五品

行臺諸曹侍郎為視正六品

上柱國嗣王郡王柱國府長史司馬諮議參軍事鹽池摠監同州隴右牧摠副監王二王後國令為視從六品

上大將軍大將軍府長史司馬上柱國嗣王郡王柱國府掾屬嗣王文學公國令王二王後大農尉典衛為視正七品

上開府開府府長史司馬上大將軍大將軍府掾屬上柱國嗣王郡王柱國府諸曹參軍事鹽池摠副監鹽州牧監諸屯監國子學生侯伯國令公國大農尉典衛雍州薩保為視從七品

上儀同儀同府長史司馬上大將軍大將軍府諸曹參軍事上柱國嗣王郡王柱國府參軍事諸曹行參軍行臺諸監同州諸監鹽池四面監皮毛監岐州監同州摠監隴右牧監等丞諸大冶監雍州州都主簿子男國令侯伯國大

農尉典衛王二王後國常侍爲視正八品
行臺尚書都事上開府開府府諸曹參軍事上大將軍大
將軍府參軍事諸曹行參軍上柱國嗣王郡王柱國府行
參軍五岳四瀆吳山等令鹽池四面副監諸皮毛副監行
臺諸副監諸屯副監諸中冶監諸緣邊交市監鹽池總監
丞諸州州都主簿雍州西曹書佐諸曹從事京兆郡正功
曹太學生子男國大農典衛爲視從八品
開府府法曹行參軍上儀同儀同府諸曹參軍事上大將
軍大將軍府行參軍上柱國嗣王郡王柱國府典籤同州
諸副監岐州副監諸小冶監鹽州牧監丞諸大冶監丞諸

緣邊交市副監諸郡正功曹京兆郡主簿諸州西曹書佐
祭酒從事雍州部郡從事公國常侍王二王後國侍郎公
主家令諸州胡二百戶已上薩保爲視正九品
儀同府法曹行參軍上開府開府府行參軍上大將軍大
將軍府典籤上儀同儀同府行參軍上開府府典籤行臺
諸監丞鹽池四面監丞皮毛監丞諸中冶監丞四門學生
諸郡主簿諸州部郡從事雍州武猛從事大興長安縣正
功曹主簿侯伯子男國常侍公國侍郎爲視從九品
又有流外勳品二品三品四品五品六品七品八品九品
之差又視流外亦有視勳品視二品視三品視四品視五

品視六品視七品視八品視九品之差極於胥吏矣皆無
上下階云
京官正一品祿九百石其下每以百石爲差至正四品是
爲三百石從四品二百五十石其下每以五十石爲差至
正六品是爲百石從六品九十石以下每以十石爲差至
從八品是爲五十石食封及官不判事者并九品皆不給
祿其給皆以春秋二季刺史太守縣令則計戶而給祿各
以戶數爲九等之差大州六百二十石其下每以四十石
爲差至於下下則三百石大郡三百四十石其下每以三
十石爲差至於下下則百石大縣百四十石其下每以十
石爲差至於下下則六十石其祿唯及刺史二佐及郡守
縣令

三年四月詔尚書左僕射掌判吏部禮部兵部三尚書事
御史糾不當者兼糾彈之尚書右僕射掌判都官度支工
部三尚書事又知用度餘皆依舊尋改度支尚書爲戶部
尚書都官尚書爲刑部尚書諸曹侍郎及內史舍人並加
爲從五品增置通事舍人十二員通舊爲二十四員廢光
祿寺及都水臺入司農廢衛尉入太常尚書省廢鴻臚亦
入太常罷大理寺監評及律博士員加置正爲四人罷郡
以州統縣改別駕贊務以爲長史司馬舊周齊州郡縣職

自州都郡縣正巳下皆州郡將縣令至而調用理時事至是不知時事直謂之鄉官別置品官皆吏部除授每歲考殿最刺史縣令三年一遷佐官四年一遷佐官以曹爲名者並改爲司六年尚書省二十四司各置員外郎一人以司其曹之籍帳侍郎闕則釐其曹事吏部又別置朝議通議朝請朝散給事承奉儒林文林等八郎武騎屯騎驍騎游騎飛騎旅騎雲騎羽騎八尉其品則正六品以下從九品以上上階爲郎下階爲尉散官番直常出使監檢罷門下省員外散騎常侍奉朝請通事令史員及左右衛殿內將軍司馬督武騎常侍等員

十二年復置光祿衛尉鴻臚等寺諸州司以從事爲名者改爲參軍

十三年復置都水臺國子寺罷隸太常又改寺爲學

十四年諸省各置主事令史員改九等州縣爲上中中下下凡四等

十五年罷州縣鄉官

十六年內侍省加置內主事員二十人以承門閤

十八年置備身府

二十年改將作寺爲監以大匠爲大監初加置副監

仁壽元年改都水臺爲監更名使者爲監罷國子學唯立太學一所置博士五人從五品學生七十二人

三年監門府又置門候一百二十人

煬帝即位多所改革三年定令品自第一至于第九唯置正從而除上下階罷諸總管廢三師特進官分門下太僕二司取殿內監名以爲殿內省并尚書門下內史祕書以爲五省增置謁者司隸二臺并御史爲三臺分太府寺爲少府監改內侍省爲長秋監國子學爲國子監將作寺爲將作監并都水監揔爲五監改左右衛爲左右翊衛左右備身爲左右騎衛左右武衛依舊名改領軍爲左右屯衛加置左右禦改左右武候爲左右候衛是爲十二衛又改領左右府爲左右備身府左右監門依舊名凡十六府其朝之班序以品之高卑爲列品同則以省府爲前後省府同則以局署爲前後焉

尚書省六曹各侍郎一人以貳尚書之職又增左右丞階與六侍郎並正四品諸曹侍郎並改爲郎又改吏部爲選部郎戶部爲人部郎禮部爲儀曹郎兵部爲兵曹郎刑部爲憲部郎工部爲起部郎以異六侍郎之名廢諸司員外郎而每增置一曹郎各爲二員都司郎各一人品同曹郎掌都事之職以都事爲正八品分隸六尚書諸司主事並去令史之名其令史隨曹閑劇而置每十令史置一主事

不滿十者亦置一以其餘四省三臺亦皆曰令史九寺五監諸衛府則皆曰府史後又改主客郎爲司蕃郎尋又每減一郎置承務郎一人同員外之職

舊都督已上至上柱國凡十一等及八郎八尉四十三號將軍官皆罷之并省朝議大夫自一品至九品置光祿從一品左右光祿左正二品右從二品金紫正三品銀青光祿從三品正議正四品通議從四品朝請正五品朝散從五品等九大夫建節正六品奮武從六品宣惠正七品綏德從七品懷仁正八品守義從八品奉誠正九品立信從九品等八尉以爲散職開皇中以開府儀同三司爲四品散實官至是改爲從一品同漢魏之制位次王公

門下省減給事黃門侍郎員置二人去給事之名移吏部給事郎名爲門下之職位次黃門下置員四人從五品省讀奏案廢散騎常侍通直散騎常侍諫議大夫散騎侍郎等常員改符璽監爲郎置員二人爲從六品加録事階爲正八品以城門殿內尚食尚藥御府等五局隸殿內省十二年又改納言爲侍內

內史省減侍郎員爲二人減內史舍人員爲四人加置起居舍人員二人從六品次舍人下改通事舍人員爲謁者臺職減主書員置四人加爲正八品十二年改內史爲內書

○殿內省置監正四品少監從四品丞從五品各一人掌諸供奉又有奉車都尉十二人掌進御輿馬統尚食尚藥尚衣尚舍尚乘尚輦等六局各置奉御二人正五品皆置直長以貳之正七品尚食直長六人又有食醫員尚藥直長四人又有侍御醫司醫醫佐員尚衣即舊御府也改名之有直長四人尚舍即舊殿中局也改名之有直長八人尚乘局置左右六閑一左右飛黃閑二左右吉良閑三左右龍媒閑四左右騊駼閑五左右駃騠閑六左右天苑閑有直長十四人又有奉乘十人尚輦有直長四人又有掌輦六人城門置校尉一人降爲正五品後又改校尉爲城門郎置員四人從六品自殿內省隸爲門下省官

祕書省降監爲從三品增置少監一人從四品增著作郎階爲正五品減校書郎爲十人改太史局爲監進令階爲從五品又減丞爲一人置司辰師八人增置監候爲十人其後又改監少監爲令少令增祕書郎爲從五品加置佐郎四人從六品以貳郎之職降著作郎階爲從五品又置儒林郎十人正七品掌明經待問唯詔所使文林郎二十人從八品掌撰録文史檢討舊事此二郎皆上在藩已來直司學士增校書郎員四十人加置楷書郎員二十人從九品掌抄寫御書

御史臺增治書侍御史爲正五品省殿內御史員增監察

御史員十六人加階爲從七品開皇中御史直宿禁中至
是罷其制又置主簿錄事員各二人五年又降大夫階爲
正四品減治書侍御史爲從五品增侍御史爲正七品唯
掌侍從糾察其臺中簿領皆治書侍御史主之後又增置
御史從九品尋又省
謁者臺大夫一人（從四品五年改爲正四品）掌受詔勞問出使慰撫持
節察授及受冤枉而申奏之駕出對御史引駕置司朝謁
者二人以貳之（從五品）屬官有丞一人主簿錄事各一人等
員又有通事謁者二十人（從六品）即內史通事舍人之職也
次有議郎二十四人通直三十六人將事謁者三十人謁

者七十人皆掌出使其後廢議郎通直將事謁者謁者等
員而置員外郎八十員尋詔門下內史御史司隸謁者五
司監受表以爲恒式不復專謁者矣尋又置散騎郎從五
品二十人承議郎（正六品）通直郎（從六品）各三十人宣德郎（正七品）
宣義郎（從七品）各四十人徵事郎（正八品）將仕郎（從八品）常從
郎（正九品）奉信郎（從九品）各五十人是爲正員並得祿當品又
各有散員郎無員無祿尋改常從爲登仕奉信爲散從自
散騎已下皆主出使量事大小據品以發之
司隸臺大夫一人（正四品）掌諸巡察別駕二人（從五品）分察畿
內一人案東都一人案京師刺史十四人（正六品）巡察畿外

諸郡從事四十人副刺史巡察其所掌六條一察品官以
上理政能不二察官人貪殘害政三察豪強姦猾侵害下
人及田宅踰制官司不能禁止者四察水旱蟲災不以實
言枉徵賦役及無災妄蠲免者五察部內賊盜不能窮逐
隱而不申者六察德行孝悌茂才異行隱不貢者每年二
月乘軺巡郡縣十月入奏置丞（從六品）主簿（從八品）錄事（從九品）
各一人後又罷司隸臺而留司隸從事之名不爲常員臨
時選京官清明者權攝以行
光祿已下八寺卿皆降爲從三品少卿各加置二人爲從
四品諸寺上署令並增爲正六品中署令爲從六品下署

令爲正七品始開皇中署司唯典掌受納至是署令爲判
首取二卿判丞唯知勾檢令闕丞判五年寺丞並增爲從
五品
太常寺罷太祝署而留太祝員八人屬寺後又增爲十人
奉禮減置六人太廟署又置陰室丞守視陰室改樂師爲
樂正置十人太卜又省博士員置太卜卜正二十人以掌
其事太醫又置醫監五人正十人罷衣冠清商二署
太僕減驊騮署入殿內尚乘局改龍廄曰典廄署有左右
駁阜二廄加置主乘司庫司廩官罷牛羊署
大理寺丞改爲勾檢官增正員爲六人分判獄事置司直

十六人降為從六品後加至二十人又置評事四十八人
掌頗同司直正九品鴻臚寺改典客署為典蕃署初煬帝
置四方館於建國門外以待四方使者後罷之有事則置
名隸鴻臚寺量事繁簡臨時損益東方曰東夷使者南方
曰南蠻使者西方曰西戎使者北方曰北狄使者各一人
掌其方國及互市事每使者署典護錄事敘職敘儀監府
監置互市監及副參軍各一人錄事主綱紀敘職掌其貴賤
立功合敘者敘儀掌小大次序監府掌其貢獻財貨監置
掌安置其駝馬船車并糾察非違互市監及副掌互市參
軍事出入交易

司農但統上林太倉鉤盾導官四署而罷典農華林二署而
以平準京市隸太府
太府寺既分為少府監而但管京都市五署及平準左右
藏等凡八署京師東市曰都會西市曰利人東都東市曰
豐都南市曰大同北市曰通遠及改諸令為監唯市署曰
令
國子監依舊置祭酒加置司業一人從四品丞三人加為
從六品并置主簿錄事各一人國子學置博士正五品助
教從七品員各一人學生無常員太學博士助教各二人
學生五百人先是仁壽元年省國子祭酒博士置太學博
士員五人為從五品總知學事至是太學博士降為從六
品
將作監改大監少監為大匠少匠丞加為從六品統左右
校及甄官署五年又改大匠為大監正四品少匠為少監
正五品十三年又改監少監為令少令丞加品至從五品
○少府監置監從三品少監從四品各一人丞從五品二
人統左尚右尚內尚司織司染鎧甲弓弩掌冶等署後改
監少監為令少令併司織司染為織染署廢鎧甲弓弩二
署
都水監改為使者增為正五品丞為從七品統舟檝河渠

二署舟檝署每津置尉一人五年又改使者為監四品加
置少監為五品後又改監少監為令從三品少令從四品
○長秋監置令一人正四品少令一人從五品丞二人正
七品並用士人改內常侍為內承奉置二人正五品給事
為內承直置四人從五品並用宦者罷內謁者官領掖庭
宮闈奚官等三署並參用士人後又置內謁者員
十二衛各置大將軍一人將軍二人總府事并統諸鷹揚
府改驃騎為鷹揚郎將正五品車騎為鷹揚副郎將從五
品大都督為校尉帥都督為旅帥都督為隊正增置隊副
以貳之改三衛為三侍其直閤將軍直寢奉車都尉駙馬

都尉直齋別將統軍軍主幢主之屬並廢以武候府司辰師貢隸爲太史局官其軍士左右衛所領名爲驍騎左右驍衛所領名豹騎左右武衛所領名熊渠左右屯衛所領名羽林左右禦衛所領名射聲左右候衛所領名佽飛而揔號衛士每衛置護軍四人掌副貳將軍將軍無則一人攝事改護軍爲武賁郎將正四品而置武牙郎將六人副焉從四品諸衛皆置長史從五品又有錄事參軍司倉兵騎鎧等員翊衛又加有親侍鷹揚府每府置鷹揚郎將一人正五品副鷹揚郎將一人從五品各有司馬及兵倉兩司其府領親勳武三侍非翊衛府皆無三侍鷹揚每府置越騎校尉二人掌騎士步兵校尉二人領步兵並正六品外軍鷹揚官並同左右候衛增置察非掾二人專糾彈之事五年又改副郎將並爲鷹擊郎將

左右領左右府改爲左右備身府各置備身郎將一人又各置直齋二人以貳之並正四品掌侍衛左右統千牛左右司射左右各十六人並正六品（千牛掌執千牛刀宿衛司射掌供御弓箭）置長史正六品錄事司兵倉騎參軍等員並正八品有折衝郎將各三人正四品掌領驍果又各置果毅郎將以領之以貳之從四品其驍果置左右雄武府雄武郎將以領之以武勇郎將爲副員同鷹揚鷹擊有司兵司騎二局並置參軍事左右監門府改將軍爲郎將各置一人正四品直閤各六人正五品置直官屬並同備身府又增左右門尉員一百二十人正六品置門候員二百四十人正七品並分掌門禁守衛

門下坊減内舍人洗馬員各置二人減侍醫置二人改門大夫爲宮門監正字爲正書

典書坊改太子舍人爲管記舍人減置四人改通事舍人爲宣令舍人爲員家令改爲司府令内坊丞直改爲典直

○左右衛率改爲左右侍率正四品改親衛爲功曹勳衛爲義曹翊衛爲良曹罷直齋直閤員

左右宗衛率改爲左右武侍率正四品

左右虞候開府改爲左右虞候率正四品并置副率

左右内率降爲正五品千牛備身改爲司仗左右備身左右改爲主射左右各員八人

左右監門率改爲宮門將降爲正五品監門直長改爲直事置六十人

開皇中置國王郡王國公郡公縣公侯伯子男爲九等者至是唯留王公侯三等餘並廢之

王府諸司參軍更名諸司屬參軍則直以屬爲名改國令爲家令自餘以國爲名者皆去之

行宮所在皆立揔監以司之上宮正五品中宮從五品下
宮正七品隴右諸牧置左右牧監各一人以司統之
罷州置郡郡置太守上郡從三品中郡正四品下郡從四
品京兆河南則俱爲尹並正三品罷長史司馬置贊務一
人以貳之（京兆河南從四品上郡正五品中郡從五品下郡正六品）次置東西曹掾（京兆
河南從五品上郡正六品中郡從六品下郡正七品）主簿司功倉戶兵法士曹等書
佐各因郡之大小而爲增減改行參軍爲行書佐舊有兵
處則刺史帶諸軍事以統之至是別置都尉副都尉都尉
正四品領兵與郡不相知副都尉正五品又置京輔都尉
從三品立府於潼關主兵領遏并置副都尉從四品又置

諸防主副官掌同諸鎮大興長安河南洛陽四縣令並增
爲正五品諸縣皆以所管閑劇及衝要以爲等級丞主簿
如故其後諸郡各加置通守一人位次太守京兆河南則
謂之內史又改郡贊務爲丞位在通守下縣尉爲縣正尋
改正爲戶曹法曹分司以丞郡之六司河南洛陽長安大
興則加置功曹而爲三司司各二人郡縣佛寺改爲道場
道觀改爲玄壇各置監丞京都諸坊改爲里皆省除里司
官以主其事帝自三年定令之後驟有制置制置未久隨
復改易其餘不可備知者蓋史之闕文云

志第二十三　隋書二十八

志第二十四　隋書二十九

太尉揚州都督監修國史上柱國趙國公臣長孫無忌奉　勅撰

地理上

自古聖王之受命也莫不體國經野以爲人極上應躔次
下裂山河分疆畫界建都錫社是以放勛御歷脩職貢者
九州文命會同執玉帛者萬國洎乎殷遷夏鼎周黜殷命
雖質文之用不同損益之途或革而封建之制率由舊章
於是分土惟三列爵惟五千里以制畿甸九服以別要荒
十國爲連連有帥倍連爲卒卒有正皆所以式固鴻基蕃
屏王室興邦致化康俗庇人者歟周德既衰諸侯力政干

戈日用戎馬生郊彊陵弱衆暴寡魯滅於楚鄭滅於韓田
氏篡齊六卿分晉其餘弑君亡國不得守其社稷者不可
勝數逮于七雄競逐二帝爭彊疆埸之事一彼一此秦始
皇據百二之巖險奮六世之餘烈力爭天下蠶食諸侯在
位二十餘年遂乃削平寓內蹶周氏之微弱恃狙詐以爲
彊蔑棄經典罷侯置守子弟無立錐之地功臣無尺土之
賞身沒而區宇幅裂及子而社稷淪胥漢高祖挺神武之
宏圖掃清禍亂矯秦皇之失策封建王侯並跨州連邑有
踰古典而郡縣之制無改於秦逮于孝武務勤遠略南兼
百越東定三韓通邛筰之險塗斷匈奴之右臂雖聲教遠

洎而人亦勞止昭宣之後罷戰務農戶口既其滋多郡縣
亦有增置至于平帝郡國一百有三戶一千二百二十三萬光
武中興承王莽之餘弊兵戈不戢飢疫荐臻率土遺黎十
纔一二乃併省郡縣四百餘所明章之後漸至滋繁郡縣
之數有加曩日逮炎靈數盡三國爭彊兵革屢興戶口減
半有晉太康之後文軌方同大抵編戶二百六十餘萬尋
而五胡逆亂二帝播遷東晉洎于宋齊僻陋江左苻姚之
與劉石竊據中原事跡糾紛難可具紀梁武帝除暴寧亂
奄有舊吳天監十年有州二十三郡三百五十縣千二十
二其後務恢境宇頻事經略開拓閩越克復淮浦平俚洞
破牂柯又以舊州遐闊多有析置大同年中州一百七郡
縣亦稱於此既而侯景構禍臺城淪陷墳籍散逸注記無
遺郡縣戶口不能詳究逮于陳氏土宇彌蹙西亡蜀漢北
喪淮肥威力所加不出荊揚之域州有四十二郡唯一百
九縣四百三十八戶六十萬後齊承魏末喪亂與周人抗
衡雖開拓淮南而郡縣僻小天保之末揔加併省洎乎國
滅州九十有七郡一百六十縣三百六十五戶三百三萬
周氏初有關中百度草創遂乃訓兵教戰務穀勸農南清
江漢西兼巴蜀卒能以寡擊衆戡定彊鄰及于東夏削平
多有省廢大象二年通計州二百一十一郡五百八縣一

隋書志二十四　二

千一百二十四高祖受終惟新朝政開皇三年遂廢諸郡
洎于九載廓定江表尋以戶口滋多析置州縣煬帝嗣位
又平林邑更置三州既而併省諸州尋即改州為郡乃置
司隸刺史分部巡察五年平定吐谷渾更置四郡大凡郡
一百九十縣一千二百五十五戶八百九十萬七千五百
四十六口四千六百一萬九千九百五十六墾田五千五
百八十五萬四千四十一頃其邑居道路山河溝洫沙磧
鹹鹵丘陵阡陌皆不預焉東西九千三百里南北萬四千
八百一十五里東南皆至於海西至且末北至五原隋氏
之盛極於此也

隋書志二十四　三

京兆郡（開皇三年置雍州城東西十八里一百一十五步南北十五里一百七十五步東面通化春明延興三門南面啓夏明德安化三門西面延平金光開遠三門北面光化一門里一百六市二大業三年改州為郡故名焉置尹）統縣二十二戶三十萬八千四百九十九
○大興（開皇三年置後周舊郡置縣曰萬年高祖龍潛封號大興故至是改焉有長樂宮有後魏杜城縣西霸城縣西魏山北縣並後周廢）長安（帶郡有仙都福陽太平等宮有關官有舊長安城）始平（故置扶風郡開皇三年郡廢）武功（後周置武功郡建德中郡廢有永豐渠普濟渠）盩厔（後周置周南郡及恒州又有倉城溫湯二縣尋並廢有司竹園有宜壽仙遊文山鳳皇等宮有關官有太一山有溫湯）醴泉（後魏曰寧夷西魏置寧夷郡後周改為秦郡後廢又以新時甘泉二縣入焉開皇十八年改縣名醴泉有甘泉水漆水浪水有九嵕山溫秀嶺）上宜（開皇十七年置有舊莫西縣十八年改名好畤大業三年廢入焉）鄠（有甘泉宮有終南山有澇水）藍田（後周置藍田郡尋廢郡又以白鹿玉山二縣入焉有關官有滋水）新豐（有溫湯）華原（後魏置北雍州

西魏改爲宜州又置北地郡尋改爲通川郡開皇初郡廢大業初州廢及土門縣入焉有沮水頻山 宜君 舊置宜君郡開皇初郡廢有清水 同官 鄭 後魏置東雍州并華山郡西魏改曰華州開皇初郡廢大業初州廢有少華山 渭南 後魏置渭南郡西魏分置靈源中源二縣後周郡及二縣並廢入焉有步壽宮 萬年 高陵 後魏曰高陸大業初改焉 三原 後周置建忠郡建德初郡廢 涇陽 舊置咸陽縣開皇初廢有茂農渠 雲陽 舊置後周置雲陽郡開皇初郡廢有涇水五龍水甘水走馬水 富平 舊置北地郡後周改曰中華郡尋罷有荊山 華陰 有興德宮有關官有京輔都尉有白渠有華山

馮翊郡 後魏置華州西魏改曰同州 統縣八戶九萬一千五百七十二

○馮翊 後魏曰華陰西魏改爲武鄉置武鄉郡開皇初郡廢大業初改名馮翊置馮翊郡有沙苑 韓城 開皇十八年置有關官有梁山有鬼谷 郃陽 朝邑 後魏曰南五泉西魏改焉有長春宮有關官有朝坂 澄城 後魏置澄城郡後周併五泉縣入焉開皇初郡廢 蒲城 舊置南北二白水西魏改爲蒲城置白水郡開皇初郡廢 下邽 舊置延壽郡開皇初郡廢大業初併蓮勺縣入焉有金氏陂 白水 有五龍山馬蘭山

扶風郡 舊置岐州 統縣九戶九萬二千二百二十三

○雍 後魏置秦平郡西魏改爲岐山郡開皇三年郡廢大業初置扶風郡有岐陽宮 岐山 後周曰三龍縣開皇十六年改名焉又有後魏周城縣後周廢有岐山 陳倉 後魏曰宛川西魏改曰陳倉後周置顯州尋州縣俱廢開皇十八年置曰陳倉有陳倉山有關官 虢 後魏置武都郡西魏改縣曰洛邑後周置郿州州尋廢郡開皇初廢大業初改縣爲虢 郿 舊曰平陽縣西魏改曰郿城後周廢入周城縣開皇十八年改周城爲渭濱大業二年改爲郿又後周置雲州建德中廢有安仁宮鳳泉宮有太白山五丈原 普潤 大業初置有仁壽宮有漆水岐水杜水 汧源 西魏置隴東郡及汧陰縣後改縣曰杜陽後周又曰汧陰開皇三年郡廢五年縣改曰汧源又有西魏東秦州後改爲隴州大業三年州廢有關官有隴山汧山汧水 汧陽 舊置汧陽郡後周罷 南由 後魏置西魏改爲鎮後周復置縣又有舊長蛇縣開皇末廢有關官有盤龍山

安定郡 舊置涇州 統縣七戶七萬六千二百八十一

○安定 帶郡 鶉觚 舊置趙平郡後周廢郡并以宜祿縣入焉大業初分置靈臺縣二年廢 陰盤 後魏置平涼郡開皇初郡廢有盧水 朝那 西魏置安武郡及析置安武縣開皇三年郡縣並廢入焉 良原 大業初置 臨涇 大業初置初曰湫谷尋改焉 華亭 大業初置有隴水芮水

北地郡 後魏置幽州西魏改爲寧州大業初復曰幽州 統縣六戶七萬六百九十

○定安 舊置趙興郡開皇初郡廢大業初置北地郡 羅川 舊曰陽周開皇中改焉又西魏置顯州後周廢有橋山 彭原 舊曰彭陽後魏置西北地郡有洛城西魏置蔚州有豐城西魏置雲州後周二州並廢開皇初郡廢十八年改縣曰彭原有珊瑚水 襄樂 後魏置襄樂郡後周廢又西魏置燕州後周廢又有子午山 新平 舊曰白土西魏置幽州開皇四年改縣爲新平大業初州廢 三水 西魏置恒州尋廢

上郡 後魏置東秦州後改爲北華州西魏改爲敷州大業二年改爲鄜城郡後改爲上郡 統縣五戶五萬三千四百八十九

○洛交 開皇三年置大業三年置上郡 內部 舊置敷州及內部郡開皇三年郡廢大業初州廢 三川 舊名長城西魏改焉又有利仁縣尋廢入焉 鄜城 後魏曰敷城大業初改焉 洛川 有鄜水

雕陰郡 西魏置綏州大業初改爲上州 統縣十一戶三萬六千一十八

○上縣 西魏置安寧郡與安寧綏德安人三縣同置開皇初郡廢改安人爲吉萬大業初置雕陰郡廢安寧吉萬二縣入又後周置義良縣亦廢入焉 大斌 西魏置仍立安政郡開皇初廢有平水 延福 西魏置曰延陵開皇中改焉 儒林 後周置銀州開皇三年改名焉大業初州廢 真鄉 西魏置後周置真鄉郡開皇初郡廢 開光 舊置開光郡開皇三年郡廢有圁水 銀城 後周置曰石城後改名焉 城平 西魏置 開疆 西魏置有後魏撫寧郡開皇三年郡廢 撫寧 西魏置 綏德 西魏置

延安郡後魏置東夏州西魏改為延州置總管府開皇中府廢統縣十一戶五萬三千九百三十九
膚施大業三年置乃置延安郡有豐林山
豐林後魏置曰廣武及編城郡開皇初郡廢十八年改為豐林大業初又併沃野縣入焉
魏平後魏置并立朔方郡後周廢郡併朔方和政二縣入焉
金明有治官有清水
臨眞有西魏神木郡眞川縣後周郡廢大業初廢眞川入焉
延川西魏置曰文安及置文安郡開皇初郡廢改縣為延川
延安西魏置又置義鄉縣大業中廢義鄉入焉
因城後魏置後周廢尋又置
義川西魏置汾州義川郡後改州為丹州後周改縣為丹陽開皇初郡廢改縣曰義川又廢樂川郡入大業初州廢又廢雲巖縣入焉
汾川舊曰安平後周改曰汾川大業初廢門山縣入焉
咸寧舊曰永寧西魏改為太平開皇中改為咸寧

弘化郡西魏置朔州後周廢開皇十六年置慶州統縣七戶五萬二千四百七十三
合水開皇十六年置大業初置弘化郡
馬嶺大業初置
華池仁壽初置又西魏置蔚州後周廢
歸德西魏置恒州後周廢有雕水
洛源大業初置有洛水洱水
弘化開皇十八年置弘州大業初州廢
弘德大業初置

平涼郡舊置原州後周置總管府大業初府廢統縣五戶二萬七千九百九十五
平高後魏置太平郡後改為平高開皇初郡廢大業初置平涼郡有關官有笄頭山
百泉後魏置長城郡及黃石縣西魏改黃石為長城開皇初郡廢大業初縣改為百泉
平涼後周置有可藍山
會寧西魏置會州後周廢開皇十六年置縣
默亭

朔方郡後魏置夏州後周置總管府大業初府廢統縣三戶一萬一千六百七十三
巖綠西魏置弘化郡開皇初郡廢大業初置朔方郡
寧朔後周置
長澤西魏置闡熙郡又有後魏大安郡及置長州開皇三年郡廢又廢山鹿新囼二縣入焉大業三年州廢

鹽川郡西魏置西安州後改為鹽州統縣一戶三千七百六十三
五原後魏置郡曰大興西魏改為五原後又為大興開皇初郡廢大業初置鹽川郡

靈武郡後魏置靈州後周置總管府大業元年府廢統縣六戶一萬二千三百三十
迴樂後周置帶普樂郡又西魏置臨河郡開皇元年改臨河郡曰新昌三年郡並廢大業初置靈武郡
弘靜開皇十一年置有賀蘭山
懷遠後周置仍立懷遠郡開皇三年郡廢
靈武後周置曰建安後又置歷城郡開皇三年郡廢十八年改建安為廣閏仁壽元年改名焉
鳴沙後周置會州尋廢開皇十九年置環州及鳴沙縣大業三年州廢有關官
豐安開皇十年置

榆林郡開皇二十年置勝州統縣三戶二千三百三十
榆林開皇六年置大業初置郡
富昌開皇十年置
金河開皇三年置曰陽壽及置油雲縣又置榆關總管五年改置雲州總管十八年改陽壽曰金河二十年雲州移二縣俱廢仁壽二年又置金河縣帶關

五原郡開皇五年置豐州仁壽元年置總管府大業元年府廢統縣三戶二千三百三十
九原開皇五年置大業初置郡
永豐開皇五年置
安化開皇十一年置

天水郡舊秦州後周置總管府大業初府廢統縣六戶五萬三千一百三十
上邽故曰上邽帶天水郡開皇初郡廢大業初復置郡縣改名焉有濛水
冀城後周曰冀城縣廢入黃瓜縣大業初改曰冀城有石鼓崖
清水後魏置及置清水郡開皇初郡廢有關官有分水嶺
秦嶺後魏置曰伯陽縣開皇中改焉
隴城舊曰略陽置略陽郡開皇二年郡廢縣改曰河陽六年改曰龍城
成紀舊廢後周置有龍馬城仙人峽

隴西郡舊渭州統縣五戶一萬九千二百四十七
襄武帶郡
隴西舊城內陶置南安郡開皇初郡廢改為武陽十年改名焉
渭源有鳥鼠山有渭水
障後魏置西魏置廣安郡後周郡廢
長川後魏置安陽郡領安陽烏水二縣西魏改曰比秦州後又改曰交州開皇三年郡廢十八年改州曰紀州安陽曰長川大業初州廢又廢烏水入焉

金城郡開皇初置蘭州總管府大業初府廢 統縣二 戶六千八百一十八
金城舊縣曰子城帶金城郡開皇初郡廢大業初改縣爲金城置金城郡有關官 狄道後魏置臨洮郡龍城縣後周皆廢又後魏置武始郡開皇初廢有白石山
枹罕郡舊置河州 統縣四 戶一萬三千一百五十七
枹罕舊置枹罕郡開皇初郡廢大業初置郡有關官有鳳林山 龍支後魏曰北金城西魏改焉有唐述山 大夏有金紐山 水池後魏曰覃川後周改焉
澆河郡後周武帝逐吐谷渾以置廓州總管府開皇初府廢 統縣二 戶二千二百四十
河津後周置洮河郡領洮河廣威安戎三縣開皇初郡廢併三縣入焉大業初置澆河郡有鹽水 達化後周置達化郡開皇初郡廢併綏遠縣入焉有連雲山
西平郡舊置鄯州 統縣二 戶三千一百一十八
湟水舊曰西都後周置樂都郡開皇初郡廢十八年改縣曰湟水又有舊浩亹縣又西魏置龍居路倉二縣並後周廢大業初置西平郡有土樓山 化隆舊魏曰廣威西魏置澆河郡後周廢郡仁壽初改爲化隆有拔延山湟水盧水
武威郡舊置涼州後周置總管府大業初府廢 統縣四 戶一萬一千七百五
○姑臧舊置武威郡開皇初郡廢大業初復置武威郡又後魏置武安郡襄武縣並西魏廢又舊有顯美縣後周廢有第五山 昌松後魏置昌松郡後周廢郡以揟次縣入開皇初改縣爲永世後改曰昌松又有後魏魏安郡後周改置白山縣尋廢有白山 番和後魏置番和郡後周郡廢置鎮開皇中爲縣又併力乾安寧廣城障燕支五縣之地入焉有燕支山 允吾後魏置曰廣武及置廣武郡開皇初郡廢改縣曰邑次尋改爲廣武後又改爲邑次大業初改爲允吾有青巖山
張掖郡西魏置西涼州尋改曰甘州 統縣三 戶六千一百二十六
張掖舊曰永平縣後周置張掖郡開皇初郡廢十七年縣改爲酒泉大業初改爲張掖置張掖郡又有臨松縣後周廢有甘峻山臨松山合黎山有玉石澗大柳谷 刪丹後魏曰山丹又有西郡永寧縣西魏郡廢縣改爲弱水後周省入山丹大業改爲刪丹又後周置金山縣尋廢入焉有祁山有鹽池有弱水 福祿舊置酒泉郡開皇初郡廢仁壽中以置肅州大業初州尋廢又後周置樂涫縣尋廢有祁連山崆峒山崑崙山有石渠
敦煌郡舊置瓜州 統縣三 戶七千七百七十九
敦煌舊置敦煌郡後周併效穀壽昌二郡入焉又併敦煌鳴沙平康效穀東鄉龍勒六縣爲鳴沙縣開皇初郡廢大業置敦煌郡改鳴沙爲敦煌有神沙山三危山有流沙 常樂後魏置常樂郡後周併涼興大至冥安閏泉合爲涼興縣開皇初郡廢改縣爲常樂有關官 玉門後魏置會稽郡後周廢郡併會稽新鄉延興爲會稽縣開皇中改爲玉門併得後魏玉門郡地
鄯善郡大業五年平吐谷渾置置在鄯善城即古樓蘭城也并置且末西海河源總四郡有蒲昌海鄯善水 統縣二 顯武 濟遠
且末郡置在古且末城有且末水薩毗澤 統縣二 肅寧 伏戎
西海郡置在古伏俟城即吐谷渾國都有西王母石窟青海鹽池 統縣二 宣德 威定
河源郡置在古赤水城有曼頭城積石山河所出有七烏海 統縣二 遠化 赤水
○周禮職方氏正西曰雍州上當天文自東井十度至柳八度爲鶉首於辰在未得秦之分野考其舊俗前史言之詳矣化於姬德則閑田而興讓習於嬴敝則相稽而反脣斯豈土壤之殊乎亦政教之移人也京兆王都所在俗具五方人物混淆華戎雜錯去農從商爭朝夕之利游手爲事競錐刀之末貴者崇侈靡賤者薄仁義豪彊者縱橫貧

貧窶者窘蹙桴鼓屢驚盜賊不禁此乃古今之所同焉自京城至於外郡得馮翊扶風是漢之三輔其風大抵與京師不異安定北地上郡隴西天水金城於古為六郡之地其人性猶質直然尚儉約習仁義勤於稼穡多畜牧無復寇盜矣雕陰延安弘化連接山胡性多木彊皆女淫而婦貞蓋俗然也平涼朔方鹽川靈武榆林五原地接邊荒多尚武節亦習俗然焉河西諸郡其風頗同並有金方之氣矣

漢川郡舊置梁州統縣八戶一萬一千九百一十

南鄭舊置漢川郡開皇初郡廢大業初置郡又西魏置白雲縣至是併入焉有黃牛山龍岡山 西舊曰嶓冢大業初改焉有關官有定軍山百牢山街亭山嶓冢山有漢水 褒城開皇初曰褒內仁壽九年因失印更給改名焉有關官有女郎大洲山 城固 興勢舊置儻成郡開皇初郡廢 西鄉舊曰豐寧置洋州及洋川郡開皇初廢郡大業初廢州改縣曰西鄉又舊有懷昌郡後周廢為懷昌縣至是入焉有洋水 黃金 難江後周置集州及平桑郡開皇初郡廢大業初州廢

西城郡梁置梁州尋改曰南梁州西魏改置東梁州尋改為金州置總管府開皇初府廢統縣六

戶一萬四千三百四十一

金川梁初曰上廉後曰吉陽西魏改曰吉安後周以西城入焉舊有金城吉安二郡開皇初並廢十八年改縣為吉安大業三年改曰金川置西城郡又後周置洵州尋廢有焦陵山 石泉舊曰永樂置晉昌郡西魏改郡曰魏昌尋改永樂曰石泉析置魏寧縣後周省魏昌郡入中城郡又省魏寧縣入石泉縣 洵陽舊置洵陽郡開皇初郡廢有洵水 安康舊曰寧都齊置安康郡後魏置東梁州後蕭詧改直州開皇初郡廢大業初州廢縣改曰安康 黃土西魏置淯陽郡後周改郡置縣曰長岡後郡省入甲郡置縣曰黃土併赤石甲臨江三縣入焉開皇初郡廢 豐利梁置南上洛郡西魏改郡曰豐利後周省郡入上津郡以熊川陽川二縣入豐利後又廢上津郡入甲郡有天心水

房陵郡西魏置光遷國後周國廢置遷州大業初改名房州統縣四戶七千一百六

○光遷舊曰房陵置新城郡梁末置岐州後周郡縣並改為光遷又有舊綏州開皇初與郡並廢大業初置房陵郡有房山霍水 永清舊曰大洪後周改焉有黑珠山有武山沮水汎水 竹山梁曰安城西魏改焉置羅州開皇十八年改曰房州大業初州廢有花林山懸鼓山 上庸梁曰新豐西魏改焉後周改曰孔陽開皇十八年復曰上庸

清化郡舊置巴州統縣十四戶一萬六千五百三十九

化成梁曰梁廣仍置歸化郡後周改縣曰化成開皇初郡廢大業初置清化郡 曾口梁置 清化梁置曰伏彊有木門郡開皇三年郡廢七年縣改曰清化有伏彊山清水 盤道梁置曰難江西魏改焉有龍腹山 永穆梁置曰永康又有萬榮郡開皇初郡廢十八年縣改名焉 歸仁梁置曰平州縣後周改曰同昌開皇中改名焉 始寧梁置并置遂寧郡開皇初郡廢有始寧山 其章梁置 恩陽梁置曰義陽開皇末改 長池後周置曰曲細開皇末改焉 符陽舊置其章郡開皇初廢 白石有文山 安固梁置後周置蓬州大業初州廢有大蓬山 伏虞梁置曰宣漢及置伏虞郡開皇初郡廢十八年改焉

通川郡梁置萬州西魏曰通川統縣七戶一萬二千六百二十四

通川梁曰石城置東關郡開皇初郡廢大業初置通川郡 三岡梁置屬新安郡西魏改郡曰新寧開皇初郡廢 石鼓西魏置遷州後周廢州置臨清郡開皇初廢郡 東鄉西魏置石州後周廢州置三巴郡開皇初郡廢 宣漢西魏置并州及永昌郡開皇三年郡廢五年州廢 西流後魏曰漢興西魏改焉又置開州及周安萬安江會三郡後周省江會入周安開皇初郡並廢大業初州廢 萬世後周置及置萬世郡開皇初郡廢

宕渠郡梁置渠州統縣六戶一萬四千三十五

流江後魏置縣及置

流江郡開皇初郡廢大業初置宕渠郡
賨 舊曰始安開皇十八年改焉
鄰水 梁置縣并置鄰州後魏改鄰山郡開皇初郡廢
宕渠 梁置并置境陽郡開皇初郡廢
咸安 梁置曰綏安開皇末改名焉
墊江 西魏置縣及容川容山郡後周改爲魏安縣開皇初郡廢十八年縣改名焉

漢陽郡 後魏曰南秦州西魏曰成州 統縣三 戶一萬九百八十五
上禄 舊置仇池郡後魏置倉泉縣後周廢階陵豐川建平城階四縣入焉開皇初郡廢大業初置漢陽郡改縣曰上禄有百頃雉
潭水 西魏置潭水郡後周郡廢并廢甘若相山武定三縣入焉
長道 後魏置漢陽郡後周郡廢又省水南縣入焉開皇初郡廢十八年改曰長道

臨洮郡 後周武帝逐吐谷渾以置洮陽郡尋立洮州開皇初郡廢 統縣十一 戶二萬八千九百七十一
美相 後周置縣及置洮陽郡開皇初郡廢併洮陽縣入焉大業初置臨洮郡
疊川 後周置疊州疊川縣開皇四年置總管府大業元年府廢有洮水流水
合川 後周置仍立西疊郡開皇初郡廢有白嶺山
樂川 後周置
歸政 開皇二年置仍立疊澤郡三年廢又後周立弘州及開遠河濱二郡開皇初州郡並廢
洮源 後周置曰金城并立旭州又置通義郡開皇初郡廢十八年縣改爲美俗大業初州廢縣改名焉
洮陽 後周置曰廣恩并置廣恩郡開皇初郡廢仁壽元年改縣爲洮河大業初改曰洮陽
臨潭 後周曰洮潭開皇十一年改名焉
臨洮 西魏置曰溢樂并置岷州及同和郡開皇初郡廢大業初州廢更名縣曰臨洮又後周置祐川郡基城縣尋郡縣俱廢有岷山崆峒山
當夷 後周置又立洪和郡郡尋廢又置博陵郡及博陵寧人二縣開皇初併入
和政 後周置洮城郡尋廢

宕昌郡 後周置宕昌國天和元年置宕州總管府開皇四年府廢 統縣三 戶六千九百九十六
良恭 後周置初曰陽宕置宕昌郡開皇初郡廢十八年改名焉大業初置宕昌郡
和戎 後周置有良恭山
懷道 後周置甘松郡開皇初郡廢

武都郡 西魏置武州 統縣七 戶一萬七百八十
將利 舊曰石門西魏

改曰安育後周改曰將利置武都郡後改曰永都郡開皇初郡廢大業初置武都郡又有東平縣後周併入焉有河池水
建威 後魏置白水郡後廢改爲白水縣西魏復立郡改爲鎮戎後周郡廢改爲建威縣并廢洪化縣入焉又西魏有孔堤郡及縣後周並廢
覆津 後魏初曰翫當置武階郡西魏又置覆津縣及置萬郡統赤方捷難五部三縣後周一郡三縣并翫當並廢入焉開皇初武階郡又廢
盤堤 西魏置曰南五部縣後改名焉并立武陽郡及茄蘆縣後周郡廢縣併入焉
長松 西魏置初曰建昌置文州及盧北郡開皇初郡廢十八年縣改曰長松大業初州廢
曲水 西魏置
正西 西魏置

同昌郡 西魏逐吐谷渾置鄧州開皇七年改曰扶州 統縣八 戶一萬二千二百四十八
尚安 西魏置縣及鄧寧郡開皇初郡廢大業初置同昌郡有黑水
鉗川 西魏置有鉗川山有白水
帖夷 西魏置又置昌寧郡開皇三年郡廢
同昌 西魏置有鄧至山云鄧艾所至故名焉
嘉誠 後周置縣并龍涸郡及扶州總管府開皇初府廢三年郡廢七年州廢有雪山
封德 後魏置又立芳州有深泉郡開皇初郡廢又省理定縣入焉大業初州廢
常芬 後周置及立恒香郡開皇初郡廢有溺水
金崖 後周置

河池郡 後魏置南岐州後周改曰鳳州 統縣四 戶一萬一千二百二
梁泉 舊曰故道後魏置郡曰固道縣曰涼泉尋改曰梁泉西魏改郡曰歸真後周廢郡又廢龍安商樂二縣入大業初置郡
兩當 後魏置及立兩當郡開皇初郡廢
河池 後魏曰廣化并置廣化郡開皇初郡廢仁壽初縣改名焉又後魏置思安縣大業初省入有河池水
同谷 舊曰白石置廣業郡西魏改曰同谷後周置康州開皇初郡廢大業初州廢又有泥陽縣西魏廢

順政郡 後魏置東益州梁爲武興蕃王國西魏改爲興州 統縣四 戶四千二百六十一
順政 舊曰略陽西魏置郡曰順政縣曰漢曲又置仇池縣後改曰靈道開皇初郡廢十八年縣改名焉大業初置郡又省靈道縣併入
鳴水 西魏置曰落叢并置落叢郡開皇初郡廢六年縣改爲尌比八年

改曰鳴水長舉西魏置又立盤頭郡後周廢郡有鳳溪水脩城舊置脩城郡縣曰廣長後周郡廢又廢下
辨縣入仁壽初縣改名焉又西魏置柏樹縣後周廢
義城郡後魏立益州世號小益州梁曰黎州西魏復曰益州又改曰利州置總管府大業初府廢統縣
七戶一萬五千九百五十綿谷舊曰興安置晉壽郡開皇初郡廢十八年縣改
名焉大業初置郡又有華陽郡梁置華州西魏並廢有龍門山益昌義城西魏置葭萌後魏
曰晉安置新巴郡開皇初郡廢十八年縣改名焉大業初又併恩金縣入焉岐坪景谷舊曰白水
置平興郡後周省東洛郡入開皇初郡廢縣改名平興十八年改曰景谷大業初又省魚盤縣入焉有關官有木馬
山良味山有嗽水嘉川舊置宋熙郡開皇初廢
平武郡西魏置龍州統縣四戶五千四百二十江油後魏置江油郡
開皇三年郡廢大業初置郡有關官馬盤後魏置馬盤郡開皇三年郡廢平武梁末李文智自立爲藩王

西魏廢爲縣有涪水潺水方維舊曰秦興置建陽郡開皇初郡廢縣改名焉
汶山郡後周置汶州開皇初改曰蜀州尋爲會州置總管府大業初府廢統縣十一戶二
萬四千一百五十九汶山舊曰廣陽梁改爲北部都尉置繩州北部郡後周改曰汶
州開皇初郡廢仁壽元年改名焉北川後周置有龍泉水爲門山襄陽山汶川後周置汶山郡開皇
初郡廢交川開皇初置有關官通化開皇初置曰金川仁壽初改名焉左封後周置曰廣年
及置廣年郡左封郡開皇初郡並廢仁壽初縣改名焉又周置翼州大業初廢有汶山平康後周置有羊腸
山翼水後周置曰龍求及置清江郡開皇初郡廢縣改曰清江十八年又改名焉翼針後周置及翼針
郡開皇初郡廢有石鏡山江源後周置通軌後周置縣及覃州并覃川榮鄉二郡開皇初郡廢四年州
廢有甘松山
普安郡梁置南梁州後改爲安州西魏改爲始州統縣七戶三萬一千三百五

十一普安舊曰南安西魏改曰普安置郡開皇初郡廢大業初置郡焉永歸舊曰白水
西魏改焉黃安舊曰華陽西魏改焉又置黃原郡開皇初郡廢陰平宋置北陰平郡西魏置龍州西魏改郡
爲陰平又名縣焉後周從江油郡改曰靜龍縣曰陰平開皇初郡廢梓潼舊曰安壽西魏置潼川郡開皇初郡
廢大業初縣改名焉有五婦山武連舊曰武功置輔劍郡西魏改郡曰安都縣曰武連開皇初郡廢臨津
舊曰胡原開皇七年改焉
金山郡西魏置潼州開皇五年改曰綿州統縣七戶三萬六千九百六十
三巴西舊曰涪置巴西郡西魏改縣曰巴西開皇初郡廢大業初置金山郡有鹽井昌隆有雲
臺山涪城舊置始平郡西魏改郡爲涪城後周又改曰安城開皇初郡廢改縣曰安城十六年改爲涪城魏
城西魏置萬安舊曰潺亭西魏改名焉置萬安郡開皇初郡廢神泉舊曰西充國開皇六年改名焉
金山舊置益昌晉興二縣西魏省晉興入益昌後周別置金山開皇四年省益昌入金山

新城郡梁末置新州開皇末改曰梓州統縣五戶三萬七百二十七郪
舊曰伍城西魏改曰昌城仍置昌城郡開皇初郡廢大業初置新城郡改縣名焉射洪西魏置曰射江後周
改名焉鹽亭西魏置鹽亭郡開皇初郡廢有高渠縣大業初併入焉通泉舊曰通泉置西宕渠郡西
魏改郡縣俱曰潺泉開皇初郡廢縣改名又併光漢縣入焉飛烏開皇中置
巴西郡梁置南梁州北巴州西魏置隆州統縣十戶四萬一千六十四
閬內梁置北巴郡後魏平蜀置盤龍郡開皇初郡廢大業初置巴西郡有盤龍山天柱山靈山南部
舊曰南充國梁曰南部西魏置新安郡後周郡廢蒼溪舊曰漢昌開皇末改名焉南充舊曰
安漢置宕渠郡開皇初郡廢十八年縣改名焉相如梁置梓潼郡後魏郡廢西水梁置
掌天郡西魏改曰金遷開皇初郡廢晉城舊曰西充國梁置木蘭郡西魏廢郡改縣名焉有閬
水奉國梁置白馬義陽二郡開皇初郡廢并廢義陽縣入焉儀隴梁置并置隆城郡開

皇初郡廢 大寅梁置

遂寧郡後周置遂州仁壽二年置總管府大業初府廢 統縣三 戶一萬二千六百二十二 方義梁曰小溪置東遂寧郡西魏改縣名焉後周改郡曰石山開皇初郡廢大業初置遂寧郡 青石舊曰晉興西魏改名焉又置懷化郡開皇初郡廢 長江舊曰巴興西魏改名焉又置懷化郡開皇初郡廢

涪陵郡西魏置合州開皇末改曰涪州 統縣三 戶九千九百二十一 石鏡舊曰墊江置宕渠郡西魏改郡為墊江縣為石鏡開皇初郡廢大業初置涪陵郡 漢初梁置新興郡西魏改郡曰清居縣曰漢初開皇初郡廢 赤水開皇八年置

巴郡梁置楚州開皇初改曰渝州 統縣三 戶一萬四千四百二十三 巴舊置巴郡後周廢枳墊江二縣入焉開皇初郡廢大業初置巴郡 江津舊曰江州縣西魏改為江陽置七門郡開皇初郡廢十八年縣改名焉 涪陵舊曰漢平置涪陵郡開皇初郡廢十三年縣改名焉

巴東郡梁置信州後周置總管府大業元年府廢 統縣十四 戶二萬一千三百七十 人復舊置巴東郡縣曰魚復西魏改曰人復開皇初郡廢大業初置巴東郡有鹽井白鹽山 雲安舊曰朐䏰後周改焉 南浦後周置安鄉郡後改縣曰安鄉改郡曰萬川開皇初郡廢十八年縣改名焉 梁山西魏置有高梁山有紵溪 大昌後周置永昌郡尋廢又廢北井縣入焉 巫山舊置建平郡開皇初郡廢有巫山 秭歸後周曰長寧置秭歸郡開皇初郡廢改縣曰秭歸 巴東舊曰歸鄉梁置信陵郡後周郡廢縣改曰樂鄉開皇末又改名焉有巫峽 新浦後周置周安郡開皇初郡廢 盛山梁曰漢豐西魏改為永寧開皇末曰盛山 臨江梁置臨江郡後周置臨州開皇初郡廢大業初州廢有平都山有彭溪 武寧後周置南州南都郡源陽縣後改郡曰懷德縣曰武寧開皇初州郡並廢入焉 石城開皇初置 庸州大業初州廢 務川開皇末置

蜀郡舊置益州開皇初廢後周置總管府開皇二年置西南道行臺省三年復置總管府大業元年府廢 統縣十三 戶十萬五千五百八十六 成都舊置蜀郡又有新都縣梁置始康郡西魏廢始康郡開皇初廢蜀郡并廢新繁入焉十八年改新都曰興樂大業初置蜀郡省興樂入焉舊置懷寧晉熙宋興宋寧四郡至後周並廢有武擔山 雙流舊曰廣都置寧蜀郡後周郡廢仁壽元年改縣曰雙流有女伎山 新津後周置并置犍為郡開皇初郡廢大業初又廢棘道縣入焉 晉原舊曰江原及置江原郡後周廢郡縣改名焉 清城舊置齊基郡後周廢為清城縣有鵠鳴山清城山 九隴舊曰晉壽梁置東益州後周州廢置九隴郡并改縣曰九隴仁壽初置濛州開皇初郡廢并隴泉興固青陽三縣入焉大業初州廢有大山道場山 綿竹舊置晉熙郡及長揚南武都二縣後周併二縣為晉熙後又廢晉熙入陽泉開皇初郡廢十八年改為孝水大業二年改曰綿竹有治官有綿水有鹿堂山 郫西魏分置溫江縣開皇初省入仁壽初復置萬春縣大業初又廢入焉有金山平樂山天彭門 玄武舊曰伍城後周置玄武郡開皇初郡廢改縣名焉仁壽初置凱州大業初廢有三堆山郪江 雒舊曰廣漢又置廣漢郡開皇初郡廢十八年改曰綿竹大業初改名雒焉又有西遂寧郡南陰平郡後周廢西遂寧改為懷中南陰平郡曰南陰平縣尋並廢 陽安舊曰牛鞞西魏改名焉并置武康郡開皇初郡廢仁壽初置簡州大業初州廢有鹽井 平泉西魏置曰婆閏開皇十八年改名焉 金泉西魏置縣及金泉郡後周廢郡并廢白牟縣入焉有昌利山銅官山石城山

臨邛郡舊置雅州 統縣九 戶二萬三千三百四十八 嚴道西魏置曰始陽縣置蒙山郡開皇初郡廢十三年改曰蒙山尋置雅州大業置臨邛郡縣改名焉有邛來山 名山舊曰蒙山開皇十三年改始陽曰蒙山改蒙山曰名山 盧山仁壽末置 依政西魏置及置邛州大業初廢 臨邛舊置臨邛郡開皇初廢有火井 蒲江西魏置曰廣定及置蒲原郡開皇初郡廢仁壽初縣改名焉 蒲溪西魏置 沈黎後周置黎州尋并縣廢開皇中置縣仁壽末置登州大業初州廢 漢源大業初置

眉山郡西魏曰眉州後周曰青州後又曰嘉州大業二年又改曰眉州統縣八戶二萬三千七百九十九

龍遊後周置曰峨眉及置平羌郡開皇初郡廢九年改縣爲青衣平陳曰龍見水隨軍而進十年改名焉大業初置眉山郡　平羌後周置仍置平羌郡開皇初郡廢　夾江開皇三年置　峨眉開皇十三年置有峨眉山綏山　通義舊置齊通郡及青州西魏改州曰眉州開皇初郡廢改齊通曰廣通仁壽元年改爲通義大業初州廢　青神後周置并置青神郡開皇初郡廢　丹稜後周置曰齊樂開皇中改名焉　洪雅開皇十三年置

隆山郡西魏置陵州統縣五戶一萬一千四十二

仁壽梁置懷仁郡西魏改縣曰普寧開皇初郡廢十八年縣改名焉又西魏置蒲縣大業初置隆山郡蒲縣併入焉有鹽井　貴平西魏置又立和仁郡後周又廢可曇平井二縣入焉開皇初郡廢大業初又廢犍縣入焉　井研　始建開皇十一年置有鐵山　隆山舊曰犍爲置江州西魏改縣曰隆山後周省州置隆山郡開皇初郡廢又併江陽縣入焉有治官有鼎鼻山

六、五十二

隋書志二十四　十八

資陽郡西魏置資州統縣九戶二萬五千七百二十二

盤石後周置縣及資中郡開皇初郡廢大業初置資陽郡　內江後周置　威遠開皇初置　大牢開皇十三年置　安岳後周置并置普州大業初州廢　普慈後周置郡曰普慈縣曰多業開皇初郡廢十三年縣改名焉　安居後周置曰柔剛及置安居郡開皇初郡廢十三年縣改名焉　隆康後周置曰永康開皇十八年改焉　資陽後周置

瀘川郡梁置瀘州仁壽中置總管府大業初府廢統縣五戶一千八百二

瀘川舊曰江陽并置江陽郡開皇初郡廢大業初置瀘川郡縣改名焉　富世後周置及置洛源郡開皇初郡廢　江安舊曰漢安開皇十八年改名焉　合江後周置　綿水梁置有綿溪

犍爲郡梁置戎州統縣四戶四千八百五十九

僰道後周置曰外江大業初改曰僰道置犍爲郡　犍爲後周置曰武陽開皇初改焉　南溪梁置曰南廣及置六同郡開皇初郡廢仁壽初縣改名焉　開邊開皇六年置七年廢訓州入焉大業初廢恭州協州入焉

越巂郡後周置嚴州開皇六年改曰西寧州十八年又改曰巂州統縣六戶七千四百四十八

越巂帶郡　邛都　蘇祇舊置亮善郡開皇初郡廢有孫水　可泉舊宣化郡開皇初廢　臺登舊置曰沙郡開皇初郡廢　邛部舊置邛部郡又有平樂郡開皇初並廢有巂山

牂柯郡開皇初置牂州統縣二

牂柯帶郡　賓化

黔安郡後周置黔州不帶郡統縣二戶一千四百六十

彭水開皇十三年置有伏牛山出鹽井　涪川開皇五年置

梁州於天官上應參之宿周時梁州以併雍部及漢又析置益州在禹貢自漢川以下諸郡皆其封域漢中之人質

五百十

隋書志二十四　十九

朴無文不甚趨利性嗜口腹多事田漁雖蓬室柴門食必兼肉好祀鬼神尤多忌諱家人有死輒離其故宅崇重道教猶有張魯之風焉每至五月十五日必以酒食相饋賓旅聚會有甚於三元傍南山雜有獠戶富室者頗參夏人爲婚衣服居處言語殆與華不別西城房陵清化通川宕渠地皆連接風俗頗同漢陽臨洮宕昌武都同昌河池順政義城平武汶山皆連雜氐羌人尤勁悍性多質直皆務於農事工習獵射於書計非其長矣蜀郡臨邛眉山隆山資陽瀘川巴東遂寧巴西新城金山普安犍爲越巂牂柯黔安得蜀之舊域其地四塞山川重阻水陸所湊貨殖所

萃蓋一都之會也昔劉備資之以成三分之業自金行喪亂四海沸騰李氏據之於前譙氏依之於後當梁氏將亡武陵憑險而取敗後周之末王謙負固而速禍故孟門不祀古人所以誠焉其風俗大抵與漢中不別其人敏慧輕急貌多蕞陋頗慕文學時有斐然多溺於逸樂少從宦之士或至耆年白首不離鄉邑人多工巧綾錦雕鏤之妙殆侔於上國貧家不務儲蓄富室專於趨利其處家室則女勤作業而士多自閑聚會宴飲尤足意錢之戲小人薄於情禮父子率多異居其邊野富人多規固山澤以財物雄役夷獠故輕爲姦藏權傾州縣此亦其舊俗乎又有獽狿蠻賨其居處風俗衣服飲食頗同於獠而亦與蜀人相類

志第二十四　地理志上　隋書二十九

志第二十五　隋書三十

太尉揚州都督監修國史上柱國趙國公臣長孫無忌奉　勑撰

地理中

河南郡舊置洛州大業元年移都改曰豫州東面三門北曰上春中曰建陽南曰永通南面二門東曰長夏正南曰建國里一百三市三三年改爲郡置尹統縣十八戶二十萬二千二百三十

河南帶郡有關官有鄩山有瀍水洛陽有漢已來舊都後魏置司州東魏改曰洛州後周置東京六府洛州總管開皇元年改六府置東京尚書省其年廢東京尚書省二年廢總管置河南道行臺省三年廢行臺以洛州刺史領總監十四年於金墉城別置總監煬帝即位廢省舊河南縣東魏遷鄴改爲宜遷縣後周復曰河南大業元年徙入新都又東魏置洛陽郡河陰縣開皇初郡並廢又析置伊川縣大業初河陰伊川二縣併入焉閿鄉舊曰湖城開皇十六年改焉有王澗金鵠澗秦山桃林開皇十六年置有上陽宮有淄水陝後魏置及置陝州恒農郡後周又置崤郡開皇初郡並廢大業初州廢置弘農宮有常平倉溫陽有砥柱熊耳後周置及同軌郡開皇初郡廢又有後魏崤縣大業初廢入有二崤有天柱山大頭山硤石山穀水澠池後周置河南郡大象中廢新安後周置中州及東垣縣州尋廢開皇十六年置穀州仁壽四年州廢又廢新安入東垣大業初改名新安有冶官有魏山強山缺門山孝水澗水金谷水偃師舊廢開皇十六年置有關官有河陽倉有都尉府有首陽山鄩山乾脯山鞏後齊廢開皇十六年復有興洛倉有九山有天陵山緱山東首陽山宜陽後魏置宜陽郡東魏置陽州後周改曰熊州又復後魏置南澠池縣後周改曰昌洛開皇初郡廢十八年改昌洛曰洛水大業初廢熊州省洛水入宜陽又東魏置金門郡後周廢有福昌宮金門山女几山太陰山嶕嶢山壽安後魏置縣曰甘棠仁壽四年改焉有顯仁宮有慈澗陸渾東魏置伊川郡領南陸渾縣開皇初廢郡改縣曰伏流大業初改曰陸渾又有東魏北荊州後周改曰和州開皇初又改曰伊州大業初州廢又有東魏東亭縣尋廢有方山三塗山孤山陽山王母澗伊闕舊曰新城東魏置新城郡開皇初郡廢十八年縣改名焉有伊闕山

興泰大業初置有鹿蹄山石墨山鍾山 緱氏舊廢東魏置開皇十六年廢大業初又置有緱氏山軒轅山景山 嵩陽後魏置曰潁陽東魏分置堙陽後周廢潁陽入開皇六年改曰武林十八年改曰輪氏大業元年改曰嵩陽又有東魏中川郡後周廢有嵩高山少室山潁水 陽城後魏置陽城郡開皇初廢十六年置嵩州仁壽四年廢又後魏置康城縣仁壽四年廢入焉有箕山偃月山荊山禹山崤山

滎陽郡舊鄭州開皇十六年置管州大業初改曰鄭州統縣十一戶十六萬九百六十四

管城舊曰中牟東魏置廣武郡開皇初郡廢改中牟曰內牟十六年析置管城十八年改內牟曰圃田入焉後魏置曲梁縣後齊廢有鄭水 氾水舊曰成皋即武牢也後魏置東中府東魏置北豫州後周置滎州開皇初曰鄭州十八年改成皋曰氾水大業初置武牢都尉府有周山氏陵山 滎澤開皇四年置曰廣武仁壽元年改名焉 原武開皇十六年置 陽武 圃田開皇十六年置曰鄭城大業初改焉 浚儀東魏置梁州陳留郡後齊廢開封郡入後周改曰汴州開皇初郡廢大業初州廢有閼官有通濟渠蔡水 酸棗後齊廢開皇六年復有閼官 新鄭後魏廢開皇十六年復大業初併宛陵縣入焉有閼官有大騩山 滎陽舊置滎陽郡後齊省卷京二縣入改曰成皋郡開皇初郡廢有京索水梧桐澗 開封東魏置郡後齊廢

梁郡開皇十六年置宋州統縣十三戶十五萬五千四百七十七

宋城舊曰睢陽置梁郡開皇初郡廢十八年縣改名焉大業初又置郡又梁置北新安郡尋廢 雍丘後魏置陽夏郡開皇初郡廢十六年置杞州大業初州廢 襄邑後齊廢開皇十六年復 寧陵後齊廢開皇六年復 虞城後魏曰蕭後齊廢開皇十六年置改名焉又後魏置沛郡後齊廢 穀熟後魏廢開皇十六年復 陳留後魏廢開皇六年復十六年析置新里縣大業初廢入焉又有小黃縣後齊廢入有睢水渙水 下邑後齊廢巳吾縣入焉 考城後魏曰考陽置北梁郡後齊郡縣並廢為城安縣開皇十八年以重名改曰考城 楚丘後魏曰巳氏置北譙郡後齊郡縣並廢開皇四年又置巳氏六年改曰楚丘 碭山置後魏曰

安陽開皇十八年改名焉有碭山魚山 圉城舊曰圉後齊廢開皇六年復置曰圉城有谷水 柘城舊曰柘又廢開皇十六年置曰柘城

譙郡後魏置南兗州後周置總管府後改曰亳州開皇元年府廢統縣六戶七萬四千八百一十七

譙舊曰小黃置陳留郡開皇初郡廢十六年分置梅城縣大業三年改小黃為譙縣併梅城入焉 酇舊廢開皇十六年復舊有馬頭郡後魏又置下邑縣後齊並廢 城父宋置曰浚儀開皇十八年改焉 谷陽後齊省開皇六年復 山桑後魏置渦州渦陽縣又置譙郡梁改渦州曰西徐州東魏改曰譙州開皇初郡廢十六年改渦陽為肥水大業初州廢改縣曰山桑又梁置北新安郡東魏改置蒙郡後齊廢郡置蒙縣後又置郡開皇初郡廢又梁置陽夏郡東魏廢 臨渙後魏置臨渙郡又別置丹城縣東魏析置白撣縣後齊郡廢開皇元年丹城省大業初白撣又省並入焉有稽山龍岡

濟陰郡後魏置西兗州後周改曰曹州統縣九戶十四萬九百四十八

濟陰後魏置沛郡後齊廢又開皇六年分置黃縣十八年改為蒙澤大業初廢入焉 外黃後齊廢成安縣入又開皇十八年置首城縣大業初廢入焉 濟陽 成武後齊置永昌郡開皇初郡廢十六年置戴州大業初州廢 冤句 乘氏 定陶 單父後魏曰離狐置北濟陰郡後齊郡縣並廢開皇六年更置名單父 金鄉開皇十六年分置昌邑縣大業初併入

襄城郡東魏置北荊州後周改曰和州開皇初改為伊州大業初改曰汝州統縣八戶十萬五千九百一十七

承休舊曰汝原置汝北郡後改曰汝陰郡後周郡廢大業初改縣曰承休置襄城郡有黃水 梁舊置汝北郡後齊廢有盪泉 郟城舊曰龍山東魏置順陽郡及南陽郡南陽縣開皇初改龍山曰汝南三年二郡並廢十八年改汝南曰輔城南陽曰期城大業初改輔城曰郟城廢期城入焉有閼官有大留山 陽翟東魏置陽翟郡開皇初郡廢有鈞臺有九山祠 汝源 汝南後魏有汝南郡及符壘縣並後齊廢 魯後魏置荊州尋廢立魯陽郡後置魯州開皇初郡廢大業初州廢有閼官有和山大

義山
犨城舊曰雉陽開皇十八年改曰湛水大業初改名焉又有後周置武山郡開皇初廢後魏置南陽縣河
山縣大業初並廢入焉有應山
潁川郡舊置潁州東魏改曰鄭州後周改曰許州統縣十四戶十九萬五千六
百四十　潁川舊曰長社置潁川郡後齊廢潁陰縣入開皇初廢郡改縣焉又東魏置黃臺縣大業
初廢入焉置郡　襄城舊置襄城郡後周置汝州開皇初郡廢大業初州廢有澱水　汝墳後齊置漢廣郡
尋廢有首山　葉後齊置襄州後周廢襄州置南襄城郡開皇初郡廢又東魏置定南郡後周廢爲定南縣大業
初省入　北舞舊置定陵郡開皇初廢有百尺溝　郾城開皇初置十六年置道州大業初州廢又後魏
置潁川郡後齊改爲臨潁郡開皇初郡廢又有邵陵縣大業初廢有澱水　繁昌　臨潁　尉氏
後齊廢開皇六年復　長葛開皇六年置　許昌　濦強開皇十六年置曰陶城大業初改焉　扶
溝　鄢陵東魏置許昌郡後齊廢縣開皇初郡廢七年後鄢陵縣十六年置洧州大業初州廢又開皇十

六年置蔡陂縣至是省入焉
汝南郡後魏置豫州東魏置行臺後周置總管府後改曰舒州尋後曰豫州及改洛州爲豫州此爲溱州又
改曰蔡州統縣十一戶十五萬二千七百八十五　汝陽舊曰上蔡
置汝南郡開皇初郡廢大業初置郡改縣曰汝陽并廢保城縣入焉有鴻郗陂　城陽舊廢梁置又有義興縣後
魏置城陽郡梁置楚州東魏置西楚州後齊曰永州開皇九年廢入純州十八年改義興爲純義大業初州縣並廢
入焉又梁置伍城郡後齊廢有十丈山大木山　眞陽舊置郢州東魏廢州置義陽郡後齊廢郡入保城縣開皇
十一年廢縣十六年置縣曰眞丘大業初改曰眞陽又有白狗縣梁置淮州後齊廢州以置齊興郡郡尋廢開皇初
改縣曰淮川至是亦省入焉又有後魏安陽縣後廢有汝水　新息後魏置東豫州梁改曰西豫州又改曰淮
州東魏復曰東豫州後周改曰息州大業初州廢又後魏置汝南郡開皇初郡廢又梁置滇州尋廢又梁置北光城
郡東魏廢又有北新息縣後齊廢　褒信宋改曰包信大業初改後舊又梁置[illegible]安郡開皇初廢又有長陵郡

後齊廢爲縣大業初又省縣焉　上蔡後魏置曰臨汝後齊廢開皇[illegible]置曰武津大業初改名焉　平輿舊廢
大業初改新蔡置焉有葛陂　新蔡[illegible]置北新蔡郡魏曰新蔡郡東魏置[illegible]蔡州後齊廢州置廣寧郡開皇初
郡廢十六年置舒州及舒縣廣寧縣仁壽元年改廣寧曰汝北大業初州廢改汝北曰新蔡又後齊置永康縣後改
名曰澺水至是及舒縣並廢入焉　朗山舊曰安昌置初安郡廢十八年縣改名焉又梁置陳州後魏廢又齊
置荊州尋廢後周又置威州後又廢　吳房故曰遂寧後齊省綏義縣入焉大業初改曰吳房　西平後魏
置襄城郡後齊改郡曰文城開皇初郡廢又有故武陽縣十八年改曰吳房大業初省又有故洧州瀙州並後齊置
開皇初皆廢
淮陽郡開皇十六年置陳州統縣十一戶十二萬七千一百四　宛丘
後魏曰項置陳郡開皇初縣改名宛丘尋廢郡後析置臨蔡縣大業初置淮陽郡并臨蔡縣入焉又後魏置南陽郡
東魏廢　西華舊曰長平開皇十八年改曰鴻溝大業初改焉有舊長平縣後齊廢　溵水開皇十六年置

又有後魏汝陽郡及縣後齊郡廢大業初縣廢　扶樂開皇十六年置有渦水　太康舊曰陽夏并置淮陽
郡開皇初郡廢七年更名太康有洼水　鹿邑舊曰武平開皇十八年改名焉　項城東魏置楊州及丹楊
郡秣陵縣梁改曰殷州東魏又改曰北揚州後齊改曰信州後周改曰陳州開皇初改秣陵爲項縣十六年分置沈
州大業初州廢又有項城郡開皇初分立陳郡三年並廢　南頓舊置南頓郡後齊廢郡及平鄉縣入改曰和城
大業初又改爲南頓　鄲開皇六年置　鮦陽後齊廢開皇十一年復又東魏置財州後齊廢以置包信縣開
皇初廢
汝陰郡舊置潁州統縣五戶六萬五千九百二十六　汝陰舊置
汝陰郡開皇初郡廢大業初復置　潁陽梁曰陳留并置陳留郡及陳州東魏廢州開皇初廢郡十八年縣改
名焉有鄭縣後齊廢　清丘梁曰許昌及置潁川郡開皇初廢郡十八年縣改名焉　潁上梁置下蔡郡後
齊廢郡大業初縣改名焉　下蔡梁置汴郡後齊郡廢大業初縣改名焉又梁置淮陽郡後齊改曰潁川郡開皇

初郡廢
上洛郡舊置洛州後周改爲商州統縣五戶一萬五百一十六上洛
舊置上洛郡開皇初郡廢大業初後置有秦嶺山熊耳山洛水丹水商洛有關官洛南舊曰拒陽置拒
陽郡開皇初郡廢縣改名焉有玄扈山陽靈山豐陽後周置開皇初併南陽縣入有洵水申水上津舊置
北上洛郡梁改爲南洛州西魏又改爲上州後周併漫川開化二縣入大業初廢州有天柱山詔及山女思山
弘農郡大業三年置統縣四戶二萬七千四百六十六弘農
舊置西恒農郡後周廢大業初置弘農郡又有石城郡王城縣西魏並廢有石崤山盧氏後魏置漢安郡西魏
置義川郡開皇初郡廢州改爲虢州大業初州廢有關官有石窮山長泉後魏曰南陝西魏改焉有松楊
山檀山朱陽舊置朱陽郡後周郡廢有邑陽縣開皇末改爲邑川大業初併入有胏山有湖水
淅陽郡西魏置淅州統縣七戶三萬七千二百五十南鄉舊置

南鄉郡後周併龍泉湖里白亭三縣入又有左南鄉縣并置左鄉郡西魏改郡爲秀山改縣爲安山後周秀山郡廢
開皇初南鄉郡廢大業初置淅陽郡併安山縣入焉有石墨山內鄉舊曰西淅陽郡西魏改爲內鄉後周廢併
淅川石人二縣入焉有淅水丹水舊置丹川郡後周郡廢併芧城倉陵許昌三縣入有胡保山武當
舊置武當郡又僑置始平郡後改爲齊興郡梁置興州後周改爲豐州開皇初二郡並廢改爲均州大業初州廢有
石階山武當山均陽梁置安福梁置曰廣福併爲郡開皇初郡廢仁壽初改焉鄖鄉有防山
南陽郡舊置荊州開皇初改爲鄧州統縣八戶七萬七千五百二十
穰帶郡有白水新野舊曰棘陽置新野郡又有漢廣郡西魏改爲黃岡郡又有南棘陽縣改爲百穿縣後
周二郡並廢併南棘縣入焉開皇初更名新野南陽舊曰上陌置南陽郡後周併宛縣入更名上苑開皇初郡
廢又改爲南陽課陽舊曰涅陽開皇初改焉有課水涅水順陽舊置順陽郡西魏析置鄭縣尋改爲清鄉
後周又併順陽入清鄉開皇初又改爲順陽冠軍菊潭舊曰酈開皇初改焉有東弘農郡西魏改

爲武關至是廢入有梅溪湍水新城西魏改爲臨湍開皇初復名焉有朝水
淯陽郡西魏置蒙州仁壽中改曰淯州統縣三戶一萬七千九百武川
帶郡有雉衡山有淯水湍水澧水向城西魏置又立雉陽郡開皇初郡廢方城西魏置及置襄邑郡
開皇初廢東魏又置建城郡及建城縣後齊郡縣並廢又有業縣開皇末改爲澧水大業併入有西唐山
淮安郡後魏置東荊州西魏改爲淮州開皇五年又改爲顯州統縣七戶四萬六千
八百四十比陽帶郡後魏曰陽平開皇七年改爲饒良大業初又改焉又有後魏城陽縣置殷
州城陽郡開皇初郡並廢其縣尋省又有昭越縣大業初改爲同光尋廢又有東南陽郡西魏改爲南郢郡後周廢
又有比陽故縣置西郢州西魏改爲鴻州後周廢爲眞昌郡開皇初郡廢大業初縣廢平氏舊置漢廣郡開
皇初郡廢有淮水眞昌舊曰北平開皇九年改焉顯岡舊置舞陰郡開皇初郡廢臨舞東魏置及
置期城郡開皇初郡廢又有東舞陽縣開皇十八年改爲昆水大業初廢慈丘後魏曰江夏并置江夏郡開皇

初郡廢更置慈丘於其北境後魏有鄭州潘州溱州及襄城周康二郡上蔡青山霍山三縣並開皇初廢有比水
桐柏梁置曰淮安并立華州又立上川郡西魏改州爲淮州後改爲純州尋廢開皇初郡廢更名縣曰桐柏又
梁置西義陽郡西魏置淮陽郡及輔州後周州郡並廢又置淮南縣開皇末改爲油水大業初廢又有大義郡後周
置開皇初廢有桐柏山

豫州於禹貢爲荊州之地其在天官自氐五度至尾九度爲大火於辰在卯宋之分野屬豫州自柳九度至張十六度爲鶉火於辰在午周之分野屬三河則河南淮之星次亦豫州之域豫之言舒也言稟平和之氣性理安舒也洛陽得土之中賦貢所均故周公作洛此焉攸在其俗尚商賈機巧成俗故漢志云周人之失巧僞趨利賤義貴財此

亦自古然矣滎陽古之鄭地梁郡梁孝故都邪僻傲蕩舊
傳其俗今則好尚稼穡重於禮文其風皆變於古譙郡濟
陰襄城潁川汝南淮陽汝陰其風頗同南陽古帝鄉搢紳
所出自三方鼎立地處邊疆戎馬所萃失其舊俗上洛弘
農本與三輔同俗自漢高發巴蜀之人定三秦遷巴之渠
率七姓居於商洛之地由是風俗不改其壤其人自巴來
者風俗猶同巴郡淅陽淯陽亦頗同其俗云
東郡開皇九年置杞州十六年改為滑州大業二年為兗州統縣九戶十二萬一千
九百五　白馬舊置東郡後齊併涼城縣入焉大業初復置郡　靈昌開皇十六年置　衛南
開皇十六年置大業初廢西濮陽入焉又有後魏平昌長樂二縣後齊並廢　濮陽開皇十六年分置昆吾縣

大業初入焉　封丘後齊廢開皇十六年復　匡城後齊曰長垣開皇十六年改焉　胙城舊曰東燕
開皇十八年改焉　韋城開皇十六年置十六年分置長垣縣大業初省入焉　離狐
東平郡後周置魯州尋廢開皇十年置鄆州統縣六戶八萬六千九十
鄆城後周置曰清澤又置高平郡開皇初郡廢改縣曰萬安十八年改曰鄆城大業初置郡併廩丘入焉　鄄
城舊置濮陽郡開皇初郡廢十六年置濮州大業初州廢有關官　須昌開皇十六年置有梁山　宿城
後齊曰須昌開皇十六年改焉舊置東平郡後齊並廢　雷澤舊曰城陽後齊廢開皇十六年置曰雷澤又分
置臨濮縣大業初併入焉有歷山雷澤　鉅野舊廢開皇十六年後又置乘丘縣大業初廢入焉
濟北郡舊置濟州統縣九戶十萬五千六百六十　盧舊置郡開皇初
廢六年分置濟北縣大業初省入焉尋置郡有關官有成迴倉有魚山遊仙山　范後齊廢開皇十六年置　陽
穀開皇十六年置　東阿有浮山魚山狼水　平陰開皇十四年置曰榆山大業初改焉　長清開皇

十四年置又有東太原郡後齊廢　濟北開皇十四年置曰時平大業初改焉　壽張　肥城宋置
濟北郡後齊廢後周置肥城郡尋廢又復開皇初又廢
武陽郡後周置魏州統縣十四戶二十一萬三千五十五
貴鄉東魏置又有平邑縣後齊廢開皇十六年又置大業初置武陽郡并省玄邑縣入焉有㥁山　元城
後齊廢開皇六年後又置馬陵縣大業初廢入焉有沙麓山　繁水舊曰昌樂置昌樂郡東魏郡廢後周又置舊昌有魏城
縣後齊廢開皇初廢郡六年置縣曰繁水大業初廢昌樂縣入焉　魏後齊廢開皇六年復十六年析置章陰縣
大業初省入焉　莘舊曰陽平後齊改曰樂平開皇六年復曰陽平八年改曰清邑十六年置莘州大業初州廢改
縣名莘又廢莘亭縣入焉後周置武陽郡焉開皇初廢　頓丘後齊省開皇六年置又有舊陰安縣後齊廢
觀城舊曰衛國開皇六年改　臨黃後魏置後齊省開皇六年復十六年分置河上縣大業初省入焉
武陽後齊省後周置　武水開皇十六年置　館陶舊置毛州大業初州廢又有舊陽平郡開皇初廢

堂邑開皇六年置　冠氏開皇六年置　聊城舊置南冀州及平原郡未幾州廢開皇初郡廢十六
年置博州大業初州廢
勃海郡開皇六年置棣州大業二年為滄州統縣十戶十二萬二千九百九
陽信帶郡　樂陵舊置樂陵郡開皇初郡廢十六年分置萬津縣大業初廢入焉　滴河開皇十六
年置又有後魏濕沃縣後齊廢有關官　厭次後齊廢開皇十六年後　蒲臺開皇十六年置　饒安
舊置滄州浮陽郡開皇初郡廢大業初州廢　無棣開皇六年置　鹽山舊曰高成開皇十六年又置浮
水縣十八年改高成曰鹽山大業初省浮水入焉有鹽山峽山　南皮　清池舊曰浮陽開皇十八年改
○平原郡開皇九年置德州統縣九戶十三萬五千八百二十二
安樂舊置平原郡開皇初郡廢大業初後又開皇十六年置繹幕縣至是廢入焉又有後魏鬲縣後齊廢有關
官　平原後齊併鄃縣入焉有關官又後魏置東青州要且未久而廢　將陵開皇十六年置　平昌後魏

置東安郡後齊廢并以重平縣入焉　般後齊省開皇十六年復　長河舊曰廣川後齊省開皇六年復置仁壽初改名焉　弓高舊廢開皇十六年置　東光舊置勃海郡開皇初郡廢九年置觀州大業初州廢又併安陵入焉有天胎山　胡蘇舊廢開皇十六年置

兗州於禹貢為濟河之地其於天官自軫十二度至氐四度為壽星於辰在鄭之分野兗州蓋取沇水為名亦曰兗兗之為言端也言陽精端端故其氣纖殺也東郡東平濟北武陽平原等郡得其地焉兼得鄒魯齊衛之交舊傳太公唐叔之教亦有周孔遺風今此數郡其人尚多好儒學性質直懷義有古之風烈矣

信都郡舊置冀州　統縣十二戶十六萬八千七百一十八

長樂舊曰信都帶長樂郡後齊廢扶柳縣入焉開皇初郡廢分信都置長樂縣十六年又分長樂置澤城縣大業初廢信都及澤城入焉置信都郡　堂陽舊縣後齊廢開皇十六年復　衡水開皇十六年置　棗彊舊縣後齊廢索盧廣川二縣入焉　武邑舊縣後齊廢開皇六年置并得後齊觀津縣地十六年分武彊置昌亭縣大業初廢入焉　武彊舊置武邑郡後齊郡廢又廢武遂縣入焉　南宮舊縣後齊廢開皇六年復　斌彊　鹿城舊曰郡後齊改曰安國開皇六年改為安定十八年改開皇十六年又置晏城大業初廢入　下博　蓨舊曰脩開皇五年改十六年分置觀津縣大業初廢　阜城

清河郡後周置貝州　統縣十四戶三十萬六千五百四十四

清河舊曰武城置清河郡開皇初郡廢改名焉仍別置武城縣十六年置夏津縣大業初廢入置清河郡　清陽舊曰清河縣後齊省貝丘入焉改為貝丘開皇六年改為清陽又有後魏倏城縣後齊省以入武城亦入焉　武城舊曰東武城開皇初改武城為清河縣於此置武城　歷亭開皇十六年分武城置焉　漳南開皇六年置曰東陽十八年改為漳南有後魏故索盧城後齊以入棗彊至是入　鄃舊廢開皇十六年置　臨清後齊廢開皇六年復又十六年置沙丘縣大業初廢入焉　清泉後齊廢千童縣入開皇十六年置貝丘縣大業二年廢入　清平開皇六年置曰貝丘十六年改曰清平　高唐後魏置南清河郡後齊郡廢　經城後齊廢開皇六年置十六年分置府城縣大業初省入焉　宗城舊曰廣宗仁壽元年改　博平開皇六年置靈縣大業初省入　茌平後齊廢開皇初復

魏郡後魏置相州東魏改曰司州後周又改曰相州置六府宣政初府移洛以置總管府未幾府廢　統縣十一戶十二萬二百二十七

安陽周大象初置相州及魏郡因改名鄴開皇初郡廢十年復名安陽分置相縣鄴還復舊大業初廢相入焉置魏郡有韓陵山　鄴東魏都後周平齊置相州大象初縣隨州徙安陽此改為靈芝縣開皇十年又改焉　臨漳東魏置　成安後齊置　靈泉後周置有龍山　堯城開皇十年置名長樂十八年改焉　洹水後周置　滏陽後周置開皇十年置慈州大業初州廢　臨水有慈石山鼓山滏山　林慮後魏置林慮郡後齊郡廢後又置開皇初郡廢又分置淇陽縣十六年置巖州大業初州廢又廢淇陽入焉有林慮峽仙人臺洹水　臨淇東魏置尋廢開皇十六年復有淇水

汲郡東魏置義州後周為衛州　統縣八戶十一萬一千七百二十一

衛舊曰朝歌置汲郡後周又分置脩武郡開皇初郡並廢十六年又置清淇縣大業初置汲郡改朝歌縣曰衛廢清淇入焉有朝陽山同山有紂朝歌城比干墓　汲東魏僑置七郡十八縣後齊省以置伍城郡後周廢為伍城縣開皇六年改焉　隋興開皇六年置後析置陽源縣大業初併入焉有倉巖山　黎陽後魏置黎陽郡後置黎州開皇初州郡並廢十六年又置黎州大業初罷有倉有關官有大伾山枉人山　內黃舊廢開皇六年置十六年分置繁陽縣大業初廢入　湯陰舊廢開皇六年又置有博望岡　臨河開皇六年置　澶水開皇十六年置

河內郡舊置懷州統縣十戶十三萬三千六百六

河內舊曰野王置河內郡開皇初郡廢十六年縣改焉有軹縣大業初廢入焉置郡有大行有丹水有赫城　溫舊廢開皇十六年置古溫城　濟源開皇十六年置舊有沁水縣後齊廢入有孔山母山有濟水淇水古原城　河陽舊廢開皇十六年置有盟津有古河陽城治　安昌舊曰州縣置武德郡開皇初郡廢十八年縣改為邢丘大業初改名安昌又廢懷縣入焉舊有平高縣後齊廢　王屋舊曰長平後周改焉後又置懷州及平齊廢州置王屋郡開皇初郡廢有王屋山齊子嶺有軹關　獲嘉後周置脩武郡開皇初郡廢十六年置殷州大業初州廢　新鄉開皇初年置有關官舊有獲嘉縣後齊廢　脩武後魏置脩武後齊併入焉開皇十六年析置武陟大業初併入焉又有東魏廣寧郡後周廢　共城舊曰共後齊廢開皇六年復置曰共城有共山白鹿山

長平郡舊曰建州開皇初改為澤州統縣六戶五萬四千九百一十三

○丹川舊曰高都後齊置長平高都二郡後周併為高平郡開皇初郡廢十八年改為丹川大業初置長平郡有太行山　沁水舊置廣寧郡後齊郡廢縣改為永寧開皇十八年改焉有輔山　端氏後魏置安平郡開皇初郡廢有濩巨峻山秦川水　濩澤有嶕嶢山濩澤山　高平舊曰平高齊末改焉又併泫氏縣入焉有關官　陵川開皇十六年置

上黨郡後周置潞州統縣十戶十二萬五千五十七

上黨舊置上黨郡開皇初郡廢有壺關縣大業初後置郡廢壺關入焉有羊頭山抱犢山　長子後齊廢開皇九年置曰寄氏縣十八年改為長子舊有屯留樂陽二縣後齊廢有濁漳水堯水　潞城開皇十六年置有黃阜山　屯留後齊廢開皇十六年後　襄垣舊置襄垣郡後齊郡廢後周置韓州大業初州廢有鹿臺山　黎城後魏以潞縣被誅遺人置十八年改名黎城有精布山松門嶺　涉後魏廢開皇十八年復有崇山　鄉石勒置武鄉郡後魏去武字開皇初郡廢十六年分置榆社縣大業初廢又有後魏南垣州尋改豐州後周廢　銅鞮有舊涅縣後魏改為陽城開皇十八年改為甲水大業初省入有銅鞮水　沁源後魏置縣及義寧郡開皇初廢十六年置沁州又義寧縣十八年改為和川大業初州廢又廢和川縣入

河東郡後魏曰秦州後周改曰蒲州統縣十戶十五萬七千七十八

河東舊曰蒲坂縣置河東郡開皇初郡廢十六年析置河東縣大業初置河東郡併蒲坂入有酒官有首山有媯汭水　桑泉開皇十六年置有三疑山　汾陰舊置汾陰郡開皇初郡廢有龍門山　龍門後魏置并置龍門郡開皇初郡廢　芮城舊置曰安戎後周改焉又置永樂郡後省入焉有關官　安邑開皇十六年置虞州大業初州廢有鹽池銀冶　夏舊置安邑郡開皇初郡廢有巫咸山稷山虞坂　河北舊置河北郡開皇初郡廢有關官有砥柱山有傅巖　猗氏西魏改曰桑泉後周復焉　虞鄉後魏曰安定西魏改曰南解又改曰綏化又曰虞鄉有石錐山百梯山百徑山

絳郡後魏置東雍州後周改曰絳州統縣八戶七萬一千八百七十六

正平舊曰臨汾置正平郡開皇初郡廢十八年縣改名焉大業初置絳郡又有後魏南絳郡後周廢郡又併南絳縣入小鄉縣開皇十八年改曰汾東大業初省入焉　翼城後魏置曰北絳縣并置北絳郡後齊廢新安縣并南絳郡入焉開皇初郡廢十八年改為翼城有烏嶺山東涇山有澮水　絳舊置絳郡開皇初郡廢後周置晉州建德五年廢　曲沃後周置建德六年廢有絳山橋山　稷山後魏曰高涼開皇十八年改焉有後魏龍門郡開皇初廢又有後周勳州置總管後改曰絳州開皇初移　聞喜有景山有董澤陂　垣後魏置邵郡及白水縣後周置邵州改白水為亳城開皇初郡廢大業初州廢縣改為垣縣又省後魏所置清廉縣及後周所置蒲原縣入焉有黑山　太平後魏置後齊省臨汾縣入焉有關官

文城郡東魏置南汾州後周改為汾州後齊為西汾州後周平齊置總管府開皇四年府廢十六年改為耿州後後為汾州統縣四戶二萬二千三百

吉昌後魏曰定陽縣并置定陽郡開皇初郡廢十八年縣改名焉大業初置文城郡有風山　文城後魏置有石門山　伍城後魏置曰刑軍縣後改為伍城後又置伍城郡開皇初郡廢又廢後魏平昌縣入焉大業初又廢大寧縣入焉　昌寧後魏置并

內陽郡開皇初郡廢有壺口山峪山
臨汾郡後魏置唐州改曰晉州後周置總管府開皇初府廢 統縣七戶七萬一千八
百七十四 臨汾後魏曰平陽并置平陽郡開皇初改郡為平河改縣為臨汾尋郡廢又有東魏
西河數城伍城北伍城定陽等五郡後周廢為西河定陽二郡開皇初郡並廢又有後魏永安縣開皇初改為西河
大業初省又有舊襄城縣後齊省有姑射山 襄陵後魏大武禽赫連昌乃分置禽昌縣齊併襄陵入禽昌縣大
業初又改為襄陵 冀氏後魏置冀氏郡領冀氏合陽二縣後齊郡廢又廢合陽入焉 楊 霍邑
後魏曰永安并置永安郡開皇初郡廢十六年置汾州十八年改為呂州縣曰霍邑大業初州廢有霍山有彘水
汾西後魏曰臨汾并置汾西郡開皇初郡廢十八年縣改為汾西又有後周新城縣開皇十年省入 岳陽
後魏置曰安澤大業初改焉
龍泉郡後周置汾州開皇四年置西汾州總管五年改為隰州總管大業初府廢 統縣五戶二
樂平 六[illegible]七十
隋書志二十五 十四
萬五千八百三十 隰川後周置縣初曰長壽又置龍泉郡開皇初郡廢縣改曰隰川大
業初置郡 永和後周置曰臨河縣及臨河郡開皇初郡廢十八年縣改名焉有關官 樓山後周置曰歸化
開皇十八年改名焉有北石樓山有孔山 石樓舊置吐京郡及吐京縣開皇初郡廢十八年縣改名 蒲後周
置有伍城郡及石城郡及石城縣周末並廢又有後魏平昌縣開皇中改曰蒲川大業初廢入焉
西河郡後魏置汾州後齊置南朔州後周改曰介州 統縣六戶六萬七千三百
五十一 隰城舊置西河郡開皇初郡廢大業初後有隱泉山 介休後魏置定陽郡平昌縣後
周改郡曰介休以介休縣入焉開皇初郡廢十八年縣改曰介休 永安有雀鼠谷 平遙開皇十六年析
置清世縣大業初廢入焉又後魏置蔚州後周廢有鹿臺山 靈石開皇十年置有介山有靖巖山 綿上
開皇十六年置有沁水
離石郡後齊置西汾州後周改為石州 統縣五戶二萬四千八百八十一

離石後齊曰昌化縣置懷政郡後周改曰離石郡及縣又置寧鄉縣開皇初郡廢大業初置郡併寧鄉入焉
脩化後周置曰窟胡并置窟胡郡開皇初郡廢後縣改為脩化又後周置廬山縣大業初併入焉有伏廬山
定胡後周置及置定胡郡開皇初郡廢有關官 平夷後周置 太和後周置曰烏突及置烏突郡開
皇初郡廢縣尋改焉有啟水
鴈門郡後周置肆州開皇五年改為代州置總管府大業初府廢 統縣五戶四萬二千
五百二 鴈門舊曰廣武置鴈門郡開皇初郡廢十八年改曰鴈門大業初置鴈門郡有關官有長
城有繁頭山有夏屋山 繁畤後魏置并置繁畤郡後周郡縣並廢開皇十八年復置縣有東魏武州及吐京
齊新安三郡寄在城中後齊改為北靈州尋廢有長城滹沱水泒水唐山 崞後魏置曰石城縣東魏置廓州有廣
安永定建安三郡寄山城後齊廢郡改為北顯州後周廢開皇十年改縣曰平寇大業初改為崞縣又有雲中城東
魏僑置恒州尋廢有燕京山崞山有土城 五臺舊曰慮虒又廢後魏置曰驢夷大業初改焉有五臺山 靈
七日五
隋書志二十五 十五
丘後魏置靈丘郡後齊省淶泉縣入焉後周置蔚州又立大昌縣開皇初郡廢縣併入焉大業初州廢
馬邑郡舊置朔州開皇初置總管府大業初府廢 統縣四戶四千六百七十四
。善陽後齊置縣曰招遠郡曰廣安開皇初郡廢大業初縣改曰善陽置代郡尋曰馬邑又有後魏桑乾郡
後齊以置朔州及廣寧郡後周郡廢大業初州廢 神武後魏置神武郡後齊改曰太平後周罷郡有桑乾水
雲內後魏立平齊郡尋廢後齊改曰太平縣後周改曰雲中開皇初改曰雲內有後魏都置司州又有後齊安
遠臨塞威遠臨陽等郡屬北恒州後周並廢有紇真山白登山武周山有溫水 開陽舊曰長寧後齊置齊德長
寧二郡後周廢齊德郡開皇初郡廢十九年縣改曰開陽
定襄郡開皇五年置雲州總管府大業元年府廢 統縣一戶三百七十四
大利大業初置帶郡有長城有陰山有紫河
樓煩郡大業四年置 統縣三戶二萬四千四百二十七 靜樂

旧曰岢嵐開皇十八年改為汾源大業四年改焉臨泉後齊
有長城有汾陽宮有關官有管涔山天池汾水
置曰蔚汾大業四年改焉秀容旧置肆州後齊又置平寇縣後周州徙
鴈門開皇初置新興郡銅川縣郡尋廢
十年廢平寇縣十八年置忻州大業初州
廢又廢銅川有程侯山繫舟山有嵐水

太原郡後齊并州置省立別宮後周置并州六府後置總
管廢六府開皇二年置河北道行臺九年改為總
管府大業
初府廢統縣十五戶十七萬五千三

晉陽後齊置曰龍山帶太
原郡開皇初郡廢十年改縣曰晉陽十六年
又置清源縣大業初省入焉有龍山蒙山太原旧曰晉陽帶郡
開皇十年分置陽直縣大業
初省入焉有晉陽宮有晉水交城開皇十六年置汾陽旧曰陽曲開皇六年
改為陽直十六年又改名焉後山文水旧曰受陽開皇十年
分置孟縣大業初廢有摩笄山改焉有文水泌水
祈後齊廢開皇中後壽陽開皇十年改州南受陽縣為文水榆次
分州東故壽陽置壽陽有鷲巖
後齊曰中都太谷旧曰陽邑開皇十八年改焉樂平旧置樂平郡開皇
開皇中改焉初廢郡十六年分
[illegible]

隋書志二十五　十六

置遼州及東山縣大業初廢州和順旧曰梁榆開皇十年改有九京山遼
及東山縣有皋洛山有清漳水
山後魏曰遼陽後齊省開皇十年置改名焉十六年屬遼
州并置交漳縣大業初廢州并罷交漳入焉有其蘇水
平城開皇十六年置有徐水石艾有蒙山盂開皇十六年置曰原仇大業初改焉有白鹿山

襄國郡開皇十六年置邢州統縣七戶十一萬五千八百七十三

龍岡旧曰襄国開皇九年改名焉十六年又置南和旧置北廣
青山縣大業初省入焉有黑山有湠水
平郡後齊省入廣平郡後周分置南和郡沙河開皇
開皇初郡廢十六年置任縣大業初廢入平鄉
十六年置鉅鹿後齊廢開皇六年置內丘有千言山栢仁有鵲
有鬵山南蠻縣後廢入焉山

○武安郡後周置洺州統縣八戶十一萬八千五百九十五

永年旧曰廣平置廣平郡後齊廢北廣平郡及曲梁廣平
二縣入開皇初郡廢後置廣平後改曰雞澤仁壽元
年改廣平為永年大業初肥鄉東魏省開皇十年復清漳開皇十六年置平
置武安郡又併雞澤縣入

恩洺水舊曰斥漳後齊省入平恩開皇武安開皇十年
六年分置曲周大業初廢入焉分置陽邑
縣大業初廢入焉有榆邯鄲東魏廢開皇十六年復臨洺
滏有關與山有滏水置涉鄉大業初省入焉
舊曰易陽後齊廢入襄國縣置襄國郡後周改為易陽縣
別置襄國縣開皇六年改易陽為邯鄲十年改邯鄲為臨
洺開皇初郡廢有
紫山狗山嵑山

趙郡開皇十六年置欒州統縣十一戶十四萬八千一百
大業三年改為趙州
五十六

平棘舊置趙郡開皇初省有宋子縣後齊高邑
廢大業初置趙郡廢宋子縣入焉
○贊皇開皇十六年置有元氏舊縣後齊廢開皇六年置
孔子嶺有白渚十六年分置靈山縣大業
初廢入焉廮陶舊曰廮遙開皇欒城舊縣後齊廢開大陸
有靈山六年改為廮陶皇十六年復
舊曰廣阿置殷州及南鉅鹿郡後改為南趙郡改州為趙
州開皇十六年分置欒州仁壽元年改為象城大業初州
廢縣改為大陸又開皇十六柏鄉開皇十六年房子舊縣
年所置大陸縣亦廢入焉置有宣務山後齊
[illegible]

隋書志二十五　十七

省開皇六年復有槀城後齊廢下曲陽入焉改為槀城縣
贊皇山有彭水置鉅鹿郡開皇初郡廢十年置廉
州十八年改為槀城縣大業初州廢
又開皇十六年置栢鄉縣亦廢入焉鼓城舊曰曲陽後齊廢開皇十六年
分置晉陽縣十八年改為鼓城十
六年又置廉平縣大業初併入

恒山郡後周置恒州統縣八戶十七萬七千五百七十一

真定舊置常山郡開皇初郡廢十六年分置滋陽開皇六
常山縣大業初置恒山郡省常山入焉年置十
六年又置王亭縣大業初行唐石邑舊縣後齊改曰井
省入焉有大茂山嶽山陘開皇六年改焉
十六年析置鹿泉縣大業九門後齊廢開皇六年復大業[illegible]
初併入有封龍山抱犢山初又併新市縣入焉有[illegible]
春井陘後齊廢石邑以置井陘開皇六年復石邑縣分置
壘井陘十六年於井陘置井州及置葦澤縣大業初
廢州并廢葦澤縣房山開皇十六年置靈壽後周置蒲吾郡
及蒲吾縣入焉開皇初郡廢

博陵郡舊置定州後周置總管府尋罷統縣十戶十萬二千八百一十七

○鮮虞 舊曰盧奴置鮮虞郡後齊廢盧奴入安喜開皇初廢郡以置鮮虞縣大業初置博陵郡又廢安喜入焉有盧水

北平 舊置北平郡後齊郡廢又併望都蒲陰二縣來入開皇六年又置望都大業初又廢有都山伊祈山有漂水

唐 舊縣後齊廢開皇十六年復有堯山郎山中山

恒陽 舊曰上曲陽後齊去上字開皇六年改爲石邑七年改曰恒陽有恒山有恒陽溪有滱水

新樂 開皇十六年置有黃山

隋昌 後魏曰魏昌後齊廢開皇十六年復仍改焉

毋極

義豐 開皇六年置舊有安國縣後齊廢

深澤 後齊廢開皇六年復

安平 後齊置博陵郡開皇初廢十六年置深州大業初州廢

河間郡 舊置瀛州 統縣十三戶十七萬三千八百八十三

河間 舊置河間郡開皇初郡廢大業初復置郡併武垣縣入焉

文安 有狐狸淀

樂壽 舊曰樂城開皇十八年改爲廣城仁壽初改焉

東城 舊曰東州後齊廢開皇十六年置後改名焉

景城 舊曰成平開皇十八年改焉

高陽 舊置高陽郡開皇初郡廢十六年置蒲州大業初州廢又并任丘縣入焉

鄚 有易城縣後齊廢開皇中置永寧縣大業初廢入焉

博野 舊曰博陸後魏改爲博野後齊廢蠡吾縣入焉有君子淀

清苑 舊曰樂鄉後齊省樊輿北新城清苑樂鄉入永寧改名焉開皇十八年改爲清苑

長蘆 開皇初置并立漳河郡郡尋廢十六年置景州大業初州廢

平舒 舊置章武郡開皇初廢

魯城 開皇十六年置

饒陽 開皇十六年分置安平蕪蔞二縣大業初省入焉

涿郡 舊置幽州後齊置東北道行臺後周平齊改置總管府大業初府廢 統縣九戶八萬四千五十九

薊 舊置燕郡開皇初廢大業初置涿郡

良鄉

安次

涿 舊置范陽郡開皇初郡廢

固安 舊曰故安開皇六年改焉

雍奴

昌平 舊置東燕州及平昌郡後周州郡並廢後又置平昌郡開皇初郡廢又省萬年縣入焉有關官有長城

懷戎 後齊置北燕州領長寧永豐二郡後周去北字開皇初郡廢大業初州廢有喬山歷陽山大小翮山有漯水湫水涿水阪泉水

潞 舊置漁陽郡開皇初廢

○上谷郡 開皇元年置易州 統縣六戶三萬八千七百

易 開皇初置黎郡尋廢十六年置[illegible]大業初置上谷郡舊有故安縣後齊廢有駁牛山五廻嶺有易水徐水

淶水 舊曰遒縣後周廢開皇元年以范陽爲遒更入置范陽於此六年改爲固安八年廢十年又置爲永陽十八年改爲淶水

遒 舊范陽居此俗號小范陽開皇初改爲遒

遂城 舊曰武遂後魏置南營州准營州置五郡十一都屬建德郡襄平新昌屬遼東郡永樂屬樂浪郡富平帶方永安屬營丘郡後齊唯留昌黎一郡領永樂新昌二縣餘並省開皇元年州移三年郡廢十八年改爲遂城有龍山

永樂 舊曰北平後周改名焉有郎山

飛狐 後周置曰廣昌仁壽初改焉有粟山有巨馬河

漁陽郡 開皇六年徙玄州於此并立總管府大業初府廢 統縣一戶三千九百二十五

無終 後齊置後周又廢徐無縣入焉大業初置漁陽郡有長城有燕山無終山有洵河如河庚水灅水盧水有海

北平郡 舊置平州 統縣一戶二千二百六十九

盧龍 舊置北平郡領新昌朝鮮二縣後齊省朝鮮入新昌又省遼西郡并所領海陽縣入肥如開皇六年又省肥如入新昌十八年改名盧龍大業初置北平郡有長城有關官有臨渝宮有覆舟山有碣石有玄水盧水溫水閏水龍鮮水巨梁水有海

安樂郡 舊置安州後周改爲玄州開皇十六年州徙尋置檀州 統縣二戶七千五百九十九

燕樂 後魏置廣陽郡領大興方城燕樂三縣後齊廢郡以大興方城入焉大業初置安樂郡有長城有沽河

密雲 後魏置密雲郡領白檀要陽密雲三縣後齊廢郡及二縣入密雲又有舊安樂郡領安市土垠二縣後齊廢土垠入安市後周廢安市入密雲縣開皇初郡廢有長城有桃花山螺山有漁水

遼西郡 舊置營州開皇初置總管府大業初府廢 統縣一戶七百五十一

柳城 後魏置營州於和龍城領建德冀陽昌黎遼東樂浪營丘等郡龍城大興永樂帶方定荒石城廣都陽武襄平新昌平剛柳城富平等縣後齊唯留建德冀陽二郡永樂帶方龍城大興等縣其餘並廢開皇元年唯留建德一郡龍城一縣其餘並廢尋又廢郡改縣爲龍山十八年改爲柳城大業初置遼西郡有帶方山禿黎山雞鳴山松

山有渝水白狼水

冀州於古堯之都也舜分州為十二冀州析置幽并其於天文自胃七度至畢十一度為大梁屬冀州自尾十度至南斗十一度為析木屬幽州自危十六度至奎四度為娵訾屬并州自柳九度至張十六度為鶉火屬三河則河內河東也准之星次本皆冀州之域帝居所在故其界尤大至夏殷幽并入焉得虞夏之舊矣信都清河河間博陵恒山趙郡武安襄國其俗頗同人性多敦厚務在農桑好尚儒學而傷於遲重前代稱冀幽之士鈍如椎蓋取此焉俗重氣俠好結朋黨其相赴死生亦出於仁義故班志述其土風悲歌忼慨椎剽掘冢亦自古之所患焉前諺云仕官不偶遇冀部實弊此也魏郡鄴都所在浮巧成俗彫刻之工特云精妙士女被服咸以奢麗相高其性所尚習得京洛之風矣語曰魏郡清河天公無奈何斯皆輕狡所致汲郡河內得殷之故壤考之舊說有紂之餘教汲又衛地習仲由之勇故漢之官人得以便宜從事其多行殺戮本以此焉今風俗頗移皆向於禮矣長平上黨人多重農桑性尤朴直蓋少輕詐河東絳郡文城臨汾龍泉西河土地沃少塉多是以傷於儉嗇其俗剛強亦風氣然乎太原山川重複實一都之會本雖後齊別都人物殷阜然不甚機巧俗

與上黨頗同人性勁悍習於戎馬離石鴈門馬邑定襄樓煩涿郡上谷漁陽北平安樂遼西皆連接邊郡習尚與太原同俗故自古言勇俠者皆推幽并云然涿郡太原自前代已來皆多文雅之士雖俱曰邊郡然風教不為比也

北海郡舊置青州後周置總管開皇十四年府廢統縣十戶十四萬七千八百四十五

益都舊置齊郡開皇初廢大業初置北海郡有堯山鋸山 臨淄及東安平西安並後齊廢開皇十六年又置臨淄及時水縣大業初廢高陽時水二縣入焉有社山葵丘牛山稷山 千乘舊置樂安郡開皇初郡廢 博昌舊曰樂安開皇十六年改焉又十八年析置新河縣大業初廢入焉 壽光開皇十六年置閭丘縣大業初廢入焉 臨朐舊曰昌國開皇六年改為逢山又置般陽縣大業初改曰臨朐并廢般陽入焉有逢山沂山穆陵山大峴山有汶水浯水 都昌有箕山阜山白狼山 北海舊曰下密置北海郡後齊改郡曰高陽開皇初郡廢十六年分置濰州大業初州廢縣改名焉 營丘後齊廢開皇十六年復有叢角山女節山 下密後魏曰膠東後齊廢開皇六年復改為濰水大業初改名焉有鐵山有溉水

齊郡舊曰齊州統縣十戶十五萬二千三百二十三

歷城舊置濟南郡開皇初廢大業初置齊郡廢山茌縣入焉有舜山雞山盧山鵲山華山鮑山 祝阿 臨邑 臨濟開皇六年置曰朝陽十六年改曰臨濟別置朝陽大業初廢入焉 鄒平舊曰平原開皇十八年改名焉 章丘舊曰高唐開皇十六年改焉又置營城縣大業初廢入焉又宋置東魏郡後齊廢有東陵山長白山龍盤山 長山舊曰武彊置廣川郡併東清河平原二郡入改曰東平原郡開皇初郡廢又十六年置濟南縣十八年改武彊曰長山大業初省濟南縣入焉 高苑後齊曰長樂開皇十八年改為會城大業初改焉 亭山舊曰衛國後齊併土鼓肥鄉入焉開皇六年改名亭山有龍舟山儒山 淄川舊曰貝丘置東清河郡後齊郡廢開皇十六年置淄州十八年縣改名焉大業初州廢

東萊郡舊置光州開皇五年改曰萊州統縣九戶九萬三百五十一

掖舊置東萊郡後齊併曲城當利二縣入焉開皇初郡廢大業初復置郡有岯山有掖水光水

膠水舊曰長廣仁壽元年改名焉有明堂山

盧鄉後齊盧鄉及挺城並廢開皇十六年復置盧鄉并廢挺城入焉

即墨後齊廢及不其縣並廢開皇十六年復并廢不其入焉有大勞山馬山有田橫島

觀陽後周廢開皇十六年復又分置牟州大業初州廢

昌陽有巨神山

黃舊置東牟長廣二郡後齊廢東牟郡入長廣郡開皇初郡廢

牟平有牟山龍山金山九目山

文登後齊置有石橋有文登山斥山之罘山

高密郡舊置膠州開皇五年改為密州統縣七戶七萬一千九百二十

諸城舊曰東武置高密郡開皇初郡廢十八年縣改名焉大業初復置郡有烽火山

東莞後齊併姑幕縣入焉有箕山濰水

郚城舊置平昌郡後齊廢郡置琅邪縣廢朱虛入焉大業初改名郚城

安丘開皇十六年置曰牟山大業初改名并省安昌入焉

高密後齊廢淳于縣入焉

膠西舊曰黔陬置平昌郡開皇初郡廢十六年置縣曰膠西大業初又以黔陬入焉

琅邪開皇十六年置曰豐泉大業初改焉有徐山盧山郭日山膠水

周礼職方氏正東曰青州其在天官自須女八度至危十五度為玄枵於辰在子齊之分野呉札觀樂聞齊之歌曰泱泱乎大風也哉國未可量也在漢之時俗彌侈泰織作冰紈綺繡純麗之物號為冠帶衣履天下始太公以尊賢尚智為教故士庶傳習其風莫不矜于功名依於經術闊達多智志度舒緩其為失也夸奢朋黨言與行謬齊郡舊曰濟南其俗好教飾子女淫哇之音能使骨騰肉飛傾詭人目俗云齊倡本出此也祝阿縣俗賓婚大會餚饌雖豐至於蒸嘗之而已多則謂之不敬共相誚責此其異也大抵數郡風俗與古不殊男子多務農桑崇尚學業其歸于儉約則頗變舊風東萊人尤朴魯故特少文義

志第二十五　地理中　隋書三十

太尉揚州都督監修國史上柱國趙國公臣長孫無忌奉　勅撰

地理下

彭城郡舊置徐州後齊置東南道行臺後周立總管府開皇七年行臺廢大業四年府廢統縣十一戶一十三萬二百三十二

彭城舊置郡後周併沛及南陽平二郡入開皇初郡廢大業初復置郡有呂梁山徐山　蘄梁置蘄郡後齊置仁州又析置龍元郡開皇初郡廢大業初州廢　穀陽後齊置穀陽郡開皇初郡廢又有巳吾義城二縣後齊併以爲臨淮縣大業初併入焉　沛留後齊廢開皇十六年復有微山黃山　豐　蕭舊置沛郡後齊廢爲承高縣開皇六年改爲龍城十八年改爲臨沛大業初改曰蕭有相山　滕舊曰蕃置蕃郡後齊廢開皇十六年改曰滕郡　蘭陵舊曰承置蘭陵郡開皇初郡廢十六年分承置鄫州及蘭陵縣大業初州廢又併蘭陵鄫城二縣入焉尋改承爲蘭陵有抱犢山　符離

後齊置睢南郡開皇初郡廢有竹邑縣梁置睢州開皇三年州廢又廢竹邑入焉有安山定陶山　方與後齊廢開皇十六年復

魯郡舊兗州大業三年改爲魯郡統縣十戶十二萬四千一十九

瑕丘舊廢開皇十三年復帶郡　任城舊置高平郡開皇初廢　鄒有鄒山承匡山　曲阜舊曰魯郡後齊改郡爲任城開皇三年郡廢四年改縣曰汶陽十六年改名曲阜　泗水開皇十六年置有陪尾山尼丘山防山有洙泗水　平陸後齊曰樂平開皇十六年改焉　龔丘後齊曰平原縣開皇十六年改焉　梁父有龜山　博城舊曰博置泰山郡後齊改郡曰東平又併博平牟入焉開皇初郡廢十六年改縣曰汶陽尋改曰博城有奉高縣開皇六年改曰岱山大業初州廢又廢岱山縣入焉有岱山玉符山　嬴開皇十六年分置牟城縣大業初併入焉有艾山有淄水

琅邪郡舊置北徐州後周改曰沂州統縣七戶六萬三千四百二十三

臨沂舊曰即丘帶郡開皇初郡廢十六年分置臨沂大業初併即丘入焉有大峒山　費顓臾舊曰南武陽開皇十八年改名焉又有南城縣後齊廢有開明山　新泰後齊廢蒙陰縣入焉　沂水舊置南青州及東安郡後周改州爲莒州開皇初郡廢改縣曰東安十六年又改曰沂水大業初州廢　東安後齊廢開皇十六年後有松山　莒舊置東莞郡後齊廢後置義唐郡開皇初廢

東海郡梁置南北二青州東魏改爲海州統縣五戶二萬七千八百五十八

朐山舊曰朐置琅邪郡後周改縣曰朐山郡曰朐山開皇初郡廢大業初復帶郡有朐山羽山　東海舊置廣饒縣及東海郡後齊分廣饒置東海縣開皇初廢郡及東海縣仁壽元年改廣饒曰東海有謝祿山鬱林山　漣水舊曰襄賁置東海郡東魏改曰海安開皇初郡廢縣又改焉　沭陽梁置潼陽郡東魏改曰沭陽郡置縣曰懷文後周改縣曰沭陽開皇初郡廢　懷仁梁置南北二青州東魏廢州立義唐郡及懷仁縣開皇初郡廢

下邳郡後魏置南徐州梁改爲東徐州東魏又改曰東楚州陳改爲安州後周改爲泗州統縣七戶五萬二千七十

宿豫舊置宿豫郡開皇初郡廢大業初置下邳郡又梁置朝陽臨沭二郡後齊置晉寧郡尋並廢　夏丘後齊置并置夏丘郡尋立潼州後周改州爲宋州縣曰晉陵開皇初郡廢十八年州廢縣復曰夏丘又東魏置臨潼郡睢陵縣後齊改郡爲潼郡又梁置潼州後齊改曰睢州尋廢亦入潼郡開皇初郡縣並廢　徐城梁置高平郡東魏又併梁東平陽平清河歸義四郡爲高平縣又併梁朱沛循儀安豐三郡置朱沛縣又有安遠郡後齊廢後周又併朱沛入高平開皇初郡廢十八年更名徐城　淮陽梁置淮陽郡東魏併綏化呂梁二郡置綏化縣後周改縣爲淮陽開皇初郡廢又有梁臨清天水浮陽三郡東魏併爲甬城縣後齊改曰文城縣後周又改爲臨清開皇三年省入焉　下邳梁曰歸政置武州下邳郡東魏改縣爲下邳置郡不改改州曰東徐後周改州爲邳州開皇初郡廢大業初州廢有嶧山磬石山　良城梁置武安郡開皇初郡廢十一年縣更名曰良城有徐山　郯舊置郡開皇初廢

禹貢海岱及淮惟徐州彭城魯郡琅邪東海下邳得其地焉在於天文自奎五度至胃六度爲降婁於辰在戌其在列國則楚宋及魯之交考其舊俗人頗勁悍輕剽其士子則挾任節氣好尚賓遊此蓋楚之風焉大抵徐兗同俗故其餘諸郡皆得齊魯之所尚莫不賤商賈務稼穡尊儒慕學得洙泗之俗焉

江都郡 梁置南兗州後齊改爲東廣州陳復曰南兗後周改爲吳州開皇九年改爲揚州置總管府大業初府廢

統縣十六戶十一萬五千五百二十四

江陽 舊曰廣陵後齊置廣陵江陽二郡開皇初郡廢十八年改縣爲邗江大業初更名江陽有江都宮揚子宮有陵湖 江都 自梁及隋或廢或置 海陵 梁置海陵郡開皇初郡廢又併建陵縣入尋析置江浦縣大業初省入 寧海 開皇初併如皋縣入 高郵 梁析置竹塘三歸二縣及置廣業郡尋以有嘉禾爲神農郡開皇初郡廢又併竹塘三歸臨澤三縣入焉 安宜 梁置陽平郡及東莞郡開皇初郡廢又廢石鼈縣入焉有白馬湖 山陽 舊置山陽郡開皇初郡廢十二年置楚州大業初州廢有後魏淮陰郡東魏改爲淮州後齊併魯昌陵立懷恩縣後周改曰壽張又僑立東平郡開皇元年改郡爲淮陰并立楚州尋廢郡更改縣曰淮陰大業初州廢縣併入焉 盱眙 舊魏置盱眙郡陳置北譙州尋省開皇初郡廢又併考城直瀆陽城三縣入有都梁山 鹽城 後齊置射陽郡陳改曰鹽城郡開皇初郡廢 清流 舊曰頓丘置新昌郡及南譙州開皇初改爲滁州郡廢又廢業鉅高塘二縣入頓丘改曰新昌十八年又改爲清流大業初州廢有白禪山曲亭山 全椒 梁曰北譙置北譙郡後齊改郡爲臨滁後周又曰北譙開皇初郡廢改縣爲滁水大業初改名焉有銅官山九鬬山 六合 舊曰尉氏置秦郡後齊置秦州後周改州曰方州改郡曰六合開皇初郡廢四年改尉氏曰六合省堂邑方山二縣入焉大業初州廢又後齊置瓦梁郡陳廢有瓜步山六合山 永福 舊曰沛梁置涇城東陽二郡陳廢州併二郡爲沛郡後周改沛郡爲石梁郡改

沛縣曰石梁縣省橫山縣入焉開皇初郡廢大業初改縣曰永福有香山永福山 句容 有茅山浮山四平山 延陵 舊置南徐州南東海郡梁改曰蘭陵郡陳又改爲東海開皇九年州郡並廢又廢丹徒縣入焉十五年置潤州大業初州廢有句驪山黃鵠山蘇山長塘湖 曲阿 有武進縣梁改爲蘭陵開皇九年併入

鍾離郡 後齊曰西楚州開皇二年改曰豪州

統縣四戶三萬五千一十五

鍾離 舊置郡開皇初郡廢大業中復置郡 定遠 舊曰東城梁改曰定遠置臨濠郡後齊改曰廣安開皇初郡廢又有舊九江郡後齊廢爲曲陽縣尋廢又有梁置安州侯景亂廢 化明 故曰睢陵置濟陰郡後齊改縣曰池南陳復曰睢陵後周改爲昭義開皇初郡廢大業初縣改名焉 塗山 舊曰當塗後齊改曰馬頭置郡曰荊山開皇初改縣曰塗山郡廢有當塗山

淮南郡 舊曰豫州後魏曰揚州梁曰南豫州東魏曰揚州陳又曰豫州後周曰揚州開皇九年曰壽州置總管府大業元年府廢

統縣四戶三萬四千二百七十八

壽春 舊有淮南梁郡北譙汝陰等郡開皇初並廢并廢蒙縣入焉大業初置南郡有八公山門溪 安豐 梁置陳留安豐二郡開皇初並廢有芍陂 霍丘 梁置安豐郡東魏廢開皇十九年置縣名焉 長平 梁置北陳郡開皇初廢又併西華縣入

弋陽郡 梁置光州

統縣六戶四萬一千四百三十三

光山 舊置光城郡開皇初郡廢十八年置縣焉大業初置光陽郡又有舊黃川郡梁廢 樂安 梁置宋安郡及宋安光城二縣又有豐安郡開皇三年並廢入焉有弋陽山浮光山金山鷄山 定城 後齊置南郢州後廢入南北二弋陽縣後又省北弋陽入南弋陽改爲定遠焉又後魏置弋陽郡及有梁東新蔡縣後周改爲淮南郡又後齊置齊安新蔡二郡及廢舊義州立東光城郡至開皇初五郡及郢州並廢 殷城 舊曰包信開皇初改名焉梁置義城郡及建州并所領平高新蔡新城三郡開皇初並廢有太蘇山南松山 固始 梁曰蓼縣後齊改名焉置北建州尋廢州置新蔡郡後周改置澮州開皇初州郡並廢入又改縣爲固始有安陽郡 期思 陳置邊城郡開皇初郡廢

改縣名焉有後齊光化郡亦廢入焉有大别山

蘄春郡後齊置羅州後周改曰蘄州開皇初置總管府九年府廢 統縣五户三萬四千六百九十

蘄春舊曰蘄陽梁改曰蘄水後齊改曰齊昌置齊昌郡開皇十八年改爲蘄春開皇初郡廢有安山 浠水舊置永安郡開皇初郡廢有石鼓山 蘄水舊曰蘄春梁改名焉有鼓吹山有蘄水 黄梅舊曰永興開皇初改曰新蔡十八年改名焉有黄梅山 羅田梁置義州義城郡開皇初並廢

廬江郡梁置南豫州又改爲合州開皇初改爲廬州 統縣七户四萬一千六百三十二

合肥梁曰汝陰置汝陰郡後齊分置北陳郡開皇初郡廢縣改名焉 廬江齊置廬江郡梁置湘州後齊州廢開皇初郡廢有治甫山止薄山三公山聖山藍家山 襄安梁曰蘄開皇初改焉有龜山紫微山亞父山半陽山白石山四鼎山 慎東魏置平梁郡陳曰梁郡開皇初郡廢有浮闍山 霍山梁置霍州及岳安郡岳安縣後齊州廢開皇初郡廢縣改名焉 灊水梁置北沛郡及新蔡縣開皇初郡廢又廢新蔡入焉有陸星山 開化梁置有衡山九公山蹋鼓山天山多智山

同安郡梁置豫州後改曰晉州後齊改曰江州陳又曰晉州開皇初曰熙州 統縣五户二萬一千七百六十六

懷寧舊置晉熙郡開皇初郡廢大業三年置同安郡 宿松梁置高塘郡開皇初郡廢改縣曰高塘十八年又改名焉有雷水 太湖開皇初改爲晉熙十八年後改名焉 望江陳置大雷郡開皇十一年改曰義鄉十八年改名焉 同安舊曰樅陽并置樅陽郡開皇初郡廢十八年縣改名焉有浮度山

歷陽郡後齊立和州 統縣二户八千二百五十四

歷陽舊置歷陽郡開皇初郡廢大業初復置郡 烏江梁置江都郡後齊改爲齊江郡陳又改爲臨江郡周改爲同江郡開皇初郡廢大業初置歷陽郡有六合山

丹楊郡自東晉已後置郡曰揚州平陳詔並平蕩耕墾更於石頭城置蔣州 統縣三户二萬四千一百二十五

江寧梁置丹楊郡及南丹陽郡陳省南丹楊郡平陳又廢丹陽郡并以秣陵建康同夏三縣入焉大業初置丹陽郡有蔣山 當塗舊置淮南郡平陳廢郡并襄垣平湖樊昌西鄉入焉有天開山楚山 溧水舊曰溧陽開皇九年廢丹楊郡入十八年改焉有赭山廬山楚山

宣城郡舊置南豫州平陳改爲宣州 統縣六户一萬九千九百七十九

○宣城舊曰宛陵置宣城郡平陳郡廢仍併懷安寧國當塗浚遒四縣入焉大業初置郡有敬亭山 涇平陳省安吳南陽二縣入焉有蓋山陵陽山 南陵梁置併置南陵郡陳置北江州平陳州郡並廢并所管石城臨城定陵故治南陵五縣入焉 秋浦舊曰石城平陳廢開皇十九年置改名焉 永世平陳廢開皇十二年又置有靈光山 綏安舊曰石封改名焉梁末立大梁郡又改爲陳留平陳郡廢省大德故鄣安吉原鄉四縣入焉

毗陵郡平陳置常州 統縣四户一萬七千五百九十九

晉陵舊置晉陵郡平陳郡廢大業初置郡有橫山 江陰梁置及置江陰郡平陳廢郡及利城梁豐縣入焉有毗陵山 無錫有九龍山 義興舊曰陽羨置義興郡平陳郡廢改縣名焉又廢義鄉國山臨澤三縣入焉有計山洞庭山

吳郡陳置吳州平陳改曰蘇州大業初復曰吳州 統縣五户一萬八千三百七十七

吳舊置吳郡平陳郡廢大業初復置有首山橫山華山黃山姑蘇山太湖 崑山梁置平陳廢開皇十八年復 常熟舊曰南沙梁置信義郡平陳郡廢并所領海陽前京信義海虞興國南沙入焉有虞山 長城平陳廢仁壽二年復有卞山 烏程舊置吳興郡平陳郡廢并東遷縣入焉仁壽中置湖州大業初州廢有雉山

會稽郡梁置東揚州陳初省尋復平陳改曰吳州置總管府大業初府廢置越州 統縣四户二萬二百七十一

會稽舊置會稽郡平陳郡廢及廢山陰永興上虞始寧四縣入大業初置

郡有稽山重山會稽山 句章平陳并餘姚鄞鄮三縣入有太白山方山 剡有桐柏山 諸暨有泄溪大
農湖
餘杭郡平陳置杭州仁壽中置總管府大業初府廢 統縣六戶一萬五千三百
八十 錢唐舊置錢唐郡平陳廢郡并所領新城縣入大業三年置餘杭郡有粟山不籤山臨平湖
富陽有石頭山雞籠山 餘杭有由拳山金鵝山 於潛有天目山石鏡山有桐溪 鹽官有蜀
山 武康平陳廢仁壽二年復有封嵎山青山白鵠山
新安郡平陳置歙州 統縣三戶六千一百六十四 休寧舊曰海寧
開皇十八年改名焉大業初置郡 歙平陳廢十一年復 黟平陳廢十一年復
東陽郡平陳置婺州 統縣四戶一萬九千八百五 金華舊曰長山
置金華郡平陳郡廢又廢建德太末豐安三縣入改爲吳寧縣十二年改曰東陽十八年改名焉大業初置東陽郡
有長山龍山樓山丘山有赤松澗 永康 烏傷有香山歌山 信安有江山悲思嶺有定陽溪
永嘉郡開皇九年置處州十二年改曰括州 統縣四戶一萬五百四十二
括蒼平陳置縣大業初置永嘉郡有縉雲山括倉山 永嘉舊曰永寧置永嘉郡平陳郡廢縣改名焉有芙
蓉山 松陽 臨海舊曰章安置臨海郡平陳郡廢縣改名焉有赤山天台山
建安郡陳置閩州仍廢後又置豐州平陳改曰泉州大業初改曰閩州 統縣四戶一萬二
千四百二十 閩舊曰東候官置晉安郡平陳郡廢縣改曰原豐十二年改曰閩大業初置建安
郡有岱山飛山 建安舊置建安郡平陳廢 南安舊曰晉安置南安郡平陳郡廢縣改名焉又置莆田縣尋
廢入焉 龍溪梁置開皇十二年併蘭水綏安二縣入焉
遂安郡仁壽三年置睦州 統縣三戶七千三百四十三 雉山舊置
新安郡平陳廢爲新安縣大業初縣改名焉置遂安郡有仙壇山 遂安平陳廢仁壽中復 桐廬平陳

廢仁壽中復有白石山
鄱陽郡梁置吳州陳廢平陳置饒州 統縣三戶一萬一百二 鄱陽舊置
鄱陽郡平陳廢又有鍊銀城縣廢入焉大業初復置郡 餘干 弋陽舊曰葛陽開皇十二年改有弋
水
臨川郡平陳置撫州 統縣四戶一萬九百 臨川舊置臨川郡平陳郡廢大
業三年復置郡有銅山黃山有夢水 南城有五章山 崇仁梁置巴山郡領大豐新安巴山新建興平豐城
西寧七縣平陳郡縣並廢以置縣焉 邵武開皇十二年置
廬陵郡平陳置吉州 統縣四戶二萬三千七百一十四 廬陵
舊置廬陵郡平陳廢大業初復置 泰和平陳置曰西昌十一年省東昌入更名焉 安復舊置安成郡平
陳郡廢縣改曰安成十八年又曰安復有更生山長嶺 新淦有玉笥山
南康郡開皇九年置虔州 統縣四戶一萬一千一百六十八
贛舊曰南康置南康郡平陳郡廢大業初縣改名焉尋置郡有儲山有贛水 虔化舊曰寧都開皇十八年改
名焉有石鼓山 雩都舊廢平陳置有金雞山君山 南康舊曰贛大業初改名焉有廩山上洛山贛山
宜春郡平陳置袁州 統縣三戶一萬一百一十六 宜春舊曰宜陽
開皇十一年廢吳平縣入十八年改名焉大業初置郡有廬溪渝水 萍鄉有宜春江 新喻
豫章郡平陳置洪州總管府大業初府廢 統縣四戶一萬二千二十一
豫章舊置豫章郡平陳郡廢大業初復置郡 豐城平陳廢十二年置曰廣豐仁壽初改名焉 建昌
開皇九年省并永脩豫章新吳四縣入焉 建城有然石
南海郡舊置廣州梁陳並置督府平陳置總管府仁壽元年置番州大業初府廢 統縣十五戶
三萬七千四百八十二 南海舊置南海郡平陳郡廢又分置番禺縣尋廢入焉大

業初置郡曲江舊置始興郡平陳廢十六年又廢須陽縣入焉有玉山銀山始興齊曰正階梁改名焉
又置安遠郡置東衡州平陳改郡置大庾縣又於此置廣州摠管開皇末移向南海又十六年廢大庾入焉
翁源梁置陳又置清遠郡平陳郡廢增城舊置東官郡平陳廢有羅浮山寶安樂昌梁置
曰梁化又分置平石縣開皇十二年省平石入十八年改名焉四會舊置綏建郡又有樂昌郡平陳二郡並廢
大業初又併始昌縣入焉化蒙大業初廢威城縣入焉清遠舊置清遠郡又分置威正廉平恩洽浮護
等四縣平陳並廢以置清遠縣又齊置齊康郡至是亦廢入焉含洭梁置衡州陽山郡平陳州改曰洭州廢郡
二十年州廢有堯山政賓舊置東官郡平陳郡廢懷集新會舊置新會郡平陳郡廢又併盆
允永昌新建熙潭化召懷集六縣入焉封州十一年改爲允州後又改爲岡州大業初州廢并廢封樂縣入有社山
義寧開皇十年廢新夷初賓二縣入又有始康縣廢入封平大業初又廢封平入焉有茂山
龍川郡平陳置循州摠管府大業初府廢統縣五户六千四百二十

歸善帶郡有歸化山懷安山河源開皇十一年省龍川縣入焉又有新豐縣十八年改曰休吉大業初
省入焉有龍山亢山有循江博羅興寧海豐有黑龍山有漲海
義安郡梁置東揚州後改曰瀛州及陳州廢平陳置潮州統縣五户二千六十六
海陽舊置義安郡平陳郡廢大業初置郡有鳳皇山程鄉潮陽海寧有龍溪山
萬川舊曰昭義大業初改名焉
高涼郡梁置高州統縣九户九千九百一十七高涼舊置高涼郡平
陳廢大業初復置連江梁置連江郡平陳郡廢梁又置梁封縣開皇十八年改爲義封梁又置南巴郡平陳
郡廢爲南巴縣大業初二縣並廢入電白梁置電白郡平陳郡廢又有海昌郡廢入焉杜原舊曰杜陵
梁置杜陵郡又有永寧宋康二郡平陳並廢爲縣十八年改杜陵曰杜原宋康曰義康大業二年二縣並廢入杜原
海安舊曰齊安置齊安郡平陳郡廢開皇十八年改縣名焉陽春梁置陽春郡平陳郡廢石龍

舊置羅州高興郡平陳郡廢大業初州廢吳川茂名
信安郡平陳置端州統縣七户一萬七千七百八十七高要
舊置高要郡平陳郡廢大業初置信安郡有定山端溪舊置晉康郡平陳郡廢有端水樂城開皇十二
年廢文招悅成二縣入平興舊置宋隆郡領初寧建寧熙穆崇德召興崇化南安等縣平陳郡廢并所領縣
入焉又梁置梁泰郡及縣平陳郡廢縣改曰清泰大業初廢入焉新興梁置新州新寧郡平陳郡廢大業初
州廢又廢索盧縣入焉博林大業初廢撫納縣入銅陵有流南縣開皇十八年改曰南流又有西城縣
大業初廢入
永熙郡梁置瀧州統縣六户一萬四千三百一十九瀧水舊置
開陽縣置開陽平原羅陽等郡平陳郡並廢以名縣開皇十八年改平原曰瀧水羅陽縣爲正義大業初廢永熙郡
開陽正義俱廢入焉懷德舊曰梁德置梁德郡平陳廢郡十八年改名懷德良德陳置曰務德後改名

焉安遂梁置建州廣熙郡尋廢州大業初廢永業梁置永業郡尋改爲縣後省開皇十六年又置永
熙大業初併安南縣入
蒼梧郡梁置成州開皇初改爲封州統縣四户四千五百七十八
封川梁曰梁信置梁信郡平陳郡廢十八年改爲封川大業初又廢封興縣入焉都城開皇十二年省
威城晉化二縣入焉蒼梧舊置蒼梧郡平陳郡廢封陽
始安郡梁置桂州平陳置摠管府大業元年府廢統縣十五户五萬四千五百
一十七
始安舊置始安梁化二郡平陳郡並廢大業初廢興安縣入焉平樂有目山荔
浦建陵陽朔象隋化義熙舊曰齊熙置齊熙黄水二郡及東寧
州平陳郡並廢十八年改州曰融州縣曰義熙大業初州廢并廢臨牂黄水二縣入焉龍城梁置馬平
開皇十二年置象州大業初州廢桂林大業初併西寧縣入陽壽有馬平桂林象郡陽等四郡平陳並

廢又有淮陽縣開皇十八年改曰陽寧大業初省入焉 富川舊置臨賀樂梁二郡平陳並廢置賀州大業初州廢又置臨賀綏越蕩山三縣入焉 龍平梁置靜州梁壽靜慰二郡平陳並廢又置歸化縣大業初州廢又廢歸化安樂博勞三縣入焉 豪靜梁置開江武城二郡陳置道遙郡平陳郡並廢又有猛陵開江二縣大業初並廢入焉

永平郡平陳置藤州 統縣十一戶三萬四千四十九

永平舊置永平郡平陳郡廢大業置郡 武林有鶩石山 隋建開皇十九年置 安基梁置建陵郡平陳郡廢 隋安開皇十九年置 普寧舊曰陰石梁置陰石郡平陳郡廢改縣爲奉化開皇十九年又改名焉 戎成梁置曰遂成開皇十一年改名焉有農山 寧人開皇十五年置曰安人十八年改名焉有壽京山 淳人開皇十九年置 大賓開皇十五年置 賀川開皇十九年置又陳置建陵綏越蒼梧永建等四郡平陳並廢

隋書志二十六　十一

鬱林郡梁置定州後改爲南定州平陳改爲尹州大業初改爲鬱州 統縣十二戶五萬九千二百

鬱林舊置鬱林郡平陳郡廢大業初又置郡又廢武平龍山懷澤布山四縣入 鬱平 領方梁置領方郡平陳郡廢 阿林 石南陳置石南郡平陳郡廢 桂平梁置桂平郡平陳郡廢大業初又廢皇化縣入 馬度 安成梁置安成郡平陳郡廢 寧浦舊置寧浦郡梁分立簡陽郡平陳郡廢置簡州十八年改爲綏州大業二年州廢 樂山梁置樂陽郡平陳改爲樂陽縣十八年改名焉 嶺山梁置嶺山郡平陳改爲嶺縣十八年改爲嶺山大業初併武綠縣入有武綠山 宣化舊置晉興郡平陳廢爲縣開皇十八年改名焉

合浦郡舊置越州大業初改爲祿州尋改爲合州 統縣十一戶二萬八千六百九十

合浦舊置合浦郡平陳郡廢大業初置郡 南昌 北流大業初廢陸川縣入 封山大業初廢漱昌縣入 定川舊立定川郡平陳郡廢 龍蘇舊置龍蘇郡平陳郡廢大業初又併大廉縣入 海康梁大通中割番州合浦立高州尋又分立合州大同末以合肥爲合州此置南合州平陳以此爲合州置海康縣大業初州廢又廢摸落羅阿雷川三縣入 抱成舊曰抱并置郡平陳郡廢十八年改曰抱成 隋康舊曰齊康置齊康郡平陳郡廢縣改名焉 扇沙舊有椹縣開皇十八年改爲椹川大業初廢入 鐵杷開皇十年置

珠崖郡梁置崖州 統縣十戶一萬九千五百

義倫帶郡 感恩 顏盧 毗善 昌化有藤山 吉安 延德 寧遠 澄邁 武德有扶山

寧越郡梁置安州開皇十八年改曰欽州 統縣六戶一萬二千六百七十

欽江舊置宋壽郡平陳郡廢開皇十八年改曰欽江大業初置寧越郡 安京舊置安京郡平陳郡廢有羅浮山有武即江 內亭舊置宋廣郡平陳郡廢十七年改曰新化縣十八年改名焉 南賓開皇十八年置 遵化開皇二十年置 海安梁置曰安平置黃州及寧海郡平陳郡廢十八年改州曰玉州大業初州廢其年又省海平玉山二縣入

隋書志二十六　十二

交阯郡舊曰交州 統縣九戶三萬五十六

宋平舊置宋平郡平陳郡廢大業初置交阯郡 龍編舊置交阯郡平陳郡廢 朱鳶舊置武平郡平陳郡廢 隆平舊曰武定置武平郡平陳郡廢開皇十八年縣改名焉 平道舊曰國昌開皇十二年改名焉 交阯 嘉寧舊置興州新昌郡平陳郡廢十八年改曰峯州大業初州廢 新昌 安人舊曰臨西開皇十八年改名焉

九真郡梁置愛州 統縣七戶一萬六千一百三十五

九真帶郡有陽山堯山 移風舊置九真郡平陳郡廢 胥浦 隆安舊曰高安開皇十八年改名焉 軍安 安順舊曰常樂開皇十六年改名焉 日南

日南郡梁置德州開皇十八年改曰驩州 統縣八戶九千九百一十五

九德帶郡 咸驩 浦陽 越常 金寧梁置利州開皇十八年改為智州大業初
州廢 交谷梁置明州大業初州廢 安遠 光安舊曰西安開皇十八年改名焉
比景郡大業元年平林邑置蕩州尋改為郡 統縣四 戶一千八百一十五
比景 朱吾 壽泠 西捲
海陰郡大業元年平林邑置農州尋改為郡 統縣四 戶一千一百
新容 真龍 多農 安樂
林邑郡大業元年平林邑置沖州尋改為郡 統縣四 戶一千二百二十
象浦 金山 交江 南極
揚州於禹貢為淮海之地在天官自斗十二度至須女七
度為星紀於辰在丑吳越得其分野江南之俗火耕水耨

食魚與稻以漁獵為業雖無蓄積之資然而亦無饑餒其
俗信鬼神好淫祀父子或異居此大抵然也江都弋陽淮
南鍾離蘄春同安廬江歷陽人性並躁勁風氣果決包藏
禍害視死如歸戰而貴詐此則其舊風也自平陳之後其
俗頗變尚淳質好儉約喪紀婚姻率漸於禮其俗之敝者
稍愈於古焉丹陽舊京所在人物本盛小人率多商販君
子資於官祿市廛列肆埒於二京人雜五方故俗頗相類
京口東通吳會南接江湖西連都邑亦一都會也其人本
並習戰號為天下精兵俗以五月五日為鬭力之戲各料
強弱相敵事類講武宣城毗陵吳郡會稽餘杭東陽其俗

亦同然數郡川澤沃衍有海陸之饒珍異所聚故商賈並
湊其人君子尚禮庸庶敦厖故風俗澄清而道教隆洽亦
其風氣所尚也豫章之俗頗同吳中其君子善居室小人
勤耕稼衣冠之人多有數婦暴面市廛競分銖以給其夫
及舉孝廉更要富者前妻雖有積年之勤子女盈室猶見
放逐以避後人俗少爭訟而尚歌舞一年蠶四五熟勤於
紡績亦有夜浣紗而旦成布者俗呼為雞鳴布新安永嘉
建安遂安鄱陽九江臨川廬陵南康宜春其俗又頗同豫
章而廬陵人厖淳率多壽考然此數郡往往畜蠱而宜春
偏甚其法以五月五日聚百種蟲大者至蛇小者至蝨合

置器中令自相啖餘一種存者留之蛇則曰蛇蠱蝨則曰
蝨蠱行以殺人因食入人腹內食其五藏死則其產移入
蠱主之家三年不殺他人則畜者自鍾其弊累世子孫相
傳不絕亦有隨女子嫁焉干寶謂之為鬼其實非也自侯
景亂後蠱家多絕既無主人故飛遊道路之中則殞焉自
嶺已南二十餘郡大率土地下濕皆多瘴厲人尤夭折南
海交阯各一都會也並所處近海多犀象瑇瑁珠璣奇異
珍瑋故商賈至者多取富焉其人性並輕悍易興逆節椎
結箕踞乃其舊風其俚人則質直尚信諸蠻則勇敢自立
皆重賄輕死唯富為雄巢居崖處盡力農事刻木以為符

契言誓則至死不改父子別業父貧乃有質身於子諸獠皆然並鑄銅為大鼓初成懸於庭中置酒以招同類來者有豪富子女則以金銀為大釵執以叩鼓竟乃留遺主人名為銅鼓釵俗好相殺多搆讎怨欲相攻則鳴此鼓到者如雲有鼓者號為都老羣情推服本之舊事尉陀於漢自稱蠻夷大酋長老夫臣故俚人猶呼其所尊為倒老也言訛故又稱都老云

南郡舊置荊州西魏以封梁為蕃國又置江陵總管府開皇初府廢七年併梁又置江陵總管二十年改為荊州總管大業初廢統縣一十戶五萬八千八百三十六

江陵帶南郡開皇初郡廢大業初復置郡　長楊開皇八年置并立睦州十七年州廢有宜陽山　宜昌開皇九年置松州又省歸化安陵二縣入十一年州廢又省宜都縣入有丹山黃牛山　枝江　當陽後周置平州領漳川安遠二郡屬梁蕃開皇七年改為玉州九年州郡並廢梁又置安居縣開皇十八年改曰昭丘大業初改曰荊臺尋廢入有清溪山　松滋江左舊置河東郡平陳郡廢有涔水　長林舊曰長寧縣開皇十一年省長林縣入十八年改曰長林　公安陳置荊州開皇九年省孱陵永安二縣入有黃山有靈溪水　安興舊置黃牧縣開皇十一年省安興縣入仁壽初改曰安興又有定襄縣大業初廢入　紫陵西魏置華陵縣後周改名焉其城南面梁置郢州又置雲澤縣大業初州縣俱廢入焉有硤石山

夷陵郡梁置宜州西魏改曰拓州後周改曰硤州統縣三戶五千一百七十九

夷陵帶郡有馬穴　夷道舊置宜都郡開皇七年廢有女觀山　遠安舊曰高安置汶陽郡又周改縣曰安遠開皇七年郡廢

竟陵郡舊置郢州統縣八戶五萬三千三百八十五

長壽後周置石城郡開皇初郡廢大業初置竟陵郡又梁置北新州及梁寧等八郡後周保定中州及八郡總管廢入焉有敖山　藍水宋僑立馮翊郡蓮勺縣西魏改郡為漢東縣為藍水又宋置高陸縣西魏改曰汊水開皇初郡廢大業初省汊水入焉有唐水　汊川後周置及置汊川郡又置清縣西魏改曰汊波開皇初郡廢大業初省汊波入焉　漢東齊置曰上蔡及置齊興郡後周郡廢開皇十八年縣改名焉有東溫山　清騰梁置曰梁安又立崇義郡後周廢郡後周又有遂安郡開皇初廢七年改名焉有清騰山　樂鄉舊置武寧郡西魏置鄀州又梁置䢵陽縣後改名惠懷西魏又改曰武山開皇七年郡廢大業初州廢又廢武山入焉有武陵山　豐鄉西魏置又置基州及章山郡開皇七年郡廢大業初州廢　章山西魏置曰㯹麻及立上黃郡開皇七年郡廢大業初縣改名焉

沔陽郡後周置復州大業初改曰沔州統縣五戶四萬一千七百一十四

沔陽梁置沔陽營陽州城三郡西魏省州陵惠懷二縣置縣曰建興後周置復州後又省營陽州城二郡入建興開皇初州移郡廢仁壽三年後置州大業初改建興曰沔陽州廢後置沔陽郡焉　監利　竟陵舊曰霄城置竟陵郡後周改曰竟陵開皇初置復州仁壽三年州復徙建興又有京山縣齊置建安郡西魏改曰光川後周郡廢大業初京山縣又廢入焉　甑山梁置梁安郡西魏改曰魏安郡置江州尋改郡曰汶川後周置甑山縣建德二年州廢開皇初郡廢有陽臺山　漢陽開皇十七年置曰漢津大業初改焉有沌水

沅陵郡開皇九年置辰州統縣五戶四千一百四十

沅陵舊置沅陵郡平陳郡廢大業初復　大鄉梁置　鹽泉梁置　龍標梁置有武山　辰溪舊曰辰陽平陳改名并廢故夜郎郡置靜人縣尋廢又梁置南陽郡建昌縣陳廢縣開皇初廢郡置壽州十八年改為充州大業初州廢有郎溪

武陵郡梁置武州後改曰沅州平陳為朗州統縣二戶三千四百一十六

武陵舊置武陵郡平陳郡廢并臨沅沅南漢壽三縣置武陵縣大業初復置武陵郡有望夷山龍山　龍陽

有白查湖

清江郡後周置亭州，大業初改爲庸州。統縣五，戶二千六百五十八。

鹽水後周置縣，并置資田郡。開皇初郡廢，大業初置清江郡。巴山梁置宜都郡宜昌縣，後周置江州。開皇初置清江縣，十八年改江州爲津州，大業初廢州，省清江入焉。清江後周置施州及清江郡，開皇初郡廢，五年置清江縣，大業初州廢。有陽瞿水。開夷後周置，曰烏飛，開皇初改焉。建始後周置業州及軍屯郡，開皇初郡廢，五年置縣，大業初州廢。

襄陽郡江左並僑置雍州，西魏改曰襄州，置總管府，大業初府廢。統縣十一，戶九萬九千五百七十七。

襄陽帶襄陽郡。開皇初郡廢，大業初復置。有鍾山、峴山、鳳林山。安養西魏置河南郡，後周廢樊城、山都二縣入。開皇初郡廢焉。穀城舊曰義城，置義城郡，後周廢郡，開皇十八年改縣名焉。又梁有筑陽，開皇初廢。又梁有興國、義城二郡，並西魏廢。有穀城山、關林山。上洪宋僑立略陽縣，梁又立德廣郡，西魏改縣曰上洪。開皇初郡廢。又梁置新野郡，西魏改曰威寧，後周廢。有亞山。率道梁置。漢南宋曰華山，置華山郡，西魏改縣爲漢南，屬宜城郡。後周廢武建郡及惠懷、石梁、歸仁、鄀等四縣入。後省宜城郡入。武泉又梁置泰南郡，後周并武泉縣俱廢。有石梁山。陰城西魏置酇城郡，後周廢。又梁置南陽郡，西魏改爲山都郡，後周省。義清梁置，曰穰縣，西魏改爲義清，屬歸義郡。後周廢郡，及左安、開南、歸仁三縣入焉。又有武泉郡，開皇初廢。有祖山、靈山。有櫃溪水、襄水。南漳西魏併新安、武昌、平武、安武、建五縣置，初曰重陽，又立南襄陽郡。後周置沮州，尋廢。後改重陽縣曰思安。開皇初郡廢，十八年改縣曰南漳。有荊山。常平西魏置，曰義安，置長湖郡。後改縣曰常平。開皇初郡廢。又後魏置旱停縣，大業初廢。鄀

春陵郡後魏置南荊州，西魏改曰昌州。統縣六，戶四萬二千八百四十七。

棗陽舊曰廣昌，并置廣昌郡。開皇初郡廢。仁壽元年縣改名焉。大業初置春陵郡。又西魏置東荊州，尋廢。有霸山，有湲水。春陵舊置安昌郡，開皇初郡廢。又後魏置豐良縣，大業初廢。有石鼓山，有四望水。清潭

有大洪山，有清水。湖陽後魏置西淮安郡及南襄州，後郡廢，州改爲南平州，西魏改曰昇州，後又改曰湖州。後周改置昇平郡。開皇初郡廢，仁壽初改曰昇州，大業初州廢。又後魏置順陽郡，西魏改爲柘林郡，後周省郡，改縣曰柘林，大業初縣廢入焉。有蓼山。上馬後魏置，曰石馬，後訛爲上馬，因改焉。有鍾離縣，置洞州、洞川郡。後周州廢。開皇初郡廢，十八年改鍾離曰洞川縣，大業初廢入焉。蔡陽梁置蔡陽郡，後魏置南雍州，西魏改曰蔡州，分置南陽縣，後改曰雙泉。又置千金郡、漻源縣。開皇初郡並廢，大業初州廢，雙泉、漻源二縣並廢入焉。有唐子山、大鼓山，有漻水。

漢東郡西魏置并州，後改曰隋州。統縣八，戶四萬七千一百九十三。

隋舊置隨郡，西魏又析置溳西郡及溳西縣，梁又置曲陵郡。開皇初郡並廢，大業初廢溳西縣，尋置漢東郡。土山梁曰龍巢，置土州，東西二永寧、眞陽三郡，及置石武縣。後周廢三郡爲齊郡，改龍巢曰左陽，又有阜陵縣，改爲漳川縣。開皇初郡廢，十八年改左陽爲眞陽，石武爲宜人。大業初又改眞陽爲土山，州及宜人、漳川並廢入焉。

唐城後魏曰厥西，置義陽郡，西魏改溳西爲下溠，又立東州，尋曰唐州。後周省均、款、溳、歸四州入，改曰唐州。又有東魏南豫州，至是改爲溳川郡，又置清嘉縣。開皇初郡並廢，十六年改下溠曰唐城，大業初州及諸縣並廢入焉。有清臺山，有溳水。安貴梁置，曰定陽，又置北郢州。西魏改定陽曰安貴，改北郢州爲款州，又尋廢爲溳水郡。別置䢵城郡及䢵城縣，後廢䢵城郡，改䢵城縣曰橫山。開皇初溳水郡廢，大業初又廢橫山縣入焉。順義梁置北隨郡，西魏改爲南陽，析置淮南郡、厲城、順義二縣，立義州，尋改爲順州，又置安化縣。開皇初郡並廢，十八年改安化曰寧化。大業初州廢，改厲城爲順義，其舊順義及寧化並廢入焉。有浮山。平林梁置上明郡，開皇初廢。有源水。上明西魏置，曰洛平縣，開皇十八年改名焉。有鸚鵡山。光化舊曰安化，西魏改爲新化，後周又改焉。

○安陸郡梁置南司州，尋罷。西魏置安州摠管府，開皇十四年府廢。統縣八，戶六萬八千四十二。

安陸舊置安陸郡，開皇初郡廢，大業初復置郡。有舊永陽縣，西魏改曰吉陽，至是廢入。孝昌西魏置岳州及岳山郡，後周州郡並廢。又有澴岳郡，開皇初廢。有鳳皇岡。吉陽梁置，曰平陽，及

立汝南郡西魏改郡為重城改縣曰京池後周置淯州尋州郡並廢大業初改縣曰吉陽又梁置義陽郡西魏改為南司州尋廢

應陽西魏置曰應城又置城陽郡開皇初郡廢大業初縣改名焉有潼水溫水

雲夢西魏置

京山舊曰新陽梁置新州梁寧郡西魏改州為溫州改縣為角陵又置盤陂縣開皇初郡廢大業初州廢改角陵曰京山廢盤陂入焉有角陵山京山

富水舊曰南新市西魏改為富水又置富人郡開皇初郡廢

應山梁置曰永陽仍置應州又有平靖郡西魏又置平靖縣開皇初郡廢大業初州廢又省平靖縣入焉有大龜山安居山

永安郡後齊置衡州陳廢後周又置開皇五年改曰黃州統縣四戶二萬八千三百九十八

黃岡齊曰南安又置齊安郡開皇初郡廢十八年改縣曰黃岡又後齊置巴州陳廢後周置曰弋州統西陽弋陽邊城三郡開皇初州郡並廢大業初置永安郡

黃陂後齊置南司州後周改曰黃州置總管府又有安昌郡開皇初府廢又後齊置產州陳廢之

木蘭梁曰梁安置梁安郡又有永安義陽二郡後齊置湘州後改為北江州開皇初別置廉城縣尋及州二郡相次並廢十八年改縣曰木蘭

麻城梁置信安又有北西陽縣陳廢北西陽置定州後周改州曰亭州又有建寧陰平定城三郡開皇初州郡並廢十八年縣改名焉有陰山

義陽郡齊置司州梁曰北司州後復曰司州後魏改曰郢州後周改曰申州大業二年為義州統縣五戶四萬五千九百三十

義陽舊曰平陽置宋安郡開皇初郡廢縣改名焉大業初置義陽郡有大龜山金山

鍾山舊曰鄳後齊改曰齊安仍置郡開皇初郡廢縣改曰鍾山有鍾山

羅山後齊置曰高安開皇初廢十六年置曰羅山

禮山舊曰東隨開皇九年改焉有關官有禮山

淮源後齊置曰蔡化置淮安郡開皇初郡廢大業初縣改名焉有油水

九江郡舊置江州統縣二戶七千六百一十七

湓城舊曰柴桑置尋陽郡梁又立汝南縣平陳郡廢又廢汝南柴桑二縣立尋陽縣十八年改曰彭蠡大業初置郡縣改名焉有巢湖彭

蠡湖有廬山望夫山

彭澤梁置太原郡領彭澤晉陽和城天水五縣陳郡縣並廢置龍城縣開皇十八年改名焉有釣磯

江夏郡舊置郢州梁分置北新州尋又分北新立土富洄泉豪五州平陳改置鄂州統縣四戶一萬三千七百七十一

江夏舊置江夏郡平陳郡廢大業初復置有烽火山塗水

武昌舊置武昌郡平陳郡廢又廢西陵鄂二縣入焉有樊山白紵山

永興陳曰陽新平陳改曰富川開皇十一年廢永興縣入十八年改名焉有五龍山

蒲圻梁置上雋郡又有沙陽縣置沙州州尋廢平陳郡廢有石頭山魚嶽山鮑山

澧陽郡平陳置松州尋改為澧州統縣六戶八千九百六

澧陽平陳置縣大業初置郡有藥山有油水

石門舊置石門郡平陳郡廢

孱陵舊曰作塘置南平郡平陳郡廢縣改名焉

安鄉舊置義陽郡平陳郡廢有皇山

崇義後周置衡州開皇中置縣名焉十八年改州曰崇州大業初州廢有澧水

慈利開皇中置曰零陵十八年改名焉有始零山

巴陵郡梁置巴州平陳改曰岳州大業初改曰羅州統縣五戶六千九百三十四

巴陵舊置巴陵郡平陳郡廢大業初復置郡

華容舊曰安南梁置南安湘郡尋廢開皇十八年縣改名焉

沅江梁置曰藥山仍為郡平陳郡廢縣改曰安樂十八年改曰沅江

湘陰梁置岳陽郡及羅州陳廢州平陳廢郡及湘陰入岳陽縣置玉州尋改岳陽為湘陰廢玉山縣入焉十二年廢玉州

羅開皇九年廢吳昌湘濱二縣入有渭水汨水

長沙郡舊置湘州平陳置潭州總管府大業初府廢統縣四戶一萬四千二百七十五

長沙舊曰臨湘置長沙郡平陳郡廢縣改名焉有銅山陽山

衡山舊置衡陽郡平陳郡廢併衡山湘鄉湘東三縣入焉

益陽平陳併新康縣入焉有浮梁山

邵陽舊置邵陵郡平陳郡廢併扶夷都梁二縣入焉

衡山郡平陳置衡州統縣四戶五千六十八
衡山舊置湘東郡平陳郡廢并省臨烝新城重安三縣入焉有衡山武水連水洣陰舊曰洣陽平陳改名焉有肥水郡水湘潭平陳廢茶陵攸水陰山建寧四縣入焉有武陽山有歷水新寧有宜溪水春江

桂陽郡平陳置郴州統縣三戶四千六百六十六
郴舊置桂陽郡平陳郡廢大業初復置有萬歲山有漆水臨武有華陰山盧陽陳置盧陽郡平陳郡廢有淥水

零陵郡平陳初置永州總管府尋廢府統縣五戶六千八百四十五
零陵舊曰泉陽置零陵郡平陳郡廢又廢應陽永昌初陽三縣入焉大業初復置郡湘源平陳廢洮陽灌陽小零陵三縣置縣有黃華山有觀水湘水洮水永陽舊曰營陽梁置永陽郡平陳郡廢併營浦謝沐二縣入焉營道平陳併泠道春陵二縣入有九疑山營山馮乘有馮水

熙平郡平陳置連州統縣九戶一萬二百六十五
桂陽梁置陽山郡平陳郡廢大業初置熙平郡有貞女山方山有盧水洭水陽山有斟水連山梁置曰廣德隋改曰廣澤仁壽元年改名焉有黃連山宣樂梁置曰梁樂并置梁樂郡平陳郡廢十八年改爲宣樂游安熙平舊置齊樂郡平陳郡廢武化梁置桂嶺舊曰興安開皇十八年改名焉開建梁置南靜郡平陳郡廢

尚書荊及衡陽惟荊州上當天文自張十七度至軫十一度爲鶉首於辰在巳楚之分野其風俗物產頗同揚州其人率多勁悍決烈蓋亦天性然也南郡夷陵竟陵沔陽沅陵清江襄陽春陵漢東安陸永安義陽九江江夏諸郡多雜蠻左其與夏人雜居者則與諸華不別其僻處山谷者則言語不通嗜好居處全異頗與巴渝同俗諸蠻本其所出承盤瓠之後故服章多以班布爲飾其相呼以蠻則爲深忌自晉氏南遷之後南郡襄陽皆爲重鎭四方湊會故益多衣冠之緒稍尚禮義經籍焉九江襟帶所在江夏竟陵安陸各置名州爲藩鎭重寄人物乃與諸郡不同大抵荊州率敬鬼尤重祠祀之事昔屈原爲制九歌蓋由此也屈原以五月望日赴汨羅土人追至洞庭不見湖大船小莫得濟者乃歌曰何由得渡湖因爾鼓棹爭歸競會亭上習以相傳爲競渡之戲其迅楫齊馳櫂歌亂響喧振水陸觀者如雲諸郡率然而南郡襄陽尤甚二郡又有牽鉤之戲云從講武所出楚將伐吳以爲教戰流遷不改習以相

傳鉤初發動皆有鼓節羣譟歌謠振驚遠近俗云以此厭勝用致豐穰其事亦傳于他郡梁簡文之臨雍部發教禁之由是頗息其死喪之紀雖無被髮袒踊亦知號叫哭泣始死即出屍於中庭不留室內斂畢送至山中以十三年爲限先擇吉日改入小棺謂之拾骨拾骨必須女壻蠻重女壻故以委之拾骨者除肉取骨棄小取大當葬之夕女壻或三數十人集會於宗長之宅著芒心接籬名曰茅綏各執竹竿長一丈許上三四尺許猶帶枝葉其行伍前却皆有節奏歌吟叫呼亦有章曲傳云盤瓠初死置之於樹乃以竹木刺而下之故相承至今以爲風俗隱諱其事謂

之剌北斗既葬設祭則親疎咸哭哭畢家人既至但歡飲
而歸無復祭哭也其左人則又不同無衰服不復魄始死
置屍館舍鄰里少年各持弓箭遶屍而歌以箭扣弓爲節
其歌詞說平生樂事以至終卒大抵亦猶今之挽歌歌數
十闋乃衣衾棺斂送往山林別爲廬舍安置棺柩亦有於
村側瘗之待二三十喪總葬石窟長沙郡又雜有夷蜒名
曰莫徭自云其先祖有功常免徭役故以爲名其男子但
著白布褌衫更無巾袴其女子青布衫班布裙通無鞋屩
婚嫁用鐵鈷鉧爲聘財武陵巴陵零陵桂陽澧陽衡山熙
平皆同焉其喪葬之節頗同於諸左云

志第二十六　地理下　隋書三十一

志第二十七　隋書三十二

太尉揚州都督監修國史上柱國趙國公臣長孫無忌等奉　勑撰

經籍一　經

夫經籍也者機神之妙旨聖哲之能事所以經天地緯陰
陽正紀綱弘道德顯仁足以利物藏用足以獨善學之者
將殖焉不學者將落焉大業崇之則成欽明之德匹夫克
念則有王公之重其王者之所以樹風聲流顯號美教化
移風俗何莫由乎斯道故曰其爲人也溫柔敦厚詩教也
疏通知遠書教也廣博易良樂教也絜靜精微易教也恭
儉莊敬禮教也屬辭比事春秋教也遭時制宜質文迭用

應之以通變通變之以中庸中庸則可久通變則可大其
教有適其用無窮實仁義之陶鈞誠道德之橐籥也其爲
用大矣隨時之義深矣言無得而稱焉故曰不疾而速不
行而至今之所以知古後之所以知今其斯之謂也是以
大道方行俯龜象而設卦後聖有作仰鳥跡以成文書契
已傳繩木棄而不用史官既立經籍於是興焉夫經籍也
者先聖據龍圖握鳳紀南面以君天下者咸有史官以紀
言行言則左史書之動則右史書之故曰君舉必書懲勸
斯在考之前載則三墳五典八索九丘之類是也下逮殷
周史官尤備紀言書事靡有闕遺則周禮所稱太史掌建

邦之六典八灋八則以詔王治小史掌邦國之志定世繫
辨昭穆內史掌王之八柄策命而貳之外史掌王之外令
及四方之志三皇五帝之書御史掌邦國都鄙萬民之治
令以贊冢宰此則天子之史凡有五焉諸侯亦各有國史
分掌其職則春秋傳晉趙穿弑靈公太史董狐書曰趙盾
殺其君以示於朝宣子曰不然對曰子為正卿亡不越境
反不討賊非子而誰齊崔杼弑莊公太史書曰崔杼弑其
君崔子殺之其弟嗣書死者二人其弟又書乃舍之南史
聞太史盡死執簡以往聞既書矣乃還楚靈王與右尹子
革語左史倚相趨而過王曰此良史也能讀三墳五典八

索九丘然則諸侯史官亦非一人而已皆以記言書事太
史總而裁之以成國家之典不虛美不隱惡故得有所懲
勸遺文可觀則左傳稱周志國語有鄭書之類是也暨夫
周室道衰紀綱散亂國異政家殊俗褒貶失實隳紊舊章
孔丘以大聖之才當傾頹之運歎鳳鳥之不至惜將墜於
斯文乃述易道而刪詩書脩春秋而正雅頌壞禮崩樂咸
得其所自哲人萎而微言絕七十子散而大義乖戰國縱
橫真偽莫辨諸子之言紛然淆亂聖人之至德喪矣先王
之要道亡矣陵夷踳駮以至于秦秦政奮豺狼之心剗先
代之迹焚詩書坑儒士以刀筆吏為師制挾書之令學者

逃難竄伏山林或失本經口以傳說漢氏誅除秦項未及
下車先命叔孫通草綿蕝之儀救擊柱之弊其後張蒼治
律曆陸賈撰新語曹參薦蓋公言黃老惠帝除挾書之律
儒者始以其業行於民間猶以去聖既遠經籍散逸簡札
錯亂傳說紕繆遂使書分為二詩分為三論語有齊魯之
殊春秋有數家之傳其餘互有踳駮不可勝言此其所以
博而寡要勞而少功者也武帝置太史公命天下計書先
上太史副上丞相開獻書之路置寫書之官外有太常太
史博士之藏內有延閣廣內祕室之府司馬談父子世居
太史探采前代斷自軒皇逮于孝武作史記一百三十篇

詳其體制蓋史官之舊也至於孝成祕藏之書頗有亡散
乃使謁者陳農求遺書於天下命光祿大夫劉向校經傳
諸子詩賦步兵校尉任宏校兵書太史令尹咸校數術太
醫監李柱國校方技每一書就向輒撰為一錄論其指歸
辨其訛謬敘而奏之向卒後哀帝使其子歆嗣父之業乃
徙溫室中書於天祿閣上歆遂總括群篇撮其指要著為
七略一曰集略二曰六藝略三曰諸子略四曰詩賦略五
曰兵書略六曰術數略七曰方技略大凡三萬三千九十
卷王莽之末又被焚燒光武中興篤好文雅明章繼軌尤
重經術四方鴻生鉅儒負袠自遠而至者不可勝算石室

蘭臺彌以充積又於東觀及仁壽閣集新書校書郎班固傅毅等典掌焉並依七略而爲書部固又編之以爲漢書藝文志董卓之亂獻帝西遷圖書縑帛軍人皆取爲帷囊所收而西猶七十餘載兩京大亂掃地皆盡魏氏代漢采掇遺亡藏在祕書中外三閣魏祕書郎鄭默始制中經祕書監荀勗又因中經更著新簿分爲四部摠括羣書一曰甲部紀六藝及小學等書二曰乙部有古諸子家近世子家兵書兵家術數三曰景部有史記舊事皇覽簿雜事四曰丁部有詩賦圖讚汲冢書大凡四部合二萬九千九百四十五卷但錄題及言盛以縹囊書用緗素至於作者之

意無所論辯惠懷之亂京華蕩覆渠閣文籍靡有孑遺東晉之初漸更鳩聚著作郎李充以勗舊簿校之其見存者但有三千一十四卷充遂摠沒衆篇之名但以甲乙爲次自爾因循無所變革其後中朝遺書稍流江左宋元嘉八年祕書監謝靈運造四部目錄大凡六萬四千五百八十二卷元徽元年祕書丞王儉又造目錄大凡一萬五千七百四卷儉又別撰七志一曰經典志紀六藝小學史記雜傳二曰諸子志紀今古諸子三曰文翰志紀詩賦四曰軍書志紀兵書五曰陰陽志紀陰陽圖緯六曰術藝志紀方技七曰圖譜志紀地域及圖書其道佛附見合九條然亦

不述作者之意但於書名之下每立一傳而又作九篇條例編乎首卷之中文義淺近未爲典則齊永明中祕書丞王亮監謝朏又造四部書目大凡一萬八千一十卷齊末兵火延燒祕閣經籍遺散梁初祕書監任昉躬加部集又於文德殿內列藏衆書華林園中摠集釋典大凡二萬三千一百六卷而釋氏不豫焉梁有祕書監任昉殷鈞四部目錄又文德殿目錄其術數之書更爲一部使奉朝請祖暅撰其名故梁有五部目錄普通中有處士阮孝緒沈靜寡慾篤好墳史博采宋齊已來王公之家凡有書記參校官簿更爲七錄一曰經典錄紀六藝二曰記傳錄紀史傳

三曰子兵錄紀子書兵書四曰文集錄紀詩賦五曰技術錄紀數術六曰佛錄七曰道錄其分部題目頗有次序割析辭義淺薄不經梁武敦悅詩書下化其上四境之內家有文史元帝克平侯景收文德之書及公私經籍歸于江陵大凡七萬餘卷周師入郢咸自焚之陳天嘉中又更鳩集考其篇目遺闕尚多其中原則戰爭相尋干戈是務文教之盛苻姚而已宋武入關收其圖籍府藏所有纔四千卷赤軸青紙文字古拙後魏始都燕代南略中原粗收經史未能全具孝文徙都洛邑借書於齊祕府之中稍以充實暨於爾朱之亂散落人間後齊遷鄴頗更搜聚迄於天

統武平校寫不輟後周始基關右外逼彊鄰戎馬生郊日
不暇給保定之始書止八千後稍加增方盈萬卷周武平
齊先封書府所加舊本纔至五千隋開皇三年祕書監牛
弘表請分遣使人搜訪異本每書一卷賞絹一匹校寫既
定本即歸主於是民間異書往往間出及平陳已後經籍
漸備檢其所得多太建時書紙墨不精書亦拙惡於是總
集編次存為古本召天下工書之士京兆韋霈南陽杜頵
等於祕書內補續殘缺為正副二本藏于宮中其餘以實
祕書內外之閣凡三萬餘卷煬帝即位祕閣之書限寫五
十副本分為三品上品紅瑠璃軸中品紺瑠璃軸下品漆

軸於東都觀文殿東西廂構屋以貯之東屋藏甲乙西屋
藏丙丁又聚魏已來古跡名畫於殿後起二臺東曰妙楷
臺藏古跡西曰寶臺藏古畫又於內道場集道佛經別撰
目錄大唐武德五年克平偽鄭盡收其圖書及古跡焉命
司農少卿宋遵貴載之以船泝河西上將致京師行經底
柱多被漂沒其所存者十不一二其目錄亦為所漸濡時
有殘缺今考見存分為四部合條為一萬四千四百六十
六部有八萬九千六百六十六卷其舊錄所取文義淺俗
無益教理者並刪去之其舊錄所遺辭義可采有所弘益
者咸附入之遠覽馬史班書近觀王阮志錄挹其風流體

制削其浮雜鄙俚離其疏遠合其近密約文緒義凡五十
五篇各列本條之下以備經籍志雖未能研幾探賾窮極
幽隱庶乎弘道設教可以無遺闕焉夫仁義禮智所以治
國也方技數術所以治身也諸子為經籍之鼓吹文章乃
政化之黼黻皆為治之具也故列之於此志云○歸藏十三
卷晉太尉參軍薛貞注　周易二卷魏文侯師卜子夏傳殘缺梁六卷　周易十卷漢魏郡太
守京房章句　周易八卷漢曲臺長孟喜章句殘缺梁十卷又有漢單父長費直注周易四卷亡　周易
九卷後漢大司農鄭玄注梁又有漢南郡太守馬融注周易一卷亡　周易五卷漢荊州牧劉表章句
梁有漢荊州五業從事宋忠注周易十卷亡　周易十一卷漢司空荀爽注　周易十卷魏衛
將軍王肅注　周易十卷魏尚書郎王弼注六十四卦六卷韓康伯注繫辭以下三卷王弼又撰易略例

一卷梁有魏大司農卿董遇注周易十卷魏散騎常侍荀煇注周易十卷亡　周易十卷吳太常姚信注
周易四卷晉儒林從事黃穎注梁有十卷今殘缺　周易九卷吳侍御史虞翻注　周易
十五卷吳鬱林太守陸績注　周易十卷晉散騎常侍干寶注　周易三卷晉驃騎將軍王
廙注殘缺梁有十卷　周易八卷晉著作郎張璠注殘缺梁有十卷　周易馬鄭二王四
家集解十卷　周易荀爽九家注十卷○周易楊氏集二
王注五卷梁有集馬鄭二王解十卷亡　周易十卷蜀才注梁有齊安參軍費元珪注周易九
卷謝氏注周易八卷尹濤注周易六卷亡　周易十卷後魏司徒崔浩注　周易十卷梁處士何
胤注梁有臨海令伏曼容注周易八卷侍中朱异集注周易一百卷又周易集注三十卷亡　周易七卷姚規注
周易十三卷崔覲注　周易十二卷傅氏注　周易一帙十卷盧氏注
周易繫辭二卷晉桓玄注　周易繫辭二卷晉西中郎將謝萬等注　周易繫

辭二卷晉太常韓康伯注周易繫辭二卷梁太中大夫宋褰注又有宋東陽太守卞伯玉
注繫辭二卷亡周易繫辭二卷荀柔之注周易集注繫辭二卷梁有宋太中大
夫徐爰注繫辭二卷亡周易音一卷東晉太子前率徐邈撰周易音一卷東晉尚書
郎李軌弘範撰周易音一卷范氏撰周易并注音七卷秘書學士陸德明撰周
易盡神論一卷魏司空鍾會撰梁有周易無互體論三卷鍾會撰亡周易象論三卷
晉尚書郎欒肇撰周易卦序論一卷晉司徒右長史楊乂撰周易統略五卷
晉少府卿鄒湛撰周易論二卷晉馮翊太守阮渾撰周易論一卷晉荊州刺史宋岱撰
梁有擬周易說八卷范氏撰周易宗塗四卷干寶撰周易問難二卷王氏撰周易問答一卷揚州從事徐伯珍撰周
易難王輔嗣義一卷晉揚州刺史顧夷等撰周易雜論十四卷亡周易義一卷宋陳令范歆撰周
易玄品二卷○周易論十卷齊中書郎周顒撰梁有三十卷亡○周易論

四卷范氏撰周易統例十卷崔覲撰周易文義一卷干寶撰周易
乾坤義一卷齊步兵校尉劉瓛撰梁又有齊臨沂令李玉之梁釋法通等乾坤義各一卷亡周易
大義二十一卷梁武帝撰周易幾義一卷梁南平王撰梁有周易疑通五卷宋中散
大夫何諲之撰周易四德例一卷劉瓛撰亡周易大義一卷梁有周易錯八卷京房撰周易日月
變例六卷虞翻陸績撰周易卦象數旨六卷東晉樂安亭侯李顒撰周易爻一卷馬揩撰亡周易大義
二卷陸德明撰周易釋序義三卷○周易開題義十卷梁蕃撰周
易問二十卷○周易義疏十九卷宋明帝集羣臣講梁又有國子講易議六卷宋
明帝集羣臣講易義疏二十卷齊永明國學講周易講疏二十六卷又周易義三卷沈林撰亡周易講疏
三十五卷梁武帝撰周易講疏十六卷梁五經博士褚仲都撰周易義疏
十四卷梁都官尚書蕭子政撰周易繫辭義疏三卷蕭子政撰周易講疏

三十卷陳諮議參軍張譏撰周易文句義二十卷梁有擬周易義疏十三卷周易
義疏十六卷陳尚書左僕射周弘正撰周易私記二十卷○周易講疏
十三卷國子祭酒何妥撰周易繫辭義疏二卷劉瓛撰周易繫辭義
疏一卷梁武帝撰周易繫辭義疏二卷蕭子政撰梁有周易乾坤三象周易新圖各一
卷又周易普玄圖八卷薛景和撰周易大演通統一卷顏氏撰周易譜一卷

右六十九部五百五十一卷通計亡書合九十四部八百二十九卷

昔宓羲氏始畫八卦以通神明之德以類萬物之情蓋因
而重之為六十四卦及乎三代實為三易夏曰連山殷曰
歸藏周文王作卦辭謂之周易周公又作爻辭孔子為彖
象繫辭文言序卦說卦雜卦而子夏為之傳及秦焚書周

易獨以卜筮得存唯失說卦三篇後河內女子得之漢初
傳易者有田何何授丁寬寬授田王孫王孫授沛人施讎
東海孟喜琅邪梁丘賀由是有施孟梁丘之學又有東郡
京房自云受易於梁國焦延壽別為京氏學嘗立後罷後
漢施孟梁丘京氏凡四家並立而傳者甚眾漢初又有東
萊費直傳易其本皆古字號曰古文易以授琅邪王璜璜
授沛人高相相以授子康及蘭陵毋將永故有費氏之學
行於人間而未得立後漢陳元鄭眾皆傳費氏之學馬融
又為其傳以授鄭玄玄作易注荀爽又作易傳魏代王肅
王弼並為之注自是費氏大興高氏遂衰梁丘施氏高氏

亡於西晉孟氏京氏有書無師梁陳鄭玄王弼二注列於
國學齊代唯傳鄭義至隋王注盛行鄭學浸微今殆絕矣
歸藏漢初已亡案晉中經有之唯載卜筮不似聖人之旨
以本卦尚存故取貫於周易之首以備殷易之缺

古文尚書十三卷（漢臨淮太守孔安國傳） 今字尚書十四卷（孔安國傳） 尚
書十一卷（馬融注） 尚書九卷（鄭玄注） 尚書十一卷（王肅注） 尚書十
五卷（晉祠部郎謝沈撰）。集解尚書十一卷（李顒注） 集釋尚書十一
卷（宋給事中姜道盛注） 古文尚書舜典一卷（晉豫章太守范甯注梁有尚書十卷范甯注亡）
尚書亡篇序一卷（梁五經博士劉叔嗣注梁有尚書二十一卷劉叔嗣注又有尚書新集序一卷
亡） 尚書逸篇二卷。古文尚書音一卷（徐邈撰梁有尚書音五卷孔安國鄭
玄李軌徐邈等撰） 今文尚書音一卷（秘書學士顧彪撰） 尚書大傳三卷（鄭玄
注） 大傳音二卷（顧彪撰） 尚書洪範五行傳論十一卷（漢光祿大夫劉
向注） 尚書駁議五卷（王肅撰梁有尚書義問三卷鄭玄王肅及晉五經博士孔晁撰尚書釋問四卷
魏侍中王粲撰尚書王氏傳問二卷尚書義二卷范順問吳太尉劉毅荅亡） 尚書新釋二卷（李顒
撰） 尚書百問一卷（齊太學博士顧歡撰） 尚書大義二十卷（梁武帝撰） 尚書
百釋三卷（梁國子助教巢猗撰） 尚書義三卷（巢猗撰） 尚書義疏十卷（梁國
子助教費甝撰梁有尚書義疏四卷晉樂安王友伊說撰亡） 尚書義疏三十卷（蕭詧司徒蔡大
寶撰）。尚書義注三卷（呂文優撰） 尚書義疏七卷 尚書述義
二十卷（國子助教劉炫撰） 尚書疏二十卷（顧彪撰） 尚書閏義一卷。
尚書義三卷（劉先生撰） 尚書釋問一卷（虞氏撰） 尚書文外義一卷

（顧彪撰）

右三十二部二百四十七卷（通計亡書合四十一部共二百九十六卷）

書之所興蓋與文字俱起孔子觀書周室得虞夏商周四
代之典刪其善者上自虞下至周為百篇編而序之遭秦
滅學至漢唯濟南伏生口傳二十八篇又河內女子得泰
誓一篇獻之伏生作尚書傳四十一篇以授同郡張生張
生授千乘歐陽生歐陽生授同郡兒寬寬授歐陽生之子
世世傳之至曾孫歐陽高謂之尚書歐陽之學又有夏侯
都尉受業於張生以授族子始昌始昌傳族子勝為大夏
侯之學勝傳從子建別為小夏侯之學故有歐陽大小夏
侯三家並立訖漢東京相傳不絕而歐陽最盛初漢武帝
時魯恭王壞孔子舊宅得其末孫惠所藏之書字皆古文
孔安國以今文校之得二十五篇其泰誓與河內女子所
獻不同又濟南伏生所誦有五篇相合安國並依古文開
其篇第以隸古字寫之合成五十八篇其餘篇簡錯亂不
可復讀並送之官府安國又為五十八篇作傳會巫蠱事
起不得奏上私傳其業於都尉朝朝授膠東庸生謂之尚
書古文之學而未得立後漢扶風杜林傳古文尚書同郡
賈逵為之作訓馬融作傳鄭玄亦為之注然其所傳唯二
十九篇又雜以今文非孔舊本自餘絕無師說晉世祕府

所存有古文尚書經文今無有傳者及永嘉之亂歐陽大小夏侯尚書並亡濟南伏生之傳唯劉向父子所著五行傳是其本法而又多乖戾至東晉豫章內史梅賾始得安國之傳奏之時又闕舜典一篇齊建武中吳姚興方於大桁市得其書奏上比馬鄭所注多二十八字於是始列國學梁陳所講有孔鄭二家齊代唯傳鄭義至隋孔鄭並行而鄭氏甚微自餘所存無復師說又有尚書逸篇出於齊梁之間考其篇目似孔壁中書之殘缺者故附尚書之末

○韓詩二十二卷 漢常山太傅韓嬰薛氏章句

韓詩翼要十卷 漢侯苞傳

韓詩外傳十卷 梁有韓詩譜二卷詩神泉一卷漢有道徵士趙曄撰亡

毛詩二十卷 漢河間太守毛萇傳鄭氏箋梁有毛詩十卷馬融注亡

毛詩二十卷 王肅注梁有毛詩二十卷鄭玄王肅合注毛詩二十卷謝沈注毛詩二十卷晉兗州別駕江熙注亡

集注毛詩二十四卷 梁桂州刺史崔靈恩注梁有毛詩序一卷梁隱居先生陶弘景注亡

毛詩箋音證十卷 後魏太常卿劉芳撰梁有毛詩音十六卷徐邈等撰毛詩音二卷徐邈撰毛詩音隱一卷干氏撰亡

毛詩并注音八卷 秘書學士魯世達撰

毛詩譜三卷 吳太常卿徐整撰

毛詩譜二卷 太叔求及劉炫注

謝氏毛詩譜鈔一卷 梁有毛詩雜義難十卷漢侍中賈逵撰亡

毛詩義問十卷 魏太子文學劉楨撰

毛詩義駁八卷 王肅撰

毛詩奏事一卷 王肅撰梁有毛詩問難二卷王肅撰亡

毛詩駁一卷 魏司空王基撰殘缺梁五卷又有毛詩荅問駁譜合八卷又毛詩釋義十卷謝沈撰毛詩義四卷毛詩箋傳是非二卷並魏秘書郎劉璠撰毛詩荅雜問七卷吳侍中韋昭侍中朱育等撰毛詩義注四卷亡

毛詩異同評十卷 晉長沙太守孫毓撰

難孫氏毛詩評四卷 晉徐州從事陳統撰梁有毛詩表隱二卷陳統撰亡

毛詩拾遺一卷 郭璞撰梁又有毛詩略四卷亡

毛詩辯異三卷 晉給事郎楊乂撰梁有毛詩背隱義二卷宋中散大夫徐廣撰毛詩引辨一卷宋奉朝請孫暢之撰毛詩釋一卷宋金紫光祿大夫何偃撰毛詩檢漏義二卷梁給事郎謝曇濟撰毛詩總集六卷毛詩隱義十卷並梁處士何胤撰亡

毛詩異義二卷 楊乂撰梁有毛詩雜義五卷楊乂撰毛詩義疏十卷謝沈撰毛詩雜義四卷晉江州刺史殷仲堪撰毛詩義疏五卷張氏撰亡

毛詩集解敘義一卷 顧歡等撰

毛詩序義二卷 宋通直郎雷次宗撰梁有毛詩義一卷雷次宗撰毛詩序注一卷宋交州刺史阮珍之撰毛詩序義七卷孫暢之撰亡

毛詩集小序一卷 劉炫注

毛詩序義疏一卷 劉瓛等撰殘缺梁三卷梁有毛詩篇次義一卷劉瓛撰毛詩雜義注三卷亡

毛詩發題序義一卷 梁武帝撰

毛詩大義十一卷 梁武帝撰梁有毛詩十五國風義二十卷梁簡文撰

毛詩大義十三卷○毛詩草木蟲魚疏二卷 烏程令吳郡陸機撰

毛詩義疏二十卷 舒援撰

毛詩誼府三卷 後魏安豐王元延明撰

毛詩義疏二十八卷 蕭巋散騎常侍沈重撰

毛詩義疏二十卷○毛詩義疏二十九卷○毛詩義疏十卷○毛詩義疏十一卷○毛詩義疏二十八卷○毛詩述義四十卷 國子助教劉炫撰

毛詩章句義疏四十卷 魯世達撰

毛詩釋疑一卷 梁有毛詩圖三卷毛詩孔子經圖十二卷毛詩古聖賢圖二卷亡

業詩二十卷 宋奉朝請業遵注

右三十九部四百四十二卷 通計亡書合七十六部六百八十三卷

詩者所以導達心靈歌詠情志者也故曰在心為志發言為詩上古人淳俗樸情志未惑其後君尊於上臣卑於下面稱為諂目諫為謗故誦美譏惡以諷刺之初但歌詠而

已後之君子因被管絃以存勸戒夏殷已上詩多不存周
氏始自后稷而公劉克篤前烈太王肇基王迹文王光昭
前緒武王克平殷亂成王周公化至太平誦美盛德踵武
相繼幽厲板蕩怨刺並興其後王澤竭而詩亡魯太師摯
次而録之孔子删詩上采商下取魯凡三百篇至秦獨以
爲諷誦不滅漢初有魯人申公受詩於浮丘伯作詁訓是
爲魯詩齊人轅固生亦傳詩是爲齊詩燕人韓嬰亦傳詩
是爲韓詩終于後漢三家並立漢初又有趙人毛萇善詩
自云子夏所傳作詁訓傳是爲毛詩古學而未得立後漢
有九江謝曼卿善毛詩又爲之訓東海衛敬仲受學於曼
卿先儒相承謂之毛詩序子夏所創毛公及敬仲又加潤
益鄭衆賈逵馬融並作毛詩傳鄭玄作毛詩箋齊詩魏代
已亡魯詩亡於西晉韓詩雖存無傳之者唯毛詩鄭箋至
今獨立又有業詩奉朝請業遵所注立義多異世所不
行

周官禮十二卷馬融注　周官禮十二卷鄭玄注　周官禮十二卷
王肅注　周官禮十二卷伊說注　周官禮十二卷干寶注梁人有周官寧朔新書八卷
晉燕王師王懋約撰亡　集注周官禮二十卷崔靈恩注　禮音三卷劉昌宗撰　周
官禮異同評十二卷晉司空長史陳劭撰　周官禮駁難四卷孫略撰梁有周
官駁難三卷孫琦問干寶駮晉散騎常侍虞喜撰　周官禮義疏四十卷沈重撰　周官

禮義疏十九卷。周官禮義疏十卷。周官禮義疏九卷
周官分職四卷。周官禮圖十四卷梁有郊祀圖二卷亡　儀禮十七
卷鄭玄注　儀禮十七卷王肅注梁有李軌劉昌宗音各一卷鄭玄音二卷亡　儀禮義疏
見二卷。儀禮義疏六卷。喪服經傳一卷馬融注　喪服經
傳一卷鄭玄注　喪服經傳一卷王肅注　喪服經傳一卷晉給事中袁準
注　集注喪服經傳一卷晉廬陵太守孔倫撰　喪服經傳一卷陳銓注　集
注喪服經傳一卷宋太中大夫裴松之撰　略注喪服經傳一卷雷次宗注
集注喪服經傳二卷宋丞相諮議參軍蔡超宗注梁又有喪服經傳一卷宋徵士劉道拔注亡
集解喪服經傳二卷齊東平太守田僧紹解　喪服義疏二卷梁步兵校尉五
經博士賀瑒撰梁又有喪服經傳義疏五卷齊散騎郎司馬憲撰喪服經傳義疏二卷齊給事中樓幼瑜撰喪服經
傳義疏一卷劉瓛撰喪服經傳義疏一卷齊徵士沈麟士撰　喪服經傳義疏一卷梁尚書左
丞何佟之撰亡　喪服傳一卷梁通直郎裴子野撰　喪服文句義疏十卷陳國子助
教皇侃撰　喪服義十卷陳國子祭酒謝嶠撰　喪服義鈔三卷梁有喪服經傳隱義一卷
亡　喪服要記一卷王肅注　喪服要記一卷蜀丞相蔣琬撰梁有喪服變除圖五
卷吳齊王傅射慈撰亡　喪服要集二卷晉征南將軍杜預撰又有喪服要記二卷晉侍中劉逵撰
亡　喪服儀一卷晉太保衛瓘撰梁有喪服要六卷晉司空賀循撰喪服要問六卷劉德明撰喪服三
十一卷宋貟外郎散騎庾蔚之撰喪服要問二卷張耀撰喪服難問六卷崔凱撰喪服雜記二十卷伊氏撰喪服釋
疑二十卷孔智撰亡　漢荊州刺史劉表新定禮一卷。喪服要略一
卷晉太學博士環濟撰　喪服要略二卷。喪服制要一卷徐氏撰　喪服
譜一卷鄭玄注　喪服譜一卷晉開府儀同三司蔡謨撰　喪服譜一卷賀循撰

喪服變除一卷 晉散騎常侍葛洪撰 凶禮一卷 晉廣陵相孔衍撰 喪服要記
十卷 賀循撰梁有喪服要記宋員外常侍庾蔚之注又喪服世要一卷庾蔚之撰喪服集議十卷宋撫軍司馬
費沈撰 喪服古今集記三卷 齊太尉王儉撰 喪服世行要記十卷 齊光
祿大夫王逡撰 喪服答要難一卷 袁祈撰 喪服記十卷 王氏撰 喪服五
要一卷 嚴氏撰 駁喪服經傳一卷 卜氏傳 喪服疑問一卷 樊氏撰
喪服圖一卷 王儉撰 喪服圖一卷 賀游撰 喪服圖一卷 崔逸撰梁有喪
服祥禫雜議二十九卷喪服雜議故事二十一卷又戴氏喪服五家要記圖譜五卷喪服君臣圖儀一卷亡 五
服圖一卷。五服圖儀一卷。喪服禮圖一卷。五服略
例一卷。喪服要問一卷。喪服問答目十三卷 皇侃撰 喪
服假寧制三卷。喪禮五服七卷 大將軍袁憲撰 論喪服決一卷

。喪禮鈔三卷 王隆伯撰 大戴禮記十三卷 漢信都王太傅戴德撰梁有謚法三
卷後漢安南太守劉熙注亡 夏小正一卷 戴德撰 禮記十卷 漢北中郎將盧植注 禮
記二十卷 漢九江太守戴聖撰鄭玄注 禮記三十卷 王肅注梁有礼記十二卷業遵注亡
禮記寧朔新書八卷 王懋約注梁有二十卷 月令章句十二卷 漢左中郎
將蔡邕撰 禮記音義隱一卷 謝氏撰 禮記音二卷 宋中散大夫徐爰撰梁有鄭玄
王肅射慈射貞孫毓繆炳音各一卷蔡謨東晉安北諮議參軍曹躭國子助教尹毅李軌員外郎范宣音各二卷徐
邈音三卷劉昌宗音五卷亡 禮記音義隱七卷。禮記三十卷 魏秘書監孫炎
注 禮略二卷。禮記要鈔十卷 緱氏撰梁有禮義四卷魏時中鄭小同撰撫遺別記
一卷樓幼瑜撰亡 禮記新義疏二十卷 賀瑒撰梁有義疏三卷宋豫章郡丞雷肅之撰亡
禮記義疏九十九卷 皇侃撰 禮記講疏四十八卷 皇侃撰 禮記

義疏四十卷 沈重撰 禮記義十卷 何氏撰 禮記義疏三十八卷
。禮記疏十一卷。禮記大義十卷 梁武帝撰 禮記文外大義
二卷 秘書學士褚暉撰 禮大義十卷。禮記義證十卷 劉芳撰 禮大
義章七卷。喪禮雜義三卷。禮記中庸傳二卷 宋散騎常侍戴
顒撰 中庸講疏一卷 梁武帝撰 私記制旨中庸義五卷。禮記略
解十卷 庾氏撰 禮記評十一卷 劉雋撰 石渠禮論四卷 戴聖撰梁有羣
儒疑義十二卷戴聖撰 禮論三百卷 宋御史中丞何承天撰 禮論條牒十卷 宋太
尉參軍任預撰 禮論帖三卷 任預撰梁四卷 禮論鈔二十卷 庾蔚之撰 禮論要
鈔十卷 王儉撰梁三卷 禮論要鈔一百卷 賀瑒撰 禮論鈔六十九卷
。禮論要鈔十卷 梁有齊御史中丞荀萬秋鈔略二卷尚書儀曹郎丘季彬論五十八卷議一百

三十卷繇六卷亡 禮論答問八卷 宋中散大夫徐廣撰 禮論答問十三卷 徐廣
撰 禮答問二卷 徐廣撰殘缺梁十一卷 禮答問六卷 庾蔚之撰 禮答問三
卷 王儉撰梁有晉益壽令吳商禮難十二卷雜議十二卷又禮議雜記故事十三卷喪雜事二十卷宋光祿大夫
傅隆議二卷祭法五卷亡 禮答問十二卷。禮雜問十卷 范甯撰 禮答問
十卷 何佟之撰梁二十卷 禮雜問十卷。禮雜答問八卷。禮雜答
問六卷。禮雜問答鈔一卷 何佟之撰 問禮俗十卷 董勛撰 問禮
俗九卷 董子弘撰 答問雜儀二卷 任預撰 礼義答問八卷 王儉撰 禮
疑義五十二卷 梁護軍周捨撰 制旨革牲大義三卷 梁武帝撰 礼樂義
十卷。禮祕義三卷。三礼目錄一卷 鄭玄撰梁有陶弘景注一卷亡 三
禮義宗三十卷 崔靈恩撰 三礼宗略二十卷 元延明撰 三礼大義十

三卷。三礼大義四卷。三礼雜大義三卷梁有司馬法三卷李氏訓記三卷又郊丘議三卷魏太尉蔣濟撰祭法五卷又明堂議三卷王肅撰雜祭法六卷晉司空中郎盧諶撰祭典三卷晉安北將軍范汪撰七廟議一卷又後養議五卷干宝撰雜鄉射等議三卷晉太尉庾亮撰逆降義三卷宋特進顔延之撰逆降義一卷田僧紹撰分明士制三卷何承天撰釋疑二卷郭瀉撰荅問四卷徐廣撰荅問五十卷何胤撰又荅問十卷亡三礼圖九卷鄭玄及後漢侍中阮諶等撰周室王城明堂宗廟圖一卷祁諶撰梁又有冠服圖一卷五宗圖一卷月令圖一卷亡

右一百三十六部一千六百二十二卷通計亡書二百一十一部二千一百八十六卷

自大道既隱天下爲家先王制其夫婦父子君臣上下親疎之節至于三代損益不同周衰諸侯僭忒惡其害己多

被焚削自孔子時已不能具至秦而頓滅漢初有高堂生傳十七篇又有古經出於淹中而河間獻王好古愛學收集餘燼得而獻之合五十六篇並威儀之事而又得司馬穰苴兵法一百五十五篇及明堂陰陽之記並無敢傳之者唯古經十七篇與高堂生所傳不殊而字多異自高堂生至宣帝時后蒼最明其業乃爲曲臺記蒼授梁人戴德及德從兄子聖沛人慶普於是有大戴小戴慶氏三家並立後漢唯曹元傳慶氏以授其子褒然三家雖存並微相傳不絕漢末鄭玄傳小戴之學後以古經校之取其於義長者作注爲鄭氏學其喪服一篇子夏先傳之諸儒多爲注解今又別行而漢時有李氏得周官周官蓋周公所制官政之法上於河間獻王獨闕冬官一篇獻王購以千金不得遂取考工記以補其處合成六篇奏之至王莽時劉歆始置博士以行於世河南緱氏及杜子春受業於歆因以教授是後馬融作周官傳以授鄭玄玄作周官注漢初河間獻王又得仲尼弟子及後學者所記一百三十一篇獻之時亦無傳之者至劉向考校經籍檢得一百三十篇向因第而叙之而又得明堂陰陽記三十三篇孔子三朝記七篇王氏史氏記二十一篇樂記二十三篇凡五種合二百十四篇戴德刪其煩重合而記之爲八十五篇謂之

大戴記而戴聖又刪大戴之書爲四十六篇謂之小戴記漢末馬融遂傳小戴之學融又足月令一篇明堂位一篇樂記一篇合四十九篇而鄭玄受業於融又爲之註今周官六篇古經十七篇小戴記四十九篇凡三種唯鄭注立於國學其餘並多散亡又無師說

樂社大義十卷梁武帝撰樂論三卷梁武帝撰梁有樂義十一卷武帝集朝臣撰亡樂論一卷衛尉少卿蕭吉撰古今樂錄十二卷陳沙門智匠撰樂書七卷後魏丞相士曹行參軍信都芳撰○樂雜書三卷○樂元一卷魏僧撰管絃記十卷凌秀撰樂要一卷何妥撰○樂部一卷○春官樂部五卷梁有宋元嘉正聲伎錄一卷張解撰亡樂府聲調六卷岐州刺史沛國公鄭譯撰樂府聲

調三卷鄭譯撰樂經四卷。琴操三卷晉廣陵相孔衍撰琴操鈔二
卷。琴操鈔一卷。琴譜四卷戴氏撰琴經一卷。琴說一
卷。琴歷頭簿一卷。新雜漆調絃譜一卷。樂譜四卷
。樂譜集二十卷蕭吉撰樂略四卷。樂律義四卷沈重撰鍾
律義一卷。樂簿十卷。齊朝曲簿一卷。大隋總曲簿
一卷。推七音二卷并尺法樂論事一卷。樂事一卷。正
聲伎雜等曲簿一卷。太常寺曲名一卷。太常寺曲簿
十一卷。歌曲名五卷。歷代樂名一卷。鍾磬志二卷
公孫崇撰樂懸一卷何晏等撰議樂懸圖一卷。鍾律緯辯宗見一
卷。宮管七聲二卷魏僧撰黃鍾律一卷梁有鍾律緯六卷梁武帝撰亡

右四十二部一百四十二卷通計亡書合四十六部二百六十三卷

樂者先王所以致神祇和邦國諧萬姓安賓客悅遠人所
從來久矣周人存六代之樂曰雲門咸池大韶大夏大濩
大武其後衰微崩壞及秦而頓滅漢初制氏雖紀其鏗鏘
鼓儛而不能通其義其後竇公河間獻王常山王張禹咸
獻樂書魏晉已後雖加損益去正轉遠事在聲樂志今錄
其見書以補樂章之闕

春秋經十一卷吳衛將軍士燮注春秋左氏長經二十卷漢侍中賈逵章
句春秋左氏解詁三十卷賈逵撰春秋左氏傳解誼三十一
卷漢九江太守服虔注春秋左氏傳三十卷王肅注春秋左氏傳三十
卷董遇章句春秋左氏傳義注十八卷孫毓注春秋左氏傳十二
卷魏司徒王朗撰春秋左氏經傳集解三十卷杜預撰春秋杜氏服
氏注春秋左傳十卷殘缺春秋左氏傳音三卷魏中散大夫嵇康撰梁有
服虔杜預音三卷魏高貴鄉公春秋左氏傳音三卷曹耽音尚書左人郎荀訥等音四卷亡春秋左氏
傳音三卷李軌撰春秋左氏傳音三卷徐邈撰春秋釋訓一卷
賈逵撰春秋左氏經傳朱墨列一卷賈逵撰春秋釋例十卷漢公
車徵士潁容撰梁有春秋左氏傳條例九卷漢大司農鄭衆撰春秋左氏膏肓釋痾十卷
服虔撰梁有春秋漢議駁二卷服虔撰亡駁何氏漢議一卷鄭玄撰春秋成長說
九卷服虔撰梁有春秋左氏達義一卷漢司徒掾王玢撰亡春秋塞難三卷服虔撰梁有春
秋雜議難五卷漢少府孔融撰春秋左氏釋駁一卷王朗撰亡春秋說要十卷魏樂平太守糜信撰

春秋釋例十五卷杜預撰梁有春秋釋例引序一卷齊正員郎杜乾光撰亡春秋左氏
傳評二卷杜預撰春秋條例十一卷晉太尉劉寔撰梁有春秋公羊達義三卷劉寔
撰士春秋經例十二卷晉方範撰梁有春秋釋難十卷晉尚書左丞殷興撰春秋釋難三卷晉護
軍范堅撰亡春秋左氏傳條例二十五卷。春秋義例十卷。
春秋左傳例苑十九卷梁有春秋經傳說例疑隱一卷吳略撰春秋左氏分野一卷春秋十
二公名一卷鄭玄撰亡春秋左氏經傳通解四卷王述之撰春秋左氏傳
賈服異同略五卷孫毓撰春秋左氏函傳義十五卷干寶撰春
秋左氏區別三十卷宋尚書功論郎何賀真撰春秋文苑六卷。春秋
叢林十二卷。春秋義林一卷。春秋大夫辭三卷。春
秋嘉語六卷。春秋左氏諸大夫世譜十三卷。春秋五

辯二卷梁五經博士沈宏撰春秋辯證六卷。春秋旨通十卷王述之撰
春秋經傳解六卷崔靈恩撰春秋申先儒傳論十卷崔靈恩撰春秋
左氏傳立義十卷崔靈恩撰劉寔等集解春秋序一卷。春秋
序論二卷干寶撰春秋序一卷賀道養注春秋序一卷崔靈恩撰春秋
序一卷田元休注春秋左傳杜預序集解一卷劉炫注。春秋左
氏經傳義略二十五卷陳國子博士沈文阿撰王元規續沈文阿春
秋左氏傳義略十卷。春秋義略三十卷陳右軍將軍張冲撰春秋
左氏義略八卷。春秋五十凡義疏二卷。春秋左氏傳
述義四十卷東京太學博士劉炫撰春秋序義疏一卷梁有春秋發題一卷梁簡
文帝撰春秋左氏圖十卷漢太子太傅嚴彭祖撰古今春秋盟會地圖一卷亡春秋公羊傳十二

卷嚴彭祖撰春秋公羊解詁十一卷漢諫議大夫何休注。春秋公羊經
傳十三卷晉散騎常侍王愆期注梁有春秋公羊傳十二卷晉河南太守高龍注春秋公羊傳十四卷孔
衍集解春秋公羊音李軌晉徵士江淳撰各一卷春秋繁露十七卷漢膠西相董仲舒撰春
秋決事十卷董仲舒撰春秋決疑論一卷。春秋左氏膏肓十
卷何休撰春秋穀梁廢疾三卷何休撰春秋漢議十三卷何休撰
駮何氏漢議二卷鄭玄撰梁有漢議駮二卷服虔撰亡駮何氏漢議叙一卷
。春秋公羊墨守十四卷何休撰春秋公羊例序五卷刁氏撰
春秋公羊謚例一卷何休撰梁有春秋公羊傳條例一卷何休撰春秋公羊傳問荅五卷荀爽
問魏安平太守徐欽荅春秋公羊論二卷晉車騎將軍庾翼問王愆期荅亡春秋公羊解序一
卷鮮于公撰。春秋公羊疏十二卷。春秋穀梁傳十三卷吳僕

射唐固注梁有春秋穀梁傳十五卷漢諫議大夫尹更始撰亡春秋穀梁傳十二卷魏樂平太
守麋信注穀梁傳十卷晉堂邑太守張靖注梁有春秋穀梁傳十三卷晉給事郎徐乾注春秋穀梁傳
十卷胡訥集解亡春秋穀梁傳十六卷程闡撰春秋穀梁傳十四卷
孔衍撰春秋穀梁傳十二卷徐邈撰春秋穀梁傳十四卷段肅注疑
漢人春秋穀梁傳五卷孔君指訓殘缺梁十四卷春秋穀梁傳十二卷范寗
集解梁有穀梁音一卷亡春秋穀梁傳四卷殘缺張程孫劉四家集解糜信理何氏
漢議二卷魏人撰春秋穀梁傳義十卷徐邈撰春秋議十卷何休
撰徐邈荅春秋穀梁義三卷。薄叔玄問穀梁義二卷梁四
卷春秋穀梁傳例一卷范寗撰春秋公羊穀梁傳十二卷晉博
士劉兆撰春秋穀梁廢疾三卷何休撰鄭玄釋張靖箋春秋公羊穀梁二

傳評三卷。春秋三家經本訓詁十二卷賈逵撰宋有三家經二卷亡
春秋三傳論十卷魏大長秋韓益撰春秋經合三傳十卷潘叔度撰春
秋成奪十卷潘叔度撰春秋三傳評十卷胡訥撰梁有春秋集三師難三卷春秋集
三傳經解十卷胡訥撰亡春秋土地名三卷晉裴秀客京相璠等撰春秋外傳
國語二十卷賈逵注春秋外傳國語二十一卷虞翻注春秋外
傳章句一卷王肅撰梁二十二卷春秋外傳國語二十二卷韋昭注春
秋外傳國語二十卷晉五經博士孔晁注春秋外傳國語二十一卷
唐固注梁有春秋古今盟會地圖一卷亡
右九十七部九百八十三卷通計亡書合一百三十部一千一百九十
二卷

春秋者魯史策書之名昔成周微弱典章淪廢魯以周公之故遺制尚存仲尼因其舊史裁而正之或婉而成章以存大順或直書其事以示首惡故有求名而亡欲蓋而彰亂臣賊子於是大懼其所褒貶不可具書皆口授弟子弟子退而異說左丘明恐失其真乃爲之傳遭秦滅學口說尚存漢初有公羊穀梁鄒氏夾氏四家並行王莽之亂鄒氏無師夾氏亡初齊人胡毋子都傳公羊春秋授東海嬴公嬴公授東海孟卿孟卿授魯人眭孟眭孟授東海嚴彭祖魯人顏安樂故後漢公羊有嚴氏顏氏之學與穀梁三家並立漢末何休又作公羊解說而左氏漢初出於張蒼

之家本無傳者至文帝時梁太傅賈誼爲訓詁授趙人貫公其後劉歆典校經籍考而正之欲立於學諸儒莫應至建武中尚書令韓歆請立而未行時陳元最明左傳又上書訟之於是乃以魏郡李封爲左氏博士後羣儒蔽固者數廷爭之及封卒遂罷然諸儒傳左氏者甚衆永平中能爲左氏者擢高第爲講郎其後賈逵服虔並爲訓解至魏遂行於世晉時杜預又爲經傳集解穀梁范甯注公羊何休注左氏服虔杜預注俱立國學然公羊穀梁但試讀文而不能通其義後學三傳通講而左氏唯傳服義至隋杜氏盛行服義及公羊穀梁浸微今殆無師說

古文孝經一卷孔安國傳梁末亡逸今疑非古本　孝經一卷鄭氏注梁有馬融鄭衆注孝經二卷亡　○孝經一卷王肅解梁有魏散騎常侍蘇林吏部尚書何晏光祿大夫劉邵孫氏等注孝經各一卷亡　孝經解讚一卷韋昭解　孝經嘿注一卷徐整注　集解孝經一卷謝萬集　集議孝經一卷晉中書郎荀昶撰亡　集議孝經一卷晉東陽太守袁敬仲集梁有孝經皇義一卷宋均撰又有晉給事中楊泓處士虞槃佐孫氏東陽太守殷仲文晉陵太守殷叔道丹楊尹車胤孔光各注孝經一卷荀昶注孝經二卷宋何承天費沈齊光祿大夫王玄載國子博士明僧紹梁五經博士嚴植之尚書功論郎曹思文羽林監江係之江逵等注孝經各一卷釋慧始注孝經一卷陶弘景集注孝經一卷諸葛循孝經序一卷亡　孝經一卷釋慧琳注梁有晉穆帝時晉孝經一卷武帝時送總明館孝經講議各一卷宋大明中東宮講齊永明三年東宮講齊永明中諸王講及賀瑒講議孝經義疏各一卷齊臨沂令李玄之爲始興王講孝經義疏二卷亡　孝經義疏十八卷梁武帝撰梁有皇太子講孝經義三

卷天監八年皇太子講孝經義一卷梁簡文孝經義疏五卷蕭子顯孝經義疏一卷亡　孝經敬愛義一卷梁吏部尚書蕭子顯撰　孝經私記四卷無名先生撰　孝經義一卷　孝經義疏一卷趙景韶撰　孝經義疏三卷皇侃撰　孝經私記二卷周弘正撰　千文孝經述義五卷劉炫撰　孝經講疏六卷徐孝克撰　孝經義一卷梁揚州文學從事太史叔明撰梁有孝經玄孝經圖各一卷孝經孔子圖二卷亡　國語孝經一卷

右十八部合六十三卷通計亡書合五十九部一百一十四卷

夫孝者天之經地之義人之行自天子達於庶人雖尊卑有差及乎行孝其義一也先王因之以治國家化天下故能不嚴而順不肅而成斯實生靈之至德王者之要道孔

子既敘六經題目不同指意差別恐斯道離散故作孝經以總會之明其枝流雖分本萌於孝者也遭秦焚書爲河間人顏芝所藏漢初芝子貞出之凡十八章而長孫氏博士江翁少府后蒼諫議大夫翼奉安昌侯張禹皆名其學又有古文孝經與古文尚書同出而長孫有閨門一章其餘經文大較相似篇簡缺解又有衍出三章并前合爲二十二章孔安國爲之傳至劉向典校經籍以顏本比古文除其繁惑以十八章爲定鄭衆馬融並爲之注又有鄭氏注相傳或云鄭玄其立義與玄所注餘書不同故疑之梁代安國及鄭氏二家並立國學而安國之本亡於梁亂陳

及周齊唯傳鄭氏至隋祕書監王劭於京師訪得孔傳送至河間劉炫炫因序其得喪述其議疏講于人間漸聞朝廷後遂著令與鄭氏並立儒者諠諠皆云炫自作之非孔舊本而祕府又先無其書又云魏氏遷洛未達華語孝文帝命侯伏侯可悉陵以夷言譯孝經之旨教于國人謂之國語孝經今取以附此篇之末

論語十卷鄭玄注梁有古文論語十卷鄭玄注又王肅虞翻譙周等注論語各十卷亡 論語九卷鄭玄注晉散騎常侍虞喜讚 集解論語十卷何晏集 集注論語六卷晉八卷晉太保衛瓘注梁有論語補闕二卷宋明帝補衛瓘闕亡 論語集義八卷晉尚書左中兵郎崔豹集梁十卷 論語十卷晉著作郎李充注 集解論語十卷晉廷尉孫綽解梁有盈氏及孟釐注論語各十卷亡 集解論語十卷晉兗州別駕江熙解○論語七卷盧氏注梁有晉國子博士梁覬益州刺史袁喬尹毅司徒左長史張馮及陽惠明宋新安太守孔澄之齊員外郎虞遐及許容曹思文注釋僧智略解梁太史叔明集解陶弘景集注論語各十卷又論語音二卷徐邈等撰亡 論語難鄭一卷梁有古論語義注譜一卷徐氏撰論語隱義注三卷論語義注三卷亡 論語難鄭一卷○論語標指一卷司馬氏撰 論語雜問一卷○論語孔子弟子目錄一卷鄭玄撰 論語體略二卷晉太傅主簿郭象撰 論語旨序三卷晉衛尉繆播撰 論語釋疑三卷王弼撰 論語釋一卷張憑撰○論語釋疑十卷晉尚書郎欒肇撰梁有論語釋駁三卷王肅撰論語駁序二卷欒肇撰論語隱一卷郭象撰論語藏集解一卷應琛撰論語釋一卷曹毗撰論語君子無所爭一卷庾亮撰論語釋一卷李充撰論語釋一卷庾翼撰論語義一卷王濛撰又蔡系論語釋一卷張隱論語釋一卷鄭原通鄭一卷王氏修鄭錯一卷姜處道論釋一卷亡

論語別義十卷范廙撰梁有論語疏八卷宋司空法曹張略等撰新書對張論十卷虞喜撰 論語義疏十卷褚仲都撰 論語義疏十卷皇侃撰 論語述義十卷劉炫撰 論語義疏八卷○論語講疏文句義五卷徐孝克撰殘缺 論語義疏二卷張冲撰梁有論語義注圖十二卷亡 孔叢七卷陳勝博士孔鮒撰梁有孔志十卷梁太尉參軍劉被撰亡 孔子家語二十一卷王肅解梁有當家語二卷魏博士張融撰亡 孔子正言二十卷梁武帝撰 爾雅三卷漢中散大夫樊光注梁有漢劉歆犍爲文學中黃門李巡爾雅各三卷亡 爾雅七卷孫炎注 爾雅五卷郭璞注 集注爾雅十卷梁黃門郎沈璇注 爾雅音八卷祕書學士江灌撰梁有爾雅音二卷孫炎郭璞撰○爾雅圖十卷郭璞撰梁有爾雅圖讚二卷郭璞撰亡 廣雅三卷魏博士張揖撰梁有四卷 廣雅音四卷祕書學士曹憲撰 小爾雅一卷李軌略解 方言十三卷漢揚雄撰

郭璞注 釋名八卷劉熙撰 辯釋名一卷韋昭撰 五經音十卷徐邈撰
五經正名十二卷劉炫撰 白虎通六卷○五經異義十卷後漢
太尉祭酒許慎撰 五經然否論五卷晉散騎常侍譙周撰 五經拘沈十卷晉高
涼太守楊方撰 五經大義三卷戴逵撰梁有通五經五卷王氏撰五經滯疑八卷周楊撰五經異同
評一卷賀瑒撰五卷秘表要三卷亡 五經大義十卷後周縣伯中大夫樊文深撰 經典大
義十二卷沈文阿撰 五經大義五卷何妥撰 五經通義八卷梁九卷
五經義六卷梁七卷梁又有五經義略一卷亡 五經要義五卷梁十七卷雷氏撰
五經析疑二十八卷邯鄲綽撰 五經宗略二十三卷元延明撰 五經
雜義六卷孫暢之撰 長春義記一百卷梁簡文帝撰 大義九卷○遊
玄桂林九卷張譏撰 六經通數十卷梁舍人鮑泉撰 七經義綱二十

九卷樊文深撰 七經論三卷樊文深撰 質疑五卷樊文深撰 經典玄儒大
義序錄二卷沈文阿撰 玄義問荅二卷○六藝論一卷鄭玄撰 聖
證論十二卷王肅撰 鄭志十一卷魏侍中鄭小同撰 鄭記六卷鄭玄弟子
撰 謚法三卷劉熙撰 謚法十卷梁特進中軍將軍沈約撰 謚法五卷梁太府
賀瑒撰 江都集禮一百二十六卷

右七十三部七百八十一卷通計亡書合一百一十六部一千二十七卷

論語者孔子弟子所錄孔子既叙六經講於洙泗之上門
徒三千達者七十其與夫子應荅及私相講肄言合於道
或書之於紳或事之無厭仲尼既沒遂緝而論之謂之論
語漢初有齊魯之說其齊人傳者二十二篇魯人傳者二
十篇齊則昌邑中尉王吉少府宋畸御史大夫貢禹尚書
令五鹿充宗膠東庸生魯則常山都尉龔奮長信少府夏
侯勝韋丞相節侯父子魯扶卿前將軍蕭望之安昌侯張
禹並名其學張禹本授魯論晚講齊論後遂合而考之刪
其煩惑除去齊論問王知道二篇從魯論二十篇為定號
張侯論當世重之周氏包氏為之章句馬融又為之訓又
有古論語與古文尚書同出章句煩省與魯論不異唯分
子張為二篇故有二十一篇孔安國為之傳漢末鄭玄以
張侯論為本參考齊論古論而為之注魏司空陳羣太常

王肅博士周生烈皆為義說吏部尚書何晏又為集解是
後諸儒多為之注齊論遂亡古論先無師說梁陳之時唯
鄭玄何晏立於國學而鄭氏甚微周齊鄭學獨立至隋何
鄭並行鄭氏盛於人間其孔叢家語並孔氏所傳仲尼之
旨爾雅諸書解古今之意并五經揔義附于此篇

河圖二十卷梁河圖洛書二十四卷目錄一卷亡 河圖龍文一卷 易緯八
卷鄭玄注梁有九卷 尚書緯三卷鄭玄注梁六卷 尚書中候五卷鄭玄注梁有八
卷今殘缺 詩緯十八卷魏博士宋均注梁十卷 禮緯三卷鄭玄注亡 禮記默房
二卷宋均注梁有三卷鄭玄注亡 樂緯三卷宋均注梁有樂五鳥圖一卷亡 春秋災異
十五卷郗萌撰梁有春秋緯三十卷宋均注春秋內事四卷春秋包命二卷春秋秘事十一卷書易詩孝經

春秋河洛緯秘要一卷五帝鈎命決圖一卷亡孝經勾命決六卷宋均注孝經援神契七卷宋均注孝經內事一卷梁有孝經雜緯十卷宋均注孝經元命包一卷孝經古秘援神二卷孝經古秘圖一卷孝經左右握二卷孝經左右契圖一卷孝經雌雄圖三卷孝經異本雌雄圖二卷孝經分野圖一卷孝經內事圖二卷孝經內事星宿講堂七十二弟子圖一卷又口授圖一卷又論語讖八卷宋均注孔老讖十二卷老子河洛讖一卷尹公讖四卷劉向讖一卷雜讖書二十九卷堯戒舜禹一卷孔子王明鏡一卷郭文金雄記一卷王子年歌一卷嵩高道士歌一卷亡

右十三部合九十二卷通計亡書合三十二部共二百三十二卷

易曰河出圖洛出書然則聖人之受命也必因積德累業豐功厚利誠著天地澤被生人萬物之所歸往神明之所福饗則有天命之應蓋龜龍銜負出於河洛以紀易代之

徵其理幽昧究極神道先王恐其惑人秘而不傳說者又云孔子既敘六經以明天人之道知後世不能稽同其意故別立緯及讖以遺來世其書出於前漢有河圖九篇洛書六篇云自黃帝至周文王所受本文又別有三十篇云自初起至于孔子九聖之所增演以廣其意又有七經緯三十六篇並云孔子所作并前合為八十一篇而又有尚書中候洛罪級五行傳詩推度災氾曆樞含神務孝經勾命決援神契雜讖等書漢代有郗氏袁氏說漢末郎中郗萌集圖緯讖雜占為五十篇謂之春秋災異宋均鄭玄並為讖律之注然其文辭淺俗顛倒舛謬不類聖人之旨相傳疑世人造為之後或者又加點竄非其實錄起王莽好符命光武以圖讖興遂盛行於世漢時又詔東平王蒼正五經章句皆命從讖俗儒趨時益為其學篇卷第目轉加增廣言五經者皆憑讖為說唯孔安國毛公王璜賈逵之徒獨非之相承以為妖妄亂中庸之典故因漢魯恭王河間獻王所得古文參而考之以成其義謂之古學當世之儒又非毀之竟不得行魏代王肅推引古學以難其義王弼杜預從而明之自是古學稍立至宋大明中始禁圖讖梁天監已後又重其制及高祖受禪禁之踰切煬帝即位乃發使四出搜天下書籍與讖緯相涉者皆焚之為吏所

糺者至死自是無復其學秘府之內亦多散亡今錄其見存列于六經之下以備異說

三蒼三卷郭璞注秦相李斯作蒼頡篇漢揚雄作訓纂篇後漢郎中賈魴作滂喜篇故曰三蒼梁有蒼頡二卷後漢司空杜林注亡埤蒼三卷張揖撰梁有廣蒼一卷樊恭撰亡急就章一卷漢黃門令史游撰急就章二卷崔浩撰急就章三卷豆盧氏撰吳章二卷陸機撰小學篇一卷晉下邳內史王義撰少學九卷楊方撰始學一卷○勸學一卷蔡邕撰有司馬相如凡將篇班固太甲篇在昔篇崔瑗飛龍篇蔡邕聖皇篇黃初篇吳章篇蔡邕女史篇合八卷又幼學二卷朱育撰始學十二卷吳郎中項峻撰又月儀十二卷亡發蒙記一卷晉著作郎束皙撰啓蒙記三卷晉散騎常侍顧愷之撰啓疑記三卷顧愷之撰千字文一卷梁給事郎周興嗣撰千字文一卷梁國子祭酒蕭子雲注千字文一卷

胡肅注篆書千字文一卷。演千字文五卷。草書千字文
一卷。古今字詁三卷張揖撰。梁有難字一卷，錯誤字一卷，並張揖撰；異字二卷，朱育撰；字
屬一卷，賈魴撰，亡。雜字解詁四卷魏掖庭右丞周氏撰。梁有解文字七卷，周成撰；字義訓音六卷，
古今字苑十卷，曹侯彥撰，亡。雜字指一卷後漢太子中庶子郭顯卿撰字指二卷晉朝
議大夫李彤撰。梁有單行字四卷，李彤撰；又字偶五卷，亡。說文十五卷許慎撰。梁有演說文一卷，庾儼
默注，亡。說文音隱四卷。字林七卷晉弦令呂忱撰字林音義五卷
宋揚州督護吳恭撰古今字書十卷。字書三卷。字書十卷。字
統二十一卷楊承慶撰玉篇三十一卷陳左將軍顧野王撰字類敘評三
卷侯洪伯撰要字苑一卷宋豫章太守謝康樂撰。梁有常用字訓一卷，殷仲堪撰；要用字對誤四卷，
梁輕車參軍鄒誕生撰，亡。要用雜字三卷鄒里撰。梁有文字要記三卷，王義撰，亡。俗語難

字一卷秘書少監王劭撰雜字要三卷齊州行參軍李少通撰文字整疑一
卷。正名一卷。文字集略六卷梁文貞處士阮孝緒撰今字辯疑
三卷李少通撰異字同音一卷梁有擇字同音三卷，宋散騎常侍吉文甫撰字宗三
卷齊彭立撰文字譜一卷梁有古今文字序一卷，劉歆撰；文字統略一卷，焦子明撰，亡。文字
辯嫌一卷彭立撰。辯字一卷戴規撰雜字音一卷。借音字
一卷。音書考源一卷。聲韻四十一卷周研撰聲類十卷
魏左校令李登撰韻集十卷。韻集六卷晉安復令呂靜撰四聲韻林二
十八卷張諒撰韻集八卷段弘撰羣玉典韻五卷梁有文章音韻二卷，王該
撰；又五音韻五卷，亡。韻略一卷楊休之撰脩續音韻決疑十四卷李槩撰纂
韻鈔十卷。四聲指歸一卷劉善經撰四聲一卷梁太子少傅沈約撰四

聲韻略十三卷夏侯詠撰音譜四卷李槩撰韻英三卷釋靜洪撰通俗
文一卷服虔撰訓俗文字略一卷後齊黃門郎顏之推撰證俗音字略六卷梁有詁幼二卷，顏延之撰；
廣詁幼一卷，宋給事中荀楷撰，亡。文字音七卷晉蕩昌長王延撰。梁有纂文三卷，亡。翻直語
一卷王延撰眞言鑒誡一卷。字書音同異一卷。敘同音
義三卷。河洛語音一卷王長孫撰。國語十五卷。國語十
卷。鮮卑語五卷。國語物名四卷後魏侯伏侯可悉陵撰國語眞
歌十卷。國語雜物名三卷侯伏侯可悉陵撰國語十八傳一卷
。國語御歌十一卷。鮮卑語十卷。國語號令四卷。
國語雜文十五卷。鮮卑號令一卷周武帝撰雜號令一卷。
古文官書一卷後漢議郎衛敬仲撰古今奇字一卷郭顯卿撰六文書一

卷。四體書勢一卷晉長水校尉衛恒撰雜體書九卷釋正度撰古今八
體六文書法一卷。古今篆隸雜字體一卷蕭子政撰古今文
等書一卷。篆隸雜體書二卷。文字圖二卷。古今字
圖雜錄一卷秘書學士曹憲撰婆羅門書一卷梁有扶南胡書一卷外國書
四卷。秦皇東巡會稽刻石文一卷。一字石經周易一
卷梁有三卷一字石經尚書六卷梁有今字石經鄭氏尚書八卷，亡。一字石經
魯詩六卷梁有毛詩二卷，亡。一字石經儀禮九卷。一字石經春
秋一卷梁有一卷一字石經公羊傳九卷。一字石經論語一
卷梁有二卷一字石經典論一卷。三字石經尚書九卷梁有十三
卷三字石經尚書五卷。三字石經春秋三卷梁有十二卷

右一百八部四百四十七卷 通計亡書合一百三十五部五百六十九卷

孔子曰：必也正名乎。名謂書字。名不正則言不順，言不順則事不成。說者以為書之所起，起自黃帝蒼頡，比類象形謂之文，形聲相益謂之字，著於竹帛謂之書。故有象形、諧聲、會意、轉注、假借、處事六義之別。古者童子示而不誑，六年教之數與方名，十歲入小學，學書計，二十而冠，始習先王之道，故能成其德而任事。然自蒼頡訖于漢初，書經五變：一曰古文，即蒼頡所作。二曰大篆，周宣王時史籀所作。三曰小篆，秦時李斯所作。四曰隸書，程邈所作。五曰草書，

漢初作。秦世既廢古文，始用八體，有大篆、小篆、刻符、摹印、蟲書、署書、殳書、隸書。漢時以六體教學童，有古文、奇字、篆書、隸書、繆篆、蟲鳥，并藁書、楷書、懸針、垂露、飛白等二十餘種之勢，皆出於上六書，因事生變也。魏世又有八分書，其字義訓讀，有史籀篇、蒼頡篇、三蒼、埤蒼、廣蒼等諸篇章，訓詁、說文、字林、音義、聲韻、體勢等諸書。自後漢佛法行於中國，又得西域胡書，能以十四字貫一切音，文省而義廣，謂之婆羅門書，與八體六文之義殊別。今取以附體勢之下。又後魏初定中原，軍容號令，皆以夷語。後染華俗，多不能通，故錄其本言，相傳教習，謂之國語。今取以附音韻之末。

又後漢鐫刻七經，著於石碑，皆蔡邕所書。魏正始中，又立一字石經，相承以為七經正字。後魏之末，齊神武執政，自洛陽徙于鄴都，行至河陽，值岸崩，遂沒于水。其得至鄴者，不盈太半。至隋開皇六年，又自鄴京載入長安，置于秘書內省，議欲補緝，立于國學。尋屬隋亂，事遂寢廢，營造之司，因用為柱礎。貞觀初，秘書監臣魏徵，始收聚之，十不存一。其相承傳拓之本，猶在秘府，并秦帝刻石，附於此篇，以備小學。

凡六藝經緯六百二十七部五千三百七十一卷 通計亡書合九百五十部七千二百九十卷

傳曰：「王不琢，不成器，人不學，不知道。」古之君子，多識而不窮，畜疑以待問；學不踰等，教不陵節；言約而易曉，師逸而功倍；且耕且養，三年而成一藝。自孔子沒而微言絕，七十子喪而大義乖，學者離群索居，各為異說。至于戰國，典文遺棄，六經之儒，不能究其宗旨，多立小數，一經至數百萬言，致令學者難曉，虛誦問答，脣腐齒落而不知益。且先王設教，以防人欲，必本於人事，折之中道。上天之命，略而罕言，方外之理，固所未說。至後漢好圖讖，晉世重玄言，穿鑿妄作，日以滋生。先王正典，雜之以祅妄，大雅之論，汩之以放誕。陵夷至于近代，去正轉疎，無復師資之法。學不必解

專以浮華相尚豫造雜難擬爲鮮對遂有芟角反對互從等諸翻競之説馳騁煩言以紊彝敘譊譊成俗而不知變此學者之蔽也班固列六藝爲九種或以緯書解經合爲十種

志第二十七　經籍一　隋書三十二

志第二十八　隋書三十三

太尉揚州都督監修國史上柱國趙國公臣長孫無忌等奉敕撰

經籍二　史

史記一百三十卷 目錄一卷漢中書令司馬遷撰 史記八十卷 宋南中郎外兵參軍裴駰注 史記音義十二卷 宋中散大夫徐野民撰 史記音三卷 梁輕車錄事參軍鄒誕生撰 古史考二十五卷 晉義陽亭侯譙周撰 漢書一百一十五卷 漢護軍班固撰太山太守應劭集解 漢書集解音義二十四卷 應劭撰 漢書音訓一卷 服虔撰 漢書音義七卷 韋昭撰 漢書音二卷 梁尋陽太守劉顯撰 漢書音二卷 夏侯詠撰 漢書音義十二卷 國子博士蕭該撰 漢書音十二卷 廢太子勇命包愷等撰 漢書集注十三卷 晉灼撰 漢書注一卷 齊金

紫光祿大夫陸澄撰 漢書續訓三卷 梁平北諮議參軍韋稜撰 漢書訓纂三十卷 陳吏部尚書姚察撰 漢書集解一卷 姚察撰 論前漢事一卷 蜀丞相諸葛亮撰 漢書駁議二卷 晉安北將軍劉寶撰 定漢書疑二卷 姚察撰 漢書敘傳五卷 項岱撰 漢疏四卷 梁有漢書孟康音九卷劉孝標注漢書一百四十卷陸澄注漢書一百二卷梁元帝注漢書一百一十五卷並亡 東觀漢記一百四十三卷 起光武記注至靈帝長水校尉劉珍等撰 後漢書一百三十卷 無帝紀吳武陵太守謝承撰 後漢記六十五卷 本一百卷梁有今殘缺晉散騎常侍薛瑩撰 續漢書八十三卷 晉祕書監司馬彪撰 後漢書十七卷 本九十七卷今殘缺晉少府卿華嶠撰 後漢書八十五卷 本一百二十二卷晉祠部郎謝沈撰 後漢南記四十五卷 本五十五卷今殘缺晉江州從事張瑩撰 後漢書九十五卷 本一百卷晉祕書監袁山松撰 後漢書九十七卷 宋太

子詹事范曄撰後漢書一百二十五卷范曄本梁剡令劉昭注後漢書音一
卷後魏太常劉芳撰范漢音訓三卷陳宗道先生臧競撰范漢音三卷蕭該撰
後漢書讚論四卷范曄撰漢書續十八卷范曄撰梁有蕭子顯後漢書一百卷
王韶後漢林二百卷韋闡後漢音二卷亡魏書四十八卷晉司空王沈撰吳書二十五
卷韋昭撰本五十五卷梁有今殘缺吳紀九卷晉太學博士環濟撰晉有張勃吳錄三十卷亡三
國志六十五卷敘錄一卷晉太子中庶子陳壽撰宋太中大夫裴松之注魏志音義一
卷盧宗道撰論三國志九卷何常侍撰三國志評三卷徐爰撰梁有三國志序評
三卷晉著作佐郎王壽撰亡晉書八十六卷本九十三卷今殘缺晉著作郎王隱撰晉書
二十六卷本四十四卷訖明帝今殘缺晉散騎常侍虞預撰晉書十卷未成本十四卷今殘
缺晉中書郎朱鳳撰訖元帝晉中興書七十八卷起東晉宋湘東太守何法盛撰晉書

三十六卷宋臨川內史謝靈運撰晉書一百一十卷齊徐州主簿臧榮緒撰○
晉書十一卷本一百二卷梁有今殘缺蕭子雲撰晉史草三十卷梁蕭子顯撰梁有鄭
忠晉書七卷沈約晉書一百一十一卷庾銑東晉新書七卷亡宋書六十五卷宋中散大夫徐爰撰
宋書六十五卷齊冠軍錄事參軍孫嚴撰宋書一百卷梁尚書僕射沈約撰梁有宋文
明中所撰宋書六十一卷亡齊書六十卷梁吏部尚書蕭子顯撰齊紀十卷劉陟撰
齊紀二十卷沈約撰梁有江淹齊史十三卷亡梁書四十九卷梁中書郎謝吳撰本
一百卷梁史五十三卷陳領軍大著作郎許亨撰梁書帝紀七卷姚察撰通
史四百八十卷梁武帝撰起三皇訖梁後魏書一百三十卷後齊僕射魏收
撰後魏書一百卷著作郎魏彥深撰陳書四十二卷訖宣帝陳吏部尚書陸瓊
撰周史十八卷未成吏部尚書牛弘撰

右六十七部三千八十三卷通計亡書合八十部四千三十卷
古者天子諸侯必有國史以紀言行後世多務其道彌繁
夏殷已上左史記言右史記事周則太史小史內史外史
御史分掌其事而諸侯之國亦置史官又春秋國語引周
志鄭書之說推尋事迹似當時記事各有職司後又合而
撰之總成書記其後陵夷衰亂史官放絕秦滅先王之典
遺制莫存至漢武帝時始置太史公命司馬談爲之以掌
其職時天下計書皆先上太史副上丞相遺文古事靡不
畢臻談乃據左氏國語世本戰國策楚漢春秋接其後事
成一家之言談卒其子遷又爲太史令嗣成其志上自黃

帝訖于炎漢合十二本紀十表八書三十世家七十列傳
謂之史記遷卒以後好事者亦頗著述然多鄙淺不足相
繼至後漢扶風班彪綴後傳數十篇并譏正前失彪卒明
帝命其子固續成其志以爲唐虞三代世有典籍史遷所
記乃以漢氏繼於百王之末非其義也故斷自高祖終於
孝平王莽之誅爲十二紀八表十志六十九傳潛心積思
二十餘年建初中始奏表及紀傳其十志竟不能就固卒
後始命曹大家續成之先是明帝召固爲蘭臺令史與諸
先輩陳宗尹敏孟異等共成光武本紀擢固爲郎典校秘
書固撰後漢事作列傳載記二十八篇其後劉珍劉毅劉

陶侯無忌等相次著述東觀謂之漢記及三國鼎峙魏氏
及吳並有史官晉時巴西陳壽刪集三國之事唯魏帝爲
紀其功臣及吳蜀之主並皆爲傳仍各依其國部類相從
謂之三國志壽卒後梁州大中正范頵表奏其事帝詔河
南尹洛陽令就壽家寫之自是世有著述皆擬班馬以爲
正史作者尤廣一代之史至數十家唯史記漢書師法相
傳並有解釋三國志及范曄後漢雖有音注既近世之作
並讀之可知梁時明漢書有劉顯韋稜陳時有姚察隋代
有包愷蕭該並爲名家史記傳者甚微今依其世代聚而
編之以備正史

紀年十二卷（汲冢書并竹書同異一卷）漢紀三十卷（魏祕書監荀悅撰）後漢紀
三十卷（袁彥伯撰）後漢紀三十卷（張璠撰）獻帝春秋十卷（袁曄撰）魏
氏春秋二十卷（孫盛撰）魏紀十二卷（左將軍陰澹撰）漢魏春秋九卷
（孔舒元撰）晉紀四卷（陸機撰）晉記二十三卷（干寶撰訖愍帝）晉紀十卷（晉前
軍諮議曹嘉之撰）漢晉陽秋四十七卷（訖愍帝晉滎陽太守習鑿齒撰）晉紀十一
卷（訖明帝晉荊州別駕鄧粲撰）晉陽秋三十二卷（訖哀帝孫盛撰）晉紀二十三
卷（宋中散大夫劉謙之撰）晉紀十卷（宋吳興太守王韶之撰）晉紀四十五卷（宋中
散大夫徐廣撰）續晉陽秋二十卷（宋永嘉太守檀道鸞撰）續晉紀五卷（宋新興太
守郭季產撰）宋略二十卷（梁通直郎裴子野撰）宋春秋二十卷（梁吳興令王琰撰）
齊春秋三十卷（梁奉朝請吳均撰）齊典五卷（王逸撰）齊典十卷　三十
國春秋三十一卷（梁湘東世子蕭方等撰）戰國春秋二十卷（李槩撰）梁
典三十卷（劉璠撰）梁典三十卷（陳始興王諮議何之元撰）梁撮要三十卷
（陳征南諮議陰僧仁撰）梁後略十卷（姚最撰）梁太清紀十卷（梁長沙蕃王蕭韶撰）
淮海亂離志四卷（蕭世怡撰敘梁末侯景之亂）齊紀三十卷（紀後齊事崔子發撰）
齊志十卷（後齊事王劭撰）

右三十四部六百六十六卷

自史官放絕作者相承皆以班馬爲準起漢獻帝雅好典
籍以班固漢書文繁難省命潁川荀悅作春秋左傳之體
爲漢紀三十篇言約而事詳辯論多美大行於世至晉太
康元年汲郡人發魏襄王冢得古竹簡書字皆科斗發冢

者不以爲意往往散亂帝命中書監荀勖令和嶠撰次爲
十五部八十七卷多雜碎怪妄不可訓知唯周易紀年最
爲分了其周易上下篇與今正同紀年皆用夏正建寅之
月爲歲首起自夏殷周三代王事無諸侯國別唯特記晉
國起自殤叔次文侯昭侯以至曲沃莊伯盡晉國滅獨記
魏事下至魏哀王謂之今王蓋魏國之史記也其著書皆
編年相次文意大似春秋經諸所記事多與春秋左氏扶
同學者因之以爲春秋則古史記之正法有所著述多依
春秋之體今依其世代編而敘之以見作者之別謂之古
史

周書十卷汲冢書似仲尼刪書之餘古文瑣語四卷汲冢書春秋前傳十
卷何承天撰春秋前雜傳九卷何承天撰春秋後傳三十一卷晉著作郎
樂資撰戰國策三十二卷劉向錄戰國策二十一卷高誘撰注戰國
策論一卷漢京兆尹延篤撰楚漢春秋九卷陸賈撰古今注八卷伏無
忌撰越絕記十六卷子貢撰吳越春秋十二卷趙曄撰吳越春秋
削繁五卷楊方撰吳越春秋十卷皇甫遵撰吳越記六卷。南越
志八卷沈氏撰小史八卷。漢靈獻二帝紀三卷漢侍中劉芳撰殘缺
梁有六卷山陽公載記十卷樂資撰漢末英雄記八卷王粲撰殘缺梁有十
卷九州春秋十卷司馬彪撰記漢末事魏武本紀四卷梁并曆五卷魏尚
書八卷孔衍撰梁十卷成魏晉世語十卷晉襄陽令郭頒撰魏末傳二卷

梁又有魏末傳并魏氏大事三卷亡呂布本事一卷毛范撰晉諸公讚二十一
卷晉秘書監傅暢撰晉後略記五卷晉下邳太守荀綽撰晉書鈔三十卷梁豫
章內史張緬撰晉書鴻烈六卷張氏撰宋中興伐逆事二卷。宋拾
遺十卷梁少府卿謝綽撰左史六卷李槩撰魏國統二十卷梁祚撰梁
帝紀七卷。梁太清錄八卷。梁承聖中興略十卷劉仲威撰
梁末代紀一卷。梁皇帝實錄三卷周興嗣撰記武帝事梁皇帝實
錄五卷梁中書郎謝吳撰記元帝事棲鳳春秋五卷臧嚴撰陳王業曆一
卷陳中書郎趙齊旦撰史要十卷漢桂陽太守衛颯撰約史記要言以類相從典略八十
九卷魏郎中魚豢撰史漢要集二卷晉祠部郎王蔑撰抄史記入春秋者不錄三史略
二十九卷吳太子太傅張溫撰史記正傳九卷張瑩撰後漢略二十五

卷張緬撰漢皇德紀三十卷漢有道徵士侯瑾撰起光武至沖帝洞紀四卷韋昭
撰記庖犧已來至漢建安二十七年續洞紀一卷臧榮緒撰帝王世紀十卷皇甫謐撰
起三皇盡漢魏帝王世紀音四卷虞綽撰帝王本紀十卷來奧撰續帝
王世紀十卷何茂材撰十五代略十卷吉文甫撰起庖犧至晉帝王要略
十二卷環濟撰紀帝王及天官地理喪服周載八卷東晉臨賀太守孟儀撰略記前代下至秦
本三十卷今亡漢書鈔三十卷晉散騎常侍葛洪撰拾遺錄二卷僞秦姚萇方士王子
年撰王子年拾遺記十卷蕭綺撰華夷帝王世紀三十卷楊曄撰
正史削繁九十四卷阮孝緒撰童悟十二卷。帝王世錄一卷
甄鸞撰先聖本紀十卷劉縚撰年曆帝紀三十卷姚恭撰帝王諸
侯世略十一卷。王霸記三卷潘傑撰歷代記三十二卷。
隋書六十卷未成秘書監王劭撰

右七十二部九百一十七卷通計亡書七十三部九百三十九卷
自秦撥去古文篇籍遺散漢初得戰國策蓋戰國游士記
其策謀其後陸賈作楚漢春秋以述誅鋤秦項之事又有
越絕相承以爲子貢所作後漢趙曄又爲吳越春秋其屬
辭比事皆不與春秋史記漢書相似蓋率爾而作非史策
之正也靈獻之世天下大亂史官失其常守博達之士愍
其廢絕各記聞見以備遺亡是後羣才景慕作者甚衆又
自後漢已來學者多鈔撮舊史自爲一書或起自人皇或
斷之近代亦各其志而體制不經又有委巷之說迂怪妄

誕，真虛莫測。然其大抵皆帝王之事，通人君子，必博采廣覽，以酌其要，故備而存之，謂之雜史。

趙書十卷一曰二石集，記石勒事，偽燕太傅長史田融撰。二石傳二卷晉北中郎參軍王度撰。二石偽治時事二卷王度撰。漢之書十卷常璩撰。華陽國志十二卷常璩撰。梁有蜀平記十卷，蜀漢偽官故事一卷，亡。燕書二十卷記慕容儁事，偽燕尚書范亨撰。南燕錄五卷記慕容德事，偽燕尚書郎張詮撰。南燕錄六卷記慕容德事，偽燕中書郎王景暉撰。南燕書七卷遊覽先生撰。燕志十卷記馮跋事，魏侍中高閭撰。秦書八卷何仲熙撰，記苻健事。秦記十一卷宋殿中將軍裴景仁撰，梁雍州主簿席惠明注。秦紀十卷記姚萇事，魏左民尚書姚和都撰。涼記八卷記張軌事，偽燕右僕射張諮撰。涼書十卷記張軌事，偽涼大將軍從事中郎劉景撰。西河記二卷記張重華事，晉侍御史喻歸撰。

涼記十卷記呂光事，偽涼著作佐郎段龜龍撰。涼書十卷高道讓撰。涼書十卷沮渠國史。托跋涼錄十卷。敦煌實錄十卷劉景撰。十六國春秋一百卷魏崔鴻撰。纂錄十卷。戰國春秋二十卷李槩撰。漢趙記十卷和苞撰。吐谷渾記二卷宋新亭侯段國撰。梁有翟遼書二卷，諸國略記二卷，永嘉後纂年記二卷，段業傳一卷，亡。天啓紀十卷記梁元帝子諝據湘州事。

右二十七部，三百三十五卷。通計亡書，合三十三部，三百四十六卷。

傳曰：「不有君子，其能國乎？」自晉永嘉之亂，皇綱失馭，九州君長，據有中原者甚眾。或推奉正朔，或假名竊號，然其君臣忠義之節，經國字民之務，蓋亦勤矣。而當時臣子，亦各記錄。後魏克平諸國，據有嵩華，始命司徒崔浩，博采舊聞，綴述國史。諸國記注，盡集秘閣。爾朱之亂，並皆散亡。今舉其見在，謂之霸史。

穆天子傳六卷汲冢書，郭璞注。漢獻帝起居注五卷。晉泰始起居注二十卷李軌撰。晉咸寧起居注十卷李軌撰。晉泰康起居注二十一卷李軌撰。晉元康起居注一卷梁有永平元康永寧起居注六卷，又有惠帝起居注二卷，永嘉建興起居注十三卷，亡。晉建武大興永昌起居注九卷梁有二十卷。晉元康起居注一卷。晉咸和起居注十六卷李軌撰。晉咸康起居注二十二卷。晉建元起居注四卷。晉永和起居注十七卷梁有二十四卷。晉升平起居注十卷。晉隆和興寧起居注五卷。晉咸安起居注三卷。晉泰和起居注六卷梁十卷。晉寧康起居注六卷。晉泰元起居注二十五卷梁五十四卷。晉隆安起居注十卷。晉元興起居注九卷。晉義熙起居注十七卷梁三十四卷。晉元熙起居注二卷。晉起居注三百一十七卷宋北徐州主簿劉道會撰。梁有三百二十二卷。流別起居注三十七卷梁有晉宋起居注鈔五十一卷，晉宋先朝起居注二十卷，亡。宋永初起居注十卷。宋景平起居注三卷。宋元嘉起居注五十五卷梁六十卷。宋孝建起居注十二卷。宋大明起居注十五卷梁三十四卷，又有景和起居注四卷，明帝在蕃注三卷，亡。宋泰始起居注十九卷梁二十三卷。宋泰豫起居注四卷梁有宋成徽起居注二十卷，昇明起居注六卷，亡。齊永明起居注二十五卷梁有三十四卷，又有建元起居注十二卷，隆昌延興建武起居注四卷中興起居注四卷亡梁大同起居注十卷。後魏起居注三百三十六卷。陳永定起居注八卷。陳天嘉起居注二十三卷。陳天康光大起居注十卷。陳太建起居注五十六卷。陳至德起居注四卷。後周太祖號令三卷。隋開皇起居注六十卷。南燕起居注一卷

右四十四部一千一百八十九卷

起居注者錄紀人君言行動止之事春秋傳曰君舉必書書而不法後嗣何觀周官內史掌王之命遂書其副而藏之是其職也漢武帝有禁中起居注後漢明德馬后撰明帝起居注然則漢時起居似在宮中爲女史之職然皆零落不可復知今之存者有漢獻帝及晉代已來起居注皆近侍之臣所錄晉時又得汲冢書有穆天子傳體制與今起居正同蓋周時內史所記王命之副也近代已來別有其職事在百官志今依其先後編而次之其僞國起居唯南燕一卷不可別出附之於此

漢武帝故事二卷。西京雜記二卷。漢魏吳蜀舊事八卷。晉朝雜事二卷。晉宋舊事一百三十五卷。晉要事三卷。晉故事四十三卷。晉建武故事一卷。晉咸和咸康故事四卷晉孔愉撰晉修復山陵故事五卷車灌撰交州雜事九卷記士燮及陶璜事晉八王故事十卷。晉四王起事四

卷晉廷尉盧綝撰大司馬陶公故事三卷。郗太尉爲尚書令故事三卷。桓玄僞事三卷。晉東宮舊事十卷。秦漢已來舊事十卷。尚書大事二十卷范汪撰沔南故事三卷應思遠撰天正舊事三卷釋亡名撰皇儲故事二卷。梁舊事三十卷內史侍郎蕭大圜撰東宮典記七十卷左庶子宇文愷撰開業平陳記二十卷

右二十五部四百四卷

古者朝廷之政發號施令百司奉之藏于官府各脩其職守而弗忘春秋傳曰吾視諸故府則其事也周官御史掌治朝之法太史掌萬民之約契與質劑以逆邦國之治然則百司庶府各藏其事太史之職又總而掌之漢時蕭何定律令張蒼制章程叔孫通定儀法條流派別制度漸廣晉初甲令已下至九百餘卷晉武帝命車騎將軍賈充博引羣儒刪采其要增律十篇其餘不足經遠者爲法令施行制度者爲令品式章程者爲故事各還其官府搢紳之士撰而錄之遂成篇卷然亦隨代遺失今據其見存謂之舊事篇

漢官解詁三篇漢新汲令王隆撰胡廣注漢官五卷應劭注漢官儀十卷應劭撰漢官典職儀式選用二卷漢衛尉蔡質撰梁有荀攸魏官儀一卷韋昭官儀職訓一卷亡晉公卿禮秩故事九卷傅暢撰晉新定儀注十四卷梁有徐宣瑜晉官品一卷荀綽百官表注十六卷干寶司徒儀一卷宋職官記九卷晉百官儀服錄五卷大興二年定官

品事五卷百官品九卷亡百官階次一卷。齊職儀五十卷齊長水校尉王珪之撰梁有王珪之齊儀四十九卷亡齊職儀五卷。梁選簿三卷徐勉撰梁勳選格一卷。職官要錄三十卷陶藻撰。梁官品格一卷。百官階次三卷。新定將軍名一卷。吏部用人格一卷。官族傳十四卷何晏撰。百官春秋五十卷王秀道撰。百官春秋二十卷。魏晉百官名五卷。晉百官名三十卷。晉官屬名四卷。陳百官簿狀二卷。陳將軍簿一卷。新定官品二十卷梁沈約撰。梁尚書職制儀注四十一卷。職令古今百官注十卷郭演撰

右二十七部，三百三十六卷。通計亡書，合三十六部，四百三十三卷。

古之仕者，名書於所臣之策，各有分職，以相統治。周官冢宰掌建邦之六典，而御史數凡從政者。然則冢宰總六卿之屬，以治其政；御史掌其在位名數，先後之次焉。今漢書百官表列眾職之事，記在位之次，蓋亦古之制也。漢末王隆、應劭等，以百官表不具，乃作漢官解詁、漢官儀等書。是後相因，正史表志，無復百僚在官之名矣。搢紳之徒，或取官曹名品之書，撰而錄之，別行於世。宋、齊已後，其書益繁，而篇卷零疊，易為亡散；又多瑣細，不足可紀，故刪其見存可觀者，編為職官篇。

漢舊儀四卷衛敬仲撰梁有衛敬仲漢中興儀一卷亡晉新定儀注四十卷晉安成太守傅瑗撰晉雜儀注十一卷。晉尚書儀十卷。甲辰儀五卷江左撰。封禪儀六卷。宋儀注十卷。宋儀注二十卷。宋尚書雜注十八卷本二十卷宋東宮儀記二十三卷宋新安太守張鏡撰徐爰家儀一卷。東宮新記二十卷蕭子雲撰梁吉禮儀注十卷明山賓撰梁賓禮儀注九卷賀瑒撰案梁明山賓撰吉儀注二百六卷錄六卷嚴植之撰凶儀注四百七十九卷錄四十五卷陸璉撰軍儀注一百九十卷錄二卷司馬褧撰嘉儀注一百一十二卷錄三卷並亡存者唯士吉及賓合十九卷皇典二十卷梁豫章太守丘仲孚撰雜凶禮四十二卷。政禮十卷何胤撰梁有何胤士喪儀注九卷亡雜儀注一百八十卷○陳尚書雜儀注五百五十卷。陳吉禮一百七十一卷○陳賓禮六十五卷。陳軍禮六卷。陳嘉禮一百二卷

○後魏儀注五十卷。後齊儀注二百九十卷。雜嘉禮三六卷。國親皇太子序親簿一卷。隋朝儀禮一百卷牛弘撰大漢輿服志一卷魏博士董巴撰魏晉諡議十三卷何晏撰汝南君諱議二卷。決疑要注一卷摯虞撰車服雜注一卷徐廣撰禮儀制度十三卷王逡之撰古今輿服雜事二十卷梁周遷撰晉鹵簿圖一卷。鹵簿儀二卷。陳鹵簿圖一卷。齊鹵簿儀一卷。諸衛左右廂旗圖樣十五卷。內外書儀四卷謝元撰書儀二卷蔡超撰書筆儀二十一卷謝朏撰宋長沙檀太妃薨弔答書十二卷。弔答儀十卷王儉撰書儀十卷王弘撰皇室儀十三卷鮑行卿撰吉書儀二卷王儉撰書儀疏一卷周捨撰新

儀三十卷鮑泉撰 文儀二卷梁脩端撰 趙李家儀十卷錄一卷李穆叔撰 書儀十卷唐瑾撰 言語儀十卷。嚴植之儀二卷。通儀四卷馬樞撰 婦人書儀八卷。僧家書儀五卷釋曇瑗撰 要典雜事五十卷

右五十九部二千二十九卷通計亡書合六十九部三千九十四卷

儀注之興其所由來久矣自君臣父子六親九族各有上下親疏之別養生送死弔恤賀慶則有進止威儀之數唐虞已上分之為三在周因而為五周官宗伯所掌吉凶賓軍嘉以佐王安邦國親萬民而太史執書以協事之類是也是時典章皆具可履而行周衰諸侯削除其籍至秦又焚而去之漢興叔孫通定朝儀武帝時始祀汾陰后土成帝時初定南北之郊節文漸具後漢又使曹褒定漢儀是後相承世有制作然猶以舊章殘缺各遵所見彼此紛爭盈篇滿牘而後世多故事在通變或一時之制非長久之道載筆之士刪其大綱編于史志而或傷於淺近或失於未達不能盡其旨要遺文餘事亦多散亡今聚其見存以為儀注篇

律本二十一卷杜預撰 漢晉律序注一卷晉僮長張斐撰 雜律解二十一卷張斐撰案梁有杜預雜律七卷亡 晉宋齊梁律二十卷蔡法度撰 梁律二十卷梁義興太守蔡法度撰 後魏律二十卷。北齊律十二卷目一卷 陳律九卷范泉撰 周律二十五卷。周大統式三卷。隋律十二卷。隋大業律十一卷。晉令四十卷。梁令三十卷錄一卷。梁科三十卷。北齊令五十卷。北齊權令二卷。陳令三十卷范泉撰 陳科三十卷范泉撰 隋開皇令三十卷目一卷 隋大業令三十卷。漢朝議駁三十卷應劭撰案梁建武律令故事二卷應劭律略論五卷亡 晉雜議十卷。晉彈事十卷。南臺奏事二十二卷。漢名臣奏事三十卷。魏王奏事十卷。魏名臣奏事四十卷目一卷陳壽撰 魏臺雜訪議三卷高堂隆撰 魏廷尉決事十卷。晉駁事四卷。晉雜制六十卷。晉刺史六條制一卷。齊五服制一卷。陳新制六十卷

右三十五部七百一十二卷通計亡書合三十八部七百二十六卷

刑灋者先王所以懲罪惡齊不軌者也書述唐虞之世五刑有服而夏后氏正刑有五科條三千周官司寇掌三典以刑邦國司刑掌五刑之法麗萬民之罪太史又以典法逆于邦國內史執國法以考政事春秋傳曰在九刑不忘然則刑書之作久矣蓋藏于官府懼人之知爭端而輕於犯及其末也肆情越法刑罰僭濫至秦重之以苛虐先王之正刑滅矣漢初蕭何定律九章其後漸更增益令甲已下盈溢架藏晉初賈充杜預刪而定之有律有令有故事梁時又取故事之宜於時者為梁科後齊武帝時又於麟

趾殿刪正刑典謂之麟趾格後周太祖又命蘇綽撰大統
式隋則律令格式並行自律已下世有改作事在刑法志
漢律久亡故事駁議又多零失今錄其見存可觀者編爲
刑法篇
三輔決錄七卷(漢太僕趙岐撰摯虞注)海內先賢傳四卷(魏明帝時撰)四
海耆舊傳一卷。海內士品一卷。先賢集三卷。兗州
先賢傳一卷。徐州先賢傳一卷。徐州先賢傳贊九卷
(劉義慶撰)海岱志二十卷(齊前將軍記室崔蔚祖撰)交州先賢傳三卷(晉范瑗撰)
益部耆舊傳十四卷(陳長壽撰)續益部耆舊傳二卷。諸國清
賢傳一卷。魯國先賢傳二卷(晉大司農白褒撰)楚國先賢傳贊

十二卷(晉張方撰)汝南先賢傳五卷(魏周斐撰)陳留耆舊傳二卷(漢議
郎圈稱撰)陳留耆舊傳一卷(魏散騎侍郎蘇林撰)陳留先賢像贊一卷(陳英
宗撰)陳留志十五卷(東晉剡令江敞撰)濟北先賢傳一卷。廬江七
賢傳二卷。東萊耆舊傳一卷(王基撰)襄陽耆舊記五卷(習鑿
齒撰)會稽先賢傳七卷(謝承撰)會稽後賢傳記二卷(鍾離岫撰)會稽
典錄二十四卷(虞預撰)會稽先賢像贊五卷。漢世要記一
卷。吳先賢傳四卷(吳左丞相陸凱撰)東陽朝堂像讚一卷(晉南平太
守留叔先撰)豫章烈士傳三卷(徐整撰)豫章舊志三卷(晉會稽太守熊默撰)
豫章舊志後撰一卷(熊欣撰)零陵先賢傳一卷。長沙舊傳
讚三卷(晉臨川王郎中劉彧撰)桂陽先賢書贊一卷(吳左中郎張勝撰)武昌

先賢志二卷(宋天門太守郭緣生撰)蜀文翁學堂像題記二卷。聖
賢高士傳贊三卷(嵇康撰周續之注)高士傳六卷(皇甫謐撰)逸士傳一
卷(皇甫謐撰)逸民傳七卷(張顯撰)高士傳二卷(虞槃佐撰)至人高士傳
讚二卷(晉廷尉卿孫綽撰)。高隱傳十卷(阮孝緒撰)高隱傳十卷。高
僧傳六卷(虞孝敬撰)止足傳十卷。續高士傳七卷(周弘讓撰)孝子
傳讚三卷(王韶之撰)孝子傳十五卷(晉輔國將軍蕭廣濟撰)孝子傳十卷
(宋員外郎鄭緝之撰)孝子傳八卷(師覺授撰)孝子傳二十卷(宋躬撰)孝子傳
略二卷。孝德傳三十卷(梁元帝撰)孝友傳八卷。曾參傳一
卷。忠臣傳三十卷(梁元帝撰)顯忠錄二十卷(梁元帝撰)丹楊君傳
十卷(梁元帝撰)英藩可錄二卷(張萬賢撰部武侯斷注)高才不遇傳四卷

(後齊劉晝撰)良吏傳十卷(鍾岏撰)海內名士傳一卷。正始名士
傳三卷(袁敬仲撰)江左名士傳一卷(劉義慶撰)竹林七賢論二卷(晉太
子中庶子戴逵撰)七賢傳五卷(孟氏撰)文士傳五十卷(張隱撰)列士傳
二卷(劉向撰)陰德傳二卷(宋光祿大夫范晏撰)悼善傳十一卷。雜傳
三十六卷(任昉撰本一百四十七卷亡)東方朔傳八卷。毋丘儉記三
卷。管輅傳三卷(管辰撰)雜傳四十卷(賀蹤撰本七十卷亡)雜傳十九
卷(陸澄撰)雜傳十一卷。玄晏春秋三卷(皇甫謐撰)孔子弟子先
儒傳十卷。李氏家傳一卷。桓任家傳一卷。王朗王
肅家傳一卷。太原王氏家傳二十三卷。褚氏家傳一
卷(褚覬等撰)薛常侍家傳一卷。江氏家傳七卷(江祚等撰)庾氏家

傳一卷裴庾撰　裴氏家傳四卷裴松之撰　虞氏家記五卷虞覽撰　曹
氏家傳一卷曹毗撰　范氏家傳一卷范汪撰　紀氏家紀一卷紀友
撰　韋氏家傳一卷。何顒使君家傳一卷。明氏家訓一
卷僞燕衛尉明岌撰　明氏世錄六卷梁信武記室明粲撰　陸史十五卷。王
氏江左世家傳二十卷王褒撰　孔氏家傳五卷。崔氏五門
家傳二卷崔氏撰　暨氏家傳一卷。周齊王家傳一卷姚氏撰
令朱家傳二卷王氏撰　周氏家傳一卷。令狐氏家傳一卷
。新舊傳四卷。漢南家傳三卷。何氏家傳三卷。童
子傳二卷王瑱之撰　幼童傳十卷劉昭撰　訪來傳十卷來奥撰　懷舊
志九卷梁元帝撰　知巳傳一卷盧思道撰　全德志一卷梁元帝撰　同姓名

錄一卷梁元帝撰　列女傳十五卷劉向撰曹大家注　列女傳七卷趙母注
列女傳八卷高氏撰　列女傳頌一卷劉歆撰　列女傳頌一卷曹植
撰　列女傳讚一卷繆襲撰　列女後傳十卷項原撰　列女傳六卷
皇甫謐撰　列女傳七卷綦毋邃撰　列女傳要錄三卷。女記十卷杜預
撰　美婦人傳六卷。妬記二卷虞通之撰　道人善道開傳一卷
康泓撰　名僧傳三十卷釋寶唱撰　高僧傳十四卷釋僧祐撰　江東名德
傳三卷釋法進撰　法師傳十卷王巾撰　衆僧傳二十卷裴子野撰　薩婆
多部傳五卷釋僧祐撰　梁故草堂法師傳一卷。尼傳二卷皎法
師撰　法顯傳二卷。法顯行傳一卷。梁武皇帝大捨三卷
嚴壽撰　列仙傳讚三卷劉向撰鬷續孫綽讚　列仙傳讚二卷劉向撰晉郭元祖讚

神仙傳十卷葛洪撰　說仙傳一卷朱思祖撰　養性傳二卷。漢武
內傳三卷。太元眞人東鄉司命茅君內傳一卷弟子李遵撰
清虛眞人王君內傳一卷弟子華存撰　清虛眞人裴君內傳一
卷。正一眞人三天法師張君內傳一卷。太極左仙公
葛君內傳一卷。仙人馬君陰君內傳一卷。仙人許遠
遊傳一卷。靈人辛玄子自序一卷。劉君內記一卷王珍
撰　陸先生傳一卷孔稚珪撰　列仙讚序一卷郭元祖撰　集仙傳十卷
。洞仙傳十卷。王喬傳一卷。關令內傳一卷鬼谷先生撰
南嶽夫人內傳一卷。蘇君記一卷周季通撰　嵩高寇天師傳
一卷。華陽子自序一卷。太上眞人內記一卷李氏撰　道

學傳二十卷。宣驗記十三卷劉義慶撰　應驗記一卷宋光祿大夫傅亮撰
冥祥記十卷王琰撰　列異傳三卷魏文帝撰　感應傳八卷王延秀撰
古異傳三卷宋永嘉太守袁王壽撰　甄異傳三卷晉西戎主簿戴祚撰　述異記
十卷祖沖之撰　異苑十卷宋給事劉敬叔撰　續異苑十卷。搜神記三
十卷干寶撰　搜神後記十卷陶潛撰　靈鬼志三卷荀氏撰　志怪二
卷祖台之撰　志怪四卷孔氏撰　神錄五卷劉之遴撰　齊諧記七卷宋散騎侍
郎東陽無疑撰　續齊諧記一卷吳均撰　幽明錄二十卷劉義慶撰　補續冥
祥記一卷王曼穎撰　漢武洞冥記一卷郭氏撰　嘉瑞記三卷陸瓊撰
祥瑞記三卷。符瑞記十卷許善心撰　靈異錄十卷。靈異記
十卷。研神記十卷蕭繹撰　旌異記十五卷侯君素撰　近異錄二

卷劉質撰鬼神列傳一卷謝氏撰志怪記三卷殖氏撰舍利感應
記三卷王劭撰眞應記十卷○周氏冥通記一卷○集靈記
二十卷顏之推撰寃魂志三卷顏之推撰
右二百一十七部一千二百八十六卷通計亡書合二百一十九部一千五百三卷
古之史官必廣其所記非獨人君之舉周官外史掌四方
之志則諸侯史記兼而有之春秋傳曰虢仲虢叔王季之
穆勳在王室藏於盟府臧紇之叛季孫命太史召掌惡臣
而盟之周官司寇凡大盟約涖其盟書登于天府太史內
史司會六官皆受其貳而藏之是則王者誅賞具錄其事
昭告神明百官史臣皆藏其書故自公卿諸侯至于羣士
善惡之迹畢集史職而又閭胥之政凡聚衆庶書其敬敏
任卹者族師每月書其孝悌睦婣有學者黨正歲書其德
行道藝者而入之於鄉大夫鄉大夫三年大比考其德行
道藝舉其賢者能者而獻其書王再拜受之登于天府內
史貳之是以窮居側陋之士言行必達皆有史傳自史官
曠絕其道廢壞漢初始有丹書之約白馬之盟武帝從董
仲舒之言始舉賢良文學天下計書先上太史善惡之事
靡不畢集司馬遷班固撰而成之股肱輔弼之臣扶義俶
儻之士皆有記錄而操行高潔不涉於世者史記獨傳夷

齊漢書但述楊王孫之儔其餘皆略而不說又漢時阮倉
作列仙圖劉向典校經籍始作列仙列士列女之傳皆因
其志尚率爾而作不在正史後漢光武始詔南陽撰作風
俗故沛三輔有耆舊節士之序魯廬江有名德先賢之讚
郡國之書由是而作魏文帝又作列異以序鬼物奇怪之
事嵇康作高士傳以敘聖賢之風因其事類相繼而作者
甚衆名目轉廣而又雜以虛誕怪妄之說推其本源蓋亦
史官之末事也載筆之士刪採其要焉魯沛三輔序贊並
亡後之作者亦多零失今取其見存部而類之謂之雜傳
○山海經二十三卷郭璞注水經三卷郭璞注黃圖一卷記三輔宮
觀陵廟明堂辟雍郊時等事洛陽記四卷○洛陽記一卷陸機撰洛陽宮
殿簿一卷○洛陽圖一卷晉懷州刺史楊佺期撰述征記二卷郭緣生撰
西征記二卷戴延之撰輿地記一卷吳顧啓期撰風土記三卷晉平西將
軍周處撰吳興記三卷山謙之撰吳郡記一卷顧夷撰京口記二卷宋太
常卿劉損撰南徐州記二卷山謙之撰會稽土地記一卷朱育撰會稽
記一卷賀循撰隋王入沔記六卷宋侍中懷文撰荊州記三卷宋臨
川王侍郎盛弘之撰神壤記一卷記滎陽山水黃閔撰豫章記一卷雷次宗撰蜀王
本記一卷楊雄撰三巴記一卷譙周撰珠崖傳一卷偽燕聘晉使蓋泓撰
陳留風俗傳三卷圈稱撰鄴中記二卷晉國子助教陸翽撰春秋土地
名三卷晉裴秀客京相璠撰衡山記一卷宋居士撰遊名山志一卷謝靈運撰

聖賢冢墓記一卷李彤撰　佛國記一卷沙門釋法顯撰　遊行外國傳
一卷沙門釋智猛撰　交州以南外國傳一卷。十洲記一卷東方朔撰
神異經一卷東方朔撰張華注　異物志一卷後漢議郎楊孚撰　南州異物
志一卷吳丹楊太守萬震撰　蜀志一卷東京武平太守常寬撰　發蒙記一卷束晳
撰載物產之異　地理書一百四十九卷錄一卷。陸澄合山海經已來一百六十家，以爲此書。
澄本之外，其舊事並多零失。見存別部自行者，唯四十二家，今列之於上　三輔故事二卷晉世撰
湘州記二卷庾仲雍撰　吳郡記二卷晉本州主簿顧夷撰　日南傳一卷。
江記五卷庾仲雍撰　漢水記五卷庾仲雍撰　居名山志一卷謝靈運撰　西
征記一卷戴延之撰　廬山南陵雲精舍記一卷。永初山川古
今記二十卷齊都官尚書劉澄之撰　元康三年地記六卷。司州記

二卷。并帖省置諸郡舊事一卷。地記二百五十二卷
梁任昉增陸澄之書八十四家，以爲此記。其所增舊書亦多零失。見存別部行者唯十二家，今列之於上　山海
經圖讚二卷郭璞注　山海經音二卷。水經四十卷酈善長注　廟
記一卷。地理書抄二十卷陸澄撰　地理書抄九卷任昉撰　地
理書抄十卷劉黃門撰　洛陽伽藍記五卷後魏楊衒之撰　荊南地志二
卷蕭世誠撰　巴蜀記一卷。交州異物志一卷楊孚撰　元康六年
戶口簿記三卷。元嘉六年地記三卷。九州郡縣名九
卷。扶南異物志一卷朱應撰　臨海水土物志一卷沈瑩撰　益
州記三卷李氏撰　湘州記一卷郭仲彥撰　湘州圖副記一卷。四
海百川水源記一卷釋道安撰　京師寺塔記十卷錄一卷劉璆撰　華山

精舍記一卷張光祿撰　南雍州記六卷鮑至撰　京師寺塔記二卷
釋曇景撰　張騫出關志一卷。外國傳五卷釋曇景撰　歷國傳二卷
釋法盛撰　西京記三卷。京師錄七卷。尋江源記一卷。後
園記一卷。江表行記一卷。淮南記一卷。古來國名
二卷。十三州志十卷闞駰撰　慧生行傳一卷。宋武北
征記一卷戴氏撰　林邑國記一卷。涼州異物志一卷。陽
象傳二卷閭先生撰　司州山川古今記三卷劉澄之撰　江圖一卷張氏
撰　江圖二卷劉氏撰　廣梁南徐州記九卷虞孝敬撰　水飾圖二十
卷。陋閭傳一卷。北荒風俗記二卷。諸蕃風俗記二
卷。男女二國傳一卷。突厥所出風俗事一卷。古今

地譜二卷。輿地志三十卷陳顧野王撰　序行記十卷姚最撰　魏
永安記三卷溫子昇撰　國都城記二卷。周地圖記一百九卷
。冀州圖經一卷。齊州圖經一卷。齊州記四卷李叔布撰　幽州圖經一卷。
魏聘使行記六卷。聘北道里記三卷江德藻撰　李諧行記一
卷。聘遊記三卷劉師知撰　朝覲記六卷。封君義行記一卷
李繪撰　輿駕東行記一卷薛泰撰　北伐記七卷諸葛潁撰　巡撫揚州
記七卷諸葛潁撰。大魏諸州記二十一卷。并州入朝道里
記一卷蔡允恭撰　趙記十卷。代都略記三卷。世界記五卷
釋僧祐撰　州郡縣簿七卷。大隋翻經婆羅門法師外國傳五
卷。隋區宇圖志一百二十九卷。隋西域圖三卷裴矩撰

隋諸州圖經集一百卷（郎蔚之撰）隋諸郡土俗物產一百五十一卷。西域道里記三卷。諸蕃國記十七卷。方物志二十卷（許善心撰）并州總管內諸州圖一卷

右一百三十九部一千四百三十二卷（通計亡書合一百四十部一千四百三十四卷）

昔者先王之化民也以五方土地風氣所生剛柔輕重飲食衣服各有其性不可遷變是故疆理天下物其土宜知其利害達其志而通其欲齊其政而脩其教故曰廣谷大川異制人居其間異俗書錄禹別九州定其山川分其圻界條其物產辨其貢賦斯之謂也周則夏官司險掌建九州之圖周知山林川澤之阻達其道路地官誦訓掌方志以詔觀事以知地俗春官保章以星土辨九州之地所封之域以觀祅祥秋官職方掌天下之圖地辨四夷八蠻九貉五戎六狄之人與其財用九穀六畜之數周知利害辨九州之國使同其貫司徒掌邦之土地之圖與其人民之數以佐王擾邦國周知九州之域廣輪之數辨其山林川澤丘陵墳衍原隰之名物及土會之法然則其事分在眾職而冢宰掌建邦之六典實總其事太史以典逆冢宰之治其書蓋亦總為史官之職漢初蕭何得秦圖書故知天下要害後又得山海經相傳以為夏禹所記武帝時計書

既上太史郡國地志固亦在焉而史遷所記但述河渠而已其後劉向略言地域丞相張禹使屬朱貢條記風俗班固因之作地理志其州國郡縣山川夷險時俗之異經星之分風氣所生區域之廣戶口之數各有攸敘與古禹貢周官所記相埒是後載筆之士管窺末學不能及遠但記州郡之名而已晉世摯虞依禹貢周官作畿服經其州郡及縣分野封略事業國邑山陵水泉鄉亭城道里土田民物風俗先賢舊好靡不具悉凡一百七十卷今亡而學者因其經歷並有記載然不能成一家之體齊時陸澄聚一百六十家之說依其前後遠近編而為部謂之地理書任昉又增陸澄之書八十四家謂之地記陳時顧野王抄撰眾家之言作輿地志隋大業中普詔天下諸郡條其風俗物產地圖上于尚書故隋代有諸郡物產土俗記一百五十一卷區宇圖志一百二十九卷諸州圖經集一百卷其餘記注甚眾今任陸二家所記之內而又別行者各錄在其書之上自餘次之於下以備地理之記焉

世本王侯大夫譜二卷。世本二卷（劉向撰）世本四卷（宋衷撰）漢氏帝王譜三卷（梁有宋譜四卷劉湛百家譜二卷亡）齊帝譜屬十卷。百家集譜十卷（王儉撰梁有王逡之續儉百家譜四卷南族譜二卷百家譜拾遺一卷又有齊梁帝譜四卷梁帝譜十三卷亡）百家譜三十卷（王僧孺撰）百家譜集鈔十五卷（王僧孺撰）

百家譜二十卷 賈執撰 百家譜十五卷 傅昭撰 百家譜世統十
卷。百家譜鈔五卷。姓氏英賢譜一百卷 賈執撰案梁有王司空新
集諸州譜十一卷又別有諸姓譜一百一十六卷益州譜四十卷關東關北譜三十三卷梁武帝總責境內十八州譜六百九十卷亡 後魏辯宗錄二卷 元暉業撰 後魏皇帝宗族譜四卷
。魏孝文列姓族牒一卷。後齊宗譜一卷。益州譜三
十卷。冀州姓族譜二卷。洪州諸姓譜九卷。吉州諸
姓譜八卷。江州諸姓譜十一卷。諸州雜譜八卷。袁
州諸姓譜八卷。揚州譜鈔五卷。京兆韋氏譜二卷。
謝氏譜一十卷。楊氏血脈譜二卷。楊氏家譜狀并墓
記一卷。楊氏枝分譜一卷。楊氏譜一卷。北地傅氏

譜一卷。蘇氏譜一卷。述系傳一卷 姚最撰 氏族要狀十
五卷。姓苑一卷 何氏撰 複姓苑一卷。齊永元中表簿五
卷。竹譜一卷。錢譜一卷 顧烜撰 錢圖一卷

右四十一部三百六十卷 通計亡書合五十三部一千二百八十卷

氏姓之書其所由來遠矣書稱別生分類傳曰天子建德
因生以賜姓周家小史定繫世辨昭穆則亦史之職也秦
兼天下剗除舊迹公族子孫失其本繫漢初得世本敘黃
帝已來祖世所出而漢又有帝王年譜後漢有鄧氏官譜
晉世摯虞作族姓昭穆記十卷齊梁之間其書轉廣後魏
遷洛有八氏十姓咸出帝族又有三十六族則諸國之從
魏者九十二姓世為部落大人者並為河南洛陽人其中
國士人則第其門閥有四海大姓郡姓州姓縣姓及周太
祖入關諸姓子孫有功者並令為其宗長仍撰譜錄紀其
所承又以關內諸州為其本望其鄧氏官譜及族姓昭穆
記晉亂已亡自餘亦多遺失今錄其見存者以為譜系篇

七略別錄二十卷 劉向撰 七略七卷 劉歆撰 晉中經十四卷 荀勖
撰 晉義熙已來新集目錄三卷。宋元徽元年四部書目
錄四卷 王儉撰 今書七志七十卷 王儉撰 梁天監六年四部書
目錄四卷 殷鈞撰 梁東宮四部目錄四卷 劉遵撰 梁文德殿四
部目錄四卷 劉孝標撰 七錄十二卷 阮孝緒撰 魏闕書目錄一卷。

陳祕閣圖書法書目錄一卷。陳天嘉六年壽安殿四部
目錄四卷。陳德教殿四部目錄四卷。陳承香殿五經
史記目錄二卷。開皇四年四部目錄四卷。開皇八年
四部書目錄四卷。香廚四部目錄四卷。隋大業正御
書目錄九卷。法書目錄六卷。雜儀注目錄四卷。雜
撰文章家集敘十卷 荀勖撰 文章志四卷 摯虞撰 續文章志二
卷 傅亮撰 晉江左文章志三卷 宋明帝撰 宋世文章志二卷 沈約撰
書品二卷。名手畫錄一卷。正流論一卷

右三十部二百一十四卷

古者史官既司典籍蓋有目錄以為綱紀體制堙滅不可

後知孔子刪書別為之序各陳作者所由韓毛二詩亦皆相類漢時劉向別錄劉歆七略剖析條流各有其部推尋事迹疑則古之制也自是之後不能辨其流別但記書名而已博覽之士疾其渾漫故王儉作七志阮孝緒作七錄並皆別行大體雖準向歆而遠不逮矣其先代目錄亦多散亡今總其見存編為簿錄篇

凡史之所記八百一十七部一萬三千二百六十四卷通計亡書合八百七十四部一萬六千五百五十八卷

夫史官者必求博聞強識疏通知遠之士使居其位百官衆職咸所貳焉是故前言往行無不識也天文地理無不察也人事之紀無不達也內掌八柄以詔王治外執六典以逆官政書美以彰善記惡以垂戒範圍神化昭明令德窮聖人之至賾詳一代之亹亹自史官廢絕久矣漢氏頗循其舊班馬因之魏晉已來其道逾替南董之位以祿貴遊正駿之司罕因才授故梁世諺曰上車不落則著作體中何如則祕書於是尸素之儔盱衡延閣之上立言之士揮翰蓬茨之下一代之記至數十家傳說不同聞見舛駮理失中庸辭乖體要致令允恭之德有闕於典墳忠肅之才不傳於簡策斯所以為蔽也班固以史記附春秋今開其事類凡十三種別為史部

志二十八 經籍二 隋書三十三卷終

志卷第二十九 隋書三十四

太尉揚州都督監修國史上柱國趙國公臣長孫無忌等奉 勑撰

經籍三 子

晏子春秋七卷齊大夫晏嬰撰 曾子二卷目一卷魯國曾參撰 子思子七卷魯穆公師孔伋撰 公孫尼子一卷尼似孔子弟子 孟子十四卷齊卿孟軻撰趙岐注 孟子七卷鄭玄注 孟子七卷劉熙注梁有孟子九卷綦毋邃撰亡 孫卿子十二卷楚蘭陵令荀況撰梁有王孫子一卷亡 董子一卷戰國時董無心撰 魯連子五卷錄一卷魯連齊人不仕稱為先生 新語二卷陸賈撰 賈子十卷錄一卷漢梁太傅賈誼撰 鹽鐵論十卷漢廬江府丞桓寬撰 新序三十卷錄一卷劉向撰 說苑二十卷劉向撰 揚子法言十五卷解一卷揚雄撰李軌注梁有揚子法言六卷侯芭注亡

揚子法言十三卷宋衷撰 揚子太玄經九卷宋衷注梁有揚子太玄經九卷揚雄自作章句亡 揚子太玄經十卷陸績宋衷撰 揚子太玄經十卷蔡文部注梁有揚子太玄經十三卷陸凱注揚子太玄經十四卷虞翻注揚子太玄經七卷王肅注亡 桓子新論十七卷後漢六安丞桓譚撰 潛夫論十卷後漢處士王符撰梁有王逸正部論八卷後漢侍中王逸撰後序十二卷後漢司隸校尉應奉撰周生子要論一卷錄一卷魏侍中周生烈撰亡 申鑒五卷荀悅撰 魏子三卷後漢會稽人魏朗撰梁有文撤六卷似後漢末人作亡 牟子二卷後漢太尉牟融撰 典論五卷魏文帝撰 徐氏中論六卷魏太子文學徐幹撰梁目一卷 王子正論十卷王肅撰梁有去伐論集三卷王粲撰亡 杜氏體論四卷魏幽州刺史杜恕撰梁有新書五卷王基撰亡周子九卷吳中書郎周昭撰亡 顧子新語十二卷吳太常顧譚撰通語十卷晉尚書左丞殷興撰典語十卷典語別二卷並吳中夏督陸景撰亡 譙子法訓八卷

譙周撰梁有譙子五教志五卷亡袁子正論十九卷袁準撰梁又有袁子正書二十五卷袁準
撰孫氏成敗志三卷孫毓撰古今通論二卷松滋令王嬰撰蔡氏化清經十卷蔡洪撰通經二卷晉丞相從事中郎
王長元撰亡新論十卷晉散騎常侍夏侯湛撰梁有揚子物理論十六卷揚子大元經十四卷並晉徵
士楊泉撰新論十卷晉金紫光祿大夫華譚撰梅子新論一卷亡志林新書三十卷虞喜撰梁
有廣林二十四卷又後林十卷虞喜撰干子十八卷干寶撰闕論二卷晉江州從事蔡韶撰顧子十卷晉揚州主簿
顧夷撰亡要覽十卷晉郡儒林祭酒呂竦撰正覽六卷梁太子詹事周捨撰梁有三統五德
論二卷曹思文撰亡諸葛武侯集誡二卷。衆賢誡十三卷。女篇
一卷。女鑒一卷。婦人訓誡集十一卷。婦姒訓一卷
。曹大家女誡一卷。貞順志一卷
右六十二部五百三十卷通計亡書合六十七部六百九卷

儒者所以助人君明教化者也聖人之教非家至而戶説
故有儒者宣而明之其大抵本於仁義及五常之道黄帝
堯舜禹湯文武咸由此則周官太宰以九兩繫邦國之人
其四曰儒是也其後陵夷衰亂儒道廢闕仲尼祖述前代
修正六經三千之徒並受其義至于戰國孟軻子思荀卿
之流宗而師之各有著述發明其指所謂中庸之教百王
不易者也俗儒爲之不顧其本苟欲譁衆多設問難便辭
巧説亂其大體致令學者難曉故曰博而寡要
鬻子一卷周文王師鬻熊撰老子道德經二卷周柱下史李耳撰漢文帝時河上公
注梁有戰國時河上丈人注老子經二卷漢長陵三老毋丘望之注老子二卷漢徵士嚴遵注老子二卷虞翻注老

子二卷亡老子道德經二卷王弼注梁有老子道德經二卷張嗣注老子道德經二卷蜀才注亡
老子道德經二卷鍾會注梁有老子道德經二卷晉太傅羊祜解釋老子經二卷東晉江州刺史
王尚述注老子二卷晉郎中程韶集解老子二卷鄴郭氏注老子二卷常氏傳老子二卷孟氏注老子二卷盈氏注
亡老子道德經二卷音一卷晉尚書郎孫登注老子道德經二卷
劉仲融注梁有老子道德經二卷巨生解老子道德經二卷晉西中郎將袁眞注老子道德經二卷張憑注老子道
德經二卷釋惠琳注老子道德經二卷釋惠嚴注老子道德經二卷王玄載注亡老子道德經二
卷盧景裕撰老子音一卷李軌撰梁有老子音一卷晉散騎常侍戴逵撰亡老子四卷
梁曠撰老子指歸十一卷嚴遵注老子指趣三卷毋丘望之撰老子
義綱一卷顧歡撰梁有老子道德論二卷何晏撰老子序次一卷葛仙公撰老子雜論一卷何王等注老
子私記十卷梁簡文帝撰老子玄示一卷韓莊撰老子玄譜一卷晉柴桑令劉遺民撰老子玄機三卷宗塞撰老子

[illegible]易五卷又老子志一卷山琮撰亡老子義疏一卷顧歡撰梁有老子義疏一卷釋慧觀撰亡老
子義疏五卷孟智周私記老子義疏四卷韋處玄撰老子講疏六卷
梁武帝撰老子義疏九卷戴詵撰老子節解二卷。老子章門一
卷。文子十二卷文子老子弟子七略有九篇梁七錄十卷亡鶡冠子三卷楚之
隱人列子八卷鄭之隱人列禦寇撰東晉光祿勳張湛注莊子二十卷梁漆園吏莊周撰晉
散騎常侍向秀注本二十卷今闕梁有莊子十卷東晉議郎崔譔注亡莊子十六卷司馬彪注本二
十一卷今闕莊子三十卷目一卷晉太傅主簿郭象注梁七錄三十三卷集注莊
子六卷梁有莊子三十卷晉丞相參軍李頤注莊子十八卷孟氏注錄一卷亡莊子音一卷
李軌撰莊子音三卷徐邈撰莊子集音三卷徐邈撰莊子注音一
卷司馬彪等撰莊子音三卷郭象撰梁有向秀莊子音一卷莊子外篇雜音一

卷○莊子內篇音義一卷○莊子講疏十卷梁簡文帝撰本二十卷今闕

莊子講疏二卷張機撰亡莊子講疏八卷○莊子文句義二十八卷本三十卷今闕梁有莊子義疏十卷又莊子義疏三卷宋處士李叔之撰亡莊子內篇講疏八卷周弘正撰莊子義疏八卷戴詵撰南華論二十五卷梁曠撰本三十卷南華論音三卷○莊成子十二卷梁有蹇子一卷今亡玄言新記明莊部二卷梁澡撰守白論一卷○任子道論十卷魏河東太守任嘏撰梁有渾輿經一卷魏安成令栢威撰亡唐子十卷吳唐滂撰梁有蘇子七卷晉北中郎參軍蘇彥撰宣子二卷晉宜城令宣聘撰陸子十卷陸雲撰亡杜氏幽求新書二十卷杜夷撰抱朴子內篇二十一卷音一卷葛洪撰梁有顧道士新書論經三卷晉方士顧谷撰亡孫子十二卷孫綽撰符子二十卷東晉員外郎符朗撰梁有賀子述言十卷

吾四十　隋志二十九　四

宋太學博士賀道養撰少子五卷齊司徒左長史張融撰梁有養生論三卷嵇康撰攝生論二卷晉河內太守阮侃撰無宗論四卷聖人無情論六卷亡夷夏論一卷顧歡撰梁二卷又有談叢三卷亡簡文談疏六卷晉簡文帝撰無名子一卷張太衡撰玄子五卷○遊玄桂林二十一卷目一卷張機撰廣成子十二卷商洛公撰張太衡注疑近人作

右七十八部合五百二十五卷

道者蓋為萬物之奧聖人之至賾也易曰一陰一陽之謂道又曰仁者見之謂之仁智者見之謂之智百姓日用而不知夫陰陽者天地之謂也天地變化萬物蠢生則有經營之迹至於道者精微淳粹而莫知其體處陰與陰為一在陽與陽不二仁者資道以成仁道非仁之謂也智者資道以為智道非智之謂也百姓資道而日用而不知其用也聖人體道成性清虛自守為而不恃長而不宰故能不勞聰明而人自化不假脩營而功自成其玄德深遠言象不測先王懼人之惑置于方外六經之義是所罕言周官九兩其三曰師蓋近之矣然自黃帝以下聖哲之士所言道者傳之其人世無師說漢時曹參始薦蓋公能言黃老文帝宗之自是相傳道學衆矣下士為之不推其本苟以異俗為高狂狷為尚迂誕譎怪而失其真

管子十九卷齊相管夷吾撰商君書五卷秦相衛鞅撰梁有申子三卷韓相申不害撰亡慎子十卷戰國時處士慎到撰韓子二十卷目一卷韓非撰梁有韓氏新書三卷漢

四八十　隋志二十九　五

御史大夫鼂錯撰亡正論六卷漢大尚書崔寔撰梁有法論十卷劉邵撰政論五卷魏侍中劉廙撰阮子正論五卷魏清河太守阮武撰亡世要論十二卷魏大司農桓範撰梁有二十卷又有陳子要言十四卷吳豫章太守陳融撰蔡司徒難論五卷晉三公令史黃命撰亡

右六部合七十二卷

法者人君所以禁淫慝齊不軌而輔於治者也易著先王明罰飭法書美明于五刑以弼五教周官司寇掌建國之三典以佐王刑邦國詰四方司刑以五刑之法麗萬民之罪是也刻者為之則杜哀矜絕仁愛欲以威劫為化殘忍為治乃至傷恩害親

鄧析子一卷析鄭大夫尹文子二卷尹文周之處士遊齊稷下士操一卷魏文

帝撰梁有刑聲論一卷亡人物志三卷劉邵撰梁有士緯新書十卷姚信撰又姚氏新書二卷與士緯相似九州人士論一卷魏司空盧毓撰通古人論一卷亡

右四部合七卷

名者所以正百物敘尊卑列貴賤各控名而責實無相僭濫者也春秋傳曰古者名位不同節文異數孔子曰名不正則言不順言不順則事不成周官宗伯以九儀之命正邦國之位辨其名物之類是也拘者為之則苛察繳繞滯於析辭而失大體

墨子十五卷目一卷宋大夫墨翟撰隨巢子一卷巢似墨翟弟子胡非子一卷非似墨翟弟子梁有田俅子一卷亡

右三部合一十七卷

墨者強本節用之術也上述堯舜夏禹之行茅茨不翦糲粱之食桐棺三寸貴儉兼愛嚴父上德以孝示天下右鬼神而非命漢書以為本出清廟之守然則周官宗伯掌建邦之天神地祇人鬼肆師掌立國祀及兆中廟中之禁令是其職也愚者為之則守於節儉不達時變推心兼愛而混於親疏也

鬼谷子三卷皇甫謐注鬼谷子周世隱於鬼谷梁有闕子十卷湘東鴻烈十卷並元帝撰亡補鬼谷子三卷樂一注

右二部合六卷

從橫者所以明辯說善辭令以通上下之志者也漢書以為本出行人之官受命出疆臨事而制故曰誦詩三百使于四方不能專對雖多亦奚以為周官掌交以節與幣巡邦國之諸侯及萬姓之聚導王之德意志慮使辟行之而和諸侯之好達萬民之說諭以九稅之利九儀之親九牧之維九禁之難九戎之威是也佞人為之則便辭利口傾危變詐至於賊害忠信覆邦亂家

尉繚子五卷梁并錄六卷尉繚梁惠王時人尸子二十卷目一卷梁十九卷秦相衛鞅上客尸佼撰其九篇亡魏黃初中續呂氏春秋二十六卷秦相呂不韋撰高誘注淮南子二十一卷漢淮南王劉安撰許慎注淮南子二十一卷高誘注論衡

丑八夫

二十九卷後漢徵士王充撰梁有洞序九卷錄一卷應奉撰亡風俗通義三十一卷錄一卷應劭撰梁三十卷仲長子昌言十二卷錄一卷漢尚書郎仲長統撰蔣子萬機論八卷蔣濟撰梁有篤論四卷杜恕撰芻蕘論五卷鍾會撰梁有諸葛子五卷吳太傅諸葛恪撰亡傅子百二十卷晉司隸校尉傅玄撰梁有默記三卷吳大鴻臚張儼撰裴氏新言五卷吳大鴻臚裴玄撰梁有新義十八卷吳太子中庶子劉廞撰析言論二十卷晉議郎張顯撰桑丘先生書二卷晉征南軍師楊偉撰亡時務論十二卷楊偉撰梁有古世論十七卷桓子一卷秦子三卷吳秦菁撰劉子十卷何子五卷亡立言六卷蘇道撰梁有孔氏說林二卷孔衍撰亡抱朴子外篇三十卷葛洪撰梁有五十一卷金樓子十卷梁元帝撰博物志十卷張華撰張公雜記一卷張華撰梁有五卷與博物志相似小小不同又有雜記十卷何氏撰亡雜記十一卷張華撰梁有子林二十卷孟儀撰亡廣志二卷郭義恭撰略十五卷○博覽十三卷

諫林五卷(齊晉陵令何望之撰)。述政論十三卷(陸澄撰)。古今注三卷(崔豹
撰)。古今訓十一卷(張顯撰)。古今善言三十卷(宋車騎將軍范泰撰)。善諫
二卷(宋領軍長史賈通之撰)。缺文十三卷(陸澄撰)。政論十三卷(陸澄撰)。記
聞二卷(宋後軍將軍徐益壽撰)。新舊傳四卷。釋俗語八卷(劉霽撰)。稱
謂五卷(後周大將軍盧辯撰)。備遺記三卷。纂要一卷(戴安道撰,亦云顏延之撰)。
方類六卷。俗說三卷(沈約撰。梁五卷)。雜說二卷(沈約撰)。袖中記二
卷(沈約撰)。袖中略集一卷(沈約撰)。珠叢一卷(沈約撰)。採璧三卷(梁中
書舍人庾肩吾撰)。物始十卷(謝吳撰)。宜覽二十二卷。玉府集八卷。
鴻寶十卷。顯用九卷。墳典三十卷(盧辯撰)。玉燭寶典十
二卷(著作郎杜臺卿撰)。典言四卷(後魏人李穆叔撰)。典言四卷(後齊中書郎荀士遜

等撰)。補文六卷。四時錄十二卷。正訓二十卷。內訓二
十卷。雜略十三卷。清神三卷。前言八卷。會林五
卷。對林十卷。道言六卷(比羅羨撰)。道術志三卷。述伎藝
一卷。諸書要略一卷(魏彥深撰)。文府五卷(梁有文章義府三十卷)。語對
十卷(朱澹遠撰)。語麗十卷(朱澹遠撰)。對要三卷。雜語三卷。眾書
事對三卷。廊廟五格二卷(王彬撰)。名數八卷。新言四卷
(裴玄撰)。善說五卷。君臣相起發事三卷。物重名五卷。
真注要錄一卷。天地體二卷。雜事鈔二十四卷。雜
書鈔四十四卷。子抄三十卷(梁黔令庾仲容撰)。子鈔二十卷(梁有
子鈔十五卷,沈約撰,亡)。論集八十六卷(殷仲堪撰。梁九十六卷。梁又有雜論五十八卷,雜論十三

卷,亡)。皇覽一百二十卷(繆卜等撰。梁六百八十卷。梁又有皇覽一百二十三卷,何承天合;皇覽五
十卷,徐爰合;皇覽目四卷;又有皇覽抄二十卷,梁特進蕭琛抄,亡)。帝王集要三十卷(崔安撰)。
類苑一百二十卷(梁征虜刑獄參軍劉孝標撰。梁七錄八十二卷)。華林遍略六百
二十卷(梁綏安令徐僧權等撰)。要錄六十卷。壽光書苑二百卷(梁尚
書左丞劉杳撰)。科錄七十卷(元暉撰)。書圖泉海二十卷(陳張式撰)。聖壽堂
御覽三百六十卷。長洲玉鏡二百三十八卷。書鈔一
百七十四卷。釋氏譜十五卷。內典博要三十卷。淨
住子二十卷(齊竟陵王蕭子良撰)。因果記十卷。歷代三寶記三卷(
費長房撰)。真言要集十卷。義記二十卷(蕭子良撰)。感應傳八卷(晉尚
書郎王延秀撰)。眾僧傳二十卷(裴子野撰)。高僧傳六卷(虞孝敬撰)。皇帝菩薩

清淨大捨記三卷(謝吳撰,亡)。寶臺四法藏目錄一百卷(大業中撰)。玄
門寶海一百二十卷(大業中撰)。

右九十七部,合二千七百二十卷

雜者,兼儒、墨之道,通眾家之意,以見王者之化,無所不冠
者也。古者司史歷記前言往行,禍福存亡之道。然則雜者
蓋出史官之職也。放者為之,不求其本,材少而多學,言非
而博,是以雜錯漫羨,而無所指歸。

氾勝之書二卷(漢議郎氾勝之撰)。四人月令一卷(後漢大尚書崔寔撰)。禁苑
實錄一卷。齊民要術十卷(賈思勰撰)。春秋濟世六常擬議五
卷(楊瑾撰。梁有陶朱公養魚法、卜式養羊法、養豬法、月政畜牧栽種法各一卷,亡)。

右五部一十九卷
農者所以播五穀藝桑麻以供衣食者也書敘八政其一曰食
二曰貨孔子曰所重民食周官冢宰以九職任萬民其一曰三
農生九穀地官司稼掌巡邦野之稼而辨穜稑之種周知其名與
其所宜地以爲法而懸于邑閭是也鄙者爲之則弃君臣之義徇
耕稼之利而亂上下之序
燕丹子一卷 丹燕王喜太子梁有青史子一卷又宋玉子一卷錄一卷楚大夫宋玉撰羣英論一卷郭頒撰語林十卷東晉處士
裴啟撰亡 雜語五卷。郭子三卷 東晉中郎郭澄之撰 雜對語三卷。要用語
對四卷。文對三卷。瑣語一卷 梁金紫光祿大夫顧協撰 笑林三卷 後漢給事中邯鄲淳撰
笑苑四卷。解頤二卷 楊松玢撰 世說八卷 宋臨川王劉義慶撰 世說十卷 劉孝標注梁有

番洋 四千九 志二十九 隋書三十四 十一 星

俗說一卷亡 小說十卷 梁武帝敕安右長史殷芸撰梁目三十卷 小說五卷。邇說一卷 梁南臺治
書伏挺撰 辯林二十卷 蕭賁撰 辯林二卷 席希秀撰 瓊林七卷 周獸門學士陰顥撰 古今
藝術二十卷。雜書鈔十三卷。座右方八卷 庾元威撰 座右法一卷。魯
史欹器圖一卷 儀同劉徽注 器準圖三卷 後魏丞相士曹行參軍信都芳撰 水飾一卷

右二十五部合一百五十五卷
小說者街說巷語之說也傳載輿人之誦詩美詢于芻蕘古者
聖人在上史爲書瞽爲詩工誦箴諫大夫規誨士傳言而庶人
謗孟春徇木鐸以求歌謠巡省觀人詩以知風俗過則正之失則
改之道聽塗說靡不畢紀周官誦訓掌道方志以詔觀事道方
慝以詔辟忌以知地俗而訓方氏掌道四方之政事與其上下之

志誦四方之傳道而觀衣物是也孔子曰雖小道必有可觀者焉
致遠恐泥。司馬兵法三卷 齊將司馬穰苴撰 孫子兵法二卷 吳將孫武撰魏武帝注梁三卷
孫子兵法一卷 魏武王凌集解 孫武兵經二卷 張子尚注 鈔孫子兵法一卷 魏太尉賈詡鈔
梁有孫子兵法二卷孟氏解詁孫子兵法二卷吳處士沈友撰又孫子八陣圖一卷亡 吳起兵法一卷 賈詡注 吳孫子
牝八變陣圖二卷。續孫子兵法二卷 魏武帝撰 孫子兵法雜占四卷 梁有諸葛亮兵
法五卷又燕慕容氏兵法一卷亡 皇帝兵法一卷 宋武帝所傳神人書梁有雜兵注二十四卷兵法序二卷亡 太公六
韜五卷 梁六卷周文王師姜望撰 太公陰謀一卷 梁六卷梁又有太公陰謀三卷魏武帝解 太公陰符
鈐錄一卷。太公金匱二卷。太公兵法二卷 梁三卷 太公兵法六卷 梁有太公
雜兵書六卷 太公伏符陰陽謀一卷。黃帝兵法孤虛雜記一卷。太公三宮
兵法一卷 梁有太一三宮兵法立成圖二卷 太公書禁忌立成集二卷。太公枕中記一卷

番洋 五九三 志二十九 隋書三十四 十二 星

。周書陰符九卷。周呂書一卷。黃石公內記敵法一卷。黃石公
三略三卷 下邳神人撰成氏注梁又有黃石公記三卷黃石公略注三卷 黃石公三奇法一卷 梁有兵書一卷
張良經與三略往往同亡 黃石公五壘圖一卷。黃石公陰謀行軍秘法一卷 梁有黃石
公秘經二卷 大將軍兵法一卷。黃石公兵書三卷。兵書接要十卷 魏武帝撰
梁有兵書接要別本五卷又有兵書要論七卷亡 兵法接要三卷 魏武帝撰 三宮用兵法一卷。兵
書略要九卷 魏武帝撰梁有兵要三卷 魏武帝兵法一卷 梁有魏時羣臣表伐吳策一卷諸州策四卷軍
令八卷尉繚子兵書一卷 兵林六卷 東晉江都相孔衍撰 兵林一卷。玄女戰經一卷。
武林一卷 王略撰 黃帝問玄女兵法四卷 梁三卷 秦戰鬪一卷。
梁主兵法一卷。梁武帝兵書鈔一卷。梁武帝兵書要鈔
一卷。玉韜十卷 梁元帝撰 金韜十卷。金策十九卷。

兵書要略五卷（後周齊王宇文憲撰）。兵書七卷。兵書要術四
卷（伍景志撰）。兵記八卷（司馬彪撰，本二十卷）。兵書要序十卷（趙氏撰）
兵法五卷。雜兵書十卷（梁有雜兵書八卷，三家兵法要集三卷，戎畧機品一卷，亡）
大將軍一卷。雜兵圖二卷。兵畧五卷。軍勝
見十卷（許昉撰）。戎決十三卷（許昉撰）。陣圖一卷。陰策二
十二卷（大都督劉祐撰）。陰策林一卷。承神兵書二十卷。
眞人水鏡十卷。戰畧二十六卷（金城公趙煚撰）。金海三
十卷（蕭吉撰）。兵書二十五卷。雜撰陰陽兵書五卷
（莫珍實撰）黃帝兵法雜要決一卷。黃帝軍出大師
年命立成一卷。黃帝夌姓符二卷（許昉撰。梁有辟兵法一卷）

黃帝太一兵歷一卷。黃帝蚩尤風后行軍秘術
二卷（梁有黃帝蚩尤兵法一卷，亡）。老子兵書一卷。吳有道占
出軍決勝負事一卷（梁二卷。又黃帝出軍雜用決十二卷，風氣占軍決勝戰二卷，太
史令全範撰）對敵權變一卷（吳氏撰）。對敵占風一卷（梁有黃帝
夏氏占氣六卷，兵法風氣等占三卷，亡）對敵權變逆順一卷。兵法
權儀一卷。六甲孤虛雜決一卷（梁有孫子戰鬭六甲兵法一卷）
六甲孤虛兵法一卷。孤虛法十卷（梁有兵法遁甲孤虛斗中
城法九卷）兵書雜占十卷（梁有兵法日月風雲背向雜占十二卷，兵法三卷，孤虛
占三卷，京氏征伐軍候八卷）。兵書雜歷八卷。太一兵書
一十一卷（梁二十卷）。兵書內術二卷。兵法書

決九卷（闕一卷）。軍國要略一卷。兵法要錄二卷。用兵撮
要二卷。用兵要術一卷。用兵秘法雲氣占一卷。五
家兵法一卷。兵法三家軍占秘要一卷（李行撰）。氣經上部
占一卷。天大芒雲氣占一卷。鬼谷先生占氣一卷。
五行候氣占災一卷。乾坤氣法一卷。雜匈奴占一卷
（漢武帝王朔注）對敵占一卷。雜占八卷（梁有推元嘉十二年日時兵法二卷，逆推元嘉
五十年太歲計用兵法一卷）兵殺歷一卷。馬槊譜一卷（梁二卷。梁有騎馬都格一
卷，騎馬變圖一卷，馬射譜一卷，亡）棊勢四卷（梁有術藝畧序五卷，孫暢之撰。圍棊勢七卷，湘東太守徐
泓撰。齊高棊圖二卷。圍棊九品序錄五卷，范汪等撰。圍棊勢二十九卷，晉趙王倫舍人馬朗等撰。棊品叙畧三卷，建
元永明棊品二卷，宋員外殿中將軍褚思莊撰。天監棊品一卷，梁尚書僕射柳惲撰，亡）雜博戲五卷

投壺經一卷。梁東宮撰太博法一卷。雙博法一
卷。皇博法一卷（梁有大小博法一卷，投壺經四卷，投壺變一卷，晉左光祿大夫虞潭撰，投壺道
一卷，郝沖撰。擊壤經一卷，亡）象經一卷（周武帝撰）。博塞經一卷（邵綱撰）。棊勢十
卷（沈敞撰）。棊勢十卷（二卷成）。棊勢十卷（王子沖撰）。棊勢八卷。棊圖
勢十卷。棊九品序錄一卷（范汪等注）。棊後九品序一卷（袁遵撰）
圍棊品一卷（梁武帝撰）。棊品序一卷（陸雲撰）。棊法一卷（梁武帝撰）。彈棊
譜一卷（徐廣撰）。二儀十博經一卷。象經一卷（王褒註）。象經三
卷（王裕注）。象經一卷（何妥注）。象經發題義一卷
右一百三十三部，五百一十二卷
兵者所以禁暴靜亂者也。易曰古者弦木爲弧，剡木爲矢

弧矢之利以威天下孔子曰不教人戰是謂棄之周官大
司馬掌九法九伐以正邦國是也然皆動之以仁行之以
義故能誅暴靜亂以濟百姓下至三季恣情逞欲爭伐尋
常不撫其人設變詐而滅仁義至乃百姓離叛以致於亂
○周髀一卷趙嬰注周髀一卷甄鸞重述周髀圖一卷。靈憲一
卷張衡撰渾天象注一卷吳散騎常侍王蕃撰渾天義二卷。渾天圖
一卷石氏渾天圖一卷。渾天圖記一卷梁有昕天論一卷姚信撰安天論六
卷虞喜圖天圖一卷原天論一卷神光內抄一卷定天論三卷。天儀說要一卷
陶弘景撰玄圖一卷。石氏星簿經讚一卷。星經二卷。甘
氏四七法一卷。巫咸五星占一卷。天儀說要一卷陶弘

景撰錄軌象以頌其章一卷內有圖天文集占十卷晉太史令陳卓定
天文要集四十卷晉太史令韓楊撰天文要集四卷。天文要集
三卷。天文集占十卷梁百卷梁有石氏甘氏天文占各八卷天文占六卷
李暹撰天文占一卷。天文占氣書一卷。天文集要鈔二
卷。天文書一卷梁有雜天文書二十五卷雜天文橫占一卷。天文
橫圖一卷高文洪撰天文集占圖十一卷梁有天文五行圖十一卷天文雜占十六
卷亡天文錄三十卷梁奉朝請祖暅撰天文志十二卷吳雲撰天文志
雜占一卷吳雲撰梁有天文雜占十五卷亡天文十二卷史崇注天文十二
次圖一卷梁有天宮宿野圖一卷亡婆羅門天文經二十一卷婆羅門捨仙人
所說婆羅門竭伽仙人天文說三十卷。婆羅門天文一卷

○陳卓四方宿占一卷梁四卷黃帝五星占一卷。五星占
一卷丁巡撰五星占一卷梁有五星集占六卷日月五星集占十卷五星占一卷
陳卓撰五星犯列宿占六卷。雜星書一卷。星占二十八
卷孫僧化等撰星占一卷梁有石氏星經七卷陳卓記又石氏星官十九卷又星經七卷郭歷撰亡
天官星占十卷陳卓撰梁天官星占二十卷吳襲撰星占八卷梁又有星占十八卷中
星經簿十五卷梁有星官簿讚十三卷又有星書三十四卷雜家星占六卷論星一卷亡著明
集十卷。雜星圖五卷。天文外官占八卷。雜星占七
卷。雜星占十卷。海中星占一卷梁有論星一卷星圖海中占
一卷。解天命星宿要決一卷。摩登伽經說星圖一卷
○星圖二卷梁有星書圖七卷彗星占一卷。妖星流星形名占

一卷。太白占一卷。流星占一卷。石氏星占一卷吳襲
撰候雲氣一卷。星官次占一卷。彗孛占一卷。二十
八宿二百八十三官圖一卷。荊州占二十卷宋通直郎劉叡撰梁
二十二卷翼氏占風一卷。日月暈三卷梁日月暈圖二卷孝經內記
二卷。京氏釋五星災異傳一卷。京氏日占圖三卷。
夏氏日旁氣一卷許氏撰梁四卷日食兼候占一卷。魏氏日旁
氣圖一卷。日旁雲氣圖五卷。天文占雲氣圖一卷梁有
雜望氣經八卷候氣占一卷章賢十二時雲氣圖二卷天文洪範日月變一卷。洪
範占二卷梁有洪範五行星曆四卷黃道晷景占一卷梁有晷景記二卷月行
黃道圖一卷梁有日月交會圖鄭玄注一卷又日月本次位圖二卷月暈占一卷。

日月食暈占四卷。日食占一卷。日月薄蝕圖一卷。
日變異食占一卷。日月暈珥雲氣圖占一卷梁有君失政大雲雨
日月占二卷二十八宿十二次一卷。二十八宿分野圖一卷
。五緯合雜一卷。五星合雜說一卷。垂象志一百四
十八卷。太史注記六卷。靈臺祕苑一百一十五卷太史
令庾季才撰

右九十七部合六百七十五卷

天文者所以察星辰之變而參於政者也易曰天垂象見
吉凶書稱天視自我人視天聽自我人聽故曰王政不脩
謫見于天日爲之蝕后德不修謫見于天月爲之蝕其餘
孛彗飛流見伏陵犯各有其應周官馮相掌十有二歲十

有二月十有二辰十日二十有八星之位辨其叙事以會
天位是也小人爲之則指凶爲吉謂惡爲善是以數術錯
亂而難明

四分曆三卷梁四分曆三卷漢修曆人李梵撰梁又有三統曆法三卷劉歆撰亡趙隱居四
分曆一卷。魏甲子元三統曆一卷。姜氏三紀曆一卷
。曆序一卷姜氏撰乾象曆三卷吳太子太傅闞澤撰梁有乾象曆五卷漢會稽都尉
劉洪等注又有闞澤注五卷又乾象五星幻術一卷亡曆術一卷吳太史令吳範撰景初曆
三卷晉楊偉撰梁有景初曆術二卷景初曆法三卷又一本五卷並楊偉撰并景初曆畧要二卷亡景初
壬辰元曆一卷楊沖撰正曆四卷晉太常劉智撰河西甲寅元曆一

卷涼太史趙𢾾撰甲寅元曆序一卷趙𢾾撰宋元嘉曆二卷何承天撰梁又
有元嘉曆統二卷元嘉中論曆事六卷元嘉曆疏一卷元嘉二十六年度日景數一卷亡曆術一卷何承
天撰梁有驗日食法三卷何承天撰又有論頻月合朔法五卷雜曆七卷曆法集十卷又曆術十卷京氏要集曆術
四卷姜岌撰亡曆術一卷崔浩撰神龜壬子元曆一卷後魏讓軍將軍祖瑩撰
魏後元年甲子曆一卷。壬子元曆一卷後魏校書郎李業興撰甲
寅元曆序一卷趙𢾾撰魏武定曆一卷。齊甲子元曆一卷
宋氏撰宋景業曆一卷景業後齊散騎常侍周天和年曆一卷甄鸞撰甲
子元曆一卷李業興撰周大象年曆一卷王琛撰曆術一卷王琛撰
壬辰元曆一卷。甲午紀曆術一卷。新造曆法一卷。
開皇甲子元曆一卷。曆術一卷華州刺史張賓撰七曜本起三

卷後魏甄叔遵撰七曜小甲子元曆一卷。七曜曆術一卷梁有七曜曆
法四卷七曜要術一卷。七曜曆法一卷。推七曜曆一卷
。五星曆術一卷。天圖曆術一卷。陳永定七曜曆四
卷。陳天嘉七曜曆七卷。陳天康二年七曜曆一卷。
陳光大元年七曜曆二卷。陳光大二年七曜曆一卷。
陳太建年七曜曆十三卷。陳至德年七曜曆二卷。陳
禎明年七曜曆二卷。開皇七曜年曆一卷。仁壽二年
七曜曆一卷。七曜曆經四卷張賓撰春秋去交分曆一卷
。曆日義說一卷。律曆注解一卷。龍曆草一卷。推
漢書律曆志術一卷。推曆法一卷崔隱居撰曆疑質讖序二

卷。興和曆疏二卷。七曜曆數筭經一卷(趙敺撰)筭元嘉
曆術一卷。七曜曆疏一卷(李業興撰)七曜義疏一卷(李業興撰)
七曜術筭二卷(甄鸞撰)七曜曆疏五卷(太史令張胄玄撰)陰陽曆術
一卷(趙敺撰梁有朔氣長曆二卷皇甫謐撰曆章句二卷月令七十二候一卷三五曆說圖一卷亡)雜注
一卷。曆注一卷。曆記一卷。雜曆二卷。雜曆術一
卷(梁三筭推法一卷)太史注記六卷。太史記注六卷。見行曆
一卷。八家曆一卷。漏刻經一卷(何承天撰梁有後漢待詔太史霍融何承
天揚偉等撰三卷亡)漏刻經一卷(祖暅撰)漏刻經一卷(梁中書舍人朱史撰)漏刻
經一卷(梁伏撰梁有天監五年修漏刻事一卷亡)漏刻經一卷(陳太史令宋景撰)雜漏
刻法十一卷(皇甫洪澤撰)晷漏經一卷。九章術義序一卷。

九章筭術十卷(劉徽撰)九章筭術二卷(徐岳甄鸞重述)九章筭術一
卷(李遵義疏)九九筭術二卷(楊淑撰)九章別術二卷。九章筭經
二十九卷(徐岳甄鸞等撰)九章筭經二卷(徐岳注)九章六曹筭經一
卷。九章重差圖一卷(劉徽撰)九章推圖經法一卷(張峻撰)綴
術六卷。孫子筭經二卷。趙敺筭經一卷。夏侯陽筭
經二卷。張丘建筭經二卷。五經筭術錄遺一卷。五
經筭術一卷。筭經異義一卷(張纘撰)張去斤筭疏一卷。
筭法一卷。黃鍾筭法三十八卷。筭律呂法一卷。衆
家筭陰陽法一卷。婆羅門筭法三卷。婆羅門陰陽筭
曆一卷。婆羅門筭經三卷

右一百部二百六十三卷

曆數者所以揆天道察昏明以定時日以處百事以辨三
統以知阸會吉隆終始窮理盡性而至於命者也易曰先
王以治曆明時書敘朞三百有六旬有六日以閏月定四
時成歲春秋傳曰先王之正時也履端於始舉正於中歸
餘於終又曰閏以正時時以序事事以厚生生民之道其
在周官則亦太史之職小人為之則壞大為小削遠為近
是以道術破碎而難知

黃帝飛鳥曆一卷(張衡撰)黃帝四神曆一卷(吳範撰)黃帝地曆
一卷。黃帝斗曆一卷。黃石公北斗三奇法一卷。風

角集要占十二卷。風角要占三卷(梁八卷京房撰)風角占三卷
(梁有侯公領中風角占四卷亡)風角總占要決十一卷(梁有風角總集一卷風角雜占要決
十二卷亡)風角雜占四卷(梁有風角雜占十卷亡)風角要集十卷。風角
要集六卷(梁十一卷)風角要集一卷。風角要候十一卷(翼奉撰)
風角書十二卷(梁十卷)風角七卷(章仇太翼撰)風角占候四卷(梁有
風角雜兵候十三卷亡)風角鏤歷占三卷(呂氏撰)風角要候一卷(章仇太翼
撰)兵法風角式一卷。戰鬬風角鳥情三卷(梁有風角五音六情經十
三卷風角兵候十二卷亡)風角鳥情一卷(翼氏撰)風角鳥情二卷(儀同臨孝恭撰)
陰陽風角相動法一卷(梁有風角迴風卒起占五卷風角地展一卷風角望氣八卷風雷集
占一卷)五音相動法二卷。五音相動法一卷(梁有風角五音占五卷京

（房撰亡）風角五音圖二卷。風角雜占五音圖五卷（翼氏撰。梁十三
卷，京房撰。翼奉撰，亡）黃帝九宮經一卷。九宮經三卷（鄭玄注。梁有黃帝四部九
宮五卷，亡）九宮行棊經三卷（鄭玄注）九宮行棊經三卷。九宮行
棊法一卷（房氏撰）九州行棊立成法一卷（王琛撰）九宮行棊雜
法一卷。九宮行棊法一卷。行棊新術一卷。九宮行
棊鈔一卷。九宮推法一卷。三元九宮立成二卷。九
宮要集一卷（巨盧晁撰）九宮經解二卷（李氏注）九宮圖一卷。九
宮變圖一卷。九宮八卦式蟠龍圖一卷。九宮郡縣錄
一卷。九宮雜書十卷（梁有太一九宮雜占十二卷，亡）射候二卷。太
一飛鳥曆一卷（王琛撰）太一飛鳥曆一卷。太一飛鳥曆二

卷。太一十精飛鳥曆一卷。太一飛鳥立成一卷。太
一飛鳥雜決捕盜賊法一卷。太一三合五元要決一卷
（梁有黃帝太一雜書十六卷，黃帝太一度厄秘術八卷，太一帝記法八卷，太一雜用十四卷，太一雜要七卷，雜太一
經八卷，亡）太一龍首式經一卷（董氏注。梁三卷。梁又有式經三十三卷，亡）太一經二
卷（宋琨撰）太一式雜占十卷（梁二十卷）太一九宮雜占十卷。黃
帝飛鳥曆一卷。黃帝集靈三卷。黃帝絳圖一卷。黃
帝龍首經二卷。黃帝式經三十六用一卷（曹氏撰）黃帝式
用當陽經二卷。黃帝奄心圖一卷。玄女式經要法一
卷。黃帝陰陽遯甲六卷。遯甲決一卷（吳相伍子胥撰）遯甲文
一卷（伍子胥撰）遯甲經要鈔一卷。遯甲萬一決二卷。遯甲

九元九局立成法一卷。遯甲附後立成囊中秘一卷（葛洪
撰）遯甲囊中經一卷。遯甲囊中經疏一卷。遯甲立成
六卷。遯甲叙三元玉曆立成一卷（郭弘遠撰）遯甲立成二卷
。遯甲立成法一卷（臨孝恭撰）遯甲穴隱秘處經一卷。黃帝
九元遯甲一卷（王琛撰）黃帝出軍遯甲式法一卷。遯甲法
一卷。遯甲術一卷。陽遯甲用局法一卷（臨孝恭撰）雜遯甲
鈔四卷。三元遯甲上圖一卷。三元遯甲圖三卷。遯
甲九宮八門圖一卷。遯甲開山圖三卷（榮氏撰）遯甲返覆
圖一卷（葛洪撰）遯甲年錄一卷。遯甲支手決一卷。遯甲
附後立成一卷。遯甲行日時一卷。遯甲孤虛記一卷

（伍子胥撰）遯甲孤虛注一卷。東方朔歲占一卷。斗中孤虛
圖一卷。孤虛占一卷。遯甲九宮亭亭白姦書一卷。
戰鬬博戲等法一卷。玉女反閉局法三卷。逆刺一卷
（京房撰）逆刺占一卷。逆刺摠決一卷。壬子決一卷。鳥
情占一卷（王喬撰）鳥情逆占一卷。鳥情書二卷。鳥情雜
占禽獸語一卷。占鳥情二卷。六情決一卷（王琛撰）六情
鳥音內秘一卷（焦氏撰）孝經元辰決九卷。孝經元辰二卷
。元辰本屬經一卷。推元辰厄會一卷。元辰事一卷
。元辰救生削死法一卷。推元辰要秘次序一卷。元
辰章用二卷。雜推元辰要秘立成六卷。元辰立成譜

一卷。方正百對一卷京房撰 晉災祥一卷京房撰 災祥集七
十六卷。地形志八十七卷庾季才撰 海中仙人占災祥書三
卷。周易占事十二卷漢魏郡太守京房撰 遁甲三卷梁有遁甲經十卷遁甲正
經五卷太一遁甲一卷亡 遁甲要用四卷葛洪撰 遁甲祕要一卷葛洪撰 遁
甲要一卷葛洪撰 遁甲三十三卷後魏信都芳撰 三元遁甲六卷許昉
撰 三元遁甲六卷陳員外散騎常侍劉毗撰 三元遁甲二卷梁太一遁甲一卷遁
甲三元三卷 三元九宮遁甲二卷梁有遁甲三元三卷亡 三正遁甲一卷
杜仲撰 遁甲三十五卷。遁甲時下決三十三卷。陰陽遁
甲十四卷。遁甲正經三卷梁五卷 遁甲經十卷。遁甲開
山圖一卷梁遁甲開山經圖一卷 遁甲九星曆一卷。遁甲三奇三

卷。遁甲推時要一卷。遁甲三元九甲立成一卷。雜
遁甲五卷梁九卷遁甲經外篇一百卷六甲隱圖并遁甲圖二卷亡 陽遁甲九卷釋智海撰
陰遁甲九卷。武王須臾二卷。六壬式經雜占九卷梁有
六壬式經三卷亡 六壬釋兆六卷。破字要決一卷。桓安吳式
經一卷梁有雜式占五卷式經雜要決式立成各九卷式王曆伍子胥式經章句起射覆式越相范蠡玉筍
式各二卷亡 光明符十二卷錄一卷梁簡文帝撰 龜經一卷晉掌卜大夫史蘇撰有史
蘇龜經十卷梁龜決二卷葛洪撰管郭近要決龜音色九官著龜序各一卷龜卜要決龜圖五行九親各四卷又龜
親經三十卷周子曜撰亡 史蘇沉思經一卷。龜卜五兆動搖決一卷
。周易占十二卷京房撰梁周易妖占十三卷京房撰 周易守林三卷京房撰
周易集林十二卷京房撰七錄云伏萬壽撰 周易飛候九卷京房撰梁有周易飛

候六日七分八卷亡 周易飛候六卷京房撰 周易四時候四卷京房撰 周
易錯卦七卷京房撰 周易渾沌四卷京房撰 周易委化四卷京房
撰 周易逆刺占災異十二卷京房撰 周易占一卷張浩撰 周易
雜占十三卷。周易雜占十一卷。周易雜占九卷尚廣撰梁
有周易雜占八卷武靖撰亡 易林十六卷焦贛撰梁又本三十二卷 易林變占十六
卷焦贛撰 易林二卷費直撰梁五卷 易內神筮二卷費直撰梁有周易筮占林五卷
費直撰亡 易新林一卷後漢方士許峻等撰梁十卷 易災條二卷許峻撰 易決
一卷許峻撰梁有易雜占七卷許峻撰又易要決三卷亡 周易通靈決二卷魏少府丞
管輅撰 周易通靈要決一卷管輅撰 周易集林律曆一卷虞翻撰梁
有周易筮占二十四卷晉徵士徐苗撰亡 周易新林四卷郭璞撰梁有周易雜占十卷葛洪撰亡

周易新林九卷郭璞撰梁有周易林五卷郭璞撰亡 易洞林三卷郭璞撰 周易
新林一卷。周易新林二卷。易林三卷魯洪度撰 周易林十
卷梁周易林三十三卷錄一卷 易讚林二卷。易立成林二卷郭氏撰 易
立成四卷。易玄成一卷。周易立成占三卷顏氏撰 神農
重卦經二卷。文王幡音一卷。易三備三卷。易三備
一卷。易占三卷。易射覆二卷。易射覆一卷。周易
孔子通覆決三卷顏氏撰 易林要決一卷。易要決二卷梁有
周易曆周易初學並要法各一卷 周易髓腦二卷。易腦經一卷鄭氏撰 周
易玄品二卷。易律曆一卷虞翻撰 易曆七卷。易曆決疑
二卷。周易卦林一卷。洞林三卷梁元帝撰 連山三十卷梁元

帝撰雜筮占四卷。五兆筭經一卷。十二靈棊卜經一卷
梁有管公明筭占書一卷五行雜卜經十卷亡京君明推偷盜書一卷。天皇大
神氣君注曆一卷。太史公萬歲曆一卷。千歲曆祠一
卷任氏撰萬歲曆祠二卷。萬年曆二十八宿人神一卷。
六甲周天曆一卷孫僧化撰六十甲子曆八卷。曆祀一卷。
田家曆十二卷。三合紀飢穰一卷。師曠書三卷。海
中仙人占災祥書三卷。東方朔占二卷。東方朔書二
卷。東方朔書鈔二卷。東方朔曆一卷。東方朔占候
水旱下人善惡一卷梁有擇日書十卷太歲所在占善惡書一卷亡雜忌曆二卷
魏光祿勳高堂隆撰百忌大曆要鈔一卷。百忌曆術一卷。百忌

志二十九　隋書三十四　二十五

通曆法一卷梁有雜百忌五卷亡曆忌新書十二卷。太史百忌曆
圖一卷梁有太史百忌一卷亡雜殺曆九卷梁有秦災異一卷後漢中郎郗萌撰後漢災異
十五卷晉災異簿二卷宋災異簿四卷雜凶妖一卷破書玄武書契各一卷亡二儀曆頭堪餘一
卷。堪餘曆二卷。注曆堪餘一卷。地節堪餘二卷。
堪餘曆注一卷。堪餘四卷。大小堪餘曆術一卷梁大小堪
餘三卷四序堪餘二卷殷紹撰梁堪餘天赦有書七卷雜堪餘四卷亡八會堪餘一
卷。雜要堪餘一卷。元辰五羅筭一卷。孝經元辰四
卷梁有五行元辰厄會十三卷孝經元辰會九卷孝經元辰決一卷亡元辰曆一卷。雜元
辰祿命二卷。泝河祿命三卷梁有五行祿命厄會十卷亡乾坤氣法
一卷許𡸫撰易通統卦驗玄圖一卷。易通統圖二卷。易

新圖序一卷。日月通統圖一卷。易八卦命錄斗內圖一
卷郭璞撰易斗圖一卷郭璞撰易八卦斗內圖二卷。八卦斗
內圖二卷梁有周易八卦五行圖周易斗中八卦絕命圖周易斗中八卦推遊年圖各一卷亡周易
分野星圖一卷。舉百事略一卷。五姓歲月禁忌一卷
。舉百事要一卷。嫁娶經四卷。陰陽婚嫁書四卷。
雜陰陽婚嫁書三卷。婚嫁書二卷。婚嫁黃籍科一卷
。六合婚嫁曆一卷梁六合婚嫁書及圖各一卷嫁娶迎書四卷。雜
婚嫁書六卷。嫁娶陰陽圖二卷。陰陽嫁娶圖二卷。
雜嫁娶房內圖術四卷。九天嫁娶圖一卷。六甲貫胎
書一卷。產乳書二卷。產經一卷。推產婦何時產法

志二十九　隋書三十四　二十六

一卷王琛撰推產法一卷。雜產書六卷。生產符儀一卷
。產圖二卷。雜產圖四卷。拜官書三卷。臨官冠帶
書一卷。仙人務子傳神通黃帝登壇經一卷。壇經一
卷四等撰登壇經三卷。五姓登壇圖一卷。登壇文一卷
梁有二公地基一卷雜地基立成五卷八神圖二卷十二屬神圖一卷亡沐浴書一卷梁有裁衣書一
卷亡占夢書三卷京房撰占夢書一卷崔元撰竭伽仙人占夢書
一卷。占夢書一卷周宣等撰新撰占夢書十七卷并目錄夢書
十卷。解夢書二卷。海中仙人占體瞤及雜吉凶書三
卷。海中仙人占吉凶要畧二卷。雜占夢書一卷梁有師曠
占五卷東方朔占七卷黃帝太一雜占十卷希菟鳥鳴書王喬解鳥語經嚔書耳鳴書目瞤書各一卷董仲舒請禱

圖三卷亡竈經十四卷梁簡文帝撰梁又有祠竈書一卷六甲紀書二卷又有太玄禁經白獸七變經

墨子枕中五行要記淮南万畢經淮南變化術陶朱變化術各一卷三五步剛三十卷五行變化墨子五卷淮南中

經四卷六甲隱形圖五卷太史公素王妙議二卷亡瑞應圖三卷。瑞圖讚二卷梁有

孫柔之瑞應圖記孫氏瑞應圖贊各三卷亡祥瑞圖十一卷。祥瑞圖八卷侯亶

撰芝英圖一卷。祥異圖十一卷。災異圖一卷。地動

圖一卷。張掖郡玄石圖一卷高堂隆撰張掖郡玄石圖一卷

孟衆撰梁有晉玄石圖一卷晉德易天圖二卷亡天鏡二卷。乾坤鏡二卷梁天鏡地

鏡日月鏡四規鏡經各一卷地鏡圖六卷亡望氣書七卷。雲氣占一卷梁望氣相

山川寶藏秘記一卷仙寶劍經二卷亡地形志八十卷庾季才撰宅吉凶論三卷

。相宅圖八卷。五姓墓圖一卷梁有冢書黃帝葬山圖各四卷五音相墓書五

卷五音圖墓書九十一卷五姓圖山龍及科墓葬不傳各一卷雜相墓書四十五卷亡相書四十六

卷。相經要錄二卷蕭吉撰相經三十卷鍾武隸撰相書十一卷樊許唐氏武王相書一卷雜

相書九卷相書圖七卷亡相手板經六卷梁相手板經受版圖韋氏相板印法指略抄魏征東將軍

程申伯相印法各一卷亡大智海四卷。白澤圖一卷。相馬經一卷

梁有伯樂相馬經闕中銅馬法周穆王八馬圖齊侯大夫寗戚相牛經王良相牛經高堂隆相牛經淮南八公相鵠

經浮丘公相鶴書相鴨經相雞經相鵝經相貝經相瓶權衡記稱物重率術各二卷劉潛泉圖記三卷亡

右二百七十二部合一千二十二卷

五行者金木水火土五常之形氣者也在天爲五星在人爲五藏在目爲五色在耳爲五音在口爲五味在鼻爲五臭在上則出氣施變在下則養人不倦故傳曰天生五材廢一不可是以聖人推其終始以通神明之變爲卜筮以考其吉凶占百事以觀於來物覩形法以辨其貴賤周官則分在保章馮相卜師筮人占夢眡祲而太史之職實司揔之小數者纔得其十緒便以細事相亂以惑於世

黃帝素問九卷梁八卷黃帝甲乙經十卷音一卷梁十二卷黃帝八

十一難二卷梁有黃帝衆難經一卷呂博望注亡黃帝鍼經九卷梁有黃帝鍼灸經十

二卷徐悅龍銜素鍼并孔穴蝦蟇圖三卷雜鍼經四卷程天祚鍼經六卷灸經五卷曹氏灸方七卷秦承祖偃側雜

鍼灸經三卷亡徐叔嚮鍼灸要鈔一卷。玉匱鍼經一卷。赤烏

神鍼經一卷。岐伯經十卷。脈經十卷王叔和撰脈經二卷

梁脈經十四卷又脈生死要訣二卷又脈經六卷黃公興撰脈經六卷秦承祖撰脈經十卷康普思撰亡黃帝

流注脈經一卷梁有明堂流注六卷亡明堂孔穴五卷梁明堂孔穴二卷新撰鍼

灸穴一卷亡明堂孔穴圖三卷。明堂孔穴圖三卷梁有偃側圖八卷又

偃側圖二卷神農本草八卷梁有神農本草五卷神農本草屬物二卷神農明堂圖一卷蔡邕本

草七卷華佗弟子吳普本草六卷陶隱居本草十卷隨費本草九卷秦承祖本草六卷王季璞本草經三卷李譡之

本草經談道術本草經鈔各一卷宋大將軍參軍徐叔嚮本草病源合藥要鈔五卷徐叔嚮等四家體療雜病本草

要鈔十卷王末鈔小兒用藥本草二卷甘濬之癰疽耳眼本草要鈔九卷陶弘景本草經集注七卷趙贊本草經一

卷本草經輕行本草經利用各一卷亡神農本草四卷雷公集注甄氏本草三卷

。桐君藥錄三卷梁有雲麾將軍徐滔新集藥錄四卷李譡之藥錄六卷藥法四十二卷藥律三

卷藥性藥對各二卷藥目三卷神農採藥經二卷藥忌一卷亡太清草木集要二卷陶隱居撰

張仲景方十五卷仲景後漢人梁有黃素藥方二十五卷亡華佗方十卷吳普撰佗

後漢人梁有華佗內事五卷又耿奉方六卷亡集略雜方十卷○雜藥方一卷梁有
雜藥方四十六卷雜藥方十卷○寒食散論二卷梁有寒食散湯方二十卷寒食
散方一十卷皇甫謐曹歙論寒食散方二卷亡寒食散對療一卷釋道洪撰解寒食散
方二卷釋智斌撰梁解散論二卷解寒食散論二卷梁有徐叔嚮解寒食散方六卷釋慧
義寒食解雜論七卷亡雜散方八卷梁有解散方解散論各十三卷徐叔嚮解散消息節度八卷范
氏解散方七卷解釋慧義解散方一卷亡湯丸方十卷○雜丸方十卷梁有百病膏方
十卷雜湯丸散酒煎薄帖膏湯婦人少小方九卷羊中散雜湯丸散酒方一卷療下湯丸散方十卷石論一
卷○醫方論七卷梁有張仲景辨傷寒十卷療傷寒身驗方徐方伯辨傷寒各一卷傷寒總要二
卷支法存申蘇方五卷王叔和論病六卷張仲景評病要方一卷徐叔嚮談道述徐悅體療雜病疾源三卷甘濬之
癰疽部黨雜病疾源三卷府藏要三卷亡肘後方六卷葛洪撰梁二卷陶弘景補闕肘後百一方九卷

亡姚大夫集驗方十二卷○范陽東方一百五卷錄一卷范汪撰
梁一百七十六卷梁又有阮河南藥方十六卷阮文叔撰釋僧深藥方三十卷孔中郎雜藥方二十九卷宋建平王
典術一百二十卷羊中散藥方三十卷羊欣撰褚澄雜藥方二十卷齊吳郡太守褚澄撰亡秦承祖藥
方四十卷見三卷梁有陽眄藥方二十八卷夏侯氏藥方七卷王季琰藥方一卷徐叔嚮雜療方二十二
卷徐叔嚮雜病方六卷李譡之藥方一卷徐文伯藥方二卷亡胡洽百病方二卷梁有治卒病方
一卷徐奘要方一卷無錫令徐奘撰遼東備急方三卷都尉臣廣上殷荊州要方一卷殷仲堪撰亡俞氏療
小兒方四卷梁有范氏療婦人藥方十一卷徐叔嚮療少小百病雜方三十七卷療少小雜方二十卷
療少小雜方二十九卷范氏療小兒藥方一卷王末療小兒雜方十七卷亡徐嗣伯落年方三
卷梁有徐叔嚮療腳弱雜方八卷徐方伯辨腳弱方一卷甘濬之療癰疽金創要方十四卷甘濬之療癰疽毒悅
雜病方三卷甘伯齊療癰疽金創方十五卷亡陶氏效驗方六卷梁五卷梁又有療目方五卷甘

濬之療耳眼方十四卷神枕方一卷雜戎狄方一卷宋武帝撰摩訶出胡國方十卷摩訶胡沙門撰又范曄上香方
一卷雜香膏方一卷亡彭祖養性經一卷○養生要集十卷張湛撰玉
房祕訣十卷○墨子枕內五行紀要一卷梁有神枕方一卷疑此即是
如意方十卷○練化術一卷○神仙服食經十卷○雜仙
餌方八卷○服食諸雜方二卷梁有仙人水玉酒經一卷老子禁食經
一卷○崔氏食經四卷○食經十四卷梁有食經二卷又食經十九卷劉休
食方一卷齊冠軍將軍劉休撰亡食饌次第法一卷梁有黃帝雜飲食忌二卷四時御
食經一卷梁有太官食經五卷又太官食法二十卷食法雜酒食要方白酒并作物法十二卷家政方十
二卷食圖四時酒要方白酒方七日麪酒法雜酒食要法雜藏釀法雜酒食要法酒并飲食方鑑及鐺蟹方羹臛法
鮓膢朐法北方生醬法各一卷亡療馬方一卷梁有伯樂療馬經一卷疑與此同黃帝素問

八卷全元越注脈經二卷徐氏撰華佗觀形察色并三部脈經一
卷○脈經決二卷徐氏新撰脈經鈔二卷許建吳撰黃帝素問女胎
一卷○三部四時五藏辨診色決事脈一卷○脈經略一
卷○辨病形證七卷○五藏決一卷○論病源候論五卷
目一卷吳景賢撰服石論一卷○癰疽論方一卷○五藏論五卷
○瘧論并方一卷○神農本草經三卷○本草經四卷蔡英
撰藥目要用二卷○本草經略一卷○本草二卷徐大山撰本
草經類用三卷○本草音義三卷姚最撰本草音義七卷甄立
言撰本草集錄二卷○本草鈔四卷○本草雜要訣一卷○
本草要方三卷甘濬之撰依本草錄藥性三卷錄一卷靈秀本草

圖六卷原平仲撰。芝草圖一卷。入林採藥法二卷。太常採
藥時月一卷。四時採藥及合目錄四卷。藥錄二卷李密
撰。諸藥異名八卷沙門行矩撰。本十卷，今闕。諸藥要性二卷。種植藥
法一卷。種神芝一卷。藥方二卷徐文伯撰。解散經論并增
損寒食節度一卷。張仲景療婦人方二卷。徐氏雜方
一卷。少小方一卷。療小兒丹法一卷。徐太山試驗
方二卷。徐文伯療婦人瘕一卷。徐太山巾箱中方三
卷。藥方五卷徐嗣伯撰。隋年方三卷徐大山撰。効驗方三卷徐氏撰。
雜要方一卷。玉函煎方五卷葛洪撰。小品方十二卷陳延之撰。
千金方三卷范世英撰。徐王方五卷。徐王八世家傳効驗方

志二十九　隋書三十四　三十一

十卷。徐氏家傳秘方二卷。藥方五十七卷後齊李思祖撰。本百
一十卷。稟丘公論一卷。太一護命石寒食散二卷宋尚撰。皇
甫士安依諸方撰一卷。序服石方一卷。服玉方法一
卷。劉涓子鬼遺方十卷龔慶宣撰。療癰經一卷。療三十六
瘻方一卷。王世榮單方一卷。集驗方十卷姚僧坦撰。集驗
方十二卷。備急單要方三卷許澄撰。藥方二十一卷徐辨卿撰。
名醫集驗方六卷。名醫別錄三卷陶氏撰。刪繁方十三卷
謝士秦撰。吳山居方三卷。新撰藥方五卷。療癰疽諸瘡方
二卷秦政應撰。單複要驗方二卷釋莫滿撰。釋道洪方一卷。小兒
經一卷。散方二卷。雜散方八卷。療百病雜丸方三

卷釋曇鸞撰。療百病散三卷。雜湯方十卷成毅撰。雜療方十三
卷。雜藥酒方十五卷。趙婆療漯方一卷。議論備豫
方一卷于法開撰。扁鵲陷冰丸方一卷。扁鵲肘後方三卷。
療消渴衆方一卷謝南郡撰。論氣治療方一卷釋曇鸞撰。梁武帝所
服雜藥方一卷。大略丸五卷。靈壽雜方二卷。經心
錄方八卷宋侯撰。黃帝養胎經一卷。療婦人產後雜方三
卷。黃帝明堂偃人圖十二卷。黃帝鍼灸蝦蟇忌一卷
。明堂蝦蟇圖一卷。鍼灸圖要決一卷。鍼灸圖經十
一卷本十八卷。十二人圖一卷。鍼灸經一卷。扁鵲偃側鍼
灸圖三卷。流注鍼經一卷。曹氏灸經一卷。偃側人

志二十九　隋志三十四　三十二

經二卷秦承祖撰。華佗枕中灸刺經一卷。謝氏鍼經一卷。
殷元鍼經一卷。要用孔穴一卷。九部鍼經一卷。釋
僧匡鍼灸經一卷。三奇六儀鍼要經一卷。黃帝十二
經脈明堂五藏人圖一卷。老子石室蘭臺中治癩符一
卷。龍樹菩薩藥方四卷。西域諸仙所說藥方二十三
卷目一卷。本二十五卷。香山仙人藥方十卷。西錄波羅仙人方三
卷。西域名醫所集要方四卷本十二卷。婆羅門諸仙藥方二
十卷。婆羅門藥方五卷。耆婆所述仙人命論方二卷
目一卷。本三卷。乾陀利治鬼方十卷。新錄乾陀利治鬼方四卷
本五卷，闕。伯樂治馬雜病經一卷。治馬經三卷俞極撰。治馬經

四卷。治馬經目一卷。治馬經圖二卷。馬經孔穴圖
一卷。雜撰馬經一卷。治馬牛駝騾等經三卷（目一卷）香
方一卷（宋明帝撰）雜香方五卷。龍樹菩薩和香法二卷。食
經三卷（馬琬撰）會稽郡造海味法一卷。論服餌一卷。淮
南王食經并目百六十五卷（大業中撰）膳羞養療二十卷。金
匱錄二十三卷（目一卷京里先生撰）練化雜術一卷（陶隱居撰）玉衡隱書
七十卷（目一卷周弘讓撰）太清諸丹集要四卷（陶隱居撰）雜神丹方九
卷。合丹大師口訣一卷。合丹節度四卷（陶隱居撰）合丹要
略序一卷（孫文韜撰）仙人金銀經并長生方一卷。狐剛子萬
金決二卷（葛仙公撰）雜仙方一卷。神仙服食經十卷。神仙

服食神秘方二卷。神仙服食藥方十卷（抱朴子撰）神仙餌金
丹沙秘方一卷。衛叔卿服食雜方一卷。金丹藥方四
卷。雜神仙丹經十卷。雜神仙黃白法十二卷。神仙
雜方十五卷。神仙服食雜方十卷。神仙服食方五卷
。服食諸雜方二卷。服餌方三卷（陶隱居撰）眞人九丹經一
卷。太極眞人九轉還丹經一卷。練寶法二十五卷（目三
卷本四十卷闕）太清璇璣文七卷（沖子）陵陽子說黃金秘法一卷。
神方二卷。狐子雜決三卷。太山八景神丹經一卷。
太清神丹中經一卷。養生注十一卷（目一卷）養生術一卷
（翟平撰）龍樹菩薩養性方一卷。引氣圖一卷。道引圖三

卷（立一坐一臥一）養身經一卷。養生要術一卷。養生服食禁
忌一卷。養生傳二卷。帝王養生要方二卷（蕭吉撰）素女
秘道經一卷（并玄女經）素女方一卷。彭祖養性一卷。郯子
說陰陽經一卷。序房內秘術一卷（葛氏撰）玉房秘決八卷
。徐太山房內秘要一卷。新撰玉房秘決九卷。四海
類聚方二千六百卷。四海類聚單要方三百卷

右二百五十六部合四千五百一十卷

醫方者所以除疾疢保性命之術者也天有陰陽風雨晦
明之氣人有喜怒哀樂好惡之情節而行之則和平調理
專壹其情則溺而生疢是以聖人原血脉之本因鍼石之

用假藥物之滋調中養氣通滯解結而反之於素其善者
則原脉以知政推疾以及國周官醫師之職掌聚諸藥物
凡有疾者治之是其事也鄙者爲之則反本傷性故曰有
疾不治恒得中醫

凡諸子合八百五十三部六千四百三十七卷

易曰天下同歸而殊塗一致而百慮儒道小說聖人之教也而
有所偏兵及醫方聖人之政也所施各異世之治也列在衆職
下至衰亂官失其守或以其業遊說諸侯各崇所習分鑣並
騖若使總而不遺折之中道亦可以興化致治者矣漢
書有諸子兵書數術方伎之略今合而敘之爲十四種

謂之子部

志第二十九　經籍三　隋書三十四

志卷第三十　隋書三十五

太尉揚州都督監修國史上柱國趙國公臣長孫無忌等奉勑撰

經籍四　集　道經　佛經

楚辭十二卷（并目録後漢校書郎王逸注）　楚辭三卷（郭璞注梁有楚辭十一卷宋何偃刪王逸注亡）　楚辭九悼一卷（楊穆撰）　參解楚辭七卷（皇甫遵訓撰）　楚辭音一卷（徐邈撰）　楚辭音一卷（宋處士諸葛氏撰）　楚辭音一卷（孟奥撰）　楚辭音一卷。楚辭音一卷（釋道騫撰）　離騷草木疏二卷（劉杳撰）

右十部二十九卷（通計亡書十一部四十卷）

楚辭者屈原之所作也自周室衰亂詩人寢息謟佞之道興諷刺之辭廢楚有賢臣屈原被讒放逐乃著離騷八篇言已離別愁思申抒其心自明無罪因以諷諫冀君覺悟卒不省察遂赴汨羅死焉弟子宋玉痛惜其師傷而和之其後賈誼東方朔劉向揚雄嘉其文彩擬之而作蓋以原楚人也謂之楚辭然其氣質高麗雅致清遠後之文人咸不能逮始漢武帝命淮南王爲之章句旦受詔食時而奏之其書今亡後漢校書郎王逸集屈原已下迄於劉向逸又自爲一篇并叙而注之今行於世隋時有釋道騫善讀之能爲楚聲音韻清切至今傳楚辭者皆祖騫公之音

楚蘭陵令荀況集一卷（殘缺梁二卷）　楚大夫宋玉集三卷。漢武帝集一卷（梁二卷）　漢淮南王集一卷（梁二卷又有賈誼集四卷鼂錯集三卷漢弘農都尉枚乘集二卷録各一卷亡漢中書令司馬遷集一卷。漢太中大夫東方朔集二卷梁有漢光禄大夫吾丘壽王集二卷亡漢文園令司馬相如集一卷。漢膠西相董仲舒集一卷梁二卷又有漢太常孔臧集二卷亡漢騎都尉李陵集二卷梁有漢丞相魏相集二卷録一卷左馮翊張敞集一卷録一卷亡漢諫議大夫王褒集五卷。漢諫議大夫劉向集六卷梁有漢射聲校尉陳湯集二卷丞相韋玄成集二卷亡漢諫議大夫谷永集二卷梁有涼州刺史杜鄴集二卷騎都尉李尋集二卷亡漢司空師丹集一卷梁三卷録一卷漢光禄大夫息夫躬集一卷。漢太中大夫揚雄集五卷。漢太中大夫劉歆集五卷。漢成帝班婕妤集一卷梁有班昭集三卷王莽建新大尹崔篆集一卷保成師友唐林集一卷中謁者史岑集二卷後漢東平王蒼集五卷桓譚集五卷亡

五大士 隋志三十 三十五 二

後漢司隷從事馮衍集五卷。後漢徐令班彪集二卷梁五卷又有司徒掾陳元集一卷王隆集二卷雲陽令朱勃集二卷後漢處士梁鴻集二卷亡後漢車騎從事杜篤集一卷。後漢車騎司馬傅毅集二卷梁五卷後漢大將軍護軍司馬班固集十七卷梁有魏郡太守黄香集一卷亡後漢長岑長崔駰集十卷。後漢侍中賈逵集一卷梁二卷後漢校書郎劉騊駼集一卷梁二卷録一卷又有樂安相李尤集五卷大鴻臚齎章集二卷亡後漢濟北相崔瑗集六卷梁五卷後漢劉珍集二卷録一卷後漢河間張衡集十一卷梁十二卷又一本十四卷又有郎中籍頎集二卷録二卷後漢太傅胡廣集二卷録一卷亡後漢黄門郎葛龔集六卷梁五卷一本七卷後漢司空李固集十二卷梁十卷後漢南郡太守馬融集九卷梁有外黄令高彪集二卷録一卷王逸集二卷録一卷司徒掾桓麟集二卷録一卷亡後漢徵士崔琦集一卷梁二卷録一卷又有酈炎集二卷録二卷陳相邊韶集一卷録一卷益州刺史朱穆集二卷録一卷亡後漢京兆尹延篤集一卷梁二卷録一卷又有司農皇甫規集五卷太常劉張奐集二卷録一卷王延壽集三卷五原太守崔寔集二卷録一卷上計趙壹集二卷録一卷亡後漢諫議大夫劉陶集三卷梁二卷録一卷又有外黄令張升集二卷録一卷侯瑾集二卷盧植集二卷議郎廉品集二卷亡後漢司空荀爽集一卷梁三卷録一卷後漢野王令劉梁集三卷梁二卷録一卷又有鄭玄集二卷録一卷亡後漢左中郎將蔡邕集十二卷梁有二十卷録一卷又有尚書令士孫瑞集二卷亡後漢太山太守應劭集二卷梁四卷又有別部司馬張超集五卷亡後漢少府孔融集九卷梁十卷録一卷後漢侍御史虞翻集二卷梁三卷録一卷後漢討虜長史張紘集一卷梁二卷録

六〇四十二 隋志三十 三十五 三

一卷梁有後漢處士禰衡集二卷録一卷亡後漢尚書右丞潘勗集二卷梁有録一卷亡後漢丞相倉曹屬阮瑀集五卷梁有録一卷亡魏太子文學徐幹集五卷梁有録一卷亡魏太子文學應瑒集一卷梁有五卷録一卷亡後漢丞相軍謀掾陳琳集三卷梁十卷録一卷魏太子文學劉楨集四卷録一卷後漢丞相主簿繁欽集十卷梁録一卷亡後漢丞相主簿楊脩集一卷梁二卷録一卷後漢侍中王粲集十一卷梁有魏國郎中令路粹集二卷録一卷行御史大夫袁渙集五卷録一卷魏國奉常王脩集二卷亡後漢尚書丁儀集一卷梁二卷録一卷後漢黄門郎丁廙集一卷梁二卷録一卷梁又有婦人後漢黄門郎秦嘉妻徐淑集一卷後漢董祀妻蔡文姬集一卷傅石甫妻孔氏集一卷亡魏武帝集二十六卷梁三十卷録一卷梁又有武皇帝逸集十卷亡魏武帝集新撰十卷。

魏文帝集十卷梁二十三卷魏明帝集七卷梁五卷或九卷錄一卷梁又有高貴魏司徒
鄉公集四卷亡魏陳思王曹植集三十卷梁又有司徒華歆集二卷亡
王朗集三十四卷梁三十卷又司徒陳羣集五卷亡魏給事中邯鄲淳集
二卷梁有錄一卷又有劉廙集二卷侍中吳質集五卷新城太守孟達集三卷魏徵士管寧集三卷錄一卷亡
魏光祿勳高堂隆集六卷梁十卷錄一卷又有光祿勳劉邵集二卷錄一卷亡魏散
騎常侍繆襲集五卷梁有錄一卷又有散騎常侍王象集一卷光祿大夫韋誕集三卷錄一卷
散騎常侍麋元集五卷游擊將軍卞蘭集二卷錄一卷闕陽侯李康集二卷錄一卷陳郡太守孫該集二卷錄一卷
尚書傅巽集二卷錄一卷亡魏章武太守殷褒集一卷梁二卷魏司空王
昶集五卷梁有錄一卷魏衞將軍王肅集五卷梁有錄一卷又有桓範集二卷
中領軍曹羲集五卷錄一卷亡魏尚書何晏集十一卷梁十卷錄一卷魏衞尉卿

應璩集十卷梁有錄一卷又有王弼集五卷錄一卷中書令劉階集二卷太常卿傅嘏集二卷錄一卷
樂安太守夏侯惠集二卷錄一卷亡魏校書郎杜摯集二卷梁有毌丘儉集二卷錄一卷征
東軍司馬江奉集二卷亡魏太常夏侯玄集三卷梁有車騎將軍鍾毓集五卷錄一卷亡
魏步兵校尉阮籍集十卷梁十三卷錄一卷魏中散大夫嵇康集
十三卷梁十五卷錄一卷又有魏徵士呂安集二卷錄一卷亡魏司徒鍾會集九卷
梁十卷錄一卷魏汝南太守程曉集二卷梁錄一卷蜀丞相諸葛亮集
二十五卷梁二十四卷又有蜀司徒許靖集二卷錄一卷征北將軍夏侯霸集二卷亡吳輔義
中郎將張溫集六卷梁有士燮集五卷亡吳偏將軍駱統集十卷梁有
錄一卷又有太子少傅薛綜集三卷錄一卷亡吳選曹尚書暨豔集三卷梁三卷錄一卷
又有姚信集二卷錄一卷謝承集四卷今亡吳人楊厚集二卷錄一卷梁又有吳丞相

陸凱集五卷梁有錄一卷吳侍中胡綜集二卷梁有錄一卷又有東觀令華覈
集五卷錄一卷亡吳侍中張儼集一卷梁二卷錄一卷又有韋昭集二卷錄一卷亡吳
中書令紀騭集三卷梁有錄一卷又有陸景集一卷亡晉宣帝集五卷梁有
錄一卷晉文帝集三卷。齊王攸集二卷梁三卷晉王沈集五
卷梁有鄭袤集二卷亡晉宗正嵇喜集一卷殘缺梁二卷錄一卷晉散騎常侍
應貞集一卷梁五卷晉司隸校尉傅玄集十五卷梁五十卷錄一卷亡
晉著作郎成公綏集九卷殘缺梁十卷又有裴秀集三卷錄一卷亡晉金紫光
祿大夫何禎集一卷梁五卷又有裴準集二卷錄一卷亡晉少傅山濤集九
卷梁五卷錄一卷又一本十卷齊奉朝請裴律注又梁有向秀集二卷錄一卷平原太守阮种集二卷錄一卷阮
侃集五卷錄一卷亡晉太傅羊祜集一卷殘缺梁二卷錄一卷又有蔡玄通集五卷太宰賈充

集五卷錄一卷荀勗集三卷錄一卷亡晉征南將軍杜預集十八卷。晉輔國將
軍王濬集一卷殘缺梁二卷錄一卷晉徵士皇甫謐集二卷錄一卷晉
侍中程咸集三卷梁有光祿大夫劉毅集二卷錄一卷晉侍中庾峻集二卷錄一卷亡晉巴
西太守郤正集一卷。晉散騎常侍薛瑩集三卷梁又有散騎常
侍陶濬集二卷錄一卷亡晉通事郎江偉集六卷梁有宣舒集五卷散騎常侍曹志集二卷
錄一卷鄒湛集三卷錄一卷亡晉汝南太守孫毓集六卷。晉處士楊泉
集二卷錄一卷梁有司徒王渾集五卷冀州刺史王深集五卷亡晉徵士閔鴻集三
卷梁有光祿大夫裴楷集二卷錄一卷亡晉司空張華集十卷錄一卷晉尚書
僕射裴頠集九卷梁有太子中庶子許孟集三卷錄一卷太宰何邵集二卷錄一卷光祿大夫劉
頌集三卷錄一卷劉寔集二卷錄一卷亡晉散騎常侍王佑集三卷錄一卷梁有晉驃騎

將軍王濟集二卷亡華嶠集八卷梁二卷晉秘書丞司馬彪集四卷梁三
卷錄一卷又有尚書吏倘集二卷錄一卷國子祭酒謝衡集二卷亡晉漢中太守李虔集一
卷梁二卷錄一卷晉司隸校尉傅咸集十七卷梁三十卷錄一卷又有太子中庶子
褒撫集二卷錄一卷劉寶集三卷亡晉馮翊太守孫楚集六卷梁十二卷錄一卷晉
散騎常侍夏侯湛集十卷梁有錄一卷又有弋陽太守夏侯淳集二卷散騎侍郎王讚集
五卷亡晉衛尉卿石崇集六卷梁有錄一卷晉尚書郎張敏集二
卷梁五卷又有黃門郎伏偉集一卷亡晉黃門郎潘岳集十卷○晉太常卿
潘尼集十卷○晉頓丘太守歐陽建集二卷梁有宗正劉許集二卷錄
一卷散騎常侍李重集二卷光祿大夫樂廣集二卷錄一卷阮渾集三卷錄一卷亡晉侍中嵇紹集
二卷錄一卷梁有錢唐令楊建集九卷長沙相盛彥集五卷左長史楊乂集三卷錄一卷晉尚書盧

六〇六十　志三十　隋三十五　六

播集一卷梁二卷錄一卷又有樂肇集五卷錄一卷南中郎長史應亨集二卷亡晉國子祭
酒杜育集二卷○晉太常卿摯虞集九卷梁十卷錄一卷又秘書監繆徵
集二卷錄一卷亡晉齊王府記室左思集二卷梁有五卷錄一卷又有晉豫章太守
夏靖集二卷錄一卷吳王文學鄭豐集二卷錄一卷大司馬東曹掾張翰集二卷錄一卷清河王文學陳畧集二卷
錄一卷揚州從事座冲集二卷錄一卷亡晉平原內史陸機集十四卷梁四十七卷錄
一卷亡晉清河太守陸雲集十二卷梁十卷錄一卷又有女府丞孫極集二卷錄一
卷亡晉中書郎張載集七卷梁一本二卷錄一卷晉黃門郎張協集三
卷梁四卷錄一卷晉著作郎束晳集七卷梁五卷錄一卷又有征南司馬曹攄集三卷錄
一卷散騎常侍江統集十卷錄一卷著作郎胡濟集五卷錄一卷亡晉中書令卞粹集一卷
梁五卷又有光祿勳閭丘冲集二卷錄一卷亡晉太傅從事中郎庾敳集一卷梁五

卷錄一卷又有太子中舍人阮瞻集二卷錄一卷太子洗馬阮脩集二卷錄一卷廣威將軍[illegible]邈集二卷錄一卷亡
晉太傅郭象集二卷梁五卷錄一卷又有廣州刺史嵇含集十卷錄一卷亡晉安豐
太守孫惠集八卷梁十一卷錄一卷又有松滋令蔡洪集二卷錄一卷亡晉平北將
軍牽秀集四卷梁三卷錄一卷又有車騎從事中郎蔡克集二卷錄一卷游擊將軍索靖集三卷隴
西太守閻纂集二卷錄一卷秦州刺史張輔集二卷錄一卷交趾太守殷巨集二卷錄一卷太子洗馬陶佐集五卷
錄一卷東晉鄱陽太守虞溥集二卷錄一卷益陽令吳商集五卷仲長敖集二卷晉太常卿劉弘集三卷錄一卷開
府山簡集二卷錄一卷兗州刺史宗岱集二卷侍中王峻集二卷錄一卷濟陽內史王曠集五卷錄一卷亡晉
散騎常侍棗嵩集一卷梁二卷錄一卷又有襄陽太守棗腆集二卷錄一卷亡晉太
尉劉琨集九卷梁十卷劉琨別集十二卷○晉司空從事中
郎盧諶集十卷梁有錄一卷晉秘書丞傅暢集五卷梁有錄一卷又有晉

六九六　隋志三十　三十五　七

明帝集五卷錄一卷簡文帝集五卷錄一卷孝武帝集二卷錄一卷彭城王紘集二卷譙烈王集九卷錄一卷亡
晉會稽王司馬道子集八卷梁九卷又有鎮東從事中郎傅敷集五卷亡晉衡
陽內史曾瓌集三卷梁四卷錄一卷又有驃騎將軍顧榮集五卷錄一卷亡晉司空
賀循集十八卷梁二十卷錄一卷又有散騎常侍張抗集二卷錄一卷車騎長史賈彬集三卷錄一
卷亡晉光祿大夫衛展集十二卷梁十五卷又有東晉太尉荀組集三卷錄一卷亡
晉秘書郎張委集九卷梁五卷又有關內侯傅玶集一卷光祿大夫周顗集二卷錄一卷亡
晉太常謝鯤集六卷梁二卷晉驃騎將軍王廙集十卷梁三十四
卷錄一卷又有華譚集二卷亡晉御史中丞熊遠集十二卷梁五卷錄一卷又有湘州
秀才谷儉集一卷大鴻臚周嵩集三卷錄一卷亡晉弘農太守郭璞集十七卷梁十
卷錄一卷晉張駿集八卷殘缺晉大將軍王敦集十卷梁有吳興太守沈充

集三卷散騎常侍傅純集二卷録一卷亡晉光禄大夫梅陶集九卷梁二十卷録一卷又
有金紫光禄大夫荀邃集二卷録一卷亡晉散騎常侍王覽集九卷梁五卷又有晉著作
佐郎王濤集五卷廷尉卿阮放集十卷録一卷宗正卿張俊集五卷録一卷汝南太守應碩集二卷金紫光禄大夫
張闓集二卷録一卷揚州從事陸沈集二卷録一卷驃騎將軍卞壼集二卷録一卷光禄勳鍾雅集一卷衛尉卿劉
超集二卷衛將軍戴邈集五卷録一卷光禄大夫荀崧集一卷亡晉大將軍溫嶠集十卷
梁録一卷晉侍中孔坦集十七卷梁五卷録一卷又有臧冲集一卷晉鎮南大將軍應瞻集
五卷亡晉太僕卿王嶠集八卷梁有衛尉荀闓集一卷鎮北將軍劉隗集二卷大司馬陶
侃集二卷録一卷亡晉丞相王導集十一卷梁十卷録一卷晉太尉郗鑒集
十卷録一卷晉太尉庾亮集二十一卷梁二十卷録一卷又有虞預集十卷録一
卷平越司馬黃整集十卷録一卷亡晉護軍長史庾堅集十三卷梁十卷録一卷晉
司空庾冰集七卷梁二十卷録一卷晉給事中庾闡集九卷梁十卷録一卷
晉著作郎王隱集十卷梁二十卷録一卷晉散騎常侍干寶集
四卷梁五卷晉太常卿殷融集十卷梁有衛尉張虞集十卷光禄大夫諸葛恢集五
卷録一卷亡晉車騎將軍庾翼集二十二卷梁二十卷録一卷晉司空
何充集四卷梁五卷又有御史中丞郝默集五卷征西諮議蔡述集十二卷武昌太守徐彥則集十卷
亡晉散騎常侍王愆期集七卷梁十卷録一卷又有司徒左長史王濛集五卷丹楊
尹劉惔集二卷録一卷亡益州刺史袁喬集七卷亡晉尚書令顧和集五卷梁有録一卷又
有尚書僕射劉遐集五卷徵士江惇集三卷録一卷魏興太守荀述集一卷平南將軍賀翹集五卷李軌集八卷亡
晉李充集二十二卷梁十五卷録一卷晉司徒蔡謨集十七卷梁四
十三卷晉揚州刺史殷浩集四卷梁五卷録一卷又有吳興孝廉紐滔集五卷録一卷

宣城內史劉系之集五卷録一卷亡庾赤玉集四卷○晉尋陽太守庾統集
八卷梁有驃騎司馬王脩集二卷録一卷衛將軍謝尚集十卷録一卷青州刺史王恢集二卷亡晉
西中郎將王胡之集十卷梁五卷録一卷晉中書令王洽集五卷
録一卷梁有宜春令范倸集七卷徵士范宣集十卷録一卷建安太守丁纂集四卷録一卷亡晉金紫光
禄大夫王羲之集九卷梁十卷録一卷晉散騎常侍謝萬集十六
卷梁十卷晉司徒長史張憑集五卷梁有録一卷梁有高凉太守楊方集二卷亡
晉徵士許詢集三卷梁八卷録一卷晉征西將軍張望集十卷梁十
二卷録一卷晉餘姚令孫統集二卷梁九卷録一卷又有晉陵令戴元集三卷録一卷亡
晉衛尉卿孫綽集十五卷梁二十五卷晉太常江逌集九卷梁有
謝沈集十卷亡晉李顒集十卷録一卷晉光禄勳曹毗集十卷梁十五卷
録一卷又有郡主簿王箋集五卷亡晉沙門支遁集八卷梁十三卷又有劉彧集十六卷亡
張重華酒泉太守謝艾集七卷梁八卷又有撫軍長史蔡系集二卷護軍將軍江彬
集五卷録一卷亡晉范汪集一卷梁十卷晉尚書僕射王述集八卷
梁又有王度集五卷録一卷中領軍庾龢集二卷録一卷將作大匠喻希集一卷吳興太守孔嚴集十一卷録一卷
亡晉大司馬桓溫集十一卷梁有四十三卷又有桓溫要集二十卷録一卷豫章太守
車灌集五卷録一卷亡晉尚書僕射王坦之集七卷梁五卷録一卷亡晉左
光禄王彪之集二十卷梁有録一卷晉中書郎郗超集九卷梁十
卷又有南中郎桓嗣集五卷平固令邵毅集五卷録一卷太宰博士滕輔集五卷録一卷亡晉苻堅
丞相王猛集九卷録一卷梁有顧夷集五卷散騎常侍鄭襲集四卷撫軍掾劉暢集一卷亡晉
太常卿韓康伯集十六卷梁有黃門郎范啓集四卷豫章太守王恪集十卷亡零陵太守陶

混集七卷海鹽令祖撫集三卷吳興太守殷康集五卷錄一卷亡晉太傅謝安集十卷梁十
卷錄一卷又有中軍參軍孫嗣集三卷錄一卷司徒左長史劉恢集三卷亡晉御史中丞孔欣
時集八卷梁七卷晉伏滔集十一卷并目錄梁五卷錄一卷晉滎陽太
守曹毗集五卷。晉祕書監孫盛集五卷殘缺梁十卷錄一卷晉
東陽太守袁宏集十五卷梁二十卷錄一卷又有晉黃門郎顧淳集一卷尋陽太守熊鳴
鵠集十卷車騎司馬謝韶集三卷金紫光祿大夫王獻之集十卷錄一卷琅邪內史袁質集二卷錄一卷太宰從事
中郎袁邵集五卷錄一卷車騎長史謝朗集六卷錄一卷車騎將軍謝顧集十卷錄一卷亡晉新安太
守郗愔集四卷殘缺梁五卷又有吳郡功曹陸法之集十九卷亡晉太常卿王珉
集十卷梁錄一卷晉中散大夫羅含集三卷梁有太宰長史庾倩集二卷大司馬
參軍庾悠之集三卷司徒右長史庾凱集二卷亡晉國子博士孫放集一卷殘缺梁十

六〇九十九 隋志三十 三十五 十

卷晉聘士殷叔獻集四卷并目錄梁三卷錄一卷晉湘東太守庾肅
之集十卷錄一卷梁有晉北中郎參軍蘇彥集十卷太子左率王肅之集三卷錄一卷黃門郎王徽之集
八卷徵士謝敷集五卷錄一卷太常卿孔汪集十卷陳統集七卷太常王濛集十五卷右將軍王恍集五卷錄一卷
太常殷允集十卷亡晉徵士戴逵集九卷殘缺梁十卷錄一卷又有晉光祿大夫孫齊集十卷
尚書左丞徐禪集六卷亡晉太子前率徐邈集九卷并目錄梁二十卷錄一卷晉給
事中徐乾集二十一卷并目錄梁二十卷錄一卷又有晉冠軍將軍張玄之集五卷錄一卷
員外常侍荀世之集八卷袁崧集十卷黃門郎魏逷之集五卷驃騎參軍卞湛集五卷金紫光祿大夫褚爽集十
六卷錄一卷亡晉豫章太守范甯集十六卷梁有晉餘杭令范弘之集六卷亡晉
司徒王珣集十一卷并目錄梁十卷錄一卷亡晉處士薄肅之集九卷
梁十卷又有晉安北參軍薄要集九卷薄邕集七卷延陵令庾邁之集十一卷錄一卷亡晉孫恩集五

卷梁有晉殿中將軍傅綽集十五卷驍騎將軍弘戎集十六卷御史中丞魏叔齊集十五卷司徒右長史劉寧之
集五卷亡晉臨海太守辛德遠集五卷梁四卷又有晉車騎參軍何瓊之集十一卷大
保王恭集五卷錄一卷殷覬集十卷錄一卷亡晉荊州刺史殷仲堪集十二卷并目
錄梁十卷錄一卷亡晉驃騎長史謝景重集一卷。晉桓玄集二十
卷梁有晉丹楊令卞範之集五卷錄一卷光祿勳卞承之集十卷錄一卷亡晉東陽太守殷仲
文集七卷梁五卷晉司徒王謐集十卷錄一卷梁有晉光祿大夫伏系之集十卷
錄一卷亡晉右軍參軍孔璠集二卷。晉衞軍諮議湛方生集
十卷錄一卷晉光祿大夫祖台之集十六卷梁二十卷晉通直常
侍顧愷之集七卷梁二十卷晉太常卿劉瑾集九卷梁五卷晉左
僕射謝混集三卷梁五卷晉祕書監滕演集十卷錄一卷晉司

六〇十三 隋志三十 三十五 十一

徒長史王誕集二卷梁有晉太尉咨議劉簡之集十卷亡晉丹楊太守袁豹
集八卷梁十卷錄一卷又有晉廬江太守殷遵集五卷錄一卷興平令荀軌集五卷亡晉西中郎
長史羊徽集九卷梁十卷錄一卷晉國子博士周祗集十一卷梁二
十卷錄一卷又有晉相國主簿殷闡集十卷錄一卷太常傅迪集十卷亡晉始安太守卞裕集
十三卷梁十五卷又有晉韋公藝集六卷亡晉毛伯成集一卷。晉沙門支
曇諦集六卷。晉沙門釋惠遠集十二卷。晉姚萇沙門
釋僧肇集一卷。晉王茂略集四卷。晉曹毗集四卷。
晉宗欽集二卷梁有晉中軍功曹殷曠之集五卷太宰博士魏說集十三卷征西主簿丘道護集五
卷錄一卷柴桑令劉遺民集五卷錄一卷郭澄之集十卷徵士周祐之集一卷孔璠集九卷亡晉江州刺
史王凝之妻謝道韞集二卷梁有婦人晉司徒王渾妻鍾夫人集五卷晉武帝左九嬪

集四卷晉太宰賈充妻李扶集一卷晉武平都尉陶融妻陳窈集一卷晉都水使者妻陳玢集五卷晉海西令劉臻
妻陳黎集七卷晉劉柔妻王邵之集十卷晉散騎常侍傅伉妻辛蕭集一卷晉松陽令鈕滔母孫瓊集二卷晉成公
道賢妻龐馥集一卷晉宣城太守何殷妻徐氏集一卷亡宋武帝集十二卷梁二十卷録一卷
宋文帝集七卷梁十卷亡宋孝武帝集二十五卷梁三十一卷録一卷又有
宋廢帝景和集十卷録一卷明帝集三十三卷亡宋長沙王道憐集十卷録一卷梁有宋臨川
王道規集四卷録一卷亡宋臨川王義慶集八卷○宋江夏王義恭集
十一卷梁十五卷録一卷又有江夏王集別本十五卷宋衡陽王義季集十卷録一卷亡
宋南平王鑠集五卷梁有宋竟陵王誕集二十卷建平王休祐集十卷新渝惠侯義宗集十二
卷散騎常侍祖柔之集二十卷亡宋豫章太守謝瞻集三卷梁有宋征虜將軍沈林子
集七卷亡宋太常卿孔琳之集九卷并目録梁十卷録一卷宋王叔之集

志三十　隋三十五　十二

七卷梁十卷録一卷宋太中大夫徐廣集十五卷録一卷宋秘書監
虞龢集一卷殘缺梁十卷録一卷宋侍中孔甯子集十一卷并目録梁十五
卷録一卷宋建安太守卞瑾集十卷梁十卷宋太常卿蔡廓集九
卷并目録梁十卷録一卷又有宋王韶之集二十四卷亡宋尚書令傅亮集三十一
卷梁二十卷録一卷又有宋征南長史孫康集十卷左軍長史范述集三卷亡宋太常卿鄭鮮
之集十三卷梁二十卷録一卷宋徵士陶潛集九卷梁五卷録一卷又有張野
集十卷宋零陵令陶階集八卷東莞太守張元瑾集八卷光禄大夫王曇首集二卷録一卷亡宋太常卿
范泰集十九卷梁二十卷録一卷宋中書郎荀昶集十四卷梁十五卷
録一卷又有卞伯玉集五卷録一卷中散大夫羊欣集七卷亡宋司徒王弘集一卷梁二十卷
録一卷又有宋金紫光禄大夫沈演集十卷廣平太守范凱集八卷亡宋沙門釋惠琳集五

卷梁九卷録一卷又有宋范晏集十四卷亡宋司徒府參軍謝惠連集六卷梁五
卷録一卷又有宋太常謝弘微集二卷亡宋臨川内史謝靈運集十九卷梁二十卷
録一卷宋給事中立深之集七卷梁十五卷又有義成太守祖台之集五卷荆州西曹
孫詔集十卷殷淳集二卷揚州刺史殷景仁集九卷國子博士姚濤之集二十卷録一卷周祗集十一卷亡殷
闡之集一卷○宋徵士宗景集十六卷梁十五卷宋徵士雷次
宗集十六卷梁二十九卷録一卷宋奉朝請伍緝之集十二卷梁有宋南
蠻主簿衛令元集八卷范曄集十五卷録一卷撫軍諮議范廣集一卷右光禄大夫王敬集五卷録一卷任豫集六
卷宋御史中丞何承天集二十卷梁三十二卷亡宋太中大夫裴
松之集十三卷梁二十一卷又有王韶之集十九卷宋光禄大夫江湛集四卷録一卷亡宋太
尉袁淑集十一卷并目録梁十卷録一卷宋秘書監王微集十卷梁有

志三十　隋三十五　十三

録一卷又有宋太子舍人王僧謙集二卷金紫光禄大夫王僧綽集一卷征北行參軍顧邁集二十卷魚復令陳超
之集十卷平南將軍何長瑜集八卷亡宋員外郎荀雍集二卷梁四卷又有宋國子博士
范演集八卷錢唐令顧昱集六卷臨成令韓濬之集八卷南陽太守沈亮之集七卷國子博士孔欣集九卷臨海太
守江玄叔集四卷尚書郎劉馥集十一卷太子中舍人張演集八卷南昌令蔡眇之集二卷太學博士顧雅集十三
卷巴東太守孫仲之集十一卷太尉諮議參軍謝元集一卷南海太守陸展集九卷赫陽令山謙之集十二卷廣州
刺史楊希集九卷員外常侍周始之集十一卷主客郎羊崇集六卷太子舍人孔景亮集三卷亡宋中書
郎袁伯文集十一卷并目録梁有宋丞相諮議蔡超集七卷亡宋東中郎長史
孫緬集八卷并目録梁十一卷又有宋賀道養集十卷太子洗馬謝登集六卷新安太守張鏡集十卷
兼中書舍人褚詮之集八卷録一卷亡宋特進顔延之集二十五卷梁三十卷又有
顔延之逸集一卷亡宋東揚州刺史顔竣集十四卷并目録宋大司馬

録事顏測集十一卷并目録宋護軍將軍王僧達集十卷梁有録一卷又有國子博士羊戎集十卷江寧令蘇寶生集四卷兗州別駕范義集十二卷吳興太守劉瑀集七卷本郡孝廉劉氏集九卷亡宋會稽太守張暢集十二卷殘缺梁十四卷録一卷亡又有宋司空何尚之集十卷亡宋吏部尚書何偃集十九卷梁十六卷又有廬江太守周朗集八卷亡宋侍中沈懷文集十二卷殘缺梁十六卷宋北中郎長史江智深集九卷并目一卷宋太子中庶子殷琰集七卷梁又有宋武陵太守袁顗集八卷荀欽明集六卷安北參軍王詢之集五卷越騎校尉戴法興集四卷亡宋黃門郎虞通之集十五卷梁二十卷宋司徒左長史沈勃集十五卷梁二十卷宋金紫光祿大夫謝莊集十九卷梁十五卷又有宋金紫光祿大夫謝協集三卷三巴校尉張悅集十一卷揚州從事賀顗集十一卷領軍長史孔甯之集八卷撫軍參軍賀弼集十六卷本州秀才劉遂集二

卷亡宋建平王景素集十卷○宋征虜記室參軍鮑照集十卷梁六卷又有宋武康令沈懷遠集十九卷裴駰集六卷刪定郎劉龍集五卷宜都太守費備集十卷亡宋太中大夫徐爰集六卷梁十卷又有宋護軍司馬孫勃集六卷右光祿大夫張永集十卷陽羨令趙繹集十六卷亡宋庾蔚之集十六卷梁二十卷又有太子中舍人徵不就王素集十六卷亡宋豫章太守劉愔集八卷梁十卷又有宋起部費鏡運集二十卷光祿大夫孫曼集十一卷太尉從事中郎蔡頤集三卷司空劉緬集二十卷録一卷青州刺史明僧暠集十卷吳興太守蕭惠開集七卷沈宗之集十卷大司農張辯集十六卷金紫光祿大夫王瓚集十五卷録一卷郭坦之集五卷會稽主簿辛湛之集八卷太子舍人朱年集二卷東海王常侍鮑德遠集六卷會稽郡丞張緩集六卷亡宋寧國令劉瞀集七卷○宋江州從事吳邁遠集一卷殘缺梁八卷亡宋宛朐令湯惠休集三卷梁四卷又有南海太守孫奉伯集十卷右將軍成元範集十卷奉朝請虞喜集

十一卷延陵令唐思賢集亡十五卷戴凱之集六卷亡宋司徒袁粲集十一卷并目録梁九卷又有婦人韋氏集一卷宋後宮司儀韓蘭英集四卷亡齊文帝集一卷殘缺梁十一卷又有齊晉安王子懋集四卷録一卷隨王子隆集七卷亡齊竟陵王子良集四十卷梁又有齊聞喜公蕭遥欣集十一卷領軍諮議劉祥集十卷亡齊太宰褚彥回集十五卷梁又有齊黃門侍郎崔祖思集二十卷中軍佐鍾蹈集十二卷餘杭令丘巨源集十卷録一卷亡齊太尉王儉集五十一卷梁六十卷又有齊東海太守謝顥集十六卷謝籥集十卷豫州刺史劉善明集十卷侍中褚賁集十二卷徵士劉虯集二十四卷司徒主簿徵不就庾易集十卷顧歡集三十卷劉瓛集三十卷射聲校尉劉璡集三卷亡齊中書郎周顒集八卷梁十六卷又有齊左侍郎鮑鴻集二十卷録一卷雍州秀才韋瞻集十卷正員郎劉懷慰集十卷録一卷永嘉太守江山圖集十卷驃騎記室參軍荀憲集十一卷亡齊前軍參軍虞羲集九卷殘缺梁十一卷又有平陽令韋沈集十卷車騎參軍任文集十一卷下録

亡八十三

集十六卷妻劉瑜集六十六卷長水校尉祖沖之集五十一卷亡齊中書郎王融集十卷○齊吏部郎謝朓集十二卷○謝朓逸集一卷梁又有王巾集十一卷亡齊司徒左長史張融集二十七卷梁十卷又有張融玉海集十卷大澤集十卷金波集六十卷又有齊羽林監庾韶集十卷黃門郎王僧祐集十卷太常卿劉悛集二十卷録一卷祕書王寂集五卷亡齊金紫光祿大夫孔稚珪集十卷○齊後軍法曹參軍陸厥集八卷梁十卷齊太尉徐孝嗣集十卷梁七卷又有侍中劉暄集一十一卷通直常侍裴昭明集九卷虞炎集七卷吏部郎劉璜集十卷梁國從事中郎劉繪集十卷亡齊侍中袁彖集五卷并録齊中書郎江奐集九卷并録齊平西諮議宗躬集十三卷○齊太子舍人沈驎士集六卷○梁武帝集二十六卷梁三十二卷梁武帝詩賦集二十卷○梁武帝雜

文集九卷。梁武帝別集目錄二卷。梁武帝淨業賦三
卷。梁簡文帝集八十五卷陸罩撰并錄梁元帝集五十二卷
。梁元帝小集十卷。梁昭明太子集二十卷梁有晉安成王集三
十卷亡梁岳陽王詧集十卷。梁王蕭歸集十卷。梁邵陵
王綸集八卷。梁武陵王紀集八卷。梁蕭琮集七卷梁又
有安成煬王集五卷亡梁司徒諮議宗史集九卷并錄梁國子博士丘
遲集十卷并錄梁十一卷又有謝朏集十五卷亡梁金紫光祿大夫江淹集
九卷梁二十卷江淹後集十卷。梁尚書僕射范雲集十一卷
并錄梁太常卿任昉集三十四卷梁有晉安太守謝纂集十卷撫軍將軍柳憕集二十
卷中護軍柳惲集十二卷豫州刺史柳憕集六卷尚書令柳惔集十三卷義興郡丞何僩集三卷撫軍中兵參軍韋

溫集十卷鎮西錄事參軍到洽集十一卷太子洗馬劉苞集十卷南徐州秀才諸葛璩集十卷亡梁特進
沈約集一百一卷并錄梁又有謝綽集十一卷亡梁中軍府諮議王僧孺
集三十卷。梁尚書左丞范縝集十一卷。梁護軍將軍
周捨集二十卷梁有祕書張纘金河集六十卷劉歊集八卷玄貞處士劉訏集一卷亡梁蕭
洽集二卷。梁隱居先生陶弘景集三十卷。陶弘景內
集十五卷。梁徵士魏道微集三卷。梁黃門郎張率集
三十八卷。梁南徐州治中王冏集三卷。梁都官尚書
江革集六卷。梁奉朝請吳均集二十卷。梁光祿大夫
庾曇隆集十卷并錄梁儀同三司徐勉前集三十五卷。徐
勉後集十六卷并序錄梁吏部郎王錫集七卷并錄梁尚書左

僕射王暕集二十一卷。梁平西刑獄參軍劉孝標集六
卷。梁鴻臚卿裴子野集十四卷。梁仁威府長史司馬
褧集九卷。梁蕭子暉集九卷。梁始興內史蕭子範集
十三卷。梁建陽令江洪集二卷。梁鎮西府記室鮑機
集八卷。梁尚書祠部郎虞皭集十卷。梁新田令費昶
集三卷。梁蕭機集二卷。梁東陽郡丞謝瑱集八卷。
梁通直郎謝琛集五卷。梁仁威記室何遜集七卷梁有安西
記室劉緩集四卷沙門釋智藏集五卷亡梁太常卿陸倕集十四卷。梁廷尉
卿劉孝綽集十四卷。梁都官尚書劉孝儀集二十卷。
梁太子庶子劉孝威集十卷。梁東陽太守王籍集五卷

。梁黃門郎陸雲公集十卷。梁國子祭酒蕭子雲集十
九卷。梁征西府長史楊眺集十一卷并錄梁太子洗馬王
筠集十一卷并錄王筠左佐集十一卷并錄王筠臨海集十一
卷并錄王筠中書集十一卷并錄王筠尚書集九卷并錄梁西昌
侯蕭深藻集四卷并錄梁中書郎任孝恭集十卷。梁平北
府長史鮑泉集一卷。梁雍州刺史張纘集十一卷并錄梁
尚書僕射張綰集十一卷并錄梁度支尚書庾肩吾集十卷。
梁太常卿劉之遴前集十一卷。劉之遴後集二十一卷
。梁豫章世子侍讀謝郁集五卷。梁安成蕃王蕭欣集
十卷。梁中書舍人朱超集一卷。梁護軍將軍甄玄成

集十卷并録○梁散騎常侍沈君攸集十三卷○梁臨安恭公
主集三卷武帝女○梁征西記室范靖妻沈滿願集三卷○梁
太子洗馬徐俳妻劉令嫻集三卷○後魏孝文帝集三十
九卷○後魏司空高允集二十一卷○後魏司農卿李諧
集十卷○後魏太常卿盧元明集十七卷○後魏司空祭
酒袁躍集十三卷○後魏著作佐郎韓顯宗集十卷○後
魏散騎常侍溫子昇集三十九卷○後魏太常卿陽固集
三卷○北齊特進邢子才集三十一卷○北齊尚書僕射
魏收集六十八卷○北齊儀同劉逖集二十六卷○後周
明帝集九卷○後周趙王集八卷○後周滕簡王集八卷

○後周儀同宗懍集十二卷并録○後周沙門釋亡名集十卷
○後周小司空王褒集二十一卷并録○後周少傅蕭撝集十
卷○後周開府儀同庾信集二十一卷并録○陳後主集三十
九卷○陳後主沈后集十卷○陳大匠卿杜之偉集十二
卷○陳金紫光禄大夫周弘讓集九卷○陳周弘讓後集
十二卷○陳侍中沈炯前集七卷○陳沈炯後集十三卷
○陳沙門釋標集二卷○陳沙門釋洪偃集八卷○陳沙
門釋瑗集六卷○陳沙門釋靈裕集四卷○陳尚書僕射
周弘正集二十卷○陳鎮南府司馬陰鏗集一卷○陳左
衛將軍顧野王集十九卷○陳沙門策上人集五卷○陳

尚書左僕射徐陵集三十卷○陳右衛將軍張式集十四
卷○陳尚書度支郎張正見集十四卷○陳司農卿陸琰
集二卷○陳少府卿陸玠集十卷○陳光禄卿陸瑜集十
一卷并録○陳護軍將軍蔡景歷集五卷○陳沙門釋暠集六
卷○陳御史中丞褚玠集十卷○陳安右府諮議司馬君
卿集二卷○陳著作佐郎張仲簡集一卷○煬帝集五十
五卷○王胄集一卷○武陽太守盧思道集三十卷○金
州刺史李元操集十卷○蜀王府記室辛德源集三十卷
○太尉楊素集十卷○懷州刺史李德林集十卷○吏部
尚書牛弘集十二卷○司隸大夫薛道衡集三十卷○國

子祭酒何妥集十卷○祕書監柳䛒集五卷○開府江總
集三十卷○江總後集二卷○記室參軍蕭慤集九卷○
著作郎魏彥深集三卷○著作郎諸葛潁集十四卷○劉
子政母祖氏集九卷○著作郎王胄集十卷

右四百三十七部四千三百八十一卷通計亡書合八百八十六部八千一百二十六卷

別集之名蓋漢東京之所創也自靈均已降屬文之士衆
矣然其志尚不同風流殊別後之君子欲觀其體勢而見
其心靈故別聚焉名之爲集辭人景慕並自記載以成書
部年代遷徙亦頗遺散其高唱絕俗者略皆具存今依其

先後次之於此
文章流別集四十一卷梁六十卷志二卷論二卷摯虞撰文章流別志論
二卷摯虞撰文章流別本十二卷謝混撰續文章流別三卷孔甯撰
集苑四十五卷梁六十卷集林一百八十一卷宋臨川王劉義慶撰梁二
百卷集林鈔十一卷○集鈔十卷沈約撰梁有集鈔四十卷丘遲撰亡集略二
十卷○撰遺六卷梁又有零集三十六卷亡翰林論三卷李充撰梁五十四卷文
苑一百卷孔逭撰文苑鈔三十卷○文選三十卷梁昭明太子撰詞
林五十八卷○文海五十卷○吴朝士文集十卷梁十三卷又有
漢書文府三卷亡巾箱集七卷梁有文章志錄雜文八卷謝沈撰又名士雜文八卷亡婦人
集二十卷梁有婦人集三十卷殷淳撰又有婦人集十一卷亡婦人集鈔二卷○雜

六、廿七　隋志三十　三十五　二千

文十六卷爲婦人作文選音三卷蕭該撰文心彫龍十卷梁兼東宮通事
舍人劉勰撰文章始一卷姚察撰梁有文章始一卷任昉撰四代文章記一卷吴郡功曹張防撰亡
賦集九十二卷謝靈運撰梁又有賦集五十卷宋新渝惠侯撰賦集四十卷宋明帝撰樂器賦十卷
伎藝賦六卷亡賦集鈔一卷○賦集八十六卷後魏秘書丞崔浩撰續賦集
十九卷殘缺歷代賦十卷梁武帝撰皇德瑞應賦頌一卷梁十六卷五
都賦六卷并錄張衡及左思撰雜都賦十一卷梁雜賦十六卷又東都賦一卷孔逭作二
京賦二卷李軌綦毋邃撰齊都賦二卷并音左思撰相風賦七卷傅玄等撰迦維國賦二卷晉右軍行參軍虞干紀
撰遂志賦十卷乘輿赭白馬賦二卷亡述征賦一卷○神雀賦一卷後漢傅毅撰雜
賦注本三卷梁有郭璞注子虛上林賦一卷薛綜注張衡二京賦二卷晁矯注二京賦一卷武巽注二
京賦二卷張載及晉侍中劉逵晉懷令衛瓘注左思三都賦三卷綦毋邃注三都賦三卷項氏注幽通賦蕭廣濟注

木玄虛海賦一卷徐爰注射雉賦一卷亡獻賦十八卷○圍碁賦一卷梁武帝撰觀
象賦一卷○洛神賦一卷孫壑注枕賦一卷張君祖撰二都賦音一
卷李軌撰百賦音十卷宋御史褚詮之撰梁有賦音二卷郭徵之撰雜賦圖十七卷亡大隋
封禪書一卷○上封禪書二卷梁有雜封禪文八卷秦帝刻石文一卷宋會稽太守
褚淡撰亡集雅篇五卷○靖恭堂頌一卷晉涼王李暠撰梁有頌集二十卷王僧綽
撰木連理頌二卷太元十九年群臣上亡詩集五十卷謝靈運撰梁五十一卷又有宋侍中張敷袁淑
補謝靈運詩集一百卷又詩集百卷并例錄二卷顏峻撰詩集四十卷宋明帝撰雜詩七十九卷江邃撰雜詩二十
卷宋太子洗馬劉和注二晉雜詩二十卷古令五言詩美文五卷荀綽撰詩鈔十卷亡詩集鈔十卷
謝靈運撰梁有雜詩鈔十卷錄一卷謝靈運撰亡古詩集九卷○六代詩集鈔四
卷梁有雜言詩鈔五卷謝朏撰亡詩英九卷謝靈運集梁十卷又有文章英華三十卷梁昭明太子撰

隋志三十　三十五　二千一

亡今詩英八卷○古今詩苑英華十九卷梁昭明太子撰詩纘十
三卷○衆詩英華一卷○詩類六卷○玉臺新詠十卷徐陵
撰百志詩九卷干寶撰梁五卷又有古遊仙詩一卷應貞注應璩百一詩八卷百一詩二卷晉蜀郡
太守李彪撰亡齊釋奠會詩十卷○齊讌會詩十七卷○青溪
詩三十卷齊讌會作梁有魏晉宋雜祖餞讌會詩集二十一部一百四十三卷亡今署其數西府
新文十一卷并錄梁蕭淑撰百國詩四十三卷○文林館詩府八
卷後齊文林館作詩評三卷鍾嶸撰或曰詩品古樂府八卷○文會詩三
卷陳仁威記室徐伯陽撰五岳七星迴文詩一卷梁有雜詩圖一卷亡毛伯成
詩一卷伯成東晉征西將軍春秋寶藏詩四卷張朏撰江淹擬古一卷
羅潛注樂府歌辭鈔一卷○歌錄十卷○古歌錄鈔二卷○

晉歌章八卷梁十卷吳聲歌辭曲一卷梁二卷又有樂府歌詩二十卷秦伯文撰
樂府歌詩十二卷樂府三校歌詩十卷樂府歌辭九卷大樂歌詩八卷歌辭四卷張永記魏讌樂歌辭七卷晉歌章十
卷又晉歌詩十八卷晉讌樂歌辭十卷荀勖撰宋太始祭高禖歌辭十一卷齊三調雅辭五卷古今九代歌詩七卷
張湛撰三調相和歌辭五卷三調詩吟錄六卷奏鞞鐸舞曲二卷管絃錄一卷伎錄一卷太樂備問鍾鐸律奏舞歌
四卷郝生撰迴文集十卷謝靈運撰又迴文詩八卷織錦迴文詩一卷苻堅秦州刺史竇氏妻蘇氏作頌集二十卷
王僧綽撰木連理頌二卷晉太元十九年群臣上又有鼓吹清商樂府讌樂高禖鞞鐸等歌辭舞錄凡十部陳郊
廟歌辭三卷并錄徐陵撰樂府新歌十卷秦王記室崔子發撰樂府新歌
二卷秦王司馬殷僧首撰古今箴銘集十四卷張湛撰錄一卷梁有箴集十六卷雜誡箴
二十四卷女箴一卷女史箴圖一卷又有銘集十一卷又陸少玄撰佛像雜銘十三卷釋僧祐撰箴器雜銘五卷亡
眾賢誡集十卷殘缺梁有誡林三卷綦母邃撰四帝誡三卷王誕撰雜家誡七卷諸家雜誡九卷集

誡二十二卷亡諸葛武侯誡一卷女誡一卷○女誡一卷曹大家撰女
鑒一卷梁有女訓十六卷婦人訓誡集十一卷并錄梁十卷宋司空徐湛之撰娣
姒訓一卷馮少胄撰貞順志一卷○讚集五卷謝莊撰畫讚五卷
漢明帝殿閣畫魏陳思王讚梁五十卷又有誄集十五卷謝莊撰亡七集十卷謝靈運集七林十
卷梁十二卷錄二卷卞景撰梁又有七林三十卷音一卷亡七悟一卷顏之推撰梁有弔文集六卷錄
一卷弔文二卷亡碑集二十九卷○雜碑集二十九卷○雜碑集
二十二卷梁有碑集十卷謝莊撰釋氏碑文三十卷梁元帝撰雜碑二十二卷碑文十五卷晉將作大匠
陳勰撰碑文十卷車灌撰又有羊祜墮淚碑一卷桓宣武碑十卷長沙景王碑文三卷荊州雜碑三卷雍州雜碑四
卷廣州刺史碑十二卷義興周處碑一卷太原王氏家碑誄頌讚銘集二十六卷諸寺碑文四十六卷釋僧祐撰雜
祭文六卷眾僧行狀四十卷釋僧祐撰亡設論集二卷劉楷撰梁有設論集三卷東晉人撰客難集二

十卷亡論集七十三卷○雜論十卷○明真論一卷晉兗州刺史宗
岱撰東西晉興亡論一卷○陶神論五卷○正流論一卷○
畫芳引連珠一卷○梁武連珠一卷沈約注梁武帝制旨連
珠十卷梁邵陵王綸注梁武帝制旨連珠十卷陸緬注梁有設論連珠十卷謝靈運
撰連珠集五卷陳證撰連珠十五卷又連珠一卷陸機撰何承天注又班固典引一卷蔡邕注亡梁代雜
文三卷○詔集區分四十一卷後周獸門學士宗幹撰魏朝雜詔二
卷梁有漢高祖手詔一卷亡錄魏吳二志詔二卷梁有三國詔誥十卷亡晉咸康
詔四卷○晉朝雜詔九卷梁有晉雜詔百卷錄一卷又有晉雜詔二十八卷錄一卷又晉
詔六十卷晉文王武帝雜詔十二卷亡錄晉詔十四卷梁有晉武帝詔十二卷成帝詔草十七卷
康帝詔草十卷建元直詔三卷永和副詔九卷升平隆和興寧副詔十卷泰元咸寧寧康副詔二十二卷隆安直詔

五卷元興大亨副詔三卷亡晉義熙詔十卷梁有義熙副詔十卷義熙以來至于大明詔三十卷
晉宋雜詔四卷又晉宋雜詔八卷王韶之撰又雜詔十四卷班五條詔十卷亡宋永初雜詔
十三卷梁有詔集百卷起漢訖宋武帝詔四卷宋元熙詔令五卷永初二年五年詔三卷永初已來中書雜
詔二十卷亡宋孝建詔一卷梁有宋景平詔三卷亡宋元嘉副詔十五卷
梁有宋元嘉詔六十二卷又宋孝武詔五卷宋大明詔七十卷宋永光景和詔五卷宋泰始泰豫詔二十二卷宋義
嘉僑詔一卷宋元徽詔十三卷宋昇明詔四卷亡齊雜詔十卷○齊中興二年詔
三卷梁有齊建元詔五卷永明詔三卷武帝中詔十卷齊隆平延興建武詔九卷齊建武二年副詔九卷梁天
監元年至七年詔十二卷天監九年十年詔二卷亡後魏詔集十六卷○後周雜詔
八卷○雜詔八卷○雜赦書六卷○陳天嘉詔草三卷○
霸朝集三卷李德林撰皇朝詔集九卷○皇朝陳事詔十三卷

梁有雜九錫文四卷亡上法書表一卷虞和撰梁中表十一卷梁邵陵王撰梁有漢名臣奏三十卷魏名臣奏三十卷陳長壽撰魏雜事七卷晉諸公奏十一卷雜表奏駁三十五卷漢丞相匡衡大司馬王鳳奏五卷劉隗奏五卷孔群奏二十二卷晉金紫光祿大夫周閔奏事四卷晉中丞劉邵奏事六卷中丞司馬無忌奏事十三卷中丞虞谷奏事六卷中丞高崧奏事五卷又諸彈事等十四部亡雜露布十二卷梁有雜檄文十七卷魏武帝露布文九卷亡山公啟事三卷○范甯啟事三卷梁十卷梁有雜薦文十二卷薦文集七卷亡善文五十卷杜預撰雜集一卷殷仲堪撰梁魏周齊陳皇朝聘使雜啓九卷○政道集十卷○書集八十八卷晉散騎常侍王履撰梁八十卷亡書林十卷○雜逸書六卷梁二十二卷徐爰撰應璩書林八卷夏赤松撰抱朴君書一卷葛洪撰蔡司徒書三卷蔡謨撰前漢雜筆十卷吳晉雜筆九卷吳朝文二十四卷李氏家書八卷晉左將軍王鎮惡與劉丹楊書一卷亡後周與齊軍國

書二卷○高澄與侯景書一卷○策集一卷殷仲堪撰策集六卷梁有孝秀對策十二卷亡宋元嘉策孝秀文十卷○誹諧文三卷袁淑撰梁有續誹諧文集十卷又有誹諧文一卷沈宗之撰注子春秋一卷杜嵩撰俳陽秋一卷宋零陵令辛邕之撰亡法集百七卷梁沙門釋寶唱撰

右一百七部二千二百一十三卷通計亡書合二百四十九部五千二百二十四卷

總集者以建安之後辭賦轉繁衆家之集日以滋廣晉代摯虞苦覽者之勞倦於是採擿孔翠芟剪繁蕪自詩賦下各爲條貫合而編之謂爲流別是後文集總鈔作者繼軌屬辭之士以爲覃奧而取則焉今次其前後并解釋評論總於此篇

凡集五百五十四部六千六百二十二卷通計亡書合一千一百四十六部一萬三千三百九十卷

文者所以明言也古者登高能賦山川能祭師旅能誓喪紀能誄作器能銘則可以爲大夫言其因物騁辭情靈無擁者也唐歌虞詠商頌周雅敘事緣情紛綸相襲自斯已降其道彌繁世有澆淳時移治亂文體遷變邪正或殊宋玉屈原激清風於南楚嚴鄒枚馬陳盛藻於西京平子豔發於東都王粲獨步於漳滏爰逮晉氏見稱潘陸並綜藻相輝宮商間起清辭潤乎金石精義薄乎雲天永嘉已後玄風既扇辭多平淡文寡風力降及江東不

勝其弊宋齊之世下逮梁初靈運高致之奇延年錯綜之美謝玄暉之藻麗沈休文之富溢煇煥斌蔚辭義可觀梁簡文之在東宮亦好篇什清辭巧製止乎衽席之間彫琢蔓藻思極閨闈之內後生好事遞相放習朝野紛紛號爲宮體流宕不已訖于喪亡陳氏因之未能全變其中原則兵亂積年文章道盡後魏文帝頗效屬辭未能變俗例皆淳古齊宅漳濱辭人間起高言累句紛紜絡繹清辭雅致是所未聞後周草創干戈不戢君臣戮力專事經營風流文雅我則未暇其後南平漢沔東定河朔訖于有隋四海一統采荊南之杞梓收會稽之箭竹辭人才士總萃京師

屬以高祖少文煬帝多忌當路執權逮相擯壓於是握靈蛇之珠韞荆山之玉轉死溝壑之內者不可勝數草澤怨刺於是興焉古者陳詩觀風斯亦所以關乎盛衰者也班固有詩賦略凡五種今引而伸之合爲三種謂之集部

凡四部經傳三千一百二十七部三萬六千七百八卷通計亡書合四千一百九十一部四万九千四百六十七卷

經戒三百一部九百八卷　餌服四十六部一百六十七卷　房中十三部三十八卷　符録十七部一百三卷

右三百七十七部一千二百一十六卷

道經者云有元始天尊生於太元之先稟自然之氣冲虛

四二十八　《隋志三十》　三十五　二十六　麦

凝遠莫知其極所以說天地淪壞劫數終盡略與佛經同以而天尊之體常存不滅每至天地初開或在玉京之上或在窮桑之野授以秘道謂之開劫度人然其開劫非一度矣故有延康赤明龍漢開皇是其年號其間相去經四十一億萬載所度皆諸天仙上品有太上老君太上丈人天眞皇人五方天帝及諸仙官轉共承受世人莫之豫也所說之經亦稟元一之氣自然而有非所造爲亦與天尊常在不滅天地不壞則蘊而莫傳劫運若開其文自見凡八字盡道體之奥謂之天書字方一丈八角垂芒光輝照耀驚心眩目雖諸天仙不能省視天尊之開劫也乃命天

眞皇人改囀天音而辯析之自天眞以下至于諸仙展轉節級以次相授諸仙得之始授世人然以天尊經歷年載始一開劫受法之人得而寶秘亦有年限方始傳授上品則年久下品則年近故今授道者經四十九年始得授人推其大旨蓋亦歸於仁愛清静積而修習漸致長生自然神化或白日登仙與道合體其受道之法初受五千文籙次授三洞籙次受洞玄籙次受上清籙籙皆素書紀諸天曹官屬佐吏之名有多少又有諸符錯在其間文章詭怪世所不識受者必先潔齋然後齎金環一并諸贄幣以見於師師受其贄以籙授之仍剖金環各持其半云以爲約弟子

《隋志三十》　三十五　二十七

得籙緘而佩之其潔齋之法有黃籙玉籙金籙塗炭等齋爲壇三成每成皆置綿蕝以爲限域傍各開門皆有法象齋者亦有人數之限以次入于綿蕝之中魚貫面縛陳說愆咎告白神祇晝夜不息或一二七日而止其齋數之外有人者並在綿蕝之外謂之齋客但拜謝而已不面縛焉而又有諸消災度厄之法依陰陽五行數術推人年命書之如章表之儀并具贄幣燒香陳讀云奏上天曹請爲除厄謂之上章夜中於星辰之下陳設酒脯餅餌幣物歷祀天皇太一祀五星列宿爲書如上章之儀以奏之名之爲醮又以木爲印刻星辰日月於其上吸氣執之以印疾病

多有愈者又能登刀入火而焚敕之使刃不能割火不能爇而又有諸服餌辟穀金丹玉漿雲英蠲除滓穢之法不可殫記云自上古黃帝帝嚳夏禹之儔並遇神人咸受道籙年代既遠經史無聞焉推尋事迹漢時諸子道書之流有三十七家大旨皆去健羨處沖虛而已無上天官符籙之事其黃帝四篇老子二篇最得深旨故言陶弘景者隱於句容好陰陽五行風角星算修辟穀導引之法受道經符籙武帝素與之遊及禪代之際弘景取圖讖之文合成景梁字以獻之由是恩遇甚厚又撰登真隱訣以證古有神仙之事又言神丹可成服之則能長生與天地永畢帝

令弘景試合神丹竟不能就乃言中原隔絕藥物不精故也帝以為然敬之尤甚然武帝弱年好事先受道法及即位猶自上章朝士受道者眾三吳及邊海之際信之踰甚陳武世居吳興故亦奉焉後魏之世嵩山道士寇謙之自云嘗遇真人成公興後遇太上老君授謙之為天師而又賜之雲中音誦科誡二十卷又使王女授其服氣導引之法遂得辟穀氣盛體輕顏色鮮麗弟子十餘人皆得其術其後又遇神人李譜文云是老君玄孫授其圖籙真經劾召百神六十餘卷及銷鍊金丹雲英八石玉漿之法太武始光之初奉其書而獻之帝使謁者奉玉帛牲牢祀嵩岳迎致

其餘弟子於代都東南起壇宇給道士百二十餘人顯揚其法宣布天下太武親備法駕而受符籙焉自是道業大行每帝即位必受符籙以為故事刻天尊及諸仙之象而供養焉遷洛已後置道場於南郊之傍方二百步正月十月之十五日並有道士哥人百六人拜而祠焉後齊武帝遷鄴遂罷之文襄之世更置館宇選其精至者使居焉後周承魏崇奉道法每帝受籙如魏之舊尋與佛法俱滅開皇初又興高祖雅信佛法於道士蔑如也大業中道士以術進者甚眾其所以講經由以老子為本次講莊子及靈寶昇玄之屬其餘衆經或言傳之神人篇卷非一自云天

尊姓樂名靜信例皆淺俗故世甚疑之其術業優者行諸符禁往往神驗而金丹玉液長生之事歷代糜費不可勝紀竟無效焉今考其經目之數附之於此

大乘經六百一十七部二千七十六卷五百五十八部一千六百九十七卷經五十九部三百七十九卷疏。小乘經四百八十七部八百五十二卷。雜經三百八十部七百一十六卷雜經目殘缺甚見數如此雜疑經一百七十二部三百三十六卷。大乘律五十二部九十一卷。小乘律八十部四百七十二卷七十七部四百九十卷律二部二十三卷講疏雜律二十七部四十六卷。大乘論三十五部一百四十一卷三十部九十四卷論十五部四十七卷疏小乘論四十一部五百六

十七卷二十一部四百九十一卷論十部七十六卷講疏雜論五十一部四百三
十七卷三十二部二百九十九卷論九卷一百三十八卷講疏記二十部四百六十
四卷

右一千九百五十部六千一百九十八卷

佛經者西域天竺之迦維衛國淨飯王太子釋迦牟尼所說釋迦當周莊王之九年四月八日自母右脅而生姿貌奇異有三十二相八十二好捨太子位出家學道勤行精進覺悟一切種智而謂之佛亦曰佛陀亦曰浮屠皆胡言也華言譯之為淨覺其所說云人身雖有生死之異至於精神則恒不滅此身之前則經無量身矣積而修習精神

清淨則佛道天地之外四維上下更有天地亦無終極然皆有成有敗一成一敗謂之一劫自此天地已前則有無量劫矣每劫必有諸佛得道出世教化其數不同今此劫中當有千佛自初至于釋迦已七佛矣其次當有彌勒出世必經三會演說法藏開度眾生由其道者有四等之果一曰須陁洹二曰斯陁含三曰阿那含四曰阿羅漢至羅漢者則出入生死去來隱顯而不為累阿羅漢已上至菩薩者深見佛性以至成道每佛滅度遺法相傳有正象末三等淳醨之異年歲遠近亦各不同末法已後眾生愚鈍無復佛教而業行轉惡年壽漸短經數百千載間乃至朝

生夕死然後有大水大火大風之災一切除去之而更立一生人又歸淳朴謂之小劫每一小劫則一佛出世初天竺中多諸外道並事水火毒龍而善諸變幻釋迦之苦行也是諸邪道並來嬲惱以亂其心而不能得及佛道成盡皆摧伏並為弟子弟子男曰桑門譯言息心而總曰僧譯言行乞女曰比丘尼皆剃落鬚髮釋累辭家相與和居治心修淨行乞以自資而防心攝行僧至二百五十戒尼五百戒俗人信憑佛法者男曰優婆塞女曰優婆夷皆去殺盜婬妄言飲酒是為五誡釋迦在世教化四十九年乃至天龍人鬼並來聽法弟子得道以百千萬億數然後於拘

尸那城娑羅雙樹間以二月十五日入般涅槃涅槃亦曰泥洹譯言滅度亦言常樂我淨初釋迦說法以人之性識根業各差故有大乘小乘之說至是謝世弟子大迦葉與阿難等五百人追共撰述綴以文字集載為十二部後數百年有羅漢菩薩相繼著論贊明其義然佛所說我滅度後正法五百年像法一千年末法三千年其義如此推尋典籍自漢已上中國未傳或云久以流布遭秦之世所以堙滅其後張騫使西域蓋聞有浮屠之教哀帝時博士弟子秦景使伊存口授浮屠經中土聞之未之信也後漢明帝夜夢金人飛行殿庭以問於朝而傳毅以佛對帝遣郎

中蔡愔及秦景使天竺求之得佛經四十二章及釋迦立
像并與沙門攝摩騰竺法蘭東還愔之來也以白馬負經
因立白馬寺於洛城雍門西以處之其經緘于蘭臺石室
而又畫像於清涼臺及顯節陵上章帝時楚王英以崇敬
佛法聞西域沙門齎佛經而至者甚衆永平中法蘭又譯
十住經其餘傳譯多未能通至桓帝時有安息國沙門安
靜齎經至洛翻譯最爲通解靈帝時有月支沙門支讖天
竺沙門竺佛朔等並翻佛經而支讖所譯泥洹經二卷學
者以爲大得本旨漢末太守竺融亦崇佛法三國時有西
域沙門康僧會齎佛經至吳譯之吳主孫權甚大敬信魏

隋志三十　三十五　三十二

黃初中中國人始依佛戒剃髮爲僧先是西域沙門來此
譯小品經首尾乖舛未能通解甘露中有朱仕行者往西
域至于闐國得經九十章晉元康中至鄴譯之題曰放光
般若經太始中有月支沙門竺法護西遊諸國大得佛經
至洛翻譯部數甚多佛教東流自此而盛石勒時常山沙
門衛道安性聰敏誦經日至萬餘言以胡僧所譯維摩法
華未盡深旨精思十年心了神悟乃正其乖舛宣揚解釋
時中國紛擾四方隔絶道安乃率門徒南遊新野欲令玄
宗所在流布分遣弟子各趣諸方法性詣揚州法和入蜀
道安與慧遠之襄陽後至長安與符堅甚敬之道安素聞

天竺沙門鳩摩羅什思通法門勸堅致之什亦聞安令問
遥拜致敬姚萇弘始二年羅什至長安時道安卒後已二
十載矣什深慨恨什之來也大譯經論道安所正與什所
譯義如一初無乖舛初晉元熙中新豐沙門智猛策杖西
行到華氏城得泥洹經及僧祇律東至高昌譯泥洹爲二
十卷後有天竺沙門曇摩羅讖復齎胡本來至河西沮渠
蒙遜遣使至高昌取猛本欲相參驗未還而蒙遜破滅姚
萇弘始十年猛本始至長安譯爲三十卷曇摩羅讖又譯
金光明等經時胡僧至長安者數十輩惟鳩摩羅什才德
最優其所譯則維摩法華成實論等諸經及曇無讖所譯

四五十　隋志三十　三十五　三十三

金光明曇摩羅讖所譯泥洹等經並爲大乘之學而什又
譯十誦律天竺沙門佛陀耶舍譯長阿含經及四方律兜
法勤沙門曇摩難提譯增一阿含經曇摩耶舍譯阿毗曇
論並爲小乘之學其餘經論不可勝記自是佛法流通極
於四海矣東晉隆安中又有罽賓沙門僧伽提婆譯增一
阿含經及中阿含經義熙中沙門支法領從于闐國得華
嚴經三萬六千偈至金陵宣譯又有沙門法顯自長安遊
天竺經三十餘國隨有經律之處學其書語譯而寫之還
至金陵與天竺禪師跋羅參共辯定謂僧祇律學者傳之
齊梁及陳並有外國沙門然所宣譯無大名部可爲沙門

四八六

者梁武大崇佛法於華林園中總集釋氏經典凡五千四
百卷沙門寶唱撰經目録又後魏時太武帝西征長安以
沙門多違佛律群聚穢亂乃詔有司盡坑殺之焚破佛像
長安僧徒一時殲滅自餘征鎮豫聞詔書亡匿得免者十
一二文成之世又使修復熙平中遣沙門慧生使西域采
諸經律得一百七十部永平中又有天竺沙門菩提留支
大譯佛經與羅什相埒其地持十地論並爲大乘學者所
重後齊遷鄴佛法不改至周武帝時蜀郡沙門衛元嵩上
書稱僧徒猥濫武帝出詔一切廢毀開皇元年高祖普詔
天下任聽出家仍令計口出錢營造經像而京師及并州

隋志三十　三十五　三十四

相州洛州等諸大都邑之處並官寫一切經置于寺内而
又别寫藏于祕閣天下之人從風而靡競相景慕民間佛
經多於六經數十百倍大業時又令沙門智果於東都内
道場撰諸經目分别條貫以佛所說經爲三部一曰大乘
二曰小乘三曰雜經其餘似後人假託爲之者别爲一部
謂之疑經又有菩薩及諸深解奥義贊明佛理者名之爲
論及戒律並有大小及中三部之别又所學者録其當時
行事名之爲記凡十一種今舉其大數列於此篇

右道佛經二千三百二十九部七千四百一十
四卷

道佛者方外之教聖人之遠致也俗士爲之不通其指多
離以迂怪假託變幻亂於世斯所以爲弊也故中庸之教
是所罕言然亦不可誣也故録其大綱附于四部之末

大凡經傳存亡及道佛六千五百二十部五萬六千八百
八十一卷

志第三十　隋書三十五

隋志三十　經籍四　三十五　三十五

特進臣魏徵上

后妃

夫陰陽肇分，乾坤定位，君臣之道斯著，夫婦之義存焉。陰陽和則裁成萬物，家道正則化行天下，由近及遠，自家刑國，配天作合，不亦大乎！興亡是繫，不亦重乎！是以先王慎之，正其本而嚴其防。後之繼體，靡克聿脩，甘心柔曼之容，罔念幽閑之操。成敗攸屬，安危斯在。故皇英降而虞道隆，任姒歸而姬宗盛，妹妲致夏殷之釁，褒趙結周漢之禍。爰歷晉宋，實繁有徒，皆位以寵升，榮非德進，恣行淫僻，莫顧

禮儀，爲梟爲鴟，敗不旋踵。後之伉儷宸極，正位居中，罕蹈平易之塗，多遵覆車之轍。雎鳩之德，千載寂寥，牝雞之晨，殊邦接響。窈窕淑女，靡有求於寤寐，鏗鏘環珮，鮮克嗣於徽音。永念前脩，歎深彤管。覽載籍於既往，考行事於當時，存亡得失之機，蓋亦多矣。故述皇后列傳，所以垂戒將來。

然妃后之制，夏殷以前略矣。周公定禮，內職始備列焉。秦漢以下，代有沿革，品秩差次，前史載之詳矣。齊梁以降，歷魏暨周，廢置益損，參差不一。周宣嗣位，不率典章，衣褘翟稱中宮者，凡有五。夫人以下，略無定數。高祖思革前弊，大矯其違，唯皇后正位，傍無私寵，婦官稱號，未詳備焉。開皇

二年，著內官之式，略依典禮，省減其數。嬪三員，掌教四德，視正三品。世婦九員，掌賓客祭祀，視正五品。女御三十八員，掌女工絲枲，視正七品。又採漢晉舊儀，置六尚、六司、六典，遞相統攝，以掌宮掖之政。一曰尚宮，掌導引皇后及閨閤廩賜。管司令三人，掌圖籍法式，糾察宣奏；典琮三人，掌琮璽器玩。二曰尚儀，掌禮儀教學。管司樂三人，掌音律之事；典贊三人，掌導引內外命婦朝見。三曰尚服，掌服章寶藏。管司飾三人，掌簪珥花嚴；典櫛三人，掌巾櫛膏沐。四曰尚食，掌進膳先嘗。管司醫三人，掌方藥卜筮；典器三人，掌罇彝器皿。五曰尚寢，掌帷帳牀褥。管司筵三人，掌鋪設灑

掃；典執三人，掌扇傘燈燭。六曰尚工，掌營造百役。管司製三人，掌衣服裁縫；典會三人，掌財帛出入。六尚各三員，視從九品，六司視勳品，六典視流外二品。初，文獻皇后功參歷試，外預朝政，內擅宮闈，懷嫉妬之心，虛嬪妾之位，不設三妃，防其上逼。自嬪以下，置六十員。加又抑損服章，降其品秩。至文獻崩後，始置貴人三員，增嬪至九員，世婦二十七員，御女八十一員。貴人等關掌宮闈之務，六尚已下，皆分隸焉。煬帝時，后妃嬪御，無釐婦職，唯端容麗飾，陪從醼遊而已。帝又參詳典故，自製嘉名，著之於令。貴妃、淑妃、德妃，是爲三夫人，品正第一。順儀、順容、順華、脩儀、脩容、脩華

充儀充容充華是爲九嬪品正第二婕妤一十二員品正第三美人才人一十五員品正第四是爲世婦寶林二十四員品正第五御女二十四員品正第六采女三十七員品正第七是爲女御總一百二十以叙於宴寢又有承衣刀人皆趨侍左右並無員數視六品已下時又增置女官準尚書省以六局管二十四司一曰尚宮局管司言掌宣傳奏啓司簿掌名錄計度司正掌格式推罸司闈掌門閤管鑰二曰尚儀局管司籍掌經史教學紙筆几案司樂掌音律司賓掌賓客司贊掌禮儀贊相導引三曰尚服局管司璽掌琮璽符節司衣掌衣服司飾掌湯沐巾櫛翫弄司

仗掌仗衛戎器四曰尚食局管司膳掌膳羞司醖掌酒醴醓醢司藥掌醫巫藥劑司饎掌廩餼柴炭五曰尚寢局管司設掌牀蓆帷帳鋪設灑掃司輿掌輿輦繖扇執持羽儀司苑掌園籞種植蔬菜瓜果司燈掌火燭六曰尚工局管司製掌營造裁縫司寶掌金玉珠璣錢貨司綵掌繒帛司織掌織染六尚二十二司員各二人唯司樂司膳員各四人每司又置典及掌以貳其職六尚十人品從第五司二十八人品從第六典二十八人品從第七掌二十八人品從第九女使流外量局閑劇多者十人已下無定員數聯事分職各有司存焉

文獻獨孤皇后河南雒陽人周大司馬河内公信之女也信見高祖有奇表故以后妻焉時年十四高祖與后相得誓無異生之子后初亦柔順恭孝不失婦道后姊爲周明帝后長女爲周宣帝后貴戚之盛莫與爲比而后每謙卑自守世以爲賢及周宣帝崩高祖居禁中總百揆后使人謂高祖曰大事已然騎獸之勢必不得下勉之高祖受禪立爲皇后突厥嘗與中國交市有明珠一篋價值八百萬幽州總管陰壽白后市之后曰非我所須也當今戎狄屢寇將士罷勞未若以八百萬分賞有功者百寮聞而畢賀高祖甚寵憚之上每臨朝后輙與上方輦而進至閤乃止

使宦官伺上政有所失隨則匡諫多所弘益候上退朝而同反燕寢相顧欣然后早失二親常懷感慕見公卿有父母者每爲致禮焉有司奏以周禮百官之妻命於王后憲章在昔請依古制后曰以婦人與政或從此漸不可開其源也不許后每謂諸公主曰周家公主類無婦德失禮於舅姑離薄人骨肉此不順事爾等當誡之大都督崔長仁后之中外兄弟也犯法當斬高祖以后之故欲免其罪后曰國家之事焉可顧私長仁竟坐死后異母弟陀以猫鬼巫蠱呪詛於后坐當死后三日不食爲之請命曰陀若蠹政害民者妾不敢言今坐爲妾身敢請其命陀於是減死

一等后每與上言及政事往往意合宮中稱爲二聖后頗仁愛每聞大理決囚未嘗不流涕然性尤妬忌後宮莫敢進御尉遲迥女孫有美色先在宮中上於仁壽宮見而悅之因此得幸后伺上聽朝陰殺之上由是大怒單騎從苑中而出不由徑路入山谷間二十餘里高熲楊素等追及上扣馬苦諫上太息曰吾貴爲天子而不得自由高熲曰陛下豈以一婦人而輕天下上意少解駐馬良久中夜方始還宮后俟上於閤內及上至后流涕拜謝熲素等和解之上置酒極歡后自此意頗衰折初后以高熲是父之家客甚見親禮至是聞熲謂己爲一婦人因此銜恨又以熲

夫人死其妾生男益不善之漸加譖毀上亦每事唯后言是用后見諸王及朝士有妾孕者必勸上斥之時皇太子多內寵妃元氏暴薨后意太子愛妾雲氏害之由是諷上黜高熲竟廢太子立晉王諱皆后之謀也仁壽二年八月甲子月暈四重己巳太白犯軒轅其夜后崩於永安宮時年五十葬於太陵其後宣華夫人陳氏容華夫人蔡氏俱有寵上頗惑之由是發疾及危篤謂侍者曰使皇后在吾不及此云

宣華夫人陳氏陳宣帝之女也性聰慧姿貌無雙及陳滅配掖庭後選入宮爲嬪時獨孤皇后性妬後宮罕得進御唯陳氏有寵晉王廣之在藩也陰有奪宗之計規爲內助每致禮焉進金蛇金駝等物以取媚於陳氏皇太子廢立之際頗有力焉及文獻皇后崩進位爲貴人專房擅寵主斷內事六宮莫與爲比及上大漸遺詔拜爲宣華夫人初上寢疾於仁壽宮也夫人與皇太子同侍疾平旦出更衣爲太子所逼夫人拒之得免歸於上所上怪其神色有異問其故夫人泫然曰太子無禮上恚曰畜生何足付大事獨孤誠誤我意謂獻皇后也因呼兵部尚書柳述黃門侍郎元巖曰召我兒述等將呼太子上曰勇也述巖出閣爲勑書訖示左僕射楊素素以其事白太子太子遣張衡入

寢殿遂令夫人及後宮同侍疾者並出就別室俄聞上崩而未發喪也夫人與諸後宮相顧曰事變矣皆色動股慄晡後太子遣使者齎金合子帖紙於際親署封字以賜夫人夫人見之惶懼以爲鴆毒不敢發使者促之於是乃發見合中有同心結數枚諸宮人咸悅相謂曰得免死矣陳氏恚而卻坐不肯致謝諸宮人共逼之乃拜使者其夜太子烝焉及煬帝嗣位之後出居仙都宮尋召入歲餘而終時年二十九帝深悼之爲製神傷賦

容華夫人蔡氏丹陽人也陳滅之後以選入宮爲世婦容儀婉嫕上甚悅之以文獻皇后故希得進幸及后崩漸見

寵遇拜為貴人參斷宮掖之務與陳氏相亞上寢疾加號
容華夫人上崩後自請言事亦為煬帝所烝
煬帝蕭皇后梁明帝巋之女也江南風俗二月生子者不
舉后以二月生由是季父岌收而養之未幾岌夫妻俱死
轉養舅氏張軻家然軻甚貧窶后躬親勞苦煬帝為晉王
時高祖將為王選妃於梁遍占諸女諸女皆不吉巋迎后
於舅氏令使者占之曰吉於是遂策為王妃后性婉順有
智識好學解屬文頗知占候高祖大善之帝甚寵敬焉及
帝嗣位詔曰朕祗承丕緒憲章在昔爰建長秋用承饗薦
妃蕭氏夙禀成訓婦道克脩宜正位軒闈式弘柔教可立

為皇后帝每遊幸后未嘗不隨從時后見帝失德心知不
可不敢厝言因為述志賦以自寄其詞曰承積善之餘慶
備箕帚於皇庭恐脩名之不立將負累於先靈迺夙夜而
匪懈實寅懼於玄冥雖自彊而不息亮愚矇之所滯思竭
節於天衢才追心而弗逮寔庸薄之多幸荷隆寵之嘉惠
賴天高而地厚屬王道之升平均二儀之覆載與日月而
齊明迺春生而夏長等品物而同榮顧立志於恭儉私自
競於誡盈孰有念於知足苟無希於濫名惟至德之弘深
情不遹於聲色感懷舊之餘恩求故劍於宸極叨不世之
殊盼謬非才而奉職何寵祿之踰分撫胸襟而未識雖沐

浴於恩光內慙惶而累息顧微躬之寡昧思令淑之良難
實不遑於啓處將何情而自安若臨深而履薄心戰慄其
如寒夫居高而必危慮處滿而防溢知恣夸之非道乃攝
生於沖謐嗟寵辱之易驚尚無為而抱一履謙光而守志
且願安乎容膝珠簾玉箔之奇金屋瑤臺之美雖時俗之
崇麗蓋吾人之所鄙愧絺綌之不工豈絲竹之喧耳知道
德之可尊明善惡之由已蕩囂煩之俗慮乃伏膺於經史
綜箴誡以訓心觀女圖而作軌遵古賢之令範冀福祿之
能綏時循躬而三省覺今是而昨非嗛黃老之損思信為
善之可歸慕周姒之遺風美虞妃之聖則仰先哲之高才

貴至人之休德質菲薄而難蹤心恬愉而去惑乃平生之
耿介實禮義之所遵雖生知之不敏庶積行以成仁懼達
人之蓋寡謂何求而自陳誠素志之難寫同絕筆於獲麟
及帝幸江都臣下離貳有宮人白后曰外聞人人欲反后
曰任汝奏之宮人言於帝帝大怒曰非所宜言遂斬之後
人復白后曰宿衛者往往偶語謀反后曰天下事一朝至
此勢已然無可救也何用言之徒令帝憂煩耳自是無復
言者及宇文氏之亂隨軍至聊城化及敗沒於竇建德突
厥處羅可汗遣使迎后於洛州建德不敢留遂入於虜庭
大唐貞觀四年破滅突厥乃以禮致之歸于京師

史臣曰二后帝未登庸早儷宸極恩隆好合始終不渝文獻德異鳲鳩心非均一擅寵移嫡傾覆宗社惜哉書曰牝雞之晨惟家之索高祖之不能敦睦九族抑有由矣蕭后初歸藩邸有輔佐君子之心煬帝得不以道便謂人無忠信父子之間尚懷猜阻夫婦之際其何有焉暨乎國破家亡竄身無地飄流異域良足悲矣

列傳卷第一　隋書三十六

列傳卷第二　隋書三十七

特進臣魏徵上

李穆 子渾 穆兄子詢 詢弟崇 崇子敏

李穆字顯慶自云隴西成紀人漢騎都尉陵之後也陵沒匈奴子孫代居北狄其後隨魏南遷復歸汧隴祖斌以都督鎮高平因家焉父文保早卒及穆貴贈司空穆風神警俊倜儻有奇節周太祖首建義旗穆便委質釋褐統軍永熙末奉迎魏武帝授都督封永平縣子邑三百戶又領鄉兵累以軍功進爵爲伯從太祖擊齊師於芒山太祖臨陣墮馬穆突圍而進以馬策擊太祖而詈之授以從騎潰圍俱出賊見其輕侮謂太祖非貴人遂緩之以故得免既而與穆相對泣顧謂左右曰成我事者其此人乎即令撫慰關中所至克定擢授武衛將軍儀同三司進封安武郡公增邑一千七百戶賜以鐵券恕其十死尋加開府領侍中初芒山之敗穆以驄馬授太祖太祖於是廐內驄馬盡以賜之封穆姊妹皆爲郡縣君宗從舅氏頒賜各有差轉太僕從于謹破江陵增邑千戶進位大將軍擊曲沔蠻破之授原州刺史拜嫡子惇爲儀同三司穆以二兄賢遠並爲佐命功臣而子弟布列清顯穆深懼盈滿辭不受拜太祖不許俄遷雍州刺史兼小冢宰周元年增邑三千戶通前

三千七百户又別封一子爲升遷伯穆讓兄子孝軌許之穆
文護執政穆兄遠及其子植俱被誅穆當從坐先是穆知
植非保家之主每勸遠除之遠不能用及遠臨刑泣謂穆
曰顯慶吾不用汝言以至於此將復奈何穆以此獲免除
名爲民及其子弟亦免官植弟淅州刺史基當坐戮穆請
以二子代基之命護義而兩釋焉未幾拜開府儀同三司
直州刺史復爵安武郡公武成中子弟免官爵者悉復之
尋除少保進位大將軍歲餘拜小司徒進位柱國轉大司
空奉詔築通洛城天和中進爵申國公持節綏集東境築
武申旦郛懸潤崇德安民交城鹿盧等諸鎮建德初拜太

隋列二　二

保歲餘出爲原州總管數年進位上柱國轉并州總管大
象初加邑至九千户拜大左輔總管如故高祖作相尉迥
之作亂也遣使招穆穆鎖其使上其書穆子士榮以穆所
居天下精兵處陰勸穆反穆深拒之乃奉十三環金帶於
高祖蓋天子之服也穆尋以天命有在密表勸進高祖既
受禪下詔曰公既舊德且又父黨敬惠來旨義無有違便
以今月十三日恭膺天命俄而穆來朝高祖降坐禮之拜
太師贊拜不名真食成安縣三千户於是穆子孫雖在襁
褓悉拜儀同其一門執象笏者百餘人穆之貴盛當時無
比穆上表乞骸骨詔曰朕初臨寓内方藉嘉猷養老乞言

實懷虛想七十致仕本爲常人至若呂尚以期頤佐周張
蒼以華皓相漢高才命世不拘恒禮遲得此心留情規訓
公年既耆舊筋力難煩今勸所司敬蠲朝集如有大事須
共謀謨別遣侍臣就第詢訪時太史奏云當有移都之事
上以初受命甚難之穆上表曰帝王所居隨時興廢天道
人事理有存焉始自三皇暨夫兩漢有一世而屢徙無革
命而不遷曹馬同洛水之陽魏周共長安之內此之四代
蓋聞之矣曹則三家鼎立馬則四海尋分有魏及周甫得
平定事乃不暇非曰師古往者周運將窮禍生華裔廟堂
冠帶屢覩姦回士有苞藏人稀柱石四海萬國皆縱豺狼

隋列二　三

不叛不侵百城罕一伏惟陛下膺期誕聖秉籙受圖始晦
君人之德俯從將相之重内翦群兇崇朝大定外誅巨猾
不日肅清變大亂之民成太平之俗百靈符命兆庶謳歌
幽顯樂推日月填積方屈箕潁之志始順内外之請自受
命神宗弘道設教陶冶與陰陽合德覆育共天地齊旨萬
物開闢之初八表光華之旦視聽以革風俗且移至若帝
室天居未議經刱非所謂發明大造光贊惟新自漢已來
爲喪亂之地爰從近代累葉所都未嘗謀龜問筮瞻星定
鼎何以副聖主之規表大隋之德竊以神州之廣福地之
多將爲皇家興廟建寢卜玄之意當別有之伏願遠順天

人取決卜筮時改都邑光宅區夏任子來之民垂無窮之業應神宮於辰極順和氣於天壤理康物阜永隆長世臣日薄桑榆位高軒冕經邦論道自顧缺然丹赤所懷無容噤嘿上素嫌臺城制度迮小又宮內多鬼祅蘇威嘗勸遷上不納遇太史奏狀意乃惑之至是省穆表上曰天道聰明已有徵應太師民望復抗此請則可矣遂從之歲餘下詔曰禮制凡品不拘上智法備小人不防君子太師上柱國申國公器宇弘深風猷遐曠社稷佐命公為稱首位極帥臣才為人傑萬頃不測百鍊彌精乃無伯王之非豈有顏回之貳故以自居寥廓弗關憲網然王者作教惟旌善

人去法弘道示崇年德自今已後雖有愆罪但非謀逆縱有百死終不推問開皇六年薨于第年七十七遺令曰吾荷國恩年官已極啓足歸泉無所復恨竟不得陪玉鑾於岱宗預金泥於梁甫眷眷光景其在斯乎詔遣黃門侍郎監護喪事賵馬四匹粟麥二千斛布絹一千匹贈使持節冀定趙相瀛毛魏衛洛懷十州諸軍事冀州刺史謚曰明賜以石椁前後部羽葆鼓吹輼輬車百寮送之郭外詔遣太常卿牛弘齎哀冊祭以太牢孫筠嗣筠父惇字士猷穆長子也仕周官至安樂郡公鳳州刺史先穆卒筠幼以穆功拜儀同開皇八年以嫡孫襲爵仁壽初叔父渾忿其吝嗇

陰遣兄子善衡賊殺之求盜不獲高祖大怒盡禁其親族初筠與從父弟瞿曇有隙時渾有力遂證瞿曇殺之瞿曇竟坐斬而善衡獲免四年議立嗣邳公蘇威奏筠不義骨血相殺請絕其封上不許惇弟怡官至儀同早卒贈渭州刺史怡弟雅少有識量周保定中畧以軍功封西安縣男拜大都督天和中從元定征江西時諸軍失利遂沒於陳後得歸國拜開府儀同三司領左右軍其年從太子西征吐谷渾雅率步騎一千督軍粮於洮河為賊所躡相持數日雅患之遂與為和虜備稍解縱奇兵擊破之賜奴婢百口封一子為侯後拜燕州刺史俄徵還京數載授瀛州刺

史高祖作相鎮靈州以備胡還授大將軍遷荊州揔管加邑八百戶開皇初進爵為公雅弟恒官至鹽州刺史封陽曲侯恒弟榮官至合州刺史長城縣公榮弟直官至車騎將軍歸政縣侯直弟雄官至柱國密國公驃騎將軍雄弟渾最知名

渾字金才穆第十子也姿貌瓌偉美鬚髯起家周左侍上士尉迥反於鄴時穆在并州高祖慮其為迥所誘遣渾乘驛往布腹心穆遽令渾入京奉尉斗於高祖曰願執威柄以尉安天下也高祖大悅又遣渾詣韋孝寬所而述穆意焉適遇平鄴以功授上儀同三司封安武郡公開皇初進

授象城府驃騎將軍晉王諱出藩渾以驃騎領親信從往
揚州仁壽元年從左僕射楊素爲行軍揔管出夏州北三
百里破突厥阿勿俟斤於納遠川斬首五百級進位大將
軍拜左武衛將軍領太子宗衛率初穆孫筠卒高祖議立
嗣渾規欲紹之謂其妻兄太子左衛率宇文述曰若得襲
封當以國賦之半每歲奉公述利之因入白皇太子曰立
嗣以長不則以賢今申明公嗣絶徧觀其子孫皆無賴不
足以當榮寵唯金才有勳於國謂非此人無可以襲封者
太子許之竟奏高祖封渾爲申國公以奉穆嗣大業初轉
右驍衛將軍六年有詔追改穆封爲郕國公渾仍襲焉累

加光禄大夫九年遷右驍衛大將軍渾既紹父業日增豪
侈後房曳羅綺者以百數二歲之後不以俸物與述述大
恚之因醉廼謂其友人于象賢曰我竟爲金才所賣死且
不忘渾亦知其言由是結隙後帝討遼東有方士安伽陀
自言曉圖讖謂帝曰當有李氏應爲天子勸盡誅海内凡
姓李者述知之因誣構渾於帝曰伽陀之言信有徵矣臣
與金才夙親聞其情趣大異常日數共李敏善衡等日夜
屛語或終夕不寐渾大臣也家代隆盛身捉禁兵不宜如
此願陛下察之帝曰公言是矣可覓其事述乃遣武賁郎
將裴仁基表告渾反即日發宿衛千餘人付述掩渾等家

遣左丞元文都御史大夫裴藴雜治之案問數日不得其
反狀以實奏聞帝不納更遣述窮治之述入獄中召出敏
妻宇文氏謂之曰夫人帝甥也何患無賢夫李敏金才名
當妖讖國家殺之無可救也夫人當自求全若相用語身
當不坐敏妻曰不知所出惟尊長教之述曰可言李家謀
反金才嘗告敏云汝應圖籙當爲天子今主上好兵勞擾
百姓此亦天亡隋時也正當共汝取之若復度遼吾與汝
必爲大將每軍二萬餘兵固以五萬人矣又發諸房子
姪内外親婭並募從征吾家子弟決爲主帥分領兵馬散
在諸軍伺候間隙首尾相應吾與汝前發襲取御營子弟

響起各殺軍將一日之間天下足定矣述口自傳授令敏
妻寫表封云上密述持入奏之曰已得金才反狀并有敏
妻密表帝覽之泣曰吾宗社幾傾頼親家公而獲全耳於
是誅渾敏等宗族三十二人自餘無少長皆徙嶺外渾從
父兄威開皇初以平蠻功官至上柱國黎國公
詢字孝詢父賢周大將軍詢沉深有大略頗涉書記仕周
納言上士俄轉内史上士兼掌吏部以幹濟聞建德三年
武帝幸雲陽宮拜司衛上士委以留府事周衛王直作亂
焚肅章門詢於内益火故賊不得入帝聞而喜之拜儀同
三司遷長安令累遷英果中大夫屢以軍功加位大將軍

賜爵平高郡公高祖爲丞相尉迥作亂遣韋孝寬擊之以詢爲元帥長史委以心膂軍至永橋諸將不一詢密啓高祖請重臣監護高祖遂令高熲監軍與熲同心協力唯詢而已及平尉迥進位上柱國改封隴西郡公賜帛千匹加以口馬開皇元年引杜陽水灌三畤原詢督其役民賴其利尋檢校襄州總管事歲餘拜隰州總管數年以疾徵還京師中使顧問不絶卒於家時年四十九上悼惜者久之謚曰襄有子元方嗣

崇字永隆英果有籌算膽力過人周元年以父賢勲封迴樂縣侯時年尚小拜爵之日親族相賀崇獨泣下賢怪而

問之對曰無勲於國而幼少封侯當報主恩不得終於孝養是以悲耳賢由此大奇之起家州主簿非其所好辭不就官求爲將兵都督簡宇文護伐齊以功最擢授儀同三司尋除小司金大夫治軍器監建德初遷少侍伯大夫轉少承御大夫攝太子宮正周武帝平齊引參謀議以勲加授開府封襄陽縣公邑一千户尋改封廣宗縣公轉太府中大夫歷工部中大夫遷右司馭高祖爲丞相遷左司武上大夫加授上開府儀同大將軍尋爲懷州刺史進爵郡公加邑至二千户尉迥反遣使招之崇初欲相應後知叔父穆以并州附高祖慨然太息曰合家富貴者數十人值

國有難竟不能扶傾繼絶復何面目處天地間乎韋孝寬亦疑之與俱臥起其兄詢時爲元帥長史每諷諭之崇由是亦歸心焉及破尉惇拜大將軍既平尉迥授徐州總管尋進位上柱國開皇三年除幽州總管突厥犯塞崇輒破之奚霫契丹等懾其威略爭來内附其後突厥大爲寇掠崇率步騎三千拒之轉戰十餘日師人多死遂保於砂城突厥圍之城本荒廢不可守禦曉夕力戰又無所食每夜出掠賊營復得六畜以繼軍糧突厥畏之厚爲其備每夜中結陣以待之崇軍苦飢出輒遇敵死亡略盡遲明奔還城者尚且百許人然多傷重不堪更戰突厥意欲降之遣

使謂崇曰若來降者封爲特勤崇知必不免令其士卒曰崇喪師徒罪當死今日効命以謝國家待看吾死且可降賊方便散走努力還鄉若見至尊道崇此意乃挺刃突賊復殺二人賊亂射之卒于陣年四十八贈豫鄘申永滄亳六州諸軍事豫州刺史謚曰壯子敏嗣

李敏

敏字樹生高祖以其父死王事養宮中者久之及長襲爵廣宗公起家左千牛美姿儀善騎射歌舞管絃無不通解開皇初周宣帝后封樂平公主有女娥英妙擇婚對勑貴公子弟集弘聖宮者日以百數公主親在帷中並令自序

幷試技藝選不中者輒引出之至敏而合意竟爲姻媾敏
假一品羽儀禮如尚帝之女後將侍宴公主謂敏曰我以
四海與至尊唯一女夫當爲汝求柱國若授餘官汝愼無
謝及進見上上親御琵琶遣敏歌舞旣而大悅謂公主曰
李敏何官對曰一白丁耳上因謂敏曰今授汝儀同敏不
荅上曰不滿爾意邪今授汝開府敏又不謝上曰公主有
大功於我我何得向其女婿而惜官乎今授卿柱國敏廼
拜而蹈舞遂於坐發詔授柱國以本官宿衛後避諱改封
經城縣公邑一千户歷蒲豳金華數州刺史多不莅職常
留京師往來宮内侍從遊宴賞賜超於功臣後幸仁壽宮

以爲岐州刺史大業初轉衛尉卿樂平公主之將薨也遺
言於煬帝曰妾無子息唯有一女不自憂死但深憐之今
湯沐邑乞廻與敏帝從之竟食五千户攝屯衛將軍楊玄
感反後城大興敏之策也轉將作監從征高麗領新城道
軍將加光禄大夫十年帝復征遼東遣敏於黎陽督運時
或言敏一名洪兒帝疑洪字當讖嘗面告之冀其引決敏
由是大懼數與金才善衛等屛人私語宇文述知而奏之
竟與渾同誅年三十九其妻宇文氏後數月亦賜鴆而終

梁睿

梁睿字恃德安定烏氏人也父御西魏大尉睿少沉敏有
行檢周太祖時以功臣子養宮中者數年其後命諸子與
睿遊處同師共業情契甚歡七歲襲爵廣平郡公累加儀
同三司邑五百户尋爲本州大中正魏恭帝時加開府改
封爲五龍郡公拜渭州刺史周閔帝受禪徵爲御伯未幾
出爲中州刺史鎭新安以備齊齊人來寇睿輒挫之帝甚
嘉歎拜大將軍進爵將國公入爲司會後從齊王憲拒齊
將斛律明月於雒陽每戰有功遷小冢宰武帝時歷數州
刺史京安二州總管俱有惠政進位柱國高祖總百揆代
王謙爲益州總管行至漢川而謙反遣兵攻始州睿不得
進高祖命睿爲行軍元帥率行軍總管于義張威達奚長

儒梁昇石孝義步騎二十萬討之時謙遣開府李三王等
守通谷睿使張威擊破之擒數千人進至龍門謙將趙儼
秦會擁衆十萬據嶮爲營周亘三十里睿令將士銜枚出
自間道四面奮擊力戰破之蜀人大駭睿鼓行而進謙將
敬豪守劒閣梁巖拒平林並懼而來降謙又令高阿那瓌
達奚惎等以盛兵攻利州聞睿將至惎分兵據開遠睿顧
謂將士曰此虜據要欲遏吾兵勢吾當出其不意破之必
矣遣上開府拓拔宗趣劒閣大將軍宇文敻詣巴西大將
軍趙達水軍入嘉陵睿遣張威王倫賀若震于義韓相貴
阿那惠等分道攻惎自午及申破之惎奔歸于謙睿進逼

成都謙令達奚甚乙弗虔城守親率精兵五萬背城結陣
睿擊之謙不利將入城甚虔以城降拒謙不內謙將麾下
三十騎遯走新都令王寶執之睿斬謙于市劍南悉平進
位上柱國總管如故賜物五千段奴婢一千口金三千兩銀
三千兩食邑千户睿時威振西川夷獠歸附唯南寧酋帥
爨震恃遠不賓睿上疏曰竊以遠撫長駕王者令圖易俗
移風有國恒典南寧州漢世牂柯之地近代已來分置興
古雲南建寧朱提四郡户口殷衆金寶富饒二河有駿馬
明珠益寧出鹽井犀角晉太始七年以益州曠遠分置寧
州至僞梁南寧州刺史徐文盛被湘東徵赴荆州屬東夏

尚阻未遑遠略土民爨瓚遂竊據一方國家遥授刺史其
子震相承至今而震臣禮多虧貢賦不入每年奉獻不過
數十匹馬其處去益路止一千朱提北境即與戎州接界
如聞彼人苦其苛政思被皇風伏惟大丞相匡賛聖朝寧
濟區宇絶後光前方垂萬代闢土服遠今正其時幸因平
蜀士衆不煩重興師旅押獠既訖即請略定南寧自盧戎
已來軍粮須給過此即於蠻夷徵税以供兵馬其寧州朱
提雲南西爨並置總管州鎮計彼熟蠻租調足供城防倉
儲一則以肅蠻夷二則裨益軍國今謹件南寧州郡縣及
事意如别有大都督杜神敬昔曾使彼具所諳練今并送

往書未答又請曰竊以柔遠能邇著自前經拓土開疆王
者所務南寧州漢代牂柯之郡其地沃壤多是漢人既饒
寶物又出名馬今若往取仍置州郡一則遠振威名二則
有益軍國其處與交廣相接路乃非遥漢代開此本爲討
越之計伐陳之日復是一機以此商量決謂須取高祖深
納之然以天下初定恐民心不安故未之許後竟遣史萬
歲討平之並因睿之策也睿威惠兼著民夷悦服聲望逾
重高祖陰憚之薛道衡從軍在蜀因入接宴說睿曰天下
之望已歸于隋密令勸進高祖大悦及受禪顧待彌隆睿
復上平陳之策上善之下詔曰公英風震動妙筭縱橫清

蕩江南宛然可見循環三復但以欣然公既上才若管戎
律一舉大定固在不疑但朕初臨天下政道未洽恐先窮
武事未爲盡善昔公孫述隗囂漢之賊也光武與其通和
稱爲皇帝尉佗之於高祖初猶不臣孫皓之答晉文書尚
云白或尋款服或即滅亡王者體大義存遵養雖陳國來
朝未盡藩節如公大略誠須責罪尚欲且緩其誅宜知此
意淮海未滅必興師旅若命永襲終當相屈想以身許国
無足致辭也睿乃止焉睿時見突厥方彊恐爲邊患復陳
鎮守之策十餘事上書奏之曰竊以戎狄作患其來久矣
防遏之道自古爲難所以周無上筭漢收下策以其倏來

忽往雲屯霧散彊則騁其犯塞弱又不可盡除故也今皇祚肇興宇內寧一唯有突厥種類尚為邊梗此臣所以廢寢興食寤寐思之昔匈奴未平去病辭老先零尚在充國自劾臣才非古烈而志追昔士謹件安置北邊城鎮烽候及人馬糧貯戰守事意如別謹并圖上呈伏惟裁覽上嘉歎久之荅以厚意睿時自以周代舊臣久居重鎮內不自安屢請入朝於是徵還京師及引見上為之興命睿上殿握手極歡睿退謂所親曰功遂身退今其時也遂謝病於家闔門自守不交當代上賜以版輿每有朝覲必令三衛輿上殿睿初平王謙之始自以威名太盛恐為時所忌遂

大受金賄以自穢由是勳簿多不以實詣朝堂稱屈者前後百數上令有司案驗其事主者多獲罪睿惶懼上表陳謝請歸大理上慰諭遣之十五年從上至洛陽而卒時年六十五謚曰襄子洋嗣官歷嵩徐二州刺史武賁郎將大業六年詔追改封睿為戴公命以洋襲焉

史臣曰李穆梁睿皆周室功臣高祖王業初基俱受腹心之寄故穆首登師傅睿終膺殊寵觀其見機而動抑亦民之先覺然方魏朝之貞烈有愧王陵比晉室之忠臣終慙徐廣穆之子孫特為隆盛朱輪華轂凡數十人見忌當時禍難遄及得之非道可不戒歟

卷終

列傳卷第三　隋書三十八

特進臣魏　徵　上

劉昉

劉昉博陵望都人也父孟良大司農從魏武入關周太祖以為東梁州刺史昉性輕狡有姦數周武帝時以功臣子入侍皇太子及宣帝嗣位以技佞見狎出入宮掖寵冠一時授大都督遷小御正與御正中大夫顏之儀並見親信及帝不悆召昉及之儀俱入卧內屬以後事帝瘖不復能言昉見靜帝幼沖不堪負荷然昉素知高祖又以后父之故有重名於天下遂與鄭譯謀引高祖輔政高祖固讓不

敢當昉曰公若為當速為之如不為昉自為也高祖乃從之及高祖為丞相以昉為司馬時宣帝弟漢王贊居禁中每與高祖同帳而坐昉飾美妓進於贊贊甚悅之昉因說贊曰大王先帝之弟時望所歸孺子幼沖豈堪大事今先帝初崩群情尚擾王且歸第待事寧之後入為天子此萬全之計也贊時年未弱冠性識庸下聞昉之說以為信然遂從之高祖以昉有定策之功拜上大將軍封黃國公與沛國公鄭譯皆為心膂前後賞賜鉅萬出入以甲士自衛朝野傾矚稱為黃沛時人為之語曰劉昉牽前鄭譯推後昉自恃其功頗有驕色然性麤疏溺於財利富商大賈朝

夕盈門于時尉迥起兵高祖令韋孝寬討之至武陟諸將不一高祖欲遣昉譯一人往監軍因謂之曰須得心膂以統大軍公等兩人誰當行者昉自言未嘗爲將譯又以母老爲請高祖不懌而高熲請行遂遣之由是恩禮漸薄又王謙司馬消難相繼而反高祖憂之忘寢與食昉逸遊縱酒不以職司爲意相府事物多所遺落高祖深銜之以高熲代爲司馬是後益見踈忌及受禪進位柱國改封舒國公閑居無事不復任使昉自以佐命元功中被踈遠甚不自安後遇京師饑上令禁酒昉使妾賃屋當壚沽酒治書侍御史梁毗劾奏昉曰臣聞處貴則戒之以奢持滿則守

之以約昉既位列群公秩高庶尹縻爵稍久厚禄已淹正當戒滿歸盈鑒斯止足何乃規麴糵之潤競錐刀之末身昵酒徒家爲逋藪若不糾繩何以肅厲有詔不治昉鬱鬱不得志時柱國梁士彦宇文忻俱失職忿望昉並與之交數相來往士彦妻有美色昉因與私通士彦不之知也情好彌協遂相與謀反許推士彦爲帝後事泄上窮治之昉自知不免默無所對下詔誅之曰朕君臨四海慈愛爲心加以起自布衣入升皇極公卿之内非親則友位雖差等情皆舊人護短全長恒思覆育每殷勤戒約言無不盡天之曆數定於杳冥豈慮苞藏之心能爲國家之害欲使其

長守富貴不觸刑書故也上柱國郕國公梁士彦上柱國杞國公宇文忻柱國舒國公劉昉等朕受命之初並展勤力酬勳報効榮高禄重待之既厚愛之實隆朝夕宴言備知朕意但心如谿壑志等豺狼不荷朝恩忽謀逆亂士彦爰始幼來恒自誣罔稱有相者云其應籙年過六十必據九五初平尉迥蹔臨相州已有反心彰於行路朕即遣人代之不聲其罪入京之後逆意轉深忻昉之徒言相扶助士彦許率僮僕尅期不遠欲於蒲州起事即斷河橋捉黎陽之關塞河陽之路劫調布以爲牟甲募盜賊而爲戰士就食之人亦云易集輕忽朝廷嗤笑官人自謂一朝奮發無

人當者其第二子剛每常苦諫第三子叔諧固深勸奬朕既聞知猶恐枉濫乃授晉部之任欲驗蒲州之情士彦得以欣然云是天賛忻及昉等皆賀時來忻往定鄴城自矜不已位極人臣猶恨賞薄云我欲反何慮不成怒色忿言所在流布朕深念其功不計其禮任以武候授以領軍寄之爪牙委之心腹忻密爲異計樹黨宫闈多奏親友入參宿衛朕推心待物言必依許爲而弗止心迹漸彰仍解禁兵令其改悔而志規不逞愈結於懷乃與士彦情意偏厚要請神明誓不負約俱營賊逆逢則交謀委彦河東自許關右蒲津之事即望從征兩軍結東西之旅一舉合連横之

勢然後北破晉陽還圖宗社昉入佐相府便爲非法三度事發二度其婦自論常云姓是卯金刀名是一萬日劉氏應王爲萬日天子朕訓之導之示其利害每加寬宥望其悛改口請自新志存如舊亦與士彥情好深重逆節姦心盡探肝鬲嘗共士彥論太白所犯問東井之間思秦地之亂訪軒轅之裏顧宮掖之災唯待蒲坂事興欲在關內應接殘賊之策千端萬緒惟忻及昉名位並高寧肯北面曲躬臣於士彥乃是各懷不遜圖成亂階一得擾攘之基方逞吞并之事人之姦詐一至於此雖國有常刑罪在不赦朕載思草創咸著厥誠情用愍然未忍極法士彥忻昉身

爲謀首叔諧贊成父意義實難容並已處盡士彥忻昉兄弟叔姪特恕其命有官者除名士彥小男女忻母妻女及小男並放士彥叔諧妻妾及資財田宅忻昉妻妾及資財田宅悉沒官士彥昉兒年十五以上遠配上儀同薛摩兒是士彥交舊上柱國府戶曹參軍事裴石達是士彥府寮反狀逆心巨細皆委薛摩兒聞語仍相應和俱不申陳宜從大辟問即承引頗是恕心可除名免死朕握圖當錄六載於斯政事徒勤淳化未洽興言軫念良深歎憤臨刑至朝堂宇文忻見高熲向之叩頭求哀昉勃然謂忻曰事形如此何叩頭之有於是伏誅籍沒其家後數日上素服臨射殿盡取昉忻士彥三家資物置於前令百寮射取之以爲鑒誡云

鄭譯

鄭譯字正義滎陽開封人也祖瓊魏太常父道邕魏司空譯頗有學識兼知鍾律善騎射譯從祖開府文寬尚魏平陽公主則周太祖元后之妹也主無子太祖令譯後之由是譯少爲太祖所親恒令與諸子遊集年十餘歲嘗詣相府司錄李長宗長宗於衆中戲之譯斂容謂長宗曰明公位望不輕瞻仰斯屬輒相狎無乃喪德也長宗甚異之文寬後誕二子譯復歸本生周武帝時起家給事中士拜

銀青光祿大夫轉左侍上士與儀同劉昉恒侍帝側譯時喪妻帝命譯尚梁安固公主及帝親總萬機以爲御正下大夫俄轉太子宮尹時太子多失德內史中大夫烏丸軌每勸帝廢太子而立秦王由是太子恒不自安其後詔太子西征吐谷渾太子乃陰謂譯曰秦王上愛子也烏丸軌上信臣也今吾此行得無扶蘇之事乎譯曰願殿下勉著仁孝無失子道而已勿爲他慮太子然之既破賊譯以功最賜爵開國子邑三百戶後坐褻狎皇太子帝大怒除名爲民太子復召之譯戲狎如初因言於太子曰殿下何時可得據天下太子悅而益昵之及帝崩太子嗣位是爲宣

帝超拜開府內史下大夫封歸昌縣公邑一千戶委以朝政俄遷內史上大夫進封沛國公邑五千戶以其子善願為歸昌公元琮為永安縣男又監國史譯頗專權時帝幸東京譯擅取官材自營私第坐是復除名為民劉昉數言於帝帝復召之顧待如初詔領內史事初高祖與譯有同學之舊譯又素知高祖相表有奇傾心相結至是高祖為宣帝所忌情不自安嘗在永巷私於譯曰久願出藩公所悉也敢布心腹少留意焉譯曰以公德望天下歸心欲求多福豈敢忘也謹即言之時將遣譯南征譯請元帥帝曰卿意如何譯對曰若定江東自非懿戚重臣無以鎮撫可

令隋公行且為壽陽總管以督軍事帝從之乃下詔以高祖為揚州總管譯發兵俱會壽陽以伐陳行有日矣帝不悆遂與御正下大夫劉昉謀引高祖入受顧託既而譯宣詔文武百官皆受高祖節度時御正中大夫顏之儀與宦者謀引大將軍宇文仲輔政仲已至御坐譯知之遽率開府楊惠及劉昉皇甫績柳裘俱入仲與之儀見譯等愕然逡巡欲出高祖因執之於是矯詔復以譯為內史上大夫明日高祖為丞相拜譯柱國相府長史治內史上大夫事及高祖為大冢宰總百揆以譯兼領天官都府司會總六府事出入臥內言無不從賞賜玉帛不可勝計每出入以

甲士從拜其子元璹為儀同時尉迥王謙司馬消難等作亂高祖逾加親禮俄而進位上柱國恕以十死譯性輕險不親職務而贓貨狼籍高祖陰疏之然以其有定策功不忍廢放陰勅官屬不得白事於譯譯猶坐廳事無所關預譯懼頓首求解職高祖寬諭之接以恩禮及上受禪以上柱國公歸第賞賜豐厚進子元璹爵城皐郡公邑二千戶元珣永安男追贈其父及亡兄二人並為刺史譯自以被疏陰呼道士章醮以祈福助其婢奏譯厭蠱左道上謂譯曰我不負公此何意也譯無以對譯又與母別居為憲司所劾由是除名下詔曰譯嘉謀良策寂爾無聞鬻獄賣官

沸騰盈耳若留之於世在人為不道之臣戮之於朝入地為不孝之鬼有累幽顯無以置之宜賜以孝經令其熟讀仍遣與母共居未幾詔譯參撰律令復授開府隆州刺史請還治疾有詔徵之見於醴泉宮上賜宴甚歡因謂譯曰貶退已久情相矜愍於是復爵沛國公位上柱國上顧謂侍臣曰鄭譯與朕同生共死間關危難興言念此何日忘之譯因奉觴上壽上令內史令李德林立作詔書高熲戲謂譯曰筆乾譯答曰出為方岳杖策言歸不得一錢何以潤筆上大笑未幾詔譯參議樂事譯以周代七聲廢缺自大隋受命禮樂宜新更修七始之義名曰樂府聲調凡八篇

奏之上嘉美焉俄遷岐州刺史在職歲餘復奉詔定樂於太常前後所論樂事語在音律志上勞譯曰律令則公定之音樂則公正之禮樂律令公居其三良足美也於是還岐州開皇十一年以疾卒官時年五十二上遣使弔祭焉謚曰達子元璹嗣煬帝初立五等悉除以譯佐命元功詔追改封譯華公以元璹襲元璹初為驃騎將軍後轉武賁郎將數以軍功進位右光祿大夫遷右候衛將軍大業末出為文城太守及義兵起義將張倫略地至文城元璹以城歸之

柳裘

柳裘字茂和河東解人齊司空世隆之曾孫也祖惔梁尚書左僕射父明太子舍人義興太守裘少聰慧弱冠有令名在梁仕歷尚書郎駙馬都尉梁元帝為魏軍所逼遣裘請和於魏俄而江陵陷遂入關中周明武間自麟趾學士累遷太子侍讀封昌樂縣侯後除天官府都上士宣帝即位拜儀同三司進爵為公轉御飾大夫及帝不悆留侍禁中與劉昉韋謩皇甫績同謀引高祖入總萬機高祖固讓不許裘進曰時不可再機不可失今事已然宜早定大計天與不取反受其咎如更遷延恐貽後悔高祖從之進位上開府拜內史大夫委以機密及尉迥作亂天下騷動并州總管李穆頗懷猶豫高祖令裘往喻之裘見穆盛陳利害穆甚悅遂歸心於高祖後以奉使功賜綵三百匹金九環帶一腰時司馬消難阻兵安陸又令喻之未到而消難奔陳高祖即令裘隨便安集淮南賜馬及雜物開皇元年進位大將軍拜許州刺史在官清簡吏民懷之復轉曹州刺史其後上思裘定策功欲加榮秩將徵之顧問朝臣曰曹州刺史何當入朝或對曰即今冬也帝乃止裘尋卒高祖傷惜者久之謚曰安子惠童嗣

皇甫績

皇甫績字功明安定朝那人也祖穆魏隴東太守父道周湖州刺史雍州都督績三歲而孤為外祖韋孝寬所鞠養嘗與諸外兄博奕孝寬以其惰業督以嚴訓愍績孤幼特捨之績歎曰我無庭訓養於外氏不能剋躬勵己何以成立深自感激命左右自杖三十孝寬聞而對之流涕於是精心好學略涉經史周武帝為魯公時引為侍讀建德初轉宮尹中士武帝嘗避暑雲陽宮時宣帝為太子監國衛刺王作亂城門已閉百寮多有避者績聞難赴之於玄武門遇皇太子太子下樓執績手悲喜交集帝聞而嘉之遷小宮尹宣政初錄前後功封義陽縣男拜畿伯下大夫累轉御正下大夫宣帝崩高祖總已績有力焉語在鄭譯傳

加位上開府轉內史中大夫進封郡公邑千戶尋拜大將軍開皇元年為豫州刺史增邑通前二千五百戶尋拜都官尚書後數載轉晉州刺史將之官稽首而言曰臣實庸鄙無益於國每思犯難以報國恩今偽陳尚存以臣度之有三可滅上問其故績荅曰大吞小一也以有道伐無道二也納叛臣蕭巖於我有詞三也陛下若命鷹揚之將臣請預戎行展絲髮之効上嘉其壯志勞而遣之及陳平拜蘇州刺史高智慧等作亂江南州民顧子元發兵應之因以攻績相持八旬子元素感績恩於冬至日遣使奉牛酒績遺子元書曰皇帝握符受籙合極通靈受揖讓於唐虞

弃干戈於湯武東踰蟠木方朔所未窮西盡流沙張騫所不至玄漠黃龍之外交臂來王蔥嶺榆關之表屈膝請吏曩者偽陳獨阻聲教江東士民困於荼毒皇天輔仁假手朝廷聊申薄伐應時瓦解金陵百姓死而復生吳會臣民白骨還肉唯當懷音感德行歌擊壤豈宜自同吠主翻成反噬卿非吾民何須酒禮吾是隋將何容外交易子析骸未能相告況是足食足兵高城深塹坐待強援綽有餘力何勞踵輕敝之俗作虛偽之辭欲阻誠臣之心徒惑驍雄之志以此見期必不可得卿宜善思活路曉諭黎元能早改迷失道非遠子元得書於城下頓首陳謝楊素援兵至

合擊破之拜信州總管十二州諸軍事俄以病乞骸骨詔徵還京賜以御藥中使相望顧問不絕卒於家時年五十二謚曰安子偲嗣大業之世官至尚書主爵郎韋謩者京兆人也仕周內史大夫高祖以謩有定策之功累遷上柱國封普安郡公開皇初卒於蒲州刺史

盧賁

盧賁字子徵涿郡范陽人也父光周開府燕郡公賁略涉書記頗解鍾律周武帝時襲爵燕郡公邑一千九百戶後歷魯陽太守太子小宮尹儀同三司平齊有功增邑四百戶轉司武上士時高祖為大司武賁知高祖為非常人深

自推結宣帝嗣位加開府及高祖初被顧託群情未一乃引賁置於左右高祖將之東第百官皆不知所去高祖潛令賁部伍仗衛因召公卿而謂曰欲求富貴者當相隨來往往偶語欲有去就賁嚴兵而至眾莫敢動出崇陽門至東宮門者拒不內賁諭之不去瞋目叱之門者遂却既而高祖得入賁恒典宿衛後承間進說曰周歷已盡天人之望實歸明公願早應天順民也天與不取反受其咎高祖甚然之及受禪命賁清宮因典宿衛賁於是奏改周代旗幟更為嘉名其青龍騶虞朱雀玄武千秋萬歲之旗皆賁所創也尋拜散騎常侍兼太子左庶子左領軍右將軍時

高熲蘇威共掌朝政貴甚不平之柱國劉昉時被䟽忌貴
因諷昉及上柱國元諧李詢華州刺史張賓等謀黜熲威
五人相與輔政又以晉王上之愛子謀行廢立復私謂皇
太子曰貴將數謁殿下恐爲上所譴願察區區之心謀泄
上窮治其事昉等委罪於賓貴公卿奏二人坐當死上以
龍潛之舊不忍加誅並除名爲民賓未幾卒歲餘貴復爵
位檢校太常卿貴以古樂宫懸七八損益不同歷代通儒
議無定準於是上表曰殷人以上通用五音周武克殷得
鶉火天駟之應其音用七漢興加應鍾故十六枚而在一
簴鄭玄注周礼二八十六簴此則七八之義其來遠矣然

世有沿革用捨不同至周武帝復改懸七以林鍾爲宫夫
樂者治之本也故移風易俗莫善於樂是以吴札觀而辯
興亡然則樂也者所以動天地感鬼神情發於中治乱斯
應周武以林鍾爲宫蓋將亡之徵也且林鍾之管即黄鍾
下生之義黄鍾君也而生於臣明爲皇家九五之應又陰
者臣也而居君位更顯國家登極之祥斯實冥数相符非
關人事伏惟陛下握圖御寓道邁前王功成作樂煥乎曩
策臣聞五帝不相沿樂三王不相襲禮此蓋隨時改制而
不失雅正者也上竟從之即改七懸八以黄鍾爲宫詔貴
與儀同楊慶和删定周齊音律未幾拜郢州刺史尋轉虢

州刺史後遷懷州刺史決沁水東注名曰利民渠又派入
溫縣名曰溫潤渠以溉舄鹵民賴其利後數年轉齊州刺
史民飢穀米踊貴閉人糶而自糶之坐是除名爲民後從
幸洛陽上從容謂貴曰我始爲大司馬時卿以布腹心於
我及總百揆頻繁左右與卿足爲恩舊卿若無過者位與
高熲齊坐與凶人交搆由是廢黜言念疇昔之恩復當牧
伯之位何乃不思報効以至於此吾不忍殺卿是屈法申
私耳貴俯伏陳謝詔復本官後數日對詔失旨又自叙功
績有怨言上大怒顧謂群臣曰吾將與貴一州觀此不可
復用後皇太子爲其言曰此輩並有佐命之功雖性行輕

險誠不可弃上曰我抑屈之全其命也微劉昉鄭譯及貴
柳裘皇甫績等則我不至此然此等皆反覆子也當周宣
帝時以無賴得幸及帝大漸顏之儀等請以宗王輔政此
輩行詐顧命於我我將爲治又欲亂之故昉謀大逆於前
譯爲巫蠱於後如貴之徒皆不滿志任之則不遜致之則
怨自難信也非我弃之衆人見此或有竊議謂我薄於功
臣斯不然矣蘇威進曰漢光武欲全功臣皆以列侯奉朝
請至尊仁育復用此道以安之上曰然遂廢於家是歲卒
年五十四

史臣曰高祖肇基王業昉譯實啓其謀當軸執鈞物無異

論不能忘身急病以義斷恩方乃慮難求全偷安懷禄暨夫帝遷明德義非簡在鹽梅之寄自有攸歸言追昔款內懷觖望耻居吳耿之末羞與絳灌為伍事君盡禮既闕於宿心不愛其親遽彰於物議其在周也靡忠貞之節其奉隋也愧竭命之誠非義掩其前功畜怨興其後釁而望不陷刑辟保貴全生難矣柳裘皇甫績盧賁因人成事協規不二大運光啓莫參樞要斯固在人欲其悅己在我欲其罵人理自然也晏嬰有言一心可以事百君百心不可以事一君於昉譯見之矣

列傳卷第三　隋書三十八

列傳卷第四　隋書三十九

特進臣魏　徵　上

于義　子宣道　宣敏

于義字慈恭河南雒陽人也父謹從魏武帝入關仕周官至太師因家京兆義少矜嚴有操尚篤志好學大統末以父功賜爵平昌縣伯邑五百户起家直閤將軍其後改封廣都縣公周閔帝受禪增邑六百户累遷安武太守專崇德教不尚威刑有郡民張善安王叔兒爭財相訟義曰太守德薄不勝任之所致非其罪也於是取家財倍與二人喻而遣去善安等各懷耻愧移貫他州於是風教大洽其以德化人皆此類也進封建平郡公明武世歷西兗瓜邵三州刺史數從征伐進位開府宣帝嗣位政刑日亂義上疏諫時鄭譯劉昉以恩倖當權謂義不利於己先惡之於帝帝覽表色動謂侍臣曰于義謗訕朝廷也御正大夫顏之儀進曰古先哲王立誹謗之木置敢諫之鼓猶懼不聞過于義之言不可罪也帝乃解及高祖作相王謙搆逆高祖將擊之問將於高熲熲答曰于義素有經略可為元帥高祖初然之劉昉進曰梁睿位望素重不可居義之下高祖乃止於是以睿為元帥以義為行軍摠管謙將達奚惎擁衆據開遠義將左軍擊破之尋拜潼州摠管賜奴婢五

百口雜綵三千段超拜上柱國時義兄翼爲太尉弟智兄
子仲文並上柱國大將軍已上十餘人稱爲貴戚歲餘以
疾免職歸於京師數月卒時年五十贈豫州刺史謚曰剛
賻物千段粟米五百石子宣道宣敏並知名

宣道字元明性謹密不交非類仕周釋褐左侍上士以父
功賜爵成安縣男邑二百戶後轉小承御上士高祖爲丞
相引爲外兵曹尋拜儀同及踐阼遷內史舍人進爵爲子
丁父憂水漿不入口者累日獻皇后命中使敦諭歲餘起
令視事免喪拜車騎將軍兼左衛長史舍人如故後六歲
遷太子左衛副率進位上儀同卒年四十二子志寧早知

名出繼叔父宣敏

宣敏字仲達少沉密有才思年十一詣周趙王招王命之
賦詩宣敏爲詩甚有幽貞之志王大奇之坐客莫不嗟賞
起家右侍上士遷千牛備身高祖踐阼拜奉車都尉奉使
撫慰巴蜀及還上疏曰臣聞開盤石之宗漢室於是惟永
建維城之固周祚所以靈長昔秦皇置牧守而罷諸侯魏
后暱諂邪而疎骨肉遂使宗社移於他族神器傳於異姓
此事之明甚於觀火然山川設險非親勿居且蜀土沃饒
人物殷阜西通邛僰南屬荊巫周德之衰茲土遂成戎首
炎政失御此物便爲禍先是以明者防於無形治者制其
未亂方可慶隆萬世年逾七百伏惟陛下日角龍顏膺樂
推之運參天貳地居揖讓之期億兆宅心百神受職理須
樹建藩屏封植子孫繼周漢之宏圖改秦魏之覆軌抑近
習之權勢崇公族之本枝但三蜀三齊古稱天險分王戚
屬今正其時若使利建合宜封樹得所巨猾息其非望姦
臣杜其邪謀盛業洪基同天地之長久英聲茂實齊日月
之照臨臣雖學謝多聞然情深體國輒申管見戰灼惟深
帝省表嘉之謂高熲曰于氏世有人焉竟納其言遣蜀王
秀鎮於蜀宣敏常以盛滿之誡昔賢所重每懷靜退著述
志賦以見其志焉未幾卒官時年二十九

陰壽 子世師 骨儀附

陰壽字羅雲武威人也父嵩周夏州刺史壽少果烈有武
幹性謹厚敦然諾周世屢以軍功拜儀同從武帝平齊進
位開府賜物千段奴婢百口女樂二十人及高祖為丞相
引壽為掾尉迥作亂高祖以韋孝寬為元帥擊之令壽監
軍時孝寬有疾不能親總戎事每卧帳中遣婦人傳教命
三軍綱紀皆取決於壽以功進位上柱國尋以行軍總管
鎮幽州即拜幽州總管封趙國公時有高寶寧者齊氏之
踈屬也為人桀黠有籌筭在齊久鎮黃龍及齊滅周武帝
拜為營州刺史甚得華夷之心高祖為丞相遂連結契丹

靺鞨舉兵反高祖以中原多故未遑進討以書喻之而不得開皇初又引突厥攻圍北平至是令壽率步騎數萬出盧龍塞以討之寶寧求救於突厥時衛王爽等諸將數道北征突厥不能援寶寧弃城奔于磧北黃龍諸縣悉平壽班師留開府成道昂鎮之寶寧遣其子僧伽率廣騎掠城下而去尋引契丹靺鞨之眾來攻道昂苦戰連日乃退壽患之於是重購寶寧又遣人陰間其所親任者趙世模王威等月餘世模率其眾降寶寧復走契丹為其麾下趙脩羅所殺北邊遂安賜物千段未幾卒官贈司空子世師嗣

世師少有節槩性忠厚多武藝弱冠以功臣子拜儀同累

遷驃騎將軍煬帝嗣位領東都尾工監後三歲拜張掖太守先是吐谷渾及党項羌屢為侵掠世師至郡有來寇者親自捕擊輒禽斬之深為戎狄所憚入為武賁郎將遼東之役出襄平道明年帝復擊高麗以本官為涿郡留守于時盜賊蜂起世師逐捕之往往剋捷及帝還大加賞勞拜樓煩太守時帝在汾陽宮世師聞始畢可汗將為寇勸帝幸太原帝不從遂有鴈門之難尋遷左翊衛將軍與代王留守京師及義軍至世師自以世荷隋恩又藩邸之舊遂勒兵拒守月餘城陷與京兆郡丞骨儀等見誅時年五十

三

骨儀京兆長安人也性剛鯁有不可奪之志開皇初為侍御史處法平當不為勢利所回煬帝嗣位遷尚書右司郎于時朝政漸亂濁貨公行凡當樞要之職無問貴賤並家累金寶天下士大夫莫不變節而儀勵志守常介然獨立帝嘉其清苦超拜京兆郡丞公方彌著時刑部尚書衛玄兼領京兆內史頗行詭道輒為儀所執正玄雖不便之不能傷也及義兵至而玄恐禍及已遂稱老病無所干預儀與世師同心叶契父子並誅其後遂絕世師有子弘智等以年幼獲全

竇榮定

竇榮定扶風平陵人也父善周太僕季父熾開皇初為太傅榮定沈深有器局容貌瓌偉美鬚髯便弓馬魏文帝時為千牛備身周太祖見而奇之授平東將軍賜爵宜君縣子邑三百戶後從太祖與齊人戰於北芒周師不利榮定與汝南公宇文神慶帥精騎二千邀擊之齊師乃却以功拜上儀同後從武元皇帝引突厥木杆侵齊之并州賜物三百段襲爵永富縣公邑千戶進位開府除忠州刺史從武帝平齊加上開府拜前將軍佽飛中大夫其妻則高祖姊安成長公主也高祖少小與之情契甚厚榮定亦知高祖有人君之表尤相推結及高祖作相領左右宮伯使鎮

守天臺揔統露門內兩箱仗衛常宿禁中遇尉迥初平朝
廷頗以山東爲意乃拜榮定爲洛州揔管以鎮之前後賜
縑四千匹西涼女樂一部及高祖受禪來朝京師上顧謂群
臣曰朕少惡輕薄性相近者唯竇榮定而已賜馬三百匹
部曲八十戶而遣之坐事除名高祖以長公主之故尋拜
右武候大將軍上數幸其第恩錫甚厚每令尚食局日供
羊一口珍味稱是以佐命功拜上柱國寧州刺史未幾復
爲右武候大將軍尋除秦州揔管賜吳樂一部突厥沙鉢
略寇邊以爲行軍元帥率九揔管步騎三萬出涼州與虜
戰於高越原兩軍相持其地無水士卒渴甚至刺馬血而

飲死者十有二三榮定仰天太息俄而澍雨軍乃復振於
是進擊數挫其鋒突厥憚之請盟而去賜縑萬匹進爵安
豐郡公增邑千六百戶復封子憲爲安康郡公賜縑五千
疋歲餘拜右武衛大將軍俄轉左武衛大將軍上欲以爲
三公榮定上書曰臣每觀西朝衛霍東都梁鄧幸託葭莩
位極台鉉寵積驕盈必致傾覆向使前賢少自貶損遠避
權勢推而不居則天命可保何覆宗之有臣每覽前脩實
爲長懼上於是乃止前後賞賜不可勝計開皇六年卒時
年五十七上爲之廢朝令左衛大將軍元旻監護喪事賻
縑三千匹上謂侍臣曰吾每欲致榮定於三事其人固讓

不可今欲贈之重違其志於是贈冀州刺史陳國公謚曰
懿子抗嗣抗美容儀性通率長於巧思父卒之後恩遇彌
隆所賜錢帛金寶亦以鉅萬抗官至定州刺史復檢校幽
州揔管煬帝即位漢王諒構逆以爲抗與通謀由是除名
以其弟慶襲封陳公焉慶亦有姿儀性和厚頗工草隸初
封永富郡公官至河東太守衛尉卿大業之末出爲南郡
太守爲盜賊所害慶弟璡亦工草隸頗解鍾律官歷潁川
南郡扶風太守

元景山

元景山字珤岳河南洛陽人也祖燮魏安定王父琰宋安

王景山少有器局幹略過人周閔帝時從大司馬賀蘭祥
擊吐谷渾以功拜撫軍將軍其後數從征伐累遷儀同三
司賜爵文昌縣公授亳川防主後與齊人戰於北邙斬級
居多加開府遷建州刺史進封宋安郡公邑三千戶從武
帝平齊每戰有功拜大將軍改封平原郡公邑二千戶賜
女樂一部帛六千匹奴婢二百五十口牛羊數千治亳州
揔管先是州民王迴洛張季真等聚結亡命每爲劫盜前
後牧守不能制景山下車逐捕之迴洛季真挺身奔江南
擒其黨與數百人皆斬之法令明肅盜賊屏迹稱爲大治
陳人張景遵以淮南內屬爲陳將任蠻奴所攻破其數柵

景山發譙潁兵援之蠻奴引軍而退徵爲候正宣帝嗣位從上柱國韋孝寬經略淮南鄭州揔管宇文亮謀圖不軌以輕兵襲孝寬孝寬窘迫未得整陣爲亮所薄景山率鐵騎三百出擊破之斬亮傳首以功拜亳州揔管高祖爲丞相尉迥稱兵作亂滎州刺史宇文冑與迥通謀陰以書諷動景山景山執其使封書詣相府高祖甚嘉之進位上大將軍司馬消難之以鄖州入陳也陳遣將樊毅馬傑等來援景山率輕騎五百馳赴之毅等懼掠居民而遯景山追之一日一夜行三百餘里與毅戰於漳口二合皆剋毅等退保甑山鎮其城邑爲消難所陷者悉平之拜安州揔管

進位柱國前後賜帛二千匹時桐柏山蠻相聚爲亂景山復擊平之高祖受禪拜上柱國明年大舉伐陳以景山爲行軍元帥率行軍揔管韓延呂哲出漢口遣上開府鄧孝儒將勁卒四千攻陳甑山鎮陳人遣其將陸綸以舟師來援孝儒逆擊破之陳將魯達陳紀以兵守涢口景山復遣兵擊走之陳人大駭甑山沌陽二鎮守將皆弃城而遯景山將濟江會陳宣帝卒有詔班師景山大著威名甚爲敵人所憚後數載坐事免卒于家時年五十五贈梁州揔管賜縑千匹謚曰襄子成壽嗣成壽使弓馬起家千牛備身以上柱國世子拜儀同後爲秦王廩兵車騎煬帝嗣位徵爲左親衛郎將楊玄感之亂也從刑部尚書衛玄擊之以功進位正議大夫拜西平通守

源雄

源雄字世略西平樂都人也祖懷父纂俱爲魏隴西王雄少寬厚偉姿儀在魏起家秘書郎尋加征討將軍屬其父爲高氏所誅雄脫身而遯變姓名西歸長安周太祖見而器之賜爵隴西郡公後從武帝伐齊以功授開府改封朔方郡公拜冀州刺史時以突厥寇邊徙雄爲平州刺史以鎮之未幾檢校徐州揔管及高祖爲丞相尉迥作亂時雄家累在相州迥潛以書誘之雄卒不顧高祖遺雄書曰公

妻子在鄴城雖言離隔賊徒翦滅聚會非難今日已後不過數旬之別遲能開慰無以累懷徐部大蕃東南襟帶密邇吳寇特須安撫藉公英略委以邊謀善建功名用副朝委也迥遣其將畢義緒據蘭陵席毗陷昌慮下邑雄遣徐州刺史劉仁恩擊義緒儀同劉弘李琰討席毗悉平之陳人見中原多故遣其將陳紀蕭摩訶任蠻奴周羅睺樊毅等侵江北西自江陵東距壽陽民多應之攻陷城鎮雄與吳州揔管于顗楊州揔管賀若弼黃州揔管元景山等擊走之悉復故地東潼州刺史曹孝達據州作亂雄遣兵襲斬之進位上大將軍拜徐州揔管後數歲轉懷州刺史尋

還朔州摠管突厥有來寇掠雄輙捕斬之深爲北夷所憚
伐陳之役高祖下冊書曰於戲唯爾上大將軍朔方公雄
識悟明允風神果毅往牧徐方時逢寇逆建旗馬邑安撫
北蕃嘉謀絶外境之虞挺劒息寰韝之望沙漠以北俱荷
威恩呂梁之間罔不懷惠但江淮蕞爾有陳僭逆今將董
率戎旅清彼東南是用命爾爲行軍摠管往欽哉於是從
秦王俊出信州道及陳平以功進位上柱國賜子崇爵錫
氏縣伯褒爲安化縣伯賜物五千段復鎭朔州二歲上表
乞骸骨徵還京師卒于家時年七十子崇嗣官至儀同大
業中自上黨贊治入爲尚書虞部郎及天下盜起將兵討

北海與賊力戰而死贈正議大夫

豆盧勣

豆盧勣字定東昌黎徒河人也本姓慕容燕北地王精之
後也中山敗歸魏北人謂歸義爲豆盧因氏焉祖萇魏柔
玄鎭大將父寧柱國太保勣初生時周太祖親幸寧家稱
慶時遇新破齊師太祖因字之曰定東勣聰悟有器局少受
業國子學畧涉文藝魏大統十二年太祖以勣勳臣子封
義安縣侯周閔帝受禪授稍伯下大夫開府儀同三司改
封丹陽郡公邑千五百戶明帝時爲左武伯中大夫勣自
以經業未通請解職遊露門學帝嘉之勑以本官就學未
幾齊王憲納勣妹爲妃恩禮逾厚宣帝嗣位拜邛州刺
史未之官渭源燒當羌因飢饉作亂以勣有才略轉渭州
刺史甚有惠政華夷悅服德澤流行大致祥瑞鳥鼠山俗
呼爲高武隴其下渭水所出其山絶壁千尋由來乏水諸
羌苦之勣馬足所踐忽飛泉涌出有白烏翔止廳前乳子
而後去又白狼見於襄武民爲之謠曰我有丹陽山出玉
漿濟我民夷神烏來翔百姓因號其泉爲玉漿泉後丁父
艱毀瘁過禮天和二年授邵州刺史襲爵楚國公復徵爲
天官府司會歷信安二州摠管相州刺史以母憂還京宣
帝大象三年拜利州摠管進位上大將軍月餘拜柱國高

祖爲丞相益州摠管王謙作亂勣嬰城固守謙遣其將達
奚惎高阿那肱乙弗虔等衆十萬攻之起土山鑿城爲七
十餘穴堰江水以灌之勣時戰士不過二千晝夜相拒經
四旬勢漸迫勣於是出奇兵擊之斬數千級降二千人梁
睿軍且至賊因而解去高祖遣開府趙仲卿勞之詔曰勣
器識優長氣調英遠摠馭藩部風化已行巴蜀稱兵奄來
圍逼入守出戰大摧凶醜貞節雄規厥功甚茂可使持節
上柱國賜一子爵中山縣公開皇二年突厥犯塞以勣爲
北道行軍元帥以備邊歲餘拜夏州摠管上以其家世貴
盛勳効克彰甚重之後爲漢王諒納勣女爲妃恩遇彌厚

七年詔曰上柱國楚國公勣蜀人寇亂之日稱兵犯順固守金湯隱如敵國嘉猷大節其勞已多可食始州臨津縣邑千户十年以疾徵還京師詔諸王並至勣第中使顧問道路不絶其年卒時年五十五上悼惜者久之特加賵贈鴻臚監護喪事謚曰襄子賢嗣官至顯州刺史大理少卿武賁郎將賢弟毓

毓字道生少英果有氣節漢王諒出鎮并州毓以妃兄爲王府主簿從趙仲卿北征突厥以功授儀同三司及高祖崩煬帝即位徵諒入朝諒納諮議王頍之謀發兵作亂毓苦諫不從因謂弟懿曰吾匹馬歸朝自得免禍此乃身計

非爲國也今且偽從以思後計毓兄顯州刺史賢言於帝曰臣弟毓素懷志節必不從亂但逼兇威不能克遂臣請從軍與毓爲表裏諒不足圖也帝以爲然許之賢密遣家人齎勑書至毓所與之計議諒出城將往介州令毓與揔管屬朱濤留守毓謂濤曰漢王構逆敗不旋踵吾豈坐受夷滅孤負家國邪當與卿出兵拒之濤驚曰王以大事相付何得有是語因拂衣而去毓追斬之時諒司馬皇甫誕前以諫諒被囚毓於是出誕與之協計及開府盤石侯宿勤武開府宇文永昌儀同成端長孫愷車騎安成侯元世雅原武令皇甫文顥等閉城拒諒部分未定有人告諒諒

親擊之毓見諒至紿其衆曰此賊軍也諒攻城南門毓時遣稽胡守堞稽胡不識諒射之箭下如雨諒復至西門守兵皆并州人素識諒即開門納之毓遂見害時年二十八及諒平煬帝下詔曰褒顯名節有國通規加等飾終抑推令典毓深識大義不顧姻親出於萬死首建奇策去逆歸順殉義亡身追加榮命宜優恒禮可贈大將軍封正義縣公賜帛二千匹謚曰愍子愿師嗣尋拜儀同三司大業初行新令五等並除未幾帝復下詔曰故大將軍正義愍公毓臨節能固捐生殉國成爲令典沒世不忘象賢無墜德隆必祀改封雍丘愍侯復以愿師承襲大業末授千牛左右

通字平東勣之兄也一名會弘厚有器局在周少以父功賜爵臨貞縣侯邑千户尋授大都督俄遷儀同三司大冢宰宇文護引之令督親信兵改封沃野縣公邑四千七百户後加開府歷武賁中大夫北徐州刺史及高祖爲丞相尉迥作逆遣其所署莒州刺史烏丸尼率衆來攻通逆擊破之賜物八百段進位大將軍開皇初進爵南陳郡公尋徵入朝以本官典宿衛歲餘出拜定州刺史後轉相州刺史尚高祖妹昌樂長公主自是恩禮漸隆遷夏州揔管洪州揔管所在之職並稱寬惠十七年卒官年五十九謚曰安有子寛

賀若誼

賀若誼字道機河南洛陽人也祖伏連魏雲州刺史父統右衛將軍誼性剛果有幹略在魏以功臣子賜爵容城縣男累遷直閤將軍大都督通直散騎常侍尚食典御周太祖據有關中引之左右嘗使詣茹茹屬茹茹種落攜貳屯於河表誼因譬以禍福誘令歸附降者萬餘口太祖深奇之賜金銀百兩齊遣其舍人楊暢結好於茹茹太祖恐其并力為邊境之患使誼聘茹茹誼因啗以厚利茹茹信之遂與周連和執暢付誼太祖嘉之拜車騎大將軍儀同三司略陽公府長史周閔帝受禪除司射大夫改封霸城縣

子轉左宮伯尋加開府後歷靈邵二州刺史原信二州總管俱有能名其兄敦為金州總管以讒毀伏誅坐是免職武帝親總萬機召誼治能州刺史平齊之役誼率兵出函谷先據洛陽即拜洛州刺史進封建威縣侯齊范陽王高紹義之奔突厥也誼以兵追之戰於馬邑遂禽紹義以功進位大將軍高祖為丞相拜亳州總管馳驛之部西遏司馬消難東拒尉迥申州刺史李慧反誼討之進爵范陽郡公授上大將軍開皇初入為右武候將軍河間王弘北征突厥以誼為副元帥軍還轉左武候大將軍坐事免歲餘拜華州刺史俄轉敷州刺史改封海陵郡公後轉涇州刺史時突厥屢為邊患朝廷以誼素有威名拜靈州刺史進位柱國誼時年老而筋力不衰猶能重鎧上馬甚為北夷所憚數載上表乞骸骨優詔許之誼家富於財於郊外構一別廬多植果木每邀賓客列女樂遊集其間卒于家時年七十七子舉襲爵康長子協官至驃騎將軍協弟祥奉車都尉祥弟興車騎將軍誼兄子弼別有傳

史臣曰于義竇榮定等或南陽姻亞或豐邑舊遊運屬時來俱宣力用以勞定國以功懋賞保其祿位貽厥子孫析薪克荷崇基弗墜美矣豆盧勣遇屯剝之機亡身殉義陰世師遭天之所廢捨命不渝使夫死者有知足以無愧君親矣

列傳第四　隋書三十九

列傳卷第五　　隋書四十

特進臣魏　徵　上

梁士彥

梁士彥字相如安定烏氏人也少任俠不仕州郡性剛果
喜正人之是非好讀兵書頗涉經史周世以軍功拜儀同
三司武帝將有事東夏聞其勇決自扶風郡守除九曲鎮
將進位上開府封建威縣公齊人甚憚焉尋遷熊州刺史
後從武帝拔晉州進位柱國除使持節晉絳一州諸軍事
晉州刺史及帝還後齊後主親總六軍而圍之獨守孤城
外無聲援衆皆震懼士彥慷慨自若賊盡銳攻之樓堞皆

盡城雉所存尋仞而已或短兵相接或交馬出入士彥謂
將士曰死在今日吾為爾先於是勇烈齊奮呼聲動地無
不一當百齊師少却乃令妻妾軍民子女晝夜修城三日
而就帝率六軍亦至齊師解圍營於城東十餘里士彥見
帝持帝鬚而泣曰臣幾不見陛下帝亦為之流涕時帝以
將士疲倦意欲班師士彥叩馬諫曰今齊師遁衆心皆動
因其懼也而攻之其勢必舉帝從之大軍遂進帝執其手
曰余之有晉州為平齊之基若不固守則事不諧矣朕無
前慮惟恐後變善為我守之及齊平封郕國公進位上柱
國雍州主簿宣帝即位除東南道行臺使持節徐州總管

三十二州諸軍事徐州刺史與烏丸軌擒陳將吳明徹裴
忌於呂梁別破黃陵略定淮南地高祖作相轉亳州總管
二十四州諸軍事尉迥之反也以為行軍總管從韋孝寬
擊之至河陽與迥軍相對令家僮梁默等數人為前鋒士
彥以其徒繼之所當皆破乘勝至草橋迥衆復合進戰大
破之及圍鄴城攻北門而入馳啓西門納宇文忻之兵及
迥平除相州刺史高祖忌之未幾徵還京師閑居無事自
恃元功甚懷怨望遂與宇文忻劉昉等謀作亂將率僮僕
於享廟之際因車駕出圖以發機復欲於蒲州起事略取
河北捉黎陽關塞河陽路劫調布以為牟甲募盜賊以為

戰士其甥裴通豫知其謀而奏之高祖未發其事授晉州刺
史欲觀其意士彥欣然謂昉等曰天也又請儀同薛摩兒
為長史高祖從之後與公卿朝謁高祖令左右執士彥忻
昉等於行間詰之曰爾等欲反何敢發此意初猶不伏捕
薛摩兒適至於是庭對之摩兒具論始末云第二子剛垂
泣苦諫第三子叔諧曰作猛獸要須成斑士彥失色顧謂
摩兒曰汝殺我於是伏誅時年七十二有子五人操字孟
德出繼伯父官至上開府義鄉縣公長寧王府驃騎早卒
剛字永固弱冠授儀同以平尉迥勳加開府擊突厥有功
進位上大將軍通政縣公涇州刺史士彥之誅也以諫獲

免從瓜州叔諧官至上儀同廣平縣公車騎將軍士遠爲安定伯務爲建威伯皆坐士彥誅梁默者士彥之蒼頭驍武絕人士彥每從征伐常與默陷陣仕周致位開府開皇末以行軍摠管從楊素北征突厥進位大將軍漢王諒之反也復以行軍摠管從楊素討平之加授柱國大業五年從煬帝征吐谷渾遇賊力戰而死贈光祿大夫

宇文忻

宇文忻字仲樂本朔方人徙京兆祖莫豆于魏安平公父貴周大司馬許國公忻幼而敏慧爲兒童時與群輩遊戲輒爲部伍進止行列無不用命有識者見而異之年十二

能左右馳射驍捷若飛恒謂所親曰自古名將唯以韓白衛霍爲美談吾察其行事未足多尚若使與僕並時不令豎子獨擅高名也其少小慷慨如此年十八從周齊王憲討突厥有功拜儀同三司賜爵興固縣公韋孝寬之鎮玉壁也以忻驍勇請與同行屢有戰功加位開府驃騎將軍進爵化政郡公邑二千戶從武帝伐齊攻拔晉州齊後主親馭六軍兵勢甚盛帝憚之欲旋師忻諫曰以陛下之聖武乘敵人之荒縱何往不克若使齊人更得令主君臣協力雖湯武之勢未易平也今主暗臣愚兵無鬬志雖有百萬之衆實爲陛下奉耳帝從之戰遂大克及帝攻陷并州

先勝後敗帝爲賊所窘左右皆殲帝挺身而遁諸將多勸帝還忻勃然而進曰自陛下克晉州破高緯乘勝逐北以至於此致令偽主奔波關東響振自古行兵用師未有若斯之盛也昨日破城將士輕敵微有不利何足爲懷丈夫當死中求生敗中取勝今者破竹其勢已成奈何棄之而去帝納其言明日復戰遂拔晉陽及齊平進位大將軍賜物千段尋與烏丸軌破陳將吳明徹於呂梁進位柱國賜奴婢二百口除豫州摠管高祖龍潛時與忻情好甚協及爲丞相恩顧彌隆尉迥作亂以忻爲行軍摠管從韋孝寬擊之時兵屯河陽諸軍莫敢先進帝令高熲馳驛監軍與

熲密謀進取者唯忻而已迥遣子惇盛兵武陟忻先鋒擊走之進臨相州迥遣精甲三千伏於野馬岡欲邀官軍忻以五百騎襲之斬獲略盡進至草橋迥又拒守忻率奇兵擊破之直趨鄴下迥背城結陣與官軍大戰官軍不利時鄴城士女觀戰者數萬人忻與高熲李詢等謀曰事急矣當以權道破之於是擊所觀者大囂而走轉相騰藉聲如雷霆忻乃傳呼曰賊敗矣衆軍復振齊力急擊之迥軍大敗及平鄴城以功加上柱國賜奴婢二百口牛馬羊萬計高祖顧謂忻曰尉迥傾山東之衆運百萬之師公舉無遺策戰無全陣誠天下之英傑也進封英國公增邑三千戶

自是以後每參帷幄出入卧內禪代之際忻有力焉後拜右領軍大將軍恩顧彌重忻妙解兵法馭戎齊整當時六軍有一善事雖非忻所建在下輒相謂曰此必英公法也其見推服如此後改封杞國公上嘗欲令忻率兵擊突厥高熲言於上曰忻有異志不可委以大兵乃止忻既佐命功臣頻經將領有威名於當世上由是微忌焉以譴去官忻與梁士彥昵狎數相往來士彥時亦怨望陰圖不軌忻謂士彥曰帝王豈有常乎相扶即是公於蒲州起事我必從征兩陣相當然後連結天下可圖也謀泄伏誅年六十四家口籍沒忻兄善弘厚有武藝仕周官至上柱國許國

公高祖受禪遇之甚厚拜其子頵爲上儀同及忻誅並廢于家善未幾卒頵至大業中爲司農少卿及李密逼東都叛歸于密忻弟愷別有傳

王誼

王誼字宜君河南洛陽人也父顯周鳳州刺史誼少慷慨有大志便弓馬博覽群言周閔帝時爲左中侍上士時大冢宰宇文護執政勢傾王室帝拱默無所關預有朝士於帝側微爲不恭誼勃然而進將擊之其人惶懼請罪乃止自是朝士無敢不肅歲餘遷御正大夫丁父艱毀瘁過禮廬於墓側負土成墳歲餘起拜雍州別駕固讓不許武帝

即位授儀同累遷內史大夫封楊國公從帝伐齊至并州帝既入城反爲齊人所敗左右多死誼率麾下驍雄赴之帝賴以全濟時帝以六軍挫衄將班師誼固諫帝從之及齊平授相州刺史未幾復徵爲大內史汾州稽胡爲亂誼率兵擊之帝弟越王盛譙王儉雖爲揔管並受誼節度其見重如此及平賊而還賜物五千段封一子開國公帝臨崩謂皇太子曰王誼社稷臣宜處以機密不須遠任也皇太子即位是爲宣帝憚誼剛正出爲襄州揔管及高祖爲丞相轉爲鄭州揔管司馬消難舉兵反高祖以誼爲行軍元帥率四揔管討之軍次近郊消難懼而奔陳于時北至

商洛南拒江淮東西二千餘里巴蠻多叛共推渠帥蘭雒州爲主雒州自號河南王以附消難北連尉迥誼率行軍揔管李威馮暉李遠等分討之旬月皆平高祖以誼前代舊臣甚加禮敬遣使勞問冠蓋不絕以第五女妻其子奉孝尋拜大司徒誼自以與高祖有舊亦歸心焉及上受禪顧遇彌厚上親幸其第與之極歡太常卿蘇威立議以爲户口滋多民田不贍欲减功臣之地以給民誼奏曰百官者歷世勳賢方蒙爵土一旦削之未見其可如臣所慮正恐朝臣功德不建何患人田有不足上然之竟寢威議開皇初上將幸岐州誼諫曰陛下初臨萬國人情未洽何用

此行上戲之曰吾昔與公位均望齊等一朝屈節為臣或當耻愧是行也震揚威武欲以服公心耳誼笑而退尋奉使突厥上嘉其稱旨進封郢國公未幾其子奉孝卒踰年誼上表言公主少請除服御史大夫楊素劾誼曰臣聞喪服有五親疎異節喪制有四降殺殊文王者之所常行故曰不易之道也是以賢者不得踰不肖者不得不及而儀同王奉孝既尚蘭陵公主奉孝以去年五月身喪始經一周而誼便請除釋竊以雖曰王姬終成下嫁之禮公則主之猶在移天之義況復三年之喪自上達下及朞釋服在禮未詳然夫婦則人倫攸始喪紀則人道至大苟不重之取

笑君子故鑽燧改火責以居喪之速朝祥暮歌譏以忘哀早然誼雖不自彊爵位已重欲為無禮其可得乎乃薄俗傷教為父則不慈輕禮易喪致婦於無義若縱而不正恐傷風俗請付法推科有詔勿治然恩禮稍薄誼頗怨望或告誼謀反上令案其事主者奏誼有不遜之言實無反狀上賜酒而釋之于時上柱國元諧亦頗失意誼數與相往來言論醜惡胡僧告之公卿奏誼大逆不道罪當死上見誼愴然曰朕與公舊為同學甚相憐愍將奈國法何於是下詔曰誼有周之世早豫人倫朕共遊庠序遂相親好然性懷險薄巫覡盈門鬼言怪語稱神道聖朕受命之初深

存誡約口云改悔心實不悛乃說四天王神道誼應受命書有誼讖天有誼星桃鹿二川岐州之下歲在辰巳興帝王之業密令卜問伺殿省之災又說其身是明王信用左道所在詿誤自言相表當王不疑此而赦之將或為亂禁暴除惡宜伏國刑上復令大理正趙綽謂誼曰時命如此將若之何於是賜死於家時年四十六

元諧

元諧河南雒陽人也家代貴盛諧性豪俠有氣調少與高祖同受業於國子甚相友愛後以軍功累遷大將軍及高祖為丞相引致左右諧白高祖曰公無黨援譬如水間一

堵墻大危矣公其勉之尉迥作亂遣兵寇小鄉令諧擊破之及高祖受禪上顧諧笑曰水間墻竟何如也於是賜宴極歡進位上大將軍封樂安郡公邑千戶奉詔參修律令時吐谷渾寇涼州詔諧為行軍元帥率行軍揔管賀婁子幹郭竣元浩等步騎數萬擊之上勑諧曰公受朝寄揔兵西下本欲自寧疆境保全黎庶非是貪無用之地害荒服之民王者之師意在仁義渾賊若至界首者公宜曉示以德臨之以教誰敢不服也時賊將定城王鍾利房率騎三千度河連結党項諧率兵出鄯州趣青海邀其歸路吐谷渾引兵拒諧相遇於豐利山賊鐵騎二萬與諧大戰諧

擊走之賊駐兵青海遣其太子可博汗以勁騎五萬來掩
官軍諧逆擊敗之追奔三十餘里俘斬萬計虜大震駭於
是移書諭以禍福其名王十七人公侯十三人各率其所
部來降上大悅下詔曰褒善疇庸有聞前載諧識用明達
神情警悟文規武略譽流朝野申威拓土功成疆埸深謀
大節實簡朕心加禮延代宜隆賞典可柱國別封一子縣
公諧拜寧州刺史頗有威惠然剛愎好排詆不能取媚於
左右嘗言於上曰臣一心事主不曲取人意上曰宜終此
言後以公事免時上柱國王誼有功於國與諧俱無任用
每相往來胡僧告諧誼謀反上按其事無逆狀上慰諭而

釋之未幾誼伏誅諧漸被疏忌然以龍潛之舊每預朝請
恩禮無虧及上大宴百寮諧進曰陛下威德遠被臣請突
厥可汗爲候正陳叔寶爲令史上曰朕平陳國以伐罪弔
人非欲誇誕取威天下公之所奏殊非朕心突厥不知山
川何能警候叔寶昏醉寧堪驅使諧默然而退後數歲有
人告諧與從父弟上開府滂臨澤侯田鸞上儀同祁緒等
謀反上令案其事有司奏諧謀令祁緒勒党項兵即斷巴
蜀時廣平王雄左僕射高熲二人用事諧欲譖去之云左
執法星動已四年矣狀一奏高熲必死又言太白犯月光
芒相照主殺大臣楊雄必當之諧嘗與滂同謁上諧私謂

滂曰我是主人殿上者賊也因令滂望氣滂曰彼雲似蹲
狗走鹿不如我輩有福德雲上大怒諧滂鸞緒並伏誅籍
沒其家

王世積

王世積闡熙新囯人也父雅周使持節開府儀同三司世
積容貌魁岸腰帶十圍風神爽拔有傑人之表在周有軍
功拜上儀同封長子縣公高祖爲丞相尉迥作亂從韋孝
寬擊之每戰有功拜上大將軍高祖受禪進封宜陽郡公
高熲美其才能甚善之嘗密謂熲曰吾輩俱周之臣子社
稷淪滅其若之何熲深拒其言未幾授蘄州總管平陳之

役以舟師自蘄水趣九江與陳將紀瑱戰於蘄口大破之
既而晉王廣已平丹楊世積於是移書告諭遣千金公權
始璋略取新蔡陳江州司馬黃偲棄城而遁始璋入據其
城世積繼至陳豫章太守徐璒廬陵太守蕭廉潯陽太守
陸仲容巴山太守王誦太原太守馬頲齊昌太守黃正始
安成太守任瓘等及鄱陽臨川守將並詣世積降以功進
位柱國荊州總管賜絹五千段加之寶帶邑三千户後數
歲桂州人李光仕作亂世積以行軍總管討平之上遣都
官員外郎辛凱卿馳勞之及還進位上柱國賜物二千段
上甚重之世積見上性忌刻功臣多獲罪由是縱酒不與

執政言及時事上以爲有酒疾舍之宮內令醫者療之世
積詭稱疾愈始得就第及起遼東之役世積與漢王並爲
行軍元帥至柳城遇疾疫而還拜涼州總管令騎士七百
人送之官未幾其親信安定皇甫孝諧有罪吏捕之亡抵
世積世積不納由是有憾孝諧竟配防桂州事總管令狐
熙熙又不之禮甚困窮因徼幸上變稱世積嘗令道人相
其貴不道人荅曰公當爲國主謂其妻曰夫人當爲皇后
又將之涼州其所親謂世積曰河西天下精兵處可以圖
大事也世積曰涼州土曠人稀非用武之國由是被徵入
朝按其事有司奏左衛大將軍元旻右衛大將軍元冑左

僕射高熲並與世積交通受其名馬之贈世積竟坐誅旻
冑等免官拜孝諧爲上大將軍

虞慶則

虞慶則京兆櫟陽人也本姓魚其先仕於赫連氏遂家靈
武代爲北邊豪傑父祥周靈武太守慶則幼雄毅性倜儻
身長八尺有膽氣善鮮卑語身被重鎧帶兩鞬左右馳射
本州豪俠皆敬憚之初以弋獵爲事中便折節讀書嘗慕
傅介子班仲升爲人仕周釋褐中外府行參軍稍遷外兵
參軍事襲爵沁源縣公宣政元年授儀同大將軍除并州
總管長史二年授開府時稽胡數爲反叛越王盛內史下

大夫高熲討平之將班師熲與盛謀須文武幹畧者鎮遏
之表請慶則於是即拜石州總管甚有威惠境內清肅稽
胡慕義而歸者八千餘戶開皇元年進位大將軍遷內史
監吏部尚書京兆尹封彭城郡公營新都總監二年冬突
厥入寇慶則爲元帥討之部分失所士卒多寒凍墮指者
千餘人偏將達奚長儒率騎兵二千人別道邀賊爲虜所
圍甚急慶則案營不救由是長儒孤軍獨戰死者十八九
上不之責也尋遷尚書右僕射後突厥主攝圖將內附請
一重臣充使於是上遣慶則詣突厥所攝圖恃彊初欲亢
禮慶則責以往事攝圖不服其介長孫晟又說諭之攝圖

及弟葉護皆拜受詔因即稱臣朝貢請永爲藩附初慶則
出使高祖敕之曰我欲存立突厥彼送公馬但取五三匹
攝圖見慶則贈馬千匹又以女妻之上以慶則勳高皆無
所問授上柱國封魯國公食任城縣千戶詔以彭城公迴
授第二子義高祖平陳之後幸晉王第置酒會群臣高熲
等奉觴上壽上因曰高熲平江南虞慶則降突厥可謂茂
功矣楊素曰皆由至尊威德所被慶則曰楊素前出兵武
牢硤石若非至尊威德亦無克理遂與互相長短御史欲
彈之上曰今日計功爲樂宜不須劾上觀群臣宴射慶則
進曰臣蒙賚酒食令盡樂御史在側恐醉而被彈上賜御

史酒因遣之出慶則奉觴上壽丙極歡上謂諸公曰飲此酒願我與諸公等子孫常如今日世守富貴九年轉為右衛大將軍尋改為右武候大將軍開皇十七年嶺南人李賢據州反高祖議欲討之諸將二三請行皆不許高祖顧謂慶則曰位居宰相爵乃上公國家有賊遂無行意何也慶則拜謝恐懼上乃遣焉為桂州道行軍摠管以婦弟趙什柱為隨府長史什柱先與慶則愛妾通恐事彰乃宣言曰慶則不欲此行遂聞於上先是朝臣出征上皆宴別禮賜遣之及慶則南討辭上上色不悅慶則由是怏怏不得志暨平賢至潭州臨桂鎮慶則觀眺山川形勢曰此誠嶮固

加以足糧若守得其人攻不可拔遂使什柱馳詣京奏事觀上顏色什柱至京因告慶則謀反上案驗之慶則於是伏誅拜什柱為柱國慶則子孝仁幼豪俠任氣起家拜儀同領晉王親信坐父事除名煬帝嗣位以藩邸之舊授候衛長史兼領金谷監監禁苑有巧思頗稱旨九年伐遼授都水丞充使監運頗有功然性奢華以駱駝負函盛水養魚而自給十一年或告孝仁謀圖不軌遂誅之其弟澄道東宮通事舍人坐除名

元冑

元冑河南洛陽人也魏昭成帝之六代孫祖順魏濮陽王父雄武陵王冑少英果多武藝美鬚眉有不可犯之色周齊王憲見而壯之引致左右數從征伐官至大將軍高祖初被召入將受顧託先呼冑次命陶澄並委以腹心恒宿臥內及為丞相每典軍在禁中又引弟威俱入侍衛周趙王招知高祖將遷周鼎乃要高祖就第趙王引高祖入寢室左右不得從唯楊弘與冑兄弟坐於戶側趙王謂其二子員貫曰汝當進瓜我因刺殺之及酒酣趙王欲生變以佩刀子刺瓜連啗高祖將為不利冑進曰相府有事不可久留趙王訶之曰我與丞相言汝何為者叱之使却冑瞋目憤氣扣刀入衛趙王問其姓名冑以實對趙王曰汝非

昔事齊王者乎誠壯士也因賜之酒曰吾豈有不善之意邪卿何猜警如是趙王偽吐將入後閤冑恐其為變扶令上坐如此者再三趙王稱喉乾命冑就廚取飲冑不動會滕王逌後至高祖降階迎之冑與高祖耳語曰事勢大異可速去高祖猶不悟謂曰彼無兵馬復何能為冑曰兵馬悉他家物一先下手大事便去冑不辭死死何益耶高祖復入坐冑聞屋後有被甲聲遽請曰相府事殷公何得如此因扶高祖下牀趣而去趙王將追之冑以身蔽戶王不得出高祖及門冑自後而至趙王恨不時發彈指出血及誅趙王賞賜不可勝計高祖受禪進位上柱國封武陵郡

公邑三千户拜左衛將軍尋遷右衛大將軍高祖從容曰保護朕躬成此基業元冑功也後數載出爲豫州刺史歷亳浙二州刺史時突厥屢爲邊患朝廷以冑素有威名拜靈州揔管北夷甚憚焉後復徵爲右衛大將軍親顧益密嘗正月十五日上與近臣登高時冑下直上令馳召之及冑見上謂曰公與外人登高未若就朕勝也賜宴極歡晉王廣每致禮焉房陵王之廢也冑豫其謀上正窮治東宮事左衛大將軍元旻苦諫楊素乃譖之上大怒執旻於仗冑時當下直不去因奏曰臣不下直者爲防元旻耳復以此言激怒上上遂誅旻賜冑帛千匹蜀王秀之得罪冑坐

與交通除名煬帝即位不得調慈州刺史上官政坐事徙嶺南將軍丘和亦以罪廢冑與和有舊因數從之遊冑嘗酒酣謂和曰上官政壯士也今徙嶺表得無大事乎因自拊腹曰若是公者不徒然矣和明日奏之冑竟坐死於是徵政爲驍衛將軍拜和代州刺史

史臣曰昔韓信愆垓下之期則項王不滅英布無淮南之舉則漢道未隆以二子之勳庸咸憤怨而菹醢況乃無古人之殊績而懷悖逆之心者乎梁士彥宇文忻皆一時之壯士也遭雲雷之會竝以勇略成名遂貪天之功以爲己力報者倦矣施者未厭將生厲階求逞其欲及茲顛隊自取之也王誼元諧王世積虞慶則元冑或契闊艱厄或綢繆恩舊將安將樂漸見遺忘內懷怏怏矜伐不已雖時主之刻薄亦言語以速禍乎然高祖佐命元功鮮有終其天命配享清廟寂寞無聞斯蓋草創帝圖事出權道本異同心故久而逾薄其牽牛蹊田雖則有罪奪之非道能無怨乎皆深文巧詆致之刑辟高祖沉猜之心固已甚矣求其餘慶不亦難哉

列傳卷第五　隋書四十

列傳卷第六　隋書四十一

特進臣魏　徵　上

高熲

高熲字昭玄一名敏自云渤海蓨人也父賓背齊歸周大司馬獨孤信引爲寮佐賜姓獨孤氏及信被誅妻子徙蜀文獻皇后以賓父之故吏每往來其家賓後官至鄀州刺史及熲貴贈禮部尚書渤海公熲少明敏有器局略涉書史尤善詞令初孩孺時家有柳樹高百許尺亭亭如蓋里中父老曰此家當出貴人年十七周齊王憲引爲記室武帝時襲爵武陽縣伯除內史上士尋遷下大夫以平齊功

拜開府尋從越王盛擊隰州叛胡平之高祖得政素知熲彊明又習兵事多計畧意欲引之入府遣邗國公楊惠諭意熲承旨欣然曰願受驅馳縱令公事不成熲亦不辭滅族於是爲相府司錄時長史鄭譯司馬劉昉並以奢縱被踈高祖彌屬意於熲委以心膂尉迥之起兵也遣子惇率步騎八萬進屯武陟高祖令韋孝寬擊之軍至河陽莫敢先進高祖以諸將不一令崔仲方監之仲方辭父在山東時熲又見劉昉鄭譯並無去意遂自請行深合上旨遂遣熲熲受命便發遣人辭母云忠孝不可兩兼歔欷就路至軍爲橋於沁水賊於上流縱大栰熲預爲木狗以禦之既度焚橋而戰大破之遂至鄴下與迥交戰仍共宇文忻李詢等設策因平尉迥軍還侍宴於卧內上撤御帷以賜之進位柱國改封義寧縣公遷相府司馬任寄益隆高祖受禪拜尚書左僕射兼納言進封渤海郡公朝臣莫與爲比上每呼爲獨孤而不名也熲深避權勢上表遜位讓於蘇威上欲成其美聽解僕射數日上曰蘇威高蹈前朝熲能推舉吾聞進賢受上賞寧可令去官於是命熲復位俄拜左衛大將軍本官如故時突厥屢爲寇患詔熲鎮遏緣邊及還賜馬百餘匹牛羊千計領新都大監制度多出於熲熲每坐朝堂北槐樹下以聽事其樹不依行列有司將伐

之上特命勿去以示後人其見重如此又拜左領軍大將軍餘官如故母憂去職二旬起令視事熲流涕辭讓優詔不許開皇二年長孫覽元景山等伐陳令熲節度諸軍會陳宣帝薨熲以禮不伐喪奏請班師蕭巖之叛也詔熲綏集江漢甚得人和上嘗問熲取陳之策熲曰江北地寒田收差晚江南土熱水田早熟量彼收穫之際微徵士馬聲言掩襲彼必屯兵禦守足得廢其農時彼既聚兵我便解甲再三若此賊以爲常後更集兵彼必不信猶豫之頃我乃濟師登陸而戰兵氣益倍又江南土薄舍多竹茅所有儲積皆非地窖密遣行人因風縱火待彼修立復更燒之

不出數年自可財力俱盡上行其策由是陳人益敝九年晉王廣大舉伐陳以熲爲元帥長史三軍諮禀皆取斷於熲及陳平晉王欲納陳主寵姬張麗華熲曰武王滅殷戮妲己今平陳國不宜取麗華乃命斬之王甚不悅及軍還以功加授上柱國進爵齊國公賜物九千段定食千乘縣千五百戶上因勞之曰公伐陳後人言公反朕已斬之君臣道合非青蠅所間也熲又遜位詔曰公識鑒通遠器略優深出參戎律廓清淮海入司禁旅實委心腹自朕受命常典機衡竭誠陳力心迹俱盡此則天降良輔翊贊朕躬幸無詞費也其優奬如此是後右衛將軍龐晃及將軍盧賁等前後短熲於上上怒之皆被疏黜因謂熲曰獨孤公猶鏡也每被磨瑩皎然益明未幾尚書都事姜曄楚州行參軍李君才並奏稱水旱不調罪由高熲請廢黜之二人俱得罪而去親禮逾密上幸并州留熲居守及上還京賜縑五千匹復賜行宮一所以爲莊舍其夫人賀拔氏寢疾中使顧問絡繹不絶上親幸其第賜錢百萬絹萬匹復賜以千里馬上嘗從容命熲與賀若弼言及平陳事熲曰賀若弼先獻十策後於蔣山苦戰破賊臣文吏耳焉敢與大將軍論功帝大笑時論嘉其有讓尋以其子表仁取太子勇女前後賞賜不可勝計時熒惑入太微犯左執法術者

劉暉私言於熲曰天文不利宰相可修德以禳之熲不自安以暉言奏之上厚加賞慰突厥犯塞以熲爲元帥擊賊破之又出白道進圖入磧遣使請兵近臣緣此言熲欲反上未有所答熲亦破賊而還時太子勇失愛於上潛有廢立之意謂熲曰晉王妃有神憑之言王必有天下若之何熲長跪曰長幼有序其可廢乎上默然而止獨孤皇后知熲不可奪陰欲去之初夫人卒后言於上曰高僕射老矣而喪夫人陛下何能不爲之娶上以后言謂熲熲流涕謝曰臣今已老退朝之後唯齋居讀佛經而已雖陛下垂哀之深至於納室非臣所願上乃止至是熲愛妾産男上聞之極歡后甚不悅上問其故后曰陛下當復信高熲邪始陛下欲爲熲娶熲心存愛妾面欺陛下今其詐已見陛下安得信之上由是疏熲會議伐遼東熲固諫不可上不從以熲爲元帥長史從漢王征遼東遇霖潦疾疫不利而還后言於上曰熲初不欲行陛下彊遣之妾固知其無功矣又上以漢王年少專委軍於熲熲以任寄隆重每懷至公無自疑之意諒所言多不用甚銜之及還諒泣言於后曰兒幸免高熲所殺上聞之彌不平俄而上柱國王世積以罪誅當推覈之際乃有宮禁中事云於熲處得之上欲成熲之罪聞此大驚時上柱國賀若弼吴州揔管宇文弢刑

部尚書薛胄民部尚書斛律孝卿兵部尚書柳述等明熲無罪上逾怒皆以之屬吏自是朝臣莫敢言者熲竟坐免以公就第未幾上幸秦王俊第召熲侍宴熲歔欷悲不自勝獨孤皇后亦對之泣左右皆流涕上謂熲曰朕不負公公自負也因謂侍臣曰我於高熲勝兒子雖或不見常似目前自其解落瞑然忘之如本無高熲不可以身要君自云第一也頃之熲國令上熲陰事稱其子表仁謂熲曰司馬仲達初託疾不朝遂有天下公今遇此焉知非福於是上大怒囚熲於內史省而鞫之憲司復奏熲他事云沙門真覺嘗謂熲云明年國有大喪尼令暉復云十七十八年

皇帝有大厄十九年不可過上聞而益怒顧謂群臣曰帝王豈可力求孔子以大聖之才作法垂世寧不欲大位邪天命不可耳熲與子言自比晉帝此何心乎有司請斬熲上曰去年殺虞慶則今茲斬王世積如更誅熲天下其謂我何於是除名為民熲初為僕射其母誡之曰汝富貴已極但有一斫頭耳爾宜慎之熲由是常恐禍變及此熲歡然無恨色以為得免於禍煬帝即位拜為太常時詔收周齊故樂人及天下散樂熲奏曰此樂久廢今若徵之恐無識之徒棄本逐末遞相教習帝不悅帝時侈靡聲色滋甚又起長城之役熲甚病之謂太常丞李懿曰周天元以好

樂而亡殷鑒不遠安可復爾時帝遇啓民可汗恩禮過厚熲謂太府卿何稠曰此虜頗知中國虛實山川險易恐為後患復謂觀王雄曰近來朝廷殊無綱紀有人奏之帝以為謗訕朝政於是下詔誅之諸子徙邊熲有文武大畧明達世務及蒙任寄之後竭誠盡節進引貞良以天下為己任蘇威楊素賀若弼韓擒等皆熲所推薦各盡其用為一代名臣自餘立功立事者不可勝數當朝執政將二十年朝野推服物無異議治致升平熲之力也論者以為真宰相及其被誅天下莫不傷惜至今稱冤不已所有奇策密謀及損益時政熲皆削藁世無知者其子盛道官至莒州

刺史徙柳城而卒次弘德封應國公晉王府記室次表仁封勃海郡公徙蜀郡

蘇威

蘇威字無畏京兆武功人也父綽魏度支尚書威少有至性五歲喪父哀毀有若成人周太祖時襲爵美陽縣公仕郡功曹大冢宰宇文護見而禮之以其女新興主妻焉見護專權恐禍及己逃入山中為叔父所逼卒不獲免然威每屛居山寺以諷讀為娛未幾授使持節車騎大將軍儀同三司改封懷道縣公武帝親總萬機拜稍伯下大夫前後所授並辭疾不拜有從父妹者適河南元雄雄先與突

厥有隙突厥入朝請雄及其妻子將甘心焉周遂遣之威
曰夷人昧利可以賂動遂標賣田宅罄家所有以贖雄論
者義之宣帝嗣位就拜開府高祖為丞相高熲屢言其賢
高祖亦素重其名召之及至引入卧内與語大悅居月餘
威聞禪代之議遁歸田里高熲請追之高祖曰此不欲預
吾事且置之及受禪徵拜太子少保追贈其父為邳國公
邑三千户以威襲焉俄兼納言民部尚書威上表陳讓詔
曰舟大者任重馬駿者遠馳以公有兼人之才無辭多務
也威乃止初威父在西魏以國用不足為征税之法頗稱
為重既而歎曰今所為者正如張弓非平世法也後之君

子誰能弛乎威聞其言每以為己任至是奏減賦役務從
輕典上悉從之漸見親重與高熲參掌朝政威見宮中以
銀為幔鈎因盛陳節儉之美以諭上上為之改容彫飾舊
物悉命除毀上嘗怒一人將殺之威入閤進諫不納上怒
甚將自出斬之威當上前不去上避之而出威又遮止上
拂衣而入良久乃召威謝曰公能若是吾無憂矣於是賜
馬二匹錢十餘萬尋復兼大理卿京兆尹御史大夫本官
悉如故治書侍御史梁毗以威領五職安繁戀劇無舉賢
自代之心抗表劾威上曰蘇威朝夕孜孜志存遠大舉賢
有闕何遽迫之顧謂威曰用之則行舍之則藏唯我與爾

有是夫因謂朝臣曰蘇威不值我無以措其言我不得蘇
威何以行其道楊素才辯無雙至若斟酌古今助我宣化
非威之匹也蘇威若逢亂世南山四皓豈易屈哉其見重
如此未幾拜刑部尚書解少保御史大夫之官後京兆尹
廢檢校雍州別駕時高熲與威同心協贊政刑大小無不
籌之故革運數年天下稱治俄轉民部尚書納言如故屬
山東諸州民饑上令威賑恤之後二載遷吏部尚書歲餘
兼領國子祭酒隋承戰爭之後憲章踳駁上令朝臣釐改
舊法為一代通典律令格式多威所定世以為能九年拜
尚書右僕射其年以母憂去職柴毀骨立上勑威曰公德

行高人情寄殊重大孝之道蓋同俯就必須抑割為國惜
身朕之於公為君為父宜依朕旨以禮自存未幾起令視
事固辭優詔不許明年上幸并州命與高熲同總留事俄
追詣行在所使決民訟威子夔少有盛名於天下引致賓
客四海士大夫多歸之後議樂事夔與國子博士何妥各
有所持於是夔妥俱為一議使百寮署其所同朝廷多附
威同夔者十八九妥恚曰吾席間函丈四十餘年反為昨
暮兒之所屈也遂奏威與禮部尚書盧愷吏部侍郎薛道
衡尚書右丞王弘考功侍郎李同和等共為朋黨省中呼
王弘為世子李同和為叔言二人如威之子弟也復言威

以曲道任其從父弟徹肅等罔冒爲官又國子學請蕩陰
人王孝逸爲書學博士威屬盧愷以爲其府參軍上令蜀
王秀上柱國虞慶則等雜治之事皆驗上以宋書謝晦傳
中朋黨事令威讀之威惶懼免冠頓首上曰謝已晚矣於
是免威官爵以開府就第知名之士坐威得罪者百餘人
未幾上曰蘇威德行者但爲人所誤耳命之通籍歲餘復
爵邳公拜納言從祠太山坐不敬免俄而復位上謂群臣
曰世人言蘇威詐清家累金玉此妄言也然其性很戾不
切世要求名太甚從己則悅違之必怒此其大病耳尋令
持節巡撫江南得以便宜從事過會稽踰五嶺而還時突

厥都藍可汗屢爲邊患復使威至可汗所與結和親可汗
即遣使獻方物以勤勞進位大將軍仁壽初復拜尚書右
僕射上幸仁壽宮以威總留後事及上還御史奏威職事
多不理請推之上怒詰責威威拜謝上亦止後上幸仁壽
宮不豫皇太子自京師來侍疾詔威留守京師煬帝嗣位
加上大將軍及長城之役威諫止之高熲賀若弼等之誅
也威坐與相連免官歲餘拜魯郡太守俄召還參預朝政
未幾拜太常卿其年從征吐谷渾進位左光祿大夫帝以
威先朝舊臣漸加委任後歲餘復爲納言與左翊衛大將
軍宇文述黃門侍郎裴矩御史大夫裴蘊內史侍郎虞世

基參掌朝政時人稱爲五貴及遼東之役以本官領左武
衛大將軍進位光祿大夫賜爵房陵侯其年進封房公威
以年老上表乞骸骨上不許復以本官參掌選事明年從
征遼東領右禦衛大將軍楊玄感之反也帝引威帳中懼
見於色謂威曰此小兒聰明得不爲患乎威曰夫識是非
審成敗者乃所謂聰明玄感麤疏非聰明者必無所慮但
恐寖成亂階耳威見勞役不息百姓思亂微以此諷帝帝
竟不寤從還至涿郡詔威安撫關中以威孫尚輦直長儇
爲副其子鴻臚少卿夔先爲關中簡黜大使一家三人俱
奉使關右三輔榮之歲餘帝下手詔曰王以絜潤丹紫莫

能渝其質松表歲寒霜雪莫能凋其采可謂溫仁勁直性
之然乎房公威器懷溫裕識量弘雅早居端揆備悉國章
先皇舊臣朝之宿齒棟梁社稷弼諧朕躬守文奉法卑身
率禮昔漢之三傑輔惠帝者蕭何周之十亂佐成王者邵
奭國之寶器其在得賢參燮台階具瞻斯允錐復事藉論
道終期獻替銓衡時務朝寄爲重可開府儀同三司餘並
如故威當時見尊重朝臣莫與爲比後從幸鴈門爲突厥
所圍朝廷危懼帝欲輕騎潰圍而出威諫曰城守則我有
餘力輕騎則彼之所長陛下萬乘之主何宜輕脫帝乃止
突厥俄亦解圍而去車駕至太原威言於帝曰今者盜賊

不止士馬疲敝願陛下還京師深根固本為社稷之計帝
初然之竟用宇文述等議遂往東都時天下大亂威知帝
不可改意甚患之屬帝問侍臣盜賊事宇文述曰盜賊信
少不足為虞威不能詭對以身隱於殿柱帝呼威而問之
威對曰臣非職司不知多少但患其漸近帝曰何謂也威
曰他日賊據長白山今者近在滎陽汜水帝不悅而罷尋
屬五月五日百寮上饋多以珍翫威獻尚書一部微以諷
帝帝彌不平後復問伐遼東事威對願赦群盜遣討高麗
帝益怒御史大夫裴蘊希旨令白衣張行本奏威昔在高
陽典選濫授人官畏怯突厥請還京師帝令案其事及獄

成下詔曰威立性朋黨好為異端懷挾詭道徼幸名利詆
訶律令謗訕臺省昔歲薄伐奉述先志凡預切問各盡胸
臆而威不以開懷遂無對命啓沃之道其若是乎資敬之
義何其甚薄於是除名為民後月餘有人奏威與突厥陰
圖不軌者大理簿責威威自陳奉事二朝三十餘載精誠
微淺不能上感咎釁屢彰罪當萬死帝憫而釋之其年從
幸江都宮帝將復用威裴蘊虞世基奏言昏耄羸疾帝乃
止宇文化及之弒逆也以威為光祿大夫開府儀同三司
化及敗歸於李密未幾密敗歸東都越王侗以為上柱國
邳公王充僭號署太師威自以隋室舊臣遭逢喪亂所經

之處皆與時消息以求容免及大唐秦王平王充坐於東
都閶闔門內威請謁見稱老病不能拜起王遣人數之曰
公隋朝宰輔政亂不能匡救遂令品物塗炭君弒國亡見
李密王充皆拜伏舞蹈今既老病無勞相見也尋歸長安
至朝堂請見又不許卒於家時年八十八威治身清儉以
廉慎見稱每至公議惡人異己雖或小事必固爭之時人
以為無大臣之體所修格令章程並行於當世然頗傷苛
碎論者以為非簡久之法及大業末年尤多征役至於論
功行賞威每承望風旨輒寢其事時群盜蜂起郡縣有表
奏詣闕者又訶詰使人令減賊數故出師攻討多不克捷

由是為物議所譏子夔
夔字伯尼小聰敏有口辯八歲誦詩書兼解騎射年十三
從父至尚書省與安德王雄馳射賭得雄駿馬而歸十四
詣學與諸儒論議詞致可觀見者莫不稱善及長博覽羣
言尤以鍾律自命初不名夔其父改之頗為有識所哂起
家太子通事舍人楊素甚奇之素每戲威曰楊素無兒蘇
夔無父後與沛國公鄭譯國子博士何妥議樂因而得罪
議寢不行著樂志十五篇以見其志數載遷太子舍人後
加武騎尉仁壽末詔天下舉達禮樂之源者晉王昭時為
雍州牧舉夔應之與諸州所舉五十餘人謁見高祖與夔

謂侍臣唯此一人稱吾所舉於是拜晉王友煬帝嗣位遷太子洗馬轉司朝謁者以父免職夔亦去官後歷尚書職方郎燕王司馬遼東之役夔領宿衞以功拜朝散大夫時帝方勤遠畧蠻夷朝貢前後相屬帝嘗從容謂宇文述虞世基等曰四夷率服觀禮華夏鴻臚之職須歸令望寧有多才藝美容儀可以接對賔客者為之乎咸以夔對帝然之即日拜鴻臚少卿其年高昌王麴伯雅來朝朝廷妻以公主夔有雅望令主婚焉其後弘化延安等數郡盜賊蜂起所在屯結夔奉詔巡撫關中突厥之圍鴈門也夔領城東面事夔為弩樓車箱獸圈一夕而就帝見而善之以功進位通議大夫坐父事除名為民後丁母憂不勝哀而卒時年四十九

史臣曰齊公霸圖伊始早預經綸魚水冥符風雲玄感正身直道弼諧興運心同契合言聽計從東夏克平南國底定參謀帷幄決勝千里高祖旣復禹迹思布堯心舟楫是寄鹽梅斯在兆庶賴以康寧百寮資而輯睦年將二紀人無間言屬高祖將廢儲宮由忠信而得罪逮煬帝方逞浮侈以忤時而受戮若使遂無猜釁克終厥美雖未可參蹤稷契足以方駕蕭曹繼之實難惜矣邳公周道云季方事幽貞隋室龍興首應旌命綢繆任遇窮極榮寵久處機衡

多所損益罄竭心力知無不為然志尚清儉身非弘曠好同惡異有乖直道不存易簡未為通德歷事二帝三十餘年雖廢黜當時終稱遺老君邪而不能正言國亡而情均衆庶予違汝弼徒聞其語疾風勁草未見其人禮命闕於興王抑亦此之由也夔志識沉敏方雅可稱若天假之年足以不虧堂構矣

列傳卷第六　隋書四十一

列傳卷第七　隋書四十二

特進臣魏　徵　上

李德林

李德林字公輔博陵安平人也祖壽湖州户曹從事父敬
族歷太學博士鎮遠將軍魏孝靜帝時命當世通人正定
文籍以爲内校書別在直閤省德林幼聰敏年數歲誦左
思蜀都賦十餘日便度高隆之見而嗟歎遍告朝士云若
假其年必爲天下偉器鄴京人士多就宅觀之月餘日中
車馬不絶年十五誦五經及古今文集日數千言俄而該
博墳典陰陽緯候無不通涉善屬文辭覈而理暢魏收嘗

對高隆之謂其父曰賢子文筆終當繼温子昇隆之大笑
曰魏常侍殊已嫉賢何不近比老彭乃遠求温子年十六
遭父艱自駕靈輿反葬故里時正嚴冬單衰跣足州里人
物由是敬慕之博陵豪族有崔諶者僕射之兄因休假還
鄉車服甚盛將從其宅詣德林赴弔相去十餘里從者數
十騎稍稍減留比至德林門纔餘五騎云不得令李生怪
人燻灼德林居貧轗軻母氏多疾方留心典籍無復宦情
其後母病稍愈逼令仕進任城王湝爲定州刺史重其才
召入州館朝夕同遊殆均師友不爲君民禮數嘗語德林
云竊聞蔽賢蒙顯戮久令君沉滯吾獨得潤身朝廷縱不

見尤亦懼明靈所譴於是舉秀才入鄴于時天保八年也
王因遺尚書令楊遵彥書云燕趙固多奇士此言誠不
爲謬今歲所貢秀才李德林者文章學識固不待言觀其
風神器宇終爲棟梁之用至如經國大體是賈生晁錯之
儔彫蟲小技殆相如子雲之輩今雖唐虞君世俊乂盈朝
然脩大廈者豈厭夫良材之積也吾嘗見孔文舉薦禰衡
表云洪水横流帝思俾乂以正平比夫大禹常謂擬諭非
倫今以德林言之便覺前言非大遵彥即命德林製讓尚
書令表援筆立成不加治點因大相賞異以示吏部郎中
陸卬卬云已大見其文筆浩浩如長河東注比來所見後

生制作乃涓澮之流耳卬仍命其子乂與德林周旋戒之
曰汝每事宜師此人以爲模楷時遵彥銓衡深慎選舉秀
才擢第罕有甲科德林射策五條考皆爲上授殿中將軍
既是西省散員非其所好又以天保季世乃謝病還鄉闔
門守道乾明初遵彥奏追德林入議曹皇建初下詔搜揚
人物復追赴晉陽撰春思賦一篇代稱典麗是時長廣王
作相居守在鄴勑德林還京與散騎常侍高元海等參掌
機密王引授丞相府行參軍未幾而王即帝位授奉朝請
寓直舍人省河清中授員外散騎侍郎帶齋帥仍別直機
密省天統初授給事中直中書參掌詔誥尋遷中書舍人

武平初加通直散騎侍郎又勑與中書侍郎宋士素副侍
中趙彥深別典機密尋丁母艱去職勺飲不入口五日因
發熱病遍體生瘡而哀泣不絕諸士友陸騫宋士素名醫
張子彥等爲合湯藥德林不肯進遍體洪腫數日間一時
頓差身力平復諸人皆云孝感所致太常博士巴叔仁表
上其事朝廷嘉之纔滿百日奪情起復德林以羸病屬疾
請急罷歸魏收與陽休之論齊書起元事勑集百司會議
收與德林書曰前者議文總諸事意小如混漫難可領解
今便隨事條列幸爲留懷細加推逐凡言或者皆是敵人
之議既聞人說因而探論耳德林復書曰即位之元春秋

常義謹按魯君息姑不稱即位亦有元年非獨即位得稱
元年也議云受終之元尚書之古典謹案大傳周公攝政
一年救亂二年伐殷三年踐奄四年建侯衛五年營成周
六年制禮作樂七年致政成王論者或以舜禹受終是爲
天子然則周公以臣禮而死此亦稱元非獨受終爲帝也
蒙示議文扶病省覽荒情迷識暫得發蒙當世君子必無
橫議唯應閣筆贊成而已輒謂前二條有益於議仰見議
中不錄謹以寫呈收重遣書曰惠示二事感佩殊深以魯
公諸侯之事昨小爲疑息姑不書即位舜禹亦不言即位
息姑雖攝尚得書元舜禹之攝稱元理也周公居攝乃云

一年救亂似不稱元自無大傳不得尋討一之與元其事
何別更有所見幸請論之德林答曰攝之與相其義一也
故周公攝政孔子曰周公相成王魏武相漢曹植曰如虞
翼唐或云高祖身未居攝灼然非理攝者專賞罰之名古
今事殊不可以體爲斷陸機見舜肆類上帝班瑞群后便
云舜有天下須格於文祖也欲使晉之三主異於舜攝竊
以爲舜若堯死獄訟不歸便是夏朝之益何得不須格於
文祖也若使用王者之禮便曰即眞則周公負扆朝諸侯
霍光行周公之事皆眞帝乎斯不然矣必知高祖與舜攝
不殊不得從士衡之謬或以爲書元年者當時實錄非追

書也大齊之興實由武帝謙匿受命豈直史也比觀論者
聞追舉受命之元多有河漢但言追數受命之歲情或安
之似所怖者元字耳事類朝三是許其一年不許其元年
也案易黃裳元吉鄭玄注云如舜試天子周公攝政是以
試攝不殊大傳雖無元字一之與元無異義矣春秋不言
一年一月者欲使人君體元以居正蓋史之婉辭非一與
元別也漢獻帝死劉備自尊崇陳壽蜀人以魏爲漢賊寧
肯蜀主未立已云魏武受命乎士衡自尊本國誠如高議
欲使三方鼎峙同爲霸名習氏漢晉春秋意在是也正司
馬炎兼幷許其帝號魏之君臣吳人並以爲戮賊亦寧肯

當塗之世云晉有受命之徵史者編年也故魯號紀年墨
子又云吾見百國春秋史又有無事而書年者是重年驗
也若欲高祖事事謙冲即須號令皆推魏氏便是編魏年
紀魏事此即魏末功臣之傳豈復是朝帝紀者也陸機稱
紀元立斷或以正始或以嘉平束晳議云赤雀白魚之事
恐晉朝之議是并論受命之元非止代終之斷也公議云
陸機不論元者是所未喻願更思之陸機以刊木著於虞
書龍𥚃見於商典以蔽晉朝正始嘉平之議斯又謬矣唯
可二代相涉兩史並書必不得以後朝創業之迹斷入前
史若然則世宗高祖皆天保以前唯入魏氏列傳不作齊

朝帝紀可乎此既不可彼復何證是時中書侍郎杜臺卿
上世祖武成皇帝頌齊主以為未盡善令和士開以頌示
德林宣旨云臺卿此文未當朕意以卿有大才須敘盛德
即宜速作急進本也德林乃上頌十六章并序文多不載
武成覽頌善之賜名馬一匹三年祖孝徵入為侍中尚書
左僕射趙彥深出為兗州刺史朝士有先為孝徵所待遇
者間德林云是彥深黨與不可仍掌機密孝徵曰德林久
滯絳衣我常恨彥深待賢未足內省文翰方以委之尋當
有佳處分不宜妄說尋除中書侍郎仍詔脩國史齊主留
情文雅召入文林館又令與黃門侍郎顏之推二人同判

文林館事五年勑令與黃門侍郎李孝貞中書侍郎李若
別掌宣傳尋除通直散騎常侍兼中書侍郎隆化中假儀
同三司承光中授儀同三司及周武帝克齊入鄴之日勑
小司馬唐道和就宅宣旨慰喻云平齊之利唯在於爾朕
本畏爾逐齊王東走今聞猶在大以慰懷宜即入相見道
和引之入內遣內史宇文昂訪問齊朝風俗政教人物善
惡即留內省三宿乃歸仍遣從駕至長安授內史上士自
此以後詔誥格式及用山東人物一以委之武帝嘗於雲
陽宮作鮮卑語謂群臣云我常日唯聞李德林名及見
其與齊朝作詔書移檄我正謂其是天上人豈言今日得

其驅使復為我作文書極為大異神武公紇豆陵毅荅曰
臣聞明王聖主得騏驎鳳凰為瑞是聖德所感非力能致
之瑞物雖來不堪使用如李德林來受驅策亦陛下聖德
感致有大才用無所不堪勝於騏驎鳳凰遠矣武帝大笑
曰誠如公言宣政末授御正下大夫大象初賜爵成安縣
男宣帝大漸屬高祖初受顧命邗國公楊惠謂德林曰朝
廷賜令總文武事經國任重非群才輔佐無以克成大業
今欲與公共事必不得辭德林聞之甚喜乃荅云德林雖
庸懦微誠亦有所在若曲相提獎必望以死奉公高祖大
悅即召與語劉昉鄭譯初矯詔召高祖受顧命輔少主總

知內外兵馬事諸衛既奉勅並受高祖節度鄭譯劉昉議
欲授高祖冢宰鄭譯自攝大司馬劉昉又求小冢宰高祖
私問德林曰欲何以見處德林云即宜作大丞相假黃鉞
都督內外諸軍事不爾無以壓衆心及發喪便即依此以
譯為相府長史帶內史上大夫昉但為丞相府司馬譯昉
由是不平以德林為丞相府屬加儀同大將軍未幾而三方
構亂指授兵略皆與之參詳軍書羽檄朝夕填委一日之
中動逾百數或機速競發口授數人文意百端不加治點
鄖公韋孝寬為東道元帥師次永橋為沁水汎長兵未得
度長史李詢上密啓云大將梁士彥宇文忻崔弘度並受

尉遲迥饟金軍中慅慅人情大異高祖得詢啓深以為憂
與鄭譯議欲代此三人德林獨進計云公與諸將並是國
家貴臣未相伏馭今以挾令之威使得之耳安知後所遣
者能盡腹心前所遣人獨致乖異又取金之事虛實難明
即令換易彼將懼罪恐其逃逸便須禁錮然則鄖公以下
必有驚疑之意且臨敵代將自古所難樂毅所以辭燕趙
括以之而敗趙如愚所見但遣公一腹心明於智略為諸
將舊來所信服者速至軍所使觀其情偽縱有異志必不敢
動丞相大悟曰若公不發此言幾敗大事即令高熲馳驛
往軍所為諸將節度竟成大功凡厥謀謨多此類也進授

丞相府從事內郎禪代之際其相國總百揆九錫殊禮詔
策牋表璽書皆德林之辭也高祖登阼之日授內史令初
將受禪虞慶則勸高祖盡滅宇文氏高熲楊惠亦依違從
之唯德林固爭以為不可高祖作色怒云君讀書人不足
平章此事於是遂盡誅之自是品位不加出於高虞之下
唯依班例授上儀同進爵為子開皇元年勅令與太尉任
國公于翼高熲等同脩律令事訖奏聞別賜九環金帶一
腰駿馬一匹賞損益之多也格令班後蘇威每欲改易事
條德林以為格式已頒義須畫一縱令小有踳駮非過蠹
政害民者不可數有改張威又奏置五百家鄉正即令理

民間辭訟德林以為本廢鄉官判事為其里閭親戚剖斷
不平今令鄉正專治五百家恐為害更甚且今時吏部總
選人物天下不過數百縣於六七百萬戶內詮簡數百縣
令猶不能稱其才乃欲於一鄉之內選一人能治五百家
者必恐難得又即時要荒小縣有不至五百家者復不可
令兩縣共管一鄉勅令內外群官就東宮會議自皇太子
以下多從德林議蘇威又言廢郡德林語之云脩令時公
何不論廢郡為便今令纔出其可改乎然高熲同威之議
稱德林很戾多所固執由是高祖盡依威議五年勅令撰
錄作相時文翰勒成五卷謂之霸朝雜集序其事曰竊以

陽烏垂曜徵奮傾心神龍騰舉飛雲觸石聖人在上幽顯
冥符故稱比屋可封萬物斯覩臣皇基草創便豫驅馳遂
得參可封之民爲萬物之一其爲嘉慶固以多也若夫帝
臣王佐應運挺生接踵於朝論有之矣而班爾之妙曲木
變容朱藍所染素絲改色二十二臣功成盡美二十八將
效力於時種德積善豈皆比於稷契討功稱伐非悉類於
耿賈書契已還立言立事質非殆庶何世無之蓋上稟曆
后旁資群傑牧商鄙賤屠釣幽微化爲侯王皆由此也有
教無類童子羞於霸功見德思齊狂夫成於聖業治世多
士亦因此焉煙霧可依騰蛇與蛟龍俱遠棲息有所蒼蠅

同騏驥之速因人成事其功不難自此而談雖非上智皐
受命之主委質爲臣遇高世之才連官接席皆可以翊亮
天地流名鐘鼎何必蒼頡造書伊尹制命公旦操筆老聃
爲史方可敘帝王之事談人鬼之謀乎至若臣者本慙賓
實非勳非德厠軒冕之流無學無才處藝文之職若不逢
休運非遇天恩光大含弘博約文禮萬官百辟才悉兼人
收拙里閭退仕鄉邑不種東陵之瓜豈過南陽之掾安得
出入閶闔之闈趨走太微之庭履天子之階侍聖皇之側
樞機帷幄霑及榮寵者也昔歲木行將季諒闇在辰火運
肇興群官總己有周與八柄之所大隋納百揆之日兩朝

文翰臣兼掌之時溥天之下三方構亂軍國多務朝夕填
委簿領紛紜羽書交錯或速均發弩或事大滔天或日有
萬幾或幾有萬事皇帝內明外順經營區宇吐無窮之術
運不測之神幽贊兩儀財成萬類咨謀臺閣曉喻公卿訓
率土之濱責反常之賊三軍奉律戰勝攻取之方萬國承
風安上治民之道讓受終之禮報群臣之令有憲章古昔
者矣有隋事作故者矣千變萬化譬彼懸河寸陰尺日不
棄光景大則天壤不遺小則毫毛無失遠尋三古未聞者
盡聞遂聽百王未見者皆見發言吐論即成文章臣染翰
操牘書記而已昔放勛之化老人覩而未知孔丘之言弟

子聞而不達愚情稟聖多必乖舛加以奏閣趨墀盈懷滿
袖手披目閱堆案積几心無別慮筆不暫停或畢景忘餐
或連宵不寐以勤補拙不遑自處其有詞理疎謬遺漏闕
疑皆天旨訓誘神筆改定運籌建策通幽達冥從命者獲
安違命者悉禍懸測萬里指期來事常如目見固乃神知
變大亂而致太平易可誅而爲淳粹化成道洽其在人文
盡出聖懷用成典誥並非臣意所能至此伯禹矢謨成湯
陳誓漢光數行之札魏武接要之書濟時拯物無以加也
屬神器大寶將遷明德天道人心同謨歸往周靜南面每
詔褒揚在位諸公各陳本志臣書表奏群情賜委臣裒海

之內黍曰一民樂推之心切於黎獻欣然從命輒不敢辭
比夫潘勗之冊魏王阮籍之勸晉后道高前世才謝往人
內手捫心夙宵慙惕㩀書露板及以諸文有臣所作之有
臣潤色之唯是愚思非奏定者雖詞乖黼藻而理歸霸德
文有可忽事不可遺前奉勑旨集納麓已還至於受命
文筆當時制述條目甚多今日收撰略為五卷云爾高祖
省讀訖明旦謂德林曰自古帝王之興必有異人輔佐我
昨讀霸朝集方知感應之理昨宵恨夜長不能早見公面
必令公貴與國始終於是追贈其父恒州刺史未幾上曰
我本意欲深榮之復贈定州刺史安平縣公謚曰孝以德

林襲焉德林既少有才名重以貴顯凡製文章動行於世
或有不知者謂為古人焉德林以梁士彥及元諧之徒頻
有逆意大江之南抗衡上國乃著天命論上之其辭曰粵
若邃古玄黃肇闢帝王神器歷數有歸生其德者天應其
時者命確乎不變非人力所能為也龍圖鳥篆號謚遺跡
疑而難信鈌而未詳者豫得而明焉其在典文煥乎緗素
欽明至德莫盛於唐虞貽謀長世莫過於文武大隋神功
積於文王天命顯於唐叔昔邑姜方娠夢帝謂己余命而
子曰虞將與之唐而蕃育其子孫及生有文在其手曰虞
遂以命之成王滅唐而封太叔又唐叔之封也箕子曰其

後必大易曰崇高富貴莫大於帝王老子謂域內四大王
居一焉此則名虞與唐矣兼二聖將今其後必大終致唐
虞之美蕃育子孫用享無窮之祚逮皇家建國初號大興
箕子必大之言於茲乃驗天之眷命懸屬聖朝重耳區區
豈足云也有娀玄鳥商以興焉姜嫄巨跡周以興焉邑姜
夢帝隋以興焉古今三代靈命如一本枝種德弈葉丕基
佐高帝而滅楚立宣皇以定漢東京太尉關西孔子生感
遺鱣之集歿降巨鳥之奇累仁積善大申休命太祖誕生
庇民匡主立殊勳於魏室建盛業於周朝啓翼軫之國肇
炎精之紀爰受厥命陟配彼天皇帝載誕之初神光滿室

具興王之表韞大聖之能或氣或雲蔭映於廊廟如天如日
臨照於軒冕內明外順自險獲安豈非萬福扶持百祿攸
集有周之末朝野騷然降志執均鎮衛宗社明神饗其德
上帝付其民誅姦逆於九重行神化於四海于斯時也尉
迥據有鄴累世之都乘新國易亂之俗驅馳蛇豕連合縱
橫地迺九州陷三民則十分擁六王謙乘連率之威憑全
蜀之險興兵舉衆震蕩江山鴆毒巴賨蠶食秦楚此二勇
也窮凶極逆豕欲割洪溝之地閉劍閣之門皆將長戟強
弩睥睨宸極從漳河而達負海連岱岳而距華陽迫脅荆
蠻吐納江漢佐鬭嫁禍紛若蝟毛睽骨厲腸間不容礪礦

乃奉殪戎之命運先天之略不出户庭推轂分閫一麾以
定三方數旬而清萬國蕩滌天壤之速規摹指畫之神造
化以來弗之聞也光熙前緒囹有不服煙雲改色鍾石變
音三靈顧望萬物影響未運告盡寒裘克讓天歷在躬推
而弗有百辟庶尹四方岳牧稽圖讖之文順億兆之請披
肝瀝膽晝歌夜吟方屈箕潁之高式允幽明之願基命宥
密如恒如升推帝居歆翊業垂統殊徽號改服色建都邑叙
彝倫薄賦輕徭慎刑恤獄除繁苛之政興清靜之風去無
用之官省相監之職奇才間出盛德無隱星精雲氣共趨
走於堦墀山神海靈咸燮理於臺閣東漸日谷西被月川
教暨北溟之表聲加南海之外彼悠悠沙漠區域萬里蠢蠢百
蠻莫之與競五帝所不化三王所未賓屈膝頓顙盡爲臣
妾殊方異類書契不傳梯山越海貢琛奉贄欣欣如也巢
居穴處化以宮室不火不粒訓以庖廚禮樂合天地之同
律呂節寒暑之候制作詳垂衣之後淳粹得神農之前遨
遊文雅之場出入杳冥之極合神謀鬼通幽洞微群物歲
成含生日用飲和氣以自得沐玄澤而不知也丹雀爲史
玄龜載書甘露自天醴泉出地神禽異獸珍木奇草望風
觀海應化歸風備休祥於圖牒罄幽遐而無上猶且父天
子民兢兢翼翼其至矣大矣七十四帝易可同年而語哉若

夫天下之重不可妄據故唐之許由夏之伯益懷道立事
人攘而弗可也軒初四帝周餘六王藉世因基自取而不
得也孟軻稱仲尼之德過於堯舜著述成帝者之事弟子
備王佐之才黑不代蒼泣麟歎鳳栖栖汲汲雖聖達而莫
許也蚩尤則黃帝抗衡共工則黑帝勍敵項羽誅秦攜漢
宰割神州角逐爭驅盡威力而無就也其餘歘起妖妄曾
何足數賊子逆臣所以爲亂皆由不識天道不悟人謀牽
逐鹿之邪說謂飛鳧而爲鼎若使四凶爭八元之誠三監
同九臣之志韓信彭越深明帝子之符孫述隗囂妙識眞
人之出尉迥同謳歌之類王謙比獄訟之民福祿蟬聯胡
可窮也而違天逆物獲罪人神嗚呼此前事之大戒矣誅
夷其醢歷代共尤僭逆凶邪時煩獄吏其可不戒慎哉蓋
積惡既成心自絕於善道物類相感理必至於誅戮天奪
其魄鬼惡其盈故也太帝聰明群臣正直耳目監於率土
賞罰參於國朝輔助一人覆育兆庶豈有食人之祿受人
之榮包藏禍心而不殲盡者也必當執法未慮其罪司命
已除其籍自古明哲慮遠防微執一心持一德立功坐樹
上書削藁位尊而心逾下祿厚而志彌約寵盛之以懼道
高守之以恭克念於此則姦回不至事乃畏天豈推愛禮
謙光滿復義在知幾吉凶由人妖不自作衆星共極在天

成象夙沙則主雖馬蔽民盡知歸有苗則始為跋扈終而
大服漢南諸國見一面以從殺河西將軍率五郡以歸漢
故能招信順之助保太山之安彼陳國者盜竊江外民少
一郡地減半州遇受命之主逢太平之日自可獻土銜璧
乞同溥天乃復恭養豕之殄遵顛覆之軌越趄吳越仍為
匪民雖時屬太道偃兵舞戚然國家當混一之運金陵是
殄滅之期有命不恒斷可知矣房風之戮元龜匪遙孫皓
之侯守株難得迷而未覺諒可愍焉斯故未辯玄天之心
不聞君子之論也德林自隋有天下每贊平陳之計八年
車駕幸同州德林以疾不從勑書追之書後御筆注云伐

陳事意宜自隨也時高熲因使入京上語熲曰德林若患
未堪行宜自至宅取其方略高祖以之付晉王諱後從駕
還在塗中高祖以馬鞭南指云待平陳訖會以七寶裝嚴
公使自山東無及之者及陳平授柱國郡公實封八百戶
賞物三千段晉王諱已宣勑訖有人說高熲曰天子畫策
晉王及諸將戮力之所致也今乃歸功於李德林諸將必
當憤惋且後世觀公有若虛行熲入言之高祖乃止初大
象末高祖以逆人王謙宅賜之文書已出至地官府忽復
改賜崔謙上語德林曰夫人欲得將與其舅於公無形迹
不須爭之可自選一好宅若不稱意當為公營造并覓莊店

作替德林乃奏取逆人高阿那肱衛國縣市店八十塸為
王謙宅替九年車駕幸晉陽店人上表訴稱地是民物高
氏強奪於內造舍上命有司料還價直遇追蘇威自長安
至奏云高阿那肱是亂世宰相以諂媚得幸枉取民地造
店債之德林誣罔妄奏自入李圓通馮世基等又進云此
店收利如食千戶請計日追贓上因責德林德林請勘逆
人文簿及本換宅之意上不聽乃悉追店給所住者自是
益嫌之十年虞慶則等於關東諸道巡省使還並奏云五
百家鄉正專理辭訟不便於民黨與愛憎公行貨賄上仍
令廢之德林復奏云此事臣本以為不可然置來始爾復

即停廢政令不一朝成暮毀深非帝王設法之義臣望陛
下若於律令輒欲改張即以軍法從事不然者紛紜未已
高祖遂發怒大詬云爾欲將我作王莽邪初德林稱父為
太尉諮議以取贈官李元操與陳茂等陰奏之曰德林之
父終於校書妄稱諮議上甚銜之至是復庭議忤意因數
之曰公為內史典朕機密比不可豫計議者以公不弘耳
寧自知乎朕方以孝治天下恐斯道廢闕故立五教以弘
之公言孝由天性何須設教然則孔子不當說孝經也又
誷冒取店妄加父官朕實忿之而未能發今當以一州相
遣耳因出為湖州刺史德林拜謝曰臣不敢復望內史令

請預散參待陛下登封告成一觀盛禮然後收拙丘園死
且不恨上不許轉懷州刺史在州逢亢旱課民掘井溉田
空致勞擾竟無補益為考司所貶歲餘卒官時年六十一
贈大將軍廉州刺史謚曰文及將葬勑令羽林百人并鼓
吹一部以給喪事贈物三百段粟千石祭以太牢德林美
容儀善談吐齊天統中兼中書侍郎於賓館受國書陳使
江總目送之曰此即河朔之英靈也器量沈深時人未能
測唯任城王湝趙彥深魏收陸卬大相欽重延譽之言無
所不及德林少孤未有字魏收謂之曰識度天才必至公
輔吾輒以此字卿從官以後即典機密性重慎嘗云古人

不言溫樹何足稱也少以才學見知及位望稍高頗傷自
任爭名之徒更相譖毀所以運屬興王功參佐命十餘年
間竟不徙級所撰文集勒成八十卷遭亂亡失見五十卷
行於世勑撰齊史未成有子曰百藥博涉多才詞藻清贍
釋巾太子通事舍人後遷太子舍人尚書禮部員外郎襲
爵安平縣公桂州司馬煬帝恐其初不附己以為步兵校
尉大業末轉建安郡丞

史臣曰德林幼有操尚學富才優譽重鄴中聲飛關右王
基締構叶贊謀猷羽檄交馳絲綸間發文誥之美時無與
二君臣體合自致青雲不患莫己知豈徒言也

列傳卷第七　　隋書四十二

特進臣魏　徵　上

河間王弘 子慶

河間王弘字辟惡高祖從祖弟也祖爱敬早卒父元孫少孤
隨母郭氏養於舅族及武元皇帝與周太祖建義關中元
孫時在鄴下懼爲齊人所誅因假外家姓爲郭氏元孫死齊
爲周所幷弘始入關與高祖相得高祖哀之爲買田宅弘性
明悟有文武幹略數從征伐累遷開府儀同三司高祖爲
丞相常置左右委以心腹高祖詣周趙王宅將及於難弘
時立於户外以衛高祖尋加上開府賜爵永康縣公及上

受禪拜大將軍進爵郡公尋贈其父爲柱國尚書令河間
郡公其年立弘爲河間王拜右衛大將軍歲餘進授柱國
時突厥屢爲邊患以行軍元帥率衆數萬出靈州道與虜
相遇戰大破之斬數千級賜物二千段出拜寧州總管進
位上柱國弘在州治尚清淨甚有恩惠後數載徵還京師
未幾拜蒲州刺史得以便宜從事時河東多盜賊民不得
安弘奏爲盜者百餘人投之邊裔州境帖然號爲良吏每
晉王廣入朝弘輒領揚州總管及晉王歸藩弘復還蒲州
在官十餘年風教大洽煬帝嗣位徵還拜太子太保歲餘
薨大業六年追封郇王子慶嗣

慶傾曲善候時變帝時猜忌骨肉滕王綸等皆被廢放唯
慶獲全累遷滎陽郡太守頗有治績及李密據洛口倉滎
陽諸縣多應密慶勒兵拒守密頻遣攻之不能克歲餘城
中糧盡兵勢日蹙密因遺慶書曰自昏狂嗣位多歷歲年
剝削生民塗炭天下瑶室瓊臺之麗未極驕奢糟丘酒池
之荒非爲媱亂公等共舉義旗勦翦凶虐八方同德萬里
俱來莫不期入關以亡秦爭渡河而滅紂東窮海岱南洎
江淮九服遺人承風慕義唯滎陽一郡王獨守迷夫微子
紂之元兄族實爲重項伯籍之季父戚乃非疎然猶去朝
歌而入周背西楚而歸漢豈不眷戀宗祊留連骨肉但識

寶鼎之將移知神器之先改而王之先代家住山東本姓
郭氏乃非楊族止爲宿與隋朝先有勳舊遂得預霑盤石
名在葭莩婁敬之與漢高殊非血胤呂布之於董卓良異
天親芝焚蕙歎事不同此又王之昏主心若豺狼嚬蹙同
胞有逾沉閼惟勇及諒咸罄甸師况乃族類爲非何能自
保爲王計者莫若舉城從義開門送款安若太山高枕而
卧長守富貴足爲美談乃至子孫必有餘慶然王世充屢
被摧殘自救無聊偷存晷漏詎能支久段達韋津東都自
固何暇圖人世充朝亡達便夕滅又江都荒湎流宕忘歸
内外崩離人神怨憤一江米船皆被秋截士卒饑餒半菽

不充事切析骸義均煮弩舉烽火於驪山諸侯莫至浮膠船於漢水還日未期王獨守孤城絕援千里餱糧之計僅有月餘敝卒之多纔盈數百有何恃賴欲相拒抗求枯魚於市肆即事非虛因歸鴈以運糧竟知何日然城中豪傑王之腹心思殺長史將為內啟正恐禍生匕首釁發蕭墻空以七尺之軀懸賞千金之購可為寒心可為酸鼻者也幸能三思自求多福于時江都敗問亦至慶得書遂降于密改姓為郭氏密為王世充所破復歸東都更為楊氏越王侗不之責也及侗稱制拜宗正卿世充將篡慶首為勸進世充既僭偽號降爵郇國公慶復為郭氏世充以兄女

妻之署滎州刺史及世充將敗慶欲將其妻同歸長安其妻謂之曰國家以妾奉箕箒於公者欲以申厚意結公心耳今叔父窮迫家國阽危而公不顧婚姻孤負付屬為全身之計非妾所能責公也妾若至長安則公家一婢耳何用妾為願得送還東都君之惠也慶不許其妻遂沐浴靚粧仰藥而死慶歸大唐為宜州刺史郇國公復姓楊氏其嫡母元太妃年老兩目失明王世充以慶叛已而斬之

楊處綱

楊處綱高祖族父也生長北邊少習騎射在周嘗以軍功拜上儀同高祖受禪贈其父鍾葵為柱國尚書令義城縣公以處綱襲焉授開府督武候事尋為太子宗衛率轉左監門郎將後數載起授右領軍將軍處綱雖無才藝而性質直在官彊濟亦為當時所稱尋拜蒲州刺史吏民悅之進位大將軍後還秦州總管卒官謚曰恭弟處樂官至雍州刺史漢王諒之反也朝廷以為有二心廢錮不齒

楊子崇

楊子崇高祖族弟也父盆生贈荊州刺史子崇少好學涉獵書記有風儀愛賢好士開皇初拜儀同以車騎將軍恒典宿衛後為司門侍郎煬帝嗣位累遷候衛將軍坐事免未幾復令檢校將軍事從帝幸汾陽宮子崇知突厥必為

寇患屢請早還京師帝不納尋有鴈門之圍及賊退帝怒之曰子崇怯懦妄有陳請驚動我眾心不可居爪牙之寄出為離石郡太守治有能名自是突厥屢寇邊塞胡賊劉六兒復擁眾劫掠郡境子崇上表請兵鎮遏帝復大怒下書令子崇巡行長城子崇出百餘里四面路絕不得進而歸時百姓饑饉相聚為盜子崇前後捕斬數千人歲餘朔方梁師都馬邑劉武周等各稱兵作亂郡中諸胡復相嘯聚子崇患之言欲朝集遂與心腹數百人自孟門關將還京師輜重平濟遇河西諸縣各殺長吏叛歸師都道路隔絕子崇退歸離石所將左右既聞太原有兵起不復入城

遂各叛去子崇欲收叛者父兄斬之後數日義兵夜至城
下城中豪傑復出應之城陷子崇為讎家所殺

觀德王雄

觀德王雄初名惠高祖族子也父納仕周歷八州刺史儻
城縣公賜姓叱呂引氏雄美姿儀有器度雍容閑雅進止
可觀周武帝時為太子司旅下大夫帝幸雲陽宮衛王直
作亂以其徒襲肅章門雄逆拒破之進位上儀同封武陽
縣公邑千戶累遷右司衛上大夫大象中進爵邗國公邑
五千戶高祖為丞相雍州牧畢王賢謀作難雄時為別駕
知其謀以告高祖賢伏誅以功授柱國雍州牧仍領相府

虞候周宣帝葬備諸王有變令雄率六千騎送至陵所進
位上柱國高祖受禪除左衛將軍兼宗正卿俄遷右衛大
將軍參預朝政進封廣平王食邑五千戶以邗公別封一
子雄請封弟士貴朝廷許之或奏高熲朋黨者上詰雄於
朝雄對曰臣忝衛宮闈朝夕左右若有朋附豈容不知至
尊欽明睿哲萬機親覽熲用心平允奉法而行此乃愛憎
之理惟陛下察之高祖深然其言雄時貴寵冠絕一時與
高熲虞慶則蘇威稱為四貴雄寬容下士朝野傾矚高祖
惡其得眾陰忌之不欲其典兵馬乃下冊書拜雄為司空
曰維開皇九年八月朔壬戌皇帝若曰於戲惟爾上柱國

左衛大將軍宗正卿廣平王風度寬弘位望隆顯爰司禁
旅綿歷十載入當心腹外任爪牙驅馳軒陛勤勞著績念
舊庸勳禮秩加等公輔之寄民具爾瞻宜竭迺誠副茲名
實是用命爾為司空往欽哉光膺寵命得不慎歟外示優崇
實奪其權也雄無職務乃閉門不通賓客尋改封清漳王
仁壽初高祖曰清漳之名未允聲望命職方進地圖上指
安德郡以示群臣曰此號足為名德相稱於是改封安德
王大業初授太子太傅及元德太子薨檢校鄭州刺史事
歲餘授懷州刺史尋拜京兆尹帝親征吐谷渾詔雄總督
澆河道諸軍及還改封觀王上表讓曰臣早逢興運預班

末屬有命有時藉風雲之會無才無德濫公卿之首豪先
皇不次之賞荷陛下非分之恩久忝台槐常慮盈滿豈可
仍叨匪服重竊鴻名臣實面墻敢緣往例臣誠昧寵交懼
身責昔劉賈封王豈備三階之任曹洪上將寧超五等之
爵況臣袞章踰於帝子京尹距於皇枝錫土作藩鈕金開
國於臣何以自處在物謂其乖分是以露款執愚祈恩固
守伏願陛下曲留慈照特鑒冊誠頻觸宸嚴伏增流汗優
詔不許遼東之役檢校左翊衛大將軍出遼東道次瀘河
鎮遘疾而薨時年七十一帝為之廢朝鴻臚監護喪事有司
考行請謚曰懿帝曰王道高雅俗德冠生人乃賜謚曰德

贈司徒襄國武安渤海清河上黨河間濟北高密濟陰長
平等十郡太守子恭仁位至吏部侍郎恭仁弟綝性和厚
頗有文學歷義州刺史淮南太守及父薨起爲司隸大夫
遼東之役帝令綝於臨海頓別有所督楊玄感之反也玄
感弟玄縱自帝所逃赴其兄路逢綝綝避人偶語久之既
別而復相就者數矣司隸刺史劉休文奏之時綝兄吏部
侍郎恭仁將兵於外帝以是寢之未發其事綝憂懼發病
而卒綝弟續仕至散騎侍郎
雄弟達字士達少聰敏有學行仕周官至儀同內史下大
夫遂寧縣男高祖受禪拜給事黃門侍郎進爵爲子時吐

谷渾寇邊詔上柱國元楷爲元帥達爲司馬軍還兼吏部
侍郎加開府歲餘轉內史侍郎出爲鄯鄭趙三州刺史俱
有能名平陳之後四海大同上差品天下牧宰達爲第一
賜雜綵五百段加以金帶擢拜工部尚書加位上開府達
爲人弘厚有局度楊素每言曰有君子之貌兼君子之心
者唯楊達耳獻皇后及高祖山陵制度達並參豫焉煬帝
嗣位轉納言仍領營東都副監帝甚信重之遼東之役領
右武衛將軍進位左光祿大夫卒於師時年六十二帝歎
惜者久之贈吏部尚書始安侯謚曰恭贈物三百五十段
史臣曰高祖始遷周祚衆心未附利建同姓維城宗社是
以河間觀德咸啓山河屬乃葭莩地非寵逼故高位厚秩
與時終始楊慶三三其德志在苟生變本宗如反掌棄慈
母如遺跡及身而絶冝其然矣觀王位登台衮慶流後嗣
保茲寵祿寔仁厚之所致乎

列傳卷第八　隋書四十三

列傳卷第九　隋書四十四

特進臣魏　徵　上

滕穆王瓚 嗣王綸

滕穆王瓚字恒生一名慧高祖母弟也周世以太祖軍功封竟陵郡公尚武帝妹順陽公主自右中侍上士遷御伯中大夫保定四年改為納言授儀同瓚貴公子又尚公主美姿儀好書愛士甚有令名於當世時人號曰楊三郎武帝甚親愛之平齊之役諸王咸從留瓚居守帝謂之曰六府事殷一以相付朕將遂事東方無西顧之憂矣其見親信如此宣帝即位遷吏部中大夫加上儀同未幾帝崩高

祖入禁中將總朝政令廢太子勇召之欲有計議瓚素與高祖不協聞召不從曰作隋國公恐不能保何乃更為族滅事邪高祖作相遷大將軍尋拜大宗伯典脩禮律進位上柱國邵國公瓚見高祖執政群情未一恐為家禍陰有圖高祖之計高祖每優容之及受禪立為滕王後拜雍州牧上數與同坐呼為阿三後坐事去牧以王就第瓚妃宇文氏先時與獨孤皇后不平及此鬱鬱不得志陰有呪詛上命瓚出之瓚不忍離絕固請上不得已從之宇文氏竟除屬籍瓚由是忤旨恩禮更薄開皇十一年從幸栗園暴薨時年四十二人皆言其遇鴆以斃子綸嗣

綸字斌籀性弘厚美姿容頗解鍾律高祖受禪封邵國公邑八千戶明年拜邵州刺史晉王廣納妃於梁詔綸致禮焉甚為梁人所敬綸以穆王之故當高祖之世每不自安煬帝即位尤被猜忌綸憂懼不知所為呼術者王琛而問之琛荅曰王相祿不凡乃因曰滕即騰也此字足為善應有沙門惠恩崛多等頗解占候綸每與交通常令此三人為度星法有人告綸怨望呪詛帝命黃門侍郎王弘窮治之弘見帝方怒遂希旨奏綸厭蠱惡逆坐當死帝令公卿議其事司徒楊素等曰綸希冀國災以為身幸原其性惡之由積自家世惟皇運之始四海同心在於孔懷彌須叶

力其先乃離阻大謀兼同即異父悖於前子逆於後非直覬覦朝廷便是圖危社稷為惡有狀其罪莫大刑茲無赦抑有舊章請依前律帝以公族不忍除名為民徙始安諸弟散徙邊郡大業七年親征遼東綸欲上表請從軍自効為郡司所遏未幾復徙朱崖及天下大亂為賊林仕弘所逼攜妻子竄于儋耳後歸大唐為懷化縣公綸弟坦字文籀初封竟陵郡公坐綸徙長沙坦弟猛字武籀從衡山猛弟溫字明籀初從零陵溫好學解屬文既而作零陵賦以自寄其辭哀思帝見而怒之轉徙南海溫弟詵字弘籀前亦從零陵帝以其脩謹襲封滕王以奉穆王嗣大業末薨

於江都

道悼王靜

道悼王靜字賢㝵滕穆王瓚之子也出繼叔父嵩嵩在周代以太祖軍功賜爵興城公早卒高祖踐位追封道王謚曰宣以靜襲焉卒無子國除

衛昭王爽（嗣王集）

衛昭王爽字師仁小字明達高祖異母弟也周世在襁褓中以太祖軍功封同安郡公六歲而太祖崩爲獻皇后之所鞠養由是高祖於諸弟中特寵愛之十七爲内史上士高祖執政拜大將軍秦州揔管未之官轉授蒲州刺史進

位柱國及受禪立爲衛王尋遷雍州牧領左右將軍俄遷右領軍大將軍權領幷州揔管歳餘進位上柱國轉涼州揔管爽美風儀有器局治甚有聲其年以爽爲行軍元帥步騎七萬以備胡出平涼無虜而還明年大舉北伐又爲元帥河間王弘豆盧勣竇榮定高熲虞慶則等分道而進俱受爽節度爽親率李充節等四將出朔州遇沙鉢略可汗於白道接戰大破之虜獲千餘人驅馬牛羊鉅萬沙鉢略可汗中重瘡而遁高祖大悅賜爽眞食梁安縣千户六年復爲元帥步騎十五萬出合川突厥遁逃而返明年徵爲納言高祖甚重之未幾爽寢疾上使巫者薛榮宗視之云

衆鬼爲厲爽令左右驅逐之居數日有鬼物來擊榮宗榮宗走下階而斃其夜爽薨時年二十五贈太尉冀州刺史子集嗣

集字文會初封遂安王尋襲封衛王煬帝時諸侯王恩禮漸薄猜防日甚集憂懼不知所爲乃呼術者俞普明章醮以祈福助有人告集呪詛憲司希旨鍛成其獄奏集惡逆坐當死天子下公卿議其事楊素等曰集密懷左道厭蠱君親公然呪詛無慙幽顯情滅人理事悖先朝是君父之罪人非臣子之所赦請論如律時滕王綸坐與相連帝不忍加誅乃下詔曰綸集以附萼之華猶子之重縻之好爵

匪由德進正應與國升降休戚是同乃包藏妖禍誕縱邪僻在三之義愛敬俱淪急難之情孔懷頓滅公卿議既如此覽以潸然雖復王法無私恩從義斷但法隱公族禮有親親致之極辟情所未忍於是除名爲民遠徙邊郡遇天下大亂不知所終

蔡王智積

蔡王智積高祖弟整之子也整周明帝時以太祖軍功賜爵陳留郡公尋授開府車騎大將軍從武帝平齊至幷州力戰而死及高祖作相贈柱國大司徒冀定瀛相懷衛趙貝八州刺史高祖受禪追封蔡王謚曰景以智積襲焉又

封其弟智明爲高陽郡公智才爲開封縣公尋拜智積爲開府儀同三司授同州刺史儀衛資送甚盛頃之以脩謹聞高祖善之在州未嘗嬉戲遊獵聽政之暇端坐讀書門無私謁有侍讀公孫尚儀山東儒士府佐楊君英蕭德言並有文學時延於坐所設唯餅果酒纔三酌家有女妓唯年節嘉慶奏於太妃之前其簡靜如此昔高祖龍潛時景王與高祖不睦其太妃尉氏又與獨孤皇后不相諧以是智積常懷危懼每自貶損高祖知其若是亦哀憐之人或勸智積治產業者智積曰昔平原露朽財帛苦其多也吾幸無可露何更營乎有五男止教讀論語孝經而已亦不

令交通賓客或問其故智積答曰卿非知我者其意恐兒子有才能以致禍也開皇二十年徵還京第無他職任闔門自守非朝覲不出煬帝即位滕王綸衛王集並以讒構得罪高陽公智明亦以交遊奪爵智積逾懼大業七年授弘農太守委政寮佐清淨自居及楊玄感作亂自東都引軍而西智積謂官屬曰玄感聞大軍將至欲西圖關中若成其計則根本固矣當以計縻之使不得進不出一旬自可擒耳及玄感軍至城下智積登陴詈辱之玄感怒甚留攻之城門爲賊所燒智積乃更益火賊不得入數日宇文述等援軍至合擊破之十二年從駕江都寢疾帝時疎薄骨肉智積每不自安及遇患不呼醫臨終謂所親曰吾今日始知得保首領沒於地矣時人哀之有子道玄

史臣曰周建懿親漢開盤石內以敦睦九族外以輔翼億兆深根固本崇獎王室安則有以同其樂衰則有以恤其危所由來久矣魏晉以下多失厥中不遵王度各徇所私抑之則勢齊於匹夫抗之則權侔於萬乘矯枉過正非一時也得失詳乎前史不復究而論焉高祖昆弟之恩素非篤睦閨房之隙又不相容至于二世承基其弊愈甚是以滕穆暴薨人皆竊議蔡王將沒自以爲幸唯衛王養於獻后故任遇特隆而諸子遷流莫知死所悲夫其錫以茅土

稱爲盤石行無甲兵之衛居與皂隸爲伍外內無虞顛危不暇時逢多難將何望焉

列傳卷第九　隋書四十四

特進臣魏　徵　上

文四子

高祖五男皆文獻皇后之所生也長曰房陵王勇次煬帝次秦孝王俊次庶人秀次庶人諒

房陵王勇字睍地伐高祖長子也周世以太祖軍功封博平侯及高祖輔政立爲世子拜大將軍左司衛封長寧郡公出爲雒州揔管東京小冢宰揔統舊齊之地後徵還京師進位上柱國大司馬領内史御正諸禁衛皆屬焉高祖受禪立爲皇太子軍國政事及尚書奏死罪已下皆令勇參決之上以山東民多流冗遣使按檢又欲徙民北實邊塞勇上書諫曰竊以導俗當漸非可頓革戀土懷舊民之本情波迸流離蓋不獲已有齊之末主闇時昏周平東夏繼以威虐民不堪命致有逃亡非厭家鄉願爲羇旅加以去年三方逆亂賴陛下仁聖區宇肅清鋒刃雖屏瘡痍未復若假以數歲沐浴皇風逃竄之徒自然歸本雖北夷猖獗嘗犯邊烽今城鎮峻峙所在嚴固何待遷配以致勞擾臣以庸虛謬當儲貳寸誠管見輒以塵聞上覽而嘉之遂寢其事是後時政不便多所損益上每納之上嘗從容謂群臣曰前世皇王溺於嬖幸廢立之所由生朕傍無姬

侍五子同母可謂眞兄弟也豈若前代多諸内寵孽子忿諍爲亡國之道邪勇頗好學解屬詞賦性寛仁和厚率意任情無矯飾之行引明克讓姚察陸開明等爲之賓友勇嘗文飾蜀鎧上見而不悅恐致奢侈之漸因而誡之曰我聞天道無親唯德是與歷觀前代帝王未有奢華而得長久者汝當儲后若不上稱天心下合人意何以承宗廟之重居兆民之上吾昔日衣服各留一物時復看之以自警戒今以刀子賜汝宜識我心其後經冬至百官朝勇勇張樂受賀高祖知之問朝臣曰近聞至節内外百官相率朝東宮是何禮也太常少卿辛亶對曰於東宮是賀不得言朝高祖曰改節稱賀正可三數十人逐情各去何因有司徵召一時普集太子法服設樂以待之東宮如此殊乖禮制於是下詔曰禮有等差君臣不雜爰自近代聖教漸虧俯仰逐情因循成俗皇太子雖居上嗣義兼臣子而諸方岳牧正冬朝賀任土作貢別上東宮事非典則宜悉停斷自此恩寵始衰漸生疑阻時高祖令選宗衛侍官以入上臺宿衛高熲奏稱若盡取強者恐東宮宿衛太劣高祖作色曰我有時行動宿衛須得雄毅太子毓德東宮左右何須強武此極敝法甚非我意如我商量恒於交番之日分向東宮上下團伍不別豈非好事我熟見前代公不須仍踵

舊鳳蓋疑高熲男尚勇女形於此言以防之也勇多內寵
昭訓雲氏尤稱嬖幸禮匹於嫡勇妃元氏無寵嘗遇心疾
二日而薨獻皇后意有他故甚責望勇自是雲昭訓專擅
內政后彌不平頗遣人伺察求勇罪過晉王知之彌自矯
飾姬妾但備員數唯共蕭妃居處皇后由是薄勇愈稱晉
王德行其後晉王來朝車馬侍從皆為儉素敬接朝臣禮
極卑屈聲名籍甚冠於諸王臨還揚州入內辭皇后因進
言曰臣鎮守有限方違顏色臣子之戀實結于心一辭階
闥無由侍奉拜見之期杳然未日因哽咽流涕伏不能興
皇后亦曰汝在方鎮我又年老今者之別有切常離又泫

然泣下相對歔欷王曰臣性識愚下常守平生昆弟之意
不知何罪失愛東宮恒蓄盛怒欲加屠陷每恐讒譖生於
投杼鴆毒遇於杯勺是用勤憂積念懼履危亡皇后忿然
曰睍地伐漸不可耐我為伊索得元家女望隆基業竟不
聞作夫妻專寵阿雲使有如許豚犬前新婦本無病痛忽
爾暴亡遣人投藥致此夭逝事已如是我亦不能窮治何
因復於汝處發如此意我在尚爾我死後當魚肉汝乎每
思東宮竟無正嫡至尊千秋萬歲之後遣汝等兄弟向阿
雲兒前再拜問訊此是幾許大苦痛邪晉王又拜嗚咽不
能止皇后亦悲不自勝此別之後知皇后意移始搆奪宗

之計因引張衡定策遣褒公宇文述深交楊約令喻旨於
越國公素具言皇后此語素瞿然曰但不知皇后如何必
如所言吾又何為者後數日素入侍宴微稱晉王孝悌恭
儉有類至尊用此揣皇后意皇后泣曰公言是也我兒大
孝順每聞至尊及我遣內使到必迎於境首言及違離未
嘗不泣又其新婦亦大可憐我使婢去常與之同寢共食
豈若睍地伐共阿雲相對而坐終日酣宴昵近小人疑阻
骨肉我所以益憐阿麼者常恐暗地殺之素既知意因盛
言太子不才皇后遂遺素金始有廢立之意勇頗知其謀
憂懼計無所出聞新豐人王輔賢能占候召而問之輔賢

曰白虹貫東宮門太白襲月皇太子廢退之象也以銅鐵
五兵造諸厭勝又於後園之內作庶人村屋宇卑陋太子
時於中寢息布衣草褥冀以當之高祖知其不安在仁壽
宮使楊素觀勇素至東宮偃息未入勇束帶待之故久不
進以激怒勇勇銜之形於言色素還言勇怨望恐有他變
願深防察高祖聞素譖毀甚疑之皇后又遣人伺覘東宮纖
介事皆聞奏因加媒孽構成其罪高祖惑於邪議遂疏忌
勇乃於玄武門達至德門量置候人以伺動靜皆隨事奏
聞又東宮宿衛之人侍官已上名籍悉令屬諸衛府有健
兒者咸屏去之晉王又令段達私於東宮幸臣姬威遺以

財貨令取太子消息密告楊素於是內外諠謗過失日聞段達
脅姬威曰東宮罪過主上皆知之矣已奉密詔定當廢立
君能告之則大富貴威遂許諾九月壬子車駕至自仁壽
宮翌日御大興殿謂侍臣曰我新還京師應開懷歡樂不
知何意翻邑然愁苦吏部尚書牛弘對曰由臣等不稱職
故至尊憂勞高祖既數聞讒譖疑朝臣皆具委故有斯問
意聞太子之愆弘爲此對大乖本旨高祖因作色謂東宮
官屬曰仁壽宮去此不遠而令我每還京師嚴備仗衛如
入敵國我爲患利不脫衣卧昨夜欲得近厠故在後房恐
有警急還移就前殿豈非爾輩欲壞我國家邪於是執唐

令則等數人付所司訊鞫令楊素陳東宮事狀以告近臣
素顯言之曰臣奉勅向京令皇太子檢校劉居士餘黨太
子奉詔乃作色奮厲骨肉飛騰語臣云居士黨盡伏法遣
我何處窮討爾作右僕射委寄不輕自檢校之何關我事
又云若大事不遂我先被誅今作天子竟乃令我不如諸
第一事以上不得自由因長歎迴視云我大覺身妨高祖曰此
兒不堪承嗣久矣皇后恒勸我廢之我以布素時生復是
長子望其漸改隱忍至今勇昔從南兗州來語衛王云阿
孃不與我一好婦女亦是可恨因指皇后侍兒曰是皆我
物此言幾許異事其婦初亡即以斗帳安餘老嫗新婦初

亡我深疑使馬嗣明藥殺我曾責之便對懟曰會殺元孝矩
此欲害我而遷怒耳初長寧誕育朕與皇后共抱養之自
懷彼此連遣來索且雲定興女在外私合而生想此由來
何必是其體胤昔晉太子取屠家女其兒即好屠割今儻
非類便亂宗社又劉金驎諂佞人也呼定興作親家翁定
興愚人受其此語我前解金驎者爲其此事勇嘗引曹妙
達共定興女同讌妙達在外說云我今得勸妃酒直以其
諸子偏庶畏人不服故逆縱之欲收天下之望耳我雖德
慙堯舜終不以萬姓付不肖子也我恒畏其加害如防大
敵今欲廢之以安天下左衛大將軍五原公元旻諫曰廢

立大事天子無二言詔旨若行後悔無及讒言罔極惟陛
下察之旻辭直爭強聲色俱厲上不荅是時姬威又抗表
告太子非法高祖謂威曰太子事跡宜皆盡言威對曰皇
太子由來共臣語唯意在驕奢欲得從樊川以至于散關
揔規爲苑兼云昔漢武帝將起上林苑東方朔諫之賜朔
黃金百斤幾許可笑我實無金輒賜此等若有諫者正當
斬之不殺百許人自然永息前蘇孝慈解左衛率皇太子
奮髯揚肘曰大丈夫會當有一日終不忘之決當快意又
宮內所須尚書多執法不與便怒曰僕射以下吾會戮一
二人使知慢我之禍又於苑內築一小城春夏秋冬作役

不輟營起亭殿朝造夕改每云至尊嗔我多側庶高緯陳
叔寶豈是孽子乎嘗令師姥卜吉凶語臣曰至尊忌在十
八年此期促矣高祖泫然曰誰非父母生乃至於此我有舊
使婦女令看東宮奏我云勿令廣平王至皇太子處東宮憎
婦亦廣平教之元贇亦知其陰惡勸我於左藏之東加置
兩隊初平陳後宮人好者悉配春坊如聞不知厭足於外
更有求訪朕近覽齊書見高歡縱其兒子不勝忿憤安可
效尤邪於是勇及諸子皆被禁錮部分收其黨與楊素舞
文巧詆鍛鍊以成其獄勇由是遂敗居數日有司承素意
奏言左衛元旻身備宿衛常曲事於勇情存附託在仁壽

宮裴弘將勇書於朝堂與旻題封云勿令人見高祖曰朕
在仁壽宮有纖小事東宮必知疾於驛馬怪之甚久豈非此
徒耶遣武士執旻及弘付法治其罪先是勇嘗從仁壽宮
參起居還途中見一枯槐根幹蟠錯大且五六圍顧左右
曰此堪作何器用或對曰古槐尤堪取火于時衛士皆佩火
燧勇因令匠者造數千枚欲以分賜左右至是獲於庫又
藥藏局貯艾數斛亦搜得之大將為怪以問姬威威曰太
子此意別有所在比令長寧王已下詣仁壽宮還每嘗急
行一宿便至恒飼馬千匹云徑往捉城門自然餓死素以
威言詰勇勇不服曰竊聞公家馬數萬匹勇忝備位太子

有馬千匹乃是反乎素又發洩東宮服翫似加琱飾者悉
陳之於庭以示文武群官為太子之罪高祖遣將諸物示
勇以誚詰之皇后又責之罪高祖使使責問勇勇不服太
史令袁充進曰臣觀天文皇太子當廢上曰玄象久見矣
群臣無敢言者於是使人召勇勇見使者驚曰得無殺我
耶高祖戎服陳兵御武德殿集百官立於東面諸親立於
西面引勇及諸子列於殿庭命薛道衡宣廢勇之詔曰太
子之位實為國本苟非其人不可虛立自古儲副或有不
才長惡不悛仍令守器皆由情溺寵愛失於至理致使宗
社傾亡蒼生塗地由此言之天下安危繫乎上嗣大業傳

世豈不重哉皇太子勇地則居長情所鍾愛初登大位即
建春宮冀德業日新隆茲負荷而性識庸闇仁孝無聞昵
近小人委任姦佞前後愆釁難以具紀但百姓者天之百
姓朕恭天命屬當安育雖欲愛子實畏上靈豈敢以不肖
之子而亂天下勇及其男女為王公主者並可廢為庶人
顧惟兆庶事不獲已興言及此良深愧歎令薛道衡謂勇
曰爾之罪惡人神所棄欲求不廢其可得耶勇再拜而言
曰臣合尸之都市為將來鑒誡幸蒙哀憐得全性命言畢
泣下流襟既而舞蹈而去左右莫不憫默又下詔曰自古
以來朝危國亂皆邪臣佞媚凶黨煽惑致使禍及宗社毒

流兆庶若不標明典憲何以肅清天下左衛大將軍五原
郡公元旻任掌兵衛委以心膂陪侍左右恩寵隆渥乃包
藏姦伏離間君親崇長厲階最為魁首太子左庶子唐令
則策名儲貳位長宮寮諂曲取容音技自進躬執樂器親
教內人贊成驕侈導引非法太子家令鄒文騰專行左道
偏被親昵心腹委付鉅細關知占問國家希覬災禍左衛
率司馬夏侯福內事諂諛外作威勢凌侮上下褻濁宮闈
典膳監元淹謬陳愛憎開示怨隙妄起訕謗潛行離阻進
引妖巫營事厭禱前吏部侍郎蕭子寶往居省閣舊非宮
臣稟性浮躁用懷輕險進畫姦謀要射榮利經營閒構開

造禍端前主璽下士何竦假託玄象妄說妖怪志圖禍亂
心在速發兼制奇器異服皆竦規摹增長驕奢糜費百姓
凡此七人為害乃甚並處斬妻妾子孫皆悉沒官車騎將
軍閻毗東郡公崔君綽游騎尉沈福寶瀛州民章仇太翼等
四人所為之事皆是悖惡論其狀迹罪合極刑但朕情存
好生未能盡戮可並特免死各決杖一百身及妻子資財
田宅悉可沒官副將作大匠高龍叉預追番丁輒配東宮
使役營造亭舍進入春坊率更令晉文建通直散騎侍郎
判司農少卿事元衡料度之外私自出給虛破丁功擅割
園地並處盡盡於是集群官于廣陽門外宣詔以戮之廣平

王雄答詔曰至尊為百姓割骨肉之恩廢黜無德實為大
慶天下幸甚乃移勇於內史省立晉王廣為皇太子仍以
勇付之復因於東宮賜楊素物三千段元冑楊約並千段楊
難敵五百段皆賞鞫勇之功賞也時文林郎楊孝政上書諫
曰皇太子為小人所誤宜加訓誨不宜廢黜上怒撻其胷
尋而貝州長史裴肅表稱庶人罪黜已久當克己自新請
封一小國高祖知勇之黜也不允天下之情乃徵肅入朝
具陳廢立之意時勇自以廢非其罪頻請見上面申冤屈
而皇太子遏之不得聞奏勇於是升樹大叫聲聞於上冀
得引見素因奏言勇情志昏亂為癲鬼所著不可復收上

以為然卒不得見素誣陷經營構成其罪類皆如此高祖
寢疾於仁壽宮徵皇太子入侍醫藥而姦亂宮闈事聞於高
祖高祖抵牀曰枉廢我兒因遣追勇未及發使高祖暴崩
秘不發喪遽收柳述元巖繫於大理獄偽為高祖敕書賜
庶人死追封房陵王不為立嗣勇有十男雲昭訓生長寧
王儼平原王裕安城王筠高良娣生安平王嶷襄城王恪
王良媛生高陽王該建安王韶成姬生潁川王煚後宮生
孝實孝範
長寧王儼勇長子也誕乳之初以報高祖高祖曰此即皇
太孫何乃生不得地雲定興奏曰天生龍種所以因雲而

出時人以爲敏對六歲封長寧郡王勇敗亦坐廢黜上表
乞宿衞辭情哀切高祖覽而憫焉楊素進曰伏願聖心同
於蟄手不宜復留意煬帝踐極儼常從行卒於道實鴆之
也諸弟分徙嶺外仍勑在所皆殺焉
秦孝王俊字阿祗高祖第三子也開皇元年立爲秦王二
年春拜上柱國河南道行臺尚書令雒州刺史時年十二
加右武衞大將軍領關東兵三年遷秦州摠管隴右諸州
盡隸焉俊仁恕慈愛崇敬佛道請爲沙門上不許六年遷
山南道行臺尚書令伐陳之役以爲山南道行軍元帥督
三十摠管水陸十餘萬屯漢口爲上流節度陳將周羅睺

荀法上等以勁兵數萬屯鸚鵡洲摠管崔弘度請擊之俊
慮殺傷不許羅睺亦相率而降於是遣使奉章詣闕垂泣
謂使者曰謬當推轂愧無尺寸之功以此多慙耳上聞而
善之授揚州摠管四十四州諸軍事鎭廣陵歲餘轉并州
摠管二十四州諸軍事初頗有令問高祖聞而大悅下書
奬勵焉其後俊漸奢侈違犯制度出錢求息民吏苦之上
遣使按其事與相連坐者百餘人俊猶不悛於是盛治宮
室窮極侈麗俊有巧思每親運斤斧工巧之器飾以珠玉
爲妃作七寶羃䍦又爲水殿香塗粉壁玉砌金堦梁柱楣
棟之間周以明鏡間以寶珠極榮飾之美每與賓客妓女

絃歌於其上俊頗好內妃崔氏性妬甚不平之遂於瓜中
進毒俊由是遇疾徵還京師上以其奢縱免官以王就第
左武衞將軍劉昇諫曰秦王非有他過但費官物營廨舍
而已臣謂可容上曰法不可違昇固諫上忿然作色昇乃
止其後楊素復進諫曰秦王之過不應至此願陛下詳之
上曰我是五兒之父若如公意何不別制天子兒律以周
公之爲人尚誅管蔡我誠不及周公遠矣安能虧法乎卒
不許俊疾篤未能起遣使奉表陳謝上謂其使曰我戮力
關塞創茲大業作訓垂範庶臣下守之而不失汝爲吾子
而欲敗之不知何以責汝俊慙怖疾甚大都督皇甫統上

表請復王官不許歲餘以疾篤復拜上柱國二十年六月
薨於秦邸上哭之數聲而已俊所爲侈麗之物悉命焚之
勑送終之具務從儉約以爲後法也王府僚佐請立碑上
曰欲求名一卷史書足矣何用碑爲若子孫不能保家徒
與人作鎭石耳妃崔氏以毒王之故下詔廢絕賜死於其
家子浩崔氏所生也庶子曰湛群臣議曰春秋之義母以
子貴子以母貴貴既如此罪則可知故漢時栗姬有罪其
子便廢郭后被廢其子斯黜大旣然矣小亦宜同今秦王
二子母皆罪廢不合承嗣於是以秦國官爲喪主俊長女
永豐公主年十二遭父憂哀慕盡禮免喪遂絕魚肉每至

忌日輒流涕不食有開府王延者性忠厚領親信兵十餘年俊甚禮之及俊有疾延恒在閤下衣不解帶俊薨勺飲不入口者數日羸頓骨立上聞而憫之賜以御藥授驃騎將軍典宿衛俊葬之日延號慟而絕上嗟異之令通事舍人弔祭焉詔葬延於俊墓側煬帝即位立浩爲秦王以奉孝王嗣封湛爲濟北侯後以浩爲河陽都尉楊玄感作逆之際左翊衛大將軍宇文述勒兵討之至河陽脩啓於浩浩復詣述營兵相往復有司劾浩以諸侯交通內臣竟坐廢免宇文化及殺逆之始立浩爲帝化及敗於黎陽北走魏縣自僭僞號因而害之湛驍果有膽烈大業初爲滎陽

太守坐浩免亦爲化及所害

庶人秀高祖第四子也開皇元年立爲越王未幾徙封於蜀拜柱國益州刺史總管二十四州諸軍事二年進位上柱國西南道行臺尚書令本官如故歲餘而罷十二年又爲內史令右領軍大將軍尋復出鎮於蜀秀有膽氣容貌瓌偉美鬚髯多武藝甚爲朝臣所憚上每謂獻皇后曰秀必以惡終我在當無慮至兄弟必反兵部侍郎元衡使於蜀秀深結於衡以左右爲請既還京師請益左右上不許大將軍劉噲之討西爨也高祖令上開府楊武通將兵繼進秀使嬖人萬智光爲武通行軍司馬上以秀任非其人譴責之因謂群臣曰壞我法者必在子孫乎譬如猛獸物不能害反爲毛間蟲所損食耳於是遂分秀所統秀漸奢侈違犯制度車馬被服擬於天子及太子勇以讒毀廢晉王廣爲皇太子秀意甚不平皇太子恐秀終爲後變陰令楊素求其罪而譖之仁壽二年徵還京師上見不與語明日使使切讓之秀謝曰忝荷國恩出臨藩岳不能奉法罪當萬死皇太子及諸王流涕庭謝上曰頃者秦王糜費財物我以父道訓之今秀蠹害生民當以君道繩之於是付執法者開府慶整諫曰庶人勇既廢秦王已薨陛下兒子無多何至如是然蜀王性甚耿介今被重責恐不自全上

大怒欲斷其舌因謂群臣曰當斬秀於市以謝百姓乃令楊素蘇威牛弘柳述趙綽等推治之太子陰作偶人書上及漢王姓字縛手釘心令人埋之華山下令楊素發之又作檄文曰逆臣賊子專弄威柄陛下唯守虛器一無所知陳甲兵之盛云指期問罪置秀集中因以聞奏上曰天下寧有是耶於是廢爲庶人幽內侍省不得與妻子相見令給獠婢二人驅使與相連坐者百餘人秀既幽逼憤懣不知所爲乃上表曰臣以多幸聯慶皇枝蒙天慈鞠養九歲榮貴唯知富樂未嘗憂懼輕恣愚心陷茲刑網負深山岳甘心九泉不謂天恩尚假餘漏至如今者方知愚心不可

縱國法不可犯撫膺念咎自新莫及猶望分身竭命少荅慈造但以靈祇不祐福祿消盡夫婦抱思不相勝致只恐長辭明世永歸泉壤伏願慈恩賜垂矜愍殘息未盡之間希與爪子相見請賜一穴令骸骨有所爪子即其愛子也上因下詔數其罪曰汝地居臣子情兼家國庸蜀要重委以鎮之汝乃干紀亂常懷惡樂禍睥睨二宮佇遲災釁容納不逞結構異端我有不和汝便覘候望我不起便有異心皇太子汝兄也次當建立汝假託妖言乃云不終其位妄稱鬼怪又道不得入宮自言骨相非人臣德業堪承重妄道清城出聖欲以己當之詐稱益州龍見託言吉兆重

述木易之姓更治成都之宮妄訴禾乃之名以當八千之運橫生京師妖異以證父兄之災妄造蜀地徵祥以符己身之籙汝豈不欲得國家惡也天下亂也輒造白玉之珽又為白羽之箭文物服飾豈似有君鳩集左道符書厭鎮漢王於汝親則弟也乃畫其形像書其姓名縛手釘心枷鏁杻械仍云請西岳華山慈父聖母神兵九億萬騎收楊諒魂神閉在華山下勿令散蕩我之於汝親則父也復云請西岳華山慈父聖母賜為開化楊堅夫妻迴心歡喜又畫我形像縛首撮頭仍云請西岳神兵收楊堅魂神如此形狀我今不知楊諒楊堅是汝何親也苞藏凶慝圖謀不

軌逆臣之迹也希父之災以為身幸賊子之心也懷非分之望肆毒心於兄悖弟之行也嫉妒於弟無惡不為無孔懷之情也違犯制度壞亂之極也多殺不辜豺狼之暴也剝削民庶酷虐之甚也唯求財貨市井之業也專事妖邪頑嚚之性也弗克負荷不材之器也凡此十者滅天理逆人倫汝皆為之不祥之甚也欲免禍患長守富貴其可得乎後復聽與其子同處煬帝即位禁錮如初宇文化及之殺逆也欲立秀為帝群議不許於是害之并其諸子

庶人諒字德章一名傑開皇元年立為漢王十二年為雍州牧加上柱國右衛大將軍歲餘轉左衛大將軍十七年

出為并州總管上幸溫湯而送之自山以東至于滄海南拒黃河五十二州盡隸焉特許以便宜不拘律令十八年起遼東之役以諒為行軍元帥率眾至遼水遇疾疫不利而還十九年突厥犯塞以諒為行軍元帥竟不臨戎高祖甚寵愛之諒自以所居天下精兵處以太子讒廢居常怏怏陰有異圖遂諷高祖云突厥方強太原即為重鎮宜修武備高祖從之於是大發工役繕治器械貯納於并州招傭亡命左右私人殆將數萬王頍者梁將王僧辯之子也少倜儻有奇略為諒咨議參軍蕭摩訶者陳氏舊將二人俱不得志每鬱鬱思亂並為諒所親善及蜀王以罪廢諒

愈不自安會高祖崩徵之不赴遂發兵反總管司馬皇甫誕切諫諒怒收繫之王頍說諒曰王所部將吏家屬盡在關西若用此等即宜長驅深入直據京都所謂疾雷不及掩耳若但欲割據舊齊之地宜任東人諒不能專定乃兼用二策唱言曰楊素反將誅之聞喜人總管府兵曹裴文安說諒曰井陘以西是王掌握之內山東士馬亦爲我有宜悉發之分遣羸兵屯守要路仍令隨方略地率其精銳直入蒲津文安請爲前鋒王以大軍繼後風行電擊頓於霸上咸陽以東可指麾而定京師震擾兵不暇集上下相疑群情離駭我即陳兵號令誰敢不從旬日之間事可定

矣諒大悅於是遣所署大將軍余公理出太谷以趣河陽大將軍綦良出滏口以趣黎陽大將軍劉建出井陘以略燕趙柱國喬鍾葵出鴈門署文安爲柱國紇單貴王聃大將軍茹茹天保侯莫陳惠直指京師未至蒲津百餘里諒忽改圖令紇單貴斷河橋守蒲州而召文安文安至曰兵機詭速本欲出其不意王既不行文安又退使彼計成大事去矣諒不對以王聃爲蒲州刺史裴文安爲晉州薛粹爲絳州梁菩薩爲潞州韋道正爲韓州張伯英爲澤州煬帝遣楊素率騎五千襲王聃紇單貴於蒲州破之於是率步騎四萬趣太原諒使趙子開守高壁楊素擊走之諒大

懼拒素於蒿澤屬天大雨諒欲旋師王頍諫曰楊素懸軍士馬疲弊王以銳卒親戎擊之其勢必舉今見敵而還示人以怯阻戰士之心益西軍之氣願王勿還也諒不從退守清源素進擊之諒勒兵與官軍大戰死者萬八千人諒退保并州楊素進兵圍之諒窮蹙降於素百僚奏諒罪當死帝曰朕終鮮兄弟情不忍言欲屈法恕諒一死於是除名爲民絕其屬籍竟以幽死子顥因而禁錮宇文化及弒逆之際遇害

史臣曰高祖之子五人莫有終其天命異哉房陵資於骨肉之親篤以君臣之義經綸締構契闊夷險撫軍監國凡

二十年雖三善未稱而視膳無闕恩寵既變讒言間之顧復之慈頓隔於人理父子之道遂滅於天性隋室將亡之效衆庶皆知之矣慎子有言曰一兔走街百人逐之積兔於市過者不顧豈其無欲哉分定故也房陵分定久矣高祖一朝易之開逆亂之源長覬覦之望又維城肇建崇其威重恃寵而驕厚自封植進之既踰制退之不以道俊以憂卒實此之由俄屬天步方艱讒人已勝尺布斗粟莫肯相容秀窺岷蜀之阻諒起晉陽之甲成茲亂常之釁蓋亦有以動之也棠棣之詩徒賦有鼻之封無期或幽囚於囹圄或顛殞於鴆毒本根既絕枝葉畢剪十有餘年宗社淪

隱自古廢嫡立庶覆族傾宗者多矣考其亂亡之禍未若有隋之酷詩曰殷鑒不遠在夏后之世後之有國有家者可不深戒哉

列傳卷第十　隋書四十五

列傳卷第十一　隋　書四十六

特進臣魏　徵　上

趙煚

趙煚字賢通天水西人也祖超宗魏河東太守父仲懿尚書左丞煚少孤養母至孝年十四有人伐其父墓中樹者煚對之號慟因執送官見魏右僕射周惠達長揖不拜自述孤苦涕泗交集惠達爲之隕涕歎息者久之及長深沉有器局略涉書史周太祖引爲相府參軍事尋從破洛陽及太祖班師煚請留撫納亡叛太祖從之煚於是師所領與齊人前後五戰斬郡守鎮將縣令五人虜獲甚衆以功封平

定縣男邑三百戶累轉中書侍郎閔帝受禪遷陝州刺史蠻酋向天王聚衆作亂以兵攻信陵秭歸煚勒所部五百人出其不意襲擊破之二郡獲全時周人於江南岸置安蜀城以禦陳屬霖雨數旬城頹者百餘步蠻酋鄭南鄉叛引陳將吳明徹欲掩安蜀議者皆勸煚益修守禦煚曰不然吾自有以安之乃遣使說誘江外生蠻向武陽令乘虛掩襲所居獲其南鄉父母妻子南鄉聞之其黨各散陳兵遂退明年吳明徹屢爲寇患煚勒兵禦之前後十六戰每挫其鋒獲陳裨將覃囧王足子吳朗等三人斬首百六十級以功授開府儀同三司遷荆州總管長史入爲民部中

大夫武帝出兵鞏洛欲收齊河南之地煚諫曰河南洛陽
四面受敵縱得之不可以守請從河北直指太原傾其巢
穴可一舉以定帝不納師竟無功尋從上柱國于翼率衆
數萬自三鵶道以伐陳克陳十九城而還以讒毀功不見
錄除益州總管長史未幾入爲天官司會累遷御正上大
夫煚與宗伯斛斯徵素不協徵後出爲齊州刺史坐事下
獄自知罪重遂踰獄而走帝大怒購之甚急煚上密奏曰
徵自以負罪深重懼死遁逃若不北竄匈奴則南投吳越
徵雖愚陋久歷清顯奔彼敵國無益聖朝今者炎旱爲災
可因茲大赦帝從之徵賴而獲免煚卒不言高祖爲丞相

加上開府復拜天官都司會俄遷大宗伯及踐阼煚授璽
紱進位大將軍賜爵金城郡公邑二千五伯戶拜相州刺
史朝廷以煚曉習故事徵拜尚書右僕射視事未幾以忤
旨尋出爲陝州刺史俄轉冀州刺史甚有威德煚嘗有疾
百姓奔馳爭爲祈禱其得民情如此冀州俗薄市井多姦
詐煚爲銅斗鐵尺置之於肆百姓便之上聞而嘉焉頒告
天下以爲常法嘗有人盜煚田中蒿者爲吏所執煚曰此
乃刺史不能宣風化彼何罪也慰諭而遣之令人載蒿一
車以賜盜者盜者愧恧過於重刑其以儉化民皆此類也
上幸洛陽煚來朝上勞之曰冀州大藩民用殷實卿之爲

政深副朕懷開皇十九年卒時年六十八子義臣嗣官至
太子洗馬後同楊諒反誅

趙芬

趙芬字士茂天水西人也父演周秦州刺史芬少有辯智
頗涉經史周太祖引爲相府鎧曹參軍歷記室累遷熊州
刺史撫納降附得二千戶加開府儀同三司大冢宰宇文
護召爲中外府掾俄遷吏部下大夫芬性強濟所居之職
皆有聲績武帝親總萬機拜內史下大夫轉少御正芬明
習故事每朝廷有所疑議衆不能決者芬輒爲評斷莫不
稱善後爲司會申國公李穆之討齊也引爲行軍長史封

淮安縣男邑五百戶復出爲浙州刺史轉東京小宗伯鎮
洛陽高祖爲丞相尉迥與司馬消難陰謀往來芬察知之
密白高祖由是深見親委遷東京左僕射進爵郡公開皇
初罷東京官拜尚書左僕射與郢國公王誼修律令俄兼
內史令上甚信任之未幾以老病出拜蒲州刺史加金紫
光祿大夫仍領關東運漕賜錢百萬粟五千石而遣之後
數年上表乞骸骨徵還京師賜以二馬軺車几杖被褥歸
于家皇太子文致巾帔後數年卒上遣使致祭鴻臚監護
喪事子元恪嗣官至揚州總管司馬左遷候衛長史少子
元楷與元恪皆明幹世事元楷大業中爲歷陽郡丞與盧

江郡丞徐仲宗皆竭百姓之産以貢于帝仲宗遷南郡丞元楷超拜江都郡丞兼領江都宮使

楊尚希

楊尚希弘農人也祖眞魏天水太守父承賓商直淅三州刺史尚希齠齔而孤年十一辭母請受業長安涿郡盧辯見而異之令入太學專精不倦同輩皆共推伏周太祖嘗親臨釋奠尚希時年十八令講孝經詞旨可觀太祖奇之賜姓普六茹氏擢爲國子博士累轉舍人仕明武世歷太學博士太子宮尹計部中大夫賜爵高都縣侯東京司憲中大夫宣帝時令尚希撫慰山東河北至相州而帝崩與

相州摠管尉迥發喪於館尚希出謂左右曰蜀公哭不哀而視不安將有他計吾不去將及於難遂夜中從捷徑而遁遲明迥方覺分數十騎自驛路追之不及遂歸京師高祖以尚希宗室之望又背迥而至待之甚厚及迥屯兵武陟遣尚希督宗室兵三千人鎭潼關尋授司會中大夫高祖受禪拜度支尚書進爵爲公歲餘出爲河南道行臺兵部尚書加銀青光祿大夫尚希時見天下州郡過多上表曰自秦并天下罷侯置守漢魏及晉邦邑屢改竊見當今郡縣倍多於古或地無百里數縣並置或户不滿千二郡分領具寮以衆資費日多吏卒又倍租調歲減清幹良才百

分無一動須數萬如何可覓所謂民少官多十羊九牧琴有更張之義瑟無膠柱之理今存要去閑併小爲大國家則不虧粟帛選舉則易得賢才敢陳管見伏聽裁處帝覽而嘉之於是遂罷天下諸郡尋拜瀛州刺史未之官奉詔巡省淮南還除兵部尚書俄轉禮部尚書授上儀同尚希性弘厚兼以學業自通甚有雅望爲朝廷所重上時每旦臨朝日側不倦尚希諫曰周文王以憂勤損壽武王以安樂延年願陛下舉大綱責成宰輔繁碎之務非人主所宜親也上懽然曰公愛我者尚希素有足疾上謂之曰蒲州出美酒足堪養病屈公卧治之於是出拜蒲州刺史仍領

本州宗團驃騎尚希在州甚有惠政復引瀵水立堤防開稻田數千頃民賴其利開皇十年卒官時年五十七謚曰平子旻嗣後改封丹水縣公官至安定縣丞

長孫平

長孫平字處均河南洛陽人也父儉周柱國平美容儀有器幹頗覽書記仕周釋褐衛王侍讀時武帝逼於宇文護謀與衛王誅之王前後常使平往來通意於帝及護伏誅拜開府樂部大夫宣帝即位置東宮官屬以平爲小司寇與小宗伯趙芬分掌六府高祖龍潛時與平情好款洽及爲丞相恩禮彌厚尉迥王謙司馬消難並稱兵内侮高祖

深以淮南爲意時賀若弼鎮壽陽恐其懷二心遣平馳驛徃代之弼果不從平麾壯士執弼送于京師開皇三年徵拜度支尚書平見天下州縣多罹水旱百姓不給奏令民間每秋家出粟麥一石已下貧富差等儲之閭巷以備凶年名曰義倉因上書曰臣聞國以民爲本民以食爲命勸農重穀先王令軌古者三年耕而餘一年之積九年作而有三年之儲雖水旱爲災而民無菜色皆由勸導有方蓄積先備者也去年亢陽關右飢餧陛下運山東之粟置常平之官開發倉廩普加賑賜大德鴻恩可謂至矣然經國之道義資遠筭請勸諸州刺史縣令以勸農積穀爲務上深

嘉納自是州里豐衍民多賴焉後數載轉工部尚書名爲稱職時有人告大都督邴紹非毀朝廷爲憒憒者上怒將斬之平進諫曰川澤納汙所以成其深山岳藏疾所以就其大臣不勝至願願陛下弘山海之量茂寛裕之德鄙諺曰不癡不聾未堪作大家翁此言雖小可以喻大邴紹之言不應聞奏陛下又復誅之臣恐百代之後有虧聖德上於是赦紹因勑群臣誹謗之罪勿復以聞其後突厥達頭可汗與都藍可汗相攻各遣使請援上使平持節宣諭令其和解賜縑三百匹良馬一匹而遣之平至突厥所爲陳利害遂各解兵可汗贈平馬二百匹及還平進所得馬上盡

以賜之未幾遇譴以尚書檢校汴州事歲餘除汴州刺史其後歷許貝二州俱有善政鄴都俗薄舊號難治前後刺史多不稱職朝廷以平所在善稱轉相州刺史甚有能名在州數年會正月十五日百姓大戲畫衣裳爲鍪甲之象上怒而免之俄而念平鎮淮南時事進位大將軍拜太常卿判吏部尚書事仁壽中卒謚曰康子師孝性輕狡好利數犯法上以其不克負荷遣使弔平國官師孝後爲渤海郡主簿屬大業之季政教陵遲師孝恣行貪濁一郡苦之後爲王世充所害

元暉

元暉字叔平河南洛陽人也祖琛魏恒朔二州刺史父翌尚書左僕射暉鬚眉如畫進止可觀頗好學涉獵書記少得美名於京下周太祖見而禮之命與諸子遊處每同席共硯情契甚厚弱冠召補相府中兵參軍尋遷武伯下大夫于時突厥屢爲寇患朝廷將結和親令暉齎錦綵十萬使于突厥暉說以利害申國厚禮可汗大悅遣其名王隨獻方物俄拜儀同三司賓部下大夫保定初大冢宰宇文護引爲長史會齊人來結盟好以暉多才辯與千乘公崔睦俱使于齊還振威中大夫武帝之娉突厥后也令暉致禮焉加開府轉司憲大夫及平關東使暉安集河北封義

寧子邑四百户高祖惣百揆加上開府進爵爲公開皇初
拜都官尚書兼領太僕奏請决杜陽水灌三畤原溉舃鹵
之地數千頃民賴其利明年轉左武候將軍太僕卿如故
尋轉兵部尚書監漕渠之役未幾坐事免頃之拜魏州刺
史頗有惠政在任數年以疾去職歲餘卒于京師時年六
十上嗟悼久之勑鴻臚監護喪事謚曰元子肅嗣官至光
禄少卿肅弟仁器性明敏官至日南郡丞

韋師

韋師字公穎京兆杜陵人也父瑱周驃騎大將軍師少沉
謹有至性初就學始讀孝經捨書而歎曰名教之極其在
玆乎少丁父母憂居喪盡禮州里稱其孝行及長略涉經
史尤工騎射周大冢宰宇文護引爲中外府記室轉賓曹
參軍師雅知諸蕃風俗及山川險易其有夷狄朝貢師必
接對論其國俗如視諸掌夷人驚服無敢隱情齊王憲爲
雍州牧引爲主簿本官如故及武帝親惣萬機轉少府大
夫及平高氏詔師安撫山東徙爲賓部大夫高祖受禪拜
吏部侍郎賜爵井陘侯邑五百户數年遷河北道行臺兵
部尚書詔爲山東河南十八州安撫大使奏事稱旨賜錢
三百萬兼領晉王諱司馬其族人世康爲吏部尚書與師
素懷勝負于時晉王爲雍州牧盛存望第以司空楊雄尚

書左僕射高熲並爲州都督引師爲主簿而世康弟世約
爲法曹從事世康恚恨不能食又耻世約在師之下召世
約數之曰汝何故爲從事遂杖之後從上幸醴泉宮上召
師與左僕射高熲上柱國韓擒等於卧内賜宴令各敘舊
事以爲咲樂平陳之役以本官領元帥掾陳國府藏悉委
於師秋毫無所犯稱爲清白後上爲長寧王儼納其女爲
妃除汴州刺史甚有治名卒官謚曰定子德政嗣大業中
仕至給事郎

楊异

楊异字文殊弘農華陰人也祖鈞魏司空父儉侍中异美
風儀沉深有器局髫齔就學日誦千言見者奇之九歲丁
父憂哀毀過禮殆將滅性及免喪之後絶慶弔閉户讀書
數年之間博涉書記周閔帝時爲寧都太守甚有能名賜
爵昌樂縣子後數以軍功進爲侯高祖作相行濟州事及
踐阼拜宗正少卿加上開府蜀王秀之鎮益州也朝廷盛
選綱紀以异方直拜益州揔管長史賜錢二十萬縑三百
匹馬五十匹而遣之尋遷西南道行臺兵部尚書數載復
爲宗正少卿未幾擢拜刑部尚書歲餘出除吳州揔管甚
有能名時晉王諱鎮楊州詔令异每歲一與王相見評論
得失規諷疑闕數載卒官時年六十二子虔遜

蘇孝慈

蘇孝慈扶風人也父武周兗州刺史孝慈少沉謹有器幹美容儀周初爲中侍上士後拜都督聘于齊以奉使稱旨遷大都督其年又聘于齊還授宣納上士從武帝伐齊以功進位開府賜爵文安縣公邑千五百戶尋改封臨水縣公增邑千二百戶累遷工部上大夫高祖受禪進爵安平郡公拜太府卿于時王業初基百度伊始徵天下工匠纖微之巧無不畢集孝慈總其事世以爲能俄遷大司農歲餘拜兵部尚書待遇踰密時皇太子勇頗知時政上欲重宮官之望多令大臣領其職於是拜孝慈爲太子右

衛率尚書如故明年上於陝州置常平倉轉輸京下以渭水多沙流乍深乍淺漕運者苦之於是決渭水爲渠以屬河令孝慈督其役渠成上善之又領太子右庶子轉授左衛率仍判工部民部二尚書稱爲幹理數載進位大將軍轉工部尚書率如故先是以百寮供費不足臺省府寺咸置廨錢收息取給孝慈以爲官民爭利非興化之道上表請罷之請公卿以下給職田各有差上並嘉納焉開皇十八年將廢太子憚其在東宮出爲浙州刺史太子以孝慈去甚不平形於言色其見重如此仁壽初遷洪州總管俱有惠政其後桂林山越相聚爲亂詔孝慈爲行軍總管擊平之其年卒官有子會昌孝慈兄子沙羅字子粹父順周眉州刺史沙羅仕周釋褐都督後從韋孝寬破尉迥以功授開府儀同三司封通秦縣公開皇初蜀王秀鎮益州沙羅以本官從拜資州刺史八年冉尨羌作亂攻汶山金川二鎮沙羅率兵擊破之授邛州刺史後數載檢校利州總管事從史萬歲擊西爨累戰有功進位大將軍賜物千段尋檢校益州總管長史會越巂人王奉舉兵作亂沙羅從段文振討平之賜奴婢百口會蜀王秀廢吏案奏沙羅云王奉爲奴所殺秀迺詐稱左右斬之又調熟獠令出奴婢沙羅隱而不奏由是除名卒於家有子康

李雄

李雄字毗盧趙郡高邑人也祖榼魏太中大夫父徽伯齊陝州刺史陷于周雄因隨軍入長安雄少慷慨有大志家世並以學業自通雄獨習騎射其兄子旦讓之曰棄文尚武非士大夫之素業雄荅曰竊覽自古誠臣貴仕文武不備而能濟其功業者鮮矣雄雖不敏頗觀前志但不守章句耳既文且武兄何病焉子旦無以應之周太祖時釋褐輔國將軍從達奚武平漢中定興州又討汾州叛胡錄前後功拜驃騎大將軍儀同三司閔帝受禪進爵爲公遷小賓部其後復從達奚武與齊人戰於芒山諸軍大敗雄所

領獨全武帝時從陳王純迎后於突厥進爵奚伯拜硤州刺史數歲徵爲本府中大夫尋出爲涼州總管長史從滕王逌破吐谷渾於青海以功加上儀同宣帝嗣位從軍總管韋孝寬略定淮南雄以輕騎數百至硤口說下十餘城拜豪州刺史高祖總百揆徵爲司會中大夫以淮南之功加位上開府及受禪拜鴻臚卿進爵高都郡公食邑貳千户後數年晉王廣出鎮并州以雄爲河北行臺兵部尚書上謂雄曰吾兒既少更事未多以卿兼文武才今推誠相委吾無北顧之憂矣雄頓首而言曰陛下不以臣之不肖寄臣以重任臣雖愚固心非木石謹當竭誠效命以答鴻

恩歔欷流涕上慰諭而遣之雄當官正直侃然有不可犯之色王甚敬憚吏民稱焉歲餘卒官子公挺嗣

張煚

張煚字士鴻河間鄚人也父羡少好學多所通涉仕魏爲蕩難將軍從武帝入關累遷銀青光禄大夫周太祖引爲從事中郎賜姓叱羅氏歷司職大夫雍州治中雍州刺史儀同三司賜爵虞鄉縣公復入爲司成中大夫典國史周代公卿類多武將唯羡以素業自通甚爲當時所重後以年老致仕于家及高祖受禪欽其德望以書徵之曰朕初臨四海思存政術舊齒名賢實懷勤佇儀同昔在周室德業有聞雖云致仕猶克壯年・即宜入朝用副虛想及謁見勑令勿拜扶升殿上降榻執手與之同坐宴語久之賜以几杖會遷都龍首羡上表勸以儉約上優詔荅之俄而卒時年八十四贈滄州刺史謚曰定撰老子莊子義名曰道言五十二篇煚好學有父風在魏釋褐奉朝請遷員外侍郎周太祖引爲外兵曹閔帝受禪加前將軍明武世歷膳部大夫冢宰司録賜爵北平縣子邑四百户宣帝時加儀同進爵爲伯高祖爲丞相煚深自推結高祖以其有幹用甚親遇之及受禪拜尚書右丞進爵爲侯俄遷太府少卿領營新都監丞丁父憂去職柴毀骨立未朞起令視事固讓

不許授儀同三司襲爵虞鄉縣公增邑通前千五百户尋遷太府卿拜民部尚書晉王諱爲揚州總管授煚司馬加銀青光禄大夫煚性和厚有識度甚有當時之譽後拜冀州刺史晉王廣頻表請之復爲晉王長史檢校蔣州事及晉王爲皇太子復爲冀州刺史進位上開府吏民悅服稱爲良二千石仁壽四年卒官時年七十四子慧寶官至絳郡丞開皇時有劉仁恩者不知何許人也倜儻有文武幹用初爲毛州刺史治績號天下第一擢拜刑部尚書又以行軍總管從楊素伐陳與素破陳將呂仲肅於荆門仁恩之計居多授上大將軍甚有當時之譽馮翊郭均上黨馮

世基並明悟有幹略相繼爲兵部尚書代人庫狄嶔性弘厚有局度官至民部尚書此四人俱顯名於當世然事行闕落史莫能詳

史臣曰二趙明習故事當世所推及居端右無聞殊績固知人之才器各有分限大小異宜不可踰量長孫平諫赦誹謗之罪可謂仁人之言高祖悅而從之其利亦已博矣元暉以明敏顯達韋師以清白成名楊尚希楊异宗室之英譽望隆重蘇孝慈李雄張煚內外所履咸稱貞幹並任開皇之初蓋當時之選也

列傳卷第十一 隋史四十六

列傳卷第十二 隋書四十七

特進臣魏 徵 上

韋世康 弟洸 藝 沖 從父弟壽

韋世康京兆杜陵人也世爲關右著姓祖旭魏南幽州刺史父夐隱居不仕魏周二代十徵不出號爲逍遙公世康幼而沉敏有器度年十歲州辟主簿在魏弱冠爲直寢封漢安縣公尚周文帝女襄樂公主授儀同三司後仕周自典祠下大夫歷沔硤二州刺史從武帝平齊授司州總管長史于時東夏初定百姓未安世康綏撫之士民胥悅歲餘入爲民部中大夫進位上開府轉司會中大夫尉迥之作亂也高祖憂之謂世康曰汾絳舊是周齊分界因此亂階恐生摇動今以委公善爲吾守因授絳州刺史以雅望鎮之闔境清肅世康性恬素好古不以得喪干懷在州嘗慨然有止足之志與子弟書曰吾生因緒餘夙霑纓弁驅馳不已四紀於茲亟登袞命頻泣方岳志除三惑心慎四知以不貪而爲寶處膏脂而莫潤如斯之事頗爲時悉今耄雖未及壯年已謝霜早梧楸風先蒲柳眼闇更劇不見細書足疾彌增非可趨走祿豈須多防滿則退年不待暮有疾便辭況孃春秋已高溫清宜奉晨昏有闕罪在我躬今世穆世文並從戎役吾與世沖復嬰遠任陟岵瞻望此

情彌切桓山之悲倍深常戀意欲上聞乞遵養禮未訪汝
等故遣此及興言遠慕感咽難勝諸弟報以事恐難遂於
是乃止在任數年有惠政奏課連最擢為禮部尚書世康
寡嗜慾不慕貴勢未嘗以位望矜物聞人之善若已有之
亦不顯人過咎以求名譽尋進爵上庸郡公加邑至二千
五百戶其年轉吏部尚書餘官如故四年丁母憂去職未
朞起令視事世康固請乞終私制上不許世康之在吏部
選用平允請托不行開皇七年將事江南議重方鎮拜襄
州刺史坐事免未幾授安州總管尋遷為信州總管十三
年入朝復拜吏部尚書前後十餘年間多所進拔朝廷稱

為廉平嘗因休暇謂子弟曰吾聞功遂身退古人常道今
年將耳順志在懸車汝輩以為云何子福嗣答曰大人澡
身浴德名立官成盈滿之誡先哲所重欲追蹤二疏伏奉
尊命後因侍宴世康再拜陳讓曰臣無尺寸之功位亞台
鉉今犬馬齒衰不益明時恐先朝露無以塞責願乞骸骨
退避賢能上曰朕夙夜庶幾求賢若渴冀與公共治天下
以致太平今之所請深乖本望縱令筋骨衰謝猶屈公臥
治一隅於是出拜荊州總管時天下唯置四大總管并揚
益三州並親王臨統唯荊州委於世康時論以為美世康
為政簡靜百姓愛悅合境無訟十七年卒于州時年六十

七上聞而痛惜之贈賻甚厚贈大將軍謚曰文世康性孝
友初以諸弟位並隆貴獨季弟世約宦途不達共推父時
田宅盡以與之世多其義長子福子官至司隸別駕次子
福嗣仕至內史舍人後以罪黜楊玄感之作亂也以兵逼
東都福嗣從衛玄戰於城北軍敗為玄感所擒令作文檄
辭甚不遜尋背玄感還東都帝銜之不已車裂於高陽少
子福獎通事舍人在東都與玄感戰沒

洸字世穆性剛毅有器幹少便弓馬仕周釋褐主寢上士
數從征伐累遷開府賜爵衛國縣公邑千二百戶高祖為
丞相從季父孝寬擊尉迥於相州以功拜柱國進封襄陽

郡公邑二千戶時突厥寇邊皇太子屯咸陽令洸統兵出
原州道與虜相遇擊破之尋拜江陵總管未幾以母疾徵
還俄拜安州總管伐陳之役領行軍總管及陳平拜江州
總管率步騎二萬略定九江陳豫章太守徐璒據郡持兩
端洸遣開府呂昂長史馮世基以兵相繼而進既至城下璒
偽降其夜率所部二千人襲擊昂昂與世基合擊大破之
擒璒於陣高涼女子洗氏率衆迎洸遂進圖嶺南上遺洸
書曰公鴻勳大業名高望重率將戎旅撫慰彼方風行電
掃咸應稽服若使干戈不用兆庶獲安方副朕懷是公之
力至廣州說陳渝州都督王猛下之嶺表皆定上聞而大

悅許以便宜從事洸所綏集二十四州拜廣州摠管歲餘番禺夷王仲宣聚衆爲亂以兵圍洸洸勒兵拒之中流矢而卒贈上柱國賜綿絹萬段謚曰敬子協嗣協字欽仁好學有雅量起家著作佐郎後轉祕書郎開皇中其父在廣州有功上令協齎詔書勞問未至而父卒上以其父身死王事拜協柱國後歷定息秦三州刺史皆有能名卒官

藝字世文少受業國子周武帝時數以軍功致位上儀同賜爵修武縣侯邑八百户授左旅下大夫出爲魏郡太守及高祖爲丞相尉迥陰圖不軌朝廷微知之遣藝季父孝寬馳往代迥孝寬將至鄴因詐病止傳舍從迥求藥以察

其變迥遣藝迎孝寬孝寬問迥所爲藝黨於迥不以實答孝寬怒將斬之藝懼乃言迥反狀孝寬於是將藝西遁每至亭驛輒盡驅傳馬而去復謂驛司曰蜀公將至宜速具酒食迥尋遣騎追孝寬追人至驛輒逢盛饌又無馬遂遲留不進孝寬與藝由是得免高祖以孝寬故弗問藝之罪加授上開府即從孝寬擊迥及破尉惇平相州皆有力焉以功進位上大將軍改封武威縣公邑千户以脩武縣侯別封一子高祖受禪進封魏興郡公歲餘拜齊州刺史爲政清簡士庶懷惠在職數年遷營州摠管藝容貌瓌偉每夷狄參謁必整儀衛盛服以見之獨坐滿一榻番人畏懼

莫敢仰視而大治產業與北夷貿易家資鉅萬頗爲清論所譏開皇十五年卒官時年五十八謚曰懷

沖字世沖少以名家子在周釋褐衛公府禮曹參軍後從大將軍元定渡江伐陳爲陳人所虜周武帝以幣贖而還之帝復令沖以馬千匹使於陳以贖開府賀拔華等五十人及元定之柩而還沖有辭辯奉使稱旨累遷少御伯下大夫加上儀同于時稽胡屢爲寇亂沖自請安集之因拜汾州刺史高祖踐阼徵爲兼散騎常侍進位開府賜爵安固縣侯歲餘發南汾州胡千餘人北築長城在塗皆亡上呼沖問計沖曰夷狄之性易爲反覆皆由牧宰不稱之所

致也臣請以理綏靜可不勞兵而定上然之因命沖綏懷叛者月餘皆至並赴長城上下書勞勉之尋拜石州刺史甚得諸胡歡心以母憂去職俄而起爲南寧州摠管持節撫慰復遣柱國王長述以兵繼進沖上表固讓詔曰西南夷裔屢有生梗每相殘賊朕甚愍之已命戎徒清撫邊服以開府器幹堪濟識略英遠軍旅事重故以相任知在艱疚日月未多金革奪情蓋有通式宜自抑割即齎往旨沖既至南寧渠帥爨震及西爨首領皆詣府參謁上大悅下詔褒揚之其兄子伯仁隨沖在府掠人之妻士卒縱暴邊人失望上聞而大怒令蜀王秀治其事益州長史元巖性方

正案冲無所寬貸冲竟坐免其弟太子洗馬世約譖巖於皇太子上謂太子曰古人有沽酒酸而不售者爲噬犬耳今何用世約乎適累汝也世約遂除名後數載令冲檢校括州事時東陽賊帥陶子定吳州賊帥羅慧方並聚衆爲亂攻圍婺州永康烏程諸縣冲率兵擊破之改封義豐縣侯檢校泉州事尋拜營州揔管冲容貌都雅寬厚得衆心懷撫靺鞨契丹皆能致其死力奚霫畏懼朝貢相續高麗嘗入寇冲率兵擊走之仁壽中高祖爲豫章王暕納冲女爲妃徵拜民部尚書未幾卒時年六十六少子挺最知名

常壽

壽字世齡父孝寬周上柱國鄖國公壽在周以貴公子早有令譽爲右侍上士遷千牛備身趙王爲雍州牧引爲主簿尋遷少御伯武帝親征高氏拜京兆尹委以後事以父軍功賜爵永安縣侯邑八百戶高祖爲丞相以其父平尉迥拜壽儀同三司進封滑國公邑五千戶俄以父喪去職高祖受禪起令視事尋遷恒毛二州刺史頗有治名開皇十年以疾徵還卒于家時年四十二謚曰定仁壽中高祖爲晉王廣納其女爲妃以其子保巒嗣壽弟霽位至太常少卿安邑縣伯津位至內史侍郎判民部尚書事世康從父弟操字元節剛簡有風槩仕周致位上開府光州刺史

高祖爲丞相以平尉迥功進位柱國封平桑郡公歷青荊二州揔管卒官謚曰靜

柳機 子述 從子謇之 機弟旦肅 從弟雄亮 族兄昂

柳機字匡時河東解人也父慶魏尚書左僕射機偉儀容有器局頗涉經史年十九周武帝時爲魯公引爲記室及帝嗣位自宣納上士累遷少納言太子宮尹封平齊縣公從帝平齊拜開府轉司宗中大夫宣帝時遷御正上大夫機見帝失德屢諫不聽恐禍及己託於鄭譯陰求出外於是拜華州刺史及高祖作相徵還京師時周代舊臣皆勸禪讓機獨義形於色無所陳請俄拜衛州刺史及踐阼進

爵建安郡公邑二千四百戶徵爲納言機性寬簡有雅望然當近侍無所損益又好飲酒不親細務在職數年復出爲華州刺史奉詔每月朝見尋轉冀州刺史後徵入朝以其子述尚蘭陵公主禮遇益隆初機在周與族人文城公昂俱歷顯要及此機昂並爲外職楊素時爲納言方用事因上賜宴素戲機曰二柳俱摧孤楊獨聳坐者歡笑機竟無言未幾還州前後作牧俱稱寬惠後數年以疾徵還京師卒於家時年五十六贈大將軍青州刺史謚曰簡子述嗣

柳述字業隆性明敏有幹略頗涉文藝少以父蔭爲太子

親衛後以尚主之故拜開府儀同三司內史侍郎上於諸壻中特所寵敬歲餘判兵部尚書事丁父艱去職未幾起攝給事黃門侍郎事襲爵建安郡公仁壽中判吏部尚書事述雖職務修理爲當時所稱然不達大體暴於馭下又怙寵驕豪無所降屈楊素時稱貴倖朝臣莫不讋憚述每陵侮之數於上前面折素短判事有不合素意素或令述改之輒謂將命者曰語僕射道尚書不肯素由是銜之俄而楊素亦被疎忌不知省務述任寄踰重拜兵部尚書參掌機密述自以無功可紀過叨匪服抗表陳讓上許之令攝兵部尚書上於仁壽宮寢疾述與楊素黃門侍郎元巖

等侍疾宮中時皇太子無禮於陳貴人上知而大怒因令述召房陵王述與元巖出外作勑書楊素聞之與皇太子協謀便矯詔執述巖二人持以屬吏及煬帝嗣位述竟坐除名與公主離絕徙述于龍川郡公主請與述同徙帝不聽事見列女傳述在龍川數年復徙寧越遇瘴癘而死時年三十九

旦字匡德工騎射頗涉書籍起家周左侍上士累遷兵部下大夫頃之益州總管王謙起逆拜爲行軍長史從梁睿討平之以功授儀同三司開皇元年加授開府封新城縣男遷授掌設驃騎歷羅浙會三州刺史並有能名大業初

拜龍川太守民居山洞好相攻擊旦爲開設學校大變其風帝聞而善之下詔襃美四年徵爲太常少卿攝判黃門侍郎事卒官年六十一子爕官至河內掾

肅字匡仁少聰敏閑於占對起家周齊王文學武帝見而異之召拜宣納上士高祖作相引爲賓曹參軍開皇初授太子洗馬陳使謝泉來聘以才學見稱詔肅宴接時論稱其華辯轉太子內舍人遷太子僕太子廢坐除名爲民大業中帝與段達語及庶人罪惡之狀達云柳肅在宮大見疎斥帝問其故荅曰學士劉臻嘗進章仇太翼於宮中爲巫蠱事肅知而諫曰殿下帝之冢子位當儲貳誡在不孝

無患見疑劉臻書生鼓搖脣舌適足以相誑誤願殿下勿納之庶人不懌他日謂臻曰汝何故漏洩使柳肅知之令面折我自是後言皆不用帝曰肅橫除名非其罪也召守禮部侍郎轉工部侍郎大見親任每行幸遼東常委之於涿郡留守十一年卒時年六十二

雄亮字信誠父檜仕周華陽太守遇黃衆寶作亂攻陷華陽檜爲賊所害雄亮時年十四哀毀過禮陰有復讎之志武帝時衆寶率其所部歸於長安帝待之甚厚雄亮手斬衆寶於城中請罪闕下帝特原之尋治梁州總管記室遷湖城令累遷內史中大夫賜爵汝陽縣子司馬消難作亂

江北高祖令雄亮聘于陳以結鄰好及還會高祖受禪梁
尚書考功侍郎尋遷給事黃門侍郎尚書省凡有奏事雄
亮多所駁正深爲公卿所憚俄以本官檢校太子左庶子
進爵爲伯秦王俊之鎮隴右也出爲秦州揔管府司馬領
山南道行臺左丞卒官時年五十一有子贇
謇之字公正父蔡年周順州刺史謇之身長七尺五寸儀
容甚偉風神爽亮進止可觀爲童兒時周齊王憲嘗遇謇
之於途異而與語大奇之因奏入國子以明經擢第拜宗
師中士尋轉守廟下士武帝嘗有事太廟謇之讀祝文音
韻清雅觀者屬目帝善之擢爲宣納上士及高祖作相引

爲田曹參軍仍諮典職事開皇初拜通事舍人尋遷内史
舍人歷兵部司勳二曹侍郎朝廷以謇之有雅望善談謔
又飲酒至石不亂由是每梁陳使至輒令謇之接對後遷
光祿少卿出入十餘年每參掌敷奏會吐谷渾來降朝廷
以宗女光化公主妻之以謇之兼散騎常侍送公主於西
域俄而突厥啓民可汗求結和親復令謇之送義成公主
於突厥謇之前後奉使得二國所贈馬千餘匹雜物稱是
皆散之宗族家無餘財仁壽中出爲肅州刺史尋轉息州
刺史俱有惠政後二歲以母憂去職煬帝踐阼復拜光祿
少卿大業初啓民可汗自以内附遂畜牧於定襄馬邑間

帝使謇之諭令出塞及還奏事稱旨拜黃門侍郎時元德
太子初薨朝野注望皆以齊王當立帝方重王府之選大
業三年車駕還京師拜爲齊王長史帝法服臨軒備儀衛
命齊王立於西朝堂之前北面遣吏部尚書牛弘内史令
楊約左衛大將軍宇文述等從殿廷引謇之詣齊王所西
面立牛弘宣勑謂齊王曰我昔階緣恩寵啓封晉陽出藩
之初時年十二先帝立我於西朝堂乃令高熲虞慶則元
旻等從内送王子相於我于時誡我曰以汝幼冲未更世
事今令子相作輔於汝事無大小皆可委之無得昵近小
人疎遠子相若從我言者有益於社稷成立汝名行如不

用此言唯國及身敗無日矣吾受勑之後奉以周旋不敢
失墜微子相之力吾無今日矣若與謇之從事一如子相
也又勑謇之曰今以卿作輔於齊善思匡救之理副朕所
望若齊王德業脩備富貴自當鍾卿一門若有不善罪亦
相及時齊王正擅寵左右放縱喬令則之徒深見昵狎謇
之雖知其罪失不能匡正及王得罪謇之竟坐除名帝幸
遼東召謇之檢校燕郡事及帝班師至燕郡坐供頓不給
配戍嶺南卒於洹口時年六十子威明
昂字千里父敏有高名好禮篤學治家如官仕周歷職清
顯開皇初爲太子太保昂有器識幹局過人周武帝時爲

大內史賜爵文城郡公致位開府當塗用事百寮皆出其
下宣帝嗣位稍被疏遠然不離本職及高祖為丞相深自
結納高祖大悅之以為大宗伯昂受拜之日遂得偏風不
能視事高祖受禪昂疾愈加上開府拜潞州刺史昂見天
下無事可以勸學行禮因上表曰臣聞帝王受命建學制
禮故能移既往之風成惟新之俗自魏道將謝分割九區
關右山東久為戰國各逞權詐俱殉干戈賦役繁重刑政
嚴急蓋救焚拯溺無暇從容非朝野之願以至於此晚世
因循遂成希慕俗化澆敝流宕忘反自非天然上哲挺生
於時則儒雅之道經禮之制衣冠民庶莫肯用心世事所

以未清軌物由茲而壞伏惟陛下稟靈上帝受命昊天合
三陽之期膺千祀之運往者周室頹毀區宇沸騰聖策風
行神謀電發端坐廊廟蕩滌萬方俯順幽明君臨四海擇
萬古之典無善不為改百王之弊無惡不盡至若因情緣
義為其節文故以三百三千事高前代然下土黎獻尚未
盡行臣謬蒙獎策從政藩部人庶軌儀實見多闕儒風以
墜禮教猶微是知百姓之心未能頓變仰惟深思遠慮情
念下民漸被以儉使至於道臣恐業淹事緩動延年世若
行禮勸學道教相催必當靡然向風不遠而就家知禮節
人識義方比屋可封輒謂非遠上覽而善之因下詔曰建

國重道莫先於學尊主庇民莫先於禮自魏氏不競周齊
抗衡分四海之民鬬二邦之力遞為強弱多歷年所務權
詐而薄儒雅重干戈而輕俎豆民不見德唯爭是聞朝野
以機巧為師文吏用深刻為法風澆俗弊化之然也雖復
建立庠序兼啟黌塾業非時貴道亦不行其間服膺儒術
蓋有之矣彼衆我寡未能移俗然其維持名教獎飾彝倫
微相弘益賴斯而已王者承天休咎隨化有禮則祥瑞必
降無禮則妖孽興起人稟五常性靈不一有禮則陰陽合
德無禮則禽獸其心治國立身非禮不可朕受命於天財
成萬物去華夷之亂求風化之宜戒奢崇儉率先百辟輕

徭薄賦冀以寬弘而積習生常未能懲革閭閻士庶吉凶
之禮動悉乖方不依制度執憲之職似塞耳而無聞莅民
之官猶蔽目而不察宣揚朝化其若是乎古人之學且耕
且養今者民丁非役之日農畝時候之餘若敦以學業勸
以經禮自可家慕大道人希至德豈止知禮節識廉恥父
慈子孝兄恭弟順者乎始自京師爰及州郡宜祗朕意勸
學行禮自是天下州縣皆置博士習禮焉昂在州甚有惠
政數年卒官子調起家秘書郎尋轉侍御史左僕射楊素
嘗於朝堂見調因獨言曰柳條通體弱獨搖不須風調斂
板正色曰調信無取者公不當以為侍御史調信有可取

不應發此言公當具瞻之秋樞機何可輕發素甚奇之煬帝嗣位累遷尚書左司郎時王綱不振朝士多贓貨唯調清素守常爲時所美然於幹用非其所長

史臣曰韋氏自居京兆代有人物世康昆季餘慶所鍾或入處禮闈或出總方岳朱輪接軫旟旆成陰在周曁隋勳庸並茂盛矣建安風韻閑雅望重當時述恃寵驕人終致傾敗旦屢有惠政肅每存誠讜雄亮名節自立忠正見稱謇之神情閑爽頗爲疎放文城歷仕二朝咸見推重獻書高祖遂興學校言能弘道其利博哉

列傳卷第十二　隋書四十七

列傳卷第十三　隋書四十八

特進臣魏徵上

楊素 弟約　從父文思　文紀

楊素字處道弘農華陰人也祖暄魏輔國將軍諫議大夫父敷周汾州刺史沒於齊素少落拓有大志不拘小節世人多未之知唯從叔祖魏尚書僕射寬深異之每謂子孫曰處道當逸群絕倫非常之器非汝曹所逮也後與安定牛弘同志好學研精不倦多所通涉善屬文工草隸頗留意於風角美鬚髯有英傑之表周大冢宰宇文護引爲中外記室後轉禮曹加大都督武帝親總萬機素以其父守節陷齊未蒙朝命上表申理帝不許至於再三帝大怒命左右斬之素乃大言曰臣事無道天子死其分也帝壯其言由是贈敷爲大將軍謚曰忠壯拜素爲車騎大將軍儀同三司漸見禮遇帝命素爲詔書下筆立成詞義兼美帝嘉之顧謂素曰善自勉之勿憂不富貴素應聲答曰臣但恐富貴來逼臣臣無心圖富貴及平齊之役素請率父麾下先驅帝從之賜以竹策曰朕方欲大相驅策故用此物賜卿從齊王憲與齊人戰於河陰以功封清河縣子邑五百戶其年授司城大夫明年復從憲拔晉州憲屯兵雞棲原齊主以大軍至憲懼而宵遁爲齊兵所躡衆多敗散素

與驍將十餘人盡力苦戰憲僅而獲免其後每戰有功及
齊平加上開府改封成安縣公邑千五百戸賜以粟帛奴
婢雜畜從王軌破陳將吳明徹於呂梁治東楚州事封弟
慎爲義安侯陳將樊毅築城於泗口素擊走之夷毅所築
宣帝即位襲父爵臨貞縣公以弟約爲安成公尋從韋孝
寬徇淮南素別下盱眙鍾離及高祖爲丞相素深自結納
高祖甚器之以素爲汴州刺史行至洛陽會尉迥作亂榮
州刺史宇文胄據武牢以應迥素不得進高祖拜素大將
軍發河内兵擊胄破之遷徐州揔管進位柱國封清河郡
公邑二千戸以弟岳爲臨貞公高祖受禪加上柱國開皇

四年拜御史大夫其妻鄭氏性悍素怒之曰我若作天子
卿定不堪爲皇后鄭氏奏之由是坐免上方圖江表先是
素數進取陳之計未幾拜信州揔管賜錢百萬錦千段馬
二百匹而遣之素居永安造大艦名曰五牙上起樓五層
高百餘尺左右前後置六拍竿並高五十尺容戰士八百
人旗幟加於上次曰黄龍置兵百人自餘平乘舴艋等各
有差及大舉伐陳以素爲行軍元帥引舟師趣三硤軍至
流頭灘陳將戚欣以青龍百餘艘屯兵數千人守狼尾灘
以遏軍路其地險峭諸將患之素曰勝負大計在此一舉
若晝日下船彼則見我灘流迅激制不由人則吾失其便

乃以夜掩之素親率黄龍數千艘銜枚而下遣開府王長
襲引步卒從南岸擊欣別柵令大將軍劉仁恩率甲騎趣
白沙北岸遲明而至擊之欣敗走悉虜其衆勞而遣之秋
毫不犯陳人大悅素率水軍東下舟艫被江旌甲曜日素
坐平乘大船容貌雄偉陳人望之懼曰清河公即江神也
陳南康内史呂仲肅屯岐亭正據江峽於北岸鑿岩綴鐵
鎖三條横截上流以遏戰船素與仁恩登陸俱發先攻其
柵仲肅軍夜潰素徐去其鎖仲肅復據荆門之延洲素遣
巴延卒千人乘五牙四艘以柏檣碎賊十餘艦遂大破之俘
甲士二千餘人仲肅僅以身免陳主遣其信州刺史顧覺

鎮安蜀城荆州刺史陳紀鎮公安皆懼而退走巴陵以東
無敢守者湘州刺史岳陽王陳叔慎遣使請降素下至漢
口與秦孝王會及還拜荆州揔管進爵郢國公邑三千戸
眞食長壽縣千戸以其子玄感爲儀同玄奬爲清河郡公
賜物萬段粟萬石加以金寶又賜陳主妹及女妓十四人
素言於上曰里名勝母曾子不入逆人王誼前封於郢臣
不願與之同於是改封越國公尋拜納言歲餘轉内史令
俄而江南人李棱等聚衆爲亂大者數萬小者數千共相
影響殺害長吏以素爲行軍揔管帥衆討之賊朱莫問自
稱南徐州刺史以盛兵據京口素率舟師入自楊子津進

擊破之晉陵顧世興自稱太守與其都督鮑遷等復來拒
戰素逆擊破之執遷虜三千餘人進擊無錫賊帥葉略又
平之吳郡沈玄懀沈傑等以兵圍蘇州刺史皇甫績頻戰
不利素率衆援之玄懀勢迫走投南沙賊帥陸孟孫素擊
孟孫於松江大破之生擒孟孫玄懀黟歙賊帥沈雪沈能
據柵自固又攻拔之浙江賊帥高智慧自號東揚州刺史
船艦千艘屯據要害兵甚勁素擊之自旦至申苦戰而破
智慧逃入海素躡之從餘姚泛海趣永嘉智慧來拒戰素
擊走之擒獲數千人賊帥汪文進自稱天子據東陽署其
徒蔡道人為司空守樂安進討悉平之又破永嘉賊帥沈

孝徹於是步道向天台指臨海郡逐捕遺逸前後百餘
戰智慧遁守閩越上以素久勞於外詔令馳傳入朝加子
玄感官為上開府賜綵物三千段素以餘賊未殄恐為後
患又自請行乃下詔曰朕憂勞百姓日旰忘食一物失所
情深納隍江外狂狡妄構妖逆雖經殄除民未安堵猶有
賊首凶魁逃亡山洞恐其聚結重擾蒼生內史令上柱國
越國公素識達古今經謀長遠比曾推轂舊著威名宜任
以大兵總為元帥宣布朝風振揚威武擒剪叛亡慰勞黎
庶軍民事務一以委之素復乘傳至會稽先是泉州人王
國慶南安豪族也殺刺史劉弘據州為亂諸亡賊皆歸之

自以海路艱阻非北人所習不設備伍素泛海掩至國慶
遑遽棄州而走餘黨散入海島或守溪洞素分遣諸將水
陸追捕乃密令人謂國慶曰爾之罪狀計不容誅唯有斬
送智慧可以塞責國慶於是執送智慧斬於泉州自餘支
黨悉來降附江南大定上遣左領軍將軍獨孤陀至浚儀
迎勞比到京師問者日至拜素子玄獎為儀同賜黃金四
十斤加銀瓶實以金錢縑三千段馬二百匹羊二千口公
田百頃宅一區代蘇威為尚書右僕射與高熲專掌朝政
素性疏而辯高下在心朝臣之內頗推高熲敬牛弘厚接
薛道衡視蘇威蔑如也自餘朝貴多被陵轢其才藝風調

優於高熲至於推誠體國處物平當有宰相識度不如熲
遠矣尋令素監營仁壽宮素遂夷山堙谷督役嚴急作者
多死宮側時聞鬼哭之聲及宮成上令高熲前視奏稱頗
傷綺麗大損人丁高祖不悅素憂懼計無所出即於北門
啓獨孤皇后曰帝王法有離宮別館今天下太平造此一
宮何足損費后以此理諭上上意乃解於是賜錢百萬緡
絹三千段十八年突厥達頭可汗犯塞以素為靈州道行
軍總管出塞討之賜物二千段黃金百斤先是諸將與虜
戰每慮胡騎奔突皆以戎車步騎相參輿鹿角為方陣騎
在其內素謂人曰此乃自固之道非取勝之方也於是悉

除舊法令諸軍爲騎陣達頭聞之大喜曰此天賜我也因
下馬仰天而拜率精騎十餘萬而至素奮擊大破之達頭
被重創而遁殺傷不可勝計群虜號哭而去優詔褒揚賜
縑二萬匹及萬釘寶帶加子玄感位大將軍玄奬玄縱積
善並上儀同素多權略乘機赴敵應變無方然大抵馭戎
嚴整有犯軍令者立斬之無所寬貸每將臨寇輒求人過
失而斬之多者百餘人少不下十數流血盈前言笑自若
及其對陣先令一二百人赴敵陷陣則已如不能陷陣而還
者無問多少悉斬之又令三二百人復進還如向法將士
股慄有必死之心由是戰無不勝稱爲名將素時貴倖言

無不從其從素征伐者微功必録至於他將雖有大功多
爲文吏所譴却故素雖嚴忍士亦以此願從焉二十年晉
王廣爲靈朔道行軍元帥素爲長史王卑躬以交素及爲
太子素之謀也仁壽初代高熲爲尚書左僕射賜良馬百
匹牝馬二百匹奴婢百口其年以素爲行軍元帥出雲州
擊突厥連破之突厥退走率騎追躡至夜而及之將復戰
恐賊越逸令其騎稍後於是親將兩騎并降突厥二人與
虜並行不之覺也候其頓舍未定趣後騎掩擊大破之自
是突厥遠遁磧南無復虜庭以功進子玄感位爲柱國玄
縱爲淮南郡公賞物二萬段及獻皇后崩山陵制度多出

於素上善之下詔曰君爲元首臣則股肱共治萬姓義同
一體上柱國尚書左僕射仁壽宮大監越國公素志度恢
弘機鑒明遠懷佐時之略包經國之才王業初基霸圖肇
建策名委質受脤出師擒剪凶魁克平毳鄭頻承廟算揚
旍江表每禀戎律長驅塞陰南指而吳越肅清北臨而獯
獫摧服自居端揆參贊機衡當朝正色直言無隱論文則
詞藻縱橫語武則權奇間出既文且武唯朕所命任使之
處夙夜無怠獻皇后奄離六宮遠日云及塋兆安厝委素
經營然葬事依禮唯卜泉石至如吉凶不由於此素義存
奉上情深體國欲使幽明俱泰寶祚無窮以爲陰陽之書

聖人所作禍福之理特須審慎乃徧歷川原親自占擇纖
介不善即更尋求志圖元吉孜孜不已心力備盡人靈協
贊遂得神皋福壤營建山陵論素此心事極誠孝豈與夫
平戎定寇比其功業非唯廊廟之器實是社稷之臣若不
加褒賞何以申茲勸勵可別封一子義康郡公邑萬戶子
子孫孫承襲不絶餘如故并賜田三十頃絹萬段米萬石
金鉢一實以金銀鉢一實以珠并綾錦五百段時素貴寵
日隆其弟約從父文思弟文紀及族父异並尚書列卿諸
子無汗馬之勞位至柱國刺史家僮數千後庭妓妾曳綺
羅者以千數第宅華侈制擬宮禁有鮑亨者善屬文殷冑

者工草隸並江南士人因高智慧沒為家奴親戚故吏布
列清顯素之貴盛近古未聞煬帝初為太子忌蜀王秀與
素謀之構成其罪後竟廢黜朝臣有違忤者雖至誠體國
如賀若弼史萬歲李綱柳彧等素皆陰中之若有附會及
親戚雖無才用必加進擢朝廷靡然莫不畏附唯兵部尚
書柳述以帝壻之重數於上前面折素大理卿梁毗抗表
上言素作威作福上漸疏忌之後因出勑曰僕射國之宰
輔不可躬親細務但三五日一度向省評論大事外示優
崇實奪之權也終仁壽之末不復通判省事上賜王公以
下射素箭為第一上手以外國所獻金精盤價直鉅萬以

賜之四年從幸仁壽宮宴賜重疊及上不豫素與兵部尚
書柳述黃門侍郎元巖等入閤侍疾時皇太子入居大寶
殿慮上有不諱須豫防擬乃手自為書封出問素素錄出
事狀以報太子宮人誤送上所上覽而大恚所寵陳貴人
又言太子無禮上遂發怒欲召庶人勇太子謀之於素素
矯詔追東宮兵士帖上臺宿衛門禁出入並取宇文述郭
衍節度又令張衡侍疾上以此日崩由是頗有異論漢王
諒反遣茹茹天保來據蒲州燒斷河橋又遣王聃子率數
萬人并力拒守素將輕騎五千襲之潛於渭口宵濟遲明
擊之天保敗走聃子懼而以城降有詔徵還初素將行也

計日破賊皆如所量帝於是以素為并州道行軍總管河
北安撫大使率衆數萬討諒時晉絳呂三州並為諒城守
素各以二千人縻之而去諒遣趙子開擁衆十餘萬柵絕
徑路屯據高壁布陣五十里素令諸將以兵臨之自引奇
兵潛入霍山緣崖谷而進直指其營一戰破之殺傷數萬
諒所署介州刺史梁脩羅屯介休聞素至懼棄城而走進
至清源去并州三十里諒率其將王世宗趙子開蕭摩訶
等衆且十萬來拒戰又擊破之擒蕭摩訶諒退保并州素
進兵圍之諒窮蹙而降餘黨悉平帝遣素弟脩武公約齎
手詔勞素曰我有隋之御天下也于今二十有四年雖復

外夷侵叛而內難不作脩文偃武四海晏然朕以不天銜
恤在疚號天叩地無所逮及朕本以藩王謬膺儲兩復以
庸虛纂承鴻業天下者先皇之天下也所以戰戰兢兢弗
敢失墜況復神器之重生民之大哉賊諒苞藏禍心自幼
而長羊質獸心假託名譽示奉國諱先圖叛逆違君父之
命成莫大之罪誣惑良善委任奸回稱兵內侮毒流百姓
私假署置擅相誅戮小加大少凌長民怨神怒衆叛親離
為惡不同同歸於亂朕寡兄弟猶未忍及言且故開關門
而待寇截干戈而不發朕聞之天生烝民為之置君仰惟
先旨每以子民為念朕豈得撫伏苫廬顯而不救也大義

滅親春秋高義周旦以誅二叔漢啓乃戮七藩義在茲乎事不獲已是以授公戎律問罪太原且逆子賊臣何代不有豈意今者近出家國所歎荼毒甫爾便及此事由朕不能和兄弟不能安養生德澤未弘兵戈先動賊亂者止一人塗炭者乃衆蒸非唯寅畏天威亦乃孤負付囑薄德厚恥愧乎天下公乃先朝功臣勳庸克茂至如皇基草創百物惟始便匹馬歸朝誠識兼至汴部鄭州風卷秋籜荊南塞北若火燎原早建殊勳夙著誠節及獻替朝端具瞻惟允爰弼朕躬以濟時難昔周勃霍光何以加也賊乃竊據蒲州關梁斷絕公以少擊衆指期平殄高壁據嶮抗拒官

軍公以深謀出其不意霧鄣雲除冰消瓦解長驅北邁直趣巢窟晉陽之南蟻徒數萬諒不量力猶欲舉斧公以棱威外討發憤於內忘身殉義親當矢石兵刃暫交魚潰鳥散僵屍蔽野積甲若山諒遂守窮城以拒鈇鉞公董率驍勇四面攻圍使其欲戰不敢求走無路智力俱盡面縛軍門斬將搴旗伐叛柔服元惡既除東夏清晏嘉庸茂績於是乎在昔武安平趙淮陰定齊豈若公遠而不勞速而克捷者也朕殷憂諒闇不得親御六軍未能問道於上庠遂使劬勞於行陣言念於此無忘寢食公乃建累世之元勳執忑之確志古人有言曰疾風知勁草世亂有誠臣公得之矣乃銘之常鼎豈止書勲竹帛哉功績克諧嗟歎無已稍冷公如宜軍旅務殷殊當勞慮故遣公弟指宣往懷迷塞不次素上表陳謝曰臣自惟虛薄志不及遠州郡之職敢憚劬勞鄉相之榮無階覬望然時逢昌運王業惟始雖涓流赴海誠心屢竭輕塵集岳功力蓋微徒以南陽里閭豐沛子弟高位重爵榮顯一時遂復入處朝端出總戎律受文武之任預帷幄之謀豈臣才能實由恩澤欲報之德義極昊天伏惟陛下照重離之明養繼天之德牧臣於疏遠照臣以光暉南服降枉道之書春官奉肅成之旨然草木無識尚榮枯候時況臣有心實自効無路晝夜迴徨寢

食慙惕常懼朝露奄至虛負聖慈賊諒包藏禍心有自來矣因幸國哀便肆凶逆興兵晉代搖蕩山東陛下拔臣於凡流授臣以戎律蒙心膂之寄稟平亂之規蕭王赤心人皆以死漢皇大度天下爭歸妖寇廓清豈臣之力曲蒙使臣弟約齎詔書問勞高旨峻筆有若天臨洪恩大澤使同海運悲欣慙懼五情振越雖百殞微軀無以一報其月還京師因從駕幸洛陽以素領營東京大監以平諒之功拜其子萬石仁行姪玄挺皆儀同三司賚物五萬段綺羅千匹諒之妓妾二十人大業元年遷尚書令賜東京甲第一區物二千段尋拜太子太師餘官如故前後賞錫不可勝

計明年拜司徒改封楚公真食二千五百户其年卒官謚
曰景武贈光祿大夫太尉公弘農河東絳郡臨汾文城河
内汲郡長平上黨西河十郡太守給轀車班劍四十人前
後部羽葆鼓吹粟麥五千石物五千段鴻臚監護喪事帝
又下詔曰夫銘功彝器紀德豐碑所以垂名迹於不朽樹
風聲於没世故楚景武公素茂績元勳劬勞王室竭盡誠
節叶贊朕躬故以道邁三傑功參十亂未臻遐壽遽戢清
徽春秋遞代方綿歲祀式播彫篆用圖勳德可立碑宰隧
以彰盛美素嘗以五言詩七百字贈番州刺史薛道衡詞
氣宏拔風韻秀上亦爲一時盛作未幾而卒道衡歎曰人

隋傳十三　四十八　十二

之將死其言也善豈若是乎有集十卷素雖有建立之策
及平楊諒功然特爲帝所猜忌外示殊禮内情甚薄太史
言隋分野有大喪因改封於楚楚與隋同分欲以此厭當
之素寢疾之日帝每令名醫診候賜以上藥然密問醫人
恒恐不死素又自知名位已極不肯服藥亦不將慎每語
弟約曰我豈須更活耶素負冒財貨營求產業東西二京
居宅侈麗朝毁夕復營繕無已爰及諸方都會處邸店水
磑并利田宅以千百數時議以此鄙之子玄感嗣别有傳
諸子皆坐玄感誅死
約字惠伯素異母弟也在童兒時嘗登樹墮地爲查所傷

由是竟爲宦者性好沉静内多譎詐好學強記素友愛之
九有所爲必先籌於約而後行之在周末以素軍功賜爵
安成縣公拜上儀同三司高祖受禪授長秋卿久之爲邵
州刺史入爲宗正少卿轉大理少卿時皇太子無寵而晉
王廣規欲奪宗以素幸於上而雅信約於是用張衡計遣
宇文述大以金寶賂遺於約因通王意説之曰夫守正履
道固人臣之常致反經合義亦達者之令圖自古賢人君
子莫不與時消息以避禍患公之兄弟功名蓋世當塗用
事有年歲矣朝臣爲足下家所屈辱者可勝數哉又儲宮
以所欲不行每切齒於執政公雖自結於人主而欲危公

隋傳十三　四十八　十三

者固亦多矣主上一旦棄群臣公亦何以取庇今皇太子
失愛於皇后主上素有廢黜之心此公所知也今若請立
晉王在賢兄之口耳誠能因此時建大功王必鎮銘於骨
髓斯則去累卵之危成太山之安也約然之因以白素素
本凶險聞之大喜乃撫掌而對曰吾之智思殊不及此賴
汝起予約知其計行復謂素曰今皇后之言上無不用宜
因機會早自結託則匪唯長保榮禄傳祚子孫又晉王傾
身禮士聲名日盛躬履節儉有主上之風以約料之必能
安天下兄若遲疑一旦有變令太子用事恐禍至無日矣
素遂行其策太子果廢及晉王入東宮引約爲左庶子改

封脩武縣公進位大將軍及素被高祖所疎出約爲伊州刺史入朝仁壽宮遇高祖崩遣約入京易留守者縊殺庶人勇然後陳兵集衆發高祖凶問煬帝聞之曰令兄之弟果堪大任即位數日拜内史令約有學術兼達時務帝甚任之後數載加位右光祿大夫後帝在東都令約詣京師享廟行至華陰見其兄墓遂枉道拜哭爲憲司所劾坐是免官未幾拜淅陽太守其兄子玄感時爲禮部尚書與約恩義甚篤既愴分離形於顏色帝謂之曰公比憂瘁得非爲叔邪玄感再拜流涕曰誠如聖旨帝亦思約廢立功由是徵入朝未幾卒以素子玄挺後之

文思字温才素從叔也父寬魏左僕射周小冢宰文思在周年十一拜車騎大將軍儀同三司散騎常侍尋以父功封新豐縣子邑五百户天和初治武都太守十姓獠反文思討平之復治冀州事党項羌叛文思率州兵討平之進擊資中武康隆山生獠及東山獠並破之後從陳王攻齊河陰城又從武帝攻拔晉州以勲進授上儀同三司改封永寧縣公增邑至千户壽陽劉叔仁作亂從清河公宇文神舉討之戰於塼井在陣生擒叔仁又别從王誼破賊於鯉魚柵其後累以軍功遷果毅右旅下大夫高祖爲丞相從韋孝寬拒尉迥於武陟迥遣其將李雋圍懷州與行軍揔管宇文述擊走之破尉惇平鄴城皆有功進授上大將軍改封洛川縣公尋拜隆州刺史開皇元年進爵正平郡公加邑二千户後爲魏州刺史甚有惠政及去職吏民思之爲立碑頌德轉冀州刺史煬帝嗣位徵爲民部尚書轉納言改授右光祿大夫從幸江都宫以足疾不堪趨奏復授民部尚書加位左光祿大夫卒官時年七十謚曰定初文思當襲父爵自以非嫡遂讓封於弟文紀當世多之

文紀字温範少剛正有器局在周襲爵華山郡公邑二千七百户自右侍上士累遷車騎大將軍儀同三司安州揔管長史將兵迎陳降將李瑗於齊安與陳將周法尚軍遇

擊走之以功進授開府入爲虞部下大夫高祖爲丞相改封汾陰縣公從梁睿討王謙以功進授上大將軍前後增邑三千户拜資州刺史入爲宗正少卿坐事除名後數載復其爵位拜熊州刺史改封上明郡公除宗正卿兼給事黄門侍郎判禮部尚書事仁壽二年遷荆州揔管歲餘卒官時年五十八謚曰恭

史臣曰楊素少而輕俠俶儻不羈兼文武之資包英奇之略志懷遠大以功名自許高祖龍飛將清六合許以腹心之寄每當推轂之重掃妖氛於牛斗江海無波摧驍騎於龍庭匈奴遠遁考其夷凶靜亂功臣莫居其右覽其奇策

高文足為一時之傑然專以智詐自立不由仁義之道阿諛時主高下其心營構離宮陷君於奢侈謀廢冢嫡致國於傾危終使宗廟丘墟市朝霜露究其禍敗之源實乃素之由也幸而得死子為亂階墳土未乾闔門殂戮丘隴發掘宗族誅夷則知積惡餘殃信非徒語多行無禮必自及其斯之謂歟約外示溫柔內懷狡筭為蛇畫足終傾國本俾無遺育宜哉

列傳卷第十三 隋書四十八

列傳卷第十四 隋書四十九

特進臣魏徵上

牛弘

牛弘字里仁安定鶉觚人也本姓尞氏祖熾郡中正父允魏侍中工部尚書臨涇公賜姓為牛氏弘初在襁褓有相者見之謂其父曰此兒當貴善愛養之及長鬚貌甚偉性寬裕好學博聞在周起家中外府記室內史上士俄轉納言上士專掌文翰甚有美稱加威烈將軍員外散騎侍郎脩起居注其後襲封臨涇公宣政元年轉內史下大夫進位使持節大將軍儀同三司開皇初遷授散騎常侍秘書

監弘以典籍遺逸上表請開獻書之路曰經籍所興由來尚矣爻畫肇於庖羲文字生於蒼頡聖人所以弘宣教導博通古今揚於王庭肆於時夏故堯稱至聖猶考古道而言舜其大智尚觀古人之象周官外史掌三皇五帝之書及四方之志武王問黃帝顓頊之道太公曰在丹書是知握符御曆有國有家者曷嘗不以詩書而為教因禮樂而成功也昔周德既衰舊經紊棄孔子以大聖之才開素王之業憲章祖述制禮刊詩正五始而修春秋闡十翼而弘易道治國立身作範垂法及秦皇馭㝢吞滅諸侯任用威力事不師古始下焚書之令行偶語之刑先王墳籍掃地

皆盡本既先亡從而顛覆臣以圖讖言之經典盛衰信有
徵數此則書之一厄也漢興改秦之弊敦尚儒術建藏書
之策置校書之官屋壁山巖往往間出外有太常太史之
藏内有延閣秘書之府至孝成之世亡逸尚多遣謁者陳
農求遺書於天下詔劉向父子讎校篇籍漢之典文於斯
爲盛及王莽之末長安兵起宮室圖書並從焚燼此則書
之二厄也光武嗣興尤重經誥未及下車先求文雅於是
鴻生鉅儒繼踵而集懷經負帙不遠斯至肅宗親臨講肆
和帝數幸書林其蘭臺石室鴻都東觀秘牒填委更倍於
前及孝獻移都吏民擾亂圖書縑帛皆取爲帷囊所收而

隋傳十四　四十九　二

西裁七十餘乘屬西京大亂一時燔蕩此則書之三厄也
魏文代漢更集經典皆藏在秘書内外三閣遣秘書郎鄭
默删定舊文時之論者美其朱紫有別晉氏承之文籍尤
廣晉秘書監荀勗定魏内經更著新簿雖古文舊簡猶云
有缺新章後錄鳩集已多足得恢弘正道訓範當世屬劉
石憑陵京華覆滅朝章國典從而失墜此則書之四厄也
永嘉之後寇竊競興因河據洛跨秦帶趙論其建國立家
雖傳名號憲章禮樂寂滅無聞劉裕平姚收其圖籍五經
子史纔四千卷皆赤軸青紙文字古拙僭偽之盛莫過二
秦以此而論足可明矣故知衣冠軌物圖畫記注播遷之

餘皆歸江左晉宋之際學藝爲多齊梁之間經史彌盛宋
秘書丞王儉依劉氏七略撰爲七志梁人阮孝緒亦爲七
錄總其書數三萬餘卷及侯景渡江破滅梁室秘省經籍
雖從兵火其文德殿内書史宛然猶存蕭繹據有江陵遣
將破平侯景收文德之書及公私典籍重本七萬餘卷悉
送荆州故江表圖書因斯盡萃於繹矣及周師入郢繹悉
焚之於外城所收十纔一二此則書之五厄也後魏爰自
幽方遷宅伊洛日不暇給經籍闕如周氏創基關右戎車
未息保定之始書止八千後加收集方盈萬卷高氏據有
山東初亦採訪驗其本目殘缺猶多及東夏初平獲其經

隋傳十四　四十九　三

史四部重雜三萬餘卷所益舊書五千而已今御書單本
合一萬五千餘卷部帙之間仍有殘缺比梁之舊目止有
其半至於陰陽河洛之篇醫方圖譜之說彌復爲少臣以
經書自仲尼已後迄于當今年踰千載數遭五厄興集之
期屬膺聖世伏惟陛下受天明命君臨區宇功無與二德
冠往初自華夏分離彝倫攸斁其間雖霸王遞起而世難
未夷欲崇儒業時或未可今土宇邁於三王民黎盛於兩
漢有人有時正在今日方當大弘文教納俗升平而天下
圖書尚有遺逸非所以仰協聖情流訓無窮者也臣史籍
是司寢興懷懼昔陸賈奏漢祖云天下不可馬上治之故

知經邦立政在於典謨矣爲國之本莫此攸先今秘藏見
書亦足披覽但一時載籍須令大備不可王府所無私家
乃有然士民殷雜求訪難知縱有知者多懷悋惜必須勸
之以天威引之以微利若猥發明詔兼開購賞則異典必
臻觀閣斯積重道之風超於前世不亦善乎伏願天鑒少
垂照察上納之於是下詔獻書一卷賚縑一匹一二年間
篇籍稍備進爵奇章郡公邑千五百戶三年拜禮部尚書
奉勑修撰五禮勒成百卷行於當世弘請依古制修立明
堂上議曰竊謂明堂者所以通神靈感天地出教化崇有
德孝經曰宗祀文王於明堂以配上帝祭義云祀于明堂

教諸侯孝也黃帝曰合宮堯曰五府舜曰總章布政興治
由來尚矣周官考工記曰夏后氏世室堂脩二七廣四脩
一鄭玄注云脩十四步其廣益以四分脩之一則堂廣十
七步半也殷人重屋堂脩七尋四阿重屋鄭云其脩七尋
廣九尋也周人明堂度九尺之筵南北七筵五室凡室二
筵鄭云此三者或舉宗廟或舉王寢或舉明堂互言之明
其同制也馬融王肅干寶所注與鄭亦異今不具出漢司
徒馬宮議云夏后氏世室室顯於堂故命以室殷人重屋
屋顯於堂故命以屋周人明堂堂大於夏室故命以堂夏
后氏益其堂之廣百四十四尺周人明堂以爲兩序間大

夏后氏七十二尺若據鄭玄之說則夏室大於周堂如依
馬宮之言則周堂大於夏室後王轉文周大爲是但宮之
所言未詳其義此皆去聖久遠禮文殘缺先儒解說家異
人殊鄭注玉藻亦云宗廟路寢與明堂同制王制曰寢不
踰廟明大小是同今依鄭玄注每室及堂止有一丈八尺
四壁之外四尺有餘若以宗廟論之祫享之時周人旅酬
六尸并后稷爲七先公昭穆二尸先王昭穆二尸合十一
尸三十六王及君北面行事於二丈之堂愚不及此若以
正寢論之便須朝宴據燕禮諸侯宴則賓及卿大夫脫屨
升坐是知天子宴則三公九卿並須升堂燕義又云席小

卿次上卿言皆侍席止於二筵之間豈得行禮若以明堂
論之總享之時五帝各於其室設青帝之位須於大室之
內少北西面太昊從食坐於其西近南北面祖宗配享者
又於青帝之南稍退西面丈八之室神位有三加以簠簋
籩豆牛羊之俎四海九州美物咸設復須席上升歌出罇
反坫揖讓升降亦以隘矣據茲而說近是不然案劉向別
錄及馬宮蔡邕等所見當時有古文明堂禮王居明堂禮
明堂圖明堂大圖明堂陰陽太山通義魏文侯孝經傳等
並說古明堂之事其書皆亡莫得而正今明堂月令者鄭
玄云是呂不韋著春秋十二紀之首章禮家鈔合爲記蔡

邕王肅云周公所作周書內有月令第五十三即此也各有證明文多不載束晳以為夏時之書劉瓛云不韋鳩集儒者尋于聖王月令之事而記之不韋安能獨為此記今案不得全稱周書亦未可即為秦典其內雜有虞夏殷周之法皆聖王仁恕之政也蔡邕具為章句又論之曰明堂者所以宗祀其祖以配上帝也夏后氏曰世室殷人曰重屋周人曰明堂東曰青陽南曰明堂西曰總章北曰玄堂內曰太室聖人南面而聽向明而治人君之位莫不正焉故雖有五名而主以明堂也制度之數各有所依堂方一百四十四尺坤之策也屋圓楣徑二百一十六尺乾之策

也太廟明堂方六丈通天屋徑九丈陰陽九六之變且圓蓋方覆九六之道也八闥以象卦九室以象州十二宮以應日辰三十六戶七十二牖以四戶八牖乘九宮之數也戶皆外設而不閉示天下以不藏也通天屋高八十一尺黃鍾九九之實也二十八柱布四方四方七宿之象也堂高三尺以應三統四向五色各象其行水闊二十四丈象二十四氣於外以象四海王者之大禮也觀其模範天地則象陰陽必據古文義不虛出今若直取考工不參月令青陽總章之號不得而稱九月享帝之禮不得而用漢代二京所建與此說悉同建安之後海內大亂京邑焚燒憲章

泯絕魏氏三方未平無聞興造晉則侍中裴頠議曰尊祖配天其義明著而廟學之制理據未分宜可直為一殿以崇嚴父之祀其餘雜碎一皆除之宋齊已還咸率茲禮此乃世之通儒時無思術前王盛事於是不行後魏代都所造出自李沖三三相重合為九室簷不覆基房間通街穿鑿處多迄無可取及遷宅洛陽更加營構五鬼紛競遂至不成宗配之事於焉靡託今皇猷遐闡化覃海外方建大禮垂之無窮弘等不以庸虛謬當議限今檢明堂必須五室者何尚書帝命驗曰帝者承天立五府赤曰文祖黃曰神斗白曰顯紀黑曰玄矩蒼曰靈府鄭玄注曰五府與周

之明堂同矣且三代相沿多有損益至於五室確然不變夫室以祭天天實有五若立九室四無所用布政視朔自依其辰鄭司農云十二月分在青陽等左右之位不云居室鄭玄亦言每月於其時之堂而聽政焉禮圖畫个皆在堂偏是以須為五室明堂必須上圓下方者何孝經援神契曰明堂者上圓下方八窗四達布政之宮禮記盛德篇曰明堂四戶八牖上圓下方五經異義稱講學大夫淳于登亦云上圓下方鄭玄同之是以須為圓方明堂必須重屋者何案考工記夏言九階四旁兩夾窗門堂三之二室三之一殷周不言者明一同夏制殷言四阿重屋周承其

後不言屋制亦盡同可知也其殷人重屋之下本無五室之文鄭注云五室者亦據夏以知之明周不云重屋因殷則有灼然可見禮記明堂位曰太廟天子明堂言魯爲周公之故得用天子禮樂魯之太廟與周之明堂同又曰複廟重檐刮楹達鄉天子之廟飾鄭注複廟重屋也據廟既重屋明堂亦不疑矣春秋文公十三年太室屋壞五行志曰前堂曰太廟中央曰太室屋其上重者也服虔亦云太室太廟太室之上屋也周書作洛篇曰乃立太廟宗宮路寢明堂咸有四阿反坫重亢重廊孔晁注曰重亢累棟重廊累屋也依黃圖所載漢之宗廟皆爲重屋此去古猶近

遺法尚在是以須爲重屋明堂必須爲辟雍者何禮記盛德篇云明堂者明諸侯尊卑也外水曰辟雍明堂陰陽錄曰明堂之制周圜行水左旋以象天內有太室以象紫宮此明堂有水之明文也然馬宮王肅以爲明堂辟雍太學同處蔡邕盧植亦以爲明堂靈臺辟雍太學同實異名邕云明堂者取其宗祀之清貌則謂之清廟取其正室則曰太室取其堂則曰明堂取其四門之學則曰太學取其周水圜如璧則曰璧雍其實一也其言別者五經通義曰靈臺以望氣明堂以布政辟雍以養老教學三者不同袁準鄭玄亦以爲別歷代所疑豈能輒定今據郊祀志云欲治

明堂未曉其制濟南人公玉帶上黃帝時明堂圖一殿無壁蓋之以茅水圜宮垣天子從之以此而言其來則久漢中元二年起明堂辟雍靈臺於洛陽並別處然明堂亦有璧水李尤明堂銘云流水洋洋是也以此須有辟雍夫帝王作事必師古昔今造明堂須以禮經爲本形制依於周法度數取於月令遺闕之處參以餘書庶使該詳沿革之理其五室九階上圓下方四阿重屋四旁兩門依考工記孝經說堂方一百四十四尺屋圓楣徑二百一十六尺太室方六丈通天屋徑九丈八牖二十八柱堂高三尺四向五色依周書月令論殿垣方在內水周如外水內徑三百

步依太山盛德記觀禮經仰觀俯察皆有則象足以盡誠上帝祗配祖宗弘風布教作範於後矣弘等學不稽古輒申所見可否之宜伏聽裁擇上以時事草創未遑制作竟寢不行六年除太常卿九年詔改定雅樂又作樂府歌詞撰定圓丘五帝凱樂并議樂事弘上議云謹案禮五聲六律十二管還相爲宮周禮奏黃鍾歌大呂奏太簇歌應鍾皆是旋相爲宮之義蔡邕明堂月令章句曰孟春月則太簇爲宮姑洗爲商蕤賓爲角南呂爲徵應鍾爲羽大呂爲變宮夷則爲變徵他月倣此故先王之作律呂也所以辯天地四方陰陽之聲楊子雲曰聲生於律律生於辰故律

呂配五行通八風歷十二辰行十二月循環轉運義無停止譬如立春木王火相立夏火王土相季夏餘分土王金相立秋金王水相立冬水王木相還相爲宮者謂當其王月名之爲宮今若十一月不以黃鍾爲宮十二月不以太簇爲宮便是春木不王夏土不相豈不陰陽失度天地不通哉劉歆鍾律書云春宮秋律百卉必彫秋宮春律萬物必榮夏宮冬律雨雹必降冬宮夏律雷必發聲以斯而論誠爲不易且律十二今直爲黃鍾一均唯用七律以外五律竟復何施恐失聖人制作本意故須依禮作還相爲宮之法上曰不須作旋相爲宮且作黃鍾一均也弘又論六十

律不可行謹案續漢書律曆志元帝遣韋玄成問京房於樂府房對受學故小黃令焦延壽六十律相生之法以上生下皆三生二以下生上皆三生四陽下生陰陰上生陽終於中呂而十二律畢矣中呂上生執始執始下生去滅上下相生終於南事六十律畢矣十二律之變至於六十猶八卦之變至於六十四也冬至之聲以黃鍾爲宮太簇爲商姑洗爲角林鍾爲徵南呂爲羽應鍾爲變宮蕤賓爲變徵此聲氣之元五音之正也故各統一日其餘以次運行當日者各自爲宮而商徵以類從焉房又曰竹聲不可以度調故作准以定數准之狀如瑟長丈而十三絃隱

間九尺以應黃鍾之律九寸中央一絃下畫分寸以爲六十律清濁之節執始之類皆房自造房云受法於焦延壽未知延壽所承也至元和年待詔候鍾殷彤上言官無曉六十律以准調音者故待詔嚴嵩具以准法教其子宣願召宣補學官主調樂器大史丞弘試宣十二律其二中其四不中其六不知何律宣遂罷自此律家莫能爲准施絃嘉平年東觀召典律者太子舍人張光問准意光等不知歸閱舊藏乃得其器形制如房書猶不能定其絃緩急故史官能辨清濁者遂絕其可以相傳者唯大推常數及候氣而已據此而論京房之法漢世已不能行沈約宋志曰

詳案古典及今音家六十律無施於樂禮云十二管還相爲宮不言六十封禪書云大帝使素女鼓五十絃瑟而悲破爲二十五絃假令六十律爲樂得成亦所不用取大樂必易大禮必簡之意也又議曰案周官云大司樂掌成均之法鄭衆注云均調也樂師主調其音三禮義宗稱周官奏黃鍾者用黃鍾爲調歌大呂者用大呂爲調奏者謂堂下四懸歌者謂堂上所歌但一祭之間皆用二調是知據宮稱調其義一也明六律六呂迭相爲宮各自爲調今見行之樂用黃鍾之宮乃以林鍾爲調與古典有違晉內書監荀勗依典記以五聲十二律還相爲宮之法制十二笛

黃鍾之笛正聲應黃鍾下徵應林鍾以姑洗爲清角大呂
之笛正聲應大呂下徵應夷則以外諸均例皆如是然今
所用林鍾是勗下徵之調不取其正先用其下於理未通故
須改之上甚善其議詔弘與姚察許善心何妥虞世基等
正定新樂事在音律志是後議置明堂詔弘條上故事議
其得失事在禮志上甚敬重之時楊素恃才矜貴輕侮朝
臣唯見弘未嘗不改容自肅素將擊突厥詣太常與弘言
別弘送素至中門而止素謂弘曰大將出征故來敘別何
相送之近也弘遂揖而退素笑曰奇章公可謂其智可及
其愚不可及也亦不以屑懷尋授大將軍拜吏部尚書時

高祖又令弘與楊素蘇威薛道衡許善心虞世基崔子發
等并召諸儒論新禮降殺輕重弘所立議衆咸推服之仁壽
二年獻皇后崩王公已下不能定其儀注楊素謂弘曰公
舊學時賢所仰今日之事決在於公弘了不辭讓斯須之
間儀注悉備皆有故實素歎曰衣冠禮樂盡在此矣非吾
所及也弘以三年之喪祥禫具有降殺朞服十一月而練
者無所象法以聞於高祖高祖納焉下詔除朞練之禮自
弘始也弘在吏部其選舉先德行而後文才務在審慎雖
致停緩所有進用並多稱職吏部侍郎高孝基鑒賞機晤
清慎絕倫然爽俊有餘迹似輕薄時宰多以此疑之唯弘

深識其眞推心委任隋之選舉於斯爲最時論彌服弘識
度之遠煬帝之在東宮也數有詩書遺弘弘亦有答及嗣
位之後嘗賜弘詩曰晉家山吏部魏世盧尚書莫言先哲
異奇才並佐余學行敦時俗道素乃冲虛納言雲閣上禮
儀皇運初彝倫欣有敘垂拱事端居其同被賜詩者至於
文詞贊揚無如弘美大業二年進位上大將軍三年改爲
右光祿大夫從拜恒岳壇場珪幣墠時牲牢並弘所定還
下太行煬帝嘗引入內帳對皇后賜以同席飲食其禮遇
親重如此弘謂其諸子曰吾受非常之遇荷恩深重汝等
子孫宜以誠敬自立以答恩遇之隆也六年從幸江都其

年十一月卒於江都郡時年六十六帝傷惜之賵贈甚厚
歸葬安定贈開府儀同三司光祿大夫文安侯謚曰憲弘
榮寵當世而車服卑儉事上盡禮待下以仁訥於言而敏
於行上嘗令其宣勑弘至階下不能言退還拜謝云並忘
之上曰傳語小辯故非宰臣任也愈稱其質直大業之世
委遇彌隆性寬厚篤志於學雖職務繁雜書不釋手隋室
舊臣始終信任悔吝不及唯弘一人而已有弟曰弼好酒而
酗嘗因醉射殺弘駕車牛弘來還宅其妻迎謂之曰叔射
殺牛矣弘聞之無所怪問直答云作脯坐定其妻又曰
叔忽射殺牛大是異事弘曰已知之矣顏色自若讀書不

輟其寬和如此有文集十三卷行於世長子方大亦有學業官至內史舍人次子方裕性凶險無人心從幸江都與裴虔通等同謀弒逆事見司馬德戡傳

史臣曰牛弘篤好墳籍學優而仕有淡雅之風懷曠遠之度採百王之損益成一代之典章漢之叔孫不能尚也綢繆省闥三十餘年夷險不渝始終無際雖開物成務非其所長然澂之不清混之不濁可謂大雅君子矣子實不才崇基不構干紀犯義以墜家風惜哉

列傳卷第十四　　隋書四十九

列傳卷第十五　　隋書五十

特進臣魏　徵　上

宇文慶

宇文慶字神慶河南洛陽人也祖金殿魏征南大將軍仕歷五州刺史安吉侯父顯和夏州刺史慶沉深有器局少以聰敏見知周初受業東觀頗涉經史既而謂人曰書足記姓名而已安能久事筆硯為腐儒之業于時文州民夷相聚為亂慶應募從征賊據保巖谷徑路懸絕慶束馬而進襲破之以功授都督衛王直之鎮山南也引為左右慶善射有膽氣好格猛獸直甚壯之稍遷車騎大將軍儀同

三司柱國府掾及誅宇文護慶有謀焉進授驃騎大將軍加開府後從武帝攻河陰先登攀堞與賊短兵接戰良久中石乃墜絕而後蘇帝勞之曰卿之餘勇可以賈人也復從武帝拔晉州其後齊師大至慶與宇文憲輕騎而覘卒與賊相遇為賊所窘憲挺身而遁慶退據汾橋衆賊爭進慶引弓射之所中人馬必倒賊乃稍却及破高緯拔高壁克幷州下信都禽高湝功並居最周武帝詔曰慶勳庸早著英望華遠出內之績簡在朕心戎車自西俱總行陣東夏蕩定實有茂功高位縟禮宜崇榮冊於是進位大將軍封汝南郡公邑千六百戶尋以行軍總管擊延安反胡平

之拜延州摠管俄轉寧州摠管高祖爲丞相復以行軍摠
管南征江表師次白帝徵還以勞進位上大將軍高祖與
慶有舊甚見親待令督丞相軍事委以心腹尋加柱國開
皇初拜左武衛將軍進位上柱國數年出除凉州摠管歲
餘徵還不任以職初上潛龍時嘗從容與慶言及天下事
上謂慶曰天元實無積德視其相貌壽亦不長加以法令
繁苛耽恣聲色以吾觀之殆將不久又復諸侯微弱各令
就國曾無深根固本之計羽翮既剪何能及遠哉尉迥貴
戚早著聲望國家有釁必爲亂階然智量庸淺子弟輕佻
貪而少惠終致亡滅司馬消難反覆之虜亦非池內之物

變成俄頃但輕薄無謀未能爲害不過自竄江南耳庸蜀
嶮隘易生艱阻王謙愚蠢素無籌略但恐爲人所誤不足
爲虞未幾上言皆驗及此慶恐上遺忘不復收用欲見舊
蒙恩顧具錄前言爲表而奏之曰臣聞智侔造化二儀無
以隱其靈明同日月萬象不能藏其狀先天弗違寔聖人
之體道未萌見兆諒達節之神機伏惟陛下特挺生知徇
齊誕御懷五岳其猶輕吞八荒而不梗蘊妙見於胸襟運
奇謨於掌握臣以微賤早逢天眷不以庸下親蒙推赤所
奉成規纖毫弗舛尋惟聖慮妙出蓍龜驗一人之慶有徵
寔天子之言無戲臣親聞親見實榮實喜上省表大悅下

詔曰朕之與公本來親密懷抱委曲無所不盡話言歲久
尚能記憶今覽表奏方悟昔談何謂此言遂成實錄古人
之先知禍福明可信也朕言之驗自是偶然公乃不忘彌
表誠節深感至意嘉尚無已自是上每加優禮卒于家子
靜禮初爲太子千牛備身尋尚高祖女廣平公主授儀同安
德縣公邑千五百戶後爲熊州刺史先慶卒子協歷武賁郎
將右翊衛將軍宇文化及之亂遇害協弟晶字婆羅門大
業之世少養宮中後爲千牛左右煬帝甚親昵之每有遊
宴晶必侍從至於出入卧內伺察六宮往來不限門禁其
恩倖如此時人號曰宇文三郎晶與宮人淫亂至於妃嬪

公主亦有醜聲蕭后言於帝晶聞而懼數日不敢見其兄
協因奏曰晶今已壯不可在宮掖帝曰晶安在協曰在朝
堂帝不之罪因召入待之如初宇文化及弑逆之際晶時
在玄覽門覺變將入奏爲門司所遏不得時進會日暝宮
門閉退還所守俄而難作晶與五十人赴之爲亂兵所害

李禮成

李禮成字孝諧隴西狄道人也凉王暠之六世孫祖延實
魏司徒父彧侍中禮成年七歲與姑之子蘭陵太守榮陽
鄭顥隨魏武帝入關顥母每謂所親曰此兒平生未嘗廻
顧當爲重器耳及長沉深有行檢不妄通賓客魏大統中

釋褐著作郎遷太子洗馬員外散騎常侍周受禪拜平東將軍散騎常侍于時貴公子皆競習弓馬被服多爲軍容禮成雖善騎射而從容儒服不失素望後以軍功拜車騎大將軍儀同三司賜爵脩陽縣侯拜遷州刺史時朝廷有所徵發禮成度以蠻夷不可擾擾必爲亂上表固諫周武帝從之伐齊之役從帝圍晉陽禮成以兵擊南門齊將席毗羅率精甲數千拒帝禮成力戰擊退之加開府進封冠軍縣公拜北徐州刺史未幾徵爲民部中大夫禮成妻竇氏早沒知高祖有非常之表遂聘高祖妹爲繼室情契甚歡及高祖爲丞相進位上大將軍遷司武上大夫委以心

膂及受禪拜陝州刺史進封絳郡公賞賜優洽尋徵爲左衛將軍遷右武衛大將軍歲餘出拜襄州總管稱有惠政後數載復爲左衛大將軍時突厥屢爲寇患緣邊要害多委重臣由是拜寧州刺史歲餘以疾徵還京師終於家其子世師官至度支侍郎

元孝矩

元孝矩河南洛陽人也祖脩義父子均並爲魏尚書僕射孝矩西魏時襲爵始平縣公拜南豐州刺史時見周太祖專政將危元氏孝矩每慨然有興復社稷之志陰謂昆季曰昔漢氏有諸呂之變朱虛東牟卒安劉氏今宇文之心路人所見顛而不扶焉用宗子盍將圖之爲兄則所遏孝矩乃止其後周太祖爲兒子晉公護娶孝矩妹爲妻情好甚密及閔帝受禪護總百揆孝矩之寵益隆及護誅坐從蜀數載徵還京師拜益州總管司馬轉司憲大夫高祖重其門地娶其女爲房陵王妃及高祖爲丞相拜少冢宰進位柱國賜爵洵陽郡公時房陵王鎮洛陽及上受禪立爲皇太子令孝矩代鎮既而立其女爲皇太子妃親禮彌厚俄拜壽州總管賜孝矩璽書曰揚越氛祲侵軼邊鄙爭桑興役不識大猷以公志存遠略今故鎮邊服懷柔以禮稱朕意焉時陳將任蠻奴等屢寇江北復以孝矩領行軍總

管屯兵於江上後數載自以年老筋力漸衰不堪軍旅上表乞骸骨轉涇州刺史高祖下書曰知執謙撝請歸初服恭膺寶命實賴元功方欲委裘寄以分陝何容便請高蹈獨爲君子者乎若以邊境務煩即宜從節涇郡養德臥治也在州歲餘卒官年五十九謚曰簡子無竭嗣孝矩兄子文都見誠節傳孝矩次弟雅字孝方有文武幹用開皇中歷左領左右將軍集沁二州刺史封順陽郡公季弟褒最知名

褒字孝整便弓馬少有成人之量年十歲而孤爲諸兄所鞠養性友悌善事諸兄諸兄議欲別居褒泣諫不得家素

富多金寶褒無所受脫身而出爲州里所稱及長寬仁大度涉獵書史仕周官至開府北平縣公趙州刺史及高祖爲丞相從韋孝寬擊尉迥以功超拜柱國進封河間郡公邑二千戶開皇二年拜安州總管歲餘徙原州總管有商人爲賊所劫其人疑同宿者而執之褒察其色寃而辭正遂捨之商人詣闕訟褒受金縱賊上遣使窮治之使者簿責褒曰何故利金而捨盜也褒便即引咎初無異詞使者與褒俱詣京師遂坐免官其盜尋發於他所上謂褒曰公朝廷舊人位望隆重受金捨盜非善事何至自誣也對曰臣受委一州不能息盜賊臣之罪一也州民爲人所謗不

付法司懸即放免臣之罪二也牽率愚誠無顧形迹不恃文書約束至令爲物所疑臣之罪三也臣有三罪何所逃責臣又不言受賂使者復將有所窮究然則縲紲橫及良善重臣之罪是以自誣上歎異之稱爲長者十四年以行軍總管屯兵備邊遼東之役復以行軍總管從漢王至柳城而還仁壽初嘉州夷獠爲寇褒率步騎二萬擊平之煬帝即位拜齊州刺史尋改爲齊郡太守吏民安之及興遼東之役郡官督事者前後相屬有西曹掾當行詐疾褒詰之掾理屈褒杖之掾遂大言曰我將詣行在所欲有所告褒大怒因杖百餘數日而死坐是免官卒於家時年七十三

郭榮

郭榮字長榮自云太原人也父徽魏大統末爲同州司馬時武元皇帝爲刺史由是與高祖有舊徽後官至洵州刺史安城縣公及高祖受禪拜大僕卿數年卒官榮容貌魁岸外疎內密與其交者多愛之周大冢宰宇文護引爲親信護察榮謹厚擢爲中外府水曹參軍時齊寇屢侵護令榮於汾州觀賊形勢時汾州與姚襄鎮相去懸遠榮以爲二城孤迥勢不相救請於州鎮之間更築一城以相控攝護從之俄而齊將段孝先攻陷姚襄汾州二城唯榮所立者獨能自守護作浮橋出兵度河與孝先戰孝先於上流

縱大筏以擊浮橋護令榮督便水者引取其筏以功授大都督護又以稽胡數爲寇亂使榮綏集之榮於上郡延安築周昌弘信廣安招遠咸寧等五城以遏其要路稽胡由是不能爲寇武帝親總萬機拜宣納中士後從帝平齊以戰功賜馬二十匹縑綵六百段封平陽縣男遷司水大夫榮少與高祖親狎情契極歡嘗與高祖夜坐月下因從容謂榮曰吾仰觀玄象俯察人事周歷已盡我其代之榮深自結納宣帝崩高祖總百揆召榮撫其背而笑曰吾言驗未即拜相府樂曹參軍俄以本官復領藩部大夫高祖受禪引爲內史舍人以龍潛之舊進爵蒲城郡公加位上儀

同界來遷通州刺史仁壽初西南夷獠多叛詔榮領八州諸
軍事行軍總管率兵討之歲餘悉平賜奴婢三百餘口煬
帝即位入爲武候驃騎將軍以嚴正聞後數歲黔安首領
田羅駒阻清江作亂夷陵諸郡民夷多應者詔榮擊平之
遷左候衛將軍從帝西征吐谷渾拜銀青光祿大夫遼東
之役以功進位左光祿大夫明年帝復事遼東榮以爲中
國疲敝萬乘不宜屢動乃言於帝曰戎狄失禮臣下之事
臣聞千鈞之弩不爲鼷鼠發機豈有親辱大駕以臨小寇
帝不納復從軍攻遼東城榮親蒙矢石晝夜不釋甲胄百
餘日帝每令人窺諸將所爲知榮如是帝大悅每勞勉之

九年帝至東都謂榮曰公年德漸高不宜久涉行陣當與
公一郡任所選也榮不願遠離頓首陳讓辭情哀苦有感
帝心於是拜爲右候衛大將軍後數日帝謂百寮曰誠心
純至如郭榮者固無比矣其見信如此楊玄感之亂帝令
馳守太原明年復從帝至柳城遇疾帝令存問動靜中使
相望卒於懷遠鎮時年六十八帝爲之廢朝贈兵部尚書
謚曰恭贈物千段有子福善

龐晃

龐晃字元顯榆林人也父虬周驃騎大將軍晃少以良家
子刺史杜達召補州都督周太祖既有關中署晃大都督

領親信兵常置左右晃因從高祖至關中後遷驃騎將軍襲爵
比陽侯衛王直出鎮襄州晃以本官從尋與長湖公元定
擊江南孤軍深入遂沒於陣數年衛王直遣晃弟車騎將
軍元儁齎絹八百匹贖焉乃得歸朝拜上儀同賜綵二百
段復事衛王時高祖出爲隨州刺史路經襄陽衛王令晃
詣高祖晃知高祖非常人深自結納及高祖去官歸京師
晃迎見高祖於襄邑高祖甚歡晃因白高祖曰公相貌非
常名在圖籙九五之日幸願不忘高祖笑曰何妄言也頃
之有一雄雉鳴於庭高祖命晃射之曰中則有賞然當貴
之日持以爲驗晃既射而中高祖撫掌大笑曰此是天意

公能感之而中也因以二婢賜之情契甚密武帝時晃爲
常山太守高祖爲定州總管屢相往來俄而高祖轉亳州
總管將行意甚不悅晃因白高祖曰燕代精兵之處今若
動衆天下不足圖也高祖握晃手曰時未可也晃亦轉爲
車騎將軍及高祖爲揚州總管奏晃同行既而高祖爲丞
相進晃位開府命督左右甚見親待及踐阼謂晃曰射雉
之符今日驗不晃再拜曰陛下應天順民君臨萬內猶憶
曩時之言不勝慶躍上笑曰公之此言何得忘也尋加上
開府拜右衛將軍進爵爲公邑千五百戶河間王弘之擊
突厥也晃以行軍總管從至馬邑別路出賀蘭山擊賊破

之斬首千餘級晃性剛悍時廣平王雄當塗用事勢傾朝廷晃每陵侮之嘗於軍中卧見雄不起雄甚銜之復與高熲有隙二人屢譖晃由是宿衛十餘年官不得進出爲懷州刺史數歲遷原州總管仁壽中卒官年七十二高祖爲之廢朝贈物三百段米三百石謚曰敬子長壽頗知名官至驃騎將軍

李安

李安字玄德隴西狄道人也父蔚仕周爲朔燕恒三州刺史襄武縣公安美姿儀善騎射周天和中釋褐右侍上士襲爵襄武公俄授儀同少師右上士高祖作相引之左右

遷職方中大夫復拜安弟悊爲儀同安叔父梁州刺史璋時在京師與周趙王謀害高祖誘悊爲內應悊謂安曰寢之則不忠言之則不義失忠與義何以立身安曰丞相父也其可背乎遂陰白之及趙王等伏誅將加官賞安頓首而言曰兄弟無汗馬之勞過蒙獎擢合門竭節無以酬謝不意叔父無狀爲凶黨之所蠱惑覆宗絕嗣其甘若薺蒙全首領爲幸實多豈可將叔父之命以求官賞於是俯伏流涕悲不自勝高祖爲之改容曰我爲汝特存璋子乃命有司罪止璋身高祖亦爲安隱其事而不言尋授安開府進封趙郡公悊上儀同黃臺縣男高祖即位授安內史侍

郎轉尚書左丞黃門侍郎平陳之役以爲楊素司馬仍領行軍總管率蜀兵順流東下時陳人屯白沙安謂諸將曰水戰非北人所長今陳人依險泊船必輕我而無備以夜襲之賊可破也諸將以爲然安率眾先鋒大破陳師高祖嘉之詔書勞曰陳賊之意自言水戰爲長險隘之間彌謂官軍所憚開府親將所部夜動舟師摧破賊徒生擒虜眾益官軍之氣破賊人之膽副朕所委聞以欣然進位上大將軍除郢州刺史數日轉鄧州刺史安請爲內職高祖重違其意除左領左右將軍俄遷右領軍大將軍復拜悊開府儀同三司備身將軍兄弟俱典禁衛恩信甚重八年突

厥犯塞以安爲行軍總管從楊素擊之安別出長川會虜度河與戰破之仁壽元年出安爲寧州刺史悊爲衛州刺史安子瓊悊子瑋始自襁褓乳養宮中至是年八九歲始命歸家其見親顧如是高祖嘗言及作相時事因愍安兄弟滅親奉國乃下詔曰先王立教以義斷恩割親愛之情盡事君之道用能弘奬大節躰此至公往者周曆既窮天命將及朕登庸惟始王業初基承此澆季實繁姦宄上大將軍寧州刺史趙郡公李安其叔璋潛結藩枝扇惑猶子包藏不逞禍機將發安與弟開府儀同三司衛州刺史黃臺縣男悊深知逆順披露丹心凶謀既彰罪人斯得朕每

念誠節嘉之無已疇庸册賞宜不踰時但以事涉其親猶有疑惑欲使安等名教之方自勵有地朕常爲思審遂致淹年今更詳按聖典求諸往事父子天性誠孝猶不並立況復叔姪恩輕情禮本有差降忘私奉國深得正理宜錄舊勳重弘賞命於是拜安慈俱爲柱國賜縑各五千匹馬百匹羊千口復以慈爲備身將軍進封順陽郡公安謂親族曰雖家門獲全而叔父遭禍今奉此詔悲愧交懷因歔欷悲感不能自勝先患水病於是疾甚而卒時年五十三謚曰懷子瑗嗣少子孝恭最有名慈後坐事除名配防嶺南道病卒

史臣曰宇文慶等龍潛惟舊疇昔親姻或素盡平生之言或早有腹心之託霑雲雨之餘潤照日月之末光騁步天衢與時升降高位厚秩貽厥後昆優矣晶幼養宮中未聞教義煬帝愛之不以禮其能不及於此乎安慈之於高祖未有君臣之分陷其骨肉使就誅夷大義滅親所聞異於此矣雖有悲悼何損於諐

列傳第十五　隋書五十

列傳卷第十六　隋書五十一

特進臣魏　徵　上

長孫覽 從子熾 熾弟晟

長孫覽字休因河南雒陽人也祖稚魏太師假黃鉞上黨文宣王父紹遠周小宗伯上黨郡公覽性弘雅有器量略涉書記尤曉鍾律魏大統中起家東宮親信周明帝時爲大都督武帝在藩與覽親善及即位彌加禮焉超拜車騎大將軍每公卿上奏必令省讀覽有口辯聲氣雄壯凡所宣傳百寮屬目帝每嘉歎之覽初名善帝謂之曰朕以萬機委卿先覽遂賜名焉及誅宇文護以功進封薛國公其後歷小司空從平齊進位柱國封第二子寬管國公宣帝時進位上柱國大司徒俄歷同涇二州刺史高祖爲丞相轉宜州刺史開皇二年將有事於江南徵爲東南道行軍元帥統八摠管出壽陽水陸俱進師臨江陳人大駭會陳宣帝卒覽欲以乘釁遂滅之監軍高熲以禮不伐喪而還上常命覽與安德王雄上柱國元諧李充左僕射高熲右衛大將軍虞慶則吳州摠管賀若弼等同宴上曰朕昔在周朝備展誠節但苦猜忌每致寒心爲臣若此竟何情賴朕之於公義則君臣恩猶父子朕當與公共享終吉罪非謀逆一無所問朕亦知公至誠特付太子宜數參見之庶得

漸相親愛柱臣素望實屬於公宜識朕意其恩禮如此又爲蜀王秀納覽女爲妃其後以母憂去職歲餘起令復位俄轉涇州刺史所在並有政績卒官子洪嗣仕歷宋順臨三州刺史司農少卿北平太守

熾字仲光上黨文宣王稚之曾孫也祖裕魏太常卿冀州刺史父兕周開府儀同三司熊絳二州刺史平原侯熾性敏慧美姿儀頗涉群書兼長武藝建德初武帝尚道法尤好玄言求學兼經史善於談論者爲通道館學士熾應其選與英俊並遊通涉彌博建德二年授雍州倉城令尋轉盩厔令頻宰二邑考績連最遷崤郡守入爲御正上士高祖作相擢爲丞相府功曹參軍加大都督封陽平縣子邑二百戶遷稍伯下大夫其年王謙反熾從信州總管王長述泝江而上以熾爲前軍破謙一鎮定楚合等五州擒僞總管荊山公元振以功拜儀同三司及高祖受禪熾率官屬先入清宮即日授內史舍人上儀同三司尋以本官攝判東宮右庶子出入兩宮甚被委遇加以勳事周密高祖每稱美之授左領軍長史持節使於東南道三十六州廢置州郡巡省風俗還授太子僕加諫議大夫攝長安令與大興令梁毗俱爲稱職然毗以嚴正聞熾以寬平顯爲政不同部內各化尋領右常平監遷雍州贊治改封饒良縣

子遷鴻臚少卿後數歲轉太常少卿進位開府儀同三司復持節爲河南道二十八州巡省大使於路授吏部侍郎大業元年遷大理卿後爲西南道大使巡省風俗擢拜戶部尚書吐谷渾寇張掖令熾率精騎五千擊走之追至青海而還以功授銀青光祿大夫六年幸江都宮留熾於東都居守仍攝左候衛將軍事其年卒官時年六十二諡曰靜子安世通事謁者

晟字季晟性通敏略涉書記善彈工射趫捷過人時周室尚武貴遊子弟咸以相矜每共馳射時輩皆出其下年十八爲司衛上士初未知名人弗之識也唯高祖一見深嗟異焉乃攜其手而謂人曰長孫郎武藝逸群適與其言又多奇略後之名將非此子邪宣帝時突厥攝圖請婚于周以趙王招女妻之然周與攝圖各相誇競妙選驍勇以充使者因遣晟副汝南公宇文神慶送千金公主至其牙前後使人數十輩攝圖多不禮見晟而獨愛焉每共遊獵留之竟歲嘗有二鵰飛而爭肉因以兩箭與晟曰請射取之晟乃彎弓馳往遇鵰相攫遂一發而雙貫焉攝圖喜命諸子弟貴人皆相親友冀昵近之以學彈射其弟處羅侯號突利設尤得衆心而爲攝圖所忌密託心腹陰與晟盟晟與之遊獵因察山川形勢部衆強弱皆盡知之時高祖

作相晟以狀白高祖高祖大喜遷奉車都尉至開皇元年攝圖曰我周家親也今隋公自立而不能制復何面目見可賀敦乎因與高寶寧攻陷臨渝鎮約諸面部落謀共南侵高祖新立由是大懼修築長城發兵屯北境命陰壽鎮幽州虞慶則鎮并州屯兵數萬人以為之備晟先知攝圖玷厥阿波突利等叔姪兄弟各統強兵俱號可汗分居四面內懷猜忌外示和同難以力征易可離間因上書曰臣聞喪亂之極必致升平是故上天啓其機聖人成其務伏惟皇帝陛下當百王之末膺千載之期諸夏雖安戎場尚梗興師致討未是其時棄於度外又復侵擾故宜密運籌策漸以攘之計失則百姓不寧計得則萬代之福吉凶所係伏願詳思臣於周末忝充外使匈奴倚伏實所具知玷厥之於攝圖兵強而位下外名相屬內隙已彰鼓動其情必將自戰又處羅侯者攝圖之弟姦多而勢弱曲取於衆心國人愛之因為攝圖所忌其心殊不自安迹示彌縫實懷疑懼又阿波首鼠介在其間頗畏攝圖受其牽率唯強是與未有定心今宜遠交而近攻離強而合弱通使玷厥說合阿波則攝圖迴兵自防右地又引處羅遣連奚霫則攝圖分衆還備左方首尾猜嫌腹心離阻十數年後承釁討之必可一舉而空其國矣上省表大悅因召與語晟復口

陳形勢手畫山川寫其虛實皆如指掌上深嗟異皆納用焉因遣太僕元暉出伊吾道使詣玷厥賜以狼頭纛謬為欽敬禮數甚優玷厥使來引居攝圖使上反間既行果相猜貳授晟車騎將軍出黃龍道齎幣賜奚霫契丹等遣為鄉導得至處羅侯所深布心腹誘令內附二年攝圖四十萬騎自蘭州入至于周盤破達奚長儒軍更欲南入玷厥不從引兵而去時晟又說染干詐告攝圖曰鐵勒等反欲襲其牙攝圖乃懼迴兵出塞後數年突厥大入發八道元帥分出拒之阿波至涼州與竇榮定戰賊帥累北時晟為偏將使謂之曰攝圖每來戰皆大勝阿波纔入便即致敗此乃突厥之恥豈不內愧於心乎且攝圖之與阿波兵勢本敵今攝圖日勝為衆所崇阿波不利為國生辱攝圖必當因以罪歸於阿波成其夙計滅北牙矣願自量度能禦之乎阿波使至晟又謂之曰今達頭與隋連和而攝圖不能制可汗何不依附天子連結達頭相合為強此萬全之計豈若喪兵負罪歸就攝圖受其戮辱邪阿波納之因留塞上使人隨晟入朝時攝圖與衛王軍遇戰於白道敗走至磧聞阿波懷貳乃掩北牙盡獲其衆而殺其母阿波還無所歸西奔玷厥乞師十餘萬東擊攝圖復得故地收散卒數萬與攝圖相攻阿波頻勝其勢益張攝圖又遣使朝

貢公主自請改姓乞為帝女上許之四年遣晟副虞慶則使於攝圖賜公主姓為楊氏改封大義公主攝圖奉詔不肯起拜晟進曰突厥與隋俱是大國天子可汗不起安敢違意但可賀敦為帝女則可汗是大隋女壻奈何無禮不敬婦公乎攝圖乃笑謂其達官曰須拜婦公我從之耳於是乃拜詔書使還稱旨授儀同三司左勳衛車騎將軍七年攝圖死遣晟持節拜其弟處羅侯為莫何可汗以其子雍閭為葉護可汗處羅侯因晟奏曰阿波為天所滅與五六千騎在山谷間伏聽詔旨當取之以獻乃召文武議焉樂安公元諧曰請就彼梟首以懲其惡武陽公李充曰請

生將入朝顯戮以示百姓上謂晟曰於卿何如晟對曰若突厥背誕須齊之以刑今其昆弟自相夷滅阿波之惡非負國家因其困窮取而為戮恐非招遠之道不如兩存之上曰善八年處羅侯死遣晟往弔仍齎陳國所獻寶器欲賜雍閭十三年流人楊欽亡入突厥詐言彭城公劉昶共宇文氏女謀欲反隋稱遣其來密告公主雍閭信之乃不修職貢又遣晟出使微觀察焉公主見晟乃言辭不遜又遣所私胡人安遂迦共欽計議扇惑雍閭晟至京師具以狀奏又遣晟往索欽雍閭欲勿與謬答曰檢校客內無此色人晟乃貨其達官知欽所在夜掩獲之以示雍閭因發公

主私事國人大恥雍閭執遂迦等並以付晟上大喜加授開府仍遣入藩涖殺大義公主雍閭又表請婚僉議將許之晟又奏曰臣觀雍閭反覆無信特共玷厥有隙所以依倚國家縱與為婚終當必叛今若得尚公主承藉威靈玷厥染干必又受其徵發強而更反後恐難圖且染干者處羅侯之子也素有誠款于今兩代臣前與相見亦乞通婚不如許之招令南徙兵少力弱易可撫馴使敵雍閭以為邊捍上曰善又遣慰喻染干許尚公主十七年染干遣五百騎隨晟來逆女以宗女　　封安義公主以妻之晟說染干率衆南徙居度斤舊鎮雍閭疾之亟來抄略染干

伺知動靜輒遣奏聞是以賊來每先有備十九年染干因晟奏雍閭作攻具欲打大同城詔發六總管並取漢王節度分道出塞討之雍閭大懼復共達頭同盟合力掩襲染干大戰于長城下染干敗績殺其兄弟子姪而部落亡散染干與晟獨以五騎逼夜南走至旦行百餘里收得數百騎乃相與謀曰今兵敗入朝一降人耳大隋天子豈禮我乎玷厥雖來本無寃隙若往投之必相存濟晟知其懷貳乃密遣從者入伏遠鎮令速舉烽染干見四烽俱發問晟曰城上然烽何也晟紿之曰城高地迥必遙見賊來我國家法若賊少舉二烽來多舉三烽大逼舉四烽使見賊多

而又近耳染干大懼謂其衆曰追兵已逼且可投城既入
鎮晟留其達官執室以領其衆自將染干馳驛入朝帝大
喜進授左勳衛驃騎將軍持節護突厥晟遣降虜覘候雍
閭知其牙內屢有灾變夜見赤虹光照數百里天狗賁雨
血三日流星墜其營內有聲如雷每夜自驚言隋師且至
並遣奏知仍請出討突厥都速等歸染干前後至者男女
萬餘口晟安置之由是突厥悅附尋以染干為意利珍豆
啓人可汗賜射於武安殿選善射者十二人分為兩朋啓
人曰臣由長孫大使得見天子今日賜射願入其朋許之
給晟箭六侯發皆入鹿啓人之朋竟勝時有鳶群飛上曰

公善彈為我取之十發俱中並應丸而落是日百官獲賚
晟獨居多尋遣領五萬人於朔州築大利城以處染干安
義公主死持節送義城公主復以妻之晟又奏染干部落
歸者既衆雖在長城之內猶被雍閭抄略往來辛苦不得
寧居請徙五原以河為固於夏勝兩州之間東西至河南
北四百里掘為橫塹令處其內任情放牧免於抄略人必
自安上並從之二十年都藍大亂為其部下所殺晟因奏
請曰今王師臨境戰數有功賊內攜離其主被殺乘此招
誘必並來降請遣染干部下分頭招慰上許之果盡來附
達頭恐怖又大集兵詔晟部領降人為秦川行軍總管取

晉王廣節度出討達頭與王相抗晟進策曰突厥飲泉易
可行毒因取諸藥毒水上流達頭人畜飲之多死於是大
驚曰天雨惡水其亡我乎因夜遁晟追之斬首千餘級俘
百餘口六畜數千頭王大喜引晟入內同宴極歡有突厥
達官來降時亦預坐說言突厥之內大畏長孫總管聞其
弓聲謂為霹靂見其走馬稱為閃電王笑曰將軍震怒威
行域外遂與雷霆為比一何壯哉師旋授上開府儀同三
司復遣還大利城安撫新附仁壽元年晟表奏曰臣夜登
城樓望見磧北有赤氣長百餘里皆如雨足下垂被地謹
驗兵書此名灑血其下之國必且破亡欲滅匈奴宜在今

日詔楊素為行軍元帥晟為受降使者送染干北伐二年
軍次北河值賊帥思力俟斤等領兵拒戰晟與大將軍梁
默擊走之轉戰六十餘里賊衆多降晟又教染干分遣使
者往北方鐵勒等部招攜取之三年有鐵勒思結伏利具
渾斛薩阿拔僕骨等十餘部盡背達頭請來降附達頭衆
大潰西奔吐谷渾晟送染干安置于磧口事畢入朝遇高
祖崩匿喪未發煬帝引晟於大行前委以內衙宿衛知門
禁事即日拜左領軍將軍遇楊諒作逆勑以本官為相州
刺史發山東兵馬與李雄等共經略之晟辭曰有男行布
今在逆地忽蒙此任情所不安帝曰公著勤誠朕之所悉

令相州之地本是齊都人俗澆浮易可搔擾儻生變動賊勢即張思所以鎮之非公莫可公躰國之深終不可以兒害義故用相委公其勿辭於是遣捉相州諒破追還轉武衛將軍大業三年煬帝幸榆林欲出塞外陳兵耀武經突厥中指于涿郡仍恐染干驚懼先遣晟往喻旨稱述帝意染干聽之因召所部諸國奚霫室韋等種落數十酋長咸萃晟以牙中草穢欲令染干親自除之示諸部落以明威重乃指帳前草曰此根大香染干遽嗅之曰殊不香也晟曰天子行幸所在諸侯躬親灑掃耘除御路以表至敬之心今牙中蕪穢謂是留香草耳染干乃悟曰奴罪過奴之

骨肉皆天子賜也得效筋力豈敢有辭特以邊人不知法耳賴將軍恩澤而教導之將軍之惠奴之幸也遂拔所佩刀親自芟草其貴人及諸部爭放效之乃發榆林北境至于其牙又東達于薊長三千里廣百步舉國就役而開御道帝聞晟策乃益嘉焉後除淮陽太守未赴任復為右驍衛將軍五年卒時年五十八帝深悼惜之賵贈甚厚後突厥圍鴈門帝歎曰向使長孫晟在不令匈奴至此晟好奇計務功名性至孝居憂毀瘠為朝士所稱貞觀中追贈司空上柱國齊國公謚曰獻少子無忌嗣其長子行布亦多謀略有父風起家漢王諒庫直甚見親狎後遇諒於并州起逆率衆南拒官軍乃留行布城守遂與豆盧毓等閉門拒諒城陷遇害次子恒安以兄功授鷹揚郎將

史臣曰長孫氏爰自代陰來儀京洛門傳鍾鼎家誓山河漢代八王無以方其茂績張氏七葉不能譬此重光覽獨擅雄辨熾早稱爽俊俱司禮閣並統師旅且公且侯文武不墜晟躰資英武兼包奇略因機制變懷彼戎夷傾巢盡落屈膝稽顙塞垣絕鳴鏑之旅渭橋有單于之拜惠流邊朔功光王府保茲爵祿不亦宜乎

列傳守卷第十六　　隋書五十一

特進臣魏　徵　上

韓擒 弟僧壽 洪

韓擒字子通河南東垣人也後家新安父雄以武烈知名仕周官至大將軍洛虞等八州刺史擒少慷慨以膽略見稱容貌魁岸有雄傑之表性又好書經史百家皆略知大旨周太祖見而異之令與諸子遊集後以軍功拜都督新安太守稍遷儀同三司襲爵新義郡公武帝伐齊齊將獨孤永業守金墉城擒說下之進平范陽加上儀同拜永州刺史陳人逼光州擒以行軍揔管擊破之又從宇文忻平合

州高祖作相遷利州刺史陳將甄慶任蠻奴蕭摩訶等共為聲援頻寇江北前後入界擒屢挫其鋒陳人奪氣開皇初高祖潛有吞并江南之志以擒有文武才用夙著聲名於是拜為廬州揔管委以平陳之任甚為敵人所憚及大舉伐陳以擒為先鋒擒率五百人宵濟襲採石守者皆醉擒遂取之進攻姑熟半日而拔次於新林江南父老素聞其威信來謁軍門晝夜不絕陳人大駭其將樊巡魯世真田瑞等相繼降之晉王廣上狀高祖聞而大悅宴賜群臣晉王遣行軍揔管杜彥與擒合軍步騎二萬陳叔寶遣領軍蔡徵守朱雀航聞擒將至衆懼而潰任蠻奴為賀若弼所敗棄軍降於擒擒以精騎五百直入朱雀門陳人欲戰蠻奴撝之曰老夫尚降諸君何事衆皆散走遂平金陵執陳主叔寶時賀若弼亦有功乃下詔於晉王曰此二公者深謀大畧東南逋寇朕本委之靜地恤民悉如朕意九州不一已數百年以名臣之功成太平之業天下盛事何用過此聞以欣然實深慶快平定江表二人之力也賜物萬段又下優詔於擒弼曰申國威於萬里宣朝化於一隅使東南之民俱出湯火數百年寇旬日廓清專是公之功也高名塞於宇宙盛業光於天壤逖聽前古罕聞其匹班師凱入誠知非遠相思之甚寸陰若歲及至京弼與擒爭功

於上前弼曰臣在蔣山死戰破其銳卒擒其驍將震揚威武遂平陳國韓擒略不交陣豈臣之比擒曰本奉明旨令臣與弼同時合勢以取偽都弼乃敢先期逢賊遂戰致令將士傷死甚多臣以輕騎五百兵不血刃直取金陵降任蠻奴執陳叔寶據其府庫傾其巢穴弼至夕方扣北掖門臣啟關而納之斯乃救罪不暇安得與臣相比上曰二將俱合上勳於是進位上柱國賜物八千段有司劾擒放縱士卒淫汙陳宮坐此不加爵邑先是江東有謠歌曰黃班青驄馬發自壽陽涘來時冬氣末去日春風始皆不知所謂擒本名豹平陳之際又乘青驄馬往反時節與歌相應

至是方悟其後突厥來朝上謂之曰汝聞江南有陳國天子乎對曰聞之上命左右引突厥詣擒前曰此是執得陳國天子者擒厲然顧之突厥惶恐不敢仰視其有威容如此別封壽光縣公食邑千戶以行軍揔管屯金城禦備胡寇即拜涼州揔管俄徵還京上宴之內殿恩禮殊厚無何其鄰母見擒門下儀衛甚盛有同王者母異而問之其中人曰我來迎王忽然不見又有人疾篤忽驚走至擒家曰我欲謁王左右問曰何王也荅曰閻羅王擒子弟欲撻之擒止之曰生為上柱國死作閻羅王斯亦足矣因寢疾數日竟卒時年五十五子世諤嗣世諤倜儻驍捷有父風楊玄感之作亂也引世諤為將每戰先登及玄感敗為吏所拘時帝在高陽送詣行所世諤日令守者市酒殽以酣暢揚言曰吾死在朝夕不醉何為漸以酒進守者守者狎之遂飲令致醉世諤因得逃奔山賊不知所終

僧壽字玄慶擒母弟也亦以勇烈知名周武帝時為侍伯中旅下大夫高祖得政從韋孝寬平尉迥每戰有功授大將軍封昌樂公邑千戶開皇初拜安州刺史時擒為廬州揔管朝廷不欲同在淮南轉為熊州刺史後轉蔚州刺史進爵廣陵郡公尋以行軍揔管擊突厥於雞頭山破之後坐事免數歲復拜蔚州刺史突厥甚憚之十七年屯蘭州以

備胡明年遼東之役領行軍揔管還檢校靈州揔管事從楊素擊突厥破之進位上柱國改封江都郡公煬帝即位又改封新蔡郡公自是之後不復任用大業五年從幸太原有京兆人達奚通妾王氏能清歌朝臣多相會觀之僧壽亦豫焉坐是除名尋令復位八年卒於京師時年六十五有子孝基

洪字叔明擒季弟也少驍勇善射膂力過人仕周侍伯上士後以軍功拜大都督高祖為丞相從韋孝寬破尉迥於相州加上開府甘棠縣侯邑八百戶高祖受禪進爵為公尋授驃騎將軍開皇九年平陳之役授行軍揔管及陳平晉王廣大獵於蔣山有猛獸在圍中眾皆懼洪馳馬射之應弦而倒陳氏諸將列觀於側莫不歎伏焉王大喜賜縑百匹尋以功加柱國拜蔣州刺史數歲轉廉州刺史時突厥屢為邊患朝廷以洪驍勇檢校朔州揔管事尋拜代州揔管仁壽元年突厥達頭可汗犯塞洪率蔚州刺史劉隆大將軍李藥王拒之遇虜於恒安眾寡不敵洪四面搏戰身被重瘡將士沮氣虜悉眾圍之矢下如雨洪偽與虜和圍少解洪率所領潰圍而出死者太半殺虜亦倍洪及藥王除名為民隆竟坐死煬帝北巡至長安見白骨被野以問侍臣侍臣曰往者韓洪與虜戰處也帝憫然傷之收葬

骸骨命五郡沙門為設佛供拜洪隴西太守未幾朱崖民王萬昌作亂詔洪擊平之以功加位金紫光祿大夫領郡如故俄而萬昌弟仲通復叛又詔洪討平之師未旋遇疾而卒時年六十三

賀若弼

賀若弼字輔伯河南洛陽人也父敦以武烈知名仕周為金州總管宇文護忌而害之臨刑呼弼謂之曰吾必欲平江南然此心不果汝當成吾志且吾以舌死汝不可不思因引錐刺弼舌出血誡以慎口弼少慷慨有大志驍勇便弓馬解屬文博涉書記有重名於當世周齊王憲聞而敬之

引為記室未幾封當亭縣公遷小內史周武帝時上柱國烏丸軌言於帝曰太子非帝王器臣亦嘗與賀若弼論之帝呼弼問之弼知太子不可動搖恐禍及己詭對曰皇太子德業日新未覩其闕帝嘿然弼既退軌讓其背己弼曰君不密則失臣臣不密則失身所以不敢輕議也及宣帝嗣位軌竟見誅弼乃獲免尋與韋孝寬伐陳攻拔數十城弼計居多拜壽州刺史改封襄邑縣公高祖為丞相尉迥作亂鄴城恐弼為變遣長孫平馳驛代之高祖受禪陰有并江南之志訪可任者高熲曰朝臣之內文武才幹無若賀若弼者高祖曰公得之矣於是拜弼為吳州總管委以

平陳之事弼忻然以為己任與壽州總管源雄並為重鎮弼遺雄詩曰交河驃騎幕合浦伏波營勿使騏驎上無我二人名獻取陳十策上稱善賜以寶刀開皇九年大舉伐陳以弼為行軍總管將度江酹酒而呪曰弼親承廟略遠振國威伐罪弔民除兇翦暴上天長江鑒其若此如使福善禍淫大軍利涉如事有乖違得葬江魚腹中死且不恨先是弼請緣江防人每交代之際必集歷陽於是大列旗幟營幕被野陳人以為大兵至悉發國中士馬既知防人交代其衆復散後以為常不復設備及此弼以大軍濟江陳人弗之覺也襲陳南徐州拔之執其刺史黃恪軍令

嚴肅秋毫不犯有軍士於民間沽酒者弼立斬之進屯蔣山之白土岡陳將魯達周智安任蠻奴田瑞樊毅孔範蕭摩訶等以勁兵拒戰田瑞先犯弼軍弼擊走之魯達等相繼遞進弼軍屢却弼揣知其驕士卒且惰於是督厲將士殊死戰遂大破之麾下開府員明擒摩訶至弼命左右牽斬之摩訶顏色自若弼釋而禮之從北掖門而入時韓擒已執陳叔寶弼至呼叔寶視之叔寶惶懼流汗股慄再拜弼謂之曰小國之君當大國卿拜禮也入朝不失作歸命侯無勞恐懼既而弼恚恨不獲叔寶功在韓擒之後於是與擒相訽挺刃而出上聞弼有功大悅下詔褒揚語在韓

擒傳晉王以弼先期決戰違軍命於是以弼屬吏上驛召之及見迎勞曰克定三吳公之功也命登御坐賜物八千段加位上柱國進爵宋國公眞食襄邑三千戶加以寶劒寶帶金甕金盤各一并雉尾扇曲蓋雜綵二千段女樂二部又賜陳叔寶妹爲妾拜右領軍大將軍尋轉右武候大將軍弼時貴盛位望隆重其兄隆爲武都郡公弟東爲萬榮郡公並刺史列將弼家珍玩不可勝計婢妾曳綺羅者數百時人榮之弼自謂功名出朝臣之右每以宰相自許既而楊素爲右僕射弼仍將軍甚不平形於言色由是免官弼怨望愈甚後數年下弼獄上謂之曰我以高熲楊素

爲宰相汝每倡言云此二人惟堪啗飯耳是何意也弼曰熲臣之故人素臣之舅子臣並知其爲人誠有此語公卿奏弼怨望罪當死上惜其功於是除名爲民歲餘復其爵位上亦忌之不復任使然每宴賜遇之甚厚開皇十九年上幸仁壽宮讌王公詔弼爲五言詩詞意憤怨帝覽而容之嘗遇突厥入朝上賜之射突厥一發中的上曰非賀若弼無能當此於是命弼弼再拜祝曰臣若赤誠奉國者當一發破的如其不然發不中也既射一發而中上大悅顧謂突厥曰此人天賜我也煬帝之在東宮嘗謂弼曰楊素韓擒史萬歲三人俱稱良將優劣如何弼曰楊素是猛將

非謀將韓擒是鬪將非領將史萬歲是騎將非大將太子曰然則大將誰也弼拜曰唯殿下所擇弼意自許爲大將及煬帝嗣位尤被疎忌大業三年從駕北巡至榆林帝時爲大帳其下可坐數千人召突厥啓民可汗饗之弼以爲大侈與高熲宇文弢等私議得失爲人所奏竟坐誅時年六十四妻子爲官奴婢群從徙邊子懷亮慷慨有父風以柱國世子拜儀同三司坐弼爲奴俄亦誅死

史臣曰夫天地未泰聖哲啓其機疆場尚梗爪牙宣其力周之方邵漢室韓彭代有其人非一時也自晉衰微中原幅裂區宇分隔將三百年陳氏憑長江之地險恃金陵之

餘氣以爲天限南北人莫能窺高祖爰應千齡將一函夏賀若弼慷慨申必取之長策韓擒奮發賈餘勇以爭先勢甚疾雷鋒踰駭電隋氏自此一戎威加四海稽諸天道或時有廢興考之人謀實二臣之力其俶儻英略賀若居多武毅威雄韓擒稱重方於晉之王杜勳庸綽有餘地然賀若功成名立矜伐不已竟顚殞於非命亦不密以失身若念父臨終之言必不及於斯禍矣韓擒累世將家威聲動俗敵國既破名遂身全幸也廣陵甚棠咸有武藝驍雄膽略並爲當時所推赳赳干城難兄難弟矣

列傳卷第十七　隋書五十二

特進臣魏　徵　上

達奚長儒

達奚長儒字富仁代人也祖俟魏定州刺史父慶驃騎大將軍儀同三司長儒少懷節操膽烈過人十五襲爵樂安公魏大統中起家奉車都尉周太祖引為親信以質直恭勤授子都督數有戰功假輔國將軍累遷使持節撫軍將軍通直散騎常侍平蜀之役恒為先鋒攻城野戰所當必破之除車騎大將軍儀同三司增邑三百户天和中除渭南郡守遷驃騎大將軍開府儀同三司從帝平齊遷上開

府進爵成安郡公邑千二百户別封一子縣公宣政元年除左前軍勇猛中大夫後與烏丸軌圍陳將吳明徹於呂梁陳遣驍將劉景率勁勇七千來為聲援軌令長儒逆拒之長儒於是取車輪數百繫以大石沉之清水連轂相次以待景軍景至船艦礙輪不得進長儒乃縱奇兵水陸俱發大破之俘數千人及獲吳明徹以功進位大將軍嘗授行軍總管北巡沙塞卒與虜遇接戰大破之高祖作相王謙舉兵於蜀沙氐上柱國楊永安扇動利興武文沙龍等六州以應謙詔長儒擊破之謙二子自京師亡歸其父長儒並捕斬之高祖受禪進位上大將軍封蘄春郡公邑二千五百户開皇二年突厥沙鉢略可汗并弟葉護及潘那可汗衆十餘萬寇掠而南詔以長儒為行軍總管率衆二千擊之遇於周槃衆寡不敵軍中大懼長儒慷慨神色愈烈為虜所衝突散而復聚且戰且行轉鬬三日五兵咸盡士卒以拳毆之手皆見骨殺傷萬計虜氣稍奪於是解去長儒身被五瘡通中者二其戰士死傷者十八九突厥本欲大掠秦隴既逢長儒兵皆力戰虜意大沮明日於戰處焚屍慟哭而去高祖下詔曰突厥猖狂輒犯邊塞犬羊之衆彌亘山原而長儒受任北鄙式遏寇賊所部之內少將百倍以晝通宵四面抗敵凡十有四戰所向必摧兇徒就

戮過半不反鋒刃之餘亡魂竄迹自非英威奮發奉國情深撫御有方士卒用命豈能以少破衆若斯之偉言念勳庸宜隆名器可上柱國餘勳廻授一子其戰亡將士皆贈官三轉子孫襲之其年授寧州刺史尋轉鄜州刺史母憂去職長儒性至孝水漿不入口五日毀悴過禮殆將滅性天子嘉歎起為夏州總管三州六鎮都將事匈奴憚之不敢窺塞以病免又除襄州總管在職二年轉蘭州總管高祖遣涼州總管獨孤羅原州總管元褒靈州總管賀若誼等發卒備胡皆受長儒節度長儒率衆出祁連山北西至蒲類海無虜而還復轉荊州總管三十六州諸軍事高祖謂之曰江陵要害

國之南門令以委公朕無憂也歲餘卒官謚曰威子高大
業時官至太僕少卿

賀婁子幹

賀婁子幹字萬壽本代人也隨魏氏南遷世居關右祖道
成魏侍中太子太傅父景賢右衛大將軍子幹少以驍武
知名周武帝時釋褐司水上士稱爲強濟累遷小司水以
勤勞封思安縣子俄授使持節儀同大將軍大象初領軍
器監尋除秦州刺史進爵爲伯及尉迥作亂子幹與宇文
司錄從韋孝寬討之遇賊圍懷州子幹與宇文述等擊破
之高祖大悅手書曰逆賊尉迥敢遣蟻衆作寇懷州公受

命誅討應機蕩滌聞以嗟賛不易可言丈夫富貴之秋正
在今日善建功名以副朝望也其後每戰先登及破鄴城
與崔弘度逐迥至樓上進位上開府封武川縣公邑三千
戸以思安縣伯別封子皎開皇元年進爵鉅鹿郡公其年
吐谷渾寇涼州子幹以行軍摠管從上柱國元諧擊之功
最優詔褒美高祖慮邊塞未安即令子幹鎭涼州明年突
厥寇蘭州子幹率衆拒之至可洛峽山與賊相遇賊衆甚
盛子幹阻川爲營賊軍不得水數日人馬甚敝縱擊大破
之於是冊授子幹爲上大將軍曰於戲敬聽朕命唯爾器
量閑明志情強果任經武將勤績有聞往歲凶醜未寧屢

驚疆埸拓土靜亂殊有厥勞是用崇茲賞典加此車服往
欽哉祗承榮冊可不愼歟徵授營新都副監尋拜工部尚
書其年突厥復犯塞以行軍摠管從竇榮定擊之子幹別
路破賊斬首千餘級高祖嘉之遣通事舍人曹威齎優詔
勞勉之子幹請入朝詔令馳驛奉見吐谷渾復寇邊西方
多被其害命子幹討之馳驛至河西發五州兵入掠其國
殺男女萬餘口二旬而還高祖以隴西頻被寇掠甚患之
彼俗不設村塢勑子幹勒民爲堡營田積穀以備不虞子
幹上書曰比者兇寇侵擾蕩滅之期匪朝伊夕伏願聖慮
勿以爲懷今臣在此觀機而作不得準詔行事且隴西河

右土曠民稀邊境未寧不可廣爲田種比見屯田之所獲
少費多虛役人功卒逢踐暴屯田疎遠者請皆廢省但隴
右之民以畜牧爲事若更屯聚弥不獲安只可嚴謹斥候
豈容集人聚畜請要路之所加其防守但使鎭戍連接烽
堠相望民雖散居必謂無虞高祖從之俄而虜寇岷洮二
州子幹勒兵赴之賊聞而遁去高祖以子幹曉習邊事授
榆關摠管十鎭諸軍事歲餘拜雲州刺史甚爲虜所憚後
數年突厥雍虞閭遣使請降并獻羊馬詔以子幹爲行軍
摠管出西北道應接之還拜雲州摠管以突厥所獻馬百
匹羊千口以賜之乃下書曰自公守北門風塵不警突厥

所獻還以賜公毋憂去職朝廷以桐關重鎮非子幹不可
尋起視事十四年以病卒官時年六十高祖傷惜者久之
賻縑千匹米麥千斛贈懷魏等四州刺史謚曰懷子善柱
嗣官至黔安太守子幹兄詮亦有才器位至銀青光禄大
夫鄯純深三州刺史北地太守東安郡公

史萬歲

史萬歲京兆杜陵人也父靜周滄州刺史萬歲少英武善
騎射驍捷若飛好讀兵書兼精占候年十五值周齊戰於
芒山萬歲時從父入軍旗鼓正相望萬歲令左右趣治裝
急去俄而周師大敗其父由是奇之武帝時釋褐侍伯上

隋傳十八　五十三　五

士及平齊之役其父戰没萬歲以忠臣子拜開府儀同三
司襲爵太平縣公尉迥之亂也萬歲從梁士彥擊之軍次
馮翊見群鴈飛來萬歲謂士彥曰請射行中第三者既射
之應弦而落三軍莫不悅服及與迥軍相遇每戰先登鄴城
之陣官軍稍卻萬歲謂左右曰事急矣吾當破之於是馳
馬奮擊殺數十人衆亦齊力官軍乃振及迥平以功拜上
大將軍尒朱勣以謀反伏誅萬歲頗相關涉坐除名配敦
煌爲戍卒其戍主甚驍武每單騎深入突厥中掠取羊馬
輒大剋獲突厥無衆寡莫之敢當其人深自矜負數罵辱
萬歲萬歲患之自言亦有武用戍主試令馳射而工戍主

笑曰小人定可萬歲請弓馬復掠突厥中大得六畜而歸
戍主始善之每與同行輒入突厥數百里名讋北夷竇榮
定之擊突厥也萬歲詣轅門請自効榮定數聞其名見而
大悅因遣人謂突厥曰士卒何罪過令殺之但當各遣一
壯士決勝負耳突厥許諾因遣一騎挑戰榮定遣萬歲出
應之萬歲馳斬其首而還突厥大驚不敢復戰遂引軍而
去由是拜上儀同領車騎將軍平陳之役又以功加上開
府及高智慧等作亂江南以行軍摠管從楊素擊之萬歲
率衆二千自東陽別道而進踰嶺越海攻陷溪洞不可勝
數前後七百餘戰轉鬬千餘里寂無聲問者十旬遠近皆

隋傳十八　五十三　六

以萬歲爲没萬歲以水陸阻絕信使不通乃置書竹筒中
浮之於水汲者得之以言於素素大悅上其事高祖嗟歎
賜其家錢十萬還拜左領軍將軍先是南寧夷爨翫來降
拜昆州刺史既而復叛遂以萬歲爲行軍摠管率衆擊之
入自蜻蛉川經弄凍次小勃弄大勃弄至于南中賊前後
屯據要害萬歲皆擊破之行數百里見諸葛亮紀功碑銘
其背曰萬歲之後勝我者過此萬歲令左右倒其碑而進
度西二河入渠濫川行千餘里破其三十餘部虜獲男女
二萬餘口諸夷大懼遣使請降獻明珠徑寸於是勒石頌
美隋德萬歲遣使馳奏請將翫入朝詔許之爨翫陰有二

心不欲詣闕因賂萬歲以金寶萬歲於是捨爨翫而還蜀王
時在益州知其受賂遣使將索之萬歲聞而懼以所得金寶沈
之於江索無所獲以功進位柱國晉王廣虛衿敬之待以
交友之禮上知為所善令萬歲督晉府軍事明年爨翫復
反蜀王秀奏萬歲受賂縱賊致生邊患無大臣節上令窮
治其事事皆驗罪當死上數之曰受金放賊重勞士馬朕
念將士暴露寢不安席食不甘味卿豈社稷臣也萬歲曰
臣留爨翫者恐其州有變留以鎮撫臣還至瀘水詔書方
到由是不將入朝實不受賂上以萬歲心有欺隱大怒曰
朕以卿為好人何乃官高祿重翻為國賊也顧有司曰明

日將斬之萬歲懼而服罪頓首請命左僕射高熲左衛大
將軍元旻等進曰史萬歲雄略過人每行兵用師之處未
嘗不身先士卒尤善撫御將士樂為致力雖古名將未能過也
上意少解於是除名為民歲餘復官爵尋拜河州刺史復
領行軍總管以備胡開皇末突厥達頭可汗犯塞上令晉
王廣及楊素出靈武道漢王諒與萬歲出馬邑道萬歲率
柱國張定和大將軍李藥王楊義臣等出塞至大斤山與
虜相遇達頭遣使問曰隋將為誰候騎報史萬歲也突厥
復問曰得非敦煌戍卒乎候騎曰是也達頭聞之懼而引
去萬歲馳追百餘里乃及擊大破之斬數千級逐北入磧

數百里虜遁逃而還楊素害其功因譖萬歲云突厥本降
初不為寇來於塞上畜牧耳遂寢其功萬歲數抗表陳狀
上未之悟會上從仁壽宮初還京師廢皇太子窮東宮黨
與上問萬歲所在萬歲實在朝堂楊素見上方怒因曰萬
歲謁東宮矣以激怒上上謂為信然令召萬歲時所將士
卒在朝稱冤者數百人萬歲謂之曰吾今日為汝極言於
上事當決矣既見上言將士有功為朝廷所抑詞氣憤厲
忤於上上大怒令左右㨶殺之既而悔追之不及因下詔
罪萬歲曰柱國太平公萬歲拔擢委任每總戎機往以南
寧逆亂令其出討而昆州刺史爨翫包藏逆心為民興患

朕備有成勑令將入朝萬歲乃多受金銀違勑令住致爨
翫尋為反逆更勞師旅方始平定所司檢校罪合極刑捨
過念功恕其性命年月未久即復本官近復總戎進討蕃
裔突厥達頭可汗領其凶衆欲相拒抗既見軍威便即奔
退兵不血刃賊徒瓦解如此稱捷國家盛事朕欲成其勳
庸復加褒賞而萬歲定和通簿之日乃懷姦詐妄稱逆面
交兵不以實陳懷反覆之方弄國家之法若竭誠立節心
無虛罔者乃為良將至如萬歲懷詐要功便是國賊朝憲
難虧不可再捨死之日天下士庶聞者識與不識莫不冤
惜萬歲為將不治營伍令士卒各隨所安無警夜之備虜

亦不敢犯臨陣對敵應變無方號爲良將有子懷義

劉方

劉方京兆長安人也性剛決有膽氣仕周承御上士尋以戰功拜上儀同高祖爲丞相方從韋孝寬破尉迥於相州以功加開府賜爵河陰縣侯邑八百户高祖受禪進爵爲公開皇三年從衛王爽破突厥於白道進位大將軍其後歷甘瓜二州刺史尚未知名仁壽中會交州俚人李佛子作亂據越王故城遣其兄子大權據龍編城其別帥李普鼎據烏延城左僕射楊素言方有將帥之畧上於是詔方爲交州道行軍摠管以度支侍郎敬德亮爲長史統二十

七營而進方法令嚴肅軍容齊整有犯禁者造次斬之然仁而愛士有疾病者親自撫養長史敬德亮從軍至尹州疾甚不能進留之州館分別之際方哀其危篤流涕嗚咽感動行路其有威惠如此論者稱爲良將至都隆嶺遇賊二千餘人來犯官軍方遣營主宋纂何貴嚴願等擊破之進兵臨佛子先令人諭以禍福佛子懼而降送於京師其有桀黠者恐於後爲亂皆斬之尋授驩州道行軍摠管以尚書右丞李綱爲司馬經畧林邑方遣欽州刺史甯長真驩州刺史李暈上開府秦雄以步騎出越常方親率大將軍張愻司馬李綱舟師趣比景高祖崩煬帝即位大業元年正月軍至海口林邑王梵志遣兵守險方擊走之師次闍黎江賊據南岸立柵方盛陳旗幟擊金鼓賊懼而潰既度江行三十里賊乘巨象四面而至方以弩射象象中瘡却蹂其陣王師力戰賊奔於柵因攻破之俘馘萬計於是濟區粟度六里前後逢賊每戰必擒進至大緣江賊據險爲柵又擊破之逕馬援銅柱南行八日至其國都林邑王梵志棄城奔海獲其廟主金人汙其宮室刻石紀功而還士卒腳腫死者十四五方在道遇患而卒帝甚傷惜之乃下詔曰方肅承廟畧恭行天討飲冰遄邁視險若夷摧鋒直指出其不意鯨鯢盡殪巢穴咸傾役不再勞肅清海外

致身王事誠績可嘉可贈上柱國盧國公子通仁嗣開皇時有馮昱王㩁李充楊武通陳永貴房兆俱爲邊將名顯當時昱㩁並不知何許人也昱多權畧有武藝高祖初爲丞相以行軍摠管與王誼李威等討叛蠻平之拜柱國開皇初又以行軍摠管屯乙弗泊以備胡突厥數萬騎來掩之昱力戰累日衆寡不敵竟爲虜所敗亡失數千人殺虜亦過當其後備邊數年每戰常大克捷㩁驍勇善射高祖以其有將帥才每以行軍摠管屯兵江北禦陳寇數有戰功爲陳人所憚伐陳之役及高智慧反攻討皆有殊績官至柱國白水郡公充隴西成紀人也少慷慨有英畧開皇

中頻以行軍摠管擊突厥有功官至上柱國武陽郡公拜朔州摠管甚有威名為虜所憚後有人譖其謀反徵還京師上譴怒之充性素剛遂憂憤而卒武通弘農華陰人性果烈善馳射數以行軍摠管討西南夷每有功封白水郡公拜左武衛大將軍時党項羌屢為邊患朝廷以其有威名歷岷蘭二州摠管以鎮之後與周法尚討嘉州叛獠法尚軍初不利武通率數千人為賊斷其歸路武通於是束馬懸車出賊不意頻戰破之賊知其孤軍無援傾部落而至武通轉鬭數百里為賊所拒四面路絕武通輕騎挑戰墜馬為賊所執殺而噉之永貴隴右胡人也本姓白氏以

勇烈知名高祖甚親愛之數以行軍摠管鎮邊每戰必單騎陷陣官至柱國蘭利二州摠管封北陳郡公兆代人也本姓屋引氏剛毅有武略頻為行軍摠管擊胡以功官至柱國徐州摠管並史失其事

史臣曰長儒等結髮從戎俱有驍雄之略摠統師旅各擅御侮之功長儒以步卒二千抗十萬之虜師殲矢盡勇氣彌厲壯哉子幹西涉清海北臨玄塞胡夷懾憚烽候無警亦有可稱萬歲實懷智勇善撫士卒人皆樂死師不疲勞北却匈奴南平夷獠兵鋒所指威驚絕域論功杖氣犯伍貴臣偏聽生姦死非其罪人皆痛惜有李廣之風焉劉方號令無私治軍嚴肅克剪林邑遂清南海徼外百蠻無思不服凡此諸將志烈過人出當推轂之重入受爪牙之寄雖馬伏波之威行南裔趙充國之聲動西羌語事論功各一時也

列傳卷第十八　隋書五十三

列傳卷第十九　隋書五十四

特進臣魏　徵　上

王長述

王長述京兆霸城人也祖羆魏太尉父慶遠周淮州刺史長述幼有儀範年八歲周太祖見而異之曰王公有此孫足為不朽解褐員外散騎侍郎封長安縣伯累遷撫軍將軍銀青光祿大夫太子舍人長述早孤少為祖羆所養及羆薨居喪過禮有詔褒異之免喪襲封扶風郡公邑三千戶除中書舍人脩起居注改封龍門郡公從于謹平江陵有功增邑五百戶周受禪又增邑通前四千七百戶拜賓部大夫出為晉州刺史轉玉壁總管長史尋授司憲大夫出拜廣州刺史甚有威惠吏人懷之在任數年蠻夷歸之者三萬餘戶朝議嘉之就拜大將軍後歷襄仁二州總管並有能名及高祖為丞相授信州總管部內夷獠猶有未賓長述討平之進位上大將軍王謙作亂益州遣使致書於長述因執其使上其書又陳取謙之策上大悅前後賜黃金五百兩授行軍總管率衆討謙以功進位柱國開皇初後獻平陳之計修營戰艦為上流之師上善其能頻加賞勞下書曰每覽高策深相嘉歎命將之日當以公為元帥也後數歲以行軍總管擊南寧未至道病卒上甚傷惜

之令使者弔祭贈上柱國冀州刺史謚曰莊子謨嗣弟軌大業末東郡通守少子文楷起部郎

李衍

李衍字拔豆遼東襄平人也父弼周太師衍少專武藝慷慨有志略周太祖時釋褐千牛備身封懷仁縣公加開府改封普寧縣公遷義州刺史尋從韋孝寬鎮玉壁戍數與賊戰敵人憚之及平齊以軍功進授大將軍改封真鄉郡公拜左宮伯賜雜綵三百匹奴婢二十口賜子仲威爵淳陽郡公後歷定鄜二州刺史及王謙作亂高祖以衍為行軍總管從梁睿擊平之進位上大將軍賜縑二千匹開皇元年又以行軍總管討叛蠻平之進位柱國賜帛二千匹尋檢校利州總管事明年突厥犯塞以行軍總管率衆討之不見虜而還轉介州刺史後數年朝廷將有事江南詔衍於襄州道營戰船及大舉伐陳授行軍總管從秦王俊出襄陽道以功賜帛三千匹米六百石拜安州總管頗有惠政歲餘以疾還京師卒於家時年五十七子仲威嗣衍弟子長雅尚高祖女襄國公主襲父綸爵為河陽郡公開皇初拜將軍散騎常侍歷內史侍郎河州刺史檢校秦州總管衍從孫密別有傳

伊婁謙

伊婁謙字彦恭，本鮮卑人也。其先代為酋長，隨魏南遷。祖信，中部太守。父靈，相、隆二州刺史。謙性忠直，善辭令。仕魏為直閤將軍。周受禪，累遷宣納上士、使持節、車騎大將軍。武帝將伐齊，引入内殿，從容謂曰：「朕將有事戎馬，何者為先？」謙對曰：「愚臣誠不足以知大事，但僞齊僭擅，跋扈不恭，沈溺倡優，耽昏麴蘖。其折衝之將，斛律明月已斃讒人之口。上下離心，道路仄目。若命六師，臣之願也。」帝大笑，因使謙與小司寇拓拔偉聘齊觀釁。帝尋發兵。齊主知之，令其僕射陽休之責謙曰：「貴朝盛夏徵兵，馬首何向？」謙答曰：「僕憑式之始，未聞興師。設復西增白帝之城，東益巴丘之戍，人情恒理，豈足怪哉！」謙參軍高遵以情輸於齊，遂拘留謙不遣。帝克并州，召謙勞之曰：「朕之舉兵，本俟卿還，不圖高遵中為叛逆，乖朕宿心，遵之罪也。」乃執遵付謙，任令報復。謙頓首請赦之。帝曰：「卿可聚衆唾面，令知愧也。」謙跪曰：「以遵之罪，又非唾面之責。」帝善其言而止。謙竟待遵如初。其寬厚仁恕，皆此類也。尋賜爵濟陽縣伯，累遷前驅中大夫。大象中，進爵為侯，加位開府。高祖作相，授亳州總管。俄徵還京。既平王謙，謙恥與逆人同名，因爾稱字。高祖受禪，以彦恭為左武候將軍，俄拜大將軍，進爵為公。數年，出為澤州刺史，清約自處，甚得人和。以疾去職，吏人攀戀，行數百里不絶。數歲，卒於家，時年七十。子傑嗣。

田仁恭

田仁恭字長貴，平涼長城人也。父弘，周大司空。仁恭性寬仁，有局度。在周以明經為掌式中士。後以父軍功，賜爵鶉陰子。大冢宰宇文護引為中外府兵曹，後數載，復以父功拜開府儀同三司，遷中外府掾。從護征伐，數有戰功，改封襄武縣公，邑五百戶。從武帝平齊，加授上開府，進封淅陽郡公，增邑二千戶。拜幽州總管。宣帝時，進爵鴈門郡公。高祖為丞相，徵拜小司馬，進位大將軍。從韋孝寬破尉遲迥於相州，拜柱國。高祖受禪，進上柱國，拜太子太師，甚見親重。嘗幸其第，宴飲極歡，禮賜殊厚。奉詔營廟社，進爵觀國公，增邑通前五千戶。未幾，拜右武衛大將軍。歲餘，卒官，時年四十。贈司空，謚曰敬。子世師嗣。次子德懋，在孝義傳。時有元城郡公王景，鮮虞縣公謝慶恩，並官至上柱國；大義公辛遵及其弟韶，並官至柱國。高祖以其俱佐命功臣，特加崇貴，親禮與仁恭等。事皆亡失云。

元亨

元亨字德良，一名孝才，河南洛陽人也。父季海，魏司徒、馮翊王。遇周、齊分隔，季海遂仕長安。亨時年數歲，與母李氏在洛陽。齊神武帝以亨父在關西，禁錮之。其母則魏司空

李沖之女也素有智謀遂詐稱凍餒請就食於滎陽齊人
以其去關西尚遠老婦弱子不以為疑遂許之李氏陰託
大豪李長壽攜亨及孤姪八人潛行草間得至長安周太
祖見而大悅以亨功臣子甚優禮之亨年十二魏恭帝在
儲宮引為交友釋褐千牛備身大統末襲爵馮翊王邑千
戶授拜之日悲慟不能自勝俄遷通直散騎常侍歷武衛
將軍勳州刺史改封平涼王周閔帝受禪例降為公明武
時歷隴州刺史御正大夫小司馬宣帝時為洛州刺史高
祖為丞相遇尉遲迥作亂洛陽人梁康邢流水等舉兵應迥
旬日之間眾至萬餘州治中王文舒潛與梁康相結將圖

亨亨陰知其謀乃選關中兵得二千人為左右執文舒斬
之以兵襲擊梁康邢流水皆破之高祖受禪徵拜太常卿
增邑七百戶歲餘出為衛州刺史加大將軍衛土俗薄亨以威
嚴鎮之在職八年風化大洽後以老病表乞骸骨吏人詣
闕上表請留卧治上嗟歎者久之其年亨以篤疾重請還
京上令使者致醫藥問動靜相望於道歲餘卒于家時年
六十九謚曰宣

杜整

杜整字皇育京兆杜陵人也祖盛魏直閤將軍潁川太守
父闢渭州刺史整少有風槩九歲丁父憂哀毀骨立事母

以孝聞及長驍勇有膂力好讀孫吳兵法魏大統末襲爵
武鄉侯周太祖引為親信後事宇文護子中山公訓甚被
親遇俄授都督明帝時為內侍上士累遷儀同三司拜武
州刺史從武帝平齊加上儀同進爵平原縣公邑千戶入
為勳曹中大夫高祖為丞相進位開府及受禪加上開府
進封長廣郡公俄拜左武衛將軍在職數年以母憂去職
起令視事開皇六年突厥犯塞詔遣衛王爽總戎北伐以
整為行軍總管兼元帥長史至合川無虜而還整密進取
陳之策上善之於是以行軍總管鎮襄陽尋病卒時年五
十五高祖聞而傷之贈帛四百匹米四百石謚曰襄子楷

嗣官至開府整弟肅亦以有志行開皇初為通直散騎常
侍北地太守

李徹

李徹字廣達朔方巖綠人也父和開皇初為柱國徹性剛
毅有器幹偉容儀多武藝大冢宰宇文護引為親信尋拜
殿中司馬累遷奉車都尉護以徹謹厚有才具甚禮之護
子中山公訓為蒲州刺史護令徹以本官從焉未幾拜車
騎大將軍儀同三司武帝時從皇太子西征吐谷渾以功
賜爵同昌縣男邑三百戶後從帝拔晉州及帝班師徹與
齊王憲屯雞栖原齊王高緯以大軍至憲引兵西上以避

其鋒緯遣其驍將賀蘭豹子率勁騎躡憲戰於晉州城北憲師敗徹與楊素宇文慶等力戰憲軍賴以獲全復從帝破齊師於汾北乘勝下高壁拔晉陽擒高湝於冀州俱有力焉録前後功加開府別封蔡陽縣公邑千戶宣帝即位從韋孝寬略定淮南每爲先鋒及淮南平即授淮州刺史安集初附甚得其歡心高祖受禪加上開府轉雲州刺史歲餘徵爲左武衛將軍及晉王廣之鎮并州也朝廷妙選正人有文武才幹者爲之寮佐上以徹前代舊臣數持軍旅詔徹總晉王府軍事進爵齊安郡公時蜀王秀亦鎮益州上謂侍臣曰安得文同王子相武如李廣達者乎其見

重如此明年突厥沙鉢略可汗犯塞上令衛王爽爲元帥率衆擊之以徹爲長史遇虜於白道行軍總管李充言於爽曰周齊之世有同戰國中夏力分其來久矣突厥每侵邊諸將輒以全軍爲計莫能死戰由是突厥勝多敗少所以每輕中國之師今者沙鉢略悉國內之衆屯據要險必輕我而無備精兵襲之可破也爽從之諸將多以爲疑唯徹奬成其計請與同行遂與充率精騎五千出其不意掩擊大破之沙鉢略棄所服金甲潛草中而遁以功加上大將軍沙鉢略因此屈膝稱藩未幾沙鉢略爲阿拔所侵上疏請援以徹爲行軍總管率精騎一萬赴之阿拔聞而遁去及軍還復領行軍總管屯平涼以備胡寇封安道郡公開皇十年進位柱國及晉王廣轉牧淮海以徹爲楊州總管司馬改封德廣郡公尋徙封城陽郡公其後突厥犯塞徹復領行軍總管擊破之左僕射高熲之得罪也以徹素與熲相善因被疎忌不復任使後出怨言上聞而召之入臥內賜宴言及平生因遇鴆而卒大業中其妻宇文氏爲孽子安遠誣以呪咀伏誅

崔彭

崔彭字子彭博陵安平人也祖楷魏殷州刺史父謙周荆州總管彭少孤事母以孝聞性剛毅有武畧工騎射善周

官尚書畧通大義周武帝時爲侍伯上士累轉門正上士及高祖爲丞相周陳王純鎮齊州高祖恐純爲變遣彭以兩騎徵純入朝彭未至齊州三十里因詐病止傳舍遣人謂純曰天子有詔書至王所彭苦疾不能強步願王降臨之純疑有變多將從騎至彭所彭出傳舍迎之察純有疑色恐不就徵因詐純曰王可避人將密有所道純麾從騎彭又曰將宣詔王可下馬純遽下彭顧其騎士曰陳王不從詔徵可執也騎士因執而鎖之彭乃大言曰陳王有罪詔徵入朝左右不得輒動其從者愕然而去高祖見而大悅拜上儀同及踐祚遷監門郎將兼領右衛長史賜爵安

陽縣男數歲轉車騎將軍俄轉驃騎恒典宿衛性謹密在
省闥二十餘年每當上在仗危坐終日未嘗有怠惰之容
上甚嘉之上每謂彭曰卿當上日我寢處自安又嘗曰卿
弓馬固以絕人頗知學不彭曰臣少愛周禮尚書每於休
沐之暇不敢廢也上曰試爲我言之彭因說君臣戒愼之
義上稱善觀者以爲知言後加上開府遷備身將軍上嘗
宴達頭可汗使者於武德殿有鴿鳴於梁上上命彭射之
既發而中上大悅賜錢一萬及使者反可汗復遣使於上
曰請得崔將軍一與相見上曰此必善射聞於虜庭所以
來請耳遂遣之及至匈奴中可汗召善射者數十人因擲

肉於野以集飛鳶遣其善射者射之多不中復請彭射之
彭連發數矢皆應弦而落突厥相顧莫不歎服可汗留彭
不遣百餘日上賂以繒綵然後得歸仁壽末進爵安陽縣
公邑二千戶煬帝即位遷左領軍大將軍從幸洛陽彭督
後軍時漢王諒初平餘黨往往屯聚令彭率衆數萬鎭遏
山東復領慈州事帝以其淸賜絹五百匹未幾而卒時年
六十三帝遣使弔祭贈大將軍謚曰肅子寶德嗣

史臣曰王長述等或出總方岳或入司禁旅咸著聲績以
功名終有以取之也伊婁謙志量弘遠不念舊惡請赦高
遵之罪有國士之風焉崔彭恪謹嚴厲毅然難犯禦侮之
寄有足稱乎

列傳卷第十九　　隋書五十四

列傳卷第二十　隋書五十五

特進臣魏　徵　上

杜彥

杜彥雲中人也父遷屬葛榮之亂徙家於豳彥性勇果善騎射仕周釋褐左侍上士後從柱國陸通擊陳將吳明徹於土州破之又擊叛蠻尅魯山白楊二柵并斬其渠帥進平郢州賊帥樊志以戰功拜大都督尋遷儀同治隆山郡事明年拜隴州刺史賜爵永安縣伯高祖爲丞相從韋孝寬擊尉迥於相州每戰有功賜物三千段奴婢三十口進位上開府改封襄武縣侯拜魏郡太守開皇初授丹州刺史進爵爲公後六歲徵爲左武衞將軍平陳之役以行軍總管與新義公韓擒相繼而進軍至南陵賊屯據江岸彥遣儀同樊子蓋率精兵擊破其柵獲船六百餘艘度江擊南陵城拔之擒其守將許翼進至新林與擒合軍及陳平賜物五千段粟六千石進位柱國賜子寶安爵昌陽縣公高智慧等之作亂也復以行軍總管從楊素討之別解江州圍智慧餘黨往往屯聚保投溪洞彥水陸兼進攻錦山陽父若石壁四洞悉平之皆斬其渠帥賊李陁擁衆數千據彭山彥襲擊破之斬陁傳其首又擊徐州宜豐二洞悉平之賜奴婢百餘口拜洪州總管甚有治名歲餘雲州總

管賀婁子幹卒上悼惜者久之因謂侍臣曰榆林國之重鎮安得子幹之輩乎後數日上曰吾思可以鎮榆林者莫過杜彥於是徵拜雲州總管突厥來寇彥輒擒斬之北夷畏憚胡馬不敢至塞後數年朝廷復追錄前功賜子寶慶爵承縣公十八年遼東之役以行軍總管從漢王至營州上以彥曉習軍旅令總統五十營事及還拜朔州總管突厥復寇雲州上令楊素擊走之是後猶恐爲邊患以彥素爲突厥所憚復拜雲州總管未幾以疾徵還卒時年六十子寶慶大業末文城郡丞

高勱

高勱字敬德渤海蓨人也齊太尉清河王岳之子也幼聰敏美風儀以仁孝聞爲齊祖所愛年七歲襲爵清河王十四爲青州刺史歷右衞將軍領軍大將軍祠部尚書開府儀同三司改封樂安王性剛直有才幹甚爲時人所重斛律明月雅敬之每有征伐則引之爲副遷侍中尚書右僕射及後主爲周師所敗勱奉太后歸鄴時宦官放縱儀同苟子溢尤稱寵幸勱將斬之以徇太后救之乃釋劉文殊竊謂勱曰子溢之徒言成禍福何得如此勱攘袂曰今者西寇日侵朝貴多叛正由此輩弄權致使衣冠解體若得今日殺之明日受誅無所恨也文殊甚愧既至鄴勱勸後

主五品已上家累悉置三臺之上因脅之曰若戰不捷則燒之此輩惜妻子必當死戰可敗也後主不從遂棄鄴東遁勱恒後殿為周軍所得武帝見之與語大悅因問齊亡所由勱發言流涕悲不自勝帝亦為之改容授開府儀同三司高祖為丞相謂勱曰齊所以亡者由任邪佞公父子忠良聞於鄰境宜善自愛勱再拜謝曰勱亡齊末屬世荷恩榮不能扶危定傾以致淪覆既蒙獲宥恩幸已多況復濫叨名位致速官謗高祖甚器之以勱檢校揚州事後拜楚州刺史民安之先是城北有伍子胥廟其俗敬鬼祈禱者必以牛酒至破產業勱歎曰子胥賢者豈宜損百姓乎

乃告諭所部自此遂止百姓賴之七年轉光州刺史上取陳五策又上表曰臣聞夷凶翦暴王者之懋功取亂侮亡往賢之雅誥是以苗民逆命爰興兩階之舞有扈不賓終召六師之伐皆所以寧一寓內匡濟群生者也自昔晉氏失馭天網絕維群凶於焉蝟起三方因而鼎立陳氏乘其際運拔起細微脩頊縱其長蛇竊據吳會叔寶肆其昏虐毒被金陵數年已來荒悖滋甚牝雞司旦昵近姦回尚方役徒積骸於數疆場防守長戍三年或微行暴露沉湎王侯之宅或奔馳駿騎顛墜康衢之首有功不賞無辜獲戮烽燧日警未以為虞耽淫靡嫚不知紀極天猒亂德妖實人興或空裏時有大聲或行路共傳鬼怪或刳人肝以祠天狗或自捨身以厭妖訛民神怨憤災異荐發天時人事昭然可知臣以庸才猥蒙朝寄頻歷藩任與其鄰接密邇仇讎知其動靜肝天討有罪此即其時若戎車雷動戈舡電邁臣雖駑怯請效鷹犬高祖覽表嘉之答以優詔及大舉伐陳以勱為行軍總管從宜陽公王世積下陳江州以功拜上開府賜物三千段隴右諸羌數為寇亂朝廷以勱有威名拜洮州刺史下車大崇威惠民夷悅附其山谷間生羌相率詣府稱謁前後至者數千餘戶豪猾屏迹路不拾遺在職數年稱為治理後遇吐谷渾來寇勱遇疾不能拒

戰賊遂大掠而去憲司奏勱亡失戶口又言受羌饋遺竟坐免官後卒於家時年五十六子士廉最知名

尒朱敞

尒朱敞字乾羅秀容契胡人尒朱榮之族子也父彥伯官至司徒博陵王齊神武帝韓陵之捷盡誅尒朱氏敞小隨母養於宮中及年十二自竇而走至于大街見童兒群戲者敞解所著綺羅金翠之服易衣而遁追騎尋至初不識敞便執綺衣兒比究問知非會日已暮由是得免遂入一村見長孫氏媼踞胡床而坐敞再拜求哀長孫氏愍之藏於複壁三年購之愈急迹且至長孫氏曰事急矣不可久

留資而遣之遂詐爲道士變姓名隱嵩山略涉經史數年之間人頗異之嘗獨坐巖石之下泫然而歎曰吾豈終於此乎伍子胥獨何人也於是間行微服西歸于周太祖見而禮之拜大都督行臺郎中封靈壽縣伯邑千五百戶遷通直散騎常侍轉車騎大將軍儀同三司進爵爲侯保定中遷使持節驃騎大將軍開府儀同三司天和中增邑五百戶歷信臨熊潼四州刺史進爵爲公武帝東征上表求從許之攻城陷陣所當皆破進位上開府除南光州刺史入爲護軍大將軍歲餘轉膠州刺史於是迎長孫氏及弟置於家厚資給之高祖受禪改封邊城郡公黜安蠻叛命

敵討平之師旋拜金州總管尋轉徐州總管在職數年號爲明肅民吏懼之後以年老上表乞骸骨賜二馬軺車歸於河內卒於家時年七十二子最嗣

周搖

周搖字世安其先與後魏同源初爲普乃氏及居洛陽改爲周氏曾祖拔拔祖右六肱俱爲北平王父恕延歷行臺僕射荊州總管搖少剛果有武藝性謹厚動遵法度仕魏官至開府儀同三司周閔帝受禪賜姓車非氏封金水郡公歷鳳楚二州刺史吏民安之從帝平齊每戰有功超授柱國進封夔國公未幾拜晉州總管時高祖爲定州總管文獻皇后自京師詣高祖路經搖所主禮甚薄既而白后曰公廨甚富於財限法不敢輒費文王臣無得効私其質直如此高祖以其奉法每嘉之及爲丞相徙封濟北郡公尋拜豫州總管高祖受禪復姓周氏開皇初突厥寇邊燕薊多被其患前總管李崇爲虜所殺上思所以鎮之臨朝曰無以加周搖者拜爲幽州總管六州五十鎮諸軍事搖修鄣塞謹斥候邊民以安後六載徙爲壽州初自以年老乞骸骨上召之既引見上勞之曰公積行累仁歷仕三代克終富貴保茲遐壽良足善也賜坐褥歸於第歲餘終于家謚曰恭時年八十四

獨孤楷

獨孤楷字脩則不知何許人也本姓李氏父屯從齊神武帝與周師戰于沙苑齊師敗績因爲柱國獨孤信所擒配爲士伍給使信家漸得親近因賜姓獨孤氏楷少謹厚便弄馬槊爲宇文護執刀累轉車騎將軍其後數從征伐賜爵廣阿縣公邑千戶拜右侍下大夫周末從韋孝寬平淮南以功賜子景雲爵西河縣公高祖爲丞相進授開府每督親信兵及受禪拜右監門將軍進封汝陽郡公數歲遷右衛將軍仁壽初出爲原州總管時蜀王秀鎮益州上徵之猶豫未發朝廷恐秀生變拜楷益州總管馳傳代之果

有異志楷諷諭久之乃就路楷察秀有悔色因勒兵爲備
秀至興樂去益州四十餘里將反襲楷密令左右覘所爲
知楷不可犯而止楷在益州甚有惠政蜀中父老于今稱
之煬帝即位轉并州總管遇疾喪明上表乞骸骨帝曰公
先朝舊臣歷職二代高風素望臥以鎮之無勞躬親簿領
也遣其長子凌雲監省郡事其見重如此數載轉長平太
守未視事而卒謚曰恭子凌雲平雲彥雲皆不知名楷弟
盛見誠節傳

乞伏慧

乞伏慧字令和馬邑鮮卑人也祖周魏銀青光祿大夫父

列傳三十　隋書五十五　七

纂魏金紫光祿大夫並爲第一領民酋長慧少慷慨有大節
便弓馬好鷹犬齊文襄帝時爲行臺左丞加蕩寇將軍累
遷右衛將軍太僕卿自永寧縣公封宜民郡王其兄貴和
又以軍功爲王一門二王稱爲貴顯周武平齊授使持節
開府儀同大將軍拜佽飛右旅下大夫轉熊渠中大夫高
祖爲丞相從韋孝寬擊尉迥於武陟所當皆破授大將軍
賜物八百段及平尉迥進位柱國賜爵西河郡公邑三千
戶賚物二千三百段請以官爵讓兄朝廷不許論者義之
高祖受禪拜曹州刺史曹土舊俗民多姦隱戶口簿帳恒
不以實慧下車按察得戶數萬遷涼州總管先是突厥屢爲
寇抄慧於是嚴警烽燧遠爲斥候虜亦素憚其名竟不入
境歲餘轉齊州刺史得隱戶數千遷壽州總管其年左轉
杞州刺史在職數年遷徐州總管時年逾七十上表求致
仕不許俄轉荊州總管又領潭桂二州總管三十一州諸
軍事其俗輕剽慧躬行樸素以矯之風化大洽曾見人以
簺捕魚者出絹買而放之其仁心如此百姓美之號其處
曰西河公簺轉秦州總管煬帝即位爲天水太守大業五
年征吐谷渾郡濱西境民苦勞役又遇帝西巡坐爲道不
整獻食疏薄帝大怒命左右斬之見其無髮乃釋除名爲
民卒於家

張威

列傳三十　隋書五十五　八

張威不知何許人也父琛魏弘農太守威少倜儻有大志
善騎射膂力過人在周數從征伐位至柱國京兆尹封長
壽縣公邑千戶王謙作亂高祖以威爲行軍總管從元帥
梁睿擊之軍次通谷謙守將李三王擁勁兵拒守睿以威
爲先鋒三王初閉壘不戰威令人詈辱以激怒之三王果
出陣威令壯士奮擊三王軍潰大兵繼至於是擒斬四千
餘人進至開遠謙將趙儼衆十萬連營三十里威鑿山通
道自西領攻其背儼遂敗走追至成都與謙大戰威將中軍
及謙平進位上柱國拜盧州總管高祖受禪歷幽洛二州

總管改封晉熙郡公尋拜河北道行臺僕射後督晉王軍府事數年拜青州總管賜錢八十萬米五百石雜綵三百段威在青州頗治產業遣家奴於民間鬻蘆服根其奴緣此侵擾百姓上深加譴責坐廢於家後從上祠太山至洛陽上謂威曰自朕之有天下每委公以重鎮可謂推赤心矣何乃不修名行唯利是視豈直孤負朕心亦且累卿名德因問威曰公所執笏今安在威頓首曰臣負罪虧憲無顏復執謹藏於家上曰可持來威明日奉笏以見上曰公雖不遵法度功効實多朕不忘之今還公笏於是復拜洛州刺史後封晥城郡公尋轉相州刺史卒官有子植大業中至武賁郎將

和洪

和洪汝南人也少有武力勇烈過人周武帝時數從征伐以戰功累遷車騎大將軍儀同三司時龍州蠻任公忻李國立等聚衆爲亂刺史獨孤善不能禦朝議以洪有武略代善爲刺史月餘擒公忻國立皆斬首梟之餘黨悉平從帝攻河陰洪力戰陷其西門帝壯之賞物千段後從帝平齊進位上儀同賜爵北平侯邑八百戶拜左勳曹下大夫柱國王軌之擒吳明徹也洪有功焉加位開府遷折衝中大夫尉迥作亂相州以洪爲行軍總管從韋孝寬擊之軍至河陽迥遣兵圍懷州洪與總管宇文述等擊走又破尉惇於武陟及平相州每戰有功拜柱國封廣武郡公邑二千戶前後賜物萬段奴婢五十口金銀各百挺牛馬百匹時東夏初平物情尚梗高祖以洪有威名令領冀州事甚得人和數歲徵入朝爲漕渠總管監轉拜泗州刺史屬突厥寇邊詔洪爲北道行軍總管擊走虜至磧而還後遷徐州總管卒時年六十四

侯莫陳穎

侯莫陳穎字遵道代人也與魏南遷世爲列將父崇魏周之際歷職顯要官至大司空穎少有器量風神警發爲時輩所推魏大統末以父軍功賜爵廣平侯累遷開府儀同

三司周武帝時從滕王逌擊龍泉文城叛胡與柱國豆盧勣各帥兵分路而進穎懸軍五百餘里破其三柵先是稽胡叛亂輒略邊人爲奴婢至是詔胡敢有壓匿良人者誅籍沒其妻子有人言爲胡村所隱匿者勣將誅之穎謂勣曰將在外君命有所不行諸胡固非悉反但相迫脅爲亂耳大兵臨之首亂者知懼脅從者思降今漸加撫慰自可不戰而定如即誅之轉相驚恐爲難不細未若召其渠帥以隱匿者付之令自歸首則群胡可安勣從之群胡感悅爭來降附北土以安還司武加振威中大夫高祖爲丞相

拜昌州刺史會受禪竟不行加上開府進爵昇平郡公俄
拜延州刺史數年轉陳州刺史平陳之役以行軍總管從
秦王俊出魯山道屬陳將荀法尚陳紀降顗與行軍總管
段文振度江安集初附尋拜饒州刺史未之官遷瀛州刺
史甚有惠政在職數年坐與秦王俊交通免官百姓將送
者莫不流涕因相與立碑頌顗清德未幾檢校汾州事俄
拜邢州刺史仁壽中吏部尚書牛弘持節巡撫山東以顗
爲第一高祖嘉歎優詔褒揚時朝廷以嶺南刺史縣令多
貪鄙蠻夷怨叛妙簡清吏以鎮撫之於是徵顗入朝及進
見上與顗言及平生以爲歡笑數日進位大將軍拜桂州

總管十七州諸軍事賜物而遣之及到官大崇恩信民夷
悅服溪洞生越多來歸附煬帝即位顗兄梁國公芮坐事
徙邊朝廷恐顗不自安徵歸京師數年拜恒山太守其年
嶺南閩越多不附帝以顗前在桂州有惠政爲南土所信
伏復拜南海太守後四歲卒官諡曰定子處會最知名

史臣曰杜彥東奔南服屢有戰功作鎮朔垂胡塵不起高
勱死士之際志氣懔然疾彼姦邪致茲餘慶尒朱敞幼有
權奇終能止足崇基墜而復構不亦仁且智乎周搖以質
實見知獨孤以恤人流譽乞伏慧能以國讓侯莫陳所居
治理或知牧人之道或踐仁義之路皆有可稱焉慧從帳
下不厚至於放黜並結髮登朝出入三代終享祿位不夭性
齡蓋其任心而行不爲矯飾之所致也

列傳卷第二十　隋書五十五

特進臣魏徵上

盧愷

盧愷字長仁涿郡范陽人也父柔終於魏中書監愷性孝友神情爽悟略涉書記頗解屬文周齊王憲引為記室其後襲爵容城伯邑千一百戶從憲伐齊愷說柏杜鎮下之遷小吏部大夫增邑七百戶染工上士王神歡者嘗以賂自進冢宰宇文護擢為計部下大夫愷諫曰古者登高能賦可為大夫求賢審官理須詳慎今神歡出自染工更無殊異徒以家富自通遂與搢紳並列實恐惟鵜之刺聞之

外境護竟寢其事建德中增邑二百戶歲餘轉內史下大夫武帝在雲陽宮敕諸屯簡老牛欲以享士愷進諫曰昔田子方贖老馬君子以為美談向奉明敕欲以老牛享士有虧仁政帝美其言而止轉禮部大夫為聘陳使副先是行人多從其國禮及愷為使一依本朝陳人莫能屈四年秋李穆攻拔軹關柏崖二鎮命愷作露布帝讀之大悅曰盧愷文章大進荀景倩故是令君之子尋授襄州總管司錄轉治中大象元年徵拜東京吏部大夫開皇初加上儀同三司除尚書吏部侍郎進爵為侯仍攝尚書左丞每有敷奏侃然正色雖逢喜怒不改其常帝嘉愷有吏幹賜錢二十萬匹并賚雜綵三百匹加散騎常侍八年上親考百僚以愷為上愷固讓不敢受高祖曰吏部勤幹舊所聞悉今者上考僉議攸同當仁不讓何愧之有皆在朕心無勞飾讓歲餘拜禮部尚書攝吏部尚書事會國子博士何妥與右僕射蘇威不平奏威陰事愷坐與相連上以愷屬吏憲司奏愷曰房恭懿者尉遲迥之黨不當仕進威愷二人曲相薦達累轉為海州刺史又吏部預選者甚多愷不即授官皆注色而遣威之從父弟徹肅二人並以鄉正徵詣吏部徹文狀後至而先任用肅左足攣蹇才用無算愷以威故授朝請郎愷之朋黨事甚明白上大怒曰愷敢將天官以為

私惠愷免冠頓首曰皇太子將以通事舍人蘇夔為舍人夔即蘇威之子臣以夔未當遷固啟而止臣若與威有私豈當如此上曰蘇威之子朝廷共知卿乃固執以徼身倖至所不知者便行朋附姦臣之行也於是除名為百姓未幾卒于家自周氏以降選無清濁及愷攝吏部與薛道衡陸彥師等甄別士流故涉黨固之譖遂及於此子義恭嗣

令狐熙

令狐熙字長熙燉煌人也代為西州豪右父整仕周官至大將軍始豐二州刺史熙性嚴重有雅量雖在私室終日儼然不妄通賓客凡所交結必一時名士博覽群書尤明

三禮善騎射頗知音律起家以通經爲吏部上士尋授都督輔國將軍轉夏官府都上士俱有能名以母憂去職殆不勝喪其父戒之曰大孝在於安親義不絕嗣吾今見存汝又隻立何得過爾毀頓貽吾憂也熙自是稍加饘粥服闋除小駕部復丁父憂非杖不起人有聞其哭聲莫不爲之下泣河陰之役詔令墨縗從事還授職方下大夫襲爵彭陽縣公邑二千一百戶及武帝平齊以留守功增邑六百戶進位儀同歷司勳吏部二曹中大夫甚有當時之譽高祖受禪之際熙以本官行納言事尋除司徒左長史加上儀同進爵河南郡公時吐谷渾寇邊以行軍長史從元

帥元諧討之以功進位上開府會蜀王秀出鎮於蜀綱紀之選咸屬正人以熙爲益州總管長史未之官拜滄州刺史時山東承齊之弊戶口簿籍類不以實熙曉諭之令自歸首至者一萬戶在職數年風教大洽稱爲良二千石開皇四年上幸洛陽熙來朝吏民恐其遷易悲泣於道及熙復還百姓出境迎謁歡叫盈路在州獲白烏白麞嘉麥甘露降於庭前柳樹八年徙爲河北道行臺度支尚書吏民追思相與立碑頌德及行臺廢授并州總管司馬後徵爲雍州別駕尋爲長史遷鴻臚卿後以本官兼吏部尚書往判五曹尚書事號爲明幹上甚任之及上祠太山還次汴

州惡其殷盛多有姦俠於是以熙爲汴州刺史下車禁游食抑工商民有向街開門者杜之船客停於郭外星居者勒爲聚落僑人逐令歸本其有滯獄並決遣之令行禁止稱爲良政上聞而嘉之顧謂侍臣曰鄴都天下難理處也勑相州刺史豆盧通令習熙之法其年來朝考績爲天下之最賜帛三百匹頒告天下上以嶺南夷越數爲反亂徵拜桂州總管十七州諸軍事許以便宜從事刺史以下官得承制補授給帳內五百人賜帛五百匹發傳送其家累改封武康郡公熙至部大弘恩信其溪洞渠帥更相謂曰前時總管皆以兵威相脅今者乃以手教相諭我輩其可

違乎於是相率歸附先是州縣生梗長吏多不得之官寄政於總管府熙悉遣之爲建城邑開設學校華夷感敬稱爲大化時有寧猛力者與陳後主同日生自言貌有貴相在陳日已據南海平陳後高祖因而撫之即拜安州刺史然驕倨恃其阻險未嘗參謁熙手書諭之申以交友之分其母有疾熙復遺以藥物猛力感之詣府請謁不敢爲非熙以州縣多有同名者於是奏改安州爲欽州黃州爲峯州利州爲智州德州爲驩州東寧爲融州上皆從之在職數年上表曰臣忝寄嶺表四載于茲犬馬之年六十有一才輕任重媿懼兼深常願收拙避賢稍免官謗然所管遐

曠綏撫尤難雖未能頓革夷風頗亦漸識皇化但臣夙患
消渴比更增甚筋力精神轉就衰邁昔在壯齒猶不如人
況今年疾俱侵豈可猶當重寄請解所任優詔不許賜以
醫藥熙奉詔令交州渠帥李佛子入朝佛子欲爲亂請至
仲冬上道熙意在羈縻遂從之有人詣闕訟熙受佛子賂
而捨之上聞而固疑之既而佛子反問至上大怒以爲信
然遣使者鎖熙詣闕熙性素剛鬱鬱不得志行至永州憂
憤發病而卒時年六十三上怒不解於是沒其家財及行
軍總管劉方擒佛子送於京師言熙實無贓貨上乃悟於
是召其四子聽預仕焉少子德綦最知名

薛冑

薛冑字紹玄河東汾陰人也父端周蔡州刺史冑少聰明
每覽異書便曉其義常歎訓注者不會聖人深旨輒以意
辯之諸儒莫不稱善性慷慨志立功名周明帝時襲爵文
城郡公累遷上儀同尋拜司金大夫後加開府高祖受禪
擢拜魯州刺史未之官檢校廬州總管事尋除兗州刺史
及到官繫囚數百冑剖斷旬日便了囹圄空虛有陳州人
向道力者僞作高平郡守將之官冑遇諸塗察其有異將
留詰之司馬王君馥固諫乃聽詣郡既而悔之即遣主簿
追禁道力有部人徐俱羅者嘗任海陵郡守先是已爲道

力僞代之比至秩滿公私不悟俱羅遂語君馥曰向道力
以經代俱羅爲郡使君豈容疑之君馥以俱羅所陳又固
請冑冑呵君馥曰吾已察知此人詐也司馬容姦當連其
坐君馥乃止遂往收之道力懼而引僞其發姦擿伏皆此
類也時人謂爲神明先是兗州城東沂泗二水合而南流
泛濫大澤中冑遂積石堰之使決令西注陂澤盡爲良田
又通轉運利盡淮海百姓賴之號爲薛公豐兗渠冑以天
下太平登封告禪帝王盛烈遂遣博士登太山觀古跡撰
封禪圖及儀上之高祖謙讓不許後轉郢州刺史前後俱
有惠政徵拜衛尉卿尋轉大理卿持法寬平名爲稱職後

遷刑部尚書時左僕射高熲稍被疏忌及王世積之誅也
熲事與相連上因此欲成熲罪冑明雪之正議其獄由是
忤旨械繫之久而得免檢校相州事甚有能名會漢王諒
作亂并州遣僞將綦良東略地攻逼慈州刺史上官政請
援於冑冑畏諒兵鋒不敢拒良又引兵攻冑冑欲以計卻
之遣親人魯世範說良曰天下事未可知冑爲人臣去就
須得其所何遽相攻也良於是釋去進圖黎陽及良爲史
祥所攻棄軍歸冑朝廷以冑懷貳心鎖詣大理相州吏人
素懷其恩詣闕理冑者百餘人冑竟坐除名配防嶺南道
病卒有子筠獻並知名

宇文弼

宇文弼字公輔河南洛陽人也其先與周同出祖直力覲魏鉅鹿太守父珍周宕州刺史弼慷慨有大節博學多通仕周為禮部上士嘗奉使鄧至國及黑水龍涸諸羌前後降附三十餘部及還奉詔修定五禮書成奏之賜公田十二頃粟百石累遷少吏部擢八人為縣令皆有異績時以為知人轉內史都上士武帝將出兵河陽以伐齊謀及臣下弼進策曰齊氏建國于今累葉雖曰無道藩屏之寄尚有其人今之用兵須擇其地河陽衝要精兵所聚盡力攻圍恐難得志如臣所見彼汾之曲戍小山平攻之易拔用

武之地莫過於此願陛下詳之帝不納師竟無功建德五年大舉伐齊卒用弼計弼於是募三輔豪俠少年數百人以為別隊從帝攻拔晉州身被三瘡苦戰不息帝奇而壯之後從帝平齊以功拜上儀同封武威縣公邑千五百戶賜物千五百段奴婢百五十口馬牛羊千餘頭拜司州總管司錄宣帝嗣位遷左守廟大夫時突厥寇甘州帝令侯莫陳昶率兵擊之弼為監軍弼謂昶曰黠虜之勢來如激矢去若絕絃若欲追躡良為難及且宜選精騎直趣祁連之西賊若收軍必自蓼泉之北此地險隘兼復下濕度其人馬三日方度緩轡追討何慮不及彼勞我逸破之必矣若邀此路真上策也昶不能用之西取合黎大軍行遲虜已出塞其年弼又率兵從梁士彥攻拔壽陽尋改封安樂縣公增邑六百戶賜物六百段加以口馬除滄州刺史俄轉南司州刺史後司馬消難之奔陳也弼追之不及遇陳將樊毅戰於漳口自旦及午三戰三捷虜獲三千人除黃州刺史尋轉南定州刺史開皇初以前功封平昌縣公加邑一千二百戶入為尚書右丞時西羌內附詔弼持節安集之置鹽澤蒲昌二郡而還遷尚書左丞當官正色為百寮所憚三年突厥寇甘州以行軍司馬從元帥竇榮定擊破之還除太僕少卿轉吏部侍郎平陳之役楊素出信州

道令弼持節為諸軍節度仍領行軍總管劉仁恩之破陳將呂仲肅也弼有謀焉加開府權拜刑部尚書領太子虞候率上嘗親臨釋奠弼與博士論議詞致清遠觀者屬目上大悅顧謂侍臣曰朕今覩周公之制禮見宣尼之論孝實慰朕心於是頒賜各有差時朝廷以晉陽為重鎮并州總管必屬親王其長史司馬亦一時高選前長史王韶卒以弼有文武幹用出為并州長史俄以父艱去職尋詔起之十八年遼東之役授元帥漢王府司馬仍尋領行軍總管軍還之後歷朔代吳三州總管皆有能名煬帝即位徵拜刑部尚書仍持節巡省河北還除泉州刺史歲

餘復拜刑部尚書尋轉禮部尚書弼既以才能著稱歷職顯要聲望甚重物議時談多見推許帝頗忌之時帝漸好聲色尤勤遠略弼謂高熲曰昔周天元好聲色而國亡以今方之不亦甚乎又言長城之役幸非急務有人奏之竟坐誅死時年六十二天下冤之所著辭賦二十餘萬言爲尚書孝經注行於時有子偃瑗

張衡

張衡字建平河內人也祖嶷魏河陽太守父光周萬州刺史衡幼懷志尚有骨鯁之風年十五詣太學受業研精覃思爲同輩所推周武帝居太后憂與左右出獵衡露髮輿

櫬扣馬切諫帝嘉焉賜衣一襲馬一匹擢拜漢王侍讀衡又就沈重受三禮畧究大旨累遷掌朝大夫高祖受禪拜司門侍郎及晉王廣爲河北行臺衡歷刑部度支二曹郎後以臺廢拜并州總管掾及王轉牧揚州衡復爲掾王甚親任之衡亦竭慮盡誠事之奪宗之計多衡所建也以母憂去職歲餘起授揚州總管司馬賜物三百段開皇中熙州李英林聚衆反署置百官以衡爲行軍總管率步騎五萬人討平之拜開府賜奴婢一百三十口物五百段金銀雜畜稱是及王爲皇太子拜衡右庶子仍領給事黃門侍郎煬帝嗣位除給事黃門侍郎進位銀青光祿大夫俄遷

御史大夫甚見親重大業三年帝幸榆林郡還至太原謂衡曰朕欲過公宅可爲朕作主人衡於是馳至河內與宗族具牛酒帝上太行開直道九十里以抵其宅帝悅其山泉留宴三日因謂衡曰往從先皇拜太山之始塗經洛陽瞻望於此深恨不得相過不謂今日得諧宿願衡俯伏辭謝奉觴上壽帝益歡賜其宅傍田三十頃良馬一匹金帶縑綵六百段衣一襲御食器一具衡固讓帝曰天子所至稱幸者蓋爲此也不足爲辭衡復獻食於帝帝令頒賜公卿下至衛士無不霑洽衡以藩邸之舊恩寵莫與爲比頗自驕貴明年帝幸汾陽宮宴從官特賜絹五百匹帝欲大

汾陽宮令衡與紀弘整具圖奏之衡承間進諫曰比年勞役繁多百姓疲弊伏願留神稍加折損帝意甚不平後嘗目衡謂侍臣曰張衡自謂由其計畫令我有天下也時齊王暕失愛於上帝密令人求暕罪失有人譖暕違制將伊闕令皇甫詡從之汾陽宮又録前幸涿郡及祠恒岳時父老謁見者衣冠多不整帝譴衡以憲司皆不能舉正出爲榆林太守明年帝復幸汾陽宮衡督役築樓煩城因而謁帝帝惡衡不損瘦以爲不念咎因謂衡曰公甚肥澤宜且還郡衡復之榆林俄而勑衡督役江都宮有人詣衡訟宮監者衡不爲理還以訟書付監其人大爲監所困禮部尚

書楊玄感使至江都其人詣玄感稱冤玄感固以衡爲不可及與衡相見未有所言又先謂玄感曰薛道衡眞爲枉死玄感具上其事江都丞王世充又奏衡頻減頓具帝於是發怒鎖衡詣江都市將斬之久而乃釋除名爲民放還田里帝每令親人覘衡所爲八年帝自遼東還都衡妾言衡怨望謗訕朝政竟賜盡于家臨死大言曰我爲人作何物事而望久活監刑者塞耳促令殺之義寧中以死非其罪贈大將軍南陽郡公謚曰忠有子希玄

楊汪

楊汪字元度本弘農華陰人也曾祖順徙居河東父琛儀同三司及汪貴追贈平鄉縣公汪少凶疏好與人群鬪拳所毆擊無不顛踣長更折節勤學專精左氏傳通三禮解褐周冀王侍讀王甚重之每曰楊侍讀德業優深孤之穆生也其後問禮於沈重受漢書於劉臻二人推許之曰吾弗如也由是知名累遷夏官府都上士及高祖居相引知兵事遷掌朝下大夫高祖受禪賜爵平鄉縣伯邑二百戶歷尚書司勳兵部二曹侍郎秦州總管長史名爲明幹還尚書左丞坐事免後歷荆洛二州長史每聽政之暇必延生徒講授時人稱之數年高祖謂諫議大夫王達曰卿爲我覓一好左丞達遂私於汪曰我當薦君爲左丞若事果

當以良田相報也汪以達所言奏之達竟以獲罪卒拜汪爲尚書左丞汪明習法令果於剖斷當時號爲稱職煬帝即位守大理卿汪視事二日帝將親省囚徒其時繫囚二百餘人汪通宵究審詰朝而奏曲盡事情一無遺誤帝甚嘉之歲餘拜國子祭酒帝令百寮就學與汪講論天下通儒碩學多萃焉論難鋒起皆不能屈帝令御史書其問答奏之省而大悅賜良馬一匹大業中爲銀青光祿大夫及楊玄感反河南贊治裴弘策出師禦之戰不利弘策出還遇汪而屏人交語既而留守樊子蓋斬弘策以狀奏汪帝疑之出爲梁郡通守後李密已逼東都其徒頻寇梁郡汪勒兵拒之頻挫其鋭煬帝崩王世充推越王侗爲主徵拜吏部尚書頗見親委及世充僭號汪復用事世充平以凶黨誅死

史臣曰盧愷諫諍可稱令狐熙所居而治薛冑執憲平允宇文弼聲望攸歸張衡以鯁正立名楊汪以學業自許然皆有善始鮮克令終九仞之基俱傾於一匱惜哉夫忠爲令德施非其人尚或不可況託足邪徑而又不得其人者歟語曰無爲權首將受其咎又曰無始禍無召亂張衡既召亂而實爲權首動不以順其能不及於此乎

列傳卷第二十一　　隋書五十六

特進臣魏　徵　上

盧思道　從父兄昌衡

盧思道字子行范陽人也祖陽烏魏秘書監父道亮隱居不仕思道聰爽俊辯通侻不羈年十六遇中山劉松松為人作碑銘以示思道思道讀之多所不解於是感激閉戶讀書師事河間邢子才後思道復為文以示劉松松又不能甚解思道乃喟然歎曰學之有益豈徒然哉因就魏收借異書數年之間才學兼著然不持操行好輕侮人齊天保中魏史未出思道先已誦之由是大被笞辱前後屢犯因而不調其後左僕射楊遵彥薦之於朝解褐司空行參軍長兼員外散騎侍郎直中書省文宣帝崩當朝文士各作挽歌十首擇其善者而用之魏收陽休之祖孝徵等不過得三首唯思道獨得八首故時人稱為八米盧郎後漏洩省中語出為丞相西閤祭酒歷太子舍人司徒錄事參軍每居官多被譴辱後以擅用庫錢免歸於家嘗於薊北悵然感慨為五言詩以見意人以為工數年復為京畿主簿歷主客郎給事黃門侍郎待詔文林館周武帝平齊授儀同三司追赴長安與同輩陽休之等數人作聽蟬鳴篇思道所為詞意清切為時人所重新野庾信徧覽諸同作

者而深歎美之未幾以母疾還鄉遇同郡祖英伯及從兄昌期宋護等舉兵作亂思道預焉周遣柱國宇文神舉討平之罪當法已在死中神舉素聞其名引出之令作露布思道援筆立成文無加點神舉嘉而宥之後除掌教上士高祖為丞相遷武陽太守非其好也為孤鴻賦以寄其情曰余志學之歲自鄉里遊京師便見識知音歷受群公之眷年登弱冠甫就朝列談者過誤遂竊虛名通人揚令君邢特進已下皆分庭致禮倒屣相接翦拂吹噓長其光價而才本駑拙性實踈嬾勢利貨殖淡然不營雖籠絆朝市且三十載而獨往之心未始去懷抱也攝生舛和有少氣疾分符坐嘯作守東原洪河之湄沃野彌望囂務既屛魚鳥為鄰有離群之鴻為羅者所獲野人馴養貢之於余置諸池庭朝夕賞翫既用銷憂兼以輕疾大易稱鴻漸於陸羽儀盛也楊子曰鴻飛冥冥騫翥高也淮南云東歸碣石違溽暑也平子賦曰南寓衡陽避祁寒也若其雅步清音遠心高韻鵷鸞已降罕見其儔而鎩翮牆陰偶影獨立唼喋秕粺雞鶩為伍不亦傷乎余五十之年忽焉已至永言身事慨然多緒乃為之賦聊以自慰云其詞曰惟此孤鴻擅奇羽族實稟清高之氣遠生遼碣之東氄毛將落和鳴順風壯冰云厚矯翅排空出島嶼之緜邈犯霜露之溟濛

驚結魚之密網畏落鴈之虛弓若其斗柄東指女夷司月
乃遊集於寒門遂輕舉於玄闕至如天高氣肅搖落在時
既嘯儔於淮浦亦弄吭於江湄摩赤霄以凌厲乘丹氣之
威夷遡商飆之嫋嫋翫陽景之遲遲彭蠡方春洞庭初綠
理翮整翰群浮侶浴振雪羽而臨風掩霜毛而候旭厭江
湖之菁藻飫原野之菽粟行離離而高逝響嗈嗈而相續
絜齊國之冰紈皓密山之華玉若乃晨沐清露安趾徐步
夕息芳洲延頸乘流違寒競逐浮沉水宿避暑言歸絕漠
雲飛望玄鵠而為侶比朱鷺而相依倦天衢之冥漠降河
渚之芳菲忽值羅人設網虞者懸機永辭寥廓蹈迹重圍

始則窘束籠樊憂憚刀俎靡軀絕命恨失其所終乃馴狎
園庭棲託池籞稻粱為惠恣其容與於是翕羽宛頸屏氣
銷聲滅煙霞之高想悶江海之幽情何時驤首奮翼上凌
太清騫翥鼓舞遠薄層城惡禽視而不貴小鳥顧而相輕
安控地而無恥豈沖天之復榮若夫圖南之羽偉而去美
棲睫之蟲微而不賤各遂性於天壤弗企懷以交戰不聽
咸池之樂不饗太牢之薦匹晨雞而共飲偶野鳧以同膳
匪揚聲以顯聞寧校體而求見聊寓形乎沼沚且夷心於
溏淀齊榮辱以晏如承君子之餘眄開皇初以母老表請
解職優詔許之思道自恃才地多所陵轢由是官塗淪滯

既而又著勞生論指切當時其詞曰莊子曰大塊勞我以
生誠哉斯言也余年五十羸老云至追惟疇昔勤矣厥生
乃著茲論因言時云爾龍郡屏居有客造余者少選之頃
盱衡而言曰生者天地之大德人者有生之最靈所以作
配兩儀稱貴群品妍蚩愚智之辯天懸壤隔行己立身之
異入海登山今吾子生於右地九葉卿族天授俊才萬夫
所仰學綜流畧慕孔門之游夏辭窮麗則擬漢日之卿雲
行藏有節進退以禮不謟不驕無慍無懌俛仰貴賤之間
從容語默之際何其裕也下走所欣羨焉余莞爾而笑曰
未之思乎何所言之過也子其清耳請為左右陳之夫人

之生也皆未若無生在余之生勞亦勤止紈綺之年伏膺教
義規行矩步從善而登巾冠之後濯纓受署纏縶仁義籠
絆朝市失翹陸之本性喪江湖之遠情淪此風波溺於倒
蹟憂勞總至事非一緒何則地胄高華既致嫌於管庫才
識美茂亦受嫉於愚庸篤學強記聾瞽於焉側目清言河
瀉木訥所以疾心豈徒蟲惜春發鴟悋腐鼠相江都而求
歎傳長沙而不歸固亦魯值臧倉楚逢靳尚趙壹為之哀
歌張升於是慟哭有齊之季不遇休明申胆就鞅屏迹無
地段珪張讓金貝是視賈謐郭淮腥臊可厭饕滔刑以逞禍
近池魚耳聽惡來之讒足踐龍逢之血周氏末葉仍值辭

王歙笏升階汗流浹背莒客之踵蹐焦原匹茲非險齊人
之手執馬尾方此未危若乃羊腸句注之道據鞍振策武
落雞田之外櫛風沐雨三旬九食不敢稱弊此之爲役蓋
其小小者耳今泰運肇開四門以穆冕旒司契於上夔龍
佐命於下岐伯善卷恥徇幽憂卞隨務光悔從木石余年
在秋方已迫知命情禮宜退不獲晏安一葉從風無損鄧
林之攢植雙鳧退飛不虧渤澥之游泳耕田鑿井晚息晨
興候南山之朝雲望北堂之明月氾勝九穀之書觀其節
制崔寔四人之令奉以周旋晨荷蓑笠白屋黃冠之伍夕
談穀稼霑體塗足之倫濁酒盈罇高歌滿席恍兮惚兮天
地一指此野人之樂也子或以是羨余乎客曰吾子之言
既聞之矣佗人有心又請論其梗槩余答曰雲飛泥沉卑
高異等圓行方止動息殊致是以摩霄運海輕罻羅於數
澤五衢四照忽斤斧於山林余晚值昌辰遂其弱尚觀人
事之隕穫覩時路之遭危玄冬脩夜靜言長想可以累歎
悼心流涕酸鼻人之百年脆促已甚奔駒流電不可爲辭
顧慕周章數紀之内窮通榮辱事無足道而有識者鮮無
識者多褊隘凡近輕險躁薄居家則人面獸心不孝不義
出門則諂諛讒佞無愧無恥退身知足忘伯陽之炯戒陳
力就列弃周任之格言悠悠遠古斯患已積迄於近代此

蠹尤深范卿摛讓之風搢紳不嗣夏書昏墊之罪執政所
安朝露未晞小車盈董石之巷夕陽且落皁蓋塡閭寔之
里皆如脂如韋俯僂匍匐噉惡求媚舐痔自親美言諂笑
助其愉樂詐泣佞哀恤其喪紀近通旨酒遠貢文蛇艷姬
美女委如脫屣金銑玉華弃同遺跡及鄧通失路一簪之
賄無餘梁冀就誅五侯之貴將起向之求官買職晚謁晨
趨刺促望塵之舊遊伊優上堂之夜客始則亡魂褫魄若
牛兄之遇獸心戰色沮似葉公之見龍俄而抵掌揚眉高
視闊步結侶弃廉公之第携手哭聖卿之門華轂生塵來
如激矢雀羅暫設去等絶絃飴蜜非甘山川未阻千變萬
化鬼出神入爲此者皆衣冠士族或有藝能不恥不仁不
畏不義靡愧友朋莫慙妻子外呈厚貌内蘊百心繇是則
紆青佩紫牧州典郡冠幘劫人厚自封殖妍歌妙舞列鼎
撞鍾耳倦絲桐口飫珍旨雖素論以爲非而時宰之不責
末俗蚩蚩如此之敝余則違時薄宦屛息窮居甚恥驅馳
深畏乾没心若死灰不營勢利家無儋石不費囊錢偶影
聯官將數十載駑拙致笑輕生所以告勞也真人御宇斷
雕爲朴人知榮辱時反邕熙風力上宰内敷文教方邵重
臣外揚武節被之大道洽以淳風舉必以才爵無濫授巢
斯首鼠不預衣簪向當黑比周掃地俱盡輕薄之儔滅影寰

迹礫石變成瑜瑾蒿艾化爲芝蘭聾瞽之翁俗攬時駭耳穢
目今悉不聞不見莫余敢侮易曰聖人作而萬物覩斯之
謂乎歲餘被徵奉詔郊勞陳使頃之遭母憂未幾起爲散
騎侍郎奏內史侍郎事于時議置六卿將除大理思道上
奏曰省有駕部寺留大僕省有刑部寺除大理斯則重畜
産而賤刑名誠爲未可又陳殿庭非杖罰之所朝臣犯笞
罪請以贖論上悉嘉納之是歲卒于京師時年五十二上
甚惜之遣使弔祭焉有集三十卷行於時子赤松大業中
官至河東長史

昌衡字子均父道虔魏尚書僕射昌衡小字龍子風神澹

雅容止可法博涉經史工草行書從弟思道小字釋奴宗
中俱稱英妙故幽州爲之語曰盧家千里釋奴龍子年十
七魏濟陰王元暉業召補太尉參軍事兼外兵參軍齊氏
受禪歷平恩令太子舍人尋爲僕射祖孝徵所薦遷尚書
金部郎孝徵每曰吾用盧子均爲尚書郎自謂無愧幽州
矣其後兼散騎侍郎迎勞周使武帝平齊授司玉中士與
大宗伯斛斯徵修禮令開皇初拜尚書祠部侍郎高祖嘗
大集羣下令自陳功績人皆競進昌衡獨無所言左僕射
高熲目而異之陳使賀徹周濆相繼來聘朝廷每令昌衡
接對之未幾出爲徐州總管長史甚有能名吏部尚書蘇

威考之曰德爲人表行爲士則論者以爲美談嘗行至浚
儀所乘馬爲佗牛所觸因致死牛主陳謝求還價直昌衡
謂之曰六畜相觸自關常理此豈人情也君何謝拒而不
受性寬厚不校皆此類也轉壽州總管長史總管宇文述
甚敬之委以州務歲餘遷金州刺史仁壽中奉詔持節爲
河南道巡省大使及還以奉使稱旨授儀同三司賜物三
百段昌衡自以年在懸車表乞骸骨優詔不許大業初徵
爲太子左庶子行詣洛陽道卒時年七十二子寶素寶胤

李孝貞

李孝貞字元操趙郡柏人人也父希禮齊信州刺史世爲

著姓孝貞少好學能屬文在齊釋褐司徒府參軍事簡靜
不妄通賓客與從兄儀曹郎中騷太子舍人季節博陵崔
子武范陽盧詢祖爲斷金之契後以射策甲科拜給事中
于時黃門侍郎高乾和親要用事求婚於孝貞孝貞拒之
由是有隙陰譖之出爲太尉府外兵參軍後歷中書舍人
博陵太守司州別駕復兼散騎常侍聘周使副還除給事
黃門侍郎周武帝平齊授儀同三司少典祀下大夫宣帝
即位轉吏部下大夫高祖爲丞相尉迥作亂相州孝貞從
韋孝寬擊之以功授上儀同三司開皇初拜馮翊太守爲
犯廟諱於是稱字後數歲遷蒙州刺史吏民安之自此不

復留意於文筆人問其故慨然歎曰五十之年倏焉而過鬢垂素髮筋力已衰宦意文情一時盡矣悲夫然每暇日輒引賓客絃歌對酒終日爲歡徵拜內史侍郎與內史李德林恭典文翰然孝貞無幹劇之用頗稱不理上譴怒之勑御史劾其事由是出爲金州刺史卒官所著文集二十卷行於世有子允玉孝貞弟孝威亦有雅望大業中官至大理少卿

薛道衡

薛道衡字玄卿河東汾陰人也祖聰魏濟州刺史父孝通常山太守道衡六歲而孤專精好學年十三講左氏傳見

子產相鄭之功作國僑贊頗有詞致見者奇之其後才名益著齊司州牧彭城王浟引爲兵曹從事尚書左僕射弘農楊遵彥一代偉人見而嗟賞授奉朝請吏部尚書隴西辛術與語歎曰鄭公業不亡矣河東裴讞目之曰自鼎遷河朔吾謂關西孔子罕值其人今復遇薛君矣武成作相召爲記室及即位累遷太尉府主簿歲餘兼散騎常侍接對周陳二使武平初詔與諸儒修定五禮除尚書左外兵郎陳使傅縡聘齊以道衡兼主客郎接對之縡贈詩五十韻道衡和之南北稱美魏收曰傅縡所謂以蚓投魚耳待詔文林館與范陽盧思道安平李德林齊名友善後以本官直中書省尋拜中書侍郎仍參太子侍讀後主之時漸見親用于時頗有附會之譏後與侍中斛律孝卿參預政事道衡具陳備周之策孝卿不能用及齊亡周武引爲御史二命士後歸鄉里自州主簿入爲司祿上士高祖作相從元帥梁睿擊王謙攝陵州刺史大定中授儀同攝邛州刺史高祖受禪坐事除名河間王弘北征突厥召典軍書還除內史舍人其年兼散騎常侍聘陳主使道衡因奏曰江東蕞爾一隅僭擅遂久實由永嘉已後華夏分崩劉石符姚慕容赫連之輩妄竊名號尋亦滅亡魏氏自北徂南未遑遠略周齊兩立務在兼并所以江表逋誅積有年祀陛

下聖德天挺光膺寶祚比隆三代平一九州豈容使區區之陳久在天網之外臣今奉使請責以稱藩高祖曰朕且含養置之度外勿以言辭相折識朕意焉江東雅好篇什陳主尤愛雕蟲道衡每有所作南人無不吟誦焉八年伐陳授淮南道行臺尚書吏部郎兼掌文翰王師臨江高熲夜坐幕下謂之曰今段之舉克定江東已不君試言之道衡荅曰凡論大事成敗先須以至理斷之禹貢所載九州本是王者封域後漢之季群雄競起孫權兄弟遂有吳楚之地晉武受命尋即吞併永嘉南遷重此分割自爾已來戰爭不息否終斯泰天道之恒郭璞有云江東偏王三

百年還與中國合今數將滿矣以運數而言其必克一也
有德者昌無德者亡自古興滅皆由此道主上躬履恭儉
憂勞庶政叔寶峻宇雕牆酣酒荒色上下離心人神同憤
其必克二也爲國之體在於任寄彼之公卿備員而已拔
小人施文慶委以政事尚書令江總唯事詩酒本非經略
之才蕭摩訶任蠻奴是其大將一夫之用耳其必克三也
我有道而大彼無德而小量其甲士不過十萬西自巫峽
東至滄海分之則勢懸而力弱聚之則守此而失彼其必
克四也席卷之勢其在不疑熲忻然曰君言成敗事理分
明吾今豁然矣本以才學相期不意籌略乃爾還除吏部

侍郎後坐抽擢人物有言其黨蘇威任人有意故者除名
配防嶺表晉王廣時在揚州陰令人諷道衡從揚州路將
奏留之道衡不樂王府用漢王諒之計遂出江陵道而去
尋有詔徵還直內史省晉王由是銜之然愛其才猶頗見
禮後數歲授內史侍郎加上儀同三司道衡每至構文必
隱坐空齋蹋壁而卧聞戶外有人便怒其沈思如此高祖
每曰薛道衡作文書稱我意然誡之以迂誕後高祖善其
稱職謂楊素牛弘曰道衡老矣驅使勤勞宜使其朱門陳
戟於是進位上開府賜物百段道衡辭以無功高祖曰爾
久勞階陛國家大事皆爾宣行豈非爾功也道衡久當樞

要才名益顯太子諸王爭相與交高熲楊素雅相推重聲
名籍甚無競一時仁壽中楊素專掌朝政道衡既與素善
上不欲道衡久知機密因出檢校襄州總管道衡久蒙驅
策一旦違離不勝悲戀言之哽咽高祖愴然改容曰爾光
陰晚暮侍奉誠勞朕欲令爾將攝兼撫萌俗今爾之去朕
如斷一臂於是賚物三百段九環金帶并時服一襲馬十
匹慰勉遣之在任清簡吏民懷其惠煬帝嗣位轉番州
刺史歲餘上表求致仕帝謂內史侍郎虞世基曰道衡將
至當以祕書監待之道衡既至上高祖文皇帝頌其詞曰
太始太素荒茫造化之初天皇地皇杳冥書契之外其道

絕其迹遠言談所不詣耳目所不追至於入穴登巢鶉居
鷇飲不殊於羽族取類於毛羣亦何貴於人靈何用於心
識羲軒已降爰暨唐虞則乾象而施法度觀人文而化天
下然後帝王之位可重聖哲之道爲尊夏后殷周之國禹
湯文武之主功濟生民聲流雅頌然陵替於三五慙德於
干戈秦居閏位任刑名爲政本漢執靈圖雜霸道而爲業
當塗興而三方峙典午末而四海亂九州封域窟穴鯨鯢
之群五都遺黎蹴踏戎馬之足雖玄行定嵩洛木運據崤
函未正滄海之流詎息崑山之燎叶千齡之旦暮當萬葉
之一朝者其在大隋乎粵若高祖文皇帝誕聖降靈則赤

光照室韜神晦迹則紫氣騰天龍顏日角之奇玉理珠衡
之異著在圖籙彰乎儀表而帝系靈長神基崇峻類邠岐
之累德異豐沛之勃起俯膺歷試納揆賓門位長六卿望
高百辟猶重華之爲太尉若文命之任司空蒼曆將盡率
土糜沸玉弩驚天金鉦照野姦雄挺禍據河朔而連海岱
猾長縱惡杜白馬而塞成皐庸蜀逆命憑銅梁之險鄖黃
背誕引金陵之寇三川已震九鼎將飛高祖龍躍鳳翔濡
足授手應赤伏之符受玄狐之籙命百下百勝之將動九
天九地之師平共工而殄蚩尤翦猰貐而戮鑿齒不煩二
十八將無假五十二征曾未踰時妖逆咸殄廓氛霧於區

宇出黎元於塗炭天柱傾而還正地維絕而更紐殊方稽
顙識牛馬之內向樂師伏地懼鍾石之變聲萬姓所以樂
推三靈於是改卜壇場已備猶弘五讓之心億兆難違方
從四海之請光臨寶祚展禮郊丘舞六代而降天神陳四
圭而饗上帝乾坤交泰品物咸亨酌前王之令典改易徽
號因庶萌之子來移創都邑天文上當朱鳥地理下據黑
龍正位辨方揆景於日月內宮外座取法於辰象懸政教
於魏闕朝群后於明堂除舊布新移風易俗天街之表地
脈之外獯獫孔熾其來自久橫行十萬樊噲於是失辭提
步五千李陵所以陷沒周齊兩盛競結旄頭娉狄后於漠

北未足息其侵擾傾珍藏於山東不能止其貪暴炎靈啓
祚聖皇馭寓運天策於帷扆播神威於沙朔柳室氈裘之
長皆爲臣隸瀚海蹛林之地盡充沙苑三吳百越九江五
湖地分南北天隔內外談黃旗紫蓋之氣恃龍蟠獸據之
嶮恒有僭僞之君妄竊帝王之號時經五代年移三百爰
降皇情永懷大道愍彼黎獻獨爲匪人今上利建在唐則
哲居代地憑宸極天縱神武受脤出車一舉平定於是八
荒無外九服大同四海爲家萬里爲宅乃休牛散馬偃武
修文自華夏亂離緜積年代人造戰爭之具家習澆僞之
風聖人之遺訓莫存先王之舊典咸墜爰命秩宗刊定五

禮申勑太子改正六樂玉帛罇俎之儀節文乃備金石匏
革之奏雅俗始分而留心政術垂神聽覽早朝晏罷廢寢
忘食憂百姓之未安懼一物之失所行先王之道夜思待
旦革百王之弊朝不及夕見一善事喜彰於容旨聞一愆
犯歎深於在予薄賦輕徭務農重穀倉廩有紅腐之積黎
萌無阻飢之慮天性弘慈聖心惻隱恩加禽獸胎卵於是
獲全仁霑草木牛羊所以勿踐至於憲章重典刑名大辟
申法而屈情決斷於俄頃故能彝倫攸叙上下齊肅左右
絕請謁之路縉紳無勢力之門小心翼翼敬事於天地終
日乾乾誠慎於亢極陶黎萌於德化致風俗於太康公卿

庶尹遐邇岳牧僉以天平地成千載之嘉會登封降禪百
王之盛典宜其金泥玉檢展禮介丘飛聲騰實常爲稱首
天子爲而不恃成而不居冲旨凝邈固辭弗許而雖休勿
休上德不德更乃潔誠岱岳遜謝愆咎方知六十四卦謙
撝之道爲尊七十二君告成之義爲小巍巍蕩蕩無得以
稱焉而深誠至德感達於穹壤和氣薰風充溢於宇宙二
儀降福百靈薦祉日月星象風雲草樹之祥山川玉石鱗介
羽毛之瑞歲見月彰不可勝紀至於振古所未有圖籍所
不載目所不見耳所未聞古語稱聖人作萬物覩神靈滋
百寶用此其效矣既而遊心姑射脫屣之志已深鑄鼎荊

山升天之駕遂遠凡在黎獻共惟帝臣慕深考妣哀纏弓
劍塗山幽峻無復玉帛之禮長陵寂寞空見衣冠之遊若
乃降精熛怒飛名帝籙開運握圖創業垂統聖德也撥亂
反正濟國寧人六合八紘同文共軌神功也玄酒陶匏雲
和孤竹禋祀上帝尊極配天大孝也偃伯戢戈正禮裁樂
納民壽域驅俗福林至政也張四維而臨萬寓侔三皇而
並五帝豈直錙銖周漢么麽魏晉而已雖五行之舞每陳
於清廟九德之歌無絕於樂府而玄功暢洽不局於形器
懿業遠大豈盡於揄揚臣輕生多幸命偶興運趨事紫宸
驅馳丹陛一辭天闕奄隔鼎湖空有攀龍之心徒懷蓐蟻

之意庶憑毫翰敢希贊述昔堙海之禽不增於大地泣河
之士非益於洪流盡其心之所存忘其力之所及輒緣斯
義不覺斐然乃作頌曰悠哉邃古邈矣季世四海九州萬
王千帝三代之後其道逾替爰逮金行不勝其弊戎狄猾
夏群凶縱慝竊號淫名十有餘國怙威逞暴悖禮亂德五
嶽塵飛三象霧塞玄精啓曆發迹幽方并吞寇僞獨擅雄
強載祀二百比祚前王江湖尚阻區域未康句吳閩越河
朔渭涘九縣瓜分三方鼎峙狙詐不息干戈競起東夏雖
平亂離瘼矣五運叶期千年肇旦赫矣高祖人靈攸贊聖
德迴生神謀獨斷癉惡彰善夷凶靜難宗伯撰儀太史練

日孤竹之管雲和之瑟展禮上玄飛煙太一珪璧朝會山
川望秩占揆星景移建邦畿下憑赤壤上叶紫微布政衢
室懸法象魏帝宅天府固本崇威匈河瀚海龍荒狼望種
落陸梁時犯亭障皇威遠懾帝德遐暢稽顙歸誠稱臣內
向吳越提封斗牛星象積有年代自稱君長大風未繳長
鯨漏網授鉞天人豁然清蕩戴日戴斗太平太蒙禮教周
被書軌大同復禹之跡成舜之功禮以安上樂以移風憂
勞庶績矜育黔首三面解羅萬方引咎納民軌物驅時仁
壽神化隆平生靈熙阜虔心恭己奉天事地協氣橫流休
徵紹至壇場望幸云亭虛位推而不居聖道彌粹齊跡姬

文發嗣聖道類漢光傳莊寶命知來藏往玄覽幽鏡鼎
業靈長洪基隆盛峌峒問道汾射窅然御辯遐逝乘雲上
仙哀纏率土痛感穹玄流澤萬葉用教百年尚想叡圖永
惟聖則道洽幽顯仁霑動植爻象不陳乾坤將息微臣作
頌用申罔極帝覽之不悅顧謂蘇威曰道衡致美先朝此
魚藻之義也於是拜司隸大夫將置之罪道衡不悟司隸
刺史房彥謙素相善知必及禍勸之杜絕賓客卑辭下氣
而道衡不能用會議新令久不能決道衡謂朝士曰向使
高熲不死令決當久行有人奏之帝怒曰汝憶高熲邪付
執法者勘之道衡自以非大過促憲司早斷暨於奏日冀

帝赦之敕家人具饌以備賓客來候者及奏帝令自盡道
衡殊不意未能引訣憲司重奏縊而殺之妻子徙且末時
年七十天下冤之有集七十卷行於世有子五人收最知
名出繼族父孺孺清貞孤介不交流俗涉歷經史有才思
雖不爲大文所有詩詠詞致清遠開皇中爲侍御史揚州
總管司功參軍每以方直自處府寮多不便之及滿轉清
陽令襄城郡掾卒官所經並有惠政與道衡偏相友愛收
初生即與孺爲後養於孺宅至於成長殆不識本生太常
丞胡仲操曾在朝堂就孺借刀子割爪甲孺以仲操非雅
士竟不與之其不肯妄交清介獨行皆此類也道衡兄子

邁官至選部郎從父弟道實官至禮部侍郎離石太守並
知名於世從子德音有俊才起家爲游騎尉佐魏澹修魏
史史成遷著作佐郎及越王侗稱制東都王世充之僭號
也軍書羽檄皆出其手世充平以罪伏誅所有文筆多行
於時

史臣曰二三子有齊之季皆以辭藻著聞爰歷周隋咸見
推重李稱一代俊偉薛則時之令望握靈蛇以俱照騁逸
足以並驅文雅縱橫金聲玉振靜言揚榷盧居二子之右
李薛紆青拖紫思道官塗寥落雖窮通有命抑亦不護細
行之所致也

列傳卷第二十二 隋書五十七

特進臣魏　徵　上

明克讓

明克讓字弘道平原鬲人也父山賓梁侍中克讓少好儒雅善談論博涉書史所覽將萬卷三禮禮論尤所研精龜筴歷象咸得其妙年十四釋褐湘東王法曹參軍時舍人朱异在儀賢堂講老子克讓預焉堂邊有脩竹异令克讓詠之克讓覽筆輒成其卒章曰非君多愛賞誰貴此貞心异甚奇之仕歷司徒祭酒尚書都官郎中散騎侍郎兼國子博士中書侍郎梁滅歸于長安周明帝引為麟趾殿學

士俄授著作上士轉外史下大夫出為衛王友歷漢東南陳二郡守武帝即位復徵為露門學士令與太史官屬正定新歷拜儀同三司累遷司調大夫賜爵歷城縣伯邑五百户高祖受禪拜太子内舍人轉率更令進爵為侯太子以師道處之恩禮甚厚每有四方珍味輒以賜之于時東宫盛徵天下才學之士至於博物洽聞皆出其下詔與太常牛弘等修禮議樂當朝典故多所裁正開皇十四年以疾去官加通直散騎常侍卒年七十上甚傷惜焉賻物五百段米三百石太子又贈絹布二千匹錢十萬朝服一具給棺槨著孝經義疏一部古今帝代記一卷文類四卷續名僧記一卷集二十卷子餘慶官至司門郎越王侗稱制為國子祭酒

魏澹

魏澹字彦深鉅鹿下曲陽人也祖鸞魏光州刺史父季景齊大司農卿稱為著姓世以文學自業澹年十五而孤專精好學博涉經史善屬文詞采贍逸齊博陵王濟聞其名引為記室及琅邪王儼為京畿大都督以澹為鎧曹參軍轉殿中侍御史尋與尚書左僕射魏收吏部尚書陽休之國子博士熊安生同修五禮又與諸學士撰御覽書成除殿中郎中中書舍人復與李德林俱修國史周武帝平齊

授納言中士及高祖受禪出為行臺禮部侍郎尋為散騎常侍聘陳主使還除太子舍人廢太子勇深禮遇之屢加優錫令注庾信集復撰笑苑詞林集世稱其博物數年遷著作郎仍為太子學士高祖以魏收所撰書襃貶失實平繪為中興書事不倫序詔澹别成魏史澹自道武下及恭帝為十二紀七十八傳别為史論及例一卷并目録合九十二卷澹之義例與魏收多所不同其一曰臣聞天子者繼天立極終始絶名故穀梁傳曰太上不名曲禮曰天子不言出諸侯不生名諸侯尚不生名況天子乎若為太子必須書名良由子者對父生稱父前子名禮之意也是以

桓公六年九月丁卯子同生傳曰舉以太子之禮杜預注云桓公子莊公也十二公唯子同是嫡夫人之長子備用太子之禮故史書之於策即位之日尊成君而不名春秋之義聖人之微旨也至如馬遷周之太子並皆言名漢之儲兩俱没其諱以尊漢卑周臣子之意也竊謂雖立此理恐非其義何者春秋禮記太子必書名天王不言出此仲尼之褒貶皇王之稱謂非當時與異代遂為優劣也班固范曄陳壽王隱沈約參差不同尊卑失序至於魏收諱儲君之名書天子之字過又甚焉今所撰史諱皇帝名書太子字欲以尊君卑臣依春秋之義也其二曰五帝之聖三

代之英積德累功乃文乃武賢聖相承莫過周室名器不及后稷追謚止於三王此即前代之茂實後人之龜鏡也魏氏平文以前部落之君長耳太祖遠追二十八帝並極崇高違堯舜憲章越周公典禮但道武出自結繩未師典誥當須南董直筆越而正之反更飾非言是觀過所謂決渤澥之水復去隄防襄陵之災未可免也但力微天女所誕靈異絕世尊為始祖得禮之宜平文昭成雄據塞表英風漸盛圖南之業基自此始長孫斤之亂也兵交御坐太子授命昭成獲免道武此時后緡方娠宗廟復存社稷有主大功大孝寔在獻明此之三世稱謚可也自茲以外未

之敢聞其三曰臣以為南巢桀亡牧野紂殺斬以黃鉞懸首白旗幽王死於驪山厲王出奔於彘未嘗隱諱直筆書之欲以勸善懲惡貽誡將來者也而太武獻文並皆非命前史立紀不異天年言論之間頗露首尾殺主害君莫知名姓逆臣賊子何所懼哉君子之過如日月之食圓首方足孰不瞻仰況復兵交御坐矢及王屋而可隱没者乎今所撰史分明直書不敢迴避且隱桓之死閔昭殺逐丘明據實叙於經下況復懸隔異代而致依違哉其四曰周道陵遲不勝其敝楚子親問九鼎吳人來徵百牢無君之心實彰行路夫子刊經皆書曰卒自晉德不競宇宙分崩或

帝或王各自署置當其生日聘使往來略如敵國及其終也書之曰死便同庶人存没頓殊能無懷愧今所撰史諸國凡處華夏之地者皆書曰卒同之吳楚其五曰壺遂發問馬遷答之義已盡矣後之述者仍未領悟董仲舒司馬遷之意本云尚書者隆平之典春秋者撥亂之法興衰理異制作亦殊治定則直敘欽明世亂則辭兼顯晦分路命家不相依放故云周道廢春秋作焉堯舜盛尚書載之是也漢興以來改正朔易服色臣力誦聖德仍不能盡余所謂述故事而君比之春秋謬哉然則紀傳之體出自尚書不學春秋明矣而范曄云春秋者文既總略好失事形今之

擬作所以爲短紀傳者史班之所變也網羅一代事義周悉適之後學此焉爲優故繼而述之觀曄此言豈直非聖人之無法又失馬遷之意旨孫盛自謂鑽仰具體而放之魏收云魯史既修達者貽則子長自拘紀傳不存師表蓋泉源所由地非企及雖復逐奔反聖亦未思紀傳所由來也澹又以爲司馬遷創立紀傳以來述者非一人無善惡皆爲立論計在身行迹具在正書事既無奇不足懲勸再述乍同銘頌重叙唯覺繁文案丘明亞聖之才發揚聖旨言君子曰者無非甚泰其間尋常直書而已今所撰史竊有慕焉可爲勸戒者論其得失其無損益者所不論也澹所著魏書甚簡要大矯收繪之失上覽而善之未幾卒時年六十五有文集三十卷行於世子信言頗知名澹弟彥玄有文學歷揚州總管府記室滄州司馬有子滿行

陸爽

陸爽字開明魏郡臨漳人也祖順宗魏南青州刺史父槩之齊霍州刺史爽少聰敏年九歲就學日誦二千餘言齊尚書僕射楊遵彥見而異之曰陸氏代有人焉年十七齊司州牧清河王岳召爲主簿擢殿中侍御史俄兼治書累轉中書侍郎及齊滅周武帝聞其名與陽休之袁叔德等十餘人俱徵入關諸人多將輜重爽獨載書數千卷至長安授宣納上士高祖受禪轉太子內直監尋遷太子洗馬與左庶子宇文愷等撰東宮典記七十卷朝廷以其博學有口辯陳人至境常令迎勞開皇十一年卒官時年五十三贈上儀同宣州刺史賜帛百匹子法言敏學有家風釋褐承奉郎初爽之爲洗馬嘗奏高祖云皇太子諸子未有嘉名請依春秋之義更立名字上從之及太子廢上追怒爽云我孫製名寧不自解陸爽乃爾多事扇惑於勇亦由此人其身雖故子孫並宜屏黜終身不齒法言竟坐除名爽同郡侯白字君素好學有捷才性滑稽尤辯俊舉秀才爲儒林郎通侻不恃威儀好爲誹諧雜說人多愛狎之所在之處觀者如市楊素甚狎之素嘗與牛弘退朝白謂素曰日之夕矣素大笑曰以我爲牛羊下來邪高祖聞其名召與語甚悅之令於祕書修國史每將擢之高祖輒曰侯白不勝官而止後給五品食月餘而死時人傷其薄命著旌異記十五卷行於世

杜臺卿

杜臺卿字少山博陵曲陽人也父弼齊衛尉卿臺卿少好學博覽書記解屬文仕齊奉朝請歷司空西閤祭酒司徒戶曹著作郎中書黃門侍郎性儒素每以雅道自居及周武帝平齊歸于鄉里以禮記春秋講授子弟開皇初被徵

入朝臺鄉嘗采月令觸類而廣之爲書名玉燭寶典十二卷至是奏之賜絹二百匹臺鄉患聾不堪吏職請修國史上許之拜著作郎十四年上表請致仕敕以本官還第數載終於家有集十五卷撰齊記二十卷並行於世無子有兄蘩學業不如臺鄉而幹局過之仕至開州刺史子公贍少好學有家風卒於安陽令公贍子之松大業中爲起居舍人

辛德源

辛德源字孝基隴西狄道人也祖穆魏平原太守父子馥尚書右丞德源沉靜好學年十四解屬文及長博覽書記少有重名齊尚書僕射楊遵彥殿中尚書辛術皆一時名士見德源並虛襟禮敬因同薦之於文宣帝起家奉朝請後爲兼員外散騎侍郎聘梁使副後歷馮翊華山二王記室中書侍郎劉逖上表薦德源曰弱齡好古晚節逾厲枕藉六經漁獵百氏文章綺豔體調清華恭慎表於閨門謙撝著於朋執實後進之詞人當今之雅器必能効節一官騁足千里由是除員外散騎侍郎累遷比部郎中復兼通直散騎常侍聘于陳及還待詔文林館除尚書考功郎中轉中書舍人及齊滅仕周爲宣納上士因取急詣相州會尉迥作亂以爲中郎德源辭不獲免遂亡去高祖受禪不

得調者久之隱於林慮山鬱鬱不得志著幽居賦以自寄文多不載德源素與武陽太守盧思道友善時相往來魏州刺史崔彥武奏德源潛爲交結恐其有姦計由是謫令從軍討南寧歲餘而還秘書監牛弘以德源才學顯著奏與著作郎王劭同修國史德源每於務隙撰集注春秋三傳三十卷注揚子法言二十三卷蜀王秀聞其名而引之居數歲奏以爲掾後轉諮議參軍卒官有集二十卷又撰政訓內訓各二十卷有子素臣正臣並學涉有文義

柳䛒

柳䛒字顧言本河東人也永嘉之亂徙家襄陽祖惔梁侍中父暉都官尚書䛒少聰敏解屬文好讀書所覽將萬卷仕梁釋褐著作佐郎後蕭詧據荊州以爲侍中領國子祭酒吏部尚書及梁國廢拜開府通直散騎常侍尋遷內史侍郎以無吏幹去職轉晉王諮議參軍王好文雅招引才學之士諸葛潁虞世南王胄朱瑒等百餘人以充學士而䛒爲之冠王以師友處之每有文什必令其潤色然後示人嘗朝京師還作歸藩賦命䛒爲序詞甚典麗初王屬文爲庾信體及見䛒已後文體遂變仁壽初引䛒爲東宮學士加通直散騎常侍檢校洗馬甚見親待每召入卧內與之宴謔䛒尤俊辯多在侍從有所顧問應荅如響性又嗜

酒言雜誹諧由是彌爲太子之所親狎以其好内典令撰
法華玄宗爲二十卷奏之太子覽而大悅賞賜優洽儕輩
莫與爲比煬帝嗣位拜秘書監封漢南縣公帝退朝之後
便命入閤言宴諷讀終日而罷帝每與嬪后對酒時逢興
會輙遣命之至與同榻共席恩若友朋帝猶恨不能夜召
於是命匠刻木偶人施機關能坐起拜伏以像於䛒帝每
在月下對酒輙令宫人置之於座與相酬酢而爲歡笑從
幸揚州遇疾卒年六十九帝傷惜者乆之贈大將軍謚曰
康撰晉王北伐記十五卷有集十卷行於世

許善心

許善心字務本高陽北新城人也祖茂梁太子中庶子始
平天門二郡守散騎常侍父亨仕梁至給事黄門侍郎在
陳歷羽林監太中大夫衛尉卿領大著作善心九歲而孤
爲母范氏所鞠養幼聰明有思理所聞輙能誦記多聞默
識爲當世所稱家有舊書萬餘卷皆徧通渉十五解屬文
牋上父友徐陵陵大奇之謂人曰才調極高此神童也起
家除新安王法曹太子詹事江總舉秀才對策高第授度
支郎中轉侍郎補撰史學士禎明二年加通直散騎常侍聘
於隋遇高祖伐陳禮成而不獲反命累表請辭上不許留縶賓館
及陳亡高祖遣使告之善心衰服號哭於西階之下藉草東

向經三日勑書唁焉明日有詔就館拜通直散騎常侍賜
衣一襲善心哭盡哀入房改服復出北面立垂涕再拜受
詔明日乃朝伏泣於殿下悲不復興上顧左右曰我平陳
國唯獲此人既能懷其舊君即是我誠臣也勑以本官直
門下省賜物千段草馬二十匹從幸太山還授虞部侍郎
十六年有神雀降於含章闥高祖召百官賜讌告以此瑞
善心於座請紙筆製神雀頌其詞曰臣聞觀象則天乾元
合其德觀法審地域大表其尊雨施雲行四時所以生殺
川流岳立萬物於是裁成出震乘離之君紀鳥司鳳之后
玉鍾玉斗而降金版金縢以傳並陶冶性靈含煦動植眇

玄珠於赤水寂明鏡乎虛堂莫不景福氤氲嘉貺雜集馳
聲南董越響雲韶粤我皇帝之君臨闡大方抗太極負鳳
邸據龍圖不言行焉攝提建指不肅清焉喉鈴啓閉括地
復夏截海翦商就望躰其尊登咸昌其會緜區浹宇遐至
邇安騰實飛聲直暢傍施無體之禮威儀布政之宫無聲
之樂綴兆揔章之觀上庠養老躬問百年下土字民心爲
百姓月棲日浴熱坂寒門吹鱗没羽之荒赤蛇青馬之裔
鮮襏請吏削衽承風豈止呼韓北場頓勒狼居之岫熄慎南
境近表不耐之城故使天弗愛道地寧吝寶川岳展異幽
明効靈狎素游赬圖膏漱醴于景青赤孳歷麟盈足足

懷仁般般擾義祥祐之來若此升隆之化如彼而登封盛
典去亭佇白檢之儀致治成功柴燎靡玄珪之告雖奉常
定禮武騎草文天子抑而未行推而不有允恭克讓其在
斯乎七十二君信蔑如也故神爵顯賁玄應特昭白爵王
鐵豸之奇赤爵銜丹書之貴班固神爵之頌復武戴文曹
植嘉爵之篇棲凝集庸未若于飛武帳來賀文檐刷采青
浦將翱亦翔至几朝御取就軒楯之間金門旦開兼留翬
翟之聚終古曠世未或前聞福召冥徵得之茲日歲次上
章律諧大呂玄枵會節玄英統時至尊未明求衣晨興於
含章之殿爰有瑞爵翱翔而下載行載止當扆宁而徐前

隋列二十三　隋書五十八　十一

來集來儀承軒墀而顧步夫瑞者符也明主之休徵雀者
爵也聖人之大寶謹案考異郵云軒轅有黃爵赤頭立日
傍占云土精之應文禮稽命徵云祭祀合其宜則黃爵集
昔漢集泰時之殿魏下文昌之宮一見雍丘之祠三入平
東之府並旁觀迴矚事陋人微奚足稱矣抑又聞之不刳
胎剖卵則鸞鳳馴鳴不漉浸焚原則螭龍盤蜿是知陛下
止殺故飛走宅心皇慈好生而浮潛育德臣面奉綸綍垂
示休祥預承嘉宴不勝藻躍李虔辟勵西士陸機少長東
隅微臣慙於往賢逢時盛乎曩代輒竭庸瑣敢獻頌云大
素式肇大德資生功玄不器道要無名質文鼎革沿習因

成祥圖瑞史赫赫明明天保大定於鑠我君武義迺武文
教惟文橫塞宇宙旁凝射汾軒物重造姚風再薰煥發王
策昭彰帝道御地七神飛天五老山祇吐秘河靈孕寶黑
羽升壇青鱗伏阜丹烏流火白雉從風棲阿德劭鳴岐祚
隆未如神爵近賀王宮五靈何有百福攸同孔圖獻赤荀
文表白節節奇音行行瑞跡化玉黼扆銜環陛戟上天之
命明神所格經應在旃伊臣預焉永緝韋素方流管絃頌
歌不足蹈儛無宣臣拜稽首億萬斯年頌成奏之高祖甚
悅曰我見神雀共皇后觀之今旦召公等入適述此事善
心於座始知即能成頌文不加點筆不停豪常聞此言今

隋列二十三　隋書五十八　十二

見其事因賜物二百段十七年除秘書丞于時秘藏圖籍尚
多淆亂善心放阮孝緒七録更製七林各爲揔敘冠於篇首
又於部録之下明作者之意區分其類例焉又奏追李文博
陸從典等學者十許人正定經史錯謬仁壽元年攝黃門
侍郎二年加攝太常少卿與牛弘等議定禮樂秘書丞黃
門並如故四年留守京師高祖崩于仁壽宮煬帝祕喪不
發先易留守官人出除巖州刺史逢漢王諒反不之官
大業元年轉禮部侍郎奏薦儒者徐文遠爲國子
博士包愷陸德明褚徽魯世達之輩並加品秩授爲學官
其年副納言楊達爲冀州道大使以稱旨賜物五百段左衛

大將軍宇文述每旦借本部兵數十人以供私役常半日
而罷攝御史大夫梁毗奏劾之上方以腹心委述初付法
推千餘人皆稱被役經二十餘日法官候伺上意乃言役
不滿日其數雖多不合通計縱令有實亦當無罪諸兵士
聞之更云初不被役上欲釋之付議虛實百寮咸議爲虛
善心以爲述於仗衛之所抽兵私役雖不滿日闕於宿衛
與常役所部情狀乃殊又兵多下番散還本府分道追至
不謀同辭今殆一月方始翻覆姦狀分明此何可捨蘇威
楊汪等二十餘人同善心之議其餘皆議免罪煬帝可免
罪之奏後數月述譖善心曰陳叔寶卒善心與周羅睺虞世

基袁充蔡徵等同往送葬善心爲祭文謂爲陛下敢於今
日加叔寶尊號召問有實自援古例事得釋而帝甚惡之
又太史奏帝即位之年與堯時符合善心議以國哀甫爾
不宜稱賀述諷御史劾之左遷給事郎降品二等四年撰
方物志奏之七年從至涿郡帝方自御戎以東討善心上
封事忤旨免官其年復徵爲守給事郎九年攝左翊衛長
史從度遼授建節尉帝嘗言及高祖受命之符因問鬼神
之事勑善心與崔祖濬撰靈異記十卷初善心父撰著梁
史未就而歿善心述成父志脩續家書其序傳末述制作
之意曰謹案太素將萌洪荒初判乾儀資始辰象所

以正時巛載厚生品物於焉播氣參三才而育德肖二統
而降靈有人民焉樹之君長有貴賤焉爲其宗極保上
天之睠命膺下土之樂推莫不執太方振長策感召風雲
驅馳英俊干戈揖讓取之也殊功罪玉龜符成之也一致華
命紡制竹素之道稍彰紀事記言筆墨之官漸著炎農以
徃仔其名而漏其迹黃軒以來晦其文而顯其用登丘納
麓具訓誥及典謨貫昴入房傳夏正與殷祀洎辯方正位
論時訓功南北左右兼四名之別檮杌乘車擅一家之稱
國異志雖諱君舉必書故賊子亂臣天下大懼元龜明鏡昭
然可察及三郊遞襲五勝相沿俱稱百谷之王並以四海

自任重光累德何世無哉逮有梁之君臨天下江左建國
莫斯爲盛受命在於一君繼統傳乎四主克昌四十八載
餘祚五十六年武皇帝出自諸生爰升寶曆拯百王之弊
整禹姓之危反堯季之末流登上皇之獨道朝多君子野
無退賢禮樂必備憲章咸舉弘深慈於不殺濟大忍於無
刑湯湯巍巍可爲稱首屬隆戎入潁羯胡侵洛沸騰磙黷三
季所未聞掃地滔天一元之巨厄廊廟有序剪弱成孤兔之
場珪帛有儀碎夫犬羊之手福善積而身禍仁義在而國
亡且天道歟豈人事歟嘗別論之在序論之卷先君昔在
前代早懷述作凡撰齊書爲五十卷梁書紀傳

隨事勒成及闕而未就者目錄注為一百八卷梁室交喪墳籍銷盡冢壁皆殘不准無所盜帷囊同毀陳農何以求秦儒既坑先王之道將墜漢臣徒請口授之文亦絕所撰之書一時亡散有陳初建詔為史官補闕拾遺心識口誦依舊目錄更加修撰且成百卷已有六帙五十八卷上祕閣訖善心早嬰荼蓼弗荷薪構大建之末頻抗表聞至德之初蒙授史任方願油素採訪門庭記錄俯勵弱才仰成先志而單宗少強近屬室類原顏退屏無所交遊棲遲不求進益假班嗣之書徒聞其語給王隱之筆未見其人加以庸瑣淺能孤陋未學忝職郎署兼撰陳史致此書延時

未即成續禎明二年以臺郎入聘值本邑淪覆佗鄉播遷行人失時將命不復由是都亭而長慟還別館而懸壺家史舊書在後焚蕩今止有六十八卷在又並缺落失次自入京已來隨見補葺略成七十卷四帝紀八卷后妃一卷三太子錄一卷為一帙十卷宗室王侯列傳一帙十卷具臣列傳二帙二十卷外戚傳一卷孝德傳一卷誠臣傳一卷文苑傳二卷儒林傳二卷逸民傳一卷數術傳一卷藩臣傳一卷合一帙十卷止足傳一卷烈女傳一卷權幸傳一卷羯賊傳二卷逆臣傳二卷叛臣傳二卷敘傳論述一卷合一帙十卷凡稱史臣者皆先君所言下稱名案者並善心補闕別為敘論一篇託於敘傳之末十年又從至懷遠鎮加授朝散大夫突厥圍鴈門攝左親衛武賁郎將領江南兵宿衛殿省駕幸江都郡追敘前勳授通議大夫詔還本品行給事郎十四年化及殺逆之日隋官盡詣朝堂謁賀善心獨不至許弘仁馳告之曰天子已崩宇文將軍攝政合朝文武莫不咸集天道人事自有代終何預於叔而低徊若此善心怒之不肯隨去弘仁反走上馬泣而言曰將軍於叔全無惡意忽自求死豈不痛哉還告唐奉義以狀白化及遣人就宅執至朝堂化及令釋之善心不舞蹈而出化及目送之曰此人大負氣命捉將來罵云我好欲

放你敢如此不遜其黨輒牽曳因遂害之時年六十一及越王稱制贈左光祿大夫高陽縣公謚曰文節善心母范氏梁太子中舍人孝才之女少寡養孤博學有高節高祖知之勑尚食每獻時新常遣分賜嘗詔范入內侍皇后講讀封永樂郡君及善心遇禍范年九十有二臨喪不哭撫柩曰能死國難我有兒矣因臥不食後十餘日亦終

李文博

博陵李文博性貞介鯁直好學不倦至於教義名理特所留心每讀書至治亂得失忠臣烈士未嘗不反覆吟翫開皇中為羽騎尉特為吏部侍郎薛道衡所知恒令在聽事

帷中校檢書史并察己行事若遇治政善事即抄撰記録
如選用疎謬即委之藏否道衡每得其語莫不欣然從之
後直秘書内省典校墳籍守道居貧晏如也雖衣食乏絶而
清操逾厲不妄通賓客恒以禮法自處儕輩莫不敬憚
焉道衡知其貧每延于家給以資費文慱商畧古今治
政得失如指諸掌然無吏幹稍遷校書郎後出爲縣丞遂
得下考數歲不調道衡爲司隸大夫遇之於東都尚書省
甚嗟愍之遂奏爲從事因爲齊王司馬李綱曰今日遂遇
文慱得奏用之以爲歡笑其見賞知音如此在洛下曾詣
房玄齡相送於衢路玄齡謂之曰公生平志尚唯在正直

今既得爲從事故應有會素心比來激濁揚清所爲多少
文博遂奮髯厲聲曰夫清其流者必絜其源正其末者須
端其本今治源混亂雖日免十貪郡守亦何所益其聲直
疾惡不知忌諱皆此類也于時朝政浸壞人多贓賄唯文
博不改其操論者以此貴之遭離亂播遷不知所終初文
博在内校書虞世基子亦在其内盛飾容服而未有所却
文博因從容問之年紀荅云十八文慱乃謂之曰昔賈誼
當此之年議論何事君今徒事儀容故何爲者又秦孝王
妃生男高祖大喜頒賜羣官各有差文博家道屢空乃謂
其悅乃云賞罰之設功過所歸今王妃生男於群官何事

乃妄受賞也其循名責實録過計功必使賞罰不濫功過
無隱者皆爾文博本爲經學後讀史書於諸子及論尤所
該洽性長議論亦善屬文著治道集十卷大行於世

史臣曰明克讓魏澹等或博學洽聞詞藻贍逸既稱燕趙之
俊寔曰東南之美所在見寶咸取禄位雖無往非命蓋亦
道有存焉澹之魏書時稱簡正條例詳密足傳於後此
外諸子各有記述雖道或小大皆志在立言美矣

列傳卷第二十三　隋書五十八

列傳卷第二十四　隋書五十九

特進臣魏　徵　上

煬三子　孫恭皇帝　燕王倓　越王侗

煬帝三男蕭皇后生元德太子昭齊王暕蕭嬪生趙王杲

○元德太子昭煬帝長子也生而高祖命養宮中三歲時於玄武門弄石師子高祖與文獻后至其所高祖適患腰痛舉手憑后昭因避去如此者再三高祖歎曰天生長者誰復教乎由是大奇之高祖嘗謂曰當為爾娶婦昭應聲而泣高祖問其故對曰漢王未婚時恒在至尊所一朝娶婦便則出外懼將違離是以啼耳上歎其有至性特鍾愛焉年十二立為河南王仁壽初徙為晉王拜內史令兼左衛大將軍後三年轉雍州牧煬帝即位便幸雒陽宮昭留守京師大業元年帝遣使者立為皇太子昭有武力能引強弩性謙沖言色恂恂未嘗忿怒有深嫌可責者但云大不是所膳不許多品帷席極於儉素臣吏有老父母者必親問其安否歲時皆有惠賜其仁愛如此明年朝於雒陽後數月將還京師願得少留帝不許拜請無數體素肥因致勞疾帝令巫者視之云房陵王為祟未幾而薨詔內史侍郎虞世基為哀冊文曰維大業二年七月癸丑朔二十三日皇太子薨于行宮粵三年五月庚辰朔六日將遷座于

莊陵禮也蜃綍宵載鶴關曉闢肅文物以具陳儼賓從其如昔皇帝悼離方之云晦嗟震宮之虧象顧守器以長懷臨登餕而興想先遠戒日占謀允從庭彝徹祖階吧收重抗銘旌以啓路動徐輪於振容攀行度名累德彰謚爰詔史冊式遵典志俾濬哲之徽猷播長久乎天地其辭曰哀基峻極帝緒會昌體元襲聖儀耀重光氣秀春陸神華少陽居周軼誦慮漢鄙莊有縱生知誕膺惟睿性道觿日幾深綺歲降迹大成俯情多藝樹親建國命懿作藩威蕤先路馬弈渠門庸服有紀分器惟尊風高楚殿雅盛梁園睿后膺儲天人叶順本茂條遠基崇體峻改王參墟奄有唐晉在貴能謙居沖益慎封畿千里閭闔九重神州王化禁旅軍容瞻言偃草高視折衝帷扆清祕親賢允屬滄瀛瀾飛華螭玉揮翰泉涌敷言藻縟式是便煩思謀啓沃洪惟積德豐衍繁祉粵自天孫光昇元子緑車逮事翠纓奉祀肅穆滿容儀形讓齒禮樂交暢愛敬兼資優游養德恭己承儀南山聘隱東序尊師有粹神儀深穆其度顯顯觀德溫溫審諭炯戒齋箴留連主賦入監出撫日就月將沖情玉裕令問金相宜綏景福永作元良神理冥漠天道難究仁不必壽善或愆祐遽瑤山之頹壞忽桂宮之毀構痛結幽明悲纏宇宙慟皇情之深惻摧具僚其如夜嗚呼哀

哉迴環氣朔荏苒居諸沾零露於瑤圃下申霜於玉除夜
漏盡兮空階曙曉月懸兮帷殿虛嗚呼哀哉將寧甫窆長
違望苑渡渭涘於造舟遵長平之脩坂望鶴駕而不追顧龍
樓而日遠嗚呼哀哉永隔存沒長分古今去榮華於人世
即潛遂之幽深霏夕煙而稍起慘落景而將沈聽哀挽之
悽楚雜灌木之悲吟紛徒御而流袂欷纓弁以霑衿嗚呼
哀哉九地黃泉千年白日雖金石之能久終天壤乎長畢
敢圖芳於篆素永飛聲而騰實帝深追悼有子三人韋妃
生恭皇帝大劉良娣生燕王倓小劉良娣生越王侗
燕王倓字仁安敏慧美姿儀煬帝於諸孫中特所鍾愛常

置左右性好讀書尤重儒素非造次所及有若成人良娣
早終每至忌日未嘗不流涕嗚咽帝由是益以奇之宇文
化及弒逆之際倓覺變欲入奏恐露其事因與梁公蕭鉅
千牛宇文皛等穿芳林門側水竇而入至玄武門詭奏曰
臣卒中惡命縣俄頃請得面辭死無所恨冀以見帝爲司
宮者所遏竟不得聞俄而難作爲賊所害時年十六
越王侗字仁謹美姿儀性寬厚大業二年立爲越王帝每
巡幸侗常留守東都楊玄感作亂之際與民部尚書樊子
蓋拒之及玄感平朝於高陽拜高陽太守俄以本官復留
守東都十三年帝幸江都復令侗與金紫光祿大夫段達

太府卿元文都攝民部尚書韋津右武衛將軍皇甫無逸
等總留臺事宇文化及之弒逆也文都等議以侗元德太
子之子屬最爲近於是乃共尊立大赦改元曰皇泰諡帝
曰明廟號世祖追尊元德太子爲孝成皇帝廟號世宗尊
其母劉良娣爲皇太后以段達爲納言右翊衛大將軍攝
禮部尚書王世充亦納言左翊衛大將軍攝吏部尚書元
文都內史令左驍衛大將軍盧楚亦內史令皇甫無逸兵
部尚書右武衛大將軍郭文懿內史侍郎趙長文黃門侍
郎委以機務爲金書鐵券藏之宮掖于時雒陽稱段達等
爲七貴未幾宇文化及立秦王子浩爲天子來次彭城所經

城邑多從逆黨侗懼遣使者蓋琮馬公政招懷李密密遂
遣使請降侗大悅禮其使甚厚即拜密爲太尉尚書令魏
國公令拒化及下書曰我大隋之有天下於茲三十八載
高祖文皇帝聖略神功載造區夏世祖明皇帝則天法地
混一華戎東暨蟠木西通細柳前踰丹徼後越幽都日月
之所臨風雨之所至圓首方足稟氣食芼莫不盡入提封
皆爲臣妾加以寶貺畢集靈瑞咸臻作樂制禮移風易俗
智周寰海萬物咸受其賜道濟天下百姓用而不知世祖
往因歷試統臨南服自居皇極順茲望幸所以往歲省方
展禮肆覲停鑾駐蹕按駕清道八屯如昔七萃不移豈意釁

起非常逮於軒陛災生不意延及冕旒奉諱之日五情崩隕攀號荼毒不能自勝且聞之自古代有屯剥賊臣逆子無世無之至如宇文化及世傳庸品其父述往屬時來早霑厚遇賜以婚媾置之公輔位尊九命祿重萬鍾禮極人臣榮冠世表徒承海嶽之恩未有涓塵之益化及以此下材夙蒙顧眄出入外內奉望階墀昔陪藩國統領禁衛及從升皇祚陪列九卿但本性凶狠恣其貪穢或交結惡黨或侵掠貨財事重刑篇狀盈獄簡在上不遺簪履恩加草芥應至死辜每蒙恕免三經除解尋復本職再從邊裔仍即追還生成之恩昊天罔極獎擢之義人事罕聞化及梟

獍為心禽獸不若縱毒興禍傾覆行宮諸王兄弟一時殘酷痛暴行路世不忍言有窮之在夏時犬戎之於周代釁辱之極亦未是過朕所以刻骨崩心飲膽嘗血瞻天視地無處容身今王公卿士庶寮首辟咸以大寶鴻名不可顛墜元凶巨猾須早夷殄翼戴朕躬嗣守寶位顧惟寡薄志不逮此今者出黼扆而杖旄鉞釋衰麻而擐甲冑銜冤誓眾忍淚治兵指日遄征以平大盜且化及偽立秦王之子幽遏比於囚拘其身自稱霸相專擅擬於九五履踐禁御據有宮闈昂首揚眉初無慙色衣冠朝望外懼兇威志士誠臣內皆憤怨以我義師順彼天道梟夷醜族匪夕伊朝

太尉尚書令魏公丹誠內發宏略外舉率勤王之師討違天之逆果毅爭先熊羆競逐金鼓振讋若火焚毛鋒刃縱橫如湯沃雪魏公志在匡濟投袂前驅朕親御六軍星言繼進以此眾戰以斯順舉擘山可以動射石可以入況擁此人徒皆有離德京都侍衛西憶鄉家江左淳民南思邦邑比來表書駱驛人信相尋若王師一臨舊章暫覩自應解甲倒戈冰銷葉散且聞化及自恣天奪其心殺戮不辜挫辱人士莫不道路以目號天蹐地朕今復讎雪恥梟轘者一人拯溺救焚所哀者士庶唯天鑒孔殷祐我宗社億兆感義俱會朕心梟戮元兇策勳飲至四海交泰稱朕

意焉兵術軍機並受魏公節度密見使者大悅北面拜伏臣禮甚恭密遂東拒化及七貴頗不協陰有相圖之計未幾元文都盧逸郭文懿趙長文等為世充所殺皇甫無逸遁歸長安世充詣侗所陳謝辭情哀苦侗以為至誠命之上殿被髮為盟誓無貳志自是侗無所關預侗心不能平遂與記室陸士季謀圖世充事不果而止及世充破李密眾望益歸之遂自為鄭王總百揆加九錫備法物侗不能禁也段達雲定興等十人入見於侗曰天命不常鄭王功德甚盛願陛下揖讓告禪遵唐虞之迹侗聞之怒曰天下者高祖之天下東都者世祖之東都若隋德未衰此言不

可發必天命有改亦何論於禪讓公等或先朝舊臣績宣
上代或勤王立節身服軒冕忽有斯言朕復當何所望神
色懔然侍衛者莫不流汗既而退朝對良娣而泣世充更
使人謂侗曰今海內未定須得長君待四方乂安復子明
辟必若前盟義不違負侗不得已遜位於世充遂被幽於
含涼殿世充僭偽號封為潞國公邑五千户月餘宇文儒
童裴仁基等謀誅世充復尊立侗事泄並見害世充兄世
惲因勸世充害侗以絕民望世充遣其姪行本齎鴆詣侗所
曰願皇帝飲此酒侗知不免請與母相見不許遂布席焚香
禮佛呪曰從今以去願不生帝王尊貴之家於是仰藥不

能時絕更以帛縊之世充偽謚為恭皇帝
齊王暕字世朏小字阿孩美容儀踈眉目少為高祖所愛
開皇中立為豫章王邑千户及長頗涉經史尤工騎射初
為內史令仁壽中拜揚州總管沿淮以南諸軍事煬帝即
位進封齊王增邑四千户大業二年帝初入東都盛陳鹵
簿暕為軍導尋轉豫州牧俄而元德太子薨朝野注望咸
以暕當嗣帝又勑吏部尚書牛弘妙選官屬公卿由是多
進子弟明年轉雍州牧尋徙河南尹開府儀同三司元德
太子左右二萬餘人悉隸於暕寵遇益隆自樂平公主及
諸戚屬競來致禮百官稱謁填咽道路暕頗驕恣暱近小

人所行多不法遣喬令則劉虔安裴該皇甫諶庫狄仲錡
陳智偉等求聲色狗馬令則等因此放縱訪人家有女者
輒矯暕命呼之載入暕宅因緣藏隱恣行淫穢而後遣之
仲錡智偉二人詣隴西撾炙諸胡責其名馬得數匹以進
於暕暕令還主仲錡等詐言王賜將歸於家暕不之知也
又樂平公主嘗奏帝言柳氏女美者帝未有所答久之主
復以柳氏進於暕暕納之其後帝問主柳氏女所在主曰在
齊王所帝不悅暕於東都營第大門無故而崩聽事栿中
析識者以為不祥其後從帝幸榆林暕督後軍步騎五萬
恒與帝相去數十里而舍會帝於汾陽宮大獵詔暕以千

騎入圍暕大獲麋鹿以獻而帝未有得也乃怒從官皆言
為暕左右所遏獸不得前帝於是發怒求暕罪失時制縣
令無故不得出境有伊闕令皇甫詡幸於暕違禁將之汾
陽宮又京兆人達奚通有妾王氏善歌貴遊宴聚多或要致
於是展轉亦出入王家御史韋德裕希旨劾暕帝令甲士
千餘大索暕第因窮治其事暕妃韋氏者民部尚書沖之
女也早卒暕遂與妃姊元氏婦通遂產一女外人皆不得
知陰引喬令則於第內酣宴令則稱慶脫暕帽以為歡樂
召相工令徧視後庭相工指妃姊曰此產子者當為皇后
王貴不可言時國無儲副暕自謂次當得立又以元德太

子有三子内常不安陰挾左道爲厭勝之事至是事皆發帝大怒斬令則等數人妃姊賜死暕府寮皆斥之邊遠時趙王杲猶在孩孺帝謂侍臣曰朕唯有暕一子不然者當肆諸市朝以明國憲也暕自是恩寵日衰雖爲京尹不復關預時政帝恒令武賁郎將一人監其府事暕有微失武賁輒奏之帝亦常慮暕生變所給左右皆以老弱備員而已暕每懷危懼心不自安又帝在江都宮元會暕具法服將朝無故有血從裳中而下又坐齋中見群鼠數十至前而死視皆無頭暕意甚惡之俄而化及作亂兵將犯蹕帝聞顧謂蕭后曰得非阿孩邪其見踈忌如此化及復令人

捕暕暕時尚卧未起賊既進暕驚曰是何人莫有報者暕猶謂帝令捕之因曰詔使且緩兒不負國家賊於是曳至街而斬之及其二子亦遇害暕竟不知殺者爲誰時年三十四有遺腹子政道與蕭后同入突厥處羅可汗號爲隋王中國人没入北蕃者悉配之以爲部落以定襄城處之及突厥滅歸于大唐授員外散騎侍郎

趙王杲小字季子年七歲以大業九年封趙王尋授光祿大夫拜河南尹從幸淮南詔行江都太守事杲聰令美容儀帝有所製詞賦杲多能誦之性至孝常見帝風動不進膳杲亦終日不食又蕭后當灸杲先請試炷后不許之杲泣請曰后所服藥皆蒙嘗之今灸願聽嘗炷悲咽不已後竟爲其停灸由是尤愛之後遇化及反杲在帝側號慟不已裴虔通使賊斬之於帝前血湔御服時年十二

史臣曰元德太子雅性謹重有君人之量降年不永哀哉齊王敏慧可稱志不及遠頗懷驕僭故煬帝踈而忌之心無父子之親貌展君臣之敬身非積善國有餘殃至令趙及燕越皆不得其死悲夫

列傳卷第二十五　隋書

特進臣魏徵

崔仲方

崔仲方字不齊博陵安平人也祖孝芬魏荊州刺史父宣
猷周小司徒仲方少好讀書有文武才幹年十五周太祖
見而異之令與諸子同就學時高祖亦在其中由是與高
祖少相款密後以明經爲晉公宇文護參軍事尋轉記室
遷司玉大夫與斛斯徵柳敏等同修禮律後以軍功授平
東將軍銀青光祿大夫賜爵石城縣男邑三百戶時武帝
陰有滅齊之志仲方獻二十策帝大奇之後與少內史趙
芬刪定格式尋從帝攻晉州齊之亞將崔景嵩請爲內應
仲方與段文振等登城應接遂下晉州語在文振傳又令
仲方說翼城等四城下之授儀同進爵范陽縣侯後以行
軍長史從郯公王軌禽陳將吳明徹於呂梁仲方計策居多
宣帝嗣位爲少內史奉使淮南而還會帝崩高祖爲丞相
與仲方相見握手極懽仲方亦歸心焉其夜上便宜十八
事高祖並嘉納之又見衆望有歸陰勸高祖應天受命高
祖從之及受禪上召仲方與高熲議正朔服色事仲方曰
晉爲金行後魏爲水周爲木皇家以火承木得天之統又
聖躬載誕之初有赤光之瑞車服旗牲並宜用赤又勸上

除六官請依漢魏之舊上皆從之進位上開府尋轉司農
少卿進爵安固縣公令發丁三萬於朔方靈武築長城東
至黃河西拒綏州南至勃出嶺綿亘七百里明年上復令
仲方發丁十五萬於朔方已東緣邊險要築數十城以遏
胡寇丁父艱去職未朞起爲基州刺史上書論取陳之策
曰臣謹案晉太康元年歲在庚子晉武平吳至今開皇六年
歲次景午合三百七載春秋寶乾圖云王者三百年一蠲
法今三百之期可謂備矣陳氏草竊起於景子至今景午
又子午爲衝陰陽之忌昔史趙有言曰陳顓頊之族爲水
故歲在鶉火以滅又云周武王克商封胡公滿於陳至魯
昭公九年陳災裨竈曰歲五及鶉火而後陳卒亡楚克之楚
祝融之後也爲火正故復滅陳陳承舜後舜承顓頊雖太
歲左行歲星右轉鶉火之歲陳族再亡戊午之年嬀虞運
盡語迹雖殊考事無別皇朝五運相承感火德而王國號
爲隋與楚同分楚是火正午爲鶉火未爲鶉首申爲實沈
酉爲大梁既當周秦晉趙之分若當此分發兵將得歲之
助以今量古陳滅不疑臣謂午未申酉並是數極蓋聞天
時不如地利地利不如人和況主聖臣良兵強國富動植
迴心人神叶契陳既主昏於上民讟於下險無百二之固
衆非九國之師夏癸殷辛尚不能立獨此島夷而稽天討

伏度朝廷自有宏謨但芻蕘所見冀申螢爝今唯須武昌已下蘄和滁方吳海等州更帖精兵密營渡計益信襄荊基郢等州速造舟楫多張形勢為水戰之具蜀漢二江是其上流水路衝要必爭之所賊雖於流頭荊門延洲公安巴陵隱磯夏首蘄口盆城置舡然終聚漢口峽口以水戰大決若賊必以上流有軍令精兵赴援者下流諸將即須擇便橫渡如擁衆自衛上江水軍鼓行以前雖恃九江五湖之險非德無以為固徒有三吳百越之兵無恩不能自立上覽而大悅轉基州刺史徵入朝仲方因面陳經略上善之賜以御袍袴并雜綵五百段進位開府而遣之及大舉伐

陳以仲方為行軍總管率兵與秦王會及陳平坐事免未幾復位後數載轉會州總管時諸羌猶未賓附詔令仲方擊之與賊三十餘戰紫祖四鄰望方涉題干碉小鐵圍山白男王弱水等諸部悉平賜奴婢一百三十口黃金三十斤雜物稱是仁壽初授代州總管在職數年被徵入朝會上崩漢王諒餘黨據呂州不下煬帝令周羅睺攻之中流矢卒乃令仲方代總其衆月餘拔之進位大將軍拜民部尚書尋轉禮部尚書後三載坐事免尋為國子祭酒轉太常卿朝廷以其衰老出拜上郡太守未幾以母憂去職歲餘起為信都太守上表乞骸骨優詔許之尋卒於家時年七十六子民壽官至定陶令

于仲文 兄顗　從父弟璽

于仲文字次武建平公義之兄子父寔周大左輔燕國公仲文少聰敏髫齔就學耽閱不倦其父異之曰此兒必興吾宗矣九歲嘗於雲陽宮見周太祖太祖問曰聞兒好讀書書有何事仲文對曰資父事君忠孝而已太祖甚嗟歎之其後就博士李祥受周易三禮略通大義及長倜儻有大志氣調英拔當時號為名公子起家為趙王屬尋遷安固太守有任杜兩家各失牛任得一牛兩家俱認州郡久不能決益州長史韓伯儁曰于安固少聰察可令決之仲

文曰此易解耳於是令二家各驅牛群至乃放所認者遂向任氏群中又陰使人微傷其牛任氏嗟惋杜家自若仲文於是訶詰杜氏杜氏服罪而去始州刺史屈突尚宇文護之黨也先坐事下獄無敢繩者仲文至郡窮治遂竟其獄蜀中為之語曰明斷無雙有于公不避強禦有次武未幾徵為御正下大夫封延壽郡公邑三千五百戶數從征伐累勳授儀同三司宣帝時為東郡太守高祖為丞相尉迥作亂遣將檀讓收河南之地復使人誘致仲文仲文拒之迥怒其不同己遣儀同宇文威攻之仲文迎擊大破威衆斬首五百餘級以功授開府迥又遣其將宇文胄渡石

濟宇文威鄭紹自白馬二道俱進復攻仲文賊勢逾盛人
情大駭郡人赫連僧伽敬子哲率衆應迥仲文自度不能
支弃妻子將六十餘騎開城西門潰圍而遁爲賊所追且
戰且行所從騎戰死者十七八仲文僅而獲免達於京師
迥於是屠其三子一女高祖見之引入卧内爲之下泣賜
綵五百段黄金二百兩進位大將軍領河南道行軍總管
給以鼓吹馳傳詣洛陽發兵以討檀讓時韋孝寬拒迥於
永橋仲文詣孝寬有所計議府總管宇文忻頗有自疑之
心因謂仲文曰公新從京師來觀執政意何如也尉迥誠
不足平正恐事寧之後更有藏弓之慮仲文懼忻生變因

謂之曰丞相寬仁大度明識有餘苟能竭誠必心無貳仲
文在京三日頻見三善以此爲觀非尋常人也忻曰三善
如何仲文曰有陳萬敵者新從賊中來即令其弟難敵召
募鄉曲從軍討賊此其有大度一也上士宋謙奉使勾檢
謙緣此別求佗罪丞相責之曰入網者自可推求何須別
訪以虧大體此其不求人私二也言及仲文妻子未嘗不
潸泫此其有仁心三也忻自此遂安仲文軍至汴州之東
倪塢與迥將劉子昂劉浴德等相遇進擊破之軍次蓼隄
去梁郡七里讓擁衆數萬仲文以羸師挑戰讓悉衆來拒
仲文僞北讓軍頗驕於是遣精兵左右翼擊之大敗讓軍

生獲五千餘人斬首七百級進攻梁郡迥守將劉子寬弃
城遁走仲文追擊擒斬數千人子寬僅以身免初仲文在
蓼隄諸將皆曰軍自遠來士馬疲弊不可決勝仲文令三
軍趣食列陣大戰既而破賊諸將皆請曰前兵疲不可交
戰竟而剋勝其計安在仲文笑曰吾所部將士皆山東人
果於速進不宜持久乘勢擊之所以制勝諸將皆以爲非
所及也進擊曹州獲迥所署刺史李仲康及上儀同房勁
檀讓以餘衆屯城武別將高士儒以萬人屯永昌仲文詐
移書州縣曰大將軍至可多積粟讓謂仲文未能卒至方
椎牛享士仲文知其怠選精騎襲之一日便至遂拔城武

迥將席毗羅衆十萬屯於沛縣將攻徐州其妻子在金鄉
仲文遣人詐爲毗羅使者謂金鄉城主徐善淨曰檀讓明
日午時到金鄉將宣蜀公令賞賜將士金鄉人謂爲信然
皆喜仲文簡精兵僞建迥旗幟倍道而進善淨望見仲文
軍且至以爲檀讓乃出迎謁仲文執之遂取金鄉諸將多
勸屠之仲文曰此城是毗羅起兵之所當寬其妻子其兵
可自歸如即屠之彼望絶矣衆皆稱善於是毗羅恃衆來
薄官軍仲文背城結陣去軍數里設伏於麻田中兩陣纔
合伏兵發俱曳柴鼓譟塵埃張天毗羅軍大潰仲文乘之
賊皆投洙水而死爲之不流獲檀讓檻送京師河南悉平

毗羅匿滎陽人家執斬之傳首闕下勒石紀功樹於泗上
入朝京師高祖引入卧内宴享極歡賜雜綵千餘段妓女
十人拜柱國河南道大行臺屬高祖受禪不行未幾其叔
父太尉翼坐事下獄仲文亦爲吏所簿於獄中上書曰臣
聞春生夏長天地平分之功子孝臣誠人倫不易之道曩
者尉迥逆亂所在影從臣任處關河地居衝要嘗膽枕戈
誓以必死迥時購臣位大將軍邑萬户臣不顧妻子不愛
身命冒白刃潰重圍三男一女相繼淪没披露肝膽馳赴
闕庭蒙陛下授臣以高官委臣以兵革于時河南兇寇狼
顧鴟張臣以羸兵八千掃除氛祲摧劉寛於梁郡破檀讓

列傳二十五　隋書六十　七

於蒙郿平曹州復東郡安城武定永昌解亳州圍殄徐州
賊席毗十萬之衆一戰土崩河南蟻聚之徒應時戡定當
羣兇問鼎之際黎元乏主之辰臣第二叔翼先在幽州總
馭燕趙南鄰羣寇北捍旄頭内外安撫得免罪戾臣第五叔
智建旟黑水與王謙爲鄰式遏蠻陬鎮綏蜀道臣兄顗作
牧淮南坐制勍敵乘機勦定傳首京師王謙竊據二江叛
换三蜀臣第三叔義受脤廟庭龔行天討自外父叔兄弟
皆當文武重寄或銜命危難之間或侍衛鉤陳之側合門
誠款冀有可明伏願垂泣辜之恩降雲雨之施追草昧之
始録涓滴之功則寒灰更然枯骨生肉不勝區區之至謹

冒死以聞上覽表并翼俱釋之未幾詔仲文率兵屯白狼
塞以備胡明年拜行軍元帥統十二總管以擊胡出服遠
鎮遇虜破之斬首千餘級六畜巨萬計於是從金河出白
道遣總管辛明瑾元滂賀蘭志吕楚段諧等二萬人出盛
樂道趣那頡山至護軍川北與虜相遇可汗見仲文軍容
齊肅不戰而退仲文率精騎五千踰山追之不及而還上
以尚書文簿繁雜吏多姦計令仲文勘録省中事其所發
擿甚多上嘉其明斷厚加勞賞焉上每憂轉運不給仲文
請決渭水開漕渠上然之使仲文總其事及伐陳之役拜
行軍總管以舟師自章山出漢口陳郢州刺史荀法尚魯

列傳二十五　隋書六十　八

山城主誕法澄鄧沙彌等請降秦王俊皆令仲文以兵納
之高智慧等作亂江南復以行軍總管討之時三軍乏食
米粟踊貴仲文私糶軍糧坐除名明年復官爵率兵屯馬
邑以備胡數旬而罷晉王　以仲文有將領之才每常屬
意至是奏之乃令督晉王軍府事後突厥犯塞晉王爲元
帥以仲文將前軍大破賊而還仁壽初拜太子右衛率煬
帝即位遷右翊衛大將軍參掌文武選事從帝討吐谷渾
進位光禄大夫甚見親幸遼東之役仲文率軍指樂浪道
軍次烏骨城仲文簡羸馬驢數千置於軍後既而率衆東
過高麗出兵掩襲輜重仲文迴擊大破之至鴨緑水高麗

將乙支文德詐降來入其營仲文先奉密旨若遇高元及文德者必禽之至是文德來仲文將執之時尚書右丞劉士龍爲慰撫使固止之仲文遂捨文德尋悔遣人紿文德曰更有言議可復來也文德不從遂濟仲文選騎渡水追之每戰破賊文德遺仲文詩曰神策究天文妙算窮地理戰勝功既高知足願云止仲文荅書諭之文德燒柵而遁時宇文述以糧盡欲還仲文議以精鋭追文德可以有功述固止之仲文怒曰將軍仗十萬之衆不能破小賊何顔以見帝且仲文此行也固無功矣述因厲聲曰何以知無功仲文曰昔周亞夫之爲將也見天子軍容不變此決在

一人所以功成名遂今者人各其心何以赴敵初帝以仲文有計畫令諸軍諮禀節度故有此言由是述等不得已而從之遂行東至薩水宇文述以兵餒退歸師遂敗績帝以屬吏諸將皆委罪於仲文帝大怒釋諸將獨繫仲文仲文憂恚發病困篤方出之卒於家時年六十八撰漢書刋繁三十卷略覽三十卷有子九人欽明最知名

顗字元武身長八尺美鬚眉周大冢宰宇文護見而器之妻以季女尋以父勳賜爵新野郡公邑三千戸授大都督遷車騎大將軍儀同三司其後累以軍功授上開府歷左右宫伯郢州刺史大象中以水軍總管從韋孝寬經略淮

南顗率開府元紹貴上儀同毛猛等以舟師自頴口入淮陳防主潘深弃柵而走進與孝寛攻拔壽陽復引師圍硤石守將許約懼而降顗乃拜東廣州刺史尉迥之反也時總管趙文表與顗素不協顗將圖之因卧閤内詐得心疾謂左右曰我見兩三人至我前者輙大驚即欲斫之不能自制也其有賓客候問者皆令去左右顗漸稱危篤文表往候之令從者至大門而止文表獨至顗所顗欻然而起抽刀斫殺之因唱言曰文表與尉迥通謀所以斬之其麾下無敢動者時高祖以尉迥未平慮顗復生邊患因而勞勉之即拜吳州總管陳將錢茂和率數千人襲江陽顗逆

擊走之陳復遣將陳紀周羅睺樊合兒等襲顗顗拒之而退賜綵數百段高祖受禪文表弟詣闕稱兄無罪上令案其事太傅竇熾等議顗當死上以門著勳績特原之髡爲開府後襲爵燕國公邑萬六千戸尋以疾免開皇七年拜澤州刺史數年免職卒於家子世虔嗣

璽字伯符父翼仕周爲上柱國幽州總管任國公高祖爲丞相尉迥作亂遣人誘翼翼鏁其使送之長安高祖甚悦及高祖受禪翼入朝上爲之降榻握手極歡數日拜爲太尉歲餘卒謚曰穆璽少有器幹仕周起家右侍上士尋授儀同領右羽林遷少胥附武帝時從齊王憲破齊師於洛

陽以功賜爵豐寧縣子邑五百户尋從帝平齊加開府改
封怒陽縣公邑千二百户徵職方中大夫及宣帝嗣位轉
右勳曹中大夫尋領右忠義高祖爲丞相加上開府及受
禪進位大將軍拜汴州刺史甚有能名上聞而善之優詔
褒揚賜帛百匹尋加上大將軍進爵郡公轉邵州刺史在
州數年甚有恩惠後檢校江陵總管州人張願等數十人
詣闕上表請留璽書嘉歎良久令還邵州父老相賀尋遷
洛州刺史復爲熊州刺史並有惠政以疾徵還京師仁壽
末卒于家謚曰靜有子志本

段文振

段文振北海期原人也祖壽魏滄州刺史父威周洮河甘
渭四州刺史文振少有膂力膽氣過人性剛直明達時務
初爲宇文護親信護知其有幹用擢授中外府兵曹後武
帝攻齊海昌王尉相貴於晉州其亞將侯子欽崔景嵩爲
內應文振杖槊登城與崔仲方等數十人先登文振隨景
嵩至相貴所拔佩刀劫之相貴不敢動城遂下帝大喜賜
物千段進拔文侯華谷高壁三城皆有力焉及攻并州陷
東門而入齊安德王延宗懼而出降録前後勳將拜高秩
以讒毀獲譴因授上儀同賜爵襄國縣公邑千户進平鄴
都文賜綺羅二千匹後從滕王逌擊稽胡破之歷稍州別

駕揚州總管長史入爲天官都上士從韋孝寬經略淮南
俄而尉迥作亂時文振老母妻子俱在鄴城迥遣人誘之
文振不顧歸於高祖高祖引爲丞相掾領宿衛驃騎司馬
消難之奔陳也高祖令文振安集淮南還除衛尉少卿兼
內史侍郎尋以行軍長史從達奚震討叛蠻平之加上開
府歲餘遷鴻臚卿衛王爽北征突厥以文振爲長史坐勳
簿不實免官後爲石河二州刺史甚有威惠遷蘭州總管
改封龍岡縣公突厥犯塞以行軍總管擊破之逐北至居
延塞而還九年大舉伐陳以文振爲元帥秦王司馬別領
行軍總管及平江南授揚州總管司馬尋轉并州總管司

馬以母憂去職未幾起令視事固辭不許後數年拜雲州
總管尋爲太僕卿十九年突厥犯塞文振以行軍總管拒
之遇達頭可汗於沃野擊破之文振先與王世積有舊初
文振北征世積遺以駝馬比還世積以罪被誅文振坐與
交關功遂不録明年率衆出靈州道以備胡無虜而還越
巂蠻叛文振擊平之賜奴婢二百口仁壽初嘉州獠作亂
文振以行軍總管討之引軍山谷間爲賊所襲前後阻險
不得相救軍遂大敗文振復收散兵擊其不意竟破之文
振性素剛直無所降下初軍次益州謁蜀王秀貌頗不恭
秀甚銜之及此奏文振師徒喪敗右僕射蘇威與文振有

隙因而譖之坐是除名及秀廢黜文振上表自申理高祖慰諭之授大將軍尋拜靈州總管煬帝即位徵爲兵部尚書待遇甚重從征吐谷渾文振督兵屯雪山連營三百餘里東接楊義臣西連張壽合圍渾主於覆袁川以功進位右光祿大夫帝幸江都以文振行江都郡事文振見高祖時容納突厥啓民居于塞內妻以公主賞賜重疊及大業初恩澤彌厚文振以狼子野心恐爲國患乃上表曰臣聞古者遠不間近夷不亂華周宣外攘戎狄秦帝築城萬里蓋遠圖良筭弗可忘也竊見國家容受啓民資其兵食假以地利如臣愚計竊又未安何則夷狄之性無親而貪弱

則歸投強則反噬蓋其本心也臣學非博覽不能遠見且聞晉朝劉曜梁代侯景近事之驗衆所共知以臣量之必爲國患如臣之計以時喻遣令出塞外然後明設烽候緣邊鎮防務令嚴重此乃萬歲之長策也時兵曹郎斛斯政專掌兵事文振知政險薄不可委以機要屢言於帝帝並弗納及遼東之役授左候衛大將軍出南蘇道在道疾篤上表曰臣以庸微幸逢聖世濫蒙獎擢榮冠儕伍而智能無取叨竊已多言念國恩用忘寢食常思效其鳴吠以報萬分而攝養乖方疾患遂篤抱此深愧永歸泉壤不勝餘恨輕陳管穴竊見遼東小醜未服嚴刑遠降六師親勞萬乘但夷狄多詐深須防擬口陳降款心懷背叛詭伏多端勿得便受水潦方降不可淹遲唯願嚴勒諸軍星馳速發水陸俱前出其不意則平壤孤城勢可拔也若傾其本根餘城自剋如不時定脫遇秋霖深爲艱阻兵糧又竭強敵在前靺鞨出後遲疑不決非上策也後數日卒於師帝省表悲歎久之贈光祿大夫尚書右僕射北平侯謚曰襄賜物一千段粟麥二千石威儀鼓吹送至墓所有子十人長子詮官至武牙郎將次綸少以俠氣聞文振弟文操大業中爲武賁郎將性甚剛嚴帝令督祕書省學士時學士頗存儒雅文操輒鞭撻之前後或至千數時議者鄙之

史臣曰仲方兼資文武雅有籌筭伐陳之策信爲深遠矣聲績克舉夫豈徒言哉仲文博涉書記以英略自許尉迥之亂遂立功名自茲厥後屢當推轂遼東之役實喪師徒斯乃大樹將顛蓋亦非戰人之罪也文振少以膽略見重終懷壯夫之志時進讜言頻稱諒直其取高位厚秩良有以也

列傳卷第二十五　隋書六十

列傳卷第二十六　隋書六十一

特進臣魏　徵　上

宇文述

宇文述字伯通代郡武川人也本姓破野頭役屬鮮卑俟豆歸後從其主爲宇文氏父盛周上柱國述少驍銳便弓馬年十一時有相者謂述曰公子善自愛後當位極人臣周武帝時以父軍功起家拜開府述性恭謹沈密周大冢宰宇文護甚愛之以本官領護親信及帝親總萬機召爲左宮伯累遷英果中大夫賜爵博陵郡公尋改封濮陽郡公高祖爲丞相尉迥作亂相州述以行軍總管率步騎三千從韋孝寬擊之軍至河陽迥遣將李儁攻懷州述別擊儁軍破之又與諸將擊尉惇於永橋述先鋒陷陳俘馘甚衆平尉迥每戰有功超拜上柱國進爵褒國公賜縑三千匹開皇初拜右衛大將軍平陳之役復以行軍總管率衆三萬自六合而濟時韓擒賀若弼兩軍趣丹陽述進據石頭以爲聲援陳主既擒而蕭瓛蕭巖據東吳之地擁兵拒守述領行軍總管元契張默言等討之水陸兼進落叢公燕榮以舟師自海至亦受述節度上下詔曰公鴻勳大業名高望重奉國之誠久所知悉金陵之寇既已清蕩而吳會之地東路爲遙蕭巖蕭瓛並在其處公率將戎旅撫慰

彼方振揚國威宣布朝化以公明略乘勝而往風行電掃自當稽服若使干戈不用黎庶獲安方副朕懷公之力也陳永新侯陳君範自晉陵奔瓛并軍合勢見述軍且至瓛懼立柵於晉陵城東又絕塘道留兵拒述瓛自義興入太湖圖掩述後述進破其柵迴兵擊瓛大敗之斬瓛司馬曹勤又前軍復陷吳州瓛以餘衆保包山燕榮擊破之述進至奉公埭蕭巖陳君範等以會稽請降述許之二人面縛路左吳會悉平以功拜一子開府賜物三千段拜安州總管時晉王廣鎮揚州甚善於述欲述近己因奏爲壽州刺史總管王時陰有奪宗之志請計於述述曰皇太子失愛已久令德不聞於天下大王仁孝著稱才能蓋世數經將領深有大功主上之與內宮咸所鍾愛四海之望實歸於大王然廢立者國家之大事處人父子骨肉之間誠非易謀也然能移主上者唯楊素耳素之謀者唯其弟約述雅知約請朝京師與約相見共圖廢立晉王大悅多齎金寶資述入關述數請約盛陳器玩與之酣暢因而共博每佯不勝所齎金寶盡輸之約所得既多稍以謝述述因曰此晉王之賜令述與公爲歡樂耳約大驚曰何爲者述因爲王申意約然其說退言於素素亦從之於是素每與述謀事晉王與述情好益密命述子士及尚南陽公主前後賞賜

不可勝計及晉王為皇太子以述為左衛率舊令率官第四品上以述素貴遂進率品為第三其見重如此煬帝嗣位拜左衛大將軍改封許國公大業三年加開府儀同三司每冬正朝會輒給鼓吹一部從幸榆林時鐵勒契弊歌稜攻敗吐谷渾其部攜散遂遣使請降求救帝令述以兵屯西平之臨羌城撫納降附吐谷渾見述擁強兵懼不敢降遂西遁述領鷹揚郎將梁元禮張峻崔師等追之至曼頭城攻拔之斬三千餘級乘勝至赤水城復拔之其餘黨走屯丘尼川述進擊大破之獲其王公尚書將軍二百人前後虜男女四千口而還渾主南走雪山其故地皆空帝

大悅明年從帝西巡至金山登燕支述每為斥候時渾賊復寇張掖進擊走之還至江都宮敕述與蘇威常典選舉參預朝政述時貴重委任與蘇威等其親愛則過之帝所得遠方貢獻及四時口味輒見班賜中使相望於道述善於供奉俯仰折旋容止便辟宿衛者咸取則焉又有巧思凡有所裝飾皆出人意表數以奇服異物進獻宮掖由是帝彌悅焉時述貴倖言無不從勢傾朝廷左衛將軍張瑾與述連官嘗有評議偶不中意述張目叱之瑾惶懼而走文武百寮莫敢違忤然性貪鄙知人有珍異之物必求取之富商大賈及隴右諸胡子弟述皆接以恩意呼之為兒由是競加饋遺金寶累積後庭曳羅綺者數百家僮千餘人皆控良馬被服金玉述之寵遇當時莫與為比及征高麗述為扶餘道軍將臨發帝謂述曰禮七十者行役以婦人從公宜以家累自隨古稱婦人不入軍謂臨戰時耳至於營壘之間無所傷也項籍虞姬即其故事述與九軍至鴨綠水糧盡議欲班師諸將多異同述又不測帝意會乙支文德來詣其營述先與于仲文俱奉密旨令誘執文德既而縱文德逃歸語在仲文傳述內不自安遂與諸將度水追之時文德見述軍中多飢色欲疲述衆每鬬便北述一日之中七戰皆捷既恃驟勝又內逼群議於是遂

進東濟薩水去平壤城三十里因山為營文德復遣使偽降請述曰若旋師者當奉高元朝行在所述見士卒疲弊不可復戰又平壤嶮固卒難致力遂因其詐而還衆半濟賊擊後軍於是大潰不可禁止九軍敗績一日一夜還至鴨綠水行四百五十里初度遼九軍三十萬五千人及還至遼東城唯二千七百人帝大怒以述等屬吏至東都除名為民明年帝有事遼東復述官爵待之如初從至遼東與將軍楊義臣率兵復臨鴨綠水會楊玄感作亂帝召述班師令馳驛赴河陽發諸郡兵以討玄感時玄感逼東都聞述軍將至懼而西遁將圖關中述與刑部尚書衛玄左

禦衛將軍來護兒武衛將軍屈突通等躡之至閿鄉皇天原與玄感相及述與來護兒列陣當其前遣屈突通以奇兵擊其後大破之遂斬玄感傳首行在所賜物數千段復從東征至懷遠而還突厥之圍鴈門帝懼述請潰圍而出樊子蓋固諫不可帝乃止及圍解車駕次太原議者多勸帝還京師帝有難色述因奏曰從官妻子多在東都便道向洛陽自潼關而入可也帝從之是歲至東都述又觀望帝意勸幸江都帝大悅述於江都遇疾中使相望帝將親臨視之羣臣苦諫乃止遂遣司宮魏氏問述曰必有不諱欲何所言述二子化及智及時並得罪于家述因奏曰化

及臣之長子早預藩邸願陛下哀憐之帝聞泫然曰吾不忘也及薨帝爲之廢朝贈司徒尚書令十郡太守班劒四十人輼輬車前後部鼓吹諡曰恭帝令黃門侍郎裴矩祭以太牢鴻臚監護喪事子化及別有傳

雲定興者附會於述初定興女爲皇太子勇昭訓及勇廢除名配少府定興先得昭訓明珠絡帳私賂於述自是數共交遊定興每時節必有賂遺并以音樂干述述素好著奇服炫耀時人定興爲製馬韉於後角上缺方三寸以露白色世輕薄者爭效學之謂爲許公缺勢又遇天寒定興曰入內宿衛必當耳冷述曰然乃製夾頭巾令深袙耳又學之名爲許公袙勢述大悅曰雲兄所作必能變俗我聞作事可法故不虛也後帝將事四夷大造兵器述薦之因敕少府工匠並取其節度述欲爲之求官謂定興曰兄所製器仗並合上心而不得官者爲長寧兄弟猶未死耳定興曰此無用物何不勸上殺之述因奏曰房陵諸子年並成立今欲動兵征討若將從駕則守掌爲難若留一處又恐不可進退無用請早處分帝從之因鴆殺長寧又遣以下七弟分配嶺表仍遣間使於路盡殺之五年大閱軍實帝稱甲仗爲佳述奏曰並雲定興之功也擢授少府丞尋代何稠爲少監轉衛尉少卿遷左禦衛將軍仍知少府事

十一年授左屯衛大將軍凡述所薦達皆至大官趨行樞以太常樂户家財億計述謂爲兒多受其賄稱其驍勇起家爲折衝郎將

郭衍

郭衍字彥文自云太原介休人也父以舍人從魏武帝入關其後官至侍中衍少驍武善騎射周陳王純引爲左右累遷大都督時齊氏未平衍奉詔於天水募人以鎮東境得樂徙千餘家屯於陝城拜使持節車騎大將軍儀同三司每有寇至輒率所領禦之一歲數告捷頗爲齊人所憚王益親任之建德中周武帝出幸雲陽衍詣於行所時議

欲伐齊衍請為前鋒攻河陰城授儀同大將軍武帝圍晉州應齊兵來援令衍從陳王守千里徑又從武帝與齊主大戰於晉州追齊師至高壁敗之仍從平并州以功加授開府封武強縣公邑一千二百戶賜姓叱羅氏宣政元年為右中軍熊渠中大夫尉迥之起逆從韋孝寬戰於武陟進戰於相州先是迥遣弟子勤為青州摠管率青齊之衆來助迥迥敗勤與迥子惇祐等欲東奔青州衍將精騎一千追破之執祐於陣勤遂遁走而惇亦逃逸衍至濟州入據其城又擊其餘黨於濟北累戰破之執送京師超授上柱國封武山郡公賞物七千段衍勸高祖殺周室諸王早

行禪代由是大被親昵開皇元年勑復舊姓為郭氏突厥犯塞以衍為行軍總管領兵屯於平涼數歲虜不入徵為開漕渠大監部率水工鑿渠引渭水經大興城北東至于潼關漕運四百餘里關內賴之名之曰富民渠五年授瀛州刺史遇秋霖大水其屬縣多漂沒民皆上高樹依大冢衍親備船栰并齎糧拯救之民多獲濟衍先開倉賑卹後始聞奏上大善之選授朔州總管所部有恒安鎮北接蕃境常勞轉運衍乃選沃饒地置屯田歲剩粟萬餘石民免轉輸之勞又築桑乾鎮皆稱旨十年從晉王廣出鎮揚州遇江表構逆命衍為總管領精銳萬人先屯京口於貴

洲南與賊戰敗之生擒魁帥大獲舟楫糧儲以充軍實乃討東陽永嘉宣城黟歙諸洞盡平之授蔣州刺史衍臨下甚踞事上姦諂晉王愛暱之宴賜隆厚遷洪州總管王有奪宗之謀託衍心腹遣宇文述以情告之衍大喜曰若所謀事果自可為皇太子如其不諧亦須據淮海復梁陳之舊副君酒客其如我何王因召衍陰共計議又恐人疑無故來往託以衍妻患癭王妃蕭氏有術能療之以狀奏高祖高祖聽衍共妻向江都往來無度衍又詐稱桂州俚反王乃奏衍行共討之由是大修甲仗陰養士卒及王入為太子徵授左監門率轉左宗衛率高祖於仁壽宮將大漸

太子與楊素矯詔令衍宇文述領東宮帖上臺宿衛門禁並由之及上崩漢王起逆而京師空虛使衍馳還總兵居守大業元年拜左武衛大將軍帝幸江都令衍統左軍改授光祿大夫又從討吐谷渾出金山道納降二萬餘戶衍能揣上意阿諛順旨帝每謂人曰唯有郭衍心與朕同又嘗勸帝取樂五日一視無得効高祖空自勤勞帝從之益稱其孝順初新令行衍封爵從例除六年以恩倖封真定侯七年從往江都卒贈左衛大將軍賵賻甚厚諡曰襄子臻武牙郎將次子嗣本孝昌縣令

史臣曰謇謇匪躬為臣之高節和而不同事君之常道乎

文述郭衍以水濟水如脂如韋便辟足恭柔顏取悅君所謂可亦曰可焉君所謂不亦曰不焉無所是非不能輕重默默苟容偷安高位甘素餐之責受彼已之譏此固君子所不為亦丘明之深恥也

列傳卷第二十六　隋書六十一

列傳卷第二十七　隋書六十二

特進臣魏　徵　上

王韶

王韶字子相自云太原晉陽人也世居京兆祖諧原州刺史父諒早卒韶幼而方雅頗好奇節有識者異之在周累以軍功官至車騎大將軍儀同三司後轉軍正武帝既拔晉州意欲班師韶諫曰齊失紀綱於茲累世天獎王室一戰而扼其喉加以主昏於上民懼於下取亂侮亡正在今日方欲釋之而去以臣愚固深所未解願陛下圖之帝大悅賜縑一百匹及平齊氏以功進位開府封晉陽縣公邑五百戶賜口馬雜畜以萬計遷內史中大夫宣帝即位拜豐州刺史改封昌樂縣公高祖受禪進爵項城郡公邑二千戶轉靈州刺史加位大將軍晉王諱之鎮并州也除行臺右僕射賜綵五百匹韶性剛直王甚憚之每事諮詢不致違於法度韶嘗奉使檢行長城其後王穿池起三山韶既還自鎖而諫王謝而罷之高祖聞而嘉歎賜金百兩并後宮四人平陳之役以本官為元帥府司馬帥師趣河陽與大軍會既至壽陽與高熲支度軍機無所擁滯及剋金陵韶即鎮焉晉王諱班師留韶於石頭防遏委以後事歲餘徵還高祖謂公卿曰晉王以幼稚出藩遂能剋平吳越

綏靜江湖子相之力也於是進位柱國賜奴婢三百口綿絹五千段開皇十一年上幸并州以其稱職特加勞勉其後上譴詔曰自朕至此公鬚鬢漸白無乃憂勞所致柱石之望唯在於公努力勉之詔辭謝曰臣比衰暮殊不解作官人高祖曰是何意也不解是未用心耳詔對曰臣昔在昏季猶且用心況逢明聖敢不罄竭但神化精微非駑蹇所逮加以今年六十有六桑榆云晚比於疇昔昏忘又多豈敢自寬以速身累恐以衰暮虧紊朝綱耳上勞而遣之秦王俊爲并州總管仍爲長史歲餘馳驛入京勞弊而卒時年六十八高祖甚傷惜之謂秦王使者曰語爾王我前

令子相緩來如何乃遣馳驛殺我子相豈不由汝邪言甚悽愴使有司爲之立宅曰往者何用宅爲但以表我深心耳又曰子相受我委寄十有餘年終始不易寵章未極舍我而死乎發言流涕因命取子相封事數十紙傳示群臣上曰其直言匡正裨益甚多吾每披尋未嘗釋手煬帝即位追贈司徒尚書令靈豳等十州刺史魏國公子士隆嗣士隆畧知書計尤便弓馬慷慨有父風大業之世頻見親重官至備身將軍改封耿公數令討擊山賊往往有捷越王侗稱帝士隆率數千兵自江淮而至會王世充僭號甚禮重之署尚書右僕射士隆憂憤疽發背卒

元巖

元巖字君山河南洛陽人也父禎魏敷州刺史巖好讀書不治章句剛鯁有器局以名節自許少與勃海高熲太原王韶同志友善仕周釋褐宣威將軍武賁給事大冢宰宇文護見而器之以爲中外記室累遷內史中大夫昌國縣伯宣帝嗣位爲政昏暴京兆郡丞樂運乃輿櫬詣朝堂陳帝八失言甚切至帝大怒將戮之朝臣皆恐懼莫有救者巖謂人曰臧洪同日尚可俱死其況比干乎若樂運不免吾將與之俱斃詣閣請見言於帝曰樂運知書奏必死所以不顧身命者欲取後世之名陛下若殺之乃成其名落其

術內耳不如勞而遣之以廣聖度運因獲免後帝將誅烏丸軌巖不肯署詔御正顏之儀切諫不入巖進繼之脫巾頓顙三拜三進帝曰汝欲黨烏丸軌邪巖曰臣非黨軌正恐濫誅失天下之望帝怒使閹豎搏其面遂廢于家高祖爲丞相加位開府民部中大夫及受禪拜兵部尚書進爵平昌郡公邑二千戶巖性嚴重明達世務每有奏議侃然正色庭諍面折無所迴避上及公卿皆敬憚之時高祖初即位每懲周代諸侯微弱以致滅亡由是分王諸子權侔王室以爲磐石之固遣晉王諱鎮并州蜀王秀鎮益州二王年並幼稚於是盛選貞良有重望者爲之寮佐于時巖

與王劭俱以骨鯁知名物議稱二人才具侔於高熲由是拜巖爲益州總管長史劭爲河北道行臺右僕射高祖謂之曰公宰相大器今屈輔我兒如曹參相齊之意也及巖到官法令明肅吏民稱焉蜀王性好奢侈嘗欲取獠口以爲閹人又欲生剖死囚取膽爲藥巖皆不奉教排閤切諫王輒謝而止憚巖爲人每循法度蜀中獄訟巖所裁斷莫不悅服其有得罪者相謂曰平昌公與吾罪吾何怨焉上甚嘉之賞賜優洽十三年卒官上悼惜久之益州父老莫不殞涕于今思之巖卒之後蜀王竟行其志漸致非法造渾天儀司南車記里鼓凡所被服擬於天子又共妃出獵

以彈彈人多捕山獠以充宦者寮佐無能諫止及秀得罪上曰元巖若在吾兒豈有是乎子弘嗣仕歷給事郎司朝謁者北平通守

劉行本

劉行本沛人也父瓌仕梁歷職清顯行本起家武陵國常侍遇蕭脩以梁州北附遂與叔父璠同歸于周寓居京兆之新豐每以諷讀爲事精力忘疲雖衣食乏絕晏如也性剛烈有不可奪之志周大冢宰宇文護引爲中外府記室武帝親總萬機轉御正中士兼領起居注累遷掌朝下大夫周代故事天子臨軒掌朝典筆硯持至御坐則承御大夫取以進之及行本爲掌朝將進筆於帝承御復欲取之行本抗聲謂承御曰筆不可得帝驚視問之行本言於帝曰臣聞設官分職各有司存臣既不得佩承御刀承御亦焉得取臣筆帝曰然因令二司各行所職及宣帝嗣位多失德行本切諫忤旨出爲河内太守高祖爲丞相尉迥作亂進攻懷州行本率吏民拒之拜儀同賜爵文安縣子及踐阼徵拜諫議大夫檢校治書侍御史未幾遷黃門侍郎上甞怒一郎於殿前笞之行本進曰此人素清其過又小願陛下少寬假之上不顧行本於是正當上前曰陛下不以臣不肖置臣左右臣言若是陛下安得不聽臣言若非

當致之於理以明國法豈得輕臣而不顧也臣所言非私因置笏於地而退上斂容謝之遂原所笞者于時天下大同四夷內附行本以党項羌密邇封域最爲後服上表劾其使者曰臣聞南蠻遵校尉之統西域仰都護之威比見西羌鼠竊狗盜不父不子無君無臣異類殊方於斯爲下不悟羈縻之惠詎知含養之恩狼戾爲心獨乖正朔使人近至請付推科上奇其志焉雍州別駕元肇言於上曰有一州吏受人餽錢三百文依律合杖一百然臣下車之始與其爲約此吏故違請加徒一年行本駁之曰律令之行並發明詔與民約束今肇乃敢重其教命輕忽憲章欲申

己言之必行志朝廷之大信虧法取威非人臣之禮上嘉
之賜絹百匹在職數年拜太子左庶子領治書如故皇太
子虛襟敬憚時唐令則亦為左庶子太子暱狎之每令以
絃歌教內人行本責之曰庶子當匡太子以正道何有嬖
昵房帷之間哉令則甚慚而不能改時沛國劉臻平原明
克讓魏郡陸爽並以文學為太子所親行本怒其不能調
護每謂三人曰卿等正解讀書耳時左衞率長史夏侯福
為太子所昵嘗於閤內與太子戲福大笑聲聞於外行本
時在閤下聞之待其出行本數之曰殿下寬容賜汝顏色
汝何物小人敢為褻慢因付執法者治之數日太子為福

致請乃釋之太子嘗得良馬令福乘而觀之太子甚悅因
欲令行本復乘之行本不從正色而進曰至尊置臣於庶
子之位者欲令輔導殿下以正道非為殿下作弄臣也太
子慚而止復以本官領大興令權貴憚其方直無敢至門
者由是請託路絕法令清簡吏民懷之未幾卒官上甚傷
惜之及太子廢上曰嗟乎若使劉行本在勇當不及於此
無子

梁毗

梁毗字景和安定烏氏人也祖越魏涇豫洛三州刺史郃
陽縣公父茂周滄兗二州刺史毗性剛謇頗有學涉周武
帝時舉明經累遷布憲下大夫平齊之役以毗為行軍總
管長史尅并州毗有力焉除[illegible]别駕加儀同三司宣政中
封易陽縣子邑四百戶遷武藏大夫高祖受禪進爵為侯
開皇初置御史官朝廷以毗鯁正拜治書侍御史名為稱
職尋轉大興令遷雍州贊治毗既出憲司復典京邑直道
而行無所廻避頗失權貴心由是出為西寧州刺史改封
邯鄲縣侯在州十一年先是蠻夷酋長皆服金冠以金多
者為豪儁由此遞相陵奪每尋干戈邊境略無寧歲毗患
之後因諸酋長相率以金遺毗於是置金坐側對之慟哭
而謂之曰此物飢不可食寒不可衣汝等以此相滅不可

勝數今將此來欲殺我邪一無所納悉以還之於是蠻夷
感悟遂不相攻擊高祖聞而善之徵為散騎常侍大理卿
處法平允時人稱之歲餘進位上開府毗見左僕射楊素
貴寵擅權百寮震懾恐為國患因上封事曰臣聞臣無有
作威福臣之作威福其害于而家凶于而國竊見左僕射
越國公素幸遇愈重權勢日隆搢紳之徒屬其視聽忤意
者嚴霜夏零阿旨者膏雨冬澍榮枯由其脣吻廢興候其
指麾所私皆非忠讜所進咸是親戚子弟布列兼州連縣
天下無事容息異圖四海稍虞必為禍始夫姦臣擅命有
漸而來王莽資之於積年桓玄基之於易世而卒殄漢祀

終傾晉祚季孫專魯田氏篡齊皆載典誥非臣臆說陛下
若以素爲阿衡臣恐其心未必伊尹也伏願揆鑒古今量
爲處置俾洪基永固率土幸甚輕犯天顏伏聽斧鑕高祖
大怒命有司禁止親自詰之毗極言曰素既擅權寵作威
作福將領之處殺戮無道又太子及蜀王罪廢之日百寮
無不震悚惟素揚眉奮肘喜見容色利國家有事以爲身
幸毗發言謇謇有誠亮之節高祖無以屈也乃釋之素自
此恩寵漸衰但素任寄隆重多所折挫當時朝士無不慴
伏莫有敢與相是非辭氣不撓者獨毗與柳彧及尚書右
丞李綱而已後上不復專委於素蓋由察毗之言也煬帝

即位遷刑部尚書并攝御史大夫事奏劾宇文述私役部
兵帝議免述罪毗固諍因忤旨遂令張衡代爲大夫毗憂
憤數月而卒帝令吏部尚書牛弘弔之贈縑五百匹子敬
眞大業之世爲大理司直時帝欲成光祿大夫魚俱羅之
罪令敬眞治其獄遂希旨陷之極刑未幾敬眞有疾見俱
羅爲之厲數日而死

柳彧

柳彧字幼文河東解人也七世祖卓隨晉南遷寓居襄陽
父仲禮爲梁將敗歸周復家本土彧少好學頗涉經史周
大冢宰宇文護引爲中外府記室久而出爲寧州總管掾

武帝親總萬機彧詣闕求試帝異之以爲司武中士轉鄭
令平齊之後帝大賞從官留京者不預彧上表曰今太平
告始信賞宜明酬勳報勞務先有本屠城破邑出自聖規斬
將搴旗必由神略若負戈擐甲征扞劬勞至於鎮撫國家
宿衛爲重俱稟成算非專己能留從事同功勞須等皇太
子以下實有守宗廟之功昔蕭何留守茅土先於平陽穆
之居中沒後猶蒙優策不勝管見奉表以聞於是留守並
加汎級高祖受禪累遷尚書虞部侍郎以母憂去職未幾
起爲屯田侍郎固讓弗許時制三品已上門皆列戟左僕
射高熲子弘德封應國公申牒請戟彧判曰僕射之子更

不異居父之戟槊已列門外尊有壓卑之義子有避父之
禮豈容外門既設內閤又施事竟不行熲聞而歎伏後遷
治書侍御史當朝正色甚爲百寮之所敬憚上嘉其婞直
謂彧曰大丈夫當立名於世無容容而已賜錢十萬米百
石于時刺史多任武將類不稱職彧上表曰方今天下太
平四海清謐共治百姓須任其才昔漢光武一代明哲起
自布衣備知情僞與二十八將披荊棘定天下及功成之
後無所職任伏見詔書以上柱國和平子爲杞州刺史其
人年垂八十鍾鳴漏盡前任趙州闇於職務政由群小賄賂
公行百姓吁嗟歌謠滿道乃云老禾不早殺餘種穢良田

古人有云耕當問奴織當問婢此言各有所能也平子弓馬武用是其所長治民莅職非其所解至尊思治無忘寢興如謂優老尚年自可厚賜金帛若令刺舉所損殊大臣死而後已敢不竭誠上善之平子竟免有應州刺史唐君明居母喪娶雍州長史庫狄士文之從父妹彧劾之曰臣聞天地之位既分夫婦之禮斯著君親之義生焉尊卑之教攸設是以孝惟行本禮實身基自國刑家率由斯道竊以愛敬之情因心至切喪紀之重人倫所先君明鑽燧雖改在文無變忽劬勞之痛成燕爾之親冒此苴縗命彼褕翟不義不昵春秋載其將亡無禮無儀詩人欲其遄死士

文贊務神州名位通顯整齊風教四方是則弃二姓之重匹違六禮之軌儀請禁錮終身以懲風俗二人竟坐得罪隋承喪亂之後風俗頹壞彧多所矯正上甚嘉之又見上勤於聽受百寮奏請多有煩碎因上疏諫曰臣聞自古聖帝莫過唐虞象地則天布政施化不爲叢脞是謂欽明語曰天何言哉四時行焉故知人君出令誡在煩數是以舜任五臣堯咨四岳設官分職各有司存垂拱無爲天下以治所謂勞於求賢逸於任使又云天子穆穆諸侯皇皇此言君臣上下體裁有別比見四海一家萬機務廣事無大小咸關聖聽陛下留心治道無憚疲勞亦由群官懼罪不

能自決取判天旨聞奏過多乃至營造細小之事出給輕微之物一日之内酬荅百司至乃日旰忘食夜分未寢動以文簿憂勞聖躬伏願思臣至言少減煩務以怡神爲意以養性爲懷思武王安樂之義念文王勤憂之理若其經國大事非臣下裁斷者伏願詳決自餘細務責成所司則聖體盡無疆之壽臣下蒙覆育之賜也上覽而嘉之後以忤旨免未幾復令視事因謂彧曰無改爾心以其家貧勑有司爲之築宅因曰柳彧正直士國之寶也其見重如此右僕射楊素當塗顯貴百寮慴憚無敢忤者嘗以少譴勑送南臺素恃貴坐彧牀彧從外來見素如此於階下端笏

整容謂素曰奉勑治公之罪素遽下彧據案而坐立素於庭辨詰事狀素由是銜之彧時方爲上所信任故素未有以中之彧見近代以來都邑百姓每至正月十五日作角抵之戲遞相誇競至於靡費財力上奏請禁絕之曰臣聞昔者明王訓民治國率履法度動由禮典非法不服非道不行道路不同男女有別防其邪僻納諸軌度竊見京邑爰及外州每以正月望夜充街塞陌聚戲朋遊鳴鼓聒天燎炬照地人戴獸面男爲女服倡優雜技詭狀異形以穢嫚爲歡娛用鄙褻爲笑樂内外共觀曾不相避高棚跨路廣幕陵雲袨服靚粧車馬填噎肴醑肆陳絲竹繁會竭貲

破產競此一時盡室并孥無問貴賤男女混雜緇素不分穢行因此而生盜賊由斯而起浸以成俗實有由來因循敝風曾無先覺非益於化實損於民請頒行天下並即禁斷康哉雅頌足美盛德之形容鼓腹行歌自表無為之至樂敢有犯者請以故違勑論詔可其奏是歲持節巡省河北五十二州奏免長吏贓汙不稱職者二百餘人州縣肅然莫不震懼上嘉之賜絹布二百匹氈三十領拜儀同三司歲餘加員外散騎常侍治書如故仁壽初復持節巡省太原道十九州及還賜絹百五十匹彧嘗得博陵李文博所撰治道集十卷蜀王秀遣人求之彧送之於秀秀復賜

彧奴婢十口及秀得罪楊素奏彧以內臣交通諸侯除名為民配戍懷遠鎮行達高陽有詔徵還至晉陽值漢王諒作亂遣使馳召彧將與計事彧為使所逼初不知諒反將入城而諒反形已露彧度不得免遂詐中惡不食自稱危篤諒怒囚之及諒敗楊素奏彧心懷兩端以候事變迹雖不反心實同逆坐徙敦煌楊素卒後乃自申理有詔徵還京師卒於道有子紹為介休令

趙綽

趙綽河東人也性質直剛毅在周初為天官府史以恭謹恪勤擢授夏官府下士稍以明幹見知累轉內史中士父艱去職哀毀骨立世稱其孝既免喪又為掌教中士高祖為丞相知其清正引為錄事參軍尋遷掌朝大夫從行軍總管是云暉擊叛蠻以功拜儀同賜物千段高祖受禪授大理丞處法平允考績連最轉大理正尋遷尚書都官侍郎未幾轉刑部侍郎治梁士彥等獄賜物三百段奴婢十口馬二十匹每有奏讞正色侃然上嘉之漸見親重上以盜賊不禁將重其法綽進諫曰陛下行堯舜之道多存寬宥況律者天下之大信其可失乎上忻然納之因謂綽曰若更有聞見宜數陳之也遷大理少卿故陳將蕭摩訶其子世略在江南作亂摩訶當從坐上曰世略年未二十亦

何能為以其名將之子為人所逼耳因赦摩訶綽固諫不可上不能奪欲綽去而赦之固命綽退食綽曰臣奏獄未決不敢退朝上曰大理其為朕特赦摩訶也因命左右釋之刑部侍郎辛亶嘗衣緋褌俗云利於官上以為厭蠱將斬之綽曰據法不當死臣不敢奉詔上怒甚謂綽曰卿惜辛亶而不自惜也命左僕射高熲將綽斬之綽曰陛下寧可殺臣不得殺辛亶至朝堂解衣當斬上使人謂綽曰竟何如對曰執法一心不敢惜死上拂衣而入良久乃釋之明日謝綽勞勉之賜物三百段時上禁行惡錢有二人在市以惡錢易好者武候執以聞上令悉斬之綽進諫曰此人

坐當杖殺之非法上曰不關卿事綽曰陛下不以臣愚暗置在法司欲妄殺人豈得不關臣事上曰撼大木不動者當退對曰臣望感天心何論動木上復曰啜羹者熱則置之天子之威欲相挫耶綽拜而益前訶之不肯退上遂入治書侍御史柳彧復上奏切諫上乃止上以綽有誠直之心每引入閤中或遇上與皇后同榻即呼綽坐評論得失前後賞賜萬計其後進位開府贈其父爲蔡州刺史時河東薛胄爲大理卿俱名平恕然胄斷獄以情而綽守法俱爲稱職上每謂綽曰朕於卿無所愛惜但卿骨相不當貴耳仁壽中卒官時年六十三上爲之流涕中使弔祭鴻臚

監護喪事有二子元方元褒

裴肅

裴肅字神封河東聞喜人也父俠周民部大夫肅少剛正有局度少與安定梁毗同志友善仕周釋褐給事中士累遷御正下大夫以行軍長史從韋孝寬征淮南屬高祖爲丞相肅聞而歎曰武帝以雄才定六合墳土未乾而一朝遷革豈天道歟高祖聞之甚不悅由是廢于家開皇五年授膳部侍郎後二歲遷朔州總管長史轉貝州長史俱有能名仁壽中肅見皇太子勇蜀王秀左僕射高熲俱廢黜遣使上書曰臣聞事君之道有犯無隱愚情所懷敢不聞奏竊見高熲以天挺良才元勳佐命陛下光寵亦已優隆但鬼瞰高明世疵俊異側目求其長短者豈可勝道哉願陛下錄其大功忘其小過臣又聞之古先聖帝教而不誅陛下至慈度越前聖二庶人得罪已久寧無革心願陛下弘君父之慈顧天性之義各封小國觀其所爲若能遷善漸更增益如或不悛貶削非晚今者自新之路永絕愧悔之心莫見豈不哀哉書奏上謂楊素曰裴肅憂我家事此亦至誠也於是徵肅入朝皇太子聞之謂左庶子張衡曰使勇自新欲何爲也衡曰觀肅之意欲令如吳太伯漢東海王耳皇太子甚不悅頃之肅至京師見上于含章殿上謂

肅曰吾貴爲天子富有四海後宮寵幸不過數人自勇以下並皆同母非爲憎愛輕事廢立因言勇不可復收之意既而罷遣之未幾上崩煬帝嗣位不得調者久之肅亦杜門不出後執政者以嶺表荒遐遂希旨授肅永平郡丞甚得民夷心歲餘卒時年六十二夷獠思之爲立廟於鄣江之浦有子尚賢

史臣曰猛獸之處山林藜藿爲之不採正臣之立朝廷姦邪爲之折謀皆志在匪躬義形于色豈惟綱紀由其隆替抑亦社稷繫以存亡者也蜀二王帝之愛子擅以權寵莫拘憲令求其恭肅不亦難乎元巖王韶任當彼相並見

嚴憚莫敢為非謇諤之風有足稱矣行本正色於房陵梁
毗抗言於楊素直辭鯁氣懍然可想趙綽之居大理囹圄
無冤柳彧之處憲臺姦邪自肅然不畏強禦梁毗其有焉
邦之司直行本柳彧近之矣裴肅朝不坐宴不預忠誠慷
慨犯忤龍鱗固知嫠婦憂宗周之亡處女悲太子之少非
徒語也方諸前載有間暴之風焉

列傳卷第二十七　　隋書六十二

列傳卷第二十八　　隋書六十三

特進臣魏　徵　上

樊子蓋

樊子蓋字華宗廬江人也祖道則梁越州刺史父儒侯景
之亂奔于齊官至仁州刺史子蓋解褐武興王行參軍出
為慎縣令東汝北陳二郡太守員外散騎常侍封富陽縣
侯邑五百戶周武帝平齊授儀同三司治郢州刺史高祖
受禪以儀同領鄉兵後除樅陽太守平陳之役以功加上
開府改封上蔡縣伯食邑七百戶賜物三千段粟九千斛
拜辰州刺史俄轉嵩州刺史母憂去職未幾起授齊州刺
史固讓不許其年轉循州總管許以便宜從事十八年入
朝奏嶺南地圖賜以良馬雜物加統四州令還任所遣光
祿少卿柳謇之餞於霸上煬帝即位徵還京師轉涼州刺
史子蓋言於帝曰臣一居嶺表十載於茲犬馬之情不勝
戀戀願趨走闕庭萬死無恨帝賜物三百段慰諭遣之授
銀青光祿大夫武威太守以善政聞大業三年入朝帝引
之內殿特蒙褒美乃下詔曰設官之道必在用賢安人之
術莫如善政龔黃振德化於前張杜垂清風於後共治天
下實資良守子蓋幹局通敏操履清潔自剖符四服愛惠為
先撫道有方寬猛得所處脂膏不潤其質酌貪泉豈渝其

性故能治績克彰課最之首凡厥在位莫匪王臣若能人思奉職各展其効朕將垂拱何憂不治哉於是進位金紫光祿大夫賜物千段太守如故五年車駕西巡將入吐谷渾子蓋以彼多鄣氣獻青木香以禦霧露及帝還謂之曰人道公清定如此不子蓋謝曰臣安敢言清止是小心不敢納賄耳由此賜之口味百餘斛又下詔曰導德齊禮寔惟共治懲惡勸善用明黜陟朕親巡河右觀省人風所歷郡縣訪採治績罕遵法度多蹈刑網而金紫光祿大夫武威太守樊子蓋執操清潔處涅不渝立身雅正臨人以簡威惠兼舉寬猛相資故能畏而愛之不嚴斯治實字

人之盛績有國之良臣宜加褒顯以弘獎勵可右光祿大夫太守如故賜縑千匹粟麥二千斛子蓋又自陳曰臣自南裔即適西垂常為外臣未居內職不得陪屬車奉丹陛遠死邊城沒有遺恨惟陛下察之帝曰公侍朕則一人而已委以西方則萬人之敵宜識此心六年帝避暑隴川宮又云欲幸河西子蓋傾望鑾輿願巡郡境帝知之下詔曰卿夙懷恭順深執誠心聞朕西巡欣然望幸丹款之至甚有可嘉宜保此純誠克終其美是歲朝於江都宮帝謂之曰富貴不還故鄉真衣繡夜行耳勑廬江郡設三千人會賜米麥六千石使謁墳墓宴故老當時榮之還除民部尚

書時處羅可汗及高昌王款塞復以子蓋檢校武威太守應接二蕃遼東之役攝左武衛將軍出長岑道後以宿衛不行進授左光祿大夫尚書如故其年帝還東都以子蓋為涿郡留守九年車駕復幸遼東命子蓋為東都留守屬楊玄感作逆來逼王城子蓋遣河南贊治裴弘策逆擊之返為所敗遂斬弘策以徇國子祭酒楊汪小有不恭子蓋又將斬之汪拜謝頓首流血久乃釋免於是三軍莫不戰慄將吏無敢仰視玄感每盡銳攻城子蓋徐設備禦至輒摧破故久不能克會來護兒等救至玄感解去子蓋凡所誅殺者數萬人又檢校河南內史車駕至高陽追詣行在

所既而引見帝逆勞之曰昔高祖留蕭何於關西光武委寇恂以河內公其人也子蓋謝曰臣任重器小寧可竊譬兩賢但以陛下威靈小盜不足除耳進位光祿大夫封建安侯尚書如故賜縑三千匹女樂五十人子蓋固讓優詔不許帝顧謂子蓋曰朕遣越王留守東都示以皇枝盤石社稷大事終以委公特宜持重戈甲五百人而後出此亦勇夫重閉之義也無賴不軌者便誅鋤之凡可施行無勞形迹今為公別造玉麟符以代銅獸又指越代二王曰今以二孫委公與衛文昇耳宜選貞良宿德有方幅者教習之動靜之節宜思其可於是賜以良田甲第十年冬車駕

還東都帝謂子蓋曰玄感之反神明故以彰公赤心耳析珪進爵宜有令謨是日下詔進爵爲濟公言其功濟天下特爲立名無此郡國也賜縑三千匹奴婢二十口後與蘇威宇文述陪宴積翠亭帝親以金杯屬子蓋酒曰良算嘉謀俟公後動即以此杯賜公用爲永年之瑞并綺羅百匹十一年從駕汾陽宮至于鴈門車駕爲突厥所圍頻戰不利帝欲以精騎潰圍而出子蓋諫曰陛下萬乘之主豈宜輕脫一朝狼狽雖悔不追未若守城以挫其鋭四面徵兵可立而待陛下亦何所慮乃欲身自突圍因垂泣願暫停遼東之役以慰衆望聖躬親出慰撫厚爲勳格人心自奮不足爲憂帝從之其後援兵稍至虜乃引去納言蘇威追論勳格太重宜在斟酌子蓋執奏不宜失信帝曰公欲收物情邪子蓋默然不敢對從駕還東都時絳郡賊敬盤陀柴保昌等阻兵數萬汾晉苦之詔令子蓋進討于時人物殷阜子蓋善惡無所分別汾水之北村塢盡焚之百姓大駭相率爲盜其有歸首者無少長悉坑之擁數萬之衆經年不能破賊有詔徵還又將兵擊宜陽賊以疾停卒于京第時年七十有二上悲傷者久之顧謂黄門侍郎裴矩曰子蓋臨終有何語矩對曰子蓋病篤深恨鴈門之恥帝聞而歎息令百官就弔賜縑三百匹米五百斛贈開府儀同

三司謚曰景會葬者萬餘人武威民吏聞其死莫不嗟痛立碑頌德子蓋無佗權略在軍持重未嘗負敗臨民明察下莫敢欺然嚴酷少恩果於殺戮臨終之日見斷頭鬼前後重沓爲之厲云

史祥

史祥字世休朔方人也父寧周少司徒祥少有文武才幹仕周太子車右中士襲爵武遂縣公高祖踐阼拜儀同領交州事進爵陽城郡公祥在州頗有惠政後數年轉驃騎將軍伐陳之役從宜陽公王世積以舟師出九江道先鋒與陳人合戰破之進拔江州上聞而大悅下詔曰朕以陳叔寶世爲僭逆擅虐生民故命諸軍救彼塗炭小寇狼狽顧恃江湖之險遂敢泛舟檝擬抗王師公親率所部應機奮擊沉溺俘獲厥功甚茂又聞師旅進取江州行軍總管襄邑公賀若弼既獲京口新義公韓擒虎克姑孰驃騎既渡江岸所在橫行晉王兵馬即入建業清蕩吳越旦夕非遠驃騎高才壯志是朕所知善爲經略以取大賞使富貴功名永垂竹帛也進位上開府尋拜蘄州總管未幾徵拜左領左右將軍後以行軍總管從晉王廣擊突厥於靈武破之遷右衛將軍仁壽中率兵屯弘化以備胡煬帝時在東宮遺祥書曰將軍總戎塞表胡虜清塵秣馬休兵循軍校

獵足使李廣慙勇魏尚媿能冠彼二賢獨在吾子昔余濫
舉推轂治兵振皇靈於蕃外驅太公于平大漢于時同行軍
旅契闊戎旃望龍城而衝冠眄狼居而發憤將軍英圖不
世猛氣無前但物不遂心僶俛從事每一思此我勞如何
將軍宿心素志早同膠漆久而敬之方成魚水近者陪隨
鑾駕言旋上京本即述職南蕃亘條下國不悟皇鑒曲發
備位少陽戰戰兢兢如臨冰谷至如建節邊境征伐四方
褰帷作牧綏撫百姓上稟成規下盡臣節是所願也是所
甘心仰慕前修無得自效謬其入守神器元良萬國身輕
負重何以克堪所望故人匡其不逮比監國多暇養疾閑

宮厭北閣之端居罷南皮之馳射博望之苑既乏名賢飛
蓋之園理乖終宴親朋遠矣琴書寂然想望吾賢疹如疾
首祥荅書曰行人奄至奉所賜書況恩紀綢繆形於文墨不
悟飛雪增冰之地忽載三陽窮幰韋鞴之鄉俄聞九奏精
駭思越莫知啟處祥少不學書旅長遇升平幸以先人緒
餘備職宿衛懼駑蹇無致遠之用朽薄非折衝之材豈欲
追蹤古人語其優劣曩者王師薄伐天人叟服絕漠揚旌
威震海外當此之時猛將如雲謀夫如雨至若祥者列於
卒伍預聞指蹤之規得免逗遛之責循涯揣分實爲幸甚
爰以情喻甯陳東平方劉蒼信聖人之屈己非庸人之擬議

何則川澤之大汙瀆攸歸松柏之高蔦蘿斯託微心眷眷
孟侯所知也仰惟體元良之德煥重離之暉三善克脩萬
邦以正斯固道高周誦契叶商皓豈在管蠡所能窺測伏
承監國多暇養德怡神唱嘲六經逍遙百氏追西園之愛
客眷南皮之出遊疇昔之恩無忘造次祥自忝式遏戴罹
寒暑身在邊隅情馳魏闕每至清風夕起朗月孤照想鳴
葭之啟路思託乘於後車塞表京華山川悠遠瞻望浮雲
伏增潛結太子甚親遇之煬帝即位漢王諒發兵作亂遣
其將綦良自滏口徇黎陽塞白馬津余公理自太行下河
內帝以祥爲行軍總管軍於河陰久不得濟祥謂軍吏曰

余公理輕而無謀才用素不足稱又新得志謂其衆可恃
恃衆必驕且河北人先不習兵所謂擁市人而戰以吾籌
之不足圖也乃令軍中脩攻具公理使諜知之果屯兵於
河陽內城以備祥祥於是艤船南岸公理聚甲以當之祥
乃簡精銳於下流潛渡公理率衆拒之東趣黎陽討綦良
等良列陣以待兵未接良棄軍而走於是其衆大潰祥縱
兵乘之殺萬餘人進位上大將軍賜縑綵七千段女妓十
人良馬二十匹轉太僕卿帝嘗賜祥詩曰伯奭朝寄重夏
侯親遇深貴耳唯聞古賤目詎知今早摽勁草質久有背淮
心掃逆黎山外振旅河之陰功已書王府留情太僕箴祥上

表辭謝帝降手詔曰昔歲勞公問罪河朔賊爾日塞兩關之路據倉阻河百姓脅從人亦衆矣公竭誠奮勇一舉剋定詩不云乎喪亂既平既安且寧非英才大略其孰能與於此邪故聊示所懷亦何謝也尋遷鴻臚卿時突厥啓民可汗請朝帝遣祥迎接之從征吐谷渾祥率衆出閤道擊虜破之俘男女千餘口賜奴婢六十人馬三百匹進位左光祿大夫拜左驍衛將軍及遼東之役出蹋頓道不利而還由是除名爲民俄拜燕郡太守被賊高開道所圍祥稱疾不視事及城陷開道甚禮之會開道與羅藝通和送祥於涿郡卒於塗有子義隆永年令祥兄雲字世高弟威字世武並有幹局雲官至萊州刺史武平縣公威官至武賁郎將武當縣公

元壽

元壽字長壽河南洛陽人也祖敦魏侍中邵陵王父寶周涼州刺史壽少孤性仁孝九歲喪父哀毀骨立宗族鄉黨咸異之事母以孝聞及長方直頗涉經史周武成初封隆城縣侯邑千戶保定四年改封儀隴縣侯授儀同三司開皇初議伐陳以壽有思理奉使於淮浦監修船艦以強濟見稱四年參督漕渠之役授尚書主爵侍郎八年從晉王伐陳除行臺左丞兼領元帥府屬及平陳拜尚書左丞高祖幸出苑觀射文武並從焉開府蕭摩訶妻患且死奏請遣子向江南收其家產御史見而不言壽奏劾之曰臣聞天道不言功成四序聖皇垂拱任在百司御史之官義存糾察直繩莫舉憲典誰寄今月五日鑾輿徙蹕親臨射苑開府儀同三司蕭摩訶幸厠朝行預觀盛禮奏稱請遣子世略暫往江南重收家產妻安遇患彌留有日安若長逝世略不合此行竊以人倫之義伉儷爲重資愛之道烏鳥弗虧摩訶遠念資財近忘匹好又命其子捨危惙之母爲聚斂之行一言纔發名教頓盡而兼殿内侍御史臣韓微之等親所聞見竟不彈糾若知非不舉事涉阿縱如不以爲非豈關理識謹按儀同三司太子左庶子檢校治書侍御史臣劉行本出入宮省備蒙任遇攝職憲臺時月稍久庶能整肅纓冕澄清風教而在法司虧失憲體瓶罄罍恥何所逃愆臣謬膺朝寄忝居左轄無容寢嘿謹以狀聞其行本微之等請付大理上嘉納之尋授太常少卿數年拜基州刺史在任有公廉之稱入爲太府少卿進位開府煬帝嗣位漢王諒舉兵反左僕射楊素爲行軍元帥壽爲長史壽每遇賊爲士卒先以功授大將軍遷太府卿四年拜内史令從帝西討吐谷渾壽率衆屯金山東西連營三百餘里以圍渾主及還拜右光祿大夫七年兼左翊衛將軍從征

遼東行至涿郡遇疾卒時年六十三帝悼惜焉哭之甚慟
贈尚書右僕射光祿大夫謚曰景子敏頗有才辯而輕險
多詐壽卒後帝追思之擢敏爲守內史舍人而交通博徒
數漏泄省中語化及之反也敏創其謀僞授內史侍郎爲
沈光所殺

楊義臣

楊義臣代人也本姓尉遲氏父崇仕周爲儀同大將軍以
兵鎮恒山時高祖甚親待之及爲丞相尉迥作亂崇以宗
族之故自囚於獄遣使請罪高祖下書慰諭之即令馳驛
入朝恒置左右開皇初封秦興縣公歲餘從行軍總管達

奚長儒擊突厥於周盤力戰而死贈大將軍豫州刺史以
義臣襲崇官爵時義臣尚幼養於宮中年未弱冠奉詔宿
衛如千牛者數年賞賜甚厚上嘗從容言及恩舊顧義臣
嗟歎久之因下詔曰朕受命之初群凶未定明識之士有
足可懷尉義臣與尉迥本同骨肉既狂悖作亂鄴城其父
崇時在常山典司兵甲與迥鄰接又是至親知逆順之理
識天人之意即陳丹款處染惡徒自執有司請歸相府及
北夷內侵橫戈制敵輕生重義以革言旋操表存亡事貫
幽顯雖高官大賞延及於世未足表松筠之志彰節義之
門其義臣可賜姓楊氏賜錢三萬貫酒三十斛米麥各百斛

編之屬籍爲皇從孫未幾拜陝州刺史義臣性謹厚能馳
射有將領之才由是上甚重之其後突厥達頭可汗犯塞
以行軍總管率步騎三萬出白道與賊遇戰大破之明年
突厥又寇邊鴈門馬邑多被其患義臣擊之虜遂出塞因
而追之至大斤山與虜相遇時太平公史萬歲軍亦至義
臣與萬歲合軍擊虜大破之萬歲爲楊素所陷而死義臣
功竟不錄仁壽初拜朔州總管賜以御甲煬帝嗣位漢王
諒作亂并州時代州總管李景爲漢王將喬鍾葵所圍詔
義臣率馬步二萬夜出西陘遲明行數十里鍾葵覘見義
臣兵少悉衆拒之鍾葵亞將王拔驍勇善用矟射之者不

能中每以數騎陷陳義臣患之募能當拔者車騎將軍楊
思恩請當之義士見思恩氣貌雄勇顧之曰壯士也賜以
卮酒思恩望見拔立於陳後投觴於地策馬赴之再往不
剋義臣復選騎士十餘人從之思恩遂突擊殺數人直至
拔麾下短兵方接所從騎士退思恩爲拔所殺拔遂乘之
義臣軍北者十餘里於是購得思恩屍義臣哭之甚慟三
軍莫不下泣所從騎士皆要斬義臣自以兵少悉取軍中牛驢得數
千頭復令兵數百人人持一鼓潛驅之澗谷間出其不意義臣晡後
復與鍾葵軍戰兵初合命驅牛驢者疾進一時鳴鼓塵埃張天鍾葵軍
不知以爲伏兵發因而大潰縱擊破之以功進位上大將軍賜物千段雜綵

百段女妓十人良馬二十匹尋授相州刺史後三歲徵為
宗正卿未幾轉太僕卿從征吐谷渾令義臣屯琵琶峽連
營八十里南接元壽北連段文振合圍渾主於覆袁川其
後復征遼東以軍將指肅慎道至鴨淥水與乙支文德戰
每為先鋒一日七捷後與諸軍俱敗竟坐免俄而復位明
年以為軍副與大將軍宇文述趣平壤至鴨淥水會楊玄
感作亂班師檢校趙郡太守妖賊向海公聚衆作亂寇扶
風安定間義臣奉詔擊平之尋從帝復征遼東進位左光
祿大夫時勃海高士達清河張金稱並相聚為盜衆已數
萬攻陷郡縣帝遣將軍段達討之不能剋詔義臣率遼東

還兵數萬擊之大破士達斬金稱又收合降賊入豆子䴕
討格謙擒之以狀聞奏帝惡其威名遽追入朝賊由是復
盛義臣以功進位光祿大夫尋拜禮部尚書未幾卒官

衛玄

衛玄字文昇河南洛陽人也祖悅魏司農卿父㯳侍中左
武衛大將軍玄少有器識周武帝在藩引為記室遷給事
上士襲爵興勢公食邑四千戶轉宣納下大夫武帝親總
萬機拜益州總管長史賜以萬釘寶帶稍遷開府儀同三
司太府中大夫治內史事仍領京兆尹稱為強濟宣帝時
以忤旨免官高祖作相檢校熊州事和州蠻反玄以行軍

總管擊平之及高祖受禪遷淮州總管進封同軌郡公坐
事免未幾拜嵐州刺史會起長城之役詔玄監督之俄檢
校朔州總管事後為衛尉少卿仁壽初山獠作亂出為資
州刺史以鎮撫之玄既到官時獠攻圍大牢鎮玄單騎造其
營謂群獠曰我是刺史銜天子詔安養汝等勿驚懼也
諸賊莫敢動於是說以利害渠帥感悅解兵而去前後歸
附者十餘萬口高祖大悅賜縑二千匹除遂州總管仍令
劒南安撫煬帝即位復徵為衛尉卿夷獠攀戀數百里不
絕玄曉之曰天子詔徵不可久住因與之訣夷獠各揮涕
而去歲餘遷工部尚書其後拜魏郡太守尚書如故帝謂

玄曰魏郡名都衝要之所民多姦宄是用煩公此郡去都
道里非遠宜數往來詢謀朝政賜物五百段而遣之未幾
拜右候衛大將軍檢校左候衛事大業八年轉刑部尚書
遼東之役檢校右禦衛大將軍率師出增地道時諸軍多
不利玄獨全衆而還拜金紫光祿大夫九年車駕幸遼東
使玄與代王侑留守京師拜為京兆內史尚書如故許以
便宜從事勅代王待以師傅之禮會楊玄感圍逼東都玄
率步騎七萬援之至華陰掘楊素冢焚其骸骨夷其塋域
示士卒以必死既出潼關議者恐崤函有伏兵請於陜縣
沿流東下直趣河陽以攻其背玄曰以吾度之此計非豎

手所及於是鼓行而進既度函谷卒如所量於是遣武賁
郎將張峻為疑軍於南道玄以大兵直趣城北玄感逆拒
之且戰且行屯軍金谷於軍中掃地而祭高祖曰刑部尚
書京兆內史臣衛文昇敢昭告于高祖文皇帝之靈自皇
家啟運三十餘年武功文德漸被海外楊玄感孤負聖恩
躬為虵豕蜂飛蟻聚犯我王略臣二世受恩一心事主董
率熊羆志梟兇逆若社稷靈長宜令醜徒氷碎如或大運
去矣幸使老臣先死詞氣抑揚三軍莫不涕咽時衆寡不
敵與賊頻戰不利死傷太半玄感盡銳來攻玄苦戰賊稍
却進屯北芒會宇文述來護兒等援兵至玄感懼而西遁

玄遣通議大夫斛斯萬善監門直閤龐玉前鋒追之及于
閿鄉與宇文述等合擊破之車駕至高陽徵詣行在所帝
勞之曰社稷之臣也使朕無西顧之憂乃下詔曰近者妖
氣充斥擾動關河文昇率勵義勇應機響赴表裏奮擊摧
破兇醜宜升榮命式弘賞典可右光祿大夫賜以良田甲
第資物鉅萬還鎮京師帝謂之曰關右之任一委於公公
安社稷乃安公危社稷亦危出入須有兵衛坐卧恒宜自
牢勇夫重閉此其義也今特給千兵以充侍從賜以玉麟
符十一年詔玄安撫關中時盜賊蜂起百姓饑饉玄竟不
能救恤而官方壞亂貨賄公行玄自以年老上表乞骸骨

帝使內史舍人封德彝馳諭之曰京師國本王業所基宗
廟園陵所在藉公耆舊卧以鎮之朕為國計義無相許故
遣德彝口陳指意玄乃止義師入關自知不能守憂懼稱
疾不知政事城陷歸于家義寧中卒時年七十七子孝則
官至通事舍人兵部承務郎早卒

劉權

劉權字世略彭城豐人也祖軌齊羅州刺史權少有俠氣
重然諾藏亡匿死吏不敢過門後更折節好學動循法度
初為州主簿仕齊釋褐奉朝請行臺郎中及齊滅周武帝
以為假淮州刺史高祖受禪以車騎將軍領鄉兵後從晉

王廣平陳以功進授開府儀同三司賜物三千段宋國公
賀若弼甚禮之開皇十二年拜蘇州刺史賜爵宗城縣公
于時江南初平物情尚擾權撫以恩信甚得民和煬帝嗣
位拜衛尉卿進位銀青光祿大夫大業五年從征吐谷渾
權率衆出伊吾道與賊相遇擊走之逐北至青海虜獲千
餘口乘勝至伏俟城帝復令權過曼頭赤水置河源郡積
石鎮大開屯田留鎮西境在邊五載諸羌懷附貢賦歲入
吐谷渾餘燼遠遁道路無壅徵拜司農卿加位金紫光祿
大夫尋為南海太守行至鄱陽會群盜起不得進詔令權
召募討之權率兵與賊相遇不與戰先乘單舸詣賊營說

以利害群賊感悅一時降附帝聞而嘉之旣至南海甚有異政數歲遇盜賊群起數來攻郡豪帥多願推權爲首權竟盡力固守以拒之子世徹又密遣人齎書詣權稱四方擾亂英雄並起時不可失諷令舉兵權召集佐寮對斬其使竟無異圖守之以死卒官時年七十世徹倜儻不羈頗爲時人所許大業末群雄並起世徹所至之處輒爲所忌多拘禁之後竟爲兗州賊帥徐圓朗所殺權從父烈字子將美容儀有器局官至鷹揚郎將有子德威知名於世

史臣曰子蓋雅有幹局質性嚴敏見義而勇臨機能斷保全都邑勤亦懋哉楊諒干紀史祥著獨克之効群盜侵擾

義臣致三捷之功此皆名重當年聲流後葉者也元壽彈奏行本有意存夫名教然其計功稱伐猶居義臣之後端揆之贈不已優乎丈昇東都解圍頗亦宣力西京居守政以賄成鄙哉鄙哉夫何足數劉權淮楚舊族早著雄名屬擾攘之辰居尉佗之地遂能拒子邪計無所覬覦雖謝勤王之謀足爲守節之士矣

列傳卷第二十八　隋書六十三

列傳卷第二十九　隋書六十四

特進臣魏　徵　上

李圓通

李圓通京兆涇陽人也父景以軍士隸武元皇帝因與家僮黑女私生圓通景不之認由是孤賤給使高祖家及爲隋國公擢授參軍事初高祖少時每醼賓客恒令圓通監廚圓通性嚴整左右婢僕咸所敬憚唯世子乳母恃寵輕之賓客未供每有干請圓通不許或輒持去圓通大怒叱廚人撾之數十叫呼之聲徹於閤內僚吏左右代其失色賓去之後高祖具知之召圓通命坐賜食從此獨善之以爲堪當大任高祖作相賜封懷昌男久之授帥都督進爵新安子委以心膂圓通多力勁捷長於武用周氏諸王素

憚高祖每伺高祖之隙圖爲不利賴圓通保護獲免者數矣高祖深感之由是參預政事授相國外兵曹仍領左親信尋授上儀同高祖受禪拜內史侍郎領左衛長史進爵爲伯歷左右庶子給事黃門侍郎尚書左丞攝刑部尚書深被任信後以左丞領左翊衛驃騎將軍伐陳之役圓通以行軍總管從楊素出信州道以功進位大將軍進封萬安縣侯拜揚州總管長史尋轉并州總管長史秦孝王仁柔自善少斷決府中事多決於圓通入爲司農卿治粟內

史遷刑部尚書後數歲復爲并州長史孝王以奢後得罪圓通亦坐免官尋檢校刑部尚書事仁壽中以勲舊進爵郡公煬帝嗣位拜兵部尚書帝幸揚州以圓通留守京師判宇文述田以還民述訴其受賂帝怒而徵之見帝於雒陽坐是免官圓通憂懼發疾而卒贈柱國封爵悉如故子孝常大業末爲華陰令

陳茂

陳茂河東猗氏人也家世寒微質直恭謹爲州里所敬高祖爲隋國公引爲僚佐遇待與圓通等每令典家事未嘗不稱旨高祖善之後從高祖與齊師戰於晉州賊甚盛高

祖將挑戰茂固止不得因捉馬鞚高祖忿之拔刀斫其額流血被面詞氣不撓高祖感而謝之厚加禮敬其後官至上士高祖爲丞相委以心膂及受禪拜給事黃門侍郎封魏城縣男每典機密在官十餘年轉益州總管司馬遷太府卿進爵爲伯後數載卒官子政嗣政字弘道倜儻有文武大畧善鍾律便弓馬少養宮中年十七爲太子千牛備身時京師大俠劉居士重政才氣數從之遊圓通子孝常與政相善並與居士交結及居士下獄誅政及孝常當從坐上以功臣子撻之二百而赦之由是不得調煬帝時授協律郎遷通事謁者兵曹承務郎帝美其才甚重之宇文化及之亂也以為太常卿後歸大唐卒於梁州總管

張定和

張定和字處謐京兆萬年人也少貧賤有志節初為侍官會平陳之役定和當從征無以自給其妻有嫁時衣服定和將鬻之妻靳固不與定和於是遂行以功拜儀同賜帛千匹遂棄其妻是後數以軍功加上開府驃騎將軍從上柱國李充擊突厥先登陷陣虜刺之中頸定和以草塞瘡而戰神氣自若虜遂敗走上聞而壯之遣使者齎藥馳詣定和所勞問之進位柱國封武安縣侯賞物二千段良馬二匹金百兩煬帝嗣位拜宜州刺史尋轉河內太守頗有

惠政歲餘徵拜左屯衛大將軍從帝征吐谷渾至覆袁川時吐谷渾主與數騎而遁其名王詐為渾主保車我真山帝命定和率師擊之既與賊相遇輕其眾少呼之令降賊不肯下定和不被甲挺身登山賊伏兵於巖谷之下發矢中之而斃其亞將柳武建擊賊悉斬之帝為流涕贈光祿大夫時舊爵例除於是復封武安侯謚曰壯武贈縑千匹米千石子世立嗣尋拜為光祿大夫

張奫

張奫字文懿自云清河人也家於淮陰好讀兵書尤便刀楯周世鄉人郭子冀密引陳寇奫父雙欲率子弟擊之猶

豫未決奫贊成其謀竟以破賊由是以勇決知名起家州主簿高祖作相授大都督領鄉兵賀若弼之鎮壽春也恒爲間諜平陳之役頗有功焉進位開府儀同三司封文安縣子邑八百户賜物二千五百段粟二千五百石歲餘率水軍破逆賊笮子游於京口蔣子建於和州徵入朝拜大將軍高祖命升御坐而宴之謂奫曰卿可爲朕兒朕爲卿父今日聚集示無外也其後賜綺羅千匹緑沉甲獸文具裝尋從楊素征江表别破高智慧於會稽吳世華於臨海進位上大將軍賜奴婢六十口縑綵三百匹歷撫顯齊三州刺史俱有能名開皇十八年爲行軍總管從漢王諒征遼東諸軍多物故奫衆獨全高祖善之賜物二百五十段仁壽中遷潭州總管在職三年卒有子孝廉

麥鐵杖

麥鐵杖始興人也驍勇有膂力日行五百里走及奔馬性踈誕使酒好交遊重信義每以漁獵爲事不治産業陳太建中結聚爲群盜廣州刺史歐陽頠俘之以獻没爲官户配執御傘每罷朝後行百餘里夜至南徐州踰城而入行光火刧盜旦還及時仍又執傘如此者十餘度物主識之州以狀奏朝士見鐵杖每旦恒在不之信也後數告變尚書蔡徵曰此可驗耳於仗下時購以百金求人送詔書與南徐州刺史鐵杖出應募齎勑而往明旦及奏事帝曰信然爲盜明矣惜其勇捷誡而釋之陳亡後徙居清流縣遇江東反楊素遣鐵杖頭戴草束夜浮渡江覘賊中消息具知還報後復更往爲賊所擒逆師李稜遣兵仗三十人衛之縛送高智慧行至庱亭衛者憩食哀其餒解手以給其餐鐵杖取賊刀亂斬衛者殺之皆盡悉割其鼻懷之以歸素大奇之後敘戰勳不及鐵杖遇素馳驛歸于京師鐵杖步追之每夜則同宿素見而悟特奏授儀同三司以不識書放還鄉里成陽公李徹稱其驍武開皇十六年徵至京師除車騎將軍仍從楊素北征突厥加上開府煬帝即

位漢王諒反於并州又從楊素擊之每戰先登進位柱國尋除萊州刺史無治名後轉汝南太守稍習法令群盜屏跡後因朝集考功郎竇威嘲之曰麥是何姓鐵杖應口對曰麥豆不殊那忽相怪威赧然無以應之時人以爲敏慧尋除右屯衛大將軍帝待之逾密鐵杖自以荷恩深重每懷竭命之志及遼東之役請爲前鋒顧謂醫者吳景賢曰大丈夫性命自有所在豈能艾炷灸頞瓜蔕歕鼻治黄不差而卧死兒女手中乎將度遼謂其三子曰阿奴當備淺色黄衫吾荷國恩今是死日我既被殺爾當富貴唯誠與孝爾其勉之及濟橋未成去東岸尚數丈賊大至鐵杖跳

上岸與賊戰死武賁郎將錢士雄孟金叉亦死之左右更無及者帝爲之流涕購得其屍下詔曰鐵杖志氣驍果夙著勳庸陪麾問罪先登陷陣節高義烈身殞功存興言至誠追懷傷悼宜賚殊榮用彰飾德可贈光祿大夫宿國公諡曰武烈子孟才嗣尋授光祿大夫孟才有二弟仲才季才俱拜正議大夫賵贈鉅萬賜轀輬車給前後部羽葆鼓吹平壤道敗將宇文述等百餘人皆爲執紼王公已下送至郊外士雄贈左光祿大夫右屯衛將軍武強侯諡曰剛子傑嗣金叉贈右光祿大夫子善誼襲官孟才字智稜果烈有父風帝以孟才死節將子恩賜殊厚拜武賁郎將及

江都之難慨然有復讎之志與武牙郎錢傑素交友二人相謂曰吾等世荷國恩門著誠節今賊臣弒逆社稷淪亡無節可紀何面目視息世間哉於是流涕扼腕遂相與謀糾合恩舊欲於顯福宮邀擊宇文化及事臨發陳藩之子謙知其謀而告之與其黨沈光俱爲化及所害忠義之士哀焉

沈光

沈光字總持吳興人也父君道仕陳吏部侍郎陳滅家于長安皇太子勇引署學士後爲漢王諒府掾諒敗除名光少驍捷善戲馬爲天下之最略綜書記微有詞藻常慕立功名不拘小節家甚貧窶父兄並以傭書爲事光獨跅弛交通輕俠爲京師惡少年之所朋附人多贍遺得以養親每致甘食美服未嘗困匱初建禪定寺其中幡竿高十餘丈適遇繩絕非人力所及諸僧患之光見而謂僧曰可持繩來當相爲上耳諸僧驚喜因取而與之光以口銜索拍竿而上直至龍頭繫繩畢手足皆放透空而下以掌拒地倒行數十步觀者駭悅莫不嗟異時人號爲肉飛仙大業中煬帝徵天下驍果之士以伐遼左光預焉同類數萬人皆出其下光將詣行在所賓客送至灞上者百餘騎光酹酒而誓曰是行也若不能建立功名當死於高麗不復與

諸君相見矣及從帝攻遼東以衝梯擊城竿長十五丈光升其端臨城與賊戰短兵接殺十數人賊競擊之而墜未及於地適遇竿有垂絙光接而復上帝望見壯異之馳召與語大悅即日拜朝請大夫賜寶刀良馬恒致左右親顧漸密未幾以爲折衝郎將賞遇優重帝每推食解衣以賜之同輩莫與爲比光自以荷恩深重思懷竭節及江都之難潛構義勇將爲帝復讎先是帝寵昵官奴名爲給使宇文化及以光驍勇方任之令其總統營於禁內時孟才錢傑等陰圖化及因謂光曰我等荷國厚恩不能死難以衛社稷斯則古人之所恥也今又俛首事讎受其驅率有靦

面目何用生為吾必欲殺之死無所恨公義士也肯從我
乎光泣下霑衿曰是所望於將軍也僕領給使數百人並
荷先帝恩遇今在化及內營以此復讎如鷹鸇之逐鳥雀
萬世之功在此一舉願將軍勉之孟才為將軍領江淮之
眾數千人期以營將發時晨起襲化及光語洩陳謙告其
事化及大懼曰此麥鐵杖子也及沈光者並勇決不可當
須避其鋒是夜即與腹心走出營外留人告司馬德戡等
遣領兵馬逮捕孟才光聞營內諠聲知事發不及被甲即
襲化及營空無所獲值舍人元敏數而斬之遇德戡兵入
四面圍合光大呼潰圍給使齊奮斬首數十級賊皆披靡

德戡輒復遣騎持弓弩翼而射之光身無介冑遂為所害
麾下數百人皆鬭而死一無降者時年二十八壯士聞之
莫不為之隕涕

來護兒

來護兒字崇善江都人也幼而卓詭好立奇節初讀詩至
擊鼓其鏜踴躍用兵羔裘豹飾孔武有力捨書而歎曰大
丈夫在世當如是會為國滅賊以取功名安能區區久事
隴畝群輩驚其言而壯其志護兒所住白土村密邇江岸于
時江南尚阻賀若弼之鎮壽州也常令護兒為間諜授大
都督平陳之役護兒有功焉進位上開府從楊素擊高智

慧于浙江而賊據岸為營周亘百餘里船艦被江鼓譟而
進素令護兒率數百輕艓徑登江岸直掩其營破之時賊
前與素戰不勝歸無所據因而潰散智慧將逃於海護兒
追至泉州智慧窮蹙逃走閩越進位大將軍除泉州刺史
時有盛道延擁兵作亂侵擾州境護兒進擊破之又從蒲
山公李寬破汪文進於黟歙進位柱國仁壽三年除瀛州
刺史賜爵黃縣公邑三千戶尋加上柱國除右禦衛將軍
煬帝即位遷右驍衛大將軍帝甚親重之大業六年從駕
江都賜物千段令上先人冢宴父老州里榮之數歲轉右
翊衛大將軍遼東之役護兒率樓船指滄海入自浿水去

平壤六十里與高麗相遇進擊大破之乘勝直造城下破
其郛郭於是縱軍大掠稍失部伍高元弟建武募敢死士
五百人邀擊之護兒因却屯營海浦以待期會後知宇文
述等敗遂班師明年又出滄海道師次東萊會楊玄感作
逆黎陽進逼輦轂護兒勒兵與宇文述等擊破之封榮國
公邑二千戶十年又帥師度海至卑奢城高麗舉國來戰
護兒大破之斬首千餘級將趣平壤高元震懼遣使執叛
臣斛斯政詣遼東城下上表請降帝許之遣人持節詔護
兒旋師護兒集眾曰三度出師未能平賊此還也不可重
來今高麗困弊野無青草以我眾戰不日剋之吾欲進兵

徑圍平壤取其僞主獻捷而歸荅表請行不肯奉詔長史崔君肅固爭不許護兒曰賊勢破矣專以相任自足辦之吾在閫外事合專决豈容千里禀聽成規俄頃之間動失機會勞而無功故其宜也吾寧征得高元還而獲譴捨此成功所不能矣君肅告衆曰若從元帥違拒詔書必當聞奏皆獲罪也諸將懼盡勸還方始奉詔十三年轉爲左翊衛大將軍進位開府儀同三司任委逾密前後賞賜不可勝計江都之難宇文化及忌而害之長子楷以父軍功授散騎郎朝散大夫楷弟弘仕至果毅郎將金紫光祿大夫弘弟整武賁郎將右光祿大夫整尤驍勇善撫士衆討擊

群盜所向皆捷諸賊甚憚之爲作歌曰長白山頭百戰場十十五五把長槍不畏官軍十萬衆只畏榮公第六郎化及反皆遇害唯少子恒濟獲免

魚俱羅

魚俱羅馮翊下邽人也身長八尺膂力絕人聲氣雄壯言聞數百步弱冠爲親衛累遷大都督從晉王廣平陳以功拜開府賜物一千五百段未幾沈玄懀高智慧等作亂江南楊素以俱羅壯勇請與同行每戰有功加上開府高唐縣公拜疊州總管以母憂去職還至扶風會楊素率兵將出靈州道擊突厥路逢俱羅大悅遂奏與同行及遇賊俱羅與數騎奔擊瞋目大呼所當皆披靡出左入右往返若飛以功進位柱國拜豐州總管初突厥數入境爲寇俱羅輒擒斬之自是突厥畏懼屏迹不敢畜牧於塞上初煬帝在藩俱羅弟贇以左右從累遷大都督及帝嗣位拜車騎將軍贇性凶暴虐其部下令左右炙肉遇不中意以籤刺瞎其眼有溫酒不適者立斷其舌帝以贇藩邸之舊不忍加誅謂近臣曰弟旣如此兄亦可知因召俱羅譴責之出贇於獄令自爲計贇至家飲藥而死帝恐俱羅不自安慮生邊患轉爲安州刺史歲餘遷趙郡太守後因朝集至東都與將軍梁伯隱有舊數相往來又從郡多將雜物以貢

獻帝不受因遺權貴御史劾俱羅以郡將交通內臣帝大怒與伯隱俱坐除名未幾越巂飛山蠻作亂侵掠郡境詔俱羅白衣領將幷率蜀郡都尉段鍾葵討平之大業九年重征高麗以俱羅爲碣石道軍將及還江南劉元進作亂詔俱羅將兵向會稽諸郡逐捕之于時百姓思亂從盜如市俱羅擊賊帥朱爕管崇等戰無不捷然賊勢浸盛敗而復聚俱羅度賊非歲月可平諸子並在京洛又見天下漸亂終恐道路隔絕于時東都饑饉穀食踊貴俱羅遣家僕將船米至東都糶之益市財貨潛迎諸子朝廷微知之恐其有異志發使案驗使者至前後察問不得其罪帝復令

大理司直梁敬真就鎖將詣東都俱羅相表異人目有重瞳陰爲帝之所忌敬真希旨奏俱羅師徒敗衂於是斬東都市家口籍沒

陳稜

陳稜字長威廬江襄安人也祖碩以漁釣自給父峴少驍勇事章大寶爲帳内部曲告大寶反授譙州刺史陳滅廢于家高智慧汪文進等作亂江南廬江豪桀亦舉兵相應以峴舊將共推爲主峴欲拒之稜謂峴曰衆亂既作拒之禍且及己不如僞從別爲後計峴然之時柱國李徹軍至當塗峴潛使稜至徹所請爲内應徹上其事拜上大將軍

宣州刺史封譙郡公邑一千户詔徹應接之徹軍未至謀洩爲其黨所殺稜僅以獲免上以其父之故拜開府尋領鄉兵煬帝即位授驃騎將軍大業三年拜武賁郎將後三歲與朝請大夫張鎮周發東陽兵萬餘人自義安汎海擊流求國月餘而至流求人初見船艦以爲商旅往往詣軍中貿易稜率衆登岸遣鎮周爲先鋒其主歡斯渴剌兜遣兵拒戰鎮周頻擊破之稜進至低沒檀洞其小王歡斯老模率兵拒戰稜擊敗之斬老模其日霧雨晦冥將士皆懼稜刑白馬以祭海神既而開霽分爲五軍趣其都邑渴剌兜率衆數千逆拒稜遣鎮周又先鋒擊走之稜乘勝逐北

至其柵渴剌兜背柵而陣稜盡銳擊之從辰至未苦鬭不息渴剌兜自以軍疲引入柵稜遂塡塹攻破其柵斬渴剌兜獲其子島槌虜男女數千而歸帝大悅進稜位右光祿大夫武賁如故鎮周金紫光祿大夫遼東之役以宿衛遷左光祿大夫明年帝復征遼東稜爲東萊留守楊玄感之作亂也稜率衆萬餘人擊平黎陽斬玄感所署刺史元務本尋奉詔於江南營戰艦至彭城賊帥孟讓衆將十萬據都梁宮阻淮爲固稜潛於下流而濟至江都率兵襲讓破之以功進位光祿大夫賜爵信安侯後帝幸江都宮俄而李子通據海陵左才相掠淮北杜伏威屯六合衆各數萬

帝遣稜率宿衛兵擊之往往克捷超拜右禦衛將軍復度清江擊宣城賊俄而帝以弑崩宇文化及引軍北上召稜守江都稜集衆縞素爲煬帝發喪備儀衛改葬於吳公臺下衰杖送喪慟感行路論者深義之稜後爲李子通所陷奔杜伏威伏威忌之尋而見害

王辯

王辯字警略馮翊蒲城人也祖訓以行商致富魏世出粟助給軍糧爲假清河太守辯少習兵書尤善騎射慷慨有大志在周以軍功授帥都督開皇初遷大都督仁壽中遷車騎將軍漢王諒之作亂也從楊素討平之賜爵武寧縣

男邑三百戶後三歲遷尚舍奉御從征吐谷渾拜朝請大夫數年轉鷹揚郎將遼東之役以功加通議大夫尋遷武賁郎將及山東盜賊起上谷魏刀兒自號歷山飛衆十餘萬刼掠燕趙帝引辯升御榻問以方略辯論取賊形勢帝稱善曰誠如此計賊何足憂也於是發從行步騎三千擊敗之賜黄金二百兩明年渤海賊帥高士達自號東海公衆以萬數復令辯擊之屢挫其鋭帝在江都宮聞而馳召之及引見禮賜甚厚復令往信都經略士達於是復戰破之優詔褒顯時賊帥郝孝德孫宣雅時季康竇建德魏刀兒等往往屯聚大至十萬小至數千寇掠河北辯進兵擊

之所往皆捷深爲群賊所憚及翟讓寇徐豫辯進頻擊走之讓尋與李密屯據洛口倉辯與王世充討密阻洛水相持經年辯率諸將攻敗密因薄其營戰破外柵密諸營已有潰者乘勝將入城世充不知恐將士勞倦於是鳴角收兵翻爲密徒所乘官軍大潰不可救止辯至洛水橋已壞不得度遂涉水至中流爲溺人所引墜馬辯時身被重甲敗兵前後相蹈藉不能復上馬竟溺死焉時年五十六三軍莫不痛惜之河南斛斯萬善驍勇果毅與辯齊名大業中從衛玄討楊玄感頻戰有功及玄感敗走萬善與數騎追及之玄感窘迫自殺由是知名拜武賁郎將突厥始畢之圍鴈門也萬善每擊之所向皆破每賊至輒出當其鋒或下馬坐地引強弓射賊所中皆殪由是突厥畏之不敢逼城十許日竟退萬善之力也其後頻討群盜累功至將軍時有將軍鹿愿范貴馮孝慈俱爲將帥數從征討並有名於世然事皆亡失故史官無所述焉

史臣曰楚漢未分絳灌所以宣力曹劉競逐關張所以立名然則名立資草昧之初力宣經綸之會攀附鱗翼世有之矣圓通護兒之輩定和鐵杖之倫皆一時之壯士困於貧賤當其鬱抑未遇亦安知其有鴻鵠之志哉終能振拔汙泥之中騰躍風雲之上符馬革之願快生平之心非

遇其時焉能至於此也俱羅欲加之罪非其咎釁王辯殞身勍敵志實勤王陳稜縞素發哀感行路義之所動固已深乎孟才錢傑沈光等感恩懷舊臨難忘生雖功無所成其志有可稱矣

列傳卷第二十九　隋書六十四

列傳卷第三十　　隋書六十五

特進臣魏　徵　上

周羅睺

周羅睺字公布九江尋陽人也父法暠仕梁冠軍將軍始興太守通直散騎常侍南康內史臨烝縣侯羅睺年十五善騎射好鷹狗任俠放蕩收聚亡命陰習兵書從祖景彥誡之曰吾世恭謹汝獨放縱難以保家若不喪身必將滅吾族羅睺終不改陳宣帝時以軍功授開遠將軍句容令後從大都督吳明徹與齊師戰於江陽爲流矢中其左目齊師圍明徹於宿預也諸軍相顧莫有鬬心羅睺躍馬突

進莫不披靡太僕卿蕭摩訶因而副之斬獲不可勝計進師徐州與周將梁士彥戰於彭城摩訶臨陣墮馬羅睺進救拔摩訶於重圍之內勇冠三軍明徹之敗也羅睺全衆而歸拜光遠將軍鍾離太守十一年授使持節都督霍州諸軍事平山賊十二洞除右軍將軍始安縣伯邑四百戶總管檢校揚州內外諸軍事賜金銀三千兩盡散之將士分賞驍雄陳宣帝深歎美之出爲晉陵太守進爵爲侯增封一千戶除太僕卿增封并前一千六百戶尋除雄信將軍使持節都督豫章十郡諸軍事豫章內史獄訟庭決不關吏手民懷其惠立碑頌德焉至德中除持節都督南川諸軍事江州司馬吳世興密奏羅睺甚得人心擁衆嶺表意在難測陳主惑焉蕭摩訶魯廣達等保明之外有知者或勸其反羅睺拒絕之軍還除太子左衛率信任逾重時參宴席陳主曰周左率武將詩每前成文士何爲後也都官尚書孔範對曰周羅睺執筆製詩還如上馬入陣不在人後自是益見親禮出督湘州諸軍事還拜散騎常侍晉王廣之伐陳也都督巴峽緣江諸軍事以拒秦王俊軍不得度相持踰月遇丹楊陷陳主被擒上江猶不下晉王廣遣陳主手書命之羅睺與諸將大臨三日放兵士散然後廼降高祖慰諭之許以富貴羅睺垂泣而對曰臣荷陳氏

厚遇本朝淪亡無節可紀陛下所賜獲全爲幸富貴榮祿非臣所望高祖甚器之賀若弼謂之曰聞公郢漢捉兵即知揚州可得王師利涉果如所量羅睺答曰若得與公周旋勝負未可知也其年秋拜上儀同三司鼓吹羽儀送之于宅先是陳裨將羊翔歸降于我使爲鄉導位至上開府班在羅睺上韓擒於朝堂戲之曰不知機變立在羊翔之下能無愧乎羅睺答曰昔在江南久承令問謂公天下節士今日所言殊匪誠臣之論擒有愧色其年冬除豳州刺史俄轉涇州刺史母憂去職未朞復起授豳州刺史並有能名十八年起遼東之役徵爲水軍總管自東萊泛海趣

平壤城遭風船多飄沒無功而還十九年突厥達頭可汗犯塞從楊素擊之虜衆甚盛羅睺白素曰賊陣未整請擊之素許焉與輕勇二十騎直衝虜陣從申至酉短兵屢接大破之進位大將軍仁壽元年爲東宮右虞候率賜爵義寧郡公食邑一千五百戶俄轉右衛率煬帝即位授右武候大將軍漢王諒反詔副楊素討平之進授上大將軍其年冬帝幸雒陽陳主卒羅睺請一臨哭帝許之縗絰送至墓所葬還釋服而後入朝帝甚嘉尚世論稱其有禮時諒餘黨據晉絳等三州未下詔羅睺行絳晉呂三州諸軍事進兵圍之爲流矢所中卒于師時年六十四送柩還京行

數里無故輿馬自止策之不動有飄風旋遶焉絳州長史郭雅稽顙呪曰公恨小寇未平邪尋即除殄無爲戀恨於是風靜馬行見者莫不悲歎其年秋七月子仲隱夢見羅睺曰我明日當戰其靈坐所有弓箭刀劍無故自動若人帶持之狀絳州城陷是其日也贈柱國右翊衛大將軍謚曰壯賜物千段子仲安官至上開府

周法尚

周法尚字德邁汝南安成人也祖靈起梁直閤將軍義陽太守廬桂二州刺史父炅定州刺史平北將軍法尚少果勁有風槩好讀兵書年十八爲陳始興王中兵參軍尋加伏波將軍其父卒後監定州事督父本兵數有戰功遷使持節貞毅將軍散騎常侍領齊昌郡事封山陰縣侯邑五千戶以其兄武昌縣公法僧代爲定州刺史法尚與長沙王叔堅不相能叔堅言其將反陳宣帝執禁法僧發兵欲取法尚其下將吏皆勸之歸北法尚猶豫未決長史殷文則曰樂毅所以辭燕良由不獲已事勢如此請早裁之法尚遂歸于周宣帝甚優寵之拜開府順州刺史封歸義縣公邑千戶賜良馬五匹女妓五人綵物五百段加以金帶陳將樊猛濟江討之法尚遣部曲督韓明詐爲背己奔于陳僞告猛曰法尚部兵不願降北人皆竊議盡欲叛還若

得軍來必無鬬者自當於陳倒戈耳猛以爲然引師急進法尚乃陽爲畏懼自保於江曲猛陳兵挑戰法尚先伏輕舸於浦中又伏精銳於古村之北自張旗幟迎流拒之戰數合僞退登岸投古村猛捨舟逐之法尚又疾走行數里與村北軍合復前擊猛猛退走赴船既而浦中伏舸取其舟楫建周旗幟猛於是大敗僅以身免虜八千人高祖爲丞相司馬消難作亂陰遣上開府段珣率兵陽爲助守因欲奪其城法尚覺其詐閉門不納珣遂圍之于時倉卒兵散在外因率吏士五百人守拒二十日外無救援自度力不能支遂拔所領棄城遁走消難虜其母弟及家累三百

人歸于陳高祖受禪拜巴州刺史破三鵶叛蠻於鐵山復從柱國王誼擊走陳寇遷衡州總管四州諸軍事改封譙郡公邑二千戶後上幸洛陽召之及引見賜金鈿酒鍾一雙綵五百段良馬十五匹奴婢三百口給鼓吹一部法尚固辭上曰公有大功於國特給鼓吹者欲令公鄉人知朕之寵公也固與之歲餘轉黃州總管上降密詔使經略江南伺候動靜及伐陳之役以行軍總管隸秦孝王率舟師三萬出于樊口陳城州刺史熊門超出師拒戰擊破之擒超於陣轉鄂州刺史尋遷永州總管安集嶺南賜縑五百段良馬五匹仍給黃州兵三千五百人爲帳內陳桂州刺

史錢季卿南康內史柳璿西衡州刺史鄧暠高陽山太守毛爽等前後詣法尚降陳定州刺史呂子廓據山洞反法尚引兵踰嶺子廓兵衆日散與千餘人走保巖嶮其左右斬之而降賜綵五百段奴婢五十口并銀甕寶帶良馬十匹十年尋轉桂州總管仍爲嶺南安撫大使後數年入朝以本官宿衛賜綵三百段米五百石絹五百匹未幾桂州人李光仕舉兵作亂令法尚與上柱國王積討之法尚馳往桂州發嶺南兵世積出岳州徵嶺北軍俱會于尹州光仕來逆戰擊走之世積所部多遇瘴不能進頓于衡州法尚獨討之光仕帥勁兵保白石洞法尚捕得其弟光略光度

大獲家口其黨有來降附輙以妻子還之居旬日降者數千人法尚遣兵列陣以當光仕親率奇兵蔽林設伏兩陣始交法尚馳擊其柵柵中人皆走散光仕大潰追斬之賜奴婢百五十口黃金百五十兩銀百五十斤仁壽中遂州獠叛復以行軍總管討平之嶲州烏蠻反攻陷州城詔令法尚便道擊之軍將至賊棄州城散走山谷間法尚捕不能得於是遣使慰諭假以官號僞班師日行二十里軍再舍潛遣人覘之知其首領盡歸柵聚飲相賀法尚選步騎數千人襲擊破之獲其渠帥數千人虜男女萬餘口賜奴婢百口物三百段蜀馬二十匹軍還檢校潞州事煬帝嗣

位轉雲州刺史後三歲轉定襄太守進位金紫光祿大夫時帝幸榆林法尚朝于行宮內史令元壽言於帝曰漢武出塞旌旗千里今御營之外請分爲二十四軍日別遣一軍發相去三十里旗幟相望鉦鼓相聞首尾連注千里不絕此亦出師之盛者也法尚曰不然兵亘千里動間山川卒有不虞四分五裂腹心有事首尾未知道阻且長難以相救雖是故事此乃取敗之道也帝不懌曰卿意以爲如何法尚曰結爲方陣四面外距六宮及百官家口並住其間若有變起當頭分抗內引奇兵出外奮擊車爲壁壘重設鉤陳此與據城理亦何異若戰而捷抽騎追奔或戰不

利屯營自守臣謂牢固萬全之策也帝曰善因拜左武衛將軍賜良馬一匹絹三百匹明年黔安夷向思多反殺將軍鹿愿圍太守蕭造法尚與將軍李景分路討之法尚擊思多于清江破之斬首三千級還從討吐谷渾法尚別出松州道逐捕亡散至于青海賜奴婢一百口物二百段馬七十匹出爲敦煌太守尋領會寧太守遼東之役以舟師指朝鮮道會楊玄感反與將軍宇文述來護兒等破之以功進右光祿大夫賜物九百段時有齊郡人王薄孟讓等舉兵爲盜衆十餘萬保長白山頻戰每挫其鋭賜奴婢百口明年復臨滄海在軍疾甚謂長史崔君肅曰吾再臨滄

海未能利涉時不我與將辭人世立志不果命也如何言畢而終時年五十九贈武衛大將軍謚曰僖有子六人長子紹基靈壽令少子紹範最知名

李景

李景字道興天水休官人也父超周應戎二州刺史景容貌奇偉膂力過人美鬚髯驍勇善射平齊之役頗有力焉授儀同三司以平尉迥進位開府賜爵平寇縣公邑千五百戶開皇九年以行軍總管從王世積伐陳陷陣有功進位上開府賜奴婢六十口物千五百段及高智慧等作亂江南復以行軍總管從楊素擊之別平倉嶺還授鄜州刺史十七年遼東之役爲馬軍總管及還配事漢王高祖奇其壯武使袒而觀之曰卿相表當位極人臣尋從史萬歲擊突厥於大斤山別路邀賊大破之後與上明公楊紀送義成公主於突厥至恒安遇突厥來寇時代州總管韓洪爲虜所敗景率所領數百人援之力戰三日殺虜甚衆賜物三千段授韓州刺史以事王故不之官仁壽中檢校代州總管漢王諒作亂并州景發兵拒之諒遣劉暠襲景戰於城東升樓射之無不應弦而倒選壯士擊之斬獲殆盡諒復遣嵐州刺史喬鍾葵率勁勇三萬攻之景戰士不過數千加以城池不固爲賊衝擊崩毀相繼景且戰且築士

卒皆殊死鬬屢挫賊鋒司馬馮孝慈司法參軍呂玉並驍勇善戰儀同三司侯莫陳乂多謀畫工拒守之術景知將士可用其後推誠於此三人無所關預唯在閤持重時出撫循而已月餘朔州總管楊義臣以兵來援合擊大破之先是景府內井中甃上生花如蓮并有龍見時變爲鐵馬甲士又有神人長數丈見於城下其跡長四尺五寸景問巫對曰此是不祥之物來食人血耳景大怒推出之旬日而兵至死者數萬焉景尋被徵入京進位柱國拜右武衛大將軍賜縑九千匹女樂一部加以珍物景智畧非所長而忠直爲時所許帝甚信之擊叛蠻向思多破之賜奴婢

八十口明年擊吐谷渾於青海破之進位光祿大夫賜奴婢六十口縑二千匹五年車駕西巡至天水景獻食於帝帝曰公主人也賜坐齊王暕之上至隴川宮帝將大獵景與左武衛大將軍郭衍俱有難言為人所奏帝大怒令左右摻之竟以坐免歲餘復位與宇文述等參掌選舉明年攻高麗武厲城破之賜爵苑丘侯物一千段八年出渾彌道九年復出遼東及旋師以景為殿高麗追兵大至景擊走之賚物三千段進爵滑國公楊玄感之反也朝臣子弟多預焉而景獨無關涉帝曰公誠直天然我之梁棟也賜以美女帝每呼李大將軍而不名其見重如此十二年帝

令景營遼東戰具於北平賜御馬一匹名師子驄會幽州賊楊仲緒率衆萬餘人來攻北平景督兵擊破之斬仲緒于時盜賊蜂起道路隔絕景遂召募以備不虞武賁郎將羅藝與景有隙遂誣景將反帝遣其子慰諭之曰縱人言公闚天闕據京師吾無疑也後為高開道所圍獨守孤城外無聲援歲餘士卒患脚腫而死者十將六七景撫循之一無離叛遼東軍資多在其所粟帛山積既逢離亂景無所私焉及帝崩於江都遼西太守鄧暠率兵救之遂歸柳城後將還幽州在道遇賊見害契丹靺鞨素感其恩聞之莫不流涕幽燕人士于今傷惜之有子世謨

慕容三藏

慕容三藏燕人也父紹宗齊尚書左僕射東南道大行臺三藏幼聰敏多武略頗有父風仕齊釋褐太尉府參軍事尋遷備身都督武平初襲爵燕郡公邑八百戶其年敗周師於孝水又破陳師於壽陽轉武衛將軍又敗周師於河陽授武衛大將軍又轉右衛將軍別封范陽縣公食邑千戶周師入鄴也齊後主失守東道委三藏等留守鄴宮齊之王公以下皆降三藏猶率麾下抗拒周師及齊平武帝引見恩礼甚厚詔曰三藏父子誠節著聞宜加榮秩授開府儀同大將軍其年稽胡叛令三藏討平之開皇元年授

吳州刺史九年奉詔持節涼州道黜陟大使其年嶺南酋長王仲宣反圍廣州詔令柱國襄陽公韋洸為行軍總管三藏為副至廣州與賊交戰洸為流矢所中卒詔令三藏檢校廣州道行軍事十年賊衆四面攻圍三藏固守月餘城中糧少矢盡三藏以為不可持久遂自率驍銳夜出突圍擊之賊衆敗散廣州獲全以功授大將軍賜奴婢百口加以金銀雜物十二年授廓州刺史州極西界與吐谷渾鄰接奸宄犯法者甚衆配彼州流人多有逃逸及三藏至招納綏撫百姓愛悅繈負日至吏民歌頌之高祖聞其能屢有勞問其年當州犛牛產犢特獲醍醐奉獻賚物百段十

三年州界連雲山響稱萬年者三詔頒郡國仍遣使醮於山所其日景雲浮於上雉閒兔馴壇側使還具以聞上大悅十五年授疊州總管党項羌時有翻叛三藏隨便討平之部內夷夏感得安輯仁壽元年改封河內縣男大業元年授和州刺史三年轉任淮南郡太守所在有惠政其年改授金紫光祿大夫大業七年卒三藏從子遐爲澧水丞漢王反抗節不從以誠節聞

薛世雄

薛世雄字世英本河東汾陰人也其先寓居關中父回字道弘仕周官至涇州刺史開皇初封舞陰郡公領漕渠監

列傳三十　隋書六十五　十一

以年老致事終於家世雄爲兒童時與羣輩遊戲輒畫地爲城郭令諸兒爲攻守之勢有不從令者世雄輒撻之諸兒畏憚莫不齊整其父見而奇之謂人曰此兒當興吾家矣年十七從周武帝平齊以功拜帥都督開皇時數有戰功累遷儀同三司右親衛車騎將軍煬帝嗣位番禺夷獠相聚爲亂詔世雄討平之遷右監門郎將從帝征吐谷渾進位通議大夫世雄性廉謹凡所行軍破敵之處秋毫無犯帝由是嘉之帝嘗從容謂群臣曰我欲舉好人未知諸君識不羣臣咸曰臣等何能測聖心帝曰我欲舉者薛世雄群臣皆稱善帝復曰世雄廉正節槩有古人之風於是超拜右翊衛將軍歲餘以世雄爲玉門道行軍大將與突厥啓民可汗連兵擊伊吾師次玉門啓民可汗背約兵不至世雄孤軍度磧伊吾初謂隋軍不能至皆不設備及聞世雄兵已度磧大懼請降詣軍門上牛酒世雄遂於漢舊伊吾城東築城號新伊吾留銀青光祿大夫王威以甲卒千餘人戍之而還天子大悅進位正議大夫賜物二千段遼東之役以世雄爲沃沮道軍將與宇文述同敗績於平壤還次白石山爲賊所圍百餘重四面矢下如雨世雄以羸師爲方陣選勁騎二百先犯之賊稍却因而縱擊遂破之而還所亡失多竟坐免明年帝復征遼東拜右候衛將

列傳三十　隋書六十五　十二

軍兵指蹋頓道軍至烏骨城會楊玄感作亂班師帝至柳城以世雄爲東北道大使行燕郡太守鎮懷遠于時突厥頗爲寇盜緣邊諸郡多苦之詔世雄發十二郡士馬巡塞而還十年復從帝至遼東還左禦衛大將軍仍領涿郡留守未幾李密逼東都中原騷動詔世雄率幽薊精兵將擊之軍次河間營於郡城南河間諸縣並集兵依世雄大軍爲營欲討竇建德建德將家口遁自選精銳數百夜來襲之先犯河間兵潰奔世雄營時遇霧霧晦冥莫相辨識軍不得成列皆騰柵而走於是大敗世雄與左右數十騎遁入河間城慙恚發病歸於涿郡未幾而卒時年六十三有

子萬述萬淑萬鈞萬徹並以驍武知名

王仁恭

王仁恭字元實天水上邽人也祖建周鳳州刺史父猛鄯州刺史仁恭少剛毅脩謹工騎射弱冠州補主簿秦孝王引爲記室轉長道令遷車騎將軍從楊素擊突厥於靈武以功拜上開府賜物三千段以驃騎將軍典蜀王軍事山獠作亂蜀王命仁恭討破之賜奴婢三百口及蜀王以罪廢官屬多罹其患上以仁恭素質直置而不問煬帝嗣位漢王諒舉兵反從楊素擊平之以功進位大將軍拜呂州刺史賜帛四千匹女妓十人歲餘轉衛州刺史尋改爲汲

郡太守有能名徵入朝帝呼上殿勞勉之賜雜綵六百段良馬二匹遷信都太守汲郡吏民扣馬號哭於道數日不得出境其得人情如此遼東之役以仁恭爲軍將及帝班師仁恭爲殿遇賊擊走之進授左光祿大夫賜絹六千段馬四十匹明年復以軍將指扶餘道帝謂之曰往者諸軍多不利公獨以一軍破賊古人云敗軍之將不可以言勇諸將其可任乎今委公爲前軍當副所望也賜良馬十匹黃金百兩仁恭遂進軍至新城賊數萬背城結陣仁恭率勁騎一千擊破之賊嬰城拒守仁恭四面攻圍帝聞而大悅遣舍人詣軍勞問賜以珍物進授光祿大夫賜絹五千匹

會楊玄感作亂其兄子武賁郎將仲伯預焉仁恭由是坐免尋而突厥屢爲寇患帝以仁恭宿將頻有戰功詔復本官領馬邑太守其年始畢可汗率騎數萬來寇馬邑復令二特勤將兵南過時郡兵不滿三千仁恭簡精銳逆擊破之其二特勤衆亦潰仁恭縱兵乘之獲數千級并斬二特勤帝大悅賜縑三千匹其後突厥復入定襄仁恭率兵四千掩擊斬千餘級大獲六畜而歸于時天下大亂百姓饑餒道路隔絕仁恭頗改舊節受納貨賄又不敢輒開倉廩賑卹百姓其麾下校尉劉武周與仁恭侍婢姦通恐事泄將爲亂每宣言郡中曰父老妻子凍餒填委溝壑而王府

君閉倉不救百姓是何理也以此激怒衆吏民頗怨之其後仁恭正坐廳事武周率其徒數十人大呼而入因害之時年六十武周於是開倉賑給郡內皆從之自稱天子署置百官轉攻傍郡

權武

權武字武拜天水人也祖超魏秦州刺史父襲慶周開府從武元皇帝與齊師戰于并州被圍百餘重襲慶力戰矢盡短兵接戰殺傷甚衆刀矟皆折脫冑擲地向賊大罵曰何不來斫頭也賊遂殺之武以忠臣子起家拜開府襲爵齊郡公邑千二百戶武少果勁勇力絕人能重甲上馬嘗

倒投於井未及泉復躍而出其捷如此從王謙破齊服
龍等五城增邑八百戶平齊之役攻陷邵州別下六城以
功增邑三百戶宣帝時拜勁捷左旅上大夫進位上開府
高祖爲丞相引置左右及受禪增邑五百戶後六歲拜浙
州刺史伐陳之役以行軍摠管從晉王出六合還拜豫州
刺史在職數年以創業之舊進位大將軍檢校潭州總管
其年桂州人李世賢作亂武以行軍摠管與武候大將軍
虞慶則擊平之慶則以罪誅功竟不錄復還于州多造金
帶遺嶺南酋領其人復答以寶物武皆納之由是致富後
武晚生一子與親客宴集酒酣遂擅赦所部內獄囚武常

以南越邊遠治從其俗務適便宜不依律令而每言當今
法急官不可爲上令有司案其事皆驗上大怒命斬之武
於獄中上書言其父爲武元皇帝戰死於馬前以此求哀
由是除名爲民仁壽中復拜大將軍封邑如舊未幾授太
子右衛率煬帝即位拜右武衛大將軍坐事免授桂州刺
史俄轉始安太守久之徵拜右屯衛大將軍尋坐事除名
卒于家有子弘

吐萬緒

吐萬緒字長緒代郡鮮卑人也父通周郢州刺史緒少有
武略在周起家撫軍將軍襲爵元壽縣公數從征伐累遷
大將軍少司武高祖受禪拜襄州總管進封穀城郡公邑
二千五百戶尋轉青州總管頗有治名歲餘突厥寇邊朝
廷以緒有威略徙爲朔州總管甚爲北夷所憚其後高祖
潛有吞陳之志轉徐州總管令修戰具及大舉濟江以緒
領行軍總管與西河公紇豆陵洪景屯兵江北及陳平拜
夏州總管晉王廣之在藩也頗見親遇及爲太子引爲左
虞候率煬帝嗣位漢王諒時鎮并州帝恐其爲變拜緒晉
絳二州刺史馳傳之官緒未出關諒已遣兵據蒲坂斷河
橋緒不得進詔緒率兵從楊素擊破之拜左武候將軍大
業初轉光祿卿賀若弼之遇讒也引緒爲證緒明其無罪

由是免官歲餘守東平太守未幾帝幸江都路經其境迎
謁道傍帝命升龍舟緒因頓首陳謝往事帝大悅拜金紫
光祿大夫太守如故遼東之役請爲先鋒帝嘉之拜左屯
衛大將軍率馬步數萬指蓋馬道及班師留鎮懷遠進位
左光祿大夫時劉元進作亂江南以兵攻潤州帝徵緒討
之緒率衆至楊子津元進自茅浦將度江緒勒兵擊走緒
因濟江背水爲柵明旦元進來攻又大挫之賊解潤州圍
而去緒進屯曲阿元進復結柵拒緒挑之元進出戰陣未
整緒以騎突之賊衆遂潰赴江水而死者數萬元進挺身
夜遁歸保其壘僞署僕射朱燮管崇等屯於毗陵連營百

餘里緒乘勢進擊復破之賊退保黃山緒進軍圍之賊窮蹙請降元進朱爕僅以身免於陣斬管崇及其將軍陸顗等五千餘人收其子女三萬餘口送江都宮進解會稽圍元進復據建安帝令進討之緒以士卒疲敝請息甲待至來春帝不悅密令求緒罪失有司奏緒怯懦違詔於是除名爲民配防建安尋有詔徵詣行在所緒鬱鬱不得志還至永嘉發疾而卒

董純

董純字德厚隴西成紀人也祖和魏太子左衞率父昇周柱國純少有膂力便弓馬在周仕歷司御上士典馭下大

夫封固始縣男邑二百户從武帝平齊以功拜儀同進爵大興縣侯增邑通前八百户高祖受禪進爵漢曲縣公累遷驃騎將軍後以軍功進位上開府開皇末以勞舊擢拜左衞將軍尋改封順政縣公漢王諒作亂并州以純爲行軍總管河北道安撫副使從楊素擊平之以功拜柱國進爵爲郡公增邑二千户轉左備身將軍賜女妓十人縑綵五千匹數年轉左驍衞將軍彭城留守齊王暕之得罪也純坐與交通帝庭譴之曰汝階緣宿衞以至大官何乃附傍吾兒欲相離間也純曰臣本微賤下才過蒙獎擢先帝察臣小心寵踰涯分陛下重加收採位至將軍欲竭餘年報國恩耳比數詣齊王者徒以先帝先后往在仁壽宮置元德太子及齊王於膝上謂臣曰汝好看此二兒勿忘吾言也臣奉詔之後每於休暇出入未嘗不詣王所臣誠不敢忘先帝之言于時陛下亦侍先帝之側帝改容曰誠有斯旨於是捨之後數日出爲汶山太守歲餘突厥寇邊朝廷以純宿將轉爲榆林太守虜有至境純輒擊却之會彭城賊帥張大虎宗世模等衆至數萬保懸薄山寇掠徐兗帝令純討之純初閉營不與戰賊屢挑之不出賊以純爲怯不設備縱兵大掠純選精鋭擊之合戰於昌慮大破之及帝重征遼東復以純爲彭城留守東海賊彭孝才衆數

千掠懷仁縣轉入沂水保五不及山純以精兵擊之擒孝才於陣車裂之餘黨各散時百姓思亂盜賊日益純雖頻戰克捷所在蜂起有人譖純怯懦不能平賊帝大怒遣使鎖純詣東都有司見帝怒甚遂希旨致純死罪竟伏誅

趙才

趙才字孝才張掖酒泉人也祖隗魏銀青光祿大夫樂浪太守父壽周順政太守才少驍武便弓馬性麄悍無威儀周世爲輿正上士高祖受禪屢以軍功遷上儀同三司配事晉王及王爲太子拜右虞候率煬帝即位轉左備身驃騎後遷右驍衞將軍帝以才藩邸舊臣漸見親待才亦恪

勤匪懈所在有聲歳餘轉右候衛將軍從征吐谷渾以為行軍總管率衛尉卿劉權兵部侍郎明雅等出合河道與賊相遇擊破之以功進位金紫光祿大夫及遼東之役再出碣石道還授左候衛將軍俄遷右候衛大將軍時帝每有巡幸才恒為斥候肅遏姦非無所迴避在塗遇公卿妻子有違禁者才輒醜言大罵多所援及時人雖患其不遜然才守正無如之何十年駕幸汾陽宮以才留守東都十二年帝在洛陽將幸江都才見四海土崩恐為社稷之患自以荷恩深重無容坐看亡敗於是入諫曰今百姓疲勞府藏空竭盜賊蜂起禁令不行願陛下還京師安兆庶臣

雖愚蔽敢以死請帝大怒以才屬吏旬日帝意頗解乃令出之帝遂幸江都待遇踰昵時江都糧盡將士離心內史侍郎虞世基祕書監袁充等多勸帝幸丹陽帝廷議其事才極陳入京之策世基盛言度江之便帝默然無言才與世基相忿而出宇文化及弒逆之際才時在苑北化及遣驍果席德方矯詔追之才聞詔而出德方命其徒執之以詣化及化及謂才曰今日之事秖得如此幸勿為懷才嘿然不對化及忿才無言將殺之三日乃釋以本官從事鬱鬱不得志才嘗對化及宴飲請勸其同謀逆者一十八人楊士覽等酒化及許之才執杯曰十八人止可一度作勿復餘處更為諸人默然不對行至聊城遇疾俄而化及為竇建德所破才復見虜心彌不平數日而卒時年七十三

仁壽大業間有蘭興洛賀蘭蕃俱為武候將軍剛嚴正直不避強禦咸以稱職知名

史臣曰羅睺法尚李景世雄慕容三藏並以驍武之姿當有事之日致茲富貴自取之也仁恭初在汲郡以清能顯達後居馬邑以貪惏敗亡鮮克有終惜矣吐萬緒董純各以立效當年取斯高秩緒請息兵見責純遭譖毀被誅大業之季盜可盡乎淫刑暴逞能不及焉趙才雖人而無儀志在強直固拒世基之議可謂不苟同矣權武素無行檢不拘刑憲終取黜辱宜哉

列傳卷第三十　隋書六十五

特進臣魏　徵　上

李諤

李諤字士恢趙郡人也好學解屬文仕齊爲中書舍人有口辯每接對陳使周武帝平齊拜天官都上士諤見高祖有奇表深自結納及高祖爲丞相甚見親待訪以得失于時兵革屢動國用虛耗諤上重穀論以諷焉高祖深納之及受禪歷比部考功二曹侍郎賜爵南和伯諤性公方明達世務爲時論所推遷治書侍御史上謂羣臣曰朕昔爲大司馬每求外職李諤陳十二策苦勸不許朕遂決意在内今此

事業諤之力也賜物二千段諤見禮教凋敝公卿薨亡其愛妾侍婢子孫輒嫁賣之遂成風俗諤上書曰臣聞追遠愼終民德歸厚三年無改方稱爲孝如聞朝臣之内有父祖亡没日月未久子孫無賴便分其妓妾嫁賣取財有一於茲實損風化妾雖微賤親承衣履服斬三年古今通式豈容遽褫縗絰強傅鉛華泣辭靈几之前送付他人之室凡在見者猶致傷心況乎人子能堪斯忍復有朝廷重臣位望通貴平生交舊情若弟兄及其亡没杳同行路朝聞其死夕規其妾方便求娉以得爲限無廉恥之心棄友朋之義且居家理治可移於官既不正私何能贊務上覽而

嘉之五品以上妻妾不得改醮始於此也諤又以屬文之家體尚輕薄遞相師効流宕忘反於是上書曰臣聞古先哲王之化民也必變其視聽防其嗜欲塞其邪放之心示以淳和之路五教六行爲訓民之本詩書禮易爲道義之門故能家復孝慈人知禮讓正俗調風莫大於此其有上書獻賦制誄鐫銘皆以褒德序賢明勳證理苟非懲勸義不徒然降及後代風教漸落魏之三祖更尚文詞忽君人之大道好雕蟲之小藝下之從上有同影響競騁文華遂成風俗江左齊梁其弊彌甚貴賤賢愚唯務吟詠遂復遺理存異尋虛逐微競一韻之奇爭一字之巧連篇累牘不

出月露之形積案盈箱唯是風雲之狀世俗以此相高朝廷據茲擢士禄利之路既開愛尚之情愈篤於是閭里童昏貴遊總丱未窺六甲先製五言至如羲皇舜禹之典伊傅周孔之說不復關心何嘗入耳以傲誕爲清虛以縁情爲勳績指儒素爲古拙用詞賦爲君子故文筆日繁其政日亂良由棄大聖之軌模構無用以爲用也損本逐末流徧華壤遞相師祖久而愈扇及大隋受命聖道聿興屏出輕浮遏止華僞自非懷經抱質志道依仁不得引預搢紳參廁纓冕開皇四年普詔天下公私文翰並宜實録其年九月泗州刺史司馬幼之文表華豔付所司治罪自是公

卿大臣咸知正路莫不鑽仰墳集棄絕華綺擇先王之令典行大道於兹世如聞外州遠縣仍踵敝風選吏舉人未遵典則至有宗黨稱孝鄉曲歸仁學必典謨交不苟合則擯落私門不加收齒其學不稽古逐俗隨時作輕薄之篇章結朋黨而求譽則選充吏職舉送天朝蓋由縣令刺史未行風教猶挾私情不存公道臣既忝憲司職當糾察若聞風即劾恐挂網者多請勑諸司普加搜訪有如此者具狀送臺諤又以當官者好自矜伐復上奏曰臣聞舜戒禹云汝惟不矜天下莫與汝爭能汝惟不伐天下莫與汝爭功言偃又云事君數斯辱矣朋友數斯疏矣此皆先哲之

格言後王之軌轍然則人臣之道陳力濟時雖勤比大禹功如師望亦不得厚自矜伐上要君父況復功無足紀勤不補過而敢自陳勳績輕干聽覽世之喪道極於周代下無廉恥上使之然用人唯信其口取士不觀其行矜誇自大便以幹濟蒙擢謙恭靜退多以恬嘿見遺是以通表陳誠先論己之功狀承顏敷奏亦道臣最用心自衒自媒都無慙恥之色強干橫請唯以乾沒為能自隋受命此風頓改耕夫販婦無不革心況乃大臣仍遵敝俗如聞刺史入京朝覲乃有自陳勾檢之功諠訴墀之側言辭不遜高自稱譽上黷冕旒特為難恕凡如此輩具狀送臺明加罪

黜以懲風軌上以諤前後所奏頒示天下四海靡然向風深革其弊諤在職數年務存大體不尚嚴猛由是無剛謇之譽而潛有匡正多矣邳公蘇威以臨道店舍乃求利之徒事業汙雜非敦本之義遂奏高祖約遣歸農有願依舊者所在州縣錄附市籍仍撤毀舊店並令遠道限以時日正值冬寒莫敢陳訴諤因別使見其如此以為四民有業各附所安逆旅之與旗亭自古非同一槩即附市籍於理不可且行旅之所依託豈容一朝而廢徒為勞擾於事非宜遂專決之並令依舊使還詣闕然後奏聞高祖善之曰體國之臣當如此矣以年老出拜通州刺史甚有惠政民

夷悅服後三歲卒官有子四人大體大鈞並官至尚書郎世子大方襲爵最有材品大業初判內史舍人帝方欲任之遇卒

鮑宏

鮑宏字潤身東海郯人也父機以才學知名事梁官至治書侍御史宏七歲而孤為兄泉之所愛育年十二能屬文嘗和湘東王繹詩繹嗟賞不已引為中記室遷鎮南府諮議尚書水部郎轉通直散騎侍郎江陵既平歸于周明帝甚禮之引為麟趾殿學士累遷遂伯下大夫與杜子暉聘于陳謀伐齊也陳遂出兵江北以侵齊帝嘗問宏取齊之策宏

對云我強齊弱勢不相侔齊主昵近小人政刑日紊至尊仁惠慈恕法令嚴明事等建瓴何憂不尅但先皇往日出師雒陽彼有其備每不尅捷如臣計者進兵汾潞直掩晉陽出其不虞以爲上策帝從之及定山東除少御正賜爵平遥縣伯邑六百户加上儀同高祖作相奉使山南會王謙舉兵於蜀路次潼州爲謙將達奚惎所執逼送成都竟不屈節謙敗之後馳傳入京高祖嘉之賜以金帶及受禪加開府除利州刺史進爵爲公轉邛州刺史秩滿還京時有尉義臣者其父崇不從尉迥後復與突厥戰死上嘉之將賜姓爲金氏訪及群下宏對曰昔項伯不同項羽漢高賜姓劉氏秦真父能死難魏武賜姓曹氏如臣愚見請賜以皇族高祖曰善因賜義臣姓爲楊氏後授均州刺史以目疾免卒於家時年九十六初周武帝勑宏修皇室譜一部分爲帝緒疎屬賜姓三篇有集十卷行於世

裴政

裴政字德表河東聞喜人也高祖壽孫從宋武帝從家于壽陽歷前軍長史廬江太守祖邃梁侍中左衞將軍豫州大都督父之禮廷尉卿政幼明敏博聞強記達於時政爲當時所稱年十五辟邵陵王府法曹參軍事轉起部郎枝江令湘東王之臨荆州也召爲宣惠府記室尋除通直散

騎侍郎侯景作亂加壯武將軍帥師隨建寧侯王琳進討之擒賊率宋子仙獻于荆州及平侯景先鋒入建鄴以軍功連最封夷陵侯徵授給事黄門侍郎復帥師副王琳拒蕭紀破之於硤口加平越中郎將鎮南府長史及周師圍荆州琳自桂州來赴難次于長沙政請從間道先報元帝至百里洲爲周人所獲蕭詧謂政曰我武皇帝之孫也不可爲爾君乎爾亦何煩殉身於七父若從我計則貴及子孫如或不然分腰領矣政詭曰唯命詧鏁之送至城下使謂元帝曰王僧辯聞臺城被圍已自爲帝王琳孤弱不復能來政許之既而告城中曰援兵大至各思自勉吾以間使被擒當以碎身報國監者擊其口終不易辭詧怒命趣行戮蔡大業諫曰此民望也若殺之則荆州不可下矣因得釋會江陵陷與城中朝士俱送于京師周文帝聞其忠授員外散騎侍郎引事相府命與盧辯依周禮建六卿設公卿大夫士并撰次朝儀車服器用多遵古禮革漢魏之法事並施行尋授刑部下大夫轉少司憲政明習故事又參定周律能飲酒至數斗不亂簿案盈机剖決如流用法寬平無有冤濫囚徒犯極刑者乃許其妻子入獄就之至冬將行決皆曰裴大夫致我於死死無所恨其處法詳平如此又善鍾律嘗與長孫紹遠論樂語在音律志宣帝時以忤

旨免職高祖攝政召復本官開皇元年轉率更令加位上儀同三司詔與蘇威等修定律令政採魏晉刑典下至齊梁沿革輕重取其折衷同撰著者十有餘人凡疑滯不通皆取決於政進位散騎常侍轉左庶子多所匡正見稱純慤東宮凡有大事皆以委之右庶子劉榮性甚專固時武職交番通事舍人趙元愷作辭見帳未及成太子有旨再三催促榮語元愷云但爾口奏不須造帳及奏太子問曰名帳安在元愷曰稟承劉榮不聽造帳太子即以詰榮榮便拒諱云無此語太子付政推問未及奏狀有附榮者先言於太子曰政欲陷榮推事不實太子召責之政奏曰凡

推事有兩一察情一據證審其曲直以定是非臣察劉榮位高任重縱令實語元愷蓋是纖介之愆計理而論不須隱諱又察元愷受制於榮豈敢以無端之言妄相點累二人之情理正相似元愷引左衛率崔蒨等為證蒨等款狀悉與元愷符同察情既敵須以證定臣謂榮語元愷事必非虛太子亦不罪榮而稱政平直政好面折人短而退無後言時雲定興數入侍太子為奇服異器進奉後宮又緣女寵來往無節政數切諫太子不納政因謂定興曰公所為者不合禮度又元妃暴薨道路籍籍此於太子非令名也願公自引退不然將及禍定興怒以告太子太子益疏

政由是出為襄州總管妻子不之官所受秩奉散給僚吏民有犯罪者陰悉知之或竟歲不發至再三犯乃因都會時於眾中召出親案其罪五人處死流徙者甚眾合境惶懾令行禁止小民蘇息稱為神明爾後不修囹圄殆無爭訟卒官年八十九著承聖降錄十卷及太子廢高祖追憶之曰向遣裴政劉行本在共匡弼之猶應不令至此子南金仕至膳部郎

柳莊

柳莊字思敬河東解人也祖季遠梁司徒從事中郎父遐霍州刺史莊少有遠量博覽墳籍兼善辭令濟陽蔡大寶有重名於江左時為岳陽王蕭詧諮議見莊便歎曰襄陽

水鏡復在於茲矣大寶遂以女妻之俄而詧辟為參軍轉法曹及詧稱帝還署中書舍人歷給事黃門侍郎吏部郎中鴻臚卿及高祖輔政蕭巋令莊奉書入關時三方搆難高祖懼巋有異志及莊還謂莊曰孤昔以開府從役江陵深蒙梁主殊眷今主幼時艱猥蒙顧託中夜自省實懷慙懼梁主奕葉重光委誠朝廷而今已後方見松筠之節君還本國幸申孤此意於梁主也遂執莊手而別時梁之將帥咸潛請興師與尉迥等為連衡之勢進可以盡節於周氏退可以席卷山南唯巋疑以為不可會莊至自長安具申高祖結託之意遂言於巋曰昔袁紹劉表王淩諸葛誕之

徒並一時之雄傑也及據要害之地擁哮闞之群功業莫
建而禍不旋踵者良由魏武晉氏挾天子保京都仗大義
以爲名故能取威定霸今尉迥雖曰舊將昏耄已甚消難
王謙常人之下者非有匡合之才況山東庸蜀從化日近
周室之恩未洽在朝將相多爲身計競效節於楊氏以臣
料之迥等終當覆滅隋公必移周國未若保境息民以觀
其變巋深以爲然衆議遂止未幾消難奔陳迥及謙相次
就戮巋謂莊曰近者若從衆人之言社稷已不守矣高祖
踐阼莊又入朝高祖深慰勉之及爲晉王廣納妃于梁莊
因是往來四五反前後賜物數千段蕭琮嗣位遷太府卿
及梁國廢授開府儀同三司尋除給事黃門侍郎并賜以
田宅莊明習舊章雅達政事凡所駁正帝莫不稱善蘇威
爲納言重莊器識常奏帝云江南人有學業者多不習世
務習世務者又無學業能兼之者不過於柳莊高熲亦與
莊甚厚莊與陳茂同官不能降意茂見上及朝臣多屬意
於莊心每不平常謂莊爲輕己帝與茂有舊曲被引召數
陳莊短經歷數載譖愬頗行尚書省嘗奏犯罪人依法合
流而上處以大辟莊奏曰臣聞張釋之有言法者天子所
與天下共也今法如是更重之是法不信於民心方今海
內無事正是示信之時伏願陛下思釋之之言則天下幸

甚帝不從由是忤旨俄屬尚藥進丸藥不稱旨茂因密奏
莊不親監臨帝遂怒十一年徐璒等反於江南以行軍總
管長史隨軍討之璒平即授饒州刺史甚有治名後數載
卒官年六十二

源師

源師字踐言河南雒陽人也父文宗有重名於齊開皇初
終於莒州刺史師早有聲望起家司空府參軍事稍遷尚
書左外兵郎中又攝祠部後屬孟夏以龍見請雩時高阿
那肱爲相謂眞龍出見大驚喜問龍所在師整容報曰此
是龍星初見依禮當雩祭郊壇非謂眞龍別有所降阿那
肱忿然作色曰何乃干知星宿祭竟不行師出而竊歎曰
國家大事在祀與戎禮既廢也何能久乎齊亡無日矣七
年周武帝平齊授司賦上士高祖受禪除魏州長史入爲
尚書考功侍郎仍攝吏部朝章國憲多所參定十七年遷
尚書左右丞以明幹著稱時蜀王秀頗違法度乃以師爲
益州總管司馬俄而秀被徵秀恐京師有變將謝病不行
師數勸之不可違命秀作色曰此自我家事何預卿也師
垂涕對曰師荷國厚恩忝參府幕僚吏之節敢不盡心但
比年以來國家多故秦孝王寢疾奄至薨殂庶人二十年
太子相次淪廢至尊之情何以堪處而有勑追王已淹時

月令乃遷延未去百姓不識王心儻生異議內外疑駭發雷霆之詔降一介之使王何以自明願王自計之秀乃從徵秀廢之後益州官屬多相連坐師以此獲免後加儀同三司煬帝即位拜大理少卿帝在顯仁宮勑宮外衛士不得輒離所守有一主帥私令衛士出外帝付大理繩之師據律奏徒帝令斬之師奏曰此人罪誠難恕若陛下初便殺之自可不關文墨既付有司義歸恒典脫宿衛近侍者更有此犯將何以加之帝乃止轉刑部侍郎師居職強明有口辯而無廉平之稱未幾卒官有子崐玉

郎茂

郎茂字蔚之恒山新市人也父基齊潁川太守茂少敏慧七歲誦騷雅日千餘言十五師事國子博士河間權會受詩易三禮及玄象刑名之學又就國子助教長樂張奉禮受三傳群言至忘寢食家人恐茂成病恒節其燈燭及長稱為學者頗解屬文年十九丁父憂居喪過禮仕齊解褐司空府行參軍會陳使傅縡來聘令茂接對之後奉詔於祕書省刊定載籍遷保城令有能名百姓為立清德頌及周武平齊上柱國王誼薦之授陳州戶曹屬高祖為亳州總管見而悅之命掌書記時周武帝為象經高祖從容謂茂曰人主之所為也感天地動鬼神而象經多糾法將何以致治茂竊歎曰此言豈常人所及也乃陰自結納高祖亦親禮之後還家為州主簿高祖為丞相以書召之言及疇昔甚歡授衛州司錄有能名尋除衛國令時有繫囚二百茂親自究審數日釋免者百餘人歷年辭訟不詣州省魏州刺史元暉謂茂曰長史言衛國民不敢申訴者畏明府耳茂進曰民猶水也法令為隄防隄防不固必致奔突苟無決溢使君何患哉暉無以應之有民張元預與從父弟思蘭不睦丞尉請加嚴法茂曰元預兄弟本相憎疾又坐得罪彌益其忿非化民之意也於是遣縣中耆舊更往敦諭道路不絕元預等各生感悔詣縣頓首請罪茂曉之

以義遂相親睦稱為友悌茂自延州長史轉太常丞遷民部侍郎時尚書右僕射蘇威立條章每歲責民間五品不遜或答者乃云管內無五品之家不相應領類多如此又為餘糧簿擬有無相贍茂以為繁紆不急皆奏罷之數歲以母憂去職未朞起令視事又奏身死王事者子不退田品官年老不減地皆發於茂茂性明敏剖決無滯當時以吏幹見稱仁壽初以本官領大興令煬帝即位遷雍州司馬尋轉太常少卿後二歲拜尚書左丞參掌選事茂工法理為世所稱時工部尚書宇文愷右翊衛大將軍于仲文競河東銀窟茂奏劾之曰臣聞貴賤殊禮士農異業所以

人知局分家識廉恥宇文愷位望已隆禄賜優厚拔菉去
織毫無聞求利下交曽無愧色于仲文大将宿衛近臣
趨侍階庭朝夕聞道虞芮之風抑而不慕分銖之利知而
必争何以貽範庶寮示民軌物若不糾繩将虧政教愷與
仲文竟坐得罪茂撰州郡圖經一百卷奏之賜帛三百段
以書付祕府于時帝每巡幸王綱已紊法令多失茂既先
朝舊臣明習世事然善自謀身無謇諤之節見帝忌刻不
敢措言唯竊歎而已以年老上表乞骸骨不許會帝親征
遼東以茂為晉陽宫留守其年恒山賛治王文同與茂有
隙奏茂朋黨附下罔上詔遣納言蘇威御史大夫裴藴雜

治之茂素與二人不平因深文巧詆成其罪狀帝大怒及
其弟司隷别駕楚之皆除名為民徙且末郡茂怡然受命
不以為憂在途作登壠賦以自慰詞義可觀復附表自陳
帝頗悟十年追還京兆歲餘而卒時年七十五有子知年

高構

高構字孝基北海人也性滑稽多智辯給過人好讀書工
吏事弱冠州補主簿仕齊河南王參軍事歷徐州司馬蘭
陵平原二郡太守齊滅後周武帝以為許州司馬高祖受
禪轉冀州司馬甚有能名徵拜比部侍郎尋轉民部時内
史侍郎晉平東與兄子長茂争嫡尚書省不能斷朝臣三

議不決構斷而合理上以為能召入内殿勞之曰我聞尚
書郎上應列宿觀卿才識方知古人之言信矣嫡庶者禮
教之所重我讀卿判數徧詞理愜當意所不能及賜米百
石由是知名尋遷雍州司馬以明斷見稱歲餘轉吏部侍
郎號為稱職復徙雍州司馬坐事左轉盩厔令甚有治名
上善之復拜雍州司馬又為吏部侍郎以公事免煬帝立
召令復位時為吏部者多以不稱職去官唯構最有能名前後典選之
官皆出其下時人以構好劇談頗謂輕薄然其内懷方雅特為吏部
尚書牛弘所重後以老病解職弘時典選凡將有所擢用輒遣人就第
問其可不河東薛道衡才高當世每稱構有清鑒所為文筆必先草

呈構而後出之構有所詆訶道衡未嘗不嗟伏大業七年
終于家時年七十二所舉杜如晦房玄齡等後皆自致公
輔論者稱構有知人之鑒開元中昌黎豆盧寔為黄門侍
郎稱為慎密河東裴衎為右丞多所糾正河東士爽平原
東方舉安定皇甫彝道俱為刑部並執法平允弘農劉士
龍清河房山基為考功河東裴鏡民為兵部並稱明幹京
兆韋焜為民曹屢進讜言南陽韓則為延州長史甚有惠
政此等事行遺闕皆有吏幹為當時所稱

張虔威

張虔威字元敬清河東武城人也父晏之齊北徐州刺史

虔威性聰敏涉獵群書其世父暠高之謂人曰虔威吾家千里駒也年十二州補主簿十八爲太尉中兵叅軍後累遷太常丞及齊亡仕周爲宣納中士高祖得政引爲相府典籤開皇初晉王廣出鎮并州盛選僚佐以虔威爲刑獄叅軍累遷爲屬王甚美其才與河内張衡甚見禮重晉邸稱爲二張焉及王爲太子遷員外散騎侍郎太子内舍人煬帝即位授内史舍人儀同三司尋以藩邸之舊加開府尋拜謁者大夫從幸江都以本官攝江都贊治稱爲幹理虔威嘗在塗見一遺囊恐其主求失因令左右負之而行後數日物主來認悉以付之淮南太守楊綝嘗與十餘人同

來謁見帝問虔威曰其首立者爲誰虔威下殿就視而荅曰淮南太守楊綝帝謂虔威曰卿爲謁者大夫而乃不識叅見人何也虔威對曰臣非不識楊綝但慮不審所以不敢輕對石建數馬足蓋慎之至也帝甚嘉之其廉慎皆此類也于時帝數巡幸百姓疲敝虔威因上封事以諫帝不悅自此見踈未幾卒官有子爽仕至蘭陵令虔威弟虔雄亦有才器秦孝王俊爲秦州揔管選爲法曹叅軍王嘗親案囚徒虔雄誤不持狀口對百餘人皆盡事情同輩莫不歎服後歷壽春陽城二縣令俱有治績

榮毗

榮毗字子諶北平無終人也父權魏兵部尚書毗少剛鯁有局量涉獵群言仕周釋褐漢王記室轉内史下士開皇中累遷殿内監時以華陰多盜賊妙選長吏楊素薦毗爲華州長史世號爲能素之田宅多在華陰左右放縱毗以法繩之無所寬貸毗因朝集素謂之曰素之舉卿適以自罰也毗荅曰奉法一心者但恐累公所舉素笑曰前者戲耳卿之奉法素之望也時晉王在揚州每令人密覘京師消息遣張衡於路次往往置馬坊以畜牧爲辭實給私人也州縣莫敢違毗獨遏絶其事上聞而嘉之賚絹百匹轉蒲州司馬漢王諒之反也河東豪傑以城應諒刺史丘和

覺遁歸關中長史勃海高義明謂毗曰河東要害國之東門若失之則爲難不細城中雖復恟恟非悉反也但收桀黠者十餘人斬之自當立定耳毗然之義明馳馬追和將與協計至城西門爲反者所殺毗亦被執及諒平拜治書侍御史帝謂之曰今日之舉馬坊之事也無改汝心帝亦敬之毗在朝侃然正色爲百寮所憚後以母憂去職歲餘起令視事尋卒官贈鴻臚少卿毗兄建緒性甚亮直兼有學業仕周爲載師下大夫儀同三司及平齊之始留鎮鄴城因著齊紀三十卷建緒與高祖有舊及爲丞相加位開府拜息州刺史將之官時高祖陰有禪代之計因謂建緒

曰且躊躇當共取富貴建緒自以周之大夫因義形於色曰明公此言非僕所聞高祖不悅建緒遂行開皇初來朝上謂之曰卿亦悔不建緒稽首曰臣位非徐廣情類楊彪上笑曰朕雖不解書語亦知卿此言不遜也歷始洪二州刺史俱有能名

陸知命

陸知命字仲通吳郡富春人也父敖陳散騎常侍知命性好學通識大體以貞介自持釋褐陳始興王行參軍後歷太學博士南獄正及陳滅歸于家會高智慧等作亂于江左晉王廣鎮江都以其三吳之望召令諷諭反者知命說

下賊十七城得其渠帥陳正緒蕭思行等三百餘人以功拜儀同三司賜以田宅復用其弟恪爲汧陽令知命以恪非百里才上表陳讓朝廷許之時見天下一統知命勸高祖都洛陽因上太平頌以諷焉文多不載數年不得調詣朝堂上表請使高麗曰臣聞聖人當扆物色斯曉匹夫奔踶或陳狂瞽伏願暫輟旒纊覽臣所謁昔軒轅馭曆既緩風沙之誅虞舜握圖猶稽有苗之伐陛下當百代之末膺千載之期四海廓清三邊底定唯高麗小豎狼顧燕垂王度含弘每懷遵養者良由惡殺好生欲諭之以德也臣請以一節宣示皇風使彼君臣面縛闕下書奏天子異之歲餘授普寧鎮將人或言其正直者由是待詔於御史臺煬帝嗣位拜治書侍御史侃然正色爲百寮所憚帝甚敬之後坐事免歲餘復職時齊王暕頗驕縱暱近小人知命奏劾之暕竟得罪百寮震慄遼東之役爲東暆道受降使者卒於師時年六十七贈御史大夫

房彥謙

房彥謙字孝沖本清河人也七世祖諶仕燕太尉掾隨慕容氏遷于齊子孫因家焉世爲著姓高祖法壽魏青冀二州刺史壯武侯曾祖伯祖齊郡平原二郡太守祖翼宋安太守並世襲爵壯武侯父熊釋褐州主簿行清河廣川二

郡守彥謙早孤不識父爲母兄之所鞠養長兄彥雅雖有清鑒以彥謙天性穎悟每奇之親教讀書年七歲誦數萬言爲宗黨所異十五出後叔父子貞事所繼母有踰本生子貞哀之撫養甚厚後丁所繼母憂勺飲不入口者五日事伯父樂陵太守豹竭盡心力每四時珍果口弗先嘗遇期功之戚必蔬食終禮宗從取則焉其後受學于博士尹琳手不釋卷遂通涉五經解屬文工草隸雅有詞辯風槩高人年十八屬廣寧王孝珩爲齊州刺史辟爲主簿時禁網踈闊州郡之職尤多縱弛及彥謙在職清簡守法州境肅然莫不敬憚及周師入鄴齊主東奔以彥謙爲齊州治

中彦謙痛本朝傾覆將糾率忠義潛謀匡輔事不果而止
齊亡歸于家周帝遣柱國辛遵為齊州刺史為賊帥輔帶
劍所執彦謙以書諭之帶劍慙懼送遵還州諸賊並各歸
首及高祖受禪之後遂優遊鄉曲誓無仕心開皇七年刺
史韋藝固薦之不得已而應命吏部尚書盧愷一見重之
擢授承奉郎俄遷監察御史後屬陳平奉詔安撫泉括等
十州以銜命稱旨賜物百段米百石衣一襲奴婢七口遷
秦州總管錄事參軍嘗因朝集時左僕射高熲定考課彦
謙謂熲曰書稱三載考績黜陟幽明唐虞以降代有其法
黜陟合理褒貶無虧便是進必得賢退皆不肖如或舛謬

法乃虛設比見諸州考校執見不同進退多少參差不類
況復愛憎肆意致乖平坦清介孤直未必高名卑諂巧官
翻居上等直為真偽混淆是非瞀亂宰貴既不精練斟酌
取捨曾經驅使者多以蒙識獲成未歷臺省者皆為不知
被退又四方懸遠難可詳悉唯量準人數半破半成徒計
官員之少多莫顧善惡之衆寡欲求允當其道無由明公
鑒達幽微平心遇物今所考校必無阿枉脫有前件數事
未審何以裁之唯願遠布耳目精加採訪褒秋毫之善貶
纖介之惡非直有光至治亦足標獎賢能詞氣侃然觀者
屬目熲為之動容深見嗟賞因歷問河西隴右官人景行

彦謙對之如響熲顧謂諸州總管刺史曰與公言不如獨
與秦州考使語後數日熲言於上上弗能用以秩滿遷長
葛令甚有惠化百姓號為慈父仁壽中上令持節使者巡
行州縣察長吏能不以彦謙為天下第一超授鄀州司馬
吏民號哭相謂曰房明府今去吾屬何用生為其後百姓
思之立碑頌德鄀州久無刺史州務皆歸彦謙名有異政
內史侍郎薛道衡一代文宗位望清顯所與交結皆海內
名賢重彦謙為人深加友敬及兼襄州總管辭翰往來交
錯道路煬帝嗣位道衡轉牧番州路經彦謙所留連數日
屑涕而別黃門侍郎張衡亦與彦謙相善于時帝營東都

窮極侈麗天下失望又漢王構逆罹罪者多彦謙見衡當
途而不能匡救以書諭之曰竊聞賞者所以勸善刑者所
以懲惡故疏賤之人有善必賞尊貴之戚犯惡必刑未有
罰則避親賞則遺賤者也今諸州刺史受委宰牧善惡之
間上達本朝懾憚憲章不敢怠慢國家祗承靈命作民父
母刑賞曲直升聞於天夤畏照臨亦宜謹肅故文王云我
其夙夜畏天之威以此而論雖州國有殊高下懸邈然憂
民慎法其理一也至如并州釁逆須有甄明若楊諒實以
詔命不通慮宗社危逼徵兵聚衆非為干紀則當原其本
情議其刑罰上副聖主友于之意下曉愚民疑惑之心若

審知內外無虞嗣后纂統而好亂樂禍妄有覬覦則管蔡
之誅當在於諒同惡相濟無所逃罪梟懸孥戮國有常刑
其間乃有情非協同力不自固或被擁逼淪陷凶威遂使
籍沒流移恐爲冤濫恢恢天網豈其然乎罪疑從輕斯義
安在昔叔向置鬻獄之死晉國所嘉釋之斷犯蹕之刑漢
文稱善羊舌寧不愛弟廷尉非苟違君但以執法無私不
容輕重且聖人大寶是曰神器苟非天命不可妄得故蚩
尤項籍之驍勇伊尹霍光之權勢李老孔丘之才智呂望
孫武之兵術吳楚連磐石之據產祿承母后之基不應歷
運之兆終無帝王之位況乎蕞爾一隅蜂扇蟻聚楊諒之

愚鄙群小之凶慝而欲憑陵畿甸覬幸非望者哉開闢以
降書契云及帝皇之跡可得而詳自非積德累仁豐功厚
利孰能道洽幽顯義感靈祇是以古之哲王昧旦丕顯履
冰在念御朽競懷逮叔世驕荒曾無戒懼肆於民上騁嗜
奔欲不可具載請畧陳之曩者齊陳二國並居大位自謂
與天地合德日月齊明罔念憂虞不恤刑政近臣懷寵稱
善而隱惡史官曲筆掩瑕而錄美是以民庶呼嗟終閉塞
於視聽公卿虛譽日敷陳於左右法網嚴密刑辟日多徭
役煩興老幼疲苦昔鄭有子產齊有晏嬰楚有叔敖晉有
士會凡此小國尚足名臣齊陳之疆豈無良佐但以執政

壅蔽懷私徇軀忘國憂家外同內忌設有正直之士才堪
幹時於己非宜即加擯壓倘遇諂佞之輩行多穢匿於我
有益遂蒙薦舉以此求賢何從而至夫賢材者非尚膂力
豈繫文華唯須正身負戴確乎不動譬棟之處屋如骨之
在身所謂棟梁骨鯁之材也齊陳不任骨鯁信近讒諛天
高聽卑監其淫僻故總收神器歸我大隋向使二國祗敬
上玄惠恤鰥寡委任方直斥遠浮華卑菲爲心惻隱爲務
河朔彊富江湖險隔各保其業民不思亂泰山之固弗可
動也然而寢臥積薪宴安鴆毒遂使禾黍生廟霧露霑衣
弔影撫心何嗟及矣故詩云殷之未喪師克配上帝宜鑒

于殷駿命不易萬機之事何者不須熟慮伏惟皇帝望
雲就日仁孝夙彰錫社分珪大成規矩及總統淮海盛德
日新當璧之符遐邇僉屬讚歷甫爾寬仁已布率土蒼生
翹足而喜并州之亂變起倉卒職由楊諒詭惑詿誤吏民
非有構怨本朝棄德從賊者也而有司將帥稱其願反非
止誣陷良善亦恐大點皇猷足下宿當重寄早預心膂粵
自藩邸柱石見知方當書名竹帛傳芳萬古稷契伊呂彼
獨何人既屬明時須存謇諤立當世之大誡作將來之憲
範豈容曲順人主以愛虧刑又使脅從之徒橫貽罪譴忝
蒙眷遇輒寫微誠野人愚瞽不知忌諱衡得書歎息而不

敢奏聞彥謙知王綱不振遂去官隱居不仕將結構蒙山之下以求其志會置司隸官盛選天下知名之士朝廷以彥謙公方宿著時望所歸徵授司隸刺史彥謙亦慨然有澄清天下之志凡所薦舉皆人倫表式其有彈射當之者曾無怨言司隸別駕劉炫陵上侮下訐以爲直刺史憚之皆爲之拜唯彥謙執志不撓亢禮長揖有識嘉之炫亦不敢爲恨大業九年從駕度遼監扶餘道軍其後隋政漸亂朝廷靡然莫不變節彥謙直道守常介然孤立頗爲執政者之所嫉出爲涇陽令未幾終于官時年六十九彥謙居家每子姪定省常爲講說督勉之亹亹不倦家有舊業資

產素殷又前後居官所得俸祿皆以周恤親友家無餘財車服器用務存素儉自少及長一言一行未嘗涉私雖致屢空怡然自得嘗從容獨笑顧謂其子玄齡曰人皆因祿富我獨以官貧所遺子孫在於清白耳所有文筆恢廓閑雅有古人之深致又善草隸人有得其尺牘者皆寶翫之太原王劭北海高構蓨縣李綱河東柳彧薛孺皆一時知名雅澹之士彥謙並與爲友雖冠蓋成列而門無雜賓體資文雅深達政務有識者咸以遠大許之初開皇中平陳之後天下一統論者咸云將致太平彥謙私謂所親趙郡李少通曰主上性多忌剋不納諫爭太子卑弱諸王擅威在朝唯行苛酷之政未施弘大之體天下雖安方憂危亂少通初謂不然及仁壽大業之際其言皆驗大唐馭宇追贈徐州都督臨淄縣公謚曰定

史臣曰大厦云構非一木之枝帝王之功非一士之畧長短殊用大小異宜榱桷棟梁莫可棄也李諤等或文能遵義或才足幹時識用顯於當年故事留於臺閣參之有隋多士取其開物成務皆廊廟之榱桷亦北辰之衆星也

列傳卷第三十一　隋書六十六

列傳卷第三十二　隋書六十七

特進臣魏　徵　上

虞世基

虞世基字茂世會稽餘姚人也父荔陳太子中庶子世基幼沉靜喜愠不形於色博學有高才兼善草隸陳中書令孔奐見而歎曰南金之貴屬在斯人少傅徐陵聞其名召之世基不往後因公會陵一見而奇之顧謂朝士曰當今潘陸也因以弟女妻焉仕陳釋褐建安王法曹參軍事歷祠部殿中二曹郎太子中舍人遷中庶子散騎常侍尚書左丞陳主嘗於莫府山校獵令世基作講武賦於坐奏之曰夫翫居常者未可論匡濟之功應變通者然後見帝王之畧何則化有文質進讓殊風世或澆淳解張累務雖復順紀合符之后望雲就日之君且修戰於阪泉亦治兵於丹浦是知文德武功蓋因時而並用經邦創制固與俗而推移所以樹鴻名垂大訓拱揖百靈包舉六合其唯聖人乎鶉火之歲皇上御宇之四年也萬物交泰九有乂安俗躋仁壽民資日用然而足食足兵猶載懷於履薄可久可大尚懔乎於御朽至如昆吾遠賮肅昚奇賝史不絕書府無虛月貝冑雍弧之用犀渠闕鞏之殿鑄名劒於尚方積琱戈於武庫熊羆百萬貔豹千群利盡五材威加四海爰

於農隙有事春蒐舍爵策勳觀使臣之以禮沮勸賞罰廼示民以知禁盛矣哉信百王之不易千載之一時也昔上林從幸相如於是頌德長楊校獵子雲退而為賦雖則體物緣情不同年而語矣英聲茂實蓋可得而言焉其辭曰惟則天以稽古統資始於群分曆錄圖而出震樹司牧以為君既濟寬而濟猛亦乃武而乃文北怨勞乎殷後南伐盛於唐勛彼周干與夏戚粤可得而前聞我大陳之創業乃撥亂而為武戡定艱難平壹區宇從喋喋之樂推受蒼蒼而再補故累仁以積德諒重規而襲矩惟皇帝之休烈體徇齊之睿哲敷九疇而咸敘奄四海而有截既搜揚於帝難又文思之安安幽明請吏俊乂在官御璇璣而七政辨朝玉帛而萬國歡昧旦丕顯未明思治道藏往而知來功參天而兩地運聖人之上德盡生民之能事於是禮暢樂和刑清政肅西暨析支東漸蟠木罄圖諜而効祉漏川泉而褆福在靈貺而必臻亦何思而不服雖至治之隆平猶戒國而強兵選羽林於六郡詔蹶張於五營兼折衝而餘勇咸重義而輕生遂乃因農隙以教民在春蒐而習戰命司馬以示法帥掌固而清甸導旬始以前驅伏鉤陳而後殿抗鳥旟於析羽飾魚文於被練爾乃華軒按轡玉虬齊軛屯左矩以啓行擊右鐘而傳響交雲罕之掩映紛劒

騎而來往指攝提於斗極洞閶闔之弘敞跨玄武而東臨款黃山而北上隱圓闕之迢遞届方澤之塏爽于斯時也青春晚候朝陽明岫日月光華煙雲吐秀澄波瀾於江海靜氛埃於宇宙乘輿乃御太一之玉堂授軍令於紫房蘊龍韜之妙筭誓武旅於戎場鋭金顔於庸蜀躪鐵騎於漁陽彀神弩而持滿彏天弧而並張曳虹旗之正正振夔鼓之鏜鏜八陳肅而成列六軍儼以相望拒飛梯於縈帶發樓車於武岡或掉鞅而直指乍交綏而弗傷裁應變而蛇擊俄蹈厲以鷹揚中小枝於戟刃徹蹲札於甲裳聊七縱於孟獲乃兩禽於卞莊始軒軒而鶴舉遂離離以鴈行振

川谷而橫八表蕩海岳而耀三光諒窈冥之不測羌進退而難常亦有投石扛鼎超乘挾輈衝冠聳劒鐵楯銅頭熊渠殪兕武勇操牛雖任鄙與賁育故無得而爲仇九攻既決三略已周鳴鐲振響風卷電收於是勇爵班金奏設登元凱而陪位命方邵而就列三獻式序八音未闋舞干戚而有豫聽鼓鼙而載悅俾挾纊與投醪咸忘軀而殉節方席卷而橫行見王師之有征登燕山而戮封豕臨瀚海而斬長鯨望云亭而載蹕禮升中而告成實皇王之神武信蕩蕩而難名者也陳主嘉之賜馬一匹及陳滅歸國爲通直郎直內史省貧無產業每傭書養親怏怏不平嘗爲五

言詩以見意情理悽切世以爲工作者莫不吟詠未幾拜內史舍人煬帝即位顧遇彌隆祕書監河東柳顧言博學有才罕所推謝至是與世基相見歎曰海內當共推此一人非吾儕所及也俄遷內史侍郎以母憂去職哀毀骨立有詔起令視事拜見之日殆不能起帝令左右扶之哀其羸瘠詔令進肉世基食輒悲哽不能下帝使謂之曰方相委任當爲國惜身前後敦勸者數矣帝重其才親禮逾厚專典機密與納言蘇威左翊衛大將軍宇文述黃門侍郎裴矩御史大夫裴蘊等參掌朝政于時天下多事四方表奏日有百數帝方凝重事不庭決入閤之後始召世基口

授節度世基至省方爲勑書日且百紙無所遺謬其精審如是遼東之役進位金紫光祿大夫後從幸鴈門帝爲突厥所圍戰士多敗世基勸帝重爲賞格親自撫循又下詔停遼東之事帝從之師乃復振及圍解勳格不行又下伐遼之詔由是言其詐衆朝野離心帝幸江都次鞏縣世基以盜賊日盛請發兵屯洛口倉以備不虞帝不從但荅云卿是書生定猶恇怯于時天下大亂世基知帝不可諫止又以高熲張衡等相繼誅戮懼禍及己雖居近侍唯諾取容不敢忤意盜賊日甚郡縣多沒世基知帝惡數聞之後有告敗者乃抑損表狀不以實聞是後外間有變帝弗之

知也嘗遣太僕楊義臣捕盜於河北降賊數十萬列狀上聞帝歎曰我初不聞賊頓如此義臣降賊何多也世基對曰鼠竊雖多未足爲慮義臣剋之擁兵不少久在閫外此最非宜帝曰卿言是也遽追義臣放其兵散又越王侗遣太常丞元善達間行賊中詣江都奏事稱李密有衆百萬圍逼京都賊據洛口倉城内無食若陛下速還烏合必散不然者東都決没因歔欷嗚咽帝爲之改容世基見帝色憂進曰越王年小此輩誑之若如所言善達何緣來至帝乃勃然怒曰善達小人敢廷辱我因使經賊中向東陽催運善達遂爲羣盜所殺此後外人杜口莫敢以賊聞奏世

基貌沉審言多合意是以特見親愛朝臣無與爲比其繼室孫氏性驕淫世基惑之恣其奢靡雕飾器服無復素士之風孫復攜前夫子夏侯儼入世基舍而頑鄙無賴爲其聚斂鬻官賣獄賄賂公行其門如市金寶盈積其弟世南素國士而清貧不立未曾有所贍由是爲論者所譏朝野咸共疾怨宇文化及殺逆也世基乃見害焉長子肅好學多才藝時人稱有家風弱冠早沒肅弟熙大業末爲符璽郎次子柔晦並宣義郎化及將亂之夕宗人虔伋知而告熙曰事勢以然吾將濟卿南度且得免禍同死何益熙謂伋曰棄父背君求生何地感尊之懷自此訣矣及難作兄弟競請先死行刑人於是先世基殺之

裴蘊

裴蘊河東聞喜人也祖之平梁衛將軍父忌陳都官尚書與吳明徹同没于周賜爵江夏郡公在隋十餘年而卒蘊性明辯有吏幹在陳仕歷直閤將軍興寧令蘊以其父在北陰奉表於高祖請爲内應及陳平上悉閱江南衣冠之士次至蘊上以爲夙有向化之心超授儀同左僕射高熲不悟上旨進諫曰裴蘊無功於國寵踰倫輩臣未見其可上又加蘊上儀同熲復進諫上曰可加開府熲乃不敢復言即日拜開府儀同三司禮賜優洽歷洋直棣三州刺史

俱有能名大業初考績連最煬帝聞其善政徵爲太常少卿初高祖不好聲技遣牛弘定樂非正聲清商及九部四儛之色皆罷遣從民至是蘊揣知帝意奏括天下周齊梁陳樂家子弟皆爲樂户其六品已下至于民庶有善音樂及倡優百戲者皆直太常是後異技淫聲咸萃樂府皆置博士弟子遞相教傳增益樂人至三萬餘帝大悅遷民部侍郎于時猶承高祖和平之後禁網踈闊户口多漏或年及成丁猶詐爲小未至於老已免租賦蘊歷爲刺史素知其情因是條奏皆令貌閱若一人不實則官司解職鄉正里長皆遠流配又許民相告若糾得一丁者令被糾之家

代輸賦役是歲大業五年也諸郡計帳進丁二十四萬三千新附口六十四萬一千五百帝臨朝覽狀謂百官曰前代無好人致此罔冒今進民戶口皆從實者全由裴蘊一人用心古語云得賢而治驗之信矣由是漸見親委拜京兆贊治發擿纖毫吏民慴憚未幾擢授御史大夫與裴矩虞世基參掌機密蘊善候伺人主微意若欲罪者則曲法順情鍛成其罪所欲宥者則附從輕典因而釋之是後大小之獄皆以付蘊憲部大理莫敢與奪必稟承進止然後決斷蘊亦機辯所論法理言若懸河或重或輕皆由其口剖析明敏時人不能致詰楊玄感之反也帝遣蘊推其黨

與謂蘊曰玄感一呼而從者十萬益知天下人不欲多多即相聚為盜耳不盡加誅則後無以勸蘊由是乃峻法治之所戮者數萬人皆籍沒其家帝大稱善賜奴婢十五口司隸大夫薛道衡以忤意獲譴蘊知帝惡之乃奏曰道衡負才恃舊有無君之心見詔書每下便腹非私議推惡於國妄造禍端論其罪名似如隱昧源其情意深為悖逆帝曰然我少時與此人相隨行役輕我童稚共高熲賀若弼等外擅威權自知罪當誣罔及我即位懷不自安賴天下無事未得反耳公論其逆妙體本心於是誅道衡又帝問蘇威以討遼之策威不願帝復行且欲令帝知天下多賊乃詭荅曰今者之役不願發兵但詔赦群盜自可得數十萬遣關內奴賊及山東歷山飛張金稱等頭別為一軍出遼西道諸河南賊王薄孟讓等十餘頭並給舟楫浮滄海道必喜於免罪競務立功一歲之間可滅高麗矣帝不懌曰我去尚猶未克鼠竊安能濟乎威出後蘊奏曰此大不遜天下何處有許多賊帝悟曰老革多姦將賊脅我欲搭其口但隱忍之誠極難耐蘊知上意遣張行本奏威罪惡帝付蘊推鞫之乃處其死帝曰未忍便殺遂父子及孫三世並除名蘊又欲重己權勢令虞世基奏罷司隸刺史以下官屬增置御史百餘人於是引致姦黠共為朋黨郡縣

有不附者陰中之于時軍國多務凡是興師動眾京都留守及與諸蕃互市皆令御史監之賓客附隸徧於郡國侵擾百姓帝弗之知也以度遼之役進位銀青光祿大夫及司馬德戡將為亂江陽長張惠紹夜馳告之蘊共惠紹謀欲矯詔發郭下兵民盡取榮公護兒節度收在外逆黨宇文化及等仍發羽林殿腳遣范富婁等入自西苑取梁公蕭鉅及燕王處分扣門援帝謀議已定遣報虞世基世基疑反者不實抑其計須臾難作蘊嘆曰謀及播郎竟誤人事遂見害子愔為尚輦直長亦同日死

裴矩

裴矩字弘大河東聞喜人也祖佗魏都官尚書父訥之齊太子舍人矩襁褓而孤及長好學頗愛文藻有智數世父讓之謂矩曰觀汝神識足成才士欲求宦達當資幹世之務矩始留情世事齊北平王貞爲司州牧辟爲兵曹從事轉高平王文學及齊亡不得調高祖爲定州總管召補記室甚親敬之以母憂去職高祖作相遣使者馳召之參相府記室事及受禪遷給事郎奏舍人事伐陳之役領元帥記室既破丹楊晉王廣令矩與高熲收陳圖籍明年奉詔巡撫嶺南未行而高智慧汪文進等相聚作亂吳越道閉上難遣矩行矩請速進上許之行至南康得兵數千人時

俚帥王仲宣逼廣州遣其所部將周師舉圍東衡州矩與大將軍鹿愿赴之賊立九柵屯大庾嶺共爲聲援矩進擊破之賊懼釋東衡州據原長嶺又擊破之遂斬師舉進軍自南海援廣州仲宣懼而潰散矩所綏集者二十餘州又承制署其渠帥爲刺史縣令及還報上大悅命升殿勞苦之顧謂高熲楊素曰韋洸將二萬兵不能早度嶺朕每患其兵少裴矩以三千敝卒徑至南康有臣若此朕亦何憂以功拜開府賜爵聞喜縣公賚物二千段除民部侍郎尋遷內史侍郎時突厥強盛都藍可汗妻大義公主即宇文氏之女也由是數爲邊患後因公主與從胡私通長孫晟先

發其事矩請出使說都藍顯戮宇文氏上從之竟如其言公主見殺後都藍與突利可汗搆難屢犯亭鄣詔太平公史萬歲爲行軍總管出定襄道以矩爲行軍長史破達頭可汗於塞外萬歲被誅功竟不錄上以啟民可汗初附令矩撫慰之還爲尚書左丞其年文獻皇后崩太常舊無儀注矩與牛弘據齊禮參定之轉吏部侍郎名爲稱職煬帝即位營建東都矩職脩府省九旬而就時西域諸蕃多至張掖與中國交市帝令矩掌其事矩知帝方勤遠略諸商胡至者矩誘令言其國俗山川險易撰西域圖記三卷入朝奏之其序曰臣聞禹定九州導河不踰積石秦兼六國

設防止及臨洮故知西胡雜種僻居遐裔禮教之所不及書典之所罕傳自漢氏興基開拓河右始稱名號者有三十六國其後分立乃五十五王仍置校尉都護以存招撫然叛服不恒屢經征戰後漢之世頻廢此官雖大宛以來畧知戶數而諸國山川未有名目至如姓氏風土服章物產全無纂錄世所弗聞復以春秋遞謝年代久遠兼并誅討互有興亡或地是故邦改從今號或人非舊類因襲昔名兼復部民交錯封疆移改戎狄音殊事難窮驗于闐之北葱嶺以東考于前史三十餘國其後更相屠滅僅有十存自餘淪沒掃地俱盡空有丘墟不可記識皇上膺天育

物無隔華夷率土黔黎莫不慕化風行所及日入以來職貢皆通無遠不至臣既因撫納監知關市尋討書傳訪採胡人或有所疑即譯衆口依其本國服飾儀形王及庶人各顯容止即丹青模寫為西域圖記共成三卷合四十四國仍別造地圖窮其要害從西頃以去北海之南縱橫所亘將二萬里諒由富商大賈周遊經涉故諸國之事罔不徧知復有幽荒遠地卒訪難曉不可憑虛是以致闕而二漢相踵西域為傳戶民數十即稱國王徒有名號乃乖其實今者所編皆餘千戶利盡西海多產珍異其山居之屬非有國名及部落小者多亦不載發自敦煌至于西海凡

為三道各有襟帶北道從伊吾經蒲類海鐵勒部突厥可汗庭度北流河水至拂菻國達于西海其中道從高昌焉耆龜茲疏勒度葱嶺又經鏺汗蘇對沙那國康國曹國何國大小安國穆國至波斯達于西海其南道從鄯善于闐朱俱波喝槃陀度葱嶺又經護密吐火羅挹怛忛延漕國至北婆羅門達于西海其三道諸國亦各自有路南北交通其東女國南婆羅門國等並隨其所往諸處得達故知伊吾高昌鄯善並西域之門戶也總湊敦煌是其咽喉之地以國家威德將士驍雄汎濛汜而揚旌越崐崘而躍馬易如反掌何往不至但突厥吐渾分領羌胡之國為其擁

遏故朝貢不通今並因商人密送誠款引領翹首願為臣妾聖情含養澤及普天服而撫之務存安輯故皇華遣使弗動兵車諸蕃既從渾厥可滅混一戎夏其在茲乎不有所記無以表威化之遠也帝大悅賜物五百段每日引矩至御坐親問西方之事矩盛言胡中多諸寶物吐谷渾易可并吞帝由是甘心將通西域四夷經略咸以委之轉民部侍郎未視事遷黃門侍郎帝復令矩往張掖引致西蕃至者十餘國大業三年帝有事於恒岳咸來助祭帝將巡河右復令矩往敦煌矩遣使說高昌王麴伯雅及伊吾吐屯設等啗以厚利導使入朝及帝西巡次燕支山高昌王

伊吾設等及西蕃胡二十七國謁於道左皆令佩金玉被錦罽焚香奏樂歌儛諠譟復令武威張掖士女盛飾縱觀騎乘填咽周亘數十里以示中國之盛帝見而大悅竟破吐谷渾拓地數千里並遣兵戍之每歲委輸巨億萬計諸蕃懾懼朝貢相續帝謂矩有綏懷之略進位銀青光祿大夫其冬帝至東都矩以蠻夷朝貢者多諷帝令都下大戲徵四方奇技異藝陳於端門街衣錦綺珥金翠者以十數萬又勒百官及民士女列坐棚閣而縱觀焉皆被服鮮麗終月乃罷又令三市店肆皆設帷帳盛列酒食遣掌蕃率蠻夷與民貿易所至之處悉令邀延就坐醉飽而散蠻夷

嗟歎謂中國爲神仙帝稱其至誠顧謂宇文述牛弘曰裴矩大識朕意凡所陳奏皆朕之成算未發之頃矩輒以聞自非奉國用心孰能若是帝遣將軍薛世雄城伊吾令矩共往經略矩諷諭西域諸國曰天子爲蕃人交易懸遠所以城伊吾耳咸以爲然不復來競及還賜錢四十萬矩又白狀令反間射匱潛攻處羅語在突厥傳後處羅爲射匱所迫竟隨使者入朝帝大悅賜矩以貂裘及西域珍器從帝巡于塞北幸啓民帳時高麗遣使先通于突厥啓民不敢隱引之見帝矩因奏狀曰高麗之地本孤竹國也周代以之封于箕子漢世分爲三郡晉氏亦統遼東今乃不臣

別爲外域故先帝疾焉欲征之久矣但以楊諒不肖師出無功當陛下之時安得不事使此冠帶之境仍爲蠻貊之鄉乎今其使者朝於突厥親見啓民合國從化必懼皇靈之遠暢慮後伏之先亡脅令入朝當可致也帝曰如何矩曰請面詔其使放還本國遣語其王令速朝覲不然者當率突厥即日誅之帝納焉高元不用命始建征遼之策王師臨遼以本官領武賁郎將明年復從至遼東兵部侍郎斛斯政亡入高麗帝令矩兼掌兵事以前後度遼之役進位右光祿大夫于時皇綱不振人皆變節左翊衛大將軍宇文述內史侍郎虞世基等用事文武多以賄聞唯矩守

常無贓穢之響以是爲世所稱還至涿郡帝以楊玄感初平令矩安集隴右因之會寧存問曷薩那部落遣闕達度設寇吐谷渾頻有虜獲部落致富還而奏狀帝大賞之後從師至懷遠鎮詔護北蕃軍事矩以始畢可汗部衆漸盛獻策分其勢將以宗女嫁其弟叱吉設拜爲南面可汗叱吉不敢受始畢聞而漸怨矩又言於帝曰突厥本淳易可離間但由其內多有群胡盡皆桀黠教導之耳臣聞史蜀胡悉尤多姦計幸於始畢請誘殺之帝曰善矩因遣人告胡悉曰天子大出珍物今在馬邑欲共蕃內多作交關若前來者即得好物胡悉貪而信之不告始畢率其部落盡

驅六畜星馳爭進冀先互市矩伏兵馬邑下誘而斬之詔報始畢曰史蜀胡悉忽領部落走來至此云背可汗請我容納突厥既是我臣彼有背叛我當共殺今已斬之故令往報始畢亦知其狀由是不朝十一年帝北巡狩始畢率騎數十萬圍帝於鴈門詔令矩與虞世基每宿朝堂以待顧問及圍解從至東都屬射匱可汗遣其猶子率西蕃諸胡朝貢詔矩醼接之尋從幸江都宮時四方盜賊蜂起郡縣上奏者不可勝計矩言之帝怒遣矩詣京師接候蕃客以疾不行及義兵入關帝令虞世基就宅問矩方略矩曰太原有變京畿不靜遙爲處分恐失事機唯願鑾輿早還

方可平定矩復起視事俄而驍果衛大將軍屈突通敗問至矩以聞帝失色矩素勤謹未嘗忤物又見天下方亂恐爲身禍其待遇人多過其所望故雖至厮役皆得其歡心時從駕驍果數有逃散帝憂之以問矩矩荅曰方今車駕留此已經二年驍果之徒盡無家口人無匹合則不能久安臣請聽兵士於此納室帝大喜曰公定多智此奇計也因令矩檢校爲將士等娶妻矩召江都境内寡婦及未嫁女皆集宫監又召將帥及兵等恣其所取因聽自首先有姦通婦女及尼女冠等並即配之由是驍果等悅咸相謂曰裴公之惠也宇文化及之亂矩晨起將朝至坊門遇逆黨

數人控矩馬詣孟景所賊皆曰不關裴黄門既而化及從百餘騎至矩迎拜化及慰諭之令矩參定儀注推秦王子浩爲帝以矩爲侍内隨化及至河北及僭帝位以矩爲尚書右僕射加光禄大夫封蔡國公爲河北道安撫大使及宇文氏敗爲竇建德所獲以矩隋代舊臣遇之甚厚復以爲吏部尚書尋轉尚書右僕射專掌選事建德起自群盜未有節文矩爲制定朝儀旬月之間憲章頗備擬於王者建德大悅每諮訪焉及建德度河討孟海公矩與曹旦等於洛州留守建德敗於武牢羣帥未知所屬曹旦長史李公淹大唐使人魏徵等説旦及齊善行令歸順旦等從之乃令矩與徵公淹領旦及八璽舉山東之地歸于大唐授左庶子轉詹事民部尚書

史臣曰世基初以雅澹著名兼以文華見重亡國羇旅特蒙任遇參機衡之職預帷幄之謀國危未嘗思安君昏不能納諫方更蠹官賣獄黷貨無厭顛隕厥身亦其所也裴蘊素懷姦險巧於附會作威作福唯利是視滅亡之禍其可免乎裴矩學涉經史頗有幹局至於恪勤匪懈夙夜在公求諸古人殆未之有與聞政事多歷歲年雖累危亂之中未虧廉謹之節美矣然承望風旨與時消息使高昌入朝伊吾獻地聚粮且末師出玉門關右騷然頗亦矩之由

也

列傳卷第三十二　隋書六十七

特進臣魏　徵　上

宇文愷

宇文愷字安樂杞國公忻之弟也在周以功臣子年三歲
賜爵雙泉伯七歲進封安平郡公邑二千户愷少有器局
家世武將諸兄並以弓馬自達愷獨好學博覽書記解屬
文多伎藝號爲名父公子初爲千牛累遷御正中大夫儀
同三司高祖爲丞相加上開府中大夫及踐阼誅宇文氏
愷初亦在殺中以其與周本別兄忻有功於國使人馳赦
之僅而得免後拜營宗廟副監太子左庶子廟成別封甑

山縣公邑千户及遷都上以愷有巧思詔領營新都副監
高熲雖總大綱凡所規畫皆出於愷後決渭水達河以通
運漕詔愷總督其事後拜萊州刺史甚有能名兄忻被誅
除名於家久不得調會朝廷以魯班故道久絕不行令愷
修復之既而上建仁壽宮訪可任者右僕射楊素言愷有
巧思上然之於是檢校將作大匠歲餘拜仁壽宮監授儀
同三司尋爲將作少監文獻皇后崩愷與楊素營山陵事
上善之復爵安平郡公邑千户煬帝即位遷都洛陽以愷
爲營東都副監尋遷將作大匠愷揣帝心在宏侈於是東
京制度窮極壯麗帝大悅之進位開府拜工部尚書及長

城之役詔愷規度之時帝北巡欲誇戎狄令愷爲大帳其
下坐數千人帝大悅賜物千段又造觀風行殿上容侍衛
者數百人離合爲之下施輪軸推移倏忽有若神功戎狄
見之莫不驚駭帝彌悅焉前後賞賚不可勝紀自永嘉之
亂明堂廢絕隋有天下將復古制議者紛然皆不能決博
考群籍奏明堂議表曰臣聞在天成象房心爲布政之宮
在地成形景午居正陽之位觀雲告月順生殺之序五室
九宮統人神之際金口木舌發令兆民玉瓚黃琮式嚴宗
祀何嘗不矜莊扆宁盡妙思於規摹凝睟冕旒致子來於
矩矱伏惟皇帝陛下提衡握契御辯乘乾咸五登三復上

皇之化流凶去暴丕下武之緒用百姓之異心驅一代以
同域康哉康哉民無能而名矣故使天符地寶吐醴飛甘
造物資生澄源反朴九圍清謐四表削平襲我衣冠齊其
文軌茫茫上玄陳珪璧之敬肅肅清廟感霜露之誠正金
奏九韶六莖之樂定石渠五官三雍之禮乃卜瀍西爰謀
洛食辨方面勢仰禀神謀敷土濬川爲民立極兼聿遵先
言表置明堂爰詔下臣占星揆日於是採崧山之祕簡披
汶水之靈圖訪通議於殘亡購冬官於散逸總集衆論勒
成一家昔張衡渾象以三分爲一度裴秀輿地以二寸爲
千里臣之此圖用一分爲一尺推而演之冀輪奐有序而

經構之旨議者殊途或以綺井爲重屋或以圓楣爲隆棟各以臆說事不經見今錄其疑難爲之通釋皆出證據以相發明議曰臣愷謹案淮南子曰昔者神農之治天下也甘雨以時五穀蕃植春生夏長秋收冬藏月省時考終歲獻貢以時嘗穀祀于明堂明堂之制有蓋而無四方風雨不能襲燥濕不能傷遷延而入之臣愷以爲上古朴略創立典刑尚書帝命驗曰帝者承天立五府以尊天重象赤曰文祖黃曰神斗白曰顯紀黑曰玄矩蒼曰靈府注云唐虞之天府夏之世室殷之重屋周之明堂皆同矣尸子曰有虞氏曰總章周官考工記曰夏后氏世室堂脩二七博

四脩一注云脩南北之深也夏度以步今堂脩十四步其博益以四分脩之一則明堂博十七步半也臣愷按三王之世夏最爲古從質尚文理應漸就寬大何因夏室乃大殷堂相形爲論理恐不爾記云堂脩七博四脩若夏度以步則應脩七步注云今堂脩十四步乃是增益記文殷周二堂獨無加字便是其義類例不同山東禮本輒加二七之字何得殷無加尋之文周闕增筵之義研覈其趣或是不然讎校古書並無二字此乃桑間俗儒信情加減黃圖議云夏后氏益其堂之大一百四十四尺周人明堂以爲兩杼間馬宮之言止論堂之一面據此爲準則三代堂基

並方得爲上圓之制諸書所說並云下方鄭注周官獨爲此義非直與古違異亦乃乖背禮文尋文求理深恐未愜尸子曰殷人陽館考工記曰殷人重屋堂脩七尋堂崇三尺四阿重屋注云其脩七尋五丈六尺放夏周則其博九尋七丈二尺又曰周人明堂度九尺之筵東西九筵南北七筵堂崇一筵五室凡二筵禮記明堂位曰天子之廟複廟重檐鄭注云複廟重屋也注玉藻云天子廟及露寢皆如明堂制禮圖云於內室之上起通天之觀觀八十一尺得宮之數其聲濁君之象也大戴禮曰明堂者古有之凡九室一室有四戶八牖以茅蓋上圓下方外水曰辟雝赤

綴戶白綴牖堂高三尺東西九仞南北七筵其宮方三百步凡人民疾六畜疫五穀災生於天道不順天道不順生於明堂不飾故有天災則飾明堂周書明堂曰堂方百一十二尺高四尺階博六尺三寸室居內方百尺室內方六十尺戶高八尺博四尺作洛曰明堂太廟露寢咸有四阿重亢重廊孔氏注云重亢累棟重廊累屋也禮圖曰秦明堂九室十二階各有所居呂氏春秋曰有十二堂與月令同並不論尺丈臣愷案十二階雖不與禮合一月一階非無理思黃圖曰堂方百四十四尺法坤之策也方象地屋圓楣徑二百一十六尺法乾之策也圓象天室九宮法九州

太室方六丈法陰之變數十二堂法十二月三十六户法極陰之變數七十二牖法五行所行日數八達象八風法八卦通天臺徑九尺法乾以九覆六高八十一尺法黄鍾九九之數二十八柱象二十八宿堂高三尺土階三等法三統堂四向五色法四時五行殿門去殿七十二步法五行所行門堂長四丈取太室三之二垣高無蔽目之照牖六尺其外倍之殿垣方在水内法地陰也水四周於外象四海圓法陽也水闊二十四丈象二十四氣水内徑三丈應覲禮經武帝元封二年立明堂汶上無室其外略依此制泰山通議今亡不可得而辨也元始四年八月起明堂

辟雍長安城南門制度如儀一殿垣四面門八觀水外周堤壤高四尺和會築作三旬五年正月六日辛未始郊大祖高皇帝以配天二十二日丁亥宗祀孝文皇帝於明堂以配上帝及先賢百辟卿士有益者於是秩而祭之親扶三老五更袒而割牲跪而進之因班時令宣恩澤諸侯王宗室四夷君長匈奴西國侍子悉奉貢助祭禮圖曰建武三十年作明堂明堂上圓下方上圓法天下方法地十二堂法日辰九室法九州室八牕八九七十二法一時之王室有二户二九十八户法土王十八日内堂正壇高三尺土階三等胡伯始注漢官云古清廟蓋以茅今蓋以瓦瓦

下藉茅以存古制東京賦曰乃營三宫布政頒常複廟重屋八達九房造舟清池惟水泱泱薛綜注云複重廇覆謂屋平覆重棟也續漢書祭祀志云明帝永平二年祀五帝於明堂五帝坐各處其方黄帝在未皆如南郊之位光武位在青帝之南少退西面各一犢奏樂如南郊臣愷按詩云我將祀文王於明堂我將我享維牛維羊據此則備太牢之祭今云一犢恐與古殊自晉以前未有鴟尾其圓牆壁水一依本圖晉起居注裴頠議曰尊祖配天其義明著廟宇之制理據未分直可爲一殿以崇嚴祀其餘雜碎一皆除之臣愷案天垂象聖人則之辟雍之星既有圖狀晉

堂方構不合天文既闕重樓又無辟水空堂乖五室之義直殿違九階之文非古欺天一何過甚後魏於北臺城南造圓牆在壁水外門在水内迥立不與牆相連其堂上九室三三相重不依古制室間通巷違舛處多其室皆用墼累極成褊陋後魏樂志曰孝昌二年立明堂議者或言九室或言五室詔斷從五室後元乂執政復改爲九室遭亂不成宋起居注曰孝武帝大明五年立明堂其牆宇規範擬則太廟唯十二間以應朞數依漢汶上圖儀設五帝位太祖文皇帝對饗鼎俎簠簋一依廟禮梁武即位之後移宋時太極殿以爲明堂無室十二間禮疑議云祭用純漆

俎彘樽文於郊質於廟止一獻用清酒平陳之後臣得目
觀遂量步數記其尺丈猶見基內有焚燒殘柱毀斫之餘
入地一丈儼然如舊柱下以樟木爲跗長丈餘闊四尺許
兩兩相並彘安數重宮城處所乃在郭內雖湫隘卑陋未
合規摹祖宗之靈得崇嚴祀周齊二代闕而不修大饗之
典於焉靡託自古明堂圖惟有二本一是宗周劉熙阮諶
劉昌宗等作三圖略同一是後漢建武三十年作禮圖有
本不詳撰人臣遠尋經傳傍求子史研究衆說總撰今圖
其樣以木爲之下爲方堂堂有五室上爲圓觀觀有四門
帝可其奏會遼東之役事不果行以度遼之功進位金紫

光祿大夫其年卒官時年五十八帝甚惜之謚曰康撰東
都圖記二十卷明堂圖議二卷釋疑一卷見行於世子儒
童游騎尉少子溫起部承務郎

閻毗

閻毗榆林盛樂人也祖進魏本郡太守父慶周上柱國寧
州總管毗七歲襲爵石保縣公邑千戶及長儀貌矜嚴頗
好經史受漢書於蕭該略通大旨能篆書工草隸尤善畫
爲當時之妙周武帝見而悅之命尚清都公主宣帝即位
拜儀同三司授千牛左右高祖受禪以技藝侍東宮數以
雕麗之物取悅於皇太子由是甚見親待每稱之於上尋

拜車騎宿衛東宮上嘗遣高熲大閱於龍臺澤諸軍部伍
多不齊整唯毗一軍法制肅然熲言之於上特蒙賜帛俄
兼太子宗衛率長史尋加上儀同太子服翫之物多毗所
爲及太子廢毗坐杖一百與妻子俱配爲官奴婢後二歲
放免爲民煬帝嗣位盛修軍器以毗性巧諳練舊事詔典
其職尋授朝請郎毗立議輦輅車輿多所增損語在輿服
志擢拜起部郎帝嘗大備法駕嫌屬車太多顧謂毗曰開
皇之日屬車十有二乘於事亦得今八十一乘以牛駕車
不足以益文物朕欲減之從何爲可毗對曰臣初定數共
宇文愷參詳故實據漢胡伯始蔡邕等議屬車八十一乘

此起於秦遂爲後式故張衡賦云屬車九九是也次及法
駕三分減一爲三十六乘此漢制也又據宋孝建時有司
奏議晉遷江左惟設五乘尚書令建平王宏曰八十一乘
議兼九國三十六乘無所準憑江左五乘儉不中禮但帝
王文物旂旒之數爰及冕玉皆同十二今宜準此設十二
乘開皇平陳因以爲法今憲章往古大駕依秦法駕依漢
小駕依宋以爲差等帝曰何用秦法乎大駕宜三十六法
駕宜用十二小駕除之毗研精故事皆此類也長城之役
毗總其事及帝有事恒岳詔毗營立壇場尋轉殿內丞從
幸張掖郡高昌王朝于行所詔毗持節迎勞遂將護入東

都尋以母憂去職未㠶起令視事將興遼東之役自洛口
開渠達於涿郡以通運漕𣆶督其役明年兼領右翊衛長
史營建臨朔宮及征遼東以本官領武賁郎將典宿衛時
衆軍圍遼東城帝令𣆶詣城下宣諭賊弓弩亂發所乗馬
中流矢𣆶顔色不變辭氣抑揚卒事而去尋拜朝請大夫
遷殿内少監又領將作少監事後復從帝征遼東會楊玄
感作逆帝班師兵部侍郎斛斯政奔遼東帝令𣆶率騎二
千追之不及政據高麗栢崖城𣆶攻之二日有詔徵還從
至高陽暴卒時年五十帝甚悼惜之贈殿内監

何稠

何稠字桂林國子祭酒妥之兄子也父通善斵玉稠性絶
巧有智思用意精微年十餘歲遇江陵陷隨妥入長安仕
周御飾下士及高祖爲丞相召補參軍兼掌細作署開皇
初授都督累遷御府監歷太府丞稠博覽古圖多識舊物
波斯嘗獻金緜錦袍組織殊麗上命稠爲之稠錦既成踰
所獻者上甚悅時中國久絶琉璃之作匠人無敢厝意稠
以緑瓷爲之與眞不異尋加員外散騎侍郎開皇末桂州
俚李光仕聚衆爲亂詔稠召募討之師次衡嶺遣使者諭
其渠帥洞主莫崇解兵降款桂州長史王文同鏁崇以詣
稠所稠詐宣言曰州縣不能綏養致邊民擾叛非崇之罪

也乃命釋之引崇共坐并從者四人爲設酒食而遣之崇
大悅歸洞不設備稠至五更掩入其洞悉發俚兵以臨餘
賊象州逆帥杜條遼羅州逆帥龐靖等相繼降款分遣建
州開府梁昵討叛夷羅壽羅州刺史馮暄討賊帥李大檀
並平之傳首軍門承制署首領爲州縣官而還衆皆悅服
有欽州刺史甯猛力帥衆迎軍初猛力倔強山洞欲圖爲
逆至是惶懼請身入朝稠以其疾篤因示無猜貳遂放還
州與之約曰八九月間可詣京師相見稠還奏狀上意不
懌其年十月猛力卒上謂稠曰汝前不將猛力來今竟死
矣稠曰猛力共臣爲約假令身死當遣子入侍越人性直

其子必來初猛力臨終誡其子長眞曰我與大使爲約不
可失信於國士汝葬我訖即宜上路長眞如言入朝上大
悅曰何稠著信蠻夷乃至於此以勲授開府仁壽初文獻
皇后崩與宇文愷參典山陵制度稠性少言善候上旨由
是漸見親昵及上疾篤謂稠曰汝既曾葬皇后今我方死
宜好安置屬此何益但不能忘懷耳魂其有知當相見於
地下上因攬太子頸謂曰何稠用心我付以後事動靜當
共平章大業初煬帝將幸楊州謂稠曰今天下大定朕承
洪業服章文物闕畧猶多卿可討閱圖籍營造輿服羽儀
送至江都也其日拜太府少卿稠於是營黄麾三萬六千

人仗及車輿輦輅皇后鹵簿百官儀服依期而就送于江都所役工十萬餘人用金銀錢物鉅億計帝使兵部侍郎明雅選部郎薛邁等勾覈之數年方竟毫氂無舛稠參會今古多所改創魏晉以來皮弁有纓而無笄導稠曰此古田獵之服也今服以入朝宜變其制故弁施象牙簪導自稠始也又從省之服初無佩綬稠曰此乃晦朔小朝之服安有人臣謁帝而去印綬兼無佩玉之節乎乃加獸頭小綬及佩一隻舊制五輅於轅上起箱天子與參乘同在箱內稠曰君臣同所過為相逼乃廣為盤輿別構欄楯侍臣立於其中於內復起須彌平坐天子獨居其上自餘麾幢

文物增損極多事見威儀志帝復令稠造戎車萬乘鈎陳八百連帝善之以稠守太府卿後三歲兼領少府監遼東之役攝右屯衛將軍領御營弩手三萬人時工部尚書宇文愷造遼水橋不成師不得濟右屯衛大將軍麥鐵杖因而遇害帝遣稠造橋二日而就初稠製行殿及六合城至是帝於遼左與賊相對夜中施之其城周迴八里城及女垣合高十仞上布甲士立仗建旗四隅置闕面別一觀觀下三門遲明而畢高麗望見謂若神功是歲加金紫光祿大夫明年攝左屯衛將軍從至遼左十二年加右光祿大夫從幸江都遇宇文化及作亂以為工部尚書化及敗陷

于竇建德建德復以為工部尚書舒國公建德敗歸于大唐授將作少匠卒開皇時有劉龍者河間人也性強明有巧思齊後主知之令修三爵臺甚稱旨因而歷職通顯及高祖踐阼大見親委拜右衛將軍兼將作大匠遷都之始與高熲參掌制度代號為能大業時有黃亘者不知何許人也及其弟衮俱巧思絕人煬帝每令其兄弟直少府將作于時改創多務亘衮每參典其事凡有所為何稠先令亘衮立樣當時工人皆稱其善莫能有所損益亘官至朝散大夫衮官至散騎侍郎

史臣曰宇文愷學藝兼該思理通贍規矩之妙參蹤班爾

當時制度咸取則焉其起仁壽宮營建洛邑要求時幸窮侈極麗使文皇失德煬帝亡身危亂之源抑亦此之由至於考覽書傳定明堂圖雖意過其通有足觀者何稠巧思過人頗習舊事稽前王之采章成二代之文物雖失之於華盛亦有可傳於後焉

列傳卷第三十三　　隋書六十八

特進臣魏　徵　上

王劭

王劭字君懋太原晉陽人也父松年齊通直散騎侍郎劭
少沈嘿好讀書弱冠齊尚書僕射魏收辟參開府軍事累
遷太子舍人待詔文林館時祖孝徵魏收陽休之等嘗論
古事有所遺忘討閱不能得因呼劭問之劭具論所出取
書驗之一無舛誤自是大爲時人所許稱其博物後遷中
書舍人齊滅入周不得調高祖受禪授著作佐郎以母憂
去職在家著齊書時制禁私撰史爲內史侍郎李元操所
奏上怒遣使收其書覽而悅之於是起爲員外散騎侍郎
修起居注劭以古有鑽燧改火之義近代廢絕於是上表
請變火曰臣謹案周官四時變火以救時疾明火不數變
時疾必興聖人作法豈徒然也在晉時有以洛陽火度江
者代代事之相續不滅火色變青昔師曠食飯云是勞薪
所爨晉平公使視之果然車輞今溫酒及炙肉用石炭柴
火竹火草火麻荄火氣味各不同以此推之新火舊火理
應有異伏願遠遵先聖於五時取五木以變火用功甚少
救益方大縱使百姓習久未能頓同尚食內厨及東宮諸
主食厨不可不依古法上從之劭又言上有龍顏戴干之

表指示群臣上大悅賜物數百段拜著作郎劭上表言符
命曰昔周保定二年歲在壬午五月五日青州黃河變清
十里鏡徹齊氏以爲己瑞改元曰河清是月至尊以大興
公始作隋州刺史歷年二十隋果大興臣謹案易坤靈圖
曰聖人受命瑞先見於河河者最濁未能清也竊以靈貺
休祥理無虛發河清啓聖實屬大隋午爲鶉火以明火德
仲夏火王亦明火德月五日五合天數地數既得受命之
辰允當先見之兆開皇初邵州人楊令悊近河得青石圖
一紫石圖一皆隱起成文有至尊名下云八方天心永州
又得石圖剖爲兩段有楊樹之形黃根紫葉汝水得神龜
腹下有文曰天下楊興安邑掘地得古鐵版文曰皇始天
年賚楊鐵券王興同州得石龜文曰天子延千年大吉臣
以前之三石不異龍圖何以用石石體久固義與上名符
合龜腹七字何以著龜龜亦久固兼是神靈之物孔子歎
河不出圖洛不出書今於大隋聖世圖書屢出建德六年
亳州大周村有龍鬭白者勝黑者死大象元年夏滎陽汴
水北有龍鬭初見白氣屬天自東方歷陽武而來及至白
龍也長十許丈有黑龍乘雲而至兩相薄乍合乍離自午
至申白龍升天黑龍墜地謹案龍君象也前鬭於亳州周
村者蓋象至尊以龍鬭之歲爲亳州總管遂代周有天下

後鬭於滎陽者滎字三火明火德之盛也白龍從東方來歷陽武者蓋象至尊將登帝位從東第入自崇陽門也西北升天者當乾位天門坤靈圖曰聖人殺龍龍不可得而殺皆盛氣也又曰泰姓商名宮黃色長八尺六十世河龍以正月辰見白龍與五黑龍鬭白龍陵故泰人有命謹案此言皆爲大隋而發也聖人殺龍者前後龍死是也姓商者皇家於五姓爲商也名宮者武元皇帝諱於五聲爲宮黃色者隋色尚黃長八尺者武元皇帝身長八尺河龍以正月辰見者泰正月卦龍見之所於京師爲辰地白龍與黑龍鬭者亳州滎陽龍鬭是也勝龍所以白者楊姓納音

爲商至尊又辛酉歲生位皆在西方西方色白也死龍所以黑者周色黑所以稱五者周閔明武宣靖凡五帝趙陳代越當五王一時伏法亦當五數白龍陵者陵猶勝也鄭玄説陵當爲除九鬭能去敵曰除臣以泰人有命者泰之爲言通也大也明其人道通德大有天命也乾鑿度曰泰表戴干鄭玄注云表者人形體之彰識也干楯也泰人之表戴干臣伏見至尊有戴干之表益知泰人之表不爽毫釐坤靈圖所云字字皆驗緯書又稱漢四百年終如其言則知六十世亦必然矣昔宗周卜世三十今則倍之稽覽圖云太平時陰陽和合風雨咸同海內不偏地有阻險故

風有遲疾雖太平之政猶有不能均同唯平均乃不鳴條故欲風於亳亳者陳留也謹案此言蓋明至尊者爲陳留公世子亳州總管遂受天命海內均同不偏不黨以成太平之風化也在大統十六年武元皇帝改封陳留公是時齊國有祕記云天王陳留入并州齊王高洋爲是誅陳留王彭樂其後武元皇帝果將兵入并州周武帝時望氣者云亳州有天子氣於是殺亳州刺史紇豆陵恭至尊代爲之又陳留老子祠有枯柏世傳云老子將度世云待枯柏生東南枝迴指當有聖人出吾道復行至齊枯柏從下生枝東南上指夜有三童子相與歌曰老子廟前古枯樹東

南狀如繖聖主從此去及至尊牧亳州親至祠樹之下自是柏枝迴抱其枯枝漸指西北道教果行校考衆事太平主出於亳州陳留之地皆如所言稽覽圖又云治道得則陰物變爲陽物鄭玄注云葱變爲韭亦是謹案自六年以來遠近山石多變爲玉石爲陰玉爲陽又左衞園中葱皆變爲韭上覽之大悅賜物五百段未幾劭復上書曰易乾鑿度曰隨上六拘係之乃從維之王用亨于西山隨者二月卦陽德施行藩決難解萬物隨陽而出故上六欲九五拘係之維持之明被陽化而陰隨從之也易稽覽圖坤六月有子女任政一年傳爲復五月貧之從東北來立大起

土邑西北地動星墜陽衛屯十一月神人從中山出趙地
動北方三十日千里馬數至謹案凡此易緯所言皆是大
隋符命隨者二月之卦明大隋以二月即皇帝位也陽德
施行者明楊氏之德教施行於天下也蕃決難解者明當
時藩鄣皆是通決險難皆解散也萬物隨陽而出者明天
地間萬物盡隨楊氏而出見也上六欲九五拘係之者五
爲王六爲宗廟明宗廟神靈欲令登九五之位帝王拘民
以禮係民以義也拘民以禮係民以義此二句亦是乾鑿
度之言維持之者明能以綱維持正天下也被陽化而欲
陰隨之者明陰類被服楊氏之風化莫不隨從陰謂臣下

也王用享于西山者蓋明至尊常以歲二月幸西山仁壽
宮也凡四稱隨三稱陽欲美隋楊丁寧之至也坤六月者
坤位在未六月建未言至尊以六月生也有子女任政者
言樂平公主是皇帝子女而爲周后任理內政也一年傳
爲復者復是坤之一世卦陽氣初起言周宣帝崩後一年
傳位與楊氏也五月貧之從東北來立者貧之當爲真人
字之誤也言周宣帝以五月崩真人革命當在此時至尊
謙讓而逆天意故踰年乃立昔爲定州總管在京師東北
本而言之故曰真人從東北來立大起土邑者大起即大
興言營大興城邑也西北地動星墜者蓋天意去周授隋

故變動也陽衛者言楊氏得天衛助也十一月神人從中
山出者此卦動而大亨作故至尊以十一月被授亳州總
管將從中山而出也趙地動者中山爲趙地以神人將去
故變動也北方三十日者蓋至尊從北方將往亳州之時
停留三十日也千里馬者蓋至尊舊所乘騧騮馬也屯卦
震下坎上震於馬作足坎於馬爲美脊是故騧騮馬脊有
肉鞍行則先作弄四足也數至者言曆數至也河圖帝通
紀曰形瑞出變矩衡赤應隨協靈皇河圖皇參持曰皇辟
出承元訖道無爲治率被遂矩戲作術開皇色握神日投
輔提象不絕立皇後翼不格道終始德優劣帝任政河曲

出叶輔嬉爛可述謹案凡此河圖所言亦是大隋符命形
瑞出變矩衡者矩法也衡北斗星名所謂璿璣玉衡者也
大隋受命形兆之瑞始出天象則爲之變動北斗主天之
法度故曰矩衡易緯伏戲矩衡神鄭玄注亦以爲法玉衡
之神與此河圖矩衡義同赤應隋者言赤帝降精感應而
生隋也故隋以火德爲赤帝天子叶靈皇者叶合也言大
隋德合上靈天皇大帝也又年號開皇與靈寶經之開皇
年相合故曰叶靈皇皇辟出者皇大也辟君也大君出蓋
謂至尊受命出爲天子也承元訖者言承周天元終訖之
運也道無爲治率者治下脫一字言大道無爲治定天下

蟲從被遂矩戲作術者矩法也昔遂皇握機矩伏戲作八
卦之術言大隋被服三皇之法術也遂皇機矩語見易緯
開皇色者言開皇年易服色也握神日者握持群神明照
如日也又開皇以來日漸長亦其義投輔提者言投授政
事於輔佐使之提挈也象不絕者法象不廢絕也立皇後
翼不格者格至也言本立太子以爲皇家後嗣而其輔翼
之人不能至於善也道終始德優劣者言前東宮道終而
德劣今皇太子道始而德優也帝任政河曲出者言皇帝
親任政事而邵州河濱得石圖也叶輔嬉爛可述者叶合
也嬉興也言群臣合心輔佐以興政治爛然可紀述也所

以於皇系持帝通紀二篇陳大隋符命者明皇道帝德盡
在隋也上大悅以劭爲至誠寵錫日隆時有人於黃鳳泉
浴得二白石頗有文理遂附致其文以爲字復言有諸物
象而上奏曰其大玉有日月星辰八卦五岳及二麟雙鳳
青龍朱雀騶虞玄武各當其方位又有五行十日十二辰
之名凡二十七字又有天門地戶人門鬼門閉九字又有
却非及二鳥其鳥皆人面則抱朴子所謂千秋萬歲也其
小玉亦有五嶽却非虯犀之象二玉俱有仙人玉女乘雲
控鶴之象別有異狀諸神不可盡識蓋是風伯雨師山精
海若之類又有天皇大帝皇帝及四帝坐鉤陳北斗三公

天將軍土司空老人天倉南河北河五星二十八宿凡四
十五宮諸字本無行伍然往往偶對於大玉則有皇帝姓
名並臨南面與日字正鼎足復有老人星蓋明南面象日
而長壽也皇后二字在西上有月形蓋明象月也於次玉
則皇帝名與九千字次比兩楊字與萬年字次比隋與吉
字正並蓋明長久吉慶也劭復迴互其字作詩二百八十
篇奏之上以爲誠賜帛千匹劭於是採民間歌謠引圖書
讖緯依約符命捃摭佛經撰爲皇隋靈感誌合三十卷
奏之上令宣示天下劭集諸州朝集使洗手焚香閉目而
讀之曲折其聲有如歌詠經涉旬朔徧而後罷上益喜賞

賜優洽仁壽中文獻皇后崩劭復上言曰佛說人應生天
上及上品上生無量壽國之時天佛放大光明以香花妓
樂來迎之如來以明星出時入涅槃伏惟大行皇后聖德
仁慈福善禎符備諸秘記皆云是妙善菩薩臣謹案八月
二十二日仁壽宮內再雨金銀之花二十三日大寶殿後
夜有神光二十四日卯時永安宮北有自然種種音樂震
滿虛空至夜五更中奄然如寐便即升遐與經文所說事
皆符驗臣又以愚意思之皇后遷化不在仁壽大興宮者蓋
避至尊常居正處也在永安宮者象京師之永安門平生
所出入也后升遐後二日苑內夜有鍾聲三百餘處此則

生天之應顯然也上覽而且悲且喜時蜀王秀以罪廢上顧謂劭曰嗟乎吾有五子三子不才劭進曰自古聖帝明王皆不能移不肖之子黃帝有二十五子同姓者二餘各異德堯十子舜九子皆不肖夏有五觀周有三監上然其言其後上夢欲上高山而不能得崔彭捧脚李盛扶肘得上因謂彭曰死生當與爾俱劭曰此夢大吉上高山者明高崇大安永如山也彭猶彭祖李猶李老二人扶侍實爲長壽之徵上聞之喜見容色其年上崩未幾崔彭亦卒煬帝嗣位漢王諒作亂帝不忍加誅劭上書曰臣聞黃帝滅炎蓋云母弟周公誅管信亦天倫叔向戮叔魚仲尼謂之遺直石碏殺石厚丘明以爲大義此皆經籍明文帝王常法今陛下置此逆賊度越前聖含弘寬大未有以謝天下謹案賊諒毒被生民者也是知古者同德則同姓異德則異姓故黃帝有二十五子其得姓者十有四人唯青陽夷鼓與黃帝同爲姬姓諒既自絕請改其氏劭以此求媚帝依違不從遷祕書少監數載卒官劭在著作將二十年專典國史撰隋書八十卷多錄口勑又採迂怪不經之語及委巷之言以類相從爲其題目辭義繁雜無足稱者遂使隋代文武名臣列將善惡之迹堙沒無聞初撰齊誌爲編年體二十卷復爲齊書紀傳一百卷及平賊記三卷或文詞

鄙野或不軌不物駭人視聽大爲有識所嗤鄙然其採擿經史謬誤爲讀書記三十卷時人服其精博爰自志學暨乎暮齒篤好經史遺落世事用思既專性頗恍忽每至對食閉目凝思盤中之肉輒爲僕從所噉劭弗之覺唯責肉少數罰廚人廚人以情白劭劭依前閉目伺而獲之廚人方免笞辱其專固如此

袁充

袁充字德符本陳郡陽夏人也其後寓居丹楊祖昂父君正俱爲梁侍中充少警悟年十餘歲其父黨至門時冬初充尚衣葛衫客戲充曰袁郎子絺兮綌兮凄其以風充應聲荅曰唯絺與綌服之無斁以是大見嗟賞仕陳年十七爲秘書郎歷太子舍人晉安王文學吏部侍郎散騎常侍及陳滅歸國歷蒙鄜二州司馬充性好道術頗解占候由是領太史令時上將廢皇太子正窮治東宮官屬充見上雅信符應因希旨進曰比觀玄象皇太子當廢上然之充復表奏隋興已後日景漸長曰開皇元年冬至日影一丈二尺七寸二分自爾漸短至十七年冬至影一丈二尺六寸三分四年冬至在洛陽測影一丈二尺八寸八分二年夏至影一尺四寸八分自爾漸短至十六年夏至影一尺四寸五分周官以土圭之法正日至之影尺有五寸鄭玄

云冬至之影一丈三尺今十六年夏至之影短於舊影五
分十七年冬至之影短於舊影三寸七分日去極近則影短而
日長去極遠則影長而日短行內道則去極近外道則去
極遠堯典云日短星昴以正仲冬據昴星昏中則知堯時
仲冬日在須女十度以歷數推之開皇已來冬至日在斗
十一度與唐堯之代去極並近謹案春秋元命包云日月
出內道璇璣得常天帝崇靈聖王祖功京房別對曰太平
日行上道升平行次道霸世行下道伏惟大隋啓運上感
乾元影短日長振古未之有也上大悅告天下將作役功
因加程課丁匠苦之仁壽初充言上本命與陰陽律呂合

者六十餘條而奏之因上表曰皇帝載誕之初非止神光
瑞氣嘉祥應感至於本命行年生月生日並與天地日月
陰陽律呂運轉相符表裏合會此誕聖之異寶曆之元今
與物更新改年仁壽歲月日子還共誕聖之時並同明合
天地之心得仁壽之理故知洪基長祚永永無窮上大悅
賞賜優崇儕輩莫之比仁壽四年甲子歲煬帝初即位充
及太史丞高智寶奏言去歲冬至日景逾長今歲皇帝即
位與堯受命年合昔唐堯受命四十九年到上元第一紀
甲子天正十一月庚戌冬至陛下即位其年即當上元第
一紀甲子天正十一月庚戌冬至正與唐堯同自放勳以

來凡經八上元其間緜代未有仁壽甲子之合謹案第一
紀甲子太一在一宮天目居武德陰陽曆數並得符同唐
堯景辰生景子年受命止命三五未若已丑甲子支干並
當六合允一元三統之期合五紀九章之會共帝堯同其
數與皇唐比其蹤信所謂皇哉唐哉唐哉皇哉者矣仍諷
齊王暕率百官拜表奉賀其後熒惑守太微者數旬于時
繕治宮室征役繁重充上表稱陛下修德熒惑退舍百官
畢賀帝大喜前後賞賜將萬計時軍國多務充候帝意欲
有所為便奏稱天文見象須有改作以是取媚於上大業
六年遷內史舍人從征遼東拜朝請大夫祕書少監其後

天下亂帝初罹鴈門之厄又盜賊益起帝心不自安充復
假託天文上表陳嘉瑞以媚於上曰臣聞皇天輔德皇天
福謙七政斯齊三辰告應伏惟陛下握錄圖而馭黔首提
萬善而化八紘以百姓為心匪以一人受慶先天罔違所
欲後天必奉其時是以初膺寶曆正當上元之紀乾之初
九又與天命符會斯則聖人冥契故能動合天經謹按去
年已來玄象星瑞毫釐無爽謹錄尤異上天降祥破突厥
等狀七事其一去八月二十八日夜大流星如斗出王良
北正落突厥營聲如崩牆其二八月二十九日夜復有大
流星如斗出羽林向北流正當北方依占頻二夜流星墜

賊所賊必敗散其三九月四日夜頻有兩星大如斗出北斗魁向東北流依占北斗主殺伐賊必敗其四歲星主福德頻行京都二處分野依占國家之福其五七月內熒惑守羽林九月七日已退舍依占不出三日賊必敗散其六去年十一月二十日夜有流星赤如火從東北向西南落賊帥盧明月營破其檀車其七十二月十五日夜通漢鎮北有赤氣亘北方突厥將亡之應也依勘城錄河南洛陽並當甲子與乾元初九爻及上元甲子符合此是福地永無所慮旋觀往政側聞前古彼則異時間出今則一朝總萃豈非天贊有道助殲兇孽方清九㝢東檝沉五狄於北溟

告成岱岳無為汾水書奏帝大悅超拜秘書令親待逾昵帝每欲征討充皆預知之乃假託星象獎成帝意在位者皆切患之宇文化及殺逆之際并誅充時年七十五

史臣曰王劭爰自幼童迄乎白首好學不倦究極羣書搢紳洽聞之士無不推其博物雅好著述久在史官既撰齊書兼修隋典好詭怪之說尚委巷之談文詞鄙穢體統繁雜直愧南董才無遷固徒煩翰墨不足觀採袁充少在江左初以警晤見稱委質隋朝更以玄象自命並要求時幸干進務入劭經營符瑞雜以妖訛充變動星占謬增晷景厚誣天道亂常侮衆刑茲勿捨其在斯乎且劭爲河朔清流充乃江南望族乾沒榮利得不以道頹其家聲良可歎息

列傳卷第三十四　　隋書六十九

列傳卷第三十五　隋書七十

特進臣魏　徵　上

楊玄感

楊玄感司徒素之子也體貌雄偉美鬚髯少時晚成人多謂之癡其父每謂所親曰此兒不癡也及長好讀書便騎射以父軍功位至柱國與其父俱為第二品朝會則齊列其後高祖命玄感降一等玄感拜謝曰不意陛下寵臣之甚許以公廷獲展私敬初拜郢州刺史到官潛布耳目察長吏能不其有善政及贓汙者纖介必知之往往發其事莫敢欺隱吏民敬服皆稱其能後轉宋州刺史父憂去職

歲餘起拜鴻臚卿襲爵楚國公遷禮部尚書性雖驕倨而愛重文學四海知名之士多趨其門自以累世尊顯有盛名於天下在朝文武多是父之將吏復見朝綱漸紊帝又猜忌日甚內不自安遂與諸弟潛謀廢帝立秦王浩及從征吐谷渾還至大斗拔谷時從官狼狽玄感欲襲擊行宮其叔慎謂玄感曰士心尚一國未有釁不可圖也玄感乃止時帝好征伐玄感欲立威名陰求將領謂兵部尚書段文振曰玄感世荷國恩寵踰涯分自非立效邊裔何以塞責若方隅有風塵之警庶得執鞭行陣少展絲髮之功明公兵革是司敢布心腹文振因言於帝帝嘉之顧謂群臣曰將門必有將相門必有相故不虛也於是賚物千段禮遇益隆頗預朝政帝征遼東命玄感於黎陽督運于時百姓苦役天下思亂玄感遂與武賁郎將王仲伯汲郡贊治趙懷義等謀議欲令帝所軍衆饑餒每為逗遛不時進發帝遲之遣使者逼促玄感揚言曰水路多盜賊不可前後而發其弟武賁郎將玄縱鷹揚郎將萬碩並從幸遼東玄感潛遣人召之時將軍來護兒以舟師自東萊將入海趣平壤城軍未發玄感無以動衆乃遣家奴偽為使者從東方來謬稱護兒失軍期而反玄感遂入黎陽縣閉城大索男夫於是取帆布為牟甲署官屬皆準開皇之舊移書傍

郡以討護兒為名各令發兵會於倉所以東光縣尉元務本為黎州刺史趙懷義為衛州刺史河內郡主簿唐禕為懷州刺史有衆且一萬將襲雒陽唐禕至河內馳往東都告之越王侗民部尚書樊子蓋等大懼勒兵備禦脩武縣民相率守臨清關玄感不得濟遂於汲郡南渡河從亂者如市數日屯兵上春門衆至十餘萬子蓋令河南贊治裴弘策拒之弘策戰敗瀍洛父老競致牛酒玄感屯兵尚書省每誓衆曰我身為上柱國家累鉅萬金至於富貴無所求也今者不顧破家滅族者但為天下解倒懸之急救黎元之命耳衆皆悅詣轅門請自效者日有數千與樊子蓋

書曰夫建忠立義事有多途見機而作蓋非一揆昔伊尹放太甲於桐宮霍光廢劉賀於昌邑此並公度內不能一二披陳高祖文皇帝誕膺天命造茲區宇在璇璣以齊七政握金鏡以馭六龍無為而至化流垂拱而天下治今上纂承寶曆宜固洪基乃自絕於天殄民敗德頻年肆眚盜賊於是滋多所在脩治民力為之凋盡荒淫酒色子女必被其侵躭玩鷹犬禽獸皆離其毒朋黨相扇貨賄公行納邪佞之言杜正直之口加以轉輸不息徭役無期士卒填溝壑骸骨蔽原野黃河之北則千里無煙江淮之間則鞠為茂草玄感世荷國恩位居上將先公奉遺詔曰好子孫

為我輔弼之惡子孫為我屏黜之所以上稟先旨下順民心廢此淫昏更立明哲四海同心九州響應士卒用命如赴私讎民庶相趨義形公道天意人事較然可知公獨守孤城勢何支久願以黔黎在念社稷為心勿拘小禮自貽伊戚誰謂國家一旦至此執筆潸泫言無所具遂進逼都城刑部尚書衛玄率眾數萬自關中來援東都以步騎二萬渡瀍澗挑戰玄感偽北玄遂之伏兵發前軍盡沒後數日玄復與玄感戰兵始合玄感詐令人大呼曰官軍已得玄感矣玄軍稍怠玄感與數千騎乘之於是大潰擁八千人而去玄感驍勇多力每戰親運長矛身先士卒喑嗚叱咤所當者莫不震懾論者方之項羽又善撫馭士樂致死由是戰無不捷玄軍日蹙糧又盡乃悉眾決戰陣於北邙一日之間戰十餘合玄感弟玄挺中流矢而斃玄感稍卻樊子蓋復遣兵攻尚書省又殺數百人帝遣武賁郎將陳稜攻元務本於黎陽武衛將軍屈突通屯河陽左翊衛大將軍宇文述發兵繼進右驍衛大將軍來護兒復來赴援玄感請計於前民部尚書李子雄子雄曰屈突通曉習兵事若一渡河則勝負難決不如分兵拒之通不能濟則樊衛失援玄感然之將拒通子蓋知其謀數擊其營玄感不果進通遂濟河軍於破陵玄感為兩軍西抗衛玄東拒屈

突通子蓋復出兵於是大戰玄感軍頻北復請計於子雄子雄曰東都援軍益至我師屢敗不可久留不如直入關中開永豐倉以振貧乏三輔可指麾而定據有府庫東面而爭天下此亦霸王之業會華陰諸楊請為鄉導玄感遂釋洛陽西圖關中宣言曰我已破東都取關西矣宇文述等諸軍躡之至弘農宮父老遮說玄感曰宮城空虛又多積粟攻之易下進可絕敵人之食退可割宜陽之地玄感以為然留攻之三日城不下追兵遂至玄感西至閿鄉上盤豆布陣亘五十里與官軍且戰且行一日三敗復陣於董杜原諸軍擊之玄感大敗獨與十餘騎竄林木間將奔

上洛追騎至玄感叱之皆懼而反走至葭蘆戍玄感窘迫獨與弟積善步行自知不免謂積善曰事敗矣我不能受人戮辱汝可殺我積善抽刀斫殺之因自刺不死爲追兵所執與玄感首俱送行在所磔其屍於東都市三日復臠而焚之餘黨悉平其弟玄獎爲義陽太守將歸玄感爲郡丞周琁玉所殺玄縱弟萬碩自帝所逃歸至高陽止傳舍監事許華與郡兵執之斬於涿郡萬碩弟民行官至朝請大夫斬於長安並具梟磔公卿請改玄感姓爲梟氏詔可之初玄感圍東都也梁郡人韓相國舉兵應之玄感以爲河南道元帥旬月間衆十餘萬攻剽郡縣至于襄城遇玄感敗兵漸潰散爲吏所執傳首東都

李子雄

李子雄渤海蓚人也祖伯貴魏諫議大夫父桃枝東平太守與鄉人高仲密同歸於周官至冀州刺史子雄少慷慨有壯志弱冠從周武帝平齊以功授帥都督高祖作相從韋孝寬破尉迥於相州拜上開府賜爵建昌縣公高祖受禪爲驃騎將軍伐陳之役以功進位大將軍歷郴江二州刺史並有能名仁壽中坐事免漢王諒之作亂也煬帝將發幽州兵以討之時竇抗爲幽州總管帝恐其有二心問可任者於楊素素進子雄授大將軍拜廣州刺史馳至幽州止傳舍召募得千餘人抗恃素貴不時相見子雄遣人諭之後二日抗從鐵騎二千來詣子雄所子雄伏甲請與相見因擒抗遂發幽州兵步騎三萬自井陘以討諒時諒遣大將軍劉建略地燕趙正攻井陘相遇於抱犢山下力戰破之遷幽州總管尋徵拜民部尚書子雄明辯有器幹帝甚任之新羅嘗遣使朝貢子雄至朝堂與語因問其冠制所由其使者曰皮弁遺象安有大國君子而不識皮弁也子雄因曰中國無禮求諸四夷使者曰自至已來此言之外未見無禮憲司以子雄失詞奏劾其事竟坐免俄而復職從幸江都帝以仗衞不整顧子雄部伍之子雄立指

麾六軍肅然帝大悅曰公眞武候才也尋轉右武候大將軍後坐事除名遼東之役帝令從軍自效因從來護兒自東平將指滄海會楊玄感反於黎陽帝疑之詔鎖子雄送行在所子雄殺使者亡歸玄感玄感每請計於子雄語在玄感傳及玄感敗伏誅籍沒其家

趙元淑

趙元淑父世模初事高寶寧後以衆歸周授上開府寓居京兆之雲陽高祖踐阼恒典宿衞後從晉王伐陳先鋒遇賊力戰而死朝廷以其身死王事以元淑襲父本官賜物二千段元淑性踈誕不治產業家徒壁立後數歲授驃騎

將軍將之官無以自給時長安富人宗連家累千金仕周爲三原令有季女慧而有色連獨奇之每求賢夫聞元淑如是請與相見連有風儀美談咲元淑亦異之及至其家服翫居處擬於將相酒酣奏女樂元淑所未見也元淑辭出連曰公子有暇可復來也後數日復造之宴樂更後如此者再三因謂元淑曰知公子素貧老夫當相濟因問元淑所須盡買與之臨別元淑再拜致謝連復拜曰鄙人竊不自量敬慕公子今有一女願爲箕帚妾公子意何如元淑感愧遂娉爲妻連復送奴婢二十口良馬十餘匹加以縑帛錦綺及金寶珍玩元淑遂爲富人及煬帝嗣位漢王

諒作亂元淑從楊素擊平之以功進位柱國拜德州刺史尋轉潁川太守並有威惠因入朝會司農不時納諸郡租穀元淑奏之帝謂元淑曰如卿意者幾日當了元淑曰如臣意不過十日帝即日拜元淑爲司農卿納天下租如言而了帝悅焉禮部尚書楊玄感潛有異志以元淑可與共亂遂與結交多遺金寶遼東之役領將軍典宿衛加授光祿大夫封葛公明年帝復征高麗以元淑鎮臨渝及玄感作亂其弟玄縱自帝所逃歸路經臨渝元淑出其小妻魏氏見玄縱對宴極歡因與通謀元授玄縱賂遺及玄感敗人有告其事者帝以屬吏元淑言與玄感結婚所得金寶則爲財娉實無他故魏氏復言初不受金帝親臨問卒無異辭帝大怒謂侍臣曰此則反狀何勞重問元淑及魏氏俱斬於涿郡籍沒其家

斛斯政

河南斛斯政祖椿魏太保尚書令常山文宣王父恢散騎常侍新蔡郡公政明悟有器幹初爲親衛後以軍功授儀同甚爲楊素所禮大業中爲尚書兵曹郎政有風神每奏事未嘗不稱旨煬帝悅之漸見委信楊玄感兄弟俱與之交遼東之役兵部尚書段文振卒侍郎明雅復以罪廢帝彌屬意尋遷兵部侍郎于時外事四夷軍國多務政處斷

辯速稱爲幹理玄感之反也政與通謀及玄縱等亡歸亦政之計也帝在遼東將班師窮治玄縱黨與內不自安遂亡奔高麗明年帝復東征高麗請降求執送政帝許之遂鎖政而還至京師以政告廟左翊衛大將軍宇文述奏曰斛斯政之罪天地所不容人神所同忿若同常刑賊臣逆子何以懲肅請變常法帝許之於是將政出金光門縛政於柱公卿百僚並親擊射臠割其肉多有噉者噉後烹煑收其餘骨焚而揚之

劉元進

餘杭劉元進少好任俠爲州里所宗兩手各長尺餘臂垂

過膝煬帝興遼東之役百姓騷動元進自以相表非常陰有異志遂聚衆合亡命會帝復征遼東徵兵吳會士卒皆相謂曰去年吾輩父兄從帝征者當全盛之時猶死亡太半骸骨不歸今天下已罷敝是行也吾屬其無遺類矣於是多有亡散郡縣捕之急既而楊玄感起於黎陽元進知天下思亂於是舉兵應之三吳苦役者莫不響至旬月衆至數萬將渡江而玄感敗吳郡朱燮晉陵管崇亦舉兵有衆七萬共迎元進奉以爲主據吳郡稱天子燮崇俱爲僕射署置百官毗陵東陽會稽建安豪傑多執長吏以應之帝令將軍吐萬緒光祿大夫魚俱羅率兵討焉元進西

屯茅浦以抗官軍頻戰互有勝負元進保曲阿與朱燮管崇合軍衆至十萬緒進軍逼之相持百餘日爲緒所敗保於黃山緒復破之燮戰死元進引趣建安休兵養士二將亦以師老頓軍自守俄而二將俱得罪帝令江都郡丞王世充發淮南兵擊之有大流星墜於江都未及地而南逝磨拂竹木皆有聲至吳郡而落于地元進惡之令掘地入二丈得一石徑丈餘後數日失石所在世充既渡江元進將兵拒戰殺千餘人世充窘急退保延陵柵元進遣兵人各持茅因風縱火世充大懼將棄營而遁遇反風火轉元進之衆懼燒而退世充簡銳卒掩擊大破之殺傷太半自是頻戰輒敗元進謂管崇曰事急矣當以死決之於是出挑戰俱爲世充所殺其衆悉降世充坑之於黃亭澗死者三萬人其餘黨往往保險爲盜其後董道冲沈法興李子通等乘此而起戰爭不息遂於隋亡

李密

李密字法主真鄉公衍之從孫也祖耀周邢國公父寬驍勇善戰幹略過人自周及隋數經將領至柱國蒲山郡公號爲名將密多籌筭才兼文武志氣雄遠常以濟物爲己任開皇中襲父爵蒲山公乃散家產賙贍親故養客禮賢無所愛悋與楊玄感爲刎頸之交後更折節下帷耽學尤

好兵書誦皆在口師事國子助教包愷受史記漢書勵精忘倦愷門徒皆出其下大業初授親衛大都督非其所好稱疾而歸及楊玄感在黎陽有逆謀陰遣家僮至京師召密令與弟玄挺等同赴黎陽玄感舉兵而密至玄感大喜以爲謀主玄感謀計於密密曰愚有三計惟公所擇今天子出征遠在遼外地去幽州懸隔千里南有巨海之限北有胡戎之患中間一道理極艱危今公擁兵出其不意長驅入薊直扼其喉前有高麗退無歸路不過旬月齎糧必盡舉麾一召其衆自降不戰而禽此計之上也又關中四塞天府之國有衛文昇不足爲意今宜率衆經城勿攻輕

齎鼓行務早西入天子雖還失其襟帶據險臨之故當必剋萬全之勢此計之中也若隨近逐便先向東都唐禕告之理當固守引兵攻戰必延歲月勝負殊未可知此計之下也玄感曰不然公之下計乃上策矣今百官家口並在東都若不取之安能動物且經城不拔何以示威密計遂不行玄感既至東都皆捷自謂天下響應功在朝夕及獲韋福嗣又委以腹心是以軍旅之事不專歸密福嗣既非同謀因戰被執每設籌畫皆持兩端後使作檄文福嗣固辭不肯密揣知其情因謂玄感曰福嗣元非同盟實懷觀望明公初起大事而姦人在側聽其是非必為所誤矣請

斬謝眾方可安輯玄感曰何至於此密知言之不用退謂所親曰楚公好反而不欲勝如何吾屬今為虜矣後玄感將西入福嗣竟亡歸東都時李子雄勸玄感速稱尊號玄感以問於密密曰昔陳勝自欲稱王張耳諫而被外魏武將求九錫荀彧止而見疏今者密欲正言還恐追蹤二子阿諛順意又非密之本圖何者兵起已來雖復頻捷至於郡縣未有從者東都守禦尚強天下救兵益至公當身先士眾早定關中廼欲急自尊崇何示不廣也玄感笑而止及宇文述來護兒等軍且至玄感謂密曰計將安出密曰元弘嗣統強兵於隴右今可揚言其反遣使迎公因此入

關可得紿眾玄感遂以密謀號令其眾因引西入至陝縣欲圍弘農宮密諫之曰公今詐眾入西軍事在速況乃追兵將至安可稽留若前不得據關退無所守大眾一散何以自全玄感不從遂圍之三日攻不能拔方引而西至於閿鄉追兵遂及玄感敗密間行入關與玄感從叔詢相隨匿於馮翊詢妻之舍尋為鄰人所告遂捕獲囚於京兆獄是時煬帝在高陽與其黨俱送帝所在途謂其徒曰吾等之命同於朝露若至高陽必為葅醢今道中猶可為計安得行就鼎鑊不規逃避也眾咸然之其徒多有金密令出示使者曰吾等死日此金並留付公幸用相瘞其餘即皆

報德使者利其金遂相然許及出關外防禁漸弛密請通市酒食每讌飲喧譁竟夕使者不以為意行次邯鄲夜宿村中密等七人皆穿牆而遁與王仲伯亡抵平原賊帥郝孝德孝德不甚禮之備遭饑饉至削樹皮而食仲伯潛歸天水密詣淮陽舍於村中變姓名稱劉智遠聚徒教授經數月密鬱鬱不得志為五言詩曰金風蕩初節玉露凋晚林此夕窮塗士空軫鬱陶心眺聽良多感慷慨獨霑襟霑襟何所為悵然懷古意秦俗猶未平漢道將何冀樊噲市井徒蕭何刀筆吏一朝時運合萬古傳名器寄言世上雄虛生真可愧詩成而泣下數行時人有怪之者以告太守

趙他縣捕之密乃亡去抵其妹夫雍丘令丘君明後君明從子懷義以告帝令捕密密得遁去君明竟坐死會東郡賊帥翟讓聚黨萬餘人密歸之其中有知密是玄感亡將潛勸讓害之密大懼乃因王伯當以策干讓讓遣說諸小賊所至輒降下讓始敬焉召與計事密謂讓曰今兵衆既多糧無所出若曠日持久則人馬困斃大敵一臨死亡無日未若直趣滎陽休兵館穀待士馬肥充然可與人爭利讓從之於是破金堤關掠滎陽諸縣城堡多下之滎陽太守郇王慶及通守張須陀以兵討讓讓數為須陀所敗聞其來大懼將遠避之密曰須陀勇而無謀兵又驟勝既驕且狠可一戰而禽公但列陣以待保為公破之讓不得已勒兵將戰密分兵千餘人於林木間設伏讓與戰不利軍稍却密發伏自後掩之須陀衆潰與讓合擊大破之遂斬須陀於陣讓於是令密建牙別統所部密復說讓曰昏主蒙塵播揚吳越蝟毛競起海內飢荒明公以英桀之才而統驍雄之旅宜當廓清天下誅翦群凶豈可求食草間常為小盜而已今東都士庶中外離心留守諸官政令不一明公親率大衆直掩興洛倉發粟以賑窮乏遠近孰不歸附百萬之衆一朝可集先發制人此機不可失也讓曰僕起隴畝之間望不至此必如所圖請君先發僕領諸軍便

為後殿得倉之日當別議之密與讓領精兵七千人以大業十三年春出陽城北踰方山自羅口襲興洛倉破之開倉恣民所取老弱繈負道路不絕越王侗武賁郎將劉長恭率步騎二萬五千討密密一戰破之長恭僅以身免讓於是推密為主密城洛口周迴四十里以居之房彥藻說下豫州東都大懼讓上密號為魏公密初辭不受諸將等固請乃從之設壇場即位稱元年置官屬以房彥藻為左長史邴元真右長史楊德方左司馬鄭德韜右司馬拜讓司徒封東郡公其將帥封拜各有差長白山賊孟讓掠東郡燒豐都市而歸密攻下鞏縣獲縣長柴孝和拜為護軍

武賁郎將裴仁基以武牢歸密因遣仁基與孟讓率兵二萬餘人襲迴洛倉破之燒天津橋遂縱兵大掠東都出兵乘之仁基等大敗僅以身免密復親率兵三萬逼東都將軍段達武賁郎將高毗劉長恭等出兵七萬拒之戰於故都官軍敗走密復下迴洛倉而據之俄而德韜德方俱死復以鄭頲為左司馬鄭虔象為右司馬柴孝和說密曰秦地阻山帶河西楚背之而亡漢高都之而霸如愚意者令仁基守迴洛翟讓守洛口明公親簡精銳西襲長安百姓孰不郊迎必當有征無戰既克京邑業固兵強方更長驅崤函掃蕩京洛傳檄指撝天下可定但今英雄競起實恐

他人我先一朝失之噬臍何及密曰君之所圖僕亦思之久矣誠爲上策但昏主尚在從兵猶衆我之所部並山東人既見未下洛陽何肯相隨西入諸將出於群盜留之各競雌雄若然者殆將敗矣孝和曰誠如公言非所及也大軍既未可西出請間行觀隙密從之孝和與數十騎至陜縣山賊歸之者萬餘人密時兵鋒甚銳每入苑與官軍連戰會密爲流矢所中臥於營內後數日東都出兵擊之密衆大潰棄廻洛倉歸洛口孝和之衆聞密退各分散而去孝和輕騎歸密帝遣王世充率江淮勁卒五萬來討密密逆拒之戰不利柴孝和溺死於洛水密甚傷之世充營於洛

西與密相拒百餘日武陽郡丞元寶藏黎陽賊帥李文相洹水賊帥張昇清河賊帥趙君德平原賊帥郝孝德並歸於密共襲破黎陽倉據之周法明舉江黃之地以附密齊郡賊帥徐圓朗任城大俠徐師仁淮陽太守趙他等前後款附以千百數翟讓所部王儒信勸讓爲大冢宰總統衆務以奪密權讓兄寬復謂讓曰天子止可自作安得與人汝若不能作我當爲之密聞其言有圖讓之計會世充列陣而至讓出拒之爲世充所擊退者數百步密與單雄信等率精銳赴之世充敗走讓欲乘勝進破其營會日暮密固止之明日讓與數百人至密所欲爲宴樂密具饌以待之

其所將左右各分令就食諸門並設備讓不之覺也密引讓入坐有好弓出示讓遂令讓射讓引滿將發密遣壯士蔡建自後斬之殞於牀下遂殺其兄寬及王儒信幷其從者亦有死焉讓所部將徐世勣爲亂兵所斫中重瘡密遽止之僅而得免單雄信等皆叩頭求哀密並釋而慰諭之於是率左右數百人詣讓本營王伯當邴元真單雄信等入營告以殺讓之意衆無敢動者乃令徐世勣單雄信王伯當分統其衆未幾世充夜襲倉城密逆拒破之斬武賁郎將費青奴世充復移營洛北南對鞏縣其後遂於洛水造浮橋悉衆以擊密密與千騎拒之不利而退世充因薄

其城下密簡銳卒數百人分爲三隊出擊之官軍稍却自相陷溺死者數萬人武賁郎將楊威王辯霍世舉劉長恭梁德重董智通等諸將率皆沒于陣世充僅而獲免不敢還東都遂走河陽其夜雨雪尺餘衆隨之者死亡殆盡密於是修金墉故城居之衆三十餘萬復來攻上春門留守韋津出拒戰密擊敗之執津於陣其黨勸密即尊號密不許及義師圍東都密出軍爭之交綏而退俄而宇文化及殺逆率衆自江都北指黎陽兵十餘萬密乃自率步騎二萬拒之會越王侗稱尊號遣使者授密太尉尚書令東南道大行臺行軍元帥魏國公令先平化及然後入朝輔政

密遣使報謝焉化及與密相遇密知其軍少食利在急戰
故不與交鋒又遏其歸路使不得西密遣徐世勣守倉城
化及攻之不能下密與化及隔水而語密數之曰卿本匈
奴皁隸破野頭耳父兄子弟並受隋室厚恩富貴累世至
妻公主光榮隆顯舉朝莫二荷國士之遇者當須國士報
之豈容主上失德不能死諫反因衆叛躬行殺虐誅及子
孫傍立支庶擅自尊崇欲規篡奪汙辱妃后枉害無辜不
追諸葛瞻之忠誠乃為霍禹之惡逆天地所不容人神所
莫祐擁逼良善將欲何之今若速來歸我尚可得全後嗣
化及默然俯視良久乃瞋目大言曰共你論相殺事何須
作書語邪密謂從者曰化及庸懦如此忽欲圖為帝王斯
乃趙高聖公之流吾當折杖驅之耳化及盛修攻具以逼
黎陽倉城密領輕騎五百馳赴之倉城兵又出相應焚其
攻具經夜火不滅密知化及糧且盡因偽與和以敝其衆
化及不之悟大喜恣其兵食冀密饋之會密下有人獲罪
亡投化及具言密情化及大怒其食又盡乃度永濟渠與
密戰于童山之下自辰達酉密為流矢所中頓於汲縣化
及掠汲郡北趣魏縣其將陳智略張童仁等所部兵歸于
密者前後相繼初化及以輜重留於東郡遣其所署刑部
尚書王軌守之至是軌舉郡降密以軌為滑州總管密引

兵而西遣記室參軍李儉朝於東都執殺煬帝人于弘達
以獻越王侗侗以儉為司農少卿使之反命召密入朝密
至溫縣聞世充已殺元文都盧楚等乃歸金墉世充既得
擅權乃厚賜將士繕治器械人心漸銳然密兵少衣世充
乏食乃請交易密初難之邴元真等各求私利遞來勸密
密遂許焉初東都絕糧人歸密者日有數百至此得食而
降人益少密方悔而止密雖據倉無府庫兵數戰不獲賞
又厚撫初附之兵於是衆心漸怨時遣邴元真守興洛倉
元真起自微賤性又貪鄙宇文溫疾之每謂密曰不殺元
真公難未已密不答而元真知之陰謀叛密揚慶聞而告
密密固疑焉會世充悉衆來決戰密留王伯當守金墉自
引精兵就偃師北阻邙山以待之世充軍至令數百騎度
御河密遣裴行儼率衆逆之會日暮暫交而退行儼孫長
樂程齩金等驍將十數人皆遇重瘡密甚惡之世充夜潛
濟師詰朝而陣密方覺之狼狽出戰於是敗績與萬餘人
馳向洛口世充夜圍偃師守將鄭頲為其部下所翻以城
降世充密將入洛口倉城元真已遣人潛引世充矣密陰
知之而不發其事因與衆謀待世充之兵半濟洛水然後
擊之及世充軍至密候騎不時覺比將出戰世充軍悉已
濟矣密自度不能支引騎而遁元真竟以城降於世充密

眾漸離將如黎陽人或謂密曰殺翟讓之際徐世勣幾至
於死今瘡猶未復其心安可保乎密乃止時王伯當棄金
墉保河陽密以輕騎自武牢度河以歸之謂伯當曰兵敗
矣久苦諸君我今自刎請以謝眾眾皆泣莫能仰視密復
曰諸君幸不相棄當共歸關中密身雖愧無功諸君必保
富貴其府掾柳燮對曰昔盆子歸漢尚食均輸明公與長
安宗族有疇昔之遇雖不陪起義然而阻東都斷隋歸路
使唐國不戰而據京師此亦公之功也眾咸曰然密遂歸
大唐封邢國公拜光祿卿

裴仁基

河東裴仁基字德本祖伯鳳周汾州刺史父定上儀同仁
基少驍武便弓馬開皇初為親衛平陳之役先登陷陣拜
儀同賜物千段以本官領漢王諒府親信煬帝嗣位諒舉
兵作亂仁基苦諫諒大怒囚之於獄及諒敗帝嘉之超拜
護軍數歲改授武賁郎將從將軍李景討叛蠻向思多於
黔安以功進位銀青光祿大夫賜奴婢百口絹五百匹擊
吐谷渾於張掖破之加授金紫光祿大夫斬獲寇掠靺鞨
拜左光祿大夫從征高麗進位光祿大夫帝幸江都李密
據洛口令仁基為河南道討捕大使據武牢以拒密及滎
陽通守張須陁為密所殺仁基悉收其眾每與密戰多所

斬獲時隋大亂有功者不錄仁基見強寇在前士卒勞敝
所得軍資即用分賞監軍御史蕭懷靜每抑止之眾咸怨
怒懷靜又陰持仁基長短欲有所奏劾仁基懼遂殺懷靜
以其眾歸密密以為河東郡公其子行儼驍勇善戰密復
以為絳郡公甚相委昵王世充以東都食盡悉眾詣偃師
與密決戰密問計於諸將仁基對曰世充盡銳而至洛下
必虛可分兵守其要路令不得東簡精兵三萬傍河西出
以逼東都世充却還我且按甲世充重出我又逼之如此
則此有餘力彼勞奔命兵法所謂彼出我歸彼歸我出數
戰以疲之多方以誤之者也密曰公知其一不知其二東
都兵馬有三不可當器械精一也決計而來二也食盡求
鬬三也我按甲蓄力以觀其敝彼求鬬不得欲走無路不
過十日世充之首可懸於麾下單雄信等諸將輕世充皆
請戰仁基苦爭不得密難違諸將之言戰遂大敗仁基為
世充所虜世充以其父子並驍銳深禮之以兄女妻行儼
及僭尊號署仁基為禮部尚書行儼為左輔大將軍行儼
每有攻戰所當皆披靡號為萬人敵世充憚其威名頗加
猜防仁基知其意不自安遂與世充所署尚書左丞宇文
儒童尚食直長陳謙祕書丞崔德本等謀反令陳謙於上
食之際持匕首以劫世充行儼以兵應於階下指麾事定

然後出越王侗以輔之事臨發將軍張童仁知其謀而告
之俱爲世充所殺
史臣曰古先帝王之興也非夫至德深仁格於天地有豐
功博利弘濟艱難不然則其道無由矣自周邦不競隋運
將隆武元高祖並著大功於王室平南國攘東夏總百揆
定三方然後變謳歌遷寶鼎于時匈奴驕倨勾吳不朝既
爭長於黃池亦飲馬於清渭高祖內綏外禦日不暇給委
心膂於俊傑寄折衝於爪牙文武爭馳群策畢舉服猾夏
之虜掃黃旗之寇峻五岳以作鎮環四海以爲池厚澤被
於域中餘威震於殊俗煬帝蒙故業踐丕基阻伊洛而固

崤函跨兩都而總萬國矜曆數之在己忽王業之艱難不
務以道恤人將以申威海外運拒諫之智騁飾非之辯恥
轍迹之未遠忘德義之不修於是鑿通渠開馳道樹以柳
杞隱以金槌西出玉門東踰碣石塹山堙谷浮河達海民力
凋盡徭戍無期率土之心鳥驚魚潰方西規奄蔡南討流
求親總八狄之師屢踐三韓之域自以威行萬物顧指無
違又躬爲長君功高曩列寵不假於外戚權不逮於群下
足以轥轢軒唐奄吞周漢子孫萬代人莫能窺振古以來
一君而已遂乃外疎猛士內忌忠良恥有盜竊之聲惡聞
喪亂之事出師命將不以料衆寡兵少力屈者以畏懦受顯

誅竭誠克勝者以功高蒙隱或斃鋒刃之下或殞鴆毒
之中賞不可以有功求刑不可以無罪免畏首畏尾進退
維谷彼山東之群盜多出廝役之中無尺土之資十家之
產豈有陳涉亡秦之志張角亂漢之謀哉皆苦於上欲無
厭下不堪命飢寒交切救死萑蒲莫識旌旗什伍之容安
知行師用兵之勢但人自爲戰衆怒難犯故攻無完城野
無橫陣星離棊布以千百數豪傑因其機以動之乘其勢
而用之雖有勇敢之士明智之將連蹤覆沒莫之能禦煬
帝魂褫氣懾望絕兩京謀竄身於江湖襲永嘉之舊迹既
而禍生轂下釁起舟中思早告而莫追唯請死而獲可身

棄南巢之野首懸白旗之上子孫勦絕宗廟爲墟夫以開
皇之初比於大業之盛度土地之廣狹料戶口之衆寡算
甲兵之多少校倉廩之虛實九鼎之譬鴻毛未喻輕重培塿
之方嵩岱曾何等級論地險則遼隧未擬於長江語人謀
則勾麗不侔於陳國高祖掃江南以清六合煬帝事遼東
而喪天下其故何哉所爲之迹同所用之心異也高祖北
郤強胡南并百越十有餘載戎車屢動民亦勞止不爲無
事然其動也思以安之其勞也思以逸之是以民致時雍
師無怨讟誠在於愛利故其興也勃焉煬帝嗣承平之基
守已安之業肆其淫放虐用其民視億兆如草芥顧群臣

如冠讎勞近以事遠求名而喪實兵纏魏闕阽危弗圖圍
解鴈門慢遊不息天奪之魄人益其災群盜並興百殃俱
起自絕民神之望故其亡也忽焉訊之古老考其行事此
高祖之所由興而煬帝之所以滅者也可不謂然乎其隋
之得失存亡大較與秦相類始皇并吞六國高祖統一九
州二世虐用威刑煬帝肆行猜毒皆禍起於群盜而身殞
於匹夫原始要終若合符契矣玄感宰相之子荷國重恩
君之失得當竭股肱未議致身先圖問鼎遂假伊霍之事
將肆莽卓之心人神同疾敗不旋踵兄弟就葅醢之誅先
人受焚如之酷不亦甚乎李密遭會風雲奮其鱗翼思封

函谷將割鴻溝朞月之閒衆數十萬破化及摧世充聲動
四方威行萬里雖運乖天眷事屈興王而義協人謀雄名
克振壯矣然志性輕狡終致顛覆其度長挈大抑陳項之
季孟歟

列傳三十五　隋書七十

列傳第三十六　隋書七十一

特進臣魏徵上

誠節

易稱聖人大寶曰位何以守位曰仁又云立人之道曰仁
與義然則士之立身成名在乎仁義而已故仁道不遠則
殺身以成仁義重於生則捐生而取義是以龍逢投軀於
夏癸比干竭節於商辛申蒯斷臂於齊莊弘演納肝於衛
懿爰逮漢之紀信欒布晉之向雄嵇紹凡在立名之士莫
不庶幾焉至於臨難忘身見危授命雖斯文不墜而行之
蓋寡固知士之所重信在茲乎非夫內懷鐵石之心外負

凌霜之節孰能安之若命赴蹈如歸者也皇甫誕等當擾
攘之際踐必死之機白刃臨頭確乎不拔可謂歲寒貞栢
疾風勁草千載之後懍懍如生豈獨聞彼伯夷懦夫立志
亦冀將來君子有所庶幾故掇採所聞為誠節傳

劉弘

劉弘字仲遠彭城叢亭里人魏太常卿芳之孫也少好學
有行檢重節槩仕齊行臺郎中襄城沛郡穀陽三郡太守
西楚州刺史及齊亡周武帝以為本郡太守尉迥之亂也
遣其將席毗掠徐兗弘勒兵拒之以功授儀同永昌太守
齊州長史志在立功不安佐職平陳之役表請從軍以行

軍長史從總管吐萬緒度江以功加上儀同封濩澤縣公拜泉州刺史會高智慧作亂以兵攻州弘城守百餘日救兵不至前後出戰死亡太半糧盡無所食與士卒數百人煮犀甲腰帶及剝樹皮而食之一無離叛賊知其飢餓欲降之弘抗節彌厲賊悉衆來攻城陷為賊所害上聞而嘉歎者久之賜物二千段子長信襲其官爵

皇甫誕

皇甫誕字玄慮安定烏氏人也祖和魏膠州刺史父璠周隋州刺史誕少剛毅有器局周畢王引為倉曹參軍高祖受禪為兵部侍郎數年出為魯州長史開皇中復入為比

部刑部二曹侍郎俱有能名遷治書侍御史朝臣無不肅憚上以百姓多流亡令誕為河南道大使以檢括之及還奏事稱旨上甚悅令判大理少卿明年遷尚書右丞俄以母憂去職未朞起令視事尋轉尚書左丞時漢王諒為并州總管朝廷盛選寮佐前後長史司馬皆一時名士上以誕公方著稱拜并州總管司馬總府政事一以諮之諒甚敬焉及煬帝即位徵諒入朝諒用諮議王頍之謀發兵作亂誕數諫止諒不納誕因流涕曰竊料大王兵資無敵京師者加以君臣位定逆順勢殊士馬雖精難以取勝願王奉詔入朝守臣子之節必有松喬之壽累代之榮如更遷延陷身叛逆一挂刑書為布衣黔首不可得也願察區區之心思萬全之計敢以死請諒怒而囚之及楊素將至諒屯清源以拒之諒主簿豆盧毓出誕於獄相與協謀閉城拒諒諒襲擊破之並抗節而遇害帝以誕亡身徇國嘉悼者久之下詔曰褒顯名節有國通規加等飾終抑惟令典并州總管司馬皇甫誕性理淹通志懷審正效官贊務聲績克宣值狂悖構禍凶威孔熾確殉單誠不從妖逆雖幽縶寇手而雅志彌厲遂潛與義徒據城抗拒衆寡不敵奄致非命可贈柱國封弘義公謚曰明子無逸嗣無逸尋為淯陽太守政甚有聲大業令行舊爵例除以無逸誠義之

後賜爵平輿侯入為刑部侍郎守右武衛將軍初漢王諒之反也州縣莫不響應有嵐州司馬陶模繁時令敬釗並抗節不從

陶模

陶模京兆人也性明敏有器幹仁壽初為嵐州司馬諒既作亂刺史喬鍾葵發兵將赴逆模拒之曰漢王所圖不軌公荷國厚恩致位方伯謂當竭誠效命以答慈造豈有大行皇帝梓宮未掩翻為厲階鍾葵失色曰司馬反邪臨之以兵辭氣不橈葵義而釋之軍吏進曰若不斬模何以壓衆心於是囚之於獄悉掠取資財分賜黨與及諒平煬帝

嘉之拜開府授大興令楊玄感之反也率兵從衛玄擊之
以功進位銀青光祿大夫卒官

敬釗

敬釗字積善河東蒲坂人也父元約周布憲中大夫釗仁
壽中爲縣時令甚有能名及賊至力戰城陷賊帥墨弼掠
其資產而臨之以兵釗辭氣不撓弼義而止之執送於僞
將喬鍾葵所鍾葵釋之署爲代州總管司馬釗正色拒之
至於再三鍾葵忿然曰受官則可不然當斬釗答曰忝爲
縣宰遭逢逆亂進不能保境退不能死節爲辱已多何乃
復以僞官相迫也死生唯命餘非所聞鍾葵怒甚熟視釗

列傳三十六　隋書七十一　四

曰卿不畏死邪復將殺之會楊義臣軍至鍾葵遽出戰因
而大敗釗遂得免大業三年煬帝避暑汾陽宮以代州長史
柳銓司馬崔寶山上其狀付有司將加褒賞會世基奏格
而止後遷朝邑令未幾終

游元

游元字楚客廣平任城人魏五更明根之玄孫也父寶藏
位至太守元少聰敏年十六齊司徒徐顯秀引爲參軍事
周武帝平齊之後歷壽春令譙州司馬俱有能名開皇中
爲殿內侍御史晉王廣爲揚州總管以元爲法曹參軍父
憂去職後爲內直監煬帝嗣位遷尚書度支郎遼東之役

領左驍衛長史爲蓋牟道監軍拜朝請大夫兼治書侍御
史宇文述等九軍敗績帝令元按其獄述時貴倖其子士
及又尚南陽公主勢傾朝廷遣家僮造元有所請屬元不
之見他日數述曰公地屬親賢腹心是寄當咎身責己以
勸事君乃遣人相造欲何所道按之愈急仍以狀劾之帝
嘉其公正賜朝服一襲九年奉使於黎陽督運楊玄感作
逆乃謂元曰獨夫肆虐天下士大夫肝腦塗地加以陷身
絕域之所軍糧斷絕此亦天亡之時也我今親率義兵以誅
無道卿意如何元正色答曰尊公荷國寵靈功參佐命高官
重祿近古莫儔公之弟兄青紫交映當謂竭誠盡節上答

列傳三十六　隋書七十一　五

鴻恩豈意墳土未乾親圖反噬深爲明公不取願思禍福
之端僕有死而已不敢聞命玄感怒而囚之屢脅以兵竟
不屈節於是害之帝甚嘉歎贈銀青光祿大夫賜縑五百
匹拜其子仁宗爲正議大夫弋陽郡通守

馮慈明

馮慈明字無佚信都長樂人也父子琮仕齊官至尚書右
僕射慈明在齊以戚屬之故年十四爲淮陽王開府參軍
事尋補司州主簿進除中書舍人周武平齊授帥都督高
祖受禪開三府官除司空司倉參軍事累遷行臺禮部侍
郎晉王廣爲并州總管盛選僚屬以慈明爲司士後歷吏

部員外郎兼内史舍人煬帝即位以母憂去職帝以慈明始事藩邸後更在臺意甚銜之至是謫爲伊吾鎮副未之官轉交阯郡丞大業九年被徵入朝時兵部侍郎斛斯政亡奔高麗帝見慈明深慰勉之俄拜尚書兵曹郎加位朝請大夫十三年攝江都郡丞事李密之逼東都也詔令慈明安集瀍洛追兵擊密至鄢陵爲密黨崔樞所執密延慈明於坐勞苦之因而謂曰隋祚已盡區宇沸騰吾躬率義兵所向無敵東都危急計日將下今欲率四方之衆問罪於江都卿以爲何如慈明答曰慈明直道事人有死而已不義之言非所敢對密不悦冀其後改厚加禮焉慈明潛

使人奉表江都及致書東都留守論賊形勢密知其狀又義而釋之出至營門賊帥翟讓怒曰爾爲使人爲我所執魏公相待至厚曾無感戴寧有長乎慈明勃然曰天子使我來正欲除爾輩不圖爲賊黨所獲我豈從汝求活耶欲殺但殺何須罵詈因謂羣賊曰汝等本無惡心因飢饉逐食至此官軍且至早爲身計讓益怒於是亂刀斬之時年六十八梁郡通守楊汪上狀帝歎惜之贈銀青光祿大夫拜其二子惇怦俱爲尚書承務郎王充推越王侗爲主重贈柱國戶部尚書昌黎郡公謚曰壯武長子惇先在東都王充破李密惇亦在軍中遂遣奴負父屍柩詣東都身不自送未幾又盛花燭納室時論醜之

張須陁

張須陁弘農閿鄉人也性剛烈有勇略弱冠從史萬歲討西爨以功授儀同賜物三百段煬帝嗣位漢王諒作亂并州從楊素擊平之加開府大業中爲齊郡丞會興遼東之役百姓失業又屬歲饑穀米踊貴須陁將開倉賑給官屬咸曰須待詔勑不可擅與須陁曰今帝在遠遣使往來必淹歲序百姓有倒懸之急如待報至當委溝壑矣吾若以此獲罪死無所恨先開倉而後上狀帝知之而不責也明年賊帥王薄聚結亡命數萬人寇掠郡境官軍擊之多不

利須陁發兵拒之薄遂引軍南轉掠魯郡須陁躡之及于岱山之下薄恃驟勝不設備須陁選精銳出其不意擊之薄衆大潰因乘勝斬首數千級薄收合亡散得萬餘人將北度河須陁追之至臨邑復破之斬五千餘級獲六畜萬計時天下承平日久多不習兵須陁獨勇決善戰又長於撫馭得士卒心論者號爲名將薄復北戰連豆子䴚賊孫宣雅石秖闍郝孝德等衆十餘萬攻章丘須陁遣舟師斷其津濟親率馬步二萬襲擊大破之賊徒散走既至津梁復爲舟師所拒前後狼狽獲其家累輜重不可勝計露布以聞帝大悦優詔褒揚令使者圖畫其形容而奏之其年

賊裴長才石子河等衆二萬奄至城下縱兵大掠須陁未
暇集兵親率五騎與戰賊競赴之圍百餘重身中數創勇
氣彌厲會城中兵至賊稍却須陁督軍復戰長才敗走後
數旬賊帥秦君弘郭方預等合軍圍北海兵鋒甚銳須陁
謂官屬曰賊自恃强謂我不能救吾今速去破之必矣於
是簡精兵倍道而進賊果無備擊大破之斬數萬級獲輜
重三千兩司隷刺史裴操之上狀帝遣使勞問之十年賊
左孝友衆將十萬屯於蹲狗山須陁列八風營以逼之復
分兵扼其要害孝友窘迫面縛來降其黨解象王良鄭大
彪李晼等衆各萬計須陁悉討平之威振東夏以功遷齊

郡通守領河南道十二郡黜陟討捕大使俄而賊盧明月
衆十餘萬將寇河北次祝阿須陁邀擊殺數千人賊呂明
星帥仁泰霍小漢等衆各萬餘擾濟北須陁進軍擊走之
尋將兵拒東郡賊翟讓前後三十餘戰每破走之轉滎陽
通守時李密說讓取洛口倉讓憚須陁不敢進密勸之讓
遂與密率兵逼滎陽須陁拒之讓懼而退須陁乘之逐北
十餘里時李密先伏數千人於林木間邀擊須陁軍遂敗
密與讓合軍圍之須陁潰圍輒出左右不能盡出須陁
躍馬入救之來往數四衆皆敗散乃仰天曰兵敗如此何
面見天子乎乃下馬戰死時年五十二其所部兵晝夜號

哭數日不止越王侗遣左光禄大夫裴仁基招撫其衆移
鎮武牢帝令其子元備總父兵元備時在齊郡遇賊竟不
果行

楊善會

楊善會字敬仁弘農華陰人也父初官至毗陵太守善會
大業中為鄃令以清正聞俄而山東饑饉百姓相聚為盜
善會以左右數百人逐捕之往皆克捷其後賊帥張金稱
衆數萬屯于縣界屠城剽邑郡縣莫能禦善會率勵所領
與賊搏戰或日有數合每挫其鋒煬帝遣將軍段達來討
金稱善會進計於達達不能用軍竟敗焉達深謝善會後

復與賊戰進止一以謀之於是大克金稱復引勃海賊孫
宣雅高士達等衆數十萬破黎陽而還軍鋒甚盛善會以
勁兵千人邀擊破之擢拜朝請大夫清河郡丞金稱稍更
屯聚以輕兵掠冠氏善會與平原通守楊元弘步騎數萬
衆襲其本營武賁郎將王辯軍亦至金稱釋冠氏來援因
與辯戰不利善會選精銳五百赴之所當皆靡辯軍復振
賊退守本營諸軍各還于時山東思亂從盜如市郡縣微
弱陷没相繼能抗賊者唯善會而已前後七百餘陣未嘗
負敗每恨衆寡懸殊未能滅賊會太僕楊義臣討金稱復
為賊所敗退保臨清取善會之策頻與決戰賊乃退走乘

勝遂破其營盡俘其衆金稱將數百人逼逃後歸漳南招集餘黨善會追捕斬之傳首行在所帝賜以尚方甲矟弓劒進拜清河通守其年從楊義臣斬漳南賊帥高士達傳首江都宮帝下詔褒揚之士達所部將竇建德自號長樂王來攻信都臨清賊王安阻兵數千與建德相影響善會襲安斬之建德旣下信都復擾清河善會逆拒之反爲所敗嬰城固守賊圍之四旬城陷爲賊所執建德釋而禮之用爲貝州刺史善會罵之曰老賊何敢擬議國士恨吾力劣不能擒汝等我豈是汝屠酤兒輩敢欲更相吏邪臨之以兵辭氣不撓建德猶欲活之爲其部下所請又知終不爲己用於是害之清河士庶莫不傷痛焉

獨孤盛

獨孤盛上柱國楷之弟也性剛烈有膽氣煬帝在藩盛以左右從累遷爲車騎將軍及帝嗣位以藩邸之舊漸見親待累轉爲右屯衛將軍宇文化及之作亂也裴虔通引兵至成象殿宿衛者皆釋仗而走盛謂虔通曰何物兵形勢太異也虔通曰事勢已然不預將軍事將軍愼無動盛大罵曰老賊是何物語不及被甲與左右十餘人逆拒之爲亂兵所殺越王侗稱制贈光祿大夫紀國公謚曰武節

元文都

元文都洵陽公孝矩之兄子也父孝則周小冢宰江陵總管文都性鯁直明辯有器幹仕周爲右侍上士開皇初授內史舍人歷庫部考功二曹郎俱有能名擢爲尚書左丞轉太府少卿煬帝嗣位轉司農少卿司隸大夫尋拜御史大夫坐事免未幾授太府卿帝漸任之甚有當時之譽大業十三年帝幸江都宮詔文都與段達皇甫無逸韋津等同爲東都留守及帝崩文都與達津等共推越王侗爲帝侗署文都爲內史令開府儀同三司光祿大夫左驍衛大將軍攝右翊衛將軍魯國公旣而宇文化及立秦王浩爲帝擁兵至彭城所在響震文都諷侗遣使通於李密密於是

請降因授官爵禮其使甚厚王充不悅因與文都有隙文都知之陰有誅充之計侗復以文都領御史大夫充固執而止盧楚說文都曰王充外軍一將耳本非留守之徒何得預吾事且洛口之敗罪不容誅今者敢懷跋扈宰制時制此而不除方爲國患文都然之遂懷奏入殿事臨發有人以告充充時在朝堂懼而馳還含嘉城謀作亂文都頻遣呼之充稱疾不赴至夜作亂攻東太陽門而入拜於紫微觀下侗遣人謂之曰何爲者充曰元文都盧楚謀相殺害請斬文都歸罪司寇侗見兵勢漸盛度終不免謂文都曰公見王將軍也文都遷延而泣侗遣其署將軍黃桃樹

執文都以出文都顧謂侗曰臣今朝亡陛下亦當及侗慟哭而遣之左右莫不憫默出至興教門充令左右亂斬之諸子並見害

盧楚

盧楚涿郡范陽人也祖景祚魏司空掾楚少有才學鯁急口吃言語澀難大業中爲尚書右司郎當朝正色甚爲公卿所憚及帝幸江都東都官寮多不奉法楚每存糾舉無所迴避越王侗稱尊號以楚爲內史令左備身將軍攝尚書左丞右光祿大夫封涿郡公與元文都等同心勠力以輔幼主及王充作亂兵攻太陽門武衛將軍皇甫無逸斬

關逃難呼楚同去楚謂之曰僕與元公有約若社稷有難誓以俱死今捨去不義及兵入楚匿於太官署賊黨執之送於充所充奮袂令斬之於是鋒刃交下支體糜碎

劉子翊

劉子翊彭城叢亭里人也父徧齊徐州司馬子翊少好學頗解屬文性剛謇有吏幹仕齊殿中將軍開皇初爲南和丞累轉秦州司法參軍事十八年入考功尚書右僕射楊素見而異之奏爲侍御史時永寧令李公孝四歲喪母九歲外繼其後父更別娶後妻至是而亡河間劉炫以無撫育之恩議不解任子翊駁之曰傳云繼母如母與母同也

當以配父之尊居母之位齊杖之制皆如親母又爲人後者爲其父母朞報朞者自以本生非殊親之與繼也父雖自處傍尊之地於子之情猶須隆其本重是以令云爲人後者爲其父母並解官申其心喪父卒母嫁爲父後者雖不服亦申心喪其繼母嫁不解官此專據嫁者生文耳將知繼母在父之室則制同親母若謂非有撫育之恩同之行路何服之有乎服既有之心喪焉可獨異三省令旨其義甚明今言令許不解何其甚謬且後人者爲其父母朞未有變隔以親繼親繼既等故知心喪不殊服問云母出則爲繼母之黨服豈不以出母族絕推而遠之繼母配父

引而親之乎子思曰爲伋也妻是爲白也母不爲伋也妻是不爲白也母定知服以名重情因父親所以聖人敦之以孝慈弘之以名義是使子以名服同之親母繼以義報等之己生如謂繼母之來在子出之後制有淺深者考之經傳未見其文譬出後之人所後者初亡後之者始至此復可以無撫育之恩而不服重乎昔長沙人王毖漢末爲上計詣京師既而吳魏隔絕毖於內國更娶生子昌毖死後爲東平相始知吳之母亡便情繫居重不攝職事于時議者不以爲非然則繼母之與前母於情無別若要以撫育始生服制王昌復何足云乎文晉鎮南將軍羊祜無子

取弟子伊爲子祜薨伊不服重祜妻表聞伊辭曰伯生存養已伊不敢違然無父命故還本生尚書彭禮議子之出養必由父命無命而出是爲叛子於是下詔從之然則心服之制不得緣恩而生也論云禮者稱情而立文仗義而設教還以此義諭彼之情稱情者稱如母之情仗義者仗爲子之義名義分定然後能尊父順名崇禮篤敬苟以母養之恩始成母子則恩由彼至服自已來則慈母如母何得待父命又云繼母慈母本實路人臨已養已同之骨血若如斯言子不由父縱有恩育得如母乎其慈繼雖在三年之下而居齊朞之上禮有倫例服以稱情繼母本以名

服豈藉恩之厚薄也至於兄弟之子猶子也私昵之心實殊禮服之制無二彼言以輕如重自以不同此謂如重之辭即同重法若使輕重不等何得爲如律云准枉法者但准其罪以枉法論者即同眞法律以弊刑禮以設教准者准擬之名以者即眞之稱如以二字義用不殊禮律兩文所防是一將此明彼足見其義取譬伐柯何遠之有又論云取子爲後者將以供承祧廟奉養已身不得使宗子歸其故宅以子道事本父之後妻也然本父後妻因父而得母稱若如來旨本父亦可無心喪乎何直父之後妻論又云禮言舊君其尊豈復君乎已去其位非復純臣須言舊以殊之別有所重非復純孝故言其已見之目以其父之文是名異也此又非通論何以言之其舊訓殊所用亦別舊者易新之稱其者因彼之辭安得以相類哉至如禮云其父析薪其子不克負荷傳云衛雖小其君在焉若其父而有異其君復有異乎斯不然矣斯不然矣今炫敢違禮乖令侮聖干法使出後之子無情於本生名義之分有虧於風俗徇飾非於明世彊媒蘖於禮經雖欲揚已露才不覺言之傷理事奏竟從子翊之議仁壽中爲新豐令有能名大業三年除大理正甚有當時之譽擢授治書侍御史每朝廷疑議子翊爲之辯析多出衆人意表從幸江都值

天下大亂帝猶不悟子翊因侍切諫由是忤旨令子翊爲丹陽留守尋遣於上江督運爲賊吴棊子所虜子翊說之因以衆首復遣領首賊清江遇煬帝被殺賊知而告之子翊弗信斬所言者賊又欲請以爲主子翊不從羣賊執子翊至臨川城下使告城中云帝已崩子翊反其言於是見害時年七十

堯君素

堯君素魏郡湯陰人也煬帝爲晉王時君素以左右從及嗣位累遷鷹擊郎將大業之末盜賊蜂起人多流亡君素所部獨全後從驍衛大將軍屈突通拒義兵於河東俄而

通引兵南遁，以君素有膽略，署領河東通守。義師遣將呂紹宗、韋義節等攻之不剋。及通軍敗，至城下呼之，君素見通歔欷流涕，悲不自勝，左右皆哽咽，通亦泣下霑衿，因謂君素曰：吾軍已敗，義旗所指莫不響應，事勢如此，卿當早降以取富貴。君素答曰：公當爪牙之寄，爲國大臣，主上委公以關中，代王付公以社稷，國祚隆替懸之於公，奈何不思報効，以至於此。縱不能遠慙主上，公所乘馬即代王所賜也，公何面目乘之哉。通曰：吁，君素，我力屈而來。君素曰：方今力猶未屈，何用多言。通慙而退。時圍甚急，行李斷絕，君素乃爲木鵝，置表於頸，具論事勢，浮之黃河，沿流而下，河陽守者得之，達于東都。越王侗見而歎息，於是承制拜君素爲金紫光祿大夫，密遣行人勞苦之。監門直閤龐玉、武衛將軍皇甫無逸前後自東都歸義，俱造城下，爲陳利害。大唐又賜金券，待以不死，君素卒無降心。其妻又至城下謂之曰：隋室已亡，天命有屬，君何自苦，身取禍敗。君素曰：天下事非婦人所知。引弓射之，應弦而倒。君素亦知事必不濟，然要在守死不易，每言及國家，未嘗不歔欷。嘗謂將士曰：吾是藩邸舊臣，累蒙獎擢，至於大義，不得不死。今穀支數年，食盡此穀，足知天下之事。必若隋室傾敗，天命有歸，吾當斷頭以付諸君也。時百姓苦隋日久，及逢義舉，人有息肩之望。然君素善於統領，下不能叛。歲餘，頗得外生口，城中微知江都傾覆，又糧食乏絕，人不聊生，男女相食，衆心離駭。白虹降於府門，兵器之端夜皆光見。月餘，君素爲左右所害。

陳孝意

河東陳孝意，少有志尚，弱冠以貞介知名。大業初，爲魯郡司法書佐，郡內號爲廉平。太守蘇威嘗欲殺一囚，孝意固諫，至於再三，威不許。孝意因解衣請先受死。良久，威意乃解，謝而遣之，漸加禮敬。及威爲納言，奏孝意爲侍御史。後以父憂去職，居喪過禮，有白鹿馴擾其廬，時人以爲孝感之應。未朞，起授鴈門郡丞。在郡蔬食齋居，朝夕哀臨，每一發聲，未嘗不絕倒，柴毀骨立，見者哀之。于時政刑日紊，長吏多贓汙，孝意清節彌厲，發姦擿伏，動若有神，吏民稱之。煬帝幸江都，馬邑劉武周殺太守王仁恭，舉兵作亂。孝意率兵與武賁郎將王智辯討之，戰於下館城，反爲所敗。武周遂轉攻傍郡，百姓兇兇，將懷叛逆。前郡丞楊長仁、鴈門令王確等並桀黠，爲無賴所歸，謀應武周。孝意陰知之，族滅其家，郡中戰慄，莫敢異志。俄而武周引兵來攻，孝意拒之，每致克捷。但孤城獨守，外無聲援，孝意執志，誓以必死。每遣使江都，道路隔絕，竟無報命。孝意亦知帝必不反，每

每旦暮向詔勅庫俯伏流涕悲動左右圍城百餘日粮盡爲校尉張倫所殺以城歸武周

張季珣

京兆張季珣父祥少爲高祖所知其後引爲丞相參軍事開皇中累遷并州司馬仁壽末漢王諒舉兵反遣其將劉建略地燕趙至井陘祥勒兵拒守建攻之復縱火燒其郭下祥見百姓驚駭其城側有西王母廟祥登城望之再拜號泣而言曰百姓何罪致此焚燒神其有靈可降雨相救言訖廟上雲起須臾驟雨其火遂滅士卒感其至誠莫不用命城圍月餘李雄援軍至賊遂退走以功授開府歷汝

州刺史靈武太守入爲都水監卒官季珣少慷慨有志節大業末爲鷹擊郎將其府據箕山爲固與洛口連接及李密翟讓攻陷倉城遣人呼之季珣罵密極口密怒遣兵攻之連年不能克時密衆數十萬在其城下季珣四面阻絕所領不過數百人而執志彌固誓以必死經三年資用盡樵蘇無所得撤屋而爨人皆穴處季珣撫巡之一無離叛粮盡士卒羸病不能拒戰遂爲所陷季珣坐聽事顔色自若密遣兵禽送之羣賊曳季珣令拜密季珣曰吾雖爲敗軍之將猶是天子爪牙之臣何容拜賊也密壯而釋之翟讓從之求金不得遂殺之時年二十八其弟仲琰大業末爲上洛令及義兵起率吏人城守部下殺之以歸義仲琰弟琮爲千牛左右宇文化及之亂遇害季珣家素忠烈兄弟俱死國難論者賢之

松贇

北海松贇性剛烈重名義爲石門府隊正大業末有賊楊厚擁徒作亂來攻北海縣贇從郡兵討之贇輕騎覘賊爲厚所獲厚令贇謂城中云郡兵已破宜早歸降贇僞許之既至城下大呼曰我是松贇爲官軍覘賊邂逅被執非力屈也今官軍大來並已至矣賊徒寡弱旦暮擒翦不足爲憂賊以刀築贇口引之而去毆擊交下贇罵厚曰老賊何

敢致辱賢良禍自及也言未卒賊已斬斷其腰城中望之莫不流涕扼腕銳氣益倍北海卒完煬帝遣戶曹郎郭子賤討厚破之以贇亡身殉節嗟悼不已上表奏之優詔褒揚贈朝散大夫本郡通守

史臣曰古人以天下至大方身則小生爲重矣比義則輕然則死有重於太山生以理全者也生有輕於鴻毛死與義合者也然死不可追生無再得故處不失節所以爲難矣楊諒玄感李密反形已成凶威方熾皇甫誕游元馮慈明臨危不顧視死如歸可謂勇於蹈義矣獨孤盛元文都盧楚堯君素豈不知天之所廢人不能興甘就菹醢之誅

以徇忠貞之節雖功未存於社稷力無救於顛危然視彼苟免之徒貫三光而洞九泉矣須陁善會有溫序之風子翊松贇蹈解楊之列國家昏亂有忠臣誠哉斯言也

列傳卷第三十六　隋書七十一

列傳第三十七　隋書七十二

特進臣魏　徵　上

孝義

孝經云夫孝天之經也地之義也人之行也論語云君子務本本立而道生孝悌也者其為仁之本與呂覽云夫孝三皇五帝之本務萬事之綱紀也執一術而百善至百邪去天下順者其唯孝乎然則孝之為德至矣其為道遠矣其化人深矣故聖帝明王行之於四海則與天地合其德與日月齊其明諸侯卿大夫行之於國家則永保其宗社長守其祿位匹夫匹婦行之於閭閻則播徽烈於當年揚

休名於千載此皆資純至以感物故聖哲之所重田翼郎方貴華闕稽古之學無俊偉之才並能任其自然情無矯飾篤於天性勤其四體竭股肱之力盡愛敬之心自足膝下之歡忘懷軒冕之貴不言之化人神通感雖或位登台輔爵列王侯祿積萬鍾馬跡千駟死之日曾不得與斯人之徒隸齒孝之大也不其然乎故述其所行為孝義傳

陸彥師

陸彥師字雲房魏郡臨漳人祖希道魏定州刺史父子彰中書監彥師少有行撿為邦族所稱長而好學解屬文魏襄城王元旭引為參軍事以父艱去職哀毀殆不勝喪與

兄卬廬於墓次負土成墳公卿重之多就墓側存問晦朔之際車馬不絶齊文宣聞而嘉歎旌表其閭號其所住爲孝終里中書令河間邢卲表薦之未報彭城王浟爲司州牧召補主簿後歷中外府東閤祭酒兄卬當襲父始平侯以彥師昆弟中最幼表讓封焉彥師固辭而止時稱友悌孝義總萃一門遷中書舍人尋轉通直散騎侍郎每陳使至必令高選主客彥師所接對者前後六輩歷中書黃門侍郎以不阿宦者遇讒出爲中山太守有惠政數年徵爲吏部郎中周武平齊授載師下大夫宣帝時轉少納言賜爵臨水縣男奉使幽薊俄而高祖爲丞相彥師遇疾請假

還鄴尉迥將爲亂彥師微知之遂委妻子潛歸長安高祖嘉之授内史下大夫拜上儀同高祖受禪拜尚書左丞進爵爲子彥師素多病未幾以務劇疾動乞解所職有詔聽以本官就第歲餘轉吏部侍郎隋承周制官無清濁彥師在職凡所任人頗甄別於士庶論者美之後復以病出爲汾州刺史卒官

田德懋

田德懋觀國公仁恭之子也少以孝友著名開皇初以父軍功賜爵平原郡公授太子千牛備身丁父艱哀毀骨立廬於墓側負土成墳上聞而嘉之遣員外散騎侍郎元志就弔焉復降璽書曰皇帝謝田德懋知在窮疚哀毀過禮倚廬墓所負土成墳朕孝理天下思弘名教復與汝通家情義素重有聞孝感嘉歎兼深春日暄和氣力何似宜自抑割以禮自存也并賜縑二百匹米百石復下詔表其門閭後歷太子舍人義州司馬大業中爲給事郎尚書駕部郎卒官

薛濬

薛濬字道賾刑部尚書内陽公冑之從祖弟也父琰周渭南太守濬少喪父早孤養母以孝聞幼好學有志行尋師於長安時初平江陵何妥歸國見而異之授以經業周天

和中襲爵虞城侯歷納言上士新豐令開皇初擢拜尚書虞部侍郎尋轉考功侍郎帝聞濬事母至孝以其母老賜輿服机杖四時珍味當時榮之後其母疾濬貌甚憂瘁親故弗之識也暨丁母艱詔鴻臚監護喪事歸葬夏陽于時隆冬極寒濬衰絰徒跣冒犯霜雪自京及鄉五百餘里足凍墮指瘡血流離朝野爲之傷痛州里賵助一無所受尋起令視事濬屢陳誠款請終喪制優詔不許及至京上見其毀瘠過甚爲之改容顧謂羣臣曰吾見薛濬哀毀不覺悲感傷懷嗟異久之濬竟不勝喪病且卒其弟謨時爲晉王府兵曹參軍事在揚州濬遺書與謨曰吾以不造幼丁

艱酷窮遊約處屢絕簞瓢晚生早孤不聞詩禮賴奉先人貽厥之訓獲稟母氏聖善之規負笈裹糧不憚艱遠從師就業欲罷不能砥行厲心困而彌篤服膺教義爰至長成自釋耒登朝于茲二十三年矣雖官非聞達而祿喜逮親庶保期頤得終色養何圖精誠無感禍酷荐臻兄弟俱被奪情苫廬靡申哀訴是用扣心泣血霣氣摧魂者也既而痿疾疊深不勝荼毒啓手啓足幸及全歸使夫死而有知得從先人於地下矣豈非至願哉但念爾伶俜孤宦遠在邊服顧此恨恨如何可言適已有書冀得與汝面訣忍死待汝已歷一旬汝既未來便成今古緬然永別爲恨何言

勉之哉勉之哉書成時年四十二有司以聞高祖爲之屑涕降使齎冊書弔祭曰皇帝咨故考功侍郎薛濬於戲惟爾操履貞和器業詳敏允膺列宿勤謇克彰及遘私艱奄從毀滅嘉爾誠孝感于朕懷奠酹有加抑惟朝典故遣使人指申徃命魂而有靈歆茲榮渥嗚呼哀哉濬性清儉死之日家無遺資濬初爲童兒時與宗中諸兒遊戲于澗濱見一黃蛇有角及足召羣兒共視了無見者濬以爲不祥歸大憂悴母逼而問之濬以實對時有胡僧詣宅乞食濬母怖而告之僧曰此乃兒之吉應且是兒也早有名位然壽不過六七耳言終而出忽然不見時咸異之既而終於四十二六七之言於是驗矣子乾福武安郡司倉書佐

王頒

王頒字景彥太原祁人也祖神念梁左衛將軍父僧辯太尉頒少倜儻有文武幹局其父平侯景留頒質於荊州遇元帝爲周師所陷頒因入關聞其父爲陳武帝所殺號慟而絕食頃乃蘇哭泣不絕聲毀瘠骨立至服闋常布衣蔬食藉藁而卧周明帝嘉之召授左侍上士累遷漢中太守尋拜儀同三司開皇初以平蠻功加開府封蛇丘縣公獻取陳之策上覽而異之召與相見言畢而歔欷上爲之改容及大舉伐陳頒自請行率徒數百人從韓擒先鋒夜濟

力戰被傷恐不堪復鬬悲感嗚咽夜中因睡夢有人授藥比寤而瘡不痛時人以爲孝感及陳滅頒密召父時士卒得千餘人對之涕泣其間壯士或問頒曰郎君來破陳國滅其社稷讎恥已雪而悲哀不止者將爲霸先早死不得手刃之邪請發其丘壟斲櫬焚骨亦可申孝心矣頒頓顙陳謝額盡流血荅之曰其爲帝王墳塋甚大恐一宵發掘不及其屍更至明朝事乃彰露若之何諸人請具鍫鍤一旦皆萃於是夜發其陵剖棺見陳武帝鬚並不落其本皆出自骨中頒遂焚骨取灰投水而飲之既而自縛歸罪於晉王王表其狀高祖曰朕以義平陳王頒所爲亦孝義之

道也朕何忍罪之會而不問有司録其戰功將加柱國賜物五千段頻固辭曰臣緣國威靈得雪怨耻本心徇私非是爲國所加官賞終不敢當高祖從之拜代州刺史甚有惠政母憂去職後爲齊州刺史卒官時年五十二弟頻見文學傳

楊慶

楊慶字伯悅河間人也祖玄父剛並以至孝知名慶美姿儀性辯慧年十六齊國子博士徐遵明見而異之及長頗涉書記年二十五郡察孝廉以侍養不行其母有疾不解襟帶者七旬及居母憂哀毀骨立負土成墳齊文宣帝表其門閭賜帛三十匹絲十屯粟五十石高祖受禪屢加褒

賞擢授儀同三司版授平陽太守年八十五終於家

郭儁

郭儁字弘乂太原文水人也家門雍睦七葉共居犬豕同乳烏鵲通巢時人以爲義感之應州縣上其事上遣平昌公宇文弢詣其家勞問之治書御史柳彧巡省河北表其門閭漢王諒爲并州總管聞而嘉歎賜兄弟二十餘人衣各一襲

田翼

田翼不知何許人也性至孝養母以孝聞其後母卧疾歲餘翼親易燥濕母食則食母不食則不食母患暴痢翼謂中毒遂親嘗惡及母終翼一慟而絶其妻亦不勝哀而死鄉人厚共葬之

紐回

紐回字孝政河東安邑人也性至孝周武成中父母喪廬於墓側負土成墳廬前生麻一株高丈許圍之合拱枝葉鬱茂冬夏恒青有烏棲其上回舉聲哭烏即悲鳴時人異之周武帝表其門閭擢授甘棠令開皇初卒子士雄少質直孝友喪父復廬於墓側負土成墳其庭前有一槐樹先甚鬱茂及士雄居喪樹遂枯死服闋還宅死樹復榮高祖聞之歎其父子至孝下詔褒揚號其所居爲累德里

劉士儁

劉士儁彭城人也性至孝丁母喪絶而復蘇者數矣勺飲不入口者七日廬於墓側負土成墳列植松柏狐狼馴擾爲之取食高祖受禪表其門閭

郎方貴

郎方貴淮南人也少有志尚與從父弟雙貴同居開皇中方貴嘗因出行遇雨淮水汎長於津所寄渡船人怒之撾方貴臂折至家其弟雙貴驚問所由方貴具言之雙貴恚恨遂向津毆擊船人致死守津者執送之縣官案問其狀

以方貴爲首當死雙貴從坐當流兄弟二人爭爲首坐縣司不能斷送詣州兄弟各引咎州不能定二人爭欲赴水而死州狀以聞上聞而異之特原其罪表其門閭賜物百段後爲州主簿

翟普林

翟普林楚丘人也性仁孝事親以孝聞州郡辟命皆固辭不就躬耕色養鄉鄰謂爲楚丘先生後父母疾親易燥濕不解衣者七旬大業初父母俱終哀毀殆將滅性廬於墓側負土爲墳盛冬不衣繒絮唯著單縗而已家有一烏犬隨其在墓若普林哀臨犬亦悲號見者嗟異焉有二鵲巢其廬前柏樹每入其廬馴狎無所驚懼大業中司隸巡察奏其孝感擢授孝陽令

李德饒

李德饒趙郡柏人人也祖徽魏尚書右丞父純開皇中爲介州長史德饒少聰敏好學有至性宗黨咸敬之弱冠爲校書郎仍直內史省參掌文翰轉監察御史糾正不避貴戚大業三年遷司隸從事每巡四方理雪冤枉褒揚孝悌雖位秩未通其德行爲當時所重凡與交結皆海內髦彥性至孝父母寢疾輒終日不食十旬不解衣及丁憂水漿不入口五日哀慟歐血數升及送葬之日會仲冬積雪行四十餘里單縗徒跣號踴幾絕會葬者千餘人莫不爲之流涕後甘露降於庭樹有鳩巢其廬納言楊達巡省河北詣其廬弔慰之因改所居村名孝敬村里爲和順里後爲金河長未之官值羣盜蜂起賊帥格謙孫宣雅等十餘頭聚衆於渤海時有勑許其歸首謙等懼不敢降以德饒信行有聞遣使奏曰若使德饒來者即相率歸首帝於是遣德饒往渤海慰諭諸賊行至冠氏會他盜攻陷縣城德饒見害其弟德劭性重然諾大業末爲離石郡司法書佐太守楊子崇特禮之及義兵起子崇遇害棄尸城下德劭赴哭盡哀收瘞之至介休詣義師請葬子崇大將軍嘉之因贈子崇官令德劭爲使者往離石禮葬子崇焉

華秋

華秋汲郡臨河人也幼喪父事母以孝聞家貧傭賃爲養其母遇患秋容貌毀悴鬢鬚頓改州里咸嗟異之及母終之後遂絕櫛沐髮盡禿落廬於墓側負土成墳有人欲助之者秋輒拜而止之大業初調狐皮郡縣大獵有一兔人逐之奔入秋廬中匿秋膝下獵人至廬所異而免之自爾此兔常宿廬中馴其左右郡縣嘉其孝感具以狀聞煬帝降使勞問表其門閭後羣盜起常往來廬之左右咸相誡曰勿犯孝子鄉人賴秋而全者甚衆

徐孝肅

徐孝肅汲郡人也宗族數千家多以豪侈相尚唯孝肅性儉約事親以孝聞雖在幼齒宗黨間每有爭訟皆至孝肅所平論之爲孝肅所短者無不引咎而退孝肅早孤不識父及長問其母父狀因求畫工圖其形像構廟置之而定省焉朔望享祭養母至孝數十年家人未見其有忿恚之色及母老疾孝肅親易燥濕憂悴數年見者無不悲悼母終孝肅茹蔬飲水盛冬單縗毀瘠骨立祖父母父母墓皆負土成墳廬於墓所四十餘載被髮徒跣遂以身終其弟德備聰敏通涉五經河朔間稱爲儒者德備終子處默又廬於墓側弈葉稱孝焉

史臣曰昔者弘愛敬之理必籍王公大人近古敦孝友之情多茅屋之下而彥師道賾或家傳纓冕或身誓山河遂乃負土成墳致毀滅性雖乖先王之制亦觀過以知仁矣郎貴昆弟爭死而身全田翼夫妻俱喪而名立德饒仁懷孝盜侶義感興王亦足稱也紐回劉儁之倫翟林華秋之輩或茂草嘉樹榮枯於庭宇或走獸翔禽馴狎於廬墓非夫孝悌之至通於神明者乎

列傳第三十八　隋書七十三

特進臣魏　徵　上

循吏

古之善牧人者養之以仁使之以義教之以禮隨其所便而處之因其所欲而與之從其所好而勸之如父母之愛子如兄之愛弟聞其飢寒爲之哀見其勞苦爲之悲故人敬而悅之愛而親之若子產之理鄭國子賤之居單父賈琮之牧冀州文翁之爲蜀郡皆可以恤其災患導以忠厚因而利之惠而不費其暉映千祀聲芳不絕夫何爲哉用此道也然則五帝三王不易人而化皆在所由化之而已故有無能之吏無不可化之人高祖膺運撫圖除凶靜亂日旰忘食思邁前王然不敦詩書不尚道德專任法令嚴察臨下吏存苟免罕聞寬惠乘時射利者多以一切求名暨煬帝嗣興志存遠略車轍馬跡將徧天下綱紀弛紊四維不張其或善於侵漁彊於剝割絕億兆之命遂一人之求者謂之奉公即時升擢其或顧名節存綱紀抑斂攘之心以從百姓之欲者則謂之附下旋及誅夷夫吏之侵漁得其所欲雖重其禁猶或爲之吏之清平失其所欲雖崇其賞猶或不爲況於上賞其姦下得其欲求其廉潔不亦難乎彥光等立嚴察之朝屬昏狂之主執心平允終行仁

恕餘風遺愛沒而不忘寬惠之音足以傳於來葉故列其行事以繫循吏之篇爾

梁彥光

梁彥光字脩芝安定烏氏人也祖茂魏秦華二州刺史父顯周荊州刺史彥光少岐嶷有至性其父每謂所親曰此兒有風骨當興吾宗七歲時父遇篤疾醫云餌五石可愈時求紫石英不得彥光憂瘁不知所為忽於園中見一物彥光所不識怪而持歸即紫石英也親屬咸異之以為至孝所感魏大統末入太學略涉經史有規檢造次必以禮解褐秘書郎時年十七周受禪遷舍人上士武帝時累遷小馭下大夫母憂去職毀瘁過禮未幾起令視事帝見其毀甚嗟歎久之頻蒙慰諭後轉小內史下大夫建德中為御正下大夫從帝平齊以功授開府陽城縣公邑千戶宣帝即位拜華州刺史進封華陽郡公增邑五百戶以陽城公轉封一子尋進位上大將軍遷御正上大夫俄拜柱國青州刺史屬帝崩不之官及高祖受禪以為岐州刺史兼領岐州宮監增邑五百戶通前二千戶甚有惠政嘉禾連理出於州境開皇二年上幸岐州悅其能乃下詔曰賞以勸善義兼訓物彥光操履平直識用凝遠布政岐下威惠在人廉慎之譽聞於天下三載之後自當遷陟恐其匱之

且宜旌善可賜粟五百斛物三百段御傘一枚庶使有感朕心日增其美四海之內凡曰官人慕高山而仰止聞清風而自勵未幾又賜錢五萬後數歲轉相州刺史彥光前在岐州其俗頗質以靜鎮之合境大化奏課連最為天下第一及居相部如岐州法鄴都雜俗人多變詐為之作歌稱其不能理化上聞而譴之竟坐免歲餘拜趙州刺史彥光言於上曰臣前待罪相州百姓呼為戴帽餳臣自分廢黜無復衣冠之望不謂天恩復垂收採請復為相州改絃易調庶有以變其風俗上答隆恩上從之復為相州刺史豪猾者聞彥光自請而來莫不嗤笑彥光下車發擿姦隱有若神明於是狡猾之徒莫不潛竄合境大駭初齊亡後衣冠士人多遷關內唯技巧商販及樂戶之家移實州郭由是人情險詖妄起風謠訴訟官人萬端千變彥光欲革其弊乃用秩俸之物招致山東大儒每鄉立斈非聖哲之書不得教授常以季月召集之親臨策試有勤斈異等聰令有聞者升堂設饌其餘並坐廊下有好諍訟惰業無成者坐之庭中設以草具及大比當舉行賓貢之禮又於郊外祖道并以財物資之於是人皆剋勵風俗大改有滏陽人焦通性酗酒事親禮闕為從弟所訟彥光弗之罪將至州斈令觀於孔子廟于時廟中有韓伯瑜母杖不痛哀母

力弱對毋悲泣之像通遂感悟既悲且媿若無自容彥光訓諭而遣之後改過勵行卒爲善士以德化人皆此類也吏人感悅略無諍訟後數歲卒官時年六十贈冀定青瀛四州刺史謚曰襄子文謙嗣文謙弘雅有父風以上柱國嫡子例授儀同開皇十五年拜上州刺史煬帝即位轉饒州刺史歲餘爲鄱陽太守稱爲天下之最徵拜戶部侍郎遼東之役領武賁郎將尋以本官兼撿校太府衛尉二少卿明年又領武賁郎將爲盧龍道軍副會楊玄感作亂其弟武賁郎將玄縱先隸文謙玄感反問未至而玄縱逃走文謙不之覺坐是配防桂林而卒時年五十六少子文讓

初封陽城縣公後爲鷹揚郎將從衛玄擊楊玄感於東都力戰而死贈通議大夫

樊叔略

樊叔略陳留人也父歡仕魏爲南兗州刺史阿陽侯屬高氏專權將謀興復之計爲高氏所誅叔略時在髫齓遂被腐刑給使殿省身長九尺志氣不凡頗爲高氏所忌內不自安遂奔關西周太祖見而器之引置左右尋授都督襲爵爲侯大冢宰宇文護執政引爲中尉叔略多計數曉習時事護漸委信之兼督內外累遷驃騎大將軍開府儀同三司護誅後齊王憲引爲園苑監時憲素有吞關東之志叔略因事數進兵謀憲甚奇之建德五年從武帝伐齊叔略部率精銳每戰身先士卒以功加上開府進封清鄉縣公邑千四百戶拜汴州刺史號爲明決宣帝時於洛陽營建東京以叔略有巧思拜營構監宮室制度皆叔略所定功未就而帝崩尉迥之亂高祖令叔略鎮大梁迥將宇文威來寇叔略擊走之以功拜大將軍復爲汴州刺史高祖受禪加位上大將軍進爵安定郡公在州數年甚有聲譽鄴都俗薄號曰難化朝廷以叔略所在著稱遷相州刺史政爲當時第一上降璽書褒美之賜物三百段粟五百石班示天下百姓爲之語曰智無窮清鄉公上下正樊安定

徵拜司農卿吏人莫不流涕相與立碑頌其德政自爲司農凡種植叔略別爲條制皆出人意表朝廷有疑滯公卿所未能決者叔略輒爲評理雖無學術有所依據衆師心獨見闇與理合甚爲上所親委高熲楊素亦禮遇之叔略雖爲司農往往參督九卿事性頗豪侈每食必方丈備水陸十四年從祠太山行至洛陽上令錄囚徒具狀將奏晨起至獄門於馬上暴卒時年五十九上悼惜久之贈亳州刺史謚曰襄

趙軌

趙軌河南雒陽人也父肅魏廷尉卿軌少好學有行檢周

蔡王引爲記室以清苦聞遷衛州治中高祖受禪轉齊州別駕有能名其東鄰有桑葚落其家軌遣人悉拾還其主誡其諸子曰吾非以此求名意者非機杼之物不願侵人汝等宜以爲誡在州四年考績連最持節使者郃陽公梁子恭狀上高祖嘉之賜物三百段米三百石徵軌入朝父老相送者各揮涕曰別駕在官水火不與百姓交是以不敢以壺酒相送公清若水請酌一杯水奉餞軌受而飲之既至京師詔與奇章公牛弘撰定律令格式時衛王爽爲原州總管上見爽年少以軌所在有聲授原州總管司馬在道夜行其左右馬逸入田中暴人禾軌駐馬待明訪禾

主酬直而去原州人吏聞之莫不改操後數年遷硤州刺史撫緝萌夷甚有恩惠尋轉壽州總管長史芍陂舊有五門堰蕪穢不修軌於是勸課人吏更開三十六門灌田五千餘頃人賴其利秩滿歸鄉里卒于家時年六十二子弘安弘智並知名

房恭懿

房恭懿字慎言河南洛陽人也父謨齊吏部尚書恭懿性沉深有局量達於從政仕齊釋褐開府參軍事歷平恩令濟陰守並有能名會齊亡不得調尉迥之亂恭懿預焉迥敗廢于家開皇初吏部尚書蘇威薦之授新豐令政爲三輔之最上聞而嘉之賜物四百段恭懿以所得賜分給窮乏未幾復賜米三百石恭懿又以賑貧人上聞而止之時雍州諸縣令每朔朝謁上見恭懿必呼至榻前訪以理人之術蘇威重薦之超授澤州司馬有異績賜物百段良馬一匹遷德州司馬在職歲餘盧愷復奏恭懿政爲天下之最上甚異之復賜百段因謂諸州朝集使曰如房恭懿志存體國愛養我百姓此乃上天宗廟之所祐助豈朕寡薄能致之乎朕即拜爲刺史豈止爲一州而已當令天下模範之卿等宜師斅也上又曰房恭懿所在之處百姓視之如父母朕若置之而不賞上天宗廟其當責我內外官人

宜知我意於是下詔曰德州司馬房恭懿出宰百里毗贊二藩善政能官標映倫伍班條按部實允僉屬委以方岳聲實俱美可使持節海州諸軍事海州刺史未幾會國子博士何妥奏恭懿尉迥之黨不當仕進威愷二人朋黨曲相薦舉上大怒恭懿竟得罪配防嶺南未幾徵還京師行至洪州遇患卒論者于今冤之

公孫景茂

公孫景茂字元蔚河間阜城人也容貌魁梧少好學博涉經史在魏察孝廉射策甲科爲襄城王長史兼行參軍遷太常博士多所損益時人稱爲書庫後歷高唐令大理正

俱有能名及齊滅周武帝聞而召見與語器之授濟北太守以母憂去職開皇初詔徵入朝訪以政術拜汝南太守郡廢轉曹州司馬在職數年以老病乞骸骨優詔不許俄遷息州刺史法令清靜德化大行時屬平陳之役征人在路有疾病者景茂撤減俸祿為饘粥湯藥分賑濟之賴全活者以千數上聞而嘉之詔宣告天下十五年上幸洛陽景茂謁見時年七十七上命升殿坐問其年幾景茂以實對上哀其老嗟嘆久之景茂再拜曰呂望八十而遇文王臣踰七十而逢陛下上甚悅賜物三百段詔曰景茂脩身絜己耆宿不虧作牧化人聲績顯著年終考校獨為稱首

宜升戎秩兼進藩條可上儀同三司伊州刺史明年以疾徵吏人號泣於道及疾愈復乞骸骨又不許轉道州刺史悉以秩俸買牛犢雞豬散惠孤弱不自存者好單騎巡人家至戶入閱視百姓產業有脩理者於都會時乃褒揚稱述如有過惡隨即訓導而不彰也由是人行義讓有無均通男子相助耕耘婦人相從紡績大村或數百戶皆如一家之務其後請致事上優詔聽之仁壽中上明公楊紀出使河北見景茂神力不衰還以狀奏於是就拜淄州刺史賜以馬轝便道之官前後歷職皆有德政論者稱為良牧大業初卒官年八十七謚曰康身死之日諸州人吏赴喪者數千人或不及葬皆望墳慟哭野祭而去

辛公義

辛公義隴西狄道人也祖徽魏徐州刺史父季慶青州刺史公義早孤為母氏所養親授書傳周天和中選良家子任太學生以勤苦著稱武帝時召入露門學令受道義每月集御前令與大儒講論數被嗟異時輩慕之建德初授宣納中士從平齊累遷掌治上士掃寇將軍高祖作相授內史上士參掌機要開皇元年除主客侍郎攝內史舍人事賜爵安陽縣男邑二百戶每陳使來朝常奉詔接宴轉駕部侍郎使往江陵安輯邊境七年使勾檢諸馬牧所獲

十餘萬匹高祖喜曰唯我公義奉國罄心從軍平陳以功除岷州刺史土俗畏病若一人有疾即合家避之父子夫妻不相看養孝義道絕由是病者多死公義患之欲變其俗因分遣官人巡檢部內凡有疾病皆以牀轝來安置聽事暑月疫時病人或至數百廳廊悉滿公義親設一榻獨坐其間終日連夕對之理事所得秩俸盡用市藥為迎醫療之躬勸其飲食於是悉差方召其親戚而諭之曰死生由命不關相着前汝棄之所以死耳今我聚病者坐臥其間若言相染那得不死病兒復差汝等勿復信之諸病家子孫慚謝而去後人有遇病者爭就使君其家無親屬因

留養之始相慈愛此風遂革合境之內呼爲慈母後遷牟州刺史下車先至獄中因露坐牢側親自驗問十餘日間決斷咸盡方還大廳受領新訟皆不立文案遣當直佐寮一人側坐訊問事若不盡應須禁者公義即宿廳事終不還閤人或諫之曰此事有程使君何自苦也答曰刺史無德可以導人尚令百姓係於囹圄豈有禁人在獄而心自安乎罪人聞之咸自款服後有欲諍訟者其鄉閭父老遽相曉曰此蓋小事何忍勤勞使君訟者多兩讓而止時山東霖雨自陳汝至于滄海皆苦水災境內犬牙獨無所損山出黃銀獲之以獻詔水部郎婁崱就公義禱焉乃聞

空中有金石絲竹之響仁壽元年追充揚州道黜陟大使豫章王暕恐其部內官寮犯法未入州境預令屬公義公義答曰奉詔不敢有私及至揚州皆無所縱捨暕銜之及煬帝即位揚州長史王弘入爲黃門侍郎因言公義之短竟去官吏人守闕訴冤相繼不絕後數歲帝悟除內史侍郎丁母憂未幾起爲司隸大夫檢校右禦衛武賁郎將從征至柳城郡卒時年六十二子馹

柳儉

柳儉字道約河東解人也祖元璋魏司州大中正相華二州刺史父裕周聞喜令儉有局量立行清苦爲州里所敬雖至親昵無敢狎侮周代歷宣納上士畿伯大夫及高祖受禪擢拜水部侍郎封率道縣伯未幾出爲廣漢太守甚有能名俄而郡廢時高祖初有天下勵精思政妙簡良能出爲牧宰以儉仁明著稱擢拜蓬州刺史獄訟者庭遣不爲文書約束佐史從容而已獄無繫囚蜀王秀時鎮益州列上其事遷邛州刺史在職十餘年萌夷悅服蜀王秀之得罪也儉坐與交通免職及還鄉里乘敝車羸馬妻子衣食不贍見者咸歎服焉煬帝嗣位徵之于時以功臣任職牧州領郡者並帶戎資唯儉自良吏帝嘉其績用特授朝散大夫拜弘化太守賜物一百段而遣之儉清節逾勵大

業五年入朝郡國畢集帝謂納言蘇威吏部尚書牛弘曰其中清名天下第一者爲誰威等以儉對帝又問其次威以涿郡丞郭絢潁川郡丞敬肅等二人對帝賜儉帛二百匹絢肅各一百匹令天下朝集使送至郡邸以旌異焉論者美之及大業末盜賊蜂起數被攻逼儉撫結人夷卒無離叛竟以保全及義兵至長安尊立恭帝儉與留守李粲縞素於州南向慟哭既而歸京師相國賜儉物三百段就拜上大將軍歲餘卒于家時年八十九

郭絢

郭絢河東安邑人也家素寒微初爲尚書令史後以軍功

拜儀同歷數州司馬長史皆有能名大業初刑部尚書宇文㢸巡省河北引絢爲副煬帝將有事於遼東以涿郡爲衝要訪可任者聞絢有幹局拜涿郡丞吏人悅服數載遷爲通守兼領留守及山東盜賊起絢逐捕之多所克獲時諸郡無復完者唯涿郡獨全後將兵擊竇建德於河間戰死人吏哭之數月不息

敬肅

敬肅字弘儉河東蒲坂人也少以貞介知名釋褐州主簿開皇初爲安陵令有能名擢拜秦州司馬轉幽州長史仁壽中爲衛州司馬俱有異績煬帝嗣位遷潁川郡丞大業

五年朝東都帝令司隸大夫薛道衡爲天下羣官之狀道衡狀稱肅曰心如鐵石老而彌篤時左翊衛大將軍宇文述當塗用事其邑在潁川每有書屬肅肅未嘗開封輒令使者持去述賓客有放縱者以法繩之無所寬貸由是述銜之八年朝於涿郡帝以其年老有治名將擢爲太守者數矣輒爲述所毀不行大業末乞骸骨優詔許之去官之日家無餘財歲餘終于家時年八十

劉曠

劉曠不知何許人也性謹厚每以誠恕應物開皇初爲平鄉令單騎之官人有諍訟者輒丁寧曉以義理不加繩劾各自引咎而去所得俸祿賑施窮乏百姓感其德化更相篤勵曰有君如此何得爲非在職七年風教大洽獄中無繫囚爭訟絕息囹圄盡皆生草庭可張羅及去官吏人無少長號泣於路將送數百里不絕遷爲臨潁令清名善政爲天下第一尚書左僕射高熲言其狀上召之及引見勞之曰天下縣令固多矣卿能獨異於衆良足美也顧謂侍臣曰若不殊獎何以爲勸於是下優詔擢拜莒州刺史

王伽

王伽河間章武人也開皇末爲齊州行參軍初無足稱後被州使送流囚李參等七十餘人詣京師時制流人並枷

鎖傳送伽行次滎陽哀其辛苦悉呼而謂之曰卿輩既犯國刑虧損名教身嬰縲紲此其職也今復重勞援卒豈獨不愧於心哉參等辭謝伽曰汝等雖犯憲法枷鎖亦大辛苦吾欲與汝等脫去行至京師總集能不違期不皆拜謝曰必不敢違伽於是悉脫其枷停援卒與期曰某日當至京師如致前却吾當爲汝受死舍之而去流人咸悅依期而至一無離叛上聞而驚異之召見與語稱善久之於是悉召流人并令攜負妻子俱入賜宴於殿庭而赦之乃下詔曰凡在有生含靈稟性咸知好惡並識是非若臨以至誠明加勸導則俗必從化人皆遷善往以海內亂離德教

廢絕官人無慈愛之心兆庶懷姦詐之意所以獄訟不息澆薄難治朕受命上天安養萬姓思遵聖法以德化人朝夕孜孜意在於此而伽深識朕意誠心宣導參等感悟自赴憲司明是率土之人非為難教良是官人不加曉示致令陷罪無由自新若使官盡王伽之儔人皆李參之輩刑厝不用其何遠哉於是擢伽為雍令政有能名

魏德深

魏德深本鉅鹿人也祖冲仕周為刑部大夫建州刺史因家弘農父毗鬱林令德深初為文帝挽郎後歷馮翊書佐武陽司戶書佐以能遷貴鄉長為政清淨不嚴而治會興

遼東之役徵稅百端使人往來責成郡縣于時王綱弛紊吏多贓賄所在徵斂下不堪命唯德深一縣有無相通不竭其力所求皆給百姓不擾稱為大治于時盜賊羣起武陽諸城多被淪陷唯貴鄉獨全郡丞元寶藏受詔逐捕盜賊每戰不利則器械必盡輒徵發於人動以軍法從事如此者數矣其鄰城營造皆聚於聽事吏人遽相督責晝夜喧囂猶不能濟德深各問其所欲任隨便修營官府寂然恒若無事唯約束長吏所修不須過勝餘縣使百姓勞苦然在下各自竭心常為諸縣之最尋轉館陶長貴鄉吏人聞之相與言及其事皆歔欷流涕語不成聲及將赴任傾城送之號泣之聲道路不絕既至館陶闔境老幼皆如見其父母有猾人員外郎趙君實與郡丞元寶藏深相交結前後令長未有不受其指麾者自德深至縣君實屏處於室未嘗輒敢出門逃竄之徒歸來如市貴鄉父老冒涉艱險詣闕請留德深有詔許之館陶父老復詣郡相訟以貴鄉文書為詐郡不能決會持節使者韋霽杜整等至兩縣詣使訟之乃斷從貴鄉貴鄉吏人歌呼滿道互相稱慶館陶衆庶合境悲哭因而居住者數百家寶藏深害其能會越王侗徵兵於郡寶藏遂令德深率兵千人赴東都俄而寶藏以武陽歸李密德深所領皆武陽人也以本土從賊

念其親戚輒出都門東向慟哭而反人或謂之曰李密兵馬近在金墉去此二十餘里汝必欲歸誰能相禁何為自苦如此其人皆垂泣曰我與魏明府同來不忍弃去豈以道路艱難乎其得人心如此後與賊戰沒於陣貴鄉館陶人庶至今懷之時有櫟陽令渤海高世衡蕭令彭城劉高城皐令弘農劉熾俱有恩惠大業之末長吏多贓汙衡高及熾清節逾厲風教大洽獄無繫囚為吏人所稱

史臣曰古語云善為水者引之使平善化人者撫之使靜水平則無損於隄防人靜則不犯於憲章然則易俗移風服教從義不資於明察必藉於循良者也彦光等皆內懷

直道至誠待物故得所居而化所去見思至於景茂之遏惡揚善公義之撫視疾病劉曠之化行所部德深之愛結人心雖信臣杜詩鄭渾朱邑不能繼也詩云愷悌君子人之父母豈徒言哉恭懿所在尤異屢簡帝心追既往之一眚遂流亡於道路惜乎柳儉去官妻子不贍趙軌秩滿酌水餞離清矣

列傳第三十八　隋書七十三

列傳第三十九　隋書七十四

特進臣魏　徵　上

酷吏

夫為國之體有四焉一曰仁義二曰禮制三曰法令四曰刑罰仁義禮制政之本也法令刑罰政之末也無本不立無末不成然教化遠而刑罰近可以助化而不可以專行可以立威而不可以繁用老子曰其政察察其人缺缺又曰法令滋章盜賊多有然則令之煩苛吏之嚴酷不能致理百代可知考覽前載有時而用之矣昔秦任獄吏赭衣滿道漢革其風矯枉過正禁網疏闊遂漏吞舟大姦巨猾犯義侵禮故剛克之吏摧拉凶邪一切禁姦以救時弊雖乖教義或有所取焉高祖膺期平一江左四海九州服教從義至於威行郡國力折公侯乘傳賦人探丸斫吏者所在蔑聞焉無曩時之弊亦已明矣士文等功不足紀才行無聞遭遇時來叨竊非據肆其褊性多行無禮君子小人咸罹其毒凡厥所莅莫不懍然居其下者視之如蛇虺過其境者逃之如寇讎與人之恩心非好善加人之罪事非疾惡其所笞辱多在無辜察其所為豺狼之不若也無禁姦除猾之志肆殘虐幼賤之心君子惡之故編為酷吏傳也

庫狄士文

庫狄士文代人也祖干齊左丞相父敬武衛將軍肆州刺史士文性孤直雖鄰里至親莫與通狎少讀書在齊襲封章武郡王官至領軍將軍周武帝平齊山東衣冠多迎周師唯士文閉門自守帝奇之授開府儀同三司隨州刺史高祖受禪加上開府封湖陂縣子尋拜貝州刺史性清苦不受公料家無餘財其子常噉官廚餅士文枷之於獄累日杖之一百步送還京僮隸無敢出門所買鹽菜必於外境凡有出入皆封署其門親舊絕跡慶弔不通法令嚴肅吏人股戰道不拾遺有細過必深文陷害嘗入朝遇上置

四ノ廿三 列傳三十九 隋書七十四 二

酒高會賜公卿入左藏任取多少人皆極重士文獨口銜絹一匹兩手各持一匹上問其故士文曰臣口手俱滿餘無所須上異之別加賞物勞而遣之士文至州發擿姦隱長吏尺布升粟之贓無所寬貸得千餘人而奏之上悉配防嶺南親戚相送哭泣之聲徧於州境至嶺南遇瘴癘死者十八九於是父母妻子唯哭士文士文聞之令人捕捉檛捶盈前而哭者彌甚有京兆韋焜爲貝州司馬河東趙達爲清河令二人並苛刻唯長史有惠政時人爲之語曰剌史羅剎政司馬蝮蛇瞋長史含笑判清河生喫人上聞而歎曰士文之暴過於猛獸竟坐免未幾以爲雍州長史

士文謂人曰我向法深不能窺候要貴必死此官矣及下車執法嚴正不避貴戚賓客莫敢至門人多怨望士文從父妹爲齊氏嬪有色齊滅之後賜薛國公長孫覽爲妾覽妻鄭氏性妬譖之於文獻后后令覽離絕士文恥之不與相見後應州刺史唐君明居母憂娉以爲妻由是士文君明並爲御史所劾士文性剛在獄數日憤恚而死家無餘財有子三人朝夕不繼親友無內之者

田式

田式字顯標馮翊下邽人也祖安興父長樂仕魏俱爲本郡太守式性剛果多武藝拳勇絕人周明帝時年十八授

列傳三十九 隋書七十四 三

都督領鄉兵後數載拜渭南太守政尚嚴猛吏人重足而立無敢違法者遷本郡太守親故屏跡請託不行武帝聞而善之進位儀同三司賜爵信都縣公擢拜延州刺史從帝平齊以功加上開府從爲庭州刺史改封梁泉縣公高祖總百揆尉迥作亂鄴城從韋孝寬擊之以功拜大將軍進爵武山郡公及受禪拜襄州總管專以立威爲務每視事于外必盛氣以待其下官屬股慄無敢仰視有犯禁者雖至親昵無所容貸其女婿京兆杜寧自長安省之式誡寧無出外寧久之不得還竊上北樓以暢鬱思式知之笞寧五十其所愛奴嘗詣式白事有蟲上其衣衿揮袖拂去之

式以爲慢己立榜殺之或賓吏姦贓部內劫盜者無問輕
重悉禁地牢中寢處糞穢令其苦毒自非身死終不得出
每赦書到州式未暇讀先召獄卒殺重囚然後宣示百姓
其刻暴如此由是爲上所譴除名爲百姓式慚恚不食妻
子至其所輒怒唯侍僮二人給使左右從家中索椒欲以
自殺家人不與陰遣所侍僮詣市買毒藥妻子又奪而弃
之式恚臥其子信時爲儀同至式前流涕曰大人既是朝
廷舊臣又無大過比見公卿放辱者多矣旋復升用大人
何能久乎乃至於此式欻然而起抽刀斫信信遽走避之
刃中於闔上知之以式爲罪己之深復其官爵尋拜廣州

列傳三十九　隋書七十四　四

總管卒官

燕榮

燕榮字貴公華陰弘農人也父偘周大將軍榮性剛嚴有
武藝仕周爲內侍上士從武帝伐齊以功授開府儀同三
司封高邑縣公高祖受禪進位大將軍封落叢郡公拜晉
州刺史從河間王弘擊突厥以功拜上柱國遷青州總管
榮在州選絕有力者爲伍伯吏人過之者必加詰問輒楚
撻之創多見骨姦盜屏迹境內肅然他州縣人行經其界
者畏若寇讎不敢休息上甚善之後因入朝覲特加勞勉
榮以母老請每歲入朝上許之及辭上賜宴于內殿詔王

公作詩以餞之伐陳之役以爲行軍總管率水軍自東萊
傍海入大湖取吳郡既破丹陽吳人共立蕭瓛爲主阻兵
於晉陵爲宇文述所敗退保包山榮率精甲五千躡之瓛
敗走爲榮所執晉陵會稽悉平檢校揚州總管尋徵爲右
武候將軍突厥寇邊以爲行軍總管屯幽州母憂去職明
年起爲幽州總管榮性嚴酷有威容長史見者莫不惶懼
自失范陽盧氏代爲著姓榮皆署爲吏卒以屈辱之鞭笞
左右動至千數流血盈前飲噉自若嘗按部道次見叢荊
堪爲笞捶命取之輒以試人人或自陳無咎榮曰後若有
罪當免爾及後犯細過將撾之人曰前日被杖使君許有

列傳三十九　隋書七十四　五

罪宥之榮曰無過尚爾況有過邪榜捶如舊榮每巡省管
內聞官人及百姓妻女有美色輒舍其室而淫之貪暴放
縱日甚是時元弘嗣被除爲幽州長史懼爲榮所辱固辭
上知之勑榮曰弘嗣杖十已上罪皆須奏聞榮忿曰豎子
何敢弄我於是遣弘嗣監納倉粟颺得一糠一粃輒罰之
每笞雖不滿十然一日之中或至三數如是歷年怨隙日
構榮遂收付獄禁絕其糧弘嗣飢餒抽衣絮雜水咽之其
妻詣闕稱寃上遣考功侍郎劉士龍馳驛鞫問奏榮虐毒
非虛又贓穢狼籍遂徵還京師賜死先是榮家寢室無故
有蛆數斛從地墳出未幾榮死於蛆出之處有子詢

趙仲卿

趙仲卿天水隴西人也父綱周大將軍仲卿性麤暴有膂
力周齊王憲甚禮之從擊齊攻臨秦統戎威遠伏龍張壁
等五城盡平之又擊齊將段孝先於姚襄城苦戰連日破
之以功授大都督尋典宿衛平齊之役以功遷上儀同兼
趙郡太守入為畿伯中大夫王謙作亂仲卿使在利州即
與總管豆盧勣發兵拒守為謙所攻仲卿督兵出戰前後
一十七陣及謙平進位大將軍封長垣縣公邑千户高祖
受禪進爵河北郡公開皇三年突厥犯塞以行軍總管從
河間王弘出賀蘭山仲卿別道俱進無虜而還復鎮平涼

尋拜石州刺史法令嚴猛纖微之失無所容捨鞭笞長吏
輒至二百官人戰慄無敢違犯盜賊屏息皆稱其能遷兗
州刺史未之官拜朔州總管于時塞北盛興屯田仲卿總
統之微有不理者仲卿輒召主掌撻其胷背或解衣倒曳
於荊棘中時人謂之猛獸事多克濟由是收穫歲廣邊戍
無餽運之憂會突厥啓民可汗求婚於國上許之仲卿因
是間其骨肉遂相攻擊十七年啓民窘迫與隋使長孫晟
投通漢鎮仲卿率騎千餘馳援之達頭不敢逼潛遣人誘
致啓民所部至者二萬餘家其年從高熲指白道以擊達
頭仲卿率兵三千為前鋒至族蠡山與虜相遇交戰七日

大破之追奔至乞伏泊復破之虜千餘口雜畜萬計突厥
悉衆而至仲卿為方陣四面拒戰經五日會高熲大兵至
合擊之虜乃敗走追度白道踰秦山七百餘里時突厥降
者萬餘家上命仲卿處之恒安以功進位上柱國賜物三
千段朝廷慮達頭掩襲啓民令仲卿屯兵二萬以備之代
州總管韓洪永康公李藥王蔚州刺史劉隆等將步騎一
萬鎮恒安達頭騎十萬來寇韓洪軍大敗仲卿自樂寧鎮
邀擊斬首虜千餘級明年督役築金河定襄二城以居啓
民時有表言仲卿酷暴者上令御史王偉按之並實惜其
功不罪也因勞之曰知公清正為下所惡賜物五百段仲

卿益恣由是免官仁壽中檢校司農卿蜀王秀之得罪奉
詔往益州窮按之秀賓客經過之處仲卿必深文致法州
縣長吏坐者太半上以為能賞婢奴五十口黃金二百兩
米粟五千石奇寶雜物稱是煬帝嗣位判兵部工部二曹
尚書事其年卒時年六十四謚曰肅贈物五百段子弘嗣

崔弘度 弟弘昇

崔弘度字摩訶衍博陵安平人也祖楷魏司空父說周敷
州刺史弘度膂力絕人儀貌魁岸鬚面甚偉性嚴酷年十
七周大冢宰宇文護引為親信尋授都督累轉大都督時
護子中山公訓為蒲州刺史令弘度從焉嘗與訓登樓至

上層去地四五丈俯臨之訓曰可畏也弘度曰此何足畏欻然擲下至地無損傷訓以其拳捷大奇之後以戰勳授儀同從武帝滅齊進位上開府鄴縣公賜物三千段粟麥三千石奴婢百口雜畜千計尋從汝南公宇文神舉破盧昌期於范陽宣帝嗣位從鄖國公韋孝寬經略淮南弘度與化政公宇文忻司水賀婁子幹至肥口陳將潘琛率兵數千來拒戰隔水而陣忻遣弘度諭以禍福琛至夕而遁進攻壽陽降陳守將吳文立弘度攻最以前後勳進位上大將軍襲父爵安平縣公及尉迥作亂以弘度為行軍總管從韋孝寬討之弘度募長安驍雄數百人為別隊所當

無不披靡弘度妹先適迥子為妻及破鄴城迥窘迫升樓弘度直上龍尾追之迥彎弓將射弘度弘度脫兜鍪謂迥曰相識不今日各圖國事不得顧私以親戚之情謹遏亂兵不許侵辱事勢如此早為身計何所待也迥擲弓於地罵大丞相極口而自殺弘度顧其弟弘昇曰汝可取迥頭弘昇遂斬之進位上柱國時行軍總管例封國公弘度不時殺迥致縱惡言由是降爵一等為武鄉郡公開皇初突厥入寇弘度以行軍總管出原州以拒之虜退弘度進屯靈武月餘而還拜華州刺史納其妹為秦孝王妃尋遷襄州總管弘度素貴御下嚴急動行捶罰吏人讋氣聞其聲

莫不戰慄所在之處令行禁止盜賊屏跡梁主蕭琮來朝上以弘度為江陵總管鎮荊州弘度未至而琮叔父巖擁居人以叛弘度追之不及陳人憚弘度亦不敢窺荊州平陳之役以行軍總管從秦孝王出襄陽道及陳平賜物五千段高智慧等作亂復以行軍總管出泉門道隸於楊素弘度與素品同而年長素每屈下之一旦隸素意甚不平素言多不用素亦優容之及還檢校原州事仍領行軍總管以備胡無虜而還上甚禮之復以其弟弘昇女為河南王妃仁壽中檢校太府卿自以一門二妃無所降下每誡其寮吏曰人當誠恕無得欺誑皆曰諾後嘗食鼈侍者八

九人弘度一一問之曰鼈美乎人懼之皆云鼈美弘度大罵曰傭奴何敢誑我汝初未食鼈安知其美俱杖八十官屬百工見之者莫不流汗無敢欺隱時有屈突蓋為武候驃騎亦嚴刻長安為之語曰寧飲三升酢不見崔弘度寧茹三升艾不逢屈突蓋然弘度理家如官子弟班白動行捶楚閨門整肅為當時所稱未幾秦王妃以罪誅河南王妃復被廢黜弘度憂恚謝病於家諸弟乃與之別居彌不得志煬帝即位河南王為太子帝將復立崔妃遣中使就第宣旨使者詣弘昇家弘度不之知也使者返帝曰弘度有何言使者曰弘度稱有疾不起帝默然其事竟寢弘度

憂憤未幾卒

弘昇字上客在周爲右侍上士尉迥作亂相州與兄弘度擊之以功拜上儀同尋加上開府封黃臺縣侯邑八百户高祖受禪進爵爲公授驃騎將軍宿衛十餘年以勳舊遷慈州刺史數歲轉鄭州刺史後以戚屬之故待遇愈隆遷襄州總管及河南王妃罪廢弘昇亦免官煬帝即位歷冀州刺史信都太守進位金紫光祿大夫轉涿郡太守遼東之役檢校左武衛大將軍事指平壤與宇文述等同敗績奔還發病而卒時年六十

元弘嗣

元弘嗣河南洛陽人也祖剛魏漁陽王父經周漁陽郡公弘嗣少襲爵十八爲左親衛開皇九年從晉王平陳以功授上儀同十四年除觀州總管長史在州專以嚴峻任事吏人多怨之二十年轉幽州總管長史于時燕榮爲總管肆虐於弘嗣每被笞辱弘嗣心不伏榮遂禁弘嗣於獄將殺之及榮誅死弘嗣爲政酷又甚之每推鞫因徒多以醋灌鼻或椓弋其下竅無敢隱情姦僞屛息仁壽末授木工監脩營東都大業初煬帝潛有取遼東之意遣弘嗣往東萊海口監造船諸州役丁苦其捶楚官人督役晝夜立於水中略不敢息自腰以下無不生蛆死者十三四尋遷黃門侍郎轉殿內少監遼東之役進位金紫光祿大夫明年帝復征遼東會奴賊寇隴右詔弘嗣擊之及玄感作亂逼東都弘嗣屯兵安定或告之謀應玄感者代王侑遣使執之送行在所以無反形當釋帝疑不解除名徙日南道死時年四十九有子仁觀

王文同

王文同京兆頻陽人也性明辯有幹用開皇中以軍功拜儀同尋授桂州司馬煬帝嗣位徵爲光祿少卿以忤旨出爲恒山郡丞有一人豪猾每持長吏長短前後守令咸憚之文同下車聞其名召而數之因令左右剡木爲大橛埋之於庭出尺餘四角各埋小橛令其人踣心於木橛上縛四支於小橛以棒敺其背應時潰爛郡中大駭吏人相視懾氣及帝征遼東令文同巡察河北諸郡文同見沙門齋戒菜食者以爲妖妄皆收繫獄比至河間召諸郡官人小有遲違者輒皆覆面於地而箠殺之求沙門相聚講論及長老共爲佛會者數百人文同以爲聚結惑衆盡斬之又悉裸僧尼驗有淫狀非童男女者數千人復將殺之郡中士女號哭於路諸郡驚駭各奏其事帝聞而大怒遣使者達奚善意馳鏁之斬於河間以謝百姓讎人剖其棺臠其肉而噉之斯須咸盡

史臣曰御之良者不在於煩策政之善者無取於嚴刑故雖寬猛相資德刑互設然不嚴而化前哲所重士文等運屬欽明時無禁縣未閑道德實懷殘忍賊人肌體同諸木石輕人性命甚於芻狗長惡不悛鮮有不及故或身嬰罪戮或憂恚顛隕凡百君子以爲有天道焉嗚呼後來之士立身從政縱不能爲子高門以待封其可令母掃墓而望喪乎

列傳第四十　隋書七十五

特進臣魏　徵　上

儒林

儒之爲教大矣其利物博矣篤父子正君臣尚忠節重仁義貴廉讓賤貪鄙開政化之本源鑿生民之耳目百王損益一以貫之雖世或汙隆而斯文不墜經邦致治非一時也涉其流者無祿而富懷其道者無位而尊故仲尼頓挫於魯君孟軻抑揚於齊后荀卿見珍於彊楚叔孫取貴於隆漢其餘處環堵以驕富貴安陋巷而輕王公者可勝數哉自晉室分崩中原喪亂五胡交爭經籍道盡魏氏發迹代陰經營河朔得之馬上茲道未弘暨夫太和之後盛修

文教搢紳碩學濟濟盈朝縫掖巨儒往往傑出其雅誥奧義宋及齊梁不能尚也南北所治章句好尚互有不同江左周易則王輔嗣尚書則孔安國左傳則杜元凱河洛左傳則服子慎尚書周易則鄭康成詩則並主於毛公禮則同遵於鄭氏大抵南人約簡得其英華北學深蕪窮其枝葉考其終始要其會歸其立身成名殊方同致矣爰自漢魏碩學多清通逮乎近古巨儒必鄙俗文武不墜弘之在人豈獨愚蔽於當今而皆明哲於往昔在乎用與不用知與不知耳然曩之弼諧庶績必舉德於鴻儒近代左右邦

家咸取士於刀筆縱有學優入室勤踰刺股名高海內擢第甲科若命偶時來未有望於青紫或數將運舛必委弃於草澤然則古之學者祿在其中今之學者困於貧賤明達之人志識之士安肯滯於所習以求貧賤者哉此所以儒罕通人學多鄙俗者也昔齊列康莊之第多士如林燕起碣石之宮群英自遠是知俗易風移必由上之所好非夫聖明御世亦無以振斯頹俗矣自正朔不一將三百年師說紛綸無所取正高祖膺期纂歷平一寰宇頓天網以掩之賁旌帛以禮之設好爵以縻之於是四海九州強學待問之士靡不畢集焉天子乃整萬乘率百寮遵問道之

儀觀釋奠之禮博士罄懸河之辯侍中竭重席之奧考正亡逸研覈異同積滯羣疑渙然冰釋於是超擢奇儁厚賞諸儒京邑達乎四方皆啓黌校齊魯趙魏學者尤多負笈追師不遠千里講誦之聲道路不絕中州儒雅之盛自漢魏以來一時而已及高祖暮年精華稍竭不悅儒術專尚刑名執政之徒咸非篤好暨仁壽間遂廢天下之學唯存國子一所弟子七十二人煬帝即位復開庠序國子郡縣之學盛於開皇之初徵辟儒生遠近畢至使相與講論得失於東都之下納言定其差次一以聞奏焉于時舊儒多已凋亡二劉拔萃出類學通南北博極今古後生鑽仰莫

之能測所製諸經義疏搢紳咸師宗之既而外事四夷戎馬不息師徒怠散盜賊羣起禮義不足以防君子刑罰不足以威小人空有建學之名而無弘道之實其風漸墜以至滅亡方領矩步之徒亦多轉死溝壑凡有經籍自此皆湮沒於煨塵矣遂使後進之士不復聞詩書之言皆懷攘冠之心相與陷於不義傳曰學者將植不學者將落然則盛衰是繫興亡攸在有國有家者可不慎歟諸儒有身沒道存遺風可想皆採其餘論綴之於此篇云

元善

元善河南雒陽人也祖乂魏侍中父羅初爲梁州刺史及

乂被誅奔於梁官至征北大將軍青冀二州刺史善少隨父至江南性好學遂通涉五經尤明左氏傳及侯景之亂善歸於周武帝甚禮之以爲太子宮尹賜爵江陽縣公每執經以授太子開皇初拜內史侍郎上每望之曰人倫儀表也凡有敷奏詞氣抑揚觀者屬目陳使袁雅來聘上令善就館受書雅出門不拜善論舊事有拜之儀雅不能對遂拜成禮而去後遷國子祭酒上嘗親臨釋奠命善講孝經於是敷陳義理兼之以諷諫上大悅曰聞江陽之說更起朕心賚絹百匹衣一襲善之通博在何妥之下然以風流醞藉俯仰可觀音韻清朗聽者忘倦由是爲後進所歸妥

每懷不平心欲屈善因善講春秋初發題諸儒畢集善私謂妥曰名望已定幸無相苦妥然之及就講肆妥遂引古今滯義以難善多不能對善深銜之二人由是有隙善以高熲有宰相之具嘗言於上曰楊素粗疏蘇威怯懦元胄元旻正似鴨耳可以付社稷者唯獨高熲上初然之及熲得罪上以善之言爲熲游說深責望之善憂懼先患消渴於是疾動而卒時年六十

辛彥之

辛彥之隴西狄道人也祖世敍魏涼州刺史父靈輔周渭州刺史彥之九歲而孤不交非類博涉經史與天水牛弘

同志好學後入關遂家京兆周太祖見而器之引爲中外府禮曹賜以衣馬珠玉時國家草創百度伊始朝貴多出武人修定儀注唯彥之而已尋拜中書侍郎及周閔帝受禪彥之與少宗伯盧辯專掌儀制明武時歷職典祀太祝樂部御正四曹大夫開府儀同三司奉使迎突厥皇后還賚馬二百匹賜爵龍門縣公邑千戶尋進爵五原郡公加邑千戶宣帝即位拜少宗伯高祖受禪除太常少卿改封任城郡公進位上開府尋轉國子祭酒歲餘拜禮部尚書與祕書監牛弘撰新禮吳興沈重名爲碩學高祖嘗令彥之與重論議重不能抗於是避席而謝曰辛君所謂金城

湯池無可攻之勢高祖大悅後拜隨州刺史于時州牧多貢珍玩唯彥之所貢並供祭之物高祖善之顧謂朝臣曰人安得無學彥之所貢稽古之力也遷潞州刺史前後俱有惠政彥之又崇信佛道於城內立浮圖二所並十五層開皇十一年州人張元暴死數日乃蘇云遊天上見新構一堂制極崇麗元問其故人云潞州刺史辛彥之有功德造此堂以待之彥之聞而不悅其年卒官諡曰宣彥之撰墳典一部六官一部祝文一部禮要一部新禮一部五經異義一部並行於世有子仲龕官至猗氏令

何妥

何妥字栖鳳西城人也父細胡通商入蜀遂家郫縣事梁武陵王紀主知金帛因致巨富號爲西州大賈妥少機警八歲遊國子學助教顧良戲之曰汝既姓何是荷葉之荷爲是河水之河應聲答曰先生姓顧是眷顧之顧是新故之故眾咸異之十七以技巧事湘東王後知其聰明召爲誦書左右時蘭陵蕭昚亦有儁才住青楊巷妥住白楊頭時人爲之語曰世有兩儁白楊何妥青楊蕭昚其見美如此江陵陷周武帝尤重之授太學博士宣帝初欲立五后以問儒者辛彥之對曰后與天子匹體齊尊不宜有五妥駮曰帝嚳四妃舜又二妃亦何常數由是封襄城縣伯高

祖受禪除國子博士加通直散騎常侍進爵爲公妥性勁急有口才好是非人物時納言蘇威嘗言於上曰臣先人每誡臣云唯讀孝經一卷足可立身治國何用多爲上亦然之妥進曰蘇威所學非止孝經厥父若信有此言威不從訓是其不孝若無此言面欺陛下是其不誠不誠不孝何以事君且夫子有云不讀詩無以言不讀禮無以立豈容蘇綽教子獨反聖人之訓乎威時兼領五職上甚親重之妥因奏威不可信任又以掌天文律度皆不稱職妥又上八事以諫其一事曰臣聞知人則哲惟帝難之孔子曰舉直錯諸枉則民服舉枉錯諸直則民不服由此言之政之

治亂必慎所舉故進賢受上賞蔽賢蒙顯戮察今之舉人良異于此無論諂直莫擇賢愚心欲崇高則起家喉舌之任意須抑屈必白首郎署之官人之不服實由於此臣聞爵人於朝與士共之刑人於市與衆弃之伏見留心獄訟愛人如子每應決獄無不詢訪羣公刑之不濫君之明也刑既如此爵亦宜然若有懋功簡在帝心者便可擢用自斯以降若選重官必須參以衆議勿信一人之舉則上不偏私下無怨望其二事曰孔子云是察阿黨則罪無掩蔽又曰君子周而不比小人比而不周所謂比者即阿黨也謂心之所愛既已光華榮顯猶加提挈心之所惡既已沈

滯屈辱薄言必怒提挈既成必相掩蔽則欺上之心生矣屈辱既加則有怨恨謗讟之言出矣伏願廣加遴訪勿使朋黨路開威恩自任有國之患莫大於此其三事曰臣聞舜舉十六族所謂八元八愷也計其賢明理優今日猶復擇才授任不相侵濫故得四門雍穆庶績咸熙今官員極多用人甚少有一人身上乃兼數職爲是國無人也爲是人不善也今萬乘大國髦彥不少縱有明哲無由自達東方朔言曰尊之則爲將卑之則爲虜斯言信矣今當官之人不度德量力既無呂望傳說之能自負傳喦滋水之氣不慮憂深責重唯畏總領不多安斯寵任輕彼權軸好

致顛蹶實此之由易曰鼎折足覆公餗其形渥凶言不勝其任也臣聞窮力舉重不能爲用伏願更任賢良分才參掌使各行有餘力則庶事康哉其四事曰臣聞禮云析言破律亂名改作執左道以亂政者殺孔子曰仍舊貫何必改作伏見比年以來改作者多矣至如范威漏刻十載不成趙翊尺稱七年方決公孫濟迂誕醫方費逾巨萬徐道慶迴互子午糜耗飲食常明破律多歷歲時王渥亂名曾無紀極張山居未知星位前已蹂藉太常曹魏祖不識北辰今復轥轢太史莫不用其短見便自夸毗邀射名譽厚相誣罔請今日已後有如此者若其言不驗必加重罰庶

令有所畏忌不敢輕奏徃閒其餘文多不載時蘇威權兼數司先嘗隱武功故妥言自負傳巖濱水之氣以此激上書奏威大銜之十二年威定考文學又與妥更相訶詆威勃然曰無何妥不慮無博士妥應聲曰無蘇威亦何憂無執事由是威有隙其後上令妥考定鍾律妥又上表曰臣聞明則有禮樂幽則有鬼神然則動天地感鬼神莫近於禮樂又云樂至則無怨禮至則不爭揖讓而治天下者禮樂之謂也臣聞樂有二一曰姦聲二曰正聲夫姦聲感人而逆氣應之逆氣成象故樂行而倫清耳目聰明血氣和平移風易俗天下皆寧孔子曰放鄭聲遠佞人故鄭衛宋

列傳四十　隋書七十五　八

趙之聲出內則發疾外則傷人是以宮亂則荒其君驕商亂則陂其官壞角亂則憂其人怨徵亂則哀其事勤羽亂則危其財匱五者皆亂則國亡無日矣魏文侯問子夏曰吾端冕而聽古樂則欲寐聽鄭衛之音而不知倦何也子夏對曰夫古樂者始奏以文復亂以武修身及家平均天下鄭衛之音者姦聲以亂溺而不止優雜子女不知父子今君所問者樂也所愛者音也夫樂之與音相近而不同為人君者謹審其好惡案聖人之作樂也非止苟悅耳目而已矣欲使在宗廟之內君臣同聽之則莫不和敬在鄉里之內長幼同聽之則莫不和順在閨門之內父子同聽

之則莫不和親此先王立樂之方也故知聲而不知音者禽獸是也知音而不知樂者衆庶是也故黃鍾大呂弦歌干戚僮子皆能儛之能知樂者其唯君子不知聲者不可與言音不知音者不可與言樂知樂則幾於道矣紂為無道太師抱樂器以奔周晉君德薄師曠固惜清徵上古之時未有音樂鼓腹擊壤樂在其間易曰先王作樂崇德殷薦之上帝以配祖考至于黃帝作咸池顓頊作六莖帝嚳作五英堯作大章舜作大韶禹作大夏湯作大濩武王作大武從夏以來年代久遠唯有名字其聲不可得聞自殷至周備于詩頌故自聖賢已下多習樂者至如伏羲減

列傳四十　隋書七十五　九

瑟文王足琴仲尼擊磬子路鼓瑟漢高擊筑元帝吹簫漢高祖之初叔孫通因秦樂人制宗廟之樂 迎神于道門奏嘉至之樂迎神于廟門奏嘉至之樂猶古降神之樂也皇帝入廟門奏永至之樂以為行步之節猶采薺肆夏也乾豆上薦奏登歌之樂猶古清廟之歌也登歌再終奏休成之樂美神饗也皇帝就東廂坐定奏永安之樂美禮成也其休成永至二曲叔孫通所制也漢高祖廟奏武德文始五行之儛當春秋時陳公子完奔齊陳是舜後故齊有韶樂孔子在齊聞韶三月不知肉味是也秦始皇滅齊得齊韶樂漢高祖滅秦韶傳於漢高祖改名文始以示不相襲

也五行儛者本周大武樂也始皇改曰五行及于孝文復作四時之儛以示天下安和四時順也孝景采武德儛以爲昭德孝宣又采昭德以爲盛德雖變其名大抵皆因秦舊事至於魏晉皆用古樂魏之三祖並制樂辭自永嘉播越五都傾蕩樂聲南度是以大備江東宋齊已來至于梁代所行樂事猶皆傳古三雍四始實稱大盛及侯景篡逆樂師分散其四儛三調悉度偽齊齊氏雖知傳受得曲而不用之於宗廟朝廷也臣少好音律留意管絃年雖耆老頗皆記憶及東土克定樂人悉返訪其逗遛果云是梁人所教今三調四儛並皆有手雖不能精熟亦頗具雅聲若令教習傳授庶得流傳古樂然後取其會歸撮其指要因循損益更制嘉名歌盛德於當今傳雅正於來葉豈不美歟謹具録三調四儛曲名又製歌辭如別其有聲曲流宕不可以陳於殿庭者亦悉附之於後書奏別勑太常取妥節度於是作清平瑟三調聲又作八佾鞞鐸巾拂四舞先是太常所傳宗廟雅樂數十年唯作大呂廢黃鍾妥又以深乖古意乃奏請用黃鍾詔下公卿議從之俄而妥子蔚爲秘書郎有罪當刑上哀之減死論是後恩禮漸薄六年出爲龍州刺史時有負笈遊學者妥皆爲講說教授之爲刺史箴勒于州門外在職三年以疾請還詔許之復知學事

時上方使蘇夔在太常參議鍾律夔有所建議朝士多從之妥獨不同每言夔之短高祖下其議朝臣多排妥妥復上封事指陳得失大抵論時政損益并指斥當世朋黨於是蘇威及吏部尚書盧愷侍郎薛道衡等皆坐得罪除伊州刺史不行尋爲國子祭酒卒官謚曰肅撰周易講疏十三卷孝經義疏三卷莊子義疏四卷及與沈重等撰三十六科鬼神感應等大義九卷封禪書一卷樂要一卷文集十卷並行於世

蕭該

蘭陵蕭該者梁鄱陽王恢之孫也少封攸侯梁荊州陷與何妥同至長安性篤學詩書春秋禮記並通大義尤精漢書甚爲貴遊所禮開皇初賜爵山陰縣公拜國子博士奉詔書與妥正定經史然各執所見遞相是非久而不能就上譴而罷之該後撰漢書及文選音義咸爲當時所貴

包愷

東海包愷字和樂其兄愉明五經愷悉傳其業又從王仲通受史記漢書尤稱精究大業中爲國子助教于時漢書學者以蕭包二人爲宗匠聚徒教授著録者數千人卒門人爲起墳立碣焉

房暉遠

房暉遠字崇儒恒山眞定人也世傳儒學暉遠幼有志行治三禮春秋三傳詩書周易兼善圖緯恒以教授爲務遠方負笈而從者動以千計齊南陽王綽爲定州刺史聞其名召爲博士周武帝平齊搜訪儒俊暉遠首應辟命授小學下士及高祖受禪遷太常博士太常卿牛弘每稱爲五經庫吏部尚書韋世康薦之爲太學博士尋與沛公鄭譯修正樂章丁母憂解任後數歲授殄寇將軍復爲太常博士未幾擢爲國子博士會上令國子生通一經者並悉薦舉將擢用之既策問訖博士不能時定臧否祭酒元善怪問之暉遠曰江南河北義例不同博士不能徧涉學生皆

持其所短稱己所長博士各各自疑所以久而不決也祭酒因令暉遠考定之暉遠覽筆便下初無疑滯或有不服者暉遠問其所傳義疏輒爲始末誦之然後出其所短自是無敢飾非者所試四五百人數日便決諸儒莫不推其通博皆自以爲不能測也尋奉詔預修令式高祖嘗謂羣臣曰自古天子有女樂乎楊素以下莫知所出遂言無女樂暉遠進曰臣聞窈窕淑女鍾鼓樂之此即王者房中之樂著於雅頌不得言無高祖大悅仁壽中卒官時年七十二朝廷嗟惜焉賵賻甚厚贈員外散騎常侍

馬光

馬光字榮伯武安人也少好學從師數十年晝夜不息圖書讖緯莫不畢覽尤明三禮爲儒者所宗開皇初高祖徵山東義學之士光與張仲讓孔籠竇士榮張黑奴劉祖仁等俱至並授太學博士時人號爲六儒然皆鄙野無儀範朝廷不之貴也士榮尋病死仲讓未幾告歸鄉里著書十卷自云此書若奏我必爲宰相又數言玄象事州縣列上其狀竟坐誅孔籠張黑奴劉祖仁未幾亦被譴去唯光獨存嘗因釋奠高祖親幸國子學王公以下畢集光升座講禮啓發章門已而諸儒生以次論難者十餘人皆當時碩學光剖析疑滯雖辭非俊辯而理義弘贍論者莫測其淺

深咸共推服上嘉而勞焉山東三禮學者自熊安生後唯宗光一人初教授瀛博間門徒千數至是多負笈從入長安後數年丁母憂歸鄉里遂有終焉之志以疾卒於家時年七十三

劉焯

劉焯字士元信都昌亭人也父洽郡功曹焯犀額龜背望高視遠聰敏沈深弱不好弄少與河間劉炫結盟爲友同授詩於同郡劉軌思受左傳於廣平郭懋當問禮於阜城熊安生皆不卒業而去武強交津橋劉智海家素多墳籍焯與炫就之讀書向經十載雖衣食不繼晏如也遂以儒

學知名爲州博士刺史趙煚引爲從事舉秀才射策甲科
與著作郎王劭同脩國史兼參議律曆仍直門下省以待
顧問俄除員外將軍後與諸儒於祕書省考定羣言因假
還鄉里縣令韋之業引爲功曹尋復入京與左僕射楊素
吏部尚書牛弘國子祭酒蘇威國子祭酒元善博士蕭該
何妥太學博士房暉遠崔崇德晉王文學崔賾等於國子
共論古今滯義前賢所不通者每升座論難鋒起皆不能
屈楊素等莫不服其精博六年運洛陽石經至京師文字
磨滅莫能知者奉敕與劉炫等考定後因國子釋奠與炫
二人論義深挫諸儒咸懷妬恨遂爲飛章所謗除名爲民

於是優遊鄉里專以教授著述爲務孜孜不倦賈馬王鄭
所傳章句多所是非九章筭術周髀七曜曆書十餘部推
步日月之經量度山海之術莫不覈其根本窮其祕奧著
稽極十卷曆書十卷五經述議並行於世劉炫聰明博學
名亞於焯故時人稱二劉焉天下名儒後進質疑受業不
遠千里而至者不可勝數論者以爲數百年已來博學通
儒無能出其右者然懷抱不曠又嗇於財不行束脩者未
甞有所教誨時人以此少之廢太子勇聞而召之未及進
謁詔令事蜀王非其好也久之不至王聞而大怒遣人枷
送於蜀配之軍防其後典校書籍王以罪廢焯又與諸儒

脩定禮律除雲騎尉煬帝即位遷太學博士俄以疾去職
數年復被徵以待顧問因上所著曆書與太史令張胄玄
多不同被駮不用大業六年卒時年六十七劉炫爲之請
謚朝廷不許

劉炫

劉炫字光伯河間景城人也少以聰敏見稱與信都劉焯
閉戶讀書十年不出炫眸子精明視日不眩強記默識莫
與爲儔左畫方右畫圓口誦目數耳聽五事同舉無有遺
失周武帝平齊瀛州刺史宇文亢引爲戶曹從事後刺史
李繪署禮曹從事以吏幹知名歲餘奉勑與著作郎王劭

同修國史俄直門下省以待顧問又與諸術者修天文律
曆兼於內史省考定羣言內史令博陵李德林甚禮之炫
雖徧直三省竟不得官爲縣司責其賦役炫自陳於內史
內史送詣吏部吏部尚書韋世康問其所能炫自爲狀曰
周禮禮記毛詩尚書公羊左傳孝經論語孔鄭王何服杜
等注凡十三家雖義有精粗並堪講授周易儀禮穀梁用
功差少史子文集嘉言美事咸誦於心天文律曆窮覈微
妙至於公私文翰未甞假手吏部竟不詳試然在朝知名
之士十餘人保明炫所陳不謬於是除殿內將軍時牛弘
奏請購求天下遺逸之書炫遂僞造書百餘卷題爲連山

易魯史記等錄上送官取賞而去後有人訟之經赦免死
坐除名歸于家以教授爲務太子勇聞而召之既至京師
勑令事蜀王秀遷延不往蜀王大怒枷送益州既而配爲
帳内每使執杖爲門衛俄而釋之典校書史炫因擬屈原
卜居爲筮塗以自寄及蜀王廢與諸儒修定五禮授旅騎
尉吏部尚書牛弘建議以爲禮諸侯絶傍朞大夫降一等
今之上柱國雖不同古諸侯比大夫可也官在第二品宜
降傍親一等議者多以爲然炫駮之曰古之仕者宗一人
而已庶子不得進由是先王重適其宗子有分禄之義族
人與宗子雖疎遠猶服縗三月良由受其恩也今之仕者

位以才升不限適庶與古既異何降之有今之貴者多
忽近親若或降之民德之疎自此始矣遂寢其事開皇二
十年廢國子四門及州縣學唯置太學博士二人學生七
十二人炫上表言學校不宜廢情理甚切高祖不納開皇
之末國家殷盛朝野皆以遼東爲意炫以爲遼東不可伐
作撫夷論以諷焉當時莫有悟者及大業之季三征不克
炫言方驗煬帝即位牛弘引炫脩律令高祖之世以刀筆
吏類多小人年久長姦勢使然也又以風俗陵遲婦人無
節於是立格州縣佐史三年而代之九品妻無得再醮炫
著論以爲不可弘竟從之諸郡置學官及流外給廪皆發

自於炫弘嘗從容問炫曰案周禮士多而府史少今令史
百倍於前判官減則不濟其故何也炫對曰古人委任責
成歲終考其殿最案不重校文不繁悉府史之任掌要目
而已今之文簿恒慮覆治鍜鍊若其不密萬里追證百年
舊案故諺云老吏抱案死古今不同若此之相懸也事繁
政弊職此之由弘又問魏齊之時令史從容而已今則不
遑寧舍其事何由炫對曰齊氏立州不過數十三府行臺
遞相統領文書行下不過十條今州三百其繁一也往者
州唯置綱紀郡置守丞縣唯令而已其所具寮則長官自辟
受詔赴任每州不過數十今則不然大小之官悉由吏部

纖介之迹皆屬考功其繁二也省官不如省事省事不如
清心官事不省而望從容其可得乎弘甚善其言而不能
用納言楊達舉炫博學有文章射策高第除太學博士歲
餘以品卑去任還至長平奉勑追詣行在所或言其無行
帝遂罷之歸于河間于時羣盜蜂起穀食踊貴經籍道息
教授不行炫與妻子相去百里聲問斷絶鬱鬱不得志乃
自爲贊曰通人司馬相如楊子雲馬季長鄭康成等皆自
叙風徽傳芳來葉余豈敢仰均先達貽笑從昆徒以日迫
桑榆大命將近故友飄零門徒雨散溘死朝露埋魂朔野
親故莫照其心後人不見其迹殆及餘喘薄言胷臆貽及

行邁傳示州里使夫將來俊哲知余鄙志耳余從綰髮以來迄於白首嬰孩爲慈親所恕捶楚未嘗加從學爲明師所矜褫楚弗之及暨乎敦叙邦族交結等夷重物輕身先人後己昔在幼弱樂參長者爰及耆艾數接後生學則服而不厭誨則勞而不倦幽情寡適心事方違内省生平顧循終始其大幸有四其深恨有一性本愚蔽家業貧窶爲父兄所饒廁縉紳之末遂得博覽典誥窺涉今古小善著於丘園虛名聞於邦國其幸一也隱顯人間沈浮世俗數忝徒勞之職久執城旦之書名不挂於白簡事不染於丹筆立身立行慙恧實多啓手啓足庶幾可免其幸二也以

此庸虛屢動神眷以此卑賤每升天府齊鑣驥騄比翼鵷鴻整緗素於鳳池記言動於麟閣參謁宰輔造請羣公厚禮殊恩增榮改價其幸三也晝漏方盡大耋已嗟退反初服歸骸故里翫文史以怡神閲魚鳥以散慮觀省野物登臨園沼緩步代車無罪爲貴其幸四也仰休明之盛世慨道教之陵遲蹈先儒之逸軌傷羣言之蕪穢馳騖墳典釐改僻謬修撰始畢圖事適成天違人願途不我與世路未夷學校盡廢道不備於當時業不傳於身後銜恨泉壤實在茲乎其深恨一也時在郡城糧餉斷絶其門人多隨盜賊哀炫窮乏詣郡城下索炫郡官乃出炫與之炫爲賊所將過城下堡未幾賊爲官軍所破炫飢餓無所依復投縣城長吏意炫與賊相知恐爲後變遂閉門不納是時夜冰寒因此凍餒而死時年六十八其後門人謚曰宣德先生炫性躁競頗俳諧多自矜伐好輕侮當世爲執政所醜由是宦途不遂著論語述議十卷春秋攻昧十卷五經正名十二卷孝經述議五卷春秋述議四十卷尚書述議二十卷毛詩述議四十卷注詩序一卷筭術一卷並行於世

褚輝

吳郡褚輝字高明以三禮學稱於江南煬帝時徵天下儒術之士悉集内史省相次講論輝博辯無能屈者由是擢爲太學博士撰禮疏一百卷

顧彪

餘杭顧彪字仲文明尚書春秋煬帝時爲祕書學士撰古文尚書疏二十卷

魯世達

餘杭魯世達煬帝時爲國子助教撰毛詩章句義疏四十一卷行於世

張仲

吳郡張仲字叔玄仕陳爲左中郎將非其好也乃覃思經典撰春秋義略異於杜氏七十餘事喪服義三卷孝經義

三卷論語義十卷前漢音義十二卷官至漢王侍讀

王孝籍

平原王孝籍少好學博覽群言徧治五經頗有文翰與河間劉炫同志友善開皇中召入祕書助王劭修國史劭不之禮在省多年而不免輸稅孝籍鬱鬱不得志奏記於吏部尚書牛弘曰竊以毒螫憯膚則申旦不寐飢寒切體亦卒歲無聊何則痛苦難以安貧窮易爲感況懷抱之內水火鑠脂膏腠理之間風霜侵骨髓安可齰舌緘脣吞聲飲氣惡呻吟之響忍酸辛之酷哉伏惟明尚書公動哀矜之色開寬裕之懷咳唾足以活枯鱗吹噓可用飛窮羽芬椒

列傳四十　隋七十五　二十

蘭之氣暖布帛之詞許小人之請聞大君之聽雖復山川不遠鬼神在茲信而有徵言無不復猶恐拯溺遲於援手救經緩於扶足待越人之舟楫求魯匠之雲梯則必懸於槁樹之枝沒於深淵之底矣夫以一介貧人七年直省課役不免慶賞不霑責貢禹之田供釋之之費有弱子之累乏強兄之產卬以老母在堂光陰遲暮寒暑違闕關山超遠齧臂爲期前塗逾邈倚閭之望朝夕已勤謝相如之病無官可以免發梅福之狂非仙所能避愁疾甚乎厲鬼人生異夫金石營魂且散恐筮子無徵齎恨入冥則虛緣恩顧此乃王稽所以致言應侯爲之不樂也潛鬢髮之內居眉睫之間子野未曾聞離朱所不見況淪東觀留滯南史終無薦引永同埋殯三世不移雖由寂寞十年不調實之知己夫不世出者聖明之君也不萬一者誠賢之臣也以夫不世出而逢不萬一此小人所以爲明尚書幸也坐人物之源運銓衡之柄反披狐白不好緇衣此小人爲明尚書不取也昔荊玉未剖刖卞和之足百里未用碎禽息之首居得言之地有能用之資增耳目之明無手足之蹙憚而弗爲孰知其解夫官或不稱其能士或未申其屈一夫竊議語流天下勞不見圖安能無望儻病未及死狂還克念汗窮愁之簡屬離憂之詞記志於前修通心於來哲使

列傳四十　隋七十五　二十一

千載之下哀其不遇追咎執事有點清塵則不肖之軀死生爲累小人之罪方且未刊願少加憐愍留心無忽弘亦知其有學業而竟不得調後歸鄉里以教授爲業終于家注尚書及詩遭亂零落

史臣曰古語云容體不足觀勇力不足恃族姓不足道先祖不足稱然而顯聞四方流聲後胤者其唯學乎信哉斯言也暉遠榮伯之徒篤志不倦自求諸己遂能聞道下風稱珍席上或聚徒千百或服冕乘軒見重明時實惟稽古之力也江陽從容雅望風韻閑遠清談高論籍甚當年彥之敦經悅史砥身礪行志存典制動蹈規矩何妥通涉儁

爽神情警悟雅有口才兼擅詞筆然訐以為直失儒者之風焉劉焯道冠縉紳數窮天象既精且博洞幽究微鉤深致遠源流不測數百年來斯人而已劉炫學實通儒才堪成務九流七略無不該覽雖探賾索隱不逮於焯裁成義說文雅過之並道亞生知時不我與或纔登於下士或餒棄於溝壑情矣子夏有言死生有命富貴在天天之所與者聰明所不與者貴仕上聖且猶不免焯炫其如命何

列傳第四十　隋書七十五

列傳第四十一　隋書七十六

特進臣魏　徵上

文學

易曰觀乎天文以察時變觀乎人文以化成天下傳曰言身之文也言而不文行之不遠故堯曰則天表文明之稱周云盛德著煥乎之美然則文之為用其大矣哉上所以敷德教於下下所以達情志於上大則經緯天地作訓垂範次則風謠歌頌匡主和民或離讒放逐之臣塗窮後門之士道轗軻而未遇志鬱抑而不申憤激委約之中飛文魏闕之下奮迅泥滓自致青雲振沈溺於一朝流風聲於千載往往而有是以凡百君子莫不用心焉自漢魏以來迄乎晉宋其體屢變前哲論之詳矣暨永明天監之際太和天保之間洛陽江左文雅尤盛于時作者濟陽江淹吳郡沈約樂安任昉濟陰溫子昇河間邢子才鉅鹿魏伯起等並學窮書圃思極人文縟彩鬱於雲霞逸響振於金石英華秀發波瀾浩蕩筆有餘力詞無竭源方諸張蔡曹王亦各一時之選也聞其風者聲馳景慕然彼此好尚互有異同江左宮商發越貴於清綺河朔詞義貞剛重乎氣質氣質則理勝其詞清綺則文過其意理深者便於時用文華者宜於詠歌此其南北詞人得失之大較也若能擷彼

清音簡茲累句各去所短合其兩長則文質斌斌盡善盡
美矣梁自大同之後雅道淪缺漸乖典則爭馳新巧簡文湘
東啓其淫放徐陵庾信分路揚鑣其意淺而繁其文匿而彩
詞尚輕險情多哀思格以延陵之聽蓋亦亡國之音乎周氏
吞併梁荆此風扇於關右狂簡斐然成俗流宕忘反無所
取裁高祖初統萬機每念斲彫爲樸發號施令咸去浮華
然時俗詞藻猶多淫麗故憲臺執法屢飛霜簡煬帝
初習藝文有非輕側之論暨乎即位一變其風其與越公
書建東都詔冬至受朝詩及擬飲馬長城窟並存雅體
歸於典制雖意在驕淫而詞無浮蕩故當時綴文之士遂

得依而取正焉所謂能言者未必能行蓋亦君子不以人
廢言也爰自東帝歸秦逮乎青蓋入洛四隩咸臮九州
攸同江漢英靈燕趙奇俊並該天網之中俱爲大國之寶
言刈其楚片善無遺潤木圓流不能十數才之難也不其
然乎時之文人見稱當世則范陽盧思道安平李德林河
東薛道衡趙郡李元操鉅鹿魏澹會稽虞世基河東柳
䛒高陽許善心等或鷹揚河朔或獨步漢南俱騁龍光
並驅雲路各有本傳論而敘之其潘徽萬壽之徒或學
優而不切或才高而無貴仕其位可得而卑其名不可
堙没今總之於此爲文學傳云

劉臻

劉臻字宣摯沛國相人也父顯梁尋陽太守臻年十八
舉秀才爲邵陵王東閤祭酒元帝時遷中書舍人
江陵陷没復歸蕭詧以爲中書侍郎周冢宰宇文護
辟爲中外府記室軍書羽檄多成其手後爲露門學
士授大都督封饒陽縣子歷藍田令畿伯下大夫高祖授
禪進位儀同三司左僕射高熲之伐陳也以臻隨軍典文
翰進爵爲伯皇太子勇引爲學士甚褻狎之臻無吏
幹又性恍惚耽悅經史終日覃思至於世事多所遺忘
有劉訥者亦任儀同俱爲太子學士情好甚密臻住城

南訥住城東臻嘗欲尋訥謂從者曰汝知劉儀同家乎從
者不知尋訥謂臻還家答曰知於是引之而去既扣門臻
尚未悟謂至訥家乃據按大呼曰劉儀同可出矣其子
迎門臻驚曰此汝亦來耶其子答曰此是大人家於是顧
眄久之乃悟此叱從者曰汝大無意吾欲造劉訥耳性好噉
蜆以音同父諱呼爲扁螺其疎放多此類也精於兩漢書時
人稱爲漢聖開皇十八年卒年七十二有集十卷行於世

王頍

王頍字景文齊州刺史頒之弟也年數歲值江陵陷隨
諸兄入關少好遊俠年二十尚不知書爲其兄顒所責怒

於是感激始讀孝經論語晝夜不倦遂讀左傳禮易詩書乃歎曰書無不可讀者勤學累載遂遍通五經究其旨趣大爲儒者所稱解綴文善談論年二十二周武帝引爲露門學士每有疑決多頍所爲而頍性識甄明精力不倦好讀諸子偏記異書當代稱爲博物又曉兵法益有縱橫之志每歎不逢時常以將相自許開皇五年授著作佐郎尋令於國子講授會高祖親臨釋奠國子祭酒元善講孝經頍與相論難詞義鋒起善往往見屈高祖大奇之超授國子博士後坐事解職配防嶺南數載授漢王諒府諮議參軍王甚禮之時諒見房陵及秦蜀二王相次廢黜潛有異

志頍遂陰勸諒繕治兵甲及高祖崩諒遂舉兵亥多頍之計也頍後數進奇策諒不能用楊素至蒿澤將戰頍謂其子曰氣候殊不佳兵必敗汝可隨從我既而兵敗頍將歸突厥至山中徑路斷絶知必不免謂其子曰吾之計數不減楊素但坐言不見從遂至於此不能坐受擒執以成豎子名也吾死之後汝愼勿過親故於是自殺瘞之石窟中其子數日不得食遂過其故人竟爲所擒楊素求頍屍得之斬首梟於太原時年五十四撰五經大義三十卷有集十卷並因兵亂無復存者

崔儦

崔儦字岐叔清河武城人也祖休魏青州刺史父仲文齊高陽太守世爲著姓儦年十六太守請爲功曹不就少與范陽盧思道隴西辛德源同志友善每以讀書爲務負恃才地忽略世人大署其戶曰不讀五千卷書者無得入此室數年之間遂博覽羣言多所通涉解屬文在齊舉秀才爲員外散騎侍郎遷殿中侍御史尋與熊安生馬敬德等議五禮兼脩律令尋兼散騎侍郎聘于陳使還待詔文林館歷殿中膳部員外三曹郎中儦與頓丘李若俱見稱重時人爲之語曰京師灼灼崔儦李若齊亡歸鄉里仕郡爲功曹州補主簿開皇四年徵授給事郎尋兼內史舍人後

數年兼通直散騎侍郎聘于陳還授員外散騎侍郎越國公楊素時方貴倖重儦門地爲子玄縱娶其女爲妻聘禮甚厚親迎之始公卿滿座素令騎迎儦儦故敝其衣冠騎驢而至素推令上座儦有輕素之色禮甚倨言又不遜素忿然拂衣而起竟罷座後數日儦方來謝素待之如初仁壽中卒於京師時年七十二子世濟

諸葛潁

諸葛潁字漢丹陽建康人也祖銓梁零陵太守父規義陽太守潁年八歲能屬文起家梁邵陵王參軍事轉記室侯景之亂奔齊待詔文林館歷太學博士太子舍人周武平

齊不得調杜門不出者十餘年習周易圖緯倉雅莊子頗得
其要清辯有俊才晉王廣素聞其名引爲參軍車轉記室
及王爲太子除藥藏監煬帝即位遷著作郎甚見親待出
入卧內帝每賜之曲宴輒與皇后嬪御連席共榻潁因間
隙多所譖毁是以時人謂之冶葛後録恩舊授朝散大夫
帝常賜潁詩其卒章曰參翰長洲苑侍講肅成門名理窮
研覈英華恣討論實録資平允傳芳導後昆其見待遇如
此從征吐谷渾加正議大夫後從駕北巡卒於道年七十
七潁性褊急與柳䛒每相忿鬩帝屢責怒之而猶不止於
後帝亦薄之有集二十卷撰鑾駕北巡記三卷幸江都道

里記一卷洛陽古今記一卷馬名録二卷並行於世有子
嘉會

孫萬壽

孫萬壽字仙期信都武強人也祖寶魏散騎常侍父靈暉
齊國子博士萬壽年十四就阜城熊安生受五經略通大
義兼博涉子史善屬文美談笑博陵李德林見而奇之在
齊年十七奉朝請高祖受禪滕穆王引爲文學坐衣冠不
整配防江南行軍摠管宇文述召典軍書萬壽本自書生
從容文雅一旦從軍鬱鬱不得志爲五言詩贈京邑知
友曰賈誼長沙國屈平湘水濱江南瘴癘地從來逐臣

粤余非巧宦少小拙謀身欲飛無假翼思鳴不值晨如何
載筆士翻作負戈人飄飄如木偶棄置同芻狗失路乃西
浮非狂亦東走晚歲出函關方春度京口石城臨獸據天
津望牛斗牛斗盛妖氛梟獍已成羣郗超初入幕王粲始從軍
褰糧楚山際被甲吳江濆吳江一浩蕩楚山何糾紛驚波
上濺日喬木下臨雲繫越恒資辯喻蜀幾飛文魯連唯救
患吾彥不爭勳羈遊歲月久歸思常搔首非關不樹萱豈
爲無杯酒數載辭鄉縣三秋別親友壯志後風雲衰鬢先
蒲柳心緒亂如絲空懷疇昔時昔時遊帝里弱歲逢知已
旅食南館中飛蓋西園裏河間本好書東平唯愛士英辯

接天人清言洞名理鳳池時寓直麟閣常遊止勝地盛賓
僚麗景相攜招舟汎昆明水騎指渭津橋祓除臨灞岸供
帳出東郊宜城醞始熟陽翟曲新調繞樹烏啼夜雊麥雉
飛朝細塵梁下落長袖掌中嬌懽娛三樂至懷抱百憂銷
夢想猶如昨尋思久寂寥一朝牽世網萬里逐波潮迴輪
常自轉懸旆不堪搖登高視衿帶鄉關白雲外迴首望孫
城愁人益不平華亭宵鶴唳幽谷早鶯鳴斷絕心難續惝
怳魂屢驚羣紀通家好鄒魯故鄉情若值南飛鴈時能訪
死生此詩至京盛爲當時之所吟誦天下好事者多書壁
而翫之後歸鄉里十餘年不得調仁壽初徵拜豫章王長

史非其好也王轉封于齊即爲齊王文學當時諸王官屬多被夷滅由是彌不自安因謝病免久之授大理司直卒於官時年五十二有集十卷行於世

王貞

王貞字孝逸梁郡陳留人也少聰敏七歲好學善毛詩禮記左氏傳周易諸子百家無不畢覽善屬文詞不治產業每以諷讀爲娛開皇初汴州刺史樊叔略引爲主簿後舉秀才授縣尉非其好也謝病于家煬帝即位齊王暕鎮江都聞其名以書召之曰夫山藏美玉光照廊廡之間地蘊神劒氣浮星漢之表是知毛遂穎脫義感平原孫惠文詞

來迁東海顧循寡薄有懷髦彥籍甚清風爲日久矣未獲披覿良深佇遲比高天流火早應涼颷陵雲仙掌方承清露想攝衛攸宜與時休適前園後圃從容丘壑之情左琴右書蕭散煙霞之外茂陵謝病非無封禪之文彭澤遺榮先有歸來之作優游儒雅何樂如之余屬當藩屏宜條楊越坐棠聽訟事絕詠歌攀桂摛詞眷言高遯至於揚旌北渚飛蓋西園託乘之應劉置醴之申穆背淮之賓徒聞其語趨燕之客罕值其人鄉道冠鷹揚聲高鳳舉儒墨泉海詞章苑囿棲遲衡泌懷寶迷邦徇茲獨善良以於邑今遣行人具宣往意側望起予甚於飢渴想便輕舉副此虛心無信投石之談空慕鑿坏之迹書不盡言更慙詞費及貞至王以客禮待之朝夕遣問安不又索文集貞啓謝曰屬賀德仁宣教須少來所有拙文昔公旦之才藝能事鬼神夫子之文章性與天道雅志傳於游夏餘波鼓於屈宋雕龍之迹具在風騷而前賢後聖代相師祖賞逐時移出門分路變清音於正始體高致於元康咸言坐握蛇珠誰許獨爲麟角孝逸生於戰爭之季長於風塵之世學無半古才不逮人往屬休明寸陰已昃雖居可封之屋每懷貧賤之恥適鄢郢而迷塗入邯鄲而失步歸來反覆心灰遂寒豈謂橫議過實虛塵睿覽枉高車以載鼷費明珠以彈雀

遂得裹糧三月重高門之餘地背淮千里望章臺之後塵與懸黎而並肆將駿驥而同阜終朝擊缶匪黃鍾之所諧日暮卻行何前人之能及顧想平生觸塗多感但以積年沈痼遺忘日久拙思所存纔成三十三卷仰而不至方見學仙之遠窺而不覩始知游聖之難咫尺天人周章不暇怖甚眞龍之降慙過白豕之歸伏紙陳情形神悚越齊王覽所上集善之賜良馬四匹貞復上江都賦王賜錢十萬貫馬二匹未幾以疾甚還鄉里終于家

虞綽

虞綽字士裕會稽餘姚人也父孝曾陳始興王諮議綽身

長八尺姿儀甚偉博學有俊才尤工草隸陳左衛將軍傅
縡有盛名於世見綽詞賦歎謂人曰虞郎之文無以尚也
仕陳爲太學博士遷永陽王記室及陳亡晉王廣引爲學
士大業初轉爲祕書學士奉詔與祕書郎虞世南著作佐
郎庾自直等撰長洲玉鏡等書十餘部綽所筆削帝未嘗
不稱善而官竟不遷初爲校書郎以藩邸左右加宣惠尉
遷著作佐郎與虞世南庾自直蔡允恭等四人常居禁中
以文翰待詔恩盼隆洽從征遼東帝舍臨海頓見大鳥異
之詔綽爲銘其辭曰維大業八年歲在壬申夏四月景子
皇帝底定遼碣班師振旅龍駕南轅鑾旗西邁行宮次

于柳城縣之臨海頓焉山川明秀寔仙都也旌門外設欵
蹕重阜帳殿周施降望大壑息清蹕下輕輿敬旨靈綏萬
福踐素砂步碧沚同軒皇之襄野邁漢宗於河上想汾射
以開襟望蓬瀛而載佇窅然齋肅窺屬殊庭兼以聖德遐
宣息别風與淮雨休符潛感表重潤於夷波璧日曬光卿
雲舒采六合開朗十洲澄鏡少選之間倏焉靈感有祥
禽皎同鶴鷺出自霄漢翻然雙下高逾一丈長乃盈尋靡
霜暉於羽翮激丹華於觜距鸞翔鳳跱鵠起鴻騫或蹴或
啄載飛載止徘徊馴擾咫尺乘輿不藉揮琴非因拊石樂
我君德是用來儀斯固類仙人之騏驥冠羽族之宗長西

王青鳥東海赤鴈豈可同年而語哉宜稱以銘基華岳事乖
靈異紀迹鄒山義非盡美猶方冊不泯遺文可觀況盛德
成功若斯懿鑠懷眞味道加此感通不鐫名山安用銘異
臣拜稽首敢勒銘云來蘇興怨帝自東征言復禹績乃御
軒營六師薄伐三韓肅清龔行天罰赫赫明明文德上暢
靈武外薄車徒不擾苛慝靡作凱歌載路成功允鑠反旆
還軒遵林並壑停輿海澨駐蹕巖阯窅想遐凝蘶蔚千里
金臺銀闕雲浮岳峙有感斯應靈禽效祉飛來清漢俱集
華泉好音玉響皓質冰鮮狎仁馴德習習翩翩絶迹無泯
於萬斯年帝覽而善之命有司勒於海上以度遼功授建

節尉綽恃才任氣無所降下著作郎諸葛穎以學業幸於
帝綽每輕侮之由是有隙帝嘗問綽於穎穎曰虞綽麤人
也帝頷之時禮部尚書楊玄感稱爲貴倨虛襟禮之與結
布衣之友綽數從之遊其族人虞世南誡之曰上性猜忌
而君過厚玄感若與絶交者帝知君改悔可以無咎不然
終當見禍綽不從尋有告綽以禁内兵書借玄感帝甚銜
之及玄感敗後籍沒其家妓妾並入宮帝因問之玄感平
常時與何人交往其妾以虞綽對帝令大理卿鄭善果窮
治其事綽曰羇旅薄遊與玄感文酒談款實無他謀帝怒
不解徙綽且末綽至長安而亡吏逮之急於是潛度江變姓

名自稱吳卓遊東陽抵信安令天水辛大德大德舍之歲餘綽與人爭田相訟有識綽者而告竟爲吏所執坐斬江都時年五十四所有詞賦並行於世大德爲令誅翦群盜甚得民和與綽俱爲使者所執其妻泣曰每諫君無匿學士今日之事豈不哀哉大德笑曰我本圖脫長者反爲人告之吾罪也當死以謝綽會有詔死罪得以擊賊自効信安吏民詣使者叩頭曰辛君人命所懸辛君若去亦無信安矣使者留之以討賊帝怒斬使者大德獲全

王胄

王胄字承基琅邪臨沂人也祖筠梁太子詹事父祥陳黃

門侍郎胄少有逸才仕陳起家鄱陽王法曹參軍歷太子舍人東陽王文學及陳滅晉王廣引爲學士仁壽末從劉方擊林邑以功授帥都督大業初爲著作佐郎以文詞爲煬帝所重帝常自東都還京師賜天下大酺因爲五言詩詔胄和之其詞曰河洛稱朝市崤函實奥區周營曲阜作漢建奉春謀大君苞二代皇居盛兩都招搖正東指天駟廼西驅展軨齊玉軑式道耀金吾千門駐罕畢四達儼車徒是節春之暮神皐華實敷皇情感時物睿思屬枌榆詔問百年老恩隆五日酺小人荷鎔鑄何由荅大鑪帝覽而善之因謂侍臣曰氣高致遠歸之於胄詞清體潤其在世基意密理新推庾自直過此者未可以言詩也帝所有篇什多令繼和與虞綽齊名同志友善于時後進之士咸以二人爲准的從征遼東進授朝散大夫胄性踈率不倫自恃才大鬱鬱於薄宦每負氣陵傲忽略時人爲諸葛穎所嫉屢譖之於帝帝愛其才而不罪禮部尚書楊玄感虛襟與交數遊其第及玄感敗與虞綽俱徙邊胄遂亡匿潛還江左爲吏所捕坐誅時年五十六所著詞賦多行於世

胄兄眘字元恭博學多通少有盛名於江左仕陳歷太子洗馬中舍人陳亡與胄俱爲學士煬帝即位授祕書郎卒官

庾自直

庾自直潁川人也父持陳羽林監自直少好學沉靜寡欲仕陳歷豫章王府外兵參軍宣惠記室陳亡入關不得調晉王廣聞之引爲學士大業初授著作佐郎自直解屬文於五言詩尤善性恭慎不妄交遊特爲帝所愛帝有篇章必先示自直令其詆訶自直所難帝輒改之或至於再三俟其稱善然後方出其見親禮如此後以本官知起居舍人事化及作逆以之北上自載露車中感激發病卒有文集十卷行於世

潘徽

潘徽字伯彥吳郡人也性聰敏少受禮於鄭灼受毛詩於施公受書於張冲講莊老於張譏並通大義尤精三史善屬文能持論陳尚書令江總引致文儒之士徽一詣總總甚敬之釋褐新蔡王國侍郎選爲客館令隋遣魏澹聘于陳陳人使徽接對之澹將反命爲啓於陳主曰敬奉弘慈曲垂餞送徽以爲伏奉爲重敬奉爲輕却其啓而不奏澹立議曰曲禮注曰禮主於敬詩曰維桑與梓必恭敬止孝經曰宗廟致敬又云不敬其親謂之悖禮孔子敬天之怒成湯聖敬日躋宗廟極重上天極高父極尊君極貴四者咸同一敬五經未有異文不知以敬爲輕竟何所據徽難之曰向所論敬字本不全以爲輕但施用處殊義成通別禮主於敬此是通言猶如男子冠而字之注云成人敬其名也春秋有冀缺夫妻亦云相敬既於子則有敬名之義在夫亦有敬妻之説此可復並謂極重乎至若謝諸公固非尊地公子敬愛止施賔友敬問敬報彌見雷同敬聽敬酬何關貴隔當知敬之爲義雖是不輕但敬之於語則有時混漫今云敬奉所以成疑聊舉一隅未爲深據澹不能對遂從而改焉及陳滅爲州博士秦孝王俊聞其名召爲學士嘗從俊朝京師在塗令徽於馬上爲賦行一驛而成名曰述恩賦俊覽而善之復令爲萬字文并遣撰集字書

名爲韻纂徽爲序曰文字之來尚矣初則羲皇出震觀象緯以法天次則史頡佐軒察蹄迒而取地於是八卦爰始爻文斯作繩用既息墳籍生焉至如龍荚授河龜威出洛緑綈白檢述勛華之運金繩玉字表殷夏之符銜甲示於姬壇吐卷徵於孔室莫不理包遠邇迹會幽明仰協神功俯照人事其制作也如彼其祥瑞也如此故能宣流萬代正名百物爲生民之耳目作後王之模範頌美形容垂芬篆素暨大隋之受命也追蹤三五並曜參辰外振武功內修文德飛英聲而勒嵩岱彰大定而銘鍾鼎春干秋羽盛禮樂於膠庠省俗觀風採歌謡於唐衛我秦王殿下降靈霄極稟秀天機質潤珪璋文兼黼黻楚詩早習頗屬懷於言志沛易先通每留神於索隱尊儒好古三雍之對已遒博物多能百家之工彌洽遨遊必名教漁獵唯圖史加以降情引汲擇善賴微築館招賢攀枝佇異剖連城於井里賁束帛於丘園薄技無遺片言便賞所以人加脂粉物競琢磨俱報稻粱各施鳴吠于時歲次鶉火月躔夷則驂駕務隙靈光意靜前臨竹沼却倚桂巖泉石瑩仁智之心煙霞發文彩之致賔僚霧集教義風靡乃討論羣藝商略衆書以爲小學之家尤多舛雜雖復周禮漢律務在貫通而巧說邪辭遞生同異且文訛篆隸音謬楚夏三蒼急就之

流徵存章句說文字林之屬唯別體形至於尋聲推韻良
爲疑混酌古會今未臻功要末有李登聲類呂靜韻集始
判清濁纔分宮羽而全無引據過傷淺局詩賦所須卒難爲
用遂躬紆睿旨摽摘是非撮舉宏綱裁斷篇部摠會舊轍
創立新意聲別相從即隨注釋詳之詁訓證以經史備包
騷雅博牽子集汗簡云畢題爲韻纂凡三十卷勒成一家
方可藏彼名山副諸石室見羞圭之爲淺鄙懸金之不定
爰命末學製其都序徽業術已寡思理彌殫心若死灰文
慙生氣徒以犬馬識養飛走懷仁敢執顛沛之辭遂操狂
簡之筆而齊魯富經學楚鄭多良士西河之彥幸不誚於

索居東里之才請能加於潤色未幾俊薨晉王諱復引爲
揚州博士令與諸儒撰江都集禮一部復令徽作序曰禮
之爲用至矣大與天地同節明與日月齊照源開三本體
合四端畧居六衷之前即萌其理龜文鳥迹以後稍顯其
事雖情存簡易意非玉帛而夏造殷因可得知也至如秩
宗三禮之職司徒五禮之官邦國以和人神惟敬道德仁
義非此莫成進退俯仰去茲安適若重印塗猶防止水豈
直譬彼耕耨均斯粉澤而已哉自世屬坑焚時移漢魏叔
孫通之碩解高堂隆之博識專門者霧集制作者風馳節
文頗備枝條互起皇帝負扆垂旒辨方正位纂勳華之曆

象綴文武之憲章車書之所會通觸境斯應雲雨之所霑
潤無思不韙東探石篑之符西蠹羽陵之策鳴鑾太室復
佰靈臺樂備五常禮兼八代上柱國太尉揚州摠管晉王
握珪璋之寶履神明之德隆化讚傑藏用顯仁地居周邵
業冠河楚允文允武多才多藝戎衣而籠關塞朝服而掃
江湖收杞梓之才闢康莊之館加以佃漁六學網羅百氏
繼稷下之絕軌弘泗上之淪風頤無隱而不探事有難而
必綜至於采標綠錯華垂丹篆刑名長短儒墨是非書圖
翰林之域理窮談叢之內謁者所求之餘侍醫所校之逸
莫不澄涇辨渭拾珠棄蚌以爲質文遞改損益不同明堂

曲臺之記南宮東觀之說鄭王徐賀之荅崔譙何庾之論
簡牒雖盈菁華蓋鮮乃以宣條暇日聽訟餘晨娛情窺寶
之鄉凝相觀濤之岸摠括油素躬披緗縹芟蕪刈楚振領
提綱去其繁雜撮其指要勒成一家名曰江都集禮凡十
二帙一百二十卷取方月數用比星周軍國之義存焉人
倫之紀備矣昔者龜蒙今后睢渙名藩誠復出警入蹕
擬乘輿之制度建韜載旆用天子之禮樂求諸述作未聞
茲典方可韜之頖水副彼名山見刻石之非工嗤懸金之
已陋是知沛王通論不獨擅於前脩寧朔新書更追慙於
往册徽幸棲仁岳忝游聖海謬承恩獎敢叙該博之致云

煬帝嗣位詔徵與著作佐郎陸從典太常博士褚亮歐陽詢等助越公楊素撰魏書會素薨而止授京兆郡博士楊玄感兄弟甚重之數相來往及玄感敗凡交關多羅其患徵以玄感故人爲帝所不悅有司希旨出徵爲西海郡威定縣主簿意甚不平行至隴西發病卒

杜正玄 弟正藏

杜正玄字慎徽其先本京兆人八世祖曼爲石趙從事中郎因家於鄴自曼至正玄世以文學相授正玄尤聰敏博涉多通兄弟數人俱未弱冠並以文章才辯籍甚三河之間開皇末舉秀才尚書試方略正玄應對如響下筆成章

僕射楊素負才傲物正玄抗辭酬對無所屈撓素甚不悅久之會林邑獻白鸚鵡素促召正玄使者相望及至即令作賦正玄倉卒之際援筆立成素見文不加點始異之因令更擬諸雜文筆十餘條又皆立成而辭理華贍素乃嘆曰此真秀才吾不及也授晉王行參軍轉豫章王記室卒官

弟正藏

杜正藏字爲善尤好學善屬文弱冠舉秀才授純州行參軍歷下邑正大業中學業該通應詔舉秀才兄弟三人俱以文章一時詣闕論者榮之著碑誄銘頌詩賦百餘篇又著文章體式大爲後進所寶時人號爲文軌乃至海外高麗百濟亦共傳習稱爲杜家新書

常得志

京兆常得志博學善屬文官至秦王記室及王薨過故宮爲五言詩辭理悲壯甚爲時人所重復爲兄弟論義理可稱

尹式

河間尹式博學解屬文少有令問仁壽中官至漢王記室王甚重之及漢王敗式自殺其族人正卿彥卿俱有儁才名顯於世

劉善經

河間劉善經博物洽聞尤善詞筆歷仕著作佐郎太子舍人著酬德傳三十卷諸劉譜三十卷四聲指歸一卷行於世

祖君彥

范陽祖君彥齊尚書僕射孝徵之子也容貌短小言辭訥澀有才學大業末官至東平郡書佐郡陷於翟讓因爲李密所得密甚禮之署爲記室軍書羽檄皆成於其手及密敗爲王世充所殺

孔德紹

會稽孔德紹有清才官至景城縣丞竇建德稱王署爲中

書令專典書檄及建德敗伏誅

劉斌

南陽劉斌頗有詞藻官至信都郡司功書佐竇建德署為中書舍人建德敗復為劉闥中書侍郎與劉闥亡歸突厥不知所終

史臣曰魏文有言古今文人類不護細行鮮能以名節自立信矣王胄虞綽之輩崔儦孝逸之倫或矜氣負才遺落世事或學優命薄調高位下心鬱抑而孤憤志盤桓而不定嘯傲當世脫略公卿是知跅弛見遺嫉邪忤物不獨漢陽趙壹平原禰衡而已故多離咎悔鮮克有終然其學涉稽古文詞辨麗並鄧林之一枝崐山之片玉矣有隋總一寰宇得人為盛秀異之貢不過十數正玄昆季三人預焉華萼相耀亦為難兄弟矣

列傳第四十一　　隋書七十六

列傳卷第四十二　隋書七十七

特進臣魏徵上

隱逸

自肇有書契綿歷百王雖時有盛衰未嘗無隱逸之士故易稱遯世無悶又曰不事王侯詩云皎皎白駒在彼空谷禮云儒有上不臣天子下不事王侯語曰舉逸民天下之人歸心焉雖出處殊途語默異用各言其志皆君子之道也洪崖兆其始箕山扇其風七人作乎周年四皓光乎漢日魏晉以降其流逾廣其大者則輕天下細萬物其小者則安苦節甘賤貧或與世同塵隨波瀾以俱逝或違時矯俗望江湖而獨往狎玩魚鳥左右琴書拾遺粒而織落毛飲石泉而蔭松柏放情宇宙之外自足懷抱之中然皆欣欣於獨善鮮汲汲於兼濟而受命哲王守文令主莫不束帛交馳蒲輪結轍奔走巖谷唯恐不逮者何哉以其道雖未弘志不可奪縱無舟檝之功終有賢貞之操足以立懦夫之志息貪競之風與夫苟得之徒不可同年共日所謂無用以為用無為而無不為者也故敘其人列其行以備隱逸篇云

李士謙

李士謙字子約趙郡平棘人也髫齔喪父事母以孝聞母

魯歐吐疑爲中毒因跪而舐之伯父魏岐州刺史瑒深所嗟尚每稱曰此兒吾家之顏子也年十二魏廣平王贊辟開府參軍事後丁母憂居喪骨立有姊適宋氏不勝哀而死士謙服闋捨宅爲伽藍脫身而出詣學請業研精不倦遂博覽群籍兼善天文術數齊吏部尚書辛術召署員外郎趙郡王叡舉德行皆稱疾不就和士開亦重其名將諷朝廷擢爲國子祭酒士謙知而固辭得免隋有天下畢志不仕自以少孤未嘗飲酒食肉口無殺害之言至於親賓來萃輒陳罇俎對之危坐終日不倦李氏宗黨豪盛每至春秋二社必高會極歡無不沈醉諠亂嘗集士謙所盛饌

盈前而先爲設黍謂群從曰孔子稱黍爲五穀之長荀卿亦云食先黍稷古人所尚容可違乎少長肅然不敢弛惰退而相謂曰既見君子方覺吾徒之不德也士謙聞而自責曰何乃爲人所疏頓至於此家富於財躬處節儉每以振施爲務州里有喪事不辦者士謙輒奔走赴之隨之供濟有兄弟分財不均至相鬩訟士謙聞而出財補其少者令與多者相埒兄弟愧懼更相推讓卒爲善士有牛犯其田者士謙牽置涼處飼之過於本主望見盜刈其禾黍者默而避之其家僮嘗執盜粟者士謙慰諭之曰窮困所致義無相責遽令放之其奴嘗與鄉人董震因醉角力震扼

其喉斃於手下震惶懼請罪士謙謂之曰卿本無殺心何爲相謝然可遠去無爲吏之所拘性寬厚皆此類也其後出粟數千石以貸鄉人值年穀不登債家無以償皆來致謝士謙曰吾家餘粟本圖振贍豈求利哉於是悉召債家爲設酒食對之燔契曰債了矣幸勿爲念也各令罷去明年大熟債家爭來償謙謙拒之一無所受他年又大飢多有死者士謙罄竭家資爲之糜粥賴以全活者將萬計收埋骸骨所見無遺至春又出粮種分給貧乏趙郡農民德之撫其子孫曰此乃李參軍遺惠也或謂士謙曰子多陰德士謙曰所謂陰德者何猶耳鳴己獨聞之人無知者今

吾所作吾子皆知何陰德之有士謙善談玄理嘗有客在坐不信佛家應報之義以爲外典無聞焉士謙喻之曰積善餘慶積惡餘殃高門待封掃墓望喪豈非休咎之應邪佛經云輪轉五道無復窮已此則賈誼所言千變萬化未始有極忽然爲人之謂也佛道未東而賢者已知其然矣至若鯀爲黃熊杜宇爲鶗鴂褒君爲龍牛哀爲獸君子爲鵠小人爲猿彭生爲豕如意爲犬黃母爲黿宣武爲鼈鄧艾爲牛徐伯爲魚鈴下爲烏書生爲蛇羊祜前身李氏之子此非佛家變受異形之謂邪客曰邢子才云豈有松柏後身化爲樗櫟僕以爲然士謙曰此不類之談也變化

皆由心而作木豈有心乎客又問三教優劣士謙曰佛日也道月也儒五星也客亦不能難而止士謙平生時爲詠懷詩輒毀弃其本不以示人又嘗論刑罰遺文不具其略曰帝王制法沿革不同自可損益無爲頓改今之贓重者死是酷而不懲也語曰人不畏死不可以死恐之愚謂此罪宜從肉刑刖其一趾再犯者斷其右腕流刑刖去右手三指又犯者下其腕小盜宜黥又犯則落其所用三指又不悛下其腕無不止也無賴之人竄之邊裔職爲亂階適所以召戎矣非求治之道也博奕淫遊盜之萌也禁而不止黥之則可有識者頗以爲得治體開皇八年終於家時

年六十六趙郡士女聞之莫不流涕曰我曹不死而令李參軍死乎會葬者萬餘人鄉人李景伯等以士謙道著丘園條其行狀詣尚書省請先生之謚事寢不行遂相與樹碑於墓其妻范陽盧氏亦有婦德及夫終後所有賻贈一無所受謂州里父老曰參軍平生好施今雖殞歿安可奪其志哉於是散粟五百石以振窮乏

崔廓　子賾

崔廓字士玄博陵安平人也父子元齊燕州司馬廓少孤貧而母賤由是不爲邦族所齒初爲里佐屢逢屈辱於是感激逃入山中遂博覽書籍多所通涉山東學者皆宗之

既還鄉里不應辟命與趙郡李士謙爲忘年之友每相往來時稱崔李及士謙死廓哭之慟爲之作傳輸之秘府士謙妻盧氏寡居每有家事輒令人諮廓取定廓嘗著論言刑名之理其義甚精文多不載大業中終于家時年八十有子曰賾賾字祖濬七歲能屬文容貌短小有口才開皇初秦孝王薦之射策高第詔與諸儒定禮樂授校書郎尋轉協律郎太常卿蘇威雅重之母憂去職性至孝水漿不入口者五日徵爲河南豫章二王侍讀每更日來往二王之第及河南爲晉王轉記室參軍自此去豫章王重之不已遺賾書曰昔漢氏西京梁王建國平臺東苑慕義如林

馬卿辭武騎之官枚乘罷弘農之守每覽史傳嘗切怪之何乃脫略官榮棲遲藩邸以今望古方知雅志彼二子者豈徒然哉足下博聞強記鉤深致遠視漢臣之三篋似涉蒙山對梁相之五車若吞雲夢吾兄欽賢重士敬愛忘疲先築郭隗之宮常置穆生之醴今者重開土宇更誓山河地方七百牢籠曲阜城兼七十包舉臨淄大啓南陽方開東閣想得奉飛蓋曳長裾藉玳筵躡珠履歌山桂之偃蹇賦池竹之檀欒其崇貴也如彼其風流也如此幸甚幸甚何樂如之高視上京有懷德祖才謝天人多慚子建書不盡意寧俟繁辭賾答曰一昨伏奉手教書榮貺非恒心靈自

失若乃理高象繫，管輅思而不解；事富山海，郭璞注而未詳。至於五色相宣，八音繁會，鳳鳴不足喻，龍章莫之比。吳札之論周頌，詎盡揄揚；郢客之奏陽春，誰堪赴節。伏惟令王殿下稟潤天潢，承輝日觀，雅道貴於東平，文藝高於北海。漢則馬遷、蕭望，晉則裴楷、張華。雞樹騰聲，鵷池播美，望我清塵，悠然路絕。祖濬燕南贅客，河朔惰游，本無意於希顏，豈有心於慕藺。未嘗聚螢映雪，懸頭刺股，讀論唯取一篇，披莊不過盈尺。復況桑榆漸暮，藜藿屢空，舉燭無成，穿楊盡棄。但以燕求馬首，薛養雞鳴，謬齒鴻儀，虛班驥皁。挾太山而超北海，比報德而非難；堙崐崘以為池，匹酬恩而反易。忽屬周桐錫瑞，唐水承家，門有將相，樹宜桃李。真龍將下，誰好有名；濫吹先逃，何須別聽。但慈旨抑揚，損上益下，江海所以稱王，丘陵為之不逮。曹植儻預聞高論，則不殞令名；楊脩若切在下風，亦詎虧淳德。無任荷戴之至。謹奉啓以聞。豫章得書，賚米五十石，并衣服錢帛。時晉邸文翰，多成其手。王入東宮，除太子齋帥，俄遷舍人。及元德太子薨，以疾歸于家。後徵授起居舍人。大業四年，從駕汾陽宮，次河陽鎮。藍田令王曇於藍田山得一玉人，長三尺四寸，著大領衣，冠幘，奏之。詔問羣臣，莫有識者。賾荅曰：謹按漢文已前，未有冠幘，即是文帝以來所制作也。臣見魏大

司農盧元明撰嵩高山廟記云，有神人以玉為形，像長數寸，或出或隱，出則令世延長。伏惟陛下應天順民，定鼎嵩雒，岳神自見，臣敢稱慶。因再拜，百官畢賀。天子大悅，賜縑二百匹。從駕登太行山，詔問賾曰：何處有羊腸坂？賾對曰：臣按漢書地理志，上黨壺關縣有羊腸坂。帝曰：不是。又荅曰：臣按皇甫士安撰地書云，太原北九十里有羊腸坂。帝曰：是也。因謂牛弘曰：崔祖濬所謂問一知二。五年，受詔與諸儒撰區宇圖志二百五十卷，奏之。帝不善之，更令虞世基、許善心衍為六百卷。以父憂去職，尋起令視事。遼東之役，授鷹揚長史。置遼東郡縣名，皆賾之議也。奉詔作東征記。九年，除越王長史。于時山東盜賊蜂起，帝令撫慰高陽、襄國，歸首者八百餘人。十二年，從駕江都。宇文化及之弒帝也，引為著作郎，稱疾不起，在路發疾，卒於彭城，時年六十九。賾與洛陽元善、河東柳䛒、太原王劭、吳興姚察、琅邪諸葛潁、信都劉焯、河間劉炫相善，每因休假，清談竟日。所著詞賦碑誌十餘萬言，撰洽聞志七卷、八代四科志三十卷，未及施行，江都傾覆，咸為煨燼。

徐則

徐則，東海郯人也。幼沈靜，寡嗜欲，受業於周弘正，善三玄，精於議論，聲擅都邑。則歎曰：名者實之賓，吾其為賓乎？遂

懷棲隱之操杖策入縉雲山後學數百人苦請教授則謝
而遣之不娶妻常服巾褐陳太建時應召來憩於至真觀
朞月又辭入天台山因絶穀養性所資唯松水而已雖隆
冬沍寒不服綿絮太傅徐陵爲之刊山立頌初在縉雲山
太極真人徐君降之曰汝年出八十當爲王者師然後得
道也晉王諱鎮揚州知其名手書召之曰夫道得衆妙法
體自然包涵二儀混成萬物人能弘道道不虚行先生履
德養空宗玄齊物深明義味曉達法門悦性沖玄怡神虚
白餐松餌术棲息煙霞望赤城而待風雲遊玉堂而駕龍
鳳雖復藏名台岳猶且騰實江淮藉甚嘉猷有勞寤寐欽

承素道久積虚襟側席幽人夢想巖穴霜風已冷海氣將
寒偃息茂林道體休悆昔商山四皓輕舉漢庭淮南八公
來儀藩邸古今雖異山谷不殊市朝之隱前賢已説導凡
述聖非先生而誰故遣使人往彼延請想無勞束帶賁然
來思不待蒲輪去彼空谷希能屈己佇望披雲則謂門人
曰吾今年八十一王來召我徐君之旨信而有徵於是遂
詣揚州晉王將請受道法則辭以時日不便其後夕中命
侍者取香火如平常朝禮之儀至于五更而死支體柔弱
如生停留數旬顔色無變晉王下書曰天台真隱東海徐
先生虚確居宗沖玄成德齊物處外檢行安身草褐蒲衣

餐松餌术棲隱靈岳五十餘年卓矣仙才飄然勝氣千尋
萬頃莫測其涯寡人欽承道風久餐德素頻遣使乎遠此
延屈冀得虔受上法式建良縁至止甫爾未淹旬日厭塵
羽化反真靈府身體柔軟顔色不變經方所謂尸解地仙
者哉誠復師禮未申而心許有在雖忘怛化猶愴于懷喪
事所資隨須供給霓裳羽蓋既且騰雲空槨餘衣詎藉墳
壟但杖舄猶存示同俗法宜遣使人送還天台定葬是時
自江都至於天台在道多見則徒步云得放還至其舊居
取經書道法分遣弟子仍令淨掃一房曰若有客至宜延
之於此然後跨石梁而去不知所之須臾屍柩至方知其

靈化時年八十二晉王聞而益異之賵物千段遣畫工圖
其狀貌令柳䛒爲之讚曰可道非道常道無名上德不德
至德無盈玄風扇矣而有先生風鍊金液怡神玉清石髓
方軟雲丹欲成言追葛稚將侶茅嬴我王遙屬爰感靈誠
柱下暫啓河上沉精留符告信化杖飛聲永思靈迹曷用
攄情時披素繪如臨赤城時有建安宋玉泉會稽孔道茂
丹陽王遠知等亦行辟穀以松水自給皆爲煬帝所重

張文詡

張文詡河東人也父琚開皇中爲洹水令以清正聞有書
數千卷教訓子姪皆以明經自達文詡博覽文籍特精三

禮其周易詩書及春秋三傳並皆論習每好鄭玄注解以爲通博其諸儒異說亦皆詳究焉高祖引致天下名儒碩學之士其房暉遠張仲讓孔籠之徒並延之於博士之位文詡時遊太學暉遠等莫不推伏之學内翕然咸共宗仰其門生多詣文詡請質凝滯文詡輒博引證據辯說無窮唯其所擇治書侍御史皇甫誕一時朝彥恒執弟子之禮適至南臺遽飾所乘馬就學邀屈文詡每牽馬步進意在不因人以自致也右僕射蘇威聞其名而召之與語大悅勸令從官文詡意不在仕固辭焉仁壽末學廢文詡策杖而歸灌園爲業州郡頻舉皆不應命事母以孝聞每以德

化人鄉黨頗移風俗嘗有人夜中竊刈其麥者見而避之盜因感悟弃麥而謝文詡慰諭之自誓不言固令持去經數年盜者向鄉人說之始爲遠近所悉鄰家築墻心有不直文詡因毀舊堵以應之文詡嘗有腰疾會醫者自言善禁文詡令禁之遂爲刃所傷至於頓伏牀枕醫者叩頭請罪文詡遽遣之因爲其隱謂妻子曰吾昨風眩落坑所致其掩人之短皆此類也州縣以其貧素將加振䘏輒辭不受每閑居無事從容長歎曰老冉冉而將至恐脩名之不立以如意擊几皆有處所時人方之閔子騫原憲焉終於家年四十鄉人爲立碑頌號曰張先生○史臣曰古之所謂隱逸者非伏其身而不見也非閉其言而不出也非藏其智而不發也蓋以恬淡爲心不皦不昧安時處順與物無私者也士謙等忘懷纓冕畢志丘園隱不違親貞不絕俗不教而勸虛往實歸愛之如父母懷之如親戚非有自然之純德其孰能至於斯乎然士謙聞譽不喜文詡見傷無慍徐則志在沉冥不可親疎莫能貴賤皆抱樸之士矣崔廓感於屈辱遂以肥遯見稱祖濬文籍之美足以克隆先構父子雖動靜殊方其於成名一也美哉

列傳卷第四十二　　隋書七十七

列傳第四十三　　隋書七十八

特進臣魏　徵　上

藝術

夫陰陽所以正時日順氣序者也卜筮所以決嫌疑定猶豫者也醫巫所以禦妖邪養性命者也音律所以和人神節哀樂者也相術所以辯貴賤明分理者也技巧所以利器用濟艱難者也此皆聖人無心因民設教救恤災患禁止淫邪自三五哲王其所由來久矣然昔之言陰陽者則有箕子裨竈梓慎子韋曉音律者則師曠師摯伯牙杜夔叙卜筮則史扁史蘇嚴君平司馬季主論相術則內史叔

服姑布子卿唐舉許負語醫則文摯扁鵲季咸華陀其巧思則奚仲墨翟張平子馬德衡凡此諸君者仰觀俯察探賾索隱咸詣幽微思侔造化通靈入妙殊才絕技或弘道以濟時或隱身以利物深不可測固無得而稱焉近古涉乎斯術者雖有存夫貞一多肆其淫僻厚誣天道或變亂陰陽曲成君欲或假託神怪熒惑民心遂令時俗妖訛不獲返其真性身罹災毒莫得壽終而死藝成而下意在茲乎歷觀經史百家之言無不存夫藝術或敘其玄妙或記其迂誕非徒用廣異聞將以明乎勸戒是以後來作者或相祖述故今亦採其尤著者列為藝術篇云

庾季才　子質

庾季才字叔奕新野人也八世祖滔隨晉元帝過江官至散騎常侍封遂昌侯因家于南郡江陵縣祖詵梁處士與宗人易齊名父曼倩光祿卿季才幼穎悟八歲誦尚書十二通周易好占玄象居喪以孝聞梁廬陵王續辟荊州主簿湘東王繹重其術藝引授外兵參軍西臺建累遷中書郎領太史封宜昌縣伯季才固辭太史元帝曰漢司馬遷歷世尸掌魏高堂隆猶領此職不無前例卿何憚焉帝亦頗明星曆因共仰觀從容謂季才曰朕猶慮禍起蕭墻何方可息季才曰頃天象告變秦將入郢陛下宜留重臣作

鎮荊陝整旆還都以避其患假令羯寇侵蹙止失荊湘在於社稷可得無慮必久停留恐非天意也帝初然之後與吏部尚書宗懍等議乃止俄而江陵陷滅竟如其言周太祖一見季才深加優禮令參掌太史每有征討恒預侍從賜宅一區水田十頃并奴婢牛羊什物等謂季才曰卿是南人未安北土故有此賜者欲絕卿南望之心宜盡誠事我當以富貴相答初郢都之陷也衣冠士人多沒為賤季才散所賜物購求親故文帝問何能若此季才曰僕聞魏克襄陽先昭異度晉平建業喜得士衡伐國求賢古之道也今郢都覆敗君信有罪搢紳何咎皆為賤隸鄙人羈旅不

敢獻言誠切哀之故贖購耳太祖乃悟曰吾之過也微君
遂失天下之望因出令免梁俘為奴婢者數千口武成二
年與王褒庾信同補麟趾學士累遷稍伯大夫車騎大將
軍儀同三司其後大冢宰宇文護執政謂季才曰比日天
道有何徵祥季才對曰荷恩深厚若不盡言便同木石頃
上台有變不利宰輔公宜歸政天子請老私門此則自享
期頤而受旦奭之美子孫藩屏終保維城之固不然者非
復所知護沈吟久之謂季才曰吾本意如此但辭未獲免
耳公既王官可依朝例無煩別參寡人也自是漸疏不復
別見及護滅之後閱其書記武帝親自臨檢有假託符命

妄造異端者皆致誅戮唯得季才書兩紙盛言緯候災祥
宜反政歸權帝謂少宗伯斛斯徵曰庾季才至誠謹慤甚
得人臣之禮因賜粟三百石帛二百段遷太史中大夫詔
撰靈臺秘苑加上儀同封臨潁伯邑六百戶宣帝嗣位加
驃騎大將軍開府儀同三司增邑三百戶及高祖為丞相
嘗夜召季才而問曰吾以庸虛受茲顧命天時人事卿以
為何如季才曰天道精微難可意察切以人事卜之符兆
已定季才縱言不可公豈復得為箕潁之事乎高祖默然
久之因舉首曰吾今譬猶騎獸誠不得下矣因賜雜綵五
十匹絹二百段曰愧公此意宜善為思之大定元年正月

季才言曰今月戊戌平旦青氣如樓闕見於國城之上俄
而變紫逆風西行氣經云天不能無雲而雨皇王不能無
氣而立今王氣已見須即應之二月日出卯入酉居天之
正位謂之二八之門日者人君之象人君正位宜用二月
其月十三日甲子甲為六甲之始子為十二辰之初甲數
九子數又九九為天數其日即是驚蟄陽氣壯發之時昔
周武王以二月甲子定天下享年八百漢高帝以二月甲
午即帝位享年四百故知甲子甲午為得天數今二月甲
子宜應天受命上從之開皇元年授通直散騎常侍高祖
將遷都夜與高熲蘇威二人定議季才旦而奏曰臣仰觀

玄象俯察圖記龜兆允襲必有遷都且堯都平陽舜都冀
土是知帝王居止世代不同且漢營此城經今將八百歲
水皆鹹鹵不甚宜人願陛下協天人之心為遷徙之計高
祖愕然謂熲等曰是何神也遂發詔施行賜絹三百段馬
兩匹進爵為公謂季才曰朕自今已後信有天道矣於是
令季才與其子質撰垂象地形等志上謂季才曰天地秘
奧推測多途執見不同或致差舛朕不欲外人干預此事
故使公父子共為之也及書成奏之賜米千石絹六百段九
月出為均州刺史策書始降將就藩時議以季才術藝精
通有詔還委舊任季才以年老頻表去職每降優旨不許會

張胄玄曆行及袁充言日景長上以問季才季才因言充謬上大怒由是免職給半祿歸第所有祥異常使人就家訪焉仁壽三年卒時年八十八季才局量寬弘術業優博篤於信義志好賓遊常吉日良辰與琅邪王褒彭城劉瑴河東裴政及宗人信等爲文酒之會次有劉臻明克讓柳䛒之徒雖爲後進亦申遊款撰靈臺秘苑一百二十卷垂象志一百四十二卷地形志八十七卷並行於世

庾質字行脩少而明敏早有志尚八歲誦梁世祖玄覽言志等十賦拜童子郎仕周齊煬王記室開皇元年除奉朝請歷鄢陵令遷隴州司馬大業初授太史令操履貞慤立

言忠鯁每有災異必指事面陳而煬帝性多忌刻齊王暕亦被猜嫌質子儉時爲齊王屬帝謂質曰汝不能一心事我乃使兒事齊王何向背如此邪質曰臣事陛下子事齊王實是一心不敢有二帝怒不解由是出爲合水令八年帝親伐遼東徵詣行在所至臨渝謁見帝謂質曰朕承先旨親事高麗度其土地人民纔當我一郡卿以爲剋不質對曰以臣管窺伐之可剋切有愚見不願陛下親行帝作色曰朕今總兵至此豈可未見賊而自退也質又曰陛下若行慮損軍威臣猶願安駕住此命驍將勇士指授規模倍道兼行出其不意事宜在速緩必無功帝不悅曰汝既難行可住此也及師還授太史令九年復征高麗又問質曰今段復何如對曰臣實愚迷猶執前見陛下若親動萬乘糜費實多帝怒曰我自行尚不能剋直遣人去豈有成功也帝遂行既而禮部尚書楊玄感據黎陽反兵部侍郎斛斯政奔高麗帝大懼遽而西還謂質曰卿前不許我行當爲此耳今者玄感其成事乎質曰玄感地勢雖隆德望非素因百姓之勞苦冀僥倖而成功今天下一家未易可動帝曰熒惑入斗如何對曰斗楚之分玄感之所封也今火色衰謝終必無成十年帝自西京將往東都質諫曰比歲伐遼民實勞敝陛下宜鎮撫關內使百姓畢力歸農三

五年間令四海少得豐實然後巡省於事爲宜陛下思之帝不悅質辭疾不從帝聞之怒遣使馳傳鎖質詣行在所至東都詔令下獄竟死獄中子儉亦傳父業兼有學識仕歷襄武令元德太子學士齊王屬義寧初爲太史令時有盧太翼耿詢並以星曆知名

盧太翼

盧太翼字協昭河間人也本姓章仇氏七歲詣學日誦數千言州里號曰神童及長閑居味道不求榮利博綜群書爰及佛道皆得其精微尤善占候筭曆之術隱於白鹿山數年徙居林慮山茱萸嶺請業者自遠而至初無所拒後

憚其煩逃於五臺山地多藥物與弟子數人廬於巖下蕭然絕世以爲神仙可致皇太子勇聞而召之太翼知太子必不爲嗣謂所親曰吾拘逼而來不知所稅駕也及太子廢坐法當死高祖惜其才而不害配爲官奴久之乃釋其後目盲以手摸書而知其字仁壽末高祖將避暑仁壽宮太翼固諫不納至于再三太翼曰臣愚豈敢飾詞但恐是行鑾輿不反高祖大怒繫之長安獄期還而斬之高祖至宮寢疾臨崩謂皇太子曰章仇翼非常人也前後言事未嘗不中吾來日道當不反今果至此爾宜釋之及煬帝即位漢王諒反帝以問之荅曰上稽玄象下參人事何所能

爲未幾諒果敗帝常從容言及天下氏族謂太翼曰卿姓章仇四岳之胄與盧同源於是賜姓爲盧氏大業九年從駕至遼東太翼言於帝曰黎陽有兵氣後數日而玄感反書聞帝甚異之數加賞賜太翼所言天文之事不可稱數關諸祕密世莫得聞後數載卒於雒陽

耿詢

耿詢字敦信丹楊人也滑稽辯給伎巧絕人陳後主之世以客從東衡州刺史王勇於嶺南勇卒詢不歸遂與諸越相結皆得其歡心會郡俚反推詢爲主柱國王世積討擒之罪當誅自言有巧思世積釋之以爲家奴久之見其故人高智寶以玄象直太史詢從之受天文筭術詢創意造渾天儀不假人力以水轉之施於闇室中使智寶外候天時合如符契世積知而奏之高祖配詢爲官奴給使太史局後賜蜀王秀從往益州秀甚信之及秀廢復當誅何稠言於高祖曰耿詢之巧思若有神臣誠爲朝廷惜之上於是特原其罪詢作馬上刻漏世稱其妙煬帝即位進欹器帝善之放爲良民歲餘授右尚方署監事七年車駕東征詢上書曰遼東不可討師必無功帝大怒命左右斬之何稠苦諫得免及平壤之敗帝以詢言爲中以詢守太史丞宇文化及弒逆之後從至黎陽謂其妻曰近觀人事遠

察天文宇文必敗李氏當王吾知所歸矣詢欲去之爲化及所殺著鳥情占一卷行於世

韋鼎

韋鼎字超盛京兆杜陵人也高祖玄隱於商山因而歸宋祖叡梁開府儀同三司父正黃門侍郎鼎少通侻博涉經史明陰陽逆刺尤善相術仕梁起家湘東王法曹參軍遭父憂水漿不入口者五日哀毀過禮殆將滅性服闋爲邵陵王主簿侯景之亂鼎兄昂卒於京城鼎負屍出寄于中興寺求棺無所得鼎哀憤慟哭忽見江中有物流至鼎所鼎切異之往見乃新棺也因以充殮元帝聞之以爲精誠

所感侯景平司徒王僧辯以爲戶曹屬歷太尉掾大司馬從事中書侍郎陳武帝在南徐州鼎望氣知其當王遂寄孥焉因謂陳武帝曰明年有大臣誅死後四歲梁其代終天之曆數當歸舜後昔周滅殷氏封嬀滿于宛丘其裔子孫因爲陳氏僕觀明公天縱神武繼絕統者無乃是乎武帝陰有圖僧辯意聞其言大喜因而定策及受禪拜黃門侍郎俄遷司農卿司徒右長史貞威將軍領安右晉安王長史行府國事轉廷尉卿大建中爲聘周主使加散騎常侍尋爲祕書監宣遠將軍轉臨海王長史行吳興郡事入爲太府卿至德初鼎盡質貨田宅寓居僧寺友人大匠卿

毛彪問其故答曰江東王氣盡於此矣吾與爾當葬長安期運將及故破產耳初鼎之聘周也嘗與高祖相遇鼎謂高祖曰觀公容貌故非常人而神監深遠亦非群賢所逮也不久必大貴貴則天下一家歲一周天老夫當委質公相不可言願深自愛及陳平上馳召之授上儀同三司待遇甚厚上每與公王宴賞鼎恒預焉高祖嘗從容謂之曰韋世康與公相去遠近鼎對曰臣宗族分派南北孤絕自生以來未嘗訪問帝曰公百世卿族何得爾也乃命官給酒肴遣世康與鼎還杜陵樂飲十餘日鼎乃考校昭穆自楚太傅孟以下二十餘世作韋氏譜七卷時蘭陵公主寡上

爲之求夫選親衛柳述及蕭瑒等以示於鼎鼎曰瑒當封侯而無貴妻之相述亦通顯而守位不終上曰位由我耳遂以主降述上又問鼎諸兒誰得嗣答曰至尊皇后所最愛者即當與之非臣敢預知也上笑曰不肯顯言乎開皇十二年除光州刺史以仁義教導務弘清靜州中有土豪外修邊幅而內行不軌常爲劫盜鼎於都會時謂之曰卿是好人那忽作賊因條其徒黨謀議逗留其人驚懼即自首伏又有人客遊通主家之妾及其還去妾盜珍物於夜亡尋於草中爲人所殺主家知客與妾通因告客殺之縣司鞫問具得姦狀因斷客死獄成上於鼎鼎覽之曰此客

實姦而殺非也乃某寺僧詃妾盜物令奴殺之贓在某處即放此客遣掩僧并獲贓物自是部內肅然不言咸稱其有神道無拾遺者尋追入京以年老多病累加優賜頃之卒年七十九

來和

來和字弘順京兆長安人也少好相術所言多驗大冢宰宇文護引之左右由是出入公卿之門初爲夏官府下士累遷少卜上士賜爵安定鄉男遷畿伯下大夫進封洹水縣男高祖微時來詣和相和待人去謂高祖曰公當王有四海及爲丞相拜儀同既受禪進爵爲子開皇末和上表

自陳曰臣早奉龍顏自周代天和三年已來數蒙陛下顧問當時具言至尊膺圖受命光宅區宇此乃天授非由人事所及臣無勞效坐致五品二十餘年臣是何人敢不慙懼愚臣不任區區之至謹錄陛下龍潛之時臣有所言一得書之祕府死無所恨昔陛下在周嘗與永富公竇榮定語臣曰我聞有行聲即識其人臣當時即言公眼如曙星無所不照當王有天下願忍誅殺建德四年五月周武帝在雲陽宮謂臣曰諸公皆汝所識隋公相祿何如臣報武帝曰隋公止是守節人可鎮一方若為將領陣無不破臣即於宮東南奏聞陛下謂臣此語不云明年烏丸軌言於

武帝曰隋公非人臣帝尋以問臣臣知帝有疑臣詭報曰是節臣更無異相于時王誼梁彥光等知臣此語大象二年五月至尊從永巷東門入臣在永巷門東北面陛下問臣我無災障不臣奏陛下曰公骨法氣色相應天命已有付屬未幾遂總百揆上覽之大悅進位開府賜物五百段米三百石地十頃和同郡韓則嘗詣和相和謂之曰後四五當得大官人初不知所謂則至開皇十五年五月而終人問其故和曰十五年為三五加以五月為四五大官椁也和言多此類著相經四十卷道士張賓焦子順鴈門人董子華此三人當高祖龍潛時並私謂高祖曰公當為天子善自愛及踐阼以賓為華州刺史子順為開府子華為上儀同

蕭吉

蕭吉字文休梁武帝兄長沙宣武王懿之孫也博學多通尤精陰陽筭術江陵陷遂歸于周為儀同宣帝時吉以朝政日亂上書切諫帝不納及隋受禪進上儀同以本官太常考定古今陰陽書吉性孤峭不與公卿相沉浮又與楊素不協由是擯落於世鬱鬱不得志見上好徵祥之說欲乾沒自進遂矯其迹為悅媚焉開皇十四年上書曰今年歲在甲寅十一月朔旦以辛酉為冬至來年乙卯正月朔旦以庚申為元日冬至之日即在朔旦樂汁圖徵云天元

十一月朔旦冬至聖王受享祚今聖主在位居天元之首而朔旦冬至此慶一也辛酉之日即是至尊本命辛德在景此十一月建景子酉德在寅正月建寅為本命與月德合而居元朔之首此慶二也庚申之日即是行年乙德在庚卯德在申來年乙卯是行年與歲合德而在元旦之朝此慶三也陰陽書云年命與歲月合德者必有福慶洪範傳云歲之朝月之朝日之朝主王者經書並謂三長應之者延年福吉況乃甲寅蔀首十一月陽之始朔旦冬至是聖王上元正月是正陽之月歲之首月之先朔旦是歲之元月之朝日之先嘉辰之會而本命為九元之先行年為三長之首並與歲月合德所以靈寶經云角音龍精

其祚日強來歲年命納音俱角曆之與經如合符契又甲
寅乙卯天地合也甲寅之年以辛酉冬至來年乙卯以甲
子夏至冬至陽始郊天之日即是至尊本命此慶四也夏
至陰始祀地之辰即是皇后本命此慶五也至尊德並乾
之覆育皇后仁同地之載養所以二儀元氣並會本辰上
覽之大悅賜物五百段房陵王時為太子言東宮多鬼魅
鼠妖數見上令吉詣東宮禳邪氣於宣慈殿設神坐有迴
風從艮地鬼門來掃太子坐吉以桃湯葦火驅逐之風出宮
門而止又謝土於未地設壇為四門置五帝坐于時至寒
有蝦蟆從西南來入人門升赤帝坐還從人門而出行數

步忽然不見上大奇之賞賜優洽又上言太子當不安位時
上陰欲廢立得其言是之由此每被顧問及獻皇后崩上
令吉卜擇葬所吉歷筮山原至一處云卜年二千卜世二
百具圖而奏之上曰吉凶由人不在於地高緯父葬豈不
卜乎國尋滅亡正如我家墓田若云不吉朕不當為天子若
云不凶我弟不當戰沒然竟從吉言吉表曰去月十六日
皇后山陵西北雞未鳴前有黑雲方圓五六百步從地屬
天東南又有旌旗車馬帳幕布滿七八里并有人往來檢
校部伍甚整日出乃滅同見者十餘人謹案葬書云氣王
與姓相生大吉今黑氣當冬王土與姓相生是大吉利子孫

無疆之候也上大悅其後上將親臨發殯吉復奏上曰至
尊本命辛酉今歲斗魁及天罡臨卯酉謹按陰陽書不得
臨喪上不納退而告族人蕭平仲曰皇太子遣宇文左率深
謝余云公前稱我當為太子竟有其驗終不忘也今卜山陵
務令我早立我立之後當以富貴相報吾記之曰後四載
太子御天下今山陵氣應上又臨喪兆益見矣且太子得
政隋其亡乎當有真人出治之矣吾前紿云卜年二千者
是三十字也卜世二百者取三十二運也吾言信矣汝其
誌之及煬帝嗣位拜太府少卿加位開府嘗行經華陰見
楊素冢上有白氣屬天密言於帝帝問其故吉曰其候素

家當有兵禍滅門之象改葬者庶可免乎帝後從容謂楊
玄感曰公家宜早改葬玄感亦微知其故以為吉祥託以
遼東未滅不遑私門之事未幾而玄感以反族滅帝彌信
之後歲餘卒官著金海三十卷相經要錄一卷宅經八卷
葬經六卷樂譜二十卷及帝王養生方二卷相手版要決
一卷太一立成一卷並行於世時有楊伯醜臨孝恭劉祐
俱以陰陽術數知名

楊伯醜

楊伯醜馮翊武鄉人也好讀易隱於華山開皇初被徵入
朝見公卿不為禮無貴賤皆汝之人不能測也高祖召與

語竟無所荅上賜之衣服至朝堂捨之而去於是被髮陽狂遊行市里形體垢穢未嘗櫛沐嘗有張永樂者賣卜京師伯醜每從之遊永樂爲卦有不能決者伯醜輙爲分析爻象尋幽入微永樂嗟服自以爲非所及也伯醜亦開肆賣卜有人嘗失子就伯醜筮者卦成伯醜曰汝子在懷遠坊南門道東北壁上有青裙女子抱之可往取也如言果得或者有金數兩夫妻共藏之於後失金其夫意妻有異志將逐之其妻稱冤以詣伯醜爲筮之曰金在矣悉呼其家人指一人曰可取金來其人赧然應聲而取之道士韋知常詣伯醜問吉凶伯醜曰汝勿東北行必不得已當早還

不然者楊素斬汝頭未幾上令知常事漢王諒俄而上崩諒舉兵反知常逃歸京師知常先與楊素有隙及素平并州先訪知常將斬之賴此獲免又人有失馬來詣伯醜卜者時伯醜爲皇太子所召在塗遇之立爲作卦卦成曰我不遑爲卿占之卿且向西市東壁門南第三店爲我買魚作膾當得馬矣其人如此言須臾有一人牽所失馬而至遂擒之崖州嘗獻徑寸珠其使者陰易之上心疑焉召伯醜令筮伯醜曰有物出自水中質圓而色光是大珠也今爲人所隱具言隱者姓名容狀上如言簿責之果得本珠上奇之賜帛二十匹國子祭酒何妥嘗詣之論易聞妥之言倏然而笑曰何用鄭玄王弼之言乎久之微有辯荅所說辭義皆異先儒之旨而思理玄妙故論者以爲天然獨得非常人所及也竟以壽終

臨孝恭

臨孝恭京兆人也明天文筭術高祖甚親遇之每言災祥之事未嘗不中上因令考定陰陽官至上儀同著欹器圖三卷地動銅儀經一卷九宮五墓一卷遁甲月令十卷元辰經十卷元辰厄一百九卷百怪書十八卷祿命書二十卷九宮龜經一百一十卷太一式經三十卷孔子馬頭易卜書一卷並行於世

劉祐

劉祐滎陽人也開皇初爲大都督封索盧縣公其所占候合如符契高祖甚親之初與張賓劉暉馬顯定曆後奉詔撰兵書十卷名曰金韜上善之復著陰策二十卷觀臺飛候六卷玄象要記五卷律曆術文一卷婚姻志三卷產乳志二卷式經四卷四時立成法一卷安曆志十二卷歸正易十卷並行於世

張胄玄

張胄玄勃海蓨人也博學多通尤精術數冀州刺史趙煚薦之高祖徵授雲騎尉直太史參議律曆事時輩多出其

下由是太史令劉暉等甚忌之然暉言多不中冑玄所推步甚精密上異之令楊素與術數人立議六十一事皆舊法久難通者令暉與冑玄等辯析之暉杜口一無所答冑玄通者五十四焉由是擢拜員外散騎侍郎兼太史令賜物千段暉及黨與八人皆斥逐之改定新曆言前曆差一日內史通事顏敏楚上言曰漢時落下閎改顓頊曆作太初曆云後當差一日八百年當有聖者定之計今相去七百一十年術者舉其成數聖者之謂其在今乎上大悅漸見親用冑玄所為曆法與古不同者有三事其一宋祖沖之於歲周之末創設差分冬至漸移不循舊軌每四十六年

列傳四十三　隋書七十八　十七

却差一度至梁虞劆曆法嫌沖之所差太多因以一百八十六年冬至移一度冑玄以此二術年限懸隔追檢古注所失極多遂折中兩家以為度法冬至所宿歲別漸移八十三年却行一度則上合堯時日永星火次符漢曆宿起牛初明其前後並皆密當其二周馬顯造景寅元曆有陰陽轉法加減章分進退蝕餘乃推定日創開此數當時術者多不能曉張賓因而用之莫能考正冑玄以為加時先後逐氣參差就月為斷於理未可乃因二十四氣列其盈縮所出實由日行遲則月逐日易及令合朔加時早日行速則月逐日遲令合朔加時晩檢前代加時早晩以為損益之

率日行自秋分已後至春分其勢速計一百八十二日而行一百八十度自春分已後至秋分日行遲計一百八十二日而行一百七十六度每氣之下即其率也其三自古諸曆朔望值交不問內外入限便食張賓立法創有外限應食不食猶未能明冑玄以日行黃道歲一周天月行月道二十七日有餘一周天月道交絡黃道每行黃道內十三日有奇而出又行黃道外十三日有奇而入終而復始月經黃道謂之交朔望去交前後各十五度已下即為當食若月行內道則在黃道之北食多有驗月行外道在黃道之南也雖遇正交無由掩映食多不驗遂因前法別立定限隨

列傳四十三　隋書七十八　十八

交遠近逐氣求差損益食分事皆明著其超古獨異者有七事其一古曆五星行度皆守恒率見伏盈縮悉無格准冑玄推之各得其真率合見之數與古不同其差多者至加減三十許日即如熒惑平見在雨水氣即均加二十九日見在小雪氣則均減二十五日加減平見以為定見諸星各有盈縮之數皆如此例但差數不同特其積候所知時人不能原其意旨二辰星舊率一終再見凡諸古曆皆以為然應見不見人未能測冑玄積候知辰星一終之中有時一見及同類感召相隨而出即如辰星平晨見在雨水氣者應見即不見若平晨見在啓蟄氣者去日十八度外

三十六度内最有木火土金一星者亦相隨見其三古曆步術行有定限自見已後依率而推進退之期莫知多少胄玄積候知五星遲速留退眞數皆與古法不同多者至差八十餘日留迴所在亦差八十餘度即如熒惑前疾初見在立冬初則二百五十日行一百七十七度定見在夏至初則一百七十日行九十二度追步天驗今古皆密其四古曆食分依平即用推驗多少實數罕符胄玄積候知月從木火土金四星行有向背月向四星即速背之則遲皆十五度外乃循本率遂於交分限其多少其五古曆加時朔望同術胄玄積候知日食所在隨方改變傍正高下

每處不同交有淺深遲速亦異約時立差皆會天象其六古曆交分即爲食數去交十四度者食一分去交十三度食二分去交十度食三分每近一度食益一分當交即食既其應少反多應多反少自古諸曆未悉其原胄玄積候知當交之中月掩日不能畢盡其食反少去交五六時月在日內掩日便盡故食乃既自此已後更遠者其食又少交之前後在冬至皆爾若近夏至其率又差所立食分最爲詳密其七古曆二分晝夜皆等胄玄積候知其有差春秋二分晝多夜漏半刻皆由日行遲疾盈縮使其然也凡此胄玄獨得於心論者服其精密大業中卒官

許智藏

許智藏高陽人也祖道幼嘗以母疾遂覽醫方因而究極世號名醫誡其諸子曰爲人子者嘗膳視藥不知方術豈謂孝乎由是世相傳授仕梁官至員外散騎侍郎父景武陵王諮議參軍智藏少以醫術自達仕陳爲散騎侍郎及陳滅高祖以爲員外散騎侍郎使詣揚州會秦孝王俊有疾上馳召之俊夜中夢其亡妃崔氏泣曰本來相迎如聞許智藏將至其人若到當必相苦爲之奈何明夜俊又夢崔氏曰妾得計矣當入靈府中以避之及智藏至爲俊診脉曰疾已入心即當發癎不可救也果如言俊數日而薨

上奇其妙賚物百段煬帝即位智藏時致仕于家帝每有所苦輒令中使就詢訪或以轝迎入殿扶登御牀智藏爲方奏之用無不效年八十卒于家宗人許澄亦以醫術顯父奭仕梁太常丞中軍長史隨柳仲禮入長安與姚僧垣齊名拜上儀同三司澄有學識傳父業尤盡其妙歷尚藥典御諫議大夫封賀川縣伯父子俱以藝術名重於周隋二代史失事故附見云

萬寶常

萬寶常不知何許人也父大通從梁將王琳歸于齊後復謀還江南事泄伏誅由是寶常被配爲樂戶因而妙達鍾

律遍工八音造玉磬以獻于齊又嘗與人方食論及聲調時無樂器寶常因取前食器及雜物以箸扣之品其高下宮商畢備諧於絲竹大爲時人所賞然歷周洎隋俱不得調開皇初沛國公鄭譯等定樂初爲黃鍾調寶常雖爲伶人譯等每召與議然言多不用後譯樂成奏之上召寶常問其可不寶常曰此亡國之音豈陛下之所宜聞上不悅寶常因極言樂聲哀怨淫放非雅正之音請以水尺爲律以調樂器上從之寶常奉詔遂造諸樂器其聲率下鄭譯調二律并撰樂譜六十四卷具論八音旋相爲宮之法改絃移柱之變爲八十四調一百四十四律變化終於一千八百

聲時人以周禮有旋宮之義自漢魏已來知音者皆不能通見寶常特創其事皆哂之至是試令爲之應手成曲無所凝滯見者莫不嗟異於是損益樂器不可勝紀其聲雅淡不爲時人所好太常善聲者多排毀之又太子洗馬蘇夔以鍾律自命尤忌寶常夔父威方用事凡言樂者皆附之而短寶常數詣公卿怨望蘇威因詰寶常所爲何所傳受有一沙門謂寶常曰上雅好符瑞有言徵祥者上皆悅之先生當言就胡僧受學云是佛家菩薩所傳音律則上必悅先生所爲可以行矣寶常然之遂如其言以答威威怒曰胡僧所傳乃是四夷之樂非中國所宜行也其事竟寢寶常嘗聽太常所奏樂泫然而泣人問其故寶常曰樂聲淫厲而哀天下不久相殺將盡時四海全盛聞其言者皆謂爲不然大業之末其言卒驗寶常貧無子其妻因其臥疾遂竊其資物而逃寶常飢餒無人贍遺竟餓而死將死也取其所著書而焚之曰何用此爲見者於火中探得數卷見行於世時論哀之開皇之世有鄭譯何妥盧賁蘇夔蕭吉並討論墳籍撰著樂書皆爲當世所用至於天然識樂不及寶常遠矣安馬駒曹妙達王長通郭令樂等能造曲爲一時之妙又習鄭聲而寶常所爲皆歸於雅此輩雖公議不附寶常然皆心服謂以爲神時有樂人王令

言亦妙達音律大業末煬帝將幸江都令言之子嘗從於戶外彈胡琵琶作翻調安公子曲令言時臥室中聞之大驚蹶然而起曰變變急呼其子曰此曲興自早晚其子對曰頃來有之令言遂歔欷流涕謂其子曰汝慎無從行帝必不反子問其故令言曰此曲宮聲往而不反宮者君也吾所以知之帝被殺於江都

史臣曰陰陽卜祝之事聖人之教在焉雖不可以專行亦不可得而廢也人能弘道則博利時俗行非其義則咎悔及身故昔之君子所以戒乎妄作今韋來之骨法氣色庾張之推步盈虛雖落下高堂許負朱建不能尚也伯翾龜

策近知鬼神之情耿詢渾儀不差辰象之度寶常聲律動
應宮商之和雖不足遠擬古人皆一時之妙也許氏之運
鍼石世載可稱蕭吉之言陰陽近於誣誕矣

列傳第四十三　隋書七十八

列傳第四十四　隋書七十九

特進臣魏　徵上

外戚

歷觀前代外戚之家乘母后之權以取高位厚秩者多矣然而鮮有克終之美必罹顛覆之患何哉皆由乎無德而尊不知紀極忽於滿盈之戒罔念高危之咎故鬼瞰其室憂必及之夫其誠著艱難功宣社稷不以謙冲自牧未免顛蹶之禍而況道不足以濟時仁不足以利物自矜於己以富貴驕人者乎此呂霍上官閻梁竇鄧所以繼踵而亡滅者也昔文皇潛躍之際獻后便相推轂煬帝大横方兆

蕭妃密勿經綸是以恩禮綢繆始終不易然內外親戚莫預朝權昆弟在位亦無殊寵至於居擅玉堂家稱金穴暉光戚里重灼四方將三司以比儀命五侯而同拜者終始一代寂無聞焉考之前王可謂矯其弊矣故雖時經擾攘無有陷於不義市朝遷貿而皆得以保全比夫憑藉寵私階緣恩澤乘其非據旋就顛隕者豈可同日而言哉此所謂愛之以禮能改覆車輒叙其事爲外戚傳云

高祖外家呂氏

高祖外家呂氏其族蓋微平齊之後求訪不知所在至開皇初濟南郡上言有男子呂永吉自稱有姑字苦桃爲楊

妻勸驗知是舅子始追贈外祖雙周為上柱國太尉八
州諸軍事青州刺史封齊郡公謚曰敬外祖母姚氏為齊
敬公夫人詔並改葬於齊州立廟置守冢十家以永吉襲
爵留在京師大業中授上黨郡太守性識庸劣職務不理
後去官不知所終永吉從父道貴性尤頑騃言詞鄙陋初
自鄉里徵入長安上見之悲泣道貴略無戚容但連呼高
祖名云種末定不可偷大似苦桃姊是後數犯忌諱動致
違忤上甚恥之乃命高熲厚加供給不許接對朝士拜上
儀同三司出為濟南太守令即之任斷其入朝道貴還至
本郡高自崇重每與人言自稱皇舅數將儀衛出入閭里

從故人遊宴官民咸苦之後郡廢終於家子孫無聞焉

獨孤羅 弟陁

獨孤羅字羅仁雲中人也父信初仕魏為荆州刺史武帝
之入關也信弃父母妻子西歸長安歷職顯貴羅由是遂
為高氏所囚信後仕周為大司馬及信為宇文護所誅羅
始見釋寓居中山孤貧無以自給齊將獨孤永業以宗族
之故見而哀之為買田宅遺以資畜初信入關之後復娶
二妻郭氏生子六人善穆藏順陁整崔氏生獻皇后及齊
亡高祖為定州總管獻皇后遣人尋羅得之相見悲不自
勝侍御者皆泣於是厚遺車馬財物未幾周武帝以羅功

臣子以淪異域徵拜楚安郡太守以疾去官歸于京師諸
弟見羅少長貧賤每輕侮之不以兄禮事也然性長者亦
不與諸弟校競長短后由是重之及高祖為丞相拜儀同
常置左右既受禪下詔追贈羅父信官爵曰褒德累行往
代通規追遠慎終前王盛典故柱國信風宇高曠獨秀生
民睿哲居宗清猷映世宏謀長策道著於弼諧緯義經仁
事深於拯濟方當宣風廊廟亮采台階而運屬艱危功高
弗賞瞻言令範事切於心今景運初開椒闈肅建載懷塗
山之義無忘褒紀之典可贈太師上柱國冀定等十州刺
史趙國公邑萬户其諸弟以羅母沒齊先無夫人之號不

當承襲上以問后后曰羅誠嫡長不可誣也於是襲爵趙
國公以其弟善為河内郡公穆為金泉縣公藏為武平縣公
陁為武喜縣公整為千牛備身擢拜羅為左領左右將軍
尋遷左衛將軍前後賞賜不可勝計久而出為梁州總管
進位上柱國仁壽中徵拜左武衛大將軍煬帝嗣位改封
蜀國公未幾卒官謚曰恭子纂嗣仕至河陽郡尉纂弟
武都大業末亦為河陽郡尉庶長子開遠宇文化及之弑
逆也裴虔通率賊入成象殿宿衛兵士皆從逆開遠時為
千牛與獨孤盛力戰於閤下為賊所執賊義而捨之善後
官至柱國卒子覽嗣仕至左候衛將軍大業末卒

獨孤陁字黎邪仕周胥附上士坐父徙蜀郡十餘年宇文護被誅始歸長安高祖受禪拜上開府右領左右將軍久之出爲郢州刺史進位上大將軍累轉延州刺史好左道其妻母先事猫鬼因轉入其家上微聞而不之信也會獻皇后及楊素妻鄭氏俱有疾召醫者視之皆曰此猫鬼疾也上以陁后之異母弟陁妻楊素之異母妹由是意陁所爲陰令其兄穆以情喻之上又避左右諷陁陁言無有上不悅左轉遷州刺史出怨言上令左僕射高熲納言蘇威大理正皇甫孝緒大理丞楊遠等雜治之陁婢徐阿尼言本

從陁母家來常事猫鬼每以子日夜祀之言子者鼠也其猫鬼每殺人者所死家財物潛移於畜猫鬼家陁嘗從家中索酒其妻曰無錢可酤陁因謂阿尼曰可令猫鬼向越公家使我足錢也阿尼便呪之歸數日猫鬼向素家十一年上初從幷州還陁於園中謂阿尼曰可令猫鬼向皇后所使多賜吾物阿尼復呪之遂入宮中楊遠乃於門下外省遣阿尼呼猫鬼阿尼於是夜中置香粥一盆以匙扣而呼之曰猫女可來無住宮中久之阿尼色正青若被牽曳者云猫鬼已至上以其事下公卿奇章公牛弘曰妖由人興殺其人可以絕矣上令以犢車載陁夫妻將賜死於其家陁弟司勳侍中整詣闕求哀於是免陁死除名爲民以其妻楊氏爲尼先是有人訟其母爲人猫鬼所殺者上以爲妖妄怒而遣之及此詔誅被訟行猫鬼家陁未幾而卒煬帝即位追念舅氏聽以禮葬乃下詔曰外氏衰禍獨孤陁不幸早世遷卜有期言念渭陽之情追懷傷切宜加禮命允備哀榮可贈正議大夫帝意猶不已復下詔曰舅氏之尊戚屬斯重而降年弗永凋落相繼緬惟先往宜崇徽秩復贈銀青光祿大夫有二子延福延壽陁弟整官至幽州刺史大業初卒贈金紫光祿大夫平鄉侯

蕭巋傳

蕭巋字仁遠梁昭明太子統之孫也父詧初封岳陽王鎮

襄陽侯景之亂其兄河東王譽與其叔父湘東王繹不協爲繹所害及繹嗣位詧稱藩于西魏乞師請討繹周太祖以詧爲梁主遣柱國于謹等率騎五萬襲繹滅之詧遂都江陵有荊郡其西平州延袤三百里之地稱皇帝於其國車服節文一同王者仍置江陵總管以兵戍之詧薨巋嗣立年號天保巋俊辯有才學兼好內典周武帝平齊之後巋來賀帝享之甚歡親彈琵琶令巋起舞巋曰陛下親御五絃臣敢不同百獸高祖受禪恩禮彌厚遣使賜金五百兩銀千兩布帛萬匹馬五百匹歸來朝上甚敬焉詔巋位在王公之上巋被服端麗進退閑雅天子矚目百僚傾慕

賞賜以億計月餘歸藩帝親餞於滻水之上後備禮納其女爲晉王妃又欲以其子瑒尚蘭陵公主由是漸見親待獻皇后言於上曰梁主通家腹心所寄何勞猜防也上然之於是罷江陵總管巋專制其國歲餘巋又來朝賜縑萬匹珍玩稱是及還上親執手曰梁主久滯荊楚未復舊都故鄉之念良軫懷抱朕當振旅長江相送旋反耳巋拜謝而去其年五月寢疾臨終上表曰臣以庸闇曲荷天慈寵冠外藩恩踰連山愛及子女尚主婚王每願躬擐甲冑身先士卒掃蕩逋寇上報明時而攝生乖舛遽罹痾疾屬纊在辰顧陰待謝長違聖世感戀嗚咽遺嗣孤藐特乞降慈伏願

聖躬與山岳同固皇基等天日俱永臣雖九泉實無遺恨并獻所服金裝劍上覽而嗟悼焉巋在位二十三年年四十四薨梁之臣子謚曰孝明皇帝廟號世宗子琮嗣巋著孝經周易義記及大小乘幽微十四卷行於世

琮字溫文性寬仁有大度倜儻不羈博學有文義兼善弓馬遣人伏地著　琮馳馬射之十發十中持帖者亦不懼初封東陽王尋立爲梁太子及嗣位上賜璽書曰負荷堂構其事甚重雖窮憂勞常須自力輯諧內外親任才良聿遵世業是所望也彼之疆守咫尺陳人水潦之時特宜警備陳氏比日雖復朝聘相尋疆埸之間猶未清肅唯當恃我必不可干勿得輕人而不設備朕與梁國積世相知重以親姻情義彌厚江陵之地朝寄非輕爲國爲民深宜抑割恒加饘粥以禮自存又賜梁之大臣璽書誡勉之琮時年號廣運有識者曰運之爲字軍走也吾君將奔走乎其年琮遣大將軍戚昕以舟師襲陳公安不克而還徵琮叔父岑入朝拜爲大將軍封懷義公因留不遣復置江陵總管以監之琮所署大將軍許世武密以城召陳將宜黃侯陳紀謀洩琮誅之後二歲上徵琮入朝率其臣下二百餘人朝于京師江陵父老莫不隕涕相謂曰吾君其不反矣上以琮來朝遣武鄉公崔弘度將兵戍之軍至鄀州琮叔

父巖及弟瓛等懼弘度掩襲之遂引陳人至城下虜居民而叛於是廢梁國上遣左僕射高熲安集之曲赦江陵死罪給民復十年梁二主各給守墓十戶拜琮爲柱國賜爵莒國公煬帝嗣位以皇后之故甚見親重拜內史令改封梁公琮之宗族緦麻以上並隨才擢用於是諸蕭昆弟布列朝廷琮性澹雅不以職務自嬰退朝縱酒而已內史令楊約與琮同列帝令約宣旨誡勵約復以私情喻之琮答曰琮若復事事則何異於公哉約笑而退約兄素時爲尚書令見琮嫁從父妹於鉗耳氏因謂琮曰公帝王之族望高戚美何乃適妹鉗耳氏乎琮曰前已嫁妹於侯莫陳氏

此復何疑素曰鉗耳羌也侯莫陳虜也何得相比素意以
虞儉羌劣瑔曰以羌異虜未之前聞素慙而止瑔雖羈旅
見北間豪貴無所降下嘗與賀若弼深相友善弼既被誅
復有童謡曰蕭蕭亦復起帝由是忌之遂廢於家未幾而
卒贈左光禄大夫子鉉襄城通守復以瑔弟子鉅爲梁公
鉅小名藏煬帝甚昵之以爲千牛與宇文晶出入宮掖伺
察内外帝每有遊宴鉅未嘗不從焉遂於宮中多行淫穢
江都之變爲宇文化及所殺
瓛字欽文少聰敏解屬文在梁爲荆州刺史頗有能名崔
弘度以兵至鄀州瓛懼與其叔父巖奔于陳陳主以爲侍

中安東將軍吳州刺史甚得物情三吳父老皆曰吾君子
也及陳亡吳人推瓛爲主吳人見梁武簡文及登歸等兄
弟並第三而踐尊位瓛自以歸之第三子也深自矜負有
謝異者頗知廢興梁陳之際言無不驗江南人甚敬信之
及陳主被擒異奔於瓛由是益爲衆所歸褒國公宇文述
以兵討之瓛遣王褒守吳州自將拒述述遣兵別道襲吳
州褒懼衣道士服棄城而遁瓛衆聞之悉無鬬志與述一
戰而敗瓛將左右數人逃于太湖匿於民家爲人所執送
於述所斬之長安時年二十一弟璟爲朝請大夫尚衣奉
御瑒歷衞尉卿祕書監陶丘侯瑀爲内史侍郎河池太守

史臣曰三五哲王防深慮遠舅甥之國罕執鈞衡毋后之
家無聞傾敗爰及漢晉顛覆繼軌皆由乎進不以禮故其
斃亦速若使獨孤權侔呂霍必敗於仁壽之前蕭氏勢均
梁竇豈全於大業之後今或不隕舊基或更隆先構豈非
勗之以道不預權寵之所致乎

列傳第四十四　隋書七十九

列傳第四十五　隋書八十

特進臣魏　徵上

列女

自昔貞專淑媛布在方策者多矣婦人之德雖在於温柔立節垂名咸資於貞烈温柔仁之本也貞烈義之資也非温柔無以成其仁非貞烈無以顯其義是以詩書所記風俗所在圖像丹青流聲竹素莫不守約以居正殺身以成仁者也若文伯王陵之母白公杞植之妻魯之義姑梁之高行衛君靈主之妾夏侯文寧之女或抱信以含貞或蹈忠而踐義不以存亡易心不以盛衰改節其修名彰於既往徽音傳於不朽不亦休乎或有王公大人之妃偶肆情於淫僻之俗雖衣繡衣食珍膳坐金屋乘玉輦不入彤管之書不霑良史之筆將草木以俱落與麋鹿而同死可勝道哉永言載思實庶姬之恥也觀夫今之靜女各勵松筠之操甘於玉折蘭摧足以無絶今古故述其雅志以纂前代之列女云

蘭陵公主

蘭陵公主字阿五高祖第五女也美姿儀性婉順好讀書高祖於諸女中特所鍾愛初嫁儀同王奉孝卒適河東柳述時年十八諸姊並驕貴主獨折節遵於婦道事舅姑甚謹遇有疾病必親奉湯藥高祖聞之大悅由是述漸見寵遇初晉王廣欲以主配其妃弟蕭瑒高祖初許之後遂適述晉王因不悅及述用事彌惡之高祖既崩述徙嶺表煬帝令主與述離絶將改嫁之公主以死自誓不復朝謁上表請免主號與述同徙帝大怒曰天下豈無男子欲與述同徙耶主曰先帝以妾適于柳家今其有罪妾當從坐不願陛下屈法申恩帝不從主憂憤而卒時年三十二臨終上表曰昔共姜自誓著美前詩鄎嬀不言傳芳往誥妾雖負罪竊慕古人生既不得從夫死乞葬於柳氏帝覽之愈怒竟不哭乃葬主於洪瀆川資送甚薄朝野傷之

南陽公主

南陽公主者煬帝之長女也美風儀有志節造次必以禮年十四嫁於許國公宇文述子士及以謹肅聞及述病且卒主親調飲食手自奉上世以此稱之及宇文化及殺逆主隨至聊城而化及為竇建德所敗士及自濟北西歸大唐時隋代衣冠並在其所建德引見之莫不惶懼失常唯主神色自若建德與語主自陳國破家亡不能報怨雪恥淚下盈襟聲辭不輟情理切至建德及觀聽者莫不為之動容隕涕咸肅然敬異焉及建德誅化及時主有一子名禪師年且十歲建德遣武賁郎將於士澄謂主曰宇文化

及躬行殺逆人神所不容今將族滅其家公主之子法當從坐若不能割愛亦聽留之主泣曰武賁既是隋室貴臣此事何須見問建德竟殺之主尋請建德削髮爲尼及建德敗將歸西京復與士及遇於東都之下主不與相見士及就之立於戶外請復爲夫妻主拒之曰我與君讎家今恨不能手刃君者但謀逆之日察君不預知耳因與告絕訶令速去士及固請之主怒曰必欲就死可相見也士及見其言切知不可屈乃拜辭而去

襄城王恪妃

襄城王恪妃者河東柳氏女也父旦循州刺史妃姿儀端

麗年十餘以良家子合法相娉以爲妃未幾而恪被廢妃修婦道事之愈敬煬帝嗣位恪復徙邊帝令使者殺之於道恪與辭訣妃曰若王死妾誓不獨生於是相對慟哭恪既死棺斂訖妃謂使者曰妾誓與楊氏同穴若身死之後得不別埋君之惠也遂撫棺號慟自經而卒見者莫不爲之涕流

華陽王楷妃

華陽王楷妃者河南元氏之女也父巖性明敏有氣幹仁壽中爲黃門侍郎封龍涸縣公煬帝嗣位坐與柳述連事除名爲民徙南海後會赦還長安有人譖巖逃歸收而殺之妃有姿色性婉順初以選爲妃未幾而楷被幽廢妃事楷踰謹每見楷有憂懼之色輒陳義理以慰諭之楷甚敬焉及江都之亂楷遇宇文化及之逆以妃賜其黨元武達武達初以宗族之禮置之別舍後因醉而逼之妃自誓不屈武達怒撻之百餘辭色彌厲因取甓自毀其面血淚交下武達釋之妃謂其徒曰我不能早死致令將見侵辱我之罪也因不食而卒

譙國夫人

譙國夫人者高涼洗氏之女也世爲南越首領跨據山洞部落十餘萬家夫人幼賢明多籌略在父母家撫循部衆

能行軍用師壓服諸越每勸親族爲善由是信義結於本鄉越人之俗好相攻擊夫人兄南梁州刺史挺恃其富強侵掠傍郡嶺表苦之夫人多所規諫由是怨隙止息海南儋耳歸附者千餘洞梁大同初羅州刺史馮融聞夫人有志行爲其子高涼太守寶娉以爲妻融本北燕苗裔初馮弘之投高麗也遣融大父業以三百人浮海歸宋因留于新會自業及融三世爲守牧他鄉羈旅號令不行至是夫人誡約本宗使從民禮每共寶參決辭訟首領有犯法者雖是親族無所舍縱自此政令有序人莫敢違遇侯景反廣州都督蕭勃徵兵援臺高州刺史李遷仕據大皐口遣

召寶寶欲往夫人止之曰刺史無故不合召太守必欲詐
君共為反耳寶曰何以知之夫人曰刺史被召援臺乃稱
有疾鑄兵聚眾而後喚君今者若往必留質追君兵眾此
意可見願且無行以觀其勢數日遷仕果反遣主帥杜平
虜率兵入灨石寶知之遽告夫人曰平虜驍將也領兵入
灨石即與官兵相拒勢未得還遷仕在州無能為也若君
自往必有戰鬬宜遣使詐之卑辭厚禮云身未敢出欲遣
婦往參彼聞之喜必無防慮於是我將千餘人步擔雜物
唱言輸賧得至柵下賊必可圖寶從之遷仕果大喜覘夫
人衆皆擔物不設備夫人擊之大捷遷仕遂走保于寧都

夫人總兵與長城侯陳霸先會于灨石還謂寶曰陳都督
大可畏極得衆心我觀此人必能平賊君宜厚資之及寶
卒嶺表大亂夫人懷集百越數州晏然至陳永定二年其
子僕年九歲遣帥諸首領朝于丹陽起家拜陽春郡守後
廣州刺史歐陽紇謀反召僕至高安誘與為亂僕遣使歸
告夫人夫人曰我為忠貞經今兩代不能惜汝輙負國家
遂發兵拒境帥百越酋長迎章昭達內外逼之紇徒潰散
僕以夫人之功封信都侯加平越中郎將轉石龍太守詔
使持節冊夫人為中郎將石龍太夫人賚繡幰油絡駟馬
安車一乘給鼓吹一部幷麾幢旌節其鹵簿一如刺史之

儀至德中僕卒後遇陳國亡嶺南未有所附數郡共奉夫
人號為聖母保境安民高祖遣總管韋洸安撫嶺外陳將
徐璒以南康拒守洸至嶺下逡巡不敢進初夫人以扶南
犀杖獻于陳主至此晉王廣遣陳主遺夫人書諭以國亡
令其歸化并以犀杖及兵符為信夫人見杖驗知陳亡集
首領數千盡日慟哭遣其孫魂帥衆迎洸入至廣州嶺南
悉定表魂為儀同三司冊夫人為宋康郡夫人未幾番禺
人王仲宣反首領皆應之圍洸於州城進兵屯衡嶺夫人
遣孫暄帥師救洸暄與逆黨陳佛智素相友善故遲留不
進夫人知之大怒遣使執暄繫於州獄又遣孫盎出討佛

智戰剋斬之進兵至南海與鹿愿軍會共敗仲宣夫人親
被甲乘介馬張錦傘領彀騎衛詔使裴矩巡撫諸州其蒼
梧首領陳坦岡州馮岑翁梁化鄧馬頭藤州李光略羅州
龐靖等皆來參謁還令統其部落嶺表遂定高祖異之拜
盎為高州刺史仍赦出暄拜羅州刺史追贈寶為廣州總
管譙國公冊夫人為譙國夫人以宋康邑迴授僕妾洗氏
仍開譙國夫人幕府置長史以下官屬給印章聽發部落
六州兵馬若有機急便宜行事降勑書曰朕撫育蒼生情
均父母欲使率土清淨兆庶安樂而王仲宣等輙相聚結
擾亂彼民所以遣往誅翦為百姓除害夫人情在奉國深

識正理遂令孫益斬獲佛智竟破群賊甚有大功令賜夫人物五千段暄不進愆誠合罪責以夫人立此誠效故特原免夫人宜訓導子孫敦崇禮教遵奉朝化以副朕心皇后以首飾及宴服一襲賜之夫人並盛於金篋并梁陳賜物各藏于一庫每歲時大會皆陳于庭以示子孫曰汝等宜盡赤心向天子我事三代主唯用一好心今賜物具存此忠孝之報也願汝皆思念之時番州總管趙訥貪虐諸俚獠多有亡叛夫人遣長史張融上封事論安撫之宜并言訥罪狀不可以招懷遠人上遣推訥得其贓賄竟致於法降勑委夫人招慰亡叛夫人親載詔書自稱使者歷十餘

州宣述上意諭諸俚獠所至皆降高祖嘉之賜夫人臨振縣湯沐邑一千五百戶贈僕爲崖州總管平原郡公仁壽初卒賻物一千段謚爲誠敬夫人

鄭善果母

鄭善果母者清河崔氏之女也年十三出適鄭誠生善果而誠討尉迥力戰死于陣母年二十而寡父彥穆欲奪其志母抱善果謂彥穆曰婦人無再見男子之義且鄭君雖死幸有此兒棄兒爲不慈背死爲無禮寧當割耳截髮以明素心違禮滅慈非敢聞命善果以父死王事年數歲拜使持節大將軍襲爵開封縣公邑一千戶開皇初進封武德郡公年十四授沂州刺史轉景州刺史尋爲魯郡太守母性賢明有節操博涉書史通曉治方每善果出聽事母恒坐胡床於鄣後察之聞其剖斷合理歸則大悅即賜之坐相對談笑若行事不允或妄瞋怒母乃還堂蒙被而泣終日不食善果伏於牀前亦不敢起母方起謂之曰吾非怒汝乃愧汝家耳吾爲汝家婦獲奉灑掃如汝先君忠勤之士也在官清恪未嘗問私以身徇國繼之以死吾亦望汝副其此心汝既年小而孤吾寡婦耳有慈無威使汝不知禮訓何可負荷忠臣之業乎汝自童子承襲茅土位至方伯豈汝身致之邪安可不思此事而妄加瞋怒心緣驕樂墮於公政內則墜爾家風或亡失官爵外則虧天子之

法以取罪戾吾死之日亦何面目見汝先人於地下乎母恒自紡績夜分而寐善果曰兒封侯開國位居三品秩俸幸足母何自勤如是邪荅曰嗚呼汝年已長吾謂汝知天下之理今聞此言故猶未也至於公事何由濟乎今此秩俸乃是天子報爾先人之徇命也當須散贍六姻爲先君之惠妻子奈何獨擅其利以爲富貴哉又絲枲紡織婦人之務上自王后下至大夫士妻各有所製若墮業者是爲驕逸吾雖不知禮其可自敗名乎自初寡便不御脂粉常服大練性又節儉非祭祀賓客之事酒肉不妄陳於前靜

室端居未嘗輒出門閤內外姻戚有吉凶事但厚加贈遺皆不詣其家非自手作及莊園祿賜所得雖親族禮遺悉不許入門善果歷任州郡唯內自出饌於衙中食之公廨所供皆不許受悉用脩治廨宇及分給寮佐善果亦由此克己號爲清吏煬帝遣御史大夫張衡勞之考爲天下最徵授光祿卿其母卒後善果爲大理卿漸驕恣清公平允遂不如疇昔焉

孝女王舜

孝女王舜者趙郡王子春之女也子春與從兄長忻不協屬齊滅之際長忻與其妻同謀殺子春舜時年七歲有二

妹粲年五歲璠年二歲並孤苦寄食親戚舜撫育二妹恩義甚篤而舜陰有復讎之心長忻殊不爲備姊妹俱長親戚欲嫁之輒拒不從乃密謂其二妹曰我無兄弟致使父讎不復吾輩雖是女子何用生爲我欲共汝報復汝意如何二妹皆垂泣曰唯姊所命是夜姊妹各持刀踰墻而入手殺長忻夫妻以告父墓因詣縣請罪姊妹爭爲謀首州縣不能決高祖聞而嘉歎特原其罪

韓覬妻

韓覬妻者洛陽于氏女也字茂德父實周大左輔于氏年十四適于覬雖生長膏腴家門鼎盛而動遵禮度躬自儉約宗黨敬之年十八覬從軍戰沒于氏哀毀骨立慟感行路每至朝夕奠祭皆手自捧持及免喪其父以其幼少無子將嫁之誓無異志復令家人敦喻于氏晝夜涕泣截髮自誓其父喟然傷感遂不奪其志焉因養夫之孽子世隆爲嗣身自撫育愛同己生訓導有方卒能成立自孀居已後唯時或歸寧至於親族之家絕不來往有尊卑就省謁者送迎皆不出户庭蔬食布衣不聽聲樂以此終身高祖聞而嘉歎下詔褒美表其門閭長安中號爲節婦闕終于家年七十二

陸讓母

陸讓母者上黨馮氏女也性仁愛有母儀讓即其孽子也仁壽中爲番州刺史數有聚斂贓貨狼籍爲司馬所奏上遣使按之皆驗於是囚詣長安親臨問讓稱寃上復令治書侍御史撫按之狀不易前乃命公卿百寮議之咸曰讓罪當死詔可其奏讓將就刑馮氏蓬頭垢面詣朝堂數讓曰無汗馬之勞致位刺史不能盡誠奉國以荅鴻恩而反違犯憲章贓貨狼籍若言司馬誣汝百姓百官不應亦皆誣汝若言至尊不憐愍汝何故治書覆汝豈誠臣豈孝子不誠不孝何以爲人於是流涕嗚咽親持盂粥勸讓令食既而上表求哀詞情甚切上愍然爲之改容獻皇后甚奇其

意致請於上治書侍御史柳彧進曰馮氏母德之至有感行路如或殺之何以爲勸上於是集京城士庶於朱雀門遣舍人宣詔曰馮氏以嫡母之德足爲世範慈愛之道義感人神特宜矜免用獎風俗讓可減死除名爲民復下詔曰馮氏體備仁慈夙閑禮度孽讓非其所生往犯憲章宜從極法躬自詣闕爲之請命匍匐頓顙朕哀其義特免死辜使天下婦人皆如馮者豈不閨門雍睦風俗和平朕每嘉歎不能已宜標揚優賞用章有德可賜物五百段集諸命婦與馮相識以寵異之

劉昶女

劉昶女者河南長孫氏之婦也昶在周尚公主官至柱國彭國公數爲將帥位望隆顯與高祖有舊及受禪甚親任歷左武衛大將軍慶州總管其子居士爲太子千牛備身聚徒任俠不遵法度數得罪上以昶故每輒原之居士轉恣每大言曰男兒要當辮頭反縛籧篨上作獠儛取公卿子弟膂力雄健者輒將至家以車輪括其頸而棒之殆死能不屈者稱爲壯士釋而與交黨與三百人其趫捷者號爲餓鶻隊武力者號爲蓬轉隊每韝鷹紲犬連騎道中毆擊路人多所侵奪長安市里無貴賤見之者皆辟易至於公卿妃主莫敢與校者其女則居士之姊也每垂泣誨之殷勤懇惻居士不改至破家產昶年老奉養甚薄其女時寡居哀昶如此每歸寧于家躬勤紡績以致其甘脆有人告居士與其徒遊長安城登故未央殿基南向坐前後列隊意有不遜每相約曰當爲一死耳又時有人言居士遣使引突厥令南寇當於京師應之上謂昶曰今日之事當復如何昶猶恃舊恩不自引咎直前曰黑白在于至尊上大怒下昶獄捕居士黨與治之甚急憲司又奏昶事母不孝其女知昶必不免不食者數日每親調飲食手自捧持詣大理餉其父見獄卒長跪以進歔欷嗚咽見者傷之居士坐斬昶竟賜死于家詔百寮臨視時其女絕而復蘇者數矣公卿慰諭之其女言父無罪坐子以及於禍詞情哀切人皆

不忍聞見遂布衣蔬食以終其身上聞而歎曰吾聞衰門之女興門之男固不虛也

鍾士雄母者臨賀蔣氏女也士雄仕陳爲伏波將軍陳主以士雄嶺南酋帥慮其反覆每質蔣氏於都下及晉王廣平江南以士雄在嶺表欲以恩義致之遣蔣氏歸臨賀既而同郡虞子茂鍾文華等作亂舉兵攻城遣人召士雄士雄將應之蔣氏謂士雄曰我前在揚都備嘗辛苦今逢聖化母子聚集沒身不能上報焉得爲逆哉汝若禽獸其心背德忘義者我當自殺於汝前士雄於是遂止蔣氏復爲

書與子茂等諭以禍福子茂不從尋為官軍所敗上聞蔣
氏甚異之封為安樂縣君時尹州寡婦胡氏者不知何氏
妻也甚有志節為邦族所重當江南之亂諷諭宗黨皆
守險不從叛逆封為寧陵郡君

孝婦覃氏

孝婦覃氏者上郡鍾氏婦也與其夫相見未幾而夫死時
年十八事後姑以孝聞數年之間姑及伯叔皆相繼而死
覃氏家貧無以葬於是躬自節儉晝夜紡績蓄財十年
而葬八喪為州里所敬上聞而賜米百石表其門閭

元務光母

元務光母者范陽盧氏女也少好讀書造次以禮盛年寡
居諸子幼弱家貧不能就學盧氏每親自教授勗以義方
世以此稱之仁壽末漢王諒舉兵反遣將綦良往山東略
地良以務光為記室及良敗慈州刺史上官政簿籍務光
之家見盧氏悅而逼之盧氏以死自誓政為人凶悍怒甚以
燭燒其身盧氏執志彌固竟不屈節

裴倫妻

裴倫妻河東柳氏女也少有風訓大業末倫為渭源令屬
薛舉之亂縣城為賊所陷倫遇害柳時年四十有二女
及兒婦三人皆有美色柳氏謂之曰我輩遭逢禍亂汝父
已死我自念不能全汝我門風有素義不受辱於群賊我
將與汝等同死如何其女等皆垂泣曰唯母所命柳氏遂
自投于井其女及婦相繼而下皆重死於井中

趙元楷妻

趙元楷妻者清河崔氏之女也父儦在文學傳家有素
範子女皆遵禮度元楷父為僕射家富於財重其門望厚
禮以聘之元楷甚敬崔氏雖在宴私不妄言笑進止容服
動合禮儀化及之反也元楷隨至河北將歸長安至滏口
遇盜攻掠元楷僅以身免崔氏為賊所拘賊請以為妻崔
氏謂賊曰我士大夫女為僕射子妻今日破亡自可即死

遣為賊婦終必不能羣賊毀裂其衣形體悉露縛於牀簀
之上將凌之崔氏懼為所辱詐之曰今力已屈當聽處分
不敢相違請解縛賊遽釋之崔因著衣取賊佩刀倚樹而
立曰欲殺我任加刀鋸若覓死可來相逼賊大怒亂射殺
之元楷後得殺妻者支解之以祭崔氏之柩

史臣曰夫稱婦人之德皆以柔順為先斯乃舉其中庸未
臻其極者也至於明識遠圖貞心峻節志不可奪唯義所
在考之圖史亦何世而無哉蘭陵主質邁寒松南陽主心
踰匪石洗媼孝女之忠壯崔馮二母之誠懇足使義勇
慙其志烈蘭王謝其貞芳襄城華陽之妃裴倫元楷之婦

時逢艱阻事乖好合甘心同穴顛沛靡它志勵冰霜言踰皎日雖詩詠共姜之自誓傳述伯姬之守死其將復何以加焉

列傳第四十五　隋書八十

列傳卷第四十六　東夷　隋書八十一

特進臣魏　徵　上

高麗

高麗之先出自夫餘夫餘王嘗得河伯女因閉於室内為日光隨而照之感而遂孕生一大卵有一男子破殻而出名曰朱蒙夫餘之臣以朱蒙非人所生咸請殺之王不聽及壯因從獵所獲居多又請殺之其母以告朱蒙朱蒙棄夫餘東南走遇一大水深不可越朱蒙曰我是河伯外孫日之子也今有難而追兵且及如何得度於是魚鼈積而成橋朱蒙遂度追騎不得濟而還朱蒙建國自號高句麗以高為氏朱蒙死子閭達嗣至其孫莫來興兵遂幷夫餘至裔孫位宮以魏正始中入寇西安平毌丘儉拒破之位宮玄孫之子曰昭列帝為慕容氏所破遂入丸都焚其宮室大掠而還昭列帝後為百濟所殺其曾孫璉遣使後魏璉六世孫湯在周遣使朝貢武帝拜湯上開府遼東郡公遼東王高祖受禪湯復遣使詣闕進授大將軍改封高麗王歲遣使朝貢不絕其國東西二千里南北千餘里都於平壤城亦曰長安城東西六里隨山屈曲南臨浿水復有國内城漢城並其都會之所其國中呼為三京與新羅每相侵奪戰爭不息官有太大兄次大兄次小兄次對盧次

意俟奢次烏拙次太大使者次大使者次小使者次褥奢
次翳屬次仙人凡十二等復有內評外評五部褥薩人皆
皮冠使人加插鳥羽貴者冠用紫羅飾以金銀服大袖衫
大口袴素皮帶黃革屨婦人裙襦加襈兵器與中國略同
每春秋校獵王親臨之人稅布五匹穀五石遊人則三年
一稅十人共細布一匹租戶一石次七斗下五斗反逆者
縛之於柱爇而斬之籍沒其家盜則償十倍用刑既峻罕
有犯者樂有五絃琴箏篳篥橫吹簫鼓之屬吹蘆以和曲
每年初聚戲於浿水之上王乘腰輿列羽儀以觀之事
畢王以衣服入水分左右為二部以水石相濺擲諠呼馳

逐再三而止俗好蹲踞潔淨自喜以趨走為敬拜則曳一
脚立各反拱行必搖手性多詭伏父子同川而浴共室而
寢婦人淫奔俗多遊女有婚嫁者取男女相悅然即為之
男家送豬酒而已無財聘之禮或有受財者人共恥之死
者殯於屋內經三年擇吉日而葬居父母及夫之喪服皆三
年兄弟三月初終哭泣葬則鼓儛作樂以送之埋訖悉取
死者生時服翫車馬置於墓側會葬者爭取而去敬鬼神
多淫祠開皇初頻有使入朝及平陳之後湯大懼治兵積
穀為守拒之策十七年上賜湯璽書曰朕受天命愛育率
土委王海隅宣揚朝化欲使圓首方足各遂其心王每遣

使人歲常朝貢雖稱藩附誠節未盡王既人臣須同朕
德而乃驅逼靺鞨固禁契丹諸藩頓顙為我臣妾忿善人
之慕義何毒害之情深乎太府工人其數不少王必須之
自可聞奏昔年潛行財貨利動小人私將弩手逃竄下國
豈非修理兵器意欲不臧恐有外聞故為盜竊時命使者
撫慰王藩本欲問彼人情教彼政術王乃坐之空館嚴加
防守使其閉目塞耳永無聞見有何陰惡弗欲人知禁制
官司畏其訪察又數遣馬騎殺害邊人屢騁姦謀動作邪
說心在不賓朕於蒼生悉如赤子賜王土宇授王官爵深
恩殊澤彰著遐邇王專懷不信恒自猜疑常遣使人密覘

消息純臣之義豈若是也蓋當由朕訓導不明王之愆違
一已寬恕今日以後必須改革守藩臣之節奉朝正之典
自化爾藩勿忤他國則長享富貴實稱朕心彼之一方雖
地狹人少然普天之下皆為朕臣今若黜王不可虛置終
須更選官屬就彼安撫王若洒心易行率由憲章即是朕
之良臣何勞別遣才彥也昔帝王作法仁信為先有善必
賞有惡必罰四海之內具聞朕旨王若無罪朕忽加兵自
餘藩國謂朕何也王必虛心納朕此意慎勿疑惑更懷異
圖往者陳叔寶代在江陰殘害人庶驚動我烽候抄掠我
邊境朕前後誡勅經歷十年彼則恃長江之外聚一隅之

衆慴狂驕傲不從朕言故命將出師除彼凶逆來往不盈旬月兵騎不過數千歷代逋寇一朝清蕩遐邇乂安人神胥悅聞王歎恨獨致悲傷黜陟幽明有司是職罪王不爲陳滅賞王不爲陳存樂禍好亂何爲爾也王謂遼水之廣何如長江高麗之人多少陳國朕若不存含育責王前愆命一將軍何待多力慇懃曉示許王自新耳宜得朕懷自求多福湯得書惶恐將奉表陳謝會病卒子元嗣立高祖使使拜元爲上開府儀同三司襲爵遼東郡公賜衣一襲元奉表謝恩并賀祥瑞因請封王高祖優冊元爲王明年元率靺鞨之衆萬餘騎寇遼西營州摠管韋沖擊走之

高祖聞而大怒命漢王諒爲元帥摠水陸討之下詔黜其爵位時餽運不繼六軍乏食師出臨渝關復遇疾疫王師不振及次遼水元亦惶懼遣使謝罪上表稱遼東糞土臣元云云上於是罷兵待之如初元亦歲遣朝貢煬帝嗣位天下全盛高昌王突厥啓人可汗並親詣闕貢獻於是徵元入朝元懼藩禮頗闕大業七年帝將討元之罪車駕度遼水上營於遼東城分道出師各頓兵於其城下高麗率兵出拒戰多不利於是皆嬰城固守帝令諸軍攻之又勑諸將高麗若降者即宜撫納不得縱兵城將陷賊輒言請降諸將奉旨不敢赴機先令馳奏比報至賊守禦亦備隨出拒戰如此者再三帝不悟由是食盡師老轉輸不繼諸軍多敗績於是班師是行也唯於遼水西拔賊武厲邏置遼東郡及通定鎭而還九年帝復親征之乃勑諸軍以便宜從事諸將分道攻城賊勢日蹙會楊玄感作亂反書至帝大懼即日六軍並還兵部侍郎斛斯政亡入高麗高麗具知事實悉銳來追殿軍多敗十年又發天下兵會盜賊蜂起人多流亡所在阻絕軍多失期至遼水高麗亦困弊遣使乞降囚送斛斯政以贖罪帝許之頓於懷遠鎭受其降款仍以俘囚軍實歸至京師以高麗使者親告於太廟因拘留之仍徵元入朝元竟不至帝勑諸軍嚴裝更圖後舉會天下大亂遂不克復行

百濟

百濟之先出自高麗國其國王有一侍婢忽懷孕王欲殺之婢云有物狀如雞子來感於我故有娠也王捨之後遂生一男棄之廁溷久而不死以爲神命養之名曰東明及長高麗王忌之東明懼逃至淹水夫餘人共奉之東明之後有仇台者篤於仁信始立其國于帶方故地漢遼東太守公孫度以女妻之漸以昌盛爲東夷強國初以百家濟海因號百濟歷十餘代代臣中國前史載之詳矣開皇初其王餘昌遣使貢方物拜昌爲上開府帶方郡公百濟王其

國東西四百五十里南北九百餘里南接新羅北拒高麗
其都曰居拔城官有十六品長曰左平次大率次恩率次
德率次杆率次奈率次將德服紫帶次施德皂帶次固德
赤帶次李德青帶次對德以下皆黃帶次文督次武督次
佐軍次振武次剋虞皆用白帶其冠制並同唯奈率以上
飾以銀花長史三年一交代畿內爲五部部有五巷士人
居焉五方各有方領一人方佐貳之方有十郡郡有將其
人雜有新羅高麗倭等亦有中國人其衣服與高麗略同
婦人不加粉黛女辮髮垂後已出嫁則分爲兩道盤於頭
上俗尚騎射讀書史能吏事亦知醫藥蓍龜占相之術以

兩手據地爲敬有僧尼多寺塔有鼓角箜篌箏竽篪笛之
樂投壺圍棊樗蒲握槊弄珠之戲行宋元嘉曆以建寅月
爲歲首國中大姓有八族沙氏燕氏劦氏解氏貞氏國氏
木氏苩氏婚娶之禮畧同於華喪制如高麗有五穀牛豬
雞多不火食厥田下濕人皆山居有巨栗每以四仲之月
王祭天及五帝之神立其始祖仇台廟於國城歲四祠之
國西南人島居者十五所皆有城邑平陳之歲有一戰船
漂至海東躭牟羅國其船得還經于百濟昌資送之甚厚
并遣使奉表賀平陳高祖善之下詔曰百濟王既聞平陳
遠令奉表往復至難若逢風浪便致傷損百濟王心迹淳

至朕已委知相去雖遠事同言面何必數遣使來相體悉
自今以後不須年別入貢朕亦不遣使往王宜知之使者
舞蹈而去開皇十八年昌使其長史王辯那來獻方物屬
興遼東之役遣使奉表請爲軍導帝下詔曰往歲爲高麗
不供職貢無人臣禮故命將討之高元君臣恐懼畏服歸
罪朕已赦之不可致伐厚其使而遣之高麗頗知其事以
兵侵掠其境昌死子餘宣立死子餘璋立大業三年璋遣
使者燕文進朝貢其年又遣使者王孝鄰入獻請討高麗
煬帝許之令覘高麗動靜然璋內與高麗通和挾詐以窺
中國七年帝親征高麗璋使其臣國智牟來請軍期帝大

悅厚加賞錫遣尚書起部郎席律詣百濟與相知明年六
軍度遼璋亦嚴兵於境聲言助軍實持兩端尋與新羅有
隙每相戰爭十年復遣使朝貢後天下亂使命遂絕其南
海行三月有躭牟羅國南北千餘里東西數百里土多麞
鹿附庸於百濟百濟自西行三日至貊國云

新羅

新羅國在高麗東南居漢時樂浪之地或稱斯羅魏將毋
丘儉討高麗破之奔沃沮其後復歸故國留者遂爲新羅
焉故其人雜有華夏高麗百濟之屬兼有沃沮不耐韓獩
之地其王本百濟人自海逃入新羅遂王其國傳祚至金

眞平開皇十四年遣使貢方物高祖拜眞平爲上開府樂浪郡公新羅王其先附庸於百濟後因百濟征高麗高麗人不堪戎役相率歸之遂致強盛因襲百濟附庸於迦羅國其官有十七等其一曰伊罰干貴如相國次伊尺干次迎干次破彌干次大阿尺干次阿尺干次乙吉干次沙咄干次及伏干次大奈摩干次奈摩次大舍次小舍次吉土次大烏次小烏次造位外有郡縣其文字甲兵同於中國選人壯健者悉入軍烽戍邏俱有屯管部伍風俗刑政衣服畧與高麗百濟同每正月旦相賀王設宴會班賚羣官其日拜日月神至八月十五日設樂令官人射賞以馬布

其有大事則聚群官詳議而定之服色尚素婦人辮髮繞頭以雜綵及珠爲飾婚嫁之禮唯酒食而已輕重隨貧富新婚之夕女先拜舅姑次即拜夫死有棺斂葬起墳陵王及父母妻子喪持服一年田甚良沃水陸兼種其五穀果菜鳥獸物産畧與華同大業以來歳遣朝貢新羅地多山險雖與百濟構隙百濟亦不能圖之

靺鞨

靺鞨在高麗之北邑落俱有酋長不相總一凡有七種其一號粟末部與高麗相接勝兵數千多驍武每寇高麗中其二曰伯咄部在粟末之北勝兵七千其三曰安車骨部在伯咄東北其四曰拂涅部在伯咄東其五曰號室部在拂涅東其六曰黑水部在安車骨西北其七曰白山部在粟末東南勝兵並不過三千而黑水部尤爲勁健自拂涅以東矢皆石鏃即古之肅愼氏也所居多依山水渠帥曰大莫弗瞞咄東夷中爲強國有徒太山者俗甚敬畏上有熊羆豹狼皆不害人人亦不敢殺地卑濕築土如堤鑿穴以居開口向上以梯出入相與偶耕土多粟麥穄水氣鹹生鹽於木皮之上其畜多猪嚼米爲酒飲之亦醉婦人服布男子衣猪狗皮俗以溺洗手面於諸夷最爲不潔其俗婬而妬其妻外婬人有告其夫者夫輒殺妻殺而後悔

必殺告者由是姦婬之事終不發揚人皆射獵爲業角弓長三尺箭長尺有二寸常以七八月造毒藥傅矢以射禽獸中者立死開皇初相率遣使貢獻高祖詔其使曰朕聞彼土人庶多能勇捷今來相見實副朕懷朕視爾等如子爾等宜敬朕如父對曰臣等僻處一方道路悠遠聞內國有聖人故來朝拜既蒙勞賜親奉聖顏下情不勝懽喜願得長爲奴僕也其國西北與契丹相接每相劫掠後因其使來高祖誡之曰我憐念契丹與爾無異宜各守土境豈不安樂何爲輙相攻擊甚乖我意使者謝罪高祖因厚勞之令宴飲於前使者與其徒皆起舞其曲折多戰鬬之容

上顧謂侍臣曰天地間乃有此物常作用兵意何其甚也
然其國與隋懸隔唯粟末白山為近煬帝初與高麗戰頻
敗其衆渠帥度地稽率其部來降拜為右光祿大夫居之
柳城與邊人來往悅中國風俗請被冠帶帝嘉之賜以錦
綺而褒寵之及遼東之役度地稽率其徒以從每有戰功
賞賜優厚十三年從帝幸江都尋放歸柳城在塗遇李密
之亂密遣兵邀之前後十餘戰僅而得免至高陽復沒於
王須拔未幾遁歸羅藝

流求國

流求國居海島之中當建安郡東水行五日而至土多山

洞其王姓歡斯氏名渴剌兜不知其由來有國代數也彼
土人呼之為可老羊妻曰多拔荼所居曰波羅檀洞塹柵
三重環以流水樹棘為藩王所居舍其大一十六間琱刻
禽獸多鬬鏤樹似橘而葉密條纖如髮然下垂國有四五
帥統諸洞洞有小王往往有村村有鳥了帥並以善戰者
為之自相樹立理一村之事男女皆以白紵繩纏髮從項
後盤繞至額其男子用鳥羽為冠裝以珠貝飾以赤毛形
製不同婦人以羅紋白布為帽其形正方織鬬鏤皮并雜
色紵及雜毛以為衣製裁不一綴毛垂螺為飾雜色相間
下垂小貝其聲如珮綴璫施釧懸珠於頸織藤為笠飾以
毛羽有刀矟弓箭劍鈹之屬其處少鐵刃皆薄小多以骨
角輔助之編紵為甲或用熊豹皮王乘木獸令左右轝之
而行導從不過數十人小王乘机鏤為獸形國人好相攻
擊人皆驍健善走難死而耐創諸洞各為部隊不相救助
兩陣相當勇者三五人出前跳噪交言相罵因相擊射如
其不勝一軍皆走遣人致謝即共和解收取鬬死者共聚
而食之仍以髑髏將向王所王則賜之以冠使為隊帥無
賦斂有事則均稅用刑亦無常准皆臨事科決犯罪皆斷
於鳥了帥不伏則上請於王王令臣下共議定之獄無枷
鏁唯用繩縛決死刑以鐵錐大如筯長尺餘鑽頂而殺之

輕罪用杖俗無文字望月虧盈以紀時節候草藥枯以為
年歲人深目長鼻頗類於胡亦有小慧無君臣上下之節
拜伏之禮父子同牀而寢男子拔去髭鬢身上有毛之
處皆亦除去婦人以墨黥手為蟲蛇之文嫁娶以酒肴珠
貝為娉或男女相悅便相匹偶婦人產乳必食子衣產後
以火自炙令汗出五日便平復以木槽中暴海水為鹽木
汁為酢釀米麴為酒其味甚薄食皆用手偶得異味先進
尊者凡有宴會執酒者必待呼名而後飲上王酒者亦呼
王名銜杯共飲頗同突厥歌呼蹋蹄一人唱衆皆和音頗
哀怨扶女子上膊搖手而舞其死者氣將絕舉至庭親賓

哭泣相弔浴其屍以布帛纏之裹以葦草親土而殯上不
起墳子為父者數月不食肉南境風俗少異人有死者邑
里共食之有熊羆豺狼尤多猪雞無牛羊驢馬厥田良沃
先以火燒而引水灌之持一插以石為刃長尺餘闊數寸
而墾之土宜稻粱床黍麻豆赤豆胡豆黑豆等木有楓栝
樟松楩楠杉梓竹藤果藥同於江表風土氣候與嶺南相
類俗事山海之神祭以酒肴鬬戰殺人便將所殺人祭其
神或依茂樹起小屋或懸髑髏於樹上以箭射之或累石
繫幡以為神主王之所居壁下多聚髑髏以為佳人間門
戶上必安獸頭骨角大業元年海師何蠻等每春秋二時

天清風靜東望依希似有煙霧之氣亦不知幾千里三年
煬帝令羽騎尉朱寬入海求訪異俗何蠻言之遂與蠻俱
往因到流求國言不相通掠一人而返明年帝復令寬慰
撫之流求不從寬取其布甲而還時倭國使來朝見之曰
此夷邪久國人所用也帝遣武賁郎將陳稜朝請大夫張
鎮州率兵自義安浮海擊之至高華嶼又東行二日至䵶
鼊嶼又一日便至流求初稜將南方諸國人從軍有崐崘人
頗解其語遣人慰諭之流求不從拒逆官軍稜擊走之進
至其都頻戰皆敗焚其宮室虜其男女數千人載軍實而
還自爾遂絕

倭國

倭國在百濟新羅東南水陸三千里於大海之中依山島
而居魏時譯通中國三十餘國皆自稱王夷人不知里數
但計以日其國境東西五月行南北三月行各至於海其
地勢東高西下都於邪靡堆則魏志所謂邪馬臺者也古
云去樂浪郡境及帶方郡並一萬二千里在會稽之東與
儋耳相近漢光武時遣使入朝自稱大夫安帝時又遣使
朝貢謂之倭奴國桓靈之間其國大亂遞相攻伐歷年無
主有女子名卑彌呼能以鬼道惑衆於是國人共立為王
有男弟佐卑彌理國其王有侍婢千人罕有見其面者唯有
男子二人給王飲食通傳言語其王有宮室樓觀城柵皆

持兵守衛為法甚嚴自魏至于齊梁代與中國相通開皇
二十年倭王姓阿每字多利思比孤號阿輩雞彌遣使詣
闕上令所司訪其風俗使者言倭王以天為兄以日為弟
天未明時出聽政跏趺坐日出便停理務云委我弟高祖
曰此太無義理於是訓令改之王妻號雞彌後宮有女六
七百人名太子為利歌彌多弗利無城郭內官有十二等
一曰大德次小德次大仁次小仁次大義次小義次大禮
次小禮次大智次小智次大信次小信員無定數有軍尼
一百二十人猶中國牧宰八十戶置一伊尼翼如今里長

也十伊尼翼屬一軍尼其服飾男子衣裙襦其袖微小履如履形漆其上繫之於脚人庶多跣足不得用金銀為飾故時衣橫幅結束相連而無縫頭亦無冠但垂髮於兩耳上至隋其王始制冠以錦綵為之以金銀鏤花為飾婦人束髮於後亦衣裙襦裳皆有襈攕竹為梳編草為薦雜皮為表緣以文皮有弓矢刀矟弩穳斧漆皮為甲骨為矢鏑雖有兵無征戰其王朝會必陳設儀仗奏其國樂戶可十萬其俗殺人強盜及姦皆死盜者計贓酬物無財者沒身為奴自餘輕重或流或杖每訊究獄訟不承引者以木壓膝或張強弓以弦鋸其項或置小石於沸湯中令所競

者探之云理曲者即手爛或置蛇甕中令取之云曲者即螫手矣人頗恬靜罕爭訟少盜賊樂有五弦琴笛男女多黥臂點面文身沒水捕魚無文字唯刻木結繩敬佛法於百濟求得佛經始有文字知卜筮尤信巫覡每至正月一日必射戲飲酒其餘節略與華同好棊博握槊樗蒲之戲氣候溫暖草木冬青土地膏腴水多陸少以小環挂鸕鷀項令入水捕魚日得百餘頭俗無盤俎藉以檞葉食用手餔之性質直有雅風女多男少婚嫁不取同姓男女相悅者即為婚婦入夫家必先跨犬乃與夫相見婦人不淫妬死者斂以棺槨親賓就屍歌舞妻子兄弟以白布製服貴

人三年殯於外庶人卜日而瘞及葬置屍船上陸地牽之或以小轝有阿蘇山其石無故火起接天者俗以為異因行禱祭有如意寶珠其色青大如雞卵夜則有光云魚眼精也新羅百濟皆以倭為大國多珍物並敬仰之恆通使往來大業三年其王多利思比孤遣使朝貢使者曰聞海西菩薩天子重興佛法故遣朝拜兼沙門數十人來學佛法其國書曰日出處天子致書日沒處天子無恙云云帝覽之不悅謂鴻臚卿曰蠻夷書有無禮者勿復以聞明年上遣文林郎裴清使於倭國度百濟行至竹島南望𨈭羅國經都斯麻國迥在大海中又東至一支國又至竹斯國

又東至秦王國其人同於華夏以為夷洲疑不能明也又經十餘國達於海岸自竹斯國以東皆附庸於倭倭王遣小德阿輩臺從數百人設儀仗鳴鼓角來迎後十日又遣大禮哥多毗從二百餘騎郊勞既至彼都其王與清相見大悅曰我聞海西有大隋禮義之國故遣朝貢我夷人僻在海隅不聞禮義是以稽留境內不即相見今故清道飾館以待大使冀聞大國惟新之化清答曰皇帝德並二儀澤流四海以王慕化故遣行人來此宣諭既而引清就館其後清遣人謂其王曰朝命既達請即戒塗於是設宴享以遣清復令使者隨清來貢方物此後遂絕

史臣曰廣谷大川異制人生其間異俗嗜欲不同言語不通聖人因時設教所以達其志而通其俗也九夷所居與中夏懸隔然天性柔順無獷暴之風雖綿邈山海而易以道御夏殷之代時或來王暨箕子避地朝鮮始有八條之禁疎而不漏簡而可久化之所感千載不絶今遼東諸國或衣服參冠冕之容或飲食有俎豆之器好尚經術愛樂文史游學於京都者往來繼路或亡没不歸非先哲之遺風其孰能致於斯也故孔子曰言忠信行篤敬雖蠻貊之邦行矣誠哉斯言其俗之可采者豈徒楛矢之貢而已乎自高祖撫有周餘惠此中國開皇之末方事遼左天時不

利師遂無功二代承基志包宇宙頻踐三韓之域屢發千鈞之弩小國懼亡敢同困獸兵連不戢四海騷然遂以土崩喪身滅國兵志有之曰務廣德者昌務廣地者亡然遼東之地不列於郡縣久矣諸國朝正奉貢無闕於歲時二代震而矜之以為人莫若已不能懷以文德遽動干戈内恃富強外思廣地以驕取怨以怒興師若此而不亡自古未之聞也然則四夷之戒安可不深念哉

列傳卷第四十六　　隋書八十一

列傳卷第四十七 南蠻　　隋書八十二

特進臣魏徵　上

南蠻雜類與華人錯居曰蜒曰獽曰俚曰獠曰㐌俱無君長隨山洞而居古先所謂百越是也其俗斷髮文身好相攻討浸以微弱稍屬於中國皆列為郡縣同之齊人不復詳載大業中南荒朝貢者十餘國其事迹多湮滅而無聞今所存録四國而已

林邑

林邑之先因漢末交阯女子徵側之亂内縣功曹子區連殺縣令自號為王無子其甥范熊代立死子逸立日南人

范文因亂為逸僕隸遂教之築宮室造器械逸甚信任使文將兵極得衆心文因間其子弟或奔或從及逸死國無嗣文自立為王其後范佛為晉揚威將軍戴桓所破宋交州刺史檀和之將兵擊之深入其境至梁陳亦通使往來其國延袤數千里土多香木金寶物產大抵與交阯同以塼為城蜃灰塗之東向戶尊官有二其一曰西那婆帝其二曰薩婆地歌其屬官三等其一曰倫多姓次歌倫致帝次乙他伽蘭外官分為二百餘部其長官曰弗羅次曰可輪如牧宰之差也王戴金花冠形如章甫衣朝霞布珠璣瓔珞足躡革履時復錦袍良家子侍衛者二百許人皆執

金裝刀有弓箭刀槊以竹爲弩傳毒於矢樂有琴笛琵琶五絃頗與中國同每擊鼓以警衆吹蠡以即戎其人深目高鼻髮拳色黑俗皆徒跣以幅布纏身冬月衣袍婦人椎髻施椰葉席每有婚媾令媒者齎金銀釧酒二壺魚數頭至女家於是擇日夫家會親賓歌儛相對女家請一婆羅門送女至男家壻盥手因牽女授之王死七日而葬有官者三日庶人一日皆以函盛屍鼓儛導從輿至水次積薪焚之收其餘骨王則內金罌中沉之於海有官者以銅罌沉之於海口庶人以瓦送之於江男女皆截髮隨喪至水次盡哀而止歸則不哭每七日然香散花復哭盡哀而止

盡七七而罷至百日三年亦如之人皆奉佛文字同於天竺高祖既平陳乃遣使獻方物其後朝貢遂絕時天下無事群臣言林邑多奇寶者仁壽末上遣大將軍劉方爲驩州道行軍揔管率欽州刺史甯長真驩州刺史李暈開府秦雄步騎萬餘及犯罪者數千人擊之其王梵志率其徒乘巨象而戰方軍不利方於是多掘小坑草覆其上因以兵挑之梵志悉衆而陣方與戰僞北梵志逐之至坑所其衆多陷轉相驚駭軍遂亂方縱兵擊之大破之頻戰輙敗遂棄城而走方入其都獲其廟主十八枚皆鑄金爲之蓋其有國十八葉矣方班師梵志復其故地遣使謝罪於是朝貢不絕

赤土

赤土國扶南之別種也在南海中水行百餘日而達所都土色多赤因以爲號東波羅剌國西婆羅娑國南訶羅旦國北拒大海地方數千里其王姓瞿曇氏名利富多塞不知有國近遠稱其父釋王位出家爲道傳位於利富多塞在位十六年矣有三妻並鄰國王之女也居僧祇城有門三重相去各百許步每門圖畫飛仙仙人菩薩之像縣金花鈴毦婦女數十人或奏樂或捧金花又飾四婦人容飾如佛塔邊金剛力士之狀夾門而立門外者持兵仗門內者執白拂夾道垂素網綴花王宮諸屋悉是重閣北戶北

面而坐坐三重之榻衣朝霞布冠金花冠垂雜寶瓔珞四女子立侍左右兵衛百餘人王榻後作一木龕以金銀五香木雜鈿之龕後懸一金光燄夾榻又樹二金鏡鏡前並陳金甕甕前各有金香爐當前置一金伏牛牛前樹壹寶蓋蓋左右皆有寶扇婆羅門等數百人東西重行相向而坐其官有薩陀迦羅一人陀拏達叉二人迦利密迦三人共掌政事俱羅末帝一人掌刑法每城置那邪迦一人鉢帝十人其俗等皆穿耳剪髮無跪拜之禮以香油塗身其俗敬佛尤重婆羅門婦人作髻於項後男女通以朝霞朝雲雜色布爲衣豪富之室恣意華靡唯金鏁非

王賜不得服用每婚嫁擇吉日女家先期五日作樂飲酒父執女手以授壻七日乃配焉既娶則分財別居唯幼子與父同居父母兄弟死則剔髮素服就水上構竹木為棚棚内積薪以屍置上燒香建幡吹蠡擊鼓以送之縱火焚薪遂落於水貴賤皆同唯國王燒訖収灰貯以金瓶藏於廟屋冬夏常溫雨多霽少種植無時特宜稻穄白豆黑麻自餘物產多同於交阯以甘蔗作酒雜以紫瓜根酒色黃赤味亦香美亦名椰漿為酒煬帝即位募能通絕域者大業三年屯田主事常駿虞部主事王君政等請使赤土帝大悅賜駿等帛各百匹時服一襲而遣齎物五千段以

賜赤土王其年十月駿等自南海郡乘舟晝夜二旬每值便風至焦石山而過東南泊陵伽鉢拔多洲西與林邑相對上有神祠焉又南行至師子石自是島嶼連接又行二三日西望見狼牙須國之山於是南達雞籠島至於赤土之界其王遣婆羅門鳩摩羅以舶三十艘來迎吹蠡擊鼓以樂隋使進金鏁以纜駿船月餘至其都王遣其子那邪迦請與駿等禮見先遣人送金盤貯香花并鏡鑷金合二枚貯香油金瓶八枚貯香水白疊布四條以擬供使者盥洗其日未時那邪迦又將象二頭持孔雀蓋以迎使人并致金花金盤以藉詔函男女百人奏蠡鼓婆羅門二人導路至王宮駿等奉詔書上閣王以下皆坐宣詔訖引駿等坐奏天竺樂事畢駿等還館又遣婆羅門就館送食以草葉為盤其大方丈因謂駿曰今是大國中人非復赤土國矣飲食疏薄願為大國意而食之後數日請駿等入宴儀衛導從如初見之禮王前設兩牀牀上并設草葉盤方一丈五尺上有黃白紫赤四色之餅牛羊魚鼈猪蝳蝐之肉百餘品延駿升牀從者坐於地席各以金鍾置酒女樂迭奏禮遺甚厚尋遣那邪迦隨駿貢方物并獻金芙蓉冠龍腦香以鑄金為多羅葉隱起成文以為表金函封之令婆羅門以香花奏蠡鼓而送之既入海見綠魚

群飛水上浮海十餘日至林邑東南並山而行其海水闊千餘步色黃氣腥舟行一日不絕云是大魚糞也循海北岸達于交趾駿以六年春與那邪迦於弘農謁帝大悅賜駿等物二百段俱授秉義尉那邪迦等官賞各有差

真臘

真臘國在林邑西南本扶南之屬國也去日南郡舟行六十日而南接車渠國西有朱江國其王姓刹利氏名質多斯那自其祖漸已強盛至質多斯那遂兼扶南而有之死子伊奢那先代立居伊奢那城郭下二萬餘家城中有一大堂是王聽政之所揔大城三十城有數千家各有部

帥官名與林邑同其王三日一聽朝坐五香七寶牀上施
寶帳其帳以文木爲竿象牙金鈿爲壁狀如小屋懸金光
燄有同於赤土前有金香鑪二人侍側王着朝霞古貝瞞
絡腰腹下垂至脛頭戴金寶花冠被真珠瓔珞足履革
屣耳懸金璫常服白疊以象牙爲屩若露髮則不加瓔
珞臣人服製大抵相類有五大臣一曰孤落支二曰高相
憑三曰婆何多陵四曰舍摩陵五曰髯多婁及諸小臣朝
於王者輒以階下三稽首王喚上階則跪以兩手抱膊遶
王環坐議政事訖跪伏而去階庭門閣侍衛有千餘人被
甲持仗其國與參半朱江二國和親數與林邑陀桓二國

戰爭其人行止皆持甲仗若有征伐因而用之其俗非王
正妻子不得爲嗣王初立之日所有兄弟並刑殘之或去一指
或劓其鼻別處供給不得仕進人形小而色黑婦人亦有
白者悉拳髮垂耳性氣捷勁居處器物頗類赤土以右手
爲淨左手爲穢每旦澡洗以楊枝淨齒讀誦經呪又澡灑
乃食食罷還用楊枝淨齒又讀經呪飲食多蘇酪沙糖秔
粟米餅欲食之時先取雜肉羹與餅相和手擩而食娶妻
者唯送衣一具擇日遣媒人迎婦男女二家各八日不出
晝夜燃燈不息男婚禮畢即與父母分財別居父母死
小兒未婚者以餘財與之若婚畢財物入官其喪葬兒女皆

七日不食剔髮而哭僧尼道士親故皆來聚會音樂送
之以五香木燒屍收灰以金銀瓶盛送于大水之內貧者
或用瓦而以彩色畫之亦有不焚送屍山中任野獸食者
其國北多山阜南有水澤地氣尤熱無霜雪饒瘴癘毒蠚
土宜粱稻少黍粟果菜與日南九真相類異者有婆那
娑樹無花葉似柹實似冬瓜菴羅樹花葉似棗實似
李毗野樹花似木瓜葉似杏實似楮婆田羅樹花葉實並似
棗而小異歌畢佗樹花似林檎葉似榆而厚大實似李其
大如升自餘多同九真海中有魚名建同四足無鱗其鼻
如象吸水上噴高五六十尺有浮胡魚其形似䱉觜如鸚

鵡有八足多大魚半身出水望之如山每五六月中毒氣
流行即以白豬白牛白羊於城西門外祠之不然者五穀
不登六畜多死人衆疾疫近都有陵伽鉢婆山上有神祠
每以兵五千人守衛之城東有神名婆多利祭用人肉其
王年別殺人以夜祀禱亦有守衛者千人其敬鬼如此多奉
佛法尤信道士佛及道士並立像於館大業十三年遣使
貢獻帝禮之甚厚其後亦絶

婆利

婆利國自交阯浮海南過赤土丹丹乃至其國國界東西
四月行南北四十五日行王姓刹利邪伽名護濫那婆官

曰獨訶邪拏次曰獨訶氏拏國人善投輪刀其大如鏡中有竅外鋒如鋸遠以投人無不中其餘兵器與中國略同俗類真臘物産同於林邑其殺人及盜截其手姦者鏁其足朞年而止祭祀必以月晦盤貯酒肴浮之流水每十一月必設大祭海出珊瑚有鳥名舍利解人語大業十二年遣使朝貢後遂絶于時南荒有丹丹盤盤二國亦來貢方物其風俗物産大抵相類云

史臣曰禮云南方曰蠻有不火食者矣書稱蠻夷猾夏詩曰蠢爾蠻荆種類寔繁代爲紛梗自秦并二楚漢平百越地窮丹徼景極日南水陸可居咸爲郡縣暨乎境分吳蜀時經晉宋道有汙隆服叛不一高祖受命克平九宇煬帝纂業威加八荒甘心遠夷志求珍異故師出於流求兵加於林邑威振殊俗過於秦漢遠矣雖有荒外之功無救域中之敗傳曰非聖人外寧必有內憂誠哉斯言也

列傳卷第四十七 隋書八十二

列傳卷第四十八 西域 隋書八十三

特進臣魏徵上

漢氏初開西域有三十六國其後分立五十五王置校尉都護以撫納之王莽篡位西域遂絶至於後漢班超所通者五十餘國西至西海東西四萬里皆來朝貢復置都護校尉以相統攝其後或絶或通漢朝以爲勞弊中國其官時廢時置暨魏晉之後互相吞滅不可詳焉煬帝時遣侍御史韋節司隸從事杜行滿使於西蕃諸國至罽賓得碼碯杯王舍城得佛經史國得十儛女師子皮火鼠毛而還帝復令聞喜公裴矩於武威張掖間往來以引致之其有君長者四十四國矩因其使者入朝啗以厚利令其轉相諷諭大業年中相率而來朝者三十餘國帝因置西域校尉以應接之尋屬中國大亂朝貢遂絶然事多亡失今所存録者二十國焉

吐谷渾

吐谷渾本遼西鮮卑徒河涉歸子也初涉歸有二子庶長曰吐谷渾少曰若洛廆涉歸死若洛廆代統部落是爲慕容氏吐谷渾與若洛廆不協遂西度隴止于甘松之南洮水之西南極白蘭山數千里之地其後遂以吐谷渾爲國氏焉當魏周之際始稱可汗都伏俟城在青海西十五里

有城郭而不居之隨逐水草官有王公僕射尚書郎中將軍
其主以皁為帽妻戴金花其器械衣服略與中國同其王
公貴人多戴羃䍦婦人裙襦辮髮綴以珠貝國無常
稅殺人及盜馬者死餘坐則徵物以贖罪風俗頗同突
厥喪有服制葬訖而除性皆貪忍有大麥粟豆青海
周迴千餘里中有小山其俗至冬輒放牝馬於其上言得
龍種吐谷渾嘗得波斯草馬放入海因生驄駒能日行千
里故時稱青海驄焉多氂牛饒銅鐵朱砂地兼鄯善且末
西北有流沙數百里夏有熱風傷斃行旅風之將至老駝
預知之則引項而鳴聚立以口鼻埋沙中人見則知之以

氈擁蔽口鼻而避其患其主呂夸在周數為邊寇及開皇
初以兵侵弘州高祖以弘州地曠人梗因而廢之遣上柱
國元諧率步騎數萬擊之賊悉發國中兵自曼頭至
於樹敦甲騎不絕其所署河西總管定城王鍾利房及其
太子可博汗前後來拒戰諧頻擊破之俘斬甚眾呂夸大
懼率其親兵遠遁其名王十三人各率部落而降上以
其高寧王移茲裒素得眾心拜為大將軍封河南王以
統降眾自餘官賞各有差未幾復來寇邊旭州刺史皮
子信出兵拒戰為賊所敗子信死之汶州總管梁遠以銳
卒擊之斬千餘級賊退俄而入寇廓州州兵擊走之呂夸

在位百年屢因喜怒廢其太子而殺之其後太子懼見廢
辱遂謀執呂夸而降請兵於邊吏秦州總管河間王弘
請將兵應之上不許太子謀洩為其父所殺復立其少子
嵬王訶為太子疊州刺史杜粲請因其釁而討之上又不
許六年嵬王訶復懼其父誅之謀率部落萬五千人戶
將歸國遣使詣闕請兵迎接上謂侍臣曰渾賊風俗特異
人倫父既不慈子復不孝朕以德訓人何有成其惡逆也
吾當教之以義方耳乃謂使者曰朕受命於天撫育四海
望使一切生人皆以仁義相向況父子天性何得不相親
愛也吐谷渾主既是嵬王之父嵬王是吐谷渾主太子父

有不是子須陳諫若諫而不從當令近臣親戚內外諷諭
必不可海涕而道之人皆有情必當感悟不可潛謀非法受
不孝之名溥天之下皆是朕臣妾各為善事即稱朕心
嵬王既有好意欲來投朕朕唯教嵬王為臣子之法不可
遠遣兵馬助為惡事嵬王乃止八年其名王拓拔木彌
請以千餘家歸化上曰溥天之下皆曰朕臣雖復荒遐未
識風教朕之撫育俱以仁孝為本渾賊惽狂妻子懷怖並
思歸化自救危亡然叛夫背父不可收納又其本意正自
避死若今遣拒又復不仁若更有意信但宜慰撫任其自
拔不須出兵馬應接之其妹夫及甥欲來亦任其意不勞

勸誘也是歲河南王移茲裒死高祖令其弟樹歸襲統其衆平陳之後呂夸大懼遁逃保險不敢爲寇十一年呂夸卒子伏立使其兄子無素奉表稱藩并獻方物請以女備後庭上謂滕王曰此非至誠但急計耳乃謂無素曰朕知渾主欲令女事朕若依來請佗國聞之便當相學一許一塞是謂不平若並許之又非好法朕情存安養欲令遂性豈可聚斂子女以實後宮乎竟不許十二年遣刑部尚書宇文㢸撫慰之十六年以光化公主妻伏伏上表稱公主爲天后上不許明年其國大亂國人殺伏立其弟伏允爲主使使陳廢立之事并謝專命之罪且請依俗尚主上從之自是朝貢歲至而常訪國家消息上甚惡之煬帝即位伏允遣其子順來朝時鐵勒犯塞帝遣將軍馮孝慈出敦煌以禦之孝慈戰不利鐵勒遣使謝罪請降帝遣黃門侍郎裴矩慰撫之諷令擊吐谷渾以自効鐵勒許諾即勒兵襲吐谷渾大敗之伏允東走保西平境帝復令觀王雄出澆河許公宇文述出西平以掩之大破其衆伏允遁逃部落來降者十萬餘口六畜三十餘萬述追之急伏允懼南遁於山谷閒其故地皆空自西平臨羌城以西且末以東祁連以南雪山以北東西四千里南北二千里皆爲隋有置郡縣鎮戍發天下輕罪徙居之於是留順不之

遣伏允無以自資率其徒數千騎客於党項帝立順爲主送出玉門令統餘衆以其大寶王尼洛周爲輔至西平其部下殺洛周順不果入而還大業末天下亂伏允復其故地屢寇河右郡縣不能禦焉

党項

党項羌者三苗之後也其種有宕昌白狼皆自稱獼猴種東接臨洮西平西拒葉護南北數千里處山谷閒每姓別爲部落大者五千餘騎小者千餘騎織犛牛尾及羖䍽毛以爲屋服裘褐披氈以爲上飾俗尚武力無法令各爲生業有戰陣則相屯聚無徭賦不相往來牧養犛牛羊豬以供食不知稼穡其俗婬穢烝報於諸夷中最爲甚無文字但候草木以記歲時三年一聚會殺牛羊以祭天人年八十以上死者以爲令終親戚不哭少而死者則云大枉共悲哭之有琵琶橫吹擊缶爲節魏周之際數來擾邊高祖爲丞相時中原多故因此大爲寇掠蔣公梁睿既平王謙請因還師以討之高祖不許開皇四年有千餘家歸化五年拓拔寧叢等各率衆詣旭州內附授大將軍其部下各有差十六年復寇會州詔發隴西兵以討之大破其衆又相率請降願爲臣妾遣子弟入朝謝罪高祖謂之曰還語爾父兄人生須有定居養老長幼而乃乍還乍

走不羞鄉里邪自是朝貢不絕

高昌

高昌國者則漢車師前王庭也去敦煌十三日行其境東西三百里南北五百里四面多大山昔漢武帝遣兵西討師旅頓敝其中尤困者因住焉其地有漢時高昌壘故以爲國號初蠕蠕立闞伯周爲高昌王伯周死子義成立爲從兄首歸所殺首歸自立爲高昌王又爲高車阿伏至羅所殺以敦煌人張孟明爲主孟明爲國人所殺更以馬儒爲王以鞏顧麴嘉二人爲左右長史儒又通使後魏請內屬內屬人皆戀土不願東遷相與殺儒立嘉爲王嘉字靈

列傳四十八　隋書八十三　六

鳳金城榆中人既立又臣于茹茹及茹茹主爲高車所殺嘉又臣于高車屬焉耆爲挹怛所破衆不能自統請主於嘉嘉遣其第二子爲焉耆王由是始大益爲國人所服嘉死子堅立其都城周廻一千八百四十步於坐室畫魯哀公問政於孔子之像國內有城十八官有令尹一人次公二人次左右衛次八長史次五將軍次八司馬次侍郎校郎主簿從事省事大事決之於王小事長子及公評斷不立文記男子胡服婦人裙襦頭上作髻其風俗政令與華夏略同地多石磧氣候溫暖穀麥再熟宜蠶多五果有草名爲羊刺其上生蜜而味甚佳出赤鹽如朱白鹽如玉

多蒲陶酒俗事天神兼信佛法國中羊馬牧於隱僻之處以避外寇非貴人不知其所北有赤石山山北七十里有貪汙山夏有積雪此山之北鐵勒界也從武威西北有捷路度沙磧千餘里四面茫然無有蹊徑欲往者尋有人畜骸骨而去路中或聞歌哭之聲行人尋之多致亡失蓋魑魅魍魎也故商客往來多取伊吾路開皇十年突厥破其四城有二千人來歸中國堅死子伯雅立其大母本突厥可汗女其父死突厥令依其俗伯雅不從者久之突厥逼之不得已而從煬帝嗣位引致諸蕃大業四年遣使貢獻帝待其使甚厚明年伯雅來朝因從擊高麗還尚宗女華

列傳四十八　隋書八十三　七

容公主八年冬歸蕃下令國中曰夫經國字人以保存爲貴寧邦緝政以全濟爲大先者以國處邊荒境連猛狄同人無咎被髮左衽今大隋統御宇宙平一普天率土莫不齊向孤既沐浴和風庶均大化其庶人以上皆宜解辮削衽帝聞而甚善之下詔曰彰德嘉善聖哲所隆顯誠遂良典謨貽則光祿大夫弁國公高昌王伯雅識量經遠器懷溫裕丹款夙著亮節遐宣本自諸華歷祚西壤昔因多難淪迫獯戎數窮毀冕翦爲胡服自我皇隋平一宇宙化偃九圍德加四表伯雅踰沙忘阻奉貢來庭觀禮容於舊章慕威儀之盛典於是襲纓解辮削衽曳裾變

夷從夏義光前載可賜衣冠之具仍班製造之式并遣使人部領將送被以釆章復見車服之美棄彼氈毛還爲冠帶之國然伯雅先臣鐵勒而鐵勒恒遣重臣在高昌國有商胡往來者則稅之送於鐵勒雖有此令取悅中華然竟畏鐵勒而不敢改也自是歲令使人貢其方物

康國

康國者康居之後也遷徙無常不恒故地然自漢以來相承不絶其王本姓溫月氏人也舊居祁連山北昭武城因被匈奴所破西踰葱嶺遂有其國支庶各分王故康國左右諸國並以昭武爲姓示不忘本也王字代失畢爲人寬

厚甚得衆心其妻突厥達度可汗女也都於薩寶水上阿祿迪城城多衆居大臣三人共掌國事其王索髮冠七寶金花衣綾羅錦繡白疊其妻有髻幪以皂巾丈夫翦髮錦袍名爲強國而西域諸國多歸之米國史國曹國何國安國小安國那色波國烏那曷國穆國皆歸附之有胡律置於祆祠決罰則取而斷之重罪者族次重者死賊盜截其足人皆深目高鼻多鬚髯善於商賈諸夷交易多湊其國有大小鼓琵琶五絃箜篌笛婚姻喪制與突厥同國立祖廟以六月祭之諸國皆來助祭俗奉佛爲胡書氣候溫宜五穀勤修園蔬樹木滋茂出馬駝騾驢封牛黃金鐃沙𦛨香阿薩那香瑟瑟麖皮氍毹錦疊多蒲陶酒富家或致千石連年不敗大業中始遣使貢方物後遂絶焉

安國

安國漢時安息國也王姓昭武氏與康國王同族字設力登妻康國王女也都在那密水南城有五重環以流水宮殿皆爲平頭王坐金駝座高七八尺每聽政與妻相對大臣三人評理國事風俗同於康國唯妻其姊妹及母子遞相禽獸此爲異也煬帝即位之後遣司隸從事杜行滿使於西域至其國得五色鹽而返國之西百餘里有畢國可千餘家其國無君長安國統之大業五年遣使貢獻後遂絶

焉

石國

石國居於藥殺水都城方十餘里其王姓石名涅國城之東南立屋置座於中正月六日七月十五日以王父母燒餘之骨金甕盛之置于牀上巡遶而行散以花香雜果王率臣下設祭焉禮終王與夫人出就別帳臣下以次列坐享宴而罷有粟麥多良馬其俗善戰曾貳於突厥射匱可汗興兵滅之令特勤甸職攝其國事南去鍛汗六百里東南去瓜州六千里甸職以大業五年遣使朝貢其後不復至

女國

女國在葱嶺之南其國代以女為王王姓蘇毗字末羯在位二十年女王之夫號曰金聚不知政事國內丈夫唯以征伐為務山上為城方五六里人有萬家王居九層之樓侍女數百人五日一聽朝復有小女王共知國政其俗婦人輕丈夫而性不妬忌男女皆以彩色塗面一日之中或數度變改之人皆被髮以皮為鞋課稅無常氣候多寒以射獵為業出鍮石朱砂麝香犛牛駿馬蜀馬尤多鹽恒將鹽向天竺興販其利數倍亦數與天竺及党項戰爭其女王死國中則厚斂金錢求死者族中之賢女二人一為

女王次為小王貴人死剝取皮以金屑和骨肉置於瓶內而埋之經一年又以其皮內於鐵器埋之俗事阿修羅神又有樹神歲初以人祭或用獼猴祭畢入山祝之有一鳥如雌雉來集掌上破其腹而視之有粟則年豐沙石則有災謂之鳥卜開皇六年遣使朝貢其後遂絕○焉耆國都白山之南七十里漢時舊國也其王姓龍字突騎都城方二里國內有九城勝兵千餘人國無綱維其俗奉佛書類婆羅門婚姻之禮有同華夏死者焚之持服七日男子剪髮有魚鹽蒲葦之利東去高昌九百里西去龜茲九百里皆沙磧東南去瓜州二千二百里大業中遣使貢方物

龜茲

龜茲國都白山之南百七十里漢時舊國也其王姓白字蘇尼咥都城方六里勝兵者數千俗殺人者死劫賊斷其一臂并刖一足俗與焉耆同王頭繫綵帶垂之於後坐金師子座土多稻粟菽麥饒銅鐵鉛麖皮氍毹鐃沙鹽綠雌黃胡粉安息香良馬封牛東去焉耆九百里南去于闐千四百里西去疏勒千五百里西北去突厥牙六百餘里東去南瓜州三千一百里大業中遣使貢方物

疏勒

疏勒國都白山南百餘里漢時舊國也其王字阿彌厥手

足皆六指產子非六指者即不育都城方五里國內有大城十二小城數十勝兵者二千人王戴金師子冠土多稻粟麻麥銅鐵錦雌黃每歲常供送於突厥南有黃河西帶葱嶺東去龜茲千五百里西去鏺汗國千里南去朱俱波八九百里東北去突厥牙千餘里東南去瓜州四千六百里大業中遣使貢方物

于闐

于闐國都葱嶺之北二百餘里其王姓王字卑示閉練都城方八九里國中大城有五小城數十勝兵者數千人俗奉佛尤多僧尼王每持齋戒城南五十里有贊摩寺者云

是羅漢比丘比盧旃所造石上有辟支佛徒跣之跡于闐西五百里有比摩寺云是老子化胡成佛之所俗無禮義多賊盜淫縱王錦帽金鼠冠妻戴金花其王髮不令人見俗云若見王髮年必儉土多麻麥粟稻五果多園林山多美玉東去鄯善千五百里南去女國三千里西去朱俱波千里北去龜茲千四百里東北去瓜州二千八百里大業中頻遣使朝貢

鏺汗

鏺汗國都葱嶺之西五百餘里古渠搜國也王姓昭武字阿利柒都城方四里勝兵數千人王坐金羊牀妻戴金花

俗多朱砂金鐵東去疏勒千里西去蘇對沙那國五百里西北去石國五百里東北去突厥牙二千餘里東去瓜州五千五百里大業中遣使貢方物○吐火羅國都葱嶺西五百里與挹怛雜居都城方二里勝兵者十萬人皆習戰其俗奉佛兄弟同一妻迭寢焉每一人入房戶外挂其衣以爲志生子屬其長兄其山穴中有神馬每歲牧牝馬於穴所必產名駒南去漕國千七百里東去瓜州五千八百里大業中遣使朝貢

挹怛

挹怛國都烏滸水南二百餘里大月氏之種類也勝兵者五六千人俗善戰先時國亂突厥遣通設字詰強領其國都城方十餘里多寺塔皆飾以金兄弟同妻婦人有一夫者冠一角帽夫兄弟多者依其數爲角南去漕國千五百里東去瓜州六千五百里大業中遣使貢方物

米國

米國都那密水西舊康居之地也無王其城主姓昭武康國王之支庶字閉拙都城方二里勝兵數百人西北去康國百里東去蘇對沙那國五百里西南去史國二百里東去瓜州六千四百里大業中頻貢方物

史國

史國都獨莫水南十里舊康居之地也其王姓昭武字逖遮亦康國王之支庶也都城方二里勝兵千餘人俗同康國北去康國二百四十里南去吐火羅五百里西去那色波國二百里東北去米國二百里東去瓜州六千五百里大業中遣使貢方物

曹國

曹國都那密水南數里舊是康居之地也國無主康國王令子烏建領之都城方三里勝兵千餘人國中有得悉神自西海以東諸國並敬事之其神有金人焉金破羅闊丈有五尺高下相稱每日以駝五頭馬十匹羊一百口祭

之常有千人食之不盡東南去康國百里西去何國百五十里東去瓜州六千六百里大業中遣使貢方物

何國

何國都那密水南數里舊是康居之地也其王姓昭武亦康國王之族類字敦都城方二里勝兵千人其王坐金羊座東去曹國百五十里西去小安國三百里東去瓜州六千七百五十里大業中遣使貢方物

烏那曷

烏那曷國都烏滸水西舊安息之地也王姓昭武亦康國種類字佛食都城方二里勝兵數百人王坐金羊座東北去安國四百里西北去穆國二百餘里東去瓜州七千五百里大業中遣使貢方物

穆國都烏滸河之西亦安息之故地與烏那曷為鄰其王姓昭武亦康國王之種類也字阿濫密都城方三里勝兵二千人東北去安國五百里東去烏那曷二百餘里西去波斯國四千餘里東去瓜州七千七百里大業中遣使貢方物

波斯

波斯國都達曷水之西蘇藺城即條支之故地也其王字庫薩和都城方十餘里勝兵二萬餘人乘象而戰國無死刑或斷手刖足沒家財或剃去其鬚或繫排於項以為標異

人年三歲已上出口錢四文妻其姊妹人死者棄屍于山持服一月王著金花冠坐金師子座傅金屑於鬚上以為飾衣錦袍加瓔珞於其上土多良馬大驢師子白象大鳥卵真珠頗黎獸魄珊瑚瑠璃碼碯水精瑟瑟呼洛羯呂騰火齊金剛金銀鍮石銅鑌鐵錫錦疊細布氍毹毾㲪護那越諾布檀金縷織成赤麖皮朱沙水銀薰陸鬱金蘇合青木等諸香胡椒畢撥石蜜半蜜千年棗附子訶黎勒無食子鹽綠雌黃突厥不能至其國亦羈縻之波斯每遣使貢獻西去海數百里東去穆國四千餘里西北去拂菻四千五百里東去瓜州萬一千七百里煬帝遣雲騎尉李昱使通波斯尋遣使隨昱貢方物

漕國

漕國在葱嶺之北漢時罽賓國也其王姓昭武字順達康國王之宗族都城方四里勝兵者萬餘人國法嚴整殺人及賊盜皆死其俗淫祠葱嶺山有順天神者儀制極華金銀鍱為屋以銀為地祠者日有千餘人祠前有一魚脊骨其孔中通馬騎出入國王戴金魚頭冠坐金馬座土多稻粟豆麥饒象馬封牛金銀鑌鐵氍毹朱砂青黛安息青木等香石蜜半蜜黑鹽阿魏沒藥白附子北去帆延七百里東北劫國六百里東北去瓜州六千六百里大業中

遣使貢方物

附國

附國者蜀郡西北二千餘里即漢之西南夷也有嘉良夷即其東部所居種姓自相率領土俗與附國同言語少殊不相統一其人並無姓氏附國王字宜繒其國南北八百里東南千五百里無城柵近川谷傍山險俗好復讎故壘石爲磔而居以避其患其磔高至十餘丈下至五六丈每級丈餘以木隔之基方三四步磔上方二三步狀似浮圖於下級開小門從內上通夜必關閉以防賊盜國有二萬餘家號令自王出嘉良夷政令繫之酋帥重罪者死輕刑罰

牛人皆輕捷便於擊劍漆皮爲牟甲弓長六尺以竹爲弦妻其群母及嫂兒弟死父兄亦納其妻好歌舞鼓簧吹長笛有死者無服制置屍高牀之上沐浴衣服被以牟甲覆以獸皮子孫不哭帶甲儛劍而呼云我父爲鬼所取我欲報冤殺鬼自餘親戚哭三聲而止婦人哭必以兩手掩面死家殺牛親屬以豬酒相遺共飲噉而瘞之死後十年而大葬其葬必集親賓殺馬動至數十匹立其祖父神而事之其俗以皮爲帽形圓如鉢或帶羃䍦衣多毛毼皮裘全剝牛脚皮爲靴項繫鐵鎖手貫鐵釧王與酋帥金爲首飾胷前懸一金花徑三寸其土高氣候涼多風少雨

土宜小麥青稞山出金銀多白雉水有嘉魚長四尺而鱗細大業四年其王遣使素福等八人入朝明年又遣其弟子宜林率嘉良夷六十人朝貢欲獻良馬以路險不通請開山道以脩職貢煬帝以勞人不許嘉良有水闊六七十丈附國有水闊百餘丈並南流用皮爲舟而濟附國南有薄緣夷風俗亦同西有女國其東北連山緜亘數千里接於党項往往有羌大小左封昔衛葛延白狗向人望族林臺春桑利豆迷桑婢藥大硤白蘭北利摸徒那鄂當迷渠步桑悟千碉並在深山窮谷無大君長其俗畧同於党項或役屬吐谷渾或附附國大業中來朝貢緣西南

邊置諸道總管以遙管之

史臣曰自古開遠夷通絕域必因宏放之主皆起好事之臣張騫鑿空於前班超投筆於後或結之以重寶或懾之以利劍投軀萬死之地以要一旦之功皆由主尚來遠之名臣殉輕生之節是知上之所好下必有甚者也煬帝規摹宏侈掩吞秦漢裴矩方進西域圖記以蕩其心故萬乘親出玉門關置伊吾且末而關右暨於流沙騷然無聊生矣若使北狄無虞東夷告捷必將修輪臺之戍築烏壘之城求大秦之明珠致條支之鳥卵往來轉輸將何以堪其弊哉古者哲王之制方五千里務安諸夏不事要荒豈

威不能加德不能被蓋不以四夷勞中國不以無用害有用也是以秦戍五嶺漢事三邊或道殣相望或戶口減半隋室恃其強盛亦狼狽於清海此皆一人失其道故億兆罹其毒若深思即叙之義固辭都護之請返其千里之馬不求白狼之貢則七戎九夷候風重譯雖無遼東之捷豈及江都之禍乎

列傳卷第四十八　　隋書八十三

列傳卷第四十九　　隋書八十四

特進臣魏　徵　上

突厥

突厥之先平凉雜胡也姓阿史那氏後魏太武滅沮渠氏阿史那以五百家奔茹茹世居金山工於鐵作金山狀如兜鍪俗呼兜鍪為突厥因以為號或云其先國於西海之上為鄰國所滅男女無少長盡殺之至一兒不忍殺刖足斷臂棄於大澤中有一牝狼每啣肉至其所此兒因食之得以不死其後遂與狼交狼有孕焉彼鄰國者復令人殺此兒而狼在其側使者將殺之其狼若為神所憑欻然至於海東止於山上其山在高昌西北下有洞穴狼入其中遇得平壤茂草地方二百餘里其後狼生十男其一姓阿史那氏最賢遂為君長故牙門建狼頭纛示不忘本也有阿賢設者率部落出於穴中世臣茹茹至大葉護種類漸強當後魏之末有伊利可汗以兵擊鐵勒大敗之降五萬餘家遂求婚於茹茹茹茹主阿那瓌大怒遣使罵之伊利斬其使率衆襲茹茹破之卒弟逸可汗立又破茹茹病且卒捨其子攝圖立其弟俟斗稱為木杆可汗木杆勇而多智遂擊茹茹滅之西破挹怛東走契丹北方戎狄悉歸之抗衡中夏後與西魏師入侵東魏至于太原其俗畜牧為

事隨逐水草不恒厥處穹廬氊帳被髮左衽食肉飲酪身衣裘褐賤老貴壯官有葉護次設特勤次俟利發次吐屯發下至小官凡二十八等皆世為之有角弓鳴鏑甲矟刀劍善騎射性殘忍無文字刻木為契候月將滿輒為寇抄謀反叛殺人者皆死淫者割勢而腰斬之鬬傷人目者償之以女無女則輸婦財折支體者輸馬盜者則償贓十倍有死者停屍帳中家人親屬多殺牛馬而祭之遶帳號呼以刀劃面血淚交下七度而止於是擇日置屍馬上而焚之取灰而葬表木為塋立屋其中圖畫死者形儀及其生時所經戰陣之狀嘗殺一人則立一石有至千百者父兄死子弟妻其群母及嫂五月中多殺羊馬以祭天男子好樗蒲女子踏鞠飲馬酪取醉歌呼相對敬鬼神信巫覡重兵死而恥病終大抵與匈奴同俗木杆在位二十年卒復捨其子大邏便而立其弟是為佗鉢可汗佗鉢以攝圖為爾伏可汗統其東面又以其弟褥但可汗子為步離可汗居西方時佗鉢控弦數十萬中國憚之周齊爭結姻好傾府藏以事之佗鉢益驕每謂其下曰我在南兩兒常孝順何患貧也齊有沙門惠琳被掠入突厥中因謂佗鉢曰齊國富強者為有佛法耳遂說以因緣果報之事佗鉢聞而信之建一伽藍遣使聘于齊氏求淨名涅槃華嚴等經并

十誦律佗鉢亦躬自齋戒遶塔行道恨不生內地在位十年病且卒謂其子菴羅曰吾聞親莫過於父子吾兄不親其子委地於我我死汝當避大邏便也及佗鉢卒國中將立大邏便以其母賤眾不服菴羅母貴突厥素重之攝圖最後至謂國中曰若立菴羅者我當率兄弟以事之如立大邏便我必守境利刃長矛以相待矣攝圖長而且雄國人皆憚莫敢拒者竟立菴羅為嗣大邏便不得立心不服菴羅每遣人罵辱之菴羅不能制因以國讓攝圖國中相與議曰四可汗之子攝圖最賢因迎立之號伊利俱盧設莫何始波羅可汗一號沙鉢略治都斤山菴羅降居獨洛水稱第二可汗大邏便乃請沙鉢略曰我與爾俱可汗子各承父後爾今極尊我獨無位何也沙鉢略患之以為阿波可汗還領所部沙鉢略勇而得眾北夷皆歸附之及高祖受禪待之甚薄北夷大怨會營州刺史高寶寧作亂沙鉢略與之合軍攻陷臨渝鎮上勅緣邊修保鄣峻長城以備之仍命重將出鎮幽并沙鉢略妻宇文氏之女曰千金公主自傷宗祀絕滅每懷復隋之志日夜言之於沙鉢略由是悉眾為寇控弦之士四十萬上令柱國馮昱屯乙弗泊蘭州總管叱李長叉守臨洮上柱國李崇屯幽州達奚長儒據周槃皆為虜所敗於是縱兵自木硤石門兩道來

冠武威天水安定金城上郡弘化延安六畜咸盡天子震
怒下詔曰往者魏道衰弊禍難相尋周齊抗衡分割諸夏
突厥之虜俱通二國周人東慮恐齊好之深齊氏西虞懼
周交之厚謂虜意輕重國遂安危非徒並有大敵之憂思
減一邊之防竭生民之力供其來往傾府庫之財棄於沙
漠華夏之地實為勞擾猶復劫剝烽戍殺害吏民無歲月
而不有也惡積禍盈非止今日朕受天明命子育萬方愍
臣下之勞除既往之弊以為厚斂兆庶多惠豺狼未嘗感
恩資而為賊違天地之意非帝王之道節之以禮不為虛
費省徭薄賦國用有餘因入賊之物加賜將士息道路之

民務於耕織清邊制勝成策在心凶醜愚闇未知深旨將
大定之日比戰國之時乘昔世之驕結今時之恨近者盡
其巢窟俱犯北邊朕分置軍旅所在邀截望其深入一舉
滅之而遠鎮偏師逢而摧翦未及南上遽已奔北應弦染
鍔過半不歸且彼渠帥其數凡五昆季爭長父叔相猜外
示彌縫內乖心腹世行暴虐家法殘忍東夷諸國盡挾私
讎西戎羣長皆有宿怨突厥之北契丹之徒切齒磨牙常
伺其便達頭前攻酒泉其後于闐波斯挹怛三國一時即
叛沙鉢略近趣周槃其部內薄孤束紇羅尋亦翻動往年
利稽察大為高麗靺鞨所破娑毗設又為紇支可汗所殺與

其為鄰皆願誅剿部落之下盡異純民千種萬類仇敵怨
偶泣血拊心銜悲積恨圓首方足皆人類也有一於此更切
朕懷彼地咎徵祆作年將一紀乃獸為人語人作神言云
其國亡訖而不見每冬雷震觸地火生種類資給惟藉水
草去歲四時竟無雨雪川枯蝗暴卉木燒盡饑疫死亡人
畜相半舊居之所赤地無依遷徙漠南偷存晷刻斯蓋上
天所忿驅就齊斧幽明合契今也其時故選將治兵贏糧
聚甲義士奮發壯夫肆憤願取名王之首思撻單于之背
雲歸霧集不可數也東極滄海西盡流沙縱百勝之兵橫
萬里之衆亘朔野之追躡望天崖而一掃此則王恢所說

其猶射癰何敵能當何遠不服但皇王舊迹北止幽都荒
遐之表文軌所棄得其地不可而居得其民不忍皆殺無
勞兵革遠規溟海諸將今行義兼含育有降者納有違者
死異域殊方被其擁抑放聽復舊廣闢邊境嚴治關塞
使其不敢南望永服威刑臥鼓息烽暫勞終逸制禦夷狄
義在斯乎何用侍子之朝寧勞渭橋之拜普告海內知朕
意焉於是以河間王弘上柱國豆盧勣竇榮定左僕射
高熲右僕射虞慶則並為元帥出塞擊之沙鉢略率阿波
貪汗二可汗等來拒戰皆敗走遁去時虜飢甚不能得食
於是粉骨為糧又多災疫死者極衆既而沙鉢略以阿波

驍悍忌之因其先歸襲擊其部大破之殺阿波之母阿
波還無所歸西奔達頭可汗達頭者名玷厥沙鉢畧之從
父也舊爲西面可汗既而大怒遣阿波率兵而東其部落
歸之者將十萬騎遂與沙鉢畧相攻又有貪汗可汗素睦
於阿波沙鉢略奪其衆而廢之貪汗亡奔達頭沙鉢略從
弟地勤察別統部落與沙鉢略有隙復以衆叛歸阿波連
兵不已各遣使詣闕請和求援上皆不許會千金公主上
書請爲一子之例高祖遣開府徐平和使於沙鉢略晉王
廣時鎮幷州請因其釁而乘之上不許沙鉢略遣使致書
曰辰年九月十日從天生大突厥天下賢聖天子伊利俱

盧設莫何始波羅可汗致書大隋皇帝使人開府徐平和
至辱告言語具聞也皇帝是婦父即是翁此是女夫即是
兒例兩境雖殊情義是一今重疊親舊子子孫孫乃至萬
世不斷上天爲證終不違負此國所有羊馬都是皇帝畜
生彼有繒綵都是此物彼此有何異也高祖報書曰大隋
天子貽書大突厥伊利俱盧設莫何沙鉢略可汗得書知
大有好心向此也既是沙鉢略婦翁今日看沙鉢略共兒
子不異既以親舊厚意常使之外今特別遣大臣虞慶則
往彼看女復看沙鉢略也沙鉢略陳兵列其寶物坐見慶則
稱病不能起且曰我父伯以來不向人拜慶則責而喻之千

金公主私謂慶則曰可汗豺狼性過與爭將齧人長孫晟
說諭之攝圖辭屈乃頓顙跪受璽書以戴於首既而大慙
其群下因相聚慟哭慶則又遣稱臣沙鉢略謂其屬曰何
名爲臣報曰隋國稱臣猶此稱奴耳沙鉢略曰得作大隋
天子奴虞僕射之力也贈慶則馬千匹并以從妹妻之時
沙鉢略既爲達頭所困又東畏契丹遣使告急請將部落
度漠南寄居白道川內有詔許之詔晉王廣以兵援之給
以衣食賜以車服鼓吹沙鉢略因西擊阿波破擒之而阿
拔國部落乘虛掠其妻子官軍爲擊阿拔敗之所獲悉與
沙鉢略沙鉢略大喜乃立約以磧爲界因上表曰大突厥

伊利俱盧設始波羅莫何可汗臣攝圖言大使尚書右僕
射虞慶則至伏奉詔書兼宣慈旨仰惟恩信之著逾久愈
明徒知負荷不能答謝伏惟大隋皇帝之有四海上契天
心下順民望二儀之所覆載七曜之所照臨莫不委質來
賓回首面內實萬世之一聖千年之一期求之古昔未始
聞也突厥自天置以來五十餘載保有沙漠自王蕃隅地
過萬里士馬億數恒力兼戎夷抗禮華夏在於北狄莫與
爲大頃者氣候清和風雲順序意以華夏其有大聖興焉
況今被霑德義仁化所及禮讓之風自朝滿野竊以天無
二日土無二王伏惟大隋皇帝眞皇帝也豈敢阻兵恃險

偷竊名號今便感慕淳風歸心有道屈膝稽顙永爲藩附雖復南瞻魏闕山川悠遠北面之禮不敢廢失當今侍子入朝神馬歲貢朝夕恭承唯命是視至於削衽解辮革音從律習俗已久未能改變闔國同心無不銜荷不任下情欣慕之至謹遣第七兒臣窟含眞等奉表以聞高祖下詔曰沙鉢略稱雄漠北多歷世年百蠻之大莫過於此往雖與和猶是二國今作君臣便成一體情深義厚朕甚嘉之荷天之休海外有截豈朕薄德所能致此已勑有司肅告郊廟宜普頒天下咸使知聞自是詔答諸事並不稱其名以異之其妻可賀敦周千金公主賜姓楊氏編之屬籍改封

大義公主策拜窟含眞爲柱國封安國公宴於內殿引見皇后賞勞甚厚沙鉢略大悅於是歲時貢獻不絕七年正月沙鉢略遣其子入貢方物因請獵於恒代之間又許之仍遣人賜其酒食沙鉢略率部落再拜受賜沙鉢略一日手殺鹿十八頭齎尾舌以獻還至紫河鎮其牙帳爲火所燒沙鉢略惡之月餘而卒上爲廢朝三日遣太常弔祭焉贈物五千段初攝圖以其子雍虞閭性懦遺令立其弟葉護處羅侯雍虞閭遣使迎處羅侯將立之處羅侯曰我突厥自木杆可汗以來多以弟代兄以庶奪嫡失先祖之法不相敬畏汝當嗣位我不憚拜汝也雍虞閭又遣使謂處

羅侯曰叔與我父共根連體我是枝葉寧有我作主令根本反同枝葉令叔父之尊下我卑稚又亡父之命其可廢乎願叔勿疑相讓者五六處羅侯竟立是爲葉護可汗以雍虞閭爲葉護遣使上表言狀上賜之鼓吹幡旗處羅侯長頤僂背眉目疎朗勇而有謀以隋所賜旗鼓西征阿波敵人以爲得隋兵所助多來降附遂生擒阿波既而上書請阿波死生之命上下其議左僕射高熲進曰骨肉相殘教之蠹也存養以示寬大上曰善熲因奉觴進曰自軒轅以來獯粥多爲邊患今遠窮北海皆爲臣妾此之盛事振古未聞臣敢再拜上壽其後處羅侯又西征中流矢而卒其

衆奉雍虞閭爲主是爲頡伽施多那都藍可汗雍虞閭遣使詣闕賜物三千段每歲遣使朝貢時有流人楊欽亡入突厥中謬云彭國公劉昶與宇文氏謀反令大義公主發兵擾邊都藍執欽以聞并貢㔶布魚膠其弟欽羽設部落強盛都藍忌而擊之斬首於陣其年遣其母弟褥但特勤獻于闐玉杖上拜褥但爲柱國康國公明年突厥部落大人相率遣使貢馬萬匹羊二萬口駝牛各五百頭尋遣使請緣邊置市與中國貿易詔許之平陳之後上以陳叔寶屏風賜大義公主主心恒不平因書屏風爲詩敘陳亡自寄其辭曰盛衰等朝暮世道若浮萍榮華實難守池臺終

自平富貴今何在空事寫丹青盃酒恒無樂弦歌詎有聲
余本皇家子飄流入虜庭一朝覩成敗懷抱忽縱橫古來
共如此非我獨申名唯有明君曲偏傷遠嫁情上聞而惡
之禮賜益薄公主復與西面突厥泥利可汗連結上恐其
為變將圖之會主與所從胡私通因發其事下詔廢黜之
恐都藍不從遣奇章公牛弘將美妓四人以啗之時沙鉢
略子曰染干號突利可汗居北方遣使求婚上令裴矩謂
之曰當殺大義主者方許婚突厥以為然復譖之都藍因
發怒遂殺公主於帳都藍與達頭可汗有隙數相征伐上和
解之各引兵而去十七年突利遣使來逆女上舍之太常

教習六禮妻以宗女安義公主上欲離間北夷故特厚其
禮遣牛弘蘇威斛律孝卿相繼為使突厥前後遣使入朝
三百七十輩突利本居北方以尚主之故南徙度斤舊鎮
錫賚優厚雍虞閭怒曰我大可汗也反不如染干於是朝
貢遂絕數為邊患十八年詔蜀王秀出靈州道以擊之明
年又遣漢王諒為元帥左僕射高熲率將軍王詧上柱國
趙仲卿並出朔州道右僕射楊素率柱國李徹韓僧壽出
靈州上柱國燕榮出幽州以擊之雍虞閭與玷厥舉兵攻
染干盡殺其兄弟子姪遂度河入蔚州染干夜以五騎與
隋使長孫晟歸朝上令染干與雍虞閭使者因頭特勒相

辯詰染干辭直上乃厚待之雍虞閭弟都速六棄其妻子
與突利歸朝上嘉之敕染干與都速六樗蒲稍稍輸以寶
物用慰其心夏六月高熲楊素擊玷厥大破之拜染干為
意利珍豆啓民可汗華言意智健也啓民上表謝恩曰臣
既蒙豎立復改官名昔日姦心今悉除去奉事至尊不敢
違法上於朔州築大利城以居之是時安義主已卒上以
宗女義成公主妻之部落歸者甚衆雍虞閭又擊之上
復令入塞雍虞閭侵掠不已遷於河南在夏勝二州之間
發徒掘壍數百里東西拒河盡為啓民畜牧之地於是遣
越國公楊素出靈州行軍總管韓僧壽出慶州太平公史

萬歲出燕州大將軍姚辯出河州以擊都藍師未出塞而
都藍為其麾下所殺達頭自立為步迦可汗其國大亂遣
太平公史萬歲以朔州擊之遇達頭於大斤山虜不戰而
遁追斬首虜二千餘人晉王諱出靈州達頭遁逃而去尋
遣其弟子俟利伐從磧東攻啓民上又發兵助啓民守要
路俟利伐退走入磧啓民上表陳謝曰大隋聖人莫緣可
汗憐養百姓如天無不覆也如地無不載也諸姓蒙威恩
赤心歸服並將部落歸投聖人可汗來也或南入長城或
住白道人民羊馬徧滿山谷染干譬如枯木重起枝葉枯
骨重生皮肉千萬世長與大隋典羊馬也仁壽元年代州總

管韓洪爲虜所敗於恒安廢爲庶人詔楊素爲雲州道行
軍元帥率啓民北征斛薛等諸姓初附于啓民至是而叛
素軍河北值突厥阿勿思力俟斤等南度掠啓民男女六
千口雜畜二十餘萬而去素率上將軍梁默輕騎追之轉
戰六十餘里大破俟斤悉得人畜以歸啓民素又遣柱國
張定和領軍大將軍劉昇別路邀擊並多斬獲而還兵既
度河賊復掠啓民部落素率驃騎范貴於窟結谷東南奮
擊復破之追奔八十餘里是歲泥利可汗及葉護俱被鐵
勒所敗步迦尋亦大亂奚霫五部內徙步迦奔吐谷渾啓
民遂有其衆歲遣朝貢大業三年四月煬帝幸榆林啓民

及義成公主來朝行宮前後獻馬三千匹帝大悅賜物萬
二千段啓民上表曰已前聖人先帝莫緣可汗存在之日
憐臣賜臣安義公主種種無少短臣種末爲聖人先帝憐
養臣兄弟妒惡相共殺臣臣當時無處去向上看只見天
下看只見地實憶聖人先帝言語投命去來聖人先帝見
臣大憐臣死命養活勝於往前遣臣作大可汗坐著也其
突厥百姓死者以外還聚作百姓也至尊今還如聖人先
帝投天下四方坐也還養活臣及突厥百姓實無少短臣
今憶想聖人及至尊養活事具奏不可盡並至尊聖心裏
在臣今非是舊日邊地突厥可汗臣即是至尊臣民至尊

憐臣時乞依大國服飾法用一同華夏臣今率部落敢以
上聞伏願天慈不違所請表奏帝下其議公卿請依所奏
帝以爲不可乃下詔曰先王建國夷夏殊風君子教民不求
變俗斷髮文身咸安其性旃裘卉服各尚所宜因而利之
其道弘矣何必化諸削衽縻以長纓豈遂性之至理非包
含之遠度衣服不同既辨要荒之敘庶類區別彌見天地
之情仍璽書答啓民以爲磧北未靜猶須征戰但使好心
孝順何必改變衣服也帝法駕御千人大帳享啓民及其
部落酋長三千五百人賜物二十萬段其下各有差復下
詔曰德合天地覆載所以弗遺功格區寓聲教所以咸洎

至於梯山航海請受正朔襲冠解辮同彼臣民是故王會
納貢義彰前冊呼韓入臣待以殊禮突厥意利珍寶啓民
可汗志懷沈毅世脩藩職往者挺身違難拔足歸仁先朝
嘉此款誠授以徽號資其甲兵之衆收其破滅之餘復祀
於既亡之國繼絕於不存之地斯固施均亭育澤漸要荒
者矣朕以薄德祗奉靈命思播遠猷光融令緒是以親巡
朔野撫寧藩服啓民深委誠心入奉朝覲率其種落拜首
軒墀言念丹款良以嘉尚宜隆榮數式優恒典可賜路車
乘馬鼓吹幡旗贊拜不名位在諸侯王上帝親巡雲內泝
金河而東北幸啓民所居啓民奉觴上壽跪伏甚恭帝大悅

賦詩曰鹿塞鴻旗駐龍庭翠輦迴氊帳望風舉穹廬向日開呼韓頓顙至屠耆接踵來索辮擎膻肉韋韝獻酒杯何如漢天子空上單于臺帝賜啓民及主金甕各一及衣服被褥錦綵特勤以下各有差先是高麗私通使啓民所啓民推誠奉國不敢隱境外之交是日將高麗使人見勑令牛弘宣旨謂之曰朕以啓民誠心奉國故親至其所明年當往涿郡爾還日語高麗王知宜早來朝勿自疑懼存育之禮當同於啓民如或不朝必將啓民巡行彼土使人甚懼啓民仍扈從入塞至定襄詔令歸藩明年朝於東都禮賜益厚是歲疾終上爲之廢朝三日立其子咄吉世是爲

始畢可汗表請尚公主詔從其俗十一年來朝於東都其年車駕避暑汾陽宮八月始畢率其種落入寇圍帝於鴈門詔諸郡發兵赴行在所援軍方至始畢引去由是朝貢遂絕明年復寇馬邑唐公以兵擊走之隋末亂離中國人歸之者無數遂大強盛勢陵中夏迎蕭皇后置於定襄薛舉竇建德王世充劉武周梁師都李軌高開道之徒雖僭尊號皆北面稱臣受其可汗之號使者往來相望於道也

西突厥

西突厥者木杆可汗之子大邏便也與沙鉢略有隙因分爲二漸以強盛東拒都斤西越金山龜茲鐵勒伊吾及西域諸胡悉附之大邏便爲處羅侯所執其國立鞅素特勤之子是爲泥利可汗卒子達漫立號泥撅處羅可汗其母向氏本中國人生達漫而泥利卒向氏又嫁其弟婆實特勤開皇末婆實共向氏入朝遇達頭亂遂留京師每舍之鴻臚寺處羅可汗居無恒處然多在烏孫故地復立二小可汗分統所部一在石國北以制諸胡國一居龜茲北其地名應娑官有俟發閻洪達以評議國事自餘與東國同每五月八日相聚祭神歲遣重臣向其先世所居之窟致祭焉當大業初處羅可汗撫御無道其國多叛與鐵勒屢相攻大爲鐵勒所敗時黃門侍郎裴矩在敦煌引致西域

聞國亂復知處羅思其母氏因奏之煬帝遣司朝謁者崔君肅齎書慰諭之處羅甚踞受詔不肯起君肅謂處羅曰突厥本一國也中分爲二自相仇敵每歲交兵積數十年而莫能相滅者明知啓民與處羅國其勢敵耳今啓民舉其部落兵且百萬入臣天子甚有丹誠者何也但以切恨可汗而不能獨制故卑事天子以借漢兵連二大國欲滅可汗耳百官兆庶咸請許之天子弗違師出有日矣顧可汗母向氏本中國人歸在京師處于賓館聞天子之詔懼可汗之滅旦夕守闕哭泣悲哀是以天子憐焉爲其輟策向夫人又匍匐謝罪因請發使以召可汗令入內屬乞加

恩禮同於啓民天子從之故遣使到此可汗若稱藩拜詔
國乃永安而母得延壽不然者則向夫人爲誑天子必當
取戮而傳首虜庭發大隋之兵資北蕃之衆左提右挈以
擊可汗死亡則無日矣奈何惜兩拜之禮剿慈母之命惜
一句稱臣喪匈奴國也處羅聞之矍然而起流涕再拜跪
受詔書君肅又說處羅曰啓民內附先帝嘉之賞賜極厚
故致兵強國富今可汗後附與之爭寵須深結於天子自
表至誠既以道遠未得朝覲宜立一功以明臣節處羅曰
如何君肅曰吐谷渾者啓民少子莫賀咄設之母家也今
天子又以義成公主妻於啓民啓民畏天子之威而與之

絕吐谷渾亦因憾漢故職貢不脩可汗若請誅之天子必
許漢擊其內可汗攻其外破之必矣然後身自入朝道路
無阻因見老母不亦可乎處羅大喜遂遣使朝貢帝將西
狩六年遣侍御史韋節召處羅令與車駕會於大升拔谷
其國人不從處羅謝使者辭以佗故帝大怒無如之何適
會其酋長射匱遣使來求婚裴矩因奏曰處羅不朝恃強
大耳臣請以計弱之分裂其國即易制也射匱者都六之
子達頭之孫世爲可汗君臨西面今聞其失職附隸於處
羅故遣使來以結援耳願厚禮其使拜爲大可汗則突厥
勢分兩從我矣帝曰公言是也因遣裴矩朝夕至館微諷

諭之帝於仁風殿召其使者言處羅不順之意稱射匱有
好心吾將立爲大可汗令發兵誅處羅然後當爲婚也帝
取桃竹白羽箭二枚以賜射匱因謂之曰此事宜速使疾
如箭也使者返路經處羅處羅愛箭將留之使者譎而得
免射匱聞而大喜興兵襲處羅處羅大敗棄妻子將左
右數千騎東走在路又被劫掠遁於高昌東保時羅漫山
高昌王麴伯雅上狀帝遣裴矩將向氏親要左右馳至玉
門關晉昌城矩遣向氏使詣處羅所論朝廷弘養之義丁
寧曉諭之遂入朝然每有怏怏之色以七年冬處羅朝於
臨朔宮帝享之處羅稽首謝曰臣總西面諸蕃不得早來

朝拜今參見遲晚罪責極深臣心裏悚懼不能道盡帝曰
往者與突厥相侵擾不得安居今四海既清與一家無異
朕皆欲存養使遂性靈譬如天上止有一箇日照臨莫不
寧帖若有兩箇三箇日萬物何以得安比者亦知處羅總
攝事繁不得早來相見今日見處羅懷抱豁然歡喜處羅
亦當豁然不煩在意明年元會處羅上壽曰自天以下地
以上日月所照唯有聖人可汗今是大日願聖人可汗千
歲萬歲常如今日也詔留其累弱萬餘口令其弟達度
闕牧畜會寧郡處羅從征高麗賜號爲曷薩那可汗賞
賜甚厚十年正月以信義公主嫁焉賜錦綵袍千具綵萬

匹帝將復其故地以遼東之役故未遑也每從巡幸江都之亂隨化及至河北化及將敗奔歸京師為北蕃突厥所害

鐵勒

鐵勒之先匈奴之苗裔也種類最多自西海之東依據山谷往往不絕獨洛河北有僕骨同羅韋紇拔也古覆羅並號俟斤蒙陳吐如紇斯結渾斛薛等諸姓勝兵可二萬伊吾以西焉耆之北傍白山則有契弊薄落職乙咥蘇婆那曷烏讙紇骨也咥於尼讙等勝兵可二萬金山西南有薛延陁咥勒兒十槃達契等一萬餘兵康國北傍阿得水則

有訶咥曷截撥忽比干具海曷比悉何嵯蘇拔也末渴達等有三萬許兵得嶷海東西有蘇路羯三索咽蔑促隆忽等諸姓八千餘拂菻東則有恩屈阿蘭北褥九離伏嗢昏等近二萬人北海南則都波等雖姓氏各別總謂為鐵勒並無君長分屬東西兩突厥居無恒所隨水草流移人性凶忍善於騎射貪婪尤甚以寇抄為生近西邊者頗為藝植多牛羊而少馬自突厥有國東西征討皆資其用以制北荒開皇末晉王諱北征納民大破步迦可汗鐵勒於是分散大業元年突厥處羅可汗擊鐵勒諸部厚稅斂其物又猜忌薛延陁等恐為變遂集其魁帥數百人盡誅之由

是一時反叛拒處羅遂立俟利發俟斤契弊歌楞為易勿真莫何可汗居貪汗山復立薛延陁內俟斤字也咥為小可汗處羅可汗既敗莫何可汗始大莫何勇毅絕倫甚得衆心為鄰國所憚伊吾高昌焉耆諸國悉附之其俗大抵與突厥同唯丈夫婚畢便就妻家待產乳男女然後歸舍死者埋殯之此其異也大業三年遣使貢方物自是不絕云

奚

奚本曰庫莫奚東部胡之種也為慕容氏所破遺落者竄匿松漠之間其俗甚為不潔而善射獵好為寇鈔初臣於

突厥後稍強盛分為五部一曰辱紇王二曰莫賀弗三曰契箇四曰木昆五曰室得每部俟斤一人為其帥隨逐水草頗同突厥有阿會氏五部中為盛諸部皆歸之每與契丹相攻擊虜獲財畜因而得賞死者以葦薄裹而懸之樹上自突厥稱藩之後亦遣使入朝或通或絕最為無信大業時歲遣使貢方物

契丹

契丹之先與庫莫奚異種而同類並為慕容氏所破俱竄於松漠之間其後稍大居黃龍之北數百里其俗頗與靺鞨同好為寇盜父母死而悲哭者以為不壯但以其屍置

於山樹之上經三年之後乃收其骨而焚之因酹而祝曰冬月時向陽食若我射獵時使我多得豬鹿其無禮頑嚚於諸夷最甚當後魏時爲高麗所侵部落萬餘口求內附止于白貔河其後爲突厥所逼又以萬家寄於高麗開皇四年率諸莫賀弗來謁五年悉其衆款塞高祖納之聽居其故地六年其諸部相攻擊久不止又與突厥相侵高祖使使責讓之其國遣使詣闕頓顙謝罪其後契丹別部出伏等背高麗率衆內附高祖納之安置於渴奚那頡之北開皇末其別部四千餘家背突厥來降上方與突厥和好重失遠人之心悉令給糧還本勑突厥撫納之固辭不去部

落漸衆遂北徙逐水草當遼西正北二百里依託紇臣水而居東西亘五百里南北三百里分爲十部兵多者三千少者千餘逐寒暑隨水草畜牧有征伐則酋帥相與議之興兵動衆合符契突厥沙鉢略可汗遣吐屯潘垤統之契丹之類也其南者爲契丹在北者號室韋分爲五部不相總一所謂南室韋北室韋鉢室韋深末怛室韋大室韋並無君長人民貧弱突厥常以三吐屯總領之南室韋在契丹北三千里土地卑濕至夏則移向西北貸勃欠對二山多草木饒禽獸又多蚊蚋人皆巢居以避其患漸分爲二十五部每部有餘莫弗瞞咄猶酋長也死則子弟代立嗣絕

則擇賢豪而立之其俗丈夫皆被髮婦人盤髮衣服與契丹同乘牛車籧篨爲屋如突厥氈車之狀度水則束薪爲栰或以皮爲舟者馬則織草爲韉結繩爲轡寢則屈爲屋以籧篨覆上移則載行以豬皮爲席編木爲藉婦女皆抱膝而坐氣候多寒田收甚薄無羊少馬多豬牛造酒食噉與靺鞨同俗婚嫁之法二家相許壻輒盜婦將去然後送牛馬爲娉更將歸家待有娠乃相隨還舍婦人不再嫁以爲死人之妻難以共居部落共爲大棚人死則置屍其上居喪三年年唯四哭其國無鐵取給於高麗多貂南室韋北行十一日至北室韋分爲九部落繞吐紇山而居其部落

渠帥號乞引莫賀咄每部有莫何弗三人以貳之氣候最寒雪深沒馬冬則入山居土穴中牛畜多凍死饒麞鹿射獵爲務食肉衣皮鑿冰沒水中而網射魚鼈地多積雪懼陷坑穽騎木而行俗皆捕貂爲業冠以狐狢衣以魚皮又北行千里至鉢室韋依胡布山而住人衆多北室韋不知爲幾部落用樺皮蓋屋其餘同北室韋從鉢室韋西南四日行至深末怛室韋因水爲號也冬月穴居以避太陰之氣又西北數千里至大室韋徑路險阻語言不通尤多貂及青鼠北室韋時遣使貢獻餘無至者

史臣曰四夷之爲中國患也久矣北狄尤甚焉種落寔繁

迭雄邊塞年代遐邈非一時也五帝之世則有獯粥焉其在三代則獫狁焉逮乎兩漢則匈奴焉當塗典午則烏丸鮮卑焉後魏及周則蠕蠕突厥焉此其酋豪相繼互為君長者也皆以畜牧為業侵鈔為資倏來忽往雲飛鳥集智謀之士議和親於廟堂之上折衝之臣論奮擊於塞垣之下然事無恒規權無定勢親疏因其強弱服叛在其盛衰衰則款塞頓顙盛則彎弓寇掠屈申異態強弱相反正朔所不及冠帶所不加唯利是視不顧盟誓至於莫相救讓驕黠憑陵和親約結之謀行師用兵之事前史論之備矣故不詳而究焉及蠕蠕衰微突厥始大至於木杆遂雄朔

野東極東胡舊境西盡烏孫之地彎弓數十萬列處於代陰南向以臨周齊二國莫之能抗爭請盟好求結和親乃與周合從終亡齊國高祖遷鼎厥徒孔熾負其眾力將蹈秦郊內自相圖遂以乖亂達頭可汗遠遁啟民願保塞下於是推亡固存返其舊地助討餘燼部眾遂強卒於仁壽不侵不叛暨乎始畢未虧臣禮煬帝撫之非道始有雁門之圍俄屬群盜並興於此浸以雄盛豪傑雖建名號莫不請好息民於是分置官司總統中國子女玉帛相繼於道使者之車往來結轍自古蕃夷驕僭未有若斯之甚也及聖哲膺期掃除氛祲暗於時變猶懷旅拒率其群醜屢隳亭鄣殘毀我雲代搖蕩我太原肆掠於涇陽飲馬於渭汭聖上奇謀潛運神機密動遂使百世不羈之虜一舉而滅瀚海龍庭之地畫為九州幽都窮髮之民隸於編戶實帝皇所不及書契所未聞由此言之雖天道有盛衰亦人事之工拙也加以為而弗恃有而弗居類天地之含容同陰陽之化育斯乃大道之行也固無得而稱焉

列傳四十九　隋書八十四

列傳卷第五十　　隋書八十五

夫肖形天地人稱最靈以其知父子之道識君臣之義異夫禽獸者也傳曰人生在三事之如一然則君臣父子其道不殊父不可以不父子不可以不子君不可以不君臣不可以不臣故曰君猶天也天可讎乎是以有罪歸刑見危授命竭忠貞以立節不臨難而苟免故聞其風者懷夫懔慨千載之後莫不願以爲臣此其所以生榮死哀取貴前哲者矣至於委質策名代卿世祿出受心膂之寄入參帷幄之謀身處機衡肆趙高之姦宄世荷權寵行羿浞

之悖逆生靈之所讎疾犬豕不食其餘雖荐社汙宮彰必誅之釁斲棺焚骨明篡殺之咎可以懲夫既往未足深誡將來昔孔子脩春秋而亂臣賊子知懼抑使之求名不得欲蓋而彰者也今故正其罪名以冠於篇首庶後之君子見作者之意焉

宇文化及　弟智及

宇文化及左翊衛大將軍述之子也性兇險不循法度好乘肥挾彈馳騖道中由是長安謂之輕薄公子煬帝爲太子時常領千牛出入臥內累遷至太子僕數以受納貨賄再三免官太子嬖昵之俄而復職又以其弟士及尚南陽公主化及由此益驕處公卿間言辭不遜多所陵轢見人子女狗馬珍玩必請託求之常與屠販者遊以規其利煬帝即位拜太僕少卿益恃舊恩貪冒尤甚大業初煬帝幸榆林化及與弟智及違禁與突厥交市帝大怒囚之數月還至青門外欲斬之而後入城解衣辮髮以公主故久之乃釋并智及並賜述爲奴述薨後煬帝追憶之遂起化及爲右屯衛將軍智及爲將作少監是時李密據洛口煬帝懼留淮左不敢還都從駕驍果多關中人久客羇旅見帝無西意謀欲叛歸時武賁郎將司馬德戡總領驍果屯於東城風聞兵士欲叛未之審遣校尉元武達陰問驍

果知其情因謀構逆共所善武賁郎將元禮直閤裴虔通互相扇惑曰今聞陛下欲築宮丹陽勢不還矣所部驍果莫不思歸人人耦語並謀逃去我欲言之陛下性忌惡聞兵走即恐先事見誅今知而不言其後事發又當族滅我矣進退爲戮將如之何虔通曰上實爾誠爲公憂之德戡謂兩人曰我聞關中陷沒李孝常以華陰叛陛下收其二弟將盡殺之吾等家屬在西安得無此慮也虔通曰我子弟已壯誠不自保正恐旦暮及誅計無所出德戡曰同相憂當共爲計取驍果若走可與俱去虔通等曰誠如公言求生之計無以易此因遞相招誘又轉告內史舍人元敏

鷹揚郎將孟秉、符璽郎李覆、牛方裕、直長許弘仁、薛良、城門郎唐奉義、醫正張愷等，日夜聚博，約為刎頸之交，情相款昵，言無迴避，於座中輒論叛計，並相然許。時李孝質在禁，令驍果守之，中外交通，所謀益急。趙行樞者，樂人之子，家産巨萬，先交智及，勳侍楊士覽者，宇文甥，二人同告智及。智及素狂悖，聞之喜，即共見德戡，期以三月十五日舉兵同叛，劫十二衛武馬，虜掠居人財物，結黨西歸。智及曰：「不然。當今天實喪隋，英雄並起，同心叛者已數萬人，因行大事，此帝王業也。」德戡然之。行樞、薛良請以化及為主，相約既定，方告化及。化及性本駑怯，初聞大懼，色動流汗，久

之乃定。義寧二年三月一日，德戡欲宣言告衆，恐以人心未一，更思譎詐以脅驍果，謂許弘仁、張愷曰：「君是良醫，國家任使，出言惑衆，衆必信。君可入備身府，告識者，言陛下聞說驍果欲叛，多醞毒酒，因享會盡鴆殺之，獨與南人留此。」弘仁等宣布此言，驍果聞之，遞相告語，謀叛逾急。德戡知計既行，遂以十日總召故人，諭以所為。衆皆伏曰：「唯將軍命。」其夜，奉義主閉城門，乃與虔通相知，諸門皆不下鎖。至夜三更，德戡於東城內集兵，得數萬人，舉火與城外相應。帝聞有聲，問是何事。虔通偽曰：「草坊被燒，外人救火，故諠囂耳。」中外隔絕，帝以為然。孟秉、智及於

城外得千餘人，劫候衛武賁馮普樂共布兵分捉郭下街巷。至五更中，德戡授虔通兵，以換諸門衛士。虔通因自開門，領數百騎至成象殿，殺將軍獨孤盛。武賁郎將元禮遂引兵進，宿衛者皆走。虔通進兵，排左閤，馳入永巷，問：「陛下安在？」有美人出，方指云：「在西閣。」從往執帝。帝謂虔通曰：「卿非我故人乎！何恨而反？」虔通曰：「臣不敢反，但將士思歸，奉陛下還京師耳。」帝曰：「與汝歸。」虔通因勒兵守之。至旦，孟秉以甲騎迎化及，化及未知事果，戰慄不能言，人有來謁之者，但低頭據鞍，答云「罪過」。時士及在公主第，弗之知也。智及遣家僮莊桃樹就第殺之，桃樹不忍，執詣

智及，久之乃見釋。化及至城門，德戡迎謁，引入朝堂，號為丞相。令將帝出江都門以示群賊，因復將入。遣令狐行達弒帝於宮中，又執朝臣不同己者數十人及諸外戚，無少長害之，唯留秦孝王子浩，立以為帝。十餘日，奪江都人舟檝，從水路西歸。至顯福宮，宿公麥孟才、折衝郎將沈光等謀擊化及，反為所害。化及於是入據六宮，其自奉養，一如煬帝故事。每於帳中南面端坐，人有白事者，嘿然不對。下牙時，方收取啟狀，共奉義、方裕、良、愷等參決之。行至徐州，水路不通，復奪人車牛，得二千兩，並載宮人珍寶。其戈甲戎器，悉令軍士負之。道遠疲極，三軍始怨。德戡失望

竊謂行樞曰君大謬誤我當今撥亂必藉英賢化及庸暗羣小在側事將必敗當若之何行樞曰在我等爾廢之何難因共李本宇文導師尹正卿等謀以後軍萬餘兵襲殺化及更立德戡爲主弘仁知之密告化及盡收捕德戡及其支黨十餘人皆殺之引兵向東郡通守王軌以城降之元文都推越王侗爲主拜李密爲太尉令擊化及密遣徐勣據黎陽倉化及度河保黎陽縣分兵圍勣密壁清淇與勣以烽火相應化及每攻倉密輒引兵救之化及數戰不利其將軍于弘達爲密所禽送於侗所鑊烹之化及糧盡度永濟渠與密決戰於童山遂入汲郡求軍糧又遣使

拷掠東郡吏民以責米粟王軌怨之以城歸於李密化及大懼自汲郡將率衆圖以北諸州其將陳智略率嶺南驍果萬餘人張童兒率江東驍果數千人皆叛歸李密化及尚有衆二萬北走魏縣張愷等與其將陳伯謀去之事覺爲化及所殺腹心稍盡兵勢日蹙兄弟更無他計但相聚酣宴奏女樂醉後因尤智及曰我初不知由汝爲計強來立我今所向無成士馬日散負殺主之名天下所不納今者滅族豈不由汝乎持其兩子而泣智及怒曰事捷之日都不賜尤及其將敗乃欲歸罪何不殺我以降建德兄弟數相鬬鬩言無長幼醒而復飲以此爲恒其衆多亡

自知必敗化及歎曰人生故當死豈不一日爲帝乎於是鴆殺浩僭皇帝位於魏縣國號許建元爲天壽署置百官攻元寶藏於魏州四旬不尅反爲所敗亡失千餘人乃東北趣聊城將招携海曲諸賊時遣士及徇濟北求餽餉大唐遣淮安王神通安撫山東并招化及化及不從神通進兵圍之十餘日不尅而退竇建德悉衆攻之先是齊州賊帥王薄聞其多寶物詐來投附化及信之與共居守至是薄引建德入城生禽化及悉虜其衆先執智及元武達孟秉楊士覽許弘仁皆斬之乃以轞車載化及之河間數以殺君之罪并二子承基承趾皆斬之傳首於突厥義成

公主梟於虜庭士及自濟北西歸長安智及幼頑凶好與人羣鬬所共遊處皆不逞之徒相聚鬬雞習放鷹狗初以父功賜爵濮陽郡公蒸淫醜穢無所不爲其妻長孫妒而告述述雖爲隱而大忿之纖芥之愆必加鞭箠弟士及恃尚主又輕忽之唯化及每事營護父再三欲殺輒救免之由是頗相親昵遂勸化及遣人入蕃私爲交易事發當誅述獨證智及罪惡而爲化及請命帝因兩釋之述將死抗表言其凶勃必且破家帝後思述授智及將作少監其江都殺逆之事智及之謀也化及爲丞相以爲左僕射領十二衛大將軍化及僭號封齊王竇建德破聊城獲而

斬之并其黨十餘人皆暴尸梟首

司馬德戡

司馬德戡扶風雍人也父元謙仕周爲都督德戡幼孤以屠豕自給有桑門釋粲通德戡母和氏遂撫教之因解書計開皇中爲侍官漸遷至大都督從楊素出討漢王諒充內營左右進止便僻俊辯多姦計素大善之以勳授儀同三司大業三年爲鷹揚郎將從討遼左進位正議大夫遷武賁郎將煬帝甚昵之從至江都領左右備身驍果萬人營於城內因隋末大亂乃率驍果謀反語在化及事中既獲煬帝與其黨孟秉等推化及爲丞相化及

首封德戡爲溫國公邑三千戶加光祿大夫仍統本兵化及意甚忌之後數日化及署諸將分配士卒乃以德戡爲禮部尚書外示美遷實奪其兵也由是憤怨所獲賞物皆賂於智及智及爲之言行至徐州捨舟登陸令德戡將後軍乃與趙行樞李本尹正卿宇文導師等謀襲化及遣人使于孟海公結爲外助遷延未發以待使報許弘仁張愷知之以告化及因遣其弟士及陽爲游獵至于後軍德戡不知事露出營參謁因命執之并其黨與化及責之曰與公勠力共定海內出於萬死今始事成願得同守富貴公又何爲反也德戡曰本殺昏主苦其毒害推立足下而又甚之逼於物情不獲已也化及不對命送幕下縊而殺之時年三十九

裴虔通

裴虔通河東人也初煬帝爲晉王以親信從稍遷至監門校尉煬帝即位擢舊左右授宣惠尉遷監門直閤累從征役至通議大夫與司馬德戡同謀作亂先開宮門騎至成象殿殺將軍獨孤盛擒帝于西閤化及以虔通爲光祿大夫莒國公化及引兵之北也令鎮徐州化及敗後歸於大唐即授徐州總管轉辰州刺史封長蛇男尋以隋朝殺逆之罪除名徙於嶺表而死

王充

王充字行滿本西域人也祖支頹耨徙居新豐頹耨死其妻少寡與儀同王粲野合生子曰瓊粲遂納之以爲小妻其父收幼孤隨母嫁粲粲愛而養之因姓王氏官至懷汴二州長史充捲髮豺聲沉猜多詭詐頗窺書傳尤好兵法曉龜策推步盈虛然未嘗爲人言也開皇中爲左翊衛後以軍功拜儀同授兵部員外善敷奏明習法律而舞弄文墨高下其心或有駮難之者充利口飾非辭義鋒起衆雖知其不可而莫能屈稱爲明辯煬帝時累遷至江都郡丞時帝數幸江都充善候人主顏色阿

諛順旨每入言事帝善之又以郡丞領江都宮監乃雕飾
池臺陰奏遠方珍物以媚於帝由是益昵之大業八年
隋始亂充內懷徼倖卑身禮士陰結豪俊多收衆心江
淮間人素輕悍又屬盜賊羣起人多犯法有繫獄抵
罪者充皆枉法出之以樹私恩及楊玄感反吳人朱燮晉
陵人管崇起兵江南充應之自稱將軍擁衆十餘萬帝遣
將軍吐萬緒魚俱羅討之不能克充募江都萬餘人擊
頻破之每有克捷必歸功於下所獲軍實皆推與士卒身
無所受由此人爭爲用功最居多十年齊郡賊帥孟讓自
長白山寇掠諸郡至盱眙有衆十餘萬充以兵拒之而羸

師示弱保都梁山爲五柵相持不戰後因其懈弛出兵奮
擊大破之乘勝盡滅賊讓以數十騎遁去斬首萬人六畜
軍資莫不盡獲帝以充有將帥才略始遣領兵討諸小盜
所向皆破之然性矯僞詐爲善能自勤苦以求聲譽十一
年突厥圍帝於鴈門充盡發江都人將往赴難在軍中反
首垢面悲泣無度曉夜不解甲藉草而臥帝聞之以爲愛
己益信任之十二年遷爲江都通守時厭次之格謙爲盜
數年兵十餘萬在豆子䴚中充帥師破斬之威振群賊又擊盧明
月破之於南陽斬首數萬虜獲極多後還江都帝大悅自
執杯酒以賜之時充又知帝好內乃言江淮良家有美女並願備

後庭無由自進帝逾喜因密令閱視諸女姿質端麗合法
相者取正庫及應入京物以娉納之所用不可勝計帳上
云勑別用不顯其實有合意者則厚賞充或不中者又以
賚之後令以船送東京而道路賊起使者苦役於淮泗中
沉船溺之者前後十數或有發露充爲秘之又遽簡閱以
供進是後益見親昵遇李密攻陷興洛倉進逼東都官軍
數却光祿大夫裴仁基以武牢降于密帝惡之大發兵將
討焉發中詔遣充爲將軍於洛口以拒密前後百餘戰互
有勝負充乃引軍度洛水逼倉城李密與戰充敗績赴水
溺死者萬餘人時天寒大雪兵士既度水衣皆霑濕在道

凍死者又數萬人比至河陽纔以千數充自繫獄請罪越
王侗遣使赦之召令還都收合亡散復得萬餘人屯於含
嘉城中不敢復出宇文化及殺帝於江都充與太府卿元
文都將軍皇甫無逸右司郎盧楚奉侗爲主侗以充爲吏
部尚書封鄭國公及侗取元文都盧楚之謀拜李密爲太
尉尚書令密遂稱臣復以兵拒化及於黎陽遣使告捷衆
皆悅充獨謂其麾下諸將曰文都之輩刀筆吏耳吾觀
其勢必爲李密所擒且吾軍人每與密戰殺其父兄子弟
前後已多一旦爲之下吾屬無類矣出此言以激怒其衆
文都知而大懼與楚等謀將因充入內伏甲而殺之期有日

矣將軍段達遣其女婿張志以楚謀告之充夜勒兵圍宫城將軍費曜田世闍等與戰於東太陽門外曜軍敗充遂攻門而入無逸以單騎遁走獲楚殺之時宫門尚閉充令扣門言於侗曰元文都等欲執皇帝降于李密段達知而以告臣臣非敢謀反誅反者耳文都聞變入奉侗於乾陽殿陳兵衞之令將帥乘城以拒難兵敗又獲文都殺之侗命開門以納充充悉遣人代宿衞者乃入謁頓首流涕而言曰文都等無狀謀相屠害事急爲此不敢背國侗與之盟充尋遣韋節等諷侗令拜爲尚書左僕射摠督內外諸軍事又授其兄惲爲內史令入居禁中未幾李密破化及還其

列傳五十　隋書八十五　十一

勁兵良馬多戰死士卒皆勸充欲乘其敝而擊之恐人不一乃假託鬼神言夢見周公乃立祠於洛水之上遣巫宣言周公欲令僕射急討李密當有大功不則兵皆疫死充兵多楚人俗信妖妄故出此言以惑之衆皆請戰充簡練精勇得二萬餘人馬千餘匹營於洛水南密軍偃師北山上時密新得志於化及有輕充之心不設壁壘充夜遣三百餘騎潛入北山伏溪谷中令軍秣馬蓐食既而宵濟人奔馬馳遲明而薄密密出兵應之陣未成列而兩軍合戰其伏兵發山而上潛登北原乘高而馳壓密營營中亂無能拒者即入縱火密軍大驚而潰降其將張童兒

陳智畧進下偃師初充兄偉及子玄應隨化及至東郡密得而囚之於城中至是盡獲之又執密長史邴元眞妻子司馬鄭虔象之母及諸將子弟皆撫慰之各令潛呼其父兄兵次洛口邴元眞鄭虔象等舉倉城以應之密以數十騎遁逸充悉收其衆而東盡于海南至于江悉來歸附充又令韋節諷侗拜爲太尉署置官屬以尚書省爲其府尋自稱鄭王遣其將高略帥師攻壽安不利而旋又帥師攻圍穀州三日而退明年自稱相國受九錫備物是後不朝侗矣有道士桓法嗣者自言解圖讖充昵之法嗣乃以孔子閉房記畫作丈夫持一干以驅羊法嗣云楊隋姓也

列傳五十　隋書八十五　十二

干一者王字也居羊後明相國代隋爲帝也又取莊子人間世德充符二篇上之法嗣釋曰上篇言世下篇言充此即相國名矣明當德被人間而應符命爲天子也充大悅曰此天命也再拜受之即以法嗣爲諫議大夫充又羅取雜鳥書帛繫其頸自言符命而散放之或有彈射得鳥而來獻者亦拜官爵既而廢侗於別宮僭即皇帝位建元曰開明國號鄭大唐遣秦王率衆圍之充頻出兵戰輒不利都外諸城相繼降款充窘迫遣使請救於竇建德建德率精兵援之師至武牢爲秦王所破禽建德以詣城下充將潰圍而出諸將莫有應之者自知稽竄無所於是出降至

長安爲讎人獨孤脩德所殺

段達

段達武威姑臧人也父嚴周朔州刺史達在周年始三歲襲爵襄垣縣公及長身長八尺美鬚髯便弓馬高祖爲丞相以大都督領親信兵常置左右及踐阼爲左直齋累遷車騎將軍兼晉王參軍高智慧李積等之作亂也達率衆萬擊定方滁二州賜縑千段遷進儀同又破汪文進等於宣州加開府賜奴婢五十口縣絹四千段仁壽初太子左衛副率大業初以蕃邸之舊拜左翊衛將軍征吐谷渾進位金紫光祿大夫帝征遼東百姓苦役平原祁孝德清

河張金稱等並聚衆爲群盜攻陷城邑郡縣不能禦帝令達擊之數爲金稱等所挫亡失甚多諸賊輕之號爲段姥後用鄃令楊善會之計更與賊戰方致剋捷還京師以公事坐免明年帝征遼東以達留守涿郡俄復拜左翊衛將軍高陽魏刀兒聚衆十餘萬自號歷山飛寇掠燕趙達率涿郡通守郭絢擊敗之于時盜賊既多官軍惡戰達不能因機决勝唯持重自守頓兵饋糧多無剋獲時皆謂之爲怯懦十二年帝幸江都宮詔達與太府卿元文都留守東都李密據洛口縱兵侵掠城下達與監門郎將龐玉武牙郎將霍舉率內兵出禦之頗有功遷左驍衛大將軍王充之敗也密復進據北芒來至上春門達與判左丞郭文懿尚書韋津出兵拒之達見賊盛不陣而走爲密所乘軍大潰津沒於陣由是賊勢日盛及帝崩於江都達與元文都等推越王侗爲主署開府儀同三司兼納言封陳國公元文都等謀誅王充也達陰告充爲之內應及事發越王侗執文都於充充甚德於達特見崇重既破李密達等勸越王加充九錫備物尋諷令禪讓充僭尊號以達爲司徒及東都平坐誅妻子籍沒

史臣曰化及庸懦下才負恩累葉王充斗筲小器遭逢時幸俱蒙獎擢禮越舊臣既屬崩剝之期不能致身竭命乃

因利乘便先圖干紀率群不逞職爲亂階拔本塞源裂冠毀冕或躬爲戎首或親行鴆毒釁深指鹿事切食蹯天地所不容人神所同憤故梟獍凶魁相尋葅戮蛇豕醜類繼踵誅夷快忠義於當年垂炯戒於來葉嗚呼爲人臣者可不殷鑒哉可不殷鑒哉

列傳卷第五十　隋書八十五

隋書自開皇仁壽時王劭為書八十卷以類相從定為篇
目至於編年紀傳並闕其體唐武德五年起居舍人令狐
德棻奏請脩五代史（五代謂梁陳齊周隋也）十二月詔中書令封德
彝舍人顏師古脩隋史緜歷數載不就而罷正觀二年續詔
秘書監魏徵脩隋史左僕射房喬摠監徵又奏於中書省
置秘書内省令前中書侍郎顏師古給事中孔頴達著作
郎許恭宗撰隋史徵摠知其務多所損益務存簡正序論
皆徵所作凡成帝紀五列傳五十十年正月壬子徵等詣
闕上之十五年又詔左僕射于志寧大史令李淳風著作
郎韋安仁符璽郎李延壽同脩五代史志凡勒成十志三

十卷顯慶元年五月己卯太尉長孫無忌等詣明堂左進
詔藏秘閣後又編第入隋書其實別行亦呼為五代史志
（案魏徵本傳正觀七年為侍中十年五代史成加光祿大
夫進封鄭國公然請遜位拜特進今諸本並云特進又經
籍志四卷獨云侍中鄭國公魏徵撰无忌傳又云求徵三
年始受詔監脩疑當時先已判脩无忌因成書而進今紀
傳題以徵志以无忌從教本所載也紀傳亦有題太子少
師許恭宗撰案恭宗傳正觀八年除著作郎脩國史遷中
書舍人十年左授洪州司馬龍朔三年始拜太子少師與
今錄年月官位不同疑後人所益房喬志寧初並受詔文
李延壽傳云被詔與著作佐郎恭播同脩五代史志按延
壽正觀三年與顏師古同被勑脩隋史其年以内憂去職
今諸本並不載喬等名位天文律曆五行三志皆淳風獨
作五行志序諸本云褚遂良作案本傳未嘗受詔撰述疑秪
為一序今故
畧其名氏）
天聖二年五月十一日上　御藥供奉藍元用奉傳

聖旨齎
禁中隋書部付崇文院至六月五日
勑差官校勘（時命臣峻臣著提點左正言直史館張觀等校勘觀尋為度支判官續命黃鑑代之）
仍
内出版式雕造

跋

此元大德九路刊本也明黄佐南廱志元江東建康道肅政廉訪使以十七史艱得善本從太平路學官之請徧牒九路令本路以兩漢書率先諸路咸取而式之按元史建康道所轄九路一寧國二徽州三饒州四集慶五太平六池州七信州八廣德其九爲鉛山州不稱路然直隸行省與路同是本版心有堯學路學番泮浮學樂平錦江初菴等字堯爲饒之省文堯學路學即饒州路學番泮即鄱陽縣學浮學樂平即浮梁樂平二州學蓋某路承刊某史又與其所屬州縣分任之至錦江初菴皆書院名錦江在安仁縣爲宋倪玠講學之所初菴在德興縣爲邑

人傳立號初菴者所設元制書院設山長亦爲朝廷命官故與州縣學同任刊刻之役也殿本是書據宋刻校勘故訛脫視他史爲少然校刊官張映斗識語謂宋本殘缺乃以監本爲底本故有時不免爲監本所誤即以地名人名官名物名言之如高祖紀下開皇十年六月癸亥以淅州刺史元胄爲靈州總管監本淅州乃作浙江本書地理志下餘杭郡注平陳置杭州當時並無浙州之名至浙江則至明洪武時始有之而地理志中有淅陽郡注西魏置淅州隋初未改郡當仍其稱此浙字必淅字之訛殿本不知改浙爲淅而反沿監本浙江之名誤一又地理志上西城郡統縣黄土注西魏置淯陽郡後周改郡置縣曰黄土監本淯陽乃作涓陽本書地理志中淯陽郡注西魏置蒙州仁壽中改曰淯州寰宇記淯水在廢淯陽縣西一百步自商州上津縣來東流注於漢是淯陽實以淯水得名殿本沿監本作涓誤二又張虔傳河間鄚人也監本鄚乃作鄭本書地理志中河間郡統縣十三有鄚縣隋有鄭州屬滎陽郡有鄭縣屬京兆郡去河間均甚遠舊唐書地理志河北道莫州本瀛州之鄚縣開元十三年以鄚字類鄭字改爲莫是鄚之訛鄭由來已久監本然殿本亦然誤三又李密傳王世充引兵來與密決戰密留王伯當守金墉自引精兵就偃師北阻邙山以待之舊唐書紀此事亦作邙山監本邙山乃作

邛山元和郡縣志北邙山在偃師縣北二里此云就偃師必爲邙山無疑監本作邛者誤於形似也殿本仍之誤四又律曆志中張賓改曆劉孝孫等駁言其失謂漢書武帝太初元年丁丑歲落下閎等考定太初曆又天文志渾天儀篇落下閎爲漢孝武帝於地中轉渾天定時節監本落下乃均作洛下漢書律曆志武帝元封七年議造漢曆募治曆者方士唐都巴郡落下閎與焉落下不作洛下監本妄改殿本從之誤五又王充傳有道士桓法嗣者自言解圖讖監本桓乃作相北史兩唐書世充傳紀此事均作桓法嗣不作相法嗣蓋桓爲宋諱避缺末筆元本亦往往沿之監本不察誤認爲相殿本循之誤

六又禮儀志六紀文武冠服尙書都令史節謁都水令史監本乃作謁都令史接謁爲謁者臺都水爲都水臺令史爲二臺屬官且上文有尙書都令史謁者位卑不當有都令史必爲都水無疑監本既脫殿本不予補正誤七又史祥傳進位上開府尋拜蘄州總管未幾徵拜左領左右將軍監本乃作左領軍右將軍本書百官志左右領左右府各大將軍一人將軍二人曰各一人二人者必有左領或右領左右大將軍將軍矣且獨孤陁傳亦有拜上開府右領左右將軍之語此可證左領左右將軍實有其官監本疑疊見左字有譌故改其一殿本因之誤八又裴矩傳祖他魏都官尙書監本乃作郡官尙書魏書官氏志有列曹尙書都官爲列曹之一魏書北史本傳雖不言其曾官此職然若以郡上屬魏字官下屬尙書字爲句則更不成詞且魏官名無獨用尙書二字者監本失於前殿本踵於後誤九又李崇傳突厥欲降崇遣使謂之曰若來降者封爲特勤西突厥傳其國立鞅素特勤之子監本二特勤字乃均作特勒耶律鑄雙溪醉隱集自注和林城東北有唐明皇開元壬申御製御書闕特勤碑其碑額及碑文皆是殷勤之勤字唐新舊史凡書特勤皆作衘勒之勒字誤也諸突厥部之遺俗猶呼可汗之子爲特勤特謹字也近人在三音諾顏之哲里夢獲覩是碑拓以示人釋之者謂今蒙古呼王之子弟

皆爲台吉卽特勤特謹之轉音且據此以駁顧亭林畢秋帆之言而伸錢竹汀之說又突厥傳都藍可汗遣其母弟褥但特勤獻于闐玉杖是本亦已誤勤爲勒監殿二本且更誤爲持勒矣是特勤二字之見於是本者豈非碩果之遺殿本襲監本之謬誤十尙有一字其異同僅在點畫之微亦正惟其微而愈徵舊本之足貴禮儀志六皇后衣十二等節其翟衣有六采桑則服鳪衣注黃色其下諸公夫人諸伯夫人諸子夫人三妃三公夫人均服此衣故鳪字凡七見是本惟諸公夫人節誤作忄旁監本則全作[忄鳥]爾雅釋鳥鳪雉郭璞注黃色鳴自呼與本書注正同鳪衣外尙有翬衣鷂衣鷩衣鶡衣翔衣五者皆以雉文爲色故稱翟衣亦正與爾雅鷩雉秩秩海雉鷂雉翬雉各注色澤相合是鳪之當從卜旁毫無疑義是本誤者一而未誤者六校刊監本者見舊本互有異同以卜旁之字罕見遂不問上下文之意義及其字之有無而昧然盡改爲忄旁武英殿校刊諸臣一仍舊貫更無所容心於其間而鳪字遂從此湮滅刊書之人愈多而識字之人愈少豈非事之可哀者乎儀顧堂題跋謂是本百官志上董純傳各有闕文證之是本所脫正同古籍日稀奚能姑舍美猶有憾吾無諱焉海鹽張元濟